热烈祝贺中华人民共和国
建国70周年

谨以此书向中华人民共和国建国 70 周年献礼

共 和 国 归 侨

（福建卷）

福建省归国华侨联合会　组编

刘琳　著

中国华侨出版社

·北京·

共和国归侨（福建卷）编委会

福建省归国华侨联合会　组编

主　任：王亚君

副主任：林俊德

编　辑：陈　锋　高　慧　梁秋蓉　王杰锋　李　雨

著　者：刘　琳

主办单位：福建省归国华侨联合会

承办单位：福建省华侨历史文化研究中心

　　　　　　（省侨联全媒体中心）

协办单位：福州市归国华侨联合会

　　　　　　厦门市归国华侨联合会

　　　　　　泉州市归国华侨联合会

　　　　　　漳州市归国华侨联合会

　　　　　　莆田市归国华侨联合会

　　　　　　宁德市归国华侨联合会

　　　　　　三明市归国华侨联合会

　　　　　　龙岩市归国华侨联合会

　　　　　　南平市归国华侨联合会

编 撰 出 版 说 明

一、华侨身份确定：在19世纪末，随着清朝政府华侨政策的调整，海外中国移民才开始有了"华侨"这一名称，特指中国国民定居于国外。1909年3月28日，清政府颁布了一项基于血统主义原则的国籍法——《大清国籍条例》，第一条规定："凡左列人等，不论是否生于中国地区，均属中国国籍：一、生而父为中国人者；二、生于父死后，其父死时为中国人者；三、母为中国人而父无可考者或无国籍者。"这就从法律上明确了华侨的身份就是中国国民。1912年11月18日中国政府颁布的《中华民国国籍法》和1914年12月30日颁布的《修正国籍法》，与《大清国籍条例》没有根本区别，仍是"以血统主义为重，而辅以出生地主义以济其穷"。1929年中国政府又颁布了《民国十八年修订国籍法》，这部国籍法坚持了原始国籍认定以父系血统主义为主的原则，兼采了母系血统主义的一些原理，根据这部国籍法，"父无可考或无国籍其母为中国人者，其子无论生于何地均属于中国国籍"。这四部法律均采取了血统主义原则，同时承认双重国籍。由于中华人民共和国第一部《国籍法》是1980年出台的，20世纪50年代以前的华人、华民、中国侨民、华侨称谓，其实实质都一样，指的是居住在中国之外的中华民族成员。为此，本书以1949年10月1日前中国相关国籍法规定确定入编人物的华侨身份。

二、入编人物归国时间点确定：1966年5月前归国的华侨。

三、入编人物排列顺序原则：先按党政军（行政级别划分）、教科文卫体、经济界三大板块分类，每类再依姓氏笔画顺序排列。

四、入编人物收录原则：一是祖籍或出生于福建省；二是党政军界入编人物应是正厅级及以上者，教科文卫体入编人物应是为国家填补重要空白者或属本领域重要领军者，经济界入编人物应是对国家做出重要贡献者；三是1949年10月1日中华人民共和国成立前归国、成立后继续留在国内服务者或1949年10月1日至1966年5月归国服务者。

五、小标题使用原则：单个入编人物介绍超过1500字，为阅读方便设置小标题。

六、"马来亚"与"马来西亚"在书中使用界定：清至1957年8月31日前，今天马来西亚的一部分称作"马来亚"，不包括英属新加坡、英属婆罗洲（北婆罗洲）和沙捞越。1957年8月31日马来亚独立，称作"马来亚联邦"。1963年6月19日，由马来亚联邦、新加坡、北婆罗洲（沙巴）和沙捞越组成新兴国家——马来西亚。1965年，新加坡退出马来西亚，单独建国。为阅读方便和忠于史实，书中对今日属于马来西亚辖地上的华侨统称为"马来西亚华侨"，在陈述华侨辛亥革命、抗日史实时仍分别使用抗日战争时期该地的原名，如马来亚、沙捞越、北婆罗洲（沙巴）等。

七、关于对印度尼西亚、雅加达使用说明：抗日战争时期，今日的印度尼西亚还是荷兰殖民地，因此被称作"荷属东印度"，雅加达被称作"巴达维亚"。因这两个称谓带有殖民色彩，故书中一律不使用，代之以"印度尼西亚""雅加达"。

序

王亚君

我生长在中国最著名的侨乡之———福建省泉州市，是听着华侨故事长大的人，南侨机工的壮举、印尼归侨41位护旗小英雄的义行至今难以忘怀。工作之后，我的领导和同事中不少人是归侨，通过他们我知道了许多足以让我铭记终生的归侨故事，为他们著述之心正是在无数次感动中植下的。后来，长期做侨务工作，这种因敬重而生的为共和国归侨修传心愿，成长为一种责任、一种今生必须践行的使命。

随着一些老归侨身影的渐行渐远，有一种痛时刻在提醒着我：必须尽快地、尽可能地为那些舍弃了繁华、舒适、财富和盛名，选择归来，为共和国的建立和发展鞠躬尽瘁的归侨英雄们立传。不仅仅因为他们为共和国的建设、发展和壮大建立了丰功伟绩，更因为他们身上所蕴含的以爱国主义为核心的中华民族优良道德品质、优秀民族精神、崇高民族气节、高尚民族情感，是我们民族极其宝贵的精神财富。

多年前，因为工作关系，曾听一位外国外交官说："非常羡慕你们中国有华侨这支伟大的力量！"他说这话时，我心里的那份自豪和感动，至今回味起来，依然很激动。彰显归侨的历史功绩，不仅可以告慰那些终身淡泊名利的英雄，还可以激励和呼唤后来人。因为中华民族的复兴，需要海内外中国人前赴后继地持续艰苦奋斗，需要我们永远珍惜华侨这支宝贵的力量，并发挥更大的作用。

五年前，福建省侨联着手策划《共和国归侨（福建卷）》，又想起那位说起华侨故事亦时常眼含泪花的资深记者刘琳，她早在1980年即开始在泉州文史专家陈泗东的指导下采访闽籍华侨，积累了不少资料。四年前，在中国人民抗日战争暨世界反法西斯战争胜利70周年之际，我们携手完成了145万字之巨的《福建华侨抗日名杰列传》，填补了福建华侨史研究的空白。

两年前，在福建省侨联和福建省华侨公益基金联合启动的对福建籍共和国归侨的采访、著述时，历时两年完成了近百万字的《共和国归侨（福建卷）》。付梓印刷之际，希望我能作序，因为对共和国归侨的一腔敬仰之心叫我欲罢不能，心潮逐浪，于是欣然命笔。

福建籍归侨为新中国的建立做出了重要贡献，有的甚至献出了自己年轻的生命。二万五千里长征路上有福建籍归侨艰难跋涉，浴血湘江，突破腊子口，激战直罗镇，归侨冲锋陷阵的身影定格在中国工农红军战旗上；龙海籍归侨苏静将军是中央红军开路先锋，漳州籍归侨张国坚是西路军政治部组织部部长、保卫部部长……抗击日寇，平型关大捷、中条山战役，保武汉，战长沙……哪里有日军逞凶，哪里就有福建归侨挥洒热血，江南抗敌的新四军中有石狮籍归侨李子芳、永春籍归侨梁灵光，战斗在太行山上的八路军英雄中有厦门籍归侨林有声，激战昆仑关的有安溪籍归侨庄炎林……还有为打击侵略者壮烈牺牲的龙海籍归侨李林、晋江市归侨沈尔七、南安籍归侨梁添成、厦门籍归侨陈镇和等无数气壮山河的闽籍归侨英雄；辽沈战役、平津战役、淮海战役……渡江作战，收复新疆，挺进大西南，千里挥戈队伍中都有福建归侨的身影，进疆路上血战戈壁的有厦门籍归侨马寒冰，解放海南岛功臣中有惠安籍华侨陈青山，东北剿匪令座山雕们胆战心惊的有闽侯籍归侨张哲，征战西南的有南靖籍归侨黎韦。在福建，开辟闽东红色根据地的有一代儒将、南安籍归侨叶飞，创立闽西红色根据地的有龙岩籍归侨魏金水、曹菊如等，建功安南永德苏区的有晋江籍归侨许立、泉州籍归侨粘文华、南安籍归侨洪雪立等，长期战斗在闽中游击区的有福清籍归侨陈金来……他们都是革命的播火者、他们都是八闽大地的红色举旗人。

福建归侨是新中国创立之初突破帝国主义封锁、参加建设新中国的坚强脊梁。他们中有惠安籍归侨黄长水、龙岩籍归侨黄复康、泉州籍归侨张楚琨、厦门籍归侨高云览、安溪籍归侨林降祥、永春籍归侨尤扬祖、古田籍归侨雷贤钟……他们毁家支援祖国，为国家不吝财不惜命。国家急需橡胶，帝国主义严密封锁，雷贤钟卖掉在马来西亚拼搏32年挣得的所有家当，购买优良橡胶种子100多斤、芽条200多米、芽接桩300余株，冒着举家被杀之险，历尽艰辛回国，扎根海南，建起了共和国第一个培育橡胶良种的基地。周恩来总理亲切接见了他，高兴地说："你带橡胶种子回国比带金子还宝贵，金子中国有，橡胶优良品种就少得很啊。""你在国家最困难时期带胶苗回国，是很崇高的爱国主义精神。"

福建籍归侨是共和国建设的重要力量，丹心报国，天地可鉴。他们中不仅成长出共和国领导人陈嘉庚、叶飞、庄希泉、卢嘉锡、王汉斌、罗豪才等，以及一大批如梁灵光、胡明、黎韦这样的省部级领导和曾经担任中国侨联主席的林军等一批侨界领导人，还涌现了冰心、林徽因、周碧初、汤晓丹、洪潘、罗浪、高云览、司马文森、马寒冰、马宁、白刃、王啸平等一批文学家、剧作家、音乐家、美术家、电影家；更诞生了包括"两弹一星"功臣、核潜艇元勋、火箭军奠基人、石油催生者、三峡大坝攻关中坚等一批科技英豪，他们中不少人是中国科技、教育、工业、文化领域的开拓者、奠基人，为中国经济发展、国防强大、文化昌盛、社会进步填补空白，做出巨大贡献。中国重化工业奠基人侯德榜、中国胶体科学奠基人傅鹰、中国现代天文学奠基人张钰哲、中国催化动力学奠基人蔡镏生、中国寄生虫学奠基人陈心陶、中国森林病理学奠基人邓叔群、中国免疫化学奠基人刘思职、中国动物地理学奠基人郑作新、中国海藻学奠基人曾呈奎、中国现代生物化学奠基人王应睐、中国食品药品检验学奠基人林修灏、中国固体地球物理科学奠基人傅承义、中国医学病毒学奠基人黄祯祥、中国海洋生物遗传学和育种学奠基人方宗熙、中国催化科学研究与配位催化理论奠基人蔡启瑞、中国核医学奠基人王世真、中国半导体物理学和表面物理奠基人谢希德、中国实验空气动力学奠基人林同骥、中国氟化学奠基人黄维垣、中国土流变学和岩石流变学奠基人陈宗基、中国现代天体物理学和射电天文学奠基人王绶琯、中国电子显微镜学奠基人郭可信、中国等离子体物理学开创人俞昌旋等等，灿若星辰，数不胜数，皆为八闽归侨，他们用一生诠释了何为精忠报国、何为肝胆两昆仑！

《共和国归侨（福建卷）》，是国内第一部以人物列传形式全面记录一个省（市、自治区）归侨为共和国创立、发展、壮大做出历史贡献的专著。本书以扎实的采访、翔实的考证，为截止到1966年归国的200余位闽侨优秀分子立传，其间讲述了许多归侨鲜为人知的历史故事，揭开了一些历史之谜，在努力确保史实准确性的同时，兼具通俗性、故事性、史料性，具有较强的可读性。

《共和国归侨（福建卷）》，不仅仅是华侨断代史的精彩篇章，也是中国政治史、军事史、科技史、工业史、卫生史、教育史、文学史、美术史、音乐史、电影史等不可或缺的一页，具有较高的存史价值，填补了福建华侨史研究的空白，也丰富了中国专门史的研究。

福建自古就是中国最著名的侨乡之一。对于福建华侨研究来说，还有许多未有答案的课题亟待求索，还有许多不曾了解的真相需要探寻，还有许多尚为残缺的历史等候填补，希望更多的人能像刘琳一样脚踏实地做调查、做研究。对于为优秀归侨前辈作传，更要有争分夺秒的精神，由于自然规律，一批极富精彩故事的归侨已是耄耋老人，抢救性采访已到了刻不容缓的时刻，他们带着后人尚未知晓的历史离去，哪怕仅仅是片段，都是社会的一种损失，我也总把这当成自己人生的憾事。我不想带着更多憾事离去，所以我要努力，也希望更多人协力同行。

作为史料抢救性的急就章——《共和国归侨（福建卷）》，可能会有许多疏漏和不足，有疏漏可以补，有不足可以完善，有错误可以改正，怕的是当我们都准备好、万事俱备时，我们的采访对象已经远走，许多史实无从查证、成了未解的谜，许多英雄将在很长一段时间内难以被他的乡亲们所追忆，他们的正能量将难以更快地传递给更多的人，传递到更远的地方。

所以，我们只争朝夕。

2019年7月15日于泉州

（作者生于福建省泉州市安溪县，曾任中共福建省安溪县委副书记，泉州市鲤城区人民政府区长、区委书记，泉州市人民政府副市长，中共泉州市委常委、统战部部长，福建省侨联党组书记、主席，中国侨联兼职副主席）

目 录

党政军篇

（先按行政级别、同级别按姓氏笔画排序）

王汉斌	003	李 克	108
卢嘉锡	008	李述中	111
叶 飞	015	李 烈	114
庄希泉	029	李铁民	117
陈嘉庚	034	李雪莹	122
罗豪才	058	张国坚	125
王雨亭	064	张楚琨	128
王唯真	066	陆维特	134
王源兴	069	陈乃昌	139
尤扬祖	074	陈子彬	143
庄明理	078	陈仰曾	145
庄炎林	083	陈青山	147
庄 焰	090	陈 明	154
安 岱	093	林水龙	157
许 立	095	林有声	160
许志猛	099	林 军	166
苏 静	101	林 林	170

林淑娘	174	李欲晞	295
胡　明	178	张　哲	299
俞云波	186	张殊明	301
洪丝丝	190	张道时	304
洪雪邨	193	陈其挥	306
高明轩	197	陈杰夫	309
郭瑞人	199	陈　沫	312
黄长水	202	陈联合	315
黄清渠	205	陈福顺	319
黄登保	209	林汉民	321
萧　岗	213	林　仲	324
曹菊如	217	林克胜	327
梁灵光	221	林降祥	329
黎　韦	236	林醒民	332
颜子俊	239	柯朝阳	337
戴旭民	244	施　耀	340
魏金水	249	洪雪立	342
王汉杰	253	黄绿萍	344
王宣化	260	黄　薇	346
卢心远	265	萧　枫	351
司马文森	268	龚陶怡	353
许良枫	275	粘文华	355
许金荣	281	曾远辉	360
许询志	284	曾昭生	363
孙易彬	286	谢白秋	366
李文陵	289	颜西岳	369
李金发	292		

教科文卫体篇

（按姓氏笔画排序）

丁　拓	373	杜运燮	474
马　宁	376	李法西	476
马寒冰	384	杨　骚	480
王文教	389	吴传玉	483
王世真	393	吴兆苏	486
王应睐	397	吴孟超	489
王啸平	401	汪万新	493
王绶琯	403	张文裕	495
王善源	407	张壮飞	500
方宗熙	409	张问强	503
邓叔群	413	张钰哲	507
卢肇钧	418	陈心陶	513
叶可梁	423	陈玉娘	517
叶渚沛	426	陈孝奇	521
白　刃	431	陈丽水	524
白雪樵	437	陈应龙	527
冰　心	440	陈国珍	529
庄长恭	444	陈宗基	533
刘兴土	447	陈茹玉	538
刘思职	450	陈觉万	543
刘修业	454	陈梦韶	545
关　杰	459	陈清泉	547
汤晓丹	461	陈叔圭	551
许如琛	466	陈蓉蓉	554
许锦世	468	陈福寿	556
孙崧樵	470	陈碧笙	559

陈慧瑛　　562

陈遵妫　　565

林　几　　569

林丰玉　　572

林兰英　　575

林同济　　580

林同骥　　585

林秉南　　590

林宗扬　　594

林建成　　597

林修灏　　600

林惠祥　　604

林徽因　　610

罗　浪　　615

周贞英　　618

周寿恺　　621

周南京　　625

周碧初　　627

郑文语　　630

郑作新　　632

郑曼如　　637

郑楚云　　640

胡一川　　644

胡宣明　　648

柯应夔　　651

钟世藩　　653

侯德榜　　657

俞昌旋　　663

俞鸿模　　666

施教耐　　668

洪　潘　　671

洪华生　　675

倪端仪　　679

徐四民　　682

高云览　　688

郭可切　　692

郭可诠　　695

郭可信　　700

郭可詹　　705

郭荫棠　　710

黄世明　　713

黄祯祥　　716

黄维垣　　721

黄强辉　　724

萧光琰　　727

梁披云　　731

粟秀玉　　739

傅承义　　743

傅　鹰　　747

鲁　藜　　756

曾竹韶　　759

曾呈奎　　763

谢投八　　768

谢希德　　771

蔡启瑞　　776

蔡其巩　　780

蔡其矫　　781

蔡镏生　　783

戴天右　　788

檀仁梅　　790

魏可镁　　793

经济界篇
（按姓氏笔画排序）

庄怡生	799	洪骏声	839
庄重文	803	桂华山	841
许东亮	807	高至荣	845
苏振寿	811	黄光汉	848
李五香	813	黄钦书	851
吴庆星	815	黄复康	854
陈水成	819	梁瑞基	856
陈玉书	822	傅维丹	859
陈启紫	825	曾纪华	862
陈炳煌	827	赖庆辉	865
陈德润	829	雷贤钟	869
林书晏	831	蔡子钦	873
郑文泰	834		
俞昌檀	837		

党政军篇

（先按行政级别、同级别按姓氏笔画排序）

王汉斌

王汉斌（1925—　），福建惠安人，缅甸归侨，国家领导人。曾任中共缅甸仰光区委委员，缅甸华侨战时服务团团员，缅甸华侨战时工作队队员，民主青年同盟第一支部委员，中共西南联合大学第一支部委员，北平《平明日报》社编辑，中共北平地下党学委委员，中共北平大学委员会书记，中国新民主主义青年团北京市委大学部部长，中共北京市委政治秘书、政策研究室组长、秘书长、副主任、第二办公室主任、副秘书长，北京冶金机械厂革委会副主任，中国科学院政策研究室负责人，全国人大常委会法制委员会副秘书长兼办公室主任、法制委员会副主任兼秘书长、机关党组副书记，中共中央政法委员会副秘书长，宪法修改委员会副秘书长，全国人大常委会副秘书长、秘书长、机关党组书记，全国人大常委会法制工作委员会主任，香港特别行政区基本法起草委员会副主任委员，全国人大常委会副委员长、全国人大法律委员会主任委员、全国人大常委会法制工作委员会主任、全国人大常委会党组成员，澳门特别行政区基本法起草委员会副主任委员，中共中央委员、政治局候补委员。

王汉斌

少年抗日　缅甸入党

1925年8月，王汉斌出生于福建省惠安县东园镇村。1940年，在仰光华侨中学读书的王汉斌，投身当地华侨抗日救国事业，与同学们一起走上街头进行抗日宣传和募捐活动，成为当地华侨学生抗日骨干，许多当地爱国华侨忆及当年王汉斌，多用"热血青年"相喻。

也因为王汉斌在华侨抗日救国活动中表现出的号召力与革命坚定性，1941年2月，王汉斌加入中国共产党，不久升任中共缅甸仰光区委委员。

1941年1月皖南事变后，国民党顽固派对民主党派和文艺界进步人士大肆迫害和打击，再掀反共高潮，白色恐怖日重。2月的一天，周恩来找来《黄河大合唱》词作者张光年交托任务："你不去香港，你去仰光。那里人少，需要一些同志去开展工作。"八路军驻重庆办事处根据周恩来关于"荫蔽精干，以待时机"的精神，相继安排国内一批文化、新闻界进步人士疏散到缅甸，开展统战、文化和青年工作。王汉斌很快与张光年等联系上，组织青年学生参加抗日活动。

入服务团　抵日南侵

1941年12月，太平洋战争爆发，日军南侵。王汉斌与当地仰光华侨爱国团体骨干一起，在日军大举进攻东南亚、缅甸危机的艰难情势下，响应中共中央关于建设太平洋反法西斯统一战线的号召，高举"中、缅、印、英人民团结起来，抵抗日本法西斯的侵略，保卫缅甸"的反法西斯统一战线旗帜，带着同学在仰光市区悬挂、张贴抗日的横幅和标语，宣传防空知识和救护知识，开展抗日宣传活动。不久，王汉斌参加了张光年牵头组织的缅甸华侨战时服务团，这是一支以缅甸华侨青年和华侨爱国人士为主体，从事反法西斯抗日宣传活动的革命团体。

1941年12月25日，仰光再次遭到日本飞机狂轰滥炸，市民死伤惨重，屡遭败绩的英军完全丧失坚守缅甸的意志，仓皇撤退。缅英殖民当局的行政机构和城市交通也陷于瘫痪，只有从仰光到内地的火车尚还开行，居民们纷纷弃家逃离，向曼德勒、眉苗等地疏散。仰光一片混乱，当时仰光华侨办的学校皆已停课，已无法开展抗日宣传活动。王汉斌随刚刚成立的缅甸华侨战时服务团转移阵地，由张光年、李凌、赵沨、李国华、郑祥鹏等率领，在日军逼近仰光前夕撤离仰光，乘火车向缅甸第二大城市曼德勒进发，继续坚持斗争。

进战工队　奋战缅北

1942年1月，王汉斌随队伍抵达曼德勒，参加了缅甸华侨战时工作队（简称"战工队"）成立大会。战工队领导由队委六人组成，分别是张光年、魏磊、李凌、赵沨、郑祥鹏和黄雨秋。张光年为总领队、魏磊兼任队长、李凌和赵沨兼任音乐指导，队员约80人，大多是如王汉斌一样的缅甸华侨热血青年，来自四面八方，有国内进步文化界人士，也有共产党员、中华民族解放先锋队队员、青年学习社社员，还有侨团、侨校骨干和工人、店员、新闻工作者、文艺工作者、教师以及正在念书的学生。

缅甸华侨战时工作队主要任务是深入群众做抗日宣传，诸如组织游行示威、张贴标语、散发传单、宣讲防空救护常识、排练节目、巡回公演《黄河大合唱》和其他抗日歌曲、短剧等。队员们平时除学习国际时事和政治理论外，大部分时间白天外出宣传，晚上举行舞台演出，还要抽空绘制海报、誊印宣传材料和编制图片展板、制作舞台灯光道具以及排练节目等。

王汉斌和缅甸华侨战时工作队的战友们一起，通过提供翻译、慰问演出、协助做民运工作等形式，配合中国远征军入缅抗击日本侵略者。

1942年2月初，缅甸华侨战时工作队组织了声势浩大的抗日示威游行和宣传活动，除了队员和当地侨领们及几所侨校的师生，许多缅甸僧侣、青年和文化人士，不分民族，自发地集合在缅甸华侨战时工作队旗帜下，轮番用汉语和缅语高呼口号，沿途还张贴和散发用中文、缅文、英文印制的标语、传单，主要内容："团结起来，彻底消灭野蛮的日本侵略者！""打倒人类的共同敌人日本军阀！""有钱出钱！有力出力！保卫缅甸！""支援英国、美国和苏联！""中国军队（指入缅远征军）是来支持我们抵抗日本侵略者的！""中国军队是缅甸的战友！""民主力量必胜！法西斯必败！"。

王汉斌和队友们一路游行，每到一个比较热闹的地区或十字路口，战工队就把张贴有大量纪实图片的《日寇暴行录》展板悬挂出来，举行主题展览，唤起人们对侵略者的仇恨。等围观的群众较多时，就立即举行演讲会，用英文、缅文朗读《战工队宣言》和发表演说，缅甸进步人士、爱国僧侣和青年也带头慷慨陈词，声讨日本法西斯的侵略罪行。在演讲间隙，队员们不仅自己演唱，还教群众唱《保卫缅甸》和《消灭日本法西斯》等翻译成缅文的抗日歌曲。

歌声响起，立即吸引了很多观众。战工队的演出，不仅面向华侨，也面向缅甸人民和印侨、英侨，旨在号召缅甸各族人民团结起来，共同战斗，配合盟军和中国远征军反击日本法西斯的进攻。缅甸华侨战时工作队在曼德勒的一个多月里，除了街头演出《黄河大合唱》等节目进行抗日宣传，还到云南会馆舞台、学校大厅、电影院里演。如1942年农历春节（2月中旬），就曾在云南会馆舞台连续公演三天，观者有华侨、缅甸人、印度人、英国人，当唱到"全世界受难的人民，发出战争的警号"时，全场激奋，连声高呼："打倒法西斯侵略者！"

2月下旬，王汉斌随队沿铁路线到缅北的眉苗（现改名"彬乌伦"）、叫脉、西保、腊戍和实皆等重镇进行巡回抗日宣传，每到一地就立即举行《日寇暴行录》图片展览，以真实记录的照片揭露日本侵略者的野蛮行径；张贴和散发用中文、英文、缅文三种文字印刷的《战工队宣言》和抗日标语、传单，发表街头演说，演唱抗战歌曲，不仅激发了缅甸侨胞坚决抗日救亡的热情，也鼓舞了缅北各族人民的抗日斗志，抗战卫国气氛非常高涨。

在第一站眉苗，缅甸华侨战时工作队专门在大戏院举行慰劳英军的专场演出。尽管节目是用汉语说唱，但因在每个节目前都用英语做了简要介绍，雄壮的歌声激励了英军将士，演出结束后，他们起立报以掌声感谢。

在上缅甸巡回演出时，听说中国军队已开进缅甸，缅甸华侨战时工作队当即决定到靠近云南的腊戍去做宣传演出。远征军第五军初抵曼德勒时因语言障碍遇到种种困难，缅甸华侨战时工作队即派员做缅语和英文翻译，帮助远征军同英军及当地有关方面联系，解决汽油供应和交通运输等问题。战工队还为远征军举行演出，鼓舞士气。3月底，缅甸华侨战时工作队结束巡回宣传，返抵曼德勒，当听说附近战地医院有一批远征军的伤兵员，立即携带慰问品专程到医院慰问，并为他们做小型专场演出。

撤回昆明　校园续战

1942年4月3日上午，缅甸华侨战时工作队正在云南会馆举行工作总结大会，日军战机飞临曼德勒上空，轮番轰炸，战工队有多名队员死伤。由于缅甸战局的迅速恶化，战工队被迫作出撤离曼德勒的决定。王汉斌和战友们撤至八莫。在闻知日军扑向八莫时，队里决定派吴学诚率年纪较小的王汉斌、陈尊法、蔡时敏、王一芒等为先遣队，随同刘惠之、徐迈进、李国华率领的《侨商报》同仁一起，乘汽车沿滇缅公路撤回昆明。在昆明，他们与历尽千难万险后回到祖国的队友们会合。之后，根据组织安排，王汉斌考入西南联合大学历史系。

进校后，王汉斌在刻苦学习的同时，在党领导下，团结西南联合大学爱国学生，开展抗日救国活动，并参与组织民主青年同盟，曾任民主青年同盟第一支部委员，他还是中共西南联合大学支部委员，参与领导了一系列重要学生抗日活动。

1946—1947年，王汉斌任北平《平明日报》社编辑，负责领导清华大学、北平师范大学等校地下党工作。1948—1949年任北平地下党学委委员、大学委员会书记。为北平和平解放做出积极贡献。

法学专家　国家领导

中华人民共和国成立后，王汉斌一直在北京工作。1949—1958年，任中国新民主主义青年团北京市委大学部部长，中共北京市委政治秘书，中共北京市委政策研究室组长、秘书长、副主任，中共北京市委第二办公室主任，中共北京市委候补委员。1958—1966年，任中共北京市委副秘书长。

王汉斌与夫人彭珮云

1975—1977年，任北京冶金机械厂革委会副主任。1977年至1979年，任中国科学院政策研究室负责人。1979—1980年，任第五届全国人大常委会法制委员会副秘书长兼办公室主任。1980—1983年，任第五届全国人大常委会法制委员会副主任兼秘书长、机关党组副书记，中共中央政法委员会副秘书长，宪法修改委员会副秘书长，第五届全国人大常委会副秘书长。1983年6月至1988年4月，任第六届全国人大常委会秘书长、机关党组书记，全国人大常委会法制工作委员会主任，香港特别行政区基本法起草委员会副主任委员。1988年4月—1993年3月，任第七届全国人大常委会副委员长、全国人大法律委员会主任委员、全国人大常委会法制工作委员会主任、全国人大常委会党组成员，澳门特别行政区基本法起草委员会副主任委员。1992年10月—1993年3月，任中共中央政治局候补委员、第七届全国人大常委会副委员长。1993年3月—1997年9月，任第八届全国人大常委会副委员长、全国人大常委会党组副书记。1997年9月—1998年3月，任第八届全国人大常委会副委员长。1998年3月，王汉斌因年龄卸任第八届全国人大常委会副委员长。

王汉斌还是中共第十二届、十三届、十四届中央委员、第十四届中央政治局候补委员。

王汉斌夫人彭珮云，也为党和国家领导人。彭珮云，1929年12月生，湖南浏阳人。其父彭湖曾任湖南省银行行长。1945年考入西南联合大学社会系，并参加"民主青年同盟"，1946年5月加入中国共产党，后又入南京金陵大学外文系学习。1947—1949年在清华大学社会系学习，任地下党支部书记、党总支部委员。1949年后历任清华大学党总支部书记、中共北京市委组织部学校支部干事、市委高校委员会常委、办公室主任，北京大学党委副书记。"文革"中受迫害，并下放劳动。1975年后历任北京大学政治部宣传组干事、北京化工学院党委常委、革委会副主任、国家科委一局负责人，教育部政策研究室主任、教育部副部长、国家教委副主任兼中国科技大学党委书记，国家计划生育委员会主任、党组书记。1993年后历任国务委员兼国家计生委主任，国务院妇儿工委主任、中国人口文化促进会会长，国务院残疾人工委主任、第二届中国残联名誉副主席、第四、五届中国人口学会会长、国家爱卫会主任。1998年后任第九届全国人大常委会副委员长、全国妇联第八届执委会主席，中国红十字会第七届会长，全国妇联主席。中共第十四、十五届中央委员。2008年10月31日被推举为全国妇联名誉主席。

卢嘉锡

卢嘉锡（1915—2001年），祖籍福建永定，原籍台湾台南，生于福建厦门，美国归侨，著名科学家、教育家、社会活动家，国家领导人。曾任美国加州理工学院客座研究员，美国国防委员会第十三局马里兰研究室研究员，厦门大学化学系教授兼系主任，浙江大学化学系教授，厦门大学化学系教授、主任、理学院院长、副教务长，研究部副部长、研究部部长、校长助理、副校长，厦门市政协副主席，福州大学教授、副校长，中国科学院福建分院副院长，中国科学院华东物质结构研究所研究员、所长，福建物质结构研究所研究员、所长，福建省政协副主席，福建省人大常委会副主任，第三世界科学院副院长，中国科学院院长、主席团执行主席，中国科学技术协会副主席，农工民主党中央主席，全国政协副主席兼华侨委员会主任，全国人大常委会副委员长、全国政协副主席。中国科学院院士。中国结构化学学科的开拓者和奠基人。

晚年卢嘉锡

台南世家　内渡厦门

1915年10月26日，卢嘉锡出生于福建省厦门市的一个台湾省籍塾师家庭，祖籍福建省永定县（今永定区）。卢嘉锡高祖父青壮时期告别家乡，沿汀江渡海赴台，定居台南。

卢家耕读传家。卢嘉锡曾祖父卢振基，清道光年间考中秀才，同治二年（1863年）被选为岁贡生，曾被选拔为宁德县学训导，前景看好。为侍奉老母，放弃科举，在台南一带开办私塾"留种园"。台南进士施士洁赞之"从游者众，一时掇巍科、翔文苑者，指不胜搂"，意思是培养出的优秀学生数不胜数。卢嘉锡祖父卢宗煌为饱学之史，曾任台湾省云林县学训导。

甲午战败，日本强割台湾省，年近古稀的卢振基不甘沦为日寇臣民，其时原任云林县学训导的长子卢宗煌已去世，卢振基毅然带领长媳一家内渡厦门。当时，内渡是不少有气节的台湾士子的选择。

卢振基带着一家定居厦门之后，租住在大同路朝天宫附近的海岸街，以在台时的家塾"留种园"为灯号，继续设塾授徒，不少世家子弟慕名而来。卢嘉锡父亲卢东启学养深厚，自小遍读经史子集，能将国学经典全都熟记心中，随时能脱口而诵，虽然二十多岁就眼睛失明，但仍能以教书为业，继承祖业，主持留种园家塾。卢嘉锡弟兄三人皆生于厦门，并在留种园中开蒙。卢东启的四弟卢文启、六弟卢心启在大陆继续走科举之路，两人十几岁时同年考中秀才。1945年台湾光复后，卢心启回台任台湾大学教授。

卢家神童　厦大才子

卢嘉锡幼时随父读书。1924年正式进入留种园私塾学习，禀赋甚高，能文工诗，并擅长对联。两年后，他因成绩优异，直接插班读小学六年级。小学只读了一年，再次"连跳三级"，直接插入大同中学初中三年级学习。1928年秋，卢嘉锡读完初中三年级，就有了报考厦门大学预科的念头，而且真的考上了。但按旧学制，他离中学毕业还有一年的时间。正犯愁时，大同中学校长杨景文破例为他提前出具毕业文凭，说："既然你有这个本事考上，我就违心一次。"于是，不满13岁的他考上了厦大预科。

1930年，卢嘉锡预科毕业，进入厦门大学化学系本科班。因品学兼优连续4年获陈嘉庚奖学金。1934年，卢嘉锡本科毕业，获理学学士学位，同时修毕数学系主要课程。大学期间曾担任校化学会会长和算学会副会长，毕业后留校任化学系助教三年，同时兼任厦门省立中学数学及英文教员。

留学英美　获成就奖

1937年8月，卢嘉锡考取第五届中英庚款公费留学，进英国伦敦大学学院学习，并在著名化学家S.萨格登指导下，进行人工放射性研究。由萨格登指导的博士论文"放射性卤素的化学浓集法"，使卢嘉锡成为世界上在人造放射性领域内最早用实验进行定量研究工作和首次成功地分离出放射性高浓缩物的化学家。

1939年7月，卢嘉锡通过答辩，获伦敦大学物理化学专业哲学博士学位。1939年秋，经萨格登推荐，卢嘉锡进入美国加州理工学院，在杰出化学家、诺贝尔奖获得者L.鲍林教授的指导下，从事结构化学研究，任客座研究员，成为鲍林的得意门生之一。从此，结构化学便成为他的研究方向。

1940年夏天，卢嘉锡留学期满，被鲍林挽留在美国工作至1944年。在此期间，他的科研成绩斐然，发表了一系列学术论文，其中不少成为结构化学方面的经典文献。他在X射线晶体学方面的论文，后来长期成为同类课题研究的主要参考文献。

卢嘉锡受惠于鲍林至深，他向鲍林学习了现代结构化学、单晶X射线衍射技术、气相电子衍射技术以及治学方法，正是鲍林把他培养成为一名结构化学家。鲍林称卢嘉锡是他的好学生。临别前夕，鲍林留下卢嘉锡的作业本作为纪念，而当卢嘉锡在1981年当选中国科学院院长时，鲍林又把作业本寄还给自己的好学生作为贺礼。

1944年，因在结构化学领域取得突出成就，卢嘉锡应聘到隶属于美国国防研究委员会第十三局的马里兰州研究室，参加战时军事科学研究，在燃烧与爆炸的研究工作中取得出色的成绩。在美国，卢嘉锡已担任一个高级研究室主任，因卢嘉锡在英国留学时从事过放射化学的研究，美国政府希望他能参与原子弹的研究，条件是切断与祖国的一切联系，但被卢嘉锡拒绝了。

1945年，卢嘉锡获得美国科学研究与发展局颁发的"科学研究与发展成就奖"。

1946年冬，卢嘉锡怀揣"科学救国"一腔热血，谢绝优异的科研条件、高额的工作薪金和舒适的生活，于1947年1月回到祖国。

卢嘉锡在上海接受了浙江大学的聘任，但是当他回到厦门后，母校厦门大学无论如何都不放他回去，任命他为厦门大学化学系任教授兼系主任。两所大学谁也不肯让步，浙江大学更是坚持每月给卢嘉锡寄工资来，卢嘉锡一时处于"情"与"义"两难的境地，只好两头受聘，常住厦门，在厦门大学化学系任课，每年在浙大化学系讲课半年，"争端"才得以解决。

1947年春，卢嘉锡在浙江大学第一次讲课结束，浙江大学化学系学生会发起、140多名师生联名写信挽留，连当时的代理校长也在挽留信上签了名。但是他后来还是选择了长期留在母校厦门大学。

坚守鹭岛　保护厦门

解放战争期间，卢嘉锡在中国共产党的影响下积极参与了爱国民主运动，并逐渐看清了蒋介石领导的国民政府本质，认识到共产党是爱国进步力量的代表，并由认同到坚信再到立志坚定不移跟着中国共产党走。

中华人民共和国成立前夕，国民党当局要求学者去台湾，不去的不给发工资，卢嘉锡作为知名学者更是被要求必须赴台。此时担任厦门大学"应变委员会"副主任的卢嘉锡，设法为困境中的厦大教工、家属买米送菜，资助困难学生。国民党方面今天派人送船票，明天派人送机票，劝他去台湾，卢嘉锡总是以"家里人多，舱位安排不足"为由推脱。不仅如此，卢嘉锡不顾个人安危，为保护厦门大学完整地回到人民手中，保护进步学生和中共地下党的同志，作出了贡献。

新中国成立后，卢嘉锡迎来自己科学研究的春天。1950年后，卢嘉锡历任厦门大学理学院院长、副教务长、研究部副部长部长和校长助理、副校长等职。1950年，他在国内高校中首先创办了以结构化学为主的化学研究所并担任所长，同时在国内首次招收了以结构化学为主的物理化学研究生，成为新中国成立以来开展研究生教育的先行者之一。他有一套比较先进的办学经验和教育思想，在他的努力下，厦门大学不再仅因有校长王亚南创办经济系而闻名，同时因化学系的崛起而跻身全国重点大学之列。

1955年，卢嘉锡被选为中国科学院化学学部委员（后改称院士），同年被高等教育部聘为一级教授，是中国当时最年轻的学部委员和一级教授之一。

1956年7月，卢嘉锡加入中国共产党。

在厦门大学期间，卢嘉锡还曾当选厦门市政协副主席。

参办福大　创物构所

1957年，国家第一个五年计划完成时，福建省工业总产值只有5亿元，而且大部分是以手工业为主。面对工业基础的薄弱，福建省委决定开辟以三明市为工业基地，创立起具有钢铁、煤炭、机械制造等一整套工业体系。进行如此大规模的经济建设，首先面对的就是高级工程人才的匮乏。而在1952年全国院系大调整中，福建省被裁撤了4所高校，只剩下了厦门大学、福建师范学院、福建农学院和福建医学院。其中，唯一能培养具有大学水平的高级工程技术人才的厦门大学理工科各系，早已在1952年被调整并入省外各院校。这样，福建省所需的工程技术人才只能靠外省院校支援，但这难以满足省内经济建设的需求。在这种情况下，创办一所工科大学则势在必行，刻不容缓。

中共福建省委决定创办福州大学。1958年，根据组织的决定，卢嘉锡到福州参加筹建福州大学和中国科学院福建分院。卢嘉锡殚精竭虑，从系科布局、课程设置、图书订阅、科研设备购置、师资聘任到组织管理，都付出了大量心血，同年秋福州大学正式开始招生，他亲手组建的化工系成为福州大学首批开始招生的4个工科系之一，年内又增设了化学系和其他两个系，化工和化学两系时至今日依旧是福州大学最具国际影响力的专业。

在筹建化工系和化学系的同时，卢嘉锡还夜以继日地筹建中国科学院福建分院，相继建立了技术物理所、化学所、电子所、数学力学所、自动化所、稀有金属所六个研究所和生物物理研究室。1960年，卢嘉锡出任福州大学副校长兼中国科学院福建分院院长。卢嘉锡在教书育人的同时，又重新回到结构化学和物质结构研究的前沿。

1961年9月，根据当时制定的八字方针调整合并成为理化研究所，卢嘉锡兼任理化研究所所长。1962年1月起建制改属中国科学院华东分院，并改名为华东物质结构研究所，卢嘉锡仍旧任所长。

1970年，中国科学院华东物质结构研究所改名为福建省国防工业办公室7701研究所。1972年后，卢嘉锡着手恢复福建物质结构研究所的科研队伍和设备。1973年，定名为中国科学院福建物质结构研究所，卢嘉锡继续担任所长，他指导该所结构化学、晶体材料、催化及金属腐蚀与防护等学科领域的研究工作。

治国理政　德高望重

1977年12月27日至1978年1月5日，于福州召开的福建省政协四届一次会议，卢嘉锡被选为福建省政协副主席。在1979年12月18日至23日，于福州召开的福建省第五届人民代表大会第二次会议上，卢嘉锡当选省人大常委会副主任。

卢嘉锡是我国科学事业的杰出领导者之一。1981年5月，卢嘉锡在中国科学院第四次学部委员会大会主席团首次会议上，被推选为中国科学院院长，后兼任党组书记。1982年，被选为中国共产党第十二次全国代表大会代表。在任职期间，他坚决贯彻落实"尊重知识、尊重人才"的方针，积极推进科学院的全面改革，推行所长负责制，对科研工作实行分类管理，多方开展横向合作，创办开放研究实验室等，力求使中国科学院真正成为全国自然科学的综合研究中心，对科学发展创新和国家经济建设作出重大贡献。他于1985年当选为第三世界科学院院士和理事会理事，1988年当选为副院长。他开展卓有成效的工作，促成了第三世界科学院第二次大会在北京召开。1987年，卢嘉锡卸任中国科学院院长一职，担任中国科学院特邀顾问。

1983年6月，卢嘉锡当选全国政协第六届委员会常委。1988年3月，当选为全国政协第七届委员会副主席兼华侨委员会主任。1998年3月又当选为政协第九届全国委员会副主席。

1964年，卢嘉锡当选第三届全国人大代表，1978年再次当选第五届全国人大代表，1993年当选为第八届全国人民代表大会常务委员会副委员长。

卢嘉锡是中国农工民主党德高望重的卓越领导人。他于1953年3月加入中国农工民主党，曾担任中国农工民主党第十届、第十一届中央委员会主席，第十二届中央委员会名誉主席。

在担任全国人大常委会副委员长、全国政协副主席、中国农工民主党主席期间，卢嘉锡曾不顾年事已高，连续6次带队先后到河北秦唐沧开发区、贵州毕节地区、广西百色地区、陕西榆林地区、内蒙古地区和福建龙岩地区等地，跋山涉水开展调查研究，就区域性、专题性的经济发展战略进行论证，提出不少富有真知灼见的意见和建议。由他倡导成立的中国初级卫生保健基金会，为改善和提高广大农村地区的医疗卫生条件做了大量工作。

1997年，卢嘉锡（左）与庄炎林在惠安参加活动

结构化学　开基始祖

20世纪30年代末，卢嘉锡意识到物理化学的第一发展阶段即热力学阶段日趋完善，可能成为第二发展阶段的将是结构化学，因此他选择了这个学科作为研究的主要方向。在加州理工学院，卢嘉锡参加过过氧化氢分子结构的研究。卢嘉锡和 P. A. 盖古勒巧妙地用尿素和过氧化氢作用生成用氢键连接的脲-过氧化氢加合物，并培养出这种加合物的单晶。接着，他和 E.W. 休斯合作完成了晶体结构测定。

1943年，卢嘉锡与 J. 多诺休采用电子衍射法研究了硫氮（S_4N_4）、砷硫（As_4S_4）等化合物的结构，并定出被他们称为"摇篮"形的八员环构型。在结构分析方法上，他提出过一种处理等倾角魏森堡衍射点的极化因子和洛伦兹因子的图解法，成为当时国际上普遍采用的一种较简便的方法，曾被收入《国际晶体学数学用表》（第二版）。

20世纪60年代初期，卢嘉锡在创办福建物质结构研究所的同时，组织、领导过渡金属络合物和一些簇合物、硫氮系原子簇化合物以及新技术晶体、材料等方面的研究，并取得了一些可喜成果，如与中国科学院生物物理研究所和上海有机化学研究所合作完成了天花粉蛋白空间结构测定，建立了国际上第一个核糖共活蛋白的分子模型。

与之同时，卢嘉锡从结构化学角度出发，提出了固氮酶活性中心结构的初步模型——福州模型 I。该模型被国际同行在论文中多次引用，并以"M2S2"的局部结构形式出现在后来其他科学家提出的模型之中。卢嘉锡在总结铝铁硫簇合物合成反应的大量实验事实时，发现类立芳烷型簇合物在其"自兜"反应的生成过程中经常留下反应物基本单元的结构"遗迹"可供"寻根"，因而提出复杂的原子簇化合物可由较简单的原子簇"元件"通过活化成为"活化元件"而组装起来。在这一理论设想的启发和指导下，福建物质结构研究所合成出了许多新型类立方烷型的簇合物。卢嘉锡在结构化学的前沿领域作出了开拓性的学术贡献，为中国化学模拟生物固氮等研究跻身于世界前列作出了重要贡献。

科技大家　饮誉世界

为了使中国在晶体材料新技术科研方面赶超世界先进水平，卢嘉锡提出了实验与理论、化学与物理（或其他非化学学科）、结构与性能、静态与动态、基础与应用等5个双结合发展结构化学的战略思想，在他的指导和培育下，福建物质结构研究所形成了一支门类齐全、基础扎实、训练有素的科研队伍和一批颇有影响的学术骨干，在化学模拟生物固氮、过渡金属原子簇化学、天花粉蛋白晶体结构、全新非线性光学高技术晶体材料、激光晶体材料等方面，取得了几十项重大成果。福建物质结构研究所已成为中国过渡金属原子簇化学研究中心，国内外新技术晶体材料研究中心之一。

20世纪80年代，卢嘉锡在"类芳香性"本质方面的研究取得可喜进展。他组织研究力量，通过量子化学计算和实验研究，从理论上深化和完善了"类苯芳香性"的概念，把平面芳香性扩展到立体芳香性，建立了六元簇环芳香性和三中心键模型，从理性上系统地认识了某些过渡金属原子簇合物的特殊反应性能和物理性质，使新型簇合物的合成进入分子设计的新阶段。

1978年，卢嘉锡的"固氮酶活性中心的网兜模型"获中国科学院科技成果一等奖；1992年，他的

"过渡金属原子簇化合物的合成化学和结构化学"获中国科学院自然科学一等奖；1999年10月，他获何梁何利成就奖。卢嘉锡在化学方面的杰出贡献得到国际科技界的高度评价，先后获得过欧洲科学文艺文法学院名誉院士、比利时皇家科学文学与美术院外籍院士等荣誉。经国际天文学联合会小天体命名委员会批准，将1966年1月30日发现的3844号小行星，命名为卢嘉锡星。

卢嘉锡鼓浪屿故居

2001年6月4日，卢嘉锡病逝福州。2006年7月，中国农工民主党中央委员会、中国科学院、厦门大学、福州大学、中国科学院福建物质结构研究所和卢嘉锡的子女联合发起，以卢嘉锡生前所获何梁何利基金科学与技术成就奖的百万港元奖金为基础，并吸纳海内外企事业单位、民间社团及个人的捐助，构成总额500万元人民币的基金本金，创立了卢嘉锡科学教育基金会，该基金会先后设立"卢嘉锡化学奖""卢嘉锡优秀导师奖""卢嘉锡优秀研究生奖"。2008年，中国科学院与王宽诚教育基金会联合设立中国科学院卢嘉锡青年人才奖。

叶飞

叶飞（1914—1999年），菲律宾归侨，原名叶启亨，菲律宾名西思托·麦卡尔托·迪翁戈，曾用名叶琛、聂扬、叶英、小叶，福建南安人，国家领导人。曾任共青团福建省委宣传部部长和代理书记，共青团福州中心市委书记，中共闽东特委委员、书记，闽东人民抗日军政委员会主席兼中国工农红军闽东独立师政治委员，新四军第三支队第六团团长，江南抗日义勇军副指挥，新四军挺进纵队政委兼副司令员，新四军苏北指挥部第一纵队司令员兼政委，新四军第一师副师长兼第一旅旅长、政委，新四军第一师副师长、第一旅旅长、第一旅政委兼苏中军区第三军分区政委，中共苏中区第三地委书记、苏中军区副司令员。新四军第一师、副师长、苏中第三分区中共地委书记，新四军第一师师长兼苏中军区司令员，和中共苏中区委书记、苏浙军区副司令员，中共福建省省委第二书记、第一书记，福建省省长，福建省政协主席，南京军区副司令员，中共中央华东局书记处书记，国家交通部部长，人民解放军海军第一政治委员，第一至第三届国防委员会委员，中共第八届中央候补委员、中央委员，第十届中央候补委员，第十一、第十二届中央委员，第六、第七届全国人大常委会副委员长。

叶飞

生于菲岛　五岁返乡

叶飞祖籍福建省南安县金陶区深坵乡（今南安市金陶镇深坵村），1914年5月7日，叶飞生于菲律宾奎松省地亚望镇一个侨商家庭。

父亲叶荪卫原是南安县金陶深坵乡贫苦农民，因生活贫苦，新婚不久即告别亲人，南下菲律宾做苦工。在南洋蕉风椰林中，他拼死拼活劳作，省吃俭用，用攒下的钱做贩夫，之后开小铺为生。叶苏卫到菲律宾后，娶了菲律宾当地人麦尔卡托小姐为妻，夫妻二人共生6子2女，若加上叶苏卫家乡原配夫人收养的一个大儿子叶启迪，叶苏卫共有7子2女，叶飞行三。叶飞出生时，家境已经小康，父母各开一家小店，母亲还拥有一片椰林，父亲不但开了小店，还开了家小型的椰油作坊。叶母受过良好教育，英语甚佳，来往信件都用英文，曾认真教了叶飞一年英语。

叶飞的女儿叶葳葳曾在《叶飞将军与他的菲律宾家庭》文中记述了父亲回乡：

叶苏卫出生于福建省南安县金陶乡的一个贫苦农民家庭，像其他人一样，成亲后就把新娘留在家里，孤身一人下了南洋。1900年到达菲律宾。奎松省地亚望镇的周围是一大片的椰林，华人很少，叶苏卫为了帮人收椰子来到这里，认识并深深地爱上了麦尔卡托小姐。麦尔卡托家在地亚望镇虽不是什么豪门望族，但也是一个殷实人家。叶苏卫是贫穷的，没有护照，顶了"迪翁戈"的名字生活。麦小姐当时只有15岁，长得相当漂亮。两人相爱后就面临着结婚的问题。但是这个婚姻有一些明显的障碍：当时华人如果和菲土著人结婚是被同胞看不起的；而且麦尔卡托家是天主教徒，不能与异教徒通婚。于是叶苏卫下了决心，他接受了洗礼，入了天主教，并入赘麦家。唯一的条件是：为了对得起祖先和家乡的发妻，他必须将头两个儿子送回老家，其他的孩子可以入菲律宾籍。婚后，两个儿子先后落地，老大叶启存，老二叶启亨，菲律宾名字是西思托·麦尔卡托·迪翁戈，这就是叶飞。

叶飞5岁时，叶苏卫遵守以前的承诺，带着两个儿子回到家乡，这是在1919年，他离家已经近20年了。

家里的妻子虽然生活没困难，但孤独寂寞，为了消磨时光，她领养了一个儿子。丈夫送回两个儿子，是对她地位的承认，也给她的生活带来新的活力。

1919年，父亲带着次子叶启存和叶飞回到南安老家，5岁的叶飞第一次踏上福建土地。当时，闽南土匪横行，叶父回乡才一个月，就被土匪绑票，赎回之后立即出国，从此再未回乡，叶飞也从此离开了父亲。叶飞和二哥由父亲的原配夫人谢氏抚养长大，谢氏没有生育，将叶飞和哥哥当作亲生儿子一样疼爱，叶飞也事母甚孝。

厦门读书　接受马列

叶飞还乡不久，就被送入乡间私塾读书，两三个月时间就学会了闽南话，并学会读写一些汉字。1920年，进入深垵乡完全小学，接受新式教育。读高小时，他的一位叫叶骥才的数学老师，是国民党左派，很喜欢叶氏兄弟，经常向这对小哥俩讲

1945年8月，抗战胜利后，叶飞于浙江留影

解反帝反封建的民主革命思想。后来叶飞将之视为幼年时代思想上的启蒙者，与之保至终生友谊。新中国成立后，这位老师退休住在上海，叶飞常去上海看望他。

1925年，叶飞高小毕业。当时，世界经济危机波及叶父生意，父亲写信回来说：家里经济困难，只能供一人升学，另一个要回菲律宾帮他经商。叶骥才闻知，找到谢氏，说："你这两个儿子都是高才生，中途辍学太可惜了，你们是小康人家，还是让俩兄弟都继续升学为好。"谢氏立即答应，写信给丈夫，叶骥才也给叶父和叶家兄弟的生母写了一份恳切的长信劝说，终于打动了叶父，他同意兄弟俩一起考中学。

在叶骥才的建议下，叶家兄弟考入了国民党左派办的厦门中山中学，因功课底子厚，兄弟俩考取了插班生，直接读初二。叶飞学业优异且学得十分轻松，因此有大量的课余时间读书，开始接触马克思主义，《新青年》《向导》成了叶飞最喜欢的刊物，他还阅读了《共产党宣言》《共产主义ABC》等共产主义运动的读物。叶骥才介绍了不少左派"大朋友"与叶家兄弟相识，他们经常给叶家哥俩讲革命道理。大革命时期，厦门中山中学师生中有中共党员、共青团员，当时厦门大学、集美学校和中山中学是中国共产党组织的据点。

专职革命　青年领袖

1927年4月，蒋介石发动四一二反革命政变，一批叶飞熟悉的共产党人倒在血泊之中，厦门中山中学被当局强行封闭，叶飞和几个同学转学到厦门的省立第十三中学。

叶飞没有被白色恐怖所吓倒，反而坚定地接受了共产主义思想。当时，省立十三中有个数学教师是中共福建省委秘书长，叶飞开始参加党的一些秘密活动，1928年下半年他加入了共青团员，并受命在学校发展团员和建立支部。在担任团支部书记后，叶飞开始在学生中传播革命思想，组织同学会，并奉命在毕业前夕，专职从事革命工作。他冒着生命危险在厦门开展工人运动，先后出任共青团厦门区委书记、共青团福建省委委员兼宣传部部长、共青团福建省委代理书记。1929年冬天，还曾作为福建省的青工代表，出席共青团中央和全国总工会在上海召开的全国青工代表大会。

1930年7月，叶飞在厦门被捕，他没有暴露身份，以共产党嫌疑犯的罪名被判刑。当时，因为共产党刚刚成功领导了厦门劫狱，因此叶飞被关入了死囚牢房，备受折磨。当时已回到菲律宾的二哥叶启存火速赶回厦门，参加营救弟弟，并每周利用探视时间传递狱外消息和送一些食品，帮助叶飞熬过一年半狱中日子。

开辟苏区　组建红军

1931年年底叶飞出狱后，被党组织调往福州，任共青团福州中心市委书记。

1932年3月，叶飞加入中国共产党。在福州工人之间发展团组织、组织领导青年抗日救亡工作。同年下半年，叶飞奉命以中共福州市委特派员的名义，化装成福州商人，到闽东巡视工作。

叶飞到闽东后，于1933年5月28日，与颜阿兰一起领导了"霍童暴动"，拿下了霍童民团驻地宏街官，缴获了26支枪，接着又乘胜进击，收缴了坑仔里、赤溪地区80多条枪，于6月底建立起闽东工农游击第三支队。1932—1934年8月，叶飞等先后在闽东创建了7支主要的革命武装，建立了闽东工农游击第一至第七支队，还着手组织保卫农会的红带会，建立赤卫队。

1934年年初，叶飞参与创立了闽东红色根据地，于2月份成立了闽东苏维埃政府，之后组建了工农红军闽东独立第二团、第十三团，还组织了三支海上游击队，并创建了闽东独立团海上游击独立营。

红色闽东　特委书记

1934年3月，叶飞在闻知中共福州市委代理书记陈之枢叛变后，沉着冷静，果断采取措施，切断与福州中心市委的所有联系，避免了闽东特委被摧毁，之后他主持了福安和连江中心县委的紧急联席会议，建议组织中共闽东特委，并得到大家一致同意，当选特委委员。

当时，闽东特委与中共中央失去联系，叶飞以自己的大智大勇，与闽东特委的同志一起坚持领导闽东地区游击战争，不断拓展苏区。中共中央只是从报纸上了解到福建东部有一块苏区，正在进行土地革命。1934年，中国工农红军北上抗日先遣队准备入闽，中共中央领导交代设法和闽东苏区取得联系。

当时，闽东革命武装在叶飞等带领下，击退了国民党八十四师、新十师和省保安队的进攻，不但巩固了原来的苏区，还新开辟了鼎（福建福鼎县）平（浙江平阳县）苏区。

中国工农红军北上抗日先遣队在福州打了数仗之后，向闽东转移，并在连江红军独立十三团配合下，打开了罗源县城，继续北赴宁德，叶飞带闽东独立二团赶到赤溪与之会师，并为他们提供了大量给养，还接受了100多位伤员。

1934年9月，叶飞着手创立中国工农红军闽东独立师并任政委，下辖三个团。之后，他率领部队开辟了周宁、寿宁、政和边界的新苏区。

中央红军长征不久，方志敏率领的北上抗日先遣队，在数十倍敌人的围攻之下于皖南覆没，敌人集中兵力，以8个师约10万人围攻闽东苏区。叶飞临危不惧，率中国工农红军闽东独立师展开了艰苦卓绝的游击战。

1935年5月，叶飞重建中共闽东特委并担任书记。在他领导下，粉碎了敌人多次清剿和严密封锁，重建了12个县的红色政权，开辟了新游击区。中共闽浙边临时省委成立后，叶飞任宣传部部长兼团省委书记。

促进合作　共同抗日

中共闽东特委长期无法与中共中央取得联系，只能从搜集到的党的公开文件和报纸刊物中，分析形势和党的方针政策，接受党的领导。

1936年冬天，叶飞看到了《为抗日救国告全体同胞书》（即《八一宣言》），以后又得到了《中国共产党致中国国民党书》和不少介绍中共抗日主张的报章，他立即着手创立闽东人民抗日军政委员会，并任主席，以此代替闽东苏维埃政府，发布抗日布告，大量翻印、张贴《八一宣言》，着手开展抗日民族统一战线活动，派出代表到福州与国民党福建当局商谈共同抗日之事，叶飞从抗日大局出发，与国民党福建当局达成四项协议：

1. 闽东红军改编为国民革命军福建抗日第二游击支队；
2. 国民革命军福建抗日游击支队由共产党领导；
3. 划屏南县为闽东红军驻区，一百里内国民党不得驻兵；
4. 以中共闽东特委的名义发表国共合作共赴国难宣言，并公诸报纸。

1937年12月，在当时的《福建民报》上公开发表了《中国共产党闽东特委共赴国难宣言》。

入新四军　率部北上

1937年12月，新四军已在南昌设立办事处，八路军南京办事处派参谋顾玉良来闽东联系叶飞。那时，项英、陈毅已到南昌筹建新四军军部，要叶飞随同顾玉良前去接受任务。叶飞随之经福州去南昌。

在福州，国民党福建省主席陈仪在办公室与叶飞见面，惊讶地问："你就是叶飞？"叶飞答："是呀。"他情不自禁说："你是个书生嘛！"晚上，陈仪设宴为叶飞接风，保安司令等人作陪。

叶飞在南昌接受了新四军军部命令，将之一手组建的中国工农红军闽东独立师改编为国民革命军新四军第三支队第六团，叶飞为团长，全团约1300多人。

1938年2月，叶飞率新四军第三支队第六团，离开了战斗多年的闽东，踏上抗日征途。

1938年1月，部分南方游击区负责人在南昌新四军军部合影，前排左起：张云逸、叶飞、陈毅、项英、黄道

与日作战　频夺胜绩

1938年3月下旬，叶飞率第六团抵达安徽省岩寺地区。5月中旬，叶飞率第六团随第三支队离开岩寺，进驻南陵、芜湖、宣城地区，然后转入铜陵、繁昌、南陵边区抗击日军。

在激战日军的同时，叶飞带第六团在皖南展开了练兵，将一支游击部队改造成正规部队。1938年10月，叶飞奉命率第六团进入苏南茅山地区，归第一支队指挥，开始频频与日军作战，曾经在去茅山的路上，八天就与日军打了七仗。

在敌后，叶飞指挥部队不断袭击日军，积小为大胜，他依靠灵活机动的战略战术，以夜袭、奔袭、奇袭和伏击等手段，取得了一连串的胜利。1939年，陈毅写了一封《献给良团全体同志》的信，良团是六团的代号，信中概述和评价叶飞所率六团半年多的战斗。信上写道："我们今天不应讳言，在最初东征时期，你们中间曾经有极少数人过高估计日寇的战斗力，但是你们经过六个月的战斗，在白兔，在高庙，在宝埝，在下蜀，在龙潭，在延陵，你们与日寇交手，打败了日寇。"

在苏南敌后，叶飞一方面与日军作战，一方面通过减租减息，发动群众抗日，建设茅山根据地。

东进江南　敌后征战

1939年5月5日凌晨2点，叶飞率领第六团，从茅山出发到江南东路地区打击日本侵略者。

东路地区指的是江苏省常州市以东、京沪铁路两侧的长江三角洲地带，南起太湖，北至长江，东接上海。它交通方便，经济文化发达，战略位置十分重要。日军侵占东北之后，在大举进犯华北的同时，以重兵占领了这个地区。而在上海、南京沦陷之后，江南地区陷入混乱的无政府状态，广大人民群众期待新四军进入江南敌后领导抗战。

1938年5月4日，中共中央驰电新四军："在侦察部队出去若干天之后，主力就可准备跟行。在广德、苏州、镇江、南京、芜湖五区之间广大地区，创造根据地，发动民众的抗日斗争，组织民众武装。"并指示："在茅山根据地大体建立起来之后，还应准备分兵一部进入苏州、镇江、吴淞三角地区，再分一部分渡江进入江北地区。"

1939年2月间，周恩来来到皖南新四军军部，传达中共中央六届六中全会精神，重申全党独立自主地放手组织人民抗日武装的方针，指示新四军要实行"向东作战，向北发展"的方针。紧接着，陈毅就命令叶飞率第六团以"江南抗日义勇军"（简称"江抗"）的名义出征，叶飞临时改名为叶琛。

5月5日凌晨2点出发后，拂晓时叶飞所率第六团在常州附近越过宁沪铁路，于天明时与梅光迪所率的部队会合，梅光迪（后叛变当了汉奸）任江南抗日义勇军总指挥，叶飞任副总指挥。两支部队会合之后，一起东进，在无锡梅村和强学曾领导的游击队会合。

攻浒墅关　日军震惊

为了鼓舞士气，树立群众的抗日信心，扩大江南抗日义勇军的影响力，叶飞等和地方党组织商量后，决定攻打京沪线上浒墅关车站。浒墅关车站，是日军在沪宁铁路中段的重要据点。叶飞决定以夜袭之法灭敌。

1935年6月24日黄昏，叶飞率六团出发。夜里12点多，抵达距浒墅关半里路之地，他按照作战计划，下令开始进攻。叶飞在自己的回忆录中，记录了夜袭浒墅关之战：

> 首先上去的是突击队，他们以隐蔽的动作迅速搞掉了敌哨兵，接着摸到敌人的兵房。在"江抗"到来之前，从来没有人敢来动他们，因此，他们没想到我们会在这个时候杀进来，都在睡大觉呢。就在突击队摸到敌兵房的同时，攻击部队也冲上去，把一排排手榴弹扔进了窗口。随着隆隆的爆炸，敌兵乱作一团。当他们从梦中清醒过来的时候，已经死的死、伤的伤，剩下的人拼命向外逃窜。这时我们的机枪响了，步枪也瞄准射击，一串串子弹射向敌人，打得兵房起火，日军惊慌狂叫。另一处，我军炸毁了铁路桥。一时间，熊熊的火焰烧红了半边天，机枪声、步枪声和手榴弹爆炸声，宣告着我们的胜利和日军的惨败。

三点多钟，战斗就结束了。这一仗打得干脆利落，前后只用一个多小时，就全歼了这里的日军。还使铁路停止通车三天……

这一仗令国人兴奋，上海和香港不少报纸报道了这一消息，还刊登了美国记者史沫特莱关于这次战斗的通讯。从此，江南抗日义勇军声名远扬，日军甚为震惊。

进阳澄湖　建根据地

浒墅关战斗之后，叶飞率江南抗日义勇军继续东进，进入常熟。在阳澄湖畔，与中共地下党组织及他们领导的游击队建立了联系，在湖上的集散地东塘寺一带，一边打击进犯日军，一边建立抗日根据地。

依靠人民群众和芦苇荡等有利地形，叶飞指挥部队，一次又一次给予进湖"扫荡"的日军以狠狠打击，使敌人的一次次"扫荡"都以损兵折将的惨败而告终。与之同时，叶飞率部深入常熟埠港村滨，与地方党组织一起，召开群众大会，宣传抗日，扩大抗日武装，组织抗日团队，很快各乡各县都建立起自卫队、农救会、青救会和妇救会，他们配合部队反击日军的"扫荡"，打击和袭扰敌人，传递情报，救护伤病员，筹集粮食，赶做军鞋。

曾开创闽东苏区的叶飞，具有丰富的开辟根据地经验。在他的努力下，长江三角洲的水网地带，初步建立起了以阳澄湖东塘寺为中心的苏（苏州）、常（常州）、太（太仓）和澄（江阴）、虞（常熟）抗日根据地。

奇袭机场　烧毁日机

叶飞率领江南抗日义勇军，在苏常太地区纵横驰骋，奇袭据点，反击"扫荡"，屡创胜绩，不但消灭了敌人，而且缴获了大批武器，武装了队伍。因为打出了威风，上海、苏州、无锡等地的抗日青年学生和工人纷纷前来投军，使江南抗日义勇军不断壮大。1939年5月5日，叶飞率第六团东进时队伍仅700人，到10月已发展到2000多人，加上地方武装在内已有6000多人。

为了进一步扩大抗日影响和打击侵略者，叶飞率一部向上海近郊挺进，在青浦的观音堂地区与当地游击队会合，伺机打击敌人。有一天，上海近郊的数百名日伪军前来"扫荡"，叶飞指挥部队出击，将敌人击溃。残敌向上海虹桥机场方向逃窜，我军乘胜追击，一气追敌六十余里，天黑后到达上海虹桥机场，在夜色掩护下，将伪警察和办事人员关入一间房子里，冲进机场，看到停机坪上有4架飞机，这时机场四周碉堡里的日军打开探照灯开枪射击，我军打开机场储存汽油大桶，把汽油浇在飞机上，再将一支支火把扔上去，顿时火光冲天，4架飞机全部燃烧起来，我军趁机撤出。

《叶飞回忆录》对此有详细记载，还记录了当时社会的反应：

> 这一仗影响相当大，上海的老百姓以为新四军要进攻上海了，有的群众还做好了欢迎的准备。第二天，上海出版的《导报》《译报》以及《密勒氏评论报》《士林西报》等都做了报道，在国际上引起很大的反响。……日军因为搞不清情况，第二天仍没有动静，直到第三天，才出动一个联队，配一部分骑兵，"扫荡"了一天。这时我们已顺利转移，日军毫无所得。

北渡长江　奋战苏北

为打开苏北新的抗日局面，叶飞率江南抗日义勇军于1939年年底抵达扬中，随后跨过长江，到达江都吴家桥地区，和新四军当地部队合并，改编为新四军挺进纵队。管文蔚任司令员，叶飞改名聂扬，任副司令员，张藩任参谋长，吉洛（姬鹏飞）任政治部主任。挺进纵队下辖4个团，一团即为叶飞从闽东带出来的新四军第六团。

1938年年底，国民党内出现了投降逆流，汪精卫于12月底公开投敌，中国共产党旗帜鲜明地反对投降。1939年1月召开的国民党五届五中全会，确定从对外转向对内，制定了一整套反动的"溶共""防共""反共"的具体政策。

中共中央为保持抗日阵地和打退投降反共逆流，1939年1月24日和25日致电蒋介石及国民党五中全会，指出在日军阴谋分化我国内部之际，必须巩固和扩大抗日民族统一战线。

国民党顽固派对共产党的政治压迫和军事进攻，在1939年12月到1940年3月间达到了高潮。国民党安徽省主席兼二十一集团军总司令李品仙调集5000余兵力，于1940年3月4日首先向新四军驻津浦路西的江北指挥部及第四支队司令部发起进攻，我军奋起自卫。与之同时，国民党江苏省主席兼鲁苏战区副总司令韩德勤调集三十九旅、独立六旅、常备十旅、补一旅等部共万余兵力，于3月21日分三路，向新四军第五支队后方机关所在地——半塔集及其附近地区，发动大规模的围攻。

22日，叶飞接到驰援双塔集之命。23日，他率领挺进纵队第一团和第四团各两个营西行，驰赴双塔集，昼夜兼程，快速行军。在横跨天扬公路时，与百余名日伪军遭遇，他指挥部队只用一个小时就全歼一个小队的日军和一个连的伪军。24日，叶飞所率挺进纵队前进到半塔集东南20余里之马集附近，发现顽军，再次出击，接连打下三个村庄，消灭顽军100余人，突破了顽军包围半塔集东南面的缺口。26日，他率部由马集向半塔集方向攻击前进，激战3小时，击溃了围攻半塔集的顽军主力独立第六旅，歼敌一个营，敌余部向竹镇方向逃窜。紧接着，叶飞被任命为前敌副指挥，参与指挥部队开始大反击，取得了半塔集保卫战的最后胜利。

半塔集保卫战胜利之后，新四军很快建立了天长、盱眙、来安、嘉山、六合、高邮、仪征、甘泉八个县的抗日民主政权。

1940年4月，日军"扫荡"高邮，在占领了高邮、兴化、泰州后，国民党军大溃，我军苏南、苏北交通面临断绝境地，陈毅致电中央请求让战将叶飞速率部回到苏北。5月4日，毛泽东、王稼祥致电主持江南工作的刘少奇："望令叶飞部开返苏北，在苏北地区放手发展，在今年内至少扩大至两万人枪。严令叶飞订出分期实现计划，立即动手在高邮、泰县、泰兴、靖江等县建立抗日民主政权，放手发动群众，发展党的组织。……"

叶飞奉命率部回到苏北吴家桥，依照中央指示，成立了江都县人民政府，开展减租减息，当地人民的抗日激情被进一步调动起来。

1940年5月17日，日伪军500多人扑向吴家桥，叶飞率部迎战，从拂晓打到中午，敌军锋头受挫，我军乘胜反攻，激战终夜，歼敌大部。

为应对敌人报复，叶飞率部跳到通扬河以北的郭村。一到郭村，他指挥部队开展民运工作，减租减息，委任区长，扩大自卫队，主要向北发展，向西打击日伪。在这之后，他指挥部队与数倍于自己的敌人展开激战，取得了郭村保卫战的胜利。中华人民共和国成立之后，郭村保卫战被拍成了电影，片名就叫《东进序曲》，这是叶飞和叶飞领导的部队的战斗经历第二次被拍成电影，还有一部即是当年风靡大江南北的现代京剧《沙家浜》。

1940年8月，叶飞（右一）与吉洛（姬鹏飞，中）、张藩合影

艰难东进　决战黄桥

郭村保卫战之后，遵照中共中央指示，将新四军江南指挥部改为苏北指挥部，陈毅任指挥兼政委，粟裕任副指挥，刘炎、钟期光分任政治部正副主任，设三个纵队，叶飞为第一纵队司令员兼政委。第一纵队下辖三个团：第一团（原新四军老六团）、第四团（原挺进纵队四团）、第五团（王澄起义部队）。

为在苏北建立以黄桥镇为中心的苏北抗日根据地，1940年7月25日，陈毅率苏北指挥部开始行动，长途奔袭，直取黄桥，令叶飞率第一纵队为右路先锋，担负主要突击；命王必成率第二纵队为左路配合，保障翼侧；以陶勇率第三纵队迂回，断敌退路。在进击途中，陈毅对南北夹击阻拦的国民党顽军韩德勤所部采取不同的对策：以惩戒动作击溃陈泰运税警团1个多营，却如数遣还俘虏，送还缴获的部分枪支，劝其不要当韩德勤的牺牲品；以坚决打击的方式歼灭勾结日伪、猖狂反共的何克谦保安第四旅。新四军三路部队相互策应、紧密配合。经一夜激战，新四军于7月29日凌晨解放黄桥。叶飞率部勇立头功。此战歼灭何克谦部主力2000余人。何克谦部特务团400余人在中共秘密党员陈宗保率领下战场起义。陈毅随即转兵，连克孤山、西来镇等日伪据点，并两次粉碎日伪军的"扫荡"。群众奔走相告："新四军是真来打日本鬼子的！"

叶飞率部参加了攻取黄桥之战，取得胜利。之后，进至如皋、如西地区，叶飞指挥所部一团攻克靖江东北的西来庵镇日军据点，四团攻克孤山伪军据点。积极准备反击日伪军"扫荡"和反顽军摩擦的战场，以及开创根据地的工作。当时，从黄桥溃散之敌，散布农村为恶，扰乱社会治安，各团分散进剿，使当地人民群众安居生产。

8月初，新四军成立了黄桥军民联合办事处，恢复了黄桥周围四个区的行政工作，由一纵队政治部副主任陈同生兼任主任，开始收税、征粮，解决部队供应，粉碎国民党想从财政上、给养上卡死新四军的阴谋。8月下旬，成立通如靖泰临时行政委员会，下设泰县、泰兴、如皋、靖江四个县政府，颁布抗日民主施政纲领、"二五减租"法令和群众团体组织法。为培养军政干部，成立了苏北军政干校，吸收了大批知识青年；开办党员训练班，提高新党员政治素养和工作能力；出版《抗敌报（苏北版）》；成立农抗会、妇抗会、青抗会等抗日群众团体。以黄桥为中心的根据地，以最快的速度建设，很快便初具规模了。

韩德勤对新四军创建以黄桥为中心的抗日民主根据地以及部队的迅猛发展，群众运动的轰轰烈烈十分不满。他抽调兵力，调整部署，补充弹药，策划进攻黄桥。8月23日韩德勤在蒋介石、顾祝同的命令下，开始军事行动。31日下达作战命令，要求各部"向黄桥附近地区攻击前进"，歼灭"盘踞分界、黄桥一带之匪"。

9月中旬，黄桥保卫战打响，陈毅坐镇总指挥，粟裕负责具体指挥。叶飞率第一纵队在黄桥西北实施主要突击。10月上旬，战斗进入白热化，叶飞冒雨到阵地上巡视，发现顽军韩德勤部独立第六旅毫无戒备地向南行进。他立即向陈毅建议：不要等顽军攻到黄桥北门，马上出击，把它切成几段，一举歼灭。得到同意后，叶飞即令第一团分3个方向直插独立第六旅的腹部，第四团打其前卫，第五团打其后卫。顿时，敌人的一条长蛇队被斩成几段，独立第六旅首尾不能相顾，且又被及时赶到的王必成第二纵队切断了与第八十九军的联系，部队乱作一团。独立第六旅悉数被歼，旅长翁达自杀身亡。接着，陶勇指挥第三纵队硬把冲入东门的敌人杀出，然后架起机枪死死顶住。这时，叶飞和王必成各自率部迅速穿插，围歼进入黄桥以东的第八十九军。经一夜激战，第八十九军军长李守维落水淹死，第三十三师师长孙启人被俘。

黄桥决战取得歼顽敌韩德勤1.1万人的大胜利。陈毅在向中央军委电报中称"黄桥战斗、野屋基战斗均与我叶飞所部遭遇，极为顽强"……"我1、2、3、4、9各团进攻凶猛……敌胆始寒"。

讨逆作战　再建新功

12月中旬，在华中新四军八路军总指挥部成立后进行的曹甸战役攻坚阶段，叶飞率第一纵队经过近迫作业，越过壕沟，不久突破东小圩，占领了部分阵地，为最终歼灭顽军韩德勤部8000余人的胜利奠定基础，叶飞又立新功。

"皖南事变"发生后，中共中央决定在军事上坚决进行自卫，在政治上展开猛烈反攻，粉碎国民党顽固派的投降反共阴谋。

1941年1月20日，中央军委发布命令，重建新四军军部，任命陈毅为代军长，刘少奇为政委，张云逸任副军长，赖传珠任参谋长，邓子恢任政治部主任。新四军部队统一整编为7个师，原苏北指挥部所属部队编为第一师，粟裕任师长，刘炎任政委，叶飞任副师长，钟期光任政治部主任。第一纵队编为第一旅，由叶飞兼任旅长、政委。

1941年2月18日，在代军长陈毅、政委刘少奇的指挥下，新四军发起了讨伐汉奸李长江的"讨逆战役"。《讨伐李逆长江命令》任命新四军第一师师长粟裕为讨逆总指挥，副师长叶飞为副总指挥兼前敌指挥。战役当天，叶飞亲率集结于海安以西的第一师主力第一旅、保安团和苏北指挥部独立支队为先头部队，首先攻取姜堰，然后从苏陈庄横扫大小仲家院等据点，扫清了泰州城东、城南的外围阵地，为担任主攻泰州城任务的部队打开了通道。19日黄昏，总攻开始，次日凌晨，部队攻克泰州城。李长江率残部弃城向西逃窜，又遭到叶飞的第一师全力追歼。

粉碎"扫荡"　斩获奇巨

1941年3月，中共中央决定在新四军第一师活动区域设立一元化集体领导机构——苏中军区。由刘炎、粟裕、钟期光、周林、管文蔚、陈丕显、蔡良7人组成，刘炎任书记。3月31日，中共中央华中局决定由新四军第一师第一、第二、第三、第十八旅分别兼苏中军区第三、第二、第四、第一军分区。叶飞任旅长的第一旅，为苏中军区第三军分区，叶飞兼任政委。

"皖南事变"后，我方在盐城重建军部，日军决定在我方立足未稳之际对苏北进行大扫荡。1941年7月20日，日军调集日伪军17000余人向盐城合击，妄图消灭新的新四军军部机关及主力。韩德勤更落井下石，出兵攻打我军，我军部腹背受敌，情况危急。

当时叶飞任新四军第一师副师长，第一旅旅长、政委兼苏中军区第三分区政委。虽然三分区不在敌"扫荡"范围，但叶飞考虑到了全局的关系，决定在三分区主动发起进攻，配合盐阜区反扫荡。叶飞首选古溪这个敌伪军中心据点为第一个目标，果断行动，仅一夜激战就全歼伪军一个团一千余人，接着一举攻下黄桥、季家市、孤山、石庄等敌据点。三分区敌伪据点大部分被攻克，苏北敌军不为所动。叶飞运用了"围魏救赵"的策略，乘胜包围泰兴城后又令一旅主力再出击围困南浦旅团所在地泰州城，敌酋南浦襄吉才不得不从盐阜撤退回援泰州。这样，叶飞就巧妙地为军部解了围。南浦不甘失败，向三、四分区进行报复性"扫荡"，叶飞采取"蘑菇战术"。待南浦旅团东进至古溪、营溪附近时，叶飞指挥部队急行军向西，转至敌背后，奔袭泰兴、黄桥之间的敌据点姚家岱，并一举攻克，歼日军一小队。南浦旅团闻讯，又从东向西追击新四军。待敌迫近，叶飞指挥部队于夜间急行军向南，经靖江地区，东返根据地腹地南部集结。南浦两次扑空，只得撤回泰州城。这样，三分区也粉碎了敌人的"扫荡"。战后，军部给叶飞去电嘉奖，表扬一旅粉碎日军对盐阜区"扫荡"的功劳。

1942年12月起，叶飞升任中共苏中区第三地委书记、苏中军区副司令员。任上，率领军民不断粉碎敌人发起的大"扫荡"、大"清乡"、大"清剿"。

1943年春，日伪开始对四分区进行"清乡"，对三分区进行"清剿"，叶飞立即在三分区组织了由60余人参加的短枪队，派三专署公安局局长带领前往四分区，参加内线的反"清乡"斗争。同时，在外线也积极配合。5月4日，叶飞集中泰州、泰兴、靖江三个独立团的主力，在靖江城至新港公路五号桥伏击伪十九师七十三团陈正才部。经过两小时激战，全歼该部，俘伪营长以下官兵408人。5月4日，如西县军民摧毁敌人"清乡"封锁线；之后，叶飞指挥军民一面破毁敌人的"清乡"封锁线，一面向日伪据点进攻。至7月1日，敌人精心构筑的长达140公里封锁线全部被我军民摧毁，敌新筑据点全被拔除。据统计，1943年7月1日至1944年6月30日，叶飞指挥军民作战138次，攻克日伪据点15个，攻袭日伪据点19个，毙、伤、俘敌3000余人，争取伪军反正845名。

1944年2月，苏中区党委扩大会议召开，决定进行一次新的战役，改变当前困难的局面。会议决定由叶飞负责发动车桥战役，开始局部反攻。叶飞以苏中5个团的兵力攻打车桥并在芦家滩打援，痛歼日寇。车桥战役歼灭日军800人（其中，俘虏中尉以下日军官兵400人）、伪军800余人，缴获了包括九二式平射炮在内的大量武器装备。八路军总政治部宣传部在《抗战八年来八路军新四军》一书中指出："在抗战史上，这是一九四四年以前，在一次战役中生俘日军最多的一次。"

车桥之战的胜利，迫使日伪军仓皇撤出曹甸、泾口等十几处重要据点，新四军乘胜控制淮安、宝应以东全部地区，解了腹背受敌之危，标志着华中敌后战场开始转入反攻。战后，陈毅、刘少奇从延安来电，嘉奖第一师参战部队："车桥之役，连战皆捷，斩获奇巨，发挥了第一师历来英勇果敢的作战精神，首创了华中生俘日寇之新纪录。"

反攻日寇　突击顽军

叶飞（中）率领的第三野战军10兵团进军福州后，兵团领导合影

1944年12月27日，粟裕率第一师师部和第七团及300余名地方干部南下浙江。叶飞奉命接替粟裕任中共苏中区委书记、新四军第一师师长和苏中军区司令员，并以第一旅旅部为基础重新组建了第一师兼苏中军区领导机关。

1945年4月，叶飞任苏浙军区副司令员。在6月19日进行的天目山战役中，叶飞参与指挥苏浙军区3个纵队分头向顽军突击。经一夜激战，一举歼灭敌五十二师主力。双方连日搏杀，至23日叶飞指挥所部全歼敌突击第二纵队。逃窜中的顽军第七十九师和突击第一纵队残部被截成几段，逐股被歼。此役歼敌6900余人。

一代战将　声名远播

1984年春，在杭州与夫人王于耕

抗日战争胜利后，叶飞带三个旅北上山东（原来拟开赴东北，后来就留在山东参战），编为山东野战军第一纵队，叶飞任司令员兼政委。

解放战争初期，时任山东野战军第一纵队司令员兼政委的叶飞，率部收复泰安、大汶口，参加胶济路反击战和宿北、鲁南战役。

1947年2月起，叶飞相继担任华东野战军第一纵队司令员兼政委、第一兵团副司令员兼第一纵队司令员，率部参加了莱芜、孟良崮、豫东、济南、淮海等重要战役。1949年2月，叶飞出任第三野战军第十兵团司令员。4月参加渡江战役，率部解放丹阳、常州、无锡和苏州。5月参加上海战役后，率十兵团进军福建，先后发起福州、漳（州）厦（门）战役，解放了除金门、马祖以外的福建各地。8月兼任福建军区司令员，组织指挥部队清剿国民党残余武装和土匪。

封疆大吏　中流砥柱

1953年起，叶飞任中共福建省委第二书记、第一书记，福建省省长，福建省政协主席，南京军区副司令员，福州军区司令员兼政治委员，中共中央华东局书记处书记。

叶飞在主持福建省工作期间，与其他领导一起带领广大干部群众，建立了福建第一批新兴工业基地，并大力发展农业、交通运输、水利电力和文化教育事业。修建了福建第一条出省铁路，同时建起厦门海堤，变厦门岛为半岛，之后又建起了鹰厦铁路和324国道，促进了厦门经济快速发展。任上，叶飞组织创办了福州大学，并与中央华侨事务委员会、教育部合力创办了华侨大学。

同时，致力于巩固海防和加强海上军事斗争，组织指挥了东山岛战斗和炮击金门。

"文革"期间，叶飞受到冲击。1975年1月恢复工作后，出任国家交通部部长，全面整顿生产秩序，努力振兴国家交通事业，再立新功。

1975年，中国和菲律宾建交。菲律宾总统马科斯访华，赠送周恩来总理数盒雪茄。总理取一盒转送叶飞，说："叶飞同志是中国的将军，也是菲律宾的儿子。"

1979年，叶飞重回军界，调任人民解放军海军第一政治委员。1980年1月至1982年8月任海军司令员，着力于海军现代化建设，使人民海军建设进入了一个新的阶段。他深入部队掌握第一手材料，对海军装备建设、编制、体制、战场建设和提高海军综合作战能力等重大问题，提出了一系列指导意见。1980年我国向南太平洋发射运载火箭试验中，他亲自指挥部队首次远航太平洋，圆满完成了任务。

作为中国唯一一位华侨上将的叶飞，1983年10月至1988年8月兼任华侨大学校长。1988年8月至1999年4月任华侨大学名誉校长。

叶飞还是第一至第三届国防委员会委员、中共第八届中央候补委员、中央委员（1966年递补），第十届中央候补委员，第十一、第十二届中央委员，第六、第七届全国人大常务委员会副委员长兼人大华侨委员会主任委员，全国侨联第三届委员会名誉主席。

叶飞在受中央委托统一管理党和国家的侨务工作期间，加强侨务立法力度，逐步做到依法护侨，开创了侨务工作新局面。他曾多次深入城市、乡村、部队、学校和厂矿企业视察工作，调查研究。组织制定了《归侨侨眷权益保护法》，积极落实党的侨务政策。他大力支持建设深圳"华侨城"，作为侨务工作的窗口，引进人才、资金、技术和先进设备，兴办侨乡乡镇企业，使一部分侨乡先富起来。他致力于扩大海内外爱国统一战线，利用自己的影响，积极在华侨中宣传党和国家的政策与祖国建设成就，联络爱国华侨支持祖国现代化建设，推进祖国统一大业。

1955年，叶飞被授予上将军衔，先后获一级八一勋章、一级独立自由勋章、一级解放勋章，1988年获一级红星功勋荣誉章。

1999年4月18日，叶飞在北京病逝。著有《叶飞回忆录》等。

庄希泉

庄希泉（1888—1988年），福建安溪人，新加坡归侨。著名华侨领袖、社会活动家、企业家，国家领导人。曾任庄春成商号上海分公司经理，中华实业银行南洋总分行协理，新加坡中华国货公司经理，新加坡南洋女子师范学校董事长，厦门厦南女子师范学校董事长，菲律宾《前驱日报》总经理兼编辑，中央人民政府华侨事务委员会副主任，全国侨联副主席、主席、名誉主席，全国政协副主席、全国人大常委会委员、中国华侨历史学会会长、华侨大学董事长

上海经商　辛亥立功

庄希泉祖籍福建省安溪县龙门乡寮山村，1888年9月9日生于厦门一个富商之家。父亲庄有理经商有成，在厦门、上海和台湾开设庄春成商号，经营土特产、手工业品以及文具纸张等，生意兴隆。庄希泉幼承庭训，六岁开蒙，入私塾学习6年。12岁时，进入日本人在厦门开办的东亚书院，因对日本的奴化教育甚为反感，以逃学相抗议，兴趣游泳、划船、武术，常用逃学时间苦练武术、游泳。15岁，父亲见他无心念书，便让其休学在家，学习经商，同时聘请秀才陈观波为其讲授国学。陈观波曾任新加坡崇正学校校长，不但国学深厚，且知识面宽，每晚除给他讲授《诗》《礼》《左传》等国学经典外，还经常给他讲述南洋的风土人情和了解到的西方各国国情。三年之后，庄希泉不但学问大长，且武功高强，游泳本领高，能环游鼓浪屿。

1947年，庄希泉在新加坡

1906年，庄希泉随父到上海，在庄春成商号上海分公司任职，先当会计，后任经理。当时设在上海的漳泉会馆是福建革命人士聚会的场所，该会馆办的泉漳中学，经费是由同乡商号提供。庄希泉也因此与会馆有较多的联系，结识了不少革命人士，阅读了大量进步书刊，接受了推翻帝制、建立共和新中国的革命思想。

1911年10月，武昌起义爆发后，上海革命党人加快起义步伐。11月7日，上海革命军攻打江南制造局成功，随之陈其美就任沪军都督，上海各埠，发挥乡谊之利展开工作，顺利完成筹饷任务，解决当时军无粮饷的难题，军政府宣告成立。为筹集军饷、巩固政权、支援民主革命，陈其美在上海发动了军事募捐，其声势和规模远超吴淞军政府和江苏都督，一度触动了上海各阶层。庄希泉接受上海军政府委托，组织筹饷队，急赴南洋各地募捐。他奔走在南洋筹款时，经南洋同盟会元老黄金庆、吴世

荣介绍，庄希泉加入同盟会。

"中华民国"成立后，孙中山亲自发起筹组中华实业银行，并出任名誉董事长，计划招股1000万元。上海军政府委驻沪理财特派员沈缦云为银行筹备主任，他深知东南亚华侨富商多闽籍，不少与庄有理、庄希泉父子关系甚好，又得知庄希泉曾为上海军政府组织筹饷队且获得很好业绩，于是在率队前往新加坡、槟榔屿（槟城）、缅甸等地筹款时，特邀庄希泉同行。在庄希泉的鼎力支持下，不到三个月即超额完成海外招股任务。

1913年5月15日，中华实业银行在上海开业，庄希泉出任该行南洋总分行协理。

南洋办学　反帝反殖

庄希泉、余佩皋夫妇新婚合影

1915年，庄希泉在新加坡与当年南洋同盟会领导人陈楚楠等人合股，创办中华国货公司，并任公司经理。

在新加坡，庄希泉遇到了他一生的挚爱——余佩皋。1888年6月15日，余佩皋生于姑苏城里书香门第，少时就读于苏州振吴女校，后考入北京高等女子师范（今北京师范大学），1911年毕业，次年出任广西桂林省立女子师范学校校长。1915年，南渡印度尼西亚，出任加里曼丹岛山口洋中华学校校长。1916年，余佩皋来到新加坡办学，在此遇到了庄希泉，两人都怀有教育救国思想，便商议创办女子师范学校，为华侨学校源源不断培养师资。

1917年，庄希泉、余佩皋两人与爱国侨领陈楚楠、张永福等合作，共同创办了新加坡南洋女子师范学校（南洋女子中学前身），着重培养华侨学校师资。余佩皋任校长，庄希泉任董事长。开南洋女子教育之先河。两人在办学中，坚持国语教学，聘请国内优秀教师前往任教。在两人的主持下，南洋女子师范学校坚持进行中华文化教育、传播反帝反封建思想。

1919年发生的五四运动，掀起了中国反帝怒潮，逐渐传至新加坡。爱国侨胞对中国作为第一次世界大战胜利国反倒要割让国土胶州半岛给日本，极为愤慨，拒绝参加英殖民政府举办的庆祝"一战"胜利的活动。当时，在庄希泉、余佩皋领导下的南洋女子师范学校，聘请包括张国基和陈寿民等一批具有进步思想的教师，他们率先带领学生走上街头示威游行，宣传五四运动的反帝反殖精神。很快在拥有300所华侨学校的英属海峡殖民地（包括今马来西亚、新加坡），掀起了反帝反殖的风潮。

南洋英国殖民当局极为惊恐，遂于1920年5月间突然抛出《海峡殖民地教育条例》。这是一个以控制、扼杀华侨教育为手段，以镇压华侨爱国运动为目的的苛刻条例，一出台即遭到全海峡七州府300万爱国侨胞的强烈反对。

庄希泉与陈寿民、余佩皋等人联合学界、商界、工界人士，组织学务维持处，发起签名请愿运动，短短几天，签名人数达20余万，庄希泉被推举为3位华侨请愿代表之一，到英殖民当局抗议、申辩；余佩皋则被选为回国请愿代表，要求祖国政府提出国际交涉。在南洋，庄希泉公开发表声明，义正词严指出："这种条例如果实行，不但华侨回复到从前愚蛮状态，而且殖民政府亦要耻笑我们。我虽牺牲全盘生意，亦要替华侨争回一点人格，我一定反对到底！"他夜以继日奔走呼号，动员华侨共同抵制。

1920年7月24日深夜11时许，庄希泉在学务维持处开完会，在回家路上被捕，他要求电话通知亲友也遭拒。就这样，一连关押24天，迟迟不作处理。随后，庄希泉被押解到新加坡七州府最大的西郎敏监狱。庄希泉被捕时，拘票即写明"驱逐出境"，但被拘留后大大超过所限两星期。根据《海峡殖民地出境律》规定：一旦被判"驱逐出境"，限期半月便要从监狱送出，不得延长拘留。就这种"执法违法事"，庄希泉状告英国殖民总督，官司一直打到伦敦。在事实面前，英政府最高法院不得不判总督败诉，庄希泉完全胜诉，予以当堂释放。虽然庄希泉为延聘多位著名律师散尽家财，但他维护了华侨尊严。

庄希泉与余佩皋在并肩奋斗中建立了深厚感情。1920年11月7日，两人举行了新式婚礼——只在同德书报社开了一个演说会。英国殖民当局在庄、余新婚的第二天，再次下令逮捕庄希泉，并宣布将他"永远驱逐出境"。余佩皋不甘示弱，直奔殖民政府"华民政务司"，严词质问，使对方丑态百出。

厦门反日　被捕送台

1922年，庄希泉由上海回厦门，在海外华侨资助下，创办厦南女子师范学校，并任学校董事长，余佩皋任校长。

1925年，庄希泉在厦门加入国民党，任福建临时省党部执行委员。这一年，上海"五卅"惨案发生，反英、反日、反帝浪潮很快席卷全国。庄希泉在厦门参加组织外交后援会，开展罢工罢市，抵制日货运动。日本驻厦门领事馆以庄有理曾在台湾经商，有台湾居留证为由，硬说庄希泉为台湾籍民，加以逮捕。日方提出要庄希泉写悔过书，声明退出外交后援会，否则将押解台湾严办，庄希泉毫不犹豫，坚决拒绝。7月14日，他被押上赴台轮船，厦门数千群众自发赶到码头相送。面对数以千计送别群众，庄希泉大声疾呼："我是中国人！"他在台湾监狱被关押9个多月，受尽折磨，坚贞不屈，在多方营救和舆论压力下，日本统治当局只得将他释放，但规定他只能在台湾和日本居住，不能回中国大陆。

恩来相助　化险为夷

1927年春，庄希泉先到日本东京停留一段时间后，搭乘途经上海去台北的轮船，当船经靠上海码头时，他乘人不备，丢下行李，离船潜回上海市区。尔后，他即申办中国公民证，并在报上发表声明："我是堂堂正正的中国人。"他特意取名"庄一中"，刻一方章，以明心迹。紧接着，他取道长江经武汉辗转至福州，与已是中国共产党党员的妻子余佩皋会合。其时，正值第一次大革命末期。庄希泉作为知名民主人士，与福建的地下党员、国民党左派等受到周恩来等共产党高层的关注。为防万一，1927年3月底周恩来派共产党员林云影（曾是庄希泉夫妇所办的厦南女子师范学校的教师）送信给福州的庄希泉、余佩皋等，提示防范蒋介石叛变。事后证明，周恩来的信非常及时，4月3日福州即爆发了反革命事件，成为四一二反革命政变的前奏。庄希泉等因获信及时得幸脱险，他再次潜往菲律宾，从此与国民党脱离关系。

菲岛抗敌　转战香江

1933年春，为唤起菲律宾华侨支援祖国抗战，庄希泉与王雨亭一起，在马尼拉创办《前驱日报》，并任总经理兼编辑。他利用这一平台，揭露日本侵略中国暴行，介绍中国军民英勇抗战事迹，发动菲律宾华侨支援祖国抗战。1936年夏，在《前驱日报》因经费困难停刊之后，为进一步宣传抗日，庄希泉又与王雨亭创办中华影片公司，组织放映苏联《夏伯阳》等进步影片，并在每场电影开映前，利用幻灯、广播等形式进行抗日宣传。

1937年七七事变之后，祖国抗日战争全面爆发，庄希泉放下一切商业活动，投身抗日工作。1938年7月，庄希泉从菲律宾移居香港，一方面举办学校，相继创办了建光学校和立华女中，安置内地流落香港的青少年，培养抗战人才；一方面又发起组织与主持福建抗日救亡同志会、香港台湾革命同盟会，团结力量，救济难民，出版《战时日本》杂志，全力投入抗日救国活动。同时，他又利用香港的特殊条件，由海外向延安和内地输送抗日人士。

1949年，庄希泉在新加坡与陈嘉庚会面后，乘船途经香港、上海到北京

变卖家产　资助中共

太平洋战争爆发后，香港很快沦陷，在香港的许多著名爱国人士处境十分危险。在周恩来同志的亲自领导下，由中共中央南方局和驻香港办事处直接指挥，在香港开展了一场极其艰难的秘密大营救活

动。庄希泉正是被中国共产党成功营救，撤出香港，辗转来到广西桂林，继续投身抗日文化教育活动。

1942年7月，中共南方局工委遭破坏，广西地下党也遭到破坏。庄希泉利用华侨的关系，帮助地下党进行联系和妥善安置，而且为了解决地下党面临的经济困难，主动提出运回和变卖留在香港的家产，供地下党作抗战经费。庄希泉带着儿子庄炎林及中共党员梁林等一行7人，从桂林长途跋涉到广州湾，进入澳门。庄希泉留在澳门指挥，让儿子带着梁林等共产党人，秘密进入日本占领下的香港，变卖在香港的全部财产，带回广西作为党的抗战活动经费。

1945年抗战胜利后，庄希泉返回香港，经营进步电影和出口贸易。1947年在香港加入民主同盟，并任香港工商委员会委员，积极协助中共开展海外工作。

1949年5月，中国人民的解放战争取得决定性胜利，毛泽东主席电邀华侨领袖陈嘉庚回国参加中国人民政治协商会议筹备会。中华人民共和国成立前夕，庄希泉根据周恩来同志电示，专程从香港飞赴新加坡，当面转达中共中央邀请陈嘉庚先生回国参加中国人民政治协商会议第一次会议。

晚年庄希泉

国家领导　侨界之光

1949年10月1日，中华人民共和国成立。10月中旬，中央人民政府华侨事务委员会成立，庄希泉被任命为副主任。11月底，庄希泉带着南洋侨胞赠送的绣有"中华人民共和国万岁"的锦旗回国。

1956年，中华全国归国华侨联合会在京成立，陈嘉庚当选主席，庄希泉当选为副主席。

1978年3月，庄希泉被选为第五届全国政协副主席。同年，被选为第二届全国侨联主席。任中国华侨历史学会会长。

1982年，庄希泉加入中国共产党。1983年以后，继续担任第六届全国政协副主席，同时兼任第三届全国侨联名誉主席。庄希泉还担任过第三、四、五届全国人大常委会委员、华侨大学董事长等职。

1987年，庄希泉寿登"期颐"，全国政协、全国侨联为他做寿诞，全国人大常委会副委员长习仲勋、叶飞等党和国家领导人亲临祝寿。

1988年5月14日，庄希泉因病在北京逝世。《人民日报》5月28日发表《庄希泉同志生平》一文，高度评价他光辉的一生："关心国运，追求光明，随着时代不断前进，为革命奉献自己的一切；晚年庄希泉他胸襟坦白，光明磊落，坚持原则，仗义执言，处处为归侨、侨眷和侨胞的利益着想；他平易近人，广交朋友，团结同志；他克己奉公，生活简朴；求真务实，作风深入，经商、从政数十年，一身正气，两袖清风，因而深受归侨、侨眷和侨胞的爱戴，在海内外享有盛誉。"

陈嘉庚

　　陈嘉庚（1874—1961年），原名陈甲庚，福建厦门人，新加坡归侨，著名华侨领袖、社会活动家、企业家，国家领导人。曾任中国国民参政会参政员、新加坡怡和轩俱乐部总理、新加坡山东惨祸筹赈会会长、新加坡福建会馆主席、新加坡华侨筹赈祖国伤兵难民总会主席、马来亚各区华侨筹赈祖国伤兵难民会主席、南洋华侨筹赈祖国难民总会主席、新加坡华侨抗敌动员总会主席、全国政协副主席、中央人民政府委员、中央华侨事务委员会委员、全国人民代表大会常务委员会委员、全国侨联会主席。

壮年陈嘉庚

辅佐父亲 星洲经商

1874年10月21日，陈嘉庚出生于福建省泉州府同安县集美社（现属厦门市集美区）的一个侨商家庭。祖父陈簪聚（1795—1856年），耕渔自给，育有三子。陈嘉庚父亲居三，名杞柏，与两位哥哥一样，幼年前往南洋。陈杞柏到了新加坡后，在哥哥开设的米铺做工，勤劳有加，在19世纪70年代创立顺安米店。陈纪柏颇具经商天赋，除经营米业以外，还兼营房地产，办理硕莪（西米）厂，同时开辟菠萝（黄梨）园数百顷，创办菠萝厂，加工菠萝各种成品，外销欧美各国。

1891年，17岁的陈嘉庚沿着父辈下南洋的航路，前往新加坡，先进入父亲经营的顺安米店，一边学习商务，一边协助经营，很快就成为父亲最重要的助手。

1898年，母亲病逝，陈嘉庚回乡奔丧。走前，他将自己经管的账务移交给他的族叔。当时他父亲各项经营都很顺利，拥有资产约35万元。

承接父债 创业成功

陈嘉庚为母守孝三年。三年后，他返回新加坡，没想到等待他的是噩耗：父亲和自己苦心经营的事业面临破产边缘，且欠各个债权人数十万元。原来是父亲的妾生子趁陈嘉庚不在，尽情挥霍，导致负债累累。

30岁的陈嘉庚没有犹豫，毅然接手父亲生意。当时他手上没有多少现金，为了使投资准确，他着意观察，很快发现菠萝罐头销路旺盛，且周期短、需要的资金不是很多，于是决定建立一个菠萝罐头厂。资金不够，陈嘉庚借了7000元，在距新加坡城区10英里的淡水港山地，着手建造了一家菠萝罐头厂，取名"新利川"，他给自己的菠萝罐头的商标定为"苏丹"，意思是菠萝罐头之王。在陈嘉庚的精心经营之下，罐头厂开业当月获纯利9000余元。不仅收回全部建厂投资，而且还有盈余。

不久，陈嘉庚又承接了一个生产菠萝罐头厂的日新公司。在拓展菠萝产业的同时，再操老本行——米业，开设谦益米店。

1905年，陈嘉庚又在新加坡创办规模更大的菠萝生产企业——日春黄梨厂，该厂除生产菠萝制品外，还兼制冰。

1906年，陈嘉庚入股恒美熟米厂。随着菠萝罐头生意越做越大，对菠萝的原料需求也在不断增长，为了解决这个问题，陈嘉庚在新利川黄梨公司附近购买了一片空地，用来种植菠萝，取名为"福山园"，事实上，这块种植地也确实是一块福地，后来成为当地最大的菠萝种植园。

1906年夏季，菠萝罐头行市大跌，这使陈嘉庚意识到必须多种经营。有一天，一个偶然的机会，陈嘉庚了解到一个橡胶商人要卖掉自己的橡胶园，他立即与之联系，花2000元钱从他那里购进18万粒橡胶种子，在福山园套种橡胶。陈嘉庚与小他15岁的弟弟陈敬贤携手奋斗，家族事业不但很快起死回生，而且蒸蒸日上，1905年、1906年、1907年分别获得纯利5万、4万、13万元叻币。

当时新加坡法律规定，父债子不须还。

但是，当生意稍有起色，陈嘉庚就开始四处寻找当年父亲的债主，花了很多时间和精力，终于

——找到债主，制定还款计划，连本带利偿还，于1907年还清了父亲所欠的债务。当时，有不少人对其所行不解，陈嘉庚说："中国人取信于世界，决不能把脸丢在外国人面前！""我们中国人一向言必信，行必果。"

陈嘉庚替父还债之举，取得了他没有想到的社会效益，人们对他的人品十分信赖，争相与之做生意，使之很快成为星洲一代富商。

橡胶大王　航运巨子

真正使陈嘉庚成为世界级富豪的还是橡胶业。当时因为菠萝生意的不景气，很多人纷纷脱手自己的菠萝园，陈嘉庚趁此机会购买了大片土地，作为自己的橡胶种植园，大面积种植橡胶。到1913年，陈嘉庚的菠萝产量已经占了整个新加坡的半数以上，一跃而居首位，真正成了业内的苏丹，这一年，他已是一个拥有两处橡胶园、四个菠萝罐头厂、一家米厂、一间米店，固定资产和纯利润有四五十万元的华侨企业家。

1916年，陈嘉庚集中精力发展橡胶业。他没有满足于仅仅输出橡胶原材料，而是将橡胶的农、工、贸经营集于一身，及时开办橡胶制品厂，生产橡胶鞋、轮胎和日用品，不断拓展橡胶加工业。1919年，橡胶产业竞争越来越激烈，陈嘉庚再次调整经营策略，扩充谦益橡胶厂的规模，将粗加工的生胶厂改为深加工的橡胶熟品厂，同时组建陈嘉庚公司，将谦益以橡胶总公司的名义列其麾下。1922年，陈嘉庚在马来亚一下子就买下了9家橡胶厂。1924年他在马来亚和印度尼西亚设了10多家橡胶分店，其后又在其他地方设分行、分店或办事机构，一方面扩大产品销路，一方面拓展原料来源，减少中间环节成本，事业再次突飞猛进。在英国大臣对新加坡工业的考察书中，也提到了陈嘉庚的公司，说它是"亚洲最大的企业"。

到1925年，陈嘉庚已拥有橡胶园1.5万英亩，成为华侨中最大橡胶垦殖者之一，被称为新加坡马来亚橡胶王国的四大开拓者之一，先后在国内各大城市、南洋和世界各国大埠设立橡胶工厂、分销店100多处。与之同时，陈嘉庚还拥有大型的米厂、木材厂、冰糖厂、饼干厂、皮鞋厂等30多家工业企业。陈嘉庚的事业在1925年达到顶峰，此时他的企业遍及五大洲，员工达3万余人，资产达叻币1200万元，按当时叻币与黄金的比值，陈嘉庚的个人资产达黄金百万两之上。

1914年冬天，陈嘉庚涉足航运业，他先是靠租船运输，分别租下了载重1300吨的"万通"号和载重2500吨的"万达"号两艘轮船，运来需求量很大的熟米，再送到印度销售。不久因为市场的扩大，他又增加了2艘轮船，专门承接英国政府的货物。他及时审时度势，改变经营策略赢得了可观利润。仅仅一年后，就赢利了20多万元。之后，更是购得多艘轮船，却不亲自经营，而是租给法国政府，这样不仅省事，避免了风险，也获利很快。

陈嘉庚对新加坡的贡献远不仅仅于此，他是第一个设立大型橡胶制品工厂的企业家，实现橡胶制品大规模生产；他开创了在英国统治新加坡百年来华侨不通过洋行而与外国商家直接进行贸易的先例，他在华侨中第一个打破英国垄断资本的垄断局面。

进入20世纪30年代，日本橡胶制品在东南亚削价倾销，加上资本主义世界经济危机冲击，他的企业如江河日落，终于在1934年全部结束。

入同盟会　举反清旗

陈嘉庚在经商的同时，始终关注着祖国的革命与建设，只要对中华复兴有益的事，他总是满腔热情。

1905年8月20日，孙中山在日本创建了同盟会，在成立大会上通过的《中国同盟会总章》上规定，同盟会将在国内设立5个分部、海外设4个分部。海外的4个分部，其中有一个准备设于南洋，以新加坡为中心，辖英荷属地（即新加坡、马来亚、文莱、印度尼西亚及缅甸）、越南、泰国等。也因此，孙中山等革命领导人都将在南洋发展革命组织作为极其重要工作。

1906年春，孙中山到达新加坡，下榻晚晴园，与陈楚楠、张永福、林义顺等商讨组建同盟会。1906年6月，孙中山再次来到新加坡，在晚晴园主持成立同盟会新加坡分会。在此期间，陈嘉庚经朋友林义顺介绍，结识孙中山，了解了同盟会政治纲领，十分认同孙中山推翻封建王朝、复兴中华的革命主张，开始参加了新加坡同盟会的秘密会议。

1910年春，陈嘉庚与胞弟陈敬贤同时剪掉发辫，加入同盟会，在中国同盟会盟书上签名发誓："驱除鞑虏，恢复中华，创立民国，平均地权，矢信矢忠，有始有卒。如有渝此，任人处罚。"从此，陈嘉庚在经商之余积极传播同盟会革命主张，并为孙中山发动的推翻清朝起义提供了一些帮助。武昌起义爆发后，福建很快光复，陈嘉庚参与组织筹款机构并慷慨捐款，支援祖国新生政权。新加坡福建会馆在天福宫召开乡侨大会，决定成立福建保安捐款委员会，选举陈嘉庚为主席。陈嘉庚上任后积极作为，先后筹款27万元叻币，捐给新生的福建革命军政府，以解燃眉之急。

教育大家　连办名校

陈嘉庚在兴办实业的同时，不断捐资兴学，创办了世界著名的厦门大学和集美系列学校。他认为："民智不开，民心不齐；启迪民智，有助于革命，有助于救国，其理甚明。教育是千秋万代的事业，是提高国民文化水平的根本措施，不管什么时候都需要。""国家之富强，全在于国民，国民之发展，全在于教育，教育是立国之本。"也正因此，兴学报国也成为陈嘉庚经商的重要动力。

早在1894年，正在全力扶助父亲经商的陈嘉庚，就将自己克勤克俭省下来的2000块银元捐出，在同安集美老家创办了惕斋学塾。1914年，已成富豪的陈嘉庚，立即大手笔展开在家乡集美的兴学宏图。当年3月，他独资创办了集美高初两等小学校，此后又相继独资创办了女子小学、师范、中学、幼稚园、水产、商科、农林、国学专科、幼稚师范、教育推广部等，统称"集美学校"。集美学校在陈嘉庚的巨资支持与先进、务实理念指导下，快速发展，在校内又建起电灯厂、医院、科学馆、图书馆、大型体育场，使当年偏居一隅的小渔村成为举世闻名的学村。1923年孙中山大元帅大本营批准"承认集美为中国永久和平学村"，"集美学村"之名由此而来。如此规模宏大，体系完整的学校，在全国还找不到第二个。

与之同时，陈嘉庚捐以巨资，资助闽省各地中小学70余所，并提供办学方面的指导。

1921年，陈嘉庚捐资创立厦门大学。当年，他认捐开办费100万元，常年费分12年付款共300万元，兴办厦门大学。厦门大学设有文、理、法、商、教育5个学院17个系，这是全国唯一一所由一个人独资创办的大学。

厦门大学于1921年4月6日开学，陈嘉庚独力维持了16年。后来因为世界经济不景气，陈嘉庚企业遭到重创，但他仍全力支撑学校，不断变卖资产维系大学，曾说："宁可变卖大厦，也要支持厦大。"他把自己三座大厦卖了，作为维持厦大的经费。在承担集美、厦大两校庞大开支的同时，陈嘉庚还于1921年联络新加坡华侨，组织同安教育会，支持同安县创办了40多所小学。1935年，陈嘉庚捐资20万银元，补助福建全省20个县市的73所中小学。

陈嘉庚坚持在海外创办华文学校，传播中华文化，培养有爱国精神、国文功底的华侨子弟。陈嘉庚曾亲自担任新加坡道南学校总理，1915年在新加坡捐资创办崇福女校。1919年，陈嘉庚捐资创办了规模宏大的新加坡南洋华侨中学，这所中学曾是当时南洋地区侨办规模最大、档次最高、教育质量最优的名校，后来他再捐40多万元作为该校办学基金。在抗日战争结束后，他又创办南洋华侨师范学校、南洋华侨女子中学等一批享誉东南亚的华文学校。当时，新加坡有教会请陈嘉庚捐款10万元创办一所大学，陈嘉庚立即答应，提出的唯一要求是：所有学科都要设中文课程。

据不完全统计，陈嘉庚一生至少捐资1亿美元用于在海内外办学。作为巨商、巨富的陈嘉庚以巨资兴学，自己生活却极为节约。曾为集美学校和厦门大学兴建数十座高楼大厦的他，自己的居所仅是一所简朴老旧二层楼，他的自传里有这样记录："我之个人家庭，年不过数千元，逐月薪水足以抵过。集美建一住宅，不上一万元，他无所有。"陈嘉庚个人用的床、写字台、沙发、蚊帐等，都有甚长的使用史。他穿的外衣、裤子、鞋子、袜子全都打补丁。晚年，他为自己规定一日伙食标准不超过5角钱，经常吃番薯粥，佐以花生米、豆干、腐乳，改善生活也仅是加上一条鱼。

提及陈嘉庚办学，人们总爱以"毁家兴学"相喻，而这一切的原因，可以从1918年他给集美学校学生的一封信中找到答案："教育不振则实业不兴，国民之生计日绌，……言念及此，良可悲已。吾国今处列强肘腋之下，成败存亡千钧一发，自非急起力追难逃天演之淘汰。鄙人所以奔走海外，茹苦含辛数十年，身家性命之利害得失，举不足撄吾念虑，独于兴学一事，不惜牺牲金钱竭殚心力而为之，唯日孜孜无敢逸豫者，正为此耳。诸生青年志学，大都爱国男儿，尚其慎体鄙人兴学之意，志同道合，声应气求，上以谋国家之福利，下以造桑梓之麻祯，懿欤休哉，有厚望焉。"

陈嘉庚有一句名言："应该用的钱，千万百万也不要吝惜；不应该用的钱，一分也不要浪费。"他将捐资为国育才作为应该用的钱，将个人生活所用之款当作不能浪费的钱。

陈嘉庚不仅仅是办学的"大金主"，更是一代大教育家。他的教育思想体现在八个方面：一是师资是办学的关键，严格选择和物色师资人才，同时强化师范生教育，奖励师范生；二是校长是办学的核心，赋予校长更多办学主导权、主动权；三是强调学生全面发展，多次提出"德、智、体三育并重"；四是教育扶贫，强调优待贫寒子弟；五是开展女子教育，鼓励女子读书；六是倡办职业教育，让学生有一技之长，先后开办了航海、商业、农林、水产等技能性甚强的学校；七是提倡教育普及，制订《同安十年普及教育计划》，设立同安教育会和教育推广部；八是与时俱进，坚持改革创新，陶行知创办晓庄乡村师范学校之后，陈嘉庚立刻在集美进行尝试。

日酿"鲁祸" 首领抗日

1928年，陈嘉庚第一次领导华侨，奋起抗击制造了山东"济南惨案"的日本侵略者。

1928年5月，日本派出重兵进攻山东省省会济南市，屠杀了6000多名中国军民，打伤了数以千计军民，连派出交涉的中国外交官蔡公时等，也被侵略者以极残忍的"凌迟"手法杀害。消息传到新加坡，陈嘉庚拍案而起，领导东南亚华侨奋起抗日。他立即指示由他担任总理的怡和轩俱乐部拟定函件，分发新加坡、马来亚华侨各界，函件字字如血，催人动容："山东惨祸，警耗频传，凡我侨胄，其心不摧。同人中原北望，空殷匹夫救国之心，恤怜救灾，敢忘拯饥扶溺之责？不揣绵薄，泣告同侨，共扩抱与之怀，冀为涓滴之助。"

陈嘉庚不但函告东南亚华侨，发动大家捐款赈济祖国受难同胞，还立即联络新加坡华侨社团，举行全侨大会，会上成立山东惨祸筹赈会，陈嘉庚被选为会长，李振殿为财政主任，何葆仁为文牍主任。

1928年5月17日，陈嘉庚在新加坡全侨大会上慷慨陈词，动员华侨抗日救国："查山东不幸，客岁惨遭天灾，难民数百万人，无食无衣，苦惨万状，不可言喻。虽远邻如美国尚筹款一千万元，以资赈济。……顾日本虽与我国毗邻，且属同文同种，而从未闻其捐助一文钱，救济一粒米。乃今日更进一步，侵略我主权，惨杀我同胞……其野心凶暴，险恶蛮横，实全世界所未有。今我国势虽弱，然人心未死，公理犹存，必筹相当之对待。""对待办法不外二项，第一就是抵制，第二就是筹款。抵制之事，当守居留地法律，切不可轶出范围。若或轶出范围，是破坏抵制也，故应行文明办法，实行经济绝交。吾民族若能群策群力，坚决抵制，不难驯服其野性也。"

会后，陈嘉庚全力动员华侨迅速行动。他在新加坡山东惨祸筹赈会社团代表大会上演说，指出："本会虽属慈善事业，但关系于国民极为重大。""今65番不独各劳工自动奋起，即妇人孺子，亦多自动捐输，……想各因得闻此次东邻恃强压迫之甚，故有为是血诚之表现。"他提出筹汇赈款，应统一行动，归本会办理，勿贻散沙之诮。陈嘉庚振臂高呼，新加坡百姓起而响应，踊跃捐款。到1929年1月为止，山东惨祸筹赈会九个月内为山东灾民筹募117.4万余元叻币，其中汇交南京政府107.3万余元，汇交蔡公时家属4.91万余元。济南事件后，日本在新加坡"与华人之贸易已完全断绝"。

陈嘉庚动员华侨以抵制日货、坚决不与日本企业合作、坚决不为日资企业服务等方式，打击日本

1928年2月，陈嘉庚（前排左七）在新加坡欢迎国民党元老胡汉民（前排左六）

国力。在陈嘉庚等爱国侨领的积极宣传和努力下，抵制日货成为新加坡爱国华侨共识。华侨不为日本船起卸货物，不为日本渔船销售商品鱼，日本医生、理发匠等，也"全无华人顾客"。

陈嘉庚是较早意识到日军侵华野心的中国人之一，他将日本侵华计划《田中奏折》大量印刷并辅以揭露日本占领中国野心的文字，分发新加坡、马来亚各地华侨，全力揭露日军侵华阴谋一事，提醒华侨坚持抗日。

当时，新加坡是英国殖民地。英国新加坡总督金文泰对陈嘉庚的反日言行十分不满，特别是对陈嘉庚及怡和轩俱乐部把臭名远扬的《田中奏折》广为印发，提醒国内外中国人警惕日本侵华非常恼怒，想将陈嘉庚驱逐出境，但因陈嘉庚在新加坡、马来亚的崇高威望，仅对陈嘉庚提出书面警告。陈嘉庚亦置之不理，继续坚持领导新加坡华侨开展抗日斗争。日本当局恼羞成怒，开始疯狂打击陈嘉庚及其旗下的企业。1928年，陈嘉庚创办的《南洋商报》揭露奸商私进日货，日本当局派人纵火陈嘉庚橡胶熟品制造厂，将之焚毁。接着，日本因经济不景气，日本政府为摆脱困境，免税、补贴日本橡胶制造商，支持其产品打进东南亚市场，削价倾销，想方设法排挤、打击陈嘉庚公司的橡胶制品，妄图摧毁他的抗日意志。

淞沪抗日　捐款助战

1931年9月，日本侵略中国东北，制造了九一八事变。陈嘉庚闻讯，再一次领导华侨反对日本侵略中国。陈嘉庚以福建会馆主席名义致函新加坡中华总商会，请求召开全新加坡华侨大会，讨论对日办法。在得到应允后，他立即主持召开华侨大会，达成抗日共识，商定对敌办法。会后，他以新加坡中华总商会名义，通电欧洲日内瓦国际联盟和美国总统罗斯福，敦请履行各种条约，维护世界和平。同时，在新加坡、马来亚宣传抗日，以"唤醒侨民，鼓舞志气，激励爱国，冀可收效于将来"。

1932年1月，日本侵略的脚步踏向中国富饶江南，"一·二八"淞沪抗战打响。陈嘉庚除带头为浴血抗敌的十九路军捐以巨款，还以自己的巨大影响力，在新加坡华侨社会开展节衣缩食运动，筹款支援十九路军。据不完全统计，1月至7月，南洋华侨汇交十九路军的捐款额达600万块银元以上，其中就有陈嘉庚所筹募的巨款。

领导星马　援国抗战

1937年7月7日，卢沟桥事变发生，日本开始全面侵华。陈嘉庚在新加坡、马来亚爱国侨胞的全力支持下，再次挺身而出，领导新加坡、马来亚华侨，义捐助战，支援祖国抗击侵略者。

1937年8月15日，在陈嘉庚领导下，新加坡中华总商会召开新加坡118个华侨团体1000多人参加的侨民大会，会上成立新加坡华侨筹赈祖国伤兵难民委员会，陈嘉庚被推选为主席，办事处设在怡和轩俱乐部内。他在大会致辞中说："寻常对外战争，战败亡国。今日若战败，则非只亡国，实将亡族。……若观日本目前毒害中国，足知其旨在灭我种族，故意义特别重大……"会上，他主动承诺自己承担常月捐每月2000元，至战争终止。他的女婿李光前、同安籍侨领叶玉堆也在会上带头各捐10万元，周献瑞、蔡汉亮、林文田三位也各捐2万元，其他侨领也各捐献若干，当场筹得30万元。在陈嘉庚领导下，新加坡筹赈祖国伤兵难民委员会发展很快，在全新加坡设了30多个分会、200多个支会，抗日募捐活动普及到全新加坡侨胞。

1938年春天，为筹措抗日军费，祖国政府发行救国公债，新加坡任务是要购买救国公债600万元。陈嘉庚立即召开侨民大会认捐，他自己带头捐购10万元。

在新加坡筹赈祖国伤兵难民会如火如荼般展开工作时，陈嘉庚觉得马来亚十二个区的抗日筹赈活动各自行事，缺乏总的领导，不免使筹款工作不一致，而且很难起到互相激励作用。他决心把马来亚各区组织起来，成立一个总领导机关。于是，陈嘉庚发函给马来亚12个区，要求他们派代表于1937年10月10日在吉隆坡作一次"谈话研究会"。他的提议，得到全马来亚各区的支持。各区派出代表共100多人参加吉隆坡的谈话研究会。会上，决定成立马来亚各区华侨筹赈祖国伤兵难民会，公推陈嘉庚为主席，下辖新加坡、马六甲、槟榔屿、雪兰莪、森美兰、霹雳、彭亨、柔佛、吉打、玻璃市、吉兰丹、丁加奴12个区筹赈会。决定由陈嘉庚代表马来亚各区会与祖国中央政府联络，并与各区互通消息。

随着陈嘉庚领导的这两个筹赈祖国伤兵难民抗日团体成立之后，统一步骤、统一行动，捐款、抵制日货、购买救国公债、动员华侨回国参战等诸项工作，都取得巨大成效。陈嘉庚经常组织各种抗日报告会、动员会、纪念会，亲自登台演讲，动员华侨共赴国难。新加坡、马来亚华侨在他的感召下，或慷慨捐款，或奔走募款，或回国参战。

离休前曾任厦门大学副校长、党委副书记的谢白秋曾回忆说："1938年7月，我从槟城来到新加坡，恰逢'七七事变'周年，我们参加了由陈嘉庚先生主持、新加坡抗敌后援会发动的万人纪念大会。会上，各界代表发表慷慨激昂的演讲，与会者无不群情激奋，受到极大鼓舞。大家表示，要坚决支援祖国军民抗战到底，直至最后胜利。这个极具感召力的大会，有力促进了全马来西亚抗日救亡运动。不久之后，我就和几位同学一起回国参加了新四军。"

接着，菲律宾、印度尼西亚、缅甸也成立了相应的组织，使抗日救国之火，在东南亚熊熊燃烧。为祖国抗日而起的义捐、义演、义卖席卷南洋。在新加坡为抗日捐款方式，一般分为定期捐款和临时筹募两种，定期捐款指的是各商店雇员、学校教职员、各机关工作人员，均按月扣薪若干比例，各学校学生每日每人捐零钱，舟子、车夫、小贩自愿认日捐和月捐。临时筹募，指的是有各种特捐，如球类比赛筹赈、游艺会筹赈、歌咏筹赈、演剧筹赈，以及制糕饼、菜肴、花卉筹赈等，福建帮还组织了100个售花队上街卖花筹款。

据不完全统计，新马地区华侨义捐和公债合计共达32765826元国币。回国参加抗战的新加坡、马来亚华侨青年也不断增多。据统计，仅1938年5月至8月，经八路军驻西安办事处介绍前往延安的华侨青年，就有78名。参加新四军的华侨青年更多。也正是因为陈嘉庚在东南亚高举抗日大旗，日本侵略者对他恨之入骨，长期派飞机对他的同安老家和创办的厦门大学、集美学村狂轰滥炸。甚至对内迁安溪、大田的集美学校校舍，也派飞机进行轰炸。

南侨总会　倚天一柱

随着日本侵华战争的扩大，祖国人民苦难加剧，南洋华侨深感只有实行大团结、大联合，才能更有效地支持祖国的抗日战争。

1938年10月10日，在陈嘉庚组织下，南洋各属华侨筹赈祖国难民代表大会，在新加坡华侨中学大礼堂举行，来自马来亚、新加坡、菲律宾、印尼、越南、沙捞越、缅甸、泰国等地的华侨代表168人，代表45个城市华侨救国团体，与会商讨抗日救国，成为南洋华侨史上空前的盛会。与会代表一致决定成立南洋各属华侨筹赈祖国难民总会（以下简称"南侨总会"），作为南洋华侨抗日救国的最高领导机关。大会选举陈嘉庚为主席，庄西言、李清泉为副主席，总会办事处设在新加坡。大会还制定了各埠筹赈会办法举要。

南侨总会，是南洋全体侨胞第一次不分地域帮派，不分政治倾向，不分阶层的抗日救亡运动大团结的组织。实现了在抗日救亡旗帜下华侨团体的大联合，曾在报刊登出"组织华侨千百万，复兴中华一条心"的誓言。南侨总会向世界发布了全体东南亚华侨与祖国同心协力共御外侮的《南洋各属华侨筹赈祖国难民总会代表大会宣言》（以下简称"宣言"）。

宣言展示了海内外中国人抗战到底的坚定信念："惟我有无限之资源足以支持，我有无穷之人力足为后盾，忍万屈以求一伸，拼千输以博一赢，艰苦奋斗，义无反顾，否极之后，终有泰来；敌则资

陈嘉庚率南洋华侨回国慰劳团在前线与抗日官兵同吃战地餐

源有限，人力易穷，踧决肘见，百众不安，时间愈延长，危机愈逼近，墓由自掘，祸由自取，行见鼠窜而败、鱼烂而亡耳。故当前领土沦敌，无关大局，最后胜利之属我，绝对可期。此种理势，吾人必须认识；此种信念，吾人必须坚抱！"

宣言也向南洋华侨发出共赴国难的动员令："华侨素有'革命之母'之令誉，爱国精神，见重寰宇，'七七'以来，输财纾难，统计不下一万万元，南洋方面占十之八，此在道德的义务上可谓已尽，而在国民天职上究有未完。盖国家之大患一日不能除，则国民之大责一日不能卸；前方之炮火一日不能止，则后方之刍粟一日不能停。吾人今后宜更各尽所能、各竭所有，自策自鞭，自动自勉，踊跃慷慨，贡献于国家，使国家得藉吾人血汗一洗百年之奇耻，得藉吾人物力一报九世之深仇，而吾人之生存与幸福，亦庶几有恃而无恐。"

宣言还对华侨抗日救国除捐款、投军之外，提供了更多思路："今欲一面抗战，一面建国，藉自力之更生，谋自强之不息，则开发矿藏，推销产品，实不容缓。惟政府专力御侮，未遑兼顾，海外侨胞应速分负其责，南洋各属华侨筹赈祖国难民总会之成立，于此亦将加以注意，务使国产品深为侨胞所认识，永为侨胞所乐用，以振我工商业，而厚我经济力，更拟组织公司，开发祖国富源，维持难民生计，凡此加强战时经济机构，奠定战后复兴基础，皆属至急之要图，为我国内外同胞所当尽心尽力以求之者。"

宣言最后号召全体东南亚华侨：愿我同胞"从今日起，充大精诚，固大团结，宏大力量，以我政府为后盾，则抗战断无不胜，建国断无不成"。

南侨总会成立，在海内外引起强烈反响。国民政府主席林森题词："急难轻财，护兹祖国。"蒋介石题词："财力增厚，即战力增强。"南侨总会成立后，得到东南亚华侨拥护。到1940年，南侨总会领导下的基层救国组织已达702个。

陈嘉庚在南洋募款购买了一批救护车捐献给祖国

南侨总会成立后，在陈嘉庚领导下，全南洋侨胞精诚团结，发挥活力，不遗余力地为祖国抗战提供财力、物力、人力的支持，使南洋抗日救国工作开创了新局面。据《南侨回忆录》载：发动侨胞出钱、出人、出力支持祖国抗日救亡。公布筹赈采用12种以上办法效劳国家，源源接济，以达到胜利之目的。

据不完全统计，南侨总会代表当时全南洋抗日救国的华侨，抗战义捐约国币5亿元，同时还捐献难以计算的战略物资。除捐款捐物给国民政府外，还把大批义款和物资直接送给八路军、新四军和华南抗日游击队。不少华侨还建立援助八路军、新四军的专门筹款组织。据估计，南洋侨胞向中国共产党领导下的抗日武装捐款至少有1000万元。

另据当时国民政府财政部统计，截至1940年10月，海外华侨共捐献飞机217架、坦克27辆、救护车1000辆、大米1万包，以及大量药品、雨衣、胶鞋等用品，自1937年至1940年总数达3000批以上。其中南洋华侨捐献比重最大，有力地支援了祖国抗战。

据《南侨回忆录》载："南洋各属三年间，除暹罗外，海外各华侨逐月义捐可得1350万元。如将义捐存银行作货币基金，在国内可发行四倍之货币5400万元。"

正如陈嘉庚先生所评价的那样，在这场捐款的热潮中，"富商巨贾，既不吝金钱；小贩劳工，亦尽倾血汗"。对祖国人民和抗日将士来说，这既是物质上的巨大支援，又是精神上的莫大激励。

据何应钦在国民参政会报告："民国二十八年全年战费共开国币18万万元，则华侨义捐可当三分之一。"海外华侨汇回国内之款，尚有寄回家费一条，比义捐数目更多十倍，此条为我国最大之资源，对政费战费更有重大关系，五年间共汇家、义捐国币50余万万元。

据国民政府财政部统计，华侨在抗战期间的捐献，以国币计算达13亿2259万元。国民政府发行的5亿元救国公债，华侨认购一半，最后也全部作为捐款献给抗战事业。

抵制日货　护兹祖国

在陈嘉庚担任主席的南侨总会领导之下，东南亚各地华侨开展了声势浩大的抵制日货活动，不买日货，不卖日货，不与日本企业合作，不为日商做工，不把军需物资供给日本侵略者，成为东南亚华侨当时的共同行为准则。

马来亚是日本苦心经营几十年的军事工业和钢铁工业的重要原料供应地。在爱国华侨的宣传发动之下，丁加奴州的龙运铁矿的华工，一致离矿罢工。紧接着，其他各矿华工也相继罢工。原籍德化县的陈节侯，在矿区经营商店已久，当龙运铁矿罢工后，陈节侯也毅然停止营业。马来亚日营株巴辖铁矿三千名华工也集体罢工，并炸毁了矿上全部机械。陈嘉庚领导的新加坡筹赈会支持这一罢工斗争，以福建会馆名义，向侨胞募捐新加坡币万余元资助罢工工人。以后这些华工在南侨总会的组织和帮助下，陆续回国参加抗日战争。由于马来亚华工的罢工，使日本在马来亚经营的钢铁生产受到致命打击。1937年7月前，日本每月从马来亚运出的铁矿石和钢锭30万吨，而罢工后的12月，仅运出12400吨。日货原在新、马地区有很大市场，遭到广泛抵制，日货几乎濒于断绝。1938年初的3个月，东南亚日货销量减少了54%，每月损失2000万元。

七七事变前，日本运往新加坡的货物，每月至少八千吨，事变后减少至二三千吨。抵制日货运动，使日本在经济上受到沉重的打击。

输送义勇　回国投军

动员华侨拿起武器，回国参加抗战，是南侨总会在抗战时期的又一项重要工作。许多华侨青年，就是在陈嘉庚爱国精神的感召下，投身到抗战的洪流中去。如1939年，菲律宾100多位华侨青年回国从军，被编入福建军政部十三补训处受训。他们后来成为著名的福建闽侯大湖保卫战的主力，许多人献出了生命。在中国空军驱逐机飞行员中，华侨几乎占了四分之三。广东空军从队长到队员，几乎都是华侨子弟。他们多次驾机与日本空军激战，立下了赫赫战功，有不少人在战斗中血染长空，壮烈殉国。抗战时期，国民党中层军校设有华侨特别班、华侨总队、华侨大队等，专门招收归国从戎的华侨青年。有许多华侨青年受训后走上战场杀敌立功。中央陆军军官学校贵州分校有一华侨总队，学员达1000多人，多来自东南亚，800多人毕业后进入野战部队，200多人进入军统，前往东南亚沦陷区做情报工作，多数壮烈牺牲。

因为投奔新四军的南洋华侨甚多，新四军军长叶挺曾准备组建华侨团、华侨营；也因投奔八路军的南洋华侨激增，延安成立了侨务组织。

反对投降　讨伐汪逆

1938年10月，南侨总会成立不久，北平大汉奸汪朝宗、池尚同、王大桢等31人联名给南侨总会来电，妄图引诱陈嘉庚和南侨总会"赞成与日和平"，并许以高官，当即遭到陈嘉庚回电痛斥："卖国求荣，谄媚无耻，沐猴而冠，终必楚囚对泣，贻子孙万代臭名。日寇灭天理、绝人道，奸伪欺诈，毒祸人类，为幽明所不容，列强之公敌，现虽暂时荣耀，终必惨败无地。尔辈若能及早悔悟，改过自新，尚不愧为黄帝子孙……"

1938年，上海、南京等大城市相继沦陷，祖国抗日战争进入极其困难时期，汪精卫辞去国防最高会议副主席的职务，专搞投降卖国活动，陈嘉庚闻知非常气愤，立即采取措施。

10月4日，陈嘉庚以南洋华侨筹赈祖国难民总会主席名义给汪精卫发电报，大意是说谈和平其实是绝对不可能，不如拒绝。

10月25日，汪精卫以"抵抗侵略与不拒绝和平并非矛盾"的投降论调回电，大意是：凡两国战争终须和平，以我国积弱非和平即亡国，伊主张和平为救亡图存上策。陈嘉庚立即回电劝说："你身居要职，一言兴邦，一言丧邦；如若言和，不但南洋侨胞，而且举国上下皆不能原谅，万望接纳老友忠告，严杜妥协之门。"

10月26日，陈嘉庚得知汪精卫力主妥协投降的消息，怒火满胸，又给汪精卫拍去电报，直接进行揭露："今日国难愈深，民气愈盛，宁为玉碎，不为瓦全，继续抗战，终必胜利。中途妥协，实等自杀！孰利孰害，彰彰明甚，若言和平，试问谁肯服从？势必各省分裂，无法统摄，不仅和平莫得实现，而外侮内乱将更不堪设想。坐享渔利，唯有敌人！呜呼！秦桧阴谋，张昭降计，岂不各有理由？……海外华侨，除汉奸外，不但无人同意中途和平谈判，抑且闻讯痛极而怒。"10月27日，陈嘉庚致电蒋介石不要上汪精卫的当，一定要坚决地坚持抗战。

1938年10月28日，第二次国民参政会议在重庆召开。陈嘉庚以参政员身份拍去一封"电报提案"，意为：敌人未退出我中国以前，公务员谈和平便是汉奸国贼。这一国史上最伟大提案的主要内容震动了重庆，邹韬奋撰文誉之"是几万字的提案所不及其分毫，是古今中外最伟大的一个提案"。陈嘉庚在《南侨回忆录》中对此有这样的记录：……余即拍电报向参政会提案，大意是"敌人未退出我国以前，公务员谈和平便是汉奸国贼。"并电王秘书提向参政员赞同签押，（例须有二十人赞同方成提案）。后接友人来函，褚辅成君首赞成签押，不多时例额已签足，于是成案，付诸参政员讨论，时汪精卫任主席，形容惨变，坐立不安。……表决时大多数赞成通过，将原文文字修改减半为"敌未出国土前，言和即汉奸"。汪精卫尚哓哓不休，甚形不满。

陈嘉庚手迹，此为被称作"史上最伟大提案"的主要内容

12月31日，陈嘉庚再次致电蒋介石请求通缉汪精卫归案正法。当得知汪精卫从重庆秘密出逃，并于12月29日在河内发表"艳电"，声明愿以日本首相近卫"声明"的原则进行和平谈判，公开投降后，陈嘉庚怒不可遏，在给蒋介石的电文中写道："汪弃职离都，背党叛国……此而不诛，何以励众？更何以根绝效尤？敬乞我公宣布其罪，通缉归案，以正国法，而定人心，八百万华侨，拥护抗战到底。"

1939年1月4日，蒋介石复电陈嘉庚，说对汪精卫"中央已有处置"。实际是1月1日仅公开宣布开除汪精卫的国民党党籍，革除一切职务，并未进行通缉，而是派人暗杀。汪精卫丝毫没有回心转意，他于1939年春从河内转往上海投敌。为此，陈嘉庚又于4月13日发了一封长文电报，要求对汪精卫严加惩处。

4月25日蒋介石回电："对汪国法未施，已为天下共弃，亦足以垂炯戒。尚希酌本此旨，善慰侨胞。"1940年3月，汪精卫集团接受了日本条件，屈膝卖国，在南京成立傀儡伪国民政府。

陈嘉庚和南侨总会带领东南亚华侨，展开了对汪精卫的愤怒讨伐。南侨总会向东南亚华侨发出第21号通告《为揭发国贼汪精卫罪恶请侨胞毋为妖言所惑》，对汪精卫的罪行进行全面揭露、批判，最后呼吁海外侨胞坚持抗战到底："汪贼卖国求荣，早为天下共弃。我侨捐资救难，不达最后胜利不止，当不为妖言所迷惑也。辨奸讨逆，亦为天职，输财救国，勿止中途，有厚望焉。"之后，以反对卖国投降、支持抗战为中心的讨汪运动，在东南亚各地迅速展开。在马来亚，马来亚各界抗敌后援会和中华民族解放先锋队马来亚总部在各地发动了声势浩大的"反汪宣传周"活动。在越南，南圻40万华侨参加声讨汪逆的运动。在缅甸仰光，华侨还筹款100万元作为缉拿汪精卫的活动费用。陈嘉庚领导的东南亚华侨对汪精卫的讨伐，在当时国内外的反汪运动中起了激昂民族正气、奋发抗敌斗志的作用，使汪精卫的卖国政府始终陷于孤立之中。

组机工团　回国效力

在祖国抗日战争最艰难时，陈嘉庚和他领导的南侨总会，发起和组织3200多名来自南洋各地的华侨机工，组成了南侨机工回国服务团，在险峻的滇缅公路上抢运战略物资，为祖国抗日战争取得最后胜利做出了巨大贡献。

抗日战争爆发后，日军制定严密计划，进攻中国港口城市和封锁沿海。广州失守后，滞留在香港的两万多吨军火，必须转从新建的滇缅公路运入。当时滇缅公路刚筑好，为保证这条大动脉能够畅通无阻，国民政府军事委员会在昆明设立了西南运输公司，并在新加坡和缅甸仰光设立办事处，负责把军火物资从香港经新加坡移囤仰光，然后从滇缅公路运入昆明。滇缅公路北起中国昆明，南至缅甸腊戎，全长1146公里。这条公路翻越深谷，迂回于崇山峻岭中，路面崎岖不平，且要横穿怒江、澜沧江和漾濞江的急流，地势极为险恶，不少路段是架设在峡谷间的桥梁、行车一不小心就跌入深谷或掉入江中或撞上山崖，难有生还机会。加上不少地段瘴气肆虐，敌机疯狂滥炸，没有熟练技术和胆大心细的驾驶员是无法胜任的。由于当时国内熟练的驾驶员奇缺，西南运输公司向陈嘉庚领导的南洋华侨筹赈祖国难民总会求援，请求招募熟练汽车驾驶员及修车机工回国服务抗日。

当年参与此项工作的著名爱国侨领黄奕欢在其所著《赤子丹心照汗青》一文中做了这样记录："滇缅公路通车，缺乏熟练的司机及修理机工，1939年初西南运输公司主任宋子良亲自来到新加坡找嘉庚先生商谈，由我作通译。他认为最有希望聘到机工的地方是新加坡和马来亚，他请求嘉庚先生代为招聘。宋子良允诺机工回国服务，……除有薪金外，膳宿、衣服、医药等概由政府供给。……"

陈嘉庚立即于1939年2月7日发表了南侨总会第6号通告《征募汽车修机驶机人员回国服务》，并在报上刊登广告，号召机工回国服务，共拯危亡。与之同时，陈嘉庚致函马来亚各分会代招机工。他一方面号召华侨捐款捐物，购买大量汽车和军需物品，另一方面还亲自到南洋各埠演说动员，广大华侨青年热烈响应，纷纷报名参加。南侨总会领导侯西反、黄奕欢、刘牡丹等人，也经常穿街过巷走乡村，发表演说，动员、鼓励华侨应募。

南侨机工招募的条件是：一、能驾驶大型货运汽车的司机及修理工。二、年龄在20岁以上、40岁以下，持有当地（侨居地）汽车驾驶执照者。三、略识中文，略会讲普通话，无不良嗜好（尤其不嗜酒）。四、凡应募者，须持该地筹赈会或商会介绍函，知其平素确具爱国志愿。招募广告附告：各地筹赈会负责征募，考验合格者报南侨总会。

陈嘉庚先生登高疾呼，立即得到南洋华侨的热烈响应。陈嘉庚的《南侨回忆录》曾建设了一位机工，"有一修机工在洋十年，每月收入坡币二百余元，自甘牺牲，并招同伴十余人，带其全副机器前往"。这位机工即是新加坡的英国汽车公司的著名机械工程师王文松。当时招募广告规定机工月薪仅国币30元，而王文松却抛弃200坡币（折合国币近1000元）的月薪，自甘牺牲，并带领一批伙伴，自备全副机修器具回国。有的华侨年仅十七岁，却虚报为20岁才够条件回来；有的惜别未婚妻而奔赴抗日疆场，相约将侵略者赶出家乡再举办婚礼；有的毅然别妻离子报效祖国；有的因家长不同意，则改名瞒着家庭秘密参加机工队伍……

1939年2月18日，首批南侨机工回国服务团成员80名在新加坡集中出发，南侨总会举行盛大欢送会。陈嘉庚勉励大家："你们是代表千万华侨回国服务的，一定要坚持到底。"新加坡报纸出版欢送专刊，把首批回国机工赞颂为"八十先锋队"。

自1939—1940年间，陈嘉庚领导的南侨总会从新加坡、马来亚等地招募"经验丰富、技术精良、胆量亦大"的机工3200多人，先后编入西南运输处属下的十几个大队以及后来专门组建的华侨运输先锋，并捐献汽车310辆及其他物资，组成南洋华侨机工回国服务团，分15批回到祖国，投身抗战第一线。

3200多名南侨机工回国后，经昆明潘家湾训练所的短期军事、业务集训，奔赴滇缅公路沿线服务。修理工除部分随队维修外，分配到芒市、保山、下关、昆明、贵阳、重庆等地的修理厂。南侨机工服务的地方很广，四川、贵州、湖南、两广以及越南、缅甸仰光等地，但主要还是集中在滇缅公路上。

据南侨总会《大战与南侨》一书记载："滇缅公路上的熟练司机有半数以上是南洋回国华侨。"当时滇西至缅北一带，是世界上有名的"烟瘴之地"，据《新华日报》1941年1月27日报道："当此路通车之始，华侨司机就做了开路先锋。他们驾车驰至芒市、遮放一带，每天遭遇流行的恶性疟疾，平均死亡率每日约计七八人。"此外，作为中国战时重要通道，日寇经常派飞机进行狂轰滥炸，尤其是1940年10月，"滇缅路重开之后，敌机的轰炸，愈演愈烈。但华侨司机们并不因此而气馁，他们自动踊跃地参加华侨义勇抢运大队，在敌机机翼下拼命地为祖国抢运抗战物资，《华侨先锋》第2卷第9期记载，南侨机工在滇缅公路上，平均每日运送军用物资300吨以上"。

陈嘉庚始终关怀着南洋机工。著名爱国侨领庄明理在《陈嘉庚与华侨机工》一文中，有这样记述：

> 嘉庚先生闻悉回国司机的苦况，寝食不安，除举派刘牡丹回国实地考察外，他并计划将滇缅公路分作六段，每段一百五十余公里，设立七个停车站，每站建几个停车场，可容纳货车三百辆，总面积达五、六万平方尺。同时对所需经费进行了仔细核算：停车场每平方尺建筑费国币一元半，共约需八万元。工人宿舍及食堂、阅报室、医院二万平方尺，每平方尺以二元半计算，共计五万元，两项共计需十三万元，七个车站共计九十一万元，外加零杂费九万元，共一百万元，合叻币二十余万元，全部由南侨总会提供。

刘牡丹在滇缅公路沿途视察月余后，回南洋向嘉庚先生报告：南侨机工反映的情况属实。嘉庚先生当即建议采取以下措施：每个机工赠送蚊帐、毛毯各一件，工作服、卫生衣各一套，羊毛袜两双，运动鞋一双，奎宁一瓶。总共购置了三千两百套，每人九件物品，于1939年年底备齐送回昆明。同时，建议西南运输处在沿途城镇设立机工宿舍、医疗站和停车场。嘉庚先生将此建议分别电告重庆国民党中央政府和昆明西南运输处。后者复电云：此建议的实施要待中央指示，而重庆方面根本不予答复。为此陈嘉庚先生又第二次派人前往昆明，与西南运输处面商上述建议如何实施。

1940年春天，陈嘉庚回国慰劳视察前线官兵，于10月从福建永安出发，翻山越岭于同年11月抵达昆明。

新中国成立后曾任中华全国归国华侨联合会副主席的庄明理，当年曾陪同陈嘉庚视察滇缅公路，他在《陈嘉庚与华侨机工》一文中，对陈嘉庚视察滇缅公路做了详尽介绍：

> 西南运输处为我们派了两辆小轿车，一辆供嘉庚先生及秘书李铁民乘坐，一辆是我和两位工程师乘坐。嘉庚先生沿途下车亲自察看，对哪段公路拐弯太急需加修整，哪段路面不平需平整，哪段路面狭窄需扩宽，哪处行车有危险需插路标，他都提出具体意见与同行的两位工程师商定，并要我们一一记录清楚。他还提出全路应设七、八个中途休息站，各处要建机工宿舍和食堂、77停车场和修理站。陈先生的建议都得到两位工程师的赞同。全路考察结束后，便将这个修路方案

上报西南运输处。嘉庚先生并决定修路和建站所需经费全部由南侨总会筹赈汇寄。

嘉庚先生在视察公路期间，到一城镇，有机工被运输处关在黑房里，陈先生随即叫侯西反去看看，侯回来报告确有其事。嘉庚先生很气愤，亲自去问该机工被监禁的原因，并入室探望，见这位机工只穿一件单衣，没有棉被，睡在地上，陈先生不禁泪下，立即拿出五十元给他买衣服。原来这机工完全是无辜被关，嘉庚先生说，我号召人家回国服务，想不到有此令人痛心的事。他这种对机工负责到底和关心祖国抗战前途的精神，使华侨机工深受教育和感动。陈先生勉励机工努力为祖国服务、善始善终，坚持到抗战胜利。

滇缅公路视察完毕后，我陪陈先生从腊戌到仰光。在仰光他让我担任南侨总会常驻滇缅公路的代表，交涉实施修路诸事宜，并要我办几件事情：1.滇缅公路狭窄陡险的地方要修；2.购置五百辆货车；3.修路所需之柏油国内很缺，陈先生交办的事我没有完成。因为送陈先生回到新加坡的当天下午，缅由南侨总会供给（当时连陪都重庆市内都无柏油马路，皆土路或石头铺的路），民工由西南运输处负责组织；4.由南侨总会出钱，让我在仰光购买一批保养洗刷车子用的工具，如水管子、打水机、铲、刷等运送回国。

缅甸英殖民当局要我去谈话，我被逮捕并驱逐出国。我只好匆匆交代当地华侨筹赈会负责人代办。后来，我听说他们买了一百辆车和一些保养车辆的工具交西南运输处。还买了柏油一百桶。滇缅路上的柏油路从宛町铺至惠通桥。

抗战胜利后，陈嘉庚与国民政府联系，帮助完成任务的英雄机工返回新加坡。对于在云南安家的机工，新中国成立之后，陈嘉庚曾两次前往探视、慰问。

组团回国　慰劳将士

为了慰劳国内抗日军民和考察抗战实况，陈嘉庚亲自发起并率领南洋华侨慰劳视察团，于1940年3月回国考察。至于回国考察原因和组团经过，黄奕欢在其所著《赤子丹心照汗青》一文中做了详尽介绍：

自沿海重要出入口沦陷后，海外华侨对国内的消息不灵，于国内战事的实况，也不太清楚。嘉庚先生领导南侨总会，有义务多筹募义捐，也有责任向海外侨胞交代义捐的用途，是否收到实效。为了了解国内的实际情况，他发起组织"回国慰劳视察团"，简称"慰劳团"。他指出慰劳团的使命是："欲鼓励祖国同胞参加抗战的民气，及回洋报告侨众，增益义款，及多寄家费以加外汇"。他认为海外华侨只汇义款及派遣技工回国，未能到前线慰劳将领士兵，"义务实有未尽"。嘉庚先生于是登报通告，并致函南洋各属会，请派代表参加回国慰劳团。慰劳团预定一九四〇年三月起程回国。在发出的简章中提出遴选代表应注意的几点：1.代表须通晓国语，及略识中文；2.代表每人备资新加坡币一千二百元，有剩找还；3.该代表如需供给家费，由所派机关负责；4.代表如意外丧身，须给其家属新加坡币三千元，若残废，则酌量补给。

公函发出后，各属会报名参加者五十余人。

……

除菲律宾、香港、安南、缅甸代表各自起程赴昆明不计外，其他各属分会代表于二月底陆续抵达新加坡，共三十多人。……一九四〇年三月六日，慰劳团一行由团长潘国渠先生率领，搭丰庆轮到仰光，转搭火车到腊戍，然后乘西南运输公司货车到昆明。在昆明与菲律宾、香港、安南及缅甸代表会集。慰劳团于昆明、贵阳等地受到各界热烈欢迎。延至四月十四日始抵重庆。

嘉庚先生与李铁民秘书于三月十五日搭英邮轮赴槟城，十九日转仰光，与庄西言先生会合。三人于三月二十六日飞重庆，午后抵达重庆珊瑚坝机场。在珊瑚坝机场招待茶会上，嘉庚先生表明他不是慰劳团团长，而是以南侨总会主席的身份回国慰劳。他说，此行的最大目的就是要了解抗战以来，军政界如何进步，民众如何同仇敌忾，各党派如何团结对外的实况，将这些材料带回南洋，向海外华侨报告、宣传，使千万侨众增加爱国心，从而使私人汇款及救济义捐，月月增进，以外汇财力助祖国抗战。

……

嘉庚先生在重庆逗留了约四十天，于五月五日才与侯西反、李铁民二位先生往其他省市慰问考察。庄西言先生有事，六日返吧城，未能伴行。他们三人经历了十五省，在福建停留最久，约两个多月，五月三十日访问延安，至六月八日离开。在延安会见了毛泽东主席、朱德将军，并实地考察延安的各项建设与民生……

延安之行　欣喜收获

延安之行，使陈嘉庚看到了中国新的希望。

在重庆，陈嘉庚受到蒋介石及其党政要员们的热情接待，蒋介石还授意国民党中央组织部部长朱家骅设宴招待陈嘉庚，据《南侨回忆录》记："宴间朱君招余入国民党"，被婉辞。蒋介石几次会见陈嘉庚，连续三次征求陈对国民党的意见，意欲拉陈入党，亦被婉辞。陈嘉庚抵达重庆不久，周恩来代表中共到其住处看望，毛泽东闻讯后电邀陈访问延安。

1940年5月31日，陈嘉庚偕慰劳团成员李铁民、侯西反二人冲破国民党重重阻挠来到延安，受到边区党政军民的热烈欢迎。毛泽东与陈嘉庚首次会面。陈嘉庚对延安进行认真的参观考察，多次与中共领导人会晤。朱德总司令在军务繁忙之际亲自陪同陈嘉庚参观；毛泽东两次到陈下榻处，或同午饭，或同晚餐，谈得十分诚挚。延安之行，一扫陈嘉庚在重庆等国统区参观慰劳时产生的悲观失望情绪。

据从南洋归来、此时在延安的王唯真回忆：毛泽东、朱德与陈嘉庚至少晤谈四次。通过短暂的考察和交往，陈嘉庚感到，中国共产党人是坦诚务实的，据香港《华商报》1949年3月2日报道：延安之行，陈嘉庚认为毛泽东"是一个好领袖"，"他和蒋介石的为人，完全不同"。

陈嘉庚的重庆和延安之行，通过与国共两党首脑的接触交往，思想观念发生了重大变化，他对从前陌生的共产党及其领导人毛泽东则产生了强烈的好感，也使他对中国的未来有了新的希望。

曾长期在陈嘉庚身边工作的张楚琨在《陈嘉庚光辉的一生》中介绍，延安之行，使陈嘉庚"把民族的命运寄希望于中国共产党身上"，认定"中国的希望在延安""毛主席是中华民族的大救星"。

陈嘉庚回到重庆后，据实报告观感，高度赞扬中共所领导的人民军队对抗战的贡献，赞扬中共政治清明，并用事实驳斥国民党顽固派对八路军、新四军的诽谤。

据黄奕欢《赤子丹心照汗青》所记：

> 陈嘉庚"七月一日返重庆，会见了周恩来先生。二十五日应重庆'国民外交协会'之邀，作西北之观感的著名讲演，将延安所见所闻如实报告，且指出去延安之前的种种关于延安的传闻，与所见不符。这一次讲演，震动很大，引起重庆许多党政要员的不满，使嘉庚先生此后在国内的行动诸多不便。离开重庆后，嘉庚先生继续考察滇缅公路及机工的待遇问题。十二月九日离开云南入缅境，十二日抵仰光。十七日到槟城。"

陈嘉庚一路南返，经常应邀发表抗日演讲，他都对国内抗战如报告并谈些观感，没想到却招致国民党当局的袭扰，甚至在侨社中进行倒陈活动。在陈嘉庚受到攻击时，八路军驻香港办事处经请示中共中央同意，以毛泽东、周恩来名义致电陈嘉庚，予以精神鼓励。

在1941年3月末举行的南侨总会第二届会员代表大会上，国民党当局派出代表到新加坡，想将陈嘉庚从南侨总会主席的位置上拉下来。陈嘉庚在会上坚持真理，揭发诬陷，反击恶意迫害，历数国民党高官酷吏祸国殃民罪行等，赢得了侨心，在选举南洋华侨筹赈祖国难民总会第二届主席时，出席代表152名，投票陈嘉庚连任主席的有151票，陈嘉庚胜利了。《南洋商报》发表了《我们需要陈嘉庚主席》的社论，指出：海外的绝大多数侨胞和国内的绝大多数同胞，需要陈嘉庚主席的领导。

在黄奕欢《赤子丹心照汗青》中，对此有这样记录：

> 在这段行程里，嘉庚先生于缅甸与马来亚各大埠受到各界侨领的热烈招待。他发表了不少演讲，叙述回国的观感，并且抨击贪官污吏的劣迹。
>
> 回到新加坡以后，嘉庚先生对于领导南侨总会的工作继续努力不懈，不因受国民党党政要员的不满、阻碍而气馁。他于一九四一年三月二十九日至三十一日假大世界舞厅召开第二届南侨大会；接着于四月一日至三日在同一地点召集闽侨大会。这次大会，重庆中央党部、驻新加坡总领事，以及本坡的一些重要党员，极力从中破坏，运动推翻嘉庚先生的领导权，结果徒然无功。南侨总会继续工作到一九四二年二月新加坡沦陷……

延安之行，使陈嘉庚对中共及其领导人的认识发生深刻变化。正如廖承志所言："通过实际观察，陈先生加深了对我党的了解，他的思想有很大的变化。"张楚琨认为："延安之行是陈嘉庚一生的转折点和里程碑。"

反对分裂　促进团结

抗日战争时期，从祖国和民族大义出发，陈嘉庚始终坚定不移地反对分裂，促进国共两党合作，合力抗日。

1939年年底至1940年3月，国民党政府掀起第一次反共高潮。1940年3月，陈嘉庚率领南洋华侨回国慰劳视察团回国慰劳抗战军民时，一再向国共两党领导人表示："抗战一定要坚持下去，团结一定要加紧，汉奸汪精卫分子一定要铲除，只有这样，才能激励侨胞爱国，积极帮助祖国抗战。""若不幸分裂，发生内战，则无异自杀。"从延安归来，他在重庆发表演讲时曾警告国民党当局："若欲消灭共产党，此系两党内战，南洋千万华侨必不同情……"在他影响下，南洋各地的抗日团体和爱国侨领，纷纷发表宣言和谈话，呼吁团结抗战，谴责内战、分裂。

1941年1月4日，国民党对新四军发起突然袭击，制造了千古奇冤——皖南事变。消息传到海外，陈嘉庚痛心疾首，立即代表千万侨胞为皖南事变通电全国，呼吁"制止内战，加强团结"，同时发动华侨反对和谴责国民党制造皖南事变。1月17日，陈嘉庚创办、此时由其女婿李光前等执掌的《南洋商报》，专门刊发社论《民主团结乎？独裁反共乎？》，尖锐指出："祖国抗战进入了最后重要阶段，民主团结生，反共分裂则亡。"

在陈嘉庚领导下，南洋地区31个闽侨社团，在皖南事变发生后召开联席会议，坚决支持中国共产党提出的解决皖南事变的12条办法，形成决议：向中枢当局作紧急呼吁，恳其立即释放全国爱国政治犯，明令保证言论、出版、集会、结社之自由，火速撤销一切防共部署，承认一切抗日党派之合法地位，援助敌后之抗日的民主政府，恢复抗日有功之武装。

1941年7月7日，为纪念抗战四周年，《南洋商报》发表了一封致蒋介石的公开信，信的主要内容有四点：一、中国一定要抗战到底，中途妥协就是灭亡；二、中国一定要实行民主，在抗战中完成建国；三、四万万五千万同胞一定要团结一致，不能自起分裂；四、汪精卫以及一切汉奸组织，一定要加以消灭。陈嘉庚带头在信上签字，紧接着，在矿山、工厂、橡胶园、街道、商店、饭馆，各界华侨争着签名，很快签名者达10万人。

在中国共产党的反击下，在各民主党派和人民团体，海外华人以及一些社团的抗议声中，在美、英、苏三国压力下，蒋介石不得不于3月6日在国民参政会表示："今后将绝无剿共的军事行为发生。"然后又于14日、25日两次约见周恩来表示缓和。至此国民党在抗战期间所发动的第二次反共高潮被完全打退。

组会建军　星洲击敌

1941年12月8日，太平洋战争爆发，日军南侵东南亚。

陈嘉庚再次临危受命，主持组建了新加坡华侨抗敌动员总会（亦称"星洲华侨抗敌动员总会"）和新加坡华侨义勇军（简称"星华义勇军"），全力抗击入侵之敌，保卫侨居国。子冈所著的《星洲华侨抗敌动员总会记略》，对此做了详尽记载：

　　……日本进攻马来亚之炮声一响，华侨舆论界即一致热烈表示愿协助英国抗战。在重庆之中国当局亦向英国大使表示，谓英国政府如认为必要，则中国政府当命令华侨与英协力抗日。

　　英国大使将此意转达于新加坡总督汤马士，汤马士立即复电表示赞成，并致热烈之谢意，于是由当时身任军事委员会委员长之蒋介石将军电令中国驻新加坡总领事馆，传达命令华侨协助英国抗战之意。华侨各界咸望陈嘉庚出面领导，英国当局亦认为此事非陈氏领导不可，故于十二月二十六日，特派要员与陈氏接洽。十二月二十八日，汤马士总督在督署召开会议，邀请陈氏及华侨各界重要分子出席，当地政府重要长官亦多到齐。……

　　在此会上，新加坡总督对于陈嘉庚在危难时刻挺身而出甚为感动，对他领导华侨抗击日本侵略者特申谢忱。

　　12月30日，陈嘉庚在中华总商会举行华侨各界代表大会，会上正式成立新加坡华侨抗敌动员总会，选举总会委员多人，并决定设会址于武吉巴梭路晋江会馆。12月31日，总会委员举行第一次会议，分配工作。陈嘉庚当选为主席，总务部主任由著名爱国侨领叶玉堆担任，劳工服务部主任由国民党党员林谋盛担任，保卫团部主任由著名爱国侨领郑古悦担任，民众武装部部长由共产党员林江石担任，宣传部主任为共产党员胡愈之。

　　在陈嘉庚领导下，新加坡华侨抗敌动员总会立即发动华侨，共同保卫新加坡。保卫团部着手在华侨青年中招募义工，3000多名华侨青年受陈嘉庚感召，志愿参加保卫团，上街维持治安，同时担负防空及战地救护工作；劳工服务部组织3000多名华侨青年，参加建设防护设施；民众武装部征募义勇，组建了新加坡华侨义勇军，展开军事训练。

　　当时，新加坡处于日军狂轰滥炸之中，大家争相逃出新加坡，军港因是重要军事设施，承受的日军炮弹最多。当地工人在弹雨威胁下，日渐减少，陈嘉庚冒着敌机轰炸来到军港，向工人演说，以振工人精神。当地工人为陈嘉庚英勇所感动，散去的工人又回来复工。

　　1942年2月8日，星华义勇军走上前线，冒着敌机的轰炸，与登陆之敌展开血战，直到13日英军决定投降，星华义勇军才被英军解散，但这些英勇的华侨战士并没有放下手中的枪，不少人秘密转往马来亚参加人民抗日军。

坚守气节　避难印尼

　　在日军占领新加坡前夕，陈嘉庚不得不潜往印尼避难。日军占领印度尼西亚后，悬赏抓捕陈嘉庚。陈嘉庚化名李文雪，乔装打扮，一再迁徙住处，排除万难，与敌人周旋。

　　在极其艰难的生存环境下，陈嘉庚将个人生死完全置之度外，不断鼓励当地华侨坚定抗战必胜信心。1943年3月，他以海外华侨支持祖国抗日救亡为中心内容，开始撰写《南侨回忆录》，1944年4月脱稿。其间，他撰写了一首短诗，以诗言志："爪哇避匿已两年，潜纵难保长秘密。何时不幸被俘虏，抵死无颜谄事敌。"在印度尼西亚避难期间，他始终身藏烈性毒药，随时准备以身殉国。

至于为何选择避难印尼乡间而未选择回国，据黄奕欢《赤子丹心照汗青》透露：

> 嘉庚先生是一位有强烈正义感的华侨领袖。他拥护中央政府的抗战政策，但对于政府党政要员的败行劣迹，照样揭露抨击，不留余地。他抨击过陈济棠、汪精卫、陈仪、徐学禹、吴铁城、高凌百，以及西南运输处。他自己说这些抨击不是"好事"，而是"出于良心上之不得已"。由于这些攻击，使嘉庚先生与重庆的关系恶化，使他觉得国内已无容身之处，他于一九四二年二月避难印度尼西亚，不返重庆，原因在此。

平安归来 百姓欢呼

陈嘉庚在印尼的生存条件极其险恶，几次面临绝境，是在爱国华侨和厦门大学、集美学校校友的掩护之下，一次次化险为夷，度过了三年半的艰难日子。

1945年8月15日，日本投降。陈嘉庚立即返回新加坡。1945年10月6日，陈嘉庚乘飞机回到新加坡。他的平安归来，令新加坡华侨欢欣鼓舞。9日，新加坡中华总商会专门选举、成立了一个委员会，负责欢迎陈嘉庚事宜。10月21日，新加坡500个华侨社团联合举行大会，隆重欢迎陈嘉庚安全归来。

陈嘉庚平安回到新加坡的消息传到重庆后，关心他的人奔走相告，福建旅渝同乡会，厦门大学、集美学校重庆校友会等团体发起，于11月18日在江苏会馆举行了陈嘉庚先生安全庆祝大会，包括沈钧儒、黄炎培、陶行知、郭沫若、柳亚子、史良等著名人士在内的500多人出席大会。毛泽东赠送了题有"华侨旗帜，民族光辉"八个大字的条幅，周恩来、王若飞的祝词是："为民族解放尽最大努力，为团结抗战受无限苦辛。诽言不能伤，威武不能屈，庆安全健在，再为民请命。"各著名人士纷纷登台演讲、发言，给予陈嘉庚高度评价。

华侨旗帜 国家领导

1946年国共内战爆发后，陈嘉庚反对美国援助蒋介石，以南侨总会主席名义致电美国总统和国会表示抗议，并且抵制蒋介石召开的国民大会，指出蒋介石："一夫独裁，遂不惜媚外卖国以巩固地位，消灭异己，较之石敬瑭、秦桧、吴三桂、汪精卫诸贼，有过而无不及。"这一年陈嘉庚还在新加坡创办《南侨日报》。

1947年，陈嘉庚又组织新加坡华侨各界促进祖国和平民主联合会，积极声援民主党派关于制止内战的斗争。1947年，陈嘉庚召开新加坡华侨大会，反对荷兰殖民军屠杀印尼巨港华侨暴行，议决准备对荷兰实行经济制裁。为开拓集美各校经费来源，陈嘉庚在香港创办集友银行，实行以行养校。

1949年5月，陈嘉庚应毛泽东的邀请，回国参加中国人民政治协商会议筹备会议，9月，以华侨首席代表身份参加中国人民政治协商会议。10月1日，在天安门城楼参加了中华人民共和国开国大典。

1950年，陈嘉庚定居故乡集美村，亲自主持集美、厦大两校校舍的修建。接着历任中央人民政府委员、中国人民政治协商会议第一届全国委员会常务委员、中央华侨事务委员会委员、华东行政委员会副主席、中华全国归国华侨联合会主席、第一届全国人大常委会委员、政协第三届全国委员会副主席等职务。期间，在厦门创办华侨博物院。

回国后，陈嘉庚不顾年迈，奔走祖国南北大地，舟车劳顿，席不暇暖，致力于祖国社会主义建设事业，对推动华侨爱国大团结、鼓励华侨支持祖国和家乡建设起到积极作用。

倡建铁路　造福八闽

1950年6月，陈嘉庚任全国政协常委，在政协第一届全国委员会第二次会议上正式提出修建福建铁路的建议："全省12万平方公里，人民1200余万人，竟没有一寸铁路，这种落后状况应该迅速改变。"陈嘉庚修建福建铁路的提案获得通过。后因朝鲜战争爆发未能实施，但获得了毛泽东主席的一个批示："此事目前虽一时不能兼顾，但福建筑路的正确意见，当为彻底支持。"

1951年国庆期间，时任福建省委第一书记的张鼎丞向中央和华东局建议，尽快考虑修建鹰潭至南平的铁路，以解决福建出省通道的问题。

1954年春，陈嘉庚赴京参加第一届全国人大，向毛泽东主席、周恩来总理重申了福建建设铁路的要求。为了福建的发展，也为了战备的需要，中央决定投资5亿元修建福建铁路。陈嘉庚闻讯，感奋不已，亲赴家乡考

华侨旗帜陈嘉庚

察线路。不久，铁道部根据毛泽东、周恩来的批示，开始对福建建设铁路勘测设计，之后提出3个选线方案提交福建省讨论。省委认为，修建铁路应从长远考虑，固然应以国防为主，但必须结合福建的经济状况。比较3个方案后，认为"东线方案"为最佳，其理由除了军事意义和政治影响外，还有东线里程较西线、中线短，工程费用较省，而且东线吸引人口最多，货运量较大，并与浙赣线接轨便利，在货源流向上更合理，便于闽西北森林资源开发，又可以沟通闽东、闽中、闽南经济。后来，省委征求陈嘉庚的意见，陈嘉庚认同了"东线方案"。最后，中央批准"东线方案"，起点为鹰潭，终点为厦门，约700公里，预算投资55323万元。鹰厦铁路的建设就此确定。

鹰厦铁路原计划从角尾到集美，要绕过杏林海湾外围，经灌口、坂头、珩山、板桥、集美，衔接"厦门海堤"。陈嘉庚经过周密调查，在鹰厦铁路正式动工之即提出改道建议，提议从角尾经杏林，筑海堤，直达集美。这样虽增加10%至20%投资，却不需多绕九公里弯路，永久节约缩短路程的燃料、损耗、保养等开支，又可筑堤围垦杏林湾为水产养殖场，增加堤内3万多亩的农田，还可以建设水库蓄水，用于农田灌溉及增加厦门市区工业和居民用水。

鹰厦铁路建设纳入第一个五年计划，投入5.5亿元。1957年完工时仅花费4亿多元，在陈嘉庚先生的建议下，节省的1亿多元增建了南平至福州、漳平至龙岩两条铁路，结束了福建省无铁路的历史，成为福建省第一条出省铁路。

厦集建堤　利在千秋

1950年春，陈嘉庚提出在高崎至集美之间的厦门海峡修建海堤的建议，经专家讨论，认为厦门地处海防前线，港口被国民党军封锁，修建桥梁易遭受空袭威胁，加上技术上及器材供应上的限制，修筑石堤是唯一可行的办法。同时，专家认为高崎至集美之间的是从金门、鼓浪屿两个方向涌来潮水的结合缝，退潮时也向两方向退去，建堤在技术上是可行的。

1952年，国家财经委员会把修建厦门海堤作为国家预算外基建投资。极富远见卓识的陈嘉庚提议，堤身应加宽至25米，留出双轨铁路线。但设计方案和陈嘉庚的建议均遭到当时常驻厦门指导海堤工程的苏联专家沙可夫的反对，沙可夫将原设计中堤宽21米改为19米（扣除胸墙和人行道外实际14米），并取消立交路。这一改变造成后来堤面无法拓宽的后果，使海堤的通行能力受到制约。所幸在海堤施工中采纳粟裕的建议，在深水处留一航道（原设计未留航道），使中、小型船只仍可通行。

1953年2月，全国政协第一届四次会议上，陈嘉庚再次提议填建厦门——集美海堤，人民政府批准了这一提案。1953年6月动工，1955年10月，这条全长2212米的长堤建成通车。

真知灼见　参政议政

陈嘉庚为福建城市建设提了许多宝贵的建议，这些真知灼见，对福建发展做出了贡献。陈嘉庚鉴于福州市缺乏自来水设施，亲自对北京自来水工程进行调查，为省人民政府制定福州市自来水建设方案，结束了福州人民长期以来用水难的历史。

福州旧有"纸褙福州城"之称，要彻底解决福州市自古以来那种"建屋概用木板，街巷密狭，横直无序"的落后状况，陈嘉庚建议建屋归"市政重新计划"，要有计划地规划、建设现代化城市。

解放之初，厦门大学和集美学校都惨遭国民党空军的狂轰滥炸。他在厦门大学和集美两校分别举行的欢迎大会上，宣布了两校的建设蓝图，之后他倾全力建设两校，用了几年工夫，建起了一幢幢具有独特风格的楼堂馆舍，宏伟、气派，分别成为厦门市和集美区地标之一，今日厦门大学依旧是全国最美的大学之一。

华侨表率　民族光辉

1961年8月12日，在陈嘉庚先生在京病逝。

8月14日，政协全国委员会主席、国务院总理周恩来，中共中央政治局候补委员陈伯达，全国人大常委会副委员长、政协全国委员会副主席陈叔通，最高人民检察院检察长张鼎丞等党和国家领导人前往医院亲视含殓。在陈嘉庚先生遗体周围，放着毛泽东、刘少奇、周恩来、朱德、宋庆龄、董必武等党和国家领导人送的花圈。15日上午，首都各界2000多人在中山公园中山堂隆重公祭陈嘉庚，政协全国委员会主席、国务院总理周恩来，全国人民代表大会常务委员会委员长朱德，政协全国委员会副主席、国务院副总理陈毅，国务院副总理谭震林、习仲勋，政协全国委员会副主席、全国人大常委会副委员长沈钧儒、黄炎培、陈叔通、程潜，国防委员会副主席傅作义，最高人民法院院长谢觉哉，最高人民检察院检察长张鼎丞等党和国家领导人参加了公祭大会，周恩来主祭。陈嘉庚灵柩上，覆盖着中华人民共和国国旗。

陈嘉庚临终叮嘱"把集美学校办下去，把300万元存款捐献给国家"，并一再呼吁祖国统一，弥留之际还对台湾的回归深表关切，体现了一个爱国者的赤诚之心。

陈嘉庚病逝后，国家设立陈嘉庚科学奖。1990年3月31日，中国国际小行星命名委员会，将中国科学院紫金山天文台在1964年1月9日新发现的第2963号行星，命名为"陈嘉庚星"。目前，在集美学村和厦门大学都立有陈嘉庚铜像，华侨大学也修建了陈嘉庚纪念堂。新加坡中华总商会的大礼堂被命名为"嘉庚堂"，福建会馆与南洋华侨中学也立有陈嘉庚铜像。20世纪90年代，美国著名的加州大学柏克莱分校兴建了一座以陈嘉庚名字命名的"陈嘉庚大楼"。这是有史以来第一幢以华人名字命名的美国名校教学大楼，是嘉庚精神走向世界的标志。

1956年，陈嘉庚（中）与庄希泉（左）、庄明理在中南海漫步。

罗豪才

罗豪才（1934—2018年），原名罗豪材，福建安溪人，新加坡归侨，著名教育家、法学家、政治家，国家领导人。曾任北京大学法律系助教、讲师、系副主任、副教授、教授、副校长，北京市侨联主席，中国侨联副主席，致公党中央副主席、主席，最高人民法院副院长、审判委员会委员，全国政协副秘书长、副主席，中国法学会副会长、中国和平统一促进会会长，中国人权研究会会长。

抗日争先　反英被逐

罗豪才祖籍福建省安溪县金谷镇美洋村官岭。安溪是著名侨乡，清末民初时期，本就地少人稠的闽南，匪祸日重，更多农民下南洋谋生。罗豪才祖父罗朝助，19岁那年与乡亲结伴乘船下南洋，先至缅甸，再去新加坡。

1934年3月15日，罗豪才出生于新加坡西南裕廊海滨，为家中长子。晚年，罗豪才在一篇回忆文章中曾这样写到自己在新加坡的生活：

> 父亲罗端萄和母亲陈秀兰对我的期望很高。那时生活虽然清苦，但是充满了孩提时期独有的乐趣。我所生活的裕廊乡下到处是湿地、山丘、茂密的树林，有大片的橡胶园和椰子林，木屋掩映在高大树木之间，村民们过着质朴简单的乡村生活。童年的记忆总是特别难忘，种菜、捕鱼、看社戏，还有令人垂涎欲滴的各种美食，沙嗲、鱼丸、萝卜糕……最难忘的当然是母亲最拿手的椰子味的九层糕。

罗豪才

平静的生活下暗流涌动。1937年卢沟桥事变后，中国国内抗战形势日益严峻。广大华侨人在海外，心系祖国。新加坡华侨人口密集，是南洋华侨抗日运动中心。著名侨领陈嘉庚领导的"南洋华侨筹赈祖国难民总会"发动东南亚800万华人，为中国筹集了约合4亿余元国币的巨额外汇。我的父亲和伯父虽然收入微薄，但同样积极捐钱捐物支持国内抗战。

1941年珍珠港事件后，日军攻占了新加坡，对当地支援国内抗战的华人展开了疯狂报复。我的伯父同许多进步人士及热心华侨都惨遭日军杀害，父亲则逃亡印尼。在日军占领新加坡的三

年零八个月期间，人们生活普遍困难。加之日军在新加坡推行奴化教育，强迫学生学习日文，于是我不再上学，离开家到集市上的自行车铺做帮工，贴补家用。那年我还不到十岁，虽然年纪很小，但是家人、邻居受害的经历以及这期间的所见所闻使得我对日本侵略者充满了仇恨，也慢慢和当时积极抗日的进步人士及进步组织走得很近。我年纪小，不引人注意，经常帮助抗日人员、游击队员捎带物资通过日本人的关卡。后来我顺理成章地加入了进步组织的外围组织。

1945年日本投降后，英国迅速回来接管了新加坡，但是人们的生活并没有获得改善，有识之士开始进一步思索新加坡的未来。进步组织在日本投降之后，曾与当时的英殖民当局有过一段短暂的合作期，但很快被英殖民者宣布为非法，进步活动再次转入地下。

1950年1月，我考入南洋华侨中学初中部学习，这是当时新加坡乃至整个东南亚最顶尖的华校，也是岛内进步势力最活跃的一所学校。进入华中后，我很快与郑万英、王清泗等进步同学接上了头，继续从事革命活动。由于受到当时国际共运思潮影响，进步组织经常组织大规模学潮和暴力活动。我因为个子高、目标大，组织上没有分配我从事暴力活动，那一阶段我的主要任务是从事进步宣传，组织和联络学校里的年轻人。即使这样的活动，危险也无时不在。

1951年4月14日，我在上学路上遭遇抽查，书包中的进步传单成为所谓"罪证"，我被戴上手铐推上警车，我被捕了。对于这一天的到来，其实我早已作好了充分的思想准备。我们当时把警车叫作"棺材车"，如果一旦看到它停在学校钟楼前，就会立刻从后山逃走。我是在上学路上遇险的，在被捕并被关押一年多之后，英殖民当局借口我的出生证丢失，决定将我驱逐出境。

红灯码头是新加坡早期的著名地标，自1933年建成以后，它就担负着海路运输、迎来送往的重要使命，见证着新加坡的近代历史。当年我的祖父在这里登陆，在新加坡扎根下来。抗战时期，一批热血青年从这里启程返回祖国，共赴国难。1952年7月22日，我与王清泗等其他难友一起从这里登船，离开新加坡，驶向中国大陆。那一年，我刚刚满18周岁。

回国读书　考入北大

忆起离开父母回国时的心情，罗豪才曾有这样的回忆："我心中虽然充满了对这片土地的不舍，我出生于此，成长于此，亲人们也生活于此，但是同时我心中也涌动着回国参加轰轰烈烈祖国建设的万丈豪情！"

1952年，罗豪才回到了日思夜想的祖国。他先被安排到广州知用中学，后又转入江苏省无锡市第一中学学习。

1956年，罗豪才考入北京大学，成为法律系的一名大学生，因为曾有抗日、抗英活动经历，且独自一人漂洋过海回国，他比许多同学更成熟，加上又有一副公益心，第一年便当了班长。不到一年又成为北大学生会和团委会华侨工作部负责人，第三年他被推选为北京市侨联委员。

青年罗豪才

未名湖畔，罗豪才如饥似渴发奋攻读，除专业课学习之外，还跑到哲学、文学等系的课堂上去旁听。广学博采，使他得以兼收并蓄，知识融

会贯通，拓宽了思路，往往能举一反三，这为他后来学术研究打下了坚实的基础。

教育名家　北大校长

毕业时，罗豪才留校任教，先后担任助教、讲师、法律系副主任。1980年，他参加了在荷兰举行的国际法学协会年会。面对世界法学界的发展状况，他痛感国内法学研究的落伍和资料的匮乏。因此，他抓住一切机会充实自己。不久，他获准赴新加坡探望母亲和弟妹，在三个月探亲时间里，他穿行于当地的各个书店和图书馆，整日忙着收集信息，查找资料。

1984年，罗豪才又以访问学者的身份赴美国哥伦比亚大学进修。在短短一年的时间里，他先后走访了美国、加拿大的20几所大学的法学院，与外国法家研究者们进行深入探讨。至今，在北大法律系的图书资料室里，学生们阅读的许多法学资料，就是当年罗豪才从国外带回的。

1986年，罗豪才出任北京大学副校长、教授。在北京大学副校长任上，罗豪才坚持开放办学、改革行政，曾代表系、校方与国外的院校签订了数十项交流协议，他要求下属职能部门要为申请出国留学的人员提供方便和服务，他主张学校应全方位向外开放，在条件允许的范围内，多招收外国留学生，特别是有关中华民族文化的学科。

1983年，在罗豪才与中美法学界的几位著名专家、教授的倡导下，由国家教委、司法部主管的中美法学教育交流委员会正式成立，罗豪才任中方执行主席（后为代主席）。在该委员会存续的14年里，共向美国派出学习进修、访问考察的人员210人，其中不少人学成回国后成为所在院校法律教学的骨干。与此同时，他们还举办多次中外法学研讨会，使近千名教师、学生受益。

在治学上，罗豪才的教学与研究颇具特色。他认为，在学术研究上不要有门户之见，建立学科要依靠团队精神，要提倡争鸣、争辩。尤其是对年轻人，更要鼓励创新意识。罗豪才长期从事比较宪法和行政法学的教学与科研工作，尤其在现代行政法的理论基础研究方面有较深的造诣。他率先提出"现代行政法平衡理论"，认为：在现代社会中，行政权力与公民权利的关系，在一定程度上既互相对立又互相依赖。行政法在调节这些关系时，既要从维护公共利益出发，赋予行政机关必要的权力，并保障其行使，又要防止行政权力行使不当而给公民的合法权益造成侵害。因而要重视公民参与行政管理和实现权力补救。并加强对行政权力的制约和监督，通过相互连接的各种机制最终使双方权利义务关系实现总体平衡。其背后是个人利益和公共利益的动态平衡。

在1986年至1992年罗豪才担任北京大学副校长、教授期间，还兼任北京市侨联主席、中国侨联副主席、北京市人大常委、致公党中央副主席、中国法学会副会长，虽身居高位、肩挑数职，但他依然没有放弃他的教学和学术研究，即使在担任最高法院副院长时，仍带博士生。他曾说：一来北大希望我继续做教授，带博士生；二来我在当选最高法院副院长时，有关领导同意我不脱离教学科研的请求。至今我对学术研究"痴心不改"，更多的是因为"职业习惯"。

几十年的学术生涯，罗豪才取得了丰硕的研究成果。在他发表的数十部论著中，比较有代表性的有《资本主义国家的宪法和政治制度》《行政法学》《中国司法审查制度》《现代行政法的平衡理论》《现代行政法制的发展趋势》。另外，罗豪才和他的学生共同发表的一系列有关平衡论的论文均在行政法学界引起广泛重视。此外，他还从1998年起主编《行政法论丛》系列丛书，作为展示行政法学最新理论研究成果的平台。

2013年9月10日，罗豪才与其他9位老教授一起，获颁北京大学教师的最高奖——蔡元培奖，这个奖项被视为北大的终身成就奖。

法学大家　高院院长

罗豪才在专注于法律的教学、研究和司法工作的同时，将自己的所学、所教和所用紧密结合在一起，从而在比较宪法和行政法学的研究领域取得了令人称道的成果。由他主编或撰写的《行政法学》《行政法论》《中国司法审查制度》等著作，成为高校法律院系的教材，其中《行政法学》获司法部优秀教材奖，并被译成外文介绍到国外。

罗豪才对法学的研究没有局限在纯理论的范围，在他当选北京市人大常委的10年间、担任全国政协常委的5年间，以及在他担任全国人大常委会法工委行政立法研究组副组长期间，他直接参与了《行政诉讼法》《国家赔偿法》《行政处罚法》等多部法律的起草和制定工作，为建立和完善我国法律体系作出了自己的贡献。

正是由于罗豪才在法学研究、参与立法等多方面的表现，1995年6月，罗豪才被任命为最高人民法院副院长、审判委员会委员，主管行政审判和法官培训工作。作为亲身参与了《行政诉讼法》起草和司法工作的罗豪才，对《行政诉讼法》的实践研究进行了深入研究，随着行政案件数量的大幅增加，不少案件需要最高人民法院协调。遇到这种情况，罗豪才便亲自出面，到各地做协调工作，约请有关部门的负责人交换意见。有的案件，他还亲自担任审判长主持审理工作。案件的裁判，往往是对当事人权益的重新配置，其结局令各方皆大欢喜的不多，他不管自己面对的被告是哪一级的官员，始终如一公正执法。

致公党首　归侨领袖

罗豪才长期担任致公党主席。谈及出任致公党党首，罗豪才曾有这样的回忆："20世纪90年代，我国八个民主党派之一、著名'侨党'——致公党的两位领导人董寅初主席和杨纪珂常务副主席来找我谈话，邀请我加入致公党，壮大致公党队伍，为党派发展出一份力，更好地服务于国家建设。"

1992年1月4日，罗豪才加入致公党。1997年11月，当选为致公党中央主席。

根据中共中央关于对台和侨务工作的方针，罗豪才领导的中国致公党不但注意做海外爱国侨团的工作，还凭借与海外洪门的历史渊源关系，与未建交国家开展适当的民间外交活动。在与海外传统侨团交往中，注重突出中华传统文化的纽带和联系作用，广交朋友，深交朋友。在与未建交国家政要和政府部门打交道过程时，注重介绍和宣传我国政党制度的特色和优点，有的放矢，成效突出。致公党中央与地方组织已经与世界五大洲60多个国家和地区的华侨华人社团建立了友好联系与往来，大力推进民间外交，推动未建交国家工作开展，大大拓展了我国对外交往和国家发展的空间。

致公党是以归侨、侨眷中的中上层人士和其他有海外关系的代表性人士为主的参政党，特点和优势都离不开"侨"。罗豪才本身是归侨，长期做侨务工作，大三时就当选为北京市侨联委员。国家经济困难时期，曾协助学校办起了华侨食堂，落实国家的"适当照顾"政策。当时全校共有华侨学生和教师三百多人，没有一个以困难为由申请出国。在留校任教和成为系、校领导后，又在入学、工作分配、出国探亲、派遣留学人员等问题上，为维护归侨侨眷的正当权益做了大量工作。1986年，已经是北大教授、副校长的罗豪才，在侨界同仁的推举下，当选为北京市侨联主席。两年之后，他又当选为中国侨联副主席。

在加入致公党之后，罗豪才一如既往把维护侨权、增进侨益放在自己工作的首要位置，对如何推动侨务工作顺应时代发展、更上一个新的台阶做出很大贡献。

1998年，罗豪才当选全国政协副主席，首倡全国人大华侨委员会、全国政协港澳台侨委员会、国务院侨办、致公党中央、全国侨联中央"五侨"机关合作，共同推动我国侨务工作深入开展和侨务法制建设。他与国务院侨办主任郭东坡、中国侨联主席杨泰芳等侨界领导人谈及此事，获得一致同意，中央"五侨"联席会议制度从此形成，协商研究解决有关问题，密切往来，信息共享，建立了长期合作关系。

作为法律专家，罗豪才在《归侨侨眷权益保护法》的制定过程中，提出了许多有参考价值的意见和建议。在他担任全国政协常委、致公党中央领导人后，又多次以个人或党派的名义提出关于贯彻落实《归侨侨眷权益保护法》，解决华侨农场、林场的困难，加强侨乡的精神文明建设，改善侨商投资环境等问题的提案和建议。

参政兴国　功在千秋

罗豪才曾组织致公党中央调研组走访国家科技部、人事部、教育部等单位，并对北京、上海、苏州、南京、大连等地的"创业园"这种国家吸引留学人员服务祖国的新形式进行考察调研。在1999年全国政协九届二次会议上，致公党的发言《筑巢引凤，精心培育，促进留学人员创业园的健康发展》，指出留学人员企业群体必将发展成为推动地区经济和社会发展的一个新的经济增长点，成为人才、技术的一个重要辐射源，并对创业园的发展提出积极建议。这一建议引起了时任全国政协主席李瑞环的高度

2005年，罗豪才与庄炎林合影于人民大会党国庆招待会上

重视，科技部和教育部也都作了高度评价。在2000年全国政协九届三次会议上，致公党中央又提出《关于促进留学人员创业园健康发展的几点建议》的提案。

2004年，致公党中央向中共中央提出《关于加强海外侨务工作，促进华侨华人资源可持续发展的建议》，受到中共中央领导同志的高度重视，胡锦涛、贾庆林同志等党和国家领导人分别作了重要指示。

　　2004年罗豪才率全国政协常委视察团赴闽考察，对于海峡西岸经济区的建设作了系统、深入研究，想法逐渐成熟，规划不断完善。在十届全国政协常委会第六次会议上，提出了《建设海峡西岸经济区，促进祖国和平统一》的建议。胡锦涛、贾庆林同志对此也都非常重视，作了详细、具体的批示，大大推动了海西建设。2006年两会期间，支持"海峡西岸"经济发展的字样出现在《政府工作报告》和"十一五"规划纲要中。2007年，海峡西岸经济区建设写入中共十七大报告中。2009年《国务院关于支持福建省加快建设海峡西岸经济区的若干意见》正式发布，海西建设稳步推进。

　　2018年2月12日9时02分，罗豪才因病医治无效，在北京逝世。

王雨亭

王雨亭（1892—1967年），福建泉州人，马来西亚、菲律宾归侨，著名侨领、报人。曾任菲律宾《前驱日报》总编辑，菲律宾华侨抗敌后援会宣传委员，中国民主同盟南方总支部工商委员，中央人民政府华侨事务委员会委员、行政处处长、联络司司长、办公厅主任，华侨投资辅导委员会秘书长、全国侨联秘书长。

1892年，王雨亭生于福建省泉州市。1908年，赴马来亚（今马来西亚）谋生。在此接受孙中山推翻清朝革命思想，并开始为之奋斗。1912年加入同盟会，很快成为讨袁护法的骨干，曾受派运送武器回福建，支援家乡讨伐袁世凯军事斗争。当时王雨亭并不懂马列主义，但苏联十月革命胜利的消息传来，他十分兴奋，认为"这是平民的胜利！"

1919年，前往菲律宾谋生，和几个朋友在菲律宾成立了"平民党"，创办了党报《平民日报》，因为太激进了，报纸办了一年就办不下去了。后来，他又跑到印尼，办了一个《赤旗报》，宣传反帝救国内容更加激进，结果只办了两期，就被荷兰殖民当局逮捕入狱，后引渡回国，途经香港时为友人救出。

中年王雨亭

1922年，应老同盟会会员、泉州自治军司令许卓然邀请，王雨亭回泉州出任晋江县民团团长。第二年到厦门协助恢复《民钟日报》。创办于1916年的《民钟日报》，是东南亚辛亥革命功臣陈新政与许卓然、林瀚仙等创办的，目的是宣传孙中山革命主张、反对北洋军阀，维护共和。1918年5月福建当局叫停，1921年第二次被勒令停刊。经多方努力，于1923年才得复刊。王雨亭参与主持《民钟日报》期间，经常刊登一些针砭时弊、反对北洋军阀、揭露黑暗的新闻和言论，使《民钟日报》深受厦门百姓爱戴。

1924年，王雨亭赴新加坡参与创立南洋影片公司，代理国产影片，宣传爱国思想。王雨亭因宣传反帝救国，被印尼荷兰殖民当局逮捕。两年后，被驱逐回国，在上海任南洋影片公司驻沪代表，并参与投资明星影片公司等，成为上海颇有名气的进步电影商。

1933年春，王雨亭往菲律宾，任《华侨商报》特约记者。为唤起华侨支援祖国抗战，王雨亭与爱国侨领庄希泉一起，在菲律宾创办《前驱日报》，并任总编辑。他利用这一平台，揭露日本侵略中国的暴行，介绍中国军民英勇抗战的事迹，发动菲律宾华侨支援祖国抗战。

1929年，王雨亭赴日本留学，进入东京东亚学校读书。1930年，回国赴东北考察，后撰写《东北印象记》一书，收入鲁迅主编的《名家游记》。

王雨亭被印尼荷兰殖民者逮捕入狱时

1936年夏，在《前驱日报》因经费困难停刊之后，为进一步宣传抗日，王雨亭又与庄希泉创办中华影片公司，放映进步电影，并在每场电影开映前，利用幻灯、广播等形式进行抗日宣传。

1937年，王雨亭担负菲律宾华侨抗敌后援会宣传工作，组织抗日演剧队、合唱团，在华侨青年中开展抗日话剧救亡运动。同时，参与组织了大量抗日募捐活动，募得巨款支援抗战。他积极动员华侨青年回国，上前线杀敌。王雨亭受廖承志和成仿吾同志的委托，介绍大批华侨青年回国到陕北公学和抗日军政大学学习。这些来自菲律宾各地的华侨青年回国前都要到王雨亭家里汇集，由王雨亭想办法送他们上路，他先后参与介绍200多名菲律宾华侨子弟回国参加八路军、新四军，并筹募了众多款项和药品支援八路军、新四军。翌年，送长子王唯真到香港，转赴延安，投奔八路军。

1938年，王雨亭赴香港，经当时协助廖承志工作的连贯同志介绍，加入中国共产党。入党不久，即接受党的新任务，到缅甸仰光开设国泰电影院，开展华侨抗日工作。日军入侵缅甸后回昆明，在云南、广西一带经商，筹措中国共产党地下活动经费。其中，以在广西柳州开设聚兴泰行时间相对较长。抗日战争胜利后，王雨亭奉命到香港经营建元公司，并从事海外爱国统战与宣传工作，以团结更多力量，支援中国共产党领导的革命事业。

1946年，王雨亭在香港加入中国民主同盟，并任民盟南方总支部工商委员。

1949年，王雨亭奉命陪同陈嘉庚到北京参加中国人民政治协商会议筹备会。

在参加了第一届全国政协会议后，王雨亭回到菲律宾，把所有财产捐给慈善事业，带领一家老小回到祖国。

王雨亭任全国政协第一至第四届委员，中央人民政府华侨事务委员会委员、行政处处长、联络司司长、办公厅主任，华侨投资辅导委员会和全国侨联秘书长等职。1967年在北京病逝。著有《东北印象记》《日本研究》。

王雨亭儿子王明爱在北京家中接受采访

王唯真

王唯真（1923—2006年），福建泉州人，菲律宾归侨，著名新闻人。曾任八路军青年剧团美术师、延安《解放日报》编辑、新华社翻译和编辑。

小小少年　回国参战

王唯真是著名爱国侨领、华侨报人王雨亭的儿子。1933年随父亲赴菲律宾生活。

1937年七七事变爆发时，王唯真正在南洋中学读书。他与同学们一起，奔走街头宣传抗日，发动募捐。当时，王雨亭正奉命发动华侨青年回国参加新四军、八路军。14岁的王唯真，一次次请求父亲让他回国参加抗战。

1938年10月，王雨亭送15岁儿子回国。父子抵达香港当天，日军在华南登陆并占领广州，王唯真北上延安之路中断。父子俩只得暂住香港庄希泉家里。半年后，有一批新加坡、中国香港司机服务团人员和几位学生要回国参加八路军，王唯真才和他们一道，离香港经越南北上，奔赴延安。

临行前，父亲在儿子的日记本上留言勉励："这是个大时代，你要踏上民族解放战争的最前线，我当然要助成你的志愿，决不能因为'舐犊之爱'而忘了我们的民族意识。别矣真儿！但愿你虚心学习，勿忘我平日教你的有恒七分，达观三分，锻炼你的体魄，充实你的学问，造就一个健壮而又有智慧的现代青年，来为新中国而努力奋斗！"这篇赠言后被中国抗日战争纪念馆收藏。

青年王唯真

延安新兵　画笔作枪

从香港出发，经过两个多月的跋涉，王唯真于1939年8月中旬抵达陕西泾阳县的安吴堡，进入战时青年训练班学习，安吴青年训练班是我党为了培养抗日新生力量，在国民党统治区（简称"国统区"）设立的一个抗日青年干部培训学校。成立于1937年10月，在抗战初期同陕北公学、延安抗大同列为中国共产党的三大学府。

四个月学习结束后，王唯真抵达延安，先进入青年剧团做美术师，画了大量抗日宣传画。他的画在战争中遗失不少，保存下来的有一些被延安革命纪念馆收藏。

1940年，王唯真加入中国共产党。

1941年8月，王唯真调到了《解放日报》任美术编辑，从此开始了他的新闻生涯。

宝塔山下　红色记者

1941年11月，由于懂外语，王唯真又调入新华社做英文翻译。

新华社翻译工作十分紧张，为了保证中央能及时掌握第二次世界大战战局的发展和变幻莫测的国际形势，十几名译电员、编辑和电台抄报员挤在三间窑洞里，昼夜不息，轮流工作。报务员凭借着架设在山上的简陋天线和土窑洞里的收报机，日夜收听东、西半球各大通讯社发布的新闻，并快速记录，然后交给英、日翻译组的同志把它们翻译出来，而王唯真正是英文翻译高手。

在延安时的王唯真

王唯真精通英语，还有很好的国学功底，文笔不错。半年后，他被调到新华社广播科担任编辑，成为新华社第一个专职国际编辑。当时的广播科是新华社和延安新华广播电台较早的编辑部门，主要负责向敌后各解放区的报纸播发文字稿和通过延安广播电台向全国（包括国统区和敌占区）发布口播新闻。延安电台电力虽然不强，可是全国都能收听到，南洋华侨地下报纸有时也能收听到。它成了日本同盟社和国民党中央社的强劲对手。它发布党中央的指示、八路军总部的命令和党中央机关报《解放日报》的社论、文章。

广播科仅三位同志，王唯真负责编写全部国际新闻，内容主要是关于"二战"的军事、政治、外交动向的新闻和评论。广播科的三位同志每昼夜选择的稿件平均约150篇，7万字左右。

王唯真每天工作任务都十分繁重，先要用极快的速度把译电稿阅改一遍，修改里面的错别字，然后按标题分类，从中选出重要新闻，再送给《解放日报》编辑部，供报纸和《参考消息》使用。1942年到1944年的新华社和新闻广播电台国际新闻，都是由他编撰的。他写的长篇述评《南洋殖民地人民的胜利》《印荷谈判经过》《菲律宾的"独立"》等相继在《解放日报》刊发。

王唯真不但是新华社第一个专职国际编辑，还参与新华广播电台第一次对华侨播音。1946年夏天，为了揭露蒋介石发动全面内战的阴谋，王唯真写了《告侨胞书》，在延安新华广播电台用粤语、闽南语和国语播出。这是新华广播电台第一次对华侨播音。

后来，王唯真随中共中央机关，先自延安迁至西柏坡，再进入北京。

掌新华社　终身"老记"

1949年北京和平解放后，王雨亭陪陈嘉庚先生从香港来北京参加筹备第一届全国政治协商会议，父子俩人在分别10年后第一次相见。

中华人民共和国成立后，王唯真先后担任新华
社国际部编辑组长，新华社香港分社副总编，新华
社国际部东方组组长，新华社河内分社首席记者、
社长兼任《人民日报》驻越南记者，新华社里约热
内卢特派记者，新华社国际部副主任，新华社编委
会编委。1967年1月9日，任新华社副社长并主持
新华社宣传报道工作。1967年1月16日，又被中共
中央任命为新华社第一副社长，主持新华社全面工
作，9月被任命为新华社代理社长。

在"文革"期间，王唯真保护了珍贵的历史照
片。周总理曾问王唯真："万一打起原子战争，新
华社负责保存的历史照片能保得下来吗？"王唯真
一时心里没底，回答总理说："我回去想办法，尽
一切努力！"新华社保存的照片十分丰富，特别是
一些历史照片是国内绝无仅有的。他了解到国外在
这种情况下，需要用一种专门的可防辐射、防潮的
特制铅皮防护箱，就立刻让工作人员去联系。工作
人员说定购这种箱子很贵。王唯真毅然下令：不惜
工本！并将照片复印五套，分地收藏。当时一些人
主张将刘少奇、邓小平、彭真、罗瑞卿等同志的照
片全部剔除。王唯真下令：历史照片一张也不能动，
如数封存！新华社的大部分知情同志都支持王唯真
的做法，珍贵的历史照片被全部保存下来了。此后，
在举办关于邓小平、刘少奇等老一辈革命家的展览

1937年11月王唯真和姐姐王双游在菲律宾马尼拉

时，新华社的照片被派上了大用场。可以设想，这些珍贵的历史照片一旦被毁，其损失将无可挽回。

由于对"四人帮"倒行逆施那一套实在看不惯，王唯真后来愤然辞去了新华社代社长的职务。十一
届三中全会之后，他才恢复了工作。1982年，王唯真任新华社纪检组副组长，1988年3月离休。

2006年5月6日，王唯真在北京逝世。

王源兴

王源兴（1910—1974年），又名王健初，福建龙岩人，印度尼西亚归侨，著名企业家、慈善家、侨领。曾任印度尼西亚巨港恒丰公司董事长兼总经理、印度尼西亚巨港中华商会董事、巨港华侨救济灾民慈善委员会常务委员、南洋华侨筹赈祖国难民总会委员兼巨港分会副主席、印度尼西亚巨港华侨总会主席、新加坡《南侨日报》副董事长、公私合营广东华侨工业建设公司副董事长、广州市侨务局副局长、广州华侨新村建设委员会主任、广州华侨小学董事长、广东省侨委副主任兼福建省侨委委员、福建华侨投资公司副董事长、全国侨联副主席兼北京市政协副主席、陈嘉庚纪念堂建设委员会主任、华侨大学筹建委员会主任。

闯荡南洋　奋斗有成

1910年，王源兴生于福建省龙岩县西陂乡（今龙岩市新罗区西陂镇）大洋村贫苦农家。自幼聪慧过人，父母省吃俭用，将之送往当地的开明小学读书。王源兴学习刻苦，成绩优良，深受老师赏识，后来参与创建中共闽西革命根据地的郭滴人就是他的同学。在校期间，因非常赏识他的老师王采芝转到东平小学任教，王源兴常去请教老师，从而认识了东平小学不少师生，其中就有东平小学校长《岩声报》主编章独奇和同学林海云（新中国成立后曾任国家海关总署署长、国家外贸部代部长）。《岩声报》是由邓子恢等于1923年创办的，是闽西第一份宣传新思潮和马克思主义的刊物。因为认识章独奇，王源兴阅读了许多进步报刊，明白了不少革命道理。

1923年，王源兴小学毕业，以优异成绩考取位于龙岩的福建省立第九中学，这是后来成为无产阶级革命家邓子恢和中共福建省委首任书记陈明的母校。但由于家贫，王源兴无力升学，回乡谋生。

壮年王源兴

1924年，王源兴与二哥王锦兴一起，到漳州商号当学徒。工余时间，他坚持业余学习，结识了许多拥有进步思想的店员工友，还认识了《岩声报》撰稿人曹菊如（新中国成立后曾任中央人民银行行长），进一步受到革命思想影响，树立了通过革命建立新中国的理想。当时，《岩声报》是在厦门印刷，

经漳州转运至龙岩，王源兴负责《岩声报》漳州转运工作。他胆大心细，每次都准确地将自厦门运来的报纸，转交给扮成挑夫的革命者魏金水（新中国成立后曾任福建省省长）、邱金声（曾任新四军第二支队第三团副团长，抗日战争期间殉国），再挑回龙岩秘密发行，从未失手过。

1926年，王源兴南渡新加坡，先后当过码头搬运工、三轮车工，后来他上书给华侨领袖陈嘉庚，希望能在陈氏企业谋得一份工作，他的文笔、胆识得到陈嘉庚赏识，安排他到自己的橡胶厂当会计，生活从此有了好转。王源兴也因这一份工作，与陈嘉庚结下了终生的友情，从某种程度上说，也改变了他后半辈子的人生。在陈氏企业工作期间，王源兴勤业有加，工作之余仔细研究南洋华侨企业家成功之路，注意学习他们的为人处事。三年后，王源兴回到龙岩老家，与陈陂村农家女翁雪花完婚。

王源兴始终怀揣创业梦想，渴望有钱帮助更多的人。他在22岁那年，转赴印度尼西亚（简称"印尼"）苏门答腊岛巨港埠，创立恒丰公司，自任董事长兼总经理，靠着出众的商业智慧和诚信经营，将企业打理得有声有色，个人财富迅速集聚，后来担任了当地中华商会的董事。

举旗抗日　散财救国

1937年7月，随着卢沟桥事变爆发，日本开始全面侵华。中国人民全面抗战爆发。消息传到巨港，王源兴主动与当地侨领、侨商联络，希望能合力发动当地华侨捐款捐物以支援祖国抗日。在8月2日雅加达成立华侨捐助祖国慈善事业委员会后，王源兴和当地华侨冲破荷印殖民政府阻挠，成立了巨港华侨救济祖国灾民慈善委员会，王源兴被选为常务委员。他不辱使命，参与组织当地的抗日动员会、报告会、义卖会等，经常登台进行抗日演讲，为祖国抗战筹募义款、寒衣、药品等，还积极动员华侨青年回国投军。

1938年10月10日，王源兴作为巨港抗日华侨团体代表，参加了在新加坡举行的南洋各属华侨筹赈祖国难民代表大会，参与促成南洋华侨筹赈祖国难民总会的创立，被选为委员。

回到巨港后，王源兴与当地华侨抗日领袖一起，在巨港华侨救济祖国灾民慈善委员会的基础上，进一步加强力量，成立了南洋华侨筹赈祖国难民总会巨港分会，并担任副主席。上任后，王源兴率先捐出巨款，并通过义演、义卖等形式，深入发动华侨为祖国抗战捐款。在得知乡贤邓子恢出任新四军政治部副主任，旧友曹菊如担任中共陕甘宁边区银行行长，林海云为八路军总部副官长，都在各自岗位上抗击日本侵略者后，他主动与陈嘉庚商量，通过宋庆龄、何香凝、廖承志等人的渠道，转送一部分捐赠物品给八路军、新四军，支援正在极其困难情况下浴血抗敌的中共抗日将士。

1941年12月，太平洋战争爆发，日军加快侵略东南亚。1942年1月间，南下入侵的日军从东、北、西三面向印度尼

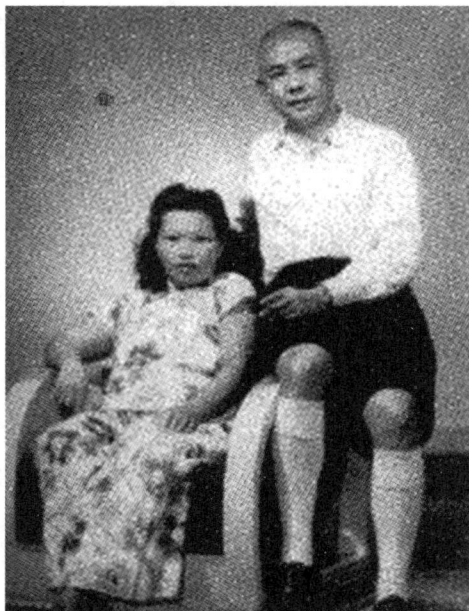

王源兴与夫人

西亚发起进攻，2月15日，新加坡失陷，第二天，日军就占领了巨港附近的重要油田。巨港城沦陷后，日军屠杀抗日华侨，身为巨港抗日华侨领袖的王源兴被日军追捕，家产全部被日寇没收，他带着家人紧急撤往极其偏僻的朱鹿镇山芭避难，以开荒种地维生。每日，他扛着锄头上山开荒，种粮、种菜、种蔗，为多赚几分钱，他将甘蔗自削成片，由女儿提篮到小镇上去卖，一日可得三毛钱小利。

王源兴无怨无悔，依然惦记着祖国抗战，与南洋华侨筹赈祖国难民总会印尼实武牙分会联系上，在极其困难的情况下坚持为祖国抗日做事。他听说坚持抗战的祖国文化界名人郁达夫、胡愈之、王任叔、张楚琨、高云览、杨骚、汪金丁等，避难在印度尼西亚苏门答腊岛的石叻班让岛，生活非常困难，他立即与实武牙分会的工作人员联系，登岛去看望他们。王源兴带头捐出200印尼盾，连同其他华侨的捐赠，帮助这些抗日文化名杰渡过难关。他还协助郁达夫扮成富商，化名赵廉，到巴雅公务创设"赵豫记"酒厂，用以掩护和资助文化名杰。

再度创业　支持革命

1945年8月，日本投降，印度尼西亚光复。王源兴回到巨港，一方面恢复旧业，一方面出资出力帮助因日军占领而陷入生活困难的华侨。王源兴企业发展甚快，迅速积攒了数百万元的财富。他一如既往，扶危济困，因此声望日隆，被选为巨港华侨总会主席。

正在此时，荷兰殖民主义者卷土重来，印尼人民为争取国家独立民族解放展开浴血奋战。王源兴坚定地站在印尼人民争取自由、独立、解放的一边。为此，他辛苦恢复起来的公司，又一次毁于荷军的战火。

在陈嘉庚支持下，王源兴携家迁往新加坡，并将自己的恒丰公司总部也迁至此地。

抗日战争胜利后，中国共产党在南洋急需一份宣传中共建国主张的报纸，陈嘉庚于1946年在新加坡创办了《南侨日报》，王源兴慷慨捐款，成为名列陈嘉庚董事长之后的第二位出资人，并担任副董事长。陈嘉庚应毛泽东主席邀请出席全国人民政治协商会议，王源兴临危受命为代董事长，坚持进步的办报方向，直到抗美援朝战争爆发之后，在美国压力下遭到英国殖民当局查封，在这段时间里，王源兴为《南侨日报》投入了大量办报资金。

携资回国　建设家园

1951年，王源兴和黄洁、薛两清、李祝朝、施子卿等进步南洋侨商，组成南洋华侨工商业回国考察团，准备到新生的祖国参观考察。临行前王源兴专程到雅加达看望老朋友王任叔（新中国首任驻印尼大使），惊讶地发现使馆是暂租住的一所南洋商业旅馆。王源兴立刻和黄洁商议，购下一座别墅捐赠给大使馆使用。

考察团回国期间，沿途受到广东省政府主席叶剑英、中南军政委员会第一副主席邓子恢、天津市委书记兼市长黄敬等的欢迎。到达北京时，毛泽东主席、周恩来总理亲切接见王源兴一行，中央人民政府华侨事务委员会主任何香凝也专程来看望。王源兴还见到了老友胡愈之、曹菊如、林海云等，相谈甚欢。一路上，他为中国共产党的爱民、为民风范和百废待兴的祖国所动，萌生出回国参加建设的念头。在专程拜访陈嘉庚时，这位被王源兴视为恩人和一生榜样的侨界领袖对他说："源兴，新中国成立了，百业待兴，你钱还没赚够吗？不要回去了，留下来参加新中国建设，报效国家。"王源兴当下极庄重地点头。

南洋华侨工商业考察团结束回国考察，返抵广州准备赴港时，王源兴就做出决定：将海外资金全部携回祖国投资建设。

中华人民共和国成立之初，受西方国家经济封锁，中央指示广东、福建、广西、上海等省市，要鼓励华侨与港澳同胞回国投资、办企业，起到"反包围、反封锁"的作用。王源兴与黄洁、薛两清、李祝朝、施子卿、许崇德、刘家祺、刘宜应等为首的南洋华侨，率先在1951年与广东省工业厅合作成立了公私合营华侨工业建设公司，他出任副董事长，着手建设华侨新村，这是新中国第一个开业的侨资企业，也是新中国第一个中外合资企业。不久，王源兴又被任命为广州市侨务局副局长、广州华侨新村建设委员会主任等，他满腔热情地投入了新中国建设，还曾带头捐资10万元创办广州华侨小学，并兼任董事长。

捐尽家财　只为国兴

后来，王源兴先后出任广东省侨委副主任兼福建省侨委委员、福建华侨投资公司副董事长等。当时，他为国家行政11级高级干部，月薪超过200元，但他从未领取过一分钱工资，他说："自己为建设新中国来，没有拿一分钱的准备。"1959年，王源兴升任全国侨联副主席，同时兼任北京市政协副主席，还当选第二、三届全国人大代表。

抗美援朝中，王源兴作为华侨界的杰出代表，参加了中国人民赴朝慰问团，他率领一个分团冒着枪林弹雨上前线慰问志愿军。看到众多志愿军将士，牺牲于美国空军狂轰滥炸中，这位当年曾为抗击日本侵略者捐款购买战机的爱国侨领，再次为建设强大的中国人民解放军空军捐出巨款，单独捐献一架价值15万元战斗机，之后他又闻知老家龙岩县全体乡亲捐献一架战机但尚缺2万元时，他立即寄款补上。

王源兴为建设强大的祖国散尽家财，他还为筹办华侨大学和厦门华侨博物院各捐赠5万元。

陈嘉庚逝世后，王源兴受中共中央委托扶灵南归厦门集美下葬，并担任陈嘉庚纪念堂建设委员会

晚年王源兴

主任，毛泽东闻知赞许道："一生一死，乃见交情。"

以后发生印尼排华事件，王源兴协助廖承志、方方做接侨工作，在前方劳累过度，猝发心脏病，经周恩来总理派专机接到广州治疗，后来复发，64岁病逝。

王源兴当年携几百万元资金回到新中国投资建设，对社会事业慷慨捐献巨款名列陈嘉庚之后第二位，到逝世时他已为新中国贡献了全部家产，没有给子女留下一分钱。

王源兴儿女继承了父亲爱国爱乡传统，以慷慨捐资建设祖国来回报父亲的养育之恩，因为他们深知这是九泉之下的父亲最期待的。长子王铭，对祖国围棋、象棋和高尔夫球赛事倾力赞助，当闻知龙岩老家成立闽西扶贫基金会，他是海外第一个巨额赞助人。次子王维邦是第一个回到深圳经济特区创业的港商，捐资在江西建了4所希望小学。在父亲王源兴曾任筹建委员会主任并捐巨款的华侨大学，六女王石筠和先生林津廉，八女王穗英和先生陈进强合捐600万元人民币，兴建华侨大学王源兴国际会议中心。八女王穗英和陈进强夫妇在华侨大学和龙岩一中、华侨中学、闽西职业技术学院、龙岩学院和体育馆方面的捐献超过2000万元。王源兴后人还共同捐资320万建龙岩华侨历史博物馆。

尤扬祖

尤扬祖（1892—1982年），名逢春，字扬祖。福建永春人，印度尼西亚归侨，著名企业家、爱国侨领、社会活动家。曾任印度尼西亚万鸦佬华侨抗日筹赈会主席、印度尼西亚捐助祖国慈善事业委员会万鸦佬分会主席、南洋华侨筹赈祖国难民总会万鸦佬分会主席、福建华侨兴业公司董事兼监察人、印度尼西亚协丰永乐公司总经理兼望加锡中华总商会主席、全国侨联副主席、福建省副省长、福建省政协副主席。

发家印尼　土产之王

尤扬祖为福建省永春县达埔镇延清村农家子弟，早年丧父，家境贫寒。尤扬祖自小好学，家里省吃俭用，使之11岁进入私塾念书，课余时间上山砍柴，贴补家用。才读了三年，家里就再也无法供之读书，被迫辍学，帮母亲做豆腐、卖豆腐。14岁起，尤扬祖就到县城的同春药店当学徒，出师后在药店当店员。因收入微薄，难以养家。

1915年，尤扬祖在印尼华侨商人苏智贞的帮助下，怀揣母亲给的3块大洋，出国到苏智贞在印度尼西亚马鲁古省首府安汶市的同德公司当店员。他做事勤勉、诚实，又有丰富的店员经验，很快升任同德公司实勿濑分店司理。

1920年，尤扬祖赴印度尼西亚南苏拉威西省首府望加锡，担任裕德公司副经理。

1921年冬天，尤扬祖开始自行创业，他辞去裕德公司工作，与同乡到印度尼西亚北苏拉威西省首府万鸦佬开设协丰公司。他担任经理，主要经营进出口贸易。他从越南进口西贡大米，从香港进口日用杂货，出口椰干等土特产。尤扬祖极具经商天赋，加上诚实守信，生意逐渐发展起来，数年后成为当地经营土产出口第一大户，还兼营椰园，财富日增。

尤扬祖

挺身抗日　多途救国

1931年九一八事变爆发后，尤扬祖挺身而出，联络当地华侨，倡建抗日救国组织。在他努力下，印尼万鸦佬华侨抗日筹赈会很快成立，尤扬祖任主席。他走遍万鸦佬城乡，发动华侨抵制日货，号召不买卖运输日本货物，不搭乘日轮，不同日商贸易，不刊登日商广告，不与日本银行及保险企业往来，不为日本人开设的工厂商店服务等。在尤扬祖以及印尼全体侨领的努力奔走下，抵制日货取得出色成绩：日本在印度尼西亚的贸易大幅度下降，经济力量受到削弱。如1938年时年输出额比1937年下降了49.8％，输入额下降达49.3％，有力地打击了日本的经济扩张。同时，还积极参与募捐抗日经费。

据不完全统计，到七七事变前夕，印尼华侨为祖国抗日捐款达500万余元法币和21万余元港币。

1937年七七事变后，抗日战争全面爆发，尤扬祖出任印度尼西亚捐助祖国慈善事业委员会万鸦佬分会主席，不但自己一次次慷慨捐款，还发动华侨捐款捐物。1938年，南洋华侨筹赈祖国难民总会在新加坡成立，尤扬祖筹组并出任万鸦佬分会主席，他放下一切商务，举行各式各样的抗日宣传和募捐活动，使万鸦佬华侨各尽所能，各竭所有，踊跃为祖国抗战出力。

作为成功的商人，尤扬祖认为抗日战争时期祖国经济发展非常重要，是抗战取胜的重要条件。1935年，为了振兴祖国实业，他投资3万元于天津华北实业股份有限公司，发展实业，生意兴隆，至七七事变后被迫停业。

1941年，他带着巨资毅然携眷回国，在上海经商。1943年，参与发起创办福建华侨兴业公司，先后任董事、监察人。福建华侨兴业公司，为当时滨海仅有的一家侨资公司。该公司先后承购农林场2000余亩，进行稻麦改良及糖蔗、花生、棉花、油菜和油桐的种植等，在南平、建瓯两地沿溪地区收买杉木与荒山，从事造林开荒。后因战事影响与资金限制，赢利不高而停业。

抗战胜利后，尤扬祖率全家重返印尼万鸦佬，集中了协丰、永成太、益兴、英洛、大成、锦兴六家公司的资本与人员，成立协丰永乐公司，尤扬祖任总经理。同期，尤扬祖被选为望加锡中华总商会主席，捐资赞助印尼人民捍卫独立成果武装斗争。

著绩炎州　输财故土

中华人民共和国成立后，尤扬祖欢欣鼓舞，先后把两个女儿送到燕京大学和哈尔滨工业大学深造。国家要在望加锡设立领事馆，尤扬祖立即把自己的住宅让出来，作为领事馆馆址。

1952年，尤扬祖任印尼华侨观光团副团长，率华侨回国参加国庆观礼。11月间，他回家乡，上猛虎山考察，首次提出："永春是山区，土壤好，根本出路就在开发荒山，靠山吃山。"此次回国参加国庆观礼，使尤扬祖决定回国定居，参加新中国建设。但不幸其妻在此时去世，由于料理丧事，当年回国的心愿未能实现。

1953年夏，尤扬祖携所有子女回国。同年冬天，尤扬祖带领乡亲重上猛虎山，在虎背岭搭起人字形草寮，开垦荒地，倾囊独资开辟柑橘园。1954年春天，尤扬祖从漳州购来优质柑苗，还亲自到福州、漳州礼聘有实践经验的技术员工，精心栽培，在全县率先开展山地柑橘成片栽培科学试验。同年冬，他创办了永春猛虎山华侨垦殖场。何香凝闻之，欣然提笔作了一幅《呼啸猛虎》的国画赠予尤扬祖。著名诗人梁披云撰诗赞誉："柑橘成林，开山治圃，为创者谁，实尤扬祖。著绩炎州，输财故土，爱国爱乡，百年万古。"

1954年，尤扬祖和几位归侨集资数万元，在永春天马山上办起了华侨垦复公司和果林场，并协助创办北硿华侨茶果场，安置来自十几个国家的2000多名归侨。

1965年，福建省农业厅接办了猛虎、天马两个柑橘场。国家偿还他的投资4万元，他一分不留地用到其他公益事业。家乡用这笔钱办起了拥有30亩地、40多万株柑苗的果苗场。

1954年，尤扬祖了解到永春民间酿制的老醋深受欢迎，立即投资创办侨新酒厂，生产老醋。该厂于1956年公私合营，后改为永春酿造厂，所产"永春老醋"发展成为全国四大名醋之一。

1955年，尤扬祖捐资4万元，并发动其他华侨捐资，建成有200多张病床的永春县医院病房大楼，又独资建成达埔卫生院门诊部。

1958年，尤扬祖看到永春通用机器厂设备比较简陋，立即捐资20万元港币，专门从香港购进大型机床14台赠送永春通用机械厂，改进了水轮机的生产，为该厂发展成为专业的水电设备厂打下坚实的基础。

1956年6月，尤扬祖出席第九次全国侨务扩大会议，参与中华全国归国华侨联合会筹备工作，被推选为筹备委员会副主任委员。1956年10月12日，中华全国归国华侨联合会成立大会上，尤扬祖被选为全国侨联副主席。1957年，任福建省副省长。1962年，任福建省政协副主席。曾当选第二、三、五届全国人大代表。

在1965年，尤扬祖还出资为家乡达埔镇蓬莱村建造了一座石拱桥，方便家乡人出行。

1966年4月，尤扬祖移居北京。

重金兴学　无私育才

热心公益事业的尤扬祖，持续捐资50年，在家乡办学育材。

1924年，尤扬祖发动华侨并带头出资创办万鸦佬中华学校，教华侨子弟学中文、读国学、知国史，曾长期担任该校董事长。1929年，尤扬祖派侄儿尤俊芳回永春老家创办五保小学，不但无偿出资建校舍、聘老师，每年还捐助教育经费1300块银元，学生全部免费就学，直至1934年。

1949年8月，永春县获得新生，中国共产党永春县委和永春县人民政府成立。尤扬祖立即写信给堂侄尤玉斗，决定在家乡建一座规模较大的延清小学。

1950年，尤扬祖从印尼寄回校舍平面设计图，1951年又派堂侄尤明德回乡，协助尤玉斗建校，累计投入4.7万元。校舍建成后，延清五个村的小学合在一起，定名为延清小学，中央人民政府华侨事务委员会主任何香凝亲题校名。学生的学杂费全部由尤扬祖负责交付，直到1960年。后来，尤扬祖长期在北京、福州工作，每次回乡必到延清小学查看，询问是否需要帮助；家乡每遇台风暴雨，他都要写信回来，询问校舍情况，如有受损，就交代他的堂侄一定要及时修缮，以保证学生能安心且安全读书。

1949年8月，尤扬祖捐资参与创办永春达理中学，1953年12月收归公办，改为永春第五中学。

1950年冬，他捐建5间教室。1951年起，先后捐资给学校购置图书、理化仪器和文体设备，1954年，捐建学生宿舍；20世纪50年代中后期，学校要建筑小水电站，他捐资从香港购进发动机、发电机、变压器和其他电器设备，使学校建起一座5千瓦的小型水电站。以后，永春五中增办高中，他又捐建4间教室。在达理中学创办后的十年间，尤扬祖总计捐资人民币3万多元。在他的带动和影响下，印尼棉兰的达埔侨亲也捐资建设教师宿舍，越南和马来亚的几位乡侨也捐建了几间教室。

1960年，永春县人民政府要在延清增办一所中学。尤扬祖认为在农村应该发展职业教育，特别应培养农林方面的科技人才，以发展农村经济，建议办所职业学校。县政府接受他的建议，在延清新办一所农垦中学。尤扬祖先捐资20万元建设校舍，并决定选择蓬莱尤氏祖宇附近为校址。他还将自己猛虎华侨垦殖场送给农垦学校，作为实习生产基地，由学校管理农场。

1960年春，县侨联为使华侨子女能有更多的就学机会，倡议兴办华侨子女补习学校，尤扬祖和周公甫远渡重洋，奔波于港澳及东南亚各国，向广大永春海外乡亲筹集建校资金。1960年10月下旬，经省教育厅批准，定校名为"福建省永春华侨中学"。

1978年，尤扬祖已卧病在床，还挂念家乡的教育事业，决定将在福州市的三座房产捐赠给延清学校。

1982年5月17日，因医治无效，尤扬祖在北京不幸逝世。

1985年，为表彰尤扬祖对教育事业的贡献，福建省人民政府追颁给他一枚金质奖章。1987年，为彰显尤扬祖对永春柑橘种植业的不朽贡献，永春县委、县政府在猛虎山果林中建立扬祖纪念亭，树碑记载其事迹。1992年12月，永春县在举行第二届芦柑节的同时，举行纪念尤扬祖先生诞辰100周年活动。

1994年，著名港胞梁良斗先生在永春华侨中学捐建"尤扬祖大楼"，以纪念尤扬祖。

晚年尤扬祖

庄明理

庄明理（1909—1991年），又名庄汉光、庄哲铼，笔名庄稼。福建泉州人，马来西亚归侨，著名侨领。曾任印度尼西亚苏门答腊日里民礼市义丰兴修车厂经理、印度尼西亚民礼市华侨筹赈"济南惨案"救济会募捐委员、印度尼西亚民礼市青年抵制日货锄奸团副团长、福建省晋江县印务工会常务委员、福建省晋江县总工会筹备委员会委员、马来亚槟城晋江会馆副主席、马来亚槟城金果公会主席、马来亚槟城司机公会主席、马来亚槟城中华总商会理事、马来亚槟城华侨筹赈东北难民伤兵委员会募捐委员、马来亚槟城《现代日报》董事总经理、马来亚槟城《现代日报》董事会副主席兼同善学校董事会主席、南洋华侨筹赈祖国难民总会槟城分会总务主任、马来亚槟城华侨抗敌锄奸团团长、马来亚槟城华侨抗敌后援会会长、马来亚槟城汽车司机公会主席、南洋华侨筹赈祖国难民总会常驻滇缅公路代表、旅渝归侨青年联谊会主席、重庆中国电化厂常务董事、中国民主同盟槟城分部副主任委员、

青年庄明理

马来西亚槟城《商业日报》社长、中国华侨投资辅导委员会副主委、中央人民政府华侨事务委员会副主任、政务院参事，中国民主同盟中央委员会常务委员，全国政协常务委员、华侨委员会副主任，华侨大学副董事长，中国银行监事，香港集友银行常务董事，中国儿童与少年福利基金会副会长。

父亲病逝　谋生南洋

1909年3月，庄明理生于福建省泉州东郊东塘头村的一个农民家庭，后举家迁居泉州市区东街庄厝埕（今泉州市鲤城区东街相公巷庄厝埕）。父亲庄文莉当过船工，后到马来亚槟城谋生。庄文莉长年在海外拼搏，使一家老小生活相对宽裕。庄明理也因此从小受到较好教育，先后在乡间私塾、小学和培元中学念书。17岁时父亲去世，家道中落，庄明理辍学至家乡协和泰百货商店当店员。

1926年，为谋生计，庄明理与父辈一样，走上下南洋之路，先至父亲工作过的槟城侨办商铺做店员。

1927年，庄明理转往印度尼西亚苏门答腊日里的民礼市，协助舅父经营义丰兴修车厂。他从学徒做起，潜心学习，不断获升，很快担任了修车厂经理。

办救济会　组锄奸团

1928年5月3日，日本派出重兵侵占山东省省会济南市，屠杀了6000多名中国军民，制造了惨无人道的"济南惨案"。

消息传到印度尼西亚华侨社会，群情激奋，庄明理满怀义愤，挺身而出，参与策动组成印度尼西亚民礼市华侨筹赈"济南惨案"救济会，出任募捐委员。他不辞辛苦，奔走城乡，揭露日军在山东制造的惨案，动员华侨捐资帮助受难的祖国同胞，还号召华侨不买、不卖日货，坚决不为日资企业服务。为此，他发动当地华侨青年组织成立了民礼市青年抵制日货锄奸团，并担任副团长。他带着锄奸团，挨家挨户检查是否有商铺出售日货，若发现有人偷卖日货，立即进行查没并惩戒商家，使民礼日货绝迹。

1929年3月，庄明理因组织反日活动被印度尼西亚荷兰殖民当局拘捕，后被驱逐出境。

被逐回国　开展工运

庄明理回国后，先后在泉州民生铁工厂和以文印字馆当技工。工作之余，投身工人运动，并很快成为工人领袖，先后担任晋江县印务工会常委、晋江县总工会筹备委员会委员。

1930年3月，庄明理与晋江县总工会其他领导一起，组织工人反对军阀强行驻扎泉州府署，国民党当局恼羞成怒，出动军警查封晋江县总工会，庄明理被列入缉捕黑名单，被迫再下南洋。

再下槟城　奔走救国

庄明理再次来到马来亚槟城，因其做事果敢且敢于担当，被选为槟城代表，出席在新加坡召开的闽侨救乡代表大会，并任提案委员会主任。1930年，他参加了由同盟会元老在武昌起义前创办的槟城阅书报社，热心于侨界公益事务，曾任槟城晋江会馆副主席，槟城金果公会主席、槟城司机公会主席、槟城中华总商会理事等。

1931年9月，日本制造了九一八事变，东北三省生灵涂炭，庄明理奔走呼号，参与促成槟城华侨筹赈东北难民伤兵委员会成立，并任募捐委员。受命之后，他在槟城各地揭露日军侵华暴行，动员华侨捐款支援马占山领导的东北抗日义勇军。

1932年1月，"一·二八"淞沪抗战打响，庄明理除了参与组织各种抗日宣讲会、报告会、动员会之外，还穿梭于槟城华商企业与侨办学校，深入发动华侨捐款，募得巨款支持在淞沪浴血抗战的十九路军。

办抗日报　增斗敌器

为更好开展抗日宣传和对侨众进行爱国主义、中华历史文化的教育，1936年庄明理在槟城参与创立了《现代日报》，并任董事、总经理，后来还兼任副董事长。他不但办报，还四处进行抗日演讲，介绍祖国抗战形势。当时，办报资金十分匮乏，报馆便筹集"大众股"，小贩、学生、工人均可认领股份。

据庄明理女儿庄钦华回忆："在报馆工作后，父亲四处筹款、演说，还要写社论，每天忙到很晚才回家。"在庄明理等的苦心经营下，《现代日报》成了槟城抗日宣传的重要阵地。

槟城中坚　领军抗日

1937年7月7日，日本开始全面侵华。庄明理全身心投入抗日救亡工作。

1937年10月，吉隆坡成立马来亚各区华侨筹赈祖国伤兵难民大会，公推陈嘉庚为主席，下辖新加坡、马六甲、槟城、雪兰莪、森美兰、霹雳、彭亨、柔佛、吉打、玻璃市、吉兰丹、丁加奴12个区筹赈会。庄明理成为槟城筹赈祖国伤兵难民会骨干，他一方面组织大量募捐活动，一方面进一步发动华侨抵制日货，同时还动员华侨青年回国效力疆场。

1938年10月，南洋华侨筹赈祖国难民总会（简称"南侨总会"）在新加坡成立，陈嘉庚任主席。庄明理积极促成南洋华侨筹赈祖国难民总会槟城分会成立，并出任总务主任，参与组织了槟城大型抗日宣传、募捐活动。在他和筹赈会同仁的共同努力下，各商店雇员、学校教职员、各社会团体机关工作人员都按月扣一定比例的薪金作抗战捐款，各学校学生每日每人捐零钱，舟子、车夫、小贩自愿认日捐和月捐，使槟城捐款热潮逐浪升高。与之同时，他还积极动员槟城华侨青年回国从军，特别是动员了一批侨商携资回国创办工厂，生产国家急需的战略物资，以增强祖国持久抗战的经济支撑力。

为了打破日军对我国沿海口岸的封锁，1939年建成了滇缅公路。当时国内缺少汽车驾驶员和修车工人。南侨总会号召华侨中的汽车司机和技工回国服务。身为槟城汽车司机公会主席的庄明理，通过深入发动和为有意回国服务的机工解除各种后顾之忧，先后组织500多名华侨机工（包括司机、汽车修理工）回国支援抗战。他组织的华侨机工占南洋各地回国服务机工总和的六分之一。

庄明理女儿庄钦华在接受记者采访时，曾回忆父亲当年在槟城发动华侨抗日鲜为人知的一幕幕：

> 我父亲总穿一身白西装。他喜欢跳舞，槟城的交际舞比赛，他拿了第一名。父亲经常去舞厅和茶馆，每次都把我带上。他边跳舞边和一些人说个不停。那时我还小，只顾着吃桌子上的饼干和糖果。回到家妈妈总问我：你爸都干什么去了？但是我也说不清楚。
>
> 事实上，父亲庄明理"跳舞"也好，"喝茶"也罢，不过是为了找一个隐蔽的地方，方便和当时马来亚槟城的进步华侨交友，宣传抗日救国的思想。而带上女儿，则是为了更好地掩人耳目。
>
> 在家附近的椰林里，常常有警察出没。而每当父亲被当局"找茬"，母亲总是念叨："哎，你爸爸又危险了。"

肩负使命　重庆办厂

由于庄明理坚定不移地在槟城宣传和组织抗日活动，1940年2月，他被马来亚英国殖民当局驱逐出境。

庄明理回国时，肩负了新使命，他受陈嘉庚委托视察滇缅公路并慰问华侨机工。尔后加入陈嘉庚率领的南洋华侨回国慰劳视察团，负责总团财政。慰问结束后，又陪同陈嘉庚视察闽、赣、粤、桂、黔、滇等江南八省。此后，他又任南侨总会常驻滇缅公路代表，曾5次远赴云南。在滇期间，经常冒着敌机轰炸，奔波于滇缅公路上，解决华侨机工遇到的困难，成为祖国政府联系南洋华侨机工的重要桥梁之一。他始终挂念着这些共赴国难的华侨勇士，1955年他还随陈嘉庚前往昆明，看望在那里安家的机工；1986年又两度入滇，沿滇缅公路访问仍健在的无名英雄，并促成修建了"南洋华侨机工抗日纪念碑"。

1941年12月，庄明理来到重庆，和在重庆的华侨合股开办中国电化厂，任常务董事，生产当时国内急需的烧碱、液氯、漂白粉、盐酸、硫酸铅、次氯酸钠等，其中生产的一些产品，是制造炸药的重要原料。

1949年，庄明理在北京

1941年12月，太平洋战争爆发。东南亚相继沦陷。大批华侨青年回到祖国，重庆云集了许多华侨，庄明理参与组织旅渝归侨青年联谊会并任主席，主要是接待和妥善安排逃难归国华侨，使他们更好地为祖国抗战服务。

终身侨领　矢志爱国

抗日战争胜利后，庄明理于1946年初参加中国民主同盟（简称"民盟"），不久去香港，在《华商报》揭露蒋介石集团撕毁《双十协定》、阴谋发动内战的罪行。同年，他再度到马来亚，组建中国民主同盟槟城分部，担任副主任委员，并创办民主同盟槟城分部机关报《商业日报》，自任社长。

1948年6月，英国殖民当局再次逮捕庄明理，释放后仍受监视。

1949年6月，应中共中央邀请，庄明理随陈嘉庚一起回到已经解放的北京，参加新政治协商会议筹备会。9月，庄明理出席全国政协第一届全体会议，被选为全国政协委员，并参加开国大典。

1955年，庄明理担任华侨投资辅导委员会副主任委员，在广州、福州、上海、天津成立华侨投资公司，集合华侨力量，突破帝国主义对新中国的封锁，支援国家建设。

1956年，庄明理调任中央人民政府华侨事务委员会副主任，负责筹建在泉州的华侨大学和湖北武汉、厦门集美及广西的华侨补习学校。1956年10月，中华全国归国华侨联合会成立，庄明理被选为副主席并连任四届。

庄明理还先后担任政务院参事，中国民主同盟四至六届中央委员会常务委员，一至五届全国人民代表大会代表，第六、七届全国政协常务委员，第七届全国政协华侨委员会副主任，华侨大学副董事长，中国银行监事，香港集友银行常务董事，中国儿童与少年福利基金会副会长，宋庆龄基金会理事，集友陈嘉庚教育基金会名誉会长等职。

1991年，重病卧床的庄明理被中共中央批准加入中国共产党，他实现了自己多年心愿。

1991年5月，庄明理在北京病逝。

1979年，张楚琨（左一）与庄希泉（左二）、庄明理（左三）和新加坡华侨庄亨康（站立者）在北京

庄明理留下不少珍贵的华侨史料，其中有《忆毛主席同陈嘉庚先生的交往》《南侨报国觅知音》《陈嘉庚回国慰劳前线》《陈嘉庚与南侨机工》《陈嘉庚的遗言》等。

庄炎林

庄炎林（1921—　），福建安溪人，新加坡归侨，侨务工作领导人。曾任中共广西省委交通联络员，中共桂林市工委书记，上海华侨通讯社记者，上海经济周报编辑，上海人民报总编辑，青年团福建省委书记，中共福建省委文教部副部长兼福建省人民委员会副秘书长，中共福建省委宣传部副部长兼福建省人民委员会副秘书长，闽江水电工程局第一书记，福建省人民委员会秘书长，国家对外经济联络部办公厅主任，国家旅游总局副局长，国务院侨务办公室副主任兼中国国旅总社社长，中国侨联主席。

侨领之子　少年英雄

庄炎林祖籍福建省安溪县龙门镇寮山村人。1921年11月出生于上海一个著名华侨领袖之家。父亲庄希泉是著名华侨革命家、教育家、实业家和社会活动家，新中国成立后曾任全国政协副主席、中国侨联主席，是中国侨务工作主要领导人之一。母亲余佩皋是著名华侨革命家、教育家和社会活动家。

庄炎林童年时曾在上海、厦门读书，曾随父母侨居新加坡。1934年母亲病逝，次年庄炎林随大姐庄复生赴新加坡生活。

1935年冬天，庄炎林只身回到上海，住在母亲余佩皋生前至交许琼华、周芜君办的强华小学内，进入民立中学读书，并在此投身抗日活动。

1937年"八一三"淞沪抗战，庄炎林报名参加了上海童子军抗日战时服务团，参加抗日宣传和维持社会秩序、救济难民和防止敌特破坏等。上海沦陷后，作为上海侨界抗日领袖的庄希泉因目标过大，转赴香港，负责团结居于香港的归侨参加抗日。庄炎林则进入设在上海租界内的光复中学读高中。

1938年初夏，庄炎林在得知父亲在香港开展抗日救亡工作后，决计取道香港，北上延安，奔向抗

1940年，庄炎林在广西桂林中学

日第一线。8月中旬抵达香港，父亲极称赞宝贝儿子赴延安，带着儿子找到了在港中共党组织。很快，在父亲和中共驻港机构安排之下，庄炎林准备奔赴延安。就在这时，日军正在进攻武汉，交通被阻碍，难以成行。

投学生军　战昆仑关

1938年9月，庄炎林至桂林，准备通过八路军驻桂林办事处安排，待时机成熟赴延安。在等待出发的日子，他先进了桂林中学读书，同年11月参加了广西学生军，成为第一团第二大队第七中队的战士，先是从事动员民众参加抗战的宣传工作，并参加了著名的昆仑关战役，从事抗日宣传、侦察敌情、抢救伤员。

昆仑关战役为抗日战争的大型战役之一，也是桂南会战国民革命军投入战力最强规模部队的一场战役。主要地点位于中国广西战略要点昆仑关，起始时间为1939年12月18日—1940年1月11日。

1939年11月15日，日本军在北海湾龙门港登陆，攻占钦州、防城后，以一个师团又一个旅团的兵力于24日沿邕钦公路北犯侵占南宁。12月4日进占昆仑关，桂南会战打响。国民政府调集四个战区五个集团军的兵力参加桂南会战，以确保桂越国际交通线的安全。

第三十八集团军中央军第五军奉命主攻昆仑关，12月18日凌晨战斗开始打响。12月30日第五军第三次攻克昆仑关，歼灭第21旅团5000余人，21旅团班长以上的军士官死亡达85%以上，击毙敌少将旅团长中村正雄。

激战中，庄炎林奉命随部开赴武鸣县高峰坳北边，他冒着敌机的狂轰滥炸，一次次出色完成任务，数次突入险境，终靠着过人的身体素质和智慧化险为夷。

1940年夏，庄炎林随队结束学生军战斗生涯，回到桂林中学读书，1940年12月在桂林中学加入了中国共产党，并担任中共桂林中学高中部第二党支部组织委员。

变卖家产　交给组织

1941年，庄炎林就读广西大学，先后担任中共广西新生支部副书记、书记。

也是在这一年，国民党顽固派掀起了第二次反共高潮，制造了震惊中外的皖南事变。1942年5月，制造了中共南委事件。同年7月9日，又破坏了设于桂林的中共广西省工委、中共桂林市委机关及部分基层组织，逮捕了一批共产党员和进步人士，省工委副书记兼宣传部长苏蔓、省工委妇女部长兼桂林市委书记罗文坤（苏蔓妻）、中共南委驻桂林特别交通员张海萍壮烈牺牲。这就是国民党顽固派在桂林制造的反共"七九"事件。

在"七九"事件后，庄炎林与卢蒙坚（中华人民共和国成立后曾任《广西日报》社社长）一起完成广西大学学生党员撤离后，中共广西省工委安排庄炎林驰赴柳州，通知柳州方面的地下党转移。在柳州，庄炎林在融安县吴赞之家住了一段时间，后到桂林荔浦县黄嘉的家里隐蔽，其间恰遇省工委书记钱兴（1948年11月，在中共粤桂湘边区工委副书记兼边区部队副政委任上牺牲）到荔浦向黄嘉布置工作，庄炎林与钱兴第一次相见，随后庄炎林随钱兴到了广西钟山县英家乡，成为钱兴与邹冰夫妇之后第一个到英家省工委机关工作的人员，不久黄嘉（中华人民共和国成立后曾任广西壮族自治区经委主任、中共广西壮族自治区区委宣传部部长，广西壮族自治区人大常委会副主任）、吴赞之（中华人民共和国成立后曾任中共南宁市委秘书长、副书记，梧州地委副书记、行署专员）、韦立仁（中华人民共和国成立后曾任广西壮族自治区高级法院院长）等也相继调到英家，担任相应职务。

庄炎林到英家中共广西省工委机关，担任省委交通联络员，主要负责柳州、梧州等地的地下党交通联络工作。其间，为了解决省工委活动经费，庄炎林曾回到桂林找到父亲庄希泉，请其给予资助，并与其冒着生命危险，密走日占区回到香港，变卖其留在香港的家产，将所得钱款全部交给中共广西省工委，作为党组织的活动经费。

桂林书记　谱写传奇

桂林"七九"事件之后，中共广西省工委曾一度与上级组织失去联系。为了恢复与上级党组织的联系，省工委曾几次派庄炎林回桂林，通过其父亲的关系，找到了原属八路军桂林办事处的领导张兆汉（当时公开身份是《广西日报》驻柳州办事处主任，中华人民共和国成立后曾任中共福建省委统战部副部长、部长，福建省侨务委员会副主任，福建省政协副主席），通过张兆汉的组织关系，将桂林七九事件后中共广西省工委的情况报告了中共中央。

1945年冬，庄炎林出任中共桂林市工委书记。

红色记者　肩负使命

1946年春夏之间，为了及时得到中央的最新指示，庄炎林奉命北去上海。庄希泉利用自己丰厚的人际资源为儿子运作到一个华侨通讯社记者的公开身份，以掩护庄炎林沪上从事革命工作。庄炎林也因此能较方便出入周公馆，接受党的指示。后来，华侨通讯社难以继续开办，庄炎林即由党安排至《经济周报》，担纲责任编辑兼记者，负责整个采编工作。他充分利用这一岗位，团结经济学家和工商界人士，开展统战工作。在他主持之下，《经济周报》揭露时弊，引导大众认识国民党统治的腐败与黑暗。如1948年8月19日国民党政府实行币制改革，发行金圆券。庄炎林和《经济周报》的编辑们共同研究了当时国内经济形势和国民党政府发行金圆券的背景、目的后，立即分工撰写评论，揭露国民党政府的欺骗伎俩和利用金圆券搜刮民脂民膏的反动本质，刊发后反响强烈。但也因此被国民党上海当局视作眼中钉，《经济周报》被迫于次年年初停刊。

在上海，庄炎林根据上海地下党组织的指示，参与组织上海工商经济青年联谊会，加强对进步青年的引导和教育；还曾奉命主持上海各界人民团体联合会秘书处和机关报——《上海人民》，亲自担任总编辑。

组南下团　进军八闽

上海解放后，庄炎林奉命进入解放日报社，负责要闻版编辑。之后调任上海市政府新组建的经济研究所，组织研究上海经济发展问题，为建设上海出谋划策。

不久，庄炎林又接到新任务。那天，中共华东局常委兼组织部长专门向他布置任务：一是安排他回福建做青年工作；二是让他招收、组织一批上海知识青年，组成南下服务团，赴福建工作。

随着三大战役快速推进，大大缩短了中共中央对解放战争进程的原有估计，同时对党的干部数量和质量提出了迫切要求。1948年月10月28日，中共中央《关于准备夺取全国政权所需要的全部干部的决议》指出，在解放战争的第三、四这两年内，需要准备约5.3万名干部，并分配华东解放区准备1.5万名干部的任务。

庄炎林受命之后，想方设法深入发动，动员、组织、录用了5000多名上海知识青年。因奉命解放云贵两省的陈赓伸手向张鼎丞要3000知识青年，只好分出大半组建赴云贵南下服务团。庄炎林紧急增招，并通过集训，组成了由2500多人参加的福建南下服务团。

庄炎林被任命为上海南下服务团党委委员兼青年处处长、青年团团委书记，参与率团跋山涉水，一路"长征"入闽。

八闽将才　建功多业

中华人民共和国成立后，庄炎林任中共福建省委青年委员会委员、青年团省委秘书长。1950年1月底，福建省青年联合会成立，庄炎林当选首届副主席。1952年，他担任团省委副书记。1954年6月，他被任命为中共福建省委青年委员会书记、青年团福建省委书记，并当选为福建省青年联合会主席。

庄炎林自幼喜爱体育，精通不少体育项目，连围棋都下得不错。1953年10月，福建省体育运动委员会成立，庄炎林再兼省体委副主席、中华全国体育总会福建分会副主席。

1955年7月，中共福建省委任命庄炎林为省委文教部副部长，后来文教部和宣传部合并为宣传部，庄炎林继续担任副部长，同时兼任福建省人民委员会（省政府）副秘书长，主管全省的文体科技工作。他对体育的喜爱、研究及超强的组织实施能力，很快被时任国务院副总理兼国家体委主任的贺龙元帅看上，想调他到国家体委工作，福建省惜才，不肯放行。

1957年春，庄炎林奉命到福建省晋江县（今晋江市一部分）挂职锻炼，先担任中共晋江县委第二书记，后任第一书记，同时仍兼省委文教部副部长。

1958年，福建省委决定加强水利电力建设，极具传奇色彩的中共福建省委第一书记叶飞亲自点将，庄炎林走马上任闽江水

1959年，庄炎林在建设中的古田溪水电站一级大坝前留影

电工程局党委第一书记。任上，他排除万难完成了古田溪水电站二期工程，并启动建溪水电站建设，很快成为水电建设行家，以至国家水电部部长刘澜波要调他带队伍去建设丹江口水电站，后又调他到国家水电总局。福建省依旧态度明确：坚决不放人。1963年，庄炎林被任命为福建省人民委员会秘书长。

"文革"期间，庄炎林曾"下放"到福建省邵武县朱坊公社山下大队劳动。1972年2月，庄炎林担任中共县委常委、县革委会副主任，不久被任命为县委第一书记、县革委会主任。

援建坦赞　修筑铁路

1975年春，庄炎林走上了新的工作岗位，调往北京国家对外经济部，不久被任命为中华人民共和国驻坦桑尼亚经济代表，主持修筑坦赞铁路等几十个援外项目。同时，兼任中国驻坦桑尼亚大使馆党委委员，分管所有的经援工作。

坦赞铁路东起坦桑尼亚首都达累斯萨拉姆，西至赞比亚的新卡比里姆博希，全长1860公里，由中国工程技术人员勘察、设计并组织施工。1968年5月开始勘测、设计，1970年10月正式开工，到庄炎林赴任时，仍有相当部分尚未开工。他带领大家攻克了建设中的众多难题，战胜了极为恶劣的生存困难，终于1976年7月全线建成移交。

庄炎林夫人陈俶辛，也是抗战时期投身革命的优秀共产党人。曾任共青团福建省委少儿部部长、学生工作部部长、共青团闽江水电工程局书记、党委委员兼宣传部长，泉州师范学校党委书记、校长，中华人民共和国驻坦桑尼亚经济代表处代表。

侨资饭店　奠基功臣

庄炎林夫妇援非回京后，继续留在国家外经部工作，庄炎林任办公厅主任。他参加了著名的中共十一届三中全会，并在1978年3月成立的中国旅行游览事业管理总局（后改为国家旅游总局）首任副局长、党组副书记，夫人任教育司负责人，负责筹建旅游学院。

庄炎林为中国的改革开放事业做出了积极贡献。

国门打开伊始，旅游者蜂拥而至，然而由于接待能力有限，住宿成了一个大问题，一些华侨旅客在广西桂林写了打油诗："桂林山水甲天下，我来桂林睡地上。"他上任后的工作主要是招商引资，而筹建旅游饭店迫在眉睫。

据资料记载，仅1978年，全国旅游入境人数就达180多万人次，超过以往20年人数的总和。但首都北京仅有7家涉外饭店、5200张床位，实际达到接待标准的仅1000张左右，而且基础设施、服务态度、管理水平都与国外的星级酒店相距甚远。庞大的旅游大军令北京的接待单位措手不及，许多外国客人一下飞机，不是立即安排宿舍，而是被拉到景点去游览，晚上再到饭店等床位。北京无处下榻了，便把客人用飞机空运到南京、上海等地。

旅游住宿问题成了对外开放的瓶颈，建设旅游饭店迫在眉睫，但经过十年浩劫，百废待兴，国家资金有限，技术和经验也是问题。

生于著名华侨领袖家庭的庄炎林清醒地意识到，发挥华侨爱国爱乡传统优势，吸引侨资兴办酒店是最有可能短期内建成大批高档次酒店的捷径。中央还专门成立了以谷牧、陈慕华、廖承志为组长的"利用侨资外资建设旅游饭店领导小组"，并在领导小组下设办公室（简称"侨外资办"），国家旅游总局局长卢绪章兼任主任，副局长庄炎林兼外资办常务副主任，负责实际操作。

庄炎林充分发挥家族在华侨中的影响力和号召力，招商引资。在短短的一年时间里，庄炎林和侨办、外资办的人员先后与20多个国家和地区的120多家侨商、外商广泛接触，就饭店的合作方式、经营管理、偿还能力等问题进行了充分研究和论证。

但利用侨资、外资建设旅游饭店毕竟是新事物，推进中遇到各种意想不到的阻力。在备受"走资本主义道路""卖国主义"的指责和"上当受骗，损失严重""编造假账，欺骗中央""贪污受贿，从中搞鬼"的诬告中，并多次惊动邓小平亲笔批示支持之后，北京建国饭店、长城饭店、丽都饭店、兆龙饭店，以及南京金陵饭店，上海虹桥饭店、华亭饭店，广州白天鹅宾馆、中国大酒店、花园酒店等在全国各地陆续建成开业。

首家合资的建国饭店的成功，把北京的旅游业大门打开了，也为全国旅游业的发展提供了可资借鉴的管理体制和模式，还被国务院列为"样板"，在全国推广经验。

掌舵侨联　改革创新

1981年深春，庄炎林调任国务院侨办副主任、党组成员，同时兼任中国旅行社总社社长、党组书记，任上为团结华侨参与祖国改革开放事业发挥了重要作用。

1988年7月，已是国务院侨办顾问的庄炎林，调任中国侨联党组书记，并被中国侨联全委会增选为中国侨联第三届副主席，主持侨联工作。

1989年12月，庄炎林在第四次全国归国华侨代表大会上，当选为中国侨联主席。

庄炎林在新岗位上坚持创新、改革：强化侨务法制建设，支持配合《中华人民共和国归侨、侨眷权益保护法》《中华人民共和国归侨、侨眷权益保护法实施办法》出台，全国政协确定中国侨联为中国人民政治协商会议的组成单位，这为侨联组织在政治协商和民主监督中发挥作用创造了更有利的条件；中国侨联发布《开展为实现我国"八五"计划和十年规划做贡献活动的通知》，各级侨联动员和组织归侨、侨眷，为当地经济发展招商引资、引才引智、出口产品，同时兴办企业，到1994年全国各级侨联自办企业1400多家，不仅解决了大批归侨、侨眷就业问题，还增加了国家税收，繁荣了地方经济；通过建立基层组织、健全联络员制度等，开展归侨子女夏令营、情系华夏大型晚会、炎黄杯世界华侨华人龙舟赛等载体以及举办经贸洽谈、商品展览等活动，推动侨联海内外联谊工作不断向纵深发展；至1994年6月，全国已有29个省、自治区、直辖市以及计划单列市成立了侨联组织，沿海重点侨乡侨联组织已形成网络，在归侨和侨眷较多的机关、院校、厂矿、农场、林场及难侨安置单位也成立了侨联组织，全国县以上侨联机构已有2700多个，各级侨联组织及所属社团达8000多个，各级侨联兴建的华侨大厦、侨联大厦、侨联之家等接待基地和活动场所突破300家，为进一步服务归侨和海外华人华侨奠定了基础。

2017年夏天，笔者在北京庄炎林家中采访，为老人留影

1994年6月，73岁的庄炎林卸任中国侨联主席。

特别值得一提的是，庄炎林是闻名海内外的"中华第一老铁人"，这不仅因为他为中国引进铁人三项运动，并促成了中国首届铁人三项比赛，还因为他坚持参加铁人三项运动，曾是年纪最长的铁人三项赛选手，并长期参加冬泳等各种体育活动。

1998年8月，庄炎林担任庄希泉基金会主席；1999年6月，庄炎林被第六届中国侨联聘为顾问。2005年和2015年，分别获得中国人民抗日战争胜利60周年、70周年纪念章。

庄炎林先后主编和参与主编了《华人华侨侨务大辞典》《世界华人社会团体大辞典》《世界华人社团通讯录》等。

庄 焰

庄焰（1917—2017年），又名卜一，福建南安人，菲律宾归侨、外交家。曾任延安中共中央党校教员、《党员生活》主编，中共中央海外工作委员会秘书，中共张家口市区委书记，中共哈尔滨市区委书记，沈阳市人民政府秘书处处长兼人事处处长，厦门市军事管制委员会副秘书长、全国总工会国际联络部副部长，中国驻英国代办处一等秘书、参赞、临时代办，中国驻联合国大使衔副代表，中国驻孟加拉国大使、中国驻伊朗大使、中国驻希腊大使。

抗日领袖　奔赴延安

庄焰，祖籍福建省南安市官桥镇人，1917年生于菲律宾，在完成小学学业后，曾在菲律宾南洋公学学习。在中共资深党员许立的领导下投身抗日救国活动，成长为菲律宾华侨青年抗日领袖，曾任马尼拉华侨学生联合会主席，同时还兼任菲律宾华侨文化界救亡协会、劳工联合会、民族武装自卫会的常务理事。1935年加入菲律宾共产党。

随着1937年卢沟桥事变爆发，祖国进入全面抗战时期，庄焰再三要求回国参战。

1938年4月间，庄焰原定参加菲律宾战地记者团回国，去武汉等地采访，因临时有任务离不开，奉命留在菲岛，一直推迟至6月间，才独自一人，乘邮轮到香港。

庄焰

庄焰至香港，在与驻港八路军办事处联系上后，被办事处主任廖承志留在办里从事联络和宣传工作。同年，经廖承志介绍转为中国共产党，2个月后奉命奔赴延安。

辗转万里　率队北上

庄焰带着2位学生、1位青年印刷技师，水路至湛江，再转道北上。先是冒雨步行去廉江，经陆川到广西的贵县、柳州，再经河池到了贵州的独山、都匀、贵阳、息烽、遵义、桐梓，入四川綦江，抵达陪都重庆。

到山城后，庄焰立即到八路军驻重庆办事处报到，博古（秦邦宪）和董必武亲切接见到，并详细地了解菲律宾抗日救亡运动和庄焰在海外参加革命活动的一些情况。

不久，庄焰奉命参加重庆八路军办事处招募组织的第十八集团军护士大队，约100余人，集体同去。大队里成立了中共党支部，庄焰任支部书记。

庄焰率队，打出"第十八集团军护士大队开赴华北前线"旗号，集体乘船沿嘉陵江上川北，而后步行经合川、南充、阆中、苍溪、剑阁、广元、汉中到西安。在庄焰和党支部的领导下，历尽艰辛，击退土匪，冲破国民党特务的多方刁难，战胜了缺粮、伤病等各种困难，没有一个人掉队，终于1938年初冬安全抵达西安八路军办事处。在这里，兵分两路，一批渡黄河上山西前线去，另一批径直去了延安宝塔山下。

青年模范　泽东颁奖

庄焰率领一批人经过国民党统治区的三原、铜川等关卡，到达延安，随即他进入中央党校学习。

从中央党校毕业后，庄焰留校任教，1939年夏调入中央党校宣传部工作，在谢觉哉的领导下主编《党员生活》。在中央党校工作期间，庄焰参加开荒生产运动，一次又一次从延安到崂山背木柴，每日天未明即出发，回来时已披星戴月，肩背六七十斤硬木柴，两次进山，再跑八九十里的路，艰苦备尝。庄焰特别能吃苦，在开荒生产运动中，他有一次上山收割谷子，由于背得过重，山坡又陡，一脚踏空，从半山坡直滚下去，幸亏下面只是一米多深的小山沟，而非深沟，保住了性命。

1940年5月，陈嘉庚率南洋华侨回国慰劳考察团抵达延安，延安各界热烈欢迎陈嘉庚一行的到来。在欢迎晚会上，庄焰曾为毛主席和陈嘉庚做翻译。毛主席也问起庄焰在菲律宾的情况，风趣地称之为"洋包子"。当时庄焰的名字叫"卜一"，毛主席说，你的名字三划，太简单了，一看就是假的。在后来离开延安到东北，庄焰以此名换掉了"卜一"之名。

1939年5月，为纪念五四运动20周年，延安各单位都推选模范青年，中央党校推举庄焰作为模范青年。在纪念会上，毛主席亲手颁发给庄焰一枚模范青年纪念奖章，这枚纪念章庄焰珍存一生。

在延安，庄焰收获了爱情。爱人闵自强是第十八集团军护士大队中的一员，与庄焰一起跋山涉水从重庆至延安。在延安结婚时，中央党校校长邓发参加了婚礼。

朱德麾下　老帅指点

1940年，中央派庄焰去海外工作。离开延安前，张闻天专门找庄焰谈话，并一块会餐送行。

同年秋天，庄焰以八路军少尉名义，随董必武离开延安，经西安向大后方进发，同行者还有茅盾（沈雁冰）等同志，行至宝鸡八路军兵站时，因国际国内形势巨变，中央指示董必武、茅盾等少数同志继续前进，庄焰等其余的返回延安。

1942年，庄焰调到王家坪朱总司令主管的中央海外工作委员会海外研究班学习和工作。在朱德的亲自指导下，学习军事，研究国际政治和军事，特别是研究第二次世界大战欧洲战场。庄焰的妻子此时正在坐月子，朱德特意派人送来两只母鸡给闵自强补充营养，这是他用自己劳动种菜得来的钱换的。

1943年夏秋之间的一天，中共中央副主席周恩来专门召见庄焰，指示他参与筹备在延安举行宪政促进座谈会并作为华侨代表发言，以揭露蒋介石的欺骗宣传。

转赴东北　开辟新区

1945年党的七大以后，时任中央海外工作委员会秘书的庄焰，奉命到东北工作。党组织对庄焰这个华侨干部十分照顾，特别批给两匹牲口，一马一骡。庄焰夫妇把不到两岁的小女孩和还抱在怀里喂奶的小男孩，装上两个箩筐，驮在骡背上，和同志们一道经过长途艰苦行军，抢险横渡黄河，冲破敌人的封锁线，冒着战火，顺利抵达东北。

庄焰参加东北解放区的建立，曾任中共张家口市区委书记、哈尔滨市区委书记、沈阳市人民政府秘书处处长兼人事处处长，为张家口、哈尔滨、沈阳人民政权机关的建立、清除残匪与敌特、稳定社会、组织支援全国解放战争做出了贡献。

外交干臣　三国大使

中华人民共和国成立后，庄焰曾任厦门市军事管制委员会副秘书长，为稳定厦门社会、建立人民政权各级机关、组织接收社会公用事业等发挥了重要作用。

在这之后，庄焰调往北京，出任全国总工会国际联络部副部长。后转往外交部，曾任中国驻英国代办处一等秘书、参赞、临时代办，驻联合国大使衔副代表。1976年5月至1979年11月，出任中国驻孟加拉大使。1980年4月至1982年12月，出任驻伊朗大使。1983年5月–1985年5月，调任驻希腊大使。

2017年3月5日，庄焰于凌晨2时25分在北京逝世，享年100岁。

中国著名外交家，左起依次为唐明照、庄焰、乔冠华、黄华

安岱

安岱（1920—2007年），原名施纯亮，曾用名司子亭、安代成、陈里、施火炎、施纯谅，福建石狮人，菲律宾归侨。曾任八路军115师独立第一游击支队文印员，山西省乡宁县人民武装自卫队政治工作员，山西新军政治保卫队第二支队连政治指导员，中共晋西南区党委七月剧团政治指导员，新四军第六支队指导员、团政治处宣传股股长，八路军第四纵队第五旅政治部宣传科干事、文化教员，南京军区步兵学校副政委、江苏省建设兵团第三师正师职副政委。

菲岛少年　抗日先锋

1920年，安岱生于晋江县永宁镇杆头村（今属石狮市）一个侨商家庭。幼入私塾，十分用功。

1932年，安岱随父亲到菲律宾的首都马尼拉市居住，并进入当地华侨学校读书，先后就读于百阁小学、南洋中学。在校期间，安岱阅读了大量进步书刊，并从华侨学校教师和华侨抗日社团骨干那里接触进步思想，满怀激情投入当地华侨抗日救亡活动，很快成为当地抗日宣传骨干，他参与组织宣传队，举办抗日宣传歌咏会、募捐会、义卖会、义演会等，还与同学一起创办了《黎明周报》等刊物，宣传抗日救国，宣传中国共产党抗日主张。

安岱

历尽艰辛　奔赴延安

1937年7月，随着卢沟桥事变爆发，安岱与同学张道时、吴一舟等相约回国，到延安参加抗日运动。1938年2月，安岱离开菲律宾抵达香港，经过广州、武汉、郑州、西安，千山万水，困难重重，但他们意志坚定，喊出了"满腔热血去受训，不到延安誓不停"，历时三个月，终于走到延安。

到达延安之后，安岱先进入陕北公学学习，1938年6月加入中国共产党。7月初，安岱自陕北公学结业后，分配至八路军115师独立第一游击支队，在机关做文印等工作。1938年9月，被党组织派到山西阎锡山地方武装——乡宁县人民武装自卫队做政治工作员，同时担任中共自卫队党支部书记。因秘密工作需要更改姓名，由本名施纯亮改为安代成。

安岱在乡宁县人民武装自卫队工作一段时间以后，因武装队伍编入山西新军政治保卫队第二支队，他便也跟着到第二支队，继续任连政治指导员和中共党支部书记。

转战南北　抗击日伪

1939年3月，安岱被派赴延安中央组织部训练班学习，参加延安大生产运动。6月份他又再度到华北，分配到中共晋西南区党委刚组建的七月剧团，担任政治指导员。安岱参与组织创编抗日节目、排练，并带着队伍赴兵民之间进行抗日演出，极大地鼓舞了士气。他还亲自参加编写剧本和演出节目，创作并参与演出了活报剧《汪精卫的梦》《流亡曲》，话剧《上前线》《三粒子弹》等。

1940年初，安岱奉命调到新四军六支队工作。到豫皖苏边区党委组织部报到时，因工作需要将名字改为安岱，此后数十年再也没有改动过。几十年来，他在外都用安岱这个名字，只有在给亲朋故旧写信或其他需要说明的时候，才会在安岱之后加个括弧，写上真实姓名施纯亮三个字。

在新四军六支队，安岱先后担任过连队指导员、团政治处宣传股股长等职务，参加过抗日的多次战斗。在1942年的整风运动中，安岱因认真学习、表现突出，荣获"学习英雄"奖章。1942年，他被调到旅政治部宣传科当干事，后到营任文化教员。1943年冬被调回团和县总队政治处宣传股当股长。

1942年11月14日至12月16日，驻徐州、蚌埠等地的日伪军，对淮北抗日根据地进行疯狂大"扫荡"。淮北根据地军民在彭雪枫、邓子恢等同志领导下，经过三十三天的浴血奋战，碎粉了敌伪的大"扫荡"，安岱参加了粉碎日军对淮北盱凤嘉地区"大扫荡"和解放灵璧、时村等战斗二三十次。

解放战争期间，安岱参加了著名的莱芜战役、孟良崮战役、淮海战役、渡江战役等，表现英勇。

任职步校　副军离休

中华人民共和国成立后，安岱继续服务于军中，1955年人民解放军首次守衔，被授予中校军衔，后晋升为上校。1963年6月调入南京军区步兵学校任副政委，分管训练部、学员大队的思想政治工作。1964年，他主持了南京步兵学校向"南京路上好八连"学习、创造"四好"连队工作。这一年，南京步兵学校机要队，一大队一中队、四中队、五中队、六中队，三大队九中队，勤务连等均被南京军区评为"四好"连队。

1969年9月，中央军委下令撤销南京军区步兵学校。1969年，安岱调任江苏生产建设兵团第三师任正师职副政委。江苏生产建设兵团第三师于1969年2月成立，隶属南京军区，师部驻设在大丰市三纺厂内。下辖四个团、二个独立营、三个工厂，占地总面积45.6万亩，其中：耕地面积35.8万亩，林地1.5万亩、水面养殖面积2.4万亩。从1969年至1974年，先后接纳南京、苏州、无锡、常州、南通、镇江、扬州、徐州、连云港、淮安、宿迁、盐城、泰州、上海、北京、山东等城市知青，总数达37000多人。安岱在新的岗位上再立新功。

1985年安岱离职休养，居于南京军区第三干休所，享受副军职待遇。2008年8月13日病逝于南京。

许立

许立（1905—1971年），又名许经镖、许经表、许敬诚、许少东，福建晋江人，菲律宾归侨。著名工运领导人、侨领、曾任菲律宾南甘马仁华英学校校长、菲律宾华侨各劳工团体联合会顾问、菲律宾抗日护侨委员会主席、菲律宾华侨抗日反奸大同盟主席、菲律宾人民抗日军中央军委委员、菲律宾华侨民主大同盟主席、中共中央华南分局委员、中共中央统战部研究组组长、中共中央统战部第三室主任、中央人民政府华侨事务委员会委员、中共中央马列学院第一分院副院长、中共中央对外联络部副部长、中共中央对外联络部副部长兼机关党委书记。

许立

工运领袖 起步香江

1905年1月8日，许立生于福建省晋江县龙湖乡（今晋江市龙湖镇）石龟村一个侨商家庭。乳名镖子，谱名许经镖，又名许经镖、许经表，侨居国外时名许敬诚，投身革命时曾易名许少东。

许立2岁时，母亲施乌甘病逝。7岁开蒙，9岁进入毓彬小学读书。1917年随继母和大妹到香港与父亲团聚。翌年进入香港育才书院读书。1921年转学至圣保罗书院，受到了良好的中西文化教育。既熟读经史子集，又熟谙英语，颇通国际史。良好的教育背景，使之青少年时期就开始探索古老中国在近代积贫积弱的原因。

1922年香港海员大罢工

1922年1月爆发的香港海员大罢工，是许立走上革命的起点。1921年中国共产党成立以后，非常重视领导工人运动。香港海员大罢工，就是我国第一次工人运动高潮中一次重要的罢工斗争。1月12日香港海员要求增加工资，遭到英国资本家拒绝后，就在海员工人的工会组织——中华海员工业联合总会的苏兆征、林伟民等领导下，开始举行大罢工。到1月底，包括运输工人在内，罢工人数增至两三万人。2月1日，香港英国殖民当局以武力封闭了海员工会和运输工会，并逮捕罢工领袖。工人群众联合起来，组成纠察队，奋起反抗。在广州附近农民的支援下，封锁香港，断绝交通。从2月27日起香港各工会陆续开始罢工，至3月初罢工人数激增到10万以上。香港英国当局惊呼，罢工"陷本殖民地于危险之境"，于是英帝国主义进行野蛮镇压，罢工工人毅然离港回广州。3月4日，工人们成群结队徒步返回广州，行至离香港6公里的九龙沙田地区时，遭到英国军警的开枪射击，当场打死打伤数百人，造成"沙田惨案"。在中国共产党领导的全国工人的支持下，香港工人的罢工斗争坚持了56天，使英帝国主义在华经济利益遭受巨大损失。3月8日，罢工谈判协约签字，港英当局被迫接受海员们提出的条件，明令取消2月1日公布的封闭中华海员工业联合总会的反动命令，送还被拆除的工会牌子，释放被捕工人，并答应抚恤在沙田惨案中死难的工人，增加工资15%—30%。至此，香港海员大罢工胜利宣告结束。这次罢工的胜利，鼓舞了武汉、上海、广州、澳门等各地工人群众的斗争，成为我国工人运动史上第一次高潮的起点。

目睹香港大罢工全过程，许立围绕罢工事件同客栈的雇员、参加罢工的海员、同学和老师展开讨论。他找了许多资本主义国家特别是英国、德国的书籍阅读，以求对疑问的解答，因而第一次接触马克思主义的小册子。从此，他对参加工人运动更加积极，立志从事工人运动。

南下菲岛　领导工运

1925年年初，与许多闽南前辈一样，许立南渡菲律宾，做过职员，当过教书先生。国内五卅运动的消息传到菲律宾，他立即抓住这一时机，发起组织华侨工人协会，动员爱国华侨支援上海工人、学生和全国人民广泛参加的五卅运动。

华支臂章

1926年秋，在上海复旦大学从事学生运动的共产主义青年团团员林星秋，在中共地下党组织的派遣下来到菲律宾，在华侨中开展革命活动，发展团员，建立团组织。正在从事工人运动的许立，便被吸收加入共青团，并成为菲律宾第一个共青团支部书记。

1927年4月，四一二反革命政变后，国共合作受到破坏，许立联合广大爱国华侨，愤怒声讨背叛孙中山遗训的反革命政变。当时，由于蒋介石的叛变，形势越来越恶化。7月15日，武汉汪精卫避开"分共会议"正式宣布反共。中共中央决定苏联顾问鲍罗廷经由蒙古撤回苏联，中共党员、鲍罗廷的秘书李炳祥是菲律宾华侨，中共中央决定让他回菲律宾。许立与林星秋、李炳祥等团结进步华侨青年，成立了菲律宾华侨工人协会（后发展为"菲律宾华侨总工会"）。1928年，吕宋岛南部南甘马仁华英学校校长李陵病休，许立代理校长职务，1928年年底，回马尼拉参加菲律宾总工会和华侨工人协会联席会议。1929年夏天，许立代表菲律宾华侨工会，出席在上海召开的泛太平洋职工代表大会，在会上结识中共中央代表周恩来等。1930年1月，许立在上海加入中国共产党，在刘少奇领导下的中华全国总工会过组织生活，并留在全国总工会做资料工作。1930年4月，他与刘少奇等一起，被派往莫斯科出席赤色职工国际第五次代表大会，任亚洲代表学习班班长。这期间，他还列席了苏联共产党第十六次代表大会。11月，许立返回菲律宾后，仍在从事侨界职工运动。

潜出魔掌 回乡革命

1933年年初，许立奉命前往印尼爪哇岛，在华侨中进行抗日宣传。在返回菲律宾途中被截捕，关押4个多月。10月间被印尼荷兰殖民当局驱逐出境，遭送回国。许立在回国途经香港时，乘旅客上下船秩序混乱之际，机智地从窗口爬到接客小艇，成功逃走。

许立辗转回乡，在晋江龙湖震瑶小学任教，他在教书的同时一直在寻找当地的党组织。辗转找到了在红军长征之后，一直在闽南打游击的尹利东（尹林平），当时他担任闽南红军第二支队支队长、中共厦门临时工委书记。此时，曾任中共泉州县委委员兼南安区委书记的洪雪立，因在印尼从事革命被荷兰殖民当局驱逐出境，到晋南（晋江、南安）游击区工作，任中共山边区委书记，率山边区红军游击队开展游击战争，他辗转找到许立。于是，许立留在晋江从事中共地下工作。1935年，许立调往位于龙湖乡龙益村的晓新小学任教。任教期间，他根据党的安排，发动龙湖一带百姓参加进步活动，还曾组织龙湖前港村遵道小学和震瑶小学师生合演文明戏，以此进行革命宣传。

再往南洋 领导抗日

1936年秋天，许立奉命再往南洋，领导华侨开展抗日救国活动。

1936年，为培养革命新生力量，许立协助菲律宾华侨抗日救国联合会秘书长杨静桐开办洪光学校。他在教书外，还先后协助组织成立东北抗日义勇军后援会、中华民族武装自卫会菲律宾分会，团结各界力量，支援祖国抗击日本侵略者。

1937年7月祖国抗日战争全面爆发后，许立深入发动华侨起来抗日，在其策划和积极奔走下，一批抗日救亡团体应运而生。1938年4月，菲律宾华侨各劳工团体联合会成立，许立任顾问。在他努力下，此会提出：以团结、抗日、救亡为宗旨，尽可能减少激烈的罢工斗争，而采取与资方协商解决的方式；对中国国民党驻菲总支部的斗争，亦采取"又联合又斗争"的原则。

为团结更多力量投身祖国抗日，许立领导创办了美范印务馆、建国中学、民族夜校和国防剧社，领导菲律宾各地华侨抗日进步团体发动爱国侨胞，有钱出钱、有力出力，支援祖国抗战，并于1940年5月1日创办了向海外华人宣传共产党、八路军抗日实绩的《建国报》。同时，他多次组织华侨青年回国参加新四军、八路军，他还把儿子许呈伟送回祖国参加新四军。

创设"华支" 打击日寇

1941年12月，太平洋战争爆发，日本侵略者的飞机不断地轰炸菲律宾，随后日军登陆菲岛，不到半年，菲律宾全境就沦落在日寇铁蹄之下。

在太平洋战争爆发之初，许立就遵照中共中央关于建立和扩大国际反法西斯统一战线的方针政策和毛泽东提出的"同英美及其他国家一切反德、意、日法西斯统治者的人们联合起来"的号召，成立了战时抗日护侨委员会，许立亲任主席。他根据时局发展需要，先后成立包括工、商、青、妇各界爱国华侨在内的华侨抗日反奸大同盟，许立兼任主席。为鼓励华侨坚定抗战必胜信心，许立领导创办了菲律宾抗日地下报《华侨导报》，组织战地劳务大队，广泛开展地下抗日斗争，并根据祖国开展抗日游击战争的经验，着手组织武装力量，做好开展游击战争的准备工作。

菲律宾首都沦陷后，日寇疯狂捕杀抗日力量，许立带领菲律宾各界劳工团体联合会干部和抗日骨干300多人撤出马尼拉，转到中吕宋岛四省组织农会，会员达8万多人，为开展抗日武装斗争打下基础。1942年2月，许立同菲律转战于村镇田野，连在敌人严密控制的马尼拉市也建立起一支开展武装斗争的华支马尼拉大队。

这支在菲律宾国土上由中国侨民自动组织起来的军队，极富战斗力，同侨居国人民一起，共同为抵抗日本侵略者浴血奋战。自1942年5月起至1945年8月日本投降的3年又4个月中，他们在中吕宋、南吕宋、马尼拉和米骨4大战场，跨越15个省、市，作战260多次，共毙、伤、俘敌军2000多人，缴获各种武器940多支，沉重打击了日本侵略者，得到广大侨胞和菲律宾人民的广泛支持和赞赏，作为领导人的许立也赢得人们的崇敬和爱戴。

国家部长　鞠躬尽瘁

第二次世界大战结束后，许立被选为菲律宾华侨民主大同盟主席，为支持祖国人民的解放事业而展开工作。由于国民党政府联合当地政府迫害进步力量，许立被迫离开菲律宾。

1946年9月，许立由菲律宾到香港，在香港参加为期3个月整风学习。学习结束后，担任中共中央华南分局委员。

1948年9月，许立奉命到达河北省平山县西柏坡中共中央所在地，当晚周恩来副主席接见他，介绍他到中央统战部工作，任研究组组长。

北京解放后，许立随同中共中央机关进入北京，担任中共中央统战部第三室主任。

新中国成立后，许立被任命为中央人民政府华侨事务委员会委员，后又相继担任中共中央马列学院第一分院副院长、第四届全国政协委员、中共中央对外联络部副部长、中共中央对外联络部副部长兼机关党委书记等。

1971年8月20日，许立病逝于河南周口。

1978年12月，中共中央在北京八宝山革命公墓礼堂为许立举行隆重的追悼会，邓小平、李先念、耿飚等党和国家领导人献了花圈。中共中央对外联络部常务副部长李一氓致悼词，赞扬许立是"无产阶级久经考验的忠诚战士""为国际共产主义事业和中国人民的革命事业献出了自己的一切"。

1990年，晋江龙湖石龟村许氏家庙重建竣工，中共中央对外联络部特为许立同志树匾，匾额"光明正大"，悬挂于家庙大厅。

晋江龙湖石龟许氏家庙

许志猛

许志猛（1909—1990年），曾用名许信、王全忠，福建晋江人，菲律宾归侨，著名侨领。曾任菲律宾洪光小学教导处主任，菲律宾华侨抗日锄奸义勇军总指挥，菲律宾文化界抗日救亡协委执行委员、菲律宾《华商公报》社社长，菲律宾中国洪门联合总会理事，菲律宾中国洪门致公党主席，香港新民主义建设促进会常务委员兼调研部部长，福建华侨服务社经理兼福建省华侨事务委员会委员，中央人民政府华侨事务委员会交际处处长，中国华侨旅行社总经理，致公党中央联络部部长、副主席，全国政协常委兼华侨委员会副主席。

1909年，许志猛出生于福建省晋江县（今晋江市）龙湖乡许厝村许氏望族，从小聪颖好学，学业优良，1925年考进厦门大学。在校期间追求进步，阅读了不少红色书刊，参加了罗扬才（中共福建省第一个党支部书记）组织的声援上海"五卅"工人斗争而发起的学运。后因闹学潮转学至上海，1930年毕业于上海群治大学政治经济系。

1930年，许志猛奉命回到家乡开展革命，他以小学教员为掩护，从事革命活动。

1932年，毛泽东指挥的红一、五军团攻打福建漳州。战后，包括尹林平在内的一批红军被留下参与组建闽南红军游击队独立大队。随后，独立大队先后改编为闽南红军第三团、闽南红军第二支队（简称"红二支队"），转战于闽南、闽西边区，开创了闽南游击区。1934年，尹林平率领红二支队纵横驰骋于安（溪）、南（安）、永（春）、德（化）边区及晋江

许志猛

一带，不到一年时间开辟了许多新区，红二支队本身也由几十人发展到500多人。作战近百次，牵制了国民党一个正规师和保安团的兵力，为保卫土地革命成果、配合中央红军反"围剿"斗争发挥了积极作用。许志猛为闽南游击区的建立与发展做出了重要贡献，中央主力红军长征后，尹林平率红军游击队在闽南独立坚持游击战争一年多，粉碎了国民党军的多次清剿。

1935年9月，国民党调集重兵围剿泉州地区的晋（晋江）南（南安）苏区，活跃于晋江一带的红军游击队在与敌军进行了英勇顽强的斗争后，损失惨重，终因敌强我弱，并与上级组织失去联系，根据地受到严重破坏，苏区领导人分散隐蔽。许志猛因受敌军缉捕，只得南渡菲律宾避难，在洪光学校任教，先后担任教员、教导主任。

1936年，为团结更多人支援祖国抗日，许志猛加入菲律宾洪门团体，并迅速成为洪门骨干，发动

洪门弟子参加抗日救亡活动。

1941年12月，太平洋战争爆发，日本疯狂南侵，菲律宾很快沦陷。许志猛联合洪门爱国人士组织菲律宾华侨抗日锄奸义勇军，亲任总指挥。

菲律宾华侨抗日锄奸义勇军，简称"抗锄"，创立于1942年，是菲律宾华侨洪门系统的地下抗日游击队，许志猛任总指挥，副指挥为庄杰鸹，参谋长为高山，秘书长为杨维。其成员聚合于抗日锄奸义勇军这面大旗下，在许志猛指挥下伺机杀毙日军与汉奸，保护华侨抗日力量；同时也在许志猛安排下分散参加各抗日团体，如菲律宾华侨抗日游击支队第四大队大队长蔡汉源（陈坚）、菲律宾华侨抗日锄奸迫击团第二任团长蔡振声等，即为华侨抗日锄奸义勇军骨干。

在许志猛领导下，菲律宾华侨抗日锄奸义勇军除不断袭击日军、惩处汉奸外，还与友军合作，反攻日本侵略者，参与收复了菲律宾一批重要城市。

1945年初，菲律宾华侨抗日锄奸义勇军与菲律宾华侨抗日游击支队一道，配合美军光复马尼拉，许志猛率部勇敢拼杀，与日本侵略者展开巷战，毙敌甚多。之后，与友军配合，进行援救难侨工作，如在大火中抢救华侨生命财产，创办"北中"收容所。3月间全队开赴南昌宋，配合美军第十一空降师肃清残敌，再立战功。6月5日，原中印缅战区美军司令史迪威将军前来菲律宾，检阅和嘉奖华侨抗日锄奸义勇军前线部队。

菲律宾沦陷后，为进行"东亚共荣"反动宣传，日本侵略者在马尼拉创办了华文报纸《马尼拉新闻》。为了揭露侵略者的阴谋，也为了及时传递抗日战争和世界反法西斯战争节节胜利的消息，鼓励华侨坚定抗战必胜信心，1944年8月，许志猛冒着风险创办《华商公报》，并亲任社长。他克服各种困难，筹措资金，排除万难，精心办报。

第二次世界大战结束后，许志猛出任菲律宾中国洪门联合总会理事、菲律宾中国洪门致公党主席。

1947年，许志猛避往香港，出任香港新民主义建设促进会常务委员兼调研部部长。

中华人民共和国成立后，许志猛回到福建。历任福建华侨服务社经理、福建省华侨事务委员会委员、福建省第一届政协委员。1956年调往北京，历任中央人民政府华侨事务委员会处长、华侨旅行社总经理。1958年加入中国共产党。1978年调致公党中央，历任联络部部长，第七、八届致公党中央副主席，第九届致公党中央名誉副主席。许志猛还是第三至第五届全国政协委员，第六届全国政协常务委员，第七届全国政协常务委员兼华侨委员会副主席。

1988年，许志猛（前排左二）参与接待菲律宾华侨抗日游击支队战友访问团

1990年5月31日，许志猛在北京病逝。

苏 静

苏静（1910—1997年），曾用名苏孝顺，福建龙海人，缅甸归侨。曾任福建海澄抗日游击队政委、福建闽南工农革命委员会宣传队队长、中国工农红军第一军团司令部作战科科员、中国工农红军第一军团司令部侦察科参谋、中国工农红军第一军团司令部侦察科副科长、八路军第115师侦察科科长、八路军第115师司令部第二科科长、八路军东进支队司令部秘书长兼军法处处长、八路军第115师政治部秘书长、八路军第115师政治部保卫部部长兼敌工部部长、八路军第115师战时工作委员会公安处副处长、山东军区政治部秘书长、东北民主联军司令部情报处处长、东北野战军、第四野战军作战处处长、第四野战军暨中南军区副参谋长兼人民武装部部长、解放军总参谋部军务部部长、国务院业务组成员、国务院政工小组组长、国家计划委员会副主任。1955年被授予中将军衔。

回国抗日 组游击队

1910年12月21日，苏静出生于福建省海澄县六口碑村（今龙海市海澄镇内溪村碑头社）一个农民家庭，自幼聪明过人，勤奋好学。1926年，从当地小学毕业后，以优异成绩考入位于漳州的省立第八中学，在校时阅读了大量进步书刊，投身当地进步学生运动。毕业后回乡，在东山小学当教员。1929年，参加了中共外围组织反帝大同盟，从事反帝反封建活动。

1930年，苏静考入位于漳州的省立第二师范学校深造。该校拥有革命传统，1926年漳州市第一个共青团支部成立于此。苏静入学后，结识了共产党人，并逐渐接受共产主义思想，在学校里组织学生运动，成为漳州当地进步学生运动骨干之一，也因此遭到国民党当局追捕。为避难，苏静随父亲下南洋谋生，到缅甸一所侨办华文学校教书。

儒雅战将苏静

1931年9月，九一八事变发生，苏静立即收拾行装，满怀义愤回到祖国，准备上前线杀敌。回国后他先来到厦门，与自己当年执教东山小学时的学生、厦门美术学校学生苏精诚一起，租了一间房子，经常一起阅读进步书籍，探讨革命道理，议论国家大事，开始投入中国共产党领导的抗日救亡运动之中，并加入共产主义青年团。

1932年4月，中央红军东路军挥师闽南，于19日攻克闽南重镇——漳州。苏静从报纸上得知这一消息后，立即和苏精诚一道离开厦门搭船回到海澄。他们一踏上家乡的土地，就组织发动老同学和亲友40多人，筹集枪支30多支，成立了一支游击队，苏精诚担任队长，苏静担任政委。之后，他们同进驻本县的红三军第十九团、红四军第二十八团取得联系，接受红军布置的宣传和筹款等任务。之后，苏精诚、苏静调入由闽南工农革命委员会领导的宣传队，苏静任队长。

加入红军　反击"围剿"

1934年5月，红一方面军进行整编，苏静调到红一军团司令部作战科当科员，不久又调到军团侦察科任参谋，其职责是负责绘制军团的行军路线图和誊稿、刻蜡版、油印等工作。随部参加了中央苏区第四、第五次反"围剿"。

1934年10月，中央红军因第五次反"围剿"失利后，苏静随红一方面军（中央红军）从江西瑞金出发，开始了艰苦卓绝的两万五千里长征。

万里长征　开路先锋

红一方面军长征时，红一军团奉命为开路先锋，被称为"开路中的开路"，而苏静为开路先锋中的先锋。聂荣臻元帅在回忆录中曾这样评价苏静："红军过草地，苏静同志在前面开路是有功的。"

长征路上，红军前有强敌阻截，后有重兵追击，前行路上面临着军情、民情、地形三不熟，危机四伏，侦察至关重要。通过侦察，掌握足够的情报，尽可能地少走弯路，避开优势敌军，是红军最终到达目的地的保证。特别是苏静所在的红一方面军，在突破天险腊子口后，只剩3000多人，又多是老弱病残之辈，饥饿、疾病、疲劳使他们的体力已经达到了极限，每多走一两天路程，都有可能造成可怕的非战斗减员。

苏静在长征中的重要任务之一，就是为整个军团探路。也因此他被称为红军长征中走路最多的人。

据红一方面军的行军记录统计，从1934年10月踏上长征路，到1935年10月胜利到达陕甘苏区的吴起镇，转战11个省，一共走了二万五千里。但苏静走的长征路可远不止这些。部队每到一地休息了，他就带上几个侦察员又出发了。按照军团首长的意图，向下一个目标探索前进，先摸清道路，侦察敌情，然后找好下一个宿营地，再返回部队驻地，把搜集来的情报进行汇总、分析、评判，连夜绘制新的行军路线图。路线图要求颇高，要把行军路线上的地形地貌、道路桥梁一一画在图上。军团首长林彪、聂荣臻等对苏静的工作十分满意和放心，并给予了很高的评价。每天晚上，当苏静完成了所有的任务后，已经是下半夜了。倒头睡上几个小时就得爬起来跟着部队向新的目标前进。在长征中，他一共绘制了几百张行军路线图，现在仍有数张完好无损地保存在中国革命历史博物馆（现国家博物馆）。别人走了一遍的长征路，他要先侦察走个来回，再跟着走一趟，走的距离是别人的三倍。

长征途中，因为红一军团特殊使命，毛泽东有一段时间亲临红一军团指挥。当时，苏静白天侦察、行军、与敌血战，晚上汇总、研判情报，第二天天没亮就会带上最新的行军路线图向毛泽东报告当天的行军路线，为红军快速、安全到达目的地提供了保障。

长征路上，苏静不但是开路先锋，他还利用自己的文化知识和观察能力，解决部队在行军作战中碰到的难题。红军长征一路走来，敌人的飞机天天在红军行军队伍的头顶轰炸、扫射，给红军造成不少伤亡。苏静开始观察敌机的行动规律，试图找到更多躲避敌机空中打击的办法。他后来说："我冷静地观察飞机投弹的位置与弹着点的距离，总结出躲避炸弹的经验，并告诉战友们。"

侦察英雄　与日激战

1935年秋，红军到达陕北后，苏静参加了直罗镇、东征、西征、山城堡等战役。

当时，红军曾经力图向北发展，红一军团主要将领林彪、左权带领苏静到瓦窑堡以北地区进行实地勘察，不料困在沙漠，迷失方向。眼看夜幕将至，仍未找到出去的办法，左权急得冲苏静大喊："大伙都说你点子多，你就快想想办法吧。"苏静此时正骑在一匹老马上，他从小就知道老马识途的典故，笑着下了马，轻松缰绳，老马朝着来路迈开蹄子，林彪、左权相视一笑，恍然大悟……老马带着他们踏上归途。

苏静足智多谋，深受林彪赏识。1937年7月7日，抗日战争全面爆发，国共实现第二次合作，红一军团改编成国民革命军第八路军第115师。当时，许多身经百战的红军战将都要降一、二级以上使用，苏静却反被提升为侦察科科长。

苏静中将

八路军第115师，不但是八路军编制上的第一师，而且也是八路军中最先从陕北出发，渡过黄河，并第一个与日军进行交战的师。

战平型关　侦察立功

1937年七七事变后，日军大举攻入中国内地，进展神速。正面战场的中国军队虽然全力抵御，但不敌装备精良、作风凶悍的日军，屡屡后撤，士气受到严重打击。日军更加狂妄，扬言"三月解决中国事变"。南口战役后，奉命防守侧翼的板垣征四郎却联合日本关东军参谋长东条英机，把战场扩大到华北屋脊的山西。东条英机的关东军察哈尔派遣兵团直抵阳高城下，成功吸引了中国军队主力，板垣征四郎的第五师团则瞄向平型关，平型关是山西和河北的交界地，当时中国防守这一带的兵力十分薄弱，而这里战略地位十分重要，扼守着灵丘至大营的公路，是进攻雁门关的必经之路。板垣征四郎认为，从这里走可以尽快实现"三个月灭亡中国"的计划。

9月20日，日军第五师第二十一旅一部，占领灵丘县城，22日，进占平型关以北东跑池。23日，八路军总部命令第115师向平型关、灵丘间出动，相机侧击向该线进攻之敌。作为第115师的侦察科科长，苏静四处收集情报，赴平型关进行全面侦察，以帮助制定作战计划。战前，他还多次陪着林彪踏勘平型关地形。24日，在敌人断断续续的炮声中，前沿部队报告，敌人有可能翌日大举进攻。苏静再次随林彪等察看了平型关的地形。最后林彪确定日军必经之路而又非常适宜进行伏击战斗的战场，制定了以两个团截击和分割行进中的敌人，以一个团断敌退路，一个独立团和骑兵营阻击敌人增援部队，

以一个团为预备队的作战部署，在现场机动指挥战斗的进行。作战中，林彪突破了原先提出的动用一个旅的计划，实际是使用了全师的兵力。而这一变更对平型关战斗的胜利产生了积极的作用。

9月25日，苏静随部参加了平型关伏击战，歼灭日军1000余人，击毙日军中佐2人，捣毁敌汽车百余辆、大车200余辆，由于日军顽强的抵抗，血战从上午7时开始，到下午4时才结束。第115师缴获了日军汽车60余辆、小摩托车3辆、九二步兵炮一门、七三与七五山炮弹2000余发、步枪300余支、机关枪20余挺，取得抗日首胜。这次胜利打破了日本军队不可战胜的神话，振奋了全国人心，加强了全国人民抗战必胜的信念。同时通过此次战斗，八路军进一步明确了开展"独立自主的山地游击战"才是唯一正确的战略方针。

征战吕梁　辟根据地

1937年10月下旬，林彪、罗荣桓带师直大部和第三四三旅向东向南作战，苏静随部与日作战，开辟吕梁抗日根据地。

1938年2月，日军进攻晋西南。苏静随部阻截敌人，以保卫黄河河防。3月2日，林彪率部向敌后运动，进行到隰县以北千家庄附近时，突然传来一声枪响，林彪中弹落马。此时，苏静带着侦察排就跟在林彪的身后，见发生意外，立即把林彪扶到路边的沟坎下隐蔽，同时命令警卫员立即到后续部队处找医生。

第二天，师政治部主任罗荣桓一方面安排林彪去后方，一方面命令苏静到国民党防区去调查此事。外敌当前，国共合作共同抗日至关重要，苏静到阎锡山防区，对整个枪击事件作了细致的调查，并冷静地进行了实事求是的分析，最后得出结论，这是一次误伤事件。原来那天，林彪披了件在平型关战斗中缴获的日军呢子大衣，阎锡山部一个警戒分队哨兵误认为是日军的军官，就打了一枪。苏静深入调查所得出的结论为115师官兵认同，从而避免了两军不必要的误会。

苏静以自己独特的智慧，为前线国共两军团结抗敌做出贡献。1938年，第二战区司令部无线电密码被日军破译，但二战区仍不知情。一天，第二战区副司令卫立煌带着他的司令部刚刚到吕梁山南站的大宁县，日军就偷偷地围了上来。这一情况被八路军第115师获悉，师领导命令时任115师司令部第二科科长的苏静，带领一个营驰往大宁，掩护卫立煌。苏静骑上马一口气追赶了5公里路，才把卫立煌追上，向他通报了敌情。卫立煌还没来得及转移，次日日军发起围攻。当时卫立煌身边随兵甚少，全靠苏静带领八路军一个营殊死血战。在掩护部队冲出日军包围圈后，苏静命令留下一个连断后。这个连在白儿岭据险死守了一天，击退800多日军的轮番进攻。卫立煌十分痛心，以为这个连队很难回来了。令他没想到的是，这个善战的部队按照苏静制定的作战计划完成阻击任务后，又依苏静制定的线路整建制撤回，这让一代名将卫立煌对苏静这个俊秀、儒雅的南方青年十分赏识，认为其是难得的人才。

出征鲁西　血战日军

1939年2月14日，苏静随第一一五师政委罗荣桓和代师长陈光由晋东南出发，于3月1日进入山东，参与开辟山东抗日根据地。

苏静随部一入山东，即和日伪军展开了血战，于3月8日在郓城县樊坝歼灭伪军一个保安团。之后，随部继续东进，到达东平县，与当地山东纵队第六支队会合，执行"依（泰）山伴（东平）湖，向四周发展，建立泰（山）西根据地"的任务。

1939年5月11日，战前苏静在极困难的情况侦察敌情，分析情报，他的侦察与情报工作发挥了积极作用，他随第115师师部参加了陆房血战，突破日军8000人的重围，以伤亡360人的代价歼灭日军1200多人。

1939年8月，苏静随部在梁山展开与敌激战。在双方兵力相当，日军火力明显占优势的条件下，运用伏击战的手段，歼灭日军300余人。这两次战斗，都创造了在山东消灭日军数量的记录，大大鼓舞了山东抗日军民的士气，巩固和发展了鲁西抗日根据地。

进军鲁南　创建基地

1939年年底，时任八路军第115师政治部秘书长的苏静，随罗荣桓、陈光继续东进，过津浦路，进入枣庄东北的抱犊崮山区，与战友们一起通过"插、争、挤、打、统、反"六字方针，积极创建鲁南根据地的斗争。插，就是插入日伪军之间、日伪军和国民党军队之间的空隙地带，隐蔽地由边缘深入腹地。争，就是广泛发动群众，争取团结一切抗日力量。挤，就是挤掉消极抗日甚至不抗日反而积极反共反人民的顽固势力。打，就是打击日军和汉奸武装。统，就是同国民党军队，特别是驻鲁南的东北军疏通团结，共同对敌。反，就是反"扫荡"、反摩擦，不断扩大抗日根据地，抗击日本侵略者。

战沂蒙山　反铁臂围

1941年，日本帝国主义为将其在中国的占领区变成发动太平洋战争的"兵站基地"，在继续对国民党当局实行诱降、迫降的同时，集中主力对共产党领导的各抗日根据地进行反复"扫荡"。10月下旬，日军第十二军司令官土桥一次指挥第十七、第二十一、第三十二师团和独立混成第五、第六、第七、第十旅团等各部主力，配属的第一军第三十六师团及独立混成第三、第四、第九旅团各一部和伪军共5万余人，以多路多梯队分进合击，形成对沂蒙山区的"铁壁合围"，企图一举消灭在这一地区的中共山东分局、第115师、山东纵队等领导机关和主力部队，摧毁沂蒙山区抗日根据地。

为粉碎日伪军"扫荡"，山东分局和第115师决定以一部兵力留沂蒙山区坚持作战，主力分散转移，在外线打击敌人，时任115师政治部秘书长的苏静，配合政治委员兼政治部主任罗荣桓一方面做部队政治思想工作，一方面深入发动群众做民运工作，为粉碎日军"铁壁合围"做出贡献。

1941年11月5日，从临沂、费县、平邑、蒙阴、沂水、莒县出动的日伪军2万余人，分兵11路，在飞机、坦克配合下，将第115师师部、山东分局机关包围在留田一带狭小地区；并在河阳、葛沟一线部署预伏兵力，防止八路军向东南方向突围。

当时第115师等机关仅有一个营的警卫分队，在日伪军重重包围、形势非常危急的情况下，师政委罗荣桓指挥若定，苏静全力协助工作，亲自组织侦察，正确分析判断敌情，果断决定向西南突围。入夜，第115师、山东分局机关共5000余人，从日伪军包围间隙中越过两道封锁线，至6日，转移到留田西南的护山庄。山东纵队第一旅旅部及第一团、第二团亦摆脱日伪军多次合击，安全转移至外线。

日伪军多次合击未达目的，遂改变计划，自1941年11月12日开始，在根据地内实行分区"清剿"，到处设据点，修公路，挖封锁沟，挨村逐户搜查八路军，杀害群众达3000余人，根据地遭到严重摧残。11月30日拂晓，山东分局、省战时工作推行委员会、第115师司政机关一部在大青山遭敌合围。

苏静率所部与战友们一起浴血拼杀，成功突围。

突围之后，苏静和战友们不断打击日伪军。为进一步加强内线游击战争的领导和武装力量，山东分局与第115师师部率主力一部亦由外线转回沂蒙山区，连续在垛庄、旧寨、三角山、绿云山、李村等地伏击、袭击日伪军，给予敌人以大量杀伤。与此同时，游击队和民兵，在八路军主力部队的支持下，破袭日伪军据点、公路，打击小股"清剿"之敌。人民群众舍生忘死地掩护八路军伤病员，保护军用物资和粮食，有力地配合了部队的反"清剿"斗争。

日伪军在八路军和人民群众积极打击下，于12月8日开始撤出沂蒙山区。八路军一面截击撤退的日伪军，一面袭扰留在根据地内的日伪军，破交通，拔据点，给其以沉重打击。28日，"扫荡"的日伪军全部撤出。八路军经过近两个月的艰苦奋战，共歼日伪军2200余人，粉碎了日伪军的"铁壁合围"，保存了有生力量，捍卫了沂蒙山区抗日根据地。

反日"蚕食" 战敌"扫荡"

1942年秋，苏静随部参加了山东沿海反日军"蚕食"战役。当时，敌人企图控制沿海海口，掠夺沿海盐滩财富，窒息我军经济来源，由东、西、南三面向我滨海中心地区逐步压缩推进，大量安设据点，施行"蚕食"政策。

苏静随部参加了山东沿海系列反蚕食战役。115师根据游击战争的战略方针，提出运用"翻边战术"，即敌打进我这里来，我打到敌那里去，有力地打击了敌之"蚕食"推进，挫败了敌人的"扫荡"。

1943年4月之后，时任山东军区保卫部部长兼敌工部部长的苏静，参与反击日军大"扫荡"，巩固和扩大了抗日根据地。1944年1月26日，延安《解放日报》发表了《山东军民反"扫荡"胜利》的社论，指出：我山东军民反"扫荡"的斗争，"比过去任何一次来的持久、主动、有准备、有计划，山东军民的团结一致，斗争的奋不顾身和战术的灵活机智，在这次斗争中有了极其优良的表现"。

解放战争期间苏静（头排中）在东北

策反伪军　反攻日军

从1944年开始，苏静率部参加了山东抗日大反攻，将分散性群众性游击战和主要方向的集中兵力作战相结合，将军事攻势和政治攻势相结合。作为115师政治部保卫部部长和敌工部部长的苏静，发动了一波又一波的政治攻势，瓦解伪军。同时，他机智勇敢，通过耐心的思想政治工作，成功争取了王道、莫正民、张希贤、韩寿臣四大股伪军共1.1万人反正，对山东抗日大反攻胜利发挥了积极作用。他和战友们在1944年春、夏、秋、冬和1945年春季共5次攻势，歼灭日军近5000多人，伪军5.4万人，解放县城11座，拔除据点1000多处，解放人口1000万，山东军区部队发展到15万人。

一代名将　胆识过人

解放战争时期，苏静先后担任东北民主联军司令部情报处处长，东北野战军、第四野战军作战处处长等职。参加了东北1947年夏、秋、冬季攻势作战和辽沈、平津等战役。

1949年在北平和平谈判中，苏静只身进入北平与国民党军华北总部代表会晤。经多次谈判协商，同国民党军华北总部草拟、签订了关于和平解决北平问题的具体实施协议，保证了中共中央军委的战略意图、人民解放军平津前线司令部的战役部署得以顺利落实，是北京和平解放的功臣之一。

1949年10月1日，作为中国人民政治协商会议第一届全体会议代表，苏静参加了中华人民共和国开国大典。

中华人民共和国成立后，1950年4月，苏静任第四野战军暨中南军区副参谋长兼人民武装部部长。

1952年1月，任人民解放军总参谋部军务部部长，积极参与人民解放军编制、兵员、武器装备的规划论证与管理工作。1955年授予中将军衔。1955年获二级八一勋章、一级独立自由勋章、一级解放勋章。1970年起，先后任国务院业务组成员、国务院政工小组组长、国家计划委员会副主任等职。1978年6月，任总参谋部顾问。是中共第九至第十一届中央委员，第五届全国政协常务委员。1988年获一级红星功勋荣誉章。

苏静一生酷爱摄影。当年红军缴获的照相机等高档战利品，只有他能熟练使用。现在陈列在中国历史博物馆和军事博物馆的1934年朱德元帅在红军机枪训练班上讲话的照片，是红军时期拍摄的第一张照片，作者就是苏静。苏静的老上级罗荣桓元帅知道苏静喜欢摄影，在一次出国访问归来时，专门为苏静带了一部有长焦镜头的莱卡牌照相机。罗瑞卿大将曾戏言，苏静是红军中的第一部照相机，他为毛泽东、朱德、周恩来等许多开国元勋照过相。

1997年11月28日，苏静在北京逝世。

晚年苏静

李 克

李克（1923—　），原名李明星，福建厦门人，印度尼西亚、新加坡归侨。曾任新加坡华侨学生抗敌后援会副会长，马来亚华侨学生抗敌后援会监委会主席，中共华中局党校教员，苏北抗日根据地联立中学教员，苏北抗日根据地第一联立中学教员，苏北抗日根据地苏北工业专门学校教导处副主任，华中建设大学附设中学教导处副主任，铁道部处长、福州铁路局副局长、局长，国家对外经济联络总局局长，对外经济联络部副部长兼中国成套设备进出口公司总经理、董事，对外经济贸易部部长代表，中国国际经济技术交流中心理事长、中国—欧洲经济技术合作组织理事长。

阔少抗日　学生领袖

李克祖籍福建省同安县（今属厦门市同安区），1923年出生于印度尼西亚一个侨商家庭，父亲极重视子女的中华文化教育，将李克送回家乡读小学。1931年，李克南下新加坡，与转至新加坡经商的父亲团聚，随即进入当地华文学校读书。

李克父亲在新加坡经商有成，母亲是位受人尊敬的医生，李家甚为富裕，有花园洋房和小汽车，出门以汽车代行。李克在学校学习优异，乐于助人，喜欢文体活动，很受老师和同学的喜欢。

1937年7月，卢沟桥事变爆发，日本开始全面侵华，李克参加了新加坡华侨学生抗敌后援会，被选为副会长。1937年下半年，李克作为新加坡华侨学生抗敌后援会代表，参加全马来亚各埠华侨学生抗敌后援会代表大会，被选为马来亚华侨学生抗敌后援会监委会主席。李克的姐姐李真也为新加坡华侨学生抗日领袖，曾任新加坡华侨学生抗敌后援会常务委员、马来亚共产党柔南地委机关报《团结报》编委、马来亚共产党柔佛州委与马来亚人民抗日军第五独立大队共办的《打日本报》编委。新加坡沦陷后，李真参加马来亚人民抗日军，拿起枪来与敌血战。

1937年年底，为更好发动新加坡华侨支援祖国抗日战争，李克发起组织新加坡华侨抗日流动宣传队，在新加坡城乡开展以街头义演、剧场演出、演讲、张贴标语为主要内容的抗日宣传活动。

组建"铜锣"　响彻星洲

1938年冬，李克受武汉合唱团在东南亚义演获得巨大成功的启发，着手组织华侨抗日合唱团。

1939年2月，在我国音乐家任光等指导和帮助下，李克参与组织的新加坡铜锣合唱团创立。李克和同事们为自己抗日合唱团取名"铜锣"，意在"让歌声像铜锣一样洪亮、一样有号召力，把民众召唤起来，抵抗日寇的侵略，掀起抗日救亡运动"。铜锣合唱团以广泛传播抗日歌曲、争取广大群众参加抗日救国活动为宗旨，成员大都为学生及各阶层的爱国青年。铜锣合唱团自成立起每星期一、三、五晚上固定进行练唱或演出，并不断得到祖国赴新加坡音乐家的指导和帮助。演唱的歌曲都是由任光提供的，有《延安颂》《黄水谣》《救亡进行曲》《太行山上》等。李克和任光带着团员们，不仅在学校、工厂演出，还在广播电台录音播唱，甚至在百代唱片公司灌制了唱片，其中有《义勇军进行曲》《铁蹄下的歌女》《松花江上》《流亡三部曲》《长城谣》《大刀进行曲》《中华民族不会亡》《牺牲已到最后关头》《打回东北去》《救国军歌》《打回老家去》《孤岛天堂》《保卫中华》等歌曲，使抗日的歌声传遍了东南亚各地，铜锣合唱团享誉马来亚多地，青年工人、店员纷纷要求加入，不少侨团邀请铜锣合唱团到自己组织的抗日募捐、征募南侨机工动员会上演出。

铜锣合唱团对动员新加坡华侨投身抗日救国洪流发挥了重要作用，但不久新加坡英国殖民者开始压制抗日进步团体，逮捕和驱逐抗日爱国人士。

1940年，任光被勒令出境，合唱团活动陷入低潮，1941年英国殖民者解散了铜锣合唱团。

投新四军　育革命才

1941年，李克回到祖国，易"李明星"之名为"李克"，进入苏北抗日根据地，到陈毅任校长的抗日军政大学第五分校学习。结业后，进入中共中央华中局党校当教员。

1941年7月，运筹中共中央华中全局工作的刘少奇特于驻地召见苏北抗日根据盐阜区党委书记刘彬、盐阜行署主任宋乃德和行署文教处处长戴伯韬等负责同志开会，研究恢复和发展盐阜区的教育问题。在会上，刘少奇对大家说，这个地区知识分子很多，青少年也很多，但学校已经星散，为了避免这些人流到敌伪地区和坚持反共顽固派控制区域，我们应该开办学校，团结知识分子和青少年，使他们有书可读，有地方教书，希望你们办一所联立中学。

为贯彻刘少奇同志指示，1941年秋，苏北抗日根据地的第一所完全中学——盐阜区联立中学在阜宁县郭墅张庄诞生，李克调任该校执教。学校设有初中部、高中部、师范部，后增设艺术专修班，学生来自苏鲁皖沪等省各地。

联立中学是在与日军、伪军作战中坚持办学的。1942年，因为日军反复"扫荡"苏北抗日根据地，汪伪推行以清剿抗日军民为主旨的"清乡"运动，联立中学办学条件越来越差，李克和同事们克服千难万险在血战中坚持办学。

当时，学校组成三个补习团，分散到射东、东季、吴滩三地继续办学。常常正在上课，敌人来了，李克带着学生转移；敌人退了，就地立即恢复上课。有时还带着学生，支援作战的新四军和抗日游击队。

1943年秋，苏北抗日根据地取得反"扫荡"胜利后，联立中学在阜宁边胥董庄重新集中开学，校名未变。1944年春，又因战事紧张迁至阜宁县空寺村办学。这时学校有了较大发展，有学生500多人，教职工100多人。当时日伪"清乡""扫荡"频繁，斗争尖锐，办学条件极为困难。在党领导下，李克和老师们带领广大学生，采取军事化、游击式和时分时合等多样灵活的形式，克服种种困难，在农村坚持办学，使联立中学成为盐阜地区一所非常有影响的学校，培养了大量优秀人才。后来，由于在阜东县已建立了第二联立中学，原来的联立中学从此被称之为"第一联立中学"，李克继续在第一联立中学教书。为突破敌人经济封锁，李克还带着同学们制造肥皂等，既增强市场供应，又为学校筹措办学经费。

1945年5月，中共中央华中局为培养根据地工业建设人才，将第一联中更名为"苏北工业专门学校"，高中部设有化学工业和土木工程两个系，担负着培养技术干部的任务，李克任教导处副主任。1945年9月，淮阴、淮安相继解放，苏北工业专门学校奉命迁往淮安，不久迁到淮阴。

1946年3月，苏北工业专门学校划归华中建设大学领导，改名为"华中建设大学附设中学"，李克仍任教导处副主任。

外经专家　国家部长

解放战争期间，李克奉命赴东北工作，在哈尔滨铁路局从事党的组织工作，为解放战争的胜利贡献了力量。

中华人民共和国成立后，李克先后担任铁道部处长、福州铁路局副局长和局长。

1963年以后，在对外经济联络总局局长、对外经济联络部副部长兼中国成套设备进出口公司总经理、董事。

1982年，李克任对外经济贸易部部长代表。他还曾任全国政协委员、中国国际经济技术交流中心理事长、中国—欧洲经济技术合作组织理事长、中国国际人才交流协会理事、中国国际贸易促进会理事、中国联合国协会理事和全国侨联顾问。

晚年，李克长居北京生活。

李述中

李述中（1907—1974年），字子新，福建惠安人，新加坡归侨，著名报人，中国农工民主党福建领导人。曾任湖北省武汉市《前进日报》编辑，马来亚槟城《光华日报》总编辑，新加坡中正中学教师，新加坡源和公司董事，福建省银行董事会董事，中国农工民主党福建地下工作委员会主委，中国农工民主党福建省委主委，福建省政协常委、副主席，福建省人民委员会委员，华东军政委员会政法委员会委员。

支持"闽变"　著文抗日

1907年，李述中生于福建省惠安县螺城镇北门李厝抗。童年在家塾读书，14岁进惠安中学，16岁转学福州省立一中，同年夏天考进厦门大学预科，完成预科学业后，升入厦门大学法学院。

1929年，李述中转往广东省读书，进入广州中山大学。李述中思想活跃，阅读了大量进步书刊，其中包括许多介绍马克思主义的书籍，与进步同学章振乾等组织中山大学福建同学会，还出版会刊《闽钟》旬刊，对福建政局提出意见和批评。也曾和友人合办《摆轮》杂志，研究各种思潮，其中还详尽阐述马克思理论和交流学习心得。

1931年九一八事变之后，李述中开始全身心投入抗日救国活动。

1933年11月，在"一·二八"淞沪抗战中浴血奋战的十九路军，发动"福建事变"，在福州成立抗日反蒋政府——"中华共和国人民革命政府"，高举抗日、倒蒋大旗，外求民族解放，排除帝国主义在华势力；内求打倒军阀，推翻国民党统治，实现人民民主自由，发展国民经济，解放工农劳苦群众。李述中闻知，立即带领中山大学部分进步师生来闽参加抗日反蒋活动。在福州，他积极著文，宣传人民政府的革命宗旨和抗日主张，刊于报纸杂志，唤起人民群众投入抗日救国行动。"福建事变"失败后，李述中重返中山大学读书。

李述中

办刊演剧　助力御侮

1934年10月，李述中东渡日本，继续深造。1935年4月，他正式考入东京帝国大学农经系。其间，他由中国国民党临时行动委员会领导人章伯钧等介绍，加入中国国民党临时行动委员会。

李述中加入中国国民党临时行动委员会后，负责临时行动委员会东京支部党务，与同仁合作创办《时代》刊物，抨击蒋介石政权的"攘外必先安内"政策，翻译介绍马克思主义理论。后又编印《南青》期刊，提出"抗日反陈仪"口号，在留学生中开展反帝反封建斗争。

1937年7月，在卢沟桥事变前夕，李述中从日本回国。原计划到中山大学任教，因抗日战争全面展开，中山大学内迁。李述中回到闽南家中，联合泉州、惠安文化界名流和临时行动委员会成员李佑辰、陈盛智、李述文等，开展抗敌后援工作。他还协助陈雪华、曾鸿等在惠安组织剧团，下乡演出，宣传抗日救国，动员百姓抵制日货，拿起枪来抵抗侵略者。

1938年5月，厦门沦陷。李述中和李佑辰、陈盛智等中国国民党临时行动委员会成员，先到福州，再转往武汉，参加中国国民党临时行动委员会中央工作会议。会后，他担任该党中央机关报《前进日报》编辑。

南洋文士　执着救国

武汉沦陷前夕，为筹措抗日经费，李述中随同国民政府侨务委员会委员宋渊源（永春人，辛亥革命功臣，曾任福建护法军总司令、福建省临时议会首任议长），赴南洋劝募抗日救国义捐。

1938年10月，李述中出任槟城《光华日报》总编辑。他一方面组织采写、刊发了大量宣传抗日的文章，一方面参与动员、组织华侨捐款抗日，还带领报社职员多次捐款以作表率，助力《光华日报》成为槟城最重要的抗日宣传阵地。

1939年秋，李述中执教新加坡中正中学时，积极在学校宣传抗日，组织学生参加义演、义捐活动。与之同时，在一位侨商的资助下，他与人合组专营贸易的源和公司，将赢利所得捐以抗日。

回闽服务　组农工党

1945年8月15日，日本投降。李述中与爱国民主人士卢必然、中共党员张兆汉等交往密切，他曾在新加坡创办了一份期刊，专门介绍抗战胜利后的祖国和新兴社会科学知识，鼓励华侨参与祖国战后建设。

1947年年初，李述中因父亲病重回国探亲。父亲去世，他返回新加坡。1948年，他回国定居福州，以归侨身份被省参议会选为福建省银行董事会董事；同时，受农工党中央委派为福建地下工作委员会主委。他积极、主动作为，迎接解放。

参政议政　丹心一片

中华人民共和国成立后，李述中担任农工民主党福建省工作委员会主委。在第一届省人民政府成立大会上，他代表农工党发言："今天福建省人民政府委员会正式成立，本人代表中国农工民主党福建省工委会和全体党员来参与盛会，是非常兴奋与喜悦的。福建人民在蒋匪帮二十多年的统治下，受尽了压榨与剥削，痛苦是无处申诉的，去年八月在毛主席和中国共产党英明领导下，福建人民获得了解放，推翻了蒋匪帮的残余统治，建立了人民的政权，而福建人民在张主席、叶副主席、方副主席的领导下，已获得了翻身。"

1954年，农工民主党福建省第一次代表大会在福州召开。会上，李述中被推选为农工民主党福建省第一届委员会主任委员。嗣又担任政协福建省委员会常委、副主席、省人民代表、省人民委员会委员、华东军政委员会政法委员会委员等职务。

1974年5月，李述中病故于福建省建宁县。1982年4月，在福州为李述中举行隆重悼念仪式。他的骨灰安放于福州革命烈士公墓。

李烈

李烈（1912—1994年），福建泉州人，菲律宾归侨。曾任菲律宾怡朗华侨海萍社社长、菲律宾怡朗华侨抗日救亡会会员、菲律宾怡朗华侨回国抗日义勇队领队、菲马华侨西北战地服务团副团长、八路军第115师干事、八路军115师指导员。

组抗日会　募勇回国

1912年，李烈生于福建省泉州市鲤城区一个侨商家庭。1925年，在家乡完成小学学业后南去菲律宾，定居于怡朗，进入当地侨办中学读书。

1931年九一八事变之后，李烈满怀义愤投入怡朗抗日救亡活动，奔走揭露日军侵华罪行，报告东北抗日义勇军血战事迹，参与组织抗日义款募集，还发动青年工人、店员、教师抵制日货。

1936年李烈参与发起、组织菲律宾怡朗华侨抗日救亡会，该会主要领导人是怡朗中华商会秘书郑上美，华商中学小学部主任陈曲水和张栋梁、蔡序锵、黄重凯、高作楫等。他们以华商中学为基地开展活动，壮大队伍，宣传对象主要是华商中学师生员工和怡朗市华侨工人、店员及各界爱国人士，会员很快达到200多人。在怡朗华侨抗日救亡协会（1937年7月7日卢沟桥事变后改组为"菲律宾怡朗华侨救亡会"），李烈负责宣传工作，先后参加组织一系列抗日报告会，负责出版抗日期刊、印发抗日传单和张贴宣传标语，积极宣传抗日救亡运动，募捐抗日经费、药品。

李烈

李烈和会员们在得知中国共产党领导的八路军、新四军在极其艰苦的条件下坚持抗日，非常想将筹募到的义款捐给八路军、新四军，怡朗华侨救亡协会曾建议将常月捐拨一点给坚持抗战的八路军和新四军，得到的答复是此事要由中央（指国民党的国民政府）统一收款，统一分配，不得另外安排。

李烈和会员们得知他们的捐款实际上八路军和新四军得不到时，他们只好另外筹募一些特捐来支援八路军和新四军。一些女会员发动华侨妇女，组织怡朗华侨妇女救国协会，挨家挨户向侨胞们募捐，又发动女会员在星期六、星期日赶制救伤袋，然后将这些物资寄给在香港的宋庆龄女士，由她转交八路军驻香港办事处分发。

李烈还先后组织两批华侨青年回国抗战。

组建剧社　文化抗敌

李烈充分发挥自己长于编剧、演剧、歌舞的特长，成为怡朗当地抗日宣传骨干。"一·二八"淞沪抗战、长城抗战相继打响后，他都及时将中国军人抗战事迹编成活报剧，在怡朗上演，对发动华侨投身抗日救国发挥了重要作用。

1935年10月，李烈在菲律宾怡朗创建抗日剧团——海萍社，编写、排练、公演宣传抗日的独幕话剧、活报剧等，一方面动员华侨抗日救国，一方面义演募款。1936年，他和一些进步青年排练、公演话剧《警醒》，募集抗日经费和药品。

在怡朗华侨救亡协会成立后，为进一步推动当地抗日救国工作，李烈与陈曲水、高山、洪玛瑙等一起，发起并创立了怡朗华侨国防剧社，李烈任副社长。他们自掏腰包，改编、排练和公演了一批唤起华侨抗日的剧目，主要有《回春之曲》《雷雨》《一年间》《凤凰城》《夜光杯》《牛头岭》等，对提高华侨大众的爱国热情，起到很好的宣传效果。

长征万里　奔向延安

在祖国抗战最艰难时刻，李烈决定放弃海外平静而舒适的生活，回到祖国，投奔共产党，上前线杀敌。

1938年8月，由李烈组织并任领队的菲律宾怡朗华侨回国抗日义勇队成立，他立即率队启程回国。当时，中国沿海港口已被日军占领，这使他们到延安之路极其艰难。

李烈率队乘船于8月抵达香港。八路军驻香港办事处主任廖承志在与他深谈之后，将他们与马来亚等地来的8名华侨青年合为一个团队，起名为"菲马华侨西北战地服务团"，李烈担任副团长。

李烈与大家一起立即向延安进发。他们乘小船由香港先到广东雷州半岛，转乘汽车进入广西玉林，经柳州到达桂林。然后转火车驶向衡阳，又乘坐运煤列车经株洲到达长沙。在长沙，他们找到八路军办事处，主任董必武热情接待他们，对他们回国抗日给予了很高评价，赞扬他们"难得你们不远千里而来"。从长沙北上延安的途中，由于没有汽车，他们先乘渡船到南县，再到湖北沙市，因前方既不通车又不通船，他们步行前往，连续急行军数日，抵达老河口。转乘汽车，可刚行不远，又不通车，只好接着徒步行军，走到河南南阳，遇上国民党的军用车，经重金酬谢，司机让他们搭车到了西安。在西安八路军办事处，他们受到主任林伯渠的接见，并被安排到陕北公学分校学习。从西安到延安，还有很长一段路程，他们又连续十多天步行，走了300多公里，于当年10月到达延安，行程万里。

身经百战　官至副军

从延安抗日军政大学毕业后，李烈被分配到八路军第115师，先后担任团部干事和连队指导员。随部参加了艰苦卓绝的反"扫荡"、反"合围"之战，与战友们并肩，血战日寇，奋勇搏杀，打败了一次又一次来犯之敌。紧接着，他随部参与攻打武城、回隆等战斗，身经百战，屡立战功。

　　抗日战争胜利后，李烈随部疾赴东北，参加了辽沈战役、平津战役、南下追击等战役，历任科长、供训队队长、师供给部副部长等职，征战大江南北，从东北一直打到湖南，数次负伤，表现英勇。

　　中华人民共和国成立后，李烈先后担任湖南省军分区供给处处长、湖南省军区后勤部副部长兼财务处处长、湖南省军区后勤部部长等职。1955年被授予中校军衔，1960年被授予上校军衔。1956年获三级独立自由勋章和三级解放勋章，1988年被授予二级红星功勋荣誉章。李烈在部队长期从事后勤工作，为我军的后勤建设付出了大量心血，也为湖南省军区部队和民兵的正规化、现代化建设作出了较大的贡献。李烈还是湖南省第一届人民代表大会代表。

　　李烈离休时为副军职，居于长沙，1994年因病逝世。

李铁民

李铁民（1898—1956年），本名锸，字原周，福建永春人，新加坡归侨，著名报人、侨领。曾任中国国民党新加坡支部书记、新加坡《民众报》主编、新加坡《叻报》总编辑、督印人兼陈嘉庚橡胶制造厂广告部文牍主任，新加坡《南洋商报》督印人、马来亚巴生埠华侨橡胶制造厂副经理南洋华侨筹赈祖国难民总会秘书、南洋华侨回国慰劳视察团秘书、中国民主同盟马来亚支部筹备委员兼组织部主任、常务委员兼任组织部主任、代主任兼《南侨日报》督印人，新加坡福建会馆执行委员兼秘书、教育科主任，开平有限公司香港分行经理，中央人民政府华侨事务委员会副主任委员，中国侨联副主席。

生革命心　入革命党

1898年，李铁民生于福建省永春县达埔乡岩峰村一个商人家庭。6岁入私塾，熟读蒙学经典。12岁时，李铁民辍学进入父亲在达埔乡开设的商店学做文书和财会，担任店里的记账与对外联络工作，兼做店里伙计。虽工作繁重，但李铁民始终坚持自学，在学习商务知识的同时，研读中国古典文学，能诗会文，闻名乡里。

1913年，李父赴新加坡经商，开设了一家取名"南春"的公司，专营橡胶生意。留在达埔操持父亲所开小店的李铁民，一次，在无意间阅读了一部书，萌生了跟随孙中山革命之心。这部书叫《神州光复志》，是部揭露晚清王朝腐朽黑暗、宣传孙中山先生革命事迹的演义小说，他由此对孙中山产生浓厚兴趣，又阅读了大量关于孙中山和辛亥革命的书籍，滋生了民主、革命的进步思想。

李铁民

1915年，李铁民赴新加坡，在父亲的南春公司任职。新加坡，曾经是孙中山发动辛亥革命的大本营，拥有浓厚的革命传统和众多辛亥革命功臣，很快李铁民秘密加入了孙中山组织的中华革命党。当时，孙中山居于日本，李铁民有意赴日留学，父亲不允，李铁民只好选择回国深造。

国学深厚　经商执教

1916年，李铁民奉父命回乡成婚，原计划婚后进校读书，未料久病长兄去世，他遵父命管理永春家务与生意，同时跟随永春名儒、达新学校校长李原灯学习古文诗词，研习作文。

1919年春天，李铁民重返新加坡，仍任职于已成为橡胶贸易大企业的南春公司。上午在当地侨办学校兼课，教授国文；下午担任南春公司商务秘书，处理南春公司与马来亚各埠商户来往信件。从1920年起，李铁民先后在永春会馆办的鼎新学校、南洋工商补习学校、中南学校和南洋平民学校初级师范班兼任了6年的国文教师。

1921年，中国国民党在新加坡成立支部，李铁民以中华革命党党员身份转为中国国民党党员，并被推为支部文书。不久，他辞去商职，完全投身于教育和社会工作。

新闻铁笔 嘉庚赏识

1926年，李铁民涉足新闻界，最先一个职务是担任三日报《消闲钟》的主编。

1928年5月，日本侵略者在山东省会济南市，屠杀了6000多名中国军民，制造了震惊世界的"济南惨案"。著名爱国侨领陈嘉庚挺身而出，发起并组织了新加坡山东惨祸筹赈会。李铁民应筹赈会之请，为大会撰写宣言，陈嘉庚阅之甚为欣赏，认为是难得的好文、檄文，并热情邀请李铁民担任筹赈会文牍主任。

1928年8月，李铁民应聘担任新加坡《叻报》总编辑兼督印人，并兼任陈嘉庚橡胶制造厂广告部文牍主任。

1927年春，蒋介石发动四一二反革命政变，破坏国共合作，疯狂屠杀共产党人，军阀混战再起，生灵涂炭，百业凋零。李铁民对蒋介石深感失望，不断在《叻报》上发表反蒋檄文，最后中国驻新加坡总领事、国民党驻南洋总支部，做通了《叻报》老板工作，解除了李铁民在《叻报》的职务，并秘密开除李铁民的国民党党籍。

李铁民联合新加坡一批名流创办《民众报》周刊，亲自担任主编，继续坚持反蒋。

1932年年初，"一·二八"淞沪抗战打响，面对蒋介石、汪精卫的一味屈辱求和，李铁民甚为伤心，不久《民众报》自行解体。

1932年，陈嘉庚创办的《南洋商报》，聘请李铁民为督印人，并负责主管编辑部。

1933年年底，陈嘉庚经营的公司，因遭受英帝国主义的连续打击，面临破产终盘境地。《南洋商报》由李光前、叶玉堆等接手，改组为股份有限公司，李铁民仍任该报副刊《醒狮》编辑。在这之后，李铁民重返商界，任马来亚巴生埠华侨橡胶制造厂副经理。

襄助嘉庚 奔走抗日

1938年10月，南洋华侨抗日最高领导机关——南洋华侨筹赈祖国难民总会在新加坡创立，陈嘉庚被选为主席。陈嘉庚驰电邀约李铁民回到星洲，襄助会务。

李铁民立即交接工作，于1938年年底回到新加坡，担任南洋华侨筹赈祖国难民总会秘书，全力协助陈嘉庚领导南洋华侨抗日救国。在李铁民参与策划、组织下，南洋华侨筹赈祖国难民总会在短短三年多的时间内便为祖国筹得约合4亿余元国币的款项；他参与组织征募南侨机工，不辞辛苦，宣传动员，组织训练，安排交通，为祖国输送了急需的3000多名优秀汽车驾驶员；为支援祖国战时经济发展，他参与发动、组织南洋侨商回国投资办厂，生产祖国紧缺的战略物资；他参与起草电文、宣言和檄文，反对投降，声讨汪精卫投降叛国，反对蒋介石制造国共摩擦。

随陈嘉庚　促延安行

1940年年初，为鼓励中国军民抗战到底，也为了解国内抗战情形，陈嘉庚有意组织回国慰问团，李铁民精心筹划并参与组团。1940年3月，陈嘉庚亲自率领南洋华侨回国慰劳团一部从新加坡启程，前往战火中的祖国慰劳抗战军民。李铁民担任慰劳团秘书，并担任陈嘉庚的国语翻译（陈嘉庚平日操闽南话）。

陈嘉庚率领的南洋华侨回国慰劳团冒着日机轰炸，先到重庆，停留一月，再分三路到前线慰劳。李铁民随陈嘉庚另经成都到兰州，再到青海，最后折回西安，紧接着北上延安。

李铁民不但促成了陈嘉庚北上延安，同时对陈嘉庚认识并积极支持中国共产党发挥了重要作用。曾任中共中央联络部副部长、国务院侨办副主任的连贯在一篇回忆文章中有这样记述："陈嘉庚带来的秘书李铁民对他思想的变化起了相当大的作用。""李铁民思想比较进步。在重庆期间，他经常去八路军办事处，同中共代表团董必武、林伯渠等同志交谈，还访问了许多进步人士，这让他了解到共产党的抗日政策。当他向陈嘉庚先生介绍这些情况后，陈欣喜异常，下了去延安参观的决心。"

5月31日，陈嘉庚率南洋华侨回国慰劳团抵达延安访问，受到军民热烈欢迎。第二天参观女子大学，离校上车时，李铁民头部不慎碰触车门，出血不止，送入当地中央医院急救。

次日上午，陈嘉庚到医院看望李铁民，遇到当时正为李铁民疗伤的中央总卫生处处长兼中央医院院长傅连暲。傅连暲向陈嘉庚和李铁民介绍了八路军、新四军在缺少军饷弹药和缺医少药情况下坚持敌后抗战的情况，还报告了白求恩、柯棣华大夫等国际友人在敌后同我军民一起浴血抗战的情况，陈嘉庚、李铁民听后深受感动。

陈嘉庚原来只准备在延安逗留三四天，因为李铁民住进医院，一时走不了，这就使他有更多的机会进一步了解中国共产党，在思想深处发生了变化。他在发表的延安观感中，盛赞陕甘宁边区的新气象，认为"中国的希望在延安"，断定"惟有住在窑洞里的毛泽东才有希望拯救中国"。延安之行，也使李铁民更加认同中国共产党，他在住院期间就曾向中共中央的工作人员要求加入中国共产党，后经工作人员解释吸收共产党员有严格组织程序，提出申请需经长期考验和审查才能获得批准，才不再要求立即加入中国共产党。

6月7日，李铁民伤愈出院，见到毛泽东主席。毛主席留吃午饭，并同到招待所。当晚，延安各界举行集会热烈欢送陈嘉庚先生，朱德总司令在会上致欢送词，陈嘉庚、李铁民等也相继致辞。李铁民当场朗诵自己写的诗歌《告别延安》："延安的兄弟姐妹们，再见！一曲骊歌，诉不完我心中的留恋！我留恋那四周起伏的山冈，留恋那一望无际的田野，还有那锦带般的延河，窑洞式的医院，战友的情谊，如兄似弟，革命奋斗，不畏饥寒。这一切展现在我眼前，叫我怎不激动和留恋！呵，延安的兄弟姐妹们，愿你们坚持团结、坚持抗战，奋勇杀敌，争取中华民族的自由解放。南洋华侨一定会和你们打成一片！

南洋华侨一定会和你们打成一片！"情真意切，感人至深。

8月，李铁民陪陈嘉庚回到重庆，即转往西南考察。9月下旬，李铁民随陈嘉庚回福建，考察福建的政治、经济。10月23日，李铁民回永春故乡。

1941年1月，李铁民回到新加坡。延安之行，使他对中国共产党满怀信心、对祖国的未来满怀信心，但也招来了一些人的不满与诬陷。因为担心李铁民对中国共产党的态度会影响到陈嘉庚，还在国内时，国民党当局就公然警告陈嘉庚先生"勿为李铁民一伙亲共分子所包围"，时任行政院院长的孔祥熙就两次电告陈嘉庚，要推荐一个闽南人接替李铁民任秘书。陈嘉庚机智地以"事关南侨总会秘书调动，须待回南洋后再说"为由，婉言谢绝。回到新加坡以后，还有人说李铁民拿了延安5万元津贴，要回新加坡为共产党工作。英国驻华大使也应重庆外交部的要求，发电给新加坡总督汤姆森（亦译"汤姆斯"），要他把李铁民逮捕并交重庆国民政府。

李铁民坦然面对所有的迫害，以抗日大局为主，继续坚持为祖国打击侵略者募集义款、衣物、药品等。

星洲沦陷　被捕入狱

1941年12月，太平洋战争爆发，日军快速侵略东南亚。新加坡危机，李铁民协助陈嘉庚组织新加坡华侨抗敌动员总会，参与组织星华义勇军。

1942年2月15日新加坡沦陷，李铁民在华侨群众的掩护之下，成功潜出新加坡，避难于印度尼西亚苏门答腊岛所属的一个小岛上，艰难生存。

日军一直没有放弃对李铁民的追捕。1944年秋天，他被日本宪兵逮捕，关押进武吉丁宜监狱。

受尽酷刑　坚贞不屈

狱中，李铁民受尽酷刑，坚贞不屈。为逼迫李铁民交代陈嘉庚等抗日爱国华侨领袖的下落，敌人曾一连14天无休止地刑讯他，频频施以毒刑，李铁民遍体鳞伤，但他大义凛然，始终没有吐露半点实情。当时战争已近末期，日寇对华侨已由屠杀政策转用羁縻措施。

1944年年底，李铁民被释放回新加坡。为了维持家庭生活，他在友人办的侨通行任秘书。他的大儿子不幸在日寇大轰炸新加坡时殉难。

组建民盟　复建华校

1946年，胡愈之等回到新加坡，筹备组织中国民主同盟马来亚支部，李铁民为发起人之一，任筹备委员兼组织部主任，并赴雪兰莪和霹雳两州组织分部。中国民主同盟马来亚支部成立时，他被选为常务委员兼任组织部主任，同时任《南侨日报》督印人。1948年4月，支部主任胡愈之前往香港，他被推为代主任。6月，英政府在马来亚宣布紧急法令，为应对形势突变，民盟组织一个临时工作委员会，由李铁民当主任。

李铁民对陈嘉庚忠心耿耿，积极协助陈嘉庚在新加坡开展社会工作。陈嘉庚任福建会馆主席，他任执行委员兼秘书，后又被选为教育科主任，主持会馆所办4所学校的领导工作。

侨务领导　英年早逝

1949年3月，李铁民到香港，创立开平有限公司香港分行，经营橡胶进出口业务，自任经理。9月，以华侨代表身份到北京出席中国人民政治协商会议第一届全体会议。

中华人民共和国成立后，李铁民被任命为中央人民政府华侨事务委员会副主任，1956年当选为中华全国归国华侨联合会副主席。

1956年11月30日，李铁民因肝癌病逝于北京。国务院、全国政协、中央人民政府华侨事务委员会、中国侨联和各民主党派代表200多人参加了追悼会，周恩来总理、陈云副总理等党和国家领导人都敬献了花圈。陈嘉庚先生在集美闻讯，十分悲痛，特地发去一封唁电："铁民先生在洋共事抗日，情感难忘，惊闻谢世，无任哀悼。"

1940年5月31日，李铁民（前左）随陈嘉庚（前排中）率南洋华侨回国慰劳团抵达延安

李雪莹

李雪莹（1941—　），福建安溪人，印度尼西亚归侨。曾任水利电力部电力科学研究院高压研究所技术员、工程师、副所长、院机关党委副书记，电力工业部电力科学研究院高压研究所副所长、院机关党委副书记，中华全国总工会书记处书记，能源部电力科学研究院党委书记兼副院长，电力工业部电力科学研究院党委书记兼副院长，中央纪委驻电力工业部纪检组组长，中央纪委驻电力工业部纪检组组长、电力工业部党组成员，中央纪委驻电力工业部纪检组组长、电力工业部党组成员兼国家电力公司党组成员，中央纪委驻国家电力公司纪检组组长、国家电力公司党组成员，中央纪委驻信息产业部纪检组组长、信息产业部党组成员，中央纪委驻信息产业部纪检组组长、信息产业部党组成员兼部属直属机关党委书记、中央国家机关侨联主席，中央纪委驻信息产业部纪检组组长、信息产业部党组成员兼部属直属机关党委书记兼中华全国归国华侨联合会副主席。

李雪莹

传奇父母　育爱国女

李雪莹祖籍福建省安溪县，1941年7月出生于印度尼西亚万隆一个华侨教师家庭。父母都极具爱国爱乡之心，且颇富传奇。

父亲李霸龙生于印度尼西亚一个爱国侨商家庭，少年时回到安溪老家边干活边读书，后考入集美中学，品学兼优。从集美中学毕业后考入清华大学数学系，师从著名数学家华罗庚。毕业后回到印尼，先后任教于万隆华侨中学、牙律中华学校，在校期间认真教学的同时，采取各种方式对学生进行爱国主义教育，深受学生爱戴。1954年4月因患癌症，英年早逝。

母亲张金莲是父亲的表妹，1918年9月出生在印度尼西亚万隆，祖籍是安溪县。小时候她父亲说女孩子不用去上学，但她每天跟着哥哥一起到当地的荷兰学校听课，直到小学毕业，她父亲才知道，终答应女儿升学，一直读到大专毕业。1950年，张金莲开始在万隆华侨中学任印尼文教员。

1962年6月，张金莲乘轮船回到祖国。急补汉语。因熟练掌握荷兰语、英语、印尼语，三个月后就来到张家口，进入解放军技术工程学院，任印尼文教员。因表现优异，于1965年6月被批准入伍。"文化大革命"后期，学校要恢复并迁到洛阳建院，并改名为"解放军洛阳外国语学院"，张金莲即到洛阳并在学校四系继续任印尼语教员。1978年12月，光荣加入了中国共产党。1981年，中国人民解放军总参、总政、总后联合向张金莲颁发了《国防教育事业三十年》证书。

1982年4月，张金莲退休，居于北京朝阳区军队休养所。在退休后的30多年里，她3次被民政部、解放军总政治部评为"全国先进军队退休干部"，7次被北京市人民政府军队离休退干部安置办评为"先进军休干部"。

2013年1月22日，张金莲病逝，享年95岁。

李霸龙、张金莲非常注重对儿女进行爱国主义教育，使李雪莹自小便立下服务中华的崇高理想，她为之发奋苦读，学业优异。

北上西安　考入交大

1954年李霸龙去世。同年，李雪莹的哥哥回祖国继续读书。1956年，初中毕业的李雪莹也踏上归程，回到了祖国。

李雪莹回国后攻读高中学业。1959年9月，她以优异成绩考入西安交通大学电机工程系高电压技术专业。在校期间品学兼优，有"才女"之誉。

电力专家　升任院长

1964年9月，从西安交通大学毕业的李雪莹，进入水利电力部电力科学研究院高压研究所当技术员。1969年6月到水利电力部河南平舆"五七"干校劳动。1971年8月，调回水利电力部电力科学研究院高压研究所，继续担任技术员，后升任工程师。因工作成绩突出，1975年12月光荣加入了中国共产党。

1979年2月23日第五届全国人大第六次会议决定撤销水利电力部，分别设水利部和电力工业部。1980年5月，李雪莹担任电力工业部电力科学研究院高压研究所副所长、院机关党委副书记。

1982年机构改革将水利部和电力工业部合并，设立水利电力部。李雪莹担任水利电力部电力科学研究院高压研究所副所长、院机关党委副书记。

在电力科学研究院高压研究所，李雪莹潜心研究取得了一连串科研成果，她撰写或执笔的学术论文至今依旧被业内所引用，为国家电力发展做出贡献。

1983年10月，李雪莹离开电力科学研究院，出任中华全国总工会书记处书记。

1988年启动的政府机构改革是1982年后的又一次规模较大的机构变革。当年6月，能源部合并了煤炭、石油、水利电力、核工业等部门，宣告成立。李雪莹出任能源部电力科学研究院党委书记兼副院长。

1992年3月，第八届全国人大一次会议决定撤销能源部，再次组建电力工业部和煤炭工业部。李雪莹成了电力工业部电力科学研究院党委书记兼副院长。

部委领导　主管纪检

1993年12月，李雪莹离开科研一线，出任中央纪委驻电力工业部纪检组组长，由此开始长期在国家部委做纪检工作领导。1994年2月，李雪莹升任中央纪委驻电力工业部纪检组组长、电力工业部党组成员。

1997年3月，李雪莹肩上的担子更重了，出任中央纪委驻电力工业部纪检组组长、电力工业部党组成员兼国家电力公司党组成员，主持中央纪委驻国家电力公司纪检组工作。

1998年4月，李雪莹担任中央纪委驻国家电力公司纪检组组长、国家电力公司党组成员。

2000年8月，李雪莹离开了工作三十余年的电力部门，调往信息产业部，出任中央纪委驻信息产业部纪检组组长、信息产业部党组成员。2002年5月，她在继续担任中央纪委驻信息产业部纪检组组长、信息产业部党组成员的同时，再兼部属直属机关党委书记。在这之后，李雪莹还兼任中央国家机关第一届侨联主席。

2004年7月，李雪莹在担任中央纪委驻信息产业部纪检组组长、信息产业部党组成员兼部属直属机关党委书记的同时，又兼任中华全国归国华侨联合会副主席。

作为长期担任中央纪委驻国家部委纪检组长的李雪莹，还曾在中共十五大、十六大上当选为中央纪律检查委员会委员。

2018年李雪莹在离退休老干部迎春晚会上与老干部齐福生演唱印尼歌曲

张 国 坚

张国坚（1908—1962年），又名张然和，福建漳州人，印度尼西亚归侨。曾任中共上海吴淞区委书记、中共江苏省委组织部干事、中共福建省委秘书长、中华苏维埃共和国临时中央政府国家保卫局白区工作部部长、中华苏维埃共和国临时中央政府国家保卫局侦察部部长、中华苏维埃共和国中央执行委员、中华苏维埃共和国国家保卫局执行部部长、中华苏维埃共和国国家保卫局巡视团主任、中共川陕苏区大金省委民族事务部部长、中国工农红军西路军三十军政治部组织部部长、中国工农红军西路军三十军政治部保卫部部长、延安陕北公学政治部副主任、延安陕北公学政治部主任、陕北公学华侨联谊会主任、延安华北联合大学政治部主任、中共河北省冀中区委社会部部长兼公安局局长、中共张家口市委副书记兼社会部部长、晋察冀中央局社会部副部长、政务院财经委员会处长，中央财委第三办公室副主任，国务院第六办公室副主任，国家经济委员会副主任。

回沪读书　加入中共

张国坚祖籍福建省漳州市，1908年出生于印度尼西亚爪哇岛一个侨商家庭。自幼在异邦受到良好中文教育，十分热爱祖国。1925年回国读书，进入上海暨南大学，后因参加革命中断学业。在学校期间，张国坚阅读了大量进步书刊，接受了反帝反封建革命思想，开始参加和组织学校进步活动。1926年，正式在中共上海地下党领导下，参加革命活动。

1927年，张国坚光荣加入中国共产党，曾先后担任中共上海吴淞区委书记、中共江苏省委组织部干事、中共福建省委秘书长。他机智勇敢，一次又一次出色完成了党交给的任务。张国坚对党忠贞不渝，在做地下工作时曾三次被敌人逮捕，虽饱受折磨但坚贞不屈，表现了中国共产党人的崇高气节。

上井冈山　中央执委

1932年，张国坚进入中央苏区工作，因为积累了丰富的地下工作经验，且处事沉着、冷静、果敢，曾任中华苏维埃共和国临时中央政府国家保卫局白区工作部部长、中华苏维埃共和国临时中央政府国家保卫局侦察部部长，对中央苏区的建设发挥了积极作用。

1934年1月，张国坚以爪哇代表身份出席中华苏维埃共和国第二次全国代表大会，并当选中央执行委员。

参加长征　担任部长

作为中共高级干部，张国坚参加了中央苏区的反"围剿"作战，浴血保卫苏区。第五次反"围剿"失利之后，张国坚随部参加了艰苦卓绝的两万五千里长征。长征途中，他历任国家保卫局执行部部长、巡视团主任，中共川陕苏区大金省委民族事务部部长，红一、四方面军会师后调红四方面军工作，先后任红三十军政治部组织部部长、保卫部部长。

中共著名战将欧阳毅（中将，曾任中国人民解放军炮兵副政委）在其1998年出版的《欧阳毅回忆录》中，曾记录自己在西路军中与张国坚的一段往事：西路军失败后，欧阳毅、张然和被分到干部游击支队。干部游击支队被打散后，张然和曾与欧阳毅一块逃亡，到一户牧人帐篷讨吃，"帐篷里住着两口子和一个孩子，像是藏民。女的很热情，拿出糌粑和羊肉给我们吃。张然和给了她一点珊瑚、玛瑙作为酬谢，女主人喜出望外，对我们更热情了。张然和是爪哇人，个子矮，脸黑，很像藏民，他利用长相的优势与牧民套近乎，索性认女主人为干妈，为游击支队的残兵败将争得了吃喝和短暂的安全"。

陕北公学

延安办学　育抗日人

1937年七七事变后，为造就革命干部、满足抗日战争的需要，1937年8月，中央决定在延安创办一所具有统一战线性质的干部学校，校名叫陕北公学。11月1日，陕北公学在延安城东的清凉山举行开学典礼，张国坚任学校政治部副主任。1937年年底，陕北公学华侨联谊会成立，张国坚担任主任。1939年1月，张国坚升任政治部主任。任上，对学校建设贡献甚大，为抗日战争培养了大量优秀人才。

1939年6月下旬，陕北公学与延安鲁迅艺术学校、延安工人学校、安吴青训班合并，成立华北联合大学，张国坚任学校政治部主任。随即，张国坚与校领导带领师生，开赴晋察冀根据地。华北联合大学是抗战时期晋察冀边区的最高学府。

公安高手　国之忠臣

在抗日战争最艰难时刻，张国坚调往中共冀中区委。冀中，指的是河北中部。至1938年4月，中国共产党在此相继建立了38个县的抗日政权。1938年5月3日，冀中军区成立。至此，东起津浦路、西至平汉路、北起平津、南至沧（县）石（家庄）路之间的冀中根据地初步建立起来，并成为晋察冀边区抗日根据地的重要组成部分。张国坚出任中共冀中区委社会部部长兼公安局局长，带领所部除奸惩敌，维护冀中抗日根据地社会治安，清除日伪特务，惩处汉奸，还一次又一次率部参加与日作战，为保卫和建设冀中抗日根据地做出积极努力。

解放战争期间，张国坚先后担任中共张家口市委副书记兼社会部部长、晋察冀中央局社会部副部长等职，为巩固和发展华北解放区做出了重要贡献。

中华人民共和国成立后，张国坚历任政务院财经委员会处长，中央财委第三办公室副主任，国务院第六办公室副主任，国家经济委员会副主任等职。

1962年7月21日，张国坚在北京病逝。

张楚琨

张楚琨（1912—2000年），福建泉州人，新加坡归侨，著名报人，华侨史专家。曾任上海泉漳中学教师、泉州培英女中教师。新加坡《南洋商报》编辑兼评论员、中华民族解放先锋队南洋总队宣传部部长、新加坡《南洋商报》副刊《狮声》主编、新加坡《南洋商报》特派员兼驻重庆记者、星洲华侨文化界战时工作团常务委员兼组织部部长、新加坡钜元公司董事、新加坡《南侨日报》董事兼总经理、中国民主同盟新加坡分部主任委员、政务院情报总署专员，中国新闻社首任副社长兼副总编辑、新华通讯社华侨广播编辑部副主任，厦门市副市长，全国政协委员、常委、文史委员会主任委员，中央人民政府华侨事务委员会委员，中国侨联常委、副秘书长、顾问，中国华侨历史学会会长，全国侨联法律顾问委员会副主任，中国民主同盟中央常务委员，厦门大学校务顾问，华侨大学董事。

南洋办报　以笔抗日

1912年1月17日，张楚琨出生于福建省泉州市一个华侨教师家庭。父亲早逝，家境贫寒，幼时在泉州读小学。1923年，随家人赴新加坡谋生，进入当地华侨办的小学读书，后回泉州就读于培元中学，毕业后，北上深造，进入上海公学大学部法律专业学习。在此接受反帝反封建革命思想，1931年参加上海反帝大同盟。1932年，"一·二八"淞沪抗战时，曾与同学上前线慰劳抗日将士。1932年从上海公学毕业后，先任教于上海泉漳中学，后南下归乡，执教于泉州培英女中。

1937年，张楚琨重返新加坡，受聘于《南洋商报》，接任《狮声》副刊的编辑重任，并兼任该报评论员。《南洋商报》是一代爱国侨领陈嘉庚于1923年创办的一份华文报纸，持热爱中华、热爱中国优秀传统文化立场。在《南洋商报》，张楚琨大展身手，著文颇受好评。接编《狮声》后，他尽量刊登抗战救亡的作品，成为读者所喜爱的文艺园地。1937年年底，

1979年，张楚琨（右）与庄希泉

他又负责编辑《南洋文艺》与《今日文学》等副刊，利用此阵地培植了一批进步文学青年，也团结了一批华侨文化工作者，壮大了新加坡抗日宣传力量。

组建"民先"　抗敌争先

　　1937年七七事变之后，为团结新加坡华侨青年参加抗日救亡活动，张楚琨与施方平等共同组织中华民族解放先锋队南洋总队。"中华民族解放先锋队"的名称，起源于中国"一二·九"学生运动。当时，北平的学生为了抗日，组织起来，深入农村、工厂，开展抗日救亡宣传，发动群众起来抗日援国。南洋的中华民族解放先锋队组织，是在中国七七事变、抗日战争全面爆发以后，华侨抗日救国浪潮风起云涌的情况下出现的，由张楚琨、施方平等共同发起。该组织经过酝酿，于1937年九一八事变六周年纪念日之际，宣布正式成立。成立后，遵照中华民族解放先锋队的章程、队歌、队徽和中国共产党制定的《抗日救国十大纲领》进行活动。

　　中华民族解放先锋队南洋总队有一定群众基础，它包括了工人、店员青年、妇女和文化界的各阶层，还有驳业工会、青年口琴会等公开社团的支持，它的最高领导是秘书处，相当于书记处。以下有宣传部或文委，负责人是张楚琨；工人部或工委，负责人是李白涛；店员部或店委，负责人是李文陵；青年部或青委，负责人是黄紫焰。青年部属下还有新加坡少年先锋队，包括大坡爱同学校的学生和小坡崇正小学的学生。

　　中华民族解放先锋队南洋总队的队长亦称秘书长是施方平。施方平原籍福建厦门，小学教师出身。早年参加中国共产党，曾被捕关在厦门监狱。红色作家高云览所写的小学《小城春秋》展现的共产党劫狱故事，施方平就是其中的越狱者之一，后来辗转到了新加坡。全面抗战爆发后，他率先出来组织了中华民族解放先锋队南洋总队，被推举为队长。

　　1938年年初，中华民族解放先锋队南洋总队与中共广东东江游击队的外围组织——南洋东江回国服务团建立了联系。

　　1939年春，张楚琨到香港，与八路军驻香港办事处中共党支部书记兼华侨工作委员会主任连贯等联系，使中华民族解放先锋队南洋总队完全在中国共产党领导之下。

　　在张楚琨等人的率领下，中华民族解放先锋队南洋总队坚持执行中国共产党的抗日民族统一战线，团结各阶层的华侨同胞共同抗日救国。新加坡中华民族先锋队的活动，在华侨上层社会有较大的影响。

　　创建初期，同爱国侨领陈嘉庚领导的怡和轩俱乐部建立了联系，得到了福建籍华侨领袖黄奕欢、周献瑞、侯西反等人的支持。

　　筹款支持祖国抗日战争，是中华民族解放先锋队南洋总队的主要活动之一。张楚琨等通过爱国侨领陈嘉庚任主席的南洋华侨筹赈祖国难民总会，千方百计募捐资金。

　　中华民族解放先锋队的广大成员在这些运动中，成了南洋华侨筹赈祖国难民总会的骨干力量之一。为此，中华民族解放先锋队南洋总队的一个秘密领导机关，就设在南洋华侨筹赈祖国难民总会同一条街上。以张楚琨为首的宣传部，团结了一批文化界进步人士，如汪金丁、陈如旧、陈祖山、李润湖、蔡贞坚、黄紫焰、墨黑、吴广川、吴柳斯等，在公开的报刊上发表文章，宣传抗日救国。张楚琨本来就是《南洋商报》副刊《狮声》的主编，李润湖是《新国民日报》副刊《新园地》的主编，吴广川是《新国民日报》编辑兼《现代日报》的记者。张楚琨利用这些重要的宣传阵地和窗口，进行抗日宣传。张楚琨领导下的宣传部在猛加卡有一个秘密据点，专门从事编写、出版油印刊物。青年部有一支口头宣传队，经常到街头、农村、工厂宣传抗日救国的主张。在新加坡街头巷尾到处张贴有中华民族解放先锋队南洋总队制作的墙报、标语、传单。他们的宣传品都有一个共同的图案标记：手握火炬，象征着光明和先锋作用。

张楚琨等领导下的中华民族解放先锋队南洋总队，不断组织队员发动全社会抵制日货。当时在新加坡抵制日货的浪潮汹涌澎湃，势不可当。日本商人和他们的经纪人都龟缩了，但有一些奸商为了赚钱，竟昧着良心卖日货。为此，张楚琨等还在队里组织了一支锄奸队，专门对付卖日本货的奸商。他们上街查验，发现哪一家商店卖日货，一经调查核实，立即采取措施，勒令该商店向南洋华侨筹赈祖国难民总会交出一定数量的罚款，否则，招牌就有可能被涂黑，受到社会的唾弃，难以再营业。

张楚琨还充分利用一切公开合法的手段，以更好进行抗日宣传活动。他专门策划成立了新加坡青年口琴会，拥有近200名会员，还组织了口琴队、歌咏队、乒乓球队等，上街进行抗日宣传和文体表演募款，还排演过抗日话剧。

也正是在中华民族解放先锋队南洋总队和《南洋商报》服务期间，张楚琨与陈嘉庚在共同抗日救国活动中结下深情。为了帮助侨领陈嘉庚更好地了解国情，张楚琨于1938年亲自送一本埃德加·斯诺的《西行漫记》中文译本给陈嘉庚，并介绍道："国共摩擦很厉害，大家想弄清谁是谁非，这是美国记者访问陕北的亲历记，看来报道还客观，仅供参考。"《西行漫记》为陈嘉庚1940年延安之行做了思想准备。

1940年，张楚琨参加陈嘉庚组织的南洋华侨回国慰劳视察团，鼓励坚持浴血抗敌的国共两党和抗日军民。

南洋构建　统一战线

抗战时期，作为华侨主要聚居地的南洋地区成为支援中国内地抗战的重要阵地。当地华侨在侨领陈嘉庚的号召下，有钱的出钱，有力的出力，踊跃参与到中国大陆的抗战中来。虽然华侨有极大的抗日热情，但对于国共两党之间的斗争和分歧认识不清，为了使南洋华侨认清国民党的真实面目，全力支援祖国的抗战，中共中央指示要加强对南洋华侨的宣传工作，扩展抗日民族统一战线的影响范围。

周恩来鉴于南洋的重要性，很早就想派人到南洋去，刚好此时张楚琨作为新加坡《南洋商报》特派员和驻重庆特派记者到了陪都重庆。当时该报的经理是傅无闷，张楚琨回大陆采访时，傅无闷委托他在大陆物色一位资深报界人士担任该报的编辑主任，加强与祖国内地的联系。

张楚琨在南洋是陈嘉庚的得力助手，先前就已认识周恩来。他回国后，与该报记者高云览一起多次采访周恩来。对南洋华侨非常关心的周恩来和张楚琨谈话时，都仔细询问南洋的一些情况，对南洋的局势、陈嘉庚领导的南侨总会和一些爱国人士及当地的新闻宣传都了如指掌。有一次当两人交谈时，偶然谈到《南洋商报》想物色编辑主任一事，张楚琨想请周恩来帮忙，周恩来也想到中共要派人到南洋一事，他立即答应了张楚琨的请求，并着手物色合适之人去南洋，最后选定中共秘密党员、著名报人和社会活动家胡愈之赴南洋去开辟新的阵地。胡愈之赴南洋后，遵照党"与张楚琨联系到底"的指示，与张楚琨合作，全力在南洋宣传中国共产党的抗日主张，对华侨正确认识中国共产党、全力支援祖国抗战和建立我党统一战线发挥了巨大的作用。

作为《南洋商报》中国特派员，张楚琨采写了大量战地通讯，连续在南洋刊发，对坚定华侨抗战必胜信心，发挥了促进作用。

动员华侨 同捍星马

1941年12月，日军突然袭击珍珠港，并加快南侵。作为南洋华侨抗日救国运动中心的新加坡，这时掀起了波澜壮阔的抗敌保卫星马的群众热潮。文化界同仁在胡愈之的领导下，为负起对广大群众开展精神动员的责任，决定成立星洲华侨文化界战时工作团。参加者有新闻界、教育界、出版界、文化界、音乐界、美术界代表，包括南来的知名人士郁达夫、王叔旸、沈兹九、王纪元、张企程、杨骚等。一个五人常务委员会选出来了，即胡愈之、郁达夫、庄奎章、王叔旸和张楚琨。郁达夫任团长，胡愈之任副团长，张楚琨任组织部部长，王叔旸任总务部部长，庄奎章任训练部部长。

1955年，张楚琨（左一）陪陈嘉庚（中），与庄明理（左二）、张其华（右一）、叶祖彬（右二）游秦岭

文化界先走一步，接着全新加坡华侨各界成立了新加坡华侨抗敌动员总会，主席陈嘉庚，下辖劳工服务团、保卫团部、民众武装部、总务部、宣传部等。胡愈之被选为执行委员兼宣传部主任，郁达夫为执行委员。

当时战时工作团主要有两项工作：一项是成立青年战工干部训练班，在炮火中训练青年干部，准备担任民众武装的政训工作；另一项是组织口头宣传队、流动戏剧队、歌咏队，到街头去，到工厂去，到码头去，到防空壕去，到群众密集的地方去进行抗敌宣传。张楚琨和郁达夫等晚上到报馆写稿、编稿、制作版面，第二天给青训班授课。开办第二期青训班时，日军已开始经常派出战机轰炸新加坡，随着敌人轰炸加剧，第二期青训班100多人不得不分为四个中队，散布在金炎律南侨师范学校、后港、梧槽大伯公和爱同学校四个地方，但大家毫不畏惧。

大敌当前，在陈嘉庚的号召下，3000多位华侨青年组成了星华义勇军，青训班培养的不少学员成为星华义勇军的政训人员和战斗骨干。

日军从1942年2月1日开始，从海峡北岸轰击新加坡，日本航空部队同时进行第56次轰炸。之后轰炸越频繁，炮弹越多打到市区来，但张楚琨依然坚守在抗敌工作岗位。抗敌动员总会总部设在晋江会馆，文化界战时工作团这时也集中到总部来办公，战斗在这座楼的人们对频繁的空袭警报满不在乎，直到炸弹在附近爆炸，才从容不迫地到后院堆着沙包的小圈圈休息一下，仰看头上飞过的敌机。

避难苏岛 坚守气节

1942年2月4日，胡愈之和张楚琨等19名文化界抗敌骨干连同家属9人，乘小船撤往荷属苏门答腊山区，在极其困难的情况下，开荒种地，自建房屋，还利用实武牙筹赈会爱国华侨赠送的400盾钱办过赵豫记酒厂，张楚琨既是酒厂技术员，还是销售员，经常押货到巴雅公务市上分销给零售户，也常常上武吉丁宜推销。

在避难苏岛、生存极其困难的情况下，张楚琨等在日本统治下建立了一个秘密组织——同仁社。领导人是胡愈之，参加者除张楚琨、高云览外，还有沈兹九、汪金丁、邵宗汉、王任叔、吴柳斯、张企程。每周在胡愈之的住处——椰庐座谈一次，主要是交换消息，分析敌人的动态，讨论联军反攻的可能性和时机，胡愈之认为应该排除"速胜论"，看到战争的长期性，胜利取决于欧洲战场，即苏联和英美联军转入反攻的到来。后来形势发展证明了他预见的正确。

一年后，在新加坡受过日本特务训练的洪根培来到当地，他认得避难于此的进步文化人，大家马上撤往他乡，邵宗汉、王任叔早些时候到了苏门答腊岛东部的棉兰，张楚琨和高云览、林枫疏散到苏门答腊岛南部山区，同杨骚、温端方会合，不久胡愈之、沈兹九也到了苏门答腊岛东部的马达山。张楚琨和高云览、杨骚、林枫、温端方等，分别在巨港、直落勿洞靠制肥皂艰难维生，躲过日寇的魔掌，等到了胜利的一天。

办正义报　行光明事

1945年抗战胜利之后，蒋介石挑起内战。此时，马来亚、新加坡各大小报多属国民党控制，对内战的歪曲报道蒙蔽了许多爱国华侨，张楚琨和高云览等想办一份"让华侨听到正义心声"的报纸。

为积蓄办报资金，张楚琨和高云览两位文化人决定涉足工商业。三个月后，一家经营胡椒、橡胶等土特产品的钜元公司，在新加坡开始对外营业，生意兴隆，短短4个月时间，赚了百万元叻币，并先后购进两艘远洋轮船——"南元"号和"南美"号，成立了船务公司，紧接着又增办汇兑业务，钜元公司生意十分兴隆。

1946年，在陈嘉庚的牵头和巨资支持下，11月21日《南侨日报》在新加坡问世，张楚琨成为股东之一，并任总经理。1946年加入中国民主同盟（简称"民盟"），任民盟新加坡分部主任委员。

1948年年初，张楚琨等用钜元公司的"南元"号和"南美"号货船，同时还组织了一些运输船和登陆艇，向山东解放区运送大量军需物资。

铁笔战士　妙手文章

1949年，张楚琨回国参加第一届全国政协会议。

中华人民共和国成立后，张楚琨担任政务院情报总署专员。作为中国新闻社的创办人之一，担任中国新闻社首任副社长兼副总编辑，兼任新华通讯社华侨广播编辑部副主任。

1955年，张楚琨转任厦门市副市长，并协助陈嘉庚创办华侨博物院。

在这之后，张楚琨返回北京参与国家侨务工作以及全国政协的华侨活动。历任全国政协第二至五届委员和第六、七届常务委员，全国政协常委会文史委员会主任委员，中央人民政府华侨事务委员会委员，全国侨联第一、二届常务委员兼副秘书长和第三届顾问，中国华侨历史学会会长，全国侨联法律顾问委员会副主任，中国民主同盟中央常务委员，厦门大学校务顾问，华侨大学董事等。著有《滇缅公路考察记》《南北战场印象记》《峥嵘岁月》等书，主编有《回忆陈嘉庚》。

2000年2月7日，张楚琨在北京病逝。中共中央机关报《人民日报》专门刊发了报道，对他的一生给予高度评价，其中有这样文字：张楚琨同志是老一代爱国华侨和中国侨联老前辈。他拥护中国共产党的领导，热爱祖国，忠于人民，热心为侨服务，关心祖国和平统一大业。他工作勤勤恳恳，任劳任怨，坚持原则，光明磊落，几十年如一日。他热心关心同志，密切联系群众，生活简朴，平易近人，和蔼可亲，深受广大华侨和侨务工作者的尊重和爱戴。

张楚琨病逝后，其女儿张咏萱携儿子张浩，来到集美图书馆，把父亲张楚琨生前收藏的一批中外文书刊捐赠给集美图书馆，其中普通中外文书刊2596册，线装古籍《四部丛刊》一套2078册。

陆维特

陆维特（1909—1991年），原名赖成瑚，福建长汀人，马来西亚归侨，著名教育家。曾任上海《生活周报》编辑，中共上海市沪南区委发行部部长，上海《生活教育》杂志编辑，武汉《抗战教育》编辑，《战时教育》杂志常务编辑，重庆育才学校文学组主任，苏北抗日民主根据地盐阜区联立中学师范部主任，苏北抗日民主根据地盐阜师范学校党支部书记兼校长，中共苏皖教育学院党总支书记兼教务长，华中建设大学教务长兼教育系主任，中共中央华东局宣传部宣传局局长，福建省人民政府文教委员会主任，福建人民革命大学党委书记兼副校长，福州大学党委书记、校长，福建师范学院院长，厦门大学党委书记、副校长，福建省科委副主任、省科协主席。

阿拉伯裔　少走南洋

1909年11月15日，陆维特出生于福建省长汀县一个十分特殊的家庭。他的祖父马哈默德是阿拉伯人，从西亚经陆上丝绸之路来到中国经商，辗转定居江苏镇江，后来参加太平军，成为军中养马员，随部征战南北。太平军节节败退时，马哈默德随部撤到闽西山区。退至长汀县时，因肩部被追赶的清兵砍了一刀，血流如注，躲进汀州城内一位赖姓绅士家中的草堆里藏身，绅士甚为善良，将之接到家中养伤，照顾有加，收为养子，马哈默德遂易姓为"赖"，并娶绅士女儿为妻，定居于长汀。

晚年陆维特

陆维特自小受到良好教育，在长汀城内完成小学学业后，到厦门禾山中学读书。1925年中学毕业后，陆维特只身前往马来亚槟城谋生。

回国深造　追随陶公

1926年夏至1927年，中国国民党和中国共产党合作，进行了反对帝国主义和封建军阀的北伐战争，基本推翻了北洋军阀的反动统治，并收回了汉口、九江英租界。消息传到槟城，陆维特和当地华侨一样欢欣鼓舞，决定回到祖国学习和工作。他整束行装，回到长汀老家，进入汀州师范学校读书。

1927年3月，陶行知创办了晓庄试验乡村师范学校，并亲任校长。1927年10月，著名教育家蔡元培任学校董事长，并在校执教，且亲书"教学做合一"校训。消息传到长汀，陆维特十分欣赏晓庄试验乡村师范学校的教学理念，决定北上投考。

1928年春，陆维特考入晓庄试验乡村师范学校。因为对艺术颇有兴趣，进入晓庄试验乡村师范学校文学艺术部学习。

喜爱演剧　参加"左联"

陶行知非常注意培养学生的艺术兴趣，认为艺术熏陶对于学生成长具有重要作用。1929年1月，他邀请田汉率南国社来晓庄试验乡村师范学校演出，随后成立了晓庄剧社，陶行知亲任社长并写剧本，经常与学生同台演出。陆维特是剧社活跃分子，并到上海，与周扬、郑君里等一起参加中国左翼作家联盟（简称"左联"）的大道剧社演出。

陆维特之名取代了本名，也与他喜欢演剧有关。他曾是话剧《一致》的男主角，而女主角正是他的长汀老乡廖履冰。他俩在汀州师范学校读书时就相识，在晓庄试验乡村师范学校又相遇，在演出中互相生出爱慕之情，当时还有一位长汀年轻人也对廖履冰发起爱情攻势，廖履冰陷入抉择之痛，陆维特也陷入恋爱烦恼之中，了解内情的同学们都笑称他是《少年维特之烦恼》中的"维特"。

投身抗日　声援反蒋

1929年，陆维特加入中国共产党，开始在党领导下参加革命斗争。

1930年3月初，18艘日本军舰开进长江，在武穴、安庆一带停泊，侵犯我国主权。蒋介石政府对此不加抗议，引起南京工人和广大群众的愤怒声讨，政府出动军警镇压工人运动。

为支援南京工人运动，晓庄试验乡村师范学校师生奋起参加抗日反蒋斗争。他们冲破警察的阻挠，到南京城里集会，游行示威。

1930年4月，国民党政府以"晓庄师范学校违背三民主义，散发反动传单，勾结反动军阀，企图破坏京沪交通"等罪名，派军队包围学校，进行搜查，尽管没有查到什么东西，但仍强行把学校查封了。学校被封后，晓庄试验乡村师范学校师生开展了护校的斗争。陆维特和一些同学在南京城里一些大中学校进行宣传、讲演，还到中央大学、金陵大学及电影院内散发传单，痛斥国民党反动派摧残教育的罪行。他们这些活动，被国民党特务余仲篪侦察到了，反动政府把他们统统列入黑名单，进行通缉，晓庄试验乡村师范学校师生四散躲避。陶行知也被迫出国到日本。

沪上抗敌　两次被捕

陆维特不得不离开晓庄试验乡村师范学校，前往上海。他以陶行知学生为名，毛遂自荐来到陶行知密友——邹韬奋主编的著名刊物《生活周报》，被邹韬奋聘为编辑。陆维特一边编辑刊物，一边参加党的地下活动及左翼剧联活动，从事学生运动和文艺界抗日救亡运动，他同赵丹、孙道临、王丹凤、上官云珠等积极开展进步文化运动。

1930年5月，陆维特奉命在杨树浦参加飞行集会，散发传单时被捕，在提篮桥监狱关了7个月。出狱后，他在中共上海市委沪南区委任发行部部长等职，继续从事革命宣传。

1931年4月，陆维特再次被捕，被当局以破坏三民主义罪判刑10年，关入上海龙华监狱。狱中，饱受折磨，坚贞不屈，鼓励难友坚定革命必胜之心，同时他团结难友与狱方展开了多种方式的斗争。

狱中，陆维特仍满怀革命激情进行文学创作。曾将狱中创作的反映少年犯受苦难及其出路的长诗《流浪儿合奏曲》，秘密托人送呈陶行知主编的《生活教育》杂志，陶行知在刊登时，想起他在晓庄试验乡村师范学校时的绰号，将长诗署名为"维特"。

营救出狱　文教救国

1937年七七事变之后，国共两党实现第二次合作，抗日民族统一战线形成，经中共党组织积极营救，陆维特于同年出狱。因为当时他已坐牢6年，为纪念这一特殊经历，他将自己的"赖"姓改为"陆"，以"陆维特"之名沿用终生。还有一说，以此名行世，还出于对恩师陶行知的敬重和对在大革命中牺牲的初恋情人——廖履冰烈士的怀念。获释后，为了纪念那段无法忘却的狱中斗争经历，陆维特还写下了题为《三千六百日》的报告文学。

陆维特出狱后，立即投入上海抗日救亡工作，并奉命继续战斗在文化战线，他很快找到了老校长陶行知。晓庄试验乡村师范学校被查封后，陶行知避难日本，他时刻渴望回国战斗。

1931年夏天，陶行知回到上海，他提倡"科学下嫁运动，以救国于危亡"。邀请了戴伯韬、董纯才等革命同志创办儿童自然科学园，编写、出版儿童科学丛书。1932年，他们还创办了儿童科学通讯学校，组织编写小学自然科学课本和农民常识读本。1936年5月，陶行知和上海教职员工发起组织国难教育社，出版《生活教育》半月刊杂志。《生活教育》提倡抗日，大量发表了主张抵抗日本帝国主义侵略、批评国民党政府"攘外必先安内"政策的文章、图片。陆维特与陶行知联系上后，进入《生活教育》杂志社工作。

时任厦大党委书记的陆维特（左一）陪同解放军副总参谋长彭绍辉上将视察厦大武装民兵组织

1937年9月，中共党组织决定将《生活教育》杂志迁去武汉，继续宣传抗日，并决定把《生活教育》易名为《抗战教育》。陆维特随杂志社迁往武汉，10月上旬《抗战教育》在武汉出刊。杂志出刊后，在武汉引起了强烈的反响。陆维特继续担任《抗战教育》杂志编辑。同时，为邹韬奋的生活书店编著抗战教育读本。

在武汉，陆维特参与组织抗战教育研究会。研究会的主要任务是在大中小学校教师和大中学校的学生中开展抗日宣传教育。研究会是当时武汉颇有影响力的抗日救国组织，有很雄厚的群众基础，为党开展工作创造了很好的群众条件。1937年冬，抗战教育研究会还联合从上海撤至武汉的职业教育社等十几个团体，发起成立了全国战时教育协会。号召一发出，得到全国教师学生的热烈响应，该会对发动群众、推动抗日救国运动起了积极作用。后由于政府的阻挠破坏、停发经费，迫使教育研究会停止活动。全国战时教育协会也自动解散。

陆维特在武汉编刊、著文和组织抗日文化活动的同时，还兼任汉口小学战时服务团教师，对师生进行抗日宣传思想教育与基本技能培训。同时，编写抗战教材。至1938年7月，陆维特已编写了抗战教育课本10万多字，独立或参与编著了《抗战建国读本》《新教育课讲话》《故事晚会》等抗战教材。

重庆办刊　宣传抗日

武汉失守前夕，陆维特奉命前往重庆，于1938年9月抵达山城。他与同学戴伯韬等按照党的指示，将《抗战教育》改为《战时教育》杂志，在重庆出版，陆维特任常务编辑。《战时教育》有时出旬刊，有时出半月刊。在重庆广大师生中宣传抗日，针对国民党顽固派，开展反对倒退、反对投降、反对分裂的斗争。

当时重庆形势颇为复杂，日本帝国主义开始对国民党政府采取政治诱降为主、军事进攻为辅的方针，引诱国民党政府投降。国民党政府内除亲日派汪精卫等公开叛变外，顽固派也越来越走向反动。陆维特等排除万难，在大中学校中开展抗日救国运动。国民党顽固派对报刊的出版发行控制很严，《战时教育》每期都要送国民党报刊杂志审查委员会审查。但在陆维特与戴伯韬等同志努力下，党的抗日主张仍旧通过杂志巧妙宣传出去，杂志还大量报道了陕甘宁边区抗日根据地的情况，鼓舞了大后方人民的抗日斗志。《战时教育》于1940年夏天被迫停刊。

辅佐陶公　创办"育才"

1939年年初，面对因战乱难童越来越多现状，陶行知决定在重庆附近的合川县创办收容和教育战时难童的育才学校。陆维特和晓庄试验乡村师范学校同学戴伯韬、孙铭勋、马侣贤等参与创办和建设育才学校的全过程。1939年7月，育才学校在合川县草街子古圣寺开学。育才学校虽然比晓庄试验乡村师范学校简陋多了，但很有朝气，课外活动也丰富多彩。学校设文学、自然科学、社会科学、音乐、戏剧和绘画六个组，执教的有艾青、贺绿汀、华君武、丰子恺等一大批知名的进步文人。学生来自各个战区的难童、儿童保育院以及当时进步人士和抗日烈士的子女。

陆维特不但参与建校，还担任学校文学组主任，教授文学理论与写作课程。他还组织选拔测验组，分赴各儿童保育院、孤儿院等难童机构，择优选拔具有某种特殊才能的儿童入学，先后选出难童30多人入学。1939年12月，陶行知曾致信陆维特，指示如何选择难童。陆维特还请陶行知亲笔写信给大田坎保育院院长罗叙章，把具有音乐天赋但因是癞痢头而被人瞧不起的难童陈贻鑫破例选送到育才学校，编进了音乐组。陈贻鑫后来成为著名指挥家、音乐理论家。

育才学校是在周恩来关心与指导下创办的，他始终十分关心育才学校的建设，多次亲临学校，关心在校的教职员工，还亲自送来许多中共烈士子弟。

有一天，周恩来带来一名少年，对陆维特说："这是我收养的烈士遗孤，你来给他好好补习补习文化！"陆维特无微不至地照顾、帮助周恩来送来这位烈士遗孤，使之学业大进。这遗孤即是中共早期著名革命家李硕勋烈士的儿子、后来成为共和国第四任总理的李鹏。

调新四军　办抗日校

1941年年初，国民党顽固派掀起了第二次反共高潮，制造了举世闻名的皖南事变，杀害了我新四军将士8000多人。在大后方，国民党也大肆逮捕共产党员和进步人士，陆维特因参加革命活动，又被国民党特务列入逮捕的黑名单，他被迫离开育才学校，从此离开了陶行知先生。

经周恩来安排，陆维特于1941年2月绕道香港，来到苏北盐城新四军军部，被陈毅同志称为"从大后方来的文化人"，在他领导下从事文化教育工作。

1941年秋，苏北抗日民主根据地的第一所完全中学——盐阜区联立中学在阜宁县郭墅张庄诞生，学校设有初中部、高中部、师范部，后增设艺术专修班，学生来自苏鲁皖沪等省各地，陆维特担任师范部主任。

1942年，陆维特出任苏北抗日民主根据地盐阜师范学校党支部书记兼校长，为根据地培养了大批优秀师资，源源不断输送至各学校，使得在反"扫荡"、反"清乡"激烈战斗中，苏北抗日根据地中小学的系统教育能持续展开，为华中抗日根据地教育发展做出了积极贡献。

大教育家　连掌六校

抗日战争胜利后，陆维特先后担任中共苏皖教育学院党总支书记兼教务长、华中建设大学教务长兼教育系主任等。

1948年，陆维特奉命赴苏联学习和考察教育。

中华人民共和国成立后，陆维特于1950年回国，任华东局宣传部宣传局局长。

1950年12月调任福建省人民政府文教委员会主任。此后历任福建人民革命大学党委书记兼副校长，福州大学党委书记、校长，福建师范学院（今福建师范大学）院长，1955年调任厦门大学党委书记、副校长，1977年调任福建省科委副主任、省科协主席。陆维特还曾是福建省人大代表、福建省政协常务委员、第六届全国政协委员，是福建省陶行知研究会第一、二届会长，中国陶行知研究会副会长。

1991年11月，陆维特因病在福州逝世。

陈乃昌

陈乃昌（1910—2004年），别名罗光，福建安溪人，印度尼西亚归侨。曾任国民政府战时公债劝募委员会宣传组组长，中央银行专员，国民政府军事委员会政治部第三厅对敌伪宣传主任兼孩子剧团指导员，上海市军管会房地产管理处处长，上海市财经委员会委员，民主建国同盟中央宣教处处长、常委，中央人民政府华侨事务委员会委员，中共中央统战部处长，中共中央马恩列斯著作编译局研究室主任，中国国际贸易促进委员会研究员、顾问。

集美读书　参加革命

陈乃昌祖籍福建省安溪县龙涓乡新岭村，1910年11月出生于印度尼西亚。在当地侨办华文学校完成小学和初中学业后，于1924年回到祖国，进入集美师范学校读书。

在集美师范学校读书期间，陈乃昌阅读了大量进步书刊，积极参与进步学生运动，也因此引起中共地下党关注，开始在中共广东区党委和共青团区委领导下开展革命活动，由此接受了革命思想。陈乃昌和罗明、邱泮林、刘端生、罗扬才、李觉民、罗良厚等人一起，在集美学校秘密建立和发展国民党左派组织，为了保密，对外称"福建青年协进社"，并创办《星火》周刊。

福建青年协进社，是一个拥护国共合作、拥护孙中山"联俄、联共、扶助农工"三大政策的政治社团，甚为活跃，在三个月的时间内，就发展了来自福建、广东两省20个县市的130多位集美学校学生为会员。陈乃昌积极传播革命思想，发展革命力量。

陈乃昌

血雨之中　加入中共

1927年4月12日，蒋介石发动"四·一二"反革命政变，厦门大批革命党人被捕。陈乃昌在一片血雨腥风中，毅然加入中国共产党。1927年7月，陈乃昌从集美师范学校毕业，开始在党领导下从事革命工作，曾在厦门、上海、南京组织学生运动。

1928年，陈乃昌先是在上海大夏大学从事学运，后调往中共厦门市委工作。之后，奉命再往上海从事地下工作。

抗战军兴　劝募义款

1931年，陈乃昌从上海调到北平从事党的赤色工会工作。1931年冬天，他在中共北平市委邹中健同志的领导下，兼任中国左翼作家联盟（简称"左联"）北平分盟党的理论宣传工作，参加北平"左联"沙滩小组活动。1931年，在一次从东单到西单的示威游行中担任秘密总指挥。在中国左翼作家联盟北平分盟工作约半年，陈乃昌奉命再回赤色工会，开展工运活动。

1937年七七事变之后，国共两党实现第二次合作，抗日民族统一战线初成。当时，陈乃昌在周恩来的单线领导下，长期从事党的地下工作和对国民党上层有关人员的统战工作。

孩子剧团在难民营演出

抗战中，陈乃昌曾任《大公报》特约记者，采写了不少抗战檄文。之后，出任战时公债劝募委员会宣传组组长，撰写了大量相关宣传文章，发动华侨捐款捐物支援祖国抗日战争。后来，还曾任中央银行专员。

领导剧团　千里义演

孩子剧团在演出闲隙读书

1937年7月，七七事变发生，中国全面抗日战争打响，由中共支持创办的上海临青学校（有学生200多人，大部分为工人子弟，交不起学费的学生只要交书费），组织了一个孩子剧团，排演了《捉汉奸》《仁丹胡子》《最后一课》等儿童剧，还学会了许多抗日歌曲，曾在沪东区和市内演出过多次。

1937年10月以后，日寇占领闸北、大场、嘉定、真如，逐渐包围了上海。孩子剧团在上海市文协的领导下，投入了保卫大上海的斗争。11月12日，国民党军队从东线撤退，上海成了"孤岛"，孩子剧团解散。但是，不少团员不愿意解散，愿意参加抗日救亡。中共地下党决定把孩子剧团带到内地去，取道南通、镇江、南京去武汉。一路上，孩子剧团一直坚持抗日演出，激发军民士气，坚定抗战必信信心。

1938年1月10日，孩子剧团到达武汉，与中共地下党取得联系。3月，国民政府军事委员会政治部成立。根据国共两党协议，中共中央副主席周恩来担任国民政府军事委员会政治部副部长，郭沫若担任第三厅厅长，孩子剧团成为三厅收编的第一个直辖单位。时任国民政府军事委员会政治部第三厅对敌伪宣传主任的陈乃昌，兼任孩子剧团指导员，参与带着孩子剧团在武汉进行抗日演出。

随着战事发展，1938年8月中旬，陈乃昌等带着孩子剧团一路西进，跟随三厅先撤退到湖南衡山，再撤至长沙，一路上坚持抗日宣传，一到住地就马上进行抗日公演。11月12日长沙大火前，陈乃昌带着队员们先撤退到衡阳，再转移到桂林。

1939年的春天，孩子剧团来到当时的战时陪都——重庆。他们除在重庆举行公演外，还到中小城镇和农村去，给农民、工人演戏，用两年的时间，把川东、川南、川西、川北各县走了一遍。

孩子剧团排除各种困难，顶住了第一次、第二次反共高潮，坚持抗日演出，按照周恩来和中共南方局的指示，积极宣传我们党的"坚持抗战，反对投降；坚持团结，反对分裂；坚持进步，反对倒退"的方针。1941年的春天，在重庆公演了三幕五场的大型儿童剧《乐园进行曲》，12月又上演了六幕童话趣剧《秃秃大王》（因蒋介石秃头，临上演前，国民党有关部门强迫将剧名改为《猴儿大王》）。这两出戏反映了人民群众对抗战、民主的要求，揭露了汉奸、独裁者投降与分裂的丑恶的嘴脸，轰动山城。

秘密战线　奉献一生

抗日战争胜利后，陈乃昌奉命在上海继续从事党的秘密工作，在特殊战线发挥了重要作用。1945年参加发起组织中国民主建国会（简称"民建"）。先后兼任上海大夏大学、复旦大学、震旦大学哲学及政治经济学教授，同时参加组建九三学社工作。

上海解放后，陈乃昌先后担任上海市军管会房地产管理处（后改为上海市房地产管理局）处长、上海市财经委员会委员，他将妥善保护的敌伪汉奸逆产及金银珠宝归还人民，同时协助查明修缮中国共产党第一次代表大会会址。

1953年后，陈乃昌任民建中央宣教处处长。1954年，担任中共中央统战部处长。1960年，担任中共中央马恩列斯著作编译局研究室主任。1961年，调往中国国际贸易促进委员会工作，任研究员。1981年，担任中国国际贸易促进委员会顾问。1985年享受国家副部长级待遇，1993年12月离休，1999年享受国家部长级医疗待遇。

陈乃昌是政协第五届、第六届、第七届全国委员会委员，中央人民政府华侨事务委员会

孩子剧团在上海演出后合影

委员。民建第一、二届中央委员，第三、四届中央常委，第五届中央咨议委员会常委。曾屡次赴香港联系港、澳、台和华侨工作。

2004年6月4日，陈乃昌病逝于北京。

陈子彬

陈子彬（1910—1996年），原名陈庆隆，福建龙岩人，马来西亚归侨。曾任中共福建龙岩县总支部书记、马来亚共产党霹雳州地委书记、槟城反帝大同盟秘书兼槟城总工会宣传部部长、新加坡南洋反帝大同盟秘书、马来亚彭亨州抗敌后援会主任、马来亚华侨各界抗敌后援会宣传部部长、马来亚吉打州鲁乃华民学校校长、马来亚霹雳州谷都牙育群学校教务主任、广东省华侨事务委员会侨政处事业科科长、民建广州市员常委、副主委，民建广东省委常委、副主委、主委，广东省人大代表、常委、副秘书长，广东省第六届人大常委兼华侨委员会副主任委员，广州市政协常委、副秘书长，广东省政协常委、副秘书长、副主席，广东省归国华侨作家联谊会副理事长。

1910年3月，陈子彬出生于福建省龙岩县湖邦社（今龙岩市新罗区龙门镇）考塘村人。读书期间投身革命，1926年1月加入共产主义青年团，1926年5月入农民运动讲习所学习并加入中国共产党，1926年秋任龙岩县共产党小组组长，1927年1月任中共福建龙岩县总支部书记。1928年年底调平和县工作，不久因病到厦门就医后转回龙岩。

1929年4月，陈子彬南下马来亚槟城谋生，中断了与中共联系。到了槟城后，他积极参加当地的进步侨团活动，于1930年加入槟城反帝大同盟，开展抗日反帝活动。1931年，陈子彬加入马来亚共产党，被推荐到海边丹绒督贡当教员，以此为掩护，组织、动员华侨抗日救国。之后，调任马来亚共产党霹雳州地委书记，还曾出任槟城反帝大同盟秘书兼总工会宣传部部长等职。

1931年9月，九一八事变之后，陈子彬在槟城参加抗日救国活动，他在工人、店员和学生中进行抗日宣传，号召大家抵制日货和回国抗战。12月，陈子彬到新加坡参与筹组南洋反帝大同盟，并在大同盟成立后出任秘书。

1937年七七事变之后，陈子彬调往马来亚彭亨州，出任彭亨州抗敌后援会主任。在彭亨州，他奔走城乡宣传抗日，在进步学生和青年店员中，组织了抗日演剧队、卖花募款队等，放手发动群众抵制日货，捐款援国，同时动员华侨青年回国抗战。与之同时，他还经常以生动活泼的文艺表演形式，宣传中国共产党抗日主张，在当地成立了"援八援四委员会"，组织当地群众为中国共产党领导的八路军、新四军捐款捐物，不少当地华侨青年在他的动员之下，回国参加了八路军、新四军。

1939年，陈子彬调往新加坡，担任马来亚华侨各界抗敌后援会宣传部部长。任上参与开展一系列抗日宣传活动，还参加发起扩大援助八路军运动，组织援助八路军委员会，号召侨胞踊跃捐款捐物支援八路军。

1940年，陈子彬回国参加抗战，经昆明到重庆，参加当地抗日救亡工作。

抗日战争胜利后，陈子彬重回马来亚，再执教鞭，先后担任了吉打州鲁乃华民学校校长、霹雳州谷都牙育群学校教务主任。1945年加入中国民主建国会（简称"民建"）。

新中国成立后，陈子彬再次回国，担任广东省华侨事务委员会侨政处事业科科长，民建广州市委员会常务委员、副主任委员，民建广东省委员会常务委员、副主任委员、主任委员，民建中央第一至第四届常务委员、第五届咨议委员会常务委员。1954年至1993年，先后任广州市第一、二届人大代表，广东省第三届人大代表，广东省第四、五届人大常务委员、副秘书长，广东省第六届人大常务委员兼华侨委员会副主任，第七届全国人大代表。还先后担任广州市第一届政协常务委员、副秘书长，广东省第二、三届政协常务委员、副秘书长，广东省第六届政协副主席，广东省第七届政协常务委员、副主席，全国第三、四、五、六届政协委员。1983年至1989年任广东省归国华侨作家联谊会副理事长。晚年还曾担任民建中央咨议委员会常务委员、民建广东省委员会名誉主委、广东省残疾人联谊会理事、广东省政协委员联谊会名誉会长、广东省归侨作家联谊会顾问等职。

1996年2月17日，陈子彬在广州病逝。

陈仰曾

陈仰曾（1919—1994年），福建福清人，印度尼西亚归侨，著名教育家、社会活动家。曾任福清县里美小学校长，福清县民众学校校长，印度尼西亚万隆玉融公会委员兼万隆清华学校复校委员会委员，印度尼西亚万隆玉融公会常委兼万隆清华学校董事长，印度尼西亚万隆中华总会理事、常务理事兼联络部主任，福建华侨投资公司常务董事、经理室主任、经理，福州市侨联副主席，福建省侨联副主席，全国工商联执行委员，福建省青联常委，福州市政协常委，福建省政协常委兼副秘书长，福建省政协副主席。

1919年4月27日，陈仰曾出生于福清县阳下镇（今福清市阳下街道）西亭村陈氏望族，自幼受到良好教育，在完成小学、初中教育之后，进入省城，就读于福建省立师范学校。福建省立师范学校始称"全闽师范学堂"，系末代帝师陈宝琛于1903年创办，为福建省最早的新式学校。1936年7月，为"齐一师资训练，发扬民族精神"，福州、建瓯、龙溪、莆田4所师范和晋江、闽侯等4所乡师合并，校址仍设在福州乌石山，校名易为"福建省立师范学校"，简称"闽师"，成为福建省唯一的师范学府。陈仰曾在校期间学业优异，深受老师和同学的好评。

时任福建省政协副主席的陈仰曾（左一）与福建省委书记项南、福建省政协副主席陈希仲合影于北京

自省立师范学校毕业后，陈仰曾回到福清任教，先后担任福清里美小学校长、福清县民众学校校长。

陈仰曾办学业绩甚佳，为此印度尼西亚（简称"印尼"）万隆的福清华侨组织——玉融公会，再三敬请陈仰曾南去印尼，帮助复办清华学校。1940年，陈仰曾跨海南渡，被推为万隆玉融公会委员、清华学校复校委员会委员。任上，一面组织复校和建校后的学校日常工作，一面参与组织华侨抗日救国活动。

1941年12月太平洋战争爆发，1942年2月万隆沦陷，陈仰曾拒不事日，参与华侨地下抗日活动。因当时日本侵略者强行关闭了印尼所有华文学校，陈仰曾冒着生命危险开设私塾类地下学校，教学生中文和中华文化。

第二次世界大战结束，陈仰曾出任万隆玉融公会常委兼清华学校董事长、万隆中华总会理事，参与领导万隆重建华侨社团组织和华文学校，并为侨商重建工厂和商场出谋划策。

中华人民共和国成立后，陈仰曾在印尼宣传中国共产党的治国理念和新中国的欣欣向荣。抗美援朝打响后，还曾动员华侨捐赠。

1952年，陈仰曾回国参加建设，担任福建华侨投资公司常务董事、经理室主任、经理，福建省华侨投资公司，经省人民政府批准，1952年7月20日成立。1969年4月5日，奉令撤销。1984年3月1日，又经省人民政府批准予以恢复。现名为福建省华侨信托投资公司。

在陈仰曾和大家的共同努力下，福建省华侨投资公司为吸引侨资参与新福建建设发挥了积极作用，先后投资创办或扩办了福州华侨塑料厂、厦门罐头厂、泉州源和堂蜜饯厂等几十座优质工厂。

1955年，陈仰曾还与林珠光、俞昌檀、杨银仙、郭瑞人、叶鸿宝五位爱国华侨一起，联合筹资兴办福州华侨中学，这是一所侨办公助的私立中学。20世纪60年代初，学校已初具规模（初中每年级4个班，高中每年级2个班）。当时，学校除在国内招生外，还接收海外侨生，在校侨生数曾多达200余人。现为市属公立学校、省二级达标学校。

陈仰曾曾任福州市侨联副主席，福建省侨联第四、五届副主席，中华全国工商联第五、六、七届执行委员，福建省青联常委，福州市政协常委，福建省政协第二、三届委员，福建省政协第四届常委兼副秘书长，福建省政协第五、六、七届副主席。

陈青山

陈青山（1919—2003年），原名陈欠火，又名陈荣火，笔名陈焕，福建惠安人，马来西亚归侨。曾任马来亚槟城华侨学生界抗敌后援会组织部部长、马来亚华侨学生抗敌后援会常务委员、马来亚共产党槟城市委常务委员、新加坡总工会宣传部部长、马来亚总工会《前锋报》主编、马来亚总工会总务主任、广东省琼崖抗日游击队独立第一总队政治部宣传科科长、琼崖抗日游击队独立第一总队政治部组织科科长、琼崖人民抗日游击独立纵队第四支队政委、琼崖人民抗日游击独立纵队政治部组织部部长、中共海南东定地区临委书记兼第二支队政委、中共海南西区地委副书记、解放军琼崖纵队政治部副主任兼组织部部长、中共海南东区地委书记兼琼崖纵队第三总队政委、海南军区政治部副主任兼海南剿匪指挥部副总指挥、海南军区兼四十三军政治部副主任、广东省军区政治部主任、海南军区任副政委、海南军区副政委兼海南军区党委副书记和纪检书记、广州军区政治部副主任。少将军衔。

陈青山

侨领惜才　得以升学

1919年10月，陈青山出生于福建省惠安县洛阳镇陈埭头村的一个穷苦农民之家，上有四兄。由于生活所迫，陈父带着长子泪别家人，远走南洋，在马来亚槟城拉人力车谋生，糊口艰难。1922年，惠安暴发瘟疫，由于缺少医药，陈青山的母亲与三位兄长先后病死。父亲在海外得悉噩耗，回乡奔丧，随后将幸存的陈青山带往槟城。

在槟城，陈家再遭重创。因为南洋谋生也难，陈青山大哥只好回乡务农，不久得病而亡。

陈青山父亲十分能吃苦，他没日没夜拉车，不舍得吃不舍得穿，想存钱创业。在陈青山9岁那年，父亲用辛苦积攒下来的钱，开了间咖啡铺，还为陈青山找了位继母。夫妻俩精心经营，咖啡铺生意渐有起色，陈青山也得以进入当地华人开的私塾读书。

陈青山学习十分刻苦，成绩优异，槟城陈氏祠堂理事长陈汉文得知后，主动提出陈氏祠堂愿意出资供陈青山读书。陈青山由此进入槟城中华中学就读。

1935年，陈青山16岁，以优异的成绩从中华中学的高小部毕业。陈汉文又将他送往槟城同盟会元老陈新政等创办的钟灵中学继续读书。

中学时期　加入马共

钟灵中学位于乔治市，是当时槟城最著名的华侨学校，拥有爱国传统。陈青山因品学兼优，被学生们公推为学校学生会主席，他关心祖国革命和建设，加入了槟城学生反帝大同盟。反帝大同盟的全称叫"反对帝国主义大同盟"，是由法国共产党人巴比塞、法国作家罗曼·罗兰、苏联作家高尔基和中国宋庆龄女士等一些著名人士，于1927年2月在比利时首都布鲁塞尔发起成立的一个国际组织。1929年7月，在中国共产党的领导下，该组织首先在上海建立上海反帝大同盟。随即，全国各地也先后建立了反帝大同盟，以华侨为主的马来亚共产党组织也在马来亚多地建立反帝大同盟组织。

1936年3月，经马来亚共产党钟灵学校支部书记陈文庆的培养和介绍，陈青山加入了马来亚共产党。

学生领袖　抗日尖兵

1937年7月，卢沟桥事变爆发，陈青山即投身槟城抗日救亡工作，奉党之命，他参与策动将学生反帝大同盟改组为槟城华侨学生界救国联合会，后再改组为槟城华侨学生界抗敌后援会，陈青山出任组织部部长。作为立场坚定的抗日积极分子，陈青山参与筹备组织槟城华侨各界抗敌后援总会，他奔走于各个学校，发动、组织学生抗日宣传队，他所在的钟灵中学成为全槟城重要抗日宣传基地，他还主动联络各行业团体、社团、会馆，集合更多力量支援祖国抗日。陈青山还参与槟城华侨工人抗敌后援会、槟城店员华侨抗日后援会等组织联络工作，开展抵制日货、打击奸商等工作。

陈青山与战友

当时，槟城华侨商界经营日货的很多，日货充斥着市场。陈青山参与联络抗日团体，针对这一情况及时制定了以打击奸商为中心的抵制日货行动。

那时候，对付经营日货的侨商的方法方式：首先是向他们进行爱国主义宣传、劝告、警告；第二步是把奸商的招牌涂上黑油，丢臭鸭蛋或泼大便；第三步是选择奸商中最大最猖狂者刘掉他的耳朵，并当场发传单、贴标语、宣布他的罪状。那时在数十起刘耳朵中，最有名、最轰动的一次是刘大汉奸李义速的耳朵，他的耳朵被用竹竿缚着，和宣言一起在街头示众。此后，槟城的奸商便告敛迹，不敢公开经营，市上的日货也日渐减少，而槟城华侨各界抗敌后援会和除奸团的威信，便日益提高了。

1937年下半年，陈青山代表槟城学生界抗敌后援会前往新加坡，参加马来亚华侨学生抗敌后援会代表大会。他和同行的代表骑着脚踏车，以赛球为掩护，一路进行抗日宣传，历时半个多月，在十多个城市撒下抗战火种。在马来亚华侨学生抗敌后援会代表大会上，陈青山当选为马来亚华侨学生抗敌后援会常务委员，分工主持北马（即槟城、霹雳、吉打三个州）学生抗敌后援会的领导工作。会后，陈青山奔走于北马各地，发动学生投身抗日，组织学生抗日宣传队、锄奸队、义演队、义卖队，还动员学生回国投军，在抗日前线为国效力。

马共骨干　槟城书记

也正是因为陈青山在领导学生抗日活动中所展现出的发动力、组织力、实施力，刚满20岁的陈青山被选为马来亚共产党槟城市委常务委员。

陈青山的革命活动以及在工人、学生中的影响力，引起了马来亚英国殖民当局的注意，陈青山被逮捕。反复审查，最后终因证据不足被释放。但不久，马共槟城市委通过内线得知，陈青山已被英国殖民当局列入准备逮捕黑名单。马共中央迅速做出决定，调他到新加坡组织工人进行抗日活动。

陈青山赴任之时，正值父亲病重。或许是心灵感应，他在临走时突然强烈地感受到这是父子生离死别，跪在父亲床前，泪流满面，父亲深知儿子是在为中华民族做好事，反过来安慰儿子："自古忠孝难两全，我不怪你，我很高兴有一个能帮助国家赶走日本侵略者的儿子。"

这一别果真是阴阳两隔，陈父不久即与世长辞，当时陈青山正在新加坡。

工运领袖　星洲播火

1940年年初，陈青山担任了新加坡总工会宣传部部长、马来亚总工会《前锋报》主编，不久又担任马来亚总工会总务主任。

为紧密配合国内抗日战争，马共新加坡市委领导各界工人和爱国华侨、青年学生开展了大规模的罢工和罢课斗争，以反对英国殖民当局打击人民群众的抗日救亡运动，并决定由陈青山担任总指挥。5月1日，声势浩大的工人和学生示威游行开始，英国殖民当局对之进行镇压，大批马来亚共产党党员及其爱国华侨工人、学生被捕。

陈青山第二次入狱，狱中他一次次被提审，面对严刑拷打，他意志坚强且头脑冷静，始终一口咬定是失业青年，使自己的真实身份没有暴露。殖民当局在没有证据的情况下，只得以马共嫌疑分子的罪名判处他半年监禁。

在狱中，陈青山见到了马共中央负责人杨少民（抗战后期曾任中共琼崖特委组织部副部长兼特委党校校长、琼山县委书记、澄临县委书记兼琼崖总队挺进支队政委。解放战争期间任海南西区地委书记、海南区党委常委兼组织部部长。中华人民共和国成立后曾任海南区党委副书记）、张理等20多人。在杨少民领导下，监狱中建立了临时党支部。杨少民出狱后，陈青山接任书记，继续领导难友们坚持斗争。

星洲被驱　粤北遭禁

刑满出狱时，英国殖民当局宣布陈青山等300名政治犯和刑事犯为不受欢迎的人，分批驱逐出境。临行前，马共中央派专人看望了陈青山等，交代了到香港后接转党组织关系的手续，并指定由陈青山负责组织领导工作。

1940年12月，陈青山等在海上漂泊了六天五夜，到达香港。由于国民党发动皖南事变，陈青山按照马共中央交代的联络暗号以及联络点已无法沟通联络。此时，国民党驻新加坡总领事高凌百还与香港英国殖民当局秘密协议，将陈青山等一批抗日爱国华侨由新加坡引渡至广东省乐昌县的华侨训练班（即集中营）继续看押。在乐昌县华侨训练班，有些爱国华侨青年被秘密杀害。

成功越狱　找到组织

在广东乐昌县的所谓华侨训练班，陈青山秘密策划越狱，并着手准备。他很机警，抓住一次"训练班""观光"机会，带领部分难友机智摆脱了国民党看守人员的看管，经广东韶关、广西桂林，辗转至广东湛江，终于找到了杨少民和张理等同志。在杨少民的帮助下，经中共南方局审查批准，恢复了陈青山等党组织关系。

找到党组织后，陈青山随即向党组织提出参加八路军或新四军。但党组织负责人告知："中共中央和周恩来同志最近指示我们，要组织一批华侨和知识青年去海南岛，支援冯白驹同志领导的抗日队伍。你既是华侨，又是知识青年，很有斗争经验，应带头上海南岛。"陈青山立即表示："坚决服从组织安排，到海南岛参加抗日斗争。只要能打击侵略者，到哪里都一样。"

海南战敌　连辟基地

跨海进入海南岛十分不易，从湛江到海南岛，须经琼州海峡。当时日军飞机在天上巡逻，日军舰艇在海面封锁，只能趁夜黑风高的晚上暗渡。1941年9月一天深夜，陈青山等混在难民中，登上机帆船。一听到巡逻艇的马达声，就关掉轮机，任船漂浮。颠簸一夜，在快到海南岛的地方，因为担心日军盘查，陈青山跳水，靠着一身好水性，游水登上海南岛。

陈青山抵达琼崖抗日根据地后，立即受到中共琼崖特委书记兼琼崖抗日游击队独立第一总队总队长冯白驹、副总队长庄田、参谋长李振亚等领导人的热烈欢迎与亲切接待。随后，陈青山被任命为琼崖抗日游击队独立第一总队政治部宣传科科长。他主持政工干部训练工作，培养了大批优秀政治工作人员。

1941年年底，太平洋战争爆发，日军为把海南岛变成"太平洋上永不沉没的航空母舰"，实行惨无人道的"三光"政策，到处烧杀淫掠。对抗日根据地更是不断围剿，部队生存极其艰难，没有粮食，最后连地瓜也无从找到，就以清水煮番薯叶充饥，有时盐都没有。冬天到了，战士还穿短袖衣裤。因为行军打仗，加上长期营养不良，疟疾、痢疾常常袭扰游击队员，不少官兵被疾病夺去生命。陈青山充分发挥自己的宣传能力，通过各种方式，鼓舞士气，还协助总队参谋长李振亚创办了《军政杂志》。刚来海南时，陈青山一句当地方言也不会，通过勤学苦练，三个月后他就能用海南话给部队讲课了。

1941年11月，琼崖抗日游击队独立第一总队进行反顽作战。在战斗中，陈青山积极配合进行宣传鼓动。1942年年初，陈青山调任总队组织科科长，着力培养军政干部。

1942年5月底，日军对琼崖抗日根据地进行全面扫荡，分割"蚕食"，反复"清剿"。国民党顽固派也不断制造摩擦，海南抗战进入困难阶段。琼崖抗日游击队独立第一总队灵活运用游击战，充分依靠包括黎族、苗族和侨胞在内的人民力量，抗击日军5个警备队6000余人和伪军5000人的野蛮残酷进攻。陈青山随部一次次出击，表现英勇，同时做好群众工作，使游击队得到百姓全力支持。正如冯白驹事后回忆所说，"不是山藏人，而是人藏人"。

1943年5月，中共琼崖特委和总队领导机关转移至澄迈美厚山区。陈青山调任总队第四支队政委，与支队长马白山一起工作。由于马白山在作战中负伤，支队的军事工作也落到了陈青山的肩上。他第一次独立指挥作战，就打了一个漂亮的伏击战：当年7月的一天凌晨，陈青山率两个大队，潜入日军军车经常来往的洛基公路埋伏。中午11时，敌人进入包围圈，陈青山果断下令开火。此役，击毁日军军车2辆，毙敌30多人，缴获机枪、步枪数十支。随后，他率队开辟四里根据地，进入四里地区后，陈青山随即抽出一批干部组织工作队，宣传发动群众，建立抗日政权，还组织部队在洛基圩附近全歼了监修公路的日军一个小队，缴获大量武器装备。此后，又歼灭并驱逐了国民党顽军游击大队。

第四支队在马白山和陈青山的领导下，不但在反击日伪"蚕食"的斗争中连连告捷，还不断扩大根据地范围，在保存了和民、和祥、清平、洛基等根据地的基础上，成功地将白沙等边区扩大为抗日游击区，建立了以大星山为中心的根据地，从而为总队进入白沙、建立以五指山为中心的根据地奠定了基础。

在建立大星山根据地时，陈青山还有段歃血为盟的佳话——

1943年8月，五指山白沙黎族人民武装暴动，遭国民党顽固派军队残酷镇压而告失败，黎族领袖王国兴派人找到第四支队，陈青山和支队长马白山与王国兴等少数民族头领歃血为盟，并派武工队帮助黎族人民训练军事骨干，同时吸收黎族群众参加海南抗日独立总队，壮大了抗日力量。1944年秋，广东省琼崖抗日游击队独立第一总队改称"广东省琼崖抗日游击队独立纵队"，冯白驹任纵队司令员兼政治委员。陈青山继续担任第四支队政委。

1945年7、8月，陈青山率部投入对日、伪军的大反攻。在纵队官兵和百姓齐心合力下，攻克感恩、儋县等县城，浴血奋战至抗战胜利。

解放海南　再立新功

抗日战争胜利后，陈青山被任命为海南东定地区临委书记兼第二支队（先遣支队）政委。会后他与支队长陈武英共同率支队转赴琼东、定安一带开展新的斗争，在斗争中开辟了大片新区，建立了新民县革命政权。

1947年，根据中共中央的指示，中共琼崖特委旗下的6个临委调整成为东、西、南、北4个地委，杨少民任西区地委书记，陈青山为副书记。1947年10月21日，中共中央军委决定将广东省琼崖游击队独立纵队命名为中国人民解放军琼崖纵队。

1948年年初，陈青山调任琼崖纵队政治部副主任兼组织部部长。1948年年秋，中共琼崖特委和琼崖纵队任命他为东区地委书记兼琼崖纵队第三总队政委。

1948年秋至1949年夏，陈青山率第三总队先后参加了琼崖纵队发动的秋、春、夏三大攻势，使解放区扩大到占全海南岛约三分之二的面积。

1949年12月，为配合解放大军渡海作战，陈青山又调回纵队任政治部副主任。1950年年初，他下到第一总队，参与配合解放海南岛，第15兵团先锋营登陆点即是陈青山提供的。

1950年3月，15兵团先锋营登陆时，陈青山率部接应。他指挥部队歼灭了据守登陆点地区的敌人两个连，保证先锋营迅速登岛。先锋营登陆后，陈青山一面组织部队抢救伤员，一面组织兵力掩护登陆部队进入安全地区。紧接着，陈青山又奉命指挥接应我第40军主力渡海，由此在名将韩先楚指挥下参加解放海南战役。当时，第12兵团副司令员兼第40军军长韩先楚决定陈青山和马白山、刘振华率琼崖纵队第一总队和第352团两个营歼灭驻守在临高县城国民党守军一个师，当顺利解决战斗后，又奉命率部追歼向三亚方向溃退的琼崖守军薛岳所部。

1950年5月1日，海南岛解放，陈青山率部剿匪。1950年7月，琼崖纵队奉命改编为海南军区。陈青山任海南军区政治部副主任。同时，还担任海南剿匪指挥部副总指挥，直到1951年海南残匪基本肃清。

华侨将军　累建奇功

1954年，海南军区与第43军合编为海南军区兼43军，陈青山担任政治部副主任。1955年，陈青山成为中国人民解放军政治学院速成系第一期学员。1957年7月，以优异的成绩毕业，同年被授予大校军衔，9月调任广东省军区政治部主任。1959年，调回海南军区任副政委，此后曾兼任海南军区党委副书记、纪检书记。1964年，陈青山晋升少将军衔。不久，升任广州军区政治部副主任。

1984年陈青山离休，之后曾任中国侨联委员、中国侨联顾问、广州新马侨友会名誉会长，海南新马归侨联谊会名誉会长、振兴海南联谊会会长、广州市乒乓球协会名誉主席、广东省老年人体育协会顾问、广东省舞蹈协会名誉会长等职。

陈青山曾获二级独立自由勋章、二级解放勋章、一级红星勋章。

2003年3月27日，陈青山病逝于广州。陈青山位于惠安县洛阳镇陈埭头村的故居，目前已完全修复，成为人们凭吊这位共和国历史上著名华侨将军之地。

1975 年陈青山一家

陈明

陈明（1919—1999年），曾名张沛、颜金麻，福建永春人，马来西亚归侨。曾任中共中央党校俱乐部主任、中共固林县委宣传部长、中共延属地委委员、中共咸阳地委宣传部长、陕西省委政策研究室副主任、陕西省统计局局长、陕西省地震局局长、陕西省计委副主任、陕西省副省长、陕西省人大常委会副主任、西安统计学院院长、陕西省侨联主席、中国侨联副主席。

南洋青年　抗日骨干

1919年，陈明生于福建省永春县苏坑镇嵩山村一个贫苦农家。本名张沛，5岁时因家贫被卖到本县石鼓镇桃场村一位颜姓人家，更名颜金麻。

1984年，陈明（前排右一）与洪丝丝、庄明理、陈青山等参加全国侨联代表大会

陈明6岁那年，随养父前往马来亚（今马来西亚）。养父能吃苦，从做小贩起家，省吃俭用，用积攒下来的钱，在吉隆坡远郊乡间开了一家小杂货店。养父对陈明甚好，将之送入当地华文学校读书。陈明也极为懂事，白天上学，早晚帮家里搬橡胶、扛杂货。

小学毕业后，陈明升入当地一所华文中学，永春籍著名教育家梁披云、林连玉，都曾当过他的老师，师长们的爱国之心培养了他对祖国强烈的爱。

在进步师长的引导下，陈明学习了艾思奇的《大众哲学》等一批进步书籍，开始探索中国积贫积弱的原因和复兴之路。

1936年，陈明养父送之回国升学，陈明进入上海暨南大学附中读高中。在上海，陈明很快成为学校抗日宣传骨干，排练抗日剧目，参加抗日演出，还走上街头参加抗日救亡游行。

1937年7月卢沟桥事变爆发，日军加快南侵，养父担心陈明安危，封封加急电报促其速回南洋。1937年11月，陈明回到马来亚槟榔屿，一边读书，一边动员华侨支援祖国打击侵略者，参加了当地的读书会、时事研究社、歌咏团等华侨抗日组织，并很快成为骨干。

跋涉延安　转战杀寇

陈明一直想回国杀敌。1938年5月，他更名为陈明，瞒着养父一家，悄悄离开马来亚，渡海回国。阅读了大量进步书刊的陈明，决定参加八路军。他穿过道道封锁线，辗转数千里，跋涉到宝塔山下，进入陕北公学学习，1938年8月因表现优异加入中国共产党。自陕北公学毕业后，陈明进入中共中央党校深造。自党校毕业后，到陕北公学任教。不久调入中央党校当教员。

陈明能歌善舞，歌唱得特别好，人又很活跃，受到著名音乐家郑律成的专门培训，不久担任了中央党校俱乐部主任。

1940年5月，陈嘉庚率领南洋华侨回国慰劳团到延安，慰劳陕甘宁边区抗战军民，抵达延安。由于他不谙普通话，其秘书兼普通话翻译李铁民又不小心碰伤住进延安的医院，陈明被临时请来给陈嘉庚当普通话翻译。在延安，陈明受到毛泽东等中央首长的多次接见，毛泽东还把签有亲笔题字的照片送给他。

1940年12月后，陈明在陕北各地打游击杀鬼子，他还抓紧时间为兵民上党课，办小报，后来参加了土改，在斗争中成长为一名优秀共产党人，先后担任了中共固林县委宣传部长、中共延属地委委员。

统计专家　刚正不阿

中华人民共和国成立后，陈明出任中共咸阳地委宣传部长，之后担任陕西省委政策研究室副主任。1952年，国家组建统计机构，陈明出任陕西省统计局第一任局长。在陌生且专业性极强的岗位上，陈明埋首学习，很快成为出色的专家型领导。他奔走宣传统计在科学理政中的重要作用，跑厅局，跑地县，冲破种种阻力，促成地县成立统计机构，并说服各个厅局树立统计意识、设置统计专职岗位，是陕西省统计体系建立的奠基人。陈明意识到统计是技术性很强的工作，四处招纳人才，并吸收了一大批知识分子，到20世纪60年代初期，陕西省统计局干部中具有大专以上文化程度者达60%以上，这在那个时期厅局中是极少见的，而且还储备了一批专家。

陈明以严谨的工作作风和刚正不阿的行事风格，著称于国内的统计界。他对典型经验和数字质量从来不轻信汇报，而是深入基层亲自去调查。有一年，人们反映农业统计数字不实，他带着人到几个县去调查核实，从县、区、乡一直核查到村，上原进山，不辞辛苦。在蓝田县，就发现上报的数据是估算出来的而不是真实数据，经过摸查，核实并排除不实成分，改成了真实数据。他坚持真理，实事求是，即使个人受到不公也坚持到底，刚正不阿。

除了担任陕西省统计局局长，陈明还曾任陕西省地震局局长、陕西省计委副主任，在每一个新的岗位上他也花了大量精力学习钻研，都做出了不俗的业绩。

陕西领导　组建高校

1980年，陈明以自己的扎实能干，调入陕西省人民政府任秘书长，之后升任陕西省副省长，后担任陕西省人大常委会副主任。

1984年，西安统计学院成立，这是我国第一所培养高级统计人才的高等院校，国家统计局委托时任陕西省人大常委会副主任的陈明兼任西安统计学院第一任院长，主持筹建工作。

陈明虽政务繁忙，但欣然应允，且极端负责。学院创业阶段，从师资调配、校舍建设、课程设计、经费运用、设备采购等，陈明尽心尽力，亲自解决各项问题，如期完成了建院任务。

作为统计专家，陈明还曾任中国统计学会副会长；作为归侨，陈明曾任陕西省侨联主席、中国侨联副主席。

1999年，陈明在西安病逝。

林水龙

林水龙（1931—　　），福建龙海人，印度尼西亚归侨，侨务工作领导人。曾任印度尼西亚雅加达侨团总会执委，印度尼西亚雅加达学生联合会主席，印度尼西亚学生联合会常委，国务院外交部领事司副处长，中国驻菲律宾大使馆领事部二等秘书、一等秘书、主任，国务院侨办处长、副司长、副秘书长、副主任，中国侨联副主席，香港中旅集团董事长、华侨城集团董事长。

学运骨干　侨团少帅

林水龙祖籍福建省龙海县，1931年生于印度尼西亚一个华侨世家。浓厚的爱国爱乡家风，为林水龙从小植下振兴中华之心。他进入当地中华学校读书时，很快成为学校进步学生骨干。

出生于印度尼西亚直葛的山西省归侨名师吕梅莹忆起在当地中华学校读书时，曾有这样的回忆：这座学校拥有小学部和中学部。董事会内部有亲大陆的和亲台的两派，在弘扬中华文化方面是一致的，但不少观点上有分歧、有斗争。学校一些进步学生骨干，如林水龙、梁宏安，和进步老师一起积极向学生传播新中国的信息，包括新中国的建设成就、新中国在国际上的影响、共产党和人民政府对侨胞的关心等。我和同学们大受启发，对社会主义祖国的向往和热爱之情与日俱增。1950年3月3日，学校悬挂的五星红旗被人撕坏，进步学生掀起游行抗议活动。大家觉得，国旗就是国家的象征，绝不允许遭受侮辱。我和同学们一起义无反顾地投身抗议行列。为了避免事态进一步扩大和激化矛盾，这场游行抗议活动后来被劝阻了。

林水龙

在这之后，林水龙转赴雅加达，进入由著名华侨教育家司徒赞任校长的华侨公立巴城中学，参加了进步侨团"新民主主义同志会"，并从事进步学生工作。1950年，林水龙光荣加入了中国共产党。

在这之后，林水龙先后出任印度尼西亚雅加达侨团总会执委，印度尼西亚雅加达学生联合会主席，印度尼西亚学生联合会常委。

侨务老将　外交干才

1952年8月，林水龙毕业于华侨公立巴城中学，12月回国定居。

林水龙回国，长期从事侨务和外交工作。1953年至1966年，先后在广州归侨招待所、中央人民政府华侨事务委员会一司、中国驻印度尼西亚大使馆。

林水龙以其的精干和超强的组织能力，加上对印度尼西亚华侨事务的熟悉，参加了1966年大撤侨工作。

1966年，接侨工作小组在光华轮上，后排左四为林水龙

1965年，印尼右翼发动军事政变，掀起又一轮大规模的排华运动。为保护华侨的生命安全，中国紧急启动了撤侨和接侨工作，在最快的时间里组织了接侨组，袁庚是组长，林水龙是骨干。

林水龙登上光华轮，参与组织接机工作。他常常夜以继日，精密运筹，多方奔走，和同事们一起，与印尼当局反复交涉斗争，克服重重障碍，让被掠夺得一无所有的难侨成功登上光华轮。在1966年9月到11月、1967年1月到5月期间，光华轮分四次赴印尼接侨，共接回侨民4252人。

1966年至1980年，林水龙先后在中央人民政府华侨事务委员会国外司、外交部领事司工作。曾任外交部领事司副处长，中国驻菲律宾大使馆二等秘书、一等秘书和主任。

1980年至1991年，林水龙历任国务院侨办处长、副司长、副秘书长。其间，1983年至1984年来到著名侨乡泉州地区（今泉州市），挂职担任副专员兼县委副书记。

在1989年12月18日至22日于北京举行的第四次全国归国华侨代表大会上，林水龙被选为中国侨联副主席。

掌港中旅　建华侨城

1991年，林水龙奉调香港，出任香港中旅集团董事长。在新的领域，林水龙发奋图强，依托于持续改革、开放、创新，再创新辉煌。

香港中旅创立于1928年，经过几代人的艰辛开拓，规模和实力不断壮大，到林水龙1995年退休时，已从初创时的一间小旅行社，发展成为一个以旅游业为主体，集旅游、酒店、客货运输、实业投资、地产建筑、科技通讯、金融、贸易于一体的、海内外知名的大型综合性跨国企业集团。

旅游业是香港中旅集团的传统业务，也是主业。到林水龙退休时，集团属下的香港中国旅行社不但是香港最大的旅行社，在香港设有25间分社和办事处，还在海外设有16间分社，并与国内数百家中国旅行社有着业务联系和业务代理关系，形成以香港为基地，中国内地、香港和海外紧密联系的广泛服务网络。

林水龙执掌香港中旅集团时，大力发展壮大上市公司。1992年7月，他带领香港中旅集团创立了香港中旅国际投资有限公司，1992年11月该公司在香港挂牌上市，成为香港中旅（集团）有限公司旗下专门从事旅游业及相关产业投资和管理的上市公司。香港兴港集团有限公司是中旅国际投资有限公司控股、主要经营地产基建业务的上市公司。

在林水龙任上，香港中旅集团还成为深圳航空最大的股东之一，并加快了在国内外投资兴建和收购、管理酒店。

林水龙在香港中旅集团董事长任上，还曾亲任华侨城集团董事长，继续推进深圳华侨城建设。另外，林水龙主政香港中旅集团时，还投资货运和实业，为祖国建设和香港的繁荣稳定做出了贡献。

林水龙曾任第七届全国政协委员。在1994年6月14日至18日于北京举行第五次全国归侨侨眷代表大会上，卸任全国侨联副主席的林水龙被聘为中国侨联顾问。

林有声

林有声（1920—　　），福建厦门人，马来西亚归侨。曾任集美中学《血花日报》编辑、集美中学抗日宣传队队员、八路军第一二九师司令部队务科防化干事、八路军第一二九师第三八五旅作战参谋、中共太行军区第三军分区参谋主任、晋冀鲁豫军区第三纵队第七旅二团副团长，第三十一师副参谋长，成渝铁路筑路第二总队总指挥，第十二军第三十一师参谋长，解放军总参谋部作战部副处长，陆军第十二军参谋长，陆军第十二军参谋长兼安徽省"三支两军"办公室主任，江苏省军区参谋长、第一副司令员、司令员、顾问。

集美求学　编辑"血花"

1920年7月，林有声生于福建省同安县（今厦门市翔安区）一个穷苦农家，为林家次子。他出生时，本就人多地少的闽南一带因匪患成灾，百姓生活更加凄苦，林父只好孤身一人下南洋谋生，在马来亚马六甲码头当工人。1927年，同安一带百姓因土匪横行日子更加艰难，林父回国把妻子儿女接到南洋。

林家生活虽然困难，但父母还是挤出点钱来，送林有声进入当地侨办的培风学校读书。

1931年九一八事变后，马来亚侨界抗日救亡活动汹涌澎湃，林有声也在学校里投入抗日救国活动。随着年龄渐长，林有声渴望回国读书，直接报效祖国。1936年，他向父亲提出要去厦门读书。当时，林家生活仍很艰难，三男二女全靠父亲一人在码头做工养活，但父亲知道二儿子勤奋好学，且去意坚定，就想方设法为他凑足了30元学杂费，还为他添置了一只皮箱，将儿子送上了北回祖国之路。

林有声

1936年夏天，林有声持陈嘉庚公司的介绍信，直接到集美中学入学，被编入初中47组。他学习刻苦，利用业余时间阅读了大量进步书刊，还参加了学校抗日刊物《血花日报》的编辑工作，撰写了不少抗日救国文章。

随校迁徙　宣传抗日

1937年7月7日，卢沟桥事变发生，日本开始全面侵华。三个月后，与厦门一水之隔的金门岛沦陷，厦门岌岌可危。集美学校紧急疏散到闽南山区。

林有声所在的中学部，迁入福建省安溪县孔庙里开课。

1938年放寒假，学生纷纷离校回家，只剩下五六十人，大都是海外侨生。林有声参与组织学校抗日宣传队，深入安溪山乡，宣传抗日救国。安溪十分偏僻，很难获得前线最新战况。林有声和几位物理颇好的同学一起，在物理老师指导下安装了一架矿石收音机，每天他们都收听、记录抗战消息，编印成文，刻印成传单，送到县城的机关、团体、商铺，还步行到山乡，散发给村民。

为了能向不识字的安溪群众进行抗日宣传，性格内向的林有声还学习演剧。他和同学们一起排练抗日文艺节目，除了短剧《放下你的鞭子》、合唱《义勇军进行曲》《松花江上》等，还根据从收音机里收听到的前线消息，改编成活报剧，他们节约下父母给的生活费，用于排练或购买道具，自费到城乡进行抗日演出，林有声曾在剧中扮演抗日农民。

一件极偶然的事件，改变了林有声的人生：有一天，林有声到安溪街上一家小书店寻找可以改编成活报剧的抗日书籍，突然发现了一本小册子，上面介绍了八路军东渡黄河，开赴前线和日寇浴血奋战的情况，还登载了延安抗日军政大学在全国招生的消息。他立即买了下来，认真读了一遍又一遍，随即陷入了深深的思考：国民党统治下的政府丢掉了东北还不向日本开战，而共产党部队少武器差，却义无反顾地杀向前线。他从中感受到了抗战必胜的力量，萌生了参加八路军之心。

于是，林有声将参加八路军的打算告诉同班好友陈耕国，征得支持后，又秘密联系了同校的南洋侨生李金发、林步梯等多人和内地同学刘两全，大家都十分赞同，开始为投奔八路军做准备。林有声和同学们很快制定了行动路线：先由厦门乘船赴香港，再转广州，去找当地的八路军办事处，请他们帮助北上抗战。为筹措路费，大家立即分头给家里写信，以要下学期学费为由，让家里寄钱来，准备用这钱作北上路费。拿到钱后，林有声和同学们又以"要回南洋去"为由，让学校开了转学证书，于1938年年初，开始了他们奔赴延安的艰难历程。

历尽艰辛　投奔延安

李志民上将

林有声和同学们北上寻找八路军，显然在当时产生了积极影响，时任延安抗日军政大学政治部组织科和干部科科长的李志民（后曾任福州军区政委，上将军衔）将军终生难忘此事，晚年曾在自己的回忆录中做了详尽记述：

林有声、白刃、李金发、陈耕国等华侨青年学生，于一九三八年五、六月间，邀集了八个同学，从福建集美中学绕道香港到了广州，找到八路军通讯处，要求进抗大学习。开始时，通讯处的同志担心他们吃不了苦，就把路途的艰险和延安的艰苦生活如实告诉他们，请他们考虑。其中三个同学犹豫了；而林有声、白刃等五个青年很坚定，一九三八年八月到了西安，步行八九天来到延安。当时到延安的知识青年很多，容纳不下，抗大把他们分配到第五大队，他们在延安只住了十几天，马上随第五大队行军到了甘肃省庆阳镇，参加修建校舍的劳动。一九三八年十二月，第五大队奉命挺进敌后创办第一分校。他们又跟着行军，冒着严寒，再次通过敌人的封锁线，直到一九三九年二月抵达太行山区的长治、潞城一带，才停下脚跟开始学习。这五名华侨青年，出于抗日救国的热情，又有了经受艰苦斗争锻炼的思想准备，在这半年的行军、劳动中，磨炼得更加坚强，胜利地完成了进入抗大的第一课。此后，他们在几十年革命斗争中锻炼成才，林有声曾任江苏省军区司令员；白刃成为作家，是电影《兵临城下》的编剧。

跟随刘邓　血战太行

从右至左：12军31师师长吴忠、副师长李长林、政委刘瑄、政治部主任李宝奇、参谋长林有声

1939年9月，林有声调入八路军三大主力师——刘伯承、邓小平率领的第129师司令部队务科，当防化干事。随部多次参加反击日军"扫荡"血战，每战皆临危不惧，英勇无畏。

1940年年初，林有声调入八路军王牌主力旅——第129师第385旅，任司令部作战参谋，随部屡屡击敌，其中参加了著名的白晋之战、武涉公路破击战和百团大战。

1940年春，日军开始修筑白晋铁路，企图以此切断八路军太行区和太岳区的联系。为了粉碎日军的企图，八路军第129师决心发起白晋战役，以师特务团和部分地方武装破击东观至来远段；以第386旅、平汉纵队主力与晋冀豫边纵队第一、第三团破击来远至权店段，并攻击来远镇，夺取修筑铁路用的炸药；以第385旅及决死队第一纵队破击权店至段柳段；平汉纵队第三团、第385旅独立第二团第三营，分由温城、小岭底向辽县游击袭扰，以保障破击部队的侧翼安全。

作为作战参谋的林有声，不但参与制定具体作战计划，还上前线杀敌。5月5日，各破击部队在2万余名群众协助下，在南北100多公里的铁路线上展开破击作战，袭击了白晋铁路沿线沁县、固亦、漳源、权店、南关及来远各据点之日军。当晚，第385旅第769团攻入南关镇，歼灭守军200人中的大部，解放被抓工人1000余名，缴获炸药1000余箱。6日，驻太谷、来远、权店、沁源、南沟等地日军企图阻止八路军破路，遭到沉重打击。决死队第一纵队乘虚攻克霍县东南刘家庄据点，歼灭日军40余名。7日，八路军主力撤出白晋线，战役结束。此役，八路军毙伤日伪军350余人，破坏铁路50多公里，摧毁大小桥梁50多座，火车一列。

1940年6月，林有声随部参加了武（安）涉（县）公路破击战。8月，又参加了百团大战。

百团大战是1940年8月20日—12月5日，中国共产党领导的八路军在华北敌后发动对日军的大规模的进攻作战，是中国抗日战争时期，中国共产党领导下的八路军、新四军与日军在中国华北地区晋察冀边区发生的一次规模最大、持续时间最长的战役。八路军的晋察冀军区、第129师、第120师在总部统一指挥下，在河北山西发动了以破袭正太铁路（石家庄至太原）为重点的战役。战役发起第3天，八路军参战部队已达105个团。林有声随林有声曾工作过的129师司令部旧址，位于河北省邯郸市涉县部浴血拼杀，表现英勇。

历时3个半月的百团大战，八路军在地方武装和广大人民群众的紧密配合下，一共进行了1800多次战斗，拔除敌人据点约3000个，击毙击伤日伪军2.58万人，俘虏敌人1.8万多人，并且缴获了大量军用物资。破坏铁路470余公里、公路1500余公里，缴获各种炮50余门、各种枪5800余支（挺）。

日军在遭受打击后惊呼："对华北应有再认识"，并从华中正面战场抽调2个师加强华北方面军，对华北各抗日根据地进行更大规模的报复作战。在100多天时间里，林有声和129师战友们，共作战520多次，歼灭日伪军7900人。

转战华北　屡建奇功

1941年，林有声加入了中国共产党。1941年夏天，林有声随部参加了著名的邢沙永之战。

1941年8月，日军为加紧对冀南抗日根据地的封锁、"蚕食"，在平汉铁路（今北京—汉口）西侧，北起河北省获鹿，经元氏、南和，南至河南省安阳县水冶，修筑了第二道封锁沟墙，日伪军频繁活动，阻隔了平原与山区的交通。

为打破日军对冀南抗日根据地的封锁和"蚕食"，打通山区与平原的交通，八路军第129师一部在第三八五旅旅长陈锡联、政委谢富治统一指挥下，在河北省邢台、沙河、永年地区对日伪军进行的进攻作战，简称"邢沙永之战"。

林有声参与制定了邢沙永之战的作战计划：第一路，以第三八五旅及太行军区第一、第五军分区部队和平汉纵队一部为路西破击队，向彭城、元氏段破击，主要打击邢、沙、武（安）地区伪"剿共军"。第二路，以新编第八旅主力及冀南军区第三军分区部队为路东破击队，向永年以北、以西地区展开破击；以新编第一旅两个营组成彭冶支队，对彭城至水冶公路展开破击。8月31日晚，路东破击队攻克沙河、南和县城，彭冶支队攻入彭城镇，占领莲花山5座碉堡。9月1日，路西破击队相继攻占公司窑的第一、第二煤矿及申庄、三王村、毛村、秦庄等据点。2日拂晓，邢台日军援兵赶至公司窑，路西破击队鉴于破路任务基本完成，当即撤出战斗，转至刘石岗一带集结。3日下午，日军400余人分4路向黑山八路军发起攻击。第385旅主力当晚转移至册井、安河、小南沟一带集结，当日军进至御路村时，给予其有力打击。这一战役，八路军第129师部队以伤亡459人的代价攻克日伪军据点8个、碉堡53座，歼灭日伪军1300余人，缴获长短枪650余支、轻机枪20挺、大炮1门，恢复了冀南抗日根据地内山区与平原的交通联系。战斗打响后，林有声夜宿作战室，绘制行动图，下达战斗命令，曾连续多日未合眼。

之后，林有声又先后参加了太行区秋、冬季反"扫荡"作战及平汉铁路破击战。

1942年，林有声随第385旅在极其困难的情况下，挫败了日伪军夏季、秋季"扫荡"和多次"治安强化运动"，进行了反击国民党顽军的浮（山）翼（城）战役。

1943年3月，根据中共太行分局温村高干会议精神，太行区继续进行精兵简政，实行主力部队地方化，第385旅旅直机关和直属队大部与太行军区第三军分区合并，林有声出任太行区第三分区参谋主任，参加太行抗日根据地艰苦卓绝的对敌斗争，屡有建功。

1944年，林有声与129师战友们一起，一方面继续深入开展整风、生产和练兵运动，一方面积极打击敌人，在平汉铁路两侧进行攻势作战，拔除了日伪军大量据点，进一步恢复和扩大了抗日根据地。

1945年春天至夏季，林有声随部开展大规模的攻势作战，以扩大解放区，缩小沦陷区。自8月11日开始，他和129师全体官兵一起，投入大反攻，收复59座县城，解放了大片国土。

抗美援朝　再获殊勋

解放战争时期，林有声历任晋冀鲁豫军区第三纵队第七旅二团副团长、第31师副参谋长、筑路第二总队总指挥，参加了陇海、定陶、淮海和渡江等重大战役，1948年在淮海战役的宿县战斗中，林有声第二次负伤。渡江后，他率部参加解放大西南的作战，并参与组织指挥了成渝铁路的修建工程。

1950年10月，林有声率领的第91团、军炮兵团等部队刚刚结束了开山筑路工程，就接到了中央军委关于部队编入第12军系列、准备赴朝参战的命令。林有声立即率部返回第31师，连同在师后勤部工作的妻子一起，跨过了鸭绿江，参加抗美援朝保家卫国之战。

林有声入朝后，任中国人民志愿军第12军第31师参谋长，参加了著名的第五次战役、金城防御战和上甘岭战役。在这些重大战役中，他充分施展自己的聪明才智，连续克敌制胜，战功赫赫。其中，金城之战有"抗美援朝中最后一战、最完美的一战"之称；上甘岭之战及其后来拍成的电影《上甘岭》，激励了一代又一代中国人舍身为国。

1953年10月，林有声被朝鲜民主主义人民共和国授予一级自由独立勋章和二级国旗勋章。

创新战术　彪炳史册

在朝鲜金城地区实施防御作战，林有声创造性地设计了山地防御和坑道作战的阵地防御体系，并在此基础之上研制出"蛛网状反坦克阵地"，在上甘岭战役等实战中取得极大成功。

入朝后，31师曾驻扎于金城。林有声作为师参谋长，首先要考虑战术。他叫来两个战士谈话。战士告诉他："我们不怕死，你要想办法能让我们和敌人见到面，大家真刀真枪地拼！"于是，在山里挖坑道的想法就在大家的商议下产生了。

金城作战区域是连绵的石头，挖坑道难度甚大。好在林有声曾率团参加过成渝铁路建设，有爆破、开山、挖石的经验。经过5个多月的努力，整个山体打通了大大小小难以计数的坑道，交通沟挖了1万多米，里面相互连接，山后通到山前，可互相支援，甚至连马匹都可以通过。

但在近距离战斗中，12军装备依然不如美军。美军有数量众多的巴顿式坦克。12军唯一能对付坦克的就是射程只有100米的90式火箭筒。林有声针对美军坦克主要在大山之间的平地活动的特点，在平地上设计了一个网状阵地，在这里挖出了如一张蜘蛛网一样的由很多条坑道组成的阵地，在坑道里又事先储存了火箭筒弹药。12军火箭筒手在网状阵地坑道口近距离攻击坦克，坦克因为视点的原因，远距离的物体能观察到，而眼皮底下则观察不到，就成了火箭筒手的猎物。

1952年6月12日，美军24辆坦克浩浩荡荡开过来了，31师2个火箭筒手打了1个多小时，就击毁敌人7辆坦克，并俘虏美军2个驾驶员和1个连长。

林有声创立的山地防御和坑道作战阵地防御体系和研制"蛛网状反坦克阵地"，通过一系列实战，收效甚好，兄弟部队前来观战取经，得以广泛运用。志愿军在山势险峻的高地开始用坑道战术打防御战，不断取得胜绩。

1952年11月1日，12军31师奉命前往上甘岭接替15军45师守御，先到的31师91团接守597.9高地。当晚，91团就收复了阵地。接下来4天，美7师、187空降团，韩2师、3师一起来攻打这里，每天300余门大炮、27辆坦克、40余架飞机发疯地倾泻20万—30万枚炮弹、炸弹。这是朝鲜战争中单位面积火力密度的最高纪录。

上甘岭是方圆不到4平方公里的2个小山头，双方先后投入兵力达10万之众，43个昼夜的拉锯战，山头被炮火削低2米，化成1米多厚的粉末，冲锋枪、卡宾枪、转盘机枪进灰了都打不了了，战士们从坑道里面出来扔手榴弹、爆破筒。美军每次用1个排或1个连进攻，照明弹始终照耀着飘落雪花的上甘岭，一天要冲锋八九次，美第7师伤亡达2000人。美军哀叹原子弹也消灭不了志愿军。

91团上前线时只提出2个要求：一是要了1000个麻袋，用来装土做工事；二是要了1000个新兵。他们从山顶居高临下挖坑道，在每天的战斗中，实际上只用1个连防守，而这一个连又分成9个梯队，轮流到坑道前作战，这就是坑道战术和小兵群战术。4天之后，597.9高地就基本守住了，敌人渐渐失去信心，1个多月后就基本不来攻打了。

中国军事史对林有声评价甚高。《中国人民志愿军人物志》第二卷设有林有声个人传，结尾写道："林有声在抗美援朝战争中担任师司令部的领导工作，他不计较名位待遇，不计个人得失，在革命战争和实践中积累了丰富的司令部工作经验。他熟悉参谋长岗位，精通参谋长职责业务，注重军事理论的研究和指导运用，以对革命事业负责的精神，积极运筹，巧妙设谋，从而切实保证了指挥员不间断地实施正确的组织指挥。他以毛泽东思想为指导，在缺乏现代战争攻防作战经验的情况下，不断探索以弱胜强，以劣胜优的战法，为完成坚守防御作战任务做出了重要贡献。"

1952年年底，林有声自朝鲜回国后，相继担任解放军总参谋部作战部副处长、陆军第12军参谋长，陆军第12军参谋长兼安徽省"三支两军"办公室主任，江苏省军区参谋长、第一副司令员、司令员、顾问等职。1955年被授予上校军衔，后晋升大校军衔。先后荣获二级独立自由勋章、三级八一勋章和二级解放勋章。

林有声编著有《鏖兵上甘岭：中国人民志愿军第十二军参战纪实》。

林军

林军（1949— ），福建安溪人，出生于印度尼西亚泗水。曾任国家计委办公厅副主任、副秘书长、国家计委办公厅主任，中国储备粮管理总公司总经理、党组书记，中国储备粮管理总公司总经理、党组书记兼中国侨联副主席、中央企业侨联主席，中国侨联党组书记、副主席，中国侨联主席、党组书记。

侨领之子　随父归国

1949年8月，林军生于印度尼西亚泗水。父亲林降祥是位极具传奇色彩的华侨领袖。

早在1936年，求学沪上的林降祥即在上海参加中国共产党领导下的"学生救国会"。1937年七七事变后，奉中共之命回到安溪老家，发动和领导当地农民群众进行抗日活动。1938年10月，林降祥加入中国共产党，随后任龙门地下党支部书记，恢复龙门农民协会组织和农村夜校，秘密建立革命武装和造枪厂，创建"安南同白区工作基地"。

林军

1941年12月，太平洋战争爆发后，林降祥奉命驰往南洋，在新加坡参加了"星洲华侨抗日宣募队"。1942年秋，又到印尼爪哇创建和领导当地"印尼泗水民族解放抗日大同盟"，并担任该同盟总部组织部长，集合华侨力量与印尼人民一起抗击日本侵略者。

1945年9月，印度尼西亚独立战争打响，林降祥组织"华侨临时战地服务团"，开展战地救伤和后勤运输工作。他还参与组织爪哇市民罢市、学生罢课和示威游行，积极投身印尼人民推翻殖民统治争取民族独立的革命战争。

解放战争期间，远在南洋的林降祥变卖家产，先后在印尼雅加达和泗水等地创办了"祥兴公司""大华公司"，筹款购买解放区急需战略物资和在南洋宣传中国共产党政治主张，对促进华侨大团结和建立海外统一战线做了许多有益的工作。

1952年，林降祥奉调回国，林军随父母来到北京。自此，林军长居京华，这也使得本是安溪人的他张嘴就是一口京腔。

行中枢事　掌中储粮

林军长期在北京国家机关工作。1969年3月参加工作后，曾在北京矿务局、国家煤炭部、国家经委工作。1988年6月，调到国家计划委员会工作，担任办公厅正处级秘书。1994年3月，升任国家计划委员会办公厅巡视员。1995年12月，升任国家计划委员会办公厅正司级副主任。1997年5月，担任国家计划委员会副秘书长。1998年6月，升任国家计划委员会办公厅主任。2000年10月，再次担任国家计划委员会副秘书长。

2001年7月，林军走出国家部委机关，担任组建不久的国有大型企业——中国储备粮管理总公司总经理、党组书记。

简称"中储粮"的中国储备粮管理总公司，创立于2000年5月，是经国务院批准组建的涉及国家安全和国民经济命脉的国有大型重要骨干企业。中国用仅占世界7%的耕地养活21%的人口，关系执政基础，考验执政能力。党中央、国务院决定将"三农"问题作为全部工作的重中之重，从战略高度筹划国家粮食安全。中储粮公司是国家调控粮食市场的重要载体，中央储备粮是关系国计民生和国家经济安全的重要战略物资，在搞好国家粮食储备、服务国家宏观调控、维护粮食市场稳定、实现国有资产保值增值等方面肩负重大职责。

林军

林军走马上任之时，正值国家粮食流通体制改革推进到关键阶段。他按照社会主义市场经济发展要求，牢记使命，履行职责，坚持走市场化、企业化之路，勇于改革、锐意创新、大胆试验，探索建立新型管理、运行的体制、机制和相配套的管理制度，为中储粮总公司进入高速发展期做出重要贡献。

在任7年，作为总经理、党组书记的林军带领领导班子，每年都有大手笔：

2001年，国务院对中储粮总公司提出"三个严格""两个确保"的要求，完成接收原解放军总后勤部嫩江基地整体移交中储粮总公司管理；国家5部门联合发文划转第二批、第三批共112个粮库为中央储备粮直属库，圆满完成了接收工作。

2002年，基本完成大规模承储库点的集并和老粮新陈置换工作。

2003年，完成《中央储备粮管理条例》的制定并颁布，建立了以中心库为依托的代储粮监管体制，制定中央储备粮应急动用执行预案；国家5部门划转第四批61个粮库为中央储备粮直属库，顺利完成接收工作。

2004年，制定公司发展战略与规划，提出建成集仓储、转运、加工、贸易于一体的现代化粮油企业的发展目标；首次承担代接代储进口小麦专项任务，并初步探索出相关工作要点与管理制度。

2005年，开始执行最低收购价政策，全面开展直属库三项制度改革。作为最低收购价和国家临时收储政策执行主体，较好完成一系列政策性粮油收储、抛售、调运任务，有效发挥了调控主力军作用。

2006年，实施中央储备粮精细化管理，探索完善轮换运作机制，加强面向农民的收购网络，执行最低收购价收购、跨省移库调控政策。

2007年，探索制定、执行储备粮油收购、拍卖、移库等一系列政策，并在全系统开展"监管年"活动，完成活动目标。

林军带领中储粮总公司领导班子，用7年时间使中储粮总公司逐步成为维护国家粮食安全的骨干力量和粮食管理的先进生产力代表，切实发挥在国家粮食宏观调控体系中的主力军作用。

<h2 style="text-align:center">领军侨联　大举创新</h2>

　　林军涉及侨务工作，始于2004年7月。时任中储粮总公司总经理、党组书记的他，同时兼任中国侨联副主席、中央企业侨联主席。2007年4月，林军调任中国侨联，担任党组书记、副主席。2008年6月，林军出任中国侨联主席、党组书记。

　　林军在中国侨联主席、党组书记任上，以为中华民族留住华人华侨这一支宝贵力量并服务于中华民族伟大复兴的高度使命感与责任感，延伸了侨联工作的长度与宽度，积极创新侨联的工作体制、机制，打造活动新品牌、工作新载体，使之更好、更高效适应新形势、新任务。

　　招商引智，组建特聘专家委员会、设立"创新贡献奖"，打造了"创业中华"品牌。中国侨联主动服务于国家战略，先后参与主办了海峡论坛、义乌世界侨商大会暨世界采购商大会等大型活动，编发《中国侨商资讯》，先后组织侨商参加全国百多座城市的招商洽谈会，使一大批侨商回国创业。与之同时，组建特聘专家委员会，并发展了五个专家委员会分会，建设了一支结构合理、学科广泛、智力密集、作用突出的侨界高层次人才服务队伍，直接服务于中华民族复兴。侨联还为之打造了"海外高层次人才融合发展论坛""侨资对接洽谈会""中国资本成长论坛"等一批重要抓手。

　　密集侨联网络，填补侨联组织建设空白。林军在任上经年奔走，促成了西藏侨联的成立，从而实现除台湾省外，全国建立了省（市、自治区）侨联组织。中国侨联还将侨联组织向海外延伸，组建了中国侨联非洲委员会等，并采取多种路径支持中国侨联海外委员会开展不同形式的联谊活动，增进海外侨社之间的友谊，鼓励海外侨胞与侨居国人民和睦相处，在进一步提升海外侨胞形象的同时，也增强了侨联组织在海外的影响力。

　　破冰两岸侨务关系，促使两岸侨界形成常态化交流机制。2009年，林军亲率中国侨联代表团，首次赴台，展开破冰之旅，为两岸侨界建立常态化交流机制奠定基础。与之同时，倾心注力，打造了"两岸侨联和平发展论坛"等一批活动品牌；还通过各种方式促成省级、市级侨联与台湾众多同乡会、宗亲会等开展了一系列交流合作活动；并想方设法促成因历史原因形成的国共两党在东南亚、欧洲、美洲的侨社组织团结，携手参访、考察祖国，壮大了海外华侨华人力量。特别是还通过把主办"两岸四地侨界青年论坛""台湾青年精英内地行"等活动当作抓手，促进两岸四地侨界青年的交流与合作。

　　着力培育新侨力量。林军清醒意识到，因自然规律随着上一代华侨渐渐老去，如果不加紧培养以老侨第二代、第三代和改革开放后留学并定居海外留学生为主的新生代华侨，中国海外华人华侨力量难以壮大。中国侨联主动作为，第一，组织进行关于新侨理论与实践的研究，举办了"全国侨联系统新侨工作研修班"，并在反复试验的基础上，建立新侨对接机制；第二，倾力做新侨工作，先后设立了中国侨联青年委员会、留学人员和家属联谊会、侨界青年商会、侨界青年文化艺术联谊会，为拓展新侨工作奠定组织基础；第三，服务于新侨事业发展，推出了新侨创新成果交流会等活动载体；第四，建立新侨创新创业示范基地，各级侨联都积极促成政府出台相关举措，助力新侨创业发展。

　　推进中华文化深植世界华侨华人聚居地。林军带领中国侨联，倾情打造了"亲情中华"这一在海外极有影响力的活动载体，并不断延伸"亲情中华"活动外延与内涵，如"世界华人学生作文大赛"等，增加"亲情中华"品牌的厚度。仅一次学生作文大赛参与的海外华侨华人大学生、中小学生就达700万之众。"亲情中华"这一活动载体，还成为民间外交使者，到当时尚未建交的国家进行演出，为促成两国邦交发挥了作用。

打造服务海内外华人华侨系列载体。在林军等侨联领导班子的努力之下，侨联组建了海外华侨华人律师团，推动侨爱心工程、助侨惠农工程等，并在经年不断的创新中，活动内容更加丰富，成为具有生命力的侨务工作抓手。

林军受母亲影响，自幼练字，是颇有名气的书法家。学生时期在曾是北京市定点女子跳伞冠军的姐姐影响下，练过跳伞。

2017年6月，林军卸任中国侨联主席、党组书记，担任中国侨联顾问一职，继续为华侨华人服务。

林 林

林林（1910—2011年），原名林仰山，又名蒲剑、杨墨，福建诏安人，菲律宾归侨，著名作家、外交家。曾任中国左翼作家联盟东京分盟干事、中国《救亡日报》《文化岗位》主编、菲律宾《建国日本》编辑、菲律宾《华侨导报》编辑、菲律宾华侨抗日游击支队队员、菲律宾《华侨导报》副刊《笔部队》主编、香港达德学院中文教授、香港《华商报》副刊编辑、全国文艺协会香港分会常委、广东省文化局副局长、中国驻印度大使馆文化参赞、对外文化联络委员会亚非司司长、中国对外友协副会长。

东京留学 加入左联

1910年9月27日，林林出生于福建省诏安县桥东镇桥园村，原名林仰山，林林是他在日本东京写诗时起的笔名，取自柳宗元的"总总而生，林林而群"。

林林生于一个极重视子女教育的耕读之家，自小受到完整教育。1929年考入北平中国大学，攻读政治经济学。在校期间，参加北平学生抗日救亡活动，表现积极。1933年7月从中国大学毕业后，赴日本留学，进入早稻田大学经济系。

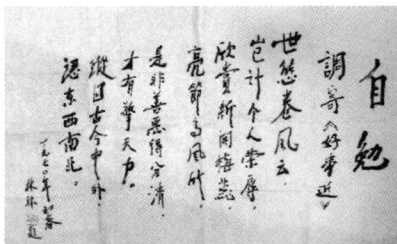

林林书法作品

林林在赴日留学期间，参加了中国左翼作家联盟（简称"左联"）东京分盟。左联东京分盟创立于1930年，当年"左联"成立不久，在日本东京的叶以群（华蒂）、任钧、谢冰莹等成立了"左联"东京分盟（简称"左联东盟"）。"左联东盟"成立后即与日本无产阶级作家同盟取得联系，互相交流本国进步文化界现状及斗争情况，还参加了该盟的一些活动，并访问了秋田雨雀等进步作家，写成《访问记》向国内介绍。1931年九一八事变后，进步文化人士纷纷回国，"左联东盟"无形中停止了活动。此后，国内形势发生巨大变化，全国人民抗日怒潮高涨，而蒋介石坚持"攘外必先安内"的反动政策，在对革命根据地实行军事"围剿"的同时，对左翼文化运动进行文化"围剿"，左翼文化人士受到了残酷镇压和迫害，不少人被迫撤离上海、广州等地，东渡扶桑。

1933年至1936年，从国内到日本的进步文化人士和留日学生达500多人。1933年9月，"左联"成员林焕平赴日本前，"左联"党团书记周扬找林焕平谈话，授意他到日本后，找尚在日本的"左联"成员孟式钧，把"左联"东京分盟恢复起来，团结在日的中国进步文化人士，开展左翼文化活动。

1933年12月"左联"东京分盟正式恢复，林焕平成立了干事会并任书记，与上海的周扬单线联系，林林任干事会干事。

林林加入左联东京分盟后，参与筹办文艺刊物，先后参与编辑《东流》《杂文》（后易名为《质文》）和《新诗歌》月刊，撰写了不少宣传抗日、批评蒋介石"攘外必先安内"政策的杂文、散文与诗歌。

林林还翻译了高尔基的《文学论》，刊于当时已更名为《质文》杂志。

1936年6月18日，高尔基逝世，《质文》编辑了纪念特辑，郭沫若带头写了《人文界的日蚀》，林林和白戈、桐华等也写了纪念文章。1936年10月19日，鲁迅病逝，《质文》又编辑了追悼专辑。郭沫若当夜赶写了以《民族的杰作》为题的文章，并代表质文社同人题词哀挽。

日警封刊　回沪续办

《杂文》因为刊登了鲁迅、茅盾的文章引起日本反动当局的注意，被勒令停刊。后来郭沫若提议改成《质文》继续出版，但还是被盯上了。

有一回，林林前往一位盟员家里，便衣警察跟踪而来，桌上正好有一份《质文》，是高尔基逝世纪念专辑，封面是高尔基的木刻像。警察拿起杂志，暗喜抓住了把柄，说你们宣传列宁，搞赤化革命。

林林冷静地告诉他那不是列宁，而是高尔基。

林林在所撰的《八八流金》里，曾回忆到：见状，警察恼羞成怒，声称这也要全部没收。"当时衣橱里藏着成百本新印的《质文》，舍不得让他拿走，我就坦然地说：已经发行完了，没有了，不信你搜吧。他看看我们的神色，信以为真，就拿起桌面上的那一本走了。"

《质文》很快还是遭到了被禁的命运，郭沫若建议到上海继续出版。由于林林有跟警察"过招"的经历，1936年年底，林林被委派回上海执行编务。但只出了两期，就被国民党当局打压了。

辗转三地　办报救亡

1937年8月，上海文化界救亡协会机关报《救亡日报》在上海创刊。这是中共领导下的一张具有统一战线性质的报纸，社长郭沫若，总编辑夏衍，林林任副刊《文化岗位》主编，整个编辑部有30人，多数是共产党员和进步文人。创办时，经国民党和共产党协商，由双方派出人员共办并共同提供经费。

后来，国民党退出，由共产党独办。

在《救亡日报》副刊《文化岗位》主编这一岗位上，林林和同仁们坚定不移地执行中共提出的抗日民族统一战线方针，为促进全民族抗日救亡起到了很大的宣传鼓动作用。

1937年11月22日，上海沦陷，《救亡日报》被迫撤离，林林随报社于1938年转至广州复刊，继续坚持宣传抗日，随后光荣地加入了中国共产党。

1938年10月底，广州又陷入日军的三面围攻之中，《救亡日报》再度面临迁徙命运。

当时，通信联系已经中断，夏衍去桂林找李克农。11月8日晚，夏衍坐上了开往长沙的火车，第二天，他好不容易才通过一个间接的朋友关系找到了郭沫若和周恩来。当时事情太不凑巧，正逢不堪回首的"长沙大火"，周恩来忙着安排"紧急疏散"，根本就腾不出时间来跟夏衍详谈《救亡日报》的事情，但周恩来对他说："你来得正好，马上回桂林和克农商量，自筹经费，尽快恢复《救亡日报》……"

夏衍来到桂林与李克农商量后，在12月3日离开桂林赴香港筹款。第二天，郭沫若就来到了桂林。三天后，周恩来也专程从长沙来桂林，向郭沫若指示《救亡日报》的办报方针。这时，夏衍筹款工作十分顺利。驻港的廖承志接到周恩来的电报后，即从海外华侨捐赠的抗日经费中，专拨给《救亡日报》1500元港币。在桂林，林林参与《救亡日报》复刊工作。

1939年1月10日，《救亡日报》在桂林复刊，继续旗帜鲜明地宣传中国共产党"坚持抗战，反对投降；坚持团结，反对分裂；坚持进步，反对倒退"的方针，揭露汪伪叛国投敌和国民党消极抗日、积极反共的行为。这份诞生于抗日烽火中的报纸，不但积极宣传抗日，发动群众投身救国洪流，还多次组织支前义卖，在桂林甚有影响。

1941年1月，震惊中外的皖南事变爆发。17日，蒋介石来了个先发制人，他以国民党军事委员会名义发布"命令"，宣布新四军"叛变"，取消新四军番号，还命令全国报纸都必须刊登颠倒是非的"中央社"电讯稿和"军委命令"。《救亡日报》决定拒绝刊登这则诬蔑"新四军叛变"的消息电稿。但为了发挥斗争威力，夏衍巧妙地将这条新闻安放于头版头条，与往日一样，连同其他稿件一起拿到驻桂林的国民党新闻检查所"送审"。"送审"完毕后，便把头条的"中央社"电稿撤掉。这一天，除《救亡日报》之外，桂林各报都刊登了"中央社"对皖南事变歪曲事实的报道和"军委命令"，而《救亡日报》则勇敢地在头版开了个大"天窗"，以此抗议国民党发动皖南事变。

此举，立刻在桂林产生巨大反响，人们由此质疑其他报纸对皖南事变的报道，开始探寻事变真相。国民党中统和新闻检查所也立即赶至报社。当天，除报社编辑和印刷工人带出几十份报纸之外，其余全被国民党中统和新闻检查所扣压。至此，《救亡日报》报馆受到严密监视，情况愈来愈紧张，形势愈来愈严峻。夏衍及时清理并烧毁了一些重要文件，并于23日晚在灯下草拟了一篇《为被迫停刊告国人书》。1941年3月1日，驻桂林的国民党新闻检查所秉承蒋介石重庆当局的密令，查封了《救亡日报》。

赴菲抗日　游击战士

《救亡日报》被查封后，林林也接受了新任务。1941年，为发动华侨支援中国共产党领导的八路军、新四军，廖承志指派林林为保卫中国同盟会主席宋庆龄的代表，前往菲律宾办报，以推动当地华侨的抗日救亡运动。

抵达菲律宾后，林林在许立创办的《建国报》工作，撰文向海外华人宣传中国共产党领导的八路军、新四军抗日实绩，揭露日军侵华暴行，鼓励华侨支援祖国抗日。

1941年12月，太平洋战争爆发，日军加紧南侵。林林参与创办《华侨导报》。在菲律宾华侨抗日游击支队成立之后，林林加入游击队，穿梭于吕宋岛高山密林之中，夜宿山间，常以野菜野果果腹，拿起枪来袭击日本侵略

林林（后排左）与菲律宾华侨游击支队领导及美军抗日军官在消灭占领菲律宾日军后合影

者。他不惧生死，作战英勇，屡历险境。一次，他所在的游击队在山村驻扎，日军重兵搜索，他机警

地躲进了玉米地，并立即伏以地上，日军架起机关枪扫射，密密的子弹从身边穿过，他险些遇难。还有一次，他向日军俘虏了解敌情时，又差点被日本人拉响的手榴弹炸死。

在戎马倥偬之际，林林以诗鼓励战友血战到底。他创作的长诗《阿莱耶山》，把位于菲岛吕宋平原上的阿来悦山（亦译"阿莱耶山"）比作"抗日人民的标帜"，描绘侨胞和菲岛人民埋伏在山上神出鬼没出击敌人的英勇斗争事迹，歌颂中菲人民在反法西斯战斗中坚不可摧的力量，长诗发表于菲律宾华侨抗日游击支队政治部编印的地下刊物《华侨之光》上，随即被译为菲文，广泛流传，曾被赞为"是一支嘹亮的进军号音，对中菲人民反法西斯战争产生鼓舞作用"。林林另一些诗歌如《同志攻进城来了》，也记录了中菲人民并肩抗击日寇的斗争史实。

日本投降之后，林林在菲律宾马尼拉主编《华侨导报》副刊《笔部队》。为培植当地华侨文艺青年，以进一步弘扬中华文化，林林在副刊上举办"文艺作品写作竞赛"，参与者甚多。菲律宾华侨青年文艺工作者协会创立后，林林被聘为顾问，经常辅导文学爱好者写作，还开设讲座，主讲文艺知识，介绍中外优秀作品，并以笔名蒲剑为菲岛《现代文化》撰写诗歌、散文。刊于《华侨导报》上的《四十年代菲律宾文艺活动》一文中称赞："林林在文艺上起了播种、开拓作用"，"他以诗歌号角动员中菲爱国青年投身反法西斯战争，也起了很大作用。"

文化大家　外交名杰

1947年，林林来到香港，先后担任达德学院（该学院是20世纪40年代末中国共产党在香港建立的大专院校，由周恩来和董必武指导创办）中文教授、《华商报》副刊编辑，曾当选为全国文艺协会香港分会常务委员。

1949年，林林回到广州，参加接管文化单位的工作。新中国成立后，他曾任广东省文化局副局长，后调任驻印度大使馆文化参赞。1958年任对外文化联络委员会亚非司司长。1973年起任中国对外友协

香港达德学院

副会长。他曾是全国政协第五、六、七届委员。林林还长期兼任中日友协副会长、日本文学研究会会长、中国书法家协会副主席、中国诗词学会副主席、郭沫若研究会会长、中国作家协会理事等职务。

林林著述颇丰。有散文集《海和船》《扶桑杂记》《扶桑续记》，诗集《雁来红》《剪云集》，诗论集《诗歌杂论》，译著《文学论》（高尔基著）、《织工歌》（海涅著）、《日本古典俳句选》、《日本近代五人俳句选》等存世。

2011年8月4日，林林病逝于北京。

林 淑 娘

林淑娘（1947—　），福建厦门人，印度尼西亚归侨。曾任山东省文登县松林公社西海庄大队知青组组长、大队党支部副书记、大队党支部副书记兼共青团山东省烟台地委常委、大队党支部副书记兼共青团山东省委常委、大队党支部副书记山东省委统战部副部长、中共山东省文登县委常委、中共山东省文登县宋村公社党委副书记，中共山东省委统战部副部长兼省侨联副主席、山东省侨办党组成员、省侨联副主席兼秘书长，山东省侨办副主任、党组副书记，山东省外事旅游侨务办公室党组成员、山东省侨联副主席兼秘书长；山东省侨联侨办党组书记兼山东省人大民族侨务外事委员会副主任，山东省侨联主席、党组书记，中国侨联副主席。

林淑娘

自小立志　效力中华

1947年7月，林淑娘出生于印度尼西亚三宝垄一个华侨世家。父亲林增仁，祖籍福建省厦门市，是生于印尼的第四代华侨；母亲胡玉娘，祖籍福建省龙岩市，是生于印尼的第三代华侨。父母自小受到的是荷兰语教育，家里说的都是荷兰话和印尼当地话。林淑娘行四，上有一哥二姐，下有二妹。

林家居于南洋多代，虽不会说一句中国话，但以爱国爱乡传家。林淑娘记得从小父亲就郑重告诉自己：祖国是中国，家乡在思明。思明是厦门旧称。抗日战争时期，林父与当地华侨一起奔走宣传抗日，为祖国打击侵略者捐款捐物，是当地华侨抗日救亡骨干。

林淑娘出生时，父亲与舅舅合伙经营加油站，母亲带着佣人做糕点，送到街上叫卖。夫妻俩克勤克俭，家境日益小康。两人极重视子女教育，林淑娘7岁时即进了当地的印尼语学校读书，成绩优异。

中华人民共和国成立后，林增仁欣欣鼓舞，参加了华侨进步活动。当地没有印尼语的《毛主席语录》，他就开始学习英文，为的是读英文版《毛主席语录》。他还积极倡议，促成当地华侨乡绅合作创办了三宝垄华英中学，既学中文也学英文。为了让女儿能进入华英中学，林增仁还花钱，让林淑娘补习了一年的中文。父亲的长期教导使林淑娘自小就立志要效力中华，所以她学习非常刻苦，只想学会中文为家乡服务。

在华英中学，林淑娘读到了高二，她学习成绩优秀，中文进步了许多，还学会了许多中国歌曲，《义勇军进行曲》《东方红》是她最爱唱的歌，她读了许多中国历史、自然、地理的书，回国之心日益强烈、急迫。

回到祖国　北上烟台

1966年12月，林淑娘和二姐、大妹、小妹四人踏上回国归程，姐妹俩在大海上漂了七天七夜，终于到了香港。大陆侨务工作者把他们接过罗湖桥，看到国门上飘着的五星红旗时，林淑娘情不自禁扑通一声跪下，哭着喊道："我终于回来了。"

林淑娘的二姐去了漳州云霄的常山农场，19岁的林淑娘带着16岁的大妹、13岁的小妹北上山东，进了烟台第一中学读书。

知青榜样　教材人物

1968年9月，高中毕业的林淑娘响应党的号召，到山东省文登县松林公社西海底大队插队当农民。她干活不怕苦，是知青中出工最多的人。别人过年过节回烟台、青岛探亲休假，她一年365天以村为家，不停地劳作成为她生活的主旋律，很快成为知青组组长和方圆一带的知青模范。

当年烟台一带，每年入党有名额限制。1970年，西海底大队有了可发展一名党员的名额，村里人都觉得林淑娘最合适，可林淑娘自己认为不够格不敢申请，她觉得共产党员应当是无任何私心的，而自己有时会想念父母，肚子饿得厉害时会想起母亲做的美食。消息传到公社，书记亲自下来了解，在感动于林淑娘奉献精神之外，又为她极好的群众基础所感动，偌大的大队人人都能说出一两个林淑娘的感人故事。他亲自指导自海外归来的这位知青写入党申请书。

能不能批准林淑娘加入中国共产党，中共文登县委组织部不敢批准，那年代入党要做外调，调查家庭关系和社会关系，而林淑娘父母和社会关系都在遥远的印度尼西亚，无法外调。中共文登县委不敢批准，就报到中共烟台地委；地委也不敢批，再报到中共山东省委；山东省委也不敢批。公社书记极执着，直接给中共中央组织部，最后得到答复：重在个人政治表现。

1971年1月，林淑娘光荣加入了中国共产党。在这之后，林淑娘先后被选为共青团烟台地委常委、共青团山东省委常委，还先后出任大队党支部书记兼中共文登县委常委、中共文登县宋村公社党委副书记，她坚持不领工资，只领在村里劳动的工分。

林淑娘从来到西海底大队那一天起，从没有想到离开农村。她说："毛主席叫我们扎根农村，我就要在农村服务。"她极能干，所有重活都干，有点时间还在村里开辟试验点进行提高玉米产量的科学试验，村小学缺老师就马上顶岗，成为全村有名的多面手。

1975年，大队妇女主任看上了这位能干且贤惠的知青，托共青团文登县委书记做红娘，希望林淑娘能嫁给自己唯一的儿子。同年，28岁的林淑娘嫁给了这位农民。

林淑娘多次放弃了回烟台做城里人的机会。1971年，有个回城做工人的名额，林淑娘因表现好被选中，她主动让给了别人。1973年大年初五，她进县城参加县三级干部会议，县领导找到她，告知："中央已批准，您被任命为中共山东省委统战部副部长，马上到省里报到。"林淑娘认定要扎根农村干一辈子革命，不愿去。她到省里找了省委组织部门，请求免职，说自己要再回农村。组织部门经过认真研究后决定：不免职，但可以继续回到农村做农民，农闲里参加统战部工作；可以不拿部长的工资只拿农民的工分；可以不住城里不享受部长的待遇，继续住在村里的农房。1977年，因为表现优异，林淑娘又接到山东省莱阳农学院读大学的通知，虽对玉米研究极感兴趣，很想继续深造，但她还是坚持留在农村劳动。

作为上山下乡知青典型，林淑娘先后当选中国共产党第十届、第十一届全国代表大会代表。林淑娘的故事还进了山东中小学课本，她还成了《山东画报》的封面人物，众多媒体对她的事迹争相报道，鼓励了更多知识青年到农村来大有作为。

侨务能手　建立新功

党的十一届三中全会吹响了改革开放的春风，山东省侨联需要复建。1980年，省委任命林淑娘为中共山东省委统战部副部长兼侨联副主席，主持工作，并令林淑娘立即到省会济南报到。林淑娘这才结束了自己的知青生涯，离开奋斗了12年的西海底大队。

也是在这一年的夏天，远在印尼的父母通过中国侨联找到了林淑娘，老两口第一次知道别离14年的四位女儿的下落。病重的父亲抱病与母亲一起，在会说中文的林淑娘中学老师的陪同下，来到广州。

父女相见，为父者一时竟不敢确认眼前站着的是自己的女儿。父亲怎么也想不到自己时尚的娇娇千金，一手比铜钱还厚的老茧，晒得黝黑，小声对同去的那位老师嘀咕："是不是我女儿已死，他们找了个人来替代她。"直到女儿用印尼语和荷兰语说起只有家人才知道的家事时，加上父亲又发现了女儿小时的特有说话神态，才深信眼前这位就是自己的宝贝女儿，父女抱头痛哭。

林父来前，就听许多与林淑娘一起回来的印尼侨生父母说起儿女在祖国过的苦日子，见自己的女儿没有说起半点自己日子过得不好，说的都是大家对她的好，林父很欣慰，说："我来前就想好了，如果你说祖国的不好，你说自己回来过的都是苦日子和穷日子，我回印尼后只会给您寄一只拖鞋来，让你自己抽自己的脸。"一生以中国为祖国的这位老人，是不允许自己儿女说祖国一句坏话的。回到印尼不久，林父病重不起，临终依旧在为四位女儿能为国效力而自豪。

自1980年至2004年开始，林淑娘一直是山东省侨务工作的领导，曾任中共山东省委统战部副部长兼省侨联副主席，山东省侨办党组成员、山东省侨联副主席兼秘书长，山东省侨办副主任、党组副书记，山东省外事旅游侨务办公室党组成员；山东省侨联侨办党组书记兼山东省人大民族侨务外事委员会副主任。1992年，出任山东省侨联主席、党组书记。

林淑娘依旧保持着铁姑娘的工作状态，她着力建设各级侨联，想方设法解决归侨的各种困难，并出台一系列相关法规，通过立法保障归侨利益。如山东省凡是在机关工作且在1978年前退休的归侨，退休金可领在职时百分之百的工资；山东省凡是在企业和其他单位工作且在1978年前退休的归侨，每人每月补助30元钱；居于农村的朝鲜归侨，凡是还有劳动能力者，可进城做工人。

在山东省侨联主席任上，林淑娘吸引侨商来山东投资。她奔走宣传山东优越的投资环境，促成出台相关优惠政策，吸引了大批台商来鲁。在她的努力之下，黄双安等不少闽籍南洋巨商来山东投资兴业，为山东省改革开放做出了贡献。

引侨商来山东，林淑娘不辞辛苦为他们解决各种困难，助力侨商在山东的事业不断做大做强，使得华侨在山东投资遇到的问题，通过侨联及时反映和政府倾力，基本上都能够得到解决。比方说法国的华侨林加者投资2亿在山东参与城市改造，但是因为济南市城市改造规划迟迟没有出台，使之投资出现资金周转困难，省侨联及时运作，省政府高度重视，终使华侨渡过难关。

2004年林淑娘当选中国侨联副主席，分管权益保障部、经济科技部，为维护归侨权益、吸引侨资参与祖国改革开放和提升侨资企业科技水平，做了大量工作。

林淑娘在卸任全国侨联副主席之后，继续担任中国侨联顾问，继续在侨务战线上发光发热，为团结全国归侨和吸引更多华侨参加家乡建设做出了积极贡献。林淑娘还曾任第九届全国政协委员，还曾任山东省第六、七、八届人大常委。

胡 明

胡明（1914—2001年），原名胡绵芳，福建厦门人，缅甸归侨。曾任江西省景德镇前哨社社长，新四军政治部战地服务团民运科科长，新四军第三支队民运科科长，中共安徽省南陵县南三区工委副主任、主任，中共安徽省南陵县委宣传部部长，中共安徽省繁昌县委书记兼新四军第三支队民运科科长，中共皖南特委宣传部部长，中共安徽省旌德县委书记。中共安徽省皖南秘密特委副书记兼泾（泾县）旌（旌德）太（太平）中心县委书记，中共皖南地委书记，中共皖南地委书记兼苏浙皖赣边区游击司令部政委，中共皖南区委副书记兼皖南军区副政委，华东纺织工业管理局局长兼党委书记，国家计划委员会委员兼轻工业计划局局长，食品工业部副部长兼党组书记，辽宁省旅大市市委书记、市长、代理第一书记，辽宁省抚顺市委副书记，纺织工业部常务副部长兼党组副书记、顾问，国务院上海经济区规划办副主任。

青年胡明

集美求学 参加革命

胡明祖籍福建省同安县（今属厦门市同安区），1914年出生于缅甸毛淡棉市一个侨商家庭，父亲专做纺织品生意，小有成就，极重视子女教育。胡明在当地侨办华文学校完成小学教育后，于1930年回到祖国，同年考入集美中学初中36组。

集美学校拥有革命传统和进步、开放的校风。胡明进了集美中学后，阅读了大量进步书刊，参加进步学生活动。晚年，他曾回忆集美中学给予自己的教育："我在集美念了三年初中，打下了坚实的文化基础，而且受到爱国主义的深刻教育。有两件事至今难忘：一件是在1931年秋，九一八事变发生，同学们义愤填膺，尤其我们华侨学生，积极参加抗日义勇队，坚持军事训练，随时准备参加保卫祖国的抗日战争；另一件是1931年冬，红军攻占闽南重镇漳州市，校内进步师生极受鼓舞，秘密传阅进步书刊，学校当局却公布一批所谓'禁书'，越是'禁书'，我越是千方百计找来看，实际上起了推波助澜的作用。正因为我在初中受到爱国主义教育和革命思想熏陶，才促使我走上革命道路。"

瓷都抗日　青年中坚

1933年9月，胡明初中毕业后，考进上海同济大学附属高中。不久，转赴拥有瓷都美誉的江西省景德镇就学，也因此与著名抗日爱国实业家、社会活动家杜重远相识。

杜重远曾在日本留学，专攻制陶。留学归来，他在东北创办启新窑业公司，声名远播。时任江西省主席熊式辉邀之来江西，想借重他在国民党军界，政界和商界的关系与号召力，以便"在浔（九江）开一大规模之陶业工厂"。杜重远来到江西后，他虽然同意在九江新办瓷厂，但不同意轻易抛弃景德镇不管。他认为："景德镇乃中国第一产瓷名区，亦全世界瓷业之发源地，其景况之隆替，非特繁乎民生之荣枯，抑且关于文化之兴衰，国人对此当甚关心。"因此，他来到景德镇后，除在九江建了一座现代化的光大瓷厂外，还在景德镇建立了陶业管理局，对景德镇的旧式手工业加以管理和指导，呈请省政府同意创办了一个陶业人员养成所，名额80人，规定一年毕业，前后在赣沪

战斗在皖南的胡明与夫人

两处招考学生，于1934年春季开始授课。同时还开办了一个旧式模范厂。陶业人员养成所创办后，杜重远到上海招生。1934年冬天，胡明踊跃报名，成为陶业人员养成所学生。

杜重远长期致力于抗日救国活动。1927年，时任奉天商会副会长的他，组织商民反对日本擅自在临江设领事分馆，取得胜利。九一八事变后，时任奉天工会会长兼司令长官公署秘书的他，再兼任东北民众救国会执委会常务委员兼政治部副部长。上海成立中华国货产销合作协会，他当选常务董事，该会在多处城市组织国货公司，推动抵制日货的爱国运动。1933年2月，京津沪爱国人士组成东北热河后援促进会，他是领导人之一。他带领学生宣传队30人和朱庆澜、黄炎培、穆藕初等奔赴前线，他同义勇军第二军团总指挥王化一分别找汤玉麟、孙殿英、李赞延等东北军将领谈话，提出只有打回老家去，收复失地，才是唯一出路的主张。1933年12月8日，《生活》周刊被查封后，他挺身而出，于1934年2月10日在上海创办《新生》周刊，并亲任主编，保留《生活》周刊的原班人马，他自己提笔亲自为每期卷首"老实话"专栏撰稿。在这样一位爱国人士经营之下，景德镇陶业养成所成了培养抗日救国骨干的革命摇篮。

当时，有不少东北流亡学生因为杜重远的关系来到景德镇，胡明从他们那里进一步感受到国破家亡之痛，抗日之心更加强烈。他与进步同学一起，在陶业工人、店员中开展抗日救亡活动，采用编印传单、张贴标语、集会宣传等形式，向工友们揭露蒋介石外敌当前却积极剿共的"攘外必先安内"政策，鼓励工友、店员一起呼请国共两党停止息争，共同抗日。

在景德镇，胡明和潘炯乐（潘田）、张三圭（张云樵）三名志同道合的同学，秘密组织成立了景德镇第一个抗日救亡团体——前哨社，胡明担任社长。

前哨社在景德镇《陶业日报》上开辟《前哨》副刊，经常发表抗日救亡的言论和进步作品，对唤起景德镇群众、特别是青年投身抗日救国行动发挥了积极的影响。

　　1935年下半年，胡明与潘炯乐、张三圭两位同学一起，以陶业管理局的名义，举办工人训练所，开设露天讲演场，组织大众同乐会，既向民众传授文化科学知识，又向群众讲解浅显的马克思主义道理，大力宣传抗日救国思想。

　　1935年12月，北京发起的"一二·九"运动席卷全国，胡明参与策动、组织景德镇学生抗日大游行，声援北平学生爱国运动。也因此被江西国民党当局指名为"左倾分子"，下令驱逐出江西。

奉调延安　党校受训

　　胡明离开江西，回到上海，很快与中共地下党组织接上关系，加入了共青团。由于认为自己入团是走上一条光明之路，将自己易名为"明"，从此以"胡明"之名行世。

　　为了更好开展地下工作，胡明找到杜重远，希望介绍一份工作。杜重远十分欣赏这位立志抗日救国的南洋青年归侨，将之介绍到上海美亚织绸公司当职员。

　　西安事变后，胡明奉命北上，他从上海经北平、西安，进入陕北苏区。

　　1937年3月，进入延安的抗日军政大学第二期第四中队学习，6月加入中国共产党，后被调到中央党校深造。

调新四军　任职民运

　　1938年年初，胡明从中央党校毕业后，被分配到南昌刚成立的新四军军部任军政治部战地服务团民运科科长。

　　新四军的民运工作主要任务有五项：一是宣传党的抗日政策及抗日主张；二是发动群众建立各种抗敌协会；三是动员青壮年参军参战；四是发动农民群众开展减租减息；五是秘密发展地方党员，建立党的组织。胡明在景德镇陶业开展抗日活动积累的经验，使之民运工作十分有成效。

　　1938年春，新四军政治部战地服务团随军部离开南昌，开赴皖南抗日前线。4月4日，新四军军部转移到云岭之后，

1947年，胡明（右二）、夫人洪琪（右一）与战友合影

胡明担任新四军第三支队民运科科长。新四军第三支队的前身是活动于福建闽北、闽东等地的红军游击队，新四军参谋长张云逸兼任支队司令员（后谭震林），下辖第五、第六团。全支队共2100余人。

　　上任后，胡明奔走于皖南各地，在群众中进行抗日宣传，动员青年参加新四军，还参与组织各种抗敌会，为取得对敌斗争胜利做出了积极努力。

发动群众　支前作战

胡明在民运工作中展现出的亲和力、动员力、组织力与革命激情，被中共皖南特委书记李步新看上，他再三请求，终于要来了胡明，让其出任中共南陵县南三区工委副主任。1938年8月升为主任，11月任中共南陵县委宣传部部长。在南陵，胡明组织抗日宣传动员队，宣传中共抗日主张，介绍新四军，发动群众支持新四军抗战救国。因工作出色，于1939年4月任中共繁昌县委书记，同时继续兼任新四军第三支队民运科科长。

1939年6月，胡明调任皖南特委宣传部部长。皖南特委区别于皖南原有的共产党公开的或者隐蔽的组织，而是为新四军服务的军事战略机构，从事情报搜集、情报传递、筹款筹粮、民运服务，同时兼顾做地方统战工作。

经中共皖南特委书记李步新的批准，胡明和洪琪（时任新四军教导队女队队长）以夫妻名义出入，并共同负责完成各项工作。

洪琪，原名熊秀英，江苏省南京人。1917年9月出生，1937年7月离开学校和家庭，投入抗日洪流。她赴武汉学习，结业后即参加南京新四军的抗日救亡工作。1938年1月随部队进驻皖南。6月加入中国共产党。1938年至1949年，洪琪与胡明、刘奎、洪林等一道，一直战斗在皖南山区。

胡明在皖南特委宣传部部长任上，着手建立中共党组织和抗日宣传网络，发动群众支援抗战，配合第三支队取得对日作战胜绩。

据统计，1939年，第三支队与第一支队第一团和第二支队第三团协同作战，在皖南铜陵、繁昌地区作战200余次，以五次繁昌保卫战最为激烈。当地群众全力支前，这与胡明的工作和奠定的基础有直接关系。

大军北撤　孤军斗敌

1940年秋，胡明出任中共旌德县委书记。那时，新四军准备撤离皖南，胡明派江福熙到王家庄山区建立秘密据点。

1940年冬天，新四军决定离开皖南，皖南特委机关随军部移动，东南局和皖南特委撤销。东南局在休宁县组建了留守皖南的秘密特委。1940年12月，皖南新四军北撤前，中共东南分局副书记饶漱石、皖南特委书记李步新向胡明宣布："军部要离开皖南，党决定你留下坚持斗争。"后宣布建立皖南秘密特委，黄耀南任书记、胡明任副书记兼泾（泾县）、旌（旌德）、太（太平）中心县委书记。（1941年秘密特委书记黄耀南因北撤未能真正开展工作）饶漱石对他们说："你们要做好思想准备，军部离开皖南后，敌人必然搞白色恐怖，你们要准备挨打三个月。"同时宣布洪琪担任中心县委委员和胡明的秘书。中心县委下辖旌德县委（书记胡明兼）、泾县县委（书记洪林）、太平县委（书记刘贵生）。临别时，李步新以握手表示了批准和祝贺胡明、洪琪的结婚。

1940年12月，泾旌太中心县委在旌德王家庄（旌德县版书乡版书行政村，原属碧云乡五百坦村）成立，委员胡明、洪琪、孙宗溶。中心县委机关设在王家庄的共产党员王时尚家。1941年1月皖南事变后，中心县委机关转移到王家庄后面的黄高峰半山腰的一个大石洞——黄石崖（狮子洞）里。王家庄和黄高峰成为坚持敌后斗争的根据地。在这里，胡明指挥皖南地方党组织掩护和收容皖南事变中失散的干部战士，并于1941年4月将近百名失散的新四军干部战士护送到江北无为县新四军第七师驻地。

当时李步新给胡明下达的任务是："长期隐蔽，保存实力"；采取各种办法保护党组织、保护新四军家属、保护和发展积极分子；以井冈山的经验来指导在皖南山地的秘密工作。并指示：要做好思想准备，把自己隐蔽好，准备挨打三个月。三个月后，组织上再派政治交通员与之联系。

李步新给胡明与洪琪俩预支了三个月的津贴费（每人每月法币6元）。当时洪琪身穿一身皖南女子的家常便服，偏襟的蓝土布棉袄，褪色的黑土布大腰棉裤，一条麻色的土染方巾包头。胡明着一件已经旧得泛灰的藏青色偏襟棉袍，头戴一顶毡制礼帽。为行走方便，他们还特地学当地百姓，把裤脚口用布带子扎起，看上去就是一对走亲戚的两口子。这一年，胡明26岁，化名"老杨"；洪琪24岁，化名"老孟"。

《中共皖南地下组织的演变》对胡明在皖南事变之后坚持在皖南抢救、掩护新四军并组织抗日游击队做了详尽记载：

> 1941年1月6日，皖南事变后，胡明找到泾县县委书记洪林，太平县委书记刘贵生，传达指示："全力以赴收容尚存的新四军战士，将他们保护起来，有伤养伤，健康者找堡垒户隐蔽起来，等待办好通行证安排接应，竭尽全力护送到江北无为。"胡明、孙宗溶和洪琪则留在特委知晓的王家庄，一方面指挥救援失散战友，一方面等待特委交通员送来指示。

> 胡明三人在狮子洞里度过了两个月的时间。在最初的日子里，陈茂辉、张世杰等十余名突围失散人员和胡明取得了联系，胡明通过关系为他们开具通行证，并亲自将他们顺利送到了地下交通站。

> 当时皖南的党组织遭国民党彻底破坏。不服从命令撤离的几个党员中，不是叛变就是自首。但胡明秘密组建的旌绩边党组织并没有受到破坏，维护了隐蔽在黄高峰的中心县委的安全。胡明、洪琪和孙宗溶研究出了一套皖南山地党组织发展生存的方案，是建立"点线关系"的隐蔽发展。点线关系的结构就是每个新入党的党员，都只知道发展自己的介绍人和自己发展的下一个成员，每个人都只是组织的一个点，串联起来就成了一根线。

> 不久，中心县委与江北的党组织联系再次打通。知晓了突围出来的部分干部战士，集结在无为县的白茆洲上，正在组建新四军第七师的消息。江北党组织对胡明等的指示依然是：长期隐蔽，保存实力。

> 1941年3月中旬，为方便给皖南事变失散的战友提供服务，胡明决定，转移到黄高峰下的绩溪县戴家坦（现绩溪县的模范村），住在交通员汪天泰家中的阁楼上。

> 3月下旬，胡明接到泾县县委书记洪林所派交通员送来的密信。一部分军部干部隐蔽在泾县樵山附近的铜山交通员殷木春的家中，他们还联络上了另外三部分集中隐蔽的人员，一共有百余人需要突破国民党的封锁抵达江北，洪林请示中心县委派人到泾县去安排突围事项。胡明安排孙宗溶去泾县樵山（现属黄山市黄山区）。14天后，孙宗溶回到戴家坦，带来了泾县濂坑、铜山等

地隐蔽了上百名幸存战友的好消息。并已安排专人往无为白茆洲送了情报。

4月初，新七师回复。转达了新四军陈毅代军长指示，一定要从突围人员中抽出几名军事干部留在皖南，尽可能多地给他们留下枪支弹药和经费，支持胡明等地下党走武装工作的道路。于是，幸存战友临时党支部召开会议，决定刘奎（新四军军部参谋处参谋）留在皖南。并将三支驳壳枪、150发子弹和500元经费留给胡明。

4月10日，胡明和孙宗溶一道赶到铜山为战友送行。4月13日黄昏，70余人的队伍从铜山出发，到赵家佬，又汇合了陈仁洪部、马长炎部，上百人的突围队伍疾驰。第二天傍晚，通过章家渡以南的铁门闩附近安全渡过了青弋江。留在皖南的新四军干部为刘奎、李健春（新四军三团指导员，"皖南事变"突围时受重伤，隐蔽在群众家中疗养）、黄诚（周子昆警卫员，在叛徒刘厚总蜜蜂洞枪杀项英、周子昆时受重伤，留在皖南）。

组游击队　辟根据地

胡明决定组织游击队。他向李志高（新四军司令部作战科科长）请求并获准留下了突围出来的刘奎（曾在湘赣边区打过游击）和李健春（曾在福建打过游击），以他俩为军事骨干，组建了中心县委第一支游击队——泾旌太中心县委游击队，又称"黄山游击队"。

《中共皖南地下组织的演变》对胡明在1941年春创立这支游击队的经过有这样记载：

晚年胡明

4月14日。胡明送走了突围战友，赶到泾县濂坑看望刘奎、李健春和黄诚，当夜，胡明带领刘奎、伤愈的李健春和黄诚乘着月色奔向王家庄。回归黄高峰，不住在狮子洞，住在距离王家庄10华里地的一个隐蔽性很强的山谷里——百坑（属绩溪县），这里原来只有一个山棚，后搭建了两个新的山棚迎接新四军留守的刘奎等三人。从此皖南秘密特委的指挥中心开始以山棚的形式，存在于黄高峰的庇护之下，刘奎戏谑胡明是"山棚司令官"。

山棚是皖南山地人山野生活的临时简易房，多用竹木做柱子和支撑的梁檩，用抗腐性能很强的香茅草苫顶，大箬叶（箬竹的叶，传统的粽子叶）和芭茅叶（一种野草叶）编制帘子四围挡风。棚子里面再用竹竿搭起高半米的架子，可坐可躺。

山棚是狩猎、采药、开荒种地和庄稼守护的临时庇护所。红军游击队时期，山棚发挥了很好的作用。每当发动清剿时，国民党就要进山烧毁大量山棚作为清剿报功的数据，但是，国民党今天烧，山民明天就重新搭盖。很多支持同情游击队的山民，特地到无人居住的深山里搭盖几处山棚，不但是为自家和亲邻进山时有个遮风躲雨的方便之所，也可以为路过的游击队随时提供地方避雨挡风。所以，到后来，游击队就很少需要自己重新搭盖山棚了，只要砍些香茅箬叶，将旧山棚的顶和壁稍加修缮，就可以住下。

6月28日，泾（县）、旌（德）、太（平）交界的朱家坑（现属泾县茂林镇溪口朱家坑）晒谷场上，胡明、洪琪、洪林等7位中心县委成员，刘奎、李健春、尹德光等13名武装工作队的战士，还有旌泾太中心县委的几位交通员，共22位成员，肃立在篝火前方，举行旌泾太中心县委武装工作队的成立宣誓。队长刘奎，指导员李健春。这支队伍的武器是6支驳壳枪、6条步枪、3把大刀、10余颗手榴弹。泾旌太中心县委游击队（又称黄山游击队）正式建立，再次举起了"皖南新四军"的旗号。

游击队成立后，胡明制定的思路是通过公开武装斗争，壮大队伍，发展武装。在他指挥下，黄山游击队在旌德县庙首镇首战告捷，缴枪7支。后来又攻打黄山脚下的谭家桥（今黄山市黄山区谭家镇）乡公所，缴枪10支。由于屡战屡胜，极受鼓舞，各县都先后组建游击队，至1941年年底，黄山游击队已发展到80多人。各县的游击队也经常出击袭敌，时传捷报。

1942年，国民党顽固派军队数千人，对游击队发动全面"大清剿"，采取三分军事、七分政治的办法，实施经济封锁、移民并村，对敢于抗击的村庄实行"三光政策"，常常屠村，使游击队蒙受损失。但胡明临危不惧，依靠人民群众和坚定的思想工作，运用灵活机智的游击战术，经6个月艰难斗争，终于战胜了"大清剿"。

在取得反"大清剿"斗争胜利后，胡明到江北新四军第七师师部汇报工作，师长傅秋涛对他率领泾旌太中心县委和游击队，发动群众协力作战，粉碎敌人"大清剿"给予了很高评价，并指示：黄山是京沪杭外围三大山脉之一，坚持皖南斗争，在政治上、军事上都有重大意义，斗争方针是"长期坚持、积蓄力量、等待时机"。在敌我力量悬殊情况下，应采取精干和隐蔽的政策。

胡明在上级领导关心支持下，领导干部、群众坚持游击战争，1943年在扩大新区方面颇有成绩，先后创建了旌太边区和旌绩（旌德、绩溪）边区等游击根据地，多次粉碎国民党顽军的"清剿"，至1944年春开辟了泾旌太边区、黄山周围地区等5块抗日游击根据地。

战略反攻　屡创胜绩

1944年，日寇进攻中原，国民党军节节败退，新四军主力在粟裕率领下，渡江南下，进入天目山地区，打了几个歼灭战，全军上下大受鼓舞。第七师政委曾希圣指示胡明要大胆下山，争取武装斗争的胜利，并派巢湖大队一个连来支援。

胡明带领泾旌太中心县委进行深入研究，最后决定：集中两支部队，先打驻谭家桥的太平县清剿大队。战斗打响后，在胡明的指挥下，游击队官兵英勇无畏，奋勇拼杀，打死打伤敌人13人，俘虏60余人，缴枪60多支。紧接着，又指挥部队攻打宁国县甲路乡公所，缴枪21支；再率队攻打绩溪县九华乡，缴枪10支。

胡明指挥的游击队取得的一连串武装斗争胜利，大大震慑了敌人，敌重兵进攻樵山，捉拿胡明。然而，敌人的几次进攻，都被擅打游击战的游击队粉碎了。在胡明指挥下，樵山保卫战顽强地坚持了83天。后因局势变化，新四军第七师指示胡明带着游击队撤出樵山，转到外围打击敌人，并决定在中心县委设置电台、派机要员和报务员，支援胡明领导的皖南山区游击队，使胡明领导的游击队不断壮大。到1949年渡江战役打响时，胡明创立的游击队拥有队员在万人之上。

抗日战争胜利后，胡明出任中共皖南地委书记，后兼任苏浙皖赣边区游击司令部政委。皖南解放后，曾任中共皖南区委副书记和皖南军区副政委。

1949年，出席了全国政治协商会议，并参加了中华人民共和国开国大典。

1952年，胡明奉调上海，担任华东纺织工业管理局局长兼党委书记。1952年年底，调往北京，出任国家计划委员会委员兼轻工业计划局局长。1956年，升任食品工业部副部长兼党组书记。1958年，调往辽宁省，担任旅大市市委书记、市长、代理第一书记。1973年恢复工作后任辽宁省抚顺市委副书记。1978年，调回北京，出任纺织工业部常务副部长兼党组副书记。1982年改任纺织工业部顾问、国务院上海经济区规划办副主任，是中共八大、十二大代表，第二、三、五、六届全国人大代表，第一届全国政协委员。1986年离休。

位于旌德县胡明纪念馆内的胡明铜像

2001年7月，胡明在北京病逝。

俞云波

俞云波（1936—　），福建福清人，印度尼西亚归侨，著名社会活动家。曾任复旦大学国际政治学院讲师、副教授，上海市人民检察院副检察长，致公党上海市委副主委、主委，上海市政协副主席，中国侨联副主席，全国政协外事委员会副主任、致公党中央副主席。

生于福清　长于印尼

俞云波家乡为福建省福清市三山镇嘉儒村，1936年1月1日生于福清市龙田镇。福清自古就是侨乡，有史可查的第一位定居他国的华侨，是宋代因经商而定居于交趾（越南）的俞定则。

俞云波祖上世代下南洋经商，祖父长期在今称印度尼西亚的荷属东印度拼搏，还是当地有名的武功高强拳师，祖母也是华侨世家千金，出生在菲律宾尼马拉。俞云波的父亲俞书仁受过良好教育，能文，后也到印度尼西亚（简称"印尼"）打拼，曾在日惹开了一家大百货公司。母亲林秀英是怀着俞云波回到福清老家，想把自己长子生在故土。襁褓之中的俞云波又被母亲带到印尼，与父亲团聚。

俞云波

父亲在经商之余，亲自教长子识中国字，后将长子送入当地华文学校读书。1941年12月，太平洋战争爆发，日本加快南侵，1942年日军占领印尼，所有中文学校被强行关闭，一些华侨教师冒着生命危险开私塾教华侨子弟学习中华文化，父亲也不惧风险将俞云波送入私塾读书。在他童年，师长们给他留下最深的教育概括起来就是两个词：爱国！自强！

抗美援朝　回国效力

抗美援朝打响，为了给中国人民志愿军筹款购买战机，此时就读于印尼泗水联合中学的俞云波，除了捐出自己所有积攒的零花钱外，每天一下课，就背着募捐箱去街头募款。当他知道志愿军在朝鲜战场饱受疟疾之困，而国内治疟疾药奇缺，就和泗水联合中学学生自治会的进步学生一起，不但再次捐出父母给的零花钱，还又一次背起募款箱游走于大街小巷，并将自捐和募集到的款，买了大量治疗疟疾特效药——金鸡纳霜，由选出的师生代表带回国内。

俞云波立志要回国当志愿军，保家卫国。1951年年底，俞母带着俞云波和弟妹回国，刚好与携带金鸡纳霜回国的老师、高年级同学同船。当时，帝国主义对新生的中华人民共和国进行严密的经济封锁，药品等也被列为战略物资，严禁输入中国。客轮在停外国多个港口时，都上来检查人员，俞云波和老师同学们一起，沉着应对，母亲和弟妹也主动掩护药品，终于将金鸡纳霜全数带回祖国，捐给志愿军。

1952年1月1日，在俞云波16岁生日那天，他回到了祖国。他坚决要求到东北参加志愿军，赴朝参战、保家卫国，但一次次请求皆未获批，理由都一样：年龄太小。他只好进入位于福州市城门镇的闽侯第一中学读书。

保送大学　工作山西

1956年9月，俞云波因品学兼优被保送至中国人民大学中共党史系。一入校，就很快成为学生骨干，担任了校学生会宣传部副部长。

1960年秋毕业后，俞云波分配到共青团山西省委，进入山西省团校当教员。1964年，俞云波随团中央"四清"工作团，到太行山地区开展社会主义教育。他与农牧民同吃同住同劳动，一同吃过榆钱花，吃过玉米芯，腿肿得都上不了炕；还与因为山区严重缺水而长年不洗澡的老羊倌同睡一张炕，合盖一条自己的新棉被；他与农民一起进城淘粪，一起劳动。

年轻时的俞云波

之后，俞云波曾到山西省人民出版社当排字工人、编辑，还曾到山西财经学院教过书。

执教复旦　入致公党

1974年，俞云波调往上海，到复旦大学国际政治系教书，教授"比较西方政治制度"。当时，尚处"文革"时期，涉足这个领域风险甚大。后来，俞云波曾回忆说："依据马克思主义经济基础和上层建筑的辩证关系，我深信摆脱封建残余和资本崇拜的社会主义政治文明之路不论如何漫长和艰难，终将实现。"他努力用马克思主义国家学说来阐述他的观点和认识，深受欢迎，他授课时大教室从来都是座无虚席。由他执笔的一批学术论文，被《人民日报》国际部"内刊"刊用。

1980年，市侨联主席董寅初来到复旦，主动找到俞云波。同是印尼归侨的董寅初，曾任印尼雅加达《天声日报》编辑、《朝报》经理兼总编辑、印尼中华侨团总会总干事兼华侨治安总会主任。他动员俞云波加入致公党，曾立志永远做马克思主义追随者的俞云波，决定以民主党派的身份参政议政，和共产党风雨同舟、肝胆相照，为祖国服务，加入了致公党。

俞云波以对西方政治制度的长期研究，发表了多篇学术论文，对华侨、美洲致公堂、海外洪门都展开了研究。为纪念辛亥革命七十周年，他撰写多篇论文，其中《海外华侨对辛亥革命的历史贡献》，入编复旦出版社《论清末民初中国社会》文集；《美洲致公堂与辛亥革命》，入选人民出版社《辛亥革命与华侨》，并被《光明日报》刊登；《海外洪门述略》，入选学林出版社出版。

1985年秋，时任复旦大学副教授的俞云波成为致公党上海市委的驻会副主委。在上海致公党市委重建阶段，他成为时任主委的董寅初最得力助手。对致公党的重建和发展，俞云波大胆提出将工作思路和重点放在华人、华侨，为更广泛地团结华人、华侨发挥了积极作用。

1996年11月，俞云波当选为中国侨联副主席，1997年6月起任致公党上海市委主委。1997年起任致公党中央副主席。

大检察官　缔造第一

1990年，俞云波开始担任上海市检察院特约检察员。

1991年4月，俞云波走进上海市人民检察院的大门，成为新中国成立以来，民主党派第一位省市级副检察长。刚到任两个来月，正好最高人民检察院在全国推行在职检察官资格考试，开考《检察业务知识》《案例分析》两门。有关领导对俞云波说："大教授，你刚来，就不要考了吧。"俞云波认为要履职必先称职，坚持参加考试，得了双满分。

在上海市检察院，俞云波分管侵权、渎职检察，税务检察，民事行政检察三个重要部门，他真诚履职。有一回，一个副局级老干部被上海市检察院法纪处立案。这位老干部从行政岗位退下后到国有钢铁企业工作，将价值两千万元钢材赊售给一个私人企业，结果私人企业主潜逃，公安部门以诈骗罪立案缉捕……老干部找市委老领导告状："一个民主党派检察长在胡搞，不去抓诈骗犯却想抓我！"检察长让俞云波直接向市委领导汇报。俞云波据法陈言："这位干部作为玩忽职守罪的疑犯，主体明确，他受国家委托管理国家财产，而且有国家干部身份，玩忽职守罪的构件清楚明白。他根本没有了解对方资信和偿付能力，仅因对方答应安排自己子女工作，就利用职权把货物给了诈骗疑犯，使国家财产遭受不可挽回的损失……"

在上海市检察院副检察长的岗位上，俞云波勇于创新。他曾提出，一些过时的观念及各种消极的观念都会影响公平和公正的发展。某些人为了追求一时的政绩，单纯追求立案的数字，这个会为害无穷。他发现税务机关和一些专政机关也如是追求立案数，而不顾国家的实际的损溢。俞云波还多次在重要场合呼吁：要求减少司法的外来干预，并对维护司法权威带头决不妥协。

俞云波分管的工作在全国检察系统中总是名列前茅；他的"一查到底，咬住不放"，让犯罪嫌疑人无处遁形；他顶住压力铁面无私，让为案件通关系说情的人无隙可乘……2001年11月，俞云波晋升为国家二级大检察官，是中国首次任命的42名大检察官之一。

积极进言　参政议政

俞云波是上海市政协第六、七届委员，第八届常委，第九、十届副主席。全国政协第七、八届委员，第九、十届常委，还曾任全国政协外事委员会副主任。

俞云波积极参政议政，以敢于直言著名。如在全国政协九届三次会议，俞云波建议要大力解决诚信失范的问题。他先引用了一副民间流传的针砭时弊的对联，上联是"上级压下级，层层加码，马到成功"；下联是"下级骗上级，层层掺水，水到渠成"；横批："数字出官，官出数字"，直指"政绩造假""数字造假"的危害性，进而引到"权力的异化是一种腐败，权力的非责任化也是一种腐败，责、权分离是权力的另类腐败"的论述，进而提醒"目前，对此类腐败的警觉性还很不够"。

俞云波的许多建议，最后都转化为政策的进步。如在一次上海市长办公会议上，俞云波对上海经济适用房政策提出不同意见：上海投入保障房的重点应放在廉租房上，而不是经济适用房。理由是：国家财政的投入首先应该惠及买不起房的最底层百姓而非买得起房的"夹心层"。经济适用房有产权，而产权可以继承，不仅惠及这一代，还惠及后代。后代我们现有的财政管得了吗，有必要管吗？经济适用房的出现使房产价出现"双轨"，很容易为损公谋私者所利用，滋生腐败，事例已经不少。令人欣慰的是，从2012年起，经济适用房的政策开始调整，改称共有产权房，对转卖、继承有所限制。俞云波认为，不公平的实质还存在，剩下那部分个人产权还可继承。

俞云波著有《宇下草野烟云路》《宇下草野随感录》等，并主编有《检察风云》等。

洪丝丝

洪丝丝（1907—1989年），原名洪永安，笔名漱玉，福建省金门县人，马来西亚归侨，著名报人、作家、社会活动家。曾任中国国民党金门党部青年部长，印度尼西亚火水山中华学校教师，印度尼西亚《新中华报》总编辑，马来亚《光华日报》副刊编辑、驻日本记者、编辑主任，马来亚《现代周刊》编辑主任，新加坡《现代三日刊》编辑主任兼新加坡华侨青年抗敌训练班讲师，新加坡《南侨日报》经理兼社论委员会主席、《南侨晚报》主编，中央人民政府华侨事务委员会委员兼华侨图书编委会主任，中国新闻社专稿部主任、理事长，中国华侨历史学会副会长、会长，中国侨联常务委员兼副秘书长、副主席。

晚年洪丝丝

执教苏岛　文名远扬

1907年2月20日，洪丝丝生于福建省金门县一个侨商家庭，自幼受到良好教育。在厦门集美学校读书期间，参加反帝反封建的学生活动。回到金门后，曾任中国国民党金门党部青年部长，1928年退出国民党后前往印度尼西亚。

到了印度尼西亚后，洪丝丝来到距离棉兰数十公里的火水山中华学校教书。工余时间，潜心读书与写作，曾将写的评论祖国大事和华侨社会问题的文章投寄给棉兰《南洋日报》，受到总编辑陈劲倪赏识，不但寄来的每篇文章皆刊发，还聘洪丝丝为《南洋日报》特约记者，专写评论。

执掌华报　著文抗日

1929年，《南洋日报》改组，更名为《新中华报》，陈劲倪改任经理，他推荐洪丝丝担任总编辑。洪丝丝也因此辞掉了火水山中华学校教职，迁居棉兰，专注办报。

洪丝丝时刻关注着祖国的革命与建设。自1928年日军在山东省会制造了震惊世界的"济南惨案"后，国内仁人志士掀起反对日本侵略浪潮，洪丝丝主持刊登了国内人民反对日本侵略的一系列消息和通讯。同时，对国民党对日妥协、镇压群众运动，洪丝丝也在评论文章中表示不满。

1930年2月12日，鲁迅、柔石、郁达夫、田汉、夏衍、冯雪峰等人在上海发起成立了中国自由运动大同盟，简称"自由大同盟"。中国自由大同盟成立宣言，号召人民要争取言论、出版、结社、集会等自由，反对南京国民政府统治，指出"不自由毋宁死"。同时，出版机关刊物《自由运动》。洪丝丝把中国自由大同盟的宣言刊于报上，引起印度尼西亚荷兰殖民当局恼怒，他们传讯了洪丝丝，说中国自由运动大同盟是共产党组织，《新中华报》刊登他们的宣言，是犯了殖民地法律的，非查究不可。洪丝丝坦然应对，指着宣言上的签名，说这些签名者都是世界有名的中国社会名流和文化大家，荷兰殖民者无言以对，只能将洪丝丝礼送回家。

揭露日军　被驱回国

洪丝丝很早就意识到日本侵华脚步不会停止，他抓住一切机会向华侨揭露日本企图吞没中国的阴谋。

1931年5月，洪丝丝在《新中华报》上写了一篇纪念"济南惨案"三周年的评论，控诉日军侵华罪行，提醒世人警惕日军吞并中国、继而称霸世界的罪恶企图，号召华侨抵制日货，抗日救国。此文发表后，在华侨社会引起震动，日本驻印度尼西亚总领事，立即向印尼荷兰殖民当局提出交涉，要求取缔华侨报纸的反日宣传。荷兰殖民者再一次传讯洪丝丝，并将之扣押于棉兰警察厅，最后决定将之驱逐出境，派兵押送他至海口勿老湾登轮。

南洋名记　赴日抗敌

洪丝丝所著《异乡奇遇》

1932年，洪丝丝再次南渡，到马来亚槟城的《光华日报》任副刊《槟风》编辑。《光华日报》是由孙中山亲自创办的一份报纸，拥有革命传统。洪丝丝主持副刊期间，刊发了一批唤起华侨抗日援国的文艺作品。

随着1931年九一八事变的发生和1932年"一·二八"淞沪抗战的打响，海内外中国人掀起了抗日救亡浪潮。

为更好揭露日军全面侵华阴谋，1935年洪丝丝以《光华日报》驻东京记者身份前往日本，同时在东京大学攻读社会学。在日本，他一方面完成采访、写稿任务，一方面投入了在日中国进步留学生发动的抗日救亡运动，还将之写成通讯，刊于《光华日报》，对唤起槟城华侨抗日救国发挥了作用。

三往南洋　槟城韬奋

1937年7月，卢沟桥事变爆发，日本开始全面侵华，中日两国进入战争状态，洪丝丝回到槟城，决心运用手中的笔，动员槟城华侨全力支援祖国抗击侵略者。他与庄明理、王济弱、方君壮等进步爱国华侨合办了一份《现代日报》，旗帜鲜明地宣传抗日。在他和同仁们精心经营下，版面生动活泼，内容丰富多彩，拥有大量读者。

为专注于宣传抗战，洪丝丝辞去了《光华日报》工作，在《现代日报》内负责编辑《现代周刊》。这是一份相对独立的时事政治性刊物，形式与邹韬奋在上海办的《生活周刊》相同，只是南洋印刷、装订条件不如上海，内容也是全力宣传抗战。《现代周刊》每期都有一篇评论，署名丝丝，这是他从本名"洪永安"易名"洪丝丝"的开始。随着洪丝丝的文章读者越来越多，读者中有人称他为"南洋的邹韬奋"，洪丝丝也以此自勉，努力把刊物办好。

《现代周刊》实际上是洪丝丝一个人在办，他要写信组稿、看稿、编辑、校对以及回复读者来信，当然还要自己写文章，每期三、四篇。刊物出版后即发行上万份，这个数字在南洋报刊发行量中是很大的。《现代周刊》报道国内八路军、新四军对日抗战，国统区的民主运动，也对当地华侨支援抗战进行充分报道，对槟城抗日救国活动和进步文化教育事业发展起了推动作用。

1938年，洪丝丝在新加坡编辑《现代三日刊》，并担任华侨青年抗敌干部训练班讲师，不但铁笔抗日，还奔走呼号，动员华侨全力支持祖国抗日战争。

星洲陷落　避往巨港

1941年12月，日本发动太平洋战争，入侵东南亚，战火烧到了新加坡。

洪丝丝因长期在东南亚坚持宣传抗战，自是侵略者眼中钉，必须赶快撤出。在各地华侨的帮助下，洪丝丝携家人紧急撤往苏门答腊岛南端的巨港，潜入山乡，过了三年极其艰辛的生活，直到日军于1945年8月战败投降，洪丝丝才带着家人回到新加坡。

1946年，洪丝丝在新加坡参加编辑《大战与南侨》，并加入中国民主同盟（简称"民盟"），于同年出任《南侨日报》经理兼社论委员会主席，主编《南侨晚报》。

1950年，洪丝丝被新加坡殖民政府驱逐出境，返回祖国。回国后，他一直从事侨务宣传与研究工作。历任中央人民政府华侨事务委员会委员兼华侨图书编委会主任，中国新闻社专稿部主任、理事长，中国华侨历史学会第一届副会长、第二届会长，中国侨联第一届常务委员兼副秘书长，中国侨联第二、三届副主席，民盟中央委员、中央参议委员会委员，同时还是第一、三、五届全国人大代表，第六届全国人大常务委员。著有长篇小说《异乡奇遇》和《华侨史概论》《辛亥革命与华侨》等。

1982年，洪丝丝加入了中国共产党。

1989年5月11日，洪丝丝病逝于北京。

洪丝丝

洪雪邨

洪雪邨（1911—1988年），又名洪雪村、刘思明、洪添筹、洪国器、刘依、刘史名，福建厦门人，新加坡归侨，著名报人。曾任新加坡反帝大同盟常务委员兼宣传部部长、新加坡《南洋文艺》编辑兼发行人、福建省厦门市《厦门半月刊》编委、厦门市《思明日报》编委兼副刊编辑、广西南宁市《民国日报》副刊编辑、广西桂林市《桂林日报》编辑、桂林市《时代艺术》主编、国民革命军第二十一集团军第七军第一七一师政治部秘书、国民革命军第二十一集团军第七军第一七一师政治部代主任、第五战区民众总动员委员会设计委员会文化组副组长、第五战区《动员日报》总编辑、中国青年记者协会第五战区分会干事、新四军政治部宣教部一科科长兼新四军机关报《抗敌报》总编辑、中共新四军政治部总支部书记、新四军华侨联谊会主席、全国政协筹备会秘书处秘书主任、政务院秘书处处长兼人事处副处长、第三机械工业部基建司司长、文化部办公厅副主任兼党委副书记、《新文化报》总编辑兼党组成员、云南省文化局副局长兼云南人民出版社社长、中共云南省顾问委员会委员。

集美就学　跃身革命

1911年9月14日，洪雪邨生于福建省同安县（今属厦门市同安区）一个小康之家，幼承庭学师海，颇具国文功底。1924年，就读于陈嘉庚创办的福建集美学校商科。

集美学校与厦门大学是福建省最早传播马克思主义的重要阵地，厦门也是全省最早建立中共党团组织的区域之一。洪雪邨入学不久，就与在集美学校师范科读书的先进分子罗明、李觉民、罗扬才等人相识，他们中有的同广东区委取得联系，有的同上海团中央通讯联络，代销《中国青年》《向导》等进步书刊，出版《星火周报》。洪雪邨参加了他们组织的福建青年协进社，学习马列主义，接受了革命思想，投身学生运动，加入了共青团组织。

避捕南渡　星洲入党

1927年4月9日，国民党反动派在厦门发动"四九"反革命政变，中共厦门市委主要领导罗扬才、杨世宁等惨遭杀害，洪雪邨暴露，紧急避往他乡，坚持斗争。后国民党反动派继续追捕，其不得不于1929年南去星洲。

在新加坡，洪雪邨很快与当地进步社团联系上，参加马来亚共产党领导的新加坡反帝大同盟，并很快成为活动骨干，不久担任常务委员兼宣传部部长，1931年加入了马来亚共产党，担任进步刊物《南洋文艺》编辑兼发行人。

抗日被逐　回厦斗敌

1931年，九一八事变爆发后，洪雪邨投身新加坡的抗日救亡运动，他撰文并在各种活动上进行抗日演讲，揭露日军暴行，号召华侨抗日援国，批评蒋介石的"攘外必先安内"政策，发动工人罢工抗议日军侵华，同时参与组织华侨抵制日货，也因此于同年被新加坡英国殖民当局逮捕。狱中受尽折磨，后被驱逐出境。

离开新加坡后，洪雪邨回到厦门，担任进步报纸《厦门半月刊》《思明日报》副刊编辑，并以此为掩护从事党的地下工作，他发动青年起来抗日和反对蒋介石消极抗日、积极反共的"攘外必先安内"政策。

1934年底，洪雪邨被列入搜捕名单，他紧急撤往广西。

广西报人　文化领袖

1935年1月，洪雪邨抵达当时的广西省省会南宁市，先后担任南宁《民国日报》副刊《铜鼓》和《桂林日报》编辑，以此为掩护从事党的地下工作。

在广西，洪雪邨充分利用报媒编辑这一平台，团结了一批富有才华的爱国进步文化青年，进行抗日宣传活动，举办了大量抗日文化活动，成为当地青年抗日文化活动骨干。

洪雪邨在桂林时期，积极推动桂林抗战美术宣传，是桂林抗战木刻运动的开拓者之一。主要表现在三个方面：

洪雪邨发起创办了广西版画研究会。1937年6月，由他和著名摄影家沙飞及青年木刻家钟惠若、李漫涛等一起发起成立了广西版画研究会，会员40多人，直属乐群社文化部领导。关于该会成立的缘起与宗旨，洪雪邨在其《广西版画研究会成立的意义》（载1937年7月4日《广西日报》）中，明确指出："广西的艺术工作者，我们虽然未曾一刻忽视了我们在民族解放斗争途程上的任务，我们有着热烈的情绪，我们有着英勇的精神，可是，我们有一个缺点，我们缺乏组织，我们没有把散漫着的群力集合起来，我们是各自为战的，虽然我们的行程是相同的，但步伐难免要不甚一致。为了此，我们有时候是浪费了我们纯洁的热情，有时候是沮丧了我们宝贵的精神。现在，我们应该像中华民族的统一似的，把我们过去泛散的，各自为战的各个力量集合起来，使每个团体的力量都能够在集体里面发挥出伟大的效果。也只有如此，我们才能够在艺术领域上把民族解放斗争的任务切切实实地肩负起来。"广西版画研究会成立后，始终坚持办会宗旨，积极开展桂林抗战木刻运动，为桂林抗日救亡宣传做了大量的工作，如创办会刊，举办抗战画展，开办木刻训练班，经常参加桂林抗战文化宣传活动中重要的文化团体。

洪雪邨创办并主编《时代艺术》（该刊后易名《新艺术》）。《时代艺术》是抗战时期广西最早的一份美术刊物，它作为广西版画研究会会刊，于1937年7月4日创刊。其办刊宗旨，如洪雪邨在创刊号上发表的发刊词所说，是"把我们过去泛散的，各自为战的各个力量集合起来，使每个团体的力量都能够在集体里面发挥出伟大的效果……集体的研究，大家各以所长来互教，各以所短来互学……使大家都能踊跃地来参加"，进一步促进新兴木刻运动，"使这新兴的艺术，能够开出鲜艳的花朵"。《时代艺术》发表了一大批对鼓励广西百姓投身抗日发挥了积极作用的木刻作品，如李桦《在瞭望中的民族英雄》《战友》《怒焰》，佚名的《我们的卢沟桥》，钟惠若的《守望》，李漫涛的《拉》，赖少其的《拥护英勇的抗日战士》。同时，还刊发了一批鼓励文化界人士投身抗日的时评，如赖少其的《木刻家到了战争的年代》、沙飞的《摄影与救亡》等。

洪雪邨发起并组织了大量抗日文化活动。他组织广西版画研究会的会员进行抗战木刻创作，多次举办抗战画展。如，1937年7月中旬，洪雪邨和版画研究会的同仁举办第三回全国木刻流动展，分桂林、南宁和梧州三处展出；1937年7月16日，他以广西版画研究会的名义，主持了《李桦先生第二次木刻展》；1937年年底到1938年年初，他参与主办了《钟惠若版画展》；1938年春天，联手国防艺术社、广西美术会，举办广西美术展览筹备会，展出的500多幅作品，展后义卖，筹款支援抗战前线，这是广西抗战早期第一次大规模的全省美展，反应强烈。1938年4月17日，又以广西版画研究会的名义，在桂林主持开办了《第二届木刻流动展览》。

在广西，洪雪邨为《广西日报》《战时艺术》等报刊撰写了一批文艺理论文章，如《广西的木刻运动》《关于李桦先生二次木刻展》《广西版画研究会成立的意义》《关于第三回全国木刻流动展览》等，奠定了其桂林青年文化领袖地位。

在桂林期间，洪雪邨还撰写了大量抗日檄文，如1937年1月28日他在《桂林日报》的《桂林》版刊登了题为《"一·二八"献词》："我们纪念'一·二八'，是因为这是中华民族敢于正面和敌人抗战，而且胜利的日子。这种精神在中华大地上发育滋长。民族的自由、解放、与独立是有希望的。'一·二八'五周年的今天，热河不是我们的了，华北没有国民党了，长城一带看不见中华的国旗在天空招展了。我们这民族的身上更负上了'塘沽协定'、'上海协定'、'何梅协定'等一身屈辱的条约了。……烈士的血溅遍了整个中华大地，抗战的浪涛到处汹涌澎湃。我们每个人都要为抗战出力。……"

投军征战　琴心剑胆

1938年4月下旬，洪雪邨奉党之命，带领八路军桂林办事处介绍的几位从延安学习出来的青年同志，驰赴徐州会战前线，到桂系军队搞党的地下工作，曾任桂系的第二十一集团军第七军第一七一师政治部秘书、代主任，大力宣传抗日救国道理，为提高士兵的抗日热情做了大量卓有成效的工作。

期间，洪雪邨还担任第五战区民众总动员委员会设计委员会文化组副组长、第五战区《动员日报》总编辑。为团结青年记者更好为抗战服务，他还奉党之命，以《动员日报》总编辑的身份，参与组织了中国青年记者协会第五战区分会。著名记者陆诒曾对此有这样回忆记录："我们还在轰炸声中成立了中国青年新闻记者学会第五战区分会，5月14日上午到徐州郊外的云龙山上举行首次座谈会，商量如何进一步加强协作，做好战地新闻工作。正当会议进行之际，敌机猛烈轰炸徐州东关和北关一带。当敌机炸后离去时，《动员日报》的社长汪止豪和总编辑洪雪邨从日机轰炸之下匆匆赶到，他们每人手里提着一架电话机，军装上满是灰土……"

在第一七一师政治部工作期间，洪雪邨将北上湖北抗日的广西学生军等爱国进步青年组织中优秀分子吸纳进一七一师，他亲自到基层连队上爱国教育课、教唱抗日歌曲，鼓励将士勇敢杀敌、保家卫国。他随部转战于湖北多地，长途行军，参加了保卫武汉外围的黄（梅）广（济）会战，冒着枪林弹雨在前线进行宣传鼓动，还配合做群众工作，动员战地附近百姓拥军支前。

1938年年底，当第一七一师进驻麻城木子店防区以后，洪雪邨继续坚持在部队进行国共团结共同抗日宣传，教住地少年儿童唱《救亡曲》《游击战》等歌曲，每到一地就四处张贴"坚持抗战到底，反对投降；坚持团结，反对分裂；坚持进步，反对倒退"等国共合作抗战的标语，也因此被说成是替共产党做宣传。洪雪邨就利用带许平、孟波、付善术几人到礼山、黄安（今红安县）前线的机会，路经七里坪，顺便到新四军第五大队（新四军第五师前身）会见方毅政委和张体学大队长，被第一七一师得知后，被迫"辞职"。

入新四军　办《抗敌报》

洪雪邨离开国民革命军第一七一师后，任新四军政治部宣教部一科科长兼新四军机关报《抗敌报》总编辑、政治部党总支书记。随着海外华侨投奔新四军的人越来越多，新四军华侨联谊会成立，洪雪邨任主席。

1941年1月，皖南事变发生，洪雪邨随部奋勇突围，但终因寡不敌众被捕，关入上饶集中营。狱中饱受折磨，但坚守气节，保持革命激情，寻找和制造一切机会越狱。1941年5月，洪雪邨与同时被俘的新四军军部军医陈延圣一起，成功逃出魔窟，重回革命队伍，继续出生入死为党工作。

抗战胜利后，洪雪邨奉命辗转重庆、台湾、香港等地，继续从事党的地下工作。

中华人民共和国成立后，洪雪邨历任全国政协筹备会秘书处秘书主任、政务院秘书处处长兼人事处副处长、第三机械工业部基建司司长、文化部办公厅副主任兼党委副书记、《新文化报》总编辑兼党组成员、云南省文化局副局长兼云南人民出版社社长、中共云南省顾问委员会委员。

1988年11月1日，洪雪邨病逝于云南省昆明市。

高 明 轩

高明轩(1919—　　)，福建石狮人，菲律宾归侨。曾任菲律宾怡朗华侨救亡协会会员，陕北公学第四十队宣传干事，中共陕北公学第四十队支部书记，中共中央海外工作委员会资料组组长，沈阳《东北日报》资料研究室主任、《通化日报》社社长、长春广播电台台长，中共闽粤赣边区《大众报》社社长，中共漳州地委委员兼宣传部部长、《漳州日报》社社长，中共永安地委委员兼宣传部副部长、《永安日报》社社长，中共福建省委宣传部宣传处处长，福建省华侨事务委员会主任、党组书记，全国侨联副主席，中央人民政府华侨事务委员会委员，中共福建省委《红与专》编辑部副主任，中共福建省委政策研究室主任，中共福建省委副秘书长，中共连江县委副书记，福建省华福公司副总经理，福建省进出口办公室副主任、福建省政协常委兼福建省"三胞"工作委员会副主任，福建省人民政府外办党组成员、福建省对外友好协会副会长。

高明轩

1919年8月30日，高明轩生于福建省晋江县永宁镇外高村（今属石狮市），在永宁镇当地接受小学教育，1935年毕业于泉州培元中学。1936年年初南渡菲律宾，在怡朗市一家侨办商铺当店员。

高明轩一到怡朗市就投入当地的抗日救亡工作，他参与成立怡朗华侨救亡协会。怡朗华侨救亡协会创立于1936年6月，主要领导人是陈曲水、张栋梁、高作楫等，这是菲律宾南岛最早成立的一个华侨抗日团体，以怡朗华商中学为基地展开救亡活动。

高明轩积极发动抗日意志坚定的闽南华侨加入怡朗华侨救亡协会，使该会很快拥有骨干会员200多人。怡朗华侨救亡协会拥护中国共产党的抗日主张，与香港全国救国会的邹韬奋和八路军驻香港办事处取得联系，经常介绍国内进步书刊给会员阅读，每星期日下午举办时事座谈会，分析国内外政治形势，研究开展抗日救亡活动。

1937年7月卢沟桥事变之后，高明轩和会员们一起走上街头宣传抗日，他们介绍中共抗日主张，控诉日军暴行，报告祖国抗战形势，动员华侨捐款捐物支援祖国抗战。他和会员们还组织查验日货小分队，查处偷卖日货的奸商，焚烧日货。同时，动员华侨青年回国参军杀敌。

1938年年初，高明轩率领一批华侨青年回国投军，他们历尽艰辛，辗转万里，奔赴延安，参加八路军。高明轩到了延安后，进入陕北公学学习，因表现优异加入了中国共产党，随即进入马列学院学习。马列学院全称"马克思列宁主义学院"，校址设在延安城北的蓝家坪，土石山上的一排窑洞就是校舍，同杨家岭隔延河相望，党中央负责人之一的张闻天兼任院长。延安马列学院是抗日战争时期和解放战争时期中共中央创办的以学习、研究马克思列宁主义基本理论为重点的干部学校。在马列学院学习结束后，高明轩留在延安工作。曾任陕北公学第四十队宣传干事和党支部书记。

1941年12月太平洋战争爆发，为广泛团结一切反法西斯力量，组成国际反法西斯统一战线，1942年年初，毛泽东倡议并经中共中央决定，成立中共中央海外工作委员会，由朱德任总书记，黄华任秘书长，高明轩出任资料组组长。他通过各种方法，收集第二次世界大战的欧洲、东南亚战场情报与资料，进行深入分析，撰写研究报告，提供给中共中央。

抗日战争胜利后，高明轩驰赴东北，先后任沈阳《东北日报》资料研究室主任、《通化日报》社社长、长春广播电台台长。1947年赴香港，在中共香港工作委员会工作。1948年，调往中共闽粤赣边区，担任《大众报》社社长。

中华人民共和国成立后，高明轩先后出任中共漳州地委委员兼宣传部部长、《漳州日报》社社长，中共永安地委委员兼宣传部副部长、《永安日报》社社长，中共福建省委宣传部宣传处处长，福建省华侨事务委员会主任、党组书记，中国侨联副主席，中央人民政府华侨事务委员会委员，中共福建省委《红与专》编辑部副主任，中共福建省委政策研究室主任，中共福建省委副秘书长。

1976年11月后，高明轩相继担任中共连江县委副书记，福建省华福公司副总经理，福建省进出口办公室副主任，福建省政协常务委员兼福建省"三胞"工作委员会副主任，福建省人民政府外办党组成员、福建省对外友好协会副会长。

郭瑞人

郭瑞人（1905—1995年），福建泉州人，新加坡归侨，著名企业家、华侨领袖、社会活动家，曾任新加坡厦门公会常务委员、新加坡福建会馆秘书、新加坡振亚有限公司董事长兼总经理、新加坡南洋出版社董事、新加坡福建会馆执事、新加坡《南洋商报》董事、新加坡昆兴企业有限公司常务董事、福建省华侨投资公司副总经理、总经理，福建省侨联主席、名誉主席。福建省副省长，福建省人大常委会副主任，中国侨联副主席。

辍学南渡　星洲经商

郭瑞人祖籍福建省泉州市，1905年2月出生于福建省厦门市。自幼聪明好学，学业优良，无奈因家庭过于贫寒，小学毕业即去商店当学徒。16岁时，用辛苦工作存下来的钱到厦门禾山甲种商业学校读书，但只读了一年即辍学，进入商铺当店员。

1925年，郭瑞人随朋友一起下南洋，历尽艰难到印尼苏门答腊谋生，起初在商店当店员，后自己开店。1934年经友人介绍，往新加坡经商、颇有发展。

组织公会　合力抗日

1937年七七事变后，郭瑞人全身心投入新加坡抗日救亡工作，他不但一次次慷慨捐资支援祖国抗战，还走上街头进行抗日演讲，动员华侨倾资倾力与祖国共赴国难。

1938年5月10日，日军从厦门五通村强行登陆，仅有70多人的五通村，当日即有24人惨死在日军枪口下。日军侵占故乡厦门，令居于新加坡的厦门乡亲深感家仇国恨，义愤填膺，因此决心组织力量，开展抗日救亡运动。为赈济故乡和支持抗战大业，郭瑞人联络一批在新加坡的厦门乡亲，商议组织同乡会。在郭瑞人的穿梭奔走下，新加坡厦门公会正式成立，郭瑞人任常务委员，厦门公会最初租用厦门街荥阳公所三楼为会所，1939年3月16日正式获准注册。

厦门公会成立之后，郭瑞人组织厦门籍华侨为厦门抗日牺牲志士和被日军杀害、重伤的家庭提供帮助。厦门公会至今仍存，成为集合

郭瑞人

新加坡厦门籍华侨共同兴业和联络祖籍地的重要平台。

抗战时期，郭瑞人还兼任新加坡福建会馆秘书，参与具体组织了福建会馆主持的系列筹款支援祖国抗战、抵制日货、发动华侨回国参战、组织南洋机工回国服务团及动员华侨参加星华抗日义勇军等活动，许多由福建会馆发布的抗日檄文皆出自他的笔下。也正是在抗日战争中，他认识了中国共产党。

特别是在福建会馆听取了陈嘉庚先生延安行的报告后，他对共产党领导的抗日武装斗争有了较明确的认识，更加积极投入筹赈工作，支持祖国抗战。

1942年2月15日，驻守新加坡的英军投降，在日寇进入前，郭瑞人与友人一起，通过水路撤到印度尼西亚苏门答腊岛避难，避居巴爷公务（亦称"马雅光务"），在此进行抗日地下宣传，并结识了胡愈之、郁达夫、杨骚、张楚琨等爱国进步人士。在极其艰难的情况下，郭瑞人坚持与友人每天收听美国、印度、重庆电台广播，将包括中国在内的世界反法西斯战争真实战况记录下来，及时编辑、刻印，以油印小报的形式进行传播，以坚定华侨抗日必胜信心，使他们坚持不与日本人合作，日寇投降和盟国受降等消息就是由他参与油印的小报最先通告给当地华侨。

跟随中共　一心为国

抗日战争胜利后，郭瑞人于1946年重返新加坡。1946年10月，也回到新加坡的胡愈之与进步文化界人士筹组南洋出版社，当时需要资金10000元，但多方奔走仅筹到3000元。郭瑞人慷慨出资7000元，补齐不足之数。南洋出版社出版了许多介绍中国的爱国进步书籍，还办起了发行南洋各地的《风下》杂志，每月一期，宣扬爱国进步思想。在投资组建出版社期间，郭瑞人还筹建了振亚有限公司，亲任董事长兼总经理，并代表公司参加了新加坡中华总商会，被推为福建会馆执事。胡愈之等筹办新加坡《南洋商报》时，郭瑞人也慨然出资并担任董事。正是在与胡愈之、张楚琨等爱国华侨长期交往中，郭瑞人对中国共产党有了更深的了解。

新中国成立后，郭瑞人以各种形式支援新生的祖国。1951年，伍修权在联合国代表新中国发言后，郭老从经济上支持《爱华》月刊复刊，并全文发表伍修权在联合国的发言，在当地产生很大影响。1950年初，他与友人合资创办新加坡昆兴企业有限公司并任常务董事，该公司主要业务是为新中国争取外汇。祖国政府为保家卫国，雄赳赳跨过鸭绿江，抗美援朝。昆兴企业有限公司极力采购橡胶供应祖国。后来新加坡当地殖民政府禁止战略物资出口，昆兴企业有限公司载运橡胶回国的船只在公海被当地政府截回，货物被没收，公司被搜查，经济上蒙受了巨大损失。

回国建设　倾心倾力

1951年8月，作为印尼首批华侨回国观光团中的一员，郭瑞人回到新生的祖国，并成为第一位携眷留下来参加祖国建设的著名华侨，举家回到福建，定居福州市。

1951年12月，郭瑞人积极向福建省领导建议成立华侨投资公司，吸引侨资发展福建经济。省领导不但接受了他的建议，派当时福建省人民银行行长高磐九和省侨委主任王汉杰同志协助，由他负责成立"省华侨投资公司"筹备处。他殚智竭虑,积极主持筹备处工作,并不领工资,不取报酬。该公司"章程"及"募股计划"经省人民政府批准后,全省人民银行和侨务部门大力支持,密切配合,侨乡的人民银行和侨联成立"华侨投资募股委员会",不少基层成立了募股小组。在这期间,他奔波于侨乡各地,仅六个月就完成了首期募股计划的75%以上。

1952年7月20日,福建省华侨投资公司正式成立。郭瑞人先后担任副总经理、总经理。

在郭瑞人主持下,福建省华侨投资公司边努力募集侨资,边投资筹建工厂。1954年及1955年,泉州糖厂、福清油厂等即先后投产。到1967年的十七年间,华侨投资公司募集资金外汇人民币八千多万元,投资兴建或扩建工矿企业62个,为改变全省过去经济基础差,发展地方工农业生产作出了宝贵的贡献。

郭瑞人举家回国并全力以赴投入祖国建设事业后,原在海外经营的事业已基本放弃,家庭经济收入也受到很大影响,但他仍竭力赞助地方公益事业,以物资、现款等捐赠给华侨农场、华侨中学,并资助一些侨联会。这种无私奉献的精神,受到了省内和国内侨界的尊崇,成为爱国归侨的典范,海外华侨、华人也赋予很高的评价。

改革开放之后,郭瑞人连续当选为第五、六、七届全国人大代表,先后担任福建省副省长、福建省人大常委会副主任、中国侨联副主席、福建省侨联主席及名誉主席等职。

从1978年到逝世前的十多年中,他参与了全国和福建省的许多重大政治活动。如参加制订《中华人民共和国国籍法》的讨论;参加有关保护旅外侨胞正当权益和归侨、侨眷合法权益的许多法规和政策的制订,反映了侨界人士的呼声,提出了许多建议,并为落实一系列侨务政策做了许多

郭瑞人100周年诞辰活动

工作。此外,还发动华侨回国投资兴业,为加速发展福建的经济建设作出积极贡献。

1995年,郭瑞人病逝。

黄长水

黄长水（1904—1980年），福建惠安人，菲律宾归侨，著名企业家、侨领。曾任菲律宾怡朗华侨抗日救亡协会会员、菲律宾怡朗中华商会董事、菲律宾华侨援助抗敌委员会西黑人省分会副主席、菲律宾怡朗华商中学董事、菲律宾华侨抗日反奸大同盟盟员、菲律宾华侨抗日游击支队队员、香港华侨工商俱乐部会长、香港港菲出入口商会理事长、午港福建民主建设促进会负责人、福建省人民政府委员、福建省政协副主席、广州市投资公司董事长、广州市华南企业公司副董事长。广东省广州市副市长、广州市政协副主席、广州市工商联主席、民建广州市委主席、中国侨联副主席、民建中央常委、全国工商联副主席、中央人民政府华侨事务委员会副主任。

黄长水

来沪深造　回菲经商

1904年，黄长水出生于福建省惠安县六区（今张坂镇）霞美村一个华侨工商业者家庭。父亲黄世仙因家境贫苦，早年下南洋拼搏，靠克勤克俭积聚资金，后来在西黑人省拉卡拉达镇开了一家大杂货店，生意不错，家道逐渐殷富。

黄长水从小受到良好教育，曾就读于厦门著名的同文书院。1913年，黄长水随父赴菲求学，在当地华文小学和初中读书。1922年回国深造，进入南京的暨南大学附属中学，毕业后考入上海暨南大学。在上海读书期间，黄长水深受著名社会学家邓初民等人影响，思想倾向进步。

1930年，黄长水以优异成绩从暨南大学毕业后，再次南渡菲律宾，协助父亲经营泉昌号商行。

抗日争先　成为侨领

1931年9月，九一八事变发生，日本铁蹄踏破白山黑水，黄长水闻知，愤而投身菲律宾侨界爱国运动，奔走城乡进行抗日宣传，不但自己踊跃捐款，还参与组织了一系列抗日募捐筹款活动，支持马占山领导的东北义勇军。

1932年"一·二八"淞沪抗战打响，进一步激起菲律宾华侨爱国热情，黄长水再次带头捐出巨款，还组织了多场声势浩大的抗日募捐活动，在截止到1932年9月菲律宾华侨捐给十九路军的80万美元中，就有黄长水奔走募捐所得。他还积极动员华侨捐款购买战机，增强中国空军战斗力量。菲律宾华侨很快捐款购战机15架，命名为菲律宾华侨飞机队，赠送给十九路军。

1936年，黄长水参加了由陈曲水、郑士美等爱国华侨组织的怡朗华侨救亡协会，他参与举办了大量抗日演讲会、报告会，揭露日军侵华暴行，介绍中国军民浴血抗战事迹，使当地华侨了解"一·二八"淞沪抗战和长城抗战，更加踊跃捐款和购买航空救国公债。

黄长水在带领华侨开展抗日救国活动中，成长为当地华侨领袖，曾任菲律宾怡朗中华商会理事、华商中学董事等职务。

1949年，黄长水（左二）送庄希泉（左三）赴上海

人力物力　支援中共

1937年7月7日，卢沟桥事变发生，日本帝国主义开始大规模侵华，祖国全面抗战打响，黄长水积极参加了由著名爱国侨领李清泉发起、组织的菲律宾华侨援助抗敌委员会，并担任了菲律宾西黑人省分会副主席，全力"策励侨众开展爱国运动，以人力物力援助政府抗敌御侮"。他穿梭于全省各地侨商之间，宣传抗日，晓以大义，使众多侨商都将支持祖国抗日战争作为头等大事。他把当地爱国华侨组织动员起来，一起开展抗日募捐筹款活动，不断为祖国捐献钱款、药品、棉衣。

黄长水还在华侨中宣传中国共产党的抗日主张，介绍中国共产党领导的八路军、新四军在极其困难的情况下坚持抗击日本侵略者的事迹，发动大家为八路军、新四军捐款捐物。

1938年，黄长水动员华侨青年回国参加八路军、新四军，支持和帮助菲律宾南岛一批爱国华侨青年组成华侨归国抗日义勇队，他主动帮助义勇队队员解决各种困难，减少他们的后顾之忧，使之义无反顾回国驰骋沙场。据统计，菲律宾怡朗华侨救亡协会于1937年到1938年先后组织三批20多人回国。第一、二批10多人到延安，第三批7人参加新四军。

战入侵者　保侨居国

1941年12月，太平洋战争爆发，日军侵略者的铁蹄踏破南洋，菲律宾多地成了日军轰炸目标，黄长水5位亲人死于日军的狂轰滥炸，这更激起了他拿起枪来血战日寇的决心和勇气。菲律宾沦陷后，黄长水加入了许立领导的菲律宾华侨抗日反奸大同盟，弃商从军，参加了菲律宾华侨抗日游击支队，投身抗日游击战争，保卫侨居国。

当时，菲律宾华侨抗日游击支队物资条件甚差，黄长水毁家输财，为游击队捐献了大量军费、粮食、药品、衣被等物质。为密切游击队与驻地人民群众的关系，黄长水还拿出钱来接济驻地贫苦居民。

黄长水不但为华侨游击队捐资捐物，还亲自拿起枪来与侵略者血战。每次作战，这位华侨富商都冲锋在前，勇猛杀敌。

菲律宾沦陷期间，黄长水曾两次被日军抓捕，遭受严刑拷打，虽遍体鳞伤，仍坚贞不屈，且甚为机智，始终没有暴露身份，后因日军查不到实据，才予释放。

国家功臣　辉煌一生

抗日战争胜利后，黄长水重返商界，不久遵父命来到香港，主持父亲在此创办的泉昌有限公司。

1947年年初，在廖承志、许涤新、饶彰风等中共党员倡导下，黄长水与邓文钊等港澳爱国工商界人士发起组成华侨工商俱乐部，黄长水任会长，俱乐部经常举行时事报告会、座谈会，报告国内革命形势和中国共产党的方针、政策，团结旅居港澳华侨和港澳工商界人士，支援祖国人民解放事业。黄长水还购买电动印刷机、大批西药及医疗器械赠送给泉州地区中共游击队。

当时，解放区物资缺乏且当地的土特产又滞销，为了支援刚解放的天津市建设，黄长水参与组

黄长水（右一）与庄希泉（中）、庄明理（左一）

织了新中公司，先后两次用轮船运输汽油、柴油、卡车、西药、橡胶、轮胎和纸张等解放区缺乏的物资到天津塘沽港。以后，该公司继续与解放区进行贸易，增强了解放区的物资供应，也帮助拓展土特产的销路。

在香港，黄长水先后加入中国民主同盟（简称"民盟"）、中国民主建国会（简称"民建"），还兼任港菲出入口商会理事长和旅港福建民主建设促进会负责人。他利用这些社团为掩护，积极筹募经费，收购战略物资，接济闽、浙、赣革命部队，并动员不少青年回内地参加革命。黄长水还筹组北上服务团。

1949年9月，黄长水代表爱国华侨出席中国人民政治协商会议第一届全体会议，为全国政协委员。

1949年10月1日，黄长水参加了中华人民共和国开国大典。回到香港，他率先在永乐街泉昌有限公司楼房升起了第一面五星红旗，这是在香港升起的第一面中华人民共和国国旗。

在新中国成立后，黄长水把海外大部分资金调回国内投资，自己也毅然回到祖国内地服务，曾任福建省人民政府委员、福建省政协副主席、广东省广州市副市长、广州市政协副主席、广州市工商联主席、民建广州市委主席、全国侨联副主席、民建中央常委、全国工商联副主席、中央人民政府华侨事务委员会副主任等职，被选为第一至第五届全国人民代表大会代表。还曾任中国亚非团结委员会委员、中国国际贸易促进委员会委员、广州市投资公司董事长、广州市华南企业公司副董事长。

黄长水对家乡怀有深情，旅菲期间就慷慨捐资兴建霞美小学校舍。新中国成立之后，他长期通过香港泉昌有限公司辗转汇款给霞美小学作为办学经费，并连续数年寄来药品发给患病乡亲。

1980年7月，黄长水在广州病逝，终年76岁。

黄清渠

黄清渠（1929—1989年），福建龙岩人，新加坡归侨，著名精密仪器专家、社会活动家。曾任哈尔滨工业大学助理教授、讲师、副教授，广东省科学院测试分析研究所任副研究员，广东省副省长，广东省政协副主席，广东省华侨投资公司董事长，致公党广东省委主任委员，致公党中央副主席。

解放战争　回国读书

1929年11月23日，黄清渠出生于福建省龙岩市龙门镇赤水桥村一个爱国侨领家庭。父亲黄复康是侨界名士，早年经商于印度尼西亚（简称"印尼"）、新加坡，抗日战争时在南洋追随著名侨领陈嘉庚的投身抗日救亡工作。中华人民共和国成立后，回国参加建设，曾任广东省华侨投资公司副总经理、广东省侨联副主席、致公党中央执委、全国工商联委员、全国人大代表等职。母亲彭君娇归国后，曾任广州市妇联委员、广州市侨联委员、广州市致公党委员和广东省人大代表。

黄清渠

1933年，黄清渠随母亲彭君娇跨海下南洋与父团聚。辗转多地，才决定在印尼谋生。刚过了几年安稳日子，随着1937年7月卢沟桥事变爆发，黄复康全身心投入抗日救亡工作，后被荷印殖民政府所驱逐，辗转至新加坡谋生。黄清渠随母亲又渡过爪哇海，前往新加坡，学校读书。1942年，随着日军入侵，新加坡华文学校被封闭，坚决不接受奴化教育，辍学进入光华栈出入口商行当学徒、职员。

1945年8月15日，日本投降，黄清渠重新进入学校。先后进入中正中学、华侨中学和新加坡南洋师范学院。

黄清渠在新加坡参加了进步活动，并决定回国跟着中国共产党走。1949年6月18日，黄清渠乘海菲号邮船起程回国，先至香港，而后一路北上至北京，1949年秋考入大连工学院（今大连理工大学）机械工程系学习。

哈工名师　创下第一

经过五年发奋苦读，以优异成绩毕业，并被保送至哈尔滨工业大学精密仪器专业攻读硕士。1957年毕业留学任教，相继担任助教、讲师、副教授。

作为哈尔滨工业大学的名师，黄清渠的课上得很好，内容充实，条理性强，深受学生欢迎。

黄清渠对精密仪器和计量学造诣精深，是哈尔滨工业大学这两门学科研究的带头人。他还是黑龙江省计量测试学会理事、几何测量专业委员会主任委员，先后主编或参与编写了《实用度量学》《长度计量手册》《几何量计量》《万能渐开线测量仪》《精密测量技术》等学术著作和教材。他撰写的《建立误差新概念与合成的研究》一文，曾被国家计量研究所选送作为参加国际计量大会的论文。由他主编的长达140万字的《实用度量学》，成为我国第一部计量学教材。

黄清渠有极强的创新意识，勇于探索。他主讲的一门课程的教材，原先确定是他人主编，后来在全国院校讨论教学大纲时，黄清渠结合自己的实践和吸收先进的理论，提出了较完整的独特见解，得到了与会者的赞赏，并一致同意改由黄清渠主编。

1978年，黄清渠当选为黑龙江省政协委员，迎来了自己的第二个学术春天。

南调广州　科研攻关

1982年，黄清渠南调广州，到广东省科学院测试分析研究所任副研究员。他满腔热情地投入科学研究工作，甚至来不及游览一次广州的风景名胜。

在广东省科学院，黄清渠主持研制反射式红外线水分测定仪并获成功，填补了广东省这方面的空白，深得同行的好评。之后，他与科研小组一块主持设计、筹建了水分标定测试实验室，是当时国内较先进的项目。他还参加了"纸张定量和水分测量及其控制系统研究"国家重点科研项目的科研攻关。

华侨省长　建功科技

1956年黄清渠夫妇

1983年2月，黄清渠加入中国致公党，被选为八届中央候补委员。

1984年7月，在广州举行的省人大六届二次会议上，黄清渠补选为广东省副省长，分管科技和侨务。

黄清渠上任后第一件事，就是走遍全广东省，深入科研院所、大中专院校、工厂、农村，深入各个阶层的科技工作者中去，共同探讨广东科技滞后于经济发展的原因和对策，写了一份万言书——《广东科技现状报告》，反映了广东科技的现状和存在的问题，分析了工业发展、企业对科技的需求，对诸如广东科技发展的长远规划、引进人才弥补广东科技薄弱环节、解决乡镇企业对科技的需求等问题提出了独到的见解，得到省委省政府的高度重视，对广东科技的发展方向和发展水平、体制改革，均发挥了重要作用。

20世纪80年代，广东省乡镇企业迅猛发展，但乡镇企业要上档次上规模，科技成了制约瓶颈，黄清渠努力破解。珠江三角洲是广东乡镇企业最为集中的地方，他常常深入其间进行调查研究。他以敏锐的目光发现了佛山市出现的内地首家以买方为主的科技市场，立即大力加以推广。乡镇企业的老板们从此可以到集市上花钱买技术了。黄清渠肯定和支持佛山市首创的"星期六工程师"，公开同意工程师"炒更"（兼职）。广东省的科技体制渐渐活跃起来了，科技人员的活动天地广阔了。

为了珠江三角洲的乡镇企业蓬勃崛起和传统农业向科技型转化，以及促进城乡一体化，黄清渠以他独特的眼光和观点，积极倡导建立"珠江模式"，引起了社会各界的极大兴趣。

"珠江模式"的全称："珠江三角洲经济、科技模式"。有三大特征：一是乡镇企业蓬勃崛起，迅速成为当地经济发展的主体，一大批档次高的骨干企业，能够生产在国外有竞争力的产品；二是从传统农业向优质创汇型农业转化，有的地方开始向集约化、现代化发展；三是在呈现了城乡一体化雏形的地方，加快农村城市的进程。过了不久，由省科委牵头，在珠江三角洲的腹地佛山召开了第一次从理论上探讨"珠江模式"的研讨会，专家学者们对这一模式的提出表示高度赞赏。

侨之公仆　鞠躬尽瘁

作为广东省分管侨务工作的副省长，黄清渠抓好两个服务：为归侨侨眷服务，为广东省经济建设服务。广东省（包括海南岛）是华侨大省，还遍布着29个华侨农场10多万归侨、难侨，为解决华侨农场侨工的生活问题，从粤北山区到潮汕平原，从粤西山村到粤中水乡，黄清渠几乎走遍了全省的华侨农场。

1986年3月，广东省委、省政府召开全省华侨农场经济体制改革工作会议。会议着重研究华侨农场的管理体制、经营思想和经营方针等关系农场生存发展的问题。会议提出了华侨农场自主权，办好职工家庭农场，开展多种经营发展横向经营等农场改革和发展方向。会议成立了华侨农场改革领导小组，黄清渠被任命为副组长，从而拉开了华侨农场改革的序幕。黄清渠为帮助华侨农场摆脱困境，费尽心血。

1988年1月，黄清渠当选为广东省政协副主席，并兼任提案委员会主任。黄清渠调动父辈和自己的海外关系来帮助国家发展经济，主动向当时的省委书记林若提出重建省华侨投资公司。中共广东省委、省人民政府同意他的建议，任命他为广东省华侨投资公司董事长。他日夜操劳，四处奔波，组建公司。

黄清渠曾任全国政协委员，第五、六届广东省政协委员，第六、七届省人大代表，致公党第八、九届中央候补委员、常务委员、副主席，致公党第五、六届广东省委员会副主任委员、主任委员。

1988年，黄清渠接任致公党广东省委员会主任委员以后，对如何进一步开展致公党的工作，提出了许多带有指导性的意见。他强调致公党要自尊自强，为归侨、侨眷多办实事；强调进一步建立和完善一个强有力的工作班子，加强组织建设，增强政党活力，吸收更多的有识之士，调动各方面的积极性，致力于致公党的事业。1988年3月宣告成立的省致公党参政议政工作委员会和海外联谊工作委员会，就是在黄清渠领导下完成筹组的。

1989年1月，黄清渠作为团长带领在广东的全国政协委员到肇庆等地视察一周，风尘仆仆回来后即与省致公党的同志一道赴深圳，参加致公党深圳市委会成立大会。会议期间和深圳市致公党党员交谈，会后还和致公党深圳市委会领导、党员谈话，提出深圳市是南大门，归侨、侨眷众多，华侨工作大有潜力。

1989年1月23日下午，从深圳返回广州的第一天，正在主持致公党省委常委会议的黄清渠因急性心搏骤停，经抢救无效，英年早逝，以身殉职，终年59岁。

黄复康（前左一）和家人，后左二为其妹妹黄薇、右一为黄清渠

黄登保

黄登保（1918—1988年），福建厦门人，菲律宾归侨，中国火箭军奠基人之一。曾任菲律宾华侨援助抗敌委员会马卡蒂分会会员，八路军炮兵团教导营第二连班长、排长，八路军炮兵团第三营第七连连长，延安炮兵学校第一大队第二中队中队长，解放军炮兵学校大队长，东北民主联军炮兵第一团团长，第四野战军炮兵师参谋长，解放军炮兵第八师师长，炮兵学院炮兵系副主任、训练部副部长、中央军委炮兵技术部副部长、炮兵司令部副参谋长、副司令员、总参谋部炮兵部顾问，中国侨联常委、副主席。

黄登保

菲岛青年　御侮争先

1918年1月，黄登保出生于福建省厦门市禾山祥店的一个侨商家庭，父亲在菲律宾经商，黄登保随母生活在厦门，并在此完成了小学和中学教育。1935年，黄登保南下菲律宾，辗转来到马卡蒂（又译为马卡第、马加智）与父亲团聚，不久进入伯父的汽车零件商行工作。

当时，菲律宾华侨抗日救亡活动十分活跃，黄登保一面做工，一面投身抗日救国活动。

1937年7月卢沟桥事变不久，菲律宾马尼拉中华商会召集各华侨团体成立菲律宾援助抗敌委员会，由著名爱国侨领、华侨巨商李清泉任主席，提出"策励侨众开展爱国运动，以人力物力援助政府抗敌御侮"为该会宗旨，并在各省市设立分会。作为菲律宾著名金融城市的马卡蒂也很快成立了援助抗敌委员会马卡蒂分会。黄登保立即入会，并积极参加活动，他只给自己留下最基本的生活费用，余下的钱全部捐给祖国用于抗日战争，同时参加抵制日货行动，与年轻华侨青工一起，参加查验日货、惩处奸商活动。

回国投军　奔赴延安

在菲律宾华侨援助抗敌委员会、菲律宾华侨抗日救国联合会、中华民族武装自卫会菲律宾分会的发动下，菲律宾华侨青年掀起了回国投军杀敌高潮，其中大批华侨子弟回到祖国参加八路军、新四军。

黄登保和7位华侨青年结伴回国投军。经菲律宾爱国进步侨领王雨亭介绍，他们在香港找到八路军办事处主任廖承志。

廖承志非常热情地接待了这些一腔热血的华侨青年，并派连贯给他们介绍国内抗战情况。黄登保等

8人持廖承志写的信，辗转数千里，历尽艰辛，于1938年6月抵达陕北宝塔山下。

在延安，黄登保等进入陕北公学，3个月后毕业，黄登保接着进入中国抗日军政大学学习。1938年10月，黄登保光荣加入了中国共产党。1939年1月，黄登保随抗大一分校突破敌人封锁开赴晋东南前线。毕业后，学校将之分配到八路军后勤部门。黄登保找到时任抗日军政大学领导何长工，要求到战斗部队上前线杀敌。考虑到黄登保中学毕业，有文化且能吃苦，何长工就将黄登保改派到八路军总部炮兵团。

延安炮兵学校

投身炮兵　抗日显威

八路军总部炮兵团，是我军历史上第一个建制炮兵团，1938年1月28日，在山西临汾刘村镇卧口村正式成立，彭雪枫、杨尚昆等领导同志到会宣读命令并讲话。毛泽东、周恩来、朱德、彭德怀、左权等党和军队的领导人都对炮兵团的初创组建与成长壮大倾注了大量心血。

进入炮兵团教导队之后，黄登保学习刻苦，很快熟悉各个炮位的操作，升任教导营第二连驭手班长，又因表现优异，升任排长，还被评为"模范共产党员"。不久，他担任了炮兵团第二营第七连连长，率部参加了多次反"扫荡"、反"围剿"激战。

任上，黄登保率部参加了著名的"百团大战"。自1939年冬以来，日军以铁路、公路为支柱，对抗日根据地进行频繁"扫荡"，并企图割断太行、晋察冀等战略区的联系，推行所谓"以铁路为柱，公路为链，碉堡为锁"的"囚笼政策"。八路军总部决定发动交通破击战，重点破袭正太铁路和同蒲路北段，给日本华北方面军以有力打击。

1940年8月20日，八路军指挥部动员了一百多个团，在华北地区两千多公里的战线上，对日本侵略者发动了大规模攻击，战斗持续至12月15日，共毙、伤日军20645人、伪军5155人，拔掉了敌人靠近根据地的碉堡、据点，炸毁了铁路、桥梁、公路，使日军的交通线瘫痪。"百团大战"是中国抗日战争时期，中国共产党领导下的八路军与日军在中国华北地区晋察冀边区发生的一次规模最大、持续时间最长的战役。战斗中，黄登保舍生忘死，英勇作战，他组织射出的炮弹百发百中。

1941年年初，抗日战争进入最艰苦最困难时期。中央军委考虑到在华北敌后作战的总部炮兵团机动性不足、弹药和骡马粮秣等缺乏，为"保存和训练我们的炮兵"，遂致电彭德怀和左权，决定将炮兵团调驻延安。总部炮兵团除留下教导营营部、第二营第八连（山炮八连）和迫击炮教导队，其余人员和装备在沿途八路军部队的警戒掩护下，于1941年6月返回延安。

"贺龙炮手"　炮校园丁

黄登保率七连随部回到延安之时，正是中国抗日战争进入相持阶段之际，陕甘宁边区和敌后各抗日根据地的财政经济日益困难。为战胜经济困难，1939年2月，毛泽东发出了"自己动手"的号召。1941年，中共中央再次强调生产自救。黄登保所在的炮兵团也进驻南泥湾开展大生产运动。身为第七连连长的黄登保率全连奋战南泥湾，他吃苦耐劳，以身作则，在垦荒中因过度劳累昏倒在工地上。但当他苏醒后又继续坚持开荒，深受全连官兵的敬佩和赞扬。在大生产运动中，黄登保所带的七连成为先进连队，副排长冯国任这位红军老战士被联防军评为"劳动英雄"，代表全连出席了陕甘宁边区劳模大会，黄登保本人也被评为"生产模范"。

黄登保在八路军总部开展的大练兵运动中，也走在了全团部队的前列。他仔细研究出瞄准、测距、装炮、射击一整套训练办法，带着全连官兵苦练射击本领，使连队在大练兵比武中取得了优异成绩。他个人被联防军授予"贺龙炮手"的光荣称号。

1944年11月，中央军委决定将八路军总部炮兵团扩建并命名为延安炮兵学校（简称"延安炮校"）。校址设在原炮兵团的驻地南泥湾的陶堡峪。

1945年2月，延安炮校正式成立，炮校的首任校长是郭化若，后改朱瑞；政委邱创城，副校长匡裕民。全校一千多名学员，有来自原八路军总部炮兵团和晋察冀炮兵营的炮兵干部与骨干，还有就是从抗大和陕北公学等考入炮校的几百名年轻但战斗经历丰富的士兵以及学生。黄登保出任第一大队第二中队中队长。在教学和演练中，他认真授课，耐心施教，精心辅导，培养出了一批又一批的炮兵射击和指挥人才，被人们誉为"华侨炮兵园丁"。

一代名将　战功显赫

黄登保

1945年9月，黄登保随延安炮兵学校迁往东北，担任了炮校大队长，在朱瑞校长等领导下，他们收缴日本关东军大炮和装备，着手组建我军新的炮兵部队。之后，黄登保调任民主联军炮兵第一团团长。

1947年年初，黄登保率部队参加了"三下江南"攻打德惠之战。激战中，为了指挥方便，在零下40摄氏度的严寒里，他连帽耳朵也不放下来，导致耳朵严重冻伤，形成痼疾，之后每年冬季冻伤都复发。

1947年6月，黄登保率炮兵第一团奉命配合东北野战军攻打四平，战斗极其惨烈，团政委和警卫员先后牺牲，紧接着又下起了暴雨，道路泥泞，大炮行进困难。黄登保不顾敌人炮火狂轰和飞机滥炸，指挥部队排除一切困难占领阵地，曾带头冲向炮火和大雨之中排除险阻，终使火炮提前进入阵地。在总攻发起后，以猛烈的炮火严惩了国民党守军，完成了炮火支援任务。

1947年夏天，黄登保率团参加了围打尤加屯、天岗、老爷岭的战斗，次次告捷，出色完成了战斗任务。

1948年1月，黄登保率部参加公主屯战役。他指挥若定，运筹得当，配合步兵，再获胜果。5月，他再领军参加歼灭国民党新五军之战。他命令部队人不离炮位，马不卸辕具，隐蔽对敌，瞅准时机发起火力突袭，歼灭了敌人有生力量。

黄登保在奉命配合步兵攻歼义县守军。激战中，他将个人生死置之度外，冒着敌人炮火，亲自登高观察、测距，准确下达战斗命令，用炮弹将城墙打开了一个54米宽的突破口，压制了敌军火力点，使我军一举攻城，全歼了守敌。

在攻打锦州的战役和封锁锦州机场的战斗中，在黄登保指挥下，炮一团作战快、准、猛，连战告捷。

辽西会战，黄登保率部参加了掏赖昭阻击战，营口追击战，在彰武、闻家台、新高屯、辽阳、鞍山攻坚战中，仗仗出色地完成战斗任务。

1949年1月，黄登保率部投入平津战役。在攻克天津的战役中，他奉命彻底击毁了大地堡群，扫清了地面部队前进的障碍。3月，他率部参加北平和平解放入城仪式，接受毛泽东、朱德、周恩来等领导同志的检阅。1949年，他担任第四野战军炮兵师参谋长，参加南下作战，一直打到广东雷州半岛，参与解放了大片区域。

1950年10月，黄登保奉命随炮兵第八师参加抗美援朝战争，后任炮兵第八师师长。第一次战役的东线黄草岭阻击战中，他指挥参战炮兵部队与美军和南朝鲜军激战12昼夜，与兄弟部队合作击退美军多次猛烈攻击。此后，他还率部参加了第二次战役、第三次战役。

1951年夏、秋季防御战等，在高旺山防御战、马良山反击战中屡建奇功。

1979年，作为中国人民解放军炮兵部队的著名战将，黄登保参加指挥了对越自卫反击战炮兵部队作战。

炮兵司令　奠基"二炮"

1952年，黄登保奉命回国创办南京军事学院炮兵系，后又奉命创办炮兵学院，先后担任炮兵系副主任和炮兵学院训练部副部长。20世纪50年代后期起，黄登保调任中央军委炮兵技术部副部长、炮兵司令部副参谋长、副司令员、总参谋部炮兵部顾问等职。

黄登保还参与创建炮兵导弹部队，是我军第二炮兵部队的创建者之一。

1979年，黄登保当选全国侨联常务委员。1984年，从炮兵副司令员岗位退居二线后，当选为第三届中国侨联副主席。1986年秋天，时任中国侨联副主席的黄登保率团前往南美6国，宣慰侨胞。

1988年8月12日，黄登保因心脏病猝发，在北京逝世。

黄登保善于总结每一次炮战得失，并及时开展理论研究，有《辽沈战役义县作战炮兵开突破口的经验》《东北解放战争中炮兵的使用和发展》《热带山岳丛林地区作战对地面炮兵的运用》《炮兵大事记》《炮兵史》等文章、著作存世。

厦门祥店黄氏宗祠

萧 岗

萧岗（1923—　），福建厦门人，缅甸归侨，侨务工作领导人。曾任缅甸华侨店员救亡联合会理事，缅甸华侨战时工作队队员，福建《前哨报》编辑，云南玉溪简易师范学校教员，中国民主同盟缅甸支部主委，缅甸《人民旬刊》主编，缅甸《人民报》主编，中共中央统战部三室华侨组成员，中国驻缅甸大使馆二等秘书，中央人民政府华侨事务委员会专员、驻广州工作组组长兼广东省华侨事务委员会国外处处长，中央人民政府华侨事务委员会办公室主任，中国侨联副秘书长、副主席兼党组成员、中国华侨历史学会副会长，全国政协华侨委员会副主任，全国政协港澳台侨联络委员会常务副主任。

生于缅甸　抗日争先

萧岗祖籍福建厦门，1923年生于缅甸一个爱国侨商家庭。父母坚定的爱国爱乡意志，为萧岗确立了终生振兴中华的人生理想。

日本侵华，尚未成年的萧岗即成为缅甸当地华侨抗日骨干，他奔走宣传抗日，谴责日军侵略罪行，号召缅甸华侨各界支援祖国人民抗战。

他不但捐出了自己所有积蓄，用作中国军队抗击侵略者军费，还四处募款支援祖国抗战。

1939年缅甸华侨店员救亡联合会成立，萧岗被选为理事。他更加全身心投入抗日救国活动，带领青年店员抵制日货，拒绝销售日货，并参与严惩坚持卖日货的奸商。另外，他还组织店员推销爱国公债，并通过义演义卖义售等形式筹募捐款捐物，把筹得的款项用于购买汽车、衣服、棉毯、药品等抗战物资，用飞机、轮船、汽车运往国内，捐献给祖国人民。

萧岗

1941年12月太平洋战争爆发后，日军南侵缅甸，萧岗参与组织缅甸华侨战时服务团，继续宣传抗日，服务盟军和远征军。

缅甸沦陷　服务闽滇

缅甸沦陷之后，萧岗先是回到福建。当时厦门已沦陷，抗日军民在海澄县海沧镇（今属厦门市）创办《前哨报》，萧岗来此当编辑，用手中的笔宣传抗日，报道厦门等地在日本铁蹄下的种种灾难，激励民众与日军血战。

在这之后，萧岗转赴云南，在玉溪简易师范学校当教员，为持久抗战培养人才。

重返缅甸　兴办两报

抗战胜利后，萧岗重返缅甸。

1947年1月参与创办《人民旬刊》并任主编。1947年7月18日改版为日刊《人民报》，萧岗继续担任负责人。在萧岗等人的主持下，《人民报》的最初任务是"向侨胞宣传、介绍祖国解放区的民主政治生活及解放战争发展的真实情况，唤起侨胞的爱国热情，使他们心明眼亮，从而能够明是非，辨真伪，识道路"。最初《人民报》出版发行量不大，因为报纸所登载的内容，大部分是针对国民党于仰光办的《中国日报》和《国民日报》，当时有些人怕有风险不敢订阅《人民报》。在《人民报》的持续宣传之下，加上报纸内容越来越丰富，质量不断提高，特别是持续报道中国共产党领导的解放军在战场上节节胜利，给予缅甸华侨极大的鼓励。从1949年开始，《人民报》影响力持续提升。

著名侨领、中共中央联络部高级官员陈杰夫的儿子陈力群在一篇题为《追忆父亲陈杰夫》的文章中有这样记录：

> 1947年元旦，由爱国进步力量推动创办了《人民旬刊》。同年7月18日《人民旬刊》改为《人民报》（日刊）。报社人员是《人民旬刊》的原班人马，主编萧岗，发行人杜正平，经理冯励冬。除上述人员外，郑祥鹏、陈杰夫、李军等人都参加了《人民报》的筹办。陈杰夫在人民报社兼职，不取报酬。

李军同志曾撰文回忆仰光《人民报》的创办。文中提到，……陈杰夫"曾和萧岗同志找当时缅甸反法西斯人民自由同盟主要负责人之一吴巴瑞说明拟出版一份华文报以报道祖国情况和宣传中缅友好，得到吴巴瑞先生的赞同，为《人民报》的出版创造了条件"。

吴巴瑞（1915—1987年），缅甸前总理，出生于缅甸德林达依省土瓦县。1939年组织人民革命党。1944年参加反法西斯人民自由联盟，负责仰光地区抗日运动。1945年任社会党主席、总书记。1952年任国防部长兼矿业部长。1956年任总理兼国防部长和国家计划部长。1957年任总理兼国防部长。1958年去职。

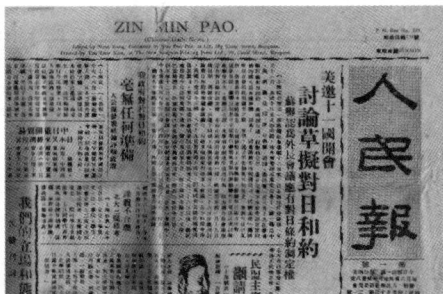

萧岗参与创办的缅甸《人民报》

排除万难　组建民盟

1946年，萧岗加入中国民主同盟。他还是中国民主同盟缅甸支部创立的功臣。在他和一批盟员的积极努力之下，利用缅甸即将宣布独立的有利时期，经过相当时期的筹备之后，1948年1月1日，民盟缅甸支部在仰光正式宣告成立，并在仰光河滨街的香港大酒店举行成立仪式，缅甸自由同盟暨社会党秘书长吴巴瑞和缅甸共产党代表出席仪式并致辞祝贺。成立大会上，选举萧岗、黄则山、陈杰夫、叶振荣等七人为执行委员，选举萧岗为主任委员，并指定主任委员萧岗为今后该支部发言人，同时敦聘陈占梅、徐四民等爱国侨领为该支部顾问。

民盟缅甸支部一成立，中国执政当局——国民党政府即宣布其为非法，并通过外交途径施压，还在媒体上发表民盟为非法组织的文章，调查民盟幕后人物。

在此关键时刻，萧岗挺身而出。晚年，他在受访时曾回忆说："由于在中国的民盟已经被国民党取缔，国民党通过其驻缅甸的大使馆要求缅甸政府宣布在缅甸的民盟组织为非法组织。于是我通过陈杰夫找到了自由同盟的秘书长吴巴瑞，并和陈杰夫一起面见了吴巴瑞。那时，缅甸已经独立，自由同盟成为执政联盟，吴努出任总理。通过和吴巴瑞的疏通，最后缅甸政府宣布，民盟缅甸支部的出现是一件很平常的事。没有理会国民党政府的要求，将此事放下了。"

在萧岗等的努力下，民盟在缅甸很快就发展了百多位盟员。

齐心协力　创办侨校

抗日战争胜利后，包括缅甸华侨中学在内的华侨学校纷纷复办，但当时绝大部分侨校都在国民党政府和亲国民党人士的直接、间接控制之下。1948年华侨中学等侨校发生了解聘进步民主教师的事件，进步的文教界人士都认为迫切需要有自己的文化教育阵地，提出了自己创办学校的要求。

在萧岗及爱国进步力量的推动下，1948年6月创办了南洋中学。萧岗和陈杰夫、郑祥鹏、吴章彬等诸多同志组成创校委员会。

萧岗（中）

奉调回国　致力侨务

1949年，萧岗光荣加入了中国共产党。1949年3月，萧岗奉调回国。晚年，他曾动情回忆那段日子："1949年我和陈杰夫是一起乘飞机回国的。我们从仰光坐飞机到泰国曼谷，后转机到香港，住在香港民盟总部。香港党组织的任以沛（曾经在1941年和张光年等文化人疏散到缅甸，参加过缅甸华侨战时工作队）出面接待了我们，每人发了200港币零用钱。我们和一些民主人士，还有许多愿意投奔新中国的人士一起乘船北上。先到仁川，然后到北京。一下火车，就被接到了中南海，由中央统战部三室接待，住在中南海。"

自此时开始，萧岗未曾离开过侨务工作。

萧岗是北京市归国华侨联合会筹委会常委。在他和同事们的奔走之下，北京市侨联于1950年10月正式成立，这是在周恩来总理亲切关怀下成立的新中国第一个省级侨联组织。

在这之后，萧岗曾任中国驻缅甸大使馆二等秘书、中央人民政府华侨事务委员会专员、驻广州工作组组长兼广东省人民政府华侨事务委员会国外处处长，中央人民政府华侨事务委员会党组办公室主任。

1978年12月17日—28日，第二次全国归侨代表大会在北京举行。这是侨联停止活动十二年之后，各界归侨代表的第一次全国性聚会，萧岗出任中国侨联副秘书长。1984年4月11日—16日，第三次全国归国华侨代表大会在北京举行，萧岗被选为中国侨联副主席、党组成员。在1989年12月18日—22日于北京举行的第四次全国归国华侨代表大会上，萧岗再次当选副主席、党组成员。在1994年6月14日—18日于北京举行的第五次全国归侨侨眷代表大会上，正式退休的萧岗被聘为中国侨联顾问。"文革"之后，萧岗为全国各地侨联的复建和规范化建设做出了贡献。即使退休之后，仍奔走于全国多地，发展进侨商造福祖国。

萧岗是第六、七、八届全国政协委员，还曾任全国政协华侨委员会副主任、全国政协港澳台侨联络委员会常务副主任。同时，还长期担任中国华侨历史学会副会长，退休之后仍关注华侨史研究。在他的倡导之下，中国华侨华人历史研究所相继组织力量研究、著述、出版了《侨史研究十年》《华侨史概要》《华侨华人概况》等一批重要著作。

曹 菊 如

曹菊如（1901—1981年），福建龙岩人，印度尼西亚归侨，著名银行家，中华人民共和国银行业奠基人。曾任闽西工农银行会计科科长，中华苏维埃共和国国家银行西北分行副行长，中华苏维埃人民共和国国家银行西北分行副行长，陕甘宁边区银行行长，陕甘宁边区政府财政厅厅长，中国工业合作协会西北办事处延安事务所主任、西北财经办事处秘书长，晋察冀边区银行冀热辽解放区分行行长，东北统计局局长，东北银行经理，东北财经委员会秘书长，政务院财经委员会委员、副秘书长，中国人民银行副行长、行长、党组书记。

壮年曹菊如

青年店员　心向革命

1901年，曹菊如生于福建省龙岩县（今龙岩市新罗区）红坊镇一个店员之家，父亲精于财会。曹菊如幼承庭学，颇通文史，能书擅文，因家境贫困很早离开学校，远赴江西一个闽西人开的商铺当学徒。满师之后，留在江西当店员。

在江西时，他认识了同在江西做店员的龙岩老乡邓子恢，两人结下了深厚的情谊，而且同时也接受了进步的新思想。后来，曹菊如回到龙岩县当店员，参加了邓子恢创办的奇山书社，进一步阅读了许多进步书刊，十分认同五四运动和反帝反封建思想。

1923年秋天，具有革命思想的知识分子邓子恢、陈少微（陈明）、章独奇、林仙亭等在龙岩创办了《岩声报》。与邓子恢关系亲密的曹菊如，开始为《岩声报》撰稿。

南洋谋生　投身反帝

1924年，曹菊如因为写文章揭露资本家投机发财的内幕，受到通缉，不得不出走南洋。

在印度尼西亚，曹菊如一方面在华侨商号做店员，一方面参加当地的进步侨社活动。1927年2月，由法国著名作家、共产党员巴比塞，法国著名作家罗曼·罗兰，苏联作家高尔基和中国的宋庆龄等一些著名人士，在比利时首都布鲁塞尔发起成立国际组织——反帝大同盟。1929年7月，该组织首先在上海建立上海反帝大同盟。随即，全国各地及国外华侨较多的国家也先后建立了反帝大同盟，成为中国共产党领导下的一个群众组织。曹菊如参加了印度尼西亚反帝大同盟活动，在当地进行反帝反殖宣传。

1929年开始的世界经济危机，严重打击了东南亚华侨经济，南洋呈现一片萧条，不少工商企业陷入困境，华侨谋生更加艰难。1930年，曹菊如返国，回到了当时已为中国共产党领导的红色根据地——龙岩老家，不久加入中国共产党。

闽西奠基　红色银行

由于长期做店员，曹菊如对财务极为熟悉，加上曾经对南洋华侨银行做过考察与分析，所以在1930年9月召开的闽西第二次工农兵代表大会上，曹菊如被推举为闽西工农银行委员。会后，他在闽西苏维埃政府领导下，大力发动县、区、乡各级苏维埃政府，闽西红军各部队，工、青、妇各群众团体，广大商家，认购银行股票，筹集到20万元资金，随即印制钞票。11月，闽西工农银行（为后来中央苏区最早的工农银行）正式开业，由他担任银行会计科科长，负责收支记账业务。当时中国共产党没有办银行的经验，全行人员缺乏现代金融业务知识，只好建立中式账簿，用传统方法

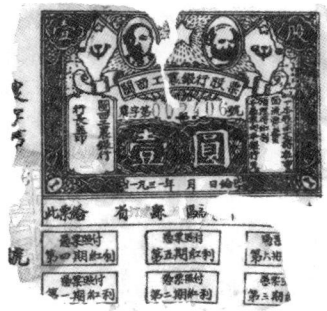

闽西工农银行纸币

记账和做收付款单据，曹菊如就把红军从豪绅家得到的一本《银行簿记讲义》中复杂的记账表画下来，进行研究。后来，毛泽民托人从广东买来一本《银行簿记实践》，他们才初步懂得了现代银行的一些制度和记账方法，掌握了现代银行记账和管理的知识，于是改用现代账簿记账做单据。中式账簿旧的记账方法，是革命根据地银行会计的始祖，曹菊如则当之无愧地成为革命金融事业的奠基人之一。

为办好银行和充分发挥银行功能，曹菊如向社会上收购金银首饰，禁止劣质银币侵入苏区流通，又向贸易部门、粮食部门、生产单位和商家，发放低息贷款，扶持他们开展对苏区外部的贸易，沟通物资交流，稳定粮食价格，发展苏区内的土纸、铸铁等生产，为繁荣闽西苏区经济，安定人民生活做了许多工作。

1932年，曹菊如作为红色银行家，到瑞金协助毛泽民筹建中华苏维埃共和国国家银行，后来又协助中华苏维埃临时中央政府财政部长邓子恢，在中央苏区内全面推行机关企业财政会计制度，建立金库制度，举办财政金融人员训练班，并亲自登台讲课，培养大批财经人才。

陕北行长　金融抗日

1934年，中央红军开始了艰苦卓绝的两万五千里长征。

当时国家银行组成一个大队，袁福清为队长，毛泽民为政委，曹菊如任党支部书记。1935年11月，国家银行到达陕北瓦窑堡后，与陕北的陕甘晋省苏维埃银行合并，改名为中华苏维埃共和国国家银行西北分行，中央财政部部长林伯渠兼行长，曹菊如任副行长。1936年7月初，国家银行随中央转移至保安（今志丹县），改名为中华苏维埃人民共和国国家银行西北分行。银行用的铺面房，国民党军队曾经养过马，地面积了一层粪，曹菊如便带领同志们动手打扫，将其冲洗干净。没有办公桌椅，他们就自己动手，找来砖头，两头垒起来，架一条木板，高的当办公桌，低的当板凳，就这样办了几个月公，直到离开保安城。

1937年9月，陕甘宁边区政府成立，国家银行改名为陕甘宁边区银行，曹菊如任边区政府财政厅厅长和边区银行行长。根据国共合作协议，边区不设立银行，不发行货币。所以边区银行当时没有公开，主要任务是经营光华商店，在西安领取国民党政府发给八路军的军饷，将其拨出一部分用来组织土产出口和货物进口，供给军需民用。毛泽东主席对此给予肯定和表扬。边区当时流通国民党法币，辅币十分缺乏。于是，边区政府授权边区银行以光华商店名义发行了2分、5分、1角、2角和5角的代价券，作为法币的辅币流通市场。后来又发行了一种7角5分的大面额辅币。这种面额十分奇特，它的奥妙在于2张就是1元5角、4张是3元。既解决了辅币的不足，又可以代替主币。这种面额的货币，在我国货币史上是独一无二的，在当时发挥了积极作用，这一主张就是由曹菊如行长提出的，这是他对我国货币发行史的一大贡献。

曹菊如签名的东北银行本票

1938年11月20日，日军的飞机对延安实施狂轰滥炸，废墟连毗，商业萧条，给人民生活带来不便。曹菊如奉命领导群众在延安南关兴建新市场，他排除万难，奋斗半年，终使新市场于1939年7月7日建成开业，很快成为延安的商业中心。

1939年9月，曹菊如与国际友人、新西兰的路易·艾黎商定，成立中国工业合作协会西北办事处延安事务所，曹菊如亲自兼任事务所主任，他积极奔走引资2万元，办起了纺织、榨油、造纸、缝衣、制鞋、植物油、木工和运输等12个合作社，成为我国革命金融史上的第一次外事活动，也是根据地发展工业的起点，为困难中的延安自力更生发展经济提供了极好的示范。

边区银行当时虽未公开，但整个金融业务并没有停顿。在曹菊如行长的领导下，边区银行开展了一定的存放款和汇兑业务，各项规章制度在沿用原国家银行规章制度的基础上，有了新的完善和发展；同时也建立了一些分支机构，举办了会计训练班，培养了一批急需的人才。他还组织成立了光华印刷厂，试制成功了马兰草纸，为国共关系破裂后边区银行的公开化以及建立独立自主的金融体系创造了条件。

1941年3月，曹菊如被任命为西北财经办事处秘书长，虽不再担任边区银行行长，但他仍然关心着边区银行的工作。1944年，财经办事处特意指定他参与边区银行的领导工作。在此期间，他撰写的《边币问题》《陕甘宁边区抗战时期关于金融问题的一些经验》（草稿），奠定了我党的革命金融理论的基础。

驰赴东北　主持金融

抗战胜利后，党中央派大批干部前往新解放区开展工作，曹菊如任晋察冀边区银行冀热辽解放区分行行长，在他的主持下，冀热辽解放区筹建了长城银行，并发行了长城银行纸币，对支持冀热辽地区的革命事业做出了积极的贡献。

1948年冬，曹菊如担任东北统计局局长，这是我党第一个经济统计机构，解放战争时期，曹菊如还担任了东北银行经理，东北财经委员会秘书长等职，在他的具体策划下，东北地区的金融业有了很快的发展，为统一全国财政金融，发行统一货币，迎接全国解放，创造了有利的条件。

央行行长　建国功臣

新中国成立后，曹菊如历任政务院财经委员会委员、副秘书长，中国人民银行副行长、行长、党组书记等职。

新中国成立之初，国家财政经济极其困难，时任中国人民银行行长、党组书记的曹菊如，认真贯彻执行政务院《关于统一国家财政经济工作的决定》，通过银行监督，节约政府开支，抑制通货膨胀，稳定金融物价。

曹菊如带领人民银行积极贯彻中央的指示，将分散在社会的资金集中到银行，用于发展国有经济。人民银行还成立了全国通汇网，便于国家统一调度和使用资金，金融和物价得到了稳定。

晚年曹菊如

1955年，随着物价的逐步稳定和经济的发展，根据党中央和国务院的决定，曹菊如主持全国新人民币的发行工作。第一套人民币俗称"旧币"，产生于战争年代，有62个版别，防伪性能差，面额从一元到五万元不等。随着经济的发展，旧币版本多，面额大，各地不统一的问题越来越突出，于是国家决定发行第二套人民币。曹菊如精心安排了新币的发行，采用混合流通、无差别兑换等方式开展兑换。新币收兑旧币，以每一万元旧币，兑换一元新币，其购买力不变。新人民币的发行，大大便利了交易和核算，我国货币制度进一步得到了健全和巩固。

至此，不但新中国成立初起物价飞涨现象才得以解决，还对货币的正常流通和币值的长期稳定都起了重要作用。新版人民币发行后，全国物价进一步稳定，工农业生产迅速发展，我国的社会主义金融体系日益巩固和发展，为我国此后的首个五年计划完成奠定了基础。

自1954年至1964年，曹菊如担任了10年中央人民银行行长，他非常注意调查研究，总结经验，探索规律，对于财政、信贷、物资之间的相互关系也有极深刻的研究，并用以指导工作，收到了好的效果。曹菊如对建立独立的、统一的、稳定的货币制度和社会主义金融体系的历史功绩是不可磨灭的。

曹菊如曾先后被选为中国共产党第七次和第八次全国代表大会代表、第五届全国人民代表大会代表、第四届全国政协常务委员。

晚年的曹菊如，依旧关心着国家的金融建设，并且撰写了《闽西工农银行》《中华苏维埃共和国国家银行》《长征路上的红军票》《中华苏维埃共和国国家银行西北分行》《陕甘宁边区银行》等革命回忆录，既概括了他1930年到1945年的革命征程，同时也是一部党领导下红色金融事业的发展史，留下了极其珍贵的史料。

1981年1月，曹菊如病逝于北京。

梁灵光

梁灵光（1916—2006年），原名梁涵光，乳名湛，曾用名梁建屏，福建永春人，马来西亚归侨。曾任厦门《平话》杂志编辑、上海抗日青年团团员、马来亚雪兰莪邦反帝大同盟主席、马来亚雪兰莪邦华侨抗日救国会主席、马来亚雪兰莪邦左翼作家联盟主席、新加坡《南华商报》特派战地记者、江苏省战时动员委员会视察委员、江苏省抗日青年团政治教官、江苏省民众抗日自卫队独立第一支队政治处主任、江苏省如皋县战时动员委员会组织部部长、江苏省民众抗日自卫队独立第一支队第二总队总队长、江苏省苏北游击第二纵队第二支队支队长、新四军黄桥军民联合办事处军事科科长、中共苏中三分区如皋县县长兼警卫团团长、新四军苏四区抗日游击指挥部政治部主任、中共苏四区军政委员会委员、中共苏中区四分区游击指挥部政治部主任、南通县抗日民主政府县长兼保安旅旅长与警卫团团长、中共苏中区第四专员公署专员兼中共苏中区第四地委常务

1943 年梁灵光在南通抗日根据地

委员，中共福建省厦门市市长、市委书记，福建省工业厅厅长兼省财委副主任，中共福建省工业部部长，福建省省委常委、副省长、书记处书记兼任省计委、物委及省支前委主任，国家轻工业部部长、党组书记，广东省省委书记、省长。

上海读书　追随中共

1916年11月3日，梁灵光出生于福建省永春县春蓬壶镇鳌顶村（现为吾峰镇吾顶村）一个富商家庭，在兄弟姐妹八人中排行第五，大哥为著名爱国华侨领袖、教育家、书法家和社会活动家梁披云。梁父中过秀才，又是福建法政学堂毕业生，极重视子女教育。1920年，4岁的梁灵光进入本村进化小学读书，后进入泉州聚德学校读初小，毕业后再进泉州培元高小。1928年夏天，梁灵光随大哥梁披云前往上海，考入上海立达学园初中部。

立达学园拥有民主、自由、开放的校风，校长匡互生是五四运动发起人之一。梁灵光课余时间阅读了大量进步书刊，特别是苏联的红色小说，如高尔基的《母亲》、绥拉菲莫维支的《铁流》、奥斯特洛夫斯基的《钢铁是怎样炼成的》等。

1931年7月，梁灵光初中毕业后，回到厦门。当时，他准备赴日本留学，为此进入台湾人在厦门

办的旭瀛书院学习日语。九一八事变发生，梁灵光和同学们愤然退学。

1932年8月，梁灵光重返上海，到立达学园读高中。1934年，梁灵光与中共上海江湾区委领导人建立联系，并在党的领导下，组织了学生读书会，出版小刊物、小墙报，在学校内宣传抗日救国思想，传播马克思主义，同时参加党领导的革命活动，曾冒着生命危险为党保护机密文件。后易名"梁建屏"，考入上海复旦大学附属实验中学。因在会考时被发现其在立达学园时有"通共"记录，被取消考试成绩，梁灵光失去晋身高等学府深造机会，返回厦门。

厦门办刊　宣传抗日

在厦门，梁灵光担任了《平话》杂志编辑，负责时事短评、专论、杂文、文艺等四五个专栏，他充分利用这一平台宣传抗日。从1935年5月至9月，他用丹、辛加、狄云、斐、白羽、肖斐、叶明、石岚、明、磊、畸、阿斗、风、云、菲、建屏、潘莎17个笔名，撰写了时事短评、专论、杂文、散文等长短文章几十篇，以尖锐的笔触、相对隐晦的形式，揭露国民党反动统治，特别是"攘外必先安内"政策，大力宣传抗日救国。

1935年11月，日本扶植汉奸殷汝耕在冀东通县成立"冀东防共自治政府"，控制天津以东一带22个县。这实质上是一个傀儡政府，国民党承认了，日本人由此大讲中日提携，想进一步推进华北五省自治。梁灵光立即撰写了一篇《关于华北问题》的短评，在《平话》第四期发表，揭露日军侵华野心，批评国民党政府投降妥协政策，号召国人团结起来抵抗日本侵略者，"可看出日本步步吞并中国的野心""在日本两重外交运用之下，不到中国灭亡，这种侵略是永远不会停止的。""如果真能团结一致，誓死奋斗，那么不论是战是和，都能够从死里求生，虽受万分的牺牲也在所不顾。不然，假使再因循苟安，醉生梦死，则转瞬间长江流域也将被敌人席卷而去，那时真正的死无葬身之地，就要后悔也来不及了。"

梁灵光的这篇檄文，立即引起日本驻厦门领事馆的强烈抗议，《平话》杂志社被查封，梁灵光紧急避往鼓浪屿英租界躲过一劫。

加入"抗青"　南京请愿

1935年12月初，梁灵光再赴上海，寄住在暨南大学校外学生宿舍，其间"一二·九"运动爆发，他与该校学生一起投身抗日救国学生运动。12月18日，梁灵光参与暨南大学组织的示威串联，联合上海各大专院校，一起向政府施压，要求"停止内战，一致对外"。20日，梁灵光又作为上海大专院校学生请愿团团员，历尽艰辛，前往南京请愿，要求停止剿共、共同对日。也是在请愿的路上，梁灵光初见后来成为自己终身伴侣的朱冠坤（后改名"朱含章"），当时她是请愿团的女纠察队员。

梁灵光一直在寻找中共党组织，但当时上海地下党受到严重破坏，幸存者各自分散活动。一些共产党人组织了上海抗日青年团（简称"抗青"）。梁灵光经人介绍，加入了暨南大学抗日青年团。在一次秘密会议上，与同是暨南大学抗日青年团的朱含章相识。

在请愿的路上，梁灵光认识了中共四川省委宣传部部长李亚群，李亚群（新中国成立后，曾任西康省委常委、宣传部长，四川省委宣传部副部长、省文联党组书记）因领导川南农民暴动失败，逃到上海避风，无处居住。梁灵光毅然请李亚群搬到自己宿舍同住，其间在李亚群的介绍下，梁灵光对中国共产党和中共抗日主张有了更多认识。三个月后，李亚群与上海党组织取得了联系，被安排到沪东区担任区委书记。

梁灵光在带领学生进行抗日救国活动时，身份暴露。他找到李亚群，希望能到延安去，李亚群通过组织摸查得知，通往陕北苏区的秘密交通已被切断，梁灵光投奔革命圣地的愿望落空。

南洋执教　传播革命

此时，梁家在上海的企业破产，梁灵光在哥哥梁披云的帮助下，谋得马来亚吉隆坡侨办华文学校一教职。是否下南洋执教？梁灵光有些犹豫不决，前去征求李亚群意见，李亚群认为在东南亚华侨中进行抗日宣传也是党十分需要的。临走前，上海抗日青年团一位代号"老王"的同志（真名陈家康，新中国成立后曾任周恩来总理秘书和外交部部长助理）与梁灵光谈话，让他根据当地实际情况安排自己的工作，在特殊战场为祖国抗击外寇出力。

1936年6月，梁灵光抵达马来亚吉隆坡尊孔中学，担任初二年级级主任，并负责教初二的语文、数学、植物，还在小学部兼四节课，月薪60元马币（相当于120块银元）。

在异邦学校，梁灵光不曾忘却自己的使命，他抓住每一次授课的宝贵时间，向学生们介绍国际时事和祖国形势，揭露日军侵华暴行，介绍祖国军民浴血抗寇，还引导学生们阅读茅盾、鲁迅、巴金等祖国进步作家的作品和艾思奇的《大众哲学》等进步社会科学读物，使学生们了解祖国，增强对祖国的责任感，懂得抵御外侮是每一个中国人的责任和义务。他也因此深受师生喜爱，身边聚集了越来越多的爱国学生。不久，马来亚共产党中央候补委员、马共雪兰莪邦（今雪兰莪州）地委书记陈石（因领导雪兰莪邦煤炭工人罢工，被英国殖民政府逮捕关押，后被驱逐出境，回到祖国。中华人民共和国成立后曾任广东省民族事务委员会主任等职）派人与梁灵光联络。

两人见面深谈后，陈石要求梁灵光在教育界和青年学生中，开展革命活动，建立反帝抗日组织。

组抗日团　挂帅"三会"

渴望为祖国抗战出力的梁灵光，与陈石深谈后立即行动。他在教师和学生中，加紧进行宣传和串联活动，团结和争取了一批思想进步的革命积极分子，先后成立了雪兰莪邦反帝大同盟、雪兰莪华侨抗日救国会、雪兰莪左翼作家联盟，并担任这三个抗日组织（简称"三会"）的主席。他与陈石每个月秘密晤谈一次，接受马共直接领导，不断在教育界、文化界和学生中发展这三个抗日组织的成员，壮大抗日救国队伍。他创立的这三个抗日组织，涌现出许多华侨抗日骨干和马来亚共产党骨干。

在教书、参与领导雪兰莪抗日救国活动的同时，梁灵光还撰写了不少抗日时评，刊于新加坡《星洲日报》上，宣传抗日救国。

回国参战　敌后抗日

1937年7月7日，卢沟桥事变爆发，日本侵略者开始全面侵华。次日，中共中央通电全国，号召全国同胞、政府和军队团结起来，筑成民族统一战线的坚固长城，抵抗日本的侵略。8月13日，国民党中央通讯社发表了《中国共产党为公布国共合作宣言》，蒋介石也发表谈话，公开承认中国共产党的合法地位。至此，以国共合作为主体的抗日民族统一战线正式形成。

远在南洋的梁灵光闻之，立即决定回国参战，与之同行的是吉隆坡华侨小学校长郑枢俊。回到上海后，梁灵光与长期保持联系的李亚群接上关系，听从他的建议到敌后开展抗日救国工作。第一个岗位是江苏省战时动员委员会视察委员，没有工资，主要任务就是到各地动员、组织群众进行抗战活动。

不久，又应国民党江苏省抗日青年团教育长张翼的邀请，兼任抗日青年团政治教官，主讲国际政治课程，培养青年抗日游击人员。郑枢俊同时也担任战时动员委员会视察委员。

参建武装　苏北抗敌

1938年4月15日，台儿庄战役结束。5月19日，徐州失守，苏北成为敌后。梁灵光与郑枢俊等都认为，此时地方上动荡不安，国民党对下面的控制相对削弱，若能因势利导，是发展抗日地方武装的有利时机。

郑枢俊与好友吴卫久（江苏特工指挥处主任）利用江苏泗阳、涟水的人际关系，收编了一些农民和零星武装，组建了江苏省民众抗日自卫队独立第一支队（简称"抗战支队"），吴卫久任支队长、郑枢俊任副支队长，梁灵光任政治处主任。以"支队"形式、设政治教育体系等筹组队伍的办法，都是梁灵光建议的。他学习自己在报刊上看到的八路军政治工作经验，在大队、中队都设政治指导员，对官兵进行爱国主义、军事纪律教育。不久，吴卫久被任命为江苏省如皋县县长，梁灵光也随县政府进驻马塘镇。由于吴卫久将主要精力投入如皋行政工作，梁灵光成为抗战支队实际负责人，他同时还兼任如皋县战时动员委员会组织部部长，主持全县抗日发动工作。其间，与大革命时期入党的马塘区区长叶胥朝过从甚密，并长期相互帮助。

梁灵光充分利用各种有利条件，在如皋县里开展各种抗日宣传，扩大队伍。他将从各地到如皋的抗日爱国知识青年组织起立，成立了多个政工队，以县战时动员委员会的名义，将政工队分派到如皋各乡进行抗日民运工作。为团结当地百姓共同抗日，政工队充分发挥知识专长，深入山乡海边，给群众治病；还举办店员夜校，免费为店员上语文、珠算等文化课，为他们讲授中国近代史，提高他们的思想觉悟；政工队还组织农民抗日巡逻队，保家护乡。也正因此，抗战支队政工队在如皋县很有影响力。新中国成立后，这批政工队员中许多人都成为厅局一级高级干部。

江苏省民众抗日自卫队独立第一支队因为官兵身份复杂，且梁灵光仅是政治处主任。为了建立一支具有战斗力的抗日武装，他将合并到抗战支队中的、由爱国进步知识分子组成的特务总队教导队，改编为第十四支队，任命曾长期在中共领导下参加学生运动的陈伟达为中队长，并在南通城唐家闸大生一厂成立了由进步产业工人组成的抗战支队南通第一独立分队，同时动员南通其他企业的工人、职员和周边贫苦农民加入队伍，还说服了一些厂家和开明地主、乡绅捐助钱粮，初步解决了粮食和装备。这两支队伍，完全听命于梁灵光，都是坚定的抗日者。之后，梁灵光不断壮大队伍，他先在南通设招兵办事处，成立了第二独立分队、第三独立分队，最后组建成为一个中队。这支部队在梁灵光的指挥下，执行机动游击战略，经常出动袭扰小股的日伪军，分化瓦解伪军，打击滋扰地方的土匪，团结友军共同抗日。

与之同时，梁灵光还精心谋划，策动敌占区工厂的工人破坏敌人的生产，阻遏日伪掠夺战略资源，队伍由此受到群众欢迎，请求入伍者越来越多，很快扩大为一个大队，并入抗战支队第二大队。

1939年初春，在梁灵光领导的抗战支队政工队海滨工作队的组织下，近千位盐业工人成立了盐民抗日协会。为了抗击日本侵略者，保护海滨渔民和盐民的生命财产安全，梁灵光以盐民抗日协会为基础，组建了盐渔民自卫队。

1939年春节，梁灵光带着江苏省民众抗日自卫队独立第一支队的第二大队进入海门县临时驻地江家镇（当时海门县城茅镇已被日军占领），他指挥第二大队主动出击，袭击敌人。与之同时，团结爱国乡绅，特别是参加过大革命、抗战爆发后在延安受到毛泽东接见的沈维岳等爱国民主人士，宣传抗日，发动群众，扩大队伍，使江苏省民众抗日自卫队独立第一支队升格为旅一级编制，下设两个总队，梁灵光任第二总队总队长，下设三个大队，第一大队由梁灵光自如皋带来的第二大队组成，第二大队是梁灵光自江苏启东拉来的地方武装，第三大队是梁灵光改编的海门县政府保安队。他为每个大队配备了政治指导员，其中第二大队是梁灵光着力建设的主力，指导员是共产党员，有些官兵也曾加入共产党和红十四军。

1940年春，江苏省民众抗日自卫队独立第一支队奉命改编为苏北游击第二纵队，原来第一支队的官兵大部被编为第一支队，其他队伍组成第二支队，梁灵光任第二支队支队长。

率二支队　入新四军

此时，抗日战争进入相持阶段，日本帝国主义对国民党采取以政治诱降为主、军事打击为辅的方针，而国民党采取消极抗日、积极反共的方针，1939年年底至1940年年初，国民党顽固派不断制造军事摩擦，掀起第一次反共高潮。随着新四军、八路军的发展，苏北国民党反共顽固派头子韩德勤（江苏省政府主席兼鲁苏战区副总司令）准备采取军事阻击，调第二纵队北上阻截八路军南下部队。为此，中共江北特委在马塘镇召开紧急会议，梁灵光派队中的中共江北特委委员陈伟达、洪泽等与会。会后，梁灵光决定率部加入中国共产党领导的革命队伍。

1940年5月，梁灵光率部抵达洪泽湖以北金锁镇附近。之后，他赶赴泰州，找到了中共泰州工委书记陈扬，并在他介绍下前往新四军挺进纵队驻地江都县郭村，见到了挺进纵队政委叶飞，正式加入了新四军挺进纵队。第二支队部分官兵排除困难，赶往郭村，与梁灵光会合。

叶飞晚年在为《梁灵光回忆录》作序时，曾用极简洁的语言，记录了这段历史："我和灵光同志在1940年5月相识。那时正是艰难岁月，新四军在华中敌后的抗战局面还未打开，而国民党顽固派在第一次反共高潮被挫于华北之后，正把摩擦重点转移到华中。我率领新四军挺进纵队进驻江都郭村，准备击退国民党江苏省主席韩德勤发动的反共进攻。此时，灵光同志是苏北游击第二纵队第二支队支队长，这个部队的建制属于国民党省属游击部队，被迫北移，并将投入进攻八路军南下部队的内战战场，地下党组织准备组织该部战场起义，他来郭村与我联系此事。以后，这个支队的一大队在洪泽湖畔与八路军遭遇，于是发动了武装暴动，加入了八路军；二大队被反动武装包围缴械，一部分干部来到郭村，参加了挺进纵队。"

梁灵光率部加入新四军后，随即参加了著名的郭村保卫战和苏北整编。之后，随部东进，打垮了前来拦截的国民党顽固派部队，进入黄桥地区。

1940年8月初，黄桥军民联合办事处成立，新四军江北指挥部第一纵队政治部副主任陈同生任办事处主任，梁灵光任军事科科长。1940年8月下旬，中共创立了靖泰临时行政委员会，新四军江北指挥部第一纵队司令员管文蔚和陈同生分别任正、副主任，同时成立了泰县、泰兴、如皋、靖江4个县政府，梁灵光出任如皋县县长。不久，染灵光加入了中国共产党。

如皋县长　建根据地

在如皋县县长任上，梁灵光着力建设抗日民族统一战线，宣传中国共产党抗日主张，号召各界人士以财力、物力、人力支持新四军的抗日和反击反共顽固派，得到了爱国乡绅和百姓的支持，在当地掀起一浪又一浪抗日高潮。

与之同时，梁灵光派出民运工作队，深入乡村，发动群众成立农民抗日会等抗日组织，并开始"二五减租"，进一步激发农民对中共建立的抗日政府的支持。在百姓的支持下，梁灵光初步改造和建立了区级政权。他还筹组抗日武装，很快建立了如西警卫团，并在各个区乡发动群众组建抗日自卫队，使如皋县成为抗日根据地。

率部参战　黄桥建功

随着中共靖泰临时行政委员会的成立，使苏北地区出现了新四军与日伪军、国民党顽固派军队三角斗争的局面，韩德勤接连两次向新四军发起进攻，新四军英勇还击，收复了姜堰一带，建立了以黄桥为中心的根据地。为团结抗日，新四军对韩德勤一再推让，但其撕毁团结抗日协议，组织1.7万人，于10月3日，分几路扑向黄桥，扬言要将新四军赶下长江喂鱼。新四军被迫迎战，著名的黄桥决战打响。

黄桥决战中，梁灵光发动如皋群众筹集粮草，赶制干粮，支援新四军部队，同时组织自卫队对顽军不断进行袭扰。10月6日，顽军开始溃逃，梁灵光亲自带领县警卫武装，配合主力部队截击敌人，俘获顽军50余人，缴获战马5匹和一批枪支，开县长亲自带兵打仗先例。

新四军在黄桥决战中获得大胜，共歼灭韩德勤主力部队1.1万人，韩德勤见败局已定，率残部窜出战场。新四军解放了苏北大部分地区，并于10月10日与南下的八路军黄克诚部队胜利会师，打造了华中抗战新局面。

东进抗日　挂帅南通

为了使新四军能继续向东发展到黄海边，中共苏北区党委决定开辟通（南通）如（如皋）海（海门）启（启东）抗日民主根据地，为此必须争取国民党江苏省保安一旅旅长、江苏省如东县县长薛承宗。梁灵光与钟民（新中国成立后，曾任中共福建省委书记、福建省副省长、省政府党组副书记，中共上海市委常委、书记等职）一起，奉命担当说服、争取薛承宗的重任。他们驰赴如皋县马塘镇，与薛承宗进行极其艰苦的谈判，使之接受了合作抗日四项条件：薛部接受新四军统一指挥；薛本人让出县长位置，交出县政府的大印，但保留保安一旅旅长的职务；薛部驻防地不变，但不得阻挠新四军的东进；薛部不得自己设卡收税，保安一旅的军饷由新成立的如皋县政府供给。成功争取薛承宗，为新四军东进黄海之滨创造了条件。

1940年10月下旬，新四军苏北指挥部决定开辟通如海启抗日根据地。梁灵光随新四军第三纵队东进，队伍达到苏东古镇——如东县掘港镇后，成立了新四军苏四区抗日游击指挥部，梁灵光出任政治部主任，同时成立了中共苏四区军政委员会，梁灵光任委员。他参与筹组通如海启地区抗日民主政权，并被任命为南通县县长。

当时南通县形势极为复杂，且梁灵光和中共在县政府、县保安旅一个关系也没有，南通县的地下党员不但少且都不在国民党军队和政府里。梁灵光受命之后，依靠大智大勇，只带了一个秘书和一个警卫员，就成功接管了旧南通县政府和县保安旅，成立了抗日民主政权，在担任县长的同时兼任保安旅旅长。梁灵光充分发挥了自己亦文亦武之长，在南通县营造了全面抗日之大好局面。

党指挥枪　发展武装

皖南事变后，梁灵光着手发展南通地方抗日武装，以使枪杆子能牢牢掌握在党的手中。他首先将原来自己组建的新四军苏四区政治部警卫营调至南通，扩编成南通县独立团，自己兼任团长。紧接着兵不血刃清除了县保安旅中消极抗日、积极反共、危害人民的力量，加以编练，使之成为一支真正的抗日队伍。其中一部并入南通县独立团。

1941年8月，根据中共中央关于坚持根据地斗争，实行主力地方化的指示，苏中四分区决定将三旅九团与南通县独立团合并，改编为南通县警卫团，梁灵光仍兼任团长，后来成为新中国著名外交家的韩念龙为政治处主任。梁灵光着力构建地方武装网络：在乡一级建立不脱产的乡自卫队和民兵，区一级建立区中队。队伍在与日伪军作战中得到快速发展。经过春、秋两季反"扫荡"及多次战斗的考验，全县的武装组织有了很大发展。至1941年年底，全县共有民兵自卫队3万多人。1942年1月，为了加强对各区中队、自卫队及民兵工作的领导，梁灵光又组织成立了南通县人民自卫总队。

在南通县县长任上，年轻的梁灵光显示了他超强的工作能力，武装斗争、政权建设和统一战线建设三管齐下，皆有建树，南通县的抗日力量由此得到进一步加强。特别是通过减租减息运动，激发了农民抗日热情，各地农民抗敌协会也纷纷成立，在此基础上建立了县农民抗敌协会理事会，1928年参加革命的中共党员葛成芳出任理事会主任。

各级农民抗敌协会积极领导农民进行减租减息斗争，保障农民的权益，由此进一步增强了农民跟着中国共产党抗战到底的决心。

反日"扫荡"　破敌"清剿"

新四军苏中根据地建立之后，随着国民党顽固派势力的削弱，日伪将主要矛头对准新四军和抗日军民。从1941年春开始，日伪频繁地对苏中根据地进行"扫荡""清剿"，意欲歼灭以新四军为主力的抗日武装，将根据地扼杀在摇篮之中，而地处根据地最前沿的南通县，成为斗争最前线。

在梁灵光等领导下，南通县抗日军民给予敌人迎头痛击。1941年6月，取得了五福桥伏击日军之役胜利。1941年8月初开始，日伪频频从据点出动，对新四军和根据地发动一次又一次大"扫荡"，凭借武力优势，在南通县一些较大的集镇如石港、三余、刘桥等地，构筑了新的据点，同时拼凑了伪七师，蚕食根据地。

梁灵光指挥若定，采用灵活机动的游击战术，先后袭击、伏击日伪军20多次，给敌人以沉重打击，在激战中他成长为出色的军事指挥员：1941年8月24日，石港日伪军600多人进占五总埠，梁灵光率领警卫团配合新四军三旅主力围击敌人，毙伤日伪军80多人，俘虏30余人，收复五总埠；紧接着，又在余西镇伏击敌人，再获全胜；不久，又两次攻打金沙镇，消灭了据点外围的一部分伪军；12月，率部拔掉了余西镇伪军据点，歼灭伪军40余人；接着又在金沙、余西、石港、三余等区队的配合下，攻打金沙镇，歼灭伪警察署及自卫队，同时俘虏伪军三十二师六十四旅官兵200多人，活捉伪警察局长张尧福、伪营长季凤鳌。由于在1941年反"扫荡"中作战积极、屡次获胜，得到军分区的两次嘉奖。

1942年，日军对抗日根据地的"扫荡"更加疯狂。6月，在得知新四军一师师部和部分机关驻扎在海门，日军集中了2000多人，由旅团长南浦襄吉少将、伪苏北行营主任臧卓亲自率领，采取半圆形包围战术，大举向海启地区"扫荡"，寻歼新四军主力。梁灵光派出多人侦察，当了解到日伪部队将从南通经金沙镇沿运盐河大批运兵去海启，他果断决策，在金余镇附近设伏，向敌人发起突然袭击，打垮了从盐阜调来的伪军三十一师一个团，歼敌近200人。

为了支援海启地区的反"扫荡"斗争，梁灵光还带着警卫团与兄弟部队合作，奇袭海门县城茅镇，毙伤敌人近百人，俘敌70余人。8月，梁灵光率部与新四军一师三旅七团合作，发起石港攻坚战，歼敌500多人，摧毁敌人碉堡16座，不但一举拿下石港城，还同时击退金沙、马塘、孙家窑增援的敌人。

在战斗中，梁灵光任团长的南通警卫团进一步壮大，扩充到1600余人。1942年秋天，梁灵光领导了南通县保卫根据地、保卫秋收的斗争。当时，苏中军区、新四军一师师部都驻扎在南通的通中地区。他和战友们没有被动防御，而是主动出击，配合主力部队打硬仗，以振奋抗日军民的斗志。

9月24日，日军南浦旅团五十二大队大队长保田中佐率日伪军200余人进驻三余镇，准备对通中地区进行"扫荡"。梁灵光率南通县警卫团配合新四军主力七团，埋伏于谢家渡，与日激战，毙保田中佐以下日军70余人，俘获日军3人、伪军一个班，取得全胜。

数管齐下　备战迎敌

日本侵略者为推行"以华制华""以战养战"的战略，早在1940年就向汪伪政府提出了"清乡"的建议，汪精卫为巩固自己的统治，将"清乡"定为"国策"，于1941年3月成立"清乡委员会"并亲任"委员长"。

1941年夏至1942年夏天，日伪首先在苏南的苏州、常熟、太仓、江阴、无锡等地开展"清乡"，进而准备扩展到整个华中和华南地区。为此，汪精卫于1942年12月1日发出了《民国三十二年度上半年清乡工作训令》，提出"清乡"扩大到"苏北南通附近"，并令"清乡委员会秘书长"李士群于1943年4月1日起在南通附近开始苏北地区第一期清乡工作，要求"于9月底前完成"，日伪划定的"清乡"具体范围包括南通、海门、启东三县和半个如皋县（4个区），当时这片地方男女老幼加起来不过270多万人，而日伪投入"清乡"的总兵力达1.5万余人，其兵力部署之密集程度为华中敌后战场之罕见。

面对气焰嚣张的敌人，1942年年底至1943年3月，梁灵光领导全县开展了以"冬学""冬耕""冬防"为主的三大备战活动：凭借"冬学"，培养反"清乡"斗争骨干，共办学231所，参加学习的基层干部、民兵达万人之上；依托"冬耕"，号召群众生产自救，由于1942年夏秋季天旱少雨，粮食歉收，加上日伪掠夺，群众生活十分困难，梁灵光在县政府成立了救荒委员会，组织劝募救济，发行救荒公债，县政府还发放了349.8万元的江淮币，作为给农民的贷款，受农贷扶助的人数达4.5万余人，发救济粮26.5万斤，解决了群众基本生活问题，密切了党和群众、军队和百姓关系，为反"清乡"斗争最充分得到人民支持奠定了基础；通过"冬防"，派出县警卫团的干部、战士，配合区乡对民兵进行训练，教会民兵利用地形地物侦察、伏击，使用手榴弹等、袭敌必备之术，以此提升民兵、自卫队的数量与质量。

梁灵光还将1943年3月29日至4月5日定为反"清乡"动员周，除运用各种形式进行宣传发动外，还利用"喝鸡血酒、歃血为盟"的民间习俗，团结更广泛抗敌力量。

为了在即将到来的反"清乡"斗争中充分发挥共产党员的先锋作用，梁灵光参与对全县各级党支部进行整顿、调整和充实，规定在组织被冲散、人员被逮捕的情况下，只要有3个党员在一起，都要成立党的临时小组。

为了给反"清乡"游击战提供有利地理条件，梁灵光发动群众改造地形，把大路改成小路，直路改成弯路，挖断通行汽车的公路，以阻击敌人机械化部队；在河道里作暗坝、打暗桩或锯倒河边的大树，以阻挡敌人的汽艇、船只通过；拆大桥，架小桥，变固定桥为活动桥，以便敌来抽去，敌去再搭，以阻截敌人进犯。

战前，梁灵光倾注大量精力用于瓦解伪军、分化敌人、摧毁军事设施，以收先发制人之功。1943年3月，驻金沙镇伪军调防海启，接防的日伪军还在前来的途中，梁灵光立即抓住这一有利时机，发起对敌人的政治攻势，在地方部队的掩护下，区乡干部带领基干民兵和群众数千人，涌进金沙镇，按照事先的分工，突击拆毁敌人的营房、碉堡，并对镇上居民进行政治形势教育，同时对伪军张圣伯部进行策反，促使张部500多官兵开小差，一名营长反正。

愈战愈勇　粉碎"清乡"

　　1943年4月初，日伪对苏中四分区接连发动了3次大规模的军事"清剿"，其中两次重点放在四分区领导机关和部队经常驻扎的南通县中部地区。敌人来势凶猛，数路大军同时进攻，很快占领大小市镇，切断交通，反复进行"梳篦"式扫荡，挨家挨户烧杀劫掠，当地生灵涂炭，百姓死伤众多。

　　在大规模进行军事"清剿"之后，日伪又分兵构筑据点，把根据地分割成许多小块，只要一处报警，邻近据点的日伪军就立即出动，协力合击。

　　面对极其困难的斗争环境，梁灵光率领县警卫团采用机动灵活的游击战术，快速穿插，灵活击敌，一次又一次跳出敌人的合围圈，趁敌不备突袭日军薄弱据点；南通县民兵也利用手榴弹、土枪、土炮、大刀，寻机杀敌，如依托于地形地物掩护捕杀掉队的日伪军，或将小股伪军引入伏击圈予以消灭，或在伪军驻村时以打冷枪、炮轰等形式击敌；普通的群众也拿起钉耙、铁叉、锄头、镰刀等毙伤敌人……

　　在反"清乡"斗争中，梁灵光还放手发动全县群众，开展锄奸斗争，消灭了一批汉奸、特务。

　　敌人为割断"清乡"区对外的交通联系，围歼抗日武装，沿"清乡"区边沿构筑了长达100多公里的竹篱笆封锁线，沿线设置了众多哨卡、据点，进出都需要有汪伪政府发的"良民证""出入证"，给抗日武装斗争制造了不少困难。

　　梁灵光立即组织展开反封锁线之战，三管齐下，战绩显著：一方面坚壁清野，使敌人抢不到构筑封锁线的物料；一方面袭击运送封锁器材的日伪军，焚烧构筑封锁线的物料；一方面组织破击，运用拔起、拉倒、焚烧等形式，破坏封锁线。

　　1943年7月1日，梁灵光率部参加了苏中反封锁线破击战。当天夜里，梁灵光任县长的南通县及如皋、如西等县，动员了近4万名群众，在部队的掩护下，开展破击封锁线战斗，声势浩大。数万群众齐心协力锯电线杆，收电线，挖公路，放火焚烧篱笆，敌人用3个月筑起的竹篱笆被抗日军民全部捣毁。

　　1943年4月至10月，梁灵光领导的南通县大规模击破封锁线行动共有6次，参加的民兵、群众达2.19万人。

　　见"军事清乡"难收成效，日伪再推所谓的"政治清乡"，意欲凭借编查保甲对农村实行伪化统治。"政治清乡"主要内容有：十户编成一甲，设甲长；十甲编成一保，设保长。实行一户"犯法"十户"同罪"的联保连坐，强迫户与户之间相互监视，相互告发，意在切断根据地党政军人员与群众的血肉联系。"政治清乡"遭到了人民的强烈反对，敌人再推"强化编查"行动，即集中大量日伪军，将某一地区包围起来，把群众赶到一起，以武力威胁强制编查，南通被作为"强化编查"重点。为推进

1943年南通警卫团领导人合影，左二左三分别为韩念龙、梁灵光

"强化编查"，7月下旬，日军大队长山本率领400多人进驻南通十总镇十总店村，先后枪毙、活埋了近60名群众，以威逼群众参加编查保甲。

中共苏中四地委给南通县委来信，要求通过游击战取得反"清乡"斗争的胜利。并指出："南通是我们必争之地，……南通的胜利也就是全部的胜利"，"南通是今后斗争的枢纽，是胜利与失败的主要关键。"

梁灵光和县委主要领导一起，制定了不同对策，反击敌人的"政治清乡"：在中心地区，以武装斗争反对编查保甲，打击敌人编查人员；在敌我"拉锯"之地，展开游击战，阻挠日伪编查保甲；在日伪猖獗的据点周边，动员群众组织保丁会，震慑"两面派"，阻滞"政治清乡"；在敌人集中兵力将一个地区封锁起来推行"强化编查"时，立即组织身份已公开的党员、干部和青壮年临时转移，留下老弱病残以搪塞……区队、基干民兵还在敌人封锁圈边沿开展麻雀战、狙击战、伏击战，袭扰日伪，消灭了一批汉奸，使"政治清乡"难以奏效。南通县日伪控制区的伪区长陈敬业在给上司的报告中写到："本区保甲工作，本可全部完成，乃环境恶化以至于此，乡、保、镇长相率逃避，职力薄能鲜，学验俱谫，辗转思维，终乏善策。"

在展开军事游击战的同时，梁灵光带领中共南通县委一班人还展开政治攻势，主要工作有四项：一是制定动员伪军政人员自新相关政策，公布了《"清乡"人员自新条例》，将之印成传单，四处张贴，还想方设法送进每个据点；二是县警卫团掩护民兵、群众将据点包围起来，向伪军政人员进行政治喊话，仅金沙、骑石两地就分别组织了五六千民兵、群众，围困滥港桥和骑岸镇据点，南通全县参加围困据点的群众达2万多人次；三是组织伪方人员亲属给在据点里当汉奸的亲人写信，历数当汉奸对国家、民族、家乡、亲人和自己的危害，劝之悬崖勒马，动员他们反正；四是组织精干武装，潜入日伪据点，做伪方人员工作。这些政治攻势举措极为有效，使伪军政人员感到给日本人和汪精卫政府做事没有好结局，主动与抗日组织联系，办理自新、自首手续，有的则以各种形式脱离伪界，使伪基层政权进入瘫痪状态。

梁灵光以自己的大智大勇，为苏北反击日伪"第一期清乡"取得胜利建立了殊功。

升任专员　再反"清乡"

1943年10月，梁灵光升任中共苏中区第四专员公署专员。

抗日战争时期，人们习惯把中共苏中四地委、第四专员公署、第四军分区、新四军第一师第三旅统称为"四分区"，地辖启东县、海门县、南通县和如东县，东临黄海，西接运粮河，北至奔茶河、海安河，呈牛角形，属水网地区。四分区土地肥沃，盛产粮、棉、盐等，人口三百多万。苏中四分区总面积18185平方公里。其中，我占7763平方公里，占42.69%；游击区占7379平方公里，占40.57%；敌占区仅为3043平方公里，占有16.74。当时四地委书记是吉洛（姬鹏飞）、四分区司令是陶勇。

梁灵光刚上任，就遇上日伪开始所谓的"延期清乡"，即采取更加暴力的军事镇压措施实行"清乡"，主要行动有：于每县设立一至两支日军为主的机动部队，在一些农村集镇增筑据点，加强军事"驻剿"；采取"机动清剿与分散驻剿相结合""以游击对游击"的方法，有时日伪军小分队着便衣出动袭击我方，有时冒充抗日军政人员诱骗群众和捕捉抗日骨干；通过收买动摇分子，培植内奸，建立基层特务情报网络。"延期清乡"展开后，日军机动部队在根据地反复进行梳篦式"清剿"，烧杀劫掠，无恶不作，不少抗日群众倒在了敌人屠刀之下，仅10月23日一天，日军山本机动队在石港镇土山脚下，就用马刀砍死群众23人。

在极其困难的情况下，梁灵光领导地方武装与"延期清乡"展开殊死斗争，取得一些局部胜利。如11月29日南通警卫团一部设伏于石港据点周边，痛歼山本机动队，击毙山本大队长。

梁灵光等排除万难，坚持开展武装斗争，抓住敌人兵力高度分散的情况，组织精干队伍，打击日伪机动队，派出短枪队到伪化严重的地区镇压特务、叛徒。

1943年底，随着日本在太平洋战争中节节败退，兵力严重不足，急于从中国战场抽调兵力。也因此，他们必须加快伪化，开始大肆抓壮丁，编练伪自卫团，规定所有年满18岁至40岁的男性都要登记受训。

梁灵光等立即展开斗争，他们在乡村组织"爱儿会""兄弟会""保丁会"等灰色组织，针锋相对反抽训壮丁，使敌人下乡抓丁时，青壮年早已"坚壁清野"，只能抓一些连走路都颤颤巍巍的老弱病残，粉碎了敌人抽训壮丁计划，取得了反清乡斗争胜利。

发展经济　巩固政权

在艰难反"清乡"的同时，梁灵光等成功领导了基层政权改造，从而使人民群众的政治优势得到了保证，民主政权的基础得到了加强，根据地的基层抗日民族政权更加巩固。

当时，由于日伪的分割封锁和疯狂的经济掠夺，根据地的民力、财力受到空前摧残，粮赋减少四分之一，税收减少二分之一，专署财政日渐支绌，梁灵光着力发展经济，先后开办了被服、毛巾、肥皂、军工等工厂，还成立了对外贸易运输站、公营商店、粮行、花行，设立新集市，开辟地下运输线等，辅之以改革财税制度、伸展到敌占区和据点内征税、开展厉行节约运动、展开群众性扩税工作、鼓励农民将棉田改种粮食、保护工商界合法权益、策动爱国商人为根据地采购紧缺战略物资等众多举措，成功挫败了日伪的经济掠夺、物资封锁的阴谋，筹集了经费和粮食、布匹等重要物资，从而保证了部队和党政干部的给养，为抗日斗争的胜利提供了物质保证。

有两个例子可以佐证梁灵光领导发展经济的成效。

例一：1944年春，第四专员公署财经处长马一行到中共苏中区委开会，梁灵光让他带去了几百两黄金，当时苏中区财经处长朱毅正为经济问题发愁，忙着筹钱，说："现在是各路财神路路空！"见马一行一次就带来这么多黄金，十分兴奋，直赞是"雪中送炭"。

例二：1944年12月，苏中军区司令员粟裕率部队去浙江天目山一带开辟抗日根据地，军需发生困难，梁灵光立刻筹集了8000万元，于1945年年初送去，保证了军需之用。

梁灵光十分重视根据地教育，在环境险恶、物质条件极其匮乏的情况下，排除万难，坚持办中小学教育。他参与创立并领导了苏中四分区教育改进会，并于1944年冬天在东台地区举办第一期文教研究会，培训优秀教师，会上还成立了苏中教育学会四分区分会，以后又连续举办了第二期、第三期文教研究会，以培养教育骨干。

梁灵光还带领苏中第四公署辖区内的教育工作者，创造了"游击教学"新方法，当时因为日伪"清乡"，根据地被分割封锁，许多学校无法开课，"游击教学"正是为了在斗争中坚持办学。为此，梁灵光和大家一起研究出了许多办学方法：在反"清乡"战斗频繁、斗争紧张的地区，采用分散流动教学办法；在日伪据点较少的地区，采用集中教学、分散管理办法；在斗争既不过分紧张、但又不太稳定的地区，采用分散和集中教学相结合之法。"游击教学"法，既打破了固定的教学模式，又因为办于群众之中，且坚持将抗日作为重要教学内容之一，因此培养了一批宣传与民运工作后备力量，有力地配合了反"清乡"斗争。

针对汪伪政府编印的奴化教材"国定课本"，梁灵光组织人员编印了"抗战课本"的补充课本，坚持对学生进行爱国主义教育，使许多学生走上了抗日一线。

拔敌据点　对敌进攻

1944年春，中共苏中区委做出了关于开展反日伪据点的决定。梁灵光立即率第四专署机关开展相关工作，他们一方面发动群众开展夏征减租工作，一方面投入夏季攻势。夏季攻势主要做法有：以偷袭围困、佯攻打援、建立内应等方式，达到大量攻占薄弱据点，并给运动中的敌人以歼灭性打击；发动群众，广泛开展爆炸运动、狙击战，大量杀伤敌伪；民兵、短枪队寻找一切机会，突入大据点锄奸杀敌，破袭敌人后方治安；封锁薄弱据点，配合群众反伪捐、反资敌斗争，逼退敌人。在海门县、启东县、南通县，县警卫团和区队、民兵先后袭击、攻克了利民镇、五堤、侯家油榨村、老洪港、海晏镇等。第四行政专署领导下的地方武装，还配合新四军主力部队，夺得杷齿凌之战、南坎据点攻击战的胜利。

在梁灵光领导下，6月下旬南通县警卫团及区队、民兵，突入三余镇据点，捣毁了日本侵略者经营的江北公司，并乘胜围困、逼走北兴桥据点的守敌。7月初，南通县上万群众，在主力部队的掩护下，开展大规模破击战：挖毁公路，拆毁桥梁，锯倒电杆，收缴电线，使唐家闸和南通城之间的电话中断，南通城断电3天，日伪惊恐不安。在如皋县、海启县，群众性的破击战也接连不断，给予日伪军沉重打击，同时还袭击、攻克、逼退了一批敌人据点。

1944年7月上旬，梁灵光积极备战，迎击日伪发起的"报复扫荡"。7月13日，当敌人从如皋城、海安镇出动时，沿途不断遭到区队、民兵的袭击，加上暴雨如注，扫荡队伍很快缩回了据点。17日，敌人从栟茶、丰利出动，进行第二次"报复扫荡"，先是在岔北丛家渡口遭到堵击，死伤20余人，继而又受到四面袭扰，丢盔卸甲，狼狈收兵。

梁灵光领导下的第四行政专署旗下的县域，不但在夏季攻势中不断取得胜利，在紧接着发起的秋季攻势中也再创佳绩。据不完全统计，1944年6月至10月夏秋季攻势，南通、如东、海门、启东四个县军民共进行大小战斗456次，攻克据点25个，逼退据点44个；毙伤日伪军1500余人，俘虏日伪军1200多人，伪军投诚、反正100余名；缴获火炮16门，各种枪械1500余支；击毁汽车12辆、汽艇1艘，平毁碉堡200余座。夏秋季攻势，消灭了当地日伪军有生力量，也最终取得了反"清乡"斗争的最后胜利。

1945年秋天，苏中四地委、四专署、四分区在东台县三仓河建立了一座烈士亭，梁灵光与时任四分区司令张震东、政委卢胜、副政委兼政治部主任符确坚联名为烈士亭撰写了碑文。三仓烈士亭不但保存至今，而且还扩大为规模宏大的烈士陵园。

1945年5月25日，梁灵光兼任四地委常委，继续带领军民进攻日军。

杰出战将　治国干臣

1945年8月15日，日本投降，梁灵光率部立即南下如皋县掘港镇，组织全分区军民，配合苏中军区主力部队作战，歼灭拒不投降的日伪军。至9月14日，相继收复了南通重镇金沙、启东县城汇龙镇、海门县三厂镇、海门县城茅镇、紫石县城海安镇。9月21日，攻克如皋城，全歼守敌伪独立十九旅、伪如皋保安大队3000余人。梁灵光还亲自带领南通警卫团、东南警卫团渡江攻打崇明县城堡镇。

1945年10月，梁灵光出任新组建的中共苏皖边区第一地方委员会常委。12月1日，兼任苏皖边区第一行政区专员公署副专员。

解放战争打响后，梁灵光先后担任新四军华中九分区司令员兼专员、华东野战军第十一纵队三十三旅旅长、中国人民解放军第二十九军参谋长兼军党委常委。梁灵光身经百战，机警过人的他身上无一处负伤，堪称奇迹。

中华人民共和国建立后，梁灵光先任厦门市第一任市长、市委书记，后调往省会福州，出任福建省工业厅厅长兼省财委副主任、中共福建省委工交部部长。

1956年3月后任福建省副省长、省委常委、书记处候补书记、书记，主持省政府常务工作，并兼任省计委、物委、编委及省支前委主任。

"文革"期间，梁灵光受到冲击。1975年年初恢复工作，任福建省委常委、省革委会副主任。1977年11月，调任国家轻工业部部长、党组书记。

1980年11月，调广东工作，任中共广东省委书记兼广州市委第一书记、市长。1983年3月任省委书记、省长，并兼任暨南大学校长。1985年7月，任广东省顾委主任，兼任香港中旅集团第一任董事长。

梁灵光是全国人大第二、五、六届代表，第七届常委、华侨委员会副主任，还是中共第十二届中央委员、第十三届全国代表大会党代表。

梁灵光本着为党的事业奋斗终生的初心，离休之后继续任福建泉州黎明职业大学董事长、中国新四军研究会名誉会长、广州新四军研究会会长，还经常深入实际，调查研究，为省委、省政府决策提供参考，献身事业，鞠躬尽瘁。

拓闽工业　创粤特区

梁灵光同志在担任厦门市及福建省领导期间，为厦门市的恢复生产以及福建工业、交通建设和全省经济发展做了大量工作，是福建地方工业的重要奠基者之一，对福建地方工业的发展作出了卓越贡献。

梁灵光在担任国家轻工业部部长，负责轻工业部的重组工作，他在极其困难的情况下，积极推进拨乱反正，建立完善的管理体制，探索新的生产流通体制，调整"农、轻、重"比例失调问题，大力发展轻工业。

梁灵光到广东工作后，坚决贯彻执行邓小平理论和党的基本路线，大力推进改革开放的步伐。主持广州工作期间，他始终坚持实践是检验真理的唯一标准，解放思想，实事求是，大力调整国民经济，减少流通环节，放开市场，改革外贸体制，狠抓市政建设，改善投资环境，在广州市的改革开放和四个现代化建设中发挥了核心作用。

梁灵光任广东省省长期间，主管深圳、珠海、汕头经济特区的创办工作，充分运用中央的特殊政策和灵活措施，在中央和省委的领导下率先提出"大、中、小"珠江三角洲经济开放区的构想，并积极推动"小"珠江三角洲的建立。他充分发挥广东的人文地缘优势，积极落实侨务政策，推动广东经济体制综合改革，率先在全国进行物价体制改革，狠抓基础设施和基础工业建设，为探索广东先行一步和以后的全面发展打下了坚实的基础。

在全国人大工作期间，梁灵光关心华侨工作，多次出访美、日、东南亚、欧洲及南美各国，与当地华侨建立了密切的联系，有力地推动了侨务工作的开展。

2006年2月25日，梁灵光病逝于广州。

1946年梁灵光与夫人朱含章、长女梁抗摄于江苏如皋

黎 韦

黎韦（1915—1996年），原名陈永亭，又名陈平文，福建南靖人，印度尼西亚归侨，著名新闻人。曾任江苏省《南京早报》记者，中国青年救亡协会工厂宣传组组长，国民政府军事委员会政治部抗敌演剧队第四队总干事，延安陕北公学第十一队队长、指导员、校长办公室秘书、主任、经济学和政治经济学教员和理论辅导员，中共中央革命军事委员会总政治部日本问题研究室研究员，延安马列研究院政治经济研究室国统区经济研究组组长，延安《解放日报》评论部副主编，《解放日报》资料室主任，新华通讯社编辑部广播主任、晋察冀新华广播电台总编辑、济南新华广播电台台长、西南服务团云南支队二大队副大队长、云南人民广播电台台长兼总编辑、西南人民广播

黎韦

电台台长兼总编辑，中共云南省昆明市市委委员、宣传部部长，云南省工交部第一副部长兼省工业厅厅长，云南省计委副主任，云南省经委副主任兼省物资局局长，中共昆明市市委书记，中共云南省省委副书记，中共湖北省省委常委兼省革委会副主任，湖北省省委副书记兼省委秘书长，省委书记，湖北省政协主席、党组书记。

棉兰学子　华夏御侮

1915年10月，黎韦生于印度尼西亚苏门答腊岛棉兰市一个侨商家庭。父亲为使儿子能受到良好的中华文化教育，将他送回厦门的集美中学读书。在此，黎韦阅读了大量进步书刊，受到了共产主义启蒙，于1931年春加入共产主义青年团。

1931年九一八事变爆发，黎韦开始参加抗日救亡活动。

1932年1月28日，日本侵略上海，黎韦满怀义愤参加学校罢课运动，反对国民党政府屈辱求和出卖上海，因为表现积极，被学校当局开除。1932年，他东渡日本，进入早稻田大学读书。

黎韦人在日本心在中国，他冒着生命危险参加旅日留学生抗日活动，与同学们讨论时局。1935年10月，他主动放弃学业，毅然回国参加抗日工作。

1930年由邓演达、黄琪翔、彭泽民、章伯钧等创立的中国国民党临时行动委员会，随着抗战形势的变化，于1935年11月改组为中华民族解放行动委员会，坚持抗战民主团结。中华民族解放行动委员会在各地开展了系列抗日活动，还筹组抗日武装。黎韦回到厦门，参加中华民族解放行动委员会组织的反蒋抗日活动。

以笔为枪　被捕入狱

1936年，黎韦进入《南京早报》当记者，其间撰写了大量抗日文章。西安事变后，黎韦又撰写了一批拥护国共合作、拥护联合阵线的文章，文章旗帜鲜明地反对蒋介石"攘外必先安内"政策，要求停止内战、国共联合抗日。也因此，他被国民党特务以"赤匪嫌疑犯"罪名逮捕，先后被羁押于国民党宪兵司令部和南京反省院。狱中，他受尽严刑拷打，毅然坚持真理，拒不认罪。

1937年7月抗日战争全面爆发后，8月中旬蒋介石被迫同意将在陕北的中央红军改编为国民革命军第八路军（简称"八路军"），9月22日国民党中央通讯社发表了《中国共产党为公布国共合作宣言》，国共两党合作建成新的统一战线，八路军设在南京的办事处保释被关在国民党监狱里的政治犯，黎韦于11月被无条件释放，并由设在武汉的八路军办事处送往延安，进入中国抗日军政大学学习。

辗转湖北　演剧抗敌

1938年11月，黎韦在延安加入了中国共产党。随后，奉党之命前往武汉，参加中国青年救亡协会，担任工厂宣传组组长。他经常深入工厂，向青年工人宣传抗日救亡运动，团结和争取了大量青年爱国人士。

1938年8月，国民政府军事委员会政治部抗敌演剧队在武昌组建，这是中国共产党领导的以演剧方式进行抗日宣传的文艺团体，黎韦后来被调到抗敌演剧四队任总干事。

抗敌演剧四队队长为侯枫，主要队员除黎韦外，还有巫咸（闻捷）、徐图、姚桦、黄达生、丁冬、季虹等。中共地下支部书记金辉。武汉集训后，四队留在湖北工作。9月到达宋埠第五长官司令部所在地，会同抗敌演剧六队等联合演出《台儿庄》等。由于战局变化，全队随司令部转移到襄阳、樊城一带，侯枫离队，许智接任队长。在转移过程中，先后演出《凤凰城》《反正》《敌》《飞将军》等大型剧目和10余个独幕剧。曾到鄂北、豫南前线抗日部队中多次进行演出。还曾与朝鲜义勇队合演《阿里郎》《朝鲜的女儿》《图们江畔》等剧。

1939年底，国民党当局掀起反共高潮，金辉等人被迫离队，中共党支部书记由鲁阳担任。在政治形势恶化的情况下，四队仍坚持小型演出。在国民党当局胁迫下，队长许智、支部书记鲁阳又离队，由翁村接任队长。黎韦除参与演出、处理队务，主要还从事政治教育和建立中华民族解放先锋队（简称"民先"）的工作。他积极宣传党的抗日主张，先后发展了20多名民先队员。

1941年皖南事变后，战区政治部下令将演剧四队就地解散，黎韦被调回延安，先后担任陕北公学第十一队队长、指导员，校长办公室秘书、主任，经济学、政治经济学教员和理论辅导员，工作十分出色，受到党组织的表扬，被评为模范工作者。

延安佐幕　累建奇功

因为曾在日本留学，而且在武汉等地对日本问题有一定研究，黎韦被调入中共中央革命军事委员会总政治部日本问题研究室。日本问题研究室由日本共产党领导人冈野进领导，黎韦担任冈野进秘书，同时兼研究员。之后，又调往延安马列研究院政治经济研究室，担任国民党统治区（简称"国统区"）经济研究组组长。在此，他克服各种困难，废寝忘食，开展对日本、东南亚和国民党统治区的政治、经济和社会问题研究，撰写和发表了许多研究文章，为党中央正确决策提供了不少极有见解的材料。

在这之后，黎韦先后担任延安《解放日报》评论部副主编、新华通讯社编辑部广播主任。为延安《解放日报》重庆《新华日报》以及《世界知识》等刊物，撰写了大量宣传党的政策的文章，受到中央领导同志的充分肯定。

转战南北　执掌五媒

抗日战争胜利后，为了向国内外宣传我党反对内战、和平建国的主张，黎韦奉命在当时晋冀鲁豫边区政治、文化中心——邯郸，组建了晋察冀新华广播电台，并任总编辑。这是中国共产党在解放区最早建立的三大电台之一，也称"邯郸新华广播电台"，是晋冀鲁豫边区的对外宣传机构。1946年9月1日，晋察冀新华广播电台在邯郸涉县开始了第一次播音，在节目中播送了中共中央的声明、晋冀鲁豫中央局的号召等内容，在此一直播音到1948年5月22日，后移往西柏坡播音。1949年3月23日，新华通讯社连同华北新华广播电台，一起北上，前往北平。新中国成立后，改为中央人民广播电台。

山东解放后，黎韦接管并改组了山东广播电台，任济南新华广播电台台长。

1949年8月，黎韦奉命随刘邓大军进军大西南，任人民解放军西南服务团云南支队二大队副大队长。行军途中，他协助接管了贵州广播电台；到达云南后，他受云南省军管会指派，接管了云南广播电台，任云南人民广播电台台长兼总编辑。以后他又被调到重庆，任西南人民广播电台台长兼总编辑。

云鄂任职　官至正省

1950年2月起，黎韦历任中共云南省昆明市委委员兼宣传部部长、中共云南省委工交部第一副部长兼省政府工业厅厅长，云南省计委副主任、云南省经委副主任兼省物资局局长，中共昆明市市委书记兼政府党组书记、副市长。

"文化大革命"期间，黎韦受到冲击。以后，他相继担任昆明市革委会财贸组组长，中共昆明市委副书记兼革委会副主任，中共云南省委常委兼昆明市委书记、革委会主任，中共云南省委副书记。

1978年5月，黎韦调湖北工作，历任中共湖北省委常委兼省革委会副主任，省委副书记兼省委秘书长、省委书记（当时设第一书记）、湖北省政协主席兼党组书记。

1996年10月27日，黎韦在武汉逝世。临终，嘱家人将自己骨灰撒在能看到母校和集美天马山的大海里。

颜子俊

颜子俊（1887—1959年），原名福黎，字篆祜，福建永春人，著名企业家、爱国侨领、社会活动家，越南归侨。曾任越南华商经济联合会主席、越南华侨抗日救国赈济总会主席、越南南圻华侨救济总会主席、越南中华总商会主席、越南华侨救济祖国兵灾慈善会主席、南洋华侨筹赈祖国难民总会越南分会主席、福建省政府顾问、福建省临时参议会参议员、福建省华侨事务委员会副主任、中国侨联副主席、国务院华侨事务委员会委员。

少小劳作　谋生越南

1887年9月13日，颜子俊生于福建省永春县达埔乡（今达埔镇）达中村一个挑夫家庭。兄弟四人，颜子俊居二。颜父以肩挑谋生，累死累活，全家依然一贫如洗。在颜子俊10岁那年，父亲劳累成疾，一病不起。颜家顿失梁柱，日子极其艰难，母亲整日为人纺织夏布、裱褙冥纸锡箔，所赚之钱全家仍难以糊口。

学业优良的颜子俊只好痛别学堂，辍学返家，与年长4岁的大哥一起，每日打柴、拾粪，卖钱贴补家用。12岁那年，颜子俊到玉斗镇庆和药店当学徒。他腿脚勤快，做事认真，特别好学，深得店主赏识。但村野小店，生意清淡，除给三餐外，薪资甚微，颜子俊难以养家，只好辞职换岗。次年，到远离家乡的德化县赤水乡（今赤水镇）著名的赤水街当店员。赤水街早在400多年前就是尤溪、大田、永春商贾来往的主要通道和商业要地。颜子俊在此眼界大开，有了出外闯荡的想法。1902年，经同乡吴青云引荐，到越南谋生。

青年颜子俊

颜子俊历尽艰辛，辗转到了西贡，先在一家华侨开的商号做饭，后来当柜员，因为有过做店员经

历，颜子俊售出商品总是比别人多许多，很快被提升为商店经理。他极为节俭，每月工资除寄往永春贴补家用外，自己不舍得吃不舍得穿，省下钱来准备开店创业。很快，他与人合资开了一家商店。不久，又独资创办启华英布店，生意十分兴隆。

追随中山　铁血共和

从小在外经商，使颜子俊比家乡的许多同龄人更早意识到是社会不公、是封建帝制导致自己勤奋节俭的家庭依然贫困，萌起了朴素的革命感情。所以，当1907年孙中山到越南西贡宣传革命，并在河内设立同盟会分会时，颜子俊很快接受了同盟会的革命纲领，毅然加入同盟会，在闽籍华侨中宣传孙中山革命思想，为同盟会策动的推翻清朝武装起义捐款。如同盟会策动的1907年的惠州七女湖起义、钦廉防城起义、广西镇南关起义和1908年的钦州马笃山起义、云南河口起义、1910年的广州新军起义，颜子俊次次都积极发动华侨捐款。据统计，六次起义共耗费20多万港元，其中颜子俊参与发动的越南华侨捐款和缅甸华侨捐款合计有6万元之多。

建立"中华民国"后，袁世凯很快窃取了辛亥革命成果，建立起北洋军阀专制统治，疯狂镇压国民党，解散国会，废除《临时约法》，复辟帝制，封建专制统治的乌云再次笼罩华夏大地，孙中山策动"二次革命"。此时，颜子俊担任越南中华总商会主席，他不但自己慷慨捐款，还发动华侨捐资，购买国内为讨袁专设的"军债券""军需债券"。

拓展事业　服务社会

第一次世界大战期间，欧洲战火弥漫，西欧列强暂时无暇东顾，越南经济发展较快。颜子俊抓住时机，拓展事业，将经营面不断扩大，除继续开设布店外，还涉足陶瓷业、戏院，皆获成功。

虽事业有成，但颜子俊依旧克勤克俭，以个人财富服务社会。他始终未忘记自己少年因家贫失学的经历，在家乡颜氏乡亲最集中的达埔村下苻自然村独资创办了鼎新小学。在西贡，他长期巨资捐助福建中学、福建小学和暨南中学，并担任这三所学校的董事长。看到西贡当地缺医少药，他捐出巨资，创办西堤福善医院，并亲任董事会主席。

永春为山区县，自古多鼠祸，极易引起鼠疫。如1894年鼠疫由仙游县传入永春湖洋锦凤，发病25例，全部死亡。之后三年，鼠疫扩散至永春东平、城关、岵山、达埔、蓬壶、吾峰、锦斗、玉斗等地122个村。1926年7月，鼠疫再度流行，附城十里内死亡近千人。之后多年，永春鼠疫成灾。1931年，颜子俊捐资购买预防疫苗，供乡人免费注射，活人众多。

越南领侨　共同抗日

1931年，九一八事变，日本侵略者铁蹄踏破东北，消息传到西贡，颜子俊心如刀绞，决心帮助东北军民抗击侵略者。他发动越南侨商，组织了华商经济联合会并亲任主席，率先捐款，尔后四处募捐，将所得巨款捐给马占山将军领导的东北抗日义勇军作军费。

1932年，日军制造"一·二八"事变，进犯上海。当时驻守上海的中国军队为第十九路军，他们奋起还击，血战侵略者。1932年1月29日，十九路军总指挥蒋光鼐、副总指挥蔡廷锴以及上海警备司令戴戟三人向全国各界发出通电，表示"光鼐等分属军人，惟知正当防卫、捍卫守土，是天职，尺土寸草，不能放弃。为救国保种而抵抗，虽牺牲至一人一弹，绝不退缩，以而丧失中华民国军人之人格"，表明对日军进行坚决抵抗之决心。

消息第一时间传到越南西贡，颜子俊立即决定购买药品捐赠十九路军，他马上拨通西贡各侨商团体的电话，商议组织华侨抗日领导机构。在他的组织奔走下，越南华侨抗日救国赈济总会和南圻华侨救济总会相继成立，颜子俊连续奔走于南圻地区城乡，发动华侨捐款抗日，募得数百万元巨款，汇给十九路军蔡廷锴将军。此外，还募集、购买了40多箱衣物、药品，寄给上海救总会，转交十九路军。

1931年九一八事变后，由于李济深、陈铭枢、蒋光鼐、蔡廷锴等人的抗日要求和行动得不到蒋介石政府的支持，他们与蒋介石的矛盾日益激化。1932年在淞沪前线浴血抗战的十九路军被蒋介石调往福建围剿红军。蒋介石任命蒋光鼐为省主席、十九路军军长蔡廷锴为驻闽绥靖公署主任兼十九路军总指挥。1933年6月1日《塘沽协定》签字后第二天，蒋、蔡在福州发表通电，反对蒋介石对日妥协、出卖华北。接着又在中国共产党抗日主张的影响和"剿赤"军事失败的刺激下，放弃了抗日与"剿赤"并行的方针，与中国工农红军签订《反日反蒋的初步协定》，为"福建事变"的发动创造了有利条件。11月20日，李济深等在福州召开中国人民临时代表大会，发表《人民权利宣言》，"福建事变"爆发。11月22日，"中华共和国人民革命政府"宣告成立。颜子俊非常赞同新生的"中华共和国人民革命政府"的抗日主张，在他的倡导和率先捐款的示范下，越南华侨捐款购买2架飞机献给十九路军。

"福建事变"在蒋介石的镇压下，很快失败。颜子俊也受到国民党在越南代表机构的指责并被监视。这位同盟会元老知道后，立即以公开声明退出国民党相抗议，引起侨界震动。为了避免不利影响扩大，国民党中央特派了一个中央委员要与他会谈，但他态度坚决，终不相见。

1937年，七七事变之后，日本开始全面侵华，时任越南中华总商会主席的颜子俊，成立了越南华侨救济祖国兵灾慈善会，亲自兼任主席，号召华侨商店每日节省菜金两成作为救济金，每星期收集一次，汇回祖国。在颜子俊的发动下，越南华侨全面响应救济祖国兵灾慈善会的号召，人人捐款，户户捐物。

1938年10月，南洋华侨筹赈祖国难民总会在新加坡举行，颜子俊代表越南华侨出席，并被选为常务委员。回来后，筹组成立了南洋华侨筹赈祖国难民总会越南分会，放下一切生意，专心致志主持越南华侨筹赈工作。陈嘉庚号召各埠承担常月义捐，在颜子俊的发动下，越南华侨月月超额完成捐款数额。

拒不事伪　回乡垦荒

1941年1月，日军为封锁中国及阻止美国通过越南海防至云南铁路线运送军火、燃料等战略物资而重兵入侵越南，占领西贡。颜子俊在极其困难的情况下，仍通过各种办法鼓励华侨坚定抗战必胜信心，不与侵略者合作，以免为虎作伥。

1940年3月30日，南京汪伪政府成立。1941年7月，日本驻越总领事派代表朱裕朝威胁颜子俊，要他以华侨领袖及越南中华总商会名义通电拥护汉奸汪精卫，并说如肯合作，可给予他本人三井、三菱公司在越南的总代理权，要求颜子俊三日内必须作出答复。

赤诚爱国的颜子俊以民族利益为人生第一要义，坚决拒绝。但他又洞悉日寇的凶残，在日军占领南圻的次日，他在友人翁典南等帮助下，化装成水手，乘坐专载猪牛的"大广西"号货轮，离开居住了40年的第二故乡西贡，到达香港。

1941年12月7日，太平洋战争爆发，12月25日香港沦陷。日军再次展开搜捕大网，颜子俊又历经艰险，辗转来到广西柳州，后转赴桂林。重庆的国民党海外部和全国救济总会先后来电，请他到重庆共商救济华侨事宜。他认为南洋各埠相继沦陷，侨汇断绝，侨眷生活困苦，必须先回福建了解情况，于是致电婉辞。旋即急赴福建战时省会永安，省主席刘建绪立即接见，并聘其为省政府顾问、福建省临时参议会参议员。

永安当时是福建相对安全且生活条件较好的地方，许多人劝颜子俊安心居于永安，但为帮助处于困难中的乡亲，颜子俊执意回到永春老家，当看到侨眷因侨汇中断生活凄苦时，决定利用自己的资金、经验及永春自然条件，开山垦荒，种植粮食和蔬果。他联系其他归侨，共同创办达理、洑江、凤美三个农场，亲自带着侨属们耕山，还组织归侨合作社，经营商业。数年心血，帮了众多侨眷，但最后因通货膨胀，颜子俊投入的资金全部亏尽。

返越兴业　运米救乡

第二次世界大战结束后，颜子俊返回越南西贡，恢复生产，重振家业。当时越南民主共和国已成立，而西贡仍在法国殖民主义者所支持的保大政权统治之下。越盟（越南共产党前身）派代表秘密会见了他，要求他支持越南人民反对保大傀儡政权的革命斗争，他毫不犹豫地答应了。当时有不少从事秘密活动的越南革命者，经济上得到他的支持，遇到危险也得到他的掩护，有些还是身负重任的领导人。

颜子俊由于战争连绵，越南农村百业凋敝，包括华侨在内的农民难以生存，不少人到西贡寻求生路。颜子俊发起组织华侨救济总会，担任主席，劝募救济款，并代为介绍职业。在他努力下，这一工作从西贡开始，逐渐扩展到越南各地，且对华侨和越南人一视同仁，帮助许多人摆脱贫困，获得新生。

1947年，闽粤两省发生粮荒，颜子俊以越南华侨救济总会名义，募捐大米3000吨运回赈济。他以监赈人身份随第一批运粮船回国，发赈完毕，原想重返西贡，但南越当局正在调查他和越盟的关系，搜集他与越盟往来的证据。为了他的安全，家人和亲友都劝他暂缓返越，因而留在故乡。这时国民党政府进行所谓"国民大会代表"的选举，一再电邀他到南京共商华侨代表人选问题，他以不久即将返越为由，加以谢绝。

留新中国　掌侨事务

一代爱国侨领陈嘉庚在参加中华人民共和国开国大典之后，回到厦门。颜子俊前往拜会，陈嘉庚向他介绍了第一届中国人民政治协商会议和中央人民政府对华侨的方针政策，令颜子俊甚为兴奋，决定留下来参加新中国建设。

1954年6月，颜子俊与印度尼西亚华侨领袖尤扬祖一同上北京，会见了蔡廷锴将军和旧友庄希泉、李铁民等，并拜会华侨事务委员会主任何香凝。8月，再上北京，在参加中央人民政府华侨事务委员会的扩大会议上，见到了以前在西贡秘密进行革命工作的连贯同志，老友相见分外亲。10月，他被选为全国政协委员。在全国政协二届一次会议上，周恩来总理亲切会见了他，当知道他是同盟会会员时，称他是革命老前辈。

1955年3月，颜子俊被任命为福建省华侨事务委员会副主任。

1956年当选为中国侨联副主席。1957年被任命为中央人民政府华侨事务委员会委员，在参加全国政协二届三次会议时，列席了国务会议。

1959年2月25日，颜子俊因患喉癌，病逝于永春医院。

戴旭民

戴旭民（1917—1988年），原名戴克强，又名戴血民，福建南安人，菲律宾归侨，著名侨领。曾任菲律宾华侨抗日救国义勇队队长、菲律宾华侨随军服务团副团长、新四军教导总队学员、新四军第二支队教导队排长、新四军第二支队司令部见习参谋、新四军第二支队第四团作战参谋、新四军苏皖支队司令部作战参谋、新四军苏北指挥部第三纵队第三团营长、新四军第一师第三旅司令部人事教育科科长、新四军第一师第三旅教导大队教育主任、新四军苏中军区第四分区东南警卫团教导队队长、新四军第一师第三旅军工科科长、新四军苏浙军区第三纵队股长、新四军苏浙军区第八纵队副营长，人民解放军第23军第24团团长，空军第六航空学校副参谋长、参谋长、副校长，空军工程学院第四系主任，空九军司令部副参谋长，乌鲁木齐空军指挥所副参谋长、空军副军级顾问。

戴旭民

功臣之后　菲岛抗日

1917年，戴旭民出生于福建省南安县（今南安市）码头镇大庭村，为菲律宾著名富商、侨领、辛亥革命功臣戴金华（1863—1936年）之孙。戴金华曾任同盟会菲律宾分会会长、中华革命党菲律宾总支部支部长、国民党驻菲总支部支部长、国民政府中央侨务委员会委员。

1923年，戴旭民随祖父戴金华前去菲律宾生活。在祖父的精心呵护下，戴旭民自小受到良好教育，中西兼修，为人正直，秉承了祖父关心、支持祖国革命和建设的优良传统。由于受到华侨中菲律宾共产党人的影响，1934年参加共产党领导的菲律宾华侨总工会青工俱乐部，投身工人运动和华侨抗日救亡工作。

在菲律宾华侨总工会青年工人俱乐部，戴旭民阅读了许多进步书刊，并结识了一些优秀的中国共产党人。

组织义勇　回国投军

1937年七七事变爆发次日，中国共产党通电全国，揭露日寇妄图吞并中国的野心，号召中华民族团结一心共同对敌。在全国人民的压力下，蒋介石宣布对日抗战，承认中国共产党的合法地位，实现了国共合作，形成了抗日民族统一战线，中国共产党领导的革命武装，分别改编为八路军、新四军。

戴旭民以极大热情投入抗日救亡工作。他和菲律宾青年工人俱乐部执行委员、菲律宾华侨总工会执行委员兼组织部部长沈尔七等一起，成立了菲律宾华侨抗日义勇队，组织爱国青年回国抗日。

这次报名回国的有戴旭民、郑显玉、杨血映、陈杨德等28人，组成一个队，沈尔七做领队，戴旭民任队长，于1937年12月启程返回祖国。经三天两夜行程，戴旭民率队到达厦门。当时，国民党当局不愿意他们参加新四军，沈尔七和戴旭民在中共地下党的领导下，与国民党当局展开有理有节的斗争。

1938年2月，戴旭民、沈尔七率队走到漳州至龙岩的公路时，买通汽车司机，把车一直开到龙岩县白土镇新四军第二支队的驻地，受到支队司令员张鼎丞、副司令员谭震林、参谋长罗忠毅、政治部主任王集成等领导同志热情欢迎。为了适应新的斗争环境，抗日义勇队随即改为"华侨回国随军服务团"，沈尔七任团长，戴旭民任副团长，随第二支队行动。

行千里路　投新四军

不久，戴旭民、沈尔七率华侨随军服务团，随新四军第二支队北上抗日。

从龙岩出发北上之前，当时，还有从新加坡、马来亚、泰国等国回国抗日的爱国青年100多人编成的新四军第二支队宣传队，与华侨随军服务团一起，密切配合，随部队搞宣传，写标语，发传单，举办报告会，搞文艺演出，宣传共产党的抗日主张，宣传新四军北上抗日的重大意义。他们多才多艺，宣传活动很有成效，闽西不少青年农民因此受到鼓舞，毅然报名参军，随军北上。

当时，新四军第二支队是步行前往皖南的，长途跋涉，翻山越岭，极其艰难。但出身豪门的戴旭民排除万难，不但没有掉队，还处处帮助别人，沿途休息时，还组织对住地民众进行抗日宣传演出，受到大家赞扬。

位于南安戴氏故居内的戴旭民之祖父戴金华画像

皖南入党　升任参谋

1938年5月，戴旭民和沈尔七率华侨随军服务团团员一起进入新四军皖南军部教导总队学习。在半年的政治学习和军事训练中，戴旭民提高很快，毕业后分配到第二支队教导队任排长五个月。

在教导队期间，戴旭民积极要求加入中国共产党。1939年1月，时任新四军第二支队教导队排长的戴旭民，经支部书记韩中生和傅伍波介绍，加入了中国共产党，原定候补期三个月。因各方面表现突出，提前一个月转为正式党员。

1939年5月，戴旭民从教导队调到第二支队司令部任见习参谋，他学习非常勤奋，工作热情主动，很快就熟悉侦察、制图、战训等各项工作，成为司令部参谋长的得力助手之一。当时因教育参谋长期下基层部队检查工作，戴旭民代为执行教育计划，迅速提高了工作能力，积累了经验，四个月后即升任为第二支队四团作战参谋。

戴旭民在作战参谋任上，正值部队进行开辟新根据地的准备工作，集中整训。戴旭民负责战术技术训练，集训结束时较好地组织了战术演习，得到部队首长很高评价。

南征北战　抗日建功

作为新四军的一员，戴旭民参加了一系列抗战中的著名战役、战斗，表现英勇，他曾长期随部在苏南的江宁、当涂、溧水、高淳地区开展抗日游击战，参与创建以小丹阳为中心的抗日根据地。此外，他还参加了新四军抗日斩伪除顽一系列战斗。每一次参战，他都冲锋在前，舍生忘死，战功卓著。

1939年，新四军遇到向北发展的良机。那时苏鲁皖游击总指挥李明扬【李明扬（1891—1978年），曾参加"二次革命"和讨袁护国战争。先后担任过北伐军团长、师长、军长、国民党第五战区游击总指挥，第十战区副司令长官兼江苏淮南行署主任、中央监察委员等。参加过抗击日军的台儿庄大战。】弄到10万发子弹，需派部队去取。因途中要通过日军的重重封锁线，危险很大。

当时是国共合作时期，李明扬便找新四军帮助。以陈毅、粟裕为正副指挥的新四军江南指挥部，遵照党中央和毛泽东主席关于新四军"向东作战，向北发展"、开辟苏北抗日根据地的指示，派第二支队四团团部机关及第二营担任护送那批弹药的任务。时任司令部参谋的戴旭民协助首长指挥部队，通过敌人数道封锁线，顺利将弹药护送到李明扬处。

不久，戴旭民随部渡江北上，进至江苏省仪征县月塘集地区，与梅嘉生【梅嘉生（1913—1993年），1938年参加新四军，1939年加入中国共产党，时任新四军挺进纵队第三团团长。新中国成立后，曾任人民海军副司令】等率领的挺进纵队第三团合编为新四军苏皖支队，戴旭民被任命为苏皖支队司令部作战参谋，参加了著名的半塔集保卫战、郭村反顽战、黄桥决战等一系列大战，表现英勇。1940年7月，苏皖支队于江都县圹头镇扩编为新四军苏北指挥部第三纵队，戴旭民被任命为第三纵队第三团的营长。

1940年以后，八路军、新四军迅速发展，成为日寇的心腹之患，日军遂改变对华策略，对八路军、新四军实行以军事进攻为主，对国民党军实行以政治诱降为主的方针。国民党顽固派适应日寇的需要，于1941年1月制造了震惊中外的皖南事变，使新四军蒙受重大损失。我军进行了针锋相对的斗争，立即于1941年年初重建新四军，第三纵队改编为新四军第一师第三旅，戴旭民被任命为第三旅司令部人事教育科科长。1942年9月，调任第三旅教导大队教育主任。11月，任苏中军区第四分区东南警卫团教导队队长。1943年2月，任第三旅军工科科长。

日本侵略者趁皖南事变和新四军重建之机，向新四军苏中、苏北根据地发起了猛烈进攻。戴旭民毫不畏惧，勇敢迎战。1941年春，戴旭民随同旅首长在如东县掘港镇工作时被敌人包围，情况危急，他率6名警卫人员掩护首长安全突围。

军工科长　修械造弹

当时，日伪对新四军进行密集封锁，展开意欲剿灭新四军的"清乡运动"，加上蒋介石也时常克扣新四军的军饷、粮草和武器弹药供应，新四军一面迎战，一面自己也展开军工生产。

1943年初，戴旭民任新四军第一师第三旅军工科科长时，当时敌人反复"清乡"，形势严峻，军工科没有部队掩护，戴旭民一面把勤杂人员组成武装班，担任警戒和掩护任务；一面组织人员隐蔽生产，修理枪械，制造手榴弹，翻造子弹，有时一天转移好几次，仍坚持生产，在两个多月的反"清乡"斗争中，保证了部队作战武器弹药的需要。

武攻文击　逼敌投降

1944年12月，戴旭民随新四军第三旅奉命渡江南下，1945年1月进至浙江长兴县，整编为苏浙军区第三纵队，戴旭民被任命为股长。1945年11月，戴旭民随部渡江北上，在苏北淮安地区整编为新四军华中野战军第八纵队。戴旭民任第八纵队副营长。

部队渡江北上时，教导大队与伪军一个团遭遇，教导大队队长在战斗中负伤，由戴旭民代理指挥，掩护部队胜利渡江。

1945年12月，戴旭民随第八纵队参加攻打日伪军坚固设防的江苏省高邮县城。那时，全国的抗日战争已经结束，苏中的反攻也已胜利，但苏中对日作战任务尚未完成。盘踞在高邮城的日本鬼子不仅不投降，反将原驻扬州的日军1000人及伪军第二方面军一部，进至高邮，积极谋划进攻苏中解放区，扬言奉命收复失地。为保卫胜利果实，中共华中分局和新四军华中军区，决心发起高邮战役，攻占高邮城及邵伯镇。

12月中旬，新四军华中野战军制定了详细的战斗方案，发出了攻占高邮、邵伯镇的作战命令，第八纵队为第一线，主攻高邮，华中野战军特务团为第二线，主攻车逻镇，第七纵队为总预备队，主攻邵伯镇等。张鼎丞、粟裕亲临第八纵队具体研究作战部署并亲临战场指挥。

12月19日晚19时整，在南北80里、东西40里的战场上，同时发起进攻。邵伯镇驻有日伪军1500余人。进攻开始后，第七纵队迅速突进镇内，日伪退守顽抗，激战二日，守敌大部被歼，残余日伪向南逃至仙女庙，苏中部队将其俘获。

高邮城西靠运河、高邮湖，东濒水网，城垣高大，碉堡林立，工事坚固，易守难攻。里面驻有日军第九十旅团两个大队及伪军7个团，共约5000多人。21日，各部队扫清了城外全部外围据点，直逼城下，加紧进攻准备。25日夜，部队冒着蒙蒙细雨，发起总攻。时任副营长的戴旭民率九连作战，他身先士卒，冲锋在前，九连成为团里首先登城的连队，进入巷战，他和第八纵队的战友们一起经过七八次反复冲锋，与日伪拼杀。日伪军在多路突破的情况下，仍负隅顽抗。指战员们前仆后继，不怕流血牺牲，越战越猛。巷战中，戴旭民部遭到敌人子母堡群火力封锁，他指挥战士英勇机智地迂回到敌堡侧后，南安大庭村的戴氏家庙利用死角，连续打下地堡，扫清了前进道路。此时，日军头目见大势已去，下令停止抵抗。12月26日，战斗胜利结束。被日军盘踞6年零两个月之久的高邮城终于解放了！生俘日军大队长岩奇大佐以下891人，伪军第42师师长王和民以下3493人，缴获大小炮80多门，轻重机枪200多挺，步枪6000多支，弹药40多万发。在此战中，戴旭民所率的九连共缴获敌人重机枪3挺、轻机枪9挺、步枪100余支，是全团缴获最多的。

接着，戴旭民随部队挥戈北上，继续歼灭陇海路东段拒降的日伪军。戴旭民率部队在瓦窑包围日军一个支队，经发动政治攻势，由被俘获的日军军官劝降，争取了这一股日军全部投降。

身经百战　官至副军

解放战争期间，戴旭民随部参加了海安、莱芜、豫东、孟良崮、淮海、渡江、舟山群岛等著名战役，屡立战功。

中华人民共和国成立后，戴旭民历任人民解放军第23军第204团团长。1953年调空军工作，历任空军第六航空学校副参谋长、参谋长、副校长，空军工程学院第四系主任，空九军司令部副参谋长、乌鲁木齐空军指挥所副参谋长、空军副军级顾问等职。1960年被授予上校军衔，1964年被授予大校军衔。曾荣获中华人民共和国三级自由独立勋章、三级解放勋章。1982年经中央军委批准离职休养。

1988年4月29日，戴旭民病逝于陕西省西安市，终年71岁。

魏金水

魏金水（1906—1992年），曾用名吕加林，福建龙岩人，马来西亚归侨。曾任福建省龙岩县条围乡农民暴动队队长，福建省龙岩县条围乡苏维埃政府主席，中国工农红军第一〇〇团给养副官。中国工农红军龙岩县独立团政委，中国工农红军第十九军第一七〇团政委，中共中央军委直属独立第八团政治处主任、副政委，中共福建省龙岩县军政委员会主席，中共龙岩县委书记，闽西南抗日义勇军政治部主任，中共闽粤赣边区省委组织部部长，中共闽西南特委书记，中共闽粤赣边区工委书记，中共闽粤赣边区工委书记兼人民解放军闽粤赣边区纵队政委，中共福建省委农村工委书记，中共福建省委副书记、省监委书记，中共福建省委副书记、副省长，中共福建省委书记处书记、副省长，中共福建省委书记处书记、省长，福建省革委会副主任，中共福建省委常委，福建省政协副主席。

魏金水

槟城苦力　闽西挑夫

1906年5月，魏金水出生于福建省龙岩县条围乡（今龙岩市新罗区西陂镇）的一个贫苦农民家庭。少时家贫如洗，虽十分好学，却难以进学堂进行系统读书。

1917年，11岁的魏金水离家当学徒，赚钱贴补家用。

1920年，魏金水随龙岩乡亲下南洋，到马来亚槟城做苦工，辛苦备尝，赚得些许工薪，寄回家乡。

1923年，魏金水离别南洋，返回龙岩，以当挑夫维生。

农运领袖　红军勇士

1926年，魏金水在龙岩参与秘密组织农会。1927年秋，他在家乡带头进行减租斗争。

1929年5月，魏金水任龙岩条围乡农民暴动队队长，带领暴动队配合红四军攻打龙岩县城。因为在打土豪分田地的群众运动中表现积极，被选为条围乡苏维埃政府主席。为壮大红军队伍，他深入发动乡间青年参加红军，自己也带着两个弟弟一起参军。

魏金水在红军里第一个职务是连里传令兵，他作战勇敢，冲锋在前。第一次参加战斗时，他一人就抓了3个俘虏。1929年10月，魏金水加入中国共产党。1930年春，魏金水任红军第一〇〇团给养副官。

1932年4月，中华苏维埃临时中央政府主席毛泽东带领东路军再度入闽进攻龙岩、漳州，魏金水组织赤卫队当向导。此后他在龙岩西陈区任苏维埃政府主席，为团结更多人共同革命，魏金水提出了"白皮红心"工作策略，并成功运用这一方法在敌人阵营里争取到一批愿意接受党的领导并能为革命工作的人员，壮大了革命力量。3个月后，魏金水调回红军，先后担任龙岩县独立团政委、红十九军第一七〇团政委。

1934年4月，魏金水担任中共中央军委直属独立第八团（简称"红八团"）政治处主任，与团长邱金声、政委邱织云一起，率部参加中央苏区第五次反"围剿"，开赴漳龙公路沿线，开展游击战争，目标是坚守东线牵制敌人。

魏金水长期做群众工作和推行的"白皮红心"策略，使红八团在反"围剿"战斗中得到龙岩人民的支持。战斗中，魏金水和团长、政委一起，指挥部队破坏敌人的交通运输和通讯联络，在漳龙公路两侧，袭碉堡，打汽车，连战连捷，挫败了敌军由福建东线进犯中央苏区的计划，配合了中央根据地第五次反"围剿"，完成了上级任务。

解放战争时期，时任闽粤赣边区党委书记兼人民解放军闽粤赣边区纵队政委魏金水（前排右一）与战友们

坚守闽西　开辟新区

1935年4月，中央红军长征后，魏金水参与领导的红八团留在闽西坚持斗争，他和团长、政委一起，率领部队在得不到中央任何指示的情况下，继续孤军作战，依靠群众，多次击退敌军"围剿"。魏金水在战斗中被提升为副政委。

中共闽西南军政委员会成立后，张鼎丞任主席，邓子恢、谭震林任副主席，方方任政治部主任。魏金水从红八团被调到地方，任中共龙岩县军政委员会主席。

当时，敌人为扑灭闽西革命之火，派出重兵围剿闽西。在五十倍于我的敌军反复"清剿"中，魏金水在闽西南军政委员会领导下，紧紧依靠人民群众，以灵活机动的战略战术，展开了艰苦卓绝的三年游击战，不断创造胜绩，甚至就在敌人召开庆功会时，他领导的县游击队和红八团打进龙岩城里，攻占敌军医院，袭击敌军机场。

1936年6月，魏金水抓住"两广事变"时机，与红八团密切配合，果断出击，在岩南漳发动土地革命，开辟了岩南漳根据地，创建了当时南方为数不多的新苏区。

组织义勇　合力抗日

1937年七七事变之后，抗日战争全面爆发，国共两党再次合作，建立了抗日民族统一战线。魏金水坚定执行党的政策，团结闽西各方人士，参与创立闽西南抗日义勇军，并担任政治部主任。

随着抗日民族统一战线建立，在闽西南坚持十年游击战的红军，改编为新四军第二支队，将开赴江南抗日前线。魏金水深入发动闽西青年报名参军，效力疆场，并积极为投军子弟解决一些家庭困难，他还全力动员百姓支援即将出征的新四军闽西子弟兵。

新四军第二支队北上抗日，魏金水奉命留在龙岩，先后担任中共闽粤赣边区省委组织部部长、中共闽西南特委书记。

当时，国民党中的顽固派置抗日大局于不顾，破坏国共合作协议，组织地主企图夺回土地革命时分给农民的土地。魏金水作为中共闽西特委的公开代表，领导以龙岩为中心的闽西农民，与之进行了激烈的斗争，既保卫了农民分得的20万亩土地，又维护了抗日大局，同时也使开赴前线的新四军第二支队指战员更加奋勇杀敌。

但是，国民党顽固派掀起多次反共高潮。在1941年1月皖南事变不久，国民党顽固派就派出两个团的"顽军"进攻中共闽西特委和中共龙岩县委机关，史称"闽西事变"。不久，南委委员、闽西特委书记王涛遭顽军杀害。1942年6月，在广东大埔又发生"南委事件"，中共南委副书记张文彬、宣传部长涂振农被中统特委逮捕，南委书记方方被迫离开南方撤退到延安。处在国民党大后方的闽粤赣边区党组织的环境越来越困难，边区党组织被迫暂时停止了活动，与党中央的联系中断了。

为了应对国民党顽固派的"消极抗日，积极反共"，魏金水在闽粤边界组织革命武装以自卫。1943年秋天，成立了革命武装"经工队"。1944年10月，组建"王涛支队"，并任命"常胜将军"刘永生为队长，以备日伪来犯。同时，也全力保护新四军第二支队官兵家属。

闽省省长　一生正直

抗日战争胜利后，魏金水继续战斗在闽西，曾任中共闽粤赣边区工委书记、中共闽粤赣边区工委书记兼人民解放军闽粤赣边区纵队政委。

中华人民共和国成立后，魏金水出任中共福建省委农村工委书记。1955年1月，任中共福建省委副书记、省监委书记。1956年3月，任中共福建省委副书记、副省长。1956年7月，任中共福建省委书记处书记、副省长。1958年、1959年，因反对"大跃进"、大炼钢铁和人民公社运动中出现的浮夸风、瞎指挥风、冒进风，以及制定过高全省粮食征购任务，在1959年庐山会议后错定为"江（一真）魏（金水）反党集团"主要成员。1962年平反，6月任中共福建省委书记处书记，副省长。1962年12月任中共福建省委书记处书记、省长。1975年6月，任福建省革委会副主任，中共福建省委常务委员。魏金水是福建省第二届、第四届政协副主席，第三届、第五届全国人大代表，中国共产党第八次代表大会代表、第12届中顾委委员。

1992年8月11日，魏金水在福州病逝。

王汉杰

王汉杰（1917—2009年），又名王爱奎、黄杰，福建石狮人，菲律宾归侨，著名侨领。曾任菲律宾仙彬洛市华侨店员救亡协会组织部部长，菲律宾华侨各劳工团体联合会慰劳团团员，新四军直属教导队第三队副指导员兼党支部书记、菲律宾仙彬洛市华侨店员救亡协会秘书长，菲律宾华侨抗日军政干部训练班副主任兼军事教官，菲律宾华侨抗日游击支队支队长、菲律宾华侨抗日游击支队总队长兼菲律宾共产党中央军委委员和顾问、菲律宾人民救国军南路远征军参谋长，中共闽粤赣边区委委员兼闽南地区游击支队副支队长、副政委，地委常委、中共闽粤赣边区委常委、闽粤赣边区纵队司令部参谋处主任兼作战科长，中共福建省委华侨工委主任，福建省政府华侨事务委员会（后改侨务办公室）副主任、主任、党组书记，中共福建省委统战部第一副部长兼福建省政府华侨事务委员会主任、党组书记，中共福建省委对台办负责人，中共福建省委统战部副部长兼福建省侨务办公室主任、福建省外事办主任，福建省侨联主席、名誉主席，中国侨联常委、副主席，福建省人大华侨委员会主任。

王汉杰回国参加新四军前在菲律宾留影

菲岛店员　创会抗日

1917年，王汉杰出生于福建省晋江县（今属石狮市）蚶江镇水头村一个贫苦农家，家中兄弟姐妹众多，王汉杰为家中第七子。父母对子女教育甚为重视，王汉杰幼进私塾，后进入当地小学读书。1931年因家中实在贫困，学费难筹，辍学回乡务农。

1933年，王汉杰只身下南洋，辗转来到菲律宾仙彬洛市，进入一家侨办商店当学徒。王汉杰为人豪爽热情、乐于助人，因此不但很快融入当地华侨社会，而且在仙彬洛市华侨青年中很有影响力和号召力。

王汉杰到菲律宾时，当地华侨抗日救亡活动风起云涌，在晋江籍爱国侨领李清泉等领导下，菲律宾成立了众多抗日救亡团体，组织华侨抵制日货、捐款抗日。王汉杰也投入当地抗日工作。

1937年7月7日，抗日战争全面爆发，中共著名华侨工运领袖、曾创立菲律宾华侨总工会的许立，深入菲律宾城乡宣传抗日，在他策划和积极奔走下，又一批抗日救亡团体应运而生。1938年4月，菲律宾华侨各劳工团体联合会成立。

菲律宾华侨店员救亡协会创立后，王汉杰参与发起并组建了仙彬洛市华侨店员救亡协会，并任组织部部长，他动员了不少华侨青年店员加入这一抗日团体，还参与领导了当地一系列抵制日货、惩治偷卖日货奸商斗争。同时，他还积极邀约当地华侨青年一起回国，直接上前线打击侵略者。因为在抗日救国活动中表现积极，王汉杰光荣加入了中国共产党。

入新四军　任指导员

就在王汉杰组织人员回国参战时，1938年1月率菲律宾华侨救国义勇队回国参加新四军的沈尔七，肩负新四军叶挺将军重托，返回菲律宾。

原来，沈尔七率第一支华侨回国抗战队伍参加新四军，给予战时的祖国军民莫大鼓舞，也让新四军军长叶挺决定组建华侨专门队伍，为此他给了沈尔七一项特殊任务。

当时，八路军、新四军条件极其艰苦，缺军费、缺弹药、缺被服、缺医药、缺医生护士，为争取海外侨胞在人力、财力、物力各方面支持和援助新四军，同时也为了实现新四军叶挺军长组建华侨团、华侨营的计划。

1938年冬，沈尔七受新四军军部派遣，带着重托返回菲律宾开展工作。王汉杰在众多报名者中首先被选中，成为菲律宾华侨各劳工团体联合会回国慰劳团团员。

1939年5月，王汉杰和慰劳团全体团员一起带着菲律宾侨胞捐赠的大量款项、药品和医疗器材等，离菲回国。当时，沿海许多港口已被日本侵略者占领，这批热血华侨青年抗日志坚，排除万难，先至香港，再取道越南进入广西，历湖南、江西，向皖南进发。许多地方舟车难通，他和团员们跋山涉水，翻岭越堑，历尽艰辛，终于当年9月间到达皖南新四军军部。慰劳团在深入前线劳军后，全体团员加入了新四军。

在新四军教导总队学习结业时，王汉杰成绩最优，夺得第一名，被直接任命为新四军直属教导队第三队副指导员兼党支部书记。他的机智、勇敢和所表现出的军事素养，被新四军许多身经百战的领导看好，认为将成为一代战将。

皖南事变　奋力突围

1940年10月19日，蒋介石指使何应钦、白崇禧以国民政府军事委员会正、副参谋总长名义致电八路军朱德、彭德怀和新四军叶挺、项英，强令将在黄河以南的八路军、新四军于1个月内开赴黄河以北。

1941年1月4日，皖南新四军军部及直属部队9000余人，在叶挺、项英率领下开始北移。1月6日，当部队到达皖南泾县茂林地区时，遭到国民党7个师约8万人的突然袭击，新四军奋力拼杀，血战突围。

王汉杰与队长一起，率新四军直属教导队第三队参加了最惨烈的东流山争斗战。

1月9日的东流山战斗，是保卫新四军军部转移的激战。据当时的幸存者回忆，"教导总队的炮兵连在东流山争斗战中几乎全部阵亡，干部队及第三、第四两个政治队所有指战员，也几乎全在东流山之战中献出了生命"。

在激烈的血战中，王汉杰和另两位战友组成一个小队，力战顽敌，浴血拼杀，突围成功，之后历尽艰辛抵达浙江金华，再由山道进入福建，辗转回到闽南老家。

再下吕宋　组建武装

回乡之后，王汉杰原准备组织抗日游击队，在家乡开展抗日游击战。但是，皖南事变之后，国民党各级政府还在四处搜捕突围的新四军官兵，王汉杰很难公开出面组织抗日队伍。不久，他再赴菲律宾，担任仙彬洛市华侨店员救亡协会秘书长。

1941年12月，太平洋战争爆发，日军开始对菲律宾实施空袭，随后登陆，不到半年，菲律宾全境就沦落在日寇铁蹄之下。

太平洋战争刚打响，许立就遵照中共中央关于建立和扩大国际反法西斯统一战线的政策和毛泽东提出的"同英美及其他国家一切反德、意、日法西斯统治者的人们联合起来"的号召，成立了战时抗日护侨委员会。他根据时局发展菲律宾华侨抗日需要，成立了包括工、商、青、妇各界爱国华侨在内的华侨抗日反奸大同盟，许立兼任主席。

菲律宾首都沦陷后，日寇疯狂捕杀抗日力量，许立带领菲律宾各界劳工团体联合会干部和抗日骨干300多人撤出马尼拉，转到中吕宋岛四省组织农会，会员达8万多人，开展抗日武装斗争。

1942年2月，王汉杰参加了由许立主持的菲律宾华侨抗日团体负责人会议，会上决定发动群众开展抗日民族统一战线工作，展开抗日游击战争。紧接着，许立等在中吕宋岛创立抗日军政干部训练班，王汉杰任抗日军政干部训练班副主任，他根据自己在新四军教导总队学习的经历和了解到的新四军战斗经验，主持编写了一本《中国革命军队优良传统》，作为抗日军政干部训练班教材。

许立等首先从马尼拉转移到中吕宋地区的华侨中物色了两批热血青年，分别送到开设在邦邦牙省仙彬洛附近的仙范和曼地利的抗日军政干部训练班，在仙范和曼地利的这两个班分别称"游击干部训练班"和"政治军事训练班"。

在这两个班里，由许立讲授抗日统一战线理论，由王汉杰讲授游击战争的战略战术，借以提高全体队员的政治素质和军事素养。在毕业典礼那一天，训练营地附近突然响起了枪声，王汉杰立即紧急集合队伍，撤退到安全地带，从而避免了一次重大损失。

随后，以这批学员和原已加入菲律宾人民抗日军的华侨青年为主，于1942年5月19日在中吕宋的曼地利村的丛林里，正式成立了一支全部由华侨抗日青年组成的，以祖国的八路军、新四军为榜样的武装队伍——菲律宾华侨抗日游击支队（简称"华支"），并取新四军的"4"字和八路军的"8"字作为支队番号，正式编为菲律宾人民抗日军第48支队。王汉杰参与了这支抗日游击队的具体组建。

率领"华支"　血战日军

菲律宾华侨抗日游击支队刚建立时仅有队员52人、1把短枪、1支步枪、2个手榴弹，后又增加了1把短枪和6支步枪，编为2个排3个班。王汉杰带着大家克服了粮食短缺、疟疾流行等困难，越过日军封锁线，到描打安山收集驻菲美军和菲军撤退时散落在山上和民间的枪支，共得步枪80多支，自动步枪4支，重机枪1挺，才使每个官兵能分到一把枪。经过军政训练以后，队伍扩大为78人。由王汉杰、蔡建华（即余志坚）分别担任支队长和政治指导员，吴扬和黄自新（即黄力）分别担任两个排的排长。

为适应斗争形势的需要，7月份，菲律宾华侨抗日游击支队总部移师到达邦邦牙省波叻社西部的劳青山（又称"巴斯布尔山"）丛林地带，在那里再次集中进行系统的整训。其间，根据当时的形势明确提出支队的任务有两个：一为抗日，反法西斯；二为民族解放。同时，以八路军、新四军为榜样，结合菲律宾的具体情况，制定出支队队员必须严格遵守和执行的三大纪律原则、八大要求和八项注意，9月份还创作了一首富有民族义愤和战斗激情的军歌——《菲律宾华侨游击支队队歌》，军歌直抒这些英雄战士心声："我们是反法西斯的武装战士，我们是华侨抗日的英勇先锋……"

菲律宾华侨部队由中吕宋平原转战到南吕宋山地以后，为了突出华侨队伍特色，更好地团结当地各种不同武装力量共同抗日，决定不再纳入菲律宾人民抗日军编制，正式命名为"菲律宾华侨抗日游击支队"，王汉杰任总队长。

此后，这支华侨抗日部队更加威名大震。在王汉杰领导下，菲律宾华侨抗日游击支队出生入死，屡击日军，频传胜绩，得到了当地菲律宾百姓和华侨的信任、支持。这支华侨游击队还与菲律宾人民抗日军联手，不断向日军发起进攻。

1942年8月，在配合菲律宾人民抗日军发动的"雨季攻势"中，王汉杰带着部队截击日军运输队，还击敌人的进攻，有效阻击了敌人的抢粮，还袭击了敌人的军营，当场击毙了驻吕宋的日本军区参谋长田中大尉，粉碎了日军的"绥靖计划"，日军震惊，百姓兴奋。

1943年1月22日，日军得知王汉杰率领菲律宾华侨抗日游击支队在阿拉悦山的邦邦牙河附近活动时，便派出重兵，企图围剿，一举聚歼。在阿拉悦山脚下的干仓巴村，王汉杰带领一个排埋伏在河边，运用机智灵活的战略战术，以一排之力击退100多名日军，击伤日军30多人，而王汉杰麾下仅1人受伤，打了一个成功的反突围战，创造以少胜多、以弱胜强的战绩。这是王汉杰指挥部队夺得的第一次重大胜利，队伍士气大振，百姓更加支持。

1943年2月，当地菲律宾人民抗日武装部队在甲标社附近的圣湖连村与200多个日军发生遭遇，打得十分激烈。王汉杰闻讯率部驰援，他分兵数路，悄悄包抄日军，与友军首尾呼应，前后夹攻。日军两头挨打，死伤近80人，余敌狼狈逃窜。王汉杰所部则无一伤亡，还缴获了一批武器弹药。因为菲律宾华侨抗日游击支队不断在中吕宋打击敌人，日军大量增兵于此，企图一举全歼。

1943年5月9日，在王汉杰等率领下，菲律宾华侨抗日游击支队开始战略转移，撤离强敌控制的中吕宋，转移到南吕宋。行军途中，困难叠生，全体队员学习红军长征精神，在深山密林中徒步行军26天，途经3个省份36个社镇管辖的地方，行程1000里，跳出了敌人的封杀圈，保存了有生力量。

1944年1月2日，一个叛徒带领一队伪警察窜到南吕宋三巴乐社、马乌万社强购军粮。王汉杰决定为民除害，以聚民心。在当地一小队抗日武装力量的配合下，他带着全队在马乌万到三巴乐的公路旁埋伏了一天一夜，打了一场漂亮的伏击战，击毙了一批敌人，缴获12支步枪和一大批粮秣弹药。

反攻先锋　盟军大赞

1943年年底，美军在太平洋战场上的反攻日益逼近菲岛，许立和王汉杰等抓住有利时机，提出"扩大队伍，迎接反攻"的口号，扩充了南吕宋大队和马尼拉大队，在中吕宋新建了福建大队和广东独立大队。美骨一带的华侨抗日社团也起而响应，组成武装，编为菲律宾华侨抗日游击支队第五大队，亦称"美骨大队"。

1944年4月9日，为迎接美国盟军登陆菲岛，做好反攻前的准备，王汉杰组织菲律宾华侨抗日游击支队为反攻备战。

菲律宾抗日游击支队与菲律宾华侨抗日反奸大同盟总部联合发布了《告祖国沦陷区及台湾、朝鲜被强征来菲同胞书》，号召被征士兵逃跑、被征劳工怠工，还散发了用日文编写的传单，并在马尼拉等重要城市张贴标语，由转化过来的台湾同胞用日语向日军喊话，开展了声势浩大的政治攻势。

为做好反攻准备，菲律宾华侨抗日游击支队于1944年8月1日向外发表了《为扩大队伍迎接反攻告侨胞书》，号召华侨团结一心，投入反攻侵略者。同胞书在菲律宾华侨青年中产生积极影响，华侨青年从四面八方奔赴营地，加入菲律宾华侨抗日游击支队，使队伍迅速发展壮大到700多人，扩大后的游击支队仍由王汉杰任总队长。他率领部队转战于城乡，不断袭击日军，处决汉奸，捷报频传。

1945年1月9日，美军在吕宋岛仁牙因海登陆后，王汉杰带来菲律宾华侨抗日游击支队，积极配合当地人民抗日武装力量，在中吕宋、南吕宋日军后方广泛开展军事斗争，消灭日军有生力量，破坏公路、桥梁、铁道，截断日军交通线，阻止日军调运兵力。王汉杰率领一部分干部战士在民兵的配合下，于一月中旬在邦邦牙省干拉描市山范村附近的邦邦牙河边，就截击且全歼了一支增援的日军小队，打死日军50多人，缴获轻机枪2挺、步枪30多支和一批其他军用物资，用以武装菲律宾华侨抗日游击支队第二、第三两个大队。

在美军到达之前，王汉杰带着菲律宾华侨抗日游击支队，与当地人民武装携手，攻占各省许多重要市镇，包括丹辘、邦邦牙和内湖三个省的省会，歼灭了大量敌人。比如，1945年1月26日，王汉杰率队与友军互相配合，向内湖省会仙沓古律示市守敌发起进攻。因为屡战屡胜，菲律宾华侨抗日游击支队担任正面主攻，友军在两翼策应，向守敌攻击。战斗从早上8点打到晚上6点，队员们一不怕苦二不怕死，坚持作战，终于全歼守敌，光复仙沓古律示市，当地人民欢呼雀跃。此役击毙日军60多名，缴获了包括重机枪在内的大量武器弹药。

首攻都城　首升菲旗

1945年2月3日，王汉杰指挥部队首先攻入马尼拉市区，给盟军打前站，成为当时唯一一支攻入马尼拉的部队。面对强敌，他沉着指挥战士与日军展开惨烈的巷战，同时及时向盟军提供情报；他还分兵维持社会治安、保护人民的生命财产，设立了临时难民所，收容和救济无家可归的难民等。此战，被称为是太平洋战争中最大、最惨烈的一次城市巷战。战斗中，王汉杰指挥部队在第一时间冲到马尼拉华侨青年会，在这里升起了菲律宾国旗。据悉，这是菲律宾首都沦陷后升起的第一面菲国国旗。

一位美军军官在庆祝马尼拉解放的群众大会上高度评价菲律宾华侨抗日游击支队："如果没有华支的配合，美军就要多花两个月的时间才能占领马尼拉，而且还要付出更大的代价。"

转战内湖　营救外侨

马尼拉光复后，王汉杰继续指挥部队肃清残敌。之后，他带领部队奔赴南吕宋，配合美军第十一空降师和第一骑兵师，继续血战日军。

1945年2月23日，菲律宾华侨抗日游击支队配合美国盟军第十一空降师伞兵部队及友军，参加了营救被关押在南吕宋内湖省罗斯万口牛示社集中营中的外国侨民之战。第一大队战士们在大队长郑显玉带领下奋不顾身，首先冲入集中营，救出2100多名侨民，使他们化险为夷，免遭毒手。美国盟军游击队司令凡特普少校致函菲律宾华侨抗日游击支队，给予特别嘉奖，褒扬这支华侨部队是一支特别能战斗的队伍，并用飞机空投4箱新式半自动步枪和弹药，予以援助。

战果辉煌　菲国铭记

自1942年5月起至1945年8月日本投降的3年又3个月的战斗岁月中，王汉杰率领菲律宾华侨抗日游击支队，转战中吕宋、南吕宋、马尼拉和米骨4大战场，征战15个省、市，作战260多次，共毙、伤、俘日军2000多人，缴获各种枪炮940多支（座），给敌人以沉重打击，有77位华侨官兵为保卫侨居国英勇献身。

菲律宾人民和政府高度评价王汉杰率领的这支华侨部队。1945年8月15日，日本投降。8月27日，菲律宾军官诺舍地少校在上呈总司令部为菲律宾华侨抗日游击支队请奖的函件中写道："……'华支'的官兵都是外国公民，按义务来说，他们可不必负担直接抗敌的责任，可是他们自始至终同我们并肩作战，一直坚持到最后胜利……"同年，菲军参谋长瓦尔地示少校在给王汉杰的信中称："总司令部的档案详尽展示了你组织的针对日本压迫者的抵抗运动中和在菲律宾解放战役时的辉煌功绩。菲律宾军队衷心感谢你组织在与共同敌人的斗争中，对这个国家的无私服务。"

菲律宾人民始终没有忘记这支英雄的华侨部队。1979年4月，由旅菲各界爱国华侨筹资在菲律宾的内湖省会仙沓古律示市建造一座菲律宾华侨抗日游击支队烈士纪念碑和纪念堂。1992年5月，在菲律宾华侨抗日游击支队建军50周年之际，菲律宾国家邮政局为纪念太平洋战争中在菲律宾英勇抗击日军、立有显赫战功的12支游击支队制作了一组纪念邮票，共计4枚，其中一枚标有号码"48"的邮票即是为纪念王汉杰率领的这支部队的。至今，在菲律宾的现役军人中，不管在什么地方，凡是见到佩带标有"华支退伍军人总会"胸章的"华支"老战士，他们都立正行军礼。长期以来，菲律宾政府和有关团体曾多次颁发奖章、奖状给王汉杰，以表彰和感谢他为菲律宾人民抗日战争胜利所做出的巨大贡献。

转战闽南　解放家乡

抗日战争胜利后，王汉杰受命担任华侨抗日游击支队退伍军人同志会主席。

1946年7月，王汉杰奉命来到香港，参加了中共华南分局在香港组织的整风学习，后调回国内，先后担任中共闽粤赣边区党委委员兼闽南地区游击支队副支队长、副政委，地委常委、闽粤赣边区纵队司令部参谋处主任兼作战科长。

1949年夏天，为迎接解放大军南下福建，王汉杰被派往福州与第三野战军第十兵团联络，参与解放福建战斗。

掌闽侨务　贡献卓著

中华人民共和国成立后，王汉杰历任中共福建省委华侨工委主任、福建省政府华侨事务委员会（后改侨务办公室）副主任、主任、党组书记，中共福建省委统战部第一副部长兼福建省政府华侨事务委员会主任、党组书记，中共福建省委对台办负责人，中共福建省委统战部副部长兼福建省侨务办公室主任、福建省外事办主任，中国侨联副主席、福建省人大华侨委员会主任等职，1995年2月离职休养。

王汉杰曾当选为第二届、三届、四届、六届、七届全国政协委员，第五届全国人大代表，中共福建第三届省委委员，福建省第五届、六届人大常务委员，福建省第一届、二届、三届政协常务委员，全国侨联第二届、三届、四届副主席，福建省侨联第一届、二届、四届主席和第五届、六届、七届名誉主席。

王汉杰长期担任福建省侨务工作领导人，任上发动和团结华侨以各种形式支援祖国建设，集合侨力造福家乡，对新中国成立之初冲破帝国主义政治、经济、外交封锁及华侨华人参与祖国改革开放伟大进程做出了重要贡献。

2009年9月30日，王汉杰病逝于福建省福州市。著有《菲律宾华侨抗日游击支队的三年游击战纪实》（后改名为《游击三年》《三年游击战纪实》）。

王宣化

王宣化（1896—1980年），又名王克振、王炎之，号英子，福建南安人，马来西亚归侨，著名报人、侨领。曾任菲律宾《平民报》经理兼编辑、新加坡南洋电影公司总经理、上海泉漳中学教员、上海《现实周刊》主编、泉州《江声报》记者、马来亚《中华晨报》总编辑、马来亚霹雳州华侨各界抗敌后援会会长、马来亚华侨各界抗敌后援会领导人之一、马来亚《南国日报》总编辑、福建省实业厅副厅长、福建省侨委会主任、中共华东局统战部处长、华东行政委员会华侨事务处处长、中央华侨投资辅导委员会副主任、中央华侨事务委员会副司长。

王宣化

好学店员　使馆翻译

1896年，王宣化出生于福建省南安县（今南安市）水头镇巷内村一个华侨世家，6岁丧父，9岁再丧祖父，生活由此日益清贫，使之刚读了几年私塾，就不得不辍学回家，15岁在水头镇一家布店当学徒，16岁奉母命成婚。

1914年，王宣化南去菲律宾，边当店员边进夜校读书。1917年，考入菲律宾大学，攻读商科。王宣化颇具语言天赋，掌握了英、日和西班牙等国语言，后进入中国驻菲总领事馆，担任翻译。

报社经理　声援五四

1919年，五四运动爆发，王宣化投入当地侨界的爱国运动，并加入了爱国华侨组成的政党——菲律宾华侨工党，因表现积极，被聘为华侨工党旗下的《平民报》经理兼编辑。

在王宣化主持下，《平民报》积极声援五四运动，反对北洋签订丧权辱国条约，宣传新文化，介绍世界各国劳工运动。《平民报》在6月21日发表了题为《华侨急起》的社论，提出抵制日货的六条办法。后又在《抵制日货中的重要问题》一文中，提出组织救亡团体、实行彻底抵制等建议，并具体阐述了发展中国实业、培养人才、增加国货、促使日货日趋减少的思路。

《平民报》的呼吁，得到了许多华侨的热烈响应。22日，马尼拉华侨学生二三百人在华侨会馆开会讨论，决定响应祖国五四运动的号召，抵制日货，焚烧日货。6月23日，学生再度聚会，随即奔赴外地，向已建有华侨商会的宿务、怡朗、黎牙实比、和乐等地的华侨宣传抵制日货。

菲律宾美国殖民政府于8月4日，在马尼拉举行隆重的庆祝第一次世界大战胜利的大会，菲律宾华侨各团体全部拒绝参加。小吕宋中华商务局（即马尼拉中华商会）致函美国驻菲总督表示，因山东问题，我们不愿参加欧战胜利的庆祝。菲华学生联合会通过中国驻马尼拉副领事李照松，向总督呈交决议书，文中说："我们学生坚决反对将山东半岛权益归于日本人支配。为了忠于我们的国家，我们拒绝出席在胜利的幌子下举行的庆祝会。对我们来说，参加这样的会议除了失败，除了违背威尔逊总统的十四条以外，什么也得不到。"

任职《平民报》期间，王宣化还参加领导马尼拉店员工人要求8小时工作制的斗争，组织游行示威。

从军讨贼　影院大亨

1921年，孙中山在广州就任非常大总统，成立正式政府。王宣化从菲律宾回到泉州，投身孙中山领导的民主革命运动。

1922年5月6日，孙中山在韶关誓师北伐。6月16日，陈炯明、叶举等发动叛变，孙中山成立东路讨贼军。王宣化出任东路讨贼军第三支队统领秦望山的副官兼军需主任，同北洋军阀开展斗争。

故乡的军阀混战，民不聊生，使王宣化深感失望，1923年赴新加坡，创办南洋电影公司，并任总经理。在他的苦心经营下，到192年已拥有了5家电影院。在经营电影院的同时，王宣化又兼任《消闲钟》报的编辑，发表了许多杂文、小说，从各方面唤起华侨对祖国的热爱。

留学日本　回沪抗日

1928年，王宣化离开新加坡，赴日本留学，进入东京早稻田大学，成为政治经济学研究生，其间翻译一些唯物论经济学文章，还译了一部《罗马的假日》、半部《西线归来》，引起日本警方的注意。

1931年9月，九一八事变爆发，日军铁蹄踏破中国东北。正在日本的王宣化决定回国抗日。他后来曾回忆过当时的心情："此时，我满腔怒火，一方面是对日本帝国主义的仇恨，另一方面是对蒋介石不抵抗的投降政策怀着极度的不满。我觉得救中国、复兴中国的重担，只有中国共产党才能担得起。于是我毅然离开日本早稻田大学回到上海，投入抗日救国的宣传工作。"

王宣化到上海后，进入上海泉漳中学当教员，以此谋生。

他联络朋友，成立了一个抗日宣传团体——现实社，参加人员主要是他在日本和南洋时认识的志同道合者，如柯朝阳、张楚鸣、张楚琨、李复生、丘希红、伍长勋、李平心、吴景新、金泽人等。现实社出版了一份宣传抗日的杂志——《现实周刊》，王宣化任主编，柯朝阳、张楚琨等撰稿。

当时，泉漳中学校长是个忠实的国民党信徒，对学生进行党化教育。王宣化等人通过斗争，罢免了校长，他还动员了艾思奇、张楚琨等进校工作，自己则担任英文课、新闻课老师。在他与艾思奇、张楚琨等努力下，泉漳中学的学生中出了不少抗日骨干。

在上海，王宣化还加入中国社会科学家联盟（简称"社联"），和胡绣枫（国民党身份的中共地下党员，红色间谍关露的妹妹）一个小组，由胡绣枫、李剑华（中共地下党员、胡绣枫之夫）等人和他联系。因此，王宣化认识李剑华、胡绣枫夫妇。后来，王宣化又要求参加中国左翼作家联盟，由冯雪峰、楼适夷、夏衍诸同志和他联系。1932年，王宣化加入了中国共产党。

南行星洲　办报抗敌

1934年，上海的党组织屡遭敌人的破坏，王宣化决定南渡新加坡（亦称"星洲"），组织华侨开展抗日工作，支援祖国的抗日战争。1934年，他化名"王炎之"，来到新加坡。不久，又来到马来亚霹雳州怡保。他从老朋友李西浪手中接办《中华晨报》，亲任该报总编辑，撰写并刊发了大量宣传抗日的文章，还培植了一批抗日宣传骨干，此报很快成为当地华侨抗日重要平台，使报纸发行量激增，影响力扩大到怡保周边的各个大埠。

为团结华侨爱国青年，王宣化还根据青年人阅读与欣赏习惯，创办了《妇女》《学生》《戏剧》《电影》《文化工作者》等专刊，在突出可读性的同时，进行抗日宣传。王宣化还创办了流动读书社，将之命名为鲁迅图书馆，定期向当地华侨青年推介进步书刊，介绍祖国抗战形势，以此培养青年华侨抗日骨干。

抗日领袖　星马"四君"

1937年七七事变之后，祖国抗战全面爆发，王宣化与戴英浪、粘文华等组织马来亚华侨各界抗日后援会，之后王宣化参与策动各地成立马来亚华侨抗日后援会。后为了适应殖民地环境，便于公开活动和开展工作，改称"马来亚华侨各界抗敌后援会"。

王宣化以怡保流动读书社爱国青年为骨干，发起组织霹雳州华侨各界抗敌后援会。1937年8月，王宣化在怡保市区以南5公里处的三宝洞举行霹雳州华侨各界抗敌后援会成立大会，亲任会长。上任后，全力动员华侨各界以人力、财力全方位支援祖国的抗日战争。

王宣化参与领导的马来亚华侨各界抗敌后援会，在动员华侨支援祖国抗日中发挥了重要作用。马来亚华侨各界抗敌后援会会员有3万多人，联系的基本群众有20多万人，下面按区域和行业成立马来亚华侨工人抗敌后援会、马来亚华侨妇女抗敌后援会、马来亚华侨学生抗敌后援会、马来亚文化界抗敌后援会等组织，分别开展活动。如马来亚华侨工人抗敌后援会又组织了锄奸队，抵制日货、打击奸商。马来亚华侨妇女抗敌后援会、马来亚华侨学生抗敌后援会、利用节假日进行卖花义捐活动，马来亚文化界抗敌后援会则举行剧团义演，以街头剧和救亡歌曲进行抗日宣传。

马来亚华侨各界抗敌后援会筹措了众多义款，分别支援八路军、新四军、东江抗日游击队和琼崖抗日独立队，财物秘密运抵八路军香港办事处廖承志处转交。据《东江纵队史》记载：1939年年初，曾生所领导抗日游击队一次就收到海外侨胞捐款20万元港币。该书又称：设在马来亚吉隆坡的惠侨救乡会（其主要骨干和爱国侨领多为马来亚华侨各界抗敌后援会会员）捐款约1000万元，相当部分捐给八路军、新四军和东江、琼崖部队。

马来亚华侨各界抗敌后援会还动员组织华侨青年回国参加中国共产党领导的八路军、新四军，仅霹雳一个州就有1000多人回国投军。他们又发动会员参加南侨机工回国服务团。1938年10月柔佛州华侨各界抗敌后援会组织司机13人，携带物资和救护车经香港转赴延安。此外，马来亚华侨各界抗敌后援会又配合南洋华侨筹赈祖国难民总会，募款、抵制日货，成绩显著。

鉴于新加坡的地理优势和抗日战争时期已成为南洋抗日领导中心，王宣化到新加坡创办报纸。

1937年春，王宣化在新加坡筹办《南国日报》。《南国日报》面世后坚持爱国立场，以动员华侨支援祖国抗日为首要使命，受到爱国华侨的欢迎。

王宣化也因领导抗日有功，在南洋深受推崇，为当时侨界著名的抗日"四君子"之一。

1938年年初，南洋华侨战地记者通讯团回国采访，领队即为中国共产党早期优秀党员辜俊英，成员包括新加坡、马来亚、泰国、缅甸等国家进步的华文报馆的记者，其任务是采访、报道祖国的抗战实况，慰问浴血奋战的抗日将士，声援和支持祖国抗战。

1938年2月10日，南洋华侨战地记者通讯团抵达延安，受到毛泽东、周恩来等中共领导人的热烈欢迎和亲切接见，并合影留念。1938年3月18日，毛泽东为海外侨胞题词："全体华侨同志应该好好团结起来，援助祖国，战胜日寇。共产党是关心海外侨胞的，愿意与全体侨胞建立抗日统一战线。"同时，还为王宣化的《南国日报》题词："马来亚的侨胞用一切力量援助祖国为中华民族的独立解放而斗争。南国日报"。

1938年7月，为了纪念七七事变一周年，王宣化发动万余群众参加抗日大会，并请陈嘉庚讲话，引起新加坡英殖民当局注意，列入黑名单。

1938年8月，新加坡发生电车罢工风潮，僵持很久。由于不少马来亚华侨各界抗敌后援会会员参加罢工，王宣化居间调解。结果被英国殖民当局抓捕，关进黑牢。在马来亚华侨各界抗敌后援会的领导下，新加坡工人为营救王宣化，数千群众包围了中国政府驻新加坡总领事馆，要求总领事高凌百向当局交涉释放王宣化，竟被置之不理。群众又以马来亚华侨各界抗敌后援会的名义致电英国殖民大臣，仍然无效。最后不得不发动新加坡罢市、罢工、罢课，怡保、槟榔屿还举行游行示威。英国殖民当局十分恐慌，连忙通知中华总商会，勒令商店复市，并说政府抓的不是"爱国党"领袖，而是共产党，谁同情就以共党论处。与之同时，王宣化在狱中也采取绝食抗议斗争策略，最后判决王宣化"终生驱逐出境"，并押送出境到香港。

被驱回乡　密战英雄

王宣化辗转回到泉州，与中共泉州中心县委取得联系，奉命前往因厦门沦陷已迁往泉州的《江声报》工作，以此为掩护，为党做群众工作。

1939年，王宣化奉命前往上海，从此在上海地下党领导下，以电影制片公司职业为掩护从事秘密工作，时间长达10年。1943年冬天，在一次执行秘密任务中，被日伪机关的特务逮捕了。后经一位日本友人保释。

1949年初春，上海解放前夕，王宣化将上海在日伪和国民党统治时期的上海社会情况向组织上提供书面材料，为我们党解放上海做准备。上海地下党还介绍他与上海戏剧、电影方面的同志一起，着手筹备接管上海电影业。

1949年5月上海解放后，王宣化进入上海军管会文艺处工作，在夏衍的领导下，同于伶等一起接管上海电影院和电影制片厂。

1949年6月初，王宣化受命回福建工作，随解放福建的第十兵团一起进军福建。1949年8月17日福州解放，随即福建省人民委员会成立，王宣化任福建省实业厅副厅长，后任福建省侨委主任。

1952年，王宣化调中共华东局工作，先后担任中共华东局统战部处长、华东行政委员会华侨事务处处长。1954年调往北京，先后担任中央华侨投资辅导委员会副主任、中央华侨事务委员会副司长，长期从事侨务工作，曾被选为全国政协第一、二、三、四、五届委员。

1972年，经周恩来总理批准，回故乡南安水头镇巷内村离职休养。1976年，他给省委组织部写信，说他的工资是党给的，把用剩的8000元汇去交了党费，并把自己珍藏的2000多册图书和用自己钱盖起来的一座二层楼房一起捐给国家。

1980年1月20日，王宣化病逝。国务院侨务办公室主任廖承志致唁电，中共福建省委、福建省人民政府在福州召开追悼会，赞扬王宣化为党做出的贡献。

怡保三宝洞花园

卢心远

卢心远（1911—1985年），原名卢宝镛，福建龙岩人，新加坡归侨。曾任福建省永定县太平里青年委员会总干事兼《奋斗》主编，永定县人民团体联合会常务委员，上海辛垦书店编译，新加坡《星洲日报》《南洋商报》《星中日报》评论员，《南洋商报》主笔，新加坡中正中学教师，马来西亚马六甲六合造纸厂董事、总经理，新加坡《新教育》主编，全国政协筹委会新闻处编辑，中央人民政府华侨事务委员会政策研究室主任、办公厅副主任、第三司副司长，中国侨联常务委员、副秘书长。

卢心远

红色编辑　抗捐领袖

1911年5月23日，卢心远生于福建省永定县（今龙岩市永定区）坎市镇田心村一个贫困农家。他3岁那年，父亲卢云岚因生活所迫，先到广州当商铺伙计，仍难以养活全家，最后下南洋谋生，从此与家人失去联系。卢心远先由祖父卢海坤抚育，10岁时祖父又辞世，靠祖母抚养成人。祖父祖母极重视孙儿教育，忍饥挨饿送卢心远读书。在完成小学教育后，1923年，卢心远考入位于龙岩的福建省立第九中学读书。在学校里，卢心远甚为活跃，受语文老师温闽仙影响，经常阅读《新青年》《创造周报》《向导》等进步刊物，开始接受革命思想。

1927年7月，卢心远毕业回到永定老家。当时，蒋介石刚发动四一二反革命政变，中国共产党损失惨重，革命处于低潮。中共福建省委派陈祖康到坎市开展革命活动，培养革命力量。卢心远协助陈祖康联系了近40位有进步思想的青年，组织起一个半公开的革命团体——太平里青年委员会。该会成立后，卢心远出任总干事兼会刊《奋斗》主编。同年，经陈祖康介绍，卢心远加入了中国共产党，经常与张鼎丞、邓子恢等人合作开展革命活动。

当时，横行永定的有一支由土匪陈国辉率领的民军队伍，本是闽南匪帮，后接受招安，改编为民军，但照样在闽西南一带为非作歹。1928年春天，陈国辉又巧立名目——开征马路捐，并摊派到人，因此民怨甚大。卢心远被选为永定县人民团体联合会常务委员，经组织批准，发动并组织群众进行抗捐活动。陈国辉便以"共产""赤化"分子的罪名，四处搜捕他。陈祖康觉得他已无法在永定继续工作，指示他离开永定去广州。

编译高手　沪上著述

卢心远抵达广州后，先在舅父开的店里帮记账，并按陈祖康交代的联络方式，发信去厦门与党组织接头，由于形势险恶，未能接上关系。同年秋天，卢心远考入广州中山大学。白天上课，晚上在舅父店里做财务工作，赚取学费和生活费。

1933年，卢心远从广州中山大学毕业，应上海辛垦书店邀请，到上海从事著译和编辑工作，相继出版了《方法论讲话》（上海思想出版社）《政治经济学体系》（上海辛垦出版社，下同）《斯宾诺莎哲学批判》《世界原始社会史》《精神分析学批判》《辩证唯物论》等专著和译作，在知识界颇有影响。

由卢心远后人主编、中共党史出版社出版的《卢心远文集》

南下星洲　抗日文胆

1937年"八一三"淞沪抗战爆发，卢心远参与支前。上海沦陷后，他前往新加坡，先是为当地华文报纸撰写时事评论，之后担任《星洲日报》《南洋商报》《星中日报》评论员，他在这些报刊上开设专栏，撰写有关国际时事的评论和杂文，其中不少为抗日檄文。他的抗日评论主要分为三类：一是鼓励华侨捐款支持祖国抗日，二是坚决反对投降，三是坚持国共合作、共同对敌。他的社论、杂文分析有理有据，且通俗易懂，因此在新加坡拥有广泛的读者，对动员、组织华侨支持祖国抗战发挥了积极作用。

1939年1月，卢心远担任《南洋商报》主笔，专写社论和短评，大力宣传中国共产党坚持抗日的主张，宣传巩固民族统一战线的重要性，宣传坚持抗日、抗战到底，同时揭露国民党顽固派投降妥协活动，激励海外侨胞支援抗战。为此，卢心远被英国殖民政府法院传讯，最后不得不转入新加坡中正中学高中部执教。执教的同时，仍不断为《南洋商报》撰稿，宣传抗日，宣传中国共产党抗日主张。他撰写的社论，对化解祖国国共合作危机、坚持团结抗日和动员华侨坚持抗战援国都发挥了促进作用。

办造纸厂　援抗日军

1941年12月，太平洋战争爆发，日军南侵马来亚。1942年2月15日，驻守新加坡的英军向日本投降，随即新加坡沦陷。作为星洲著名的抗战文人，卢心远也被列入日军捕杀名单，为此他携家人潜出星洲，避入马六甲山区。

在马六甲山区避难时，卢心远立即与当地的马来亚共产党组织取得联系，开始支援和掩护马来亚共产党领导的马来亚人民抗日军。当时，游击队军费奇缺。为此，卢心远变卖所有贵重器物，邀友人一起集资，创办了六合造纸厂，将收入用于支持马来亚人民抗日军。他创办的六合纸厂还成为当时马来亚共产党马六甲地委和马来亚人民抗日军的重要交通站之一。

反蒋被驱　归国勤业

1945年8月15日，日本投降，卢心远回到新加坡。在星洲，他复办中正中学，组织新加坡华侨教师公会，还先后创办《华侨经济》和《南洋经济》两份半月刊，主编华侨教师公会会刊《新教育》。因参与反对美国支持蒋介石发动内战和蒋介石独裁统治等，先后两次被新加坡英国殖民当局逮捕，1949年2月被驱逐出境。

1949年4月，卢心远来到北京，在全国人民政治协商会筹委会新闻处任编辑。

中华人民共和国成立后，卢心远先后担任中央人民政府华侨事务委员会政策研究室主任、办公厅副主任、第三司副司长，此外还担任中国侨联常务委员、副秘书长，以及第二至第六届全国政协委员。

1985年4月，卢心远病逝于北京。

司马文森

司马文森（1916—1968年），原名何应泉，学名何章平，笔名林娜、林曦、耶戈、宋芝、何汉章、马霖等，福建泉州人，菲律宾归侨。曾任中国革命互济会会员、中国反帝大同盟会员、共青团泉州特别支部委员、中共泉州特别支部委员、中共泉州特别委员会委员、中共泉州特别委员会《赤色群众报》编辑、福建省泉州《农民报》主编、中国左翼作家联盟盟员兼上海江湾区农民文艺小组和暨南大学文艺小组负责人、上海文艺界救国会会员兼新生读书会负责人、中国文艺界协会会员、上海文化界救亡协会会员兼《救亡日报》编辑、广东省广州文艺通讯员总站负责人、国民革命军第四战区政治部三组少校兼《救亡日报》记者、国民革命军第四战区政治部三组少校兼中共广东省委机关刊《新华南》负责人、广西地方建设干部学校指导员兼教育长政治秘书、中华全国文艺界抗敌协会桂林分会理事、中华全国文艺界抗敌协会桂林分会常务理事、广西桂林《救亡日报》副刊《新干部》和《儿童

1937年司马文森

文学》主编、广西桂林《文艺生活》杂志主编、中共广西桂北工委委员兼抗日青年挺进队政委、中共广西桂北工委委员兼桂北抗日别动纵队政治部主任、中共南方局文化委员会委员、中共港澳工作委员会委员、中南军政委员会文化委员会委员、中共华南分局文化委员会委员、中南文学艺术界联合会常务委员、中国新闻社《大公报》《文汇报》驻广州联合办事处负责人、中国作家协会广东分会执行委员兼《作品》主编、中南作家协会常务委员，印度尼西亚大使馆文化参赞，国家对外文化联络委员会西亚、非洲司司长。

菲岛童工　泉州求学

1916年，司马文森出生于福建省泉州市一个小贩家庭。家境不裕，使司马文森8岁才进衮绣小学（今东门小学），9岁即辍学回家。为谋生，司马文森不久就随亲戚南渡菲律宾当童工，辛苦备尝，也攒下些许银两，以备继续读书之需。

12岁那年，司马文森回到祖国，进入泉州黎明高中读书。进入久别校园，司马文森发奋学习，成绩优异。闯荡过南洋的他，比同学们成熟许多，发表的不少对时局的见解引起了学校进步老师张庚的关注。

参加中共　革命文士

1931年，在张庚老师的影响和帮助下，司马文森接受了马克思主义思想，参加了中国革命互济会泉州分会。该会原名中国济难会，创立于1925年，为中国共产党在上海领导成立的革命团体，主要任务是营救被反动派逮捕的革命者，并筹款救济他们的家属。1929年12月易名"中国革命互济会"，共产党人邓中夏、黄励等先后任总会主任，后在不少省市设立了分会。之后，司马文森又参加了泉州反帝大同盟，反帝大同盟的全称叫"反对帝国主义大同盟"，是由法国著名作家巴比塞、法国著名作家罗曼·罗兰、苏联作家高尔基和中国的宋庆龄等一些著名人士，于1927年2月在比利时首都布鲁塞尔发起成立的一个国际组织。1929年7月，该组织首先在沪建立上海反帝大同盟。随即，全国各地也先后建立了反帝大同盟。自加入中国革命互济会和泉州反帝大同盟之后，司马文森积极传播革命思想，发动青年投身革命，开展抗日宣传。

1932年，司马文森加入了共青团，任共青团泉州特别支部委员。1933年参加中国共产党，先后担任中共泉州特别支部委员、中共泉州特别委员会委员，同时担任中共泉州特别委员会《赤色群众报》编辑，由此开始在党的领导下从事文化宣传工作。在他主编《农民报》时，经常以林娜等笔名在泉州一些报刊上发表文学作品和评论文章，传播革命思想。

左翼作家　抗日报人

1934年，中共泉州地下党组织遭到严重破坏，司马文森转往上海。当年冬天，他参加中国左翼作家联盟，与戴平万、何家槐、林淡秋等在一个党小组，任组织干事，负责上海江湾一带农民文艺小组和暨南大学文艺小组。期间，他在《申报》《时事新报》《生活知识》《文学界》《光明》等报刊发表大量文学作品，在上海文坛崭露头角。

1935年12月，司马文森参加了上海文化界救国会，先后作为著名爱国文化人士在8项抗战主张和《中国演剧界为争取演剧自由宣言》签名，

1941年司马文森在桂林结婚，夫人雷维音

抗议上海公共租界工部阻挠试验小剧场和蚂蚁剧团上演抗战戏剧。在上海文化界救国会里，司马文森负责新生读书会（又名职业青年救国会）。

1936年，司马文森参加中国文艺家协会。他经常以耶戈为笔名在《申报》《作家》等报刊发表抨击时政的短文和揭露现实的短篇小说，在上海颇有影响。鲁迅逝世后，他参与悼念鲁迅的系列活动，并为鲁迅出殡时抬棺人之一。

1937年7月，司马文森积极参与筹组上海文化界救亡协会。7月28日该会举行成立大会，司马文

森参与促使形成大会决议：电呈蒋介石收复失地；参加上海各界抗敌后援会；请求上海各界抗敌后援会根据该会议决议，立即召开市民大会发扬民主；切实抵制日货；联合各界切实制裁汉奸；请求中央宣传部鼓动爱国言论；组织国际宣传委员会扩大对外宣传；策动本市文化界扩大救国宣传；协助政府加紧缉私工作；出版会报。该会设组织、宣传、总务、经济4个部，司马文森在宣传部，主要从事抗战宣传、募捐，他曾冒着枪林弹雨，为"八一三"淞沪抗战中坚守在四行仓库的中国官兵送医药和给养等。同时，兼任该会机关报《救亡日报》编辑和撰稿人，发表了抗日檄文《伤兵颂》《用武力回答汉奸的阴谋》等。

南迁广东　文化抗敌

1937年11月21日，司马文森随郭沫若、夏衍和《救亡日报》社同仁南迁广东省广州市，参与了《救亡日报》广州复刊工作。

1938年1月1日，《救亡日报》以统一战线为号召，取得国民党广东当局的支持，在广州市长寿路租房复刊。出版经费是向港粤各界筹集来的，国民党第四战区副司令兼第十二集团军总司令余汉谋也捐洋毫2000元支持办报，其他上层人物李煦寰、钟天心、谌小岑等亦挂名为《救亡日报》顾问。该报成为抗战初期中共在粤港地区最重要的舆论阵地。司马文森不但继续为《救亡日报》撰稿，还参与当地的抗日群众文化活动。

1938年3月29日，在中共的推动下，纪念黄花岗起义27周年歌咏戏剧大会在广州举行。参加这次盛大文化活动的筹备单位有国民党广东省党部、广东省党政军联席会议宣传部、广东文化界抗敌协会、抗战教育实践社、广东歌咏协会，广东戏剧协会等。以演出四幕六场革命历史剧《黄花岗》为主要内容的戏剧演出，参加者来自20多个文化艺术团体，演职人员达240多位，公演3天，盛况空前，影响甚大。这台大剧是由司马文森与夏衍、周钢鸣、钟启南、荷子等24人在3天内共同创作的，司马文森参加了第一幕的创作。

为通过文化鼓励军民英勇抗日，中共发起并领导了文艺通讯员运动，以把抗战文艺的种子传播到各村庄、工厂、营房和战壕去，并在广东省广州市设立文艺通讯员总站，实际负责人有司马文森与周钢鸣、周行、林林、斐琴、华嘉，大家分别担任了组织、研究、指导等部分工作。在《救亡日报》上出版了《文艺通讯》周刊，介绍有关文艺通讯员运动的基本理论，征集文艺通讯员，还举办五月文艺通讯竞赛，在《救亡日报》刊出竞赛办法，军民响应热烈，收到几百封投稿。通过文艺通讯员运动培养了抗战文艺新军，文艺通讯员分站、支站遍布广东、广西、湖南、江西和福建许多地方，甚至在广东、广西两省极偏僻县城都有文艺通讯员站，参加者为学生、小学教师、学生兵等。文艺通讯总站在广州沦陷时即停止活动，但是很多支站一直坚持活动，影响长远。

在广州，司马文森积极推广抗战壁报，写作、出版了《战时文艺通俗化运动》《怎样办壁报》《文艺通讯员的组织与活动》等书，倡导并组织报告文学写作运动，以更好为抗战服务。

战区少校　创办红刊

1938年4月第四战区长官司令部成立，继之政治部也成立，政治部下设宣传机构——第三组，尚仲衣教授担任第三组上校组长。在合作抗日的前提下，中共广东省委安排司马文森、石辟澜和黄新波等到第四战区政治部第三组工作，主要从事抗战动员、宣传工作。司马文森挂少校军衔。他同时还兼《救亡日报》义务记者，平均每月发表两篇文章。

1938年10月，广州沦陷。司马文森随四战区政治部先后撤退到翁源、韶关，继续从事军队抗战宣传工作。

在韶关，司马文森在百忙当中和石辟澜、邓重行一起创办中共广东省委机关刊物《新华南》，社址在韶关风度中路罗沙巷8号一座破旧的木楼，四周是菜地，社里什么都没有，只借了一张桌子、几把竹椅、一个竹制书架，买了一些厨具，随便布置一下，就开始工作了。司马文森和石辟澜写文章，邓重行做杂务。因当时实行灯火管制，晚上只能在煤油灯下工作，睡在地板上。一直到石辟澜设法弄来3张床板，大家就不用睡地板了。

《新华南》于1939年4月1日创刊，是当时华南抗日舆论宣传重要阵地。创刊以来，全力动员民众反抗侵略，宣传我党在抗日时期的各项方针、路线，编委会主任为尚仲衣，编委有石辟澜等多人，当时特约撰稿人除司马文森外，还有沈钧儒、胡愈之、夏衍、姜君辰、张铁生、刘思慕、杨凡、李浴日、萧隽英、千家驹等。

调往桂林　参办"抗大"

1939年春，国民党反动派掀起第一次反共高潮，将尚仲衣、石辟澜、司马文森和黄新波等人遣散。上级党组织安排石辟澜留守广东，继续编辑《新华南》（1941年春，国民党反动派掀起第二次反共高潮时被封闭），联系和领导抗日宣传队。八路军桂林办事处主任李克农调司马文森和黄新波到桂林，准备筹办广西地方建设干部学校。1939年5月，司马文森来到桂林，曾住在七星岩前的小木楼上。一方面，他与文化人艾芜、华嘉一起，在逸仙中学、松坡中学任教，工余以沉重的心情构思小说《雨季》；一方面，紧锣密鼓筹建广西地方建设干部学校。

广西地方建设干部学校是中共对桂系进行统战工作的一个成功典范，有"广西抗大"之称。学校设于桂林城外10里的乡下，从七星岩开了条公路直达。当时，学校学生大都是革命青年知识分子，也有不少是地方党组织派来的。司马文森除担任学校指导员外，还担任教育长政治秘书、校刊编辑，主要任务是协助教育长杨东莼办学、编辑校刊、培训泰国回国参战的机工，为教育长作报告提供意见，参与定稿。

司马文森等在办学中始终坚持中国共产党的"坚持抗战，反对投降；坚持团结，反对分裂；坚持进步，反对倒退"政治方针，参照延安抗大和陕北公学的办学经验和教学内容，担负起培养抗战干部的使命，使广西地方建设干部学校成为国民党统治区（简称"国统区"）新型干部学校。

在桂林，司马文森参与促成中华全国文艺界抗敌协会桂林分会于1939年10月成立，先后担任理事、常务理事，先后负责出版部、组织部、儿童文学部工作，为坚持抗战、进步、团结，反对投降、倒退、有同志从广东逃了出来，他们是经过千山万水，绕了很大的圈子才到桂林的，找不到八路军办事处，找不到组织，就来找父亲，要到延安、苏北解放区去，父亲帮他们联系；走不了，就得替他们解决生活问题，找工作，设法隐蔽下来。

为帮助新安旅行团顺利向苏北转移，父亲司马文森利用为文化供应社编辑少年文库的机会，发动他们写作，出版了《敌后的故事》《在内蒙古的草地上》《星的故事》《火线上的孩子们》等书，筹到的稿费用于新安团到解放区的路费，新安团成为新四军的文艺骨干队伍。

1941年夏天，司马文森特意选择7月1日——中国共产党诞生20周年这一天，与美丽的《柳州日报》记者（曾为《救亡日报》通讯员）雷维音结为革命伉俪。婚礼成了桂林爱国文化人士的大聚会，邵荃麟、葛琴夫妇，田汉、安娥夫妇，穆木天、彭慧夫妇及欧阳予倩、艾芜、孟超、何家槐、周行、熊佛西、焦菊隐、宋云彬、余所亚、李文钊、端木蕻良、骆宾基、彭燕郊、陈芦荻等几十人都前来祝贺。

再办新刊　增辟阵地

1941年8月，司马文森和夫人雷维音曾到穿山汉民中学任教，工余编辑出版《艺术新闻》。不久，桂林文献出版社想创办一份文学杂志，辗转找到司马文森，为更好宣传党的抗日主张、传播革命思想，团结更多年轻人，司马文森欣然答应。

1941年9月，由司马文森主编的大型文艺期刊《文艺生活》正式出版，郭沫若题写刊名，田汉的《秋声赋》、欧阳予倩的《一刻千金》、夏衍的《法西斯细菌》、父亲的《雨季》等都是在《文艺生活》上第一次与读者见面，同时还刊登了国际反法西斯的文章。

《文艺生活》受到读者的欢迎，销路从开办时的4000份，很快上升到近两万份。《文艺生活》联系了几乎所有在国统区的进步文艺界人士，始终高举争取民主、民族解放的旗帜，团结国统区一切进步作家，用文学作为武器，坚持宣传抗日、反对投降，在国统区——抗战时期的大后方以及东南亚一带产生过很大的影响，成为国统区抗战、进步文艺的一面旗帜，在桂林文化城最黑暗的日子里坚守了党的文艺阵地。1943年9月，《文艺生活》期刊被国民党当局限令停刊。

1941年12月，太平洋战争爆发，随即香港沦陷。司马文森在桂林积极奔走，协助香港撤出的同志转移到安全地带。同时，他继续团结当地的爱国文化人，在桂林文艺界参与组织了一系列抗日进步文艺活动。如举办各种文艺讲座并亲自授课，举办救亡诗歌朗诵会、万人大合唱和为抗日前方战士"大捐献"活动，组织了日本反战同盟来桂林演出话剧《三兄弟》等。同时，还积极支持西南剧展会演：1944年2月至5月，西南5省文艺工作者在桂林演出话剧、京剧、桂剧、木偶戏、电影等近百个剧目，以此振奋国民精神，鼓励军民抗战到底。司马文森亲自操笔写了不少剧评，如《祝西南第一届剧展》、《欢迎第四演剧队〈家〉的演出》《评〈法西斯细菌〉》《评艺大的〈蜕变〉》等。

组建武装　桂北击敌

1944年7月底，日寇逼近广西边境，衡阳已经沦陷，国民党广西政府发出第一次疏散令，桂林危在旦夕，许多同志撤退到昆明、重庆等地，司马文森再次临危受命："留在桂北，开展敌后抗日游击战。"

8月，著名爱国作家王鲁彦因贫病交加在桂林逝世，后事无人料理，当时司马文森已撤至柳州，闻讯冒着日机轰炸，立即返回桂林，筹办王鲁彦追悼会，刊登讣告、发起募捐买墓地、救助遗孤。在他组织下，桂林200多位文化界人士在敌机轰炸中，为王鲁彦举办追悼会。

1944年9月8日，广西政府发出第二次紧急疏散令，9月12日发出第三次强迫疏散令，司马文森在安排了所有进步文化人士撤离桂林后，和邵荃麟、李亚群等最后离开桂林。司马文森带杨繁、何谷、吉联抗、郑思等同志，与中共《柳州日报》领导人罗培元，以及中共融县县委领导人张琛会合，出任中共桂北工作委员会委员，领导抗日武装。他与中共融县县委一起，组建了抗日青年挺进队，亲任政委。同时，他充分发挥自己的组织力和号召力，整编桂北零星分散的小股武装，成立了抗日别动纵队，出任政治部主任。通过强有力政治思想工作和严格的军事训练，编练队伍，在桂北展开抗日游击战。

抗战勇士　文坛名家

桂林时期是司马文森创作的高峰期，他以在广东、广西、四战区的经历、见闻，写下大量抗战纪实文学作品，茅盾评价他的作品具有战斗力、有现实感。

司马文森还在桂林创作了长篇小说《雨季》《人的希望》；中篇小说《尚仲衣教授》《转形》《希望》《菲菲岛梦游记》；短篇小说集《一个英雄的经历》《人间》《奇遇》《小城生活》《孤独》《大时代的小人物》《蠢货》；散文集《粤北散记》《过客》等，产生了较大的影响，为抗战文学作出重大贡献。

《抗战时期司马文森在桂文学创作成就》一文，曾这样评价司马文森这一时期作品："司马文森的报告文学、散文、战地作品，以其厚重的历史内涵和独特的创作方式，在战时文学作品中占有重要的位置，至今仍成为文学史上有价值的战时报告文学中的名篇之一，对促进我国文学运动的不断向前发展产生了深远的影响。"

《文艺生活》杂志封面

文学大家　外交干才

抗日战争胜利后，国民党通缉司马文森，他于1945年10月转往广州，复刊《文艺生活》，同时投身到广州文化界反对内战活动，撰文揭露国民党企图阻挠和破坏东江纵队北撤的阴谋。在此期间，司马文森参与筹建中华全国文艺界抗敌协会港粤分会，被选为理事。在这一时期，他创作了许多揭露黑暗统治的作品，还创办了《文艺新闻》《文艺修养》等杂志。

1946年，国民党当局再次通缉追捕司马文森，他转到香港，重新恢复《文艺生活》，并担任中共南方局文化委员会委员、中共港澳工作委员会委员。他通过发展《文艺生活》社社员，把港澳和南洋的爱好文艺的进步青年团结在中国共产党的周围，并为解放区输送新生力量。其间，司马文森撰写发表了大量评论文章和小说。

1949年1月31日，北平解放。司马文森随流寓香港的著名诗人柳亚子、文学家茅盾等人北上，9月参加第一届中国人民政治协商会议，是号称"新中国第一部宪法"的《共同纲领》草案整理委员会委员，并出席中华人民共和国开国大典。

中华人民共和国成立后，司马文森继续担任中共港澳工委委员。1950年前后，他和香港文化界人士创作《火凤凰》《南海渔歌》《血海仇》《娘惹》《海外寻夫》5部电影剧本，先后拍成电影，在香港及东南亚一些国家上映。

1952年1月，司马文森被港英当局非法逮捕，驱逐出境。他回到广州，出任中南军政委员会文化委员会委员、中共华南分局文化委员会委员、中南文学艺术界联合会常务委员、华南电影工作联谊会第一届理事和中国新闻社、《大公报》《文汇报》驻广州联合办事处负责人；同时参加筹建中国作家协会广东分会，担任分会执行委员和分会机关刊物《作品》的主编、中南作家协会常务委员。

1955年夏，司马文森奉派出任驻印度尼西亚大使馆文化参赞。印尼当局掀起反华、排华逆流时，他多次冒着生命危险，深入基层解决难侨的困难。

1962年年底，司马文森离任回国，先后担任国家对外文化联络委员会西亚、非洲司司长。在此期间，他代表中国作家协会参加在印度尼西亚峇厘召开的亚非作家执行委员会议，参加中国政府文化代表团赴北非与阿尔及利亚、摩洛哥、突尼斯3国签订文化协定。1964年，司马文森出任中国驻法国大使馆文化参赞。

1968年5月，司马文森不幸逝世。1970年8月骨灰移葬北京八宝山革命公墓。

司马文森一生著述颇多，代表作有长篇小说《雨季》《人的希望》《南洋淘金记》《风雨桐江》等，中篇小说《尚仲衣教授》《折翼鸟》《汪汉国的故事》等，短篇小说集《一个英雄的经历》《人间》《大时代的小人物》《危城记》等，散文、报告文学集有《粤北散记》《上水四童军》《新中国的十月》《彩蝶——新中国外交官的海外散记》《南线——司马文森抗战纪实文学选》，儿童文学集《菲菲岛梦游记》《我们的新朋友》等，电影剧本《海外寻夫》《火凤凰》《南海渔歌》《血海仇》《娘惹》，文学专论《战时文艺通俗化运动》《文艺通讯员的组织与活动》《怎样办壁报》等。

郭沫若给司马文森的题词

许良枫

许良枫（1921—1994年），又名许龙枫、洪仲民，福建晋江人，菲律宾归侨。曾任菲律宾华侨歌咏会组织部部长、秘书长、菲律宾共产党华侨歌咏会支部书记，菲律宾华侨护侨委员会前方服务团团长，菲律宾共产党马尼拉市委青年工作委员会委员，全菲华侨青年文化团体联合会组织部部长，菲律宾华侨护侨委员会第一大队大队长，菲律宾华侨护侨委员会第三独立中队中队长，菲律宾共产党吕宋游击区特委委员，菲律宾共产党马尼拉市福建区委书记，菲律宾共产党马尼拉市工委书记，菲律宾共产党南局委员会委员，菲律宾共产党宿务区委组织委员，菲律宾共产党怡朗区委书记，菲律宾共产党华侨委员会执行委员兼南岛中心区委组织委员，福建省《漳州日报》社经理，中共福建省龙溪地委组织部科长，中共中央对外联络部机关党委办公室副主任，福建省华侨委员会处长、办公室主任、副主任、党组成员、党组副书记，福建省外事组副组长，福建省外办副主任，福建省侨办副主任、主任、党组副书记、书记，福建省旅游局局长、党组书记，福建省政协三胞委员会副主任，福建省旅游学会副会长，福建省华侨投资公司副董事长，福建省顾问委员会委员，福建省侨联常委、副主席。

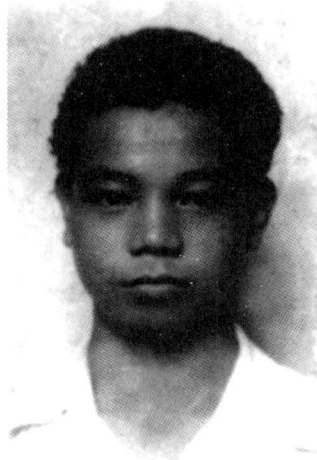

青年许良枫

抗日学生　南去菲岛

1921年9月21日，许良枫生于福建省晋江县第三区十六都龙湖亭乡（今为晋江市龙湖镇龙玉村）一个贫苦农家。在家中五子中居季，许良枫能够入学全仗长兄。长兄许龙毛13岁离家外出当长工，后随堂姐南去菲律宾谋生，将自己当搬运工的辛苦所得寄回家中，使许良枫得以在1930年进入家乡的世明学校读书。

1931年九一八事变后，许良枫在学校投入抗日宣传活动。在一位王姓老师的带领下，他和同学们利用星期日，到龙湖湖畔周围的几个乡村进行宣传。常常早上出发，一直到下午四、五点才回来。每到一个乡村都召开群众大会，揭发日本帝国主义的侵略罪行，讲解"国家兴亡、匹夫有责"的道理，动员群众起来抗日救国。1934年，共产党人许立（又名"许敬诚""许经銾""许经标""许经表"等）来校当了一年老师，他的言传身教，使许良枫深受影响。

1932年后，刚刚因为大哥下南洋做苦力生活稍有好转的许家再受重创，父亲一病未起，次年二哥又撒手人寰。大哥竭尽全力，才使许良枫没有立即辍学。1935年，许良枫小学毕业后即回乡务农，一家生活极其艰难。

1937年，许良枫下南洋谋生。先在菲律宾马尼拉一家麻袋店做搬运工，后又在一家收购、加工海鱼的"鱼铺寮"工厂做工。

投身抗敌　渐成斗士

1938年，许良枫在马尼拉投身侨界抗日活动。他很快加入了菲律宾华侨店员救亡协会，利用业余时间，编印抗日传单，并四处分发传单，联系会员。后来，发展到马尼拉各区去发动群众，找群众谈话，动员他们起来组织店员救亡协会分会，相继在巴西区、溪仔婆区、岷伦洛区成立分会。之后，还参与组织成立了菲律宾华侨店员救亡协会中路区分会。

1939年，许良枫加入菲律宾华侨歌咏会，这是许立任顾问的菲律宾华侨各劳工团体联合会旗下的一个青年群众团体，不久升任组织部部长。

在这之后，许良枫将全部业余时间都投入带领华侨歌咏会开展抗日宣传中，并于1939年下半年辞掉每日劳作时间甚长的店员工作，想找一个属于八小时工作制的岗位，以便有更多时间投入抗日救国活动。之后，许良枫到美范印务馆排字车间当学徒，虽然基本上没有工资，但实行八小时工作制，能保证许良枫有更多时间参加抗日工作。

在吴扬（当时名"吴紫清"）、许洵志等共产党人帮助下，许良枫光荣加入了共产党。

反对分裂　争当先锋

1940年，以蒋介石为首的国民党政府发起了又一波反共浪潮，并很快传播至菲律宾华侨社会。国民党驻菲总支部一部分人也跳出来公开反共，破坏抗日统一战线，严重影响了菲律宾华侨抗日救国积极性。

许良枫参与了菲律宾华侨各劳工团体联合会发起的反对分裂斗争。他参与组织了几千人的群众队伍，进行了大规模的游行示威，一路高喊"坚持团结、反对分裂；坚持抗日，反对投降"等口号。许良枫为领喊口号负责人之一。

为动员更多华侨反对分裂和促成国共团结抗敌，许良枫通过华侨歌咏会开展的系列宣传，深入发动群众参加反分裂斗争。当时他参与领导华侨歌咏会，奔走联络会员、发展会员和组织排练演出，每当举行大型的反分裂群众大会和抗日救亡歌咏活动时，他就带着歌咏队进行演出。

许良枫与同为菲律宾华侨抗日游击支队骨干的施瑛喜结连理

为加大宣传力度和宣传效益，的1940年下半年，许良枫还参与协助出版《建国报》(周报)。第一期报纸出版后,许良枫组织队伍,将以宣传中国共产党抗日主张和反对分裂、投降为主要内容的《建国报》沿街分发。《建国报》成为当时马尼拉宣传反对分裂、反对投降最充分的报纸。

1941年1月皖南事变发生后,许良枫在菲律宾华侨各劳工团体联合会的领导下,参与发动群众,以致电国民政府、通电全国、举行群众大会等形式,谴责国民党反动派妄图分裂抗日统一战线,吁请国共精诚合作共同对敌,《建国报》也及时发表社论和大量文章,披露皖南事变真相,抨击国民党政府反共、分裂政策。

为进一步团结青年华侨,菲律宾共产党成立青年委员会,作为开展青年华侨抗日工作的领导机构,许良枫出任委员。他同时还兼任了华侨歌咏会秘书长、组织部部长,并着手参与在洪光学校组建铜管乐队,在建国中学和华侨中学也建立起学生抗日会。

不久,许良枫参与组织召开了菲律宾各地华侨青年文化团体代表会议,会上成立了全菲华侨青年文化团体联合会,许良枫担任组织部部长,负责组织联络工作。该会成立之后,展开了一系列以反对分裂为主旨的文艺宣传活动,收到了很好效果。

日军袭菲　护侨备战

1941年12月,日军偷袭珍珠港,同一天日本飞机对菲律宾马尼拉湾和马尼拉市美国军事设施也展开狂轰滥炸,太平洋战争爆发。处在战争前沿的马尼拉市顿时陷入一片混乱,市政管理完全瘫痪。针对社会纷乱群龙无首的紧急状态,菲律宾华侨各劳工团体联合会立即成立了护侨委员会,以吴扬为负责人,号召全体华侨组织起来,迅速转移到安全地带。

在护侨委员会之下,设立了前方服务团和后方服务团,准备配合美菲军队抵抗日本侵略和开展救护工作。许良枫任前方服务团团长,着手组织一批人马开展训练,准备开赴前线,配合美菲军队抵抗日本侵略者。与之同时,《建国报》为配合抗击日军侵菲战时动员需要,将周报改为日报,及时传播消息,动员华侨与美菲军队并肩作战,保卫侨居国。当时许良枫还承担着《建国报》排字任务,他除了组织抗日工作外,还加班加点赶印《建国报》,及时送到华侨各个社团和侨胞手中。

开路先导　筹组武装

战争形势发展之快超出了人们原先的研判,日军从菲北面登陆后,虽受到菲律宾军队的抵抗,但推进甚速,马尼拉市危在旦夕。菲律宾华侨中的中共党组织、菲律宾共产党华侨委员会和菲律宾华侨各劳工团体联合会决定避开日军的屠杀,保存骨干力量,和敌人作长期斗争。于是,一方面组织抗日骨干转移到菲律宾农民运动基础较好的中吕宋平原,准备伺机开展游击战争;另一方面组织一部分骨干和家属撤退到南吕宋,开展城市抗敌斗争。

会后,许良枫立即参与组织华侨抗日骨干分批转移,他制定转移方案,规划转移路线,组织转移队伍。许良枫和郭建作为先行小分队,一路担负着打前站任务。他先行赶到离马尼拉市30公里外的米郊亚焉地区，建立转移第一站，把从马尼拉撤出来的抗日骨干先安置在此。许良枫和郭建在此接待和安顿群众的住宿和膳食。

1941年12月16日、17日，马尼拉市300多名抗日骨干踏上转移之路，沿着许良枫和郭建等开辟的路线，徒步撤离，到28日已全部集中到米郊亚焉基地。正准备编队向中吕宋转移，有群众从邻村逃难而来，告知日军已沿公路推进，很快就要到达。许良枫参与组织全体队伍，立即转入山高林密的山区。抗日骨干队伍前脚刚离开米郊亚焉，日军就扑向该处。抗日骨干队伍只好在山地露宿。经过重组，300多人队伍编成护侨委员会一个总队五个大队。吴扬任总队长，许良枫任第一大队大队长，陈村生为政委，蔡汉常为副大队长。队伍组织好后，在许立和菲律宾农会主席加录抵泊带领下，向中吕宋前进。

当时，沿线已为日军所陷，为避开敌人的视线，抗日骨干队伍大部分时间在晚上行军，尤其是通过敌人的封锁线和敌人驻军的地方，都要等到晚上三更半夜才能过得去。

经过十几个日夜的行军，1942年1月中旬，抗日骨干队伍成功转移到中吕宋阿来悦山。在当地，组建了菲共中吕宋特委，同时把大队改为中队，许良枫任第三独立中队中队长，副队长是纪荣芳，高华岳任外交主任。第三独立中队驻扎在曼地利（亦译"麻利里""万利利"）村，队员居于农户家，实行同住、同吃、同劳动。许良枫抓住一切机会，发动当地人民起来抗日，他组织召开群众大会，揭露日军的侵略罪行，激起了民众愤怒，很快把群众组织起来，备战抗敌。

在阿来悦山丛林里，党根据全菲沦陷的形势，制定了准备开展武装斗争的方针，并开办了训练班，从各个队伍里，抽调出年轻骨干集中培训，由有关同志分别上政治课、军事课、党的建设课、统一战线课等，为在中吕宋地区开展抗日游击战奠定了基础。

回马尼拉　冒死密战

1942年2月初，日军开始进军中吕宋，为更广泛发动群众，华侨抗日骨干队伍再次兵分两路，少部分留在山区组织游击队，大部分抗日骨干分散到菲律宾各地，坚持城市地下抗日斗争。

1942年3月，许良枫奉派潜回马尼拉，开始了在敌人心脏惊心动魄的密战岁月。他先住在堂姐和大哥的店里，后来又住到堂侄开的小杂货楼上。他出任了菲律宾共产党马尼拉市福建区委书记，主要任务是重建市区组织，他联系原来的工人、店员和青年学生中的党员，相继成立工人支部、店员支部和青年支部。通过开展党员思想工作，由党员去联系当时参加过菲律宾各劳工团体联合会的基本群众，进行地下抗日活动。在许良枫的努力下，福建区委所辖区域建立起了完整的基层组织，原来的基本群众也大部分取得了联系，为开展地下抗日工作创造了极好条件。

1942年3月底，由许立任主席的菲律宾华侨抗日反奸大同盟成立，4月间宣传抗日的《华侨导报》也正式创立。5月中旬，留在中吕宋的华侨抗日骨干成立了菲律宾华侨抗日游击支队。许良枫通过抗日反奸大同盟组织和建立地下党组织，发动华侨青年参加抗日游击支队，不断为游击队输送人才，扩大了兵源。

1942年夏天，菲律宾共产党马尼拉市工委成立，许良枫任书记。由于此时日军在马尼拉实行怀柔政策，收买人心，动摇华侨抗日决心。许良枫发动马尼拉各界华侨进行抗日锄奸活动，惩处了一批与日军合作的华侨。

转战宿务　护侨击寇

1943年1月，由于抗日队伍中出现变节分子，组织遭到破坏，上级党委决定凡是叛徒认识的干部迅速撤离，许良枫转移到菲南岛宿务省。当时，菲律宾共产党华侨委员会在南岛成立了南局委员会，领导南岛抗日反奸工作，许良枫担任南局委员会委员，调往宿务市重建抗日组织。

当时宿务市还处于战争状态，城市中心街道被日军烧毁，华侨主要集中市区北面的几条街道，有的已迁往郊区，当地华侨抗日组织遭到严重破坏。许良枫一到宿务，双管齐下：一边着手建立地下抗日领导机构，筹组了菲律宾共产党宿务区委并出任组织委员，不久升任区委书记。之后，他在与上级党组织失去联系的情况下，孤军奋战，冒险在日军眼皮底下创立了青年支部、妇女支部，还在各个主要社区建立了学习组、读报小组等，同时发展抗日反奸大同盟小组，着重培养抗日青年骨干，经过严格审查和考验，将他们输送回国参加国内抗日战争或加入菲律宾华侨抗日游击支队；一边开始生产自救，解决开展抗日工作经费困难的问题。他亲自动手，凭着刚学会的炸油饼手艺，初步解决了几位同志的最低生活需求。继而，他又带领大家办起了饼干厂。缺少面粉，就用木瓜粉代替，经过反复试验，成功地制出了颇受当地群众欢迎的特制饼干，既解决了抗日活动经费，还以此掩护了一批抗日骨干和地下抗日领导机关。在日军眼皮底下，许良枫带领华侨开展护侨、击寇、锄奸活动。他通过编辑出版地下简报，传播战争消息，唤起群众斗志，经过近两年的工作，许良枫领导的抗日组织不断扩大，从城市发展到山区，使护侨、击寇、锄奸力量日益壮大。

1944年9月，美军在太平洋战场上进入反攻，开始轰炸日军占领的宿务时，不少人家房屋被炸塌，许多人被压在瓦砾中，许良枫立即冒着炮火组织救护和安置华侨。为防止日军失败前垂死挣扎，对人民进行大屠杀，许良枫及时组织市区华侨群众撤离到郊外和山区，并将抗日骨干撤往离市区五六十公里的阿敖，在此他主持开展了五项工作：公开建立了抗日反奸大同盟组织，并在群众中进行宣传活动；开展抗日锄奸活动，广泛联系当地和周围的华侨群众；派人和美菲军队联系，请求并肩打击日本法西斯；开展经济工作，解决经费和生活问题；继续出版地下通讯，传播战争消息，坚定华侨和当地群众抗日必胜信心。

当时，许良枫手上没有一分钱的经费，为开展抗日工作，他和几位骨干一起，利用草木灰提炼出碱，然后做肥皂，公开销售，解决了日常经费。

1944年12月，许良枫终于与上级党组织联系上，被调往怡朗市，出任菲律宾共产党怡朗区委书记。此时，他还担任了菲律宾共产党华侨委员会执行委员和南岛中心区委组织委员。

许良枫上任后，发动群众，组织抗日骨干，通过锄奸和发动群众袭击日本占领者，配合美军和菲律宾抗日武装大反攻。如他们成功设计，把怡朗第一号菲奸——曾带领日军沿铁路线奸淫烧杀30000多人而最受当地人民痛恨的米捽智摩拉沓，引诱到秘密地方接受正义的审判，将之处以极刑。这些锄奸活动对敌人震动极大，大大提高了华侨抗日组织的威望，进一步动员了当地群众配合美军大反攻。

1945年8月，许良枫再赴宿务，主持锄奸战斗。

抗日战争胜利后，许良枫主持复办了宿务第一所华文学校。

侨务大将　忠于职守

1949年，许良枫奉命回到祖国。先后担任福建省《漳州日报》社经理，中共福建省龙溪地委组织部科长，中共中央对外联络部机关党委办公室副主任，福建省华侨委员会处长、办公室主任、副主任、党组成员、党组副书记，福建省外事组副组长，福建省外办副主任，福建省侨办副主任、主任、党组副书记、书记，福建省旅游局局长、党组书记，福建省政协三胞委员会副主任，福建省旅游学会副会长，福建省华侨投资公司副董事长，福建省顾问委员会委员等。许良枫还曾任福建省第五届、六届人大代表，福建省侨联常务委员、副主席，全国侨联委员。

20世纪50年代的许良枫夫妇

许良枫是福建省侨务工作的一员大将。他认真执行党的路线、方针和侨务政策。他具有强烈的事业心，工作认真负责，严于律己，廉洁奉公，恪尽职守，为社会主义革命和建设作了大量的工作，在海内外侨界中具有一定的影响。

党的十一届三中全会以来，许良枫积极贯彻执行党的方针政策，落实各项侨务政策，发挥侨的优势，使新时期侨务工作更好地为闽省改革开放和经济建设服务，为福建省侨务事业的发展作出了积极贡献。离休之后，他不顾年高有病，依然尽力于党的侨务和关心海外"三胞"工作，经常深入基层，调查研究，并担任一些社会团体职务，积极参加社会活动。

1994年8月18日，许良枫病逝于福州。

许金荣

许金荣（1916—1984年），原名许壬寅，又名许吴寅、徐克，曾用名许清源，福建泉州人，缅甸归侨。曾任延安光华商店副经理兼财贸部党支部书记，八路军总司令部办公厅秘书股股长，八路军总司令部庶务股股长，缅华店员联合会副主席，中共中央对外联络部研究员，四川学院党总支书记兼校务委员，中共四川省委组织部副部长兼省委干部三处处长，中共云南省委联络组组长，兼省委组织部副部长、省人民委员会副秘书长，昆明工学院党委副书记兼副院长，华侨大学党委副书记兼副校长。

瘟疫夺家　沦为孤儿

许金荣原籍福建省晋江县河市区前洋保高厝村（今泉州市丰泽区双阳街道前洋社区），因父亲在福建省漳州市经商，1916年3月许金荣出生在漳州市。许父当时与人合资经营饼店，民国初年军阀混战，闽南土匪横行，百姓生活凄苦，糕饼销量急降，饼店濒临破产，许家生活渐陷困境，许金荣仅念完小学就被迫辍学帮工。不久，又染眼疾，因无钱医治左眼几近失明。

1930年，漳州瘟疫流行，父母染鼠疫同日去世。饼店负债1000多元，债主上门把财物一扫而空，14岁的许金荣一日之间成为一无所有的孤儿。

许金荣（左一）与几位爱国志士在厦门合影

1931年秋天，刚满15岁的许金荣经亲友介绍，到厦门集隆参行当学徒。师满，再到信丰参行当店员。他勤劳肯干，深得老板赏识，正当他觉得温饱有期时，参行倒闭，失业的许金荣返回高厝老家，投靠伯父许弓蕉。伯父一贫如洗，能给侄儿的仅仅是半日糠菜半日粮的苦日子。

厦门打工　投身革命

不久，许金荣再返厦门寻工，找到了当学徒时认识的厦门水果捐稽查员李青石（中共党员）。在李青石的帮助下，他一方面靠打零工维生，一方面开始阅读进步书刊，并跟随李青石参加了一些抗日反蒋活动，先后加入了中国共产党领导的厦门反帝大同盟、收复"九·一八"失地同盟和誓不买仇货同盟等抗日组织，他经常和李青石一起到店员和码头工人中进行抗日反蒋宣传，介绍东北义勇军的抗日事迹，批评蒋介石不抵抗政策，号召工人兄弟团结起来，与反动派做斗争，还经常以"徐克"之名在当地报纸的副刊上发表文章，抨击时弊。

1934年夏，经李青石介绍，许金荣加入了中国共产主义青年团，开始参加地下革命斗争活动。

缅甸抗日　再谱新曲

1934年年底，中共厦门地下党团组织遭到严重破坏，许金荣失去了和党组织的单线联系，加上生活无着，于1936年夏天迫走缅甸。他先到勃固埠一个叫积都（又译枳都）的小镇当店员，后来又进了仰光敏纳镇侨办商铺当店员。

许金荣古道热肠，遇华侨有难总是相助，也因此很快与当地华侨打成一片。

1937年七七事变之后，7月23日缅甸华侨救灾会成立，紧接着敏纳也成立了分会。许金荣带头并积极发动华侨参加缅甸华侨救灾会敏纳分会，他还带着一批年轻店员组成抗日宣传队，奔走于敏纳各地宣传抗日，每次他都现场做抗日演讲，向缅甸华侨介绍"一·二八"淞沪抗战和长城抗战，介绍中国军人浴血抗战的故事，还教唱抗日歌曲。每一次抗日演讲，说者泪流满面，听着群情激愤，立即解囊捐款，支持祖国抗日。

回国参战　奔向陕北

也正是因为许金荣在缅甸抗日救国活动中的积极作为，引起了缅甸华侨文艺界抗日救国后援会里的中国共产党人的注意。当许金荣从报刊和电讯中得知中共中央向全国各族人民发表《抗日救国十大纲领》后，立即决定归队，到延安去，到祖国抗日前线去！

1938年5月，在缅甸华侨文艺界抗日救国后援会的协助下，许金荣办妥了回国手续，与好友郑有礼、苏学新一起，于同月11日启程回国。途经香港时，许金荣等持缅甸华侨文艺界抗日救国后援会介绍信，找到了八路军香港办事处，主任廖承志亲切接见了他们，感谢他们回来共赴国难。

之后，许金荣等带着八路军香港办事处介绍信，克服重重困难，走了一个半月，终于到达西安，找到了八路军西安办事处。报到之后，进入设在关中旬邑县的陕北公学分校。在校期间，许金荣正式申请加入中国共产党，并于1938年8月10日光荣入党。

1938年10月，许金荣从关中的陕北公学分校毕业后，和部分党员编为一个连队，从关中旬邑县步行来到朝思暮想的延安，进入中共中央组织部举办的党员训练班学习。1940年，许金荣转入马列学院。在延安深造期间，他还到陕甘宁边区参加招兵、征粮等抗日工作和大生产劳动，开荒种地，纺纱织布，曾在劳动竞赛中被评为劳动模范，受到全校表彰。

打经济战　破封锁圈

1941年8月间，许金荣出任光华商店副经理兼财贸部党支部书记。

光华商店不是一家普通商店，位于延安城南市场沟内，兼具银行功能。

1937年9月，陕甘宁边区政府成立，原苏维埃国家银行西北办事处改名为陕甘宁边区银行，曹菊如任边区政府财政厅厅长和边区银行首任行长。1938年4月1日，由边区银行领导的光华商店在延安成立，这是边区第一个公营商店。根据国共合作协议，边区不设立银行，不发行货币。所以边区银行当时没有公开，主要任务是经营光华商店，在西安领取国民政府发给八路军的军饷，将其拨出一部分用来组织土产出口和货物进口，供给军需民用。边区当时流通的是国民党法币，辅币十分缺乏。于是，边区政府还授权边区银行以光华商店名义发行了2分、5分、1角、2角和5角的代价券，作为法币的辅币流通市场。

1938至1940年延安光华商店代价券贰分、贰角

许金荣任职光华商店期间，与战友们一起奋力突破敌人的经济封锁。

1940年9月，国民政府曾一度停发给八路军每月60万元的军饷；在皖南事变发生后，八路军的军饷曾被国民政府全部停发。同时，国民政府还下令对陕甘宁边区进行严密的经济封锁，禁止棉花、铁、布匹等必需品进入陕甘宁边区，阻挠扣留边区商人；提高税率，不许边区土产向外推销。与此同时，随着国民政府对边区加紧进行经济封锁，海外华侨及后方进步人士的捐款也被迫中断了。为冲破国民党反动派的封锁，许金荣和同事们深入边境集市，采购大量边区急需货物，确保延安的物资供应，为粉碎国民党反动派的经济封锁做出了积极贡献。

1941年12月太平洋战争爆发后，为组成更广泛的国际统一战线，中共中央于1942年初决定建立中共中央海外工作委员会，朱德任书记，并抽调许金荣等30多名华侨干部在王家坪学习、训练。1944年秋，训练班结束，许金荣被调到八路军总司令部办公厅工作，先后担任秘书股股长和庶务股股长。

南征北战　鞠躬尽瘁

1945年8月15日日本投降，8月28日毛泽东率中共代表团飞抵重庆，进行国共和谈。许金荣奉调八路军重庆办事处，负责谈判的后勤工作。

1946年4月，许金荣奉重返缅甸，到仰光胜发土产公司当会计。1947年，缅华店员联合会成立后，许金荣任副主席。

1954年年初，许金荣回到北京，担任中共中央对外联络部研究员。1955年，参与创办四川学院，许立任院长，许金荣任党总支书记兼校务委员。1960年，许金荣调任中共四川省委组织部副部长兼省委干部三处处长。1965年，调任中共云南省委联络组组长，兼省委组织部副部长、省人民委员会副秘书长。

1971年后，曾任昆明工学院党委副书记兼副院长、华侨大学党委副书记兼副校长。许金荣还曾任全国侨联第二、三届委员，全国华侨史学会理事，福建省华侨历史学会副理事长。

1984年4月26日，许金荣因车祸受重伤，经抢救无效，于4月28日逝世。

许询志

许询志（1916—1997年），福建晋江人，菲律宾归侨。曾任菲律宾华侨店员救亡协会宣传部部长、菲律宾华侨抗日民族夜校副校长、菲律宾华侨各劳工团体联合会执行委员、菲律宾马尼拉联合学校总务主任。曾任职于中共中央对外联络部、解放军总政治部联络、中共中央调查部、广东省调查部、福建省调查部。

1916年11月8日，许询志生于福建省晋江县，少年时下南洋，在菲律宾马尼拉一位许姓华侨开的布店当店员，业余时间进入侨办夜校学习，后加入华侨工商学业余俱乐部。

1937年七七事变后，中华民族武装自卫会菲律宾分会和华侨工商学院业余俱乐部的店员，共同发起组建菲律宾华侨店员救亡协会。许询志立即加入，并很快成为骨干。该协会主要从事以下工作：举办夜校及各种学习班（如菲语学习班），亦举行文娱体育活动，以提高会员的文化水平；经常举办时事讲座或座谈会，报告祖国抗战消息，宣传抗日救亡道理，加强抗战必胜的信心；发动华侨店员参加各种抗日救亡活动，以物力、人力支援祖国抗日战争；争取改善店员的生活条件和减少工作时间（每天10小时以下，星期日休息），使店员有更多时间参加抗日救亡活动；积极发展组织，建立地区分会。许询志工作努力，由于他一直坚持半工半读，能演讲，长于作文，经常参加抗日宣传，演讲很有感染力，被推选为菲律宾华侨店员救亡协会宣传部部长，后成为菲律宾华侨各劳工团体联合会执行委员。

不久，菲律宾华侨各劳工团体联合会组织菲律宾华侨抗日民族夜校，许立任校长，许询志担任副校长，负责主持民族夜校的日常工作。他不辞辛劳，到马尼拉市各家华侨商店动员华侨青年店员加入抗日团体，参加民族夜校学习。这些学员经过在民族夜校学习，在提高文化水平的同时，思想政治觉悟也得到很大提升，都加入了抗日队伍。许询志利用民族夜校这一平台，培养了不少抗日后备力量。1939年，许询志加入共产党。

许询志因为组织力和交际力较强，1940年被菲律宾华侨各劳工团体联合会派往菲律宾南部棉兰老岛北达沃省纳卯市，协助该市的抗敌会深入广泛地开展抗日救亡运动，工作卓有成效。

1941年12月，太平洋战争爆发，日军加快南侵菲律宾。很快，菲律宾沦陷。菲律宾沦陷以后，为保存抗日力量，许询志果断带领纳卯市一批爱国华侨移往哥打巴托市（亦译"古达描岛市"）以避敌锋。之后与当地的抗日领导人黄瑞华和李清泳等人会合，率队前往离哥打巴托市50多公里的大山深处小村毕拉渊驻扎，在此一面拓荒种植，以解决生活问题；一面训练队伍，准备与到此的日军展开抗日游击战；一面同附近村社的侨胞联系，秘密地开展抗日救亡发动工作，坚定当地华侨与菲律宾各族人民抗战必胜的信心。许询志率领队伍在毕拉渊驻扎3年，将之打造为抗日堡垒村。

1945年8月15日，日军投降后，许询志回到马尼拉，协助陈曲水筹办联合中学。他四处奔走筹集巨款，主持兴建校舍及购置教学设置，常常废寝忘食，夜以继日。在他的努力下，联合中学终于建成。许询志被聘为学校总务主任，继续筹措办学经费，不断增设教学设备，为办好联合中学发挥了重要作用。

之后，他又主持油印刊物《路灯》的编辑和印刷工作，宣传中国共产党的方针、政策。

1948年11月，许询志奉命离开菲律宾，到香港工作。1949年回厦门，先后在厦门市总工会和中共厦门市委统战部工作。1951年4月调到北京，先后在中共中央对外联络部和解放军总政治部联络部工作；1955年6月，转中共中央调查部工作。1966年，调往广东省调查部任职。1974年2月，调往福建省调查部工作，直至1983年3月离休。为正厅级干部。

许询志离休后定居广州，1997年5月4日病逝。

孙易彬

孙易彬（1920—1988年），福建惠安人，菲律宾归侨。曾任菲律宾怡朗华侨少年剧团团员、菲律宾华侨回国抗日义勇队队员、菲马华侨西北战地服务团团员、八路军政治部文化干事、八路军司令部书记员、八路军后勤部会计、八路军后勤部被服股股长、太岳军区司令部作战参谋、华东野战军第九纵队司令部作战科参谋、第十五军司令部军务科科长，云南军区干部部组织统计科科长、贵州省安顺军分区副政委、南京高级步兵学校任党史教研室副主任。

小小少年　抗日英雄

1920年10月，孙易彬出生于福建省惠安县张坂镇崧山洋厝村一个侨商家族，祖父孙柿在菲律宾怡朗经商有成，1910年在洋厝村建造了占地一亩多的大宅"五间张"，大厝带石埕，坐北朝南，由凹斗门、下厅、天井、大厅、东西小厅和后厢组成，面阔5间，进深5间。孙易彬就出生在上落东五间房中，童年时曾到浮山村（獭窟）黄乃宗创办的小学读书。9岁时，跟随父亲前往菲律宾生活。

1932年，孙易彬考入菲律宾怡朗市华侨商校中学部。1936年7月，加入中国共产党外围组织菲律宾怡朗华侨救亡协会（1937年七七事变后改组"菲律宾华侨救亡会"），参加了救亡协会下的少年剧团。少年剧团发起人为黄明交、王华启等，演出的主要剧目有《放下你的鞭子》《飞将军》《火

孙易彬

海中的孤军》等，孙易彬扮演过多个角色，其中以扮演《放下你的鞭子》里锄奸青年农民一角最为出名，场场叫好，怡朗人人称赞。他和小演员的抗日演出，对激发华侨大众的爱国热情、助力当地抗日活动发挥了积极作用。

孙易彬不但参加抗日演剧，还参与组织抗日募捐，经常带着同学举行劝捐、义演、义卖活动，为祖国筹措抗日经费和推销航空救国公债。

孙易彬是学校抗日活动骨干，组织了数支查验日货小分队，到港口、市场检查是否有日货到港和偷卖日货，一旦发现立即销毁，并惩治奸商。此外，他还担负着制作抗日宣传战报任务，他每天收听来自重庆的广播，记录祖国军民英勇抗战的消息，编印成报，而后带着同学挨家挨户送给怡朗商铺和张贴在大街小巷。平型关大捷、阳明堡火烧敌机场等抗战胜绩，都是通过他和同学们让怡朗华侨社会男女老少皆知。

排除万难　奔向延安

1938年8月，孙易彬参加了菲律宾华侨回国抗日义勇队，奔赴祖国抗战前线。到达香港后，他们与马来亚等地来的8名华侨青年合成一队，命名为"菲马华侨西北战地服务团"，他和战友们一起踏上充满艰难险阻的北行之路。

孙易彬随团先乘小船到达广东雷州半岛，转乘汽车至广西玉林，再经柳州到达桂林，之后转火车驶向湖南衡阳。随后，乘运煤列车经株洲到达长沙，在八路军驻长沙办事处主任董必武的安排下，继续北上。乘渡船过洞庭湖，到达湖南益阳南县，再进往湖北沙市，接着北进至老河口，因前方水路、陆路皆不通，步行挺进到河南南阳，幸遇国民党军用车，以重金换得搭乘，辗转到了西安。在古城西安，八路军驻西安办事处主任林伯渠亲自迎接，并安排进入陕北。随后，他们又连续疾行，走了300多公里，终于11月到达延安，行程总计10000多华里。

1938年11月，孙易彬进入陕北公学学习。1939年1月，转入抗日军政大学学习，7月加入中国共产党。

从延安抗日军政大学毕业后，孙易彬留在延安八路军总部工作，先后担任政治部文化干事、司令部书记员、后勤部会计和被服股股长。

人民功臣　屡建功勋

1946年，孙易彬调任太岳军区司令部作战参谋。1947年8月，太岳军区组建晋冀鲁豫第九纵队，孙易彬任纵队司令部作战科参谋，负责纵队《阵中日记》的编写工作，记录纵队每日的作战、训练等主要活动。8月24日，第九纵队渡过黄河，挺进中原，突入豫西地区。10月29日，第九纵队参加伏牛山东麓的战役，因没有地图，部队行动遇到很大困难，孙易彬从友邻部队借来一份1∶50000的地图，带领几个参谋连夜绘制，刻印成简单地图，下发部队，解决部队行动之急需，后来第九纵队在此次作战中全歼强敌。此役后，孙易彬升任作战科副科长，于1946年12月1日随纵队东出平汉线，配合华东野战军参加平汉战役，后乘胜沿平汉线南下，12月27日至信阳、确山之间与中原野战军会师。由于他平时十分注意敌我情报及地理、交通、民情等方面材料的收集和登记，特别是"电话记录""电报摘要""值班日记""敌我当前态势要图"及各种统计表，并协同侦察、机要等单位进行交换研究。1948年1月，孙易彬被纵队直属党委记个人一等功，并授予"人民功臣"奖章。之后随第九纵队参加洛阳战役、宛西战役、开封战役、淮海战役。

淮海战役时，根据部队首长"边打边学、不断总结、不断提高"的指示，每次战斗后，孙易彬都坚持催促部队作"战斗详报"，同时多次下部队，协同训练科等有关部门，编写总结材料。1948年11月，第九纵队所辖的第27旅干净利落地歼灭小张庄守敌，司令员秦基伟立即召来一线部队领导总结和分析，孙易彬随即把这些材料及首长指示传达各部队，战役结束后，纵队党委给作战科记集体一等功。

1949年1月，第九纵队改编为第十五军，孙易彬升任十五军司令部军务科科长，随部参加渡江战役。渡江战役打响后，第十五军作为野战军渡江作战右翼第一梯队，突破长江防线，南下直抵闽北建瓯、南平地区。紧接着，孙易彬又随军南下，相继参加了广东战役、广西战役。

军事园丁　政教专家

1950年年初，孙易彬随十五军进军云南，随后，孙易彬调任云南军区干部部组织统计科科长。1952年，选调北京马列学院学习。

1955年，孙易彬被选派进入南京军事学院学习，同年被授予三级独立自由勋章、三级解放勋章。毕业后，留校担任政治教研室教员和哲学教授会成员，其间曾教授过由正军职以上干部组成的将军班，并多年被安排至大别山某秘密基地培训第三世界国家军事首脑和政治领袖。1969年，南京军事学院解散后，调任贵州省安顺军分区副政委。1978年，调往南京高级步兵学校任党史教研室副主任。1980年离休。1988年被授予二级红星功勋荣誉章。

孙易彬事母至孝，极重友情。1952年，孙易彬被选送到北京马列学院学习，顺途回到惠安老家探望阔别23年的母亲。他跪行数十米来到母亲的膝下，和弟弟易林抱头痛哭。他向母亲泣说：几十年南征北战，不能侍候在母亲身边尽孝，请母亲谅之。过后，他多次把老母亲接到南京细心照顾，并长期把自己的工资分成三份，一份寄回老家给弟弟赡养母亲，一份寄给牺牲战友的家人，自己只留一份作为家庭的生活费。

孙易彬对家乡爱之深切，时刻关注着家乡的建设，他曾特地购买了许多杉树种子寄给老家崧山村林场和崧山小学，希望家乡能早些脱贫致富。

1988年10月27日，孙易彬突发脑溢血，病逝于南京军区总医院，终年68岁。

孙易彬

李文陵

李文陵（1916—1970年），原名李鹏翔，又名李呈祥，李温陵，福建泉州人，新加坡归侨。曾任中华民族解放先锋队南洋总队队委、江苏苏中抗日联合总会总务科科长、江苏苏中抗日联合总会民运队队长、中共江苏泰东县李堡区委书记、中共江苏泰东县立发区委书记、中共江苏兴化县委社会部部长、江苏兴化县公安局局长、中共苏中行政办事处总支部书记、苏中贸易总局华中人民银行人事科科长，厦门侨务局副局长、局长，中共鼓浪屿区区委书记，厦门市委统战部副部长、部长，厦门市副市长、代理市长、市长，市委常委，书记处书记。

幼年凄苦　进慈儿院

1916年，李文陵出生于福建省泉州市吴厝埕（亦称东观西台），家境本为小康，5岁丧父之后，家道中落，生活陷入贫困，无法进入学校读书，幼年到泉州的平民工艺传习所学习竹编工艺。

李文陵13岁那年，进入泉州开元慈儿院学习。开元慈儿院是一所集救助、教育于一体的慈善教育机构，学生不需缴费，办学经费仰仗于南洋华侨和社会热心人士捐助，学校除了全日制教学外，还设立了技术班，曾办过缝纫、瓷绘、裱褙、竹藤、木工、园艺等专业科目。

星洲抗敌　工运骨干

1935年，李文陵南下新加坡谋生，进入工厂做工，并投入当地侨界抗日活动。1936年，李文陵参加马来亚共产党，多次参与领导工人罢工。同年，他参加了新加坡救国联合会。

1936年5月31日，由沈钧儒、章乃器、陶行知、邹韬奋等人发起组织的全国各界救国联合会在上海宣告成立，会上通过了《全国各界救国联合会成立大会宣言》《抗日救国初步政治纲领》和《全国各界救国联合会章程》，呼吁全国各党各派停止军事冲突，立即派遣正式代表进行谈判，以便制定共同抗敌纲领，建立一个统一的抗敌政权。

李文陵（左二）主持陈嘉庚纪念堂建设仪式，致辞者为庄希泉

全国各界救国联合会成立之后，新加坡爱国华侨于同年成立了新加坡救国联合会，李文陵随即加入，并积极参加组织的抗日宣传、抵制日货等救国活动。之后，李文陵还相继加入了新加坡工人救国会和星洲总工会等爱国工人团体，成为当地进步工人运动骨干。

1937年8月，李文陵领导大丰饼干厂工人罢工失败，被厂方开除，离开新加坡找工作，与马共失去联系。1937年年底，回到新加坡，参加中华民族解放先锋队南洋总队，被选为队委。他参与组织新加坡华侨青年工人抵制日货、惩处奸商活动，还奔走为祖国抗战募款，同时动员华侨青年回国直接参加抗战。

1939年9月，李文陵被新加坡英国殖民当局逮捕，以"破坏治安"为借口，判了3个月徒刑，后被驱逐出境。

入新四军　反日"扫荡"

1940年2月，李文陵从新加坡经香港到上海。6月，中共上海地下党将他送往苏南江南抗日义勇军教导队学习。10月，又调到苏中抗日联合总会任总务科科长，后再任民运队队长。11月加入中国共产党。

1941年5月，李文陵到泰东县，担任中共泰东县分区区委书记，之后相继担任中共李堡区、立发区区委书记，带领群众进行"二五减租"和抗日民主政府建设，同时率领区游击队和民兵，与前来"扫荡"的日伪军展开激战，取得了一次又一次胜利。

1942年1月，李文陵带领立发区游击队在反"扫荡"战斗中被伪军包围，他临危不惧，与数十倍于己的敌人展开血战，奋力突围。不幸被俘，化名王添木，在狱中坚持斗争，后由县委营救出狱。随后相继担任中共兴化县委社会部部长、公安局长等职。

解放战争期间，李文陵在苏中解放区先后担任中共区委书记、区长、县民运部部长、中共苏中行政办事处总支部书记、苏中贸易总局华中人民银行人事科科长等职。

华侨市长　受民爱戴

1949年5月，李文陵随进军福建的解放军第十兵团南下入闽。

1949年10月17日厦门解放，李文陵参加接管和建立人民政权工作。先后担任厦门侨务局副局长、局长，中共鼓浪屿区委书记，厦门市委统战部副部长、部长，厦门市副市长、代理市长、市长，市委常委，书记处书记等职。

李文陵在厦门享有盛誉。初任厦门华侨事务局副局长时，有20多位华侨急着回国侨居。因厦门刚解放，海路不通，李文陵选派刚从香港回来参加革命的陈应龙带这批华侨绕路到香港，并在香港联系一个旅社，作为今后华侨进出的落脚点，又在香港联系一艘客轮，以方便华侨回国。负责侨务工作的两年中，侨务局成为华侨之家和服务部，团结了一大批归侨、侨眷。1952年，李文陵调往中共厦门市委统战部担任领导，他经常登门拜访各界非党人士，虚心听取各种意见和建议并及时作出明确的答复，对民主党派无党派人士给予生活上许多帮助，赢得党外人士的敬重。

1956年12月，在厦门市第二届人民代表大会上，李文陵当选为厦门市市长。上任不久，就组织力量建造一座可供市区大部分居民用水的坂头水库。接着又批准和主持在斗西路兴建华侨新村，于20世纪50年代后期建成50幢别墅式的楼房，占地1.5万平方米。随后，又在南华路再建一个华侨新村。此外，李文陵还大力支持创建侨星化工厂、华侨印刷厂、天马和竹坝华侨农场等，安置一大批难侨和待业归侨，支持归侨联合会开办厦门华侨中学和华侨幼儿园。他还提议并全力创办了厦门市中医院。

1959年"8.23"特大台风袭击厦门，给厦门造成很大的损失。台风过后，李文陵全力以赴做好善后工作。为吸取"8.23"的教训，要求气象台加强台风预报工作。一有台风警报，立即分派干部到危房多的地方去，做好预防工作，还派人巡视水库、堤坝，抢救农作物，由此开启了厦门防台抗台一整套工作方案建设。

李文陵深受厦门人民爱戴，自1956年当选为厦门市市长，以后连选连任，直至1966年。

1970年4月20日，李文陵病逝于上海。1978年12月19日，中共厦门市委为李文陵彻底平反昭雪。

陈嘉庚先生剪彩，右为时任厦门市市长的李文陵，左为时任厦门市委书记的肖枫

李金发

李金发（1919—　　），福建永春人，马来西亚归侨。曾任八路军冀中武工队队员、八路军第一二〇师独立第一旅第一团第二营第五连副排长、团生产股股长、团军需股股长，解放军西北野战军第一纵队独立第一旅营教导员、团政治处副主任，解放军第一军第二师政治部组织科科长、志愿军总部政治部组织科科长、广州军区联络部副部长。

爱国少年　回乡读书

李金发祖籍福建省永春县，1919年出生于马来亚柔佛州麻坡市一个侨商家庭。家境良好，自小受华文教育。在当地华文小学读书时，深受老师陈永固赏识，这位毕业于集美师范学校的优秀教师，经常向李金发介绍祖国悠久的历史文化、壮美的山河，令从未到过祖国的李金发对故乡心驰神往。陈永固还向他介绍陈嘉庚等爱国华侨的事迹，爱国之心伴随着他的年龄不断增长，十分渴望回到祖国，尽赤子之力。

1936年6月，李金发不顾父母反对，独自一人前往新加坡，经陈永固老师相助，取得陈嘉庚公司介绍信，直接回到福建厦门。凭借自己优异的学习成绩，考入集美中学初中46组。入学后，他不但学业优良，而且热心参加进步学生活动，也阅读了许多进步书刊，知道了延安的中国共产党和共产党抗日主张。

抗日学子　投奔延安

1937年7月7日，卢沟桥事变爆发，日军开始全面侵华。李金发和同学们一起投入抗日救亡活动中，上街宣传抗日，组织捐款援军。厦门作为重要港口城市，不断遭到日军轰炸，集美中学内迁至安溪县山区，李金发与同学们一起组织宣传队，跋山涉水，奔走于安溪县山乡，宣传抗日，还动员年轻人从军卫国。李金发也萌生日益强烈的投笔从戎之心。他和陈耕国、林有声等几位侨生经过商议，决定北上延安，投奔八路军。

1937年年底，李金发与陈耕国、林有声等收拾行装，离开学校。他们辗转到香港，再由香港至广州。李金发设法让父母寄来交通费，钱到手后，便约陈耕国、林有声、王寄生（白刃）等人去找八路军驻广州办事处。他们在日军反复轰炸的广州城内寻找中共机关，费尽周折，总算如愿以偿。之后，在八路军驻广州办事处的指导下，他们持介绍信，开始了奔赴延安的长征。

一路上，李金发和同学们与伤病斗、与劳累斗、与饥饿斗、与日军的轰炸斗、与国民党宪兵斗，历尽艰难，离延安越来越近。当渡过渭河到咸阳时，差点被国民党宪兵扣下。宪兵要拿他们的华侨护照去司令部盖章，企图拉他们到宪兵司令部盘问。李金发急中生智，假称自己是和同学们一起去报考国立西北联大的，才侥幸过关。后改为步行，一路行军到延安。

劲旅勇士　身经百战

到了延安后，李金发被编入中国抗日军政大学第五期第四大队第一队，不久因优异表现被提升为班长，1939年5月光荣加入了中国共产党，毕业后他分配到八路军第一二〇师独立第一旅第一团。

1939年8月中旬，国民党顽军高桂滋部进驻绥德，威胁陕甘宁边区。第一二〇师师长贺龙与政委关向应等根据毛泽东指示，主力部队分为两个梯队向晋察冀边区转移。9月27日，日军千余突袭并占领晋察冀边区后方机关驻地灵寿县陈庄。贺龙与聂荣臻等决定诱敌深入，伏击歼敌，李金发参战。9月28日，日军火烧陈庄后撤退，遭我第七一六团堵击。战斗打响后，贺龙、聂荣臻亲自指挥，经三日激战，歼敌1880人（包括援军），毙日军第八混成旅团水原旅团长和田中大队长，取得陈庄战斗的胜利。10月25日，日军20000余人开始对晋察冀根据地进行大扫荡，李金发和战友们投入战斗。11月3日，敌第二混成旅团旅团长阿部规秀中将率日军千余人由涞源前来增援，李金发继续随部血战。11月4日，第一二〇师部分部队开赴黄土岭，由聂荣臻统一指挥，配合晋察冀一分区部队围歼"扫荡"北岳区的日军。此役除小部分日军突围外，第二混成旅团绝大部分被歼，毙阿部规秀中将，取得黄土岭战斗的胜利。11月29日，日军"扫荡"晋察冀边区失败，从阜平分路撤退，贺龙等指挥部队转入追击、伏击、截击，李金发作战勇敢，以出色表现被提升为第二营第五连副排长。之后，随部参加了一次又一次反日军"扫荡"血战。

几经征战，李金发进一步领会了抗日游击战精髓，积累了经验，曾被调到驻地武工队，协助地方政府发动群众，开展"二五减租"、征粮、征兵、打杀汉奸、袭击日寇等斗争。

1939年夏季开始，日军集中了分散在长城、华北、东北的部分军队，以铁路、公路等交通线为依托，对华北地区的抗日力量连续发动大规模"扫荡"，并在荒原挖沟筑堡试图阻碍抗日力量的进攻，实行"以铁路为柱，公路为链，据点为锁"的"囚笼政策"，借此控制并逐渐缩小抗日力量。但1939、1940夏季两次"扫荡"，将集中于华北地区30余万日军、"满洲国"军队的分布点不断增加，力量分散，这对华北地区的八路军集中优势力量展开大规模进攻提供了有利条件。

1940年8月，八路军集合了一百多个团，在华北地区对日本侵略者发动了大规模攻击，李金发随部参战，出生入死，与参战官兵一起，拔掉了敌人靠近根据地的碉堡、据点，炸毁了铁路、桥梁、公路，使日军的交通线瘫痪。

历时3个半月的百团大战，八路军在地方武装和广大人民群众的紧密配合下，一共进行了1800多次战斗，拔除敌人据点约3000个，击毙击伤日伪军2.58万人，俘虏敌人1.8万多人，破坏铁路470余公里、公路1500余公里，缴获各种炮50余门、各种枪5800余支（挺）。

开展生产　突破封锁

从1941年开始，在日本侵略者的"扫荡""蚕食"和"治安强化运动"的紧逼下，第一二〇师参与开辟的晋西北抗日根据地进入极端困难时期。

为打破敌人经济封锁，李金发临危受命出任第一团生产股股长，奉派去大草原以物资换羊毛和羊皮，他历尽艰辛，穿过道道封锁，将羊毛和羊皮运回部队，发给指战员捻毛线、打毛衣、制手套过冬。任上，他还时常组织人员到敌占区去运盐背煤，以解部队燃眉之急，还四处筹措物质，供应部队柴米油盐等生活必需品。

1942年，李金发随该部驻防瓦窑堡一带，参加边区大生产运动，开荒种菜、养猪。1943年，他还参加了整风运动。1944年回团，担任军需股股长。

保卫延安　解放西北

抗日战争胜利后，李金发随部参加了延安保卫战和解放大西北之战，还曾在青海、宁夏边境参加剿匪反霸和镇压特务反革命暴乱等重大战斗，历任解放军西北野战军第一纵队独立第一旅营教导员、团政治处副主任，解放军第一军第二师政治部组织科科长等职。

抗美援朝　南粤秘战

1953年1月22日，李金发随部队自吉林辑安（今集安）入朝，开赴抗美援朝前线，曾任第一军第二师政治部组织科科长、志愿军总部政治部组织科科长。他与战友们一起参加了1953年夏季反击战役。停战后，暂驻朝鲜执行维护停战协定实施任务，并参加朝鲜经济恢复和建设，帮助朝鲜人民重建家园，在胜利完成各项任务后，于1958年10月回国。

1962年，李金发驰赴福建，准备参加打击偷袭登陆之敌的战斗。1963年，调解放军总部驻广州联络局工作，1970年任广州军区联络部正师级副部长，后以副军职离休。曾获三级独立自由勋章、三级解放勋章、独立功勋荣誉章。

李 欲 晞

李欲晞（1948—2013年），福建石狮人，菲律宾归侨。曾任福建省德化县高甲戏剧团副团长、团长，泉州市侨办副主任，泉州市人大华侨委员会副主任、泉州市人大华侨民族委员会主任，福建省侨联副主席、主席，中国侨联兼职副主席。

迎国新生　取名欲晞

1958年李欲晞（后排左三）与全家人摄于菲律宾马尼拉，父亲李文庭（后排左一），母亲佘瑞卿（前排左一）。

李欲晞祖籍福建省晋江县（今属福建省石狮市）永宁镇洋厝村，1948年11月10日出生于菲律宾黎牙实备一个著名爱国华侨教育工作者家庭。

父亲李文庭，又名李衡，一生颇具传奇色彩。他出生于浙江省和福建省交界山村，原姓孔，4岁时父亲病逝，由他的两个同父异母兄长做主，将他卖到晋江县永宁洋厝村李家。养父在菲律宾谋生，供他上了几年私塾，李文庭聪颖好学，深得老师厚爱。几年后，他的养母不幸染上鼠疫，撒手人寰。13岁那年，养父将他接到菲律宾吕宋岛南部城市那牙，继续读书。抗战爆发，李文庭很快成为当地华侨学生抗日骨干，奔走宣传抗日，号召华侨有钱出钱有力出力，支援祖国打击侵略者，18岁那年加入了菲律宾共产党。后来，他的恩师李淡前往黎牙实备市华侨中学当校长，李文庭作为骨干学生随师离开那牙，前往黎牙实备学校继续学业，中学毕业后留校任教。

太平洋战争爆发后，李文庭于1943年年底在菲律宾马尼拉参与组织"菲律宾华侨抗日除奸团"，进行地下抗日工作。但因病在1944年返回那牙，同年经黄引辉介绍，参加菲共华委领导的"菲律宾华侨抗日反奸大同盟"（简称"抗反"）那牙分盟，在那牙协助李秀峰同志编印"美骨（Bicol）华侨导报"（油印小报），报道太平洋战争消息，进行抗日宣传。1947年，菲律宾政府在全菲各地搜捕华侨共产党员，许多菲律宾共产党员纷纷退党，李文庭仍坚持小组活动，虽然与组织的直线关系中断了，但依然坚持为党工作。

李欲晞母亲佘瑞卿，又名嫦娥、素娥，1926年3月16日生于菲律宾吕宋岛南部美骨区北甘玛林省的沓乙社一个华侨富商家庭，幼年时父母回到中国生活，她和弟弟寄居在舅父家生活。9岁时回国读书，1937年七七事变爆发后，投身学校抗日宣传工作，11岁时被母亲强行送回菲律宾，曾是黎牙实备市华侨中学学生。

1946年，李文庭与佘瑞卿结婚。

1948年11月，长子李欲晞出生。当时，人民解放军百万雄师已渡过长江，新中国即将成立已经毫无悬念，激动的父亲就以"东方欲晓"的含义为清晨5点出生的儿子取名"欲晞"，以表达爱国之情。1950年，在长女出生后，李文庭前往琳玛兰中华学校当校长，佘瑞卿也在同校任教员。李文庭治校有方，深受师生爱戴。

随家回国　定居泉州

中华人民共和国成立后，李文庭利用各种机会宣传中国共产党治国理政和新中国发生的可喜变化。

1956年，当时菲律宾尚未与中华人民共和国建交，国民党在当地的机构向菲政府告密，说李文庭是"共党嫌疑"，李文庭被军方逮捕，好在他与当地军方一位领导关系不错，虽在其运作和保释之下，次日李文庭被释放，但对方劝李文庭赶快举家转移，以免再遭不测。

李家先是迁到马尼拉。1958年8月，李文庭带全家回到泉州。李欲晞后来曾回忆："我父亲常说，社会主义大厦已经快要建成了，现在

人近中年时的李欲晞（后排左一）与家人在泉州

是祖国最需要我们的时候，如果我们没有回去添砖加瓦，将愧对祖国愧对后代。"李文庭先是在泉州华侨针织厂工作了两年，后调到晋江专署侨务局工作。

10岁的李欲晞回到泉州后，先后就读于泉州实验小学、泉州一中，成绩十分优异，正欲报考清华大学、北京大学时，"文革"爆发，高等院校停止招收新生，随即知识青年上山下乡运动开始。

下乡知青　文艺明星

　　1969年3月，21岁的李欲晞作为泉州市第一批知青，唱着"再见吧，妈妈，别难过，莫悲伤"的歌曲，来到福建省德化县雷锋公社坂仔大队插队劳动。用他自己的话说，"那是怀揣理想主义的热血青年站在坚实的土地上，开始了解真实的乡村和社会"。

　　1970年，德化县文艺宣传队成立，自小学时便能唱会跳多才多艺的李欲晞成了队里的多面手文艺骨干。他是文宣队乐团的小提琴手，二胡、手风琴、钢琴也都能轻松演奏，也是舞蹈队尖子因口才出众成为团里的相声演员，更因颇具表演天赋，常在舞剧中扮演形象鲜明的人物，成为文宣队的一名多面

李欲晞（左二）与家人摄于菲律宾，左一为夫人吴永珍

手。例如文宣队，公演芭蕾舞剧《红色娘子军》，开始时李欲晞戴白头套拉小提琴，到第三场他又赶着上台演一个白发老头。他还能表演二胡独奏、手风琴独奏，更是文艺宣传队里能自己作曲填词的编导。

　　后来成为李欲晞夫人的吴永珍，当时是舞蹈队的台柱子，两人的婚礼是在为解放军进行慰问演出中度过的。吴永珍曾回忆说：到了原定举办婚礼的日子，文宣队却接到慰问部队的演出任务，由于通讯不便，无法通知家人，家里已经开始放起鞭炮，但两人却随队踏上了去演出的路。

　　夫妇俩长年奔波于山间，为农民送出精彩的文艺演出。李欲晞后来曾回忆说："那些年，每年春节都是在基层慰问演出中度过。每次演出，夜幕初临，山民们举着火把，从很远的地方赶来看演出。在蜿蜒的山路上形成一个闪烁的之字形，我每当看到这一幕都很感动，感受到奉献的意义。"

　　李欲晞夫妇坚持演出，女儿李馨4岁前，是在后台剧组的服装箱上度过了童年。这种当时无奈的选择，却为李馨提供了宝贵的艺术早教。李馨10岁即考入北京舞蹈学院附中，本科毕业后留校任教，现在已成为教学、管理骨干，担任附中党委副书记兼副校长。

　　后来，德化县文艺宣传队改为德化县高甲戏剧团，李欲晞先后担任副团长、团长。

侨界领导　鞠躬尽瘁

　　1984年，李欲晞调任泉州市侨办副主任，当时泉州市属晋江地区辖下的一个县级市，治区相当于今天泉州市鲤城区。也就是从这时起，李欲晞开始从事侨务工作。之后，曾任泉州市人大华侨委员会副主任、泉州市人大华侨民族委员会主任。

　　1995年，李欲晞升任福建省侨联副主席，在这之后连任福建省侨联第六、七、八届主席。

　　1999年7月，在第六次全国归侨侨眷代表大会上，李欲晞当选中国侨联副主席，之后又连任中国侨联第七届、第八届副主席。

　　在长期担任全国侨联和省侨联领导期间，"侨"字已融入了李欲晞的血液之中，他以侨为友，视侨

为亲，爱侨至上，护侨有方，帮侨克难，全力维护归侨、侨眷利益，出台了系列举措。与之同时，他努力做海外华人华侨工作，积极宣传改革开放政策，吸引了不少华侨回乡参与中国改革开放。他还通过传播作为中华文化重要组成部分的福建文化，强化海外华人华侨对中华文化的认同感和对家乡的向心力。中国侨联给予他极高的评价，称赞他"深怀爱侨之心，恪守为侨之责，善谋利侨之事，深入基层作风务实，推动改革思想解放，建家交友善于创新，为福建乃至全国侨联事业的发展做出了重要贡献，在海内外侨界享有广泛声誉"。

在福建归侨和海外乡亲中，李欲晞的亲切和温暖有口皆碑。在东帝汶暴乱中归国华侨的座谈会上，李欲晞亲自为归侨们剥粽子，让他们感受到祖国的温暖；探望华侨农场的老归侨，李欲晞当场拍板，立即解决他们的生活困难，在《歌唱祖国》的歌声中共同回忆为新中国效力的激情岁月；到海外宣传祖国的发展，李欲晞领唱《常回家看看》，众多华侨华人流泪合唱，在场中外人士无不感动得热泪盈眶。

李欲晞曾任泉州市第十一届人大代表，泉州市第十一届人大常委会委员，福建省第八届人大代表，第九届、十届全国政协委员，第十一届全国人大代表、全国人大华侨委员会委员。

2013年1月3日上午8时19分，李欲晞在与病魔顽强搏斗了三年之后，于家乡泉州逝世。

李欲晞与家人摄于北京。（左起依次为夫人吴永珍、母亲佘瑞卿、李欲晞、女儿李馨）

张哲

张哲（1912—1991年），福建闽侯人，马来西亚归侨。曾任陕甘宁边区关中专员公署科员，中共陕甘宁边区关中地区党委机关报《关中报》编辑，辽宁省沈阳市抚顺区保安大队政委、中共吉林省汪清天桥岭区工委书记，中共吉林省双阳县委组织部部长，中共江西省瑞金县委书记，中共赣州地委宣传部部长、秘书长，中南水电安装公司党委书记、经理，湖北省建设厅副厅长，中共闽侯地委第二书记，莆田地区革委会副主任。中共莆田地委副书记，福建省测绘局党组书记、局长。

1912年，张哲出生于福建省闽侯县上街镇厚美村一个耕读之家。幼年在家乡读私塾，勤奋好学，后因家贫无法升学，在乡务农。稍长，赴马来亚槟城谋生5年，先进入槟城当地一家华侨开办的咖啡店当学徒，学徒期满留在槟城当店员。

1932年1月，"一·二八"淞沪抗战打响。消息传至海外，张哲投身槟城当地抗日救国活动，奔走募捐义款，还参加当地抵制日货活动，与数位热血乡亲相约回国参战。

回国后，淞沪抗战已结束，于是回到省城福

张哲从小就读的闽侯上街厚美村环翠书院

州继续读书。1932年5月下旬，十九路军被蒋介石调往福建围剿红军。年底，蒋介石改组福建省政府，任命十九路军总指挥蒋光鼐为省主席、军长蔡廷锴为驻闽绥靖公署主任兼十九路军总指挥。

1933年6月1日《塘沽协定》签字后第二天，蒋光鼐、蔡廷锴在福州发表通电，反对蒋介石对日妥协、出卖华北。很快，他们与红军代表彭德怀在南平王台签订停战协定。10月26日，派代表至江西瑞金与中国工农红军签订《反日反蒋的初步协定》。11月20日，李济深等在福州召开中国人民临时代表大会，发表《人民权利宣言》。"福建事变"爆发。11月22日，中华共和国人民革命政府宣告成立。

在《塘沽协定》签字之后，张哲也在福州投入了抗日救亡活动，表现积极。

1937年7月，七七事变之后，张哲北上寻找抗日部队，并在武汉投身中国共产党领导的抗日救亡活动。1938年，经八路军武汉办事处介绍，张哲驰赴陕甘宁边区，同年加入了中国共产党。张哲到达陕甘宁边区，在结束陕北公学关中分校学习后，进入陕甘宁边区师范学校。随后，进入延安中共中央党校学习。结业后，进入专员公署当科员，时任专员由中共关中地委书记、军分区和关中警备区第一旅政委习仲勋兼任。

张哲老家闽侯县上街镇厚美村处处美景

1940年4月，张哲调入新创建的关中地委机关报《关中报》当编辑。《关中报》是中共关中地委创办的唯一公开发行的机关报，受到了中共高层领导的高度重视，创刊一周年时毛泽东欣然为《关中报》题名。张哲不但认真采写、编辑稿件，还参与培养通讯员，使投稿者十分踊跃，仅1944年1月至8月就有636人投稿2568篇。1944年10月在陕甘宁边区文教群英会上，《关中报》被誉为边区地方报纸的模范。党中央的机关报《解放日报》也发文给予高度评价："《关中报》办得最好！"

1945年秋天，张哲随部队调往东北，先后担任辽宁省沈阳市抚顺区保安大队政委、中共吉林省汪清天桥岑区工委书记、中共吉林省双阳县委组织部部长等职，参加了东北解放区建设和剿灭土匪斗争。

1949年，张哲随部队南下，任中共江西省瑞金县委书记。

中华人民共和国成立后，张哲先后担任中共赣州地委宣传部部长、地委秘书长。1952年夏，调任中南水电安装公司党委书记、经理，湖北省建设厅副厅长。

20世纪50年代后期调回福建工作，曾任中共闽侯地委第二书记、莆田地区革委会副主任、莆田地委副书记。1975年调任福建省测绘局党组书记、局长。1982年12月离休。

1991年8月，张哲在福州病逝。

张殊明

张殊明（1898—1998年），福建泉州人，新加坡归侨。曾任香港各界反内战大同盟宣传部部长、中国民主同盟南方总支部财务委员、中国民主同盟财务委员、中央侨务委员会联络司司长。

反殖被驱　回国深造

张殊明生于泉州东街菜巷，即今广灵路，父亲是教师，幼承庭训师诲，奋发努力，学业日进，长于作文。因父亲早逝，家中清寒，1915年中断学业，赴新加坡谋生，担任陈嘉庚总公司文牍。因做事认真、为人正直、赤诚爱国和写得一手好文章，而深受陈嘉庚信任与器重。

张殊明

在新加坡，张殊明因积极参加反对殖民统治活动而被捕，20年代中后期被驱逐出境，回到祖国。1929年，张殊明考入上海艺术大学。上海艺术大学创立于1925年6月，由设在小西门外黄家阙路的上海艺术师范大学与设在蒲柏路（今太仓路）的东方艺术专门学校合并而成，校址设于虹口体育会路（今东体育会路），设有绘画、音乐、艺术教育等系。在校期间，张殊明参与进步文艺活动，与中国共产党在中国上海领导创建的文学组织——中国左翼作家联盟的不少盟员过往甚密，接受了革命思想。

1931年，张殊明自上海艺术大学毕业后，出任新加坡《南洋商报》驻沪闽特派记者。在上海、福建期间，张殊明积极参加抗日救亡活动，并将祖国军民英勇抗击日本侵略者的事迹及时传递给东南亚乡亲，对发动东南亚华侨支持祖国抗日战争发挥了作用。

菲岛抗敌　香江革命

1940年，张殊明赴菲律宾，一边执教当地的华文学校，一边经商，同时组织华侨抗日救国活动。太平洋战争爆发后，东南亚沦陷，张殊明坚持留在东南亚抗敌。

1946年6月26日，国民党当局悍然撕毁停战协定和政协决议，大举进攻解放区，发动全面内战。1946年，张殊明奉命抵港，任菲律宾《侨商公报》特邀记者，参与组织反内战活动，是"港九各界反内战大同盟"的组织者之一。

1946年10月28日，香港"港九各界反内战大同盟"在香港举行成立大会，并发表了成立宣言及《告全国同胞书》《告中央军将士书》《告美国人民书》，张殊明任大同盟宣传部部长，参与组织了大量反对内战活动。如次年6月1日香港各界千余人响应"国内反内战反饥饿运动"，举行港九各界反内战促进和平大会等。

　　1946年，张殊明加入中国民主同盟（简称"民盟"），先后任民盟南方总支部财务委员、民盟总部财务委员。

护送嘉庚　进京参政

张殊明作品

　　1949年年初，随着各界民主人士相继进入解放区，新政协的各项筹备工作陆续展开。举行新政协不能没有华侨代表，新中国的建设更离不开广大华侨的参与，而要确定一位华侨领袖领衔来参加新政协，非陈嘉庚莫属。因此，中共中央派庄希泉作为特使，专程前往新加坡面邀陈嘉庚回国参加新政协。

　　1949年5月5日，陈嘉庚和庄明理等人乘坐"国泰"轮离开新加坡，正式启程回国。5月9日，陈嘉庚到达香港，稍作停留后于5月28日换乘"捷盛"轮继续北上，伴行者除庄明理外，还有在香港的张殊明和侨领王雨亭。张殊明等也担负着保卫陈嘉庚的任务。

　　当时，由于华南一带尚在国民党军队控制之下，"捷盛"轮只能在远离海岸的公海中航行，风浪特大，6天后抵达天津的大沽口。张殊明陪着陈嘉庚、庄明理等人在天津只宿一夜，6月4日上午便在专程来津迎接的胡愈之、连贯等陪同下，乘上党中央特派的专列火车，于11时半到达北平，在车站受到林伯渠、董必武、叶剑英、李维汉、李济深、沈钧儒、邵力子、蔡廷锴、齐燕铭等数百人的热烈欢迎，当晚寓于北京饭店。

　　抵达北京后，张殊明作为国外华侨民主人士的杰出代表，应邀参加中国人民政治协商会议第一届全体会议。

官中侨委　侨务专家

　　中华人民共和国成立后，张殊明出任中侨委员联络司副司长、司长，同时还出任中国侨联第一至三届常委。

　　1951年，社会各界踊跃支持祖国抗美援朝，郭沫若、何香凝、叶恭绰、胡佩衡四位名士，联袂作画《鸡鸣梅开竹石图轴》，义卖助国。中央侨务委员会主任何香凝先画梅并盖章，再由胡佩衡写石落款，叶恭绰补竹并署款，郭沫若题一首行草五言诗并落款。何香凝笔名"双清楼主"，是美术大家，以画梅和绘虎最为著名；叶恭绰，诗文、考古、书画、鉴赏无不精湛，是中国现代书画大师；胡佩衡博识多能，尤擅山水画创作，精鉴赏，擅诗文，多著述。此画颇具气势，梅花绽放，竹石映衬，雄鸡一旁高啼，题有"元华女士爱国纪念双清楼主为抗美援朝义卖于北京"。当年，何香凝作为义卖，张殊明夫人元华慷慨出资相购，共同支援保家卫国的抗美援朝。

20世纪90年代，泉州准备筹建华侨历史博物馆。当时已90多岁高龄的张殊明和80多岁的弟弟张楚琨（曾任全国侨联副秘书长、中国新闻社副社长、全国华侨历史学会会长）闻知，将《鸡鸣梅开竹石图轴》捐于家乡华侨历史博物馆。

张道时

张道时（1919—2007年），福建晋江人，菲律宾归侨。曾任菲律宾华侨学生救亡协会总务主任兼戏剧组组长，菲律宾华侨学生联合会常务理事，中共豫皖苏边区委党校班主任兼支部书记，抗日军政大学第五分校政治处教员，新四军特务团政治处宣教股股长，新四军浙东游击纵队教导大队政治主任，中共浙东临时工委干部学校党委副书记兼政治处主任，南下服务团第四大队大队长、第五大队政委，中共厦门市委宣传部副部长、统战部部长、组织部部长、市委副书记和市长，福建师范学院副院长，福建省科协副主席兼党组副书记。

1919年2月，张道时出生于福建省晋江县金井镇曾坑村一个贫苦家庭，幼年随父亲赴菲律宾马尼拉。当时，张道时的父亲和哥哥在马尼拉经营柴炭生意。父亲极重视张道时教育，送他进了当地最好的学校——南洋中学。

1937年7月七七事变发生时，张道时正在读初中，他立即投身当地华侨抗日活动，成为菲律宾学生救亡协会的领导人之一，担任了总务主任兼戏剧组组长。他在协会里主持成立了宣传队、剧社，排练了抗日文艺节目，到城乡进行抗日宣传和义演。张道时平日里喜爱文艺，爱唱歌，对话剧演出也有一些研究，还长于男扮女装演出，成为剧社的骨干，曾演出过《华侨之花》《放下你的鞭子》等短剧，还经常演唱《松花江上》《义勇军进行曲》《梅娘曲》等。除义演外，张道时还组织学生制作工艺品义卖和沿街挨商号募捐，将所募钱物全部交给组织菲律宾华侨抗日义勇队的沈尔七，请他回国带给新四军。

张道时还在马尼拉中学生中组织查验日货队，一方面发动学生回家查看家中是否有经销日货并及时销毁，一方面上街进行抵制日货宣传和查验是否有人偷卖日货。

张道时的父亲十分支持儿子抗日活动，他的家成了学生救亡协会的重要活动据点，许多会议在他家召开。

1938年4月，张道时作为菲律宾华侨学生救亡协会的代表，从马尼拉回国投军。他不远万里，历尽艰辛，于5月来到延安，进入中国抗日军政大学。学习期间，参加了抗大政治部文工团工作。因表现优异，到延安一个月后，张道时就加入了中国共产党。

从抗日军政大学毕业后，张道时进入中共中央党校34班深造，这个班是由华侨青年和曾经参加长征及从事白区工作的同志组成，在长征老红军的言传身教下，张道时进步很快。

1940年4月，中共中央党校抽调张道时等十几个同志组成小分队，离开延安，前往抗日前线。他们穿过日军封锁线，到达豫皖苏边区。豫皖苏边区位于河南、安徽和江苏的三省交界之处，面积6万多平方公里，人口近400万，是联系华北、华中两大战略区的枢纽。张道时担任区委党校班主任兼支部书记，在战斗间隙培养党务和游击人才。每遇来敌，张道时立即拿起枪投入战斗。

1940年6月1日，张道时正在新四军第六支队参加纪念"五卅惨案"15周年大会。由于伪军侦得情报，日寇发起突袭，妄图趁机消灭新四军第六支队。

张道时和战友们在彭雪枫的指挥下，与来敌激战，战斗从上午一直持续到傍晚，日军不得不于黄昏仓皇败退。此役，打死、打伤日寇300多人。"六一战斗"后，我军对敌军不断发起夜袭，终于迫使敌人撤回徐州，暂时解除了日伪对根据地的威胁。

在"六一战斗"之后，八路军南下增援，张道时随部东进，到达江苏盐城新四军江北指挥部。

1941年1月25日，新四军新的军部在盐城宣告成立，张道时参加了成立大会，并被任命为中国抗日军政大学第五分校政治教员。之后，又调任新四军特务团政治处宣教股股长，坚持战斗在最前线。

1943年年初，张道时由中共华东局派往浙江，担任新四军浙东游击纵队教导大队政治处主任。后来，由于患严重的肺结核病，他被组织安排回福建晋江，隐蔽在安海养正中学，受聘担任养中教务主任兼语文教员，一边教书一边养病。张道时抱病继续在学校及当地进行抗日宣传，传播革命思想，也因此而受国民党当局注视，不久迎来日本投降那一天。

解放战争期间，张道时奉调上海，在白色恐怖之中开展情报、策反工作，以自己的大智大勇坚持密战，还曾掩护了一批批党的干部北上和南下。之后，他调任浙东临时工委干部学校党委副书记兼政治处主任。

1949年5月，上海战役硝烟未散，中央就电令解放军第三野战军"迅速准备，提早入闽"，并任命张鼎丞为中共福建省委书记，由他负责筹建新省委领导班子。张鼎丞考虑最多的是干部问题。入闽干部严重不足。除了把冷楚率领的长江支队4000多干部调配给福建外，华东局还同意张鼎丞的请求，在上海招收一批青年学生，组建南下服务团随军入闽。为了组建这一支随军南下的队伍，张鼎丞带着伍洪祥去找了几个曾在延安一起工作过的老战友，多方寻求支持和帮助。十兵团政委韦国清也推荐来了几个军事干部：杨采衡、张道时、罗铭等。1949年6月10日，张鼎丞召集参与筹建的干部开了一个会，正式宣布省委的决定：成立南下服务团，由他亲自兼任团长，副团长陈辛仁、伍洪祥。南下服务团党委书记由伍洪祥担任。张道时初任南下服务团第四大队大队长，后任第五大队政委。

中华人民共和国成立后，张道时参加筹建福建省华侨事务委员会。1950年3月调往厦门，之后相继担任中共厦门市委宣传部副部长、统战部部长、组织部部长、市委副书记和市长，福建师范学院（今福建师范大学）副院长、福建省科协副主席兼党组副书记等职。

陈其挥

陈其挥（1906—1987年），福建永春人，马来西亚归侨，著名社会活动家。曾任永春县养贤学校教务长，永春县南湖学校教务长，马来亚霹雳州巴力中华学校校长，马来亚霹雳州福建公会秘书、马来亚各区华侨赈济祖国伤兵难民会霹雳州分会常委、南洋华侨筹赈祖国难民总会马来亚霹雳州华侨筹赈分会常委，加入中国民主同盟（简称"民盟"）马来亚霹雳州分部常委兼组织部部长，致公党福建省委办公室主任、副主委、主委，福建省教育工会主席。

投身学运　入东路军

1906年，陈其挥生于福建省永春县鳌峰镇（今吾峰镇）侯龙村一个贫苦农家，幼年失父，与母相依为命，生活极其凄苦。酷爱读书，靠女红养家的母亲省吃俭用供其入学，从本村侯龙小学毕业后，母亲再也供不起心爱的儿子读书了。

陈其挥只能走半工半读之路，进入永春崇实学校，读书之余兼任扫地、敲钟等工作，月得工资一元两元，以补菜金和零用之不足。

靠半工半读完成初中学业后，陈其挥于1926年顺利考入与永春相邻的莆田县哲理中学读高中。在中共党员、学校老师陈国柱的指导下，阅读了大量进步书刊，积极参加进步学生活动，渐渐接受了马克思主义，并担任了学生会会刊编辑，宣传反帝、反封建和改革社会的革命思想。

1926年11月，国民革命军东路军北伐入闽，驱逐了北洋军阀在福建的统治。提前从哲理中学毕业的陈其挥，进入东路军总政治部办的党政干部培训班。

回乡革命　开展农运

1927年2月，陈其挥回到永春，受聘在城关鹏翔小学执教，并任教务长。

当时还是国共合作时期，陈期挥同时还被省里委派为国民党永春县党部的筹备员之一。陈其挥充分利用这一有利时机，组织农会，开展农民运动。首先在家乡侯龙村发动农民起来革命，提出"打倒土豪劣绅""减租减息减税""一切权力归农会"等口号，逐步团结一批农民群众，并在侯龙学校开会，公开成立农民协会。

1927年，蒋介石发动四一二反革命政变，陈其挥立即脱离国民党，奉陈国柱指示，转入地下斗争。

1928年，陈其挥因失去经济来源，不得不先后转到永春县霞陵乡（今永春县五里街镇埔头村）养贤学校和上场乡（今永春县石鼓镇桃场村）南湖学校任教务长，同时坚持开展农民运动。在他的努力下，至1929年年初，除鳌峰农会外，农会组织又继续发展到边远的石牌、岭格、金乾、大水路、横山、碇内、前山、张格、蓬莱等乡村以及后山洋乡，并与中共永春县委领导的霞岭乡（今五里街铺头村）密切联系，使之与鳌峰连成一片。

开辟苏区　领农抗敌

1929年6月，陈其挥加入了中国共产党。

1929年8月间，朱德率红四军第二、三纵队约3000人出击闽中，在永春西部桃源镇和一都镇休整了一个星期，使当时的中共永春地下党组织受到极大鼓舞。9月，在龙岩被红军打败窜回闽南的大土匪陈国辉（南安人），又兴兵窜犯永春，在永春大肆盘剥，强征"烟苗捐"（即鸦片捐）。11月，陈其挥出席中共永春县委扩大会议。在此会上，中共永春县委决定在鳌峰开辟革命武装根据地，陈其挥接受的任务是开展抗捐反匪斗争。

1930年3月，大土匪陈国辉派5名士兵到鳌峰勒收鸦片捐，共产党员林菁领导群众把他们缴械赶走。4月18日深夜，陈国辉又派兵约200人侵入鳌峰。陈其挥和林菁组织农会会员，并在驻当地民军的配合下，把来犯之敌赶走。

5月3日，陈国辉重兵再犯鳌峰，经两日苦战，陈其挥等领导的农会会员终因寡不敌众，被陈国辉部击败，农会会员被杀33人，鳌峰被烧房屋43座，被抢牲畜、财物不计其数，群众大多退入德化避难，陈其挥携家人退往仙游。

南洋执教　宣传抗日

1930年冬天，一边是敌人继续搜捕，一边是与中共党组织失去联系。12月，陈其挥被迫下南洋。

1931年，陈其挥辗转来到马来亚霹雳州巴力中华学校，担任校长。1932年，日军疯狂进攻上海，"一·二八"抗战打响，陈其挥将抗日救国作为学校最重要课程之一，经常亲自登台向师生做抗日演讲，揭露日军侵华暴行，报告中国军民浴血抗战事迹，还组织学生成立了抗日宣传队，到巴力埠及周边城乡进行宣传，发动华侨起来抗日。

建"抗日军"　援国斗敌

与之同时，陈其挥与当地侨领取得联系，后来担任霹雳州福建公会秘书，负责公会日常事务。

1937年七七事变，陈嘉庚领衔成立了马来亚各区华侨赈济祖国伤兵难民会，陈其挥参与策动了霹雳州分会成立，并担任常务委员。1938年10月10日，南洋华侨赈灾祖国难民总会成立后，陈其挥积极参与创立霹雳州分会，并被推选为常务委员。1939年2月，陈其挥加入马来亚共产党。

陈其挥一方面奔走发动侨商捐款抗日，一方面深入发动工人组成工会，使之成为抗日重要力量。

他先后参与促成霹雳州布先矿业工会（后改称"霹雳州近打矿业工会"）、霹雳州华侨胶工工会、霹雳州华侨机器工会、怡保市华侨店员互助社、怡保市华侨卷烟女工工会、怡保市华侨印刷工会等成立。据统计，当时霹雳州华侨矿工工会会员达1万多人，其他各行业（如橡胶、火锯、卷烟女工、印刷、店员、机器等）工会组织成员，合计约有4万多人。这些工会一方面发动工人捐款抗日；一方面组成工人抵制日货小分队，查验日货，惩戒奸商；同时还组织日资企业的工人罢工，以打击日本经济。

与之同时，陈其挥还参与组织"援四援八"活动，为八路军、新四军募款募物，并参与领导著名的怡保反对贩卖日货的"黄豆风潮"。

1941年12月，太平洋战争爆发，日军开始进攻马来亚。陈其挥参与组织马来亚人民抗日军第五独立大队。第五独立大队在霹雳州沦陷期间，屡屡袭击日军，不断传出胜绩。

反帝反殖　被驱离马

第二次世界大战结束后，陈其挥任马来亚共产党领导的霹雳州分部人民委员会副主席。1946年加入中国民主同盟（简称"民盟"），任民盟霹雳州分部常委兼组织部部长，一方面领导反帝反殖斗争，一方面反对蒋介石发动内战和支持中国共产党领导的解放战争。后被英国殖民当局逮捕关押，于1949年2月被驱逐，定居香港。

奋斗一生　乡人铭记

1956年，陈其挥在广州参加中国致公党。1957年，奉命调任致公党福建省工作委员会，任委员兼办公室主任，长期从事该党的日常领导工作。

"文革"结束后，担任中国致公党中央常委、致公党福建省委员会副主委和主委。他还曾任第五、六届全国政协委员，第四届福建省政协委员，中华全国归侨联合会委员、福建教育工会主席等。

位于永春的吾峰中学的陈其挥纪念亭

1987年9月24日，陈其挥在福州病逝。

1997年，永春县在当年陈其挥领导抗捐斗争的总指挥部旧址——吾峰中学（原鳌峰总校）校门前建起一座六角形的"陈其挥纪念亭"，并立碑纪念为抗捐斗争牺牲的战士，亭柱镌刻着以"其挥"冠头的对联："其剑地上除邪恶；挥戈人间铲不平。"由永春籍著名爱国侨胞梁披云、梁良斗捐建的吾峰中学新校门，也被尊称为"陈其挥门"。

陈杰夫

陈杰夫（1918—1996年），福建厦门人，缅甸归侨。曾任缅甸华侨文艺界救亡协会会员，缅甸华侨学生联合会会员，缅甸华侨救亡宣传团团员，缅甸华侨战时服务团团员，缅甸华侨战时工作队翻译与对外联络主管。缅甸华侨青年学习社领导，《新仰光报》记者、编辑，中共中央对外联络部任副局长。

抗日军兴　组会救国

陈杰夫祖籍福建省厦门市，1918年生于缅甸仰光。幼年在家接受私塾教育，国学功底深厚，能文工诗。后进入缅甸华侨中学学习。

1933年5月4日，著名爱国华侨巴宁组织一批爱国知识分子、店员成立了缅甸仰光华侨励学社，陈杰夫与郑祥鹏等为骨干。励学社共有27位社员。社员谢征尘原来是国民党第十九路军的秘书，他不满蒋介石不抵抗日本人，淞沪抗战后参加了抗日反蒋的"福建事变"，"福建事变"失败后，跑到缅甸仰光开了一家照相馆，励学社就设在他的照相馆内。励学社在《党民日报》开辟《卜间》专刊，刊登了大量宣传抗日救国文章，其中有些文章直接抨击国民党政府对内镇压抗日民主运动、对外卖国投降，呼吁停止内战、联共抗日，促进形成缅甸华侨社会爱国进步主流，影响深远。

陈杰夫

1937年七七事变后，陈杰夫全身心投入抗日救亡运动，先后参加了缅甸华侨文艺界救亡协会（原名"缅甸华侨文艺界抗日救国后援会"）、缅甸华侨学生联合会、缅甸华侨救亡工作团等抗日救国团体。

参办周刊　宣传抗日

1941年1月皖南事变发生，国民党顽固派对民主党派和文艺界进步人士进行迫害和打击，文化界的张光年（光未然，《黄河大合唱》词作者）、赵沨、李凌，新闻界有毕朔望、徐迈进、刘惠之、任以沛、黄雨秋、魏磊等，先后疏散到缅甸。

张光年抵达仰光后不久，陈杰夫即与张光年、黄雨秋等一起创办《新知周刊》，刊载祖国抗日战争新闻，宣传抗日、民主、团结与进步。陈杰夫因为缅文好且活动能力强，主要搞对外联络、发行，同时还任兼职记者。《新知周刊》在华侨青年中间赢得众多热心读者，先后共出版了25期，最多时每期发行约3000份。当时仰光有华侨近4万人，差不多每10个华侨当中就有一份《新知周刊》，足见其影响面之广。

为开展抗日歌咏救亡活动，陈杰夫还与赵沨、李凌、郑祥鹏等一起成立了新音乐仰光分社，出版《新音乐（海外版）》。

组战工队　任联络官

1941年12月太平洋战争爆发后，陈杰夫参与组织缅甸华侨战时服务团，在日军逼近仰光时，陈杰夫参与带领缅甸华侨战时工作团，冒着敌人的轰炸，转往曼德勒，进行抗日宣传。

1942年1月，缅甸华侨战时工作团易名为"缅甸华侨战时工作队（简称战工队）"，正式举行成立大会，陈杰夫负责翻译和对外联络工作。

陈杰夫奔走联络演出场地，筹措演出经费，安排演出和各种抗日宣传活动，为此他常常需要夜以继日地工作。

陈杰夫多才多艺，通音乐，长于写歌词，曾用缅语为歌曲《打倒法西斯》配词，还创作了缅汉双语的歌词《保卫缅甸》，谱成曲后，这两首歌脍炙人口，对激发缅甸百姓抗日斗志发挥了重要作用。缅甸华侨战时工作队每到一个比较热闹的地区或十字路口，队员们先把张贴有大量纪实图片的《日寇暴行录》展板悬挂出来，唤起人们对侵略者的仇恨。等围观的群众较多时，立即举行演讲会，用缅文朗读《战工队宣言》和发表演说，缅甸进步人士、爱国僧侣和青年也带头慷慨陈词，声讨日本

陈杰夫作词的《保卫缅甸》

法西斯的侵略罪行。在演讲间隙，队员们不仅自己演唱，还向群众教唱《保卫缅甸》和《打倒法西斯》等抗日歌曲。歌声响起，立即吸引了更多观众。缅甸华侨战时工作队的演出，不仅面向华侨，也面向缅甸人民和印侨、英侨，旨在号召华、缅、印、英各个族群人民团结起来，共同战斗，配合英国盟军和中国远征军反击日本法西斯的进攻。

当时，缅甸华侨战时工作队准备在缅甸沦陷后开展敌后游击战，陈杰夫作为翻译，与张光年、赵沨、郑祥鹏等前往拜会缅甸青年僧侣协会，向他们介绍欧洲反法西斯统一战线、中国抗日统一战线，并阐述统一战线的意义和重大作用，同时也商量日后开展游击战的办法。

华军远征　编外翻译

陈杰夫等在上缅甸巡回演出时，听说中国军队已开进缅甸，缅甸华侨战时工作队当即决定到靠近云南的腊戍去做宣传演出，慰劳祖国来的官兵。

在中国远征军第五军初抵曼德勒时，因语言障碍遇到种种困难，陈杰夫不但自己主动做编外翻译，还组织了一批战工队队员担任部队缅文和英文翻译，同时主动为祖国军队做外联工作，曾帮助远征军同英军和有关方面联系，解决汽油供应和交通运输等问题，受到第五军有关领导的赞赏。

1942年，缅北局势告急，陈杰夫在护送最后一批战工队队员和群众从缅北撤退回国时，遭遇日军的阻击，身负重伤，被迫滞留缅甸，隐蔽下来。在此期间，他和一些进步青年在仰光组织了青年学习社，继续进行抗日活动。

回到北京　任职局长

抗战胜利后，陈杰夫任《新仰光报》记者、编辑，做了大量宣传联络工作。

1949年3月回国学习。10月1日，参加了开国大典。1950年，陈杰夫奉命重返仰光。

1952年，陈杰夫回到北京，在中共中央对外联络部任副局长，同时还曾任中国国际文化交流协会理事。1982年离休。1996年病逝于北京。

陈杰夫一生创作了不少诗歌，其中《忆战工队》为不少缅侨所熟记："风云突变珍珠港，战火蔓延太平洋。倭寇横行东南亚，盟军仓皇来抵抗。抗日救国匹夫志，瓦城创建战工队。战斗歌声传缅北，记忆犹新黄河曲。"

陈沫

陈沫（1918—2007年），原名颜阳良，福建永春人，马来西亚归侨。曾任八路军120师参谋、副官、科长，人民解放军晋绥军区副处长，中国人民解放军第一野战军大队长、大队党委书记，四川省人民政府科长、处长、办公厅副主任，对外友协办公室主任，中国驻缅甸大使馆政务参赞、临时代办，外交部归国华侨联合会主席。

求学四地　抗日不息

1918年1月，陈沫出生于福建省永春县石鼓镇一个农民家庭。1919年，因家贫难以生存，父亲带着一家南渡马来亚（今马来西亚）谋生，陈沫在母亲怀抱之中来到吉隆坡。父亲吃苦耐劳，很有拼搏精神，不久即用积攒下来的钱，在吉隆坡开了一间布店，生意日渐兴隆，一家彻底摆脱了贫困。1923年，陈沫即进入吉隆坡尊孔学校小学部读书，成绩优异，升入中学部读书。

自1928年"济南惨案"之后，南洋华侨发起了一波又一波抗日救国浪潮。陈沫是在随父母抗议日本侵我中华、募款杀敌中长大的。

1931年九一八事变爆发后，13岁的陈沫开始投身抗日救国活动，他捐出自己的零花钱，给中国抗日军队买枪买炮，他还学唱了许多抗日歌曲，参加当地华侨举办的抗日宣传活动，动员更多华侨救国。

陈沫

1933年夏，陈沫回国，在厦门集美中学读完中学，之后考入上海暨南大学。

1937年7月，随着卢沟桥事变爆发，祖国进入全面抗战，上海成了日军轰炸重点之一，暨南大学的许多建筑物被炸成断垣残壁，学校的师生和周围居民不少倒在血泊中，上海市中心也遭到日本飞机的轰炸和扫射，许多市民被炸死打伤，这让陈沫下定决心：置个人生死置之度外，上前线杀敌。

1937年"八一三"淞沪抗战打响后，陈沫和同学一起上前线抬担架、送弹药。上海暨南大学先是内迁租界，后再迁福建闽北山城建阳，陈彬没有随校迁徙，而是到桂林进了广西大学。

心向中共　奔至陕北

1937年的那个冬天，陈沫一遍又一遍研读了《中共中央为公布国共合作宣言》和《中国共产党为日本帝国主义进攻华北第二次宣言》，认定中国共产党是坚定不移打日本鬼子的，要抗日救亡，非找中国共产党不可。在纪念抗日战争胜利60周年时，陈沫在一篇题为《几间往事回忆录》的文章中，曾这样写到当年北上延安的决定："我们有几位归侨学生常在一起交谈，一致认同在中国共产党领导下的陕甘宁边区、革命圣地延安的国防教育办得最好，抗日救亡的空气最浓，革命的浪潮最高涨。大家一致心向延安，心向陕北，心向中国共产党。决心要到陕北延安去接受抗日救亡、爱国主义教育，积极去参加伟大的抗日救亡斗争。"

1938年春，陈沫的同学中有几位归侨学生先到了陕北延安，消息传来，陈沫深受鼓舞。1938年8月，他和另外一位归侨学生罗浪相约一同前往陕北。为了不连累亲友和保护自身安全，陈沫从母姓，改"颜阳良"之名为"陈沫"。途中，在武汉遇到陈敏（陈日雪）从马来亚带来的8位华侨学生（其中有女侨生曾焕琛），也要奔赴陕北。于是10人结队同行，风餐露宿，向西北进发，终于到达陕甘宁边区旬邑县看花宫村，随后进入位于村中的陕北公学分校学习。

穿行烽火　边战边学

1939年夏天，为训练培养抗日骨干，中央决定将陕北公学、延安鲁迅艺术学院、安吴堡战时青年训练班、延安工人学校等4所学校的师生1500多人，合并后成立华北联合大学（简称"华北联大"），穿过敌占区，到晋冀鲁豫边区办学。

7月12日，华北联合大学从延安出发，与抗日军政大学（简称"抗大"）同行，向晋冀鲁豫边区进军。中央决定将抗大和华北联大合并为一个纵队，番号为"第五纵队"。抗大校长罗瑞卿任纵队司令兼政委，华北联大校长成仿吾为副司令员。华北联大是纵队的一个独立旅，校长成仿吾任旅长兼政委。

抗战时期的陈沫

中央派八路军120师358旅护送，旅长彭绍辉亲自指挥这次行动，派了两个主力团来掩护华北联大师生通过敌人的层层封锁线。陈沫和师生们一起，历尽艰辛，长途行军于9月抵达晋察冀边区政府所在地——河北灵寿县的陈庄。

晚年，陈沫曾忆起当年随校烽火中穿行的经历："8月16日，华北联大经盘塘、兴县黑峪口、府谷一带，渡过黄河，经山西兴县曹家坡、康宁镇、岚县、方山、娄烦，过汾河、云条山，通过120华里纵深的敌占区同蒲路封锁线。9月，经定襄、五台、孟县、杨兴、西烟、上社、下社、会田、平山，到达灵县陈庄。'背起背包行军，放下背包上课'（成仿吾提出的口号）。10月中旬，正式开课上学。"

转战南北　屡立战功

1939年9月，陈沫光荣地参加了中国共产党。12月，陈沫自华北联大毕业，分配到八路军120师工作，曾任参谋、副官、科长，跟随贺龙师长转战山西、河北、绥远，屡立战功。

解放战争期间，陈沫先后在晋绥军区和第一野战军工作，曾任副处长、大队长、大队党委书记。

在晋绥军区工作时，陈沫还收获了爱情。1948年，他在晋绥军区部队里认识了来自河北沧州的美丽姑娘刘文芳，与这位小自己10岁的姑娘相知相爱，部队奉命南下，在山西临汾休整时，经组织批准，两人确定了恋爱关系。

在贺龙司令员和李井泉政委率领下，陈沫随部从山西临汾出发向大西南进军。跨过黄河，途经潼关、西安、宝鸡，翻越秦岭雪山，穿过剑门雄关，足踩悬崖栈道，长途跋涉，进入四川，参与解放四川之战。

中华人民共和国成立后，1949年12月—1965年9月，陈沫在四川省人民政府任科长、处长、办公厅副主任（其间，1960年11月至1965年7月在中共中央党校攻读研究生至毕业），1956—1960年任成都市政协委员、归侨通讯联络组负责人。为全国侨联第一、二届委员。

1965年9月，陈沫调入中国对外友协任办公室，任主任。1979年4月—1983年10月任我国驻缅甸大使馆政务参赞、临时代办。1983年10月离休，正司级待遇。1985年，当选为外交部归国华侨联合会主席。

2007年10月16日，陈沫在北京病逝。

陈联合

陈联合（1944—　），福建安溪人，印度尼西亚归侨，亚热带植物研究专家。曾任厦门华侨亚热带植物引种园主任、厦门市人大常委会副主任兼厦门华侨亚热带植物引种园、厦门市人大常委会副主任兼厦门市侨联主席、厦门市政协副主席兼厦门市侨联主席。

生于巴厘　父为侨领

陈联合祖籍福建省安溪县官桥镇路尾前村，1944年1月生于印度尼西亚（简称印尼）巴厘岛一个爱国侨商家庭。

父亲陈清江生于1905年，12岁别离家乡，到厦门码头附近的旅馆做杂工。1920年，赴南洋打拼。先至印尼加里曼丹岛，在一家咖啡店当伙计，克勤克俭，攒下一点钱，即到巴厘岛做小生意，后开了一家杂货店，之后又开了一家贸易公司，随着生意做大，又开了一家工厂，规模也不断扩展。

陈联合在家中接受采访

富了之后，陈清江回乡，娶了在集美开饮食店的安溪龙门白家千金。

陈清江极为爱国，自抗日战争开始即不断捐输祖国。中华人民共和国成立后，陈清江欢欣鼓舞，成为当地有名的华侨领袖，曾参与接待了刘少奇、宋庆龄、陈毅等党和国家领导人。

1956年8月14日至23日，宋庆龄到印度尼西亚访问。陈联合记得，这其中一天，父母给家中的佣人全都放了假，还把儿女们送出去玩，父亲亲自开车送母亲去买菜，两人合力在家做菜，后来中国驻印尼大使馆又用陈家的车接来了一位神秘嘉宾在家用餐。多天之后，控制不住欣喜的陈清江，拿出一个很大的中华人民共和国国徽，兴奋地对儿女们说："这是我们中国国家副主席、孙中山先生的夫人宋庆龄送的，她专门来我们家吃我和你妈妈做的菜，就是把你们都支开的那天。"

回国定居　考入华大

陈联合兄弟姐妹12个。中华人民共和国成立后，爱国的父母不断送儿女回国学习，在他们心中始终认为儿女当效力中华。1960年，陈联合回到祖国，六年后父亲亦回国定居，任厦门市侨联顾问。

1960年，归国的陈联合进入集美华侨补习学校读书。1962年参加高考，曾立志当医生的他考上华侨大学亚热带作物系。

华侨大学亚热带作物系之后更名为热带作物系，只有热带作物栽培专业。1962年至1965年共招4

届7个班，学生大多数来自东南亚国家和中国港澳地区，既有像陈联合这样殷富侨贾的子女，也有贫困的归侨子弟。陈联合入校时正值华侨大学建校初期，当年的巴厘岛公子不娇气，能吃苦，参加了围海造田、校办农场、挖游泳池、植树造林等劳动。

1965年8月起，华侨大学热带作物系搬迁到海南岛万宁县（今万宁市）兴隆华侨农场。当时的兴隆华侨农场场部只有一条又短又窄的"商业街"，闹市只在上午或星期天。通往海口市的黄泥车道长204公里，坐车却要费半天以上时间，师生们的生活很不方便。但陈联合克服各种困难，全身心投入了学习。当时，除学习外，每周劳动一天，陈联合浑身是劲，开荒造梯田，种植、管理橡胶、胡椒等热带作物。

1967年7月，陈联合大学毕业。因"文革"爆发，等待分配工作。

1968年8月，根据上级分配方案，热作系4届学生陆续分配到几个军区的部队农场劳动锻炼。1968年8月至1970年3月，陈联合在福建省漳州市芗城区浦南镇6680部队军垦农场锻炼。1970年3月至1973年8月，到福建省华安县革委会工作。

引种专家　科研建功

1973年8月，陈联合调任位于厦门的福建省经济植物研究所当技术员。福建省经济植物研究所创立于1959年，原名中国科学院华东亚热带植物研究所。1971年，研究所下放给福建省林业系统，改名为福建省经济植物研究所。1979年后，再改名福建省亚热带植物研究所，隶属福建省科委。在省经济植物研究所，陈联合开始了他的科研生涯。

1977年1月，陈联合调往厦门华侨亚热带植物引种园，担任技术员。厦门华侨亚热带植物引种园坐落于鼓浪屿岛上，是华侨精忠报国的产物。20世纪50年代末，中国经济处于困难时期，农业歉收，品种单一，急需高产优质的粮油作物品种，来发展农业经济和解决人民温饱问题。许多华侨冒着生命危险，利用各种途径，支持家乡经济植物引种，有的从境外带回名贵苗木、种子，有的捐款盖玻璃温室，有的赠送拖拉机、电冰箱和农作物试验仪器设备，都希望经济植物良种能尽快在家乡的土地上健康成长，帮助家乡人民渡过难关。1959年，华侨引种试验场（引种园前身）建立，通过厦门市侨联与东南亚等地华侨合作，建立了海外华侨引种联络网，开始了热带、亚热带作物资源的引种、隔离检疫、试种、驯化栽培、繁殖推广及开发利用。

陈联合秉承华侨赤诚爱国传统，投入科学研究工作。1984年6月，陈联合以突出的研究能力和所展现的管理才能，升任厦门华侨亚热带植物引种园主任。

1987年12月在第九届厦门市人大会上，陈联合高票当选厦门市人大常委会副主任，同时继续兼任厦门华侨亚热带植物引种园主任。

更加繁忙的行政事务，并没有影响陈联合科研攻关的热情，他挤出更多的休息时间投入引进良种的试种、驯化栽培、繁殖推广研究。

陈联合在厦门华侨亚热带植物引种园工作期间，参加引进、试种西兰花及荷兰花卉等高优植物并获得成功，参与的出口花卉和亚热带植物技术开发研究项目，荣获厦门市1988年度科技进步成果三等奖。他还参与完成台湾杂交种西番莲引种栽培实验项目，荣获厦门市1989年度科技进步成果二等奖。

与之同时，陈联合兼任厦门市侨联第九届、十届、十一届副主席。1982年被评为福建省归侨、侨眷、侨务工作者积极分子，1985年被评为厦门市归侨、侨眷、侨务工作先进代表。

侨务专家　厦门领导

1989年3月，陈联合调任厦门市侨联专职副主席，同时继续兼任厦门市人大常委会副主任。

1992年5月，陈联合当选为厦门市第十一届侨联主席，同时继续兼任厦门市人大常委会副主任。陈联合先后连任厦门市侨联第十二届、十三届、十四届主席。

在主政厦门侨务工作时，陈联合坚持按照"了解侨情、理解侨心、维护侨益"的思路，带领厦门市侨联全体干部职工做好"群众工作、参政议政、维护侨益、海外联谊"各项工作，先后创造性地推出了"基层组织建设年""拓展海外联谊年""维护侨益年""侨联群众工作年""文化交流年""聚侨心促和谐年""调研创新年"等做好新时期侨务工作的重要抓手，在为厦门市发展做出重要贡献的同时，也为全国侨联工作提供了不少成功的经验。

陈联合始终着力侨联基层组织建设，曾举办过多期基层干部培训班，使厦门各区、街道（镇）全部建立起侨联组织，同时还向下延伸侨联工作网络，厦门市80%以上的居委会、村都建立了侨联组织，让服务于归侨、侨眷和海外华侨的"华侨之家"遍布全厦门。

与之同时，陈联合积极促成越南、柬埔寨、老挝、马来西亚等归侨联谊会的成立，还通过各种方式加强对海外侨社、社团和华侨华人的联系，集合更多海内外厦门人的力量，共兴中华。

陈联合始终把关注侨界民生作为工作的重中之重。每年元旦、春节及中秋等传统节日，他都不忘登门慰问贫困归侨、下岗归侨职工。

陈联合在厦门市中医院挂牌成立厦门华侨医院并建立港澳台侨胞诊疗中心，同时设立了"厦门市归侨医疗救助基金"；经常组织华侨医院医疗小分队到华侨农场、偏远山村和归侨侨眷集中的居民小区送医、送药、送医疗器械；举办归侨侨眷就业专场招聘会，为下岗归侨、侨眷提供服务；联手厦门市侨办和致公党厦门市委，发起并不断推进"侨帮侨"活动，帮助贫困下岗归侨职工就业和贫困归侨、侨眷子女就学，他还着手建立了侨联扶贫基金、助侨基金，自己更是亲力亲为，一次次亲自为下岗归侨寻找再就业新岗位，为因病致贫的归侨筹措医疗费；陈联合不但积极奔走，利用自己和家族在东南亚等国工商界的人际资源，吸引侨商来厦门兴业，还经常登门走访、了解企业需求，帮助侨资企业解决各种困难，成为厦门许多侨商的贴心人。

陈联合成立厦门市侨联法律顾问委员会，坚持法律顾问委员每月一次定期面向本市归侨、侨眷的法律咨询、服务活动。同时，积极开展侨法宣传、专案研讨、维权调研等活动。

陈联合倾力做好新生代华侨工作，召开在厦门读书的部分华裔中小学生座谈，同时做好相关服务。还举办"我爱厦门"华裔学生夏令营等活动，增强华裔中小学生对家乡的了解和中华文化的热爱；还充分发挥厦门地缘、资源优势，积极开展海外华文教育活动。

陈联合积极倡导华侨历史研究，先后开展了郑和下西洋、闽南华侨抗战史等专题研讨以及"老华侨口述历史"等史料抢救工作。

陈联合是福建省政协第五届常委，厦门市第九、十、十一届人大常委会副主任，厦门市政协第十届、十一届主席，还曾任福建省侨联第六届、第七届副主席，第七、八届全国人大代表，第九届、十届、十一届全国政协委员。

陈福顺

陈福顺（1908—1995年），福建厦门人，缅甸归侨，著名侨领。曾任缅甸南洋中学副董事长，缅甸仰光集美小学副董事长，缅甸华商商会常务理事、总干事，缅甸华侨体育总会会长，缅甸华侨义务诊所主任，缅甸《中国日报》社董事长，致公党北京市委副主任委员、顾问，北京市政协委员、常务委员。

1908年，陈福顺出生于福建省厦门市，1917年进入集美小学读书，毕业后考入集美商业学校，以品学兼优为师长赏识。1925年跟随陈嘉庚到缅甸，进入陈嘉庚在缅甸创办的公司任职。经商的同时，热心服务当地华侨社会。1928年5月，日本重兵侵入山东省省会济南市，屠杀了6000多名中国军民，制造了震惊中外的"济南惨案"。消息传到新加坡，陈嘉庚拍案而起，在新加坡成立山东惨祸筹赈会并亲任会长，号召新加坡、马来亚华侨一方面抵制日货，一方面捐款救助受难同胞。陈福顺响应陈嘉庚号召，积极在缅甸揭露日军在济南犯下的滔天罪行，宣传抵制日货，还发动华侨捐款赈济山东受难乡亲。据不完全统计，缅甸华侨先后汇款32万缅元支援祖国。

陈福顺

1935年，为集合更多抗日力量，陈福顺还组建了旅缅集美校友会。

1937年7月卢沟桥事变后，陈福顺奔走呼号，积极参与促成缅甸各省籍华侨合力组成抗日团体，他说服、动员缅甸华侨中的许多不同省籍侨团，捐弃此前一切界嫌，精诚团结，协力抗日，在他的穿梭联络之下，从7月23日至8月5日，福建、广东、云南等省籍在缅的93个侨团在仰光召开联席会议，经过充分商议，形成抗日共识，组成了缅甸华侨救灾总会，作为领导全缅侨胞进行抗日救亡运动的总机关。陈福顺不但参与组建缅甸华侨救灾会，自己还一次次带头捐款，并奔走宣传抗日，参与组织了众多义演、义捐、义卖等捐助抗日活动，发动华侨抵制日货、筹款捐药，募集寒衣、献金购机，支援祖国抗日。据不完全统计，全面抗战爆发后头两年，经缅甸华侨救灾总会汇回的救国捐款总数为297万元。陈福顺所领导的缅甸集美校友会也奔走募捐，旗下的印刷厂还免费印制了大量抗日宣传画，张贴于缅甸城乡，同时出资印制了大量抗日宣传单在仰光分发。

1941年12月，太平洋战争爆发，日军南侵。仰光华侨爱国团体在日军大举进攻东南亚、缅甸危在旦夕的艰难情势下，响应中共中央关于建立太平洋反法西斯广泛统一战线的号召，高举"中、缅、印、英人民团结起来，抵抗日本法西斯的侵略，保卫缅甸"的反法西斯统一战线旗帜，由当年从祖国疏散到缅甸的著名文艺家张光年（即光未然）牵头组织了缅甸华侨战时服务团，后改为缅甸华侨战时工作队，这个由缅甸爱国华侨知识青年组织的抗日团体，除从事反法西斯抗日宣传活动外，还为中国远征

军担任翻译等工作。陈福顺积极支持缅甸华侨战时工作队开展抗日宣传活动，不仅捐助活动经费，还亲自布置集美校友会下属印刷厂赶制宣传品。

抗日战争胜利后，陈福顺积极参加缅甸进步侨团发动的反对内战，促进民主活动。1947年后，他参与创办缅甸南洋中学和仰光集美小学，担任两校副董事长。1953年之后，陈福顺相继出任缅甸华商商会常务理事、总干事，缅甸华侨体育总会会长，缅甸华侨义务诊所主任，缅甸《中国日报》社董事长。

1967年缅甸局势变化，陈福顺被捕入狱。1969年出狱，之后继续担任缅甸华侨救济委员会主任，满腔热情地为缅甸华侨服务。

1971年，陈福顺回国定居。历任中国致公党中央委员、全国归国华侨联合会常务委员，致公党北京市委副主任委员、顾问。1977年至1988年，任北京市政协委员、常务委员，积极参与祖国建设。

1995年，陈福顺病逝于北京。

林汉民

林汉民（1914—　），又名林美族，福建晋江人，菲律宾归侨。曾任中华民族武装自卫会菲律宾分会宣传部部长、菲律宾华侨抗日救亡歌咏会会长、菲律宾华侨国防剧社社长、广东省商业厅厅长、广东省物价局局长。

穿梭菲闽　宣传抗日

1914年，林汉民出生于福建省晋江县（今晋江市）陈埭镇西滨潭头村，父亲在菲律宾马尼拉经商。林汉民在晋江老家完成小学和初中学业后，于1930年前往菲律宾首都马尼拉市，进入南洋中学读书。

1931年，九一八事变后，林汉民投入当地华侨抗日救亡活动，因为喜爱音乐演剧，他很快成为抗日宣传骨干，经常在各种宣传活动中向华侨揭露日军侵华暴行，批评蒋介石"攘外必先安内"反动政策。当国民党要员到菲律宾时，他带着同学公开反对国民党政府继续剿共政策，吁请国民党政府停止剿共，共同抗日。

1934年年初，一心想杀敌的林汉民毅然回到家乡，在晋江西滨多地进行抗日宣传。

输送义勇　回国杀敌

1934年4月，日本外务省官员天羽发表声明，声称日本对中国有特殊权利，欲排斥英美等国在华势力以妄图独占中国。宋庆龄、何香凝、章乃器等在中共的推动和影响下，发起成立中华民族武装自卫会。5月初，以中华全国总工会、中国反帝反法西斯同盟等团体为核心，在上海成立了中华民族武装自卫会筹备会。8月正式成立，宋庆龄任主席。在组织酝酿过程中，中共将《抗日救国六大纲领》送交宋庆龄。后以《中华人民对日作战的基本纲领》为题，由宋庆龄领衔发表。在纲领上签署的发起人、赞成人包括国民党元老何香凝、胡汉民，社会各界知名人士马相伯、章任琢、李达、叶夏声和抗日名将李杜、杨靖宇、翁照垣以及工商、侨界领袖等1779人。后来公开签名赞成的达10万人。

1935年，林汉民回到菲律宾，参与组织中华民族武装自卫会菲律宾分会，担任宣传部部长，负责宣传工作。

1936年，林汉民发起组织了华侨抗日救亡歌咏会，亲任会长。他经常带着会员们走上街头，在各个抗日募捐会、动员会上进行演出，还到各个行业工会教唱抗日歌曲。

1937年7月卢沟桥事变之后，中华民族武装自卫委员会菲律宾分会准备组织部分人员回国参战，委派秘书长沈尔七与林汉民负责此项工作。领命后，林汉民与沈尔七一起，奔走宣传，经过发动、报名、选拔、训练、筹资，精心挑选了28名优秀华侨青年，组成了菲律宾华侨青年救国义勇队，于1938年1月回国加入新四军。林汉民因另有重要任务没有随行。

<h2 style="text-align:center">组建剧社　播火菲岛</h2>

在1937年7月祖国抗战全面爆发后，林汉民又发起并组织了以宣传抗日救国为使命的国防剧社。剧社主要由爱国青年华侨店员、工人和学生组成，抗日热情很高，他除自己创作抗日话剧剧本外，还经常利用晚上和工余时间，组织排练节目，并带着剧社四处演出，在华侨社会中开展抗日宣传活动，演出的节目有《流寇队长》《中国妇女》《东北义勇军》《八百壮士》等，还有《阿Q正传》《雷雨》等。1937年，林汉民光荣地加入了中国共产党。

1938年许立等响应中共中央建立最广泛抗日统一战线的号召，发动各劳工团体成立菲律宾华侨各劳工团体联合会（简称"劳联会"），林汉民立即带领国防剧社加入菲律宾华侨各劳工团体联合会，国防剧社很快成为该会进行抗日宣传的一支重要力量。

国防剧社从1937年成立至1942年因日军入侵菲律宾而撤入山区，前后历时5年。剧社的演出，对宣传爱国思想、鼓励侨众团结抗日，起了很大的作用。据长期担任国防剧社负责人的吴今宽回忆：

> 国防剧社是一个以宣传爱国主义、团结抗日为宗旨的群众性戏剧团体，其成员主要是由菲律宾马尼拉市的店员和工人所组成。国防剧社的经费比较紧张。剧社成员每人每月交经费伍角……其余经费大多是由各行业工会和社团捐赠支持的。运输工具多数由各工会设法支持。国防剧社最早是在范仑那大桥附近菜市边的一个地方活动，不久，因为场地太小，又移到后街一间店的楼上，后来又另外在买卖桥边租了一间房子。过了些日子，现有的场所还是不够用，又移到阿拉洛街，最后才在仙彬兰洛市港乾村租了一大间房子，并在楼上租了两大间，这样才勉强活动得开。

> 国防剧社排练和演出的剧目，以宣传爱国抗日的内容为主。当时经常演出的剧目有《中国妇女》，说的是丈夫当了汉奸，妻子有强烈的民族意识，最终爱国观念战胜了夫妇私情的故事；《赵老太太》演的是东北义勇军中一位赵老太太英勇杀敌的故事；《流寇队长》主要情节是一些流寇经过教育后转变了，他们团结一致共同抗日。国防剧社除了排练演出大量的救国抗日的剧本以外，还编演了鲁迅先生的《阿Q正传》以及曹禺先生的《雷雨》等多幕剧。

> 剧团的排练和演出都非常紧张，几乎每个周末都有工会来请我们。那时马尼拉市是按行业组织工会的，其中拖鞋工会、打铁工会、理发工会、餐馆工会、鲁班工会、锌器工会、玻璃业工会等等，大约有数十个各种行业的工会。这些工会都属劳联会统一领导，每个工会几乎是轮流于每周周末请国防剧社去演出，地点一般都在青年会露天剧场或劳联会的大厅。对外联络等事务都是由吴紫青负责的。在剧社演出之前，经常由许敬诚（许立）做演出前的讲话，宣传抗日救国思想。这期间，刚好回国参加新四军的沈尔七、许振文重返菲岛。他们经常在青年会或劳联会的大厅举行大会，介绍祖国抗日情况，会后又由国防剧社演出。国防剧社开头在马尼拉市区演出，后来逐

渐扩展到山区和山顶。还去过内湖省的罗申那和仙杏克鲁菲，邦邦牙省的仙彬兰诺等市镇演出，演出往往是安排在星期六和星期日晚上，这样星期一清早大家就可以赶回学校上课，因此工作十分紧张，但为了抗日，大家的情绪都很高。

长征半年　投奔延安

随着日寇侵略铁蹄踏破越来越多的华夏沃土，林汉民回国投军之心愈来愈强烈。但是，因其为独子，父母死活不肯让尚未留后的独子回国参战，只要他一提回国上前线，母亲立即就要自杀。这令林汉民十分痛苦，最后他痛下决心：自古忠孝难两全，为忠祖国只好难孝父母了。他对父母说：我的女朋友人在香港，她要我去香港商谈结婚，如果有可能就结婚，大概十天半月我就赶回来筹办婚礼。这让一心想着抱孙子的父母大喜过望，不知是计，立即为他筹备路费，送他登船。

但是，当时菲律宾许多爱国侨领都知林汉民是要到延安，一位爱国侨领知道中共中央主席毛泽东喜欢抽烟，特意购买了两盒上等的吕宋雪茄烟，托他带给毛泽东，以表示华侨对中国共产党领袖的敬重和抗敌重托。

1939年年初，林汉民离开菲律宾，先赴香港，与香港的八路军办事处取得联系。当时，广州已沦陷，广州湾被日军封锁，无法直接渡海进入内地。林汉民在八路军香港办事处安排下，绕道越南，辗转进入贵州，再翻山越岭抵达重庆。与重庆八路军办事处接上关系后，继续北上，过西安，赴陕北，历尽半年，终于到了目的地——延安。

转战南北　终老南粤

林汉民到延安不久，便报考了鲁迅艺术学院。学习期间，参加了课余合唱团，在鲁迅艺术学院音乐系主任冼星海的指导和指挥下，排练、演唱《黄河大合唱》《反对汉奸汪精卫》《红缨枪》《生产大合唱》等。为了演唱《生产大合唱》和《黄河大合唱》，需要组织一个乐队，可是延安乐器很少，即使有钱也买不到。在冼星海的指挥下，他和同学用煤油桶插上一支小杆，拉上几条琴弦，便制成一把大提琴，还参与自力更生制作小提琴、二胡等。

从延安鲁迅艺术学院毕业后，林汉民实现了自己跟着共产党抗战到底的誓言，转战南北，屡立战功。中华人民共和国成立后，林汉民长期在广东省工作，曾任广东省商业厅厅长、广东省物价局局长。

林 仲

　　林仲（1906—1990年），曾用名林启铎，福建福州人，菲律宾归侨。曾任中共福建省委机关报《红旗》主编、菲律宾华侨教职员联合会主席、新华通讯社编译、中国人民抗日军政大学教员、陕北公学教务长、八路军募捐委员会秘书主任、中共中央宣传部马列著作编译、中共中央组织部训练班培练实习团团长、马列学院研究员、中共中央海外工作委员会委员、中共中央情报部第四室英美组组长、中共中央海外工作研究班副指导员、北平军事调解处执行部翻译科科长、解放区救济总会驻上海办事处业务主任。解放区救济总会驻国民政府行政院善后救济总署

林仲

驻沪办事处代理处长、解放区救济总会驻港办事处秘书组组长、中国人民救济总会副秘书长、东北军区空军政治部宣传部部长兼《空军卫士报》社长、中国红十字总会常务理事兼副秘书长、国家卫生部国际联络室主任、中国科学院社会科学情报研究室主任、江西共产主义大学副校长、中共中央中南局理论工作领导小组副秘书长、广东社会科学院顾问。

苏联归来　主编《红旗》

《红旗》

　　林仲生于福州书香之家，1924年秋毕业于上海中华职业学校商科，在校期间积极参加进步学生运动。1926年，来到当时国民革命中心——广东省广州市，进入中山大学学习。读书期间，加入中国共产党，并投身革命。曾任中共两广区委海外革命运动小组成员，受两广区委领导人陈延年委派，参加省港罢工委员会工作。1926年冬天，派赴苏联莫斯科中山大学学习。

　　1928年从莫斯科中山大学毕业后，被联共（布）中央选派到西伯利亚伯力金矿区担任东方工人文化工作指导员。1930年由周恩来决定回国，在上海从事工人运动。

　　1931年调中共福建省委，来到厦门，任省委机关报《红旗》主编。

　　《红旗》是中共福建临时省委书记陈明、宣传部部长王海萍等在1927年年底于漳州郊区秘密创办的，为油印杂志。创办目的在12月9日出版的第三期《编者话》中得到完整阐述："本刊的任务是要唤起工农兵平民觉悟起来，走上革命的道路，在红旗指挥之下实行暴动，消灭军阀战争，夺取政权，建立工农兵平民代表会议（苏维埃政权）。"

　　1930年12月，林仲担任《红旗》主编，编辑有陈尚友（即陈伯达）、裴东莞（后改名谢怀丹，编副刊《列宁公园》）。这一时期，正值毛泽东、朱德率领红四军入闽开辟革命根据地。《红旗》除报道国民党

统治区的斗争外，还突出报道红军胜利的消息和苏维埃地区的情况，如《红军攻占长汀、连城》《红军配合群众再克永定县城》《闽西成立工农革命委员会》《白军辎重车在闽北被红军截缴》等。这时的《红旗》64开本，开始5天出一期，以后不定期，页数也不固定，共出版14期。编辑部设在鼓浪屿一小巷的小木楼上。稿件编好后，省委宣传部派人来取。《红旗》杂志在当时发挥了重要作用，1931年1月21日《中共福建省委紧急常委扩大会议政治会议决议》中，鼓励编辑人员进一步做好工作，"以代表省委担任日常的政治领导"。这年春天，在厦门的中共福建省委机关遭国民党特务破坏，《红旗》于3月25日停刊。

1931年、1933年，林仲两次被抓捕入狱，但坚贞不屈，因未暴露身份被保释出狱。

菲岛组会　发动抗日

1933年，林仲出狱后，为动员华侨投身祖国抗日救亡工作，前往菲律宾马尼拉，利用侨办华文学校教师公开身份，从事抗日救亡工作。他与爱国华侨青年活动家、《星闽日报》总编辑高承烈及张承堂、沈尔七、潘石夫等人关系十分密切，一方面撰写了不少抗日文章，不遗余力地进行抗日宣传，一方面积极参与组建华侨抗日救亡团体。

林仲参与创建了菲律宾华侨文化界抗日救亡协会，组织文化界开展抗日宣传。同时，组织菲律宾华侨教职员联合会并担任主席，发动爱国教师在马尼拉创办华文学校、夜校、培训班，进行抗日救国宣传和开展爱国主义教育。

回到延安　华侨专家

1937年7月抗日战争全面爆发，国共两党实现第二次合作。林仲于1937年10月到延安，历任新华社编译、中国人民抗日军政大学教员、陕北公学教务长、八路军募捐委员会秘书主任、中央宣传部马列著作编译、中央组织部训练班培练实习团团长、马列学院研究员等职。

在延安，林仲曾通过在东南亚的深厚人际关系，宣传中国共产党的抗日主张，发动华侨为八路军、新四军捐款。在他参与发动下，菲律宾华侨除为八路军捐款捐物外，还组织了陕北公学捐募基金委员会，先后两次共募捐了16300余元寄回国内。缅甸等地也发动华侨青年，为延安陕北公学捐款。他在菲律宾的革命战友沈尔七，先后组织两批华侨青年参加新四军，高承烈也动员了一批华侨子弟投奔延安，进入抗日军政大学。

1941年12月9日，根据太平洋战争爆发后的严重局势，中共中央政治局决定，在延安成立中共中央海外工作委员会，八路军总司令朱德担任主任，八路军参谋长叶剑英和林仲、黄华等任委员。

1942年，林仲调中央情报部，任第四室英美组组长。同年任中央海外工作研究班副指导员。中央海外工作研究班，为中共中央海外工作委员附属机构，有30多名学员按国籍分成朝鲜组、缅甸组、泰国组和华侨组等，研究不同的课题。工作之余，还要开展农业大生产，纺毛线、编筐、养羊，林仲还带着大家合作设计制造了一个纺织机。

1945年4月至6月，林仲作为旁听代表，参加了党的第七次全国代表大会。

解放战争　再立新功

1946年1月，林仲调任北平军事调解处执行部翻译科科长。7月任解放区救济总会驻上海办事处业务主任。1947年5月，任解放区救济总会驻国民政府行政院善后救济总署驻沪办事处代理处长；1947年冬转赴香港，任驻港办事处秘书组组长。

1949年5月，任中国人民救济总会副秘书长，在周恩来、董必武的直接领导下，争取国际进步力量对中国革命的物资援助，揭露美蒋假和谈、真内战阴谋。

奔走南北　鞠躬尽瘁

中华人民共和国成立后，林仲长期在文化教育、卫生、理论研究等领域工作。林仲总是无条件服从党的需要，干一行爱一行钻研一行，在不同岗位上尽责尽力，从不计较个人得失。

1950年冬，林仲参加抗美援朝，任东北军区空军政治部宣传部部长兼《空军卫士报》社社长。

1951年冬，林仲奉命回到北京，任中国红十字总会常务理事、副秘书长。

1955年，林仲调往国家卫生部，出任国际联络室主任。

1957年，林仲调任中国科学院社会科学情报研究室主任。

1959年，林仲奉命出任江西共产主义大学副校长。

1964年，林仲调任中共中央中南局理论工作领导小组副秘书长。1973年后曾任广东省社会科学院顾问、广州菲律宾归侨联谊会名誉主席，他曾是广东省第四届政协委员、广东省第五届人大常委。

1990年10月3日，林仲病逝于广州。

林克胜

林克胜（1919—　　）。福建人，印度尼西亚归侨。抗日战争时期，曾任印度尼西亚先达中学秘书、南洋华侨筹赈祖国难民总会先达分会秘书长、《苏门答腊民报》特约通讯员、印度尼西亚苏岛人民反法西斯同盟领导人之一、印度尼西亚棉兰《民主日报》编辑，中华人民共和国成立后，先后在中共中央统战部二处、中共中央对外联络部工作。

　　林克胜，原籍福建，生于印度尼西亚苏门答腊岛先达。自1931年九一八事变起，林克胜就开始在学校参加抗日救亡工作。读初中时，他曾与同学一起组织演剧队、宣传队、歌咏队，进行抗日宣传；他还带领同学参加义卖、义捐活动，筹资支援祖国抗日。从先达中学毕业后，林可胜进入先达中华学校担任秘书，在学校工作期间他负责组织学校抗日救亡活动，使先达中华学校成为当地学生抗日救国活动的一面旗帜。

　　1937年7月祖国抗战全面爆发后，林克胜成为当地华侨抗日宣传骨干。在南洋华侨筹赈祖国难民总会成立后，他积极奔走参与发起创办南洋华侨筹赈祖国难民总会先达分会，做了大量准备工作。在南洋华侨筹赈祖国难民总会先达分会成立后，他出任秘书长，负责具体组织先达华侨义捐义卖、抵制日货和动员华侨青年回国参战，是当地抗日救亡工作的一线指挥。

　　与之同时，作为《苏门答腊民报》特约通讯员的林克胜，还撰写了大量抗日文章，号召华侨坚定抗战必胜信念、全力支援祖国抗战。

　　《苏门答腊民报》是1914年由爱国华侨叶燕浅等在苏门答腊岛棉兰市创办的一份报纸，这份报纸虽几经停刊、复刊，但始终坚持爱国立场，除发行于苏门答腊岛外，在马来亚、新加坡也有销售。林克胜在该报刊发的揭露日军侵华暴行、介绍中国抗战形势的报道和评论，对鼓励南洋华侨全方位支援祖国抗战发挥了积极作用。

　　1941年12月太平洋战争爆发后，日本南侵印度尼西亚，先达沦陷。林克胜坚持开展地下抗日救亡工作，参加组织苏岛人民反法西斯同盟，为领导人之一。

　　当时在苏岛人民反法西斯同盟领导下有一个健身读书会，是培养抗日青年骨干的组织。林克胜与宋凉赞、李国海、伍焕沾、黄镜源、肖邦杰、郑钦美、陈影祥、黄清林、林绍青等坚持参加每周一次的活动，除了传阅苏岛人民反法西斯同盟出版的油印报刊，还学习社会发展史、政治经济学、大众哲学等。参加读书会的多数是反法西斯同盟的青年骨干。为了便于活动，林克胜等在郊区马里辖菜园租用一间茅屋，隔邻是苏岛人民反法西斯同盟领导人张苞的住家。林克胜还参与编辑、油印抗日小报和抗日宣传小册子。

在日寇占领印度尼西亚期间，林克胜曾冒死掩护了一批抗日文化界骨干。1942年10月间，王任叔与刘岩等爱国文化名士，辗转流亡到苏门答腊岛北部，林克胜等冒着生命危险将之安顿于先达。后因局势紧张，日军加紧搜捕华侨抗日分子，林克胜将个人生死完全置之度外，不断为王任叔、刘岩等提供安全庇护之地，先后安排王任叔等到半路店、丹绒爪哇、蒂加罗洛、新邦罗洛、泗拉巴耶等农村菜园躲藏，并提供生活支持。王任叔在《印尼散记》里，对这段流亡生活和林克胜等人的鼎力相助记述甚详，对华侨冒死抗日的爱国义举大加赞赏。

日本投降后，王任叔、刘岩到棉兰与胡愈之、邵宗汉等汇合，参与领导苏岛华侨爱国民主运动和支持印尼的民族独立斗争。林克胜也随之到棉兰的《民主日报》工作。

《民主日报》创办之初，租用《苏门答腊民报》厂房和设备，创刊于1945年9月，停刊于20世纪60年代中期。国际新闻主要通过收听重庆和新德里、新加坡、日惹、伦敦、美国等广播电台的新闻报道，整理编写成文刊出，也转载香港和新加坡等地报刊关于中国国内局势的通讯。当时厂房简陋，没有铸字机，经常字粒模糊而无法更换，也经常缺乏纸张，而使用当地土纸。每天出版一张对开四版报纸：第一版为国内外重要电讯和社论；第二版为中国和南洋新闻；第三版为副刊《新南洋》和《印尼之页》；第四版为苏门答腊和棉兰新闻。林克胜担任编辑。

1947年10月，王任叔被荷兰殖民当局驱逐出境，林克胜奉命陪伴王任叔、刘岩到香港。后因荷兰领事馆拒发签证，林克胜被迫留在香港，在达德学院新闻系学习。

1949年，林克胜北上进入中共中央统战部在北平举办的青训班学习。结业后在中共中央统战部二处工作，1951年该处扩大为中共中央对外联络部。林克胜在中联部工作直到离休，正厅级。

林克胜离休后，撰写了不少介绍苏门答腊岛抗日活动的回忆录，还大力支持王任叔著作的出版发行，甚至自掏腰包赞助袁少杰等出版王任叔传记。

林 降 祥

林降祥（1915—1992年），又名梁奕林、林贞民，福建安溪人，印度尼西亚归侨。曾任上海大中学生抗日救国会会员、福建省安溪县党的同情组织领导人、中共安溪县龙门镇支部委员、中共安溪县龙门镇支部书记、中共安溪县武工队负责人、印度尼西亚抗日民族解放大同盟组织委员兼东爪哇支部书记、中国侨联办公厅副主任、联络部负责人。

1915年，林降祥出生于安溪县龙门镇一个富裕的侨商之家，自幼受到良好教育，以优异成绩毕业于集美初中后，考入集美高中第十组。林降祥在集美中学读书时接受了革命思想，投身进步学生运动。还曾就读于复旦附中、广西大学和上海北子路英语补习学校。1936年，林降祥考入上海复旦大学。在校读书期间，他即投身革命，参加了上海大中学生抗日救国会。

1937年7月，七七事变，林降祥积极参加募捐和抗日宣传发动工作。

"八一三"淞沪抗战爆发后，响应抗日救国会"爱国青年到农村宣传、组织农民抗日"的号召，回到安溪龙门老家，与林成茂、林水芸等5位爱国青年组成了抗日小组，并以他们为核心，组成"党的同情组织"，通过深入宣传，组织青年建立进步团体，开展各种抗日救亡活动。他积极参与恢复农民协会组织，在龙门、坑内、目场、横山、柏叶、炙坑、溪内、五里等地发展近500名农会积极分子，壮大了农会力量。林降祥还开办农村夜校，组织当地农民读书识字。并以此为阵地，向农民介绍中国共产党，介绍抗日形势。

日军轰炸厦门后，为坚持战时育才，集美学校决定搬迁至大山深处的安溪县文庙，林降祥与堂哥林成竹为抗日战争期间集美学校的成功搬迁和坚持办学做出了重要贡献。对此，陈经华的《学村往事》一书《内迁》一章对此有详尽记载：

> 负责从集美学村，经同安县城、龙门岭、龙门镇到安溪县城的汽车搬运的是林成竹。林成竹是中共龙门地下党负责人之一，公开身份是安溪县国民党首任指导员、县财委主任、县抗敌后援会主席。他父亲是印尼侨商、全县首富，家有洋房百间。他有个弟弟，名林降祥，在集美高中十组读书，也是中共地下党员。根据党的指示，兄弟把集美学校的搬迁当成是一项重大任务来完成。他俩调动安溪汽车公司和同美汽车公司的全部汽车，保证把集美各校的图书、仪器、器材、桌椅等教学用具在两个月内全部从集美搬到安溪城关。战时，公路是日寇飞机轰炸的重点目标，许多地段都受到严重破坏，汽车往往要边修路边通行，有时甚至要把东西卸下，用人工肩挑背扛，把

林降祥

汽车推过去以后再把货装上，汽车再往前走。就这样，他们在两个月内完成了搬迁任务。

1938年10月，林降祥经中共厦门工委特派员李毅然介绍加入中国共产党。组成由李毅然任书记，林降祥与朱乃仁、林水芸为委员的中共龙门支部。李毅然调离后，林降祥担任龙门支部书记。当时日军准备进攻安溪，经常轰炸安溪县，为迎击入侵之敌，林降祥参与创建安溪抗日武工队，他以读书等各种借口，向家里要来巨资，于1939年在龙门镇建立了中共领导的抗日武装队伍——安溪武工队，还秘密在龙美村目场开办造枪厂。林降祥率领的这支武工队，在安溪沦陷前主要任务有两项：一是锄奸，二是抗暴、团结抗日力量。其间，安溪武工队在南安翔云发动过一次较大规模的群众抗暴斗争，击毙反动保长，活捉反动副保长，使500多户1500多名翔云人摆脱敌伪的欺压。这场斗争既打击了顽固势力，壮大了武工队声威，也使许多农民由此看到希望，加入中国共产党领导的抗日队伍。

在上级党组织的领导下，林降祥在龙门建立"安（安溪）南（南安）同（同安）白区工作基地"，一方面秘密发展党的组织，一方面发动更多青壮年投入抗日武装斗争。

1939年，为有利于抗日活动的开展，中共党组织派遣了一批共产党员和进步青年拟打入国民党政权任职，林降祥动员各方力量，发挥林家在安溪县和龙门镇多年积累的人际资源，设法安排多名共产党人进入龙门镇及所辖的村庄政权，在其努力下，龙门镇辖下12个保长，有10个都是中共地下党和进步青年，实现了"白皮红心"，林降祥任副镇长。

1940年，陈嘉庚率南洋华侨回国慰劳视察团回国慰问坚持抗战的中国军民，并于10月视察迁到安溪的集美学校。从安溪回集美，要途经龙门岭危险地区，一路上都是由林降祥和张连率领着中共地下武装跟随保护。据陈经华的《学村往事》一书中记载：

> 28日，陈嘉庚离开安溪赴同安……途中住林降祥家的"百间洋楼"。下午到达安溪龙门。
>
> 安溪龙门岭，是一段30公里的险路，过往行人都视为畏途。龙门岭地处安溪、同安、南安交界处，土匪与日寇、国民党军政勾结，在此拦道抢劫。当时厦门地下党指示龙门的地下党，"要用生命来捍卫校主陈嘉庚先生、捍卫陈嘉庚先生的荣誉，不能使其受任何损害。"为保证陈嘉庚一行安全过龙门岭，林降祥和张连他们做了周密的安排，暗中为陈嘉庚保驾护航。

1941年冬天，党组织派遣林降祥前往印度尼西亚，发动华侨支持祖国抗战，支持八路军、新四军。林降祥刚抵印度尼西亚，太平洋战争即爆发。在极其艰苦的条件下，林降祥团结爱国华侨，组织抗日团体，开展抗日工作。在泗水，他参与组织了民族抗日大同盟，并积极促成与另一个华侨抗日团体——反法西斯大同盟合并，组成抗日民族解放大同盟，领导东爪哇华侨的抗日活动，担任了抗日民族解放大同盟组织委员兼东爪哇支部书记。

抗战胜利后，林降祥担任华侨战时服务团组织委员。1946年，他动员父亲出资与著名爱国侨领张实中等在泗水创办《南侨日报》，与傅维丹、洪骏声等人在泗水和新加坡两地开办大华商行，据此积极开展革命工作，筹集资金支援国内解放战争。菲律宾华侨抗日游击支队第一任党支部书记王今生对此记忆犹新，晚年曾回忆："大华公司是林降祥拿钱来办的，……该公司是党的联络站。"

1952年，林降祥奉命回国，长期从事侨务工作。曾任中国侨联办公厅副主任、联络部负责人。1985年离休。

林醒民

林醒民（1914—1995年），原名林敦星，曾用名林提㽞，福建南安人，新加坡华归侨，曾任中华民族武装自卫会厦门分会会员，共青团厦门市第二区委书记，中共东台县三仓区委宣传科科长，中共东台县委交通站副站长，中共东台县委交通站代站长，中共苏中四地委交通工作委员会交通干部轮训队副队长兼党支部副书记，苏中四专署交通管理处主苏皖边区第一行政区交通局副局长兼交通管理科科长，苏皖边区第一行政区邮管一分局副局长兼交通管理科科长，苏皖九分区交通局局长，华中邮电局视察室主任，中共中央统战部二室秘书，福建省邮电管理局副局长，上海市邮电局副局长、代局长。

集美读书　投身革命

1914年，林醒民出生于福建省南安县（今南安市）诗山镇洋岭村一个侨商家庭。其父林贞铁，早年南下马来亚槟城谋生，后辗转前往菲律宾棉兰老岛，先是在他人的碾米厂帮工，后与人合资开了一家小碾米厂，林家生活也因此进入小康。

1926年，林醒民在南安老家读完小学，考入当地初中读书，但只读了三个月就因生病回家疗养。

1930年，在已到菲律宾打拼两年的长兄鼓励下，林醒民考进了陈嘉庚主办的私立集美高级水产航海学校。

私立集美高级水产航海学校位于集美学村，集美学村拥有革命传统，很早就有中共地下党组织。林醒民入学不久，就投身由中共地下党领导的抗日救亡活动。

林醒民在一篇题为《集美哺育了我》回忆录中曾忆起了自己投身抗日的经过：

> 在我读水产的第二年，即一九三一年，发生了九一八事变，大敌当前，青年学生热血沸腾，又是参加义勇军训练，又是下乡宣传抵制日货，我也卷入这样的救国浪潮中。翌年，又发生"一·二八"淞沪抗战，总算对日本帝国主义反击了一下，但蒋介石不抗日，也不准别人抗日，抗日军队只得撤离前线后又被迫入闽。我们集美学校的抗日救国气氛十分高涨，进步书刊较多，师长辈有不少是政治上开明人士，我从中得到启发和教育。我和周围一些比较知己的同学酝酿加入救国组织。一九三四年寒假后，回校就参加中华民族武装自卫会，自此以后就边读书边探讨抗日救国和革命道理。

被敌追捕　潜往星洲

因在抗日救亡活动中表现积极，林醒民于1934年2月加入了共青团，不久担任共青团厦门第二区委书记。

1934年6月，共青团厦门海员支部遭到敌人破坏，因林醒民常参加海员团支部活动，且有团员是由他发展的。为此，中共地下党下令其立即到团市委机关隐蔽。在隐蔽期间，他和团市委书记一起编印《团的武器》，并参加"建设百万红军"活动。1934年年底，因共青团厦门市第二区委机关被破坏，一些同志被捕，林醒民也被追捕。

在白色恐怖之下，林醒民被迫于1934年12月下旬离开厦门前往新加坡，投靠四叔父林起凤，在林起凤的南商公司做店员。

南洋抗日　被捕受逐

1935年1月，林醒民一抵新加坡，就参与当地的抗日救亡活动。这也使林醒民的毕业证一直到中华人民共和国成立后才拿到手。他曾在一篇回忆母校的文章中谈及自己领毕业证的经过：

> 一九五〇年一月初，我从福州去厦门，路过阔别二十余载的集美。停车到母校（水产航海学校）看望有无熟悉的老师和同学，我不失所望地不仅看到同班同学、担任教务主任的邓素尧，也看到教我们航海课程、担任校长的陈维风老师。座谈不久，陈校长说要拿一件东西给我，我不知是何物，连忙婉辞："我不能接受。谢谢。"他却说："不，不，应该给你的。"他出去几分钟，便拿来一个厚纸卷给我，说："这是你的毕业证书，你们班里的同学早都领走了，唯有你的一份学校还妥为保存着。"

在新加坡，林醒民很快与当地中共党组织联系上，在党领导下，在经商同时全身心投入华侨抗日救国运动。他带领青年店员查验日货，惩治奸商，还参与组织华侨为中国共产党领导的八路军、新四军募集捐款。同时，他参与策动工人以罢工抗议日军侵华。因表现勇敢积极，被新加坡英国殖民当局盯上，后被逮捕，狱中受尽折磨，抗日意志依旧坚定，公开表示与日本侵略者斗争到底，1941年6月，他被英国殖民当局驱逐出境。

回国北上　投新四军

回到祖国后，一心想投奔新四军的林醒民径直来到上海。

晚年林醒民在回忆录《集美哺育了我》一文中曾忆起陈嘉庚在新加坡对他的影响，认为这是自己回国投奔新四军的重要原因：

一九三八年，抗战一周年，新加坡各界爱国华侨在新世界娱乐场举行抗战一周年纪念会，校主（陈嘉庚）在大会上发言。他情绪激昂地报告抗战形势，指出只要全国团结一致，坚持抗战，就必然会取得胜利。发言中，对陈仪治理福建的糟糕情况表示不满，强调对贪污渎职的官员要严惩，政治要清明，才能动员一切群众进行抗战。陈校主的话使我们爱国青年认识到抗日必须依靠进步力量，依靠共产党的领导，但因种种原因，我被留在新加坡搞抗日救国工作……

1941年7月，林醒民与同在新加坡被驱逐出境的两位抗日华侨青年离开上海，向苏北进发。他们走水路至江苏省青龙港登陆，继续北行，于7月14日到达掘港，找到新四军四分区政治部陈同生主任，说明自己是从南洋回来，要求参加新四军抗日。第二天，林醒民经介绍来到盐城抗日军政大学通信总站掘港分站，正式参加了新四军。

加入中共　反击"扫荡"

刚一入伍，林醒民即遇上激战。当时，他与一批华侨和上海学生一起，前往位于盐城的抗日军政大学第五分校（简称"盐城抗大"），途经大中集时，遇到税务局局长林天国，他是林醒民在新加坡开展抗日救国活动时的老战友，林天国对久别的战友说：日本鬼子正集中2000多兵力和3万多伪军分数路"扫荡"盐城新四军军部驻地，盐城抗大已分散转移，还有一部分日、伪军已从南面迁回向大中集进攻。因此，要求林醒民等人立即东拐至裕华镇。到裕华镇后，林天国把林醒民等交给一位福建籍的新四军营长。林醒民等随军连夜乘民船向南转移，抵达东台县。

来到东台县，林醒民立即投入反"扫荡"战斗。中共东台县委把机关下乡干部和林醒民等准备去盐城抗大学习的人组织起来，三五人一组，深入到各乡发动群众进行反"扫荡"斗争。林醒民被分配到三仓区古贵乡，毕竟拥有近10年的斗争经历，林醒民工作工作积极，表现勇敢。后来又调到潘撤乡和黄撤乡等地工作，表现都很好。

在根据地反"扫荡"斗争胜利后，林醒民被中共东台县委留下来，在三仓区继续做群众工作。1943年9月，他光荣加入中国共产党。10月，被调到区委宣传科担任科长。他奔走于城乡，宣传中国共产党抗日主张，发动百姓支援新四军，参与组织当地群众应对接踵而至的"扫荡"与汪伪政府组织的"清乡"行动。

地下交通　构建"铁线"

日伪不甘心失败，继苏南澄、锡、虞，苏、常、太地区"扫荡"和"清乡"之后，阴谋于1943年把"扫荡"和"清乡"推向苏中根据地。

为了准备反"扫荡"、反"清乡"，迎接更艰苦的斗争，中共苏中二地委交通委员会决定抽调干部和人力，加强分区内的交通组织，合并干线和支线，建立交通网络，以便应战。当时的交通工作，不同于白区党的交通，还包括邮政、党内秘密联络通信与人员输送，集邮政、地下交通于一体，担负着传递大量的重要指示、文件、信件、党报和护送来往人员等繁重任务。

林醒民由于表现出色，特别是为人机警、处事沉着冷静，于1943年3月调到东台县参加党的交通工作，先到潘灊区（今江苏省大丰县潘灊乡）交通中心组担任组长。上任后，他调整潘灊交通中心组布局，改进信息传递与人员输送方式，使之更加隐蔽、安全与快捷，同时与周边党的地下交通组建立多重复线联络线，保证一线遇到变故，另一线能快速启动、顶替，他构建的地下交通线，因敌屡攻难破，被称为"铁线"。在他积极有效创新中，使潘灊交通中心组在反"扫荡"、反"清乡"斗争中发挥了重要作用。

升任站长　保障抗敌

在这一次反"扫荡"斗争胜利后，林醒民于1943年5月升任东台县交通站副站长。不久，因站长金德照去苏中交通总站学习，东台县交通站工作交由林醒民负责。

由于独特的地理位置，使东台县交通站成为苏中红色交通线的重要组成部分，有7条交通线与邻县联通。林醒民上任后，先是亲自调查、测算，根据各线过封锁线的时间等要求，提出"人停信不停，日夜兼程"与一昼夜须行120—150华里要求，严格制定了东台县交通站出班和到达的时间表，制订了上行线和下行线，提高了交通员的责任感，使他们明确按线、按时的交接任务，使东台全县的交通工作保持时刻畅通。

1943年夏，日军小林师团对苏中四分区进行"扫荡"，同时纠集1.2万多伪军向二分区沿海一线进行扫荡，从南北两个方向包围东台地区，意欲聚歼根据地党、政、军领导机关和主力部队。

林醒民毫不畏惧，战斗在东台县交通战线最前沿，及时解决各种突发问题，不但保持了交通线的安全运行，而且提升了速度，及时向中共东台县委及报社寄出"各地反扫荡情况汇报"，使他们迅速了解敌我双方的情况，快速变换应对战术。

反日封锁　再立新功

1944年3月，新四军一师及苏中地方武装，取得了车桥战役的胜利，苏中、苏北根据地逐步转入对日寇的反攻阶段。同时，盟军在太平洋战场取得节节胜利，日军既无兵力可增，也已无力联合伪军，对东台县进行大规模"扫荡"和"清乡"，只能固守所在据点和据点之间的交通线，以武力封锁中共抗日交通线。为保证上令下达和下情上送，林醒民领导东台县交通站开展"反日伪封锁交通"斗争，通过做封锁线两侧群众工作，及时向群众宣传世界反法西斯战况，鼓励百姓在黎明前最黑暗时刻坚持抗日，取得了"反日伪封锁交通"斗争胜利。

为配合反攻形势的到来，林醒民强化东台县交通站规范化与制度创新，建立健全各项业务制度，如采用封袋、装套的办法，减少逐站重复登记，大幅度提高效率。与之同时，他还在站里开展学习南泥湾精神活动，开荒种菜，下海捕鱼捉蟹，减轻组织负担。在苏中二分区模范交通站竞赛中，东台县交通站取得了优胜，林醒民也受到区党委交通委员会的表彰，得到了一本纪念簿，纪念簿上写道："林醒民同志：发扬你不屈不挠的坚韧精神与雷厉风行的工作作风，永远做交工战线上的榜样。"

苏中区党委书记陈丕显对包括东台县交通站在内苏中地区交通工作给予很高的评价。他说："不难想象，敌人四处'扫荡'，我地方武装分散作战，却又缺少现代通信设备，如果没有这样一个四通八达的秘密通信网络，怎能及时传送情报，相互协同配合？！"

1945年3月，林醒民调往苏中四地委交通工作委员会工作，参与筹办四地委交通干部轮训队，任副队长兼党支部副书记。在此任上，他迎来抗日战争胜利的那一天。

沪闽二地　执掌邮政

抗日战争胜利后，林醒民先任苏中四专署交通管理处主任，之后担任苏皖边区第一行政区交通局（1946年春更名为邮管一分局）副局长兼交通管理科科长。1946年9月任苏皖九分区交通局局长。1948年3月，调任华中邮电局视察室主任，9月调到中共中央马列学院学习。11月调到中共中央统战部二室担任行政秘书。

1949年年底，林醒民调回福建，担任福建省邮电管理局副局长。1952年9月，调至上海，先后担任上海市邮电局副局长、代局长。1983年离休。

1995年6月18日，林醒民病逝于上海。

柯朝阳

柯朝阳（1894—1984年），别名方明，福建厦门人，马来西亚归侨。曾任上海泉漳中学董事长、新加坡《南洋商报》总经理、新加坡《南洋商报》总经理、新加坡《南侨日报》总务部兼发行部主任，新加坡纸品厂营业部主任、海澄华侨养殖场场长、同安县侨联主席、同安县副县长、福建省侨联副主席、致公党福建省委副主委。

南洋学徒　事业有成

清光绪二十年（1894年）十二月二十六日，柯朝阳生于同安县民安里内厝乡田中央村（今属厦门市翔安区）一个侨商家庭。父亲柯守分早年旅居马来亚槟城，与友人合开泉合发皮革店，兄长在缅甸仰光经营锡矿开采，因此柯家为同安当地殷实之家。刚满7岁，柯朝阳即进私塾读书，15岁南渡槟城，在父亲入股开设的皮革店当学徒。因勤劳有加且善于经营，父亲从其股息中抽出10000多元，支持儿子在新加坡另立泉协发皮革店，让他与堂兄柯鸿渐、柯清濯合伙经营。

柯朝阳极富经商天赋，泉协发皮革店经营得有声有色。经商有成的他始终不忘兴办教育，1920年他与施芏创设星洲南洋工商补习学校。1922年，柯朝阳携资赴缅甸仰光开设泉协发皮革店分号，并在印尼开设纺织厂和贸易公司，生产花裙和经销美国罐头食品，不久又在旧金山设立泉协发皮革分店。

晚年柯朝阳

1924年和1925年，马来亚的橡胶市价上涨，柯朝阳生意愈加兴隆。1929年他在马来亚柔佛开设锯木厂和机制砖厂，颇具规模。因与堂兄柯鸿渐意见不合，柯朝阳开始寻求新的奋斗目标。

倾心革命　投身抗日

为寻找商机，柯朝阳曾往美国、日本考察，美日的富强与祖国积贫积弱，使之再也不安心于做一个成功的企业家，特别是台湾之行，当他看到祖国的神圣领土被日本强占，柯朝阳的人生有了更大的目标：报效祖国，强我中华。

1929，柯朝阳回到祖国，在上海开设华侨商业公司。1931年，在上海另设仰新公司。九一八事变之后，在日本留学的一批闽南学生逃回到上海，开展抗日救亡工作。柯朝阳独资支持《现实周刊》出版，刊载大量文章，呼吁抗日救国。这批青年在上海搞地下抗日救亡斗争时，一些秘密文件请求柯朝阳帮助藏于仰新公司的铁柜中，柯朝阳慨然相助。《现实周刊》后因国民党反动派的迫害，被迫停刊。

1932年，柯朝阳向上海泉漳中学捐资，被推任为该校董事长。当时，他经营的生意受阻，但仍排除万难全力支持泉漳中学。柯朝阳聘请了一批具有革命思想的进步教师来校任教，其中有著名哲学家艾思奇、文学家穆木天和早期共产党员王宣化、卢水玉、汪金丁等人。厦门的中共党员吴静邦和云霄县同情革命的颜天德等，便是当时上海泉漳中学的学生。当时该校培养出不少的共产党员。后来，国民党当局认定泉漳中学是赤色据点，派出军警拟逮捕革命教师。柯朝阳事前从上海青洪帮头领杜月笙的亲信叶清河处得知情报，紧急通知并帮助革命教师安全撤离，但是仍有进步学生60多人被捕，泉漳中学于是被封。这期间，他在海内外的商务不振，各业为族人所吞并。

1934年，柯朝阳小住同安老家，正遇上当时厦门的中共党团组织在左倾路线的影响下受到破坏，国民党反动派大肆搜捕中共党团员和仁人志士，柯朝阳参与掩护共产党人。中共党员许雪玉（后赴延安抗大，新中国成立后曾长期在中侨委工作）和黄楚云就是在柯朝阳先生的妥善安排下，分别前往上海和新加坡躲避。

返回南洋　继续抗敌

1936年，柯朝阳又回到新加坡，任《南洋商报》总经理，后辞职。1940年前后，他在新加坡海芭筑堤养鱼虾，兼营畜牧业，颇有效益。他将收入捐给祖国抗日，并参加陈嘉庚领导的南洋华侨筹赈祖国难民总会，成为新马华侨抗日救亡运动骨干。

1942年至1944年，新加坡沦入日军之手。柯朝阳到柔佛州承包筑路工程，当时马来亚共产党领导的人民抗日军正出生入死与日军激战，时任马来亚人民抗日军第四独立大队一中队三分队队长的陈诚志是同安新圩人，柯朝阳为他所率领的队伍提供了大量经费、药品、衣服以支持。他还不顾个人安危，一次次帮助马来亚人民抗日军官兵转危为安，继续与日军血战。

1945年8月，柯朝阳与友人合办《新民主报》，自任经理，因为在报上撰文猛烈抨击国民党政府发动内战，柯朝阳被捕，后经陈嘉庚营救获释，重新从事渔牧企业的经营。

1946年，柯朝阳出任《南侨日报》总务部兼发行部主任，此报为陈嘉庚创办的进步报纸。胡愈之任该报社长，洪丝丝任经理。1954年，柯朝阳任陈嘉庚女婿李天游开办的新加坡纸品厂营业部主任。其间，柯朝阳出资掩护或营救了不少共产党人。

回到故乡　造福家乡

1955年7月，柯朝阳回到家乡，参加祖国建设。1956年，他投资3000元，在海澄创办了华侨养殖场。1956—1980年，4次当选为同安县副县长，连任3届同安县政协常委、6届同安县侨联主席和4届福建省侨联副主席。

1980—1983年，历任同安县政协副主席、县人大常委会副主任、同安儿童基金会副会长，并先后任全国侨联委员、全国政协委员、致公党中央委员会常务委员、致公党福建省委员会副主任委员、厦门市侨联常委等职。

　　1981年开始，柯朝阳将自己从50年代储存的10000元连同利息，作为奖励同安县当年参加高考的文科和理科前三名优秀学生，每人500元，这在当时是一笔不小的数额。1983年，他用自己的积蓄并得到子女的支持，捐资设立"柯朝阳奖学金"，1984年4月8日，柯朝阳逝世于同安。他病逝后，其子女共同捐资100万港元，在香港注册成立柯朝阳奖学金，坚持每年奖励同安各中学参加高考文、理科前五名学生和资助10名贫困学生。2007年起柯朝阳奖学金同时奖励厦门市同安区、翔安区高考优秀学生和资助贫困学生。

位于厦门华厦职业技术学院内的柯朝阳与夫人陶爱菊铜像

施 耀

施耀（1920—1986年），福建晋江人，菲律宾归侨。曾任菲律宾华侨抗日反奸大同盟中吕宋分会主席，中共闽南地委特派员，中共厦门工委书记，厦门市人民政府人事科科长，厦门市税务局副局长，中共厦门市委秘书主任，中共福建省委统战部工商处副处长、党派处处长，中共厦门市委统战部部长，厦门市人民政府副市长，厦门市政协副主席、主席。

施耀生于福建省晋江县龙湖乡石厦村，12岁时赴南洋谋生，做过杂工，做过店员。一边做工，一边坚持到华侨办的夜校学习。

全国政协主席邓颖超（右1）视察厦门时与施耀（左2）亲切交谈

1937年7月，卢沟桥事变爆发，日本帝国主义发动全面侵华战争，抗日战争全面打响。施耀当年仅有17岁，他立即投入当地华侨抗日救亡活动中。他捐出了自己下南洋后所有积攒下来的钱，用于支持祖国抗战。他与华侨进步青年一起，一下班就参与征集军衣、义卖、募捐活动，还挨家挨户动员华侨抵制日货，动员商号不与日商做生意，他每天奔波，常常夜以继日。

1941年12月，太平洋战争爆发，日本加紧南侵，菲律宾沦陷。日军占领菲律宾后，一方面捕杀抗日华侨，一方面扶持了部分汉奸，试图瓦解华侨抗日阵线。在中共资深党员许立领导下，一批抗日爱国华侨志士立即组织菲律宾华侨抗日反奸大同盟，发动华侨工人、店员、学生和文教界、工商界等各行各业爱国人士，以各种形式反抗日本侵略者。21岁的施耀，因为在之前抗日救亡活动中所展现出的组织与动员能力，被选为菲律宾华侨抗日反奸大同盟中吕宋分会主席。上任后，他积极动员当地华侨青年参加抗日武装，用各种形式警告惩处那些与日军合作的华侨。与之同时，他一方面参与为菲律宾华侨抗日游击支队筹款和筹措药品、服装等；一方面收集、整理、分析情报，并及时传送给华侨抗日武装。他还经常将了解到的第二次世界大战中盟军作战胜利的消息整理成文，印成传单，及时传递给当地人民，鼓励菲律宾人民坚持打击侵略者。施耀也在这期间经受了考验，并加入了中国共产党。

1949年3月，施耀奉命回到战火纷飞的祖国，参加解放战争。5月，任中共闽南地委特派员，负责厦门地区巡视工作。不久，任中共厦门工委书记。当时，正处于黎明前最黑暗期，白色恐怖甚重，施耀在十分复杂的政治环境中，指导开展进步学生运动，领导学生、工人护厂护校。同时，发动学生和百姓拿起枪杆，输送不少学生党团员和革命群众参加闽南游击队或支持闽南游击队武装斗争。

中华人民共和国成立后，施耀历任厦门市人民政府人事科科长，税务局副局长，中共厦门市委秘书主任，中共福建省委统战部工商处副处长、党派处处长，中共厦门市委统战部部长，厦门市人民政府副市长，厦门市政协副主席、主席等职，是中共厦门市委第二、三、五届委员，厦门市人大第七、八届代表。

1986年，施耀病逝于厦门。

洪雪立

洪雪立（1901—1984年），原名洪学礼，福建南安人，菲津宾归侨，著名报人、社会活动家。曾任中共福建省晋南县山边区委书记、福建厦门《江声报》编辑、厦门《抗日导报》主编、厦门青年战时服务团秘书长兼组织部部长、菲律宾《建国报》创办人之一、菲律宾共产党吕宋中央局经济委员会顾问、菲律宾共产党特别委员会常务委员兼组织部部长、菲律宾共产党华侨委员会常务委员兼组织部部长、国家内务部聋哑司司长、中国盲人聋哑人协会副主任、北京市聋哑学校校长。

洪雪立为华侨世家子弟，生于福建省南安县（今南安市）丰州镇，11岁父亲病逝，在家乡完成小学、中学教育，学业优良。在中学读书期间，阅读了大量进步书刊，开始探索祖国积贫积弱原因，倾向通过革命复兴中华。

19岁时，洪雪立与同乡一起下南洋，先到新加坡，不久转往印度尼西亚谋生。洪雪立从少年时期即仰慕推翻封建帝制的孙中山，研读了大量孙中山著作，十分拥护孙中山民主革命，特别赞同孙中山"联俄、联共、扶助农工"政策。印尼侨界曾在孙中山领导的辛亥革命中发挥过重要作用，1926年，洪雪立在印尼加入中国国民党，并出任中国国民党爪哇支部红排分部常务委员。

1927年，蒋介石发动四一二反革命政变，屠杀共产党人和革命群众，洪雪立坚决反对，毅然脱离国民党爪哇支部，回到南安丰州老家，与洪骏声等在丰州孔庙开办南安青年夜校，教授城乡青年学习文化，了解国内外大事，以此传播革命思想。这次办学经历，使他意识到办学是传播革命思想和培养革命力量极好的途径，与洪骏声等参与筹办中南学校。

1929年，洪雪立受中南学校董事会的委托，到菲律宾为中南学校募捐经费，其间加入中国共产党。1930年从菲律宾回国，参加中共丰州支部活动，6月任中共泉州县委委员兼南安区委书记。8月被捕，经保释后避往印尼爪哇岛，辗转至离泗水100多公里的玛琅城任教。

1931年，洪雪立与洪骏声、林仲等人在印尼泗水建立中共玛琅中学支部，出版《赤潮》刊物宣传革命。1933年《赤潮》被荷兰殖民当局查封，洪雪立被驱逐出境。

1934年，洪雪立回到泉州，由中共泉州特别支部安排到晋江紫帽乡和华表山麓的华林小学开展工作。次年，中共泉州特别支部并入中共晋南县委，洪雪立调任中共山边区委书记，参与开辟晋南红色根据地。

1935年，国民党重兵向晋南边区发动大规模围剿，党组织受到严重破坏，洪雪立转移到惠安县当教员，与党组织失去联系。

1936年夏，洪雪立在厦门《江声报》任编辑，并与中共厦门市工委取得联系，参加文化支部的活动。

《江声报》是老同盟会会员许卓然创办的一份革命报纸，后来孙中山为之亲题报名。1937年七七事变爆发后，国共两党发表联合声明，宣布一致抗日。《江声报》向来主张团结御侮，在洪雪立和同事们的努力下，更加大力宣传抗战，以鼓舞群情。为此，《江声报》特购置一架新式卷筒印刷机，每日出报对开三大张，并出一张晚报，报名《厦门大报》，随《江声报》赠送订户。由于消息刊登及时，版面内容丰富，抗日宣传又得人心，所以到了1937年年底，报纸销量上升523到4000多份。抗日战争中，厦门各界成立抗日后援会，洪雪立积极奔走，促成厦门文艺界后援会创办的《抗日导报》问世，并亲自兼任主编。在他主持下，该报全力刊登抗日檄文，大力宣传抗战必胜，反对分裂、投降。

1938年5月中旬，厦门沦陷，《江声报》内迁泉州。此时，中共厦门市工委组织厦门青年战时服务团（简称"厦青团"），在漳州一带开展工作，洪雪立离开报社，担任该团秘书长兼组织部部长，率团在漳州城乡宣传中共抗日主张。1938年10月，国民党驻漳州部队七十五师派兵包围厦门青年战时服务团团部，逮捕团员骨干。洪雪立奉命到香港组织厦青团后援会，发动港澳和海外乡亲声援厦门青年战时服务团，要求国民政府释放被捕团员，最后迫使福建省政府主席陈仪同意释放被捕团员，他同时将厦门青年战时服务团团员安排到各地。

1939年，为发动华侨支援祖国抗日，洪雪立到菲律宾筹建报馆，出版抗日报纸《建国报》。

1941年12月太平洋战争爆发后，洪雪立在菲律宾共产党领导下参加保卫侨居国抗日战争，先后担任过菲共吕宋中央局经济委员会顾问，菲共特别委员会常务委员兼组织部部长、菲共华侨委员会常务委员兼组织部部长等职，参与创办抗日报纸《华侨导报》《华商公报》，在极其困难情况下宣传抗日，有力地鼓舞了菲律宾华侨的抗日斗志。

1948年，洪雪立肺病加重，回北平治疗。1953年在新中国教育部工作，1959年任国家内务部聋哑司司长。1960年被选为中国盲人聋哑人协会副主任，主持制订《关于修订聋哑人通用手语工作方案》。后来，出任北京市聋哑学校校长，主编了4部聋人手语图书，成为中国著名聋教学家。

1984年，洪雪立病逝。

黄绿萍

黄绿萍（1899—1972年），又名李华，笔名白云飞、白羽、鲁女，福建龙岩人，新加坡归侨，著名报人。曾任广东省汕头市《星华日报》经理，广东省汕头市《星华日报》驻闽西特约记者，新加坡《星洲日报》驻闽西特约记者，福建省闽西自治人员养成所教员，福建省厦门市《星光日报》编辑、福建省厦门各界抗敌后援会执行委员，新加坡《星洲日报》主笔，马来亚《星槟日报》主笔。《中华公报》董事长兼《星槟日报》经理，《现代日报》主笔，《现代周刊》主笔，民盟厦门市分部临时工委主委，厦门市侨务局局长，厦门市政协常委、主席。

亦文亦武　渐成名记

1899年10月，黄绿萍生于福建省永定县（今龙岩市永定区）湖坑镇奥杏村，毕业于家乡广德学校，能诗会文。1922年到缅甸仰光做药房文书。因为好文，曾为当地侨办的华文报纸《仰光日报》写稿，颇受好评，因此兼任《仰光日报》外勤记者。不久，黄绿萍回国，负责经营厦门大南烟庄。

1926年，黄绿萍投身国共合作的北伐战争，先后出任北伐东路军总指挥部机要秘书、中央革命委员会总政治部宣传处代处长，后调至国民革命军第四军政治处工作。第四军是国民革命军的始创部队之一，更是北伐的主力，曾在湖南及江西分别大胜吴佩孚及孙传芳部，因而赢得"铁军"的称呼。第四军共产党员甚多，北伐途中国民党实行"分共"，部分由中国共产党掌握的部队在南昌发动南昌起义，成为共产党直属部队。之后第四军发展成国民革命军第十九路军，成为"一·二八"淞沪抗战中的著名抗日部队。黄绿萍不满国民党分共，于1930年到新加坡从事新闻工作。

黄绿萍与南洋大亨胡文虎是永定同乡，胡文虎也很欣赏他的才华，聘他到广东汕头筹办《星华日报》。《星华日报》创刊之后，他奉命回到福建，担任汕头《星华日报》、新加坡《星洲日报》等报社驻闽西特约记者。

闽省抗日　南洋御敌

1933年11月20日，李济深、陈铭枢、蒋光鼐、蔡廷锴等人以国民党第十九路军为主力，在福建福州发动抗日反蒋的"福建事变"，建立了抗日反蒋政权——"中华共和国人民革命政府"，黄绿萍任闽西自治人员养成所教员，积极在闽西进行抗日宣传。

1934年1月21日，在蒋介石重兵围剿之下，"福建事变"失败，黄绿萍回到厦门，重操旧业，担任《星光日报》编辑。在编辑任上，他因编辑、刊出了大量抗日文章，常受到在厦门的日本人的威胁，但他毫不畏惧，继续坚持抗日宣传。

1937年七七事变后，日本开始加紧入侵闽南的准备，不断以飞机、战舰袭扰厦门。在民族存亡的紧急关头，厦门人民抗日情绪高涨，黄绿萍积极策动厦门成立抗日统一组织，以更有力领导厦门百姓抗日。1937年7月28日，厦门各界抗敌后援会成立，选举执行委员69人，黄绿萍因积极宣传抗日，被选为执行委员。他参与组织大型抗日演讲会、歌咏会、报告会，同时参与组织了大规模抗日游行及募捐慰劳公演，发动群众开展献金献力、慰劳前线抗日将士及金门难民等活动。

1934年5月厦门沦陷后，黄绿萍坚持在闽南、闽西进行抗日宣传。

1940年黄绿萍赴新加坡，担任《星洲日报》主笔。七七事变之后，为满足南洋一带的华侨读者对中国时局发展的关切，《星洲日报》增出一份《星洲晚报》，专门报道祖国抗日军情，并谴责日本侵犯中国的暴行。黄绿萍撰写了大量抗日宣传文章，对唤起当地华侨投身抗日发挥了作用。据记载，仅经《星洲日报》代汇回国的捐款数额就达100多万元。除了捐款，华侨回国直接投军杀敌者也是络绎不绝。他们中的许多人在抗战中建立了卓越的功勋，有些人还献出了宝贵的生命。1940年6月，延安《新中华报》曾发表社论指出："所有这些直接、间接参加抗战的工作以及对政府早期《星洲日报》财政上的帮助，都说明了华侨在抗战中的伟大作用，没有他们的努力，国内的抗战一定是更加困难。"

1939年元旦，胡文虎独资创办的《星槟日报》在马来亚槟城出版。在《星槟日报》创刊庆典上，胡文虎重申此时办报宗旨："文虎办报，……就当前而言，抗敌救国，匹夫有责。因此，星系各报目前最高旨趣是为国家服务，为抗战努力。"黄绿萍后调往此报当主笔，任上竭尽全力为祖国抗战鼓与呼，不但著文抗日，还参与组织槟城系列抗日救国活动，一直坚持工作到太平洋战争爆发、《星槟日报》停刊时。

槟城沦陷后，黄绿萍避难山乡，拒不事日。

资深报人　回国效力

第二次世界大战结束后，黄绿萍在马来亚槟城创办《中华公报》并任董事长，同时兼任《星槟日报》经理，后改任《现代日报》主笔、《现代周刊》主笔。1946年，黄绿萍在马来亚槟榔屿加入中国民主同盟（简称"民盟"）。1949年回国。

中华人民共和国成立后，黄绿萍负责筹组民盟厦门市地方组织。1950年任民盟厦门市分部临时工作委员会主委。1952年任厦门市侨务局局长，先后当选为厦门市第一至第五届人民代表，历任厦门市第三至五届人大常务委员，厦门市政协第一届常务委员、第二至四届主席，福建省政协一至三届常务委员，民盟福建省委常务委员，还曾任福建省人大代表。

1972年3月，黄绿萍在厦门病逝。

黄 薇

　　黄薇（1912—2000年），原名黄维英，曾用名南君，福建龙岩人，新加坡归侨，著名记者、报人。曾任新加坡《星洲日报》记者，徐州会战武汉战地记者团团员，香港《星岛日报》记者兼国民政府战时妇女干部训练班教员，菲律宾《华侨导报》总编辑，新华社香港分社总编辑，全国妇联候补委员、执行委员，中共中央统战部研究员，中共中央对外联络部研究组组长。

两次抗婚　终获成功

　　1912年，黄薇出生于福建省龙岩县（今龙岩市）龙门镇赤水桥村一个书香门第。四五岁时由父母做主，与福建省议会副议长、同村人郑丰稔的二公子订婚，并在郑丰稔的资助下赴厦门集美女子师范学校读书。在集美学校，黄薇品学兼优，以乐于参加学校文体活动而著名，被选为学生会委员，深受师生喜爱。当时，郑丰稔的二公子也在集美学村读书，见之经常在学校唱歌跳舞演戏，十分出众，担心被人横刀夺爱，写信告之父亲，父亲十分看好这位准儿媳，写信要她回家乡完婚，并许诺婚后仍可以继续上学。黄薇不允，写信告知郑丰稔，中学毕业还要上大学，并认为原来婚约属封建包办，希望能够解除婚约。在苦劝未果的情况下，黄薇选择抗婚，并在哥哥的帮助下逃离学校，躲入厦门同学家，最后终于与郑家公子解除封建包办婚约。

1939年黄薇以新加坡《星洲日报》和香港《星岛日报》记者身份在重庆采访

留日期间　投身革命

　　抗婚成功之后，黄薇回校读书，一年之后以优异的成绩从女子师范学校毕业。当时，集美女子小学要聘请她去任教，却遭到校董的否决，理由是解除婚约是对社会的叛逆，这样的人没有资格为人师表。为此，黄薇投书《厦门日报》，控诉厦门女子小学校董的封建愚顽，这篇檄文在《厦门日报》发表后引起社会的广泛关注，各界人士的支持和鼓励，使黄薇第一次真切感受到新闻舆论的作用，萌生当新闻记者之心。

　　黄薇是著名爱国侨领黄复康的胞妹，比哥哥小10岁。父母双亡后，哥哥定居印度尼西亚苏门答腊岛的亚沙汉。黄薇在寒暑假到南洋与哥哥团聚时，结识了不少在大革命失败后流亡到南洋的进步人士，并通过他们了解到日本翻译出版了许多马列主义著作，便决心前往留学。

1933年，黄薇考入日本明治大学政治经济学系，课余在新闻系旁听，并很快成为学生左翼团体的领导成员之一。从1936年开始，在中共东京支部领导下参加革命活动，曾发起创立留东妇女会，并加入"社会科学座谈会"等革命团体。1937年从日本明治大学毕业。

回国抗日　战地记者

1937年七七事变之后，祖国全面抗战爆发，黄薇没有选择回南洋过安宁舒适的生活，而是回到了祖国。由于哥哥在南洋，黄薇在中共党组织的建议下赴南洋宣传抗战，并加入新加坡《星洲日报》。

1938年3月，黄薇作为《星洲日报》特派记者重返祖国，并加入了中国青年新闻记者协会。这是由周恩来代表中共中央建议、由胡愈之、夏衍、范长江等发起、于1937年11月在上海成立的抗日新闻人团体。

1938年1月至6月间，中国军队在以徐州为中心的江苏、山东、安徽、河南等省展开抗击侵华日军进攻的作战，史称"徐州会战"，这是中国抗日战争中一次重要的会战。

黄薇毅然参加徐州会战武汉战地记者团，赴前线采访。她是战地记者团中唯一的女性。为能全身心在战地采访，她剪了一头男式短发，冒着枪林弹雨在前线采访，其中几次参加激烈的遭遇战，并一次次与前线将士一起成功突围，写下了大量报道抗敌将士和揭露日军暴行的消息、通讯，对唤起更多华侨支援祖国抗战发挥了重要作用。

1938年4月黄薇作为战地记者团唯一女记者在徐州抗日前线采访留影

从前线采访回来后，在武汉八路军办事处的安排下，随世界学联代表团奔赴延安参观访问，毛泽东主席多次接见了她，并与之交谈。听说她想留在延安系统学习革命理论，毛泽东对她说："当记者也是学习，你是回国参加抗战的唯一华侨女记者，把自己见到的写出来向海外报道，这个工作更有意义。"毛泽东还告诉她："最近陕甘宁边区各界组织了一个参观团，到晋察冀边区去慰问、参观，你可以同他们一起去，看看我们在敌人后方的工作、斗争情况。"

黄薇接受了毛泽东的建议，深入华北敌后采访。她不畏艰辛，不惧风险，或骑马、或步行，穿梭了40多个县，行程数千里，采访了聂荣臻、贺龙、萧克、左权、周士第、甘泗淇、舒同、李达、孙志远、陈锡联等八路军著名将领和国际主义战士白求恩，还采访军民抗日英雄模范等，先后撰写100多篇通讯，这些通讯或讴歌中国共产党领导人民英勇抗击日寇，或揭露日寇在中国令人发指的兽行，或报道八路军的艰苦奋斗，或呼吁侨胞以药品等急需物资支援八路军。

黄薇采写的来自华北战地的系列报道，先后在《星洲日报》《星洲晚报》上连载了6个多月，并被东南亚众多华文报刊转载，对东南亚华侨以各种形式支援祖国抗战发挥了积极作用，一大批华侨青年读了她写的报道，告别亲人，回国参战。后来，黄薇将自己写的战地通讯结集出版时，萧克将军挥笔为之题词："以笔为剑，当得三千毛瑟枪。"与之同时，她的报道，还促使东南亚众多华侨从"拥蒋"逐渐转向"拥共"，并最终抛弃蒋介石领导的国民党，投入了中国共产党领导下的新中国建立过程。

重庆历险　再写传奇

1939年，黄薇被聘为香港《星岛日报》驻重庆特派记者，奉中国共产党之命，驰赴当时中国陪都重庆，以华侨记者的特殊身份进行对敌斗争。

在重庆新闻界，黄薇十分活跃，她的见识以及深入前线采访的经历，使之很快引起国民政府上层人士的关注，宋美龄曾在一次会上请她就华北敌后的情况作报告，还聘请她任战时妇女干部训练班教员。国民政府主席林森也很欣赏她的才干，希望她能参加国民党，表示准备让她当国民参政会参政员，并可

1938年5月27日从徐州前线回到武汉的战地记者受到《新华日报》社的热烈欢迎，前排中为黄薇

以派去美国留学。

国民参政会是抗日战争时期由国民政府成立，包括国民党、共产党及其他抗日党派和无党派人士代表在内的全国最高咨询机关，是第二次国共合作的产物，也是抗日民族统一战线的重要政治舞台，毛泽东、陈绍禹、秦邦宪、林伯渠、吴玉章、董必武、邓颖超7名中国共产党人接受了国民政府的聘请，担任国民参政员。能当参政员，在当时是一种很高的政治身份，但黄薇一次次拒绝了这些在当时不少年轻人认为千载难逢的机遇，继续战斗在重庆新闻战线。

黄薇不断从国内向南洋发回介绍中国共产党坚持抗日的新闻，特别是屡屡向海外媒体报道延安和八路军华北抗日战绩，引起国民党右派势力的不满，蒋介石亲自下令注意黄薇的动向，并责怪宋美龄不该让黄薇到训练班去宣传共产党，随即取消了她在战时妇女干部训练班教员一职。

1941年1月，皖南事变发生后，国民党企图封锁消息，禁止报纸刊登揭露皖南事变真相的文章，周恩来在《新华日报》上愤然写下了："千古奇冤，江南一叶；同室操戈，相煎何急？！"黄薇通过采访叶剑英、冯玉祥等及时向海外华侨报道皖南事变真相，同时坚持将周恩来刊发在《新华日报》上的愤怒诗句发往海外，对国民党破坏团结抗战的罪恶行径进行了大胆揭露，促使皖南事变向着有利于国共团结共同抗日的方向转变。

了解了皖南事变真相的海外华侨，从民族利益出发，表示出极大的关切和忧虑，纷纷致电国民政府，谴责事变的制造者，呼吁：国共团结，反对分裂。南侨总会主席陈嘉庚致电国民政府，主张国共两党息事抗日，他忠恳指出：借此"敌焰犹张，国仇未雪，如复自为鹬蚌，势必利落渔人，民族惨祸，伊于胡底。""祈主张，弭止内争，加强团结，抗建前途，实利赖之"。马来亚吉隆坡侨领洪进聪指出："中华民族处于千钧一发之际，凡属黄裔自应本国家至上、民族至上之旨"，"绝不应有国民党、共产党之分，自召崩溃分析之祸，演成两败俱伤之局，至为国民所痛而敌奸所快。"菲律宾侨领余清篯和准备回国参加国民大会的五位海外华侨代表都认为，"皖南事变的发生，成为抗战以来最不幸的事件之一，而且也是最痛心的事"。菲律宾华侨各劳工团体联合会、青年会等七大侨团致电蒋介石，指出："不宜自起分裂……诸保存实力，共同对外。"马来亚槟城各帮会与工商团体及文化机关35个侨团联衔致电

蒋介石要求团结抗日、反对内战。新加坡、越南、印度尼西亚等地的华侨也函电交驰，对皖南事变表示痛心。

这一切，终促使3月6日蒋介石在国民参政会上保证："以后绝无剿共的军事行动。"3月14日蒋介石主动约见周恩来，表示释放被捕新四军人员，继续向新四军、八路军发饷，减轻对《新华日报》的压迫等一些具体问题，可以提前解决。

虽黄薇报道对国家、民族有利，但她也因此被列入黑名单，成为国民党特务必欲除之的眼中钉。

极为赏识黄薇人品的冯玉祥，在获知特务将捕杀黄薇消息后，请黄薇到他的公馆避难。黄薇不惧生死，她说："我不能在这种时刻躲起来，我要战斗，为了自己的事业哪怕牺牲一切。"周恩来夫人邓颖超两次私下与黄薇谈话，指出形势之严峻，要她马上离开重庆去香港。有着丰富斗争经验的邓颖超大姐耐心地为她分析："你想过没有，你是从日本回来的，他们会在这点上怎样做你的文章？"

黄薇在邓颖超的周密安排下离开重庆。而就在飞机起飞前的几分钟内，还发生了一个有惊无险的小插曲：特务们没找到机会下手又不甘心让黄薇走掉，就派了一个女官员企图利用搜身之际栽赃诬陷她。他们没想到这位奉命来搜查的女官员，竟是黄薇在妇女干部训练班上教过的学生。她一边用手在黄薇身上象征性地摸索着，一边俯在她耳畔悄悄地说："我是你的学生，我不会害你。"由此，黄薇成功脱险，撤往香港。

历尽艰险　菲岛办报

在香港，廖承志转达了组织派黄薇去菲律宾的决定。

1941年9月，黄薇由香港来到菲律宾，以《星岛日报》记者的身份，在当地华侨中上层人士中开展工作。1942年，黄薇加入中国共产党。

1941年12月，日本突袭珍珠港，太平洋战争爆发，日本侵略者占领菲律宾，开始疯狂捕杀抗日华侨领袖与爱国侨胞。为进行"东亚共荣"反动宣传，日本侵略者在马尼拉创办了华文报纸《马尼拉新闻》。为了揭露侵略者的阴谋，也为了坚定华侨抗战必胜信心，中共资深党员、菲律宾华侨抗日领袖许立参与创建了地下抗日报纸《华侨导报》，此时化名"南君"的黄薇奉命出任总编辑。

当时敌人为了严格封锁中国抗战消息，下令改装民间所有的短波收音机，凡胆敢收听英美广播的一律处决。黄薇和同志们早已将生死置之度外，白天他们以做杂货生意为掩护，夜晚在低矮的阁楼上，用小小的短波收音机收听莫斯科、旧金山、重庆的广播，将消息速记下来，然后编辑、刻蜡纸、油印。

为使报纸发行能躲过敌人道道搜查，黄薇和同志们想了许多妙招，他们有时把报纸折起来塞在雪茄烟或火柴盒里，有时把它卷起来装在发蜡筒中，有时夹在《圣经》里，有时则放在菜篮下……

《华侨导报》在极其险峻和严酷的环境中，一直坚持出版发行到第二次世界大战胜利之后。菲律宾抗日反奸大同盟在《三年奋斗史》中有这样评价："《华侨导报》的出版，使整个抗日反奸同盟在宣传工作上，在组织的巩固和发展上，在同敌奸作各种斗争上，都起到了极其重大的作用。"

转赴香港　再建新功

　　1947年10月，菲律宾当局受国民党的挑拨和唆使，对华侨进步人士和进步报刊的迫害日益加剧，作为总编辑的黄薇被菲律宾国家调查局传讯，《华侨导报》被迫停刊，组织安排她紧急撤到香港。到香港后，黄薇出任新华社香港分社第一任总编辑，当时的社长是后来任共和国外交部部长的乔冠华，副社长是后来曾任国家宗教事务管理局局长的肖贤法。

　　中华人民共和国成立后，黄薇历任全国妇联第一届候补委员和第二、三届执行委员、中共中央统战部研究员、中共中央对外联络部研究组组长等职。

　　1982年7月，黄薇离休。著有《回到抗战中的祖国》等书。

　　2000年，黄薇在北京逝世，终年88岁。

萧枫

萧枫（即肖枫，1917—1991年），又名萧田湖、萧师颖等。福建安溪人，印尼归侨，1936年1月参加革命，曾任中共海外工作团团员、上海市学生救亡协会服务部长、党内党团委员，暨南大学支部委员及华侨同学会主席，在新四军苏中军区担任过副区长、苏中军区政治部前线剧团政治教导员、苏中军区供给部政治协理员、华中野战军七纵后为十一纵三十一旅直工科长，中国人民解放军三野十兵团二十九军八十五师二五四团政治处主任，厦门大学军事副代表、党支部书记、中共厦门市委宣传部长、中共厦门市委书记处书记，福建省教育厅副厅长兼高教局局长，厦门市委副书记等职。

　　萧枫同志（即肖枫）乳名萧田湖，曾用名有萧师颖、徐明德、许如鹤。他1917年5月出生于安溪县龙门镇湖山乡朴都村。童年时期家乡民军蜂起，地方混乱，社会不宁。萧枫的父亲萧佐透是一位印尼华侨，在去印尼之前是贫农并手工业者，在朴都小山村种几亩地兼做面线副业勉强维持，后到印尼当学徒，后来与人合开面坊。萧枫4岁时，母亲带他漂洋过海来到印度尼西亚爪哇柬宜里投奔父亲。1930年为求学，12岁的萧枫从荷印爪哇柬宜里中华学堂（小学）随表兄回国就读于集美小学，1931年考入陈嘉庚先生开办的集美水产航海学校，至1934年毕业。

萧枫

　　1934年6月，萧枫同志前往上海，先就读于上海泉漳中学，后转至暨南大学附属中学，毕业后于1937年6月考入暨南大学工商管理系。在暨南附中期间，正值爆发了震惊全国的一二九运动。第一次国内革命战争期间，出于对日寇侵略的仇恨以及对国民党政府消极抵抗的不满，在暨大中共党员陈伟达、刘烈人、陈秀化等的教育引导下，萧枫积极投身抗日工作，并于1936年1月参加了暨大学生救国会，从此在中国共产党的领导下，投身革命工作。1937年卢沟桥事变发生后，日本帝国主义悍然发动了全面侵华战争，中共中央通电全国，呼吁国共合作，团结起来共同对敌。萧枫同志在学校参加"暨大学生救亡团"，积极参加抗日救亡运动，从上海出发经宁波金华到江西沿途宣传抗日救亡活动。

　　1937年年底，萧枫同志在江西南昌开展抗日救亡活动时，遇到泉漳中学同学蔡其矫，二人商量决定到延安，即刻到新四军南昌办事处，开了介绍信到汉口，找到泉漳中学同学，归侨王孙静，三人一起到西安找到七贤庄八路军办事处，坐货车到洛川，从洛川再走了3天路才到达延安。

　　他们到达延安后，先到由红军大学改称的中国人民抗日军政大学学习，后又转到陕北公学学习。

1938年10月，萧枫同志光荣加入了中国共产党。为了争取更多南洋华侨支援祖国抗战，1939年1月，萧枫在延安受党的安排参加"海外工作团"到了香港，后因情况变化改派上海从事地下党工作，同时继续完成暨南大学的学业。在上海地下党期间，萧枫同志担任过上海市学生救亡协会服务部长，在党内任党团委员，负责对内领导学协工作组，对外代表学生界，同时担任中共暨南大学支部支委及华侨同学会主席。1941年10月，他与几位地下党党员创办上海暨光中学作为掩护，他担任教务主任，积极开展党的地下革命工作。1942年11月，党指派萧枫同志离开上海，到达苏北抗日根据地新四军所在地。根据当时的工作需要，萧枫同志先后担任过副区长、苏中军区政治部前线剧团政治教导员、苏中军区供给部政治协理员、华中野战军七纵后为十一纵三十一旅直工科长等职。在战争期间，他积极发动群众，宣传党的抗日主张，做好后勤补给工作，好让前线的同志狠狠痛击敌人。他为民族解放的正义事业而奋斗，积极工作，出色完成了后勤运输补给各项任务，在作战部队参加了包括淮海战役在内的多次战斗。1948年，萧枫同志被任命为中国人民解放军第三野战军十兵团二十九军八十五师二五四团政治处主任，参与南下解放福建的各次战斗。在抗日战争、解放战争、的烽火中，萧枫同志出生入死，一直为新中国的建立而奋斗。

新中国成立后，萧枫同志一直为新中国的革命和建设事业辛勤地工作。曾任首任厦门大学军事副代表，组建中共厦大党支部，后任中共厦门市委宣传部长等职务，1955年，他担任中共厦门市委副书记、书记处书记等职，后调任福建省教育厅副厅长并兼省高教局局长。"文革"后，萧枫同志任厦门市政协副主席、中共厦门市委副书记等职，并兼福建厦门亚热带植物研究所党委书记和厦门鹭江大学（现厦门理工学院）党委书记兼首任校长，直至离休。

萧枫同志始终信仰坚定，对党忠心不渝，对人民群众充满感情，为人光明磊落，积极乐观。他一贯重视党的知识分子工作、统一战线工作、侨务工作，作风正派、平易近人，对事业积极负责。在五十余年的革命生涯中，为党的革命和建设事业作出了不可磨灭的贡献。1991年8月21日，萧枫同志因病在厦门逝世。萧枫同志的一生，是光辉的一生。

1959年5月14日，华侨博物院陈嘉庚先生在剪彩。图中陈嘉庚先生右侧执彩带者为萧枫。

龚陶怡

龚陶怡（1917—2014年），原名龚振国，又名龚韬毅，福建晋江人，菲律宾归侨，著名报人。曾任菲律宾抗日民族解放社秘书长兼会刊《民族解放》主编、菲律宾文艺青年抗日反奸同盟书记、菲律宾华侨抗日地下报《侨商公报》主编，《华侨导报》经理、发行兼菲律宾华侨各界肃奸委员会常务委员。中共中央统战部组长、处长、部长秘书、副局长，马列学院第一分院教师、中共中央统战部咨询小组成员。

龚陶怡生于福建省晋江县安海镇（今属晋江市）一个华侨家庭，父亲常年在缅甸经商，家中还有多人谋生于南洋。这使龚陶怡自幼受到良好教育，7岁开蒙，进入当地著名的养正小学读书。他聪颖且好学，每学期考试都是全班前三名。令龚陶怡没有想到的是，在他读小学五年级时，家庭突遭变故，父亲年高体弱，离开缅甸，告老还乡。在南洋经商的堂兄龚豫通、胞兄龚凤雏相继在菲律宾、新加坡病故。为谋生，叔父又将叔叔带到菲律宾，但刚抵他乡，生计艰难。因此，龚家经济来源受到影响，发生困难。在这种情况下，祖父认为龚陶怡不能再上学读书了，应该去做工养家。

在养正小学勉强读完五年级后，龚陶怡进入安海当地一家五金商店当学徒，小小年纪的他常常要到海关去挑沉重的五金商品，一年后祖父实在于心不忍，又请友人给龚陶怡找了一个新工

1947年10月，龚陶怡与黄薇结婚照

作：到当地益华百货公司当学徒。第一年的工资是每月三元，第二年提升为正式职员，每月工资四元。龚陶怡不舍花一分钱，全部交给祖父养家。

龚陶怡在益华公司工作时，他的表哥苏锦灿在一家书店工作，该书店除了销售一些言情小说、武侠小说，还卖一些进步书籍。苏锦灿经常到上海采购书刊，因而也采购一些进步书刊回来，如鲁迅、巴金的小说，邹韬奋、杜重远主编的《生活》杂志。苏锦灿看了这些进步书刊，思想上深受影响，提高了爱国觉悟。表哥的爱国进步思想，对龚陶怡产生了很大的影响。后来，龚陶怡的大表哥苏锦坊从福建龙海石码回来，谈了共产党红军到过漳州，没收了土豪劣绅土地发给贫苦农民，受到广大农民拥护，许多农村的青年参加了红军，这些都为龚陶怡后来参加革命奠定了思想基础。

1935年秋天，龚陶怡南往菲律宾谋生。

龚陶怡与黄薇1950年在马烈学
院（后改名中央高级党校），
黄薇负责华侨干部训练班

1937年，七七事变爆发，龚陶怡全身心投入菲律宾华侨抗日救国活动，他参加了进步青年读书会，经常与会员们一起走上街头宣传抗日，还奔走发动华侨捐款捐物，支援祖国抗战。

1938年，龚陶怡出任菲律宾华侨抗日民族解放社秘书长兼会刊《民族解放》主编，撰写、编发了大量揭露日军暴行和介绍祖国军民英勇抗战的消息，组织了一批在当地颇有影响的抗日报告会、募捐会等。1941年，加入共产党。

1942年日军侵占马尼拉，华侨青年纷纷加入菲律宾华侨抗日反奸大同盟（简称"抗反"）属下的工抗、店抗、粤抗、青抗、妇抗、学抗、文抗等组织，他们或者拿起武器加入华侨抗日游击支队等华侨抗日武装，或者拿起笔杆写作文章，亦武亦文投身抗日，从四面八方反击侵略者。龚陶怡出任菲律宾文艺青年抗日反奸同盟书记并兼任抗日地下报《侨商公报》主编。

在龚陶怡冒着枪林弹雨办报的同时，后来成为他夫人的黄薇也在腥风血雨中主办着另外一份菲律宾华侨抗日地下报《华侨导报》。这两份报纸一直激励着华侨抗日，直至抗日战争取得最后胜利。

1945年春马尼拉光复后，龚陶怡出任当时已成为大型日报的《华侨导报》经理兼发行，同时兼任华侨各界肃奸委员会常务委员。

1947年10月，菲律宾当局受国民党的挑拨和唆使，对华侨进步人士和进步报刊的迫害日益加剧，《华侨导报》总编辑黄薇被菲律宾国家调查局传讯，《华侨导报》被迫停刊，组织安排龚陶怡与黄薇紧急撤往香港。两人在离开菲岛前结婚。

1948年，龚陶怡在香港中共华南分局工作。新中国成立后，历任中共中央统战部组长、处长、部长秘书、副局长。曾在马列学院学习和在该学院第一分院任教。

1982年，龚陶怡离休，但仍担任中共中央统战部咨询小组成员，同时还是北京菲律宾归侨联谊会顾问。

离休后，龚陶怡撰写了大量关于菲律宾华侨抗日的文章，编著出版了《菲律宾华侨抗日斗争纪实》（与黄薇等合编）《菲律宾华侨抗日爱国英魂录》《菲律宾华侨爱国丹心录》《风雨人生》（与黄薇合著）《爱国归侨黄复康一家》《黄薇纪念集》等书，总共180万字。

2014年，龚陶怡在北京逝世，终年97岁。

龚陶怡所著的《黄薇纪念集》

粘文华

粘文华（1905—1987年），原名粘芳愿，又名粘青峰、连鸿元、吴文华，福建泉州人，新加坡归侨，著名工运领袖。曾任厦门店员工会理事长，厦门总工会组织部部长，厦门赤色总工会委员长，中共厦门市委委员、市委书记，中共福建省委委员中共泉州特别支部书记，中共晋南特别委员会书记，中共安溪中心县特别委员会执行委员兼组织部部长，中共晋南惠县委书记，中国工农红军闽南游击队第二支队政治部主任，马来亚共产党新加坡总工会党团书记，马来亚共产党新加坡各界华侨抗日救国会党团书记，马来亚共产党新加坡华侨抗敌后援会党团书记，福建省晋南联乡抗日自卫队政治部主任，中共闽江特别委员会委员，中共闽中特别委员会常委，中共闽中南特派员、惠安县工作委员会书记，中共福建省委职工部副部长，中国人民解放军建瓯军管会工交处处长，中共厦门市工作委员会书记，厦门市总工会主席，福建省交通运输工会主任，福建省海员工会主任，福建省总工会副主席、顾问。

海员出身　投身工运

清光绪三十一年（1905年）八月，粘文华生于福建省泉州市浮桥街，家境原来不错，无奈在他10岁那年，泉州鼠疫流行，祖母、父亲等一家7人在20天内相继死亡，他被舅父带回养育。

舅父家生活并不宽裕，粘文华只读了四年半小学，就到浮桥源珍京果店当学徒。15岁和18岁两度南下新加坡打工谋生。1924年，经当海员的二哥粘芳硕介绍，他到厦门"万顺"号货轮当海员。粘芳硕曾参加过香港海员工人大罢工，同情和支持革命，他的政治态度对粘文华思想产生积极影响。

1926年底，在国共合作的北伐战争中，国民革命军东路军打败军阀张毅部队。张毅残部逃到同安杏林，挟持"万顺"号货轮要逃往晋江安海。粘文华机智、勇敢，他和几位进步船员一起，将船戳破、弄沉，粉碎了败兵逃跑的企图。不久，粘文华参加厦门海员工会、厦门店员工会，被选为厦门店员工会理事长。1927年参加中国共产主义青年团，被推选为厦门总工会组织部部长。

粘文华

工运领袖　厦门书记

1927年4月9日，国民党厦门特别市党部主任李汉青公开叛变革命，派出军警包围了厦门总工会，委员长罗扬才、副委员长杨世宁当场被捕。黄浦树、洪平民、吴振元、严子辉、江维三等总工会领导也先后被捕。粘文华和柯子鸿（中共厦门市委委员、厦门市总工会宣传部部长）立即做出部署并付之行动：

当天下午，厦门总工会下辖的码头、店员、电气、皮鞋、理发、金银等16个基层工会，联名写了要求释放罗扬才、杨世宁的请愿书。他和柯子鸿等召集基层工会负责人，组织300余位工人冒着倾盆大雨，到海军警备司令部请愿。

沿途人民群众纷纷加入游行队伍，到达司令部时约有数千人。4月12日，蒋介石叛变革命，第一次国共合作破裂，粘文华与其他几位工会领导转入地下斗争。

1930年5月，粘文华转为中国共产党党员。5月4日，在粘文华的积极努力下，厦门工代会执委会在中华中学礼堂召开各基层赤色工会代表大会，100多人出席，会上成立了厦门赤色总工会，选出执委15人，组成总工会执行委员会，粘文华当选为总工会委员长，柯子鸿任副委员长。总工会创立了由120名工人组成的武装纠察队，由20名工人组成的破坏队，由20名工人组成的冲锋队。5月25日，粘文华率领组织的工人武装，参加了陶铸领导的震撼全国的厦门劫狱斗争。他和战友们一起，只用10分钟时间，打死了多名敌人，营救出40多位被捕战友，我方无一伤亡。8月，粘文华赴上海出席全国总工会常务委员会扩大会议。11月，担任中共厦门市委委员，后任市委书记。1931年2月，参加中共福建省委员会扩大会议，会上被选为省委委员。

红军战将　开辟苏区

1931年3月，中共福建省委机关受到破坏，粘文华的福建省委委员、厦门市委书记身份暴露，组织上紧急把他调到泉州。4月，建立中共泉州特别支部委员会，粘文华担任书记。上任后，他负责全盘领导泉州城区和附近农村的革命斗争，同时处理惠安暴动失利后的善后工作。粘文华充分发挥自己长于组织工人运动的优势，在泉州建立了长途汽车赤色工会，又在安海、青阳、石狮的汽车工人中发展党员，成立了汽车工人支部。

1931年九一八事变后，粘文华将工作重点转到发动工人投身抗日救亡活动，他以特派员身份去德化组建瓷业工人工会。

1932年夏，粘文华与彭德清（1927年加入中国共产主义青年团，1930年转入中国共产党。新中国成立后曾任解放军第27军军长、东海舰队副司令、国家交通部部长等职）等人，筹建中共晋南特别委员会，粘文华担任书记。

1934年年初，粘文华到中共安溪中心县特别委员会担任执行委员、组织部部长。同时，担任中国工农红军闽南游击队第二支队政治部主任。上任后，粘文华充分利用李济深、陈铭枢、蒋光鼐、蔡廷锴等人以国民党第十九路军为主力，在福州发动抗日反蒋"福建事变"和建立中华共和国人民革命政府这一有利时机，开展抗捐抗租抗税斗争，实行土地改革，建立苏维埃政权，壮大革命队伍，闽南游击队第二支队从初创时的几十人发展到500多人，加上各区乡的后备队、赤卫队等地方武装，闽南革命武装达近万人，在粘文华、彭德清等人领导下，有力配合了中央苏维埃地区的反"围剿"斗争。

1935年，国民党中央军以几十倍的兵力，疯狂"围剿"粘文华参与创建和领导的安南永苏区及中国工农红军闽南游击队第二支队。

南洋展旗　"援四援八"

1936年年初，粘文华借道香港，转赴新加坡，加入马来亚共产党。先在新加坡总工会工作，任马共新加坡总工会党团书记，在此成立了新加坡各界华侨抗日救国会，开展抗日救亡活动。

1937年七七事变发生，祖国抗战全面爆发，粘文华积极策划成立了新加坡华侨各团体筹捐医药援助八路军委员会，号召侨胞节衣缩食，踊跃捐献。随后，他发起成立马来亚华侨各界抗敌后援会，任该会马共党团书记，着力在华侨中建立抗日民族统一战线。马来亚华侨各界抗敌后援会最初叫"马来亚华侨各界抗日后援会"，为了适应殖民地环境，便于公开活动和开展工作，才改称"抗敌后援会"。在粘文华、王宣化等领导下，马来亚华侨各界抗敌后援会在马来亚（包括新加坡）各地都建立了组织，同时还在各个领域设立了分会，使得短短一个月之内，马来亚华界各界抗敌后援会组织便遍布全马各州，成为马来亚华侨抗日救国运动中，具有广大群众性基础的重要组织。

在马来亚，粘文华奔走为祖国抗战募款。从1938年起，他还参与领导了以援助八路军、新四军为全部目的的"援四援八"运动。在他参与推动下，"援四援八"运动在全马各地迅速展开。如星洲人力三轮车工友会，规定每个会员每天捐献一分钱，每月三角，用以支援祖国抗战。该会有会员8000人，每月共捐献叻币2400元。粘文华等将募捐来的款项不断转交给中国共产党领导下的八路军、新四军，数目甚大，只是因当时英国殖民者不同意将捐款交给中共，许多捐款都是由具体筹款单位秘密汇交廖承志领导下的八路军香港办事处或宋庆龄在香港成立的保卫中国同盟，因此没有完整记录。但是，一些数字有窥一斑可见全豹之力：《东江纵队史》一书中，在提到海外华侨捐助时有这样记录："1939年年初，海外华侨寄宋庆龄转交曾生抗日游击队的捐款，一次就达港币20万元。以后还多次送回捐款和被服、军鞋和药物，主要是靠华侨和港澳同胞捐献的。数年累计，南洋惠侨救乡会筹集支援祖国抗战的捐款约千万元。"新中国成立后曾任福建省政协副主席的林植夫曾回忆说：在我担任新四军敌工部代部长期间，一次就收到从香港转来的捐款二百万元。新四军当时已有数万人，但国民党仍按额定一万人，每月16.6万元军饷发给，后来又被无端砍去10万元，只发给6.6万元。

"抗援"旗手　"四君"之一

粘文华还领导马来亚华侨各界抗敌后援会开展抵制日货活动，深入各地查验日货，参与组织特务队和锄奸团，惩戒奸商，协力促使日货在马来亚得到全面抵制，日货输马剧减。据当时日内瓦和平运动局报告："世界各国抵制日货最甚者，首推马来亚，日货对马输入额减少约75%。"

在粘文华等领导下，马来亚华侨各界抗敌后援会还通过参与发动罢工，打击日资企业，从而打击日本经济。如当时的新加坡海员和码头工人，就曾因拒绝装运军需原材料赴日而发动罢工；建筑工人反对建筑商使用日产水泥和不为日人建筑宿舍的罢工；1938年年初，柔佛巴株巴辖和哥打丁宜日资铁矿华工，也展开了大规模的罢工和停工，以拒绝为日本输送矿石制造武器；加影胶工万余人，为抗议日军侵略中国举行罢工；新加坡2000多名船坞工人、1000多名种植和加工工人、1000多名三轮车工人、四排坡医院800多名医生和护士等，也先后因抗议日本侵华举行罢工。粘文华因为在领导华侨抗日中发挥了重要作用，与王宣化、苏棠影、辜俊英，并称"星马抗日四君子"。

马来亚华侨各界抗敌后援会在抗日救国运动中不断壮大，这引起了马来亚英国殖民当局的不安，珊顿总督担心华侨反日运动"很可能变成排日与抗英的运动"。因此，他们采取对华侨抗日救国活动进行控制和压制。1938年8月24日，英国殖民当局辅正司援引驱逐出境令，逮捕了"星马抗日四君子"，并立即将粘文华和王宣化、苏棠影、辜俊英四人驱逐出境。

组抗日队　建交通线

粘文华回国后，与中共泉州中心县委接上关系，先在晋江抗敌后援会从事抗日文化宣传及募捐慰问难民、慰劳驻军活动，后组织民众抗日武装队伍。中共泉州中心县委派粘文华出面，邀请晋江、南安边界24个乡的联保主任在南安深坑召开抗日联席会议，成立晋南联乡抗日自卫队。由蒋坤灿任司令，粘文华任政治部主任。会后筹集大批钱粮、枪支和弹药，组成千人联乡抗日自卫队。在粘文华的组织下，这支群众性抗日武装发展迅速，很快发展到2000多人。

1939年年底，粘文华奉调闽北，到中共福建省委训练班学习。半年之后，学习结束，改任中共闽江特别委员会委员。他在邵武、建阳、南平、三元（今属三明）、永安、龙岩等县的汽车工人中发展党的组织，建立地下交通线，接送干部，收集情报，购买重要物资，开展城市工人运动。粘文华建立的地下交通线，跨海越山，为中共领导的抗日游击队和中共福建省委提供了重要支持。

晚年粘文华

1944年4月，粘文华担任中共闽中特别委员会（1947年3月改称"闽中地委"）常务委员。

抗日战争胜利后，粘文华于1947年10月，负责中共福建省委机关武装工作，并任闽中南特派员、惠安县工作委员会书记。1949年5月，任中共福建省委职工部副部长、中国人民解放军建瓯军管会工交处处长。

闽省新生　工会领导

中华人民共和国成立后，粘文华任中共厦门市工作委员会书记、厦门市总工会主席。1951年5月调任福建省交通运输工会主任、福建省海员工会主任。1954年8月任福建省总工会副主席。这期间，他还担任中共福建省委候补委员、福建省监察委员会委员，政协福建省第一届委员会委员和第二、三、四届常委以及省总工会顾问。

粘文华在晚年抱病以口述、他人记录整理方式，撰写回忆录，完成了《回忆大革命时期的厦门工人运动》《一九三〇年厦门劫狱见闻》《回忆在邵武暨闽北开展地下斗争的片断》《抗战时期革命斗争的回忆》《抗战时期革命斗争的回忆（续）》等福建省革命重要史料。

1987年3月，粘文华在福州病逝。

曾远辉

曾远辉（1910—1982年），原名程学贤，福建古田人，新加坡归侨，外交专家、外交教育家。曾任新加坡广惠肇义学教师兼私人翻译、延安鲁迅艺术学院英语教师兼财务科科长，中央军委外事组成员，八路军晋绥军区联络处干事，延安外宾招待所联络员、翻译、副所长，中共中央外事处新闻处行政科科长，天津外事组二科科长，满洲里对外联络处处长，内蒙古外事处处长，外交部总务司专员、基建处处长兼北京外国语学院附属中学校长，外交部总务司任司级顾问，北京外国语学院副院长兼党委副书记。

星洲译才　抗日争先

1910年9月，曾远辉生于福建省古田县吉巷乡兰溪村。因姑妈嫁往新加坡，常接济娘家，使曾远辉从小受到良好教育，在乡间塾馆开蒙，后进入新式小学读书。13岁丧父，随母前往新加坡投靠姑妈。

姑妈甚是疼爱曾远辉，送他进入新加坡英华学校。1930年，曾远辉以优异成绩毕业于新加坡英华学校。他英语极佳，既长于笔译，又擅长口译。

1931年7月，曾远辉从英华中学一毕业，就被马来亚新山一所学校聘为教师。1931年9月，九一八事变爆发，他一边教学一边投入抗日救亡运动。之后，他在马来亚多地小学当过老师，还在新加坡广惠肇义学担任过教员及私人翻译。无论在哪所学校任教，他总是这所学校的抗日救国活动骨干，他教学生唱抗日歌曲，还组织学生到街头义演募捐。

1937年七七事变之后，曾远辉以更大热情投入抗日救国行动。当时，他在工作之余，读了许多进步书刊，特别是在读了邹韬奋的《萍踪寄语》、斯诺的《西行漫记》等进步书籍之后，他对延安和中国共产党领导的八路军极为崇拜，渴望回国参加八路军，上前线杀敌。

回国抗战　奔赴延安

1938年年初，曾远辉毅然回国，奔赴延安，参加八路军。1938年2月，进入陕北公学学习，11月加入中国共产党，转入中共中央党校训练。

曾远辉从中共中央党校受训结束后，受中共党组织委派，前往陕西西安青年会当干事，以此为掩护从事地下党工作。也就是在这次西安之行前，他改名"曾远辉"，并使用终生。在西安他出生入死，多次出色完成党交给的艰巨任务。

1940年，西安地下党组织遭破坏，曾远辉奉命回延安，进入鲁迅艺术学院（简称"鲁艺"）音乐系学习，同时兼任鲁艺英语教师和财务科科长。

1944年，曾远辉在延安与校友路比结婚。

外交生涯　始于抗战

曾远辉是中国共产党早期外交专家,他的外交生涯起于抗日战争,始于延安。

抗日战争后期,中国共产党领导的人民军队向日军展开强大攻势,收复了大片国土,日益成为抗日的主要力量,受到国际社会的特别关注,尤其引起了美国和英国政府的注意,他们急需了解中国共产党领导的八路军、新四军与根据地人民的抗战实力,想与延安建立直接的联系。与此同时,中国共产党也急需打破国民党的严密封锁,取得国际上的了解和支持。在周恩来和中共南方局同志们的共同努力下,克服了重重困难,进行了大量的外事宣传活动。情况终于发生了改变:先是1944年6月,一个由21人组成的中外记者访问团访问了延安。紧接着,美军观察组也来到延安。

周恩来敏锐地抓住这次重要机遇。美军观察组到达延安后不久,周恩来便在8月18日为中共中央起草的《关于外交工作的指示》中明确指出:"这次外国记者、美军人员来我区及敌后根据地,便是对新民主主义中国有初步认识后有实际接触的开始。因此,我们不应当把他们的访问和观察当作普通行为。而应把这看作是我们在国际间统一战线的开展,是我们外交工作的开始。"

为搞好这次接待和联络工作,党中央在延安专门设立中央军委外事组,主任由中央军委办公厅主任杨尚昆兼任。中央军委外事组下设四个科:研究科、联络科、翻译科和行政科,科长分别由柯柏年、陈家康、黄华、杨作材担任,马海德是顾问,成员有徐大年、曾远辉、敦戈奇、凌青等,主要负责同美军观察组的联络工作。曾远辉出色的英语和外交能力,在延安这一重要外事活动中发挥了重要作用,也使周恩来意识到为了建设新中国必须培养大量的英语人才。后来,他曾写信给重庆担任南方局外事组组长的王炳南说:"现在延安也有同性质的工作,可是人手不够,尤其熟悉英语的人不多,望你们在外也要多多注意储备人才。"

1945年,曾远辉先后担任晋绥军区联络处干事,延安外宾招待所联络员、翻译及副所长。转战陕北途中,周恩来亲切关照"这些同志凑到一起不容易,不要走散了,说不定什么时候就需要"。

1946年秋,国民党发动内战,美军观察组奉命撤销,留下十几辆大车供中共中央领导撤退使用,时外事组内无人会开车,中央派20名警卫员要求在美军离开前三个星期内学会汽车驾驶,派曾远辉当翻译。此期间,曾远辉边翻译边学习,首先学会驾驶技术,再手把手地教会各个警卫员驾驶技术,圆满完成护送叶剑英等中央领导撤退的任务。

曾远辉是中央外事组第一批元老。1947年5月1日,中共中央外事处在山西临县成立,由叶剑英任主任,当时共设3个处,曾远辉任新闻处行政科科长。1948年春,曾远辉随中央外事处迁往中共中央工作委员会办公地点西柏坡,驻在于柏里村。1949年,他被派往天津筹备成立天津外事组,并担任外事组二科科长。

1949年开国大典时的北京外国语学校大门

调满洲里　建外联处

解放初期，中共中央决定在满洲里创建对外联络处。外交部副部长王炳南电召曾远辉到京征求意见，他毫不犹豫地说："只要组织信任我，那里的气候再寒冷，困难再大我也得去。"接令之后，他无暇顾及妻儿，立即启程。

满洲里是祖国的北大门，地偏天寒，居住了众多沙俄时期流亡的俄罗斯人，环境尤为复杂。曾远辉只身在零下58度严寒下筹建外事处，先着手租用楼房开设办公场所，物色人员，由3、5人发展到70人。进而设计新盖外事处大楼。他与工程师紧密配合，日夜赶建工程，半年竣工，终于在满洲里建起外事工作基地，受到来满洲里考察的王炳南副部长的高度评价。

陪毛泽东　获高评价

1950年2月，毛泽东主席访问苏联，途经满洲里时，由曾远辉陪送至奥得堡，毛主席在听取曾远辉工作汇报后，表示满意和赞赏，并劝慰他要注意保重身体。长期转战南北，曾远辉患有严重胃病，经常吞食大把苏打片后坚持工作。

抗美援朝期间，曾远辉全力发动干部职工捐款捐物，为援朝运输大队安排食宿，在检查途经满洲里的援朝军用物资运输情况，得知前线将士生活困难时，建议组织人员狩猎以改善志愿军生活，此建议很快获得上级同意。不久将大批狩猎所得运送到朝鲜前线犒劳中、朝指战员。抗美援朝结束后，曾远辉受到朝鲜民主主义人民共和国主席金日成嘉奖，荣获三级红旗勋章。

1952年，曾远辉调任内蒙古外事处处长，不久国务院又抽调他到英国任参赞，后因遭诬告未能赴任。1956年1月调北京，先后担任外交部总务司专员、基建处处长。1964年起又兼任北京外国语学院附属中学校长，他把心血倾注于学校建设，为国家培养了大量外语人才。

1975年，在外交部总务司任司级顾问，之后又任北京外国语学院（今北京外国语大学）副院长兼党委副书记。

1982年3月3日，曾远辉病逝于北京。

曾昭生

曾昭生（1912—1993年），曾用名曾熙生、陈东华，福建龙岩人，马来西亚归侨。曾任共青团永定县陈东坑支部书记、红四军宣传队队长、共青团平和县委组织部部长、中共南洋临时委员会新加坡青年社书记、马来亚共产党霹雳州地委书记、中共安徽省舒城县委书记、中共安徽省委组织部干部科科长、中共安徽省肥东县委书记、中共安徽省凤阳县委书记、中共安徽省淮南津浦路西区委组织部副部长、中共安徽省滁县县委书记、中共安徽省孤山县委书记、中共湘西区委组织部部长、世界保卫和平大会党组成员兼办公厅主任、抗美援朝总会党组成员兼办公厅主任、安徽省劳动局局长、安徽省人大常委会副秘书长、安徽省政府副秘书长、安徽省侨联主席、中国侨联顾问。

闽西红军　暴动骨干

1912年，曾昭生出生于福建省永定县（今龙岩市永定区）下洋镇月流村一个贫苦农家。1926年夏天，福建省第一个农村党支部——中共永定县支部创立，永定人阮山担任支部书记，他以永定毓秀学堂、平民夜校为活动基地，进行革命宣传，曾昭生由此接受革命思想，于1927年11月加入共青团，并在中共党组织领导下，配合北伐东路军攻克永定。

1927年，蒋介石发动四一二反革命政变，永定陷入白色恐怖，中国共产党转入地下斗争。曾昭生表现出坚强的革命意志，于四一二反革命政变的次月，毅然申请加入中国共产党，并积极贯彻党的八七会议精神，参加了永定武装暴动。

1928年6月，阮山与张鼎丞、卢肇西等人领导了震撼八闽的"永定暴动"。张鼎丞任暴动总指挥，阮山任副总指挥。按照县委的部署，6月29日，阮山率领武装首先在上湖雷暴动，以引诱永定城内的守敌出来，确保攻城的胜利。

曾昭生

暴动中，曾昭生跟随阮山英勇杀敌，取得了暴动的初步胜利。但是，驻守在县城狡猾的敌人却按兵不动。阮山果断决定，接着率暴动武装向金丰地区挺进，曾昭生又参加了阮山与卢肇西等人领导的"金丰暴动"。城内国民党江湘支队得到金丰告急的消息后，暴跳如雷，立即抽调三分之二的兵力前往镇压。7月1日张鼎丞趁机率领金砂、西溪、东溪等地数千暴动队员举行"溪南暴动"，队伍浩浩荡荡

向县城进发。经过激烈的战斗，攻破了县城。当江湘支队到达金丰时，阮山、卢肇西等人领导的队伍早已远走高飞。

暴动后，曾昭生随阮山在湖雷和金丰大山坚持开展反敌"清剿"斗争，并任共青团永定县陈东坑支部书记。

加入马共　领导抗日

1929年5月，毛泽东、朱德领导的红四军第二次入闽，解放了永定。曾昭生任红军团宣传队队长，不久调任永定县附近的福建省平和县工作，出任共青团平和县委组织部部长，不久被捕，关押7个月后经组织营救出狱。之后，南渡新加坡谋生。在新加坡，他很快与当地的共产党组织——中国共产党海外支部，即中国共产党南洋临时委员会联系上，出任中共党组织团结南洋华侨青年的新加坡青年社书记。

1930年4月，马来亚共产党成立后，曾昭生担任马共霹雳地委书记等职。

1931年九一八事变之后，曾昭生参与领导了霹雳地区抗日救亡工作。他发动华侨捐款捐物和抵制日货。

1937年七七事变爆发后，马来亚华侨抵制日货的激情进一步高涨，但仍有少数奸商，只图一己私利，用改变包装、伪造产地，甚至冒充国货等种种手法，继续买卖日货。曾昭生发动党员和进步工人，冒着坐监和被驱逐出境的危险，组织特务队和锄奸团，对这类奸商，在调查核实后，先是宣传，后是警告（把其招牌涂上沥青或掷臭鸡蛋），如再无效，即采取行动，将日货加以没收销毁，只有对极少数坚持不改或敢于抗拒者，才将其耳朵割去一只或半只，以儆效尤。

1938年春，在曾昭生和马共霹雳地委领导下，怡保民众掀起了抵制销售日本黄豆斗争和制裁奸商行动，有利地鼓励了全马来亚华侨抗日激情。据当时日内瓦和平运动局报告："世界各国抵制日货最甚者，首推马来亚，日货对马输入减少约百分之七十五。"

进军淮南　夺回失地

不久，曾昭生奉命回国，辗转来到延安的中央组织部培训。1939年初夏，穿过敌人封锁线，南下安徽，先后担任中共安徽省舒城县县委书记、中共安徽省省委组织部干部科科长、中共安徽省肥东县委书记、中共安徽省凤阳县委书记、中共安徽省淮南津浦路西区委组织部副部长、中共安徽省滁县县委书记、中共安徽省孤山县委书记等职，参与开辟和建设皖东抗日根据地和淮南抗日根据地。

抗日战争时期，曾昭生与淮南军民一起，排除万难，勇于战斗，共歼灭日、伪军2.5万余人。1943年，淮南根据地军民主动对日出击，夺回部分失地，成为扩大解放区的先锋。到1945年9月，淮南根据地共建立2个专员公署、17个县级抗日民主政权。人口约300万，面积约2.1万平方公里。其中，曾昭生参与组建了一些县级抗日民主政权，如1940年7月，受中共皖东津浦路西区委指派，到广兴集、界牌集一带组建中共肥东县委，任县委书记。

南征北战　功高绩著

1944年7月，曾昭生奉命北上延安，参加中共中央党校二部整风。抗战胜利后，由延安调吉林工作，随部参加了辽沈、平津战役，表现优异。之后，随部进军西南，1949年8月，出任中共湘西区委组织部部长，参加了艰苦卓绝的湘西剿匪，建立新功。

中华人民共和国成立后，曾昭生历任世界保卫和平大会党组成员兼办公厅主任、抗美援朝总会党组成员兼办公厅主任、安徽省劳动局局长、安徽省人大常委会副秘书长、安徽省政府副秘书长。1982—1987年任安徽省侨联主席，中国侨联委员、顾问等职。

1993年，曾昭生在安徽省合肥市病逝。著有回忆录《他们在这里战斗》。

谢 白 秋

谢白秋（1917—2008年），原名谢鸿玉，福建省龙海市人，泰国、马来西亚归侨。曾任马来亚槟城各界抗敌后援会常务委员，新四军教导总队文教干事，中共中央华南局书记兼新四军政委、副军长项英副官，中共中央华中局机关报《江淮日报》秘书、助理编辑、校对股股长，中共中央华中局党校警卫连指导员，新四军第一师政治部印刷厂副厂长、支部书记。

槟城抗敌　学界领袖

谢白秋祖籍福建省龙海市，1917年10月7日生于泰国曼谷一个华侨家庭。11岁时，到马来亚槟城随姑姑生活，从当地侨办华文小学毕业后，进入著名的钟灵中学读书。钟灵中学是槟城福建籍革命家、辛亥革命功臣陈新政等集资创办的，拥有积极参与祖国革命和建设的优良传统，当时马来亚共产党在学校里设有党支部。

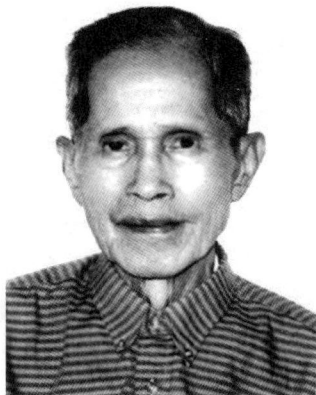

晚年谢白秋

在钟灵中学读书时，谢白秋积极参与学校和社会上的抗日救亡活动，他与同学们一起走上街头宣传抗日，募款募药，成为学生抗日骨干。也正是因此，1936年谢白秋在钟灵中学读书时，经身为共产党人的老师介绍，加入了马来亚共产党。入党之后，谢白秋以更大热情投入抗日活动。

1937年7月7日，中国抗战全面爆发，以华侨为主的马来亚共产党组织力量支援中国抗战。谢白秋受党的委托，与闽南籍同学陈青山一起，负责学校的抗敌后援会和全槟城学生抗敌后援会的工作。不久，又被选为槟城各界抗敌后援会常务委员。接着，他与陈青山等一起，奔走马来亚各埠，联络当地学生抗日组织，商议成立马来亚华侨学生界抗日后援会，以领导全马来亚华侨学生共同抗日。1938年，谢白秋促成马来亚华侨学生界抗日后援会在新加坡成立。

抗敌被捕　出狱回国

1938年8月，谢白秋因积极抗日，被担心抗日运动会转化为反殖反英运动的马来亚英国殖民当局逮捕。在狱中虽饱受折磨，谢白秋威武不屈，坚称自己为祖国抗击侵略者服务无罪。坐了8个月黑牢之后，谢白秋被英国殖民当局驱逐出境。

谢家三代侨居泰国曼谷，国内已无亲戚，亲人们都希望他回泰国与家人团聚，父亲和母亲专程从泰国曼谷赶至马来亚槟城，终日啼哭劝说父亲跟她回家，父亲虽也不舍，但还是义无反顾地选择回祖国。

经马共组织安排介绍，1939年元旦父亲在码头挥泪别父母，回到了从未谋面的祖国——中国。通过马来亚共产党的介绍，谢白秋手持介绍信，先至香港，再由香港经上海，最后抵达皖南新四军军部。

入新四军　反日"扫荡"

在新四军教导总队学习结业后，谢白秋留在教导总队担任文教干事。

1939年，谢白秋加入中国共产党。

谢白秋做事机敏、细致，加上较强的文字与外语能力，1940年4月，他离开教导总队，调往中共中央华南局书记、新四军政委兼副军长项英身边，担任随从副官。

1940年4月，谢白秋随项英参加了春季反日军大"扫荡"战斗，10月参与秋季反"扫荡"。两次反击"扫荡"均获得胜利，新四军共歼日伪军3000余人。

1940年10月19日，何应钦、白崇禧以国民政府军事委员会的名义，强令黄河以南的新四军、八路军在一个月内全部撤到江北；中国共产党从维护抗战大局出发，答应将皖南的新四军调离。同年12月，谢白秋带着新四军军部一些老弱病残的骨干先行。此次先行北撤，也是他与项英的生离死别：

1941年1月，皖南事变后，项英指挥部队浴血奋战，后突围撤出。3月12日项英、周子昆等率军部10余人隐蔽于安徽省泾县蜜蜂洞，14日被叛徒、项英副官刘厚总开枪杀害。

参办党报　警卫首长

之后，谢白秋到华中根据地的第一张党报——《江淮日报》工作，曾任秘书、助理编辑、校对股股长。

1941年7月，中共中央华中局党校在江苏盐城新四军军部正式创办，刘少奇亲任校长，谢白秋担任警卫连指导员。

皖南事变后，应中央军委命令新四军重建。此时，新四军苏北指挥部所属部队遂编为第一师，师长粟裕，政委刘炎，政治部主任钟期光，谢白秋先后担任第一师政治部印刷厂副厂长、党支部书记。

在新四军，谢白秋收获了爱情，与美丽女兵李业珍相识相恋。李业珍是一位来自上海年仅十六岁的青年女学生，在加入了中共上海地下党大哥的影响下走上革命道路。抱着为国捐躯，死而无憾的决心，于1941年6月毅然决然投奔新四军，1945年4月加入中国共产党。19岁时，由于叛徒出卖，曾被南通日本宪兵队抓捕入狱。她机智勇敢地面对敌人审讯，始终未暴露身份，后经上海地下党营救出狱。历任苏中行署财政厅科员、新四军供给部会计等职。共同的革命目标让他们走到了一起。

进军福建　筹建华大

解放战争期间，谢白秋先后担任华中野战军第十一纵队保卫部科员、直属政治处保卫股股长、联络科副科长、宣教科副科长，之后出任中国人民解放军第三野战军第十兵团直属政治部保卫科科长等职，随部参加了淮海战役、渡江战役和解放福建战役。

中华人民共和国成立后，谢白秋转业到地方工作，曾先后担任福州市公安局副局长、总支书记、局长，福州市政法委主任、政法委党组书记、中共福州市委委员、常务委员、监察委员会常务委员、福州市副市长、福州市委书记处书记等职务。

1961年，谢白秋参加筹办华侨大学并任校党委副书记。1973年5月，谢白秋调任厦门大学革委会副主任、党委副书记。

任职厦门大学期间，谢白秋认真贯彻党的十一届三中全会以来的路线方针政策，坚决执行中共福建省委常委会对厦大发展规划的意见，在校党委的领导下，紧紧依靠师生员工，认真落实知识分子和老干部政策，狠抓干部队伍与教师队伍建设，大力整顿教学和校园秩序，积极争取海外侨胞对学校建设的关心和支持，为厦门大学的健康发展和不断壮大做了大量卓有成效的工作。

1983年，谢白秋离职休养。他离休后，被推选出任福建省侨联第三、四、五届顾问。同时担任福建省高等学校老年体育协会副主席、顾问，厦门大学离退休工作委员会顾问，厦门大学老年体协名誉主席等社团职务。

2008年2月21日，谢白秋在厦门病逝。

1962年谢白秋全家七人在福州合影

颜西岳

颜西岳（1905—1991年），福建省金门县人，印度尼西亚归侨，著名企业家，曾任福建省金门县金门公学教员、印度尼西亚信记橡胶厂新加坡分公司经理、印度尼西亚《生活报》董事、新加坡《南侨日报》董事、厦门市侨联主席、福建省华侨投资公司厦门办事处主任、福建省金门同胞联谊会会长、厦门经济特区建设发展公司副董事长、厦门市人大常委会副主任、厦门市政协副主席、厦门市人民政府副市长、福建省侨联副主席。

颜西岳生于福建省金门县，自幼好学上进，曾进当地塾馆和小学读书，学习刻苦，成绩优良。

1924年，颜西岳渡海来到厦门，进入集美学校商科学习。两年后回乡，与洪丝丝等发起创办金门岛第一所中学——金门公学，并任教员。

1931年，颜西岳下南洋谋生，先辗转于印度尼西亚的苏门答腊、棉兰、巨港等地，做过店员，也做过生意，小有成就。后来，又转赴新加坡经商。

抗战期间，颜西岳在新加坡投身抗日救国活动，不但自己带头捐款，还撰文揭露日军侵华暴行，介绍中国军民英勇抗敌事迹，鼓励华侨有钱出钱、有力出力。同时，还参加街头宣传队，深入各地进行抗日演讲。他还组织抵制日货小分队，宣传抵制日货意义，鼓励大家使用国货，以促进祖国实业发展。另外，他组织义卖、义捐、义演活动，发动当地华侨捐款支援祖国抗战。

颜西岳

1941年12月，太平洋战争爆发，1942年2月新加坡被日军占领。日军疯狂抓捕抗日华侨，颜西岳撤往印度尼西亚山区避难，期间冒死掩护逃难的爱国侨胞和文化界人士，鼓励华侨坚定抗日必胜信心。

抗战胜利后，颜西岳与人在印度尼西亚合办信记橡胶厂，任该厂新加坡分公司经理。同时，参与投资创办印度尼西亚《生活报》、新加坡《南侨日报》，这两份报纸坚持爱国立场，弘扬中华文化，是爱国华侨的重要喉舌。

中华人民共和国成立后，颜西岳欢欣鼓舞，将子女送回祖国读书，并汇款参股广州华侨投资公司。他先后将大部分资金抽回国内，支援祖国建设，还参与救济难侨，遭英殖民当局多次传讯，在新加坡难于立足，移居印度尼西亚。中国与印度尼西亚建交时，他为购置中国驻印度尼西亚大使馆楼房出钱出力，对团结侨胞作出贡献。

1952年，颜西岳举家回国，1953年定居厦门。在厦门，他义务协助市侨务局、市侨联开展工作，支持创办侨联工业社、生活渔业公司、古台华侨垦牧场、华侨幼儿园、华侨托儿所等福利事业，组织

归侨、侨眷生产自救。

1956年，颜西岳任厦门市侨联主席。1957年，任福建省华侨投资公司厦门办事处主任。他发动海内外侨胞投资家乡，先后募集股金1200万元，投向罐头厂等企业；争取侨汇建造100多幢别墅式华侨住宅；倡导创办华侨中学、华侨热带作物引种试验场、鹭风印刷厂、华侨机修厂等。

改革开放之后，颜西岳积极争取华侨在厦门投资，兴办工厂、商铺和开发房地产。他自己带头捐资倡办厦门华侨托儿所、华侨幼儿园和华侨中学，并长期担任厦门市儿童福利基金会会长。福建省金门同胞联谊会成立时，被推选为首任会长。他担任厦门经济特区建设发展公司副董事长，直接参与经济活动，鼓励一批有财力的亲朋好友到厦门投资；同时，积极创办侨益电子元件厂、侨利食品厂、侨泰实业公司、新侨酒店等侨联自身企业，解决归侨、侨眷子女的就业问题，为厦门经济特区建设做出新贡献。

颜西岳除长期担任厦门市侨联主席外，还曾任厦门市人大常委会副主任、厦门市政协副主席、厦门市人民政府副市长、福建省侨联副主席、福建省人大代表、福建省政协常务委员、福建省侨务委员会委员、全国政协委员、中国侨联常务委员和顾问。

1991年11月，颜西岳在厦门病逝。

教科文卫体篇

（按姓氏笔画排序）

丁拓

丁拓（1918—1989年），原名丁永尊，福建古田人，马来西亚归侨，著名记者、翻译。曾任中国归国留日同学救亡会会员、上海难民收容所工作人员、新华社日文翻译、干部科科长、人事处处长、干部处处长、国际新闻编辑部部主任、东京分社社长兼首席记者、社长。

诗巫侨生　回国学习

1918年12月27日，丁拓生于福建省古田县大桥镇墩兜村一个侨商家庭。祖父本是农民，拼死拼活务农，仍难以养活全家。清末，跟随近代民主革命家黄乃裳赴当时英国海峡殖民地之一的沙捞越垦荒，经艰辛努力，小有积蓄，终使丁家摆脱贫困。

1923年，丁拓随父母前往沙捞越诗巫祖父处，父母与祖父合力经商，丁拓进入诗巫侨办的光华小学，学习十分刻苦，成绩优异。

1928年，为使丁拓能拥有国学基础、建立深厚的国家和民族认同，丁拓小学毕业后，被父母送回祖国，先后在福州、上海完成初中、高中学业。

赴日留学　投身抗日

1935年，丁拓赴日本留学，进入东京法政大学政法系，攻读法律。

九一八事变后，日本帝国主义占领了东北，接着又向华北发动了新的侵略。1935年下半年，日本帝国主义发动华北事变，进一步控制察哈尔，并指使汉奸殷汝耕在冀东成立傀儡政权。国民党政府继续坚持不抵抗政策，竟准备于12月成立冀察政务委员会，以适应日本帝国主义提出的华北政权特殊化要求。失地丧权，亡国灭种的大祸迫在眉睫。12月9日，在中共北平临时工作委员会的领导下，北平爱国学生6000余人，高呼"停止内战，一致对外""打倒日本帝国主义"等口号，举行了大规模的抗日救国示威游行。北平"一·二九"学生运动，迅速演变为一场全国性的抗日救亡洪流。

丁拓在日本立即投入了抗日救亡工作，他参加了中共地下党领导的进步组织，不顾日本特高课的严密监视，阅读革命书籍，组织留学生讨论时局，动员更广泛的留学生团结起来，共同为抗日出力。

1937年7月，七七事变发生，丁拓对日本侵略者的野蛮行径无比愤慨，决定立即返回祖国，上前线杀敌。

离日回沪　救助难民

1937年8月初，丁拓回到上海，随即参加中国归国留日学生救亡会。中国归国留日同学救亡会，是上海救国会领导下的一个抗日团体，丁拓和同学们一起，到部队、工厂、农村进行抗日宣传、街头募捐、慰劳伤员、救济难民等。

丁拓参加中国归国留日学生救亡会后，主要投入救助难民工作。战争期间，日军铁蹄践踏之处，国土遭蹂躏，生灵被涂炭，人民被迫逃离家园，形成了数量庞大的难民队伍。1937年7月至1938年3月，全国难民已达2000万，到1938年7月受战争直接威胁的民众超过1亿人口。日军占领华北后，很多人纷纷将暂时还较为安全的上海租界作为逃难之地。

仁济堂是上海一个有百余年历史、在社会上颇有名气的慈善机构，它的主持人大多数是上海佛教界的知名人士。全国抗战爆发后，仁济堂也投入了全民族共同抗战的洪流。1937年上半年，仁济堂成立了"上海市慈善团体联合救灾会"（简称"慈联会"），作为官民合办的临时组织，实际是为抗战而救济难民的机构。丁拓参加了"慈联会"组织的救助难民工作。8月14日，在日军炮弹的轰炸中，"慈联会"设置了第一个收容所。8月15日，"慈联会"又下设了一个救济战区难民委员会，统筹办理难民的收容、救济工作。从8月14日到8月底，救济战区难民委员会积极设立了40余处收容所。到1940年，先后设置了50多处收容所，共收容难民50万次。丁拓一方面向海外募捐，以救助流浪且病重难民；一方面参与教授难民技能，以使难民有谋生之技……他奔走沪上，常常夜以继日工作。

日文翻译　建功延安

1937年10月，丁拓谢绝了父亲欲送他到英国剑桥大学深造的要求，奔赴延安，进入陕北公学学习。

1938年2月，丁拓在延安加入中国共产党。入党后，他被调到新华社任日文翻译。当时，延安电讯设备极差，所抄收到的日本同盟社的拉丁文、日文电讯难以辨认。丁拓不畏艰难，顽强工作，仅借助于日语字典、中国地图和世界地图，每天在油灯下工作十五六小时，终于摸索出辨认规律，一人独力支撑全社日文翻译工作。当时环境艰险，他在清凉山的一所破庙里办公，严冬常裹着棉被翻译，还得躲避敌机的轰炸。

作为当时新华社唯一的日文翻译，丁拓不但要翻译新闻稿件，还要花费大量的精力，破译其中的日军情报，为中国共产党领导的抗日大业提供各种资讯。丁拓工作极为辛苦，常常废寝忘食，带病工作。

后来，新华社又调进几名日文翻译，丁拓向他们传授自己积累的日文电讯辨认和破译技巧。

当时延安供电困难，为保证电台正常工作，从1941年夏天起，他与该社工作人员为电台摇马达人工发电，每人每天摇2次共4小时，直至1945年8月日本同盟社停发电讯时才停止。

丁拓不但要承担收录、翻译、破译的任务，有时还需冒险传送译稿。有一次，延河发大水，通讯员无法过河，他从上游泅渡到对岸，将稿件及时送达。

丁拓的忘我工作和发奋研究，在为中共中央提供大量有价值的参考资料的同时，自己也成为延安研究日本问题的重要专家。抗日战争时期，廖承志经常与他商讨有关问题，对丁拓的工作予以高度评价。

延安垦荒　甲等模范

1941年，由于日本侵略军的疯狂进攻和"扫荡"，国民党顽固派的军事包围和经济封锁，使共产党领导的抗日民主根据地的财政经济发生了极为严重的困难。为了战胜困难，坚持抗战，1942年年底，党中央提出了"发展经济，保障供给"的方针，号召解放区军民自力更生，克服困难，开展大生产运动。

自幼生活在富商家庭的丁拓，一边从事翻译，一边挤延安大生产运动时间和战士们一起开荒、烧炭、纺棉纱，常常夜以继日劳作不息，人称其为"不知疲倦的黄牛"。

1945年1月，丁拓作为大生产运动的模范和日文翻译、日情研究的杰出人才，出席了陕甘宁边区劳动英雄和模范工作者会议，荣获由毛泽东主席签发的甲等模范工作者奖状。

新华"老记"　东京建站

抗日战争胜利后，丁拓历任新华社干部科科长、人事处处长、干部处处长等职。任上，他对干部既严格要求，同时又善于扶掖新秀，举荐贤能，成绩突出。

1956年，丁拓转入新华社国际新闻编辑部工作，任部主任。后来着手筹建东京分社时，他克服在当时国际条件下的各种困难，经过不懈努力，于1964年9月建立东京分社，任东京分社首席记者、社长等职。

1978年5月，丁拓赴日本，任新华社日本东京分社社长。后因积劳成疾，回国治疗。10月，组织分社人员全力投入对邓小平访日活动的报道。他为促进中日两国人民的友好往来，为做好中共的国际宣传工作，竭尽心力，奔波不息。后因积劳成疾，回国治疗。

1982年9月，丁拓离休。1989年12月30日，丁拓病逝于大连215医院。

1964年9月，丁拓（前左）与另外6人一起成为中华人民共和国首批驻日记者

马宁

马宁（1909—2001年），原名黄振椿，又名黄震村、黄梅天，福建龙岩人，马来西亚归侨。曾任上海左翼作家联盟盟员、马来亚霹雳州太平埠振华中小学中学部主任、新加坡《南洋文艺》主编、马来亚普罗文学艺术联盟主席、马来亚反帝大同盟宣传部部长兼《马反》主编、马来亚总工会秘书、马来亚共产党中央宣传委员、上海伤兵医院义务医生、福建省龙岩县抗敌后援会指导员、福建省龙岩县闽西文化界救亡协会会长、福建省龙岩县《抗敌前锋》主编、福建省龙岩县东肖抗日服务团团长、新四军政治部宣教科代理科长兼机关报《抗敌报》主编、《福建农民报》主编、福建省政府文化处处长、福建省文联副主席。

少年反帝　誓不事日

1909年9月15日，马宁出生于福建省龙岩县（今龙岩市新罗区）龙门镇赤水桥村一个耕读之家。他的父亲黄南松是一个勤劳、朴实的佃农，母亲郑菊英是龙岩乡绅郑丰稔的女儿。郑丰稔本是一位饱读诗书的秀才，经商有道，土地日增，成为当地官僚地主，马宁的父母成了他的佃户。这在马宁幼小的心灵既埋下了愤懑因子，又种下了自强奋斗的种子。马宁原名"黄振椿"，后来因为崇拜马克思和列宁而改名为"马宁"。

马宁父母极重视子女教育，省吃俭用供马宁读书，进入了当地颇为著名的开明小学，与中共早期革命家郭滴人是同学，爱好中文，成绩不错。

一个颇为偶然的机会，天资聪颖的马宁被几位回乡演文明戏的大学生看中，他们将马宁带到省会福州读中学。但已在福建省议会担任副议长的外祖父郑丰稔却不愿为他提供学费，将他送至厦门鼓浪屿日本博爱医院做半工半读的护士生。

20世纪30年代初的马宁

自1919年五四运动之后，小小年纪的马宁深植了反日思想，实在不愿意在日本人的医院学习、做事，于次年与郭滴人同时转入免费的厦门集美学校师范部读书。

投身革命　参加北伐

集美学校校风开放，是厦门较早拥有中共党组织活动的区域之一。马宁在学校有机会读到《中国青年》《创造》等进步刊物，特别是在阅读了进步学生罗明主编的刊物《星火》之后，深受影响，萌生革命之心，他给自己取了个别有深意的名字——黄震村，他认为"假如地主不打倒，农民勿想过上好日子"，希望农村闹"地震"，震它个天翻地覆。

1926年年初，马宁被选为学生代表，参加地下党领导的学潮，被学校当局开除。他没有回家，而是来到了当时离国民革命中心广州较近的广东汕头，找到当年与章独奇、邓子恢一道创办《岩声报》的张觉觉。此时张觉觉为国民党汕头市党部宣传委员，介绍马宁加入了国民革命北伐学运宣传队。在北伐东征誓师会上，马宁又与参加广州农民运动讲习所回来的郭滴人相逢。

郭滴人成为农运特派员后随北伐军返回龙岩，而马宁深受郭沫若《革命与文学》等文章影响，立志以笔为枪，从事文学革命。

求学上海　参加起义

1927年2月，马宁在得到外叔公郑德嘉100元资助后，只身前往上海寻找郭沫若。虽未寻到郭沫若，但在创造社成员的介绍下，马宁考入上海大学中文系学习。他还跟进步同学一起，参加了周恩来领导的上海工人第三次武装起义。

1927年4月，蒋介石发动四一二反革命政变，上海大学被查封，马宁失学，租到一间仅有一个小天窗的窄小阁楼，但令之惊喜的是，他在阁楼上发现了一箱革命书刊，这些书籍对培植马宁的革命信念发挥了重要作用。

1927年9月，马宁进入新华艺术大学音乐系读书。之后，又进入田汉创办的南国艺术学院戏剧系求学，与陈白尘、金焰、郑君里等成了同学。1928年5月，马宁因缴不起学杂费而中途辍学。困难没有湮灭他以笔为枪的革命信念，着手进行革命文学创作。

开始创作　投奔红军

1928年夏天，马宁离开上海赴江西南昌找外叔公郑德嘉。暂住南昌大旅社时，他将在长江轮船上听来的故事，写成短篇小说《船上人》。此小说形象展示了五卅惨案给中国人民带来的灾难，也给日本水手造成了苦难。这篇小说在当时有一定影响。抗战时期，陈毅曾说：从马宁先生的《船上人》可以看出中日两国世代友好相处的日子一定会实现，日本人民有这个愿望，中国人民也有这个愿望。

1929年夏天，马宁听说朱德、毛泽东率领的工农红军三克龙岩城，立刻决定回乡参加红军。归途巧遇从印度尼西亚归来的开明小学同学林映雪，他也是想回乡投奔红军。

马宁兴冲冲回到龙岩，方知红军已走，白军重占山城。马宁来到了林映雪的老家龙岩城郊白岩区谢家邦乡，才知道红军虽已撤离，国民党军队重占县城，但红军游击队仍在山区活动。马宁居此看到苏区农民晚上搞文娱活动，演出自编的山歌戏，筹款支援红军游击队，深为感动，提笔写了一封信投给上海的《乐群》杂志，信中兴奋地写道："现在是一个新的太阳照耀着我，我在此写信给你，我向来是主张劳动者应该有直接写其自己生活的作品，劳动者应该有自己的文学……"《乐群》以《通讯》为题，发表了这封来自苏维埃政权之下的信件。马宁是中国文学史上第一个把中国共产党比作"太阳"的作家。

马宁潜回龙门赤水桥老家后，才知道父母因拥护红军，遭国民党军队逮捕，遇救后已逃往漳州。马宁立即前往漳州寻父。找得父亲后，父子再三商议，最后决定马父赴马来亚投亲谋生。

"左联"新星　连发"红文"

1929年年底，马宁孤身一人再往上海。

1930年1月，马宁以广东海陆丰暴动和广州起义为背景，着手创作了中篇小说《铁恋》，投给了上海南强书局编辑部，经中共地下党员、时任南强书局编辑冯铿的编辑，成功问世。马宁由此认识了冯铿、阿英（钱杏邨）等一批共产党人，并于1930年3月2日，经阿英介绍，马宁参加了左翼作家联盟（简称"左联"）。此后，经冯铿的介绍，马宁认识了党中央《红旗日报》负责人、"左联"作家李伟森，并在李伟森的关心和支持下，于9月27日加入中国共产党。

此后，马宁将自己在闽西苏区生活时的所见所闻，告诉冯铿。在冯铿的鼓励下，马宁以《苏维埃随笔》为总标题，写了20多篇散文，发表在《红旗日报》上。

青年马宁在南洋

在左联，马宁还与左翼作家柔石、白莽、胡也频等成为朋友。

沪上血雨　避往南洋

1931年年初，左联作家李伟森、柔石、胡也频、殷夫、冯铿等人被捕，同为"左联"作家的马宁紧急转移到龙华，那里住着东南亚各国流亡的进步人士和被逐归国的华侨，他们劝马宁前往南洋暂避风险。

1931年2月，马宁避往南洋，辗转抵达马来亚槟城后，与父亲和胞弟团聚。父亲劝儿在南洋谋一份稳定营生，安居乐业，而立志革命的马宁，决定在南洋开展革命工作。

文教战士　抗日先锋

马宁到南洋后，立即通过各种关系，尝试着与当地的共产党组织联系。在与马来亚共产党接上关系后，他参加了马来亚共产党领导的地下革命活动，并出任马共中央宣传委员。他还找到了《光华日报》编辑部里的马来亚共产党人汤唤乾、陈嘶马等，受约为《光华日报》副刊撰稿。后又受聘到马来亚联邦霹雳州首府太平埠侨办振华中小学，担任中学部主任。

1931年9月，九一八事变发生，日寇疯狂侵略东三省，马宁立刻在学校里组织反帝学联，开展抗日救国宣传，鼓励学生与帝国主义展开斗争。12月12日，他带着一些同学在街头散发纪念中国共产党领导的广州起义宣传传单时，遭英殖民警方包围，马宁机智地甩掉跟踪的密探，逃入椰林，绕道转回槟城。在槟城，他一边从事抗日活动，一边读书著文。

自1932年5月5日"上海停战协定"签字后,马来亚英殖民当局对华侨抗日言论的压制追查加紧,马宁的处境更为险恶。在马共的帮助下,马宁秘密转到北部山区双溪泗郎,当了一所小学校的校长兼教员和守门人。

转往星洲 以文抗敌

为躲避槟城英殖民当局缉捕,马宁化装成华侨商人,前往新加坡,住进华侨青年团体——励志社,主编《南洋文艺》。因在《南洋文艺》上发表《一个女招待之死》等革命文艺作品,马宁受到英殖民当局军警注意,很快《南洋文艺》被查封。马宁迅速转移,并埋头写了《绿林中》等4个剧本,在新加坡皇家大戏院演出。由于剧本揭露了帝国主义殖民地现实的黑暗,引起新加坡英殖民当局愤怒,马宁再遭通缉。在新加坡爱国华侨青年的帮助下,马宁又一次成功逃脱。

此后,马宁担任马来亚反帝大同盟的宣传部部长,主编刊物《马反》,还发起成立马来亚普罗文学艺术联盟,并被选为主席。马宁还被选为代表,参加了全南洋各殖民地各民族的代表大会,担任会议主持人,同时还被选为马来亚总工会秘书。

回国治病 筹办医院

在南洋,马宁全身心投入工作,经常夜以继日、废寝忘食,以致痼疾心脏病复发,且日趋严重。1933年4月25日,马宁与王玉秀(后改名王斯)在新加坡丛林中举行婚礼,王斯精心照顾病中的马宁。

1934年4月,马共中央考虑到马宁身体病弱,决定让他回国治病。马宁偕夫人回国后,先到厦门,当时中共厦门市委遭受破坏,马宁寻党不得,为生存到厦门禾山洪山柄海军农场当工人。务农同时,他通过各种方式寻找厦门党组织,仍未接上关系,且白色恐怖日重,马宁带着妻儿回到龙岩,化名黄梅天,筹办生活医院。

淞沪抗战 医疗义工

1936年6月,因没有"良民证",马宁被新来的国民党城防部队抓去,经龙岩医师公会保释后,逃到上海。

在上海,马宁多方寻找阿英不遇,又获知田汉、阳翰笙被蒋介石软禁在南京,后来幸得上海大学校友会王秋心介绍,与上海大学留沪同学会领导人沈雁冰(茅盾)联系上,由他介绍马宁到景平中学当教员,继而转入华华中学。

1937年8月,"八一三"淞沪抗战爆发后,华华中学成为临时伤兵医院,收治在前线血战日寇身负重伤的中国军人。马宁作为医疗医工,参加了战地救护,冒着枪林弹雨,随救护车上前线救护伤员。马宁陪同沈雁冰、巴金上前线慰劳伤兵。

回乡抗日　组救亡会

此时，随着以国共合作为主体的抗日民族统一战线的正式形成，中国共产党旗下的南方八省红军和游击队，组成国民革命军新编第四军（简称"新四军"），以北伐名将叶挺为军长，并组成中共中央军委新四军分委，项英、陈毅为正副主席，马宁的龙岩乡亲张鼎丞为委员。闽西的红军和游击队编为第二支队，司令员张鼎丞、副司令员粟裕（后与第三支队副司令员谭震林对调），马宁的另一位龙岩老乡邓子恢调任新四军政治部副主任。

马宁闻知归心似箭。他与上海市文化救亡协会章汉夫取得联系，由他签证回龙岩寻找张鼎丞、邓子恢部队。

马宁回到龙岩后，通过新四军第二支队办事处主任梁国斌的帮助，乘船到雁石找到邓子恢。邓子恢指示他发挥文化人的作用，到龙岩城开展国共团结抗日的宣传工作。

马宁以左翼作家联盟著名作家的身份，给当时担任福建省政府省公报室主任的著名作家郁达夫写信，郁达夫随即回函把他介绍给国民政府龙岩专员张策安，在张策安安排下，马宁出任龙岩县抗敌后援会指导员。

在邓子恢和中共龙岩县委领导下，马宁发起组织闽西文化界救亡协会并任会长。张栋鸣、郭国翔、张占云、张桢临等100多名进步文学青年参加了闽西文化界救亡协会，马宁组织这批文学青年创作抗日歌曲、歌谣，深入城乡进行抗日宣传，动员闽西青年参加新四军，打击日本侵略者。马宁还担任了《抗敌前锋》主编。与之同时，他还组织了东肖抗日服务团并亲任团长，发动人民群众支援即将出征的新四军第二支队，并组织当地百姓为新四军和共产党抗日组织服务。这一切，引起了国民党顽固派的恐慌，他们立即派人查封刊物，解散服务团，马宁处境危险。

入新四军　掌机关报

邓子恢闻知，立即通知马宁直接加入新四军第二支队，北上抗日前线。路过龙岩各地时，当地群众涌上街头欢送新四军。邓子恢对马宁说："你们的抗日宣传、发动群众工作还是有成绩的。"

在穿山越岭开赴江南抗日前线的行军中，马宁不忘抗日宣传使命，他在行军间隙不顾劳累，撰写了介绍新四军和中国共产党抗日主张的《新四军散记》，寄往南洋侨办华文报刊《现代日报》《现代周刊》发表。

这是海外最早出现的宣传新四军报道，让南洋华侨知道祖国有一支共产党领导的抗日部队——新四军。

到达皖南新四军军部后，马宁被任命为政治部宣教科代理科长，负责主编新四军机关报——《抗敌报》。他请叶挺军长题写报名。《抗敌报》刊发了大量生动活泼的抗日文章，起到了鼓舞将士的战斗作用。《抗敌报》创刊一周年时，毛泽东主席、朱德总司令联名从延安发来贺信。

在主编《抗敌报》的同时，马宁还负责编辑内部参考读物《电讯新闻》和《救亡日报》（三日刊），另外马宁主持新四军对外新闻联络工作，他把新四军干部将士所写的文艺作品等，寄至大后方的《新华日报》和胡风主编的《七月》等刊物发表。繁忙之间，马宁还创作、出版了中篇小说《扬子江进行曲》。鉴于他的优异成绩，新四军政治部于1938年7月批准恢复了马宁的党籍。

同年冬末，皖南奇冷，马宁为赶编重大军事资料，冻坏下肢并突发恶性肺炎，失去知觉。在军部医院抢救时，叶挺、袁国平、邓子恢等亲自到病房探望，直至他恢复知觉才离开。在医院里，马宁认识了美国女记者史沫特莱，他向这位金发碧眼的外国友人提供了不少新四军浴血抗敌的事迹材料，使史沫特莱写出不少名篇。数年后，马宁以一位外号"大刀会"的小伙子成长为新四军战斗英雄的故事为主线，创作了长篇小说《扬子江摇篮曲》，轰动一时，被译成英文出版。

1939年末，马宁的妻子王斯从福建省助产学校毕业。经叶挺批准，王斯和邓子恢的夫人陈兰一起来到新四军军部。王斯被分配到军部医院工作。

西去桂林　以笔为戈

1940年冬，新四军军部紧急疏散伤病员。体弱多病的马宁奉命调往八路军广西桂林办事处，叶挺军长特批王斯护送。

到了桂林之后，马宁立即前往八路军办事处报到，李克农主任不但批给他们夫妇俩每月60元生活费，还叮嘱马宁先养好身体再战斗。

渴望全力为祖国抗战服务的马宁，先让妻子王斯到广西桂林省立医院当了护士，自己则到国民政府军事委员会桂林行营换取南洋《现代周刊》特派第四战区战地记者的记者证，向桂林市新闻记者协会领了会员证，投身桂林当地抗日文化活动。

桂林危机　二下南洋

随着皖南事变发生，国民党第二次反共高潮使桂林上空阴雨密布，爱国民主人士萨空了被绑架，夏衍主编的《救亡日报》被迫停刊。马宁接到李克农"自行掩护"短信后，立即转移。他到香港找到了廖承志和连贯，但香港也难以安顿，马宁决定二下南洋。

到了南洋后不久，太平洋战争爆发，南洋多地处于日军轰炸之中，马宁只好再转往香港。他到香港不久，香港沦陷。马宁逃到澳门，找到叶挺军长的副官麦毅，由他帮忙办了华侨的证件，进入广东中山县难侨救济处。

再返漓江　助力叶挺

1943年1月，马宁回到桂林，住进妻子王斯在省立医院的护士宿舍，以写稿和养猪维生。在中共地下党员、桂林文化供应社作家邵荃麟帮助下，马宁创作、出版了长篇小说《香岛烟云》。

有一天，马宁去《文艺生活》送稿，主编司马文森告诉他新四军军长叶挺被囚禁于桂林，并告知了具体地址。第二天，马宁扮作割猪草的工人来到了叶挺被囚地点附近，在夜幕降临之际，机警地闪进了叶家……没过多久，叶挺副官麦毅来找马宁，说军长的两个孩子生皮肤病，请王斯配药诊治。

1944年夏天，日军进犯桂林，国民党当局紧急大撤退，叶挺被秘密转移。麦毅找到马宁，说军长家里有20多人，夫人请马宁帮忙找船只撤退。马宁自制了个中国远征军杜聿明后方留守处上校参谋黄白桐的假军官证，找到了桂林东坡酒家故意沉到河底的轮船，并雇人修好，让叶挺一家20余口人和其他难友共100多人上了船。出发前，马宁还冒着敌机轰炸，奉党之命救出科普作家高士其。当时高士其身体瘫痪，新婚妻子悄然离去，2万元疏散费和衣物都被骗子席卷一空，他被反锁在房里，动弹不得，多日无食，奄奄一息，马宁破门而入，背起高士其，冲向江边，将之安顿在船上。之后，马宁亲自护送这条船沿漓江南下，经阳朔、平乐、昭平到达梧州。马宁安排叶挺夫人李秀文一家人改乘电汽船到都城转赴澳门。他又通过合众社记者白恩德，在梧州电报局发了一封电报给软禁在湖北恩施的叶挺军长："贵眷已安全疏散至梧州转赴澳门。"

撤离桂林后，马宁带家人到达广西昭平县北陀山区，在当地中学教书，一面种菜，一面当卖油小贩补贴家用。

宣传战将　三下南洋

抗战胜利后，马宁移往广州，一方面进行文学创作，创作了长篇小说《将军向后转》，一方面进行革命活动。

解放战争期间，马宁在得知国民党当局将缉捕自己的消息后，于1946年7月再下南洋，先到马尼拉，后到新加坡，在华侨中学任教，并发起组织新加坡华文文艺协会，配合马来亚共产党做各种宣传工作。他还配合胡愈之写了大量反对内战、反对蒋介石独裁统治的文章，刊于当地爱国华文报刊。

1948年，新加坡殖民当局颁布紧急法令，取缔马来亚共产党。7月14日，马宁被逮捕，不久被驱逐出境，引渡厦门。船经香港时，马宁趁机偷渡登岸，因港督下令通缉，便化名隐居澳门。

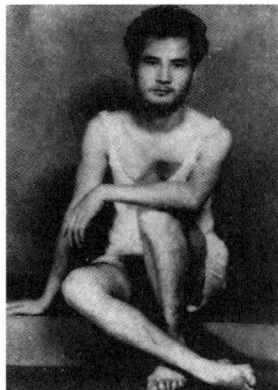
1948年7月马宁在新加坡出狱时

回国效力　笔耕不辍

1949年6月，马宁辗转回到龙岩家乡，迎接解放，之后参加新生人民政府的接管工作。

新中国成立后，马宁调到福建省省会福州市，先后担任《福建农民报》主编、福建省政府文化处处长、福建省文联副主席等职。创作了《武夷山上的白蝴蝶》《老规矩》《落户的喜剧》等一批文化作品。1957年，在朱德帮助下，《人民文学》曾一次发表了马宁4部作品。

改革开放后，马宁参加了全国第四次文代会，并被选为主席团成员、全国文联委员，继而又被选为福建省文联副主席、福建省政协委员。

海内外文学界对马宁在中国文学史地位做了全面肯定。海外史学界对马宁在马华新文学运动中的作用评价甚高，称之：他在马华新文学扩展期末期至低潮期初期，作出很大的贡献，并且发挥了高度的影响力，因此与郁达夫一起，被当作马华文坛早期作家之一。

1986年，福建省作家协会举行"马宁创作六十周年学术讨论会"，龙岩市成立了马宁研究会。中国社会科学院文学研究所权威文艺理论家杨义编写的《中国现代小说史》，对马宁的创作活动做了总结与高度评价。

晚年，马宁还曾任中国人才之家顾问、福建省国际文化经济交流中心理事，福建省文史研究馆名誉副馆长等职。

马宁一生笔耕不辍，晚年仍倾力创作长篇小说《红白世家》，完成并出版第一卷《香港小姐奇婚记》，还整理、出版了《马宁选集》。正在创作《红白世家》第二卷时，因病失去语言和行动能力，不得不结束笔耕生涯。

2001年12月11日，马宁病逝于福州。

1983年马宁夫妇在延安

马寒冰

马寒冰（1916—1957年），原名马国良，福建厦门人，缅甸归侨，著名报人、诗人、作家。曾任厦门《华侨日报》编辑，缅甸《仰光日报》编辑，缅甸《兴商日报》总编辑兼缅甸通讯社记者，陕北公学政治部宣传科干事，八路军卫生部秘书主任，八路军第一二〇师第三五九旅野战医院院长、八路军南下支队副官处处长、干部大队大队长，晋察冀边区《晋察冀日报》编辑部副部长，解放军晋绥军区野战第二纵队后勤部副部长，第一兵团政治部宣传部部长，中共中央新疆分局副秘书长、宣传部副部长，新疆军区宣传部部长兼文化部部长，新疆省政府文化处副处长，新疆省文联副主任，外交部驻疆特派员，新疆伊犁地区土地改革大队长，解放军总政治部文化部编审出版处处长、文艺处第三处长、《解放军战士》主编。

马寒冰

文坛新秀　名震厦门

马寒冰家乡为福建省海澄县霞阳乡（今属厦门市海沧区霞阳村），祖父早年赴缅甸打拼，父亲后来也在缅甸经商。1916年，马寒冰生于缅甸勃生城，4岁开始识字，后进入当地侨办华文学校，12岁随父亲马式聪回国，居于厦门鼓浪屿鹿礁路靠海边的一座房子，父亲到厦门一家商店当账房先生，马寒冰先后在英华中学、双十中学读书。他酷爱文学，开始向厦门几家报社投稿，《星光日报》《华侨日报》曾刊登过他写的文章。中学毕业后，考入浙江金华商业学校银行会计专业。虽认真学习，但最后还是因为对商务、金融毫无兴趣，于1932年转入上海沪江大学。

1936年大学毕业后，马寒冰回到厦门。1936年，在鼓浪屿发起组织天竹文艺社，主编《天竹月刊》和厦门《华侨日报》的《天竹》文艺副刊。其间，刊发了不少宣传抗日救亡的文学作品，团结了一批进步文学青年，对抗日文化活动产生积极影响。

鲁迅逝世后，马寒冰参与发起厦门纪念鲁迅活动，为1936年11月29日举行厦门文化界追悼鲁迅大会筹委会12位委员之一，大会通过的致鲁迅家属的唁电就由他起草拍发，大会决议也由他和高云览、郑书祥送交厦门市政府当局的。会后，他还写了《伟大的民众祭》一文，1937年被收进《鲁迅先生纪念集》。1937年12月30日，他与时任《星光日报》记者的赵家欣等一起，接待从日本经中国台湾抵厦门的郁达夫，并陪郁达夫游览鼓浪屿日光岩，由此也可以看出年轻的他在厦门文化界的影响力。

缅甸办报　领侨抗日

1937年5月，马寒冰应缅甸《仰光日报》之聘，回到南洋，担任《仰光日报》编辑，编务之余撰写评论，也进行文学创作。不久，因撰文抨击缅甸英国殖民当局欺侮华侨，引起英国殖民当局震怒，立即逼报社将之解雇。但他也因勇于维护华侨利益而名声大振。由中共早期共产党人林环岛参与创办的《兴商日报》，立即向他伸出橄榄枝，聘他为总编辑。

马寒冰到缅甸后，积极投入当地华侨抗日救亡活动。1937年5月，参与促成缅甸华侨文艺界抗日救国后援会成立。该会后改名为"缅甸华侨文艺界救亡协会"，不久又再改名为"缅甸华侨文艺界抗日救亡联合会"。在这个抗日文化团体内，马寒冰主要负责宣传工作。同时，他还参与促成了缅甸华侨救灾总会的成立。他除了亲自撰写抗日文章外，还组织采编力量，撰写抗日文章，采访报道缅甸各地华侨支持祖国抗战的消息。同时，还经常出席华侨举办的抗日活动，登台演讲，号召华侨捐款捐物或直接回国参加抗战。

王震将军亲自题写书名的《马寒冰文集》

缅甸华侨抗日名杰曾冠英在其所作的《马寒冰同志事略》一文中，全面记述了马寒冰对缅甸抗日的贡献及回国投军的过程：

> 寒冰把《仰光日报》副刊《波光》办得有声有色，深受当地青年人欢迎。青年人受其影响，提高了思想政治水平，从而推动缅甸社会的进步。他写了一些抨击当地政府压迫华侨的文章，流露对政府的不满，引起当时社会对寒冰同志的注意和支持。不久，他应聘《兴商日报》任总编辑，还兼缅甸通讯社记者。在那复杂环境下主持笔政，会蒙受一定的风险，然而寒冰同志毫不胆怯，面对日有数起的恐吓信，岿然不动，坚持爱国与进步的编辑方向，以犀利笔锋，勇往直前地揭露与抨击那些反动分子，对他们大张挞伐。
>
> 寒冰维护正义的行为，博得缅甸华侨界的喝彩和赞许，同时受文艺团体的副刊如《卜间》《椰风》《晓声》《芭雨》《十日谈》和广大爱国青年都大力支援他，群起对那一小撮压迫华侨的害虫口诛笔伐。寒冰同志说他当时的立场，基本还是小资产阶级的，但对英政府压迫华侨十分不满，所以他热爱祖国，希望祖国强盛，改变祖国在国际上的地位，使华侨不受欺侮，能够好好地生活下去。
>
> "七·七"抗战爆发，更增加了寒冰同志的民族仇恨。一九三七年八月二十三日，缅华文艺界成立抗敌救国后援会，寒冰同志参加并担任宣传任务。他每次演讲时，仰光观音亭庭院必挤满听众。他呼吁侨胞有钱出钱有力出力，团结一致，共御外侮，抗战必定胜利。演讲给人们以深刻的印象和鼓舞，促使广大华侨更加热爱祖国，认为"天下兴亡，匹夫有责"。

　　寒冰为筹募救国捐，发动戏剧界义演，经他奔走筹备，终于在仰光大金塔路"银禧大厦"如期演出。当时大厦座无虚席，盛况空前，说明侨胞对祖国的热爱。寒冰扮演的角色，在当时算是别开生面的，当他由台下观众中跳到台上大喊"放下你的鞭子"而慷慨陈词时，观众掌声雷动，情绪激昂。缅华新颖精彩表演，大大地振奋人心，必须抗战到底，若投降退却，必将遭受亡国奴屈辱之苦。散场时，观众围拢着向他再一次鼓掌，祝贺他义演成功，为国尽忠尽力。

　　祖国兴亡，民族仇恨，促使寒冰同志决心回国参加抗战。但当他到国民党驻缅甸总领事馆请求签发回国护照时，却遭到总领事蔡某的拒绝。蔡某对他说"祖国政府要的是钱，不是人，人多得很，你回去干什么？"这对寒冰是极大的侮辱。但他并不因此气馁。他从报上得知中国共产党领导的红军改编为八路军，还在延安办了抗日军政大学和陕北公学，广招国内有志抗战的青年入学，便决定离开缅甸。他知道国民党驻仰光领事馆有意不发护照的，就向文艺界抗敌救国后援会，申请回国从戎，投考延安抗大，并以《兴商日报》战地记者身份，请准了护照及"文救会"的介绍信，于一九三八年初毅然回国，经香港、广州，到达汉口。在汉口，寒冰见到了董必武同志，必武同志同意他到陕北，还介绍他同罗炳辉同志见面晤谈。据寒冰说，这次的会面晤谈，大大增加了他对共产党、八路军的了解，从而更加坚定到陕北的决心。这样寒冰就由汉口到达西安。经八路军西安办事处伍云甫同志给他办了手续，坐上八路军的军车到了陕北，随即进入陕北公学。由于他的表现很快就在陕北公学入了党。

投笔从戎　南征建功

　　1938年春，马寒冰从陕北公学毕业后，担任陕北公学政治部宣传科干事。由于他会英语，后调八路军卫生部，随同印度援华医疗队巡回太行、晋察豫、晋察冀、晋西北等抗日根据地，抢救伤员，为抗日军民治病。接着，又任卫生部秘书主任，后调入八路军第一二〇师三五九旅，担任野战医院院长。

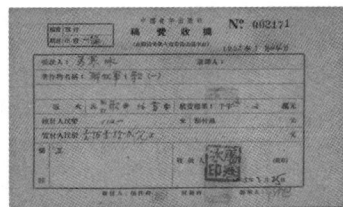

马寒冰稿费收据

　　1944年10月，根据中共中央的部署，由第三五九旅为主力组成了以王震同志任司令员、王首道同志任政治委员的八路军南下支队，全称"国民革命军第18集团军独立第一游击支队"，执行南下作战、开辟新根据地的战略任务。马寒冰任司令部副官处处长，同时担任南下支队司令员王震的秘书，期间还曾担任干部大队大队长。他与战友们一起，由延安出发，经陕西、山西、河南、湖北、湖南、江西等省，部队长途跋涉，英勇转战，跨越半个中国，到1945年8月抵达广东省北部地区，执行在华南地区创建革命根据地的战略任务。在进军途中战胜了日伪军和国民党顽固派军队的围追堵截，跋山涉水，历尽艰辛，克服了严寒酷暑和饥饿病伤等困难，行程两万余里，先后突破敌人一百多条封锁线，进行大小战斗300余次，于1946年秋胜利返回延安，完成了党中央交给的任务，被誉为"第二次长征"。

激战吕梁　保卫延安

国共和谈期间，马寒冰又随同王震到武汉，参加国、共、美三方组成的联合军事调处小组工作。他利用这个合法身份，加上熟练的英语，在美方和中外记者、进步文化人士中广交朋友，宣传我党主张，揭露国民党假和平真备战的阴谋。后来，他撤回晋察冀边区，曾在《晋察冀日报》编辑部当过副部长，待三五九旅完成中原突围返回延安转入吕梁山地区后，他又回到三五九旅。三五九旅发展成为晋绥军区野战第二纵队时，马寒冰担任纵队后勤部副部长，随部先后参加吕梁战役和汾孝战役。

1947年春，马寒冰随部从晋绥回师陕北，参加保卫陕甘宁边区、保卫党中央的战斗，与兄弟部队一起取得了陕北三战三捷，继而展开陇东三边战役和榆林、沙家店等战役，粉碎了国民党军队的进攻，使西北战场的局面发生了根本转变。之后，随部参加和参与指挥西北战场人民解放军战略进攻的一系列重要战役战斗，出生入死，屡建奇功。

戍守新疆　文化主官

1949年，王震担任解放军第一兵团司令员兼政治委员，马寒冰任第一兵团政治部宣传部部长，参加了解放大西北之战。

1949年冬，马寒冰作为和平解放新疆的先遣官，为我党我军进疆做准备工作。在新疆，他先后担任中共中央新疆分局副秘书长、宣传部副部长，新疆军区宣传部部长兼文化部部长，新疆省政府文化处副处长，新疆省文联副主任，还曾任外交部驻疆特派员。

1950年，马寒冰随毛主席、周总理到莫斯科，参加中苏联合开发新疆石油、有色金属的谈判。

1951年，马寒冰率队到新疆伊犁地区搞土地改革，并任大队长，工作十分出色。

调往总政　主管文艺

1953年年初，马寒冰调往北京，担任总政治部文化部编审出版处处长、文艺处第三处长、《解放军战士》主编，同时担任部分外交接待任务。

马寒冰对军队文化事业和新疆文化事业都做出了积极贡献，创办了新疆第一家文学期刊《新疆部队文艺》月刊，抢救维吾尔古典音乐套曲《十二姆卡木》，筹备出版杜鹏程的长篇小说《保卫延安》。他率中国艺术团出访西亚、北非许多国家，当时埃塞俄比亚尚未与我国建交，他率歌舞团进入皇宫，与老皇帝赛拉西对话，赞颂老皇帝"二战"中抗击法西斯的功绩，解除了老皇帝由于派兵到朝鲜与我们作战的疑虑，为中埃建交起了积极作用，有人称之为"歌舞外交"。

马寒冰有不少佳作传世，如歌曲《新疆好》《戈壁滩上盖花园》《我骑马儿过草原》《解放军同志请你停一停》《尼罗河之歌》《边疆战士大合唱》，纪实文学《王震南征记》《中原突围》等。

1957午6月28日，马寒冰不幸逝世。

1986年6月22日，由解放军总政治部重新安葬在八宝山革命公墓，并立碑为志。王震、邓力群及其生前老同事、老战友和亲属等参加了揭碑仪式。中共中央政治局委员、全国人大常委会副委员长王恩茂同志盛赞他："是为民族解放与人民解放、与工农兵融合在一起的、满腔热情的、多才多艺的爱国华侨、革命知识分子、共产主义战士、名记者和作家。"王震亲自为《马寒冰文集》题写了书名。

马寒冰夫人为评剧名角张玉兰。张玉兰（　—2003），出生于评剧世家，其父亲是评剧创始时期的演员之一，艺名叫碧玉花，本名张文，演女角，与葡萄红、盖五珠是同时代的蹦蹦戏演员。张玉兰从小随父学戏，12岁开始登台，17岁在山西临汾参加革命，1947年加入王震将军领导的三五九旅。在三五九旅战声剧团任主演，从1947年到1949年先后演出了《红娘子》《血泪仇》《刘胡兰》《鱼腹山》《穷人恨》等戏。同时演出了评剧传统剧目《杨三姐告状》《杜十娘》等。1948年元旦应贺龙、王震司令员之邀，到延安演出一百天，在延安日报上发表了《我怎样创造刘胡兰》一文。1950年在新疆军区文工团主演了歌剧《白毛女》《做军鞋》《刘永贵挂花》等戏。后调到军区京剧院，主演了昆曲《奇双会》，评剧《梁山伯与祝英台》《牛郎织女》《刘巧儿》《小女婿》《小二黑结婚》等戏。曾任新疆剧协理事及主席团成员。

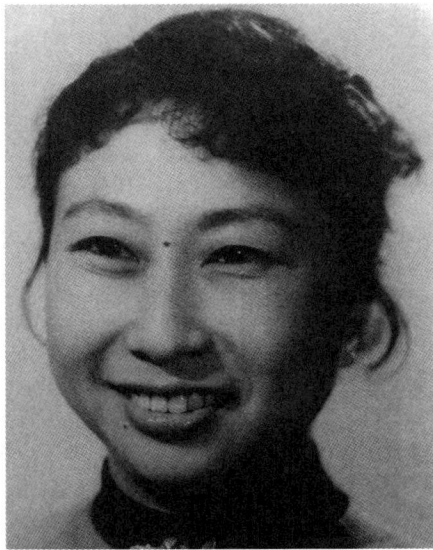

马寒冰夫人、评剧名家张玉兰

1953年调中国评剧院工作后，主演过《月亮弯村》《秦香莲·闯宫》《杨乃武与小白菜》《恩与仇》《祥林嫂》《李双双》《三里湾》《酸儿辣女》等。曾任中国评剧院一团团长，1992年任中国评剧院百花团名誉团长。2003年在北京去世。

王文教

王文教（1933—　　），福建南安人，印度尼西亚归侨，著名羽毛球运动员、教练员。曾任印尼国家羽毛球队运动员，中国国家羽毛球队运动员、教练员、队长，福建羽毛球队运动员、教练员，中国国家羽毛球队教练、总教练，中国羽毛球协会副主席，国际羽毛球联合会理事。中国羽毛球事业重要奠基人之一。

印尼国手　南洋明星

王文教祖籍福建省南安市，父亲早年随乡亲下南洋，先在泰国当砍伐工人，辛苦备尝，后通过亲戚和同乡的关系，移往印度尼西亚（以下简称"印尼"）谋生，辗转定居梭罗，通过开饭店、经营商铺致富。之后，回到闽南老家，接来出生于福建省惠安县的妻子，夫妻同心协力，生意越做越大。1933年11月22日，王文教生于梭罗，行八。

因家境富裕，王文教自小受到良好教育，6岁时即被送入当地极有名气的华侨公学。8岁时，开始学打羽毛球，即展现惊人天赋。随着年龄渐长王文教球技日升，很快打遍印尼难有对手，被选入印尼国家队。

王文教（左一）在指导队员，左二为其弟子韩健

1951年，印尼邀请世界男子团体赛——汤姆斯杯冠军得主马来亚（今马来西亚）队来访，这是尚未加入国际羽联的印尼队第一次同外国队比赛，王文教迎战马来亚国家队主力陈仁勇、林其芳等世界名将，大获全胜。次年，马来亚国家队高手集合，再次来战，全败于王文教拍下。王文教因此成为印尼家喻户晓、声震南洋的羽球明星，声望如日中天。

忍母决裂　坚决回国

1953年5月2日，集中了篮、排、网、羽四个项目的全国球类运动大会，在天津举行。印尼华侨组织了一个包括羽毛球、乒乓球、篮球、排球在内的50人体育代表团，准备回国参赛，王文教入选。因办签证时印尼有关方面刁难耽搁了大量时间，等印尼体育代表团抵京时，运动会早就结束。由陈福寿、王文教、苏添瑞、黄世明组成的印尼华侨羽毛球队，与球类大会羽毛球前几名打了几场友谊赛。国内冠亚军们与华侨高手较量，每局没一人能得5分。当时，王文教就想留下来帮助祖国提升羽毛球发展水平。

也因当初印尼政府的"预见"——给整个代表团发的是集体护照，50人一张，一人不回去，别人回去就麻烦了。王文教无奈，只能跟着大伙儿一起走，先回到印尼，再想办法返回祖国。

一回到印尼，王文教就着手准备归国。先是家人苦劝，最难过的就是母亲，她担心从小生活优裕的王文教回国受不了苦，不肯宝贝儿子回国，甚至以断绝母子关系相逼；紧接着，印尼政府也不愿割爱，印尼羽毛球队坚决不肯，但一切都难以改变王文教回国之心。

为能顺利回国，王文教瞒着印尼羽毛球队到移民厅办理离境签证。为避免引起公众注意，王文教和同行的陈福寿、黄世明在护照上均没有使用为人熟知的用闽南话发音的姓名，而只使用汉语普通话发音的拼写。在移民厅，他们被告知：你们可以去，但必须在护照上写上"永

1965 年王文教（右一）带队访问丹麦，图为全队在中国大使馆前合影

远不再回印尼"。这意味着要和印尼的亲人们从此分离，甚至是永别。但王文教和陈福寿、黄世明还是按移民厅的要求写下了"永不回印尼"的保证书。

1954年5月6日，王文教和陈福寿、黄世明启程，从海路归国。不久，后来生了位天王级羽球高手儿子施羽的施宁安也紧跟着从印尼归来。

奠基功臣　打造雄师

国家体委立即在刚建立一年的中央体育学院（北京体育大学前身）竞技指导科成立了羽毛球班，以王文教等4人为主组建了中国第一支国家羽毛球队，并请他们开始训练国内高水平的羽毛球运动员，王文教同时兼任教练和队长，并决定暂时将天津市作为球类运动训练基地。

1955年北京体育馆建成，王文教率领的中国第一支羽毛球队自天津回到北京。1957年，国家队解散，王文教、陈福寿来到福建队。1956年至1959年王文教曾3次获全国男子单打、双打冠军，并与陈福寿合著《羽毛球》一书，作为羽毛球运动教材。

1959年第一届全运会后，以王文教、陈福寿为核心的福建羽毛球队便成为我国羽毛球的重要基地。

1960年，印尼青年羽毛球名将汤仙虎、侯加昌等人相继回国，也加入福建队。在这之后，王文教逐渐从运动员转为教练员。

当时，国际羽联席位被退缩至台湾的国民党政府窃取，中国队无法参加世界性比赛，但中国羽毛球队却提出了"打败世界冠军"的口号。

王文教、陈福寿带领年轻的中国羽毛球队等一方面刻苦训练，一方面勇于创新，在技术打法上提倡百花齐放，打法多样，通过反复研究、实践，形成了以快为主、以攻为主的中国风格。

1963年，连获两届汤姆斯杯世界男子团体冠军的印尼羽毛球队来访中国，中国国家队、青年队和一些省队都在对抗赛上获胜。1964年印尼队在蝉联汤姆斯杯世界男子团体冠军后，再次来华一决高下，又一次铩羽而归。

1965年，王文教作为总教练，率中国羽毛球队出访世界羽毛球强国丹麦、瑞典，中国羽毛球运动员以其先进的技术风格、快速的打法和灵活多变的战术取得34场比赛全胜的辉煌战绩。欧洲媒体直赞：中国羽毛球队是世界羽坛的"无冕之王"。

2014年羽坛宿将林建成、郑于金、王文教（左三）在唐江俱乐部

重新出山　再造辉煌

1972年年初，周恩来指示，王文教和陈福寿驰赴北京，组建新的国家队，王文教出任国家羽毛球队教练，1982年升任总教练兼男队主教练，开创了中国羽毛球队金牌时代。

在王文教练的执掌下，中国羽毛球队开创了世界羽坛中国时代。1981年7月，在美国圣克拉拉举行的第1届世界运动会羽毛球比赛的五个项目中，中国运动员一举夺得男子单打、男子双打、女子单打和女子双打4枚金牌，这是我国羽毛球运动员首次在世界性羽毛球比赛中亮相。

1982年5月，中国羽毛球队首次征战世界男子团体赛——汤姆斯杯比赛中，一路过关斩将，杀进决赛。经过艰苦奋战，最后以5比4反败为胜，从印尼队的手中夺得世界羽毛球男子团体冠军。

1984年5月，中国女子羽毛球队在世界女子羽毛球团体赛——尤伯杯比赛中，将奖杯高高举起。

1986年5月，在印尼首都雅加达举行的汤姆斯杯和尤伯杯比赛中，中国男子女子羽毛球队双双夺冠。

1987年5月，在中国北京举行的第5届世界羽毛球锦标赛的5个单项比赛中，中国羽毛球运动员囊括了全部冠军。

至此，中国羽毛球创造了一个国家同时获得并保持了世界羽毛球比赛男女团体赛和5个单项个人赛的全部7项冠军，这一国际羽坛史无前例的纪录。

在王文教的指挥下，中国羽毛球队一路高歌猛进，于1988年、1990年先后获得汤姆斯杯团体赛冠军。

王文教先后培养出汤仙虎、侯加昌、韩建、杨阳、赵建华、熊国宝、李永波、田秉毅等众多羽毛球世界冠军。

王文教的总教练生涯共带队获得过56个世界单项冠军、9个世界团体冠军，他也因此四次获国家"体育运动荣誉奖章"，1985年被国家体委授予"新中国体育开拓者"称号，并被选为全国政协委员。

王文教对世界羽毛球技术发展、水平提升与普及做出卓越贡献，曾任国际羽毛球联合会理事，并获国际羽联"特殊贡献奖"。2015年，世界羽联向王文教颁发"终身成就奖"。

王世真

王世真（1916—2016年），福建福州人，日本、美国归侨。著名生物化学家、核医学家。曾任贵阳医学院讲师、副教授，战时卫生人员训练所化学组主任，美国衣阿华大学放射性研究所副研究员，北京协和医学院生化系副教授、教授，中国医学科学院同位素应用委员会主任、首都核医学中心主任、放射医学研究所副所长、核医学国家重点实验室学术委员会主任、中华医学会核医学分会主任委员，中国核学会常务理事、核医学分会理事长、《中华核医学杂志》主编、世界核医学联盟委员、亚太地区核医学联盟国际顾问。中国科学院院士，中国核医学事业的创始人。

王世真

名门子弟　生于千叶

1916年出生不久的王世真和母亲在一起

王世真是福州著名的名门世家—西清王氏子弟。西清王氏肇基福州始祖是王旭窗，他原是江西省吉水县清江乡人，明嘉靖年间，经营陶瓷生意，坐贾并定居福州，称"福州西清王氏"。

王旭窗十世裔孙王庆云是王世真高祖，他是西清王氏首位举人和进士，曾任陕西巡抚、山西巡抚、四川总督、两广总督、工部尚书等职，政声颇佳，至今在成都、昆明、太原等地还有以他名字命名的"庆云街"。王世真祖父王仁堪是光绪三年的状元；父亲王孝缃早年留学日本，曾作为中国的唯一代表参加了远东医学大会，也曾参与孙中山领导的同盟会和辛亥革命；母亲林剑言是民族英雄林则徐的曾孙女。

1916年3月7日，王世真生于日本千叶。两岁时，他随留学归国的母亲回到家乡福州市。

王世真幼年即在能诗会文的母亲课读下，学习蒙学经典。他自小聪颖好学，进了小学成绩突出。8岁那年，因在学校里受了点冤枉，性格倔强的他拿了5块大洋，独自离家行至福州马尾港，坐船北上，到南京找行医的父亲。由此，在南京完成中小学教育。

科研成果　建功抗日

17岁那年，王世真以优异成绩考入燕京大学。一年后转学到清华大学化学系。

抗战爆发，王世真满怀义愤投身"一二·九"运动。1937年7月7日抗日战争全面爆发后，坚决不当亡国奴的王世真，辗转数省，后在著名化学家袁翰青的推荐下，任教于贵阳医学院。之后，进入由林可胜教授领衔的由一批爱国医学专家组成的战时卫生人员训练所，担任化学组主任。

当时，正在英勇抗击侵略者的中国军队困于卫生设施落后，卫生条件极差，时刻受到爆发斑疹、伤寒等流行病的威胁。从留学德国的一个哥哥的一封来信中，王世真知道德国军队使用的新杀虫剂DDT（双对氯苯基三氯乙烷）的化学结构，他马上动手合成，不久就向抗日军队提供了DDT杀虫剂，成为我国首次合成DDT杀虫剂的科学家。

王世真的科研成果，有效防治了流行病对军队的侵袭，对保住抗日有生力量发挥了作用。

留美攻关　重大突破

1946年，王世真到加拿大多伦多大学学习药理学，半年后转入美国衣阿华大学化学系。

1946年，王世真获得班廷奖学金，前往加拿大多伦多大学学习药理学，半年后转入美国衣阿华大学化学系。三年后，王世真顺利通过博士论文答辩。

在获得博士学位后，美国一家著名制药公司曾以优厚的待遇向王世真发出聘书。当时，一心想当制药专家的王世真，也想利用那里先进的设备研制新药，但对方的一个附加条件，让他断然拒绝，并由此改变了自己的专业方向。晚年，他曾回忆道："他们说，要进入那里工作，我必须先加入美国籍。这我怎么可能答应他们！"

王世真赴美学习本就是为了报效国家，他不假思索地拒绝了这个要求，改去刚刚成立的美国衣阿华大学放射性研究所工作，担任副研究员，在这里他与后来终身研究的核医学结缘。

在衣阿华大学放射性研究所，王世真用核素示踪方法，成功标记了碳十四甲状腺素和碳十四门冬氨酸，其合成方法至今还收藏在美国的国家档案局。两年里，他与同事合成了世界上最早的一批放射性标记化合物，也为他此后致力于我国核医学事业的发展奠定了坚实基础。

研特效药　克肺结核

中华人民共和国成立的消息传到了美国后，王世真收拾行装准备立即回国。美国同行十分不解，说："你的国家那么落后，你回去干吗？那会对你个人发展极其不利的。"王世真告诉同样不理解自己的美国上司："我的祖国需要我回去。我在你们这里，等于是'N+1'，就是许多教授里边多我一个教授，顶多能多出几篇论文。而我的祖国

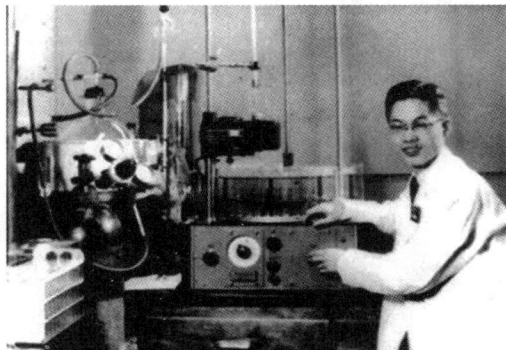

1950年在衣阿华大学放射性研究所工作的王世真

因为落后，所以特别需要我们。"

当时的王世真已是放射性核素研究领域小有名气的骨干了。为了留住他，美国方面先是以加薪、升职为诱惑，见动摇不了王世真归国之心后，又威胁要以"非法就业"的罪名逮捕其妻子黄景泉。但是，爱国志坚的王世真不为所动，奔走呼号了整整一年多，终于冲破重重阻碍，于1951年回到了北京，进入北京协和医学院，担任生化系副教授。国务院总理周恩来亲切接见了他，感谢他对国家的赤胆忠诚。由于他执意回国，夫人在美国遭到了软禁，后来辗转从芬兰坐船才回到国内与他团聚。

当时国家科研基础薄弱，没有进行核医学研究的基本实验条件。

不愿意因条件不足暂停科研的王世真，在回国后不久的那段时间里，完成了一项足以堪称伟大的工作——首次在中国合成抗肺结核的特效药"雷米封"。此前，被民间称为"痨病"的肺结核几乎属于不治之症，每年大批国人因此丧生。"雷米封"的出现，使得中国肺结核病的治疗发生了根本性的改变，这种疾病不再意味着死亡。

核医之父　科学大家

王世真是世界上最早参与研究放射性核素的科学家之一，是中国核医学事业创始人之一，有"中国核医学之父"的美誉。

王世真是国际上合成放射性标记物的早期工作者之一。回国以后，在国内首先开展了放射性标记化合物的研制工作。他先后研制出 $_{14}C$-甲酸、$_{14}C$-标记的多种氨基酸、$_{14}C$-腺嘌呤和一系列 $_{131}I$ 标记的标记化合物，如邻碘马尿酸、二碘荧光素、甲状腺素及其衍生物等。除此之外，他还为中国培养了第一批放射性标记化合物工作者。特别是他领导的中国医学科学院放射医学研究所标记化合物研究室主任期间，合成总计多达200多种的标记化合物，其中多为首创，3项获得全国科学大会奖，促进了中国许多基础与临床学科科研工作的开展。

1956年，我国制定了12年科学远景发展规划，同位素在医学中的应用被列为国家重点科研项目之一，王世真亲手制定了这个项目的实施规划。

同位素技术是核医学的核心，创办同位素应用训练班是我国核医学发展的第一步。王世真创办的1956年至1957年同位素应用训练班里，诞生了我国第一批放射性同位素测试仪，研制出了我国第一批放射性标记物，完成了我国第一批显影实验，培养了我国第一批从事核医学研究的专业人员。1958年，王世真出任中国医学科学院同位素应用委员会第一任主任。1973年，王世真受卫生部委托主持"同位素新技术经验交流学习班"，亲自撰写的教材《同位素技术及其在生物医学中的应用》获全国科学大会成果奖。

王世真在北京协和医学院建立了我国第一个同位素中心实验室，第一个将同位素应用于人体，而首位被试者就是他自己。

在王世真的努力下，我国县级及以上医院普遍设立了核医学科，配备了大型核医学设备，其中相当部分达到国际顶尖水平。

王世真全力推动实验核医学与临床核医学的结合。早在20世纪70年代末，王世真就提出在实验核医学的领域内开展以无放射性的稳定同位素作为示踪原子来进行临床医学的研究。1982年，在王世真的领导下，他的实验室首先制备出了 ^{15}N 标记的甘氨酸，同年用气相色谱/质谱/计算机（GC–MS）联用仪进行生物样品中放射性核素的定量，并将此法正式用于人体的代谢研究。以此为开端，他们用稳定放射性核素标记多种氨基酸，以此种示踪的方法较系统地进行了对慢性肾衰竭以及白血病患者中蛋白质、氨基酸代谢紊乱的研究，并针对其代谢特点开展了用必需氨基酸治疗的研究。除此之外，他们还相继开展了稳定放射性核素标记化合物的研究、双标记呼气实验、药物代谢等方面的研究工作。其中，他用双标记呼气试验快速鉴别胰源及肠源脂粒，实验表明该法优于国外单标记法；率先建立了 ^{13}C–尿素呼气实验诊断胃幽门螺旋杆菌（HP）的方法；用氘标记数种中药有效成分及质谱分析，研究药物动力学及代谢，为应用核技术研究中医药开辟了一条新途径。

王世真晚年依旧保持着旺盛的科研激情，又取得了重大成果。在当时，他主要从事标记奥曲肽的合成。过去此显像剂为荷兰独家生产，价格昂贵难以普及。由于王世真的研究成果，现奥曲肽剂应用很广泛，适用于许多肿瘤的诊断。

在中国，液闪测量、放免分析、医用活化分析、放免显像、受体分析、酶放射测定等核医学技术也都是在王世真院士领导下创建并推广的。当时，全中国几乎所有的同位素医学应用技术和方法，都是在王世真的主持和倡导下创建，并向全国普及推广的。1987年，王世真在联合国国际原子能机构会议上，作了中国核医学的现状和发展规划的报告。翌年，国际核医学大会在北京召开，成为中国核医学研究走向世界的里程碑。

1998年，王世真领衔19名院士，建议并最终在北京协和医院建立了国内第一个由政府资助的PET中心，为进一步推动分子影像学在我国的发展奠定了良好基础。现在该中心的图像水平不亚于国外先进水平。

王世真先后担任实验医学研究所研究员，放射医学研究所室主任、副所长和名誉所长，中国医学科学院首都核医学中心主任，卫生部原子医学专题委员会主任委员，核医学国家重点实验室学术委员会主任。1981年，他创办了中华医学会核医学分会并担任首任主任委员。他担任中国核学会常务理事，创办中国核学会核医学分会并担任理事长；创办了《中华核医学杂志》并担任首任主编，还担任了世界核医学联盟委员及亚太地区核医学联盟国际顾问。1980年，王世真当选为中国科学院学部委员（院士）并担任生物学部常委，1998年转为资深院士。他还与其他院士一道，率先建议在中国工程院设立医学部。王世真先后获得加拿大邦丁奖、全国科学大会成果奖、中国科学院荣誉奖章、中华医学会"突出贡献奖"、中华核医学会"杰出贡献奖"及终身成就奖、美中核医学会"优异成就奖"等数十项奖励。

2011年在中国共产党成立90周年之际，国家邮政局发布一套"优秀共产党员——王世真"邮票。

王世真先后主编了《分子核医学》《核医学与核生物学》《中国医学百科全书核医学》《核技术及其在生物医学中的应用》丛书等17部专著，发表论文200余篇。

2016年5月27日，王世真因病在北京去世，享年100岁。家属将其遗体捐献，王世真成为北京协和医院第1230位遗体捐献者。

王应睐

王应睐（1907—2001年），福建金门人，著名生物化学家，英国归侨。曾任金陵大学讲师、英国剑桥大学 Dunn 营养实验室研究员、英国剑桥大学 Molteno 研究所研究员、中央大学教授、中央研究院医学研究所筹备处研究员、中国科学院生理生化研究所研究员兼副所长、中国科学院生物化学研究所（后改称上海生物化学研究所）研究员兼所长、中国科学院上海分院和上海科学院院长、中国生物化学学会理事长。中国科学院院士，比利时、匈牙利、捷克外籍院士。中国现代生物化学主要奠基人和分子生物学开拓者，也是世界上首次人工全合成结晶牛胰岛素和人工合成酵母丙氨酸转移核糖核酸工作的主要组织者、领导者。

青年王应睐

世居金门　华侨子弟

1907年11月13日，王应睐出生于福建省金门县一个华侨家族，叔祖、叔父客居日本，经商有成，赤诚爱国，曾资助过孙中山的革命活动。王应睐幼时凄苦，两岁时，刚满四十岁的父亲被肺病夺去生命，四年后母亲又撒手人寰。所幸哥嫂甚好，精心抚养，幼年进入私塾读书，11岁跨海到厦门，考入位于鼓浪屿的英华书院。他刻苦异常，只用了6年的时间便读完9年的课程，于1925年提前毕业。

紧接着，王应睐北上福州，考入福建协和大学。读大一时，王应睐对化学产生浓厚兴趣，但协和大学化学课程较少，在得知南京金陵大学化学系课程较多后，他于1926年转入金陵大学攻读化学。1929年以获得"金钥匙"奖的优异成绩留校任教。1931年，王应睐不幸得了肺结核，停职养病。1933年，他考进北平燕京大学化学研究生院，从事氯仿、甲苯对蛋白酶的作用以及豆浆与牛奶消化率的比较等研究。1934年他再一次病倒，休学治疗。

1936年，王应睐接到金陵大学通知其回校任讲师的通知，南下回金陵大学执教，并参加农民的营养状况和膳食构成调查。不久，日寇侵华，王应睐随校迁往四川重庆，调查资料也散失了，他为之痛惜不已。正在此时，王应睐参加庚款留英考试并获得第一名，被录取为剑桥大学攻读生物化学博士学位研究生。

赴英读博　蜚声三岛

1938年，王应睐远赴英国，进入剑桥大学攻读博士，跟随 L. J. 海里斯博士从事维生素研究。

维生素研究，是当时生物化学领域中最前沿的研究方向。要准确掌握维生素在新陈代谢中的作用以及维生素本身的新陈代谢，需有测定方法。王应睐通过发奋研究，建立了维生素 B_1 的硫色素荧光测定法，能够简便准确地测定食品以及尿液等生物样品中的维生素 B_1 含量。英国医学委员会为之组织对比测试，分别由牛津大学彼德斯教授实验室与王应睐应用各自的方法来进行维生素 B_1 含量的测定。

彼德斯教授的助手先上去做测定。他经过吸附洗脱、提纯等一系列操作，最后用光学仪器测定。尽管仪器很精密，但由于在吸附、洗脱过程中难以避免渗入杂质，因此最后测得数据准确度不高。王应睐采用的是荧光法和硫色素法，虽然不用精密的光学仪器，却同样能测得维生素含量的值，而且准确度还高一些。彼德斯和其他参观的人都信服了。英国维生素研究小组委员会对这一方法尤为赞赏，因为这对战时的营养测定工作很有帮助。

在这个时期，王应睐还建立了其他 B 族维生素的测定法以及维生素 C 的电位滴定法。后一个方法可以准确地测定在有颜色的组织抽提液中维生素 C 的含量。

1941 年，王应睐以"维生素化学测定"作为博士论文取得了博士学位。他原准备收拾行装立即回国效力，但第二次世界大战的战火已把欧亚间的交通切断，他只得留在英国继续从事研究。

同年王应睐受聘于剑桥大学 Dunn 营养实验室，继续从事维生素研究。他和 Moore 在国际上首先发现合成的纯维生素 A 过量时有毒性，在英国生物化学杂志上发表了题为"维生素 A 过多症"一文，引起各国学者的重视。

1943 年，王应睐到剑桥大学 Molteno 研究所当研究员，在国际著名生化学家 D.凯林教授领导下，对血红蛋白的研究取得重要成果。他通过完整实验证据，证明豆科植物根瘤中含有血红蛋白。这一发现有助于从生物化学的角度来解释生物进化学说，并且促进了对豆血红蛋白在根瘤固氮中的作用的深入研究。这一成果曾在英国《自然》杂志上发表，论文题目是《豆科植物根瘤的血红蛋白》。

王应睐还提纯与结晶了寄生在马胃的马蝇蛆的血红蛋白，并且研究了它的性质，详细阐明了在不同生活条件下血红蛋白的性质与功能的关系。接着，他又对这个特殊的血红蛋白的性质进行了深入的研究，测定了它的一些重要的物理化学常数，获得了出色的结果，并发表了《马蝇幼虫血红蛋白纯化与性质》一文。

豆科根瘤和马蝇幼虫血红蛋白这两项研究工作，在血红蛋白的比较生物化学上占有显著的地位。著名的生物化学家 J.Wyman 和 A.R.Fanelli 等分别在 1948 年和 1964 年为《蛋白质的化学进展》撰写有关血红素蛋白质的综述时，在红色蛋白的部分，多次引用这两项研究的成果，并对这两项研究工作给予了较高的评价。王应睐也因此蜚声英伦三岛。

谢绝繁华　回国报效

1945 年日军投降，山河重光，王应睐立即决定回国，恩师凯林教授苦苦挽留，王应睐说："我的祖国还十分落后，需要我回国报效。"凯林教授理解王应睐的赤诚爱国之心，送高徒踏上归程。

当时第二次世界大战刚结束，从欧洲回祖国的陆路交通尚未完全恢复正常，王应睐乘船取道印度回国，回到当时的首都南京，被中央大学医学院聘请为生化教授。在中央大学，王应睐一方面教学，一方在极其困难的情况下，开展研究。

1948年，王应睐应林可胜和冯德培的邀请，离开中央大学到上海的中央研究院医学研究所筹备处担任研究员，从事氨基酸代谢与维生素的关系及酶研究。

业界泰斗　领先世界

1950年，中国科学院生理生化研究所成立，王应睐出任研究员兼副所长。作为中国同行业的领军人物，他以满腔热情投入科研攻关之中。

王应睐首先对琥珀酸脱氢酶的分离纯化、辅基鉴定、辅基与酶肮连接方式进行了系统的研究，取得了重要的成果，解决了20余年未获澄清的酶的性质问题，并对于辅基与酶肮的独特连接方式作了深入阐述。琥珀酸脱氢酶是生物体呼吸链上的一个重要组分。所谓呼吸链是生物体中一个由多种酶组成的系统，它是生物体把摄取的食物分解，释放出能量以维持生命活动的新陈代谢所必经的一条途径。

1950年，王应睐观察到鼠肝组织中琥珀酸脱氢酶活力与核黄素（异咯嗪）的摄取量密切相关，但要深入研究这个酶首先要解决酶的提纯。由于这个酶与具有脂双层结构的线粒体膜结合得比较紧密，很难溶解下来，所以提纯很不容易。针对这一特点，王应睐与邹承鲁、汪静英等专家一起，合力攻关，采用正丁醇抽提的方法，成功地把琥珀酸脱氢酶从膜上溶解下来，从而分离纯化得到高纯度的水溶性琥珀酸脱氢酶，其活力比同期国外报道者高出1倍以上。这一纯化方法至今仍为国外许多实验室所采用。

王应睐对酶的性质研究也有重要的发现，以充分的证据证明它是一种含有异咯嗪腺嘌呤二核苷酸和非血色素铁的酶，酶的蛋白部分与异咯嗪腺嘌呤二核苷酸是以共价键结合的，这是在酶的研究中第一个发现的以共价键结合的异咯嗪蛋白质，它为以后呼吸链有关酶系的分离和重组合的研究开辟了道路。这项研究位居当时酶学研究的世界领先水平。1955年在布鲁塞尔举行的第三届国际生化大会上，王应睐宣读了这一研究的论文，受到极高的评价。1978年获全国科学大会重大成果奖。

1958年，中国科学院生理生化研究所划分为生理研究所和生物化学研究所，王应睐被任命为中国科学院生物化学研究所所长。

两项第一　造福人类

王应睐是世界首次人工合成胰岛素科研攻关的主要组织者之一。1963年他任协作组组长，组织协调与中国科学院有机化学所、北京大学的合作，于1965年完成这项在世界具有划时代历史意义的工作。1982年获国家自然科学一等奖。

王应睐还是人工合成酵母丙氨酸核糖核酸工作的主要组织者之一。开始时王应睐任沪区协作组组长，1977年起任全国协作组组长，1981年完成了世界第一个人工合成的转移核糖核酸，1987年该项科研工作获国家自然科学一等奖，使我国生物大分子的人工合成工作的水平继续保持世界领先。

1988年2月在美国迈阿密生物技术冬季讨论会上，王应睐被授予"特殊成就奖"。担任会议主席的迈阿密大学生化系主任韦伦教授向王应睐颁发了一面奖盾，上面镌刻着：王应睐从1958年至1984年任中国科学院上海生物化学研究所所长。在此期间他曾作为协作组组长完成两项杰出的、具有开创性的成果。一项是1965年人工合成胰岛素，另一项是1981年人工合成酵母丙氨酸转移核糖核酸。

聚才育才　四国院士

　　王应睐淡泊名利，虚怀若谷，以自己博大的心胸、责任感和在业界的影响力，聚合起了一支具有世界水平的专家队伍。新中国刚成立时，生化人才奇缺，王应睐积极动员海外人才回国效力。1951年首先请了在凯林实验室工作的邹承鲁，开展酶的作用机制研究；1952年请曹天钦回国，开展蛋白质结构与功能的研究；随后，维生素专家张友端、核苷酸代谢专家王德宝、蛋白质化学专家纽经义应邀到所开展工作，组成了门类较齐全、互为补充、结构合理的专家队伍，为我国生化工作取得重大成就奠定了重要基础。

王应睐

　　此外，王应睐通过举办高级生化训练班、举行研讨会、亲自带学生等途径，为国家培养了大批生化科研、教学骨干人才。

　　1955年，王应睐当选中国科学院学部委员（院士）。1958年，他光荣地加入了中国共产党。1961—1966年，王应睐担任上海生化学会理事会主席。1984年春天，王应睐担任上海生物化学研究所名誉所长。1979—1987年任中国生化学会理事长，1987年后任名誉理事长。他还曾担任过第三、五、六届全国人大代表。

　　王应睐先后当选比利时皇家科学、文学和美术院外籍院士、美国生物化学会名誉会员、匈牙利科学院名誉院士、捷克斯洛伐克外籍院士。

　　2001年5月5日，王应睐病逝于上海。

王啸平

王啸平（1919—2003年），笔名啸平、啸克、王歌、蒲克、叶冰等，福建厦门人，新加坡归侨，著名导演。曾任新四军第一师文工团团员、组长、编剧和导演，新四军苏中军区前线剧团戏剧主任、副团长，华东军区政治部创作室主任，南京军区政治部前线话剧团副团长，上海人民艺术剧院导演。

王啸平祖籍福建省同安县（今属厦门市同安区），1919年出生于新加坡一个侨商家庭。王啸平女儿、著名作家王安忆在《父亲的书》一文中，曾简要记录了父亲的身世："祖父本是南洋一家大橡胶厂的经理，因为与厂主意见不合辞职而家道中落，父亲便从少爷变成了学徒。我还渐渐地知道，父亲是在'五四'养育的一代启蒙者影响之下觉醒的青年，后来走上了归国的道路。"

王啸平少年时期，即投身新加坡华侨抗日救国活动。1937年7月七七事变后，祖国抗日战争全面爆发，王啸平以笔为枪，宣传抗日，经常在当地的华文报刊上发表抗日文艺作品。王安忆在《父亲和母亲的写作》一文中，曾写到父亲在海外的文学创作活动："父亲叫王啸平——应该承认这是一个陌生的名字，但在20世纪30年代的马华文学史上，出现的啸平、啸克、杨骚、王歌、蒲克、叶冰，就是他。"

王啸平在南洋

与之同时，王啸平参与组织抗日救亡剧团，进行抗日宣传演出。他和剧团的同伴一起，经常在街头进行抗日演讲，还在城乡各地轮流进行抗日演出，有时也进剧场做抗日义演。晚年，王啸平在《我的朋友李承》一文中曾这样回忆当年他和同伴们的抗日演出：

抗战前后，萧军的长篇小说《八月的乡村》在南洋进步青年中非常流行，鲁迅先生为该书写的序言中，引用苏联作家爱伦堡的一句话："一方面是庄严的工作，另一方面却是荒淫与无耻。"是资本主义也包括南洋在内的社会的深刻的概括。在那里繁华街道上遍布金馆银楼，百货公司金碧辉煌琳琅满目，声色犬马、醉生梦死的舞厅和妓院……我们这批青年，过其门也是目不斜视，心不邪思，非但我们这些家境贫困者如此，即使腰缠万贯的豪绅富贾的子弟，也自尊自爱不涉足那灵魂堕落的世界里，而投身于"庄严的工作"的抗日救亡运动里。

从王啸平忆李承的文章中了解到，他们在剧团里一起演出《放下你的鞭子》和《日出》等。1940年4月，王啸平毅然告别家人，回到战火中的祖国，希望拿起枪来参加打击侵略者的战斗。

11月他参加新四军，曾任新四军第一师文工团团员、组长、编剧和导演，继续通过文艺为抗战服务，创作、导演了许多抗日文艺节目，鼓励军民坚持抗战到底。

新四军第一师文工团与苏中公学联合组成苏中军区前线剧团后，王啸平先后担任戏剧主任、副团长。王安忆在一篇文章中曾写道：

> 1945年，战事稍憩，新四军一师文工团与苏中公学组成"前线剧团"，在江苏宝应排练上演大型话剧《甲申记》，由夏征农编剧。我的父亲母亲都参加了演出，父亲王啸平担任导演，母亲茹志鹃饰演长平公主。我的二舅茹辛也在剧中饰演李自成的大臣刘宗敏。李自成的一名侍卫的饰演者姜敏生后来与我另一个舅舅做了连襟，我们简而概之称姜叔叔。那时候，他们都是二十岁上下的青年。曾经有宝应的一个先生，寄来过纪念《甲申记》上演的文章，印象中就记下了宝应这地名，想着哪一天要去寻访……

中华人民共和国成立之后，王啸平先后担任华东军区政治部创作室主任，南京军区政治部前线话剧团副团长，后相继在华东军区政治部剧院、总政驻南京话剧团、南京军区政治部话剧团、南京军区前线话剧团及江苏电影制片厂、江苏省话剧团等单位担任编导。1962年调入上海人民艺术剧院任导演，直至1982年离休。

1955年，王啸平被授予少校军衔，曾获得三级独立自由勋章、三级解放勋章。著有剧作《永生的人们》、戏剧理论《导演与表演诸问题》长篇小说《南洋悲歌》等，曾执导了话剧《海滨激战》《霓虹灯下的哨兵》《姜花开了的时候》《红鼻子》《深深的爱》等一大批剧目。

2003年3月5日，王啸平病逝于上海。

王啸平（中）与夫人、著名作家茹志鹃（左），女儿、著名作家王安忆（右）

王绶琯

王绶琯（1923—　），福建福州人，英国归侨，中国著名天文学家。曾任伦敦大学天文台助理研究员、中国科学院紫金山天文台副研究员、上海徐家汇观象台授时工作主持人、中国科学院北京天文台研究员、台长，中国科学院射电天文研究室主任、台长，中国天文学会理事长，国家科委天文学科组副组长，中国科学院数学物理学部常务委员、副主任、主任等职。中国科学院院士。中国现代天体物理学的奠基者之一，中国射电天文学开拓者。

海军军官　留英转行

1923年1月15日，王绶琯出生于福建省福州市一个海军家族。因1866年闽浙总督左宗棠在福州马尾创办中国第一所高等科技学堂——船政学堂，培养海军军官和造舰人才，福州也因此成为中国海军摇篮，家家户户都与海军沾亲带故，王家多代皆出海军精英。

1976年王绶琯在美国斯坦福大学讲学

1926年，因生父病逝，王绶琯和寡母迁居上海，与当海军军官的叔叔一家一起生活。船政学堂进入民国后改为福州海军学校，当时海军学校招生并行两种方式：一是给各省分配名额，各省进行笔试，依成绩高低按名额取人，送南京海军部面试；二是海军中校以上武职官员可以保送一名亲人，免笔试，直接参加海军部面试。

1936年，因叔叔担任海军中校副舰长，王绶琯被保送免笔试直接参加福州海军学校面试，经海军部部长陈绍宽亲自面试，王绶琯进入福州海军学校航海班学习。

福州海军学校设于军港马尾，全面抗战爆发后，频频遭到日军狂轰滥炸，迁至福州鼓山涌泉寺，再一路西迁，先开课于贵州桐梓县金家楼，再迁至重庆续办。因眼睛近视严重王绶琯转至造舰班，专攻造船，1944年毕业。1945年，被派往英国学习，进入英国皇家海军学院学习造舰。

英国皇家海军学院与格林尼治天文台为邻，王绶琯课余常来观象。英国当时是天文大国，有几个非常重要的天文学家，王绶琯读到了这些天文学家写的科普书，对天文学的兴趣日益浓厚。在英国朋友引荐下他给天文学家写信，多次带着天文学问题登门请教伦敦大学天文台台长格雷戈里，深谈数次之后，决定弃造船改行天文。其时，王绶琯在皇家海军学院的毕业设计刚刚完成并已获上尉军衔。但当时国民党政府已垮台，退缩至台湾岛。于是，他找到格雷戈里，对他说："因为送我到这里留学的政府已经垮台，我要么回国去，要么到这儿来工作，我不想跟那个垮台的政府到台湾那个小岛去。"格雷戈里十分欣赏这位聪明好学的中国小伙子，同意王绶琯到伦敦大学天文台工作。

听从召唤　回国效力

1950年，王绶琯正式进入伦敦大学天文台，主要担任晚上8点到早上4点的夜间值班实测。50年后，他曾在《小记伦敦郊外的一个夜晚》一文中忆起那段日子："那时我在伦敦大学天文台，地处伦敦西北郊，四周的田野很平很阔，一条公路从伦敦伸过来，很宽很直；白天望过去，沿路的车像是一阵阵连发的火箭炮，频频交火。黄昏后，夜色罩下来，朦朦胧胧，路就像是一条笔直的运河，把岸两旁脉脉的思绪送往天的另一边。"在伦敦大学天文台，王绶琯还抓紧时间进行照相天体测量和天体物理研究。

1953年，王绶琯应国内著名天文学家、福州人张钰哲、陈遵妫等的召唤，回到祖国，进入中国科学院紫金山天文台担任副研究员。在中国天文学的学科基础建设和天体物理学观测研究的奠基方面做了大量工作，成为中国现代天体物理学的主要奠基者之一。

主持授时　升精确度

1955年，中国科学院上海天文台台长李珩受中国科学院副院长吴有训之托，交给他一项新的任务："提高授时精确度！"因为当时，百废待兴的新中国急需绘制一幅精确的中国地图，而这项工作必须借助天文学上的授时工作，王绶琯和同事们接受了这个任务。这是王绶琯学成回国之后，为新中国的天文事业做成的第一件事。

当时，我国唯一的授时台设在上海。王绶琯来到上海后，便和叶叔华、龚惠人、罗定江等一道，夜以继日地工作着。从测时、守时的技术革新入手，他们边学边干，进行最低限度的仪器更新。

1957年春，王绶琯主持完成了将中国时间精确度提高到0.01秒的紧迫科研任务，同时开拓并有力地推动了作为"时间服务"理论基础的天体测量学的发展，使我国天体测量研究也登上了一个新的台阶。

填补空白　领先世界

第二次世界大战以后，随着雷达技术的发展，人们发现，星星除了发光以外，还发出无线电和其他电磁波，人们可以用地上的无线电技术接收天上的无线电。一门新的学科——射电天文学由此诞生。

1958年，中国科学院准备创建中国射电天文学研究，利用当年4月海南岛日环食，组织中苏联合日食射电天文观测，从苏联引进射电天文技术，王绶琯奉命赴海南岛参与主持这项日食观测及引进任务。日食结束后，王绶琯北调北京天文台，开启我国射电天文学的建设。当时，射电天文在我国还是尚待填补的空白，而那时我国的电子工业还很落后，仪器设备甚少。

王绶琯和同事们凭着苏联科学家留下的一个小射电天文望远镜，展开了中国射电天文学的创建工作。在昌平县沙河，搭起了用作研究室和宿舍的木板房，王绶琯率队在此安营扎寨。在深入调查研究的基础上，他制定了"破冰计划"：选择在起步阶段以太阳为研究目标，从米波段着手，技术上采用了将天线面积化整为零的"多天线干涉仪"系统。这种路线后来收到了成效，在王绶琯带领下，20多个人白天黑夜连轴干，成功地研制出多种射电天文设备，取得重要研究成果。

王绶琯开创了中国射电天文学观测研究领域并持续进行了卓有成效的推进，不但负责创建了北京天文台的射电天文研究，还主持创办了全国性的射电天文训练班，负责首次研制成中国的射电天文望远镜，制定了在北京创建射电天文科学研究的方案与分阶段发展的技术步骤、射电天文研究目标，先后成功地研制出了米波16面天线射电干涉仪、分米波复合射电干涉仪、米波综合孔径射电望远镜系统等重要射电天文观测设备，并在相应的观测研究中取得多项创见性成果。

20世纪90年代初，面临世界天文学的迅猛发展，王绶琯和苏定强瞄准国际天文研究中"大规模天文光谱观测严重缺乏"这一突破点，提出了一种"大口径与大现场兼备的天文望远镜"新概念，并对望远镜整体设计有了创新的构想，后来崔向群、褚耀泉、王亚南参与其中进行了细化、论证工作，他们五人共同提出了LAMOST项目——"大天区面积多目标光纤光谱望远镜"方案。当时，这是我们国家重大科学工程中最具挑战性和创新性的项目之一，国家投入了2.35亿元。LAMOST已成为我国最大的光学望远镜、世界上最大口径的大视场望远镜，也是世界上光谱获取率最高的望远镜。它的研制成功使我国的大规模光谱观测处于世界领先地位，使我国具备世界领先的主动光学技术和多目标光谱观测能力，为我国天文学研究增添高水平的观测设施和平台。

据悉，光学光谱包含着遥远天体丰富的物理信息，大量天体光学光谱的获取是涉及天文和天体物理学诸多前沿问题的大视场、大样本天文学研究的关键。但是，长期以来由成像巡天记录下来的数以百亿计的各类天体中，只有很小一部分进行过光谱观测。LAMOST作为天体光谱获取率最高的望远镜，将突破天文研究中光谱观测的这一"瓶颈"，成为最具威力的光谱巡天望远镜。中国科学院常务副院长、LAMOST工程管委会主任白春礼用对联"扫描大天区，根根光纤牵动星辰；分析多目标，条条谱线解读苍穹"深情寄语LAMOST项目的落成。

科普大家　为国育才

在紧张的科研工作的同时，王绶琯始终坚持对青少年进行科普教育，不但亲自写科普书籍、科普文章，还常常抽时间参加青少年科普活动。

1998年7月，王绶琯致函几十位院士和专家，提出建立"北京青少年科技俱乐部"，为有志于科学的优秀高中生组织"科研实践""名家讲座"等活动，希望将他们置身于浓厚的科学氛围中，使他们能在需要开阔眼界、寻求方向的时候得到引导。

王绶琯的建议得到了积极的回应：61位院士和知名专家于1999年6月联合发出《关于开展首都青少年科技俱乐部活动的倡议》。1999年6月12日，"北京青少年科技俱乐部活动"开幕式在北京四中举行。

2005年初春，王绶琯撰写的一篇题为《引导有志于科学的优秀青少年"走进科学"》的报告，曾经介绍了他和科技俱乐部活动委员会的科学家们共同进行的"为明日的杰出科学家创造成才机遇"实验情况：

　　北京青少年科技俱乐部本着"为明日的杰出科学家创造机遇"的宗旨，设计了将有志于科学的优秀高中生组织到科研第一线的优秀团组中进行"科研实践"活动的实验。这个实验，除了它本身的目的和意义外，它的方法还体现为当前科普领域和教育领域"前线课题"的交汇。从参与这一活动的中学看，它是利用科研第一线的条件，进行高中生"科学思想和科学方法教育"和高层次"探究性教育"的实验；从承担这一科普活动任务的科研团组看，它是把常规的'高级科普'延伸成"个性化的特长教育"的实验。这三方面可以看作俱乐部"科研实践"活动的基本性质。

　　1980年，王绶琯当选为中国科学院学部委员（院士），1998年当选为欧亚科学院院士。1993年，由紫金山天文台发现的一颗国际编号为3171号的小行星，被正式命名为"王绶琯星"，以示对这位中国天文学者的尊敬。王绶琯先后获得中国科学院科技进步一等奖，国家科技进步二等奖等一批重要奖项，并相继被评为全国科学技术大会先进科技工作者、全国先进科普工作者等，还获何梁何利基金科技进步奖。

　　作为著名天文学家，王绶琯先后撰写、出版了《射电天文方法》《问天絮语从托勒密的行星跑道到哈勃的宇宙膨胀》《宇宙电波探索》《X射线天体物理学》《20世纪中国学术大典，天文学空间科学》等学术专著，主编并出版了《中国科学院国家天文台天体物理丛书》。作为科普大家，还撰写并出版了《世纪之交话天文》《探索天空的奥秘著名科学家谈天文学》《地球与月亮》等。

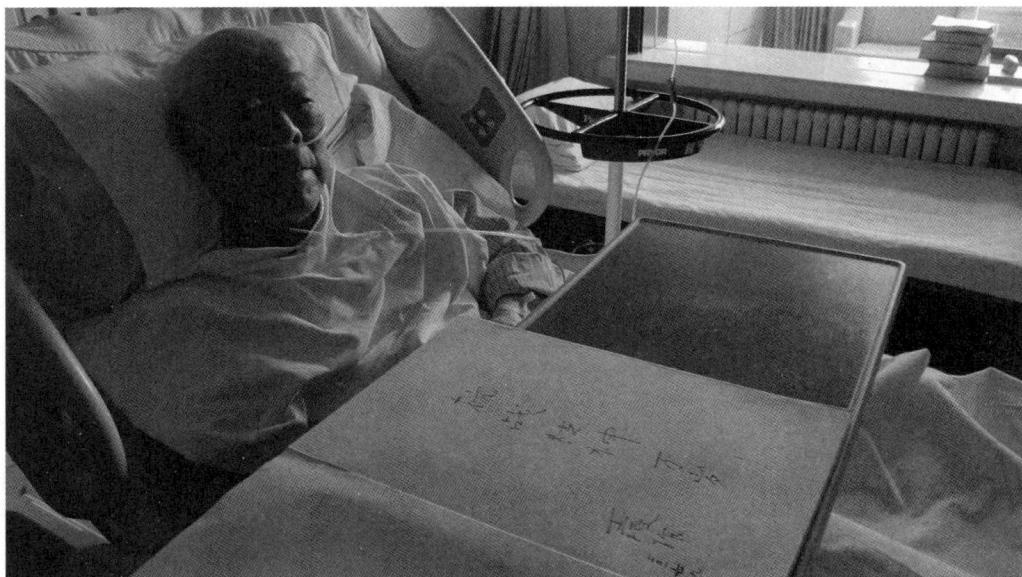

2017年9月底，笔者再次到北京医院访问王绶琯

王善源

王善源（1907—1981年），福建福州人，出生于印度尼西亚，著名微生物学家，荷兰归侨。曾任荷兰生物物理试验所所长、荷兰结核病门诊部主任、中国医学科学院流行病学微生物学研究所研究员。中国科学院院士。

王善源

生于印尼　留学三国

福州自古就开辟了通往今天印度尼西亚的航路，王善源祖上沿着海上丝路来到印度尼西亚，经商有成。富裕的家境和重视子女学习的父母，使王善源自幼受到良好的中西教育，学业优异。

在印度尼西亚完成基础教育后，王善源远赴荷兰，进入莱登大学医疗系攻读。他发奋苦学，1929年以优异成绩毕业于荷兰莱登大学医疗系，1938年毕业于法国巴黎大学物理数学系，1948年毕业于英国伦敦EMI学院电子仪器系，先后分别获医学博士、物理学博士和电子工程学学士学位。

王善源留学欧洲三国，加上极高的语言天赋，是当时为数不多的精通多国语言的天才，他精通美、法、德、日、荷兰、意大利、西班牙和马来亚8国语言。

居于荷兰　受人敬重

因为妻子是荷兰人，王善源在1948年获得博士学位后，即赴荷兰工作，先后受聘出任荷兰生物物理试验所所长、荷兰结核病门诊部主任。他专攻医学、物理学、数学、电子学、化学，研究工作涉及很多学科领域。

王善源在多个领域皆频出科研成果，以自己出色的研究能力和工作业绩，当选为荷兰生物物理学会委员、万国生物气象学协会委员，步入荷兰上层社会，成为受人尊重的科学家，先后发表有关医学微生物学、生物物理学、胶体化学及统计学等著作、论文70余部（篇），在当地享有声望。

偕妻回国　增聘院士

王善源生于长于就学于海外，但自小遵守"根在中华，报效家乡"祖训，接受了中华传统文化教育，以服务家乡为自己人生的最大追求和幸福。

中华人民共和国成立的消息传到荷兰，王善源极认同中国共产党治国理念，有意回到祖国服务。他明知祖国还十分贫穷，也知难以给予他如荷兰一样的舒适生活和高薪待遇，也深知妻子热爱着故乡荷兰，但对祖国的爱战胜了一切，他说服了妻子，择期踏上归程。得知国内因受帝国主义封锁，缺乏先进的精密仪器，他倾自己多年积蓄，购买了大批精密仪器，准备捐赠给祖国。

1956年11月，王善源偕荷兰籍夫人，带着40余箱国内极缺的精密仪器，辗转多国，回国定居。

得知蜚声欧洲的科学家回来了，国务院总理周恩来在百忙之中亲切接见了王善源，中国科学院院长郭沫若也多次宴请了他。中国医学科学院流行病学微生物学研究所聘他为一级研究员，中国科学院增聘他为生物学部的学部委员（院士）。

废寝忘食　成绩非凡

回到祖国后，王善源满腔热情投入科研攻关之中。他通过调查研究，发现流行性感冒、肺结核及肿瘤是夺去中国百姓生命的三大"杀手"，他经过认真的考虑，很快确定了流行性感冒、肺结核、肿瘤的发病机制、防治对策及有关基础理论的研究作为自己科研课题。

王善源视科研为自己的生命，一天中他有三分之二的时间都在单位的实验室里工作，饿了吃点干粮，有时忘了带干粮就喝点水充饥。除在单位安排实验外，他还在家中设立实验室，每天都要工作到深夜。对各项实验都亲自参加配液、实际操作、记录整理和论文撰写的全过程，始终把握着第一手材料。

登上芝万宜轮将要投入祖国怀抱的青年学子们

王善源不仅重视实验室工作，还特别注重调查研究，在1957—1965年期间，先后亲赴云南、河北、山西等地进行调查。许多地方不通火车、汽车，有时要坐马车、骡车，有时只能徒步，而且一走就是大半天或一日。同事们很难想象这位自小生活优裕且在欧洲读书的大专家，如此能吃苦。

为了得到准确的数据，王善源还多次攀上海拔2600~3100米的高山，从事科学研究工作，获取了大量实验室得不到的宝贵材料和观测数据，确保了科研工作的顺利开展。

为降低百姓治病费用，王善源还开展了中药对流行性感冒、结核病的病原抑制和防治效果的实验研究，先后初筛了2400种中草药，找到了对上述病原微生物有抑制作用的药物。同时，还进行了有效成分的分析，初步证实柴胡注射液对流感、猫爪草油对结核病有一定的治疗效果。

王善源为把高空辐射线应用于疾病防治，开展了"宇宙辐射线与肿瘤"的实验研究。通过攻坚克难，取得了可喜的成果：在海拔2400米处，高空宇宙辐射线通过2厘米厚的铅板，可以诱发小白鼠肿瘤，如将病鼠移于10厘米厚铅板的保护下继续照射，则瘤消病愈，而在海拔不高的试验场，则无此效果。此项研究的意义在于：在国内较早地建立起小白鼠肿瘤模型，肿瘤在一定条件下可以产生，亦可消除，不是"不治之症"，而是尚未找到治愈这一疾病的有效方法，从而为进一步深入研究打下了基础。

1956年以来，王善源相继发表了《流行性感冒感染的机制》《流行性感冒接种》《中药对于流感病毒的抑制作用》等数十篇论文。

1981年1月1日，王善源病逝于北京。

方宗熙

方宗熙（1912—1985年），又名少青，福建云霄人，著名生物学家、遗传学家、教育家和科普作家，英国归侨。曾任印度尼西亚巨港中华学校教师兼教务主任、新加坡华侨中学教师兼图书馆馆长、英国伦敦大学研究员、加拿大多伦多大学研究员、山东大学生物系教授、山东海洋学院副院长、中国遗传学会副理事长、中国科普作家协会副理事长、山东省政协副主席、山东省侨联副主席、青岛市侨联主席。为中国海洋生物遗传学和育种学的奠基人。

晚年方宗熙

窑师子弟　厦大才子

1912年4月6日，方宗熙出生在福建云霄县的一个窑师家庭，祖父垒窑烧砖瓦，父亲承祖业，靠烧窑维生。兄弟姐妹共7人，他居三。

方家日子艰难，但还是节衣缩食，供聪明有加、矢志向学的方宗熙进小学读书。方宗熙极懂事，一放学就跟着家人到窑场脱坯、搬砖、砍柴。寒暑假，他就到乡间的舅舅家打柴放牛，讨口饭吃，以减轻家里负担。

1926年，云霄中学创办。方宗熙经考试直接进入初中二年级，中共地下党员庄少青是他最敬重的老师。初中毕业那年，他在庄少青的带领下，从福建云霄远赴广东饶平，参加广东北伐军武装宣传队。在老师为党牺牲后，他以"少青"为笔名，创作了大量诗文，刊于报端，以纪念恩师，这后来成为他唯一的曾用名。

1929年，方宗熙从云霄中学毕业。之后考入厦门大学生物系，先后获得福建省清寒奖学金和陈嘉庚奖学金。读三年级时，兼任厦门大学附中的生物学教员。读四年级时，当上厦门大学生物学会《生物学会刊》主编，还曾主办海洋生物标本展览。

1936年，方宗熙以优异成绩毕业于厦门大学，留校任生物系助教。1937年夏天回到老家，到云霄中学担任生物科教师。

南洋执教　创建民盟

1938年年初，方宗熙踏上乡亲世代都走过的下南洋之路，赴印度尼西亚苏门答腊岛，担任巨港中华学校生物科教师兼教务主任。他在上好专业课的同时，利用各种机会向学生讲述中华历史文化。教学之余，方宗熙继续进行科学研究，采集了很多热带动植物，建立了学校生物标本室，还编写了《印尼土产》这部校本教材。当时，正值抗战，他在学校里组织学生抗日宣传队、义卖队，奔走宣传抗日救亡，发动华侨捐款捐物支援祖国抗战。

1941年12月太平洋战争爆发，印度尼西亚沦陷，日军四处抓捕抗日华侨，方宗熙避居巨港山区，以种菜维生。

1945年年底，方宗熙应新加坡华侨中学校长薛永黍之聘，担任新加坡华侨中学任教师兼图书馆主任，并参加胡愈之组织的民盟马来亚支部的创建工作。

胡愈之（1896—1986年），浙江上虞人，著名社会活动家，1933年9月秘密加入中国共产党。长期从事新闻出版工作，中华人民共和国成立后，曾任国家出版总署署长，全国人大常委会副委员长等。

1940年年底，胡愈之受党派赴新加坡，以"国际问题权威"身份出任《南洋商报》编辑主任。1941年12月太平洋战争爆发，日军在马来半岛北部登陆。胡愈之立即投入了抗日救亡运动。他参加了星洲华侨文化界战时工作团并亲任副团长；又参加了陈嘉庚领导的新加坡抗敌动员总会，任执行委员兼宣传部长。1942年2月4日，新加坡沦陷在即，胡愈之一行28人避往苏门答腊岛，以酿酒和做肥皂为生。"二战"结束之后，胡愈之又重返新加坡，创办了新南洋出版社。

1945年12月3日，方宗熙与化名"沙平"胡愈之一起，在新加坡创办并发行了进步刊物——《风下》周刊。

1946年6月，胡愈之与洪丝丝、张楚琨、薛永黍、方宗熙等一起，建立了中国民主同盟马来亚支部。

赴英留学　北美就业

在星洲华侨中学教书期间，方宗熙与英国著名遗传学家荷尔登教授建立了通信联系。

1947年秋，在著名侨商、厦门人汪万新资助下，方宗熙到英国伦敦大学攻读人类遗传学博士学位，专攻人类指纹遗传研究，1948年就在英国的科学杂志上发表论文。1949年底，以博士论文《手掌上 a-b 掌纹数目的遗传和大舌症低能的关系》，通过答辩，获得伦敦大学人类遗传学博士学位。

中华人民共和国成立的消息传到伦敦，方宗熙恨不得立即归国。回家的路，却遭到了英国政府和国民党驻英国大使馆的阻挠，他只能改变行程，于1950年6月去加拿大多伦多大学做研究员，继续进行人类指纹遗传的研究，完成了"人类指纹遗传"等数篇高质量论文，发表在加拿大的科学杂志上。

1950年12月，方宗熙高价购得直飞香港机票，取道香江，回到祖国。

筹建"中海" 教育名家

1951年2月，方宗熙到胡愈之任署长的国家出版总署担任编审，7月调人民教育出版社生物学编辑室任主任，先后编辑出版了《自然》《植物学》《动物学》《人体解剖生理学》《达尔文主义基础》等教科书，并与周建人、叶笃庄合译了《物种起源》《动物和植物家养下的变异》等书。

1953年，应山东大学副校长、中国实验胚胎学的主要创始人，中国海洋科学研究的奠基人，生物科学研究的杰出领导者童第周之邀，方宗熙到山东大学生物系任教授。

1958年10月，山东大学由青岛迁往济南后，方宗熙留在青岛筹建山东海洋学院（中国海洋大学前身）生物系。1959年3月山东海洋学院建立后，曾先后任该院海洋生物遗传教研室主任、系主任及副院长，成为后来名扬世界的中国海洋大学奠基人之一。

作为中国海洋学科知名教授，方宗熙先后编写了《生物学引论》《普通遗传学》《细胞遗传学》《达尔文主义》《拉马克学说》《生命发展的辩证法》《遗传工程》和《生命的进化》等中国高等院校的教科书或教学参考书。其中，《细胞遗传学》，是我国第一本高等学校遗传学教科书。到1984年，该书已连续修订再版5次，使我国经典遗传学教材水平不断紧跟世界遗传学研究的进展。之外，先后撰写了《达尔文主义基础》等中学教科书4种。

泰斗人物 里程碑级

方宗熙在实验室

方宗熙是中国海洋学科多领域里程碑级的泰斗人物。

方宗熙创立了海藻遗传学，建立了世界上第一座大型海藻（海带、裙带菜）种质资源库和中国第一座海洋微藻种质库，这是中国早期海洋生物技术研究的重要成果，奠定了中国在国际海洋植物研究领域的重要学术地位。他建立的海带单倍体育种和杂交育种技术，开创中国海洋生物细胞工程育种时期里程碑，至今仍引领海藻遗传育种研究。

方宗熙是我国海洋生物遗传学和育种学的奠基人。他将遗传学理论全面且较为系统地应用于海水养殖领域，创立了海藻遗传学；发现了海带新的生活史类型，建立了海带和裙带单倍体育苗、育种的方法体系。他领导完成的"单海一号"海带单倍体新品种的培育，不仅成为开创中国海洋生物细胞工程育种历史的里程碑，而且是中国褐藻遗传育种领先于世界同类研究的标志性成果。这一成果，获得1978年全国科学大会奖。

方宗熙带领一班人攻坚克难，攻克许多科研难题。他指导完成的海带、裙带菜配子体无性繁殖系（克隆）的培育，解决了大型褐藻不能实现长期保存的世界难题，实现了不同种系海带配子体克隆间的杂交育种，培育出了"单杂十号"等优良品种，为我国海藻养殖业的发展做出了重要的贡献。他所建立的一系列海带遗传育种技术，至今仍是国内外大型经济褐藻育种研究沿用的技术手段。他不断推动海带遗传育种理论与技术的发展和应用，使中国当时的海带育种技术能够保持与农作物同步发展，中国的海带养殖业也成为唯一实现良种化养殖的海水养殖种类。

方宗熙在全国建立了检测环境污染的遗传学方法，还先后撰写了数十篇海洋生物方面的论文，并多次赴美国、加拿大、日本、英国、联邦德国、法国、新加坡等国家和中国香港地区访问讲学。

科普作家　翻译大家

方宗熙是科学著作领域翻译大家，先后翻译《物种起源》等一批世界科学名著。他还是科普作家，撰写、出版了《达尔文主义基础》《古猿怎样变成人》《达尔文学说》《生物进化》《生命进行曲》《遗传工程》《生命发展的辩证法》《遗传工程浅学》《生物基础知识》《遗传与育种》等科普通俗读物。据统计，自20世纪50年代起，方宗熙先后写了上百万字的科普作品和文章，其中还包括了一些指导科普写作的文章，如《科学性是科普的命根子》《实事求是地写好科普作品》和《编写科普读物要处理好几个关系》等，对中国普及科学知识发挥了重要作用。

1978年，方宗熙与李汝祺、童第周、谈家桢等，在北京创立了中国遗传学会，并被选举为副理事长，兼《遗传》杂志主编；还发起筹建中国海洋学会，亲任中国海洋学会副理事长兼秘书长，还曾任《海洋学报》副主编、《山东海洋学院学报》编委会副主任等。

方宗熙还是著名社会活动家，曾任山东省第四、五届政协副主席，山东省侨联副主席，山东省科协副主席，民盟中央委员，是第三、五、六届全国人大代表。

1985年7月6日，方宗熙病逝于青岛。2012年5月，为纪念方宗熙诞辰百年，中国海洋大学为之在化学馆前立下塑像，塑像周围环绕着百年银杏、梧桐，挺拔的水杉、苍翠的青松。

邓叔群

邓叔群（1902—1970年），字子牧，福建福州人，美国归侨，著名微生物学家、植物病理学家、森林学家。曾任岭南大学教授、中央大学教授、中国科学社生物研究所研究员、中央自然历史博物馆研究员、中华文教基金董事会研究员、中央研究院动植物研究所研究员，中央研究院林业实验研究所副所长、甘肃省水利林牧公司林业部经理、中央研究院研究员兼《植物学报》编委、沈阳农学院教务长、沈阳农学院副院长、东北农学院副院长、中国科学院真菌学研究所副所长、中国科学院微生物研究所副所长。中国科学院院士。中国真菌研究奠基人、森林病理学创始人。

依靠旁听　考上清华

1902年12月12日，邓叔群出生于福州市一个贫寒书生之家。父亲邓仪中，字鸥予，自幼便随开酱园的父母住在市中心的南后街。酱园店的生意艰难，全家人挣扎在温饱线上。但父母还是挤出钱来，送邓仪中读私塾。在岳母和妻子的支持下，邓仪中多次参加科举考试，终于在1903年中榜，成为中国最后一科举人，曾短期到广西任县官。辞官后在福州市道山中学教书，一家人生活甚是艰难。

邓叔群自幼矢志向学，虽因家贫数次辍学，但初心不改。帮家里劳作之余常至住家附近学堂，倚窗旁听；夜深时仔细阅读父亲桌上的书本和给学生批改的作业，父亲每每见之心痛万分，托人为他办了一张福建省立一中的免费旁听证，能免费去一中旁听。

邓叔群

邓叔群就是靠着旁听加上自学，完成小学和初中学业。1915年，清华学堂在全国招收留美预备生，邓叔群瞒着家人报考，以优异成绩被录取。

成绩优异　公派留学

在清华校园，邓叔群可说是最节俭最发奋的学生之一。读到高等科4年时，由于成绩始终优异，获得了校方的无息贷款，使之顺利完成学业。

1923年，邓叔群以突出的学业成绩被公派至美国留学，进入全美以生物科学著称的康奈尔大学就读。在康奈尔大学，邓叔群仍扮演着"学霸"的角色。在康奈尔大学5年留学生活中，他只用两年时间就完成了学校要求的全部必修课程和学时数量，1928年先后获得康奈尔大学森林硕士学位和植物病理学博士学位。由于成绩优异和展现出的科研力量，在真菌学教授费茨和植物病理学教授惠茨推荐下，邓叔群被评为全美最高科学荣誉会员，荣获"斐陶斐"奖，并两次获得"金钥匙"勋章。

回国执教　研究稻麦

由于突出的科研成绩，邓叔群还在做博士论文期间，美国多所大学就向他发出邀请函，希望他前去执教。母校和导师也多次表示，非常期待他能留校效力。留在美国，意味着有优异的科研条件、舒适的生活环境和优厚的薪金待遇，但邓叔群还是决定回国服务。

原来邓叔群在康奈尔大学学习的最后一个学期，国内岭南大学决定秋季开设植物病理学课程，急需这方面教授。邓叔群得知此事之后，毅然表示毕业后立即回国，赴岭南大学执教。

1928年秋天，邓叔群踏上归程。1928年至1929任教岭南大学。1929年至1933年，出任中央大学农学院植物病理学教授。

在这期间，邓叔群一边教学一边开展科学研究。当时，他的研究侧重于水稻、小麦和棉花的病害及其防治方面，先后发表了10余篇论文。他曾将科研成果通过学校设立的试验田进行中试，在中试成功后，亲自深入农村进行科学普及与推广。他曾背上喷雾器，脱下皮鞋，挽起裤腿，到学校附近的农村去指导农民，为他们示范，受到农民的好评。

真菌研究　奠基中国

1933年，邓叔群进入中央研究院当研究员，从事真菌分类和植物病理研究。在此期间，他创设了森林生态研究室，并恢复了真菌研究室。

邓叔群是我国真菌学研究的奠基人，他对真菌，尤其是对粘菌和高等真菌的研究和发展做出了突出的贡献，曾先后发表近40篇有关真菌研究的重要论文和两部专著，为我国真菌学事业奠定了基础，也奠定了他在世界上的影响力。

邓叔群倾尽全部精力，投身中国真菌研究。截至1940年，他共发现4个新属、120个新种、6个新变种、18个新组合体。这些新的发现曾在他1932—1940年期间发表的30余篇论文中有所报道，例如，在《中国真菌续志（二）》中，描述了55种子囊菌和一种半知菌，其中就包括他发现的29个新种和两个新变种；在《中国真菌续志（五）》中，共描述了76个属的172个种，其中就包括他发现的1个新属、15个新种和1个新组合体；在《中国真菌续志（八）》中，共描述了47个属的102个种，其中就包括他发现的1个新属、5个新种和7个新组合体；在《中国高等真菌补志》中，则报道了他发现的两个新属、4个新种和1个新组合体。邓叔群所发现的新属和新种得到国际上的公认，并被载入英国真菌研究所编辑的《真菌学辞典》。这是载入这本具有世界权威性的辞典的唯一的由中国人鉴定的新菌种。

1939年，邓叔群的第一部专著《中国高等真菌（英文版）》出版。这是他回国后10年对中国高等真菌分类研究的总结，书中包括了上述他的新发现，全书描述了子囊菌10目38科179属475种；担子菌9

目28科128属718种；半知菌4目9科80属198种，总共23目75科387属1391种。其中每个目、科、属、种都根据标本进行了详细的描述，并在每个菌名下列举了寄主、生长习性和采集地点。

截至1966年，邓叔群亲手采集和鉴定的真菌标本数以万计，他所研究过的真菌种类达3400种以上，占已知全国真菌总数的一半。1963年，邓叔群完成百余万字的第二部专著《中国的真菌》，这是他1928年回国至1963年35年的研究总结，是1939年出版的《中国高等真菌》的增订本，书中包括粘菌和全部真菌，以粘菌、高等子囊菌和高等担子菌为主，还有藻状菌、半知菌等。全书描述了总共41目119科601属约2400种和110个新组合。同第一本专著一样，每个目、科、属、种都是根据标本进行了详细的描述，列举了寄主、生长习性和采集地点。

《中国的真菌》出版后，邓叔群又继续对中国国内的真菌进行系统研究，到1966年又研究出1000余种，原准备在《中国的真菌》第二版时增补新研究出1000余种，但"文化大革命"不仅毁掉了这些手稿，而且让他已经完成所有准备工作，准备提笔撰写的《真菌的系统发育》《真菌的生态》和《真菌学（上中下三卷）》也胎死腹中。1966年5月完稿的《蘑菇谱——中国的食用菌与毒菌》，耗费了他八年心血，他为之跑遍了中国所有主要林区，收录了600幅彩图，介绍了国内600余种可食用的和有毒的蘑菇，包括食用菇与有毒蘑菇的识别方法，各种食用菇的营养价值及国外的有关分析资料，各种毒菇的毒素类型和结构特性、中毒症状、解毒方法及国外有关毒理学和解剖学的研究结果，也未逃过"文革"厄运。

1991年，世界著名真菌分类学家、美国康奈尔大学真菌学名誉教授R.P.Korf在列举康奈尔大学120年中对真菌学有突出贡献的41位真菌学家时，郑重地向世人宣布：其中唯一的一位东方人就是——邓叔群。

森林病理　中国先驱

作为中国森林病理学创始人，邓叔群早在20世纪30年代，就开始进行森林生态学研究。1939年，邓叔群奉农林部之命组织了西南森林调查团，深入四川、云南、西康（后分别并入四川省和西藏自治区）等省的沙坪坝、岷山、大渡河、雅砻江、金沙江等地区的原始林区，进行了为期两年的调查，对我国西南地区的森林分布、生长生态特性以及林木的病害情况进行了较详细的研究，发表了《洪坝森林的研究》《我国天然林管理法之研究（一）》《今日中国的林业问题》《西藏东部高原的森林地理》等论文。

为了在西北黄土高原地区建立一种有利于农林牧业生产的生态系统，以减轻黄河对其下游地区的危害，1941年邓叔群决定远赴甘肃，担任甘肃省水利林牧公司林业部经理。

就在此时，国民党政府来函任命邓叔群为农林部副部长，但邓叔群断然拒绝。1941年6月，他辞去中央研究院林业实验研究所副所长职务，毅然举家甘肃偏僻落后的卓尼，在西北僻地开始黄河上游水土保持的研究与实践。

在卓尼6年时间，邓叔群跑遍白龙江中游武都与文县一带、天水小陇山地区、河西走廊、祁连山、秦岭等林区，深入进行调查研究，采集了大量的标本，分析了大量的树木生长情况，为科学营林育林提供了依据；他论证了祁连山、天山等高山林区植被灌木丛对于积雪、保土和调节雪水径流的重要作用；设计出在兰州南北山干旱地区采用"水平沟"造林的科学方案，为保持水土、保证较高的造林成活率提供了有利的条件。在大量调查的基础上，他提出了建议：在黄土高原荒山造林应选用沙枣、柽柳、白榆等耐寒抗旱的小乔木作先锋树种。这一建议在当时虽然没有被充分采纳和利用，但对后来的改造黄土高原的工作具有重要的参考价值，直到今天仍被大量采用。在这期间，邓叔群最重要的工作和最大的贡献，就是他首先提出了生态平衡的观点，并亲自在黄土高原创办了科学经营管理森林的典型——洮河林场，为科学经营林业和科学管理森林提供了示范榜样。

黄河上游流域，有调节水源的大面积原始森林。当时的藏族林主为利益驱使，把树林卖给木商，定期砍光树木，之后再放火烧山以长牧草或开辟为耕地，导致水土流失严重，给黄河下游不断制造灾难。邓叔群利用水利林牧公司的资金，在洮河上游甘肃省卓尼县买下了一大片藏族林主的森林，创办了洮河林场总场和苗圃，又在于洮河的大峪沟、卡车沟、绿珠沟建起了三个分场和一个畜牧场。邓叔群带着场内的科技人员翻山越岭，用不到两年时间完成了调查与测量，绘制了《地形林型图》，为林型在我国的划分、绘制和应用开了先河。此外，邓叔群就各树种、树龄以及林木生长、材积、更新和病虫害等情况进行分类研究，制定出了一整套保证更新量、营造量大于采伐量的科学经营管理制度，使森林长存、采伐不绝。至今洮河林场仍在沿用当年他亲自制定的这一科学管理制度。几十年来，黄河上游的多数森林均遭程度不同的破坏，唯洮河林场为黄河上游保留下了宝贵的森林区，为黄河上游的水土保持和生态平衡做出了贡献。

这一期间，邓叔群在西北黄土高原地区所进行的大量调查结果以及实践经验的总结，都汇总在他离开甘肃后于1947—1948年发表的诸篇论文中，如《甘肃林区及其生态》《甘肃的造林与管理》《甘肃林业的基础》《甘肃的气候与树木年轮》《我国天然林管理法之研究（二）》《中国森林地理概要》等。

1948年，邓叔群当选中央研究院院士。

特别值得一提的是，邓叔群在卓尼工作期间，一次山洪暴发，他9岁的小女儿去河边提水回家用，不幸被洪水冲走，连遗体都找不到。但失去女儿的伤痛，也未能动摇他治理黄河上游水土流失的决心。

科教功臣　南征北战

中央研究院当时只有81位院士。中华人民共和国成立前夕，国民党当局多次专程派人登门，动员邓叔群去台湾，中央研究院领导也三番五次请求邓叔群随院迁台，邓叔群坚决拒绝。

1948年冬，邓叔群的学生沈其益受中国共产党中央领导同志委派，从解放区绕道香港，再秘密潜往上海，登门看望邓叔群，请他到东北解放区举办高等农林教育。他欣然接受了邀请，不顾当时正在咯血，立即着手进行林业教育工作的准备，在不到半年的时间内编写出了20本一整套林科大学教材。

1949年7月18日，邓叔群赴京参加了中华全国第一次自然科学工作者代表大会筹备会议后，远赴东北，担任沈阳农学院筹建总指挥。1950年8月18日，中华全国自然科学工作者代表会议在清华大学礼堂开幕，会后，邓叔群将家搬到了东北，先后担任沈阳农学院（今沈阳农业大学）教务长、副院长、东北农学院（今东北农业大学）副院长。任上，他组织各教研室新老教师钻研业务，他把日本教材、苏联教材和美国教材加以分析贯通，编写出新的教材为青年教师进修讲课；他根据东北农业发展的需要，建立了农业机械化系和森林工业等新专业；为提高教学质量开展科研工作，他亲自制定计划购置仪器、设备、图书，并逐项审核、落实；他为畜牧系购求优良种畜、为整顿校区内的水旱试验田和标本林苗圃、为筹划教学—科研—生产三结合的基地都付出了心血。

1955年，邓叔群调往中国科学院工作，历任中国科学院真菌学研究所副所长、微生物研究所副所长，曾受林业部派遣作为中国代表团的副团长出席了第四届国际林业会议。1963年在广州创建中国科学院中南真菌研究室（后改为广东省微生物研究所）。

邓叔群曾任松江省（1954年与黑龙江省合并）人民政府委员，第三、四届全国政协委员，林业科学研究院顾问，中国植物学会常务理事，中国植物保护学会理事。1956年和1962年，曾两次参加了制定全国科学规划会议，负责林业及微生物学规划的部分工作。

赤胆忠诚　模范党员

邓叔群对党赤胆忠诚。中华人民共和国成立后，邓叔群三次主动减薪；抗美援朝时，他将多年积蓄在南京建造的花园住宅捐献给国家；1955年，他从郭沫若院长手中接过的科学院学部委员聘书，不是将它挂到墙上而是藏在箱底；1956年，他是高级知识分子中第一批加入中国共产党的。

1960年，邓叔群受国家林业局委托，花了三年半时间，培养了50名森林病理学研究生。邓叔群是科学院院士、特级研究员，当林业部将巨额酬金送到他家时，他只收下一张毕业典礼集体照。他说："国家经济困难，我不能要这笔钱。但是，再困难，我们也要把中国森林病理事业搞上去。"

1970年5月1日，邓叔群因受"文化大革命"迫害致死，1978年1月平反昭雪，恢复了名誉。

位于福州市鼓楼区道山路第一山弄7号的邓叔群故居，立像为邓叔群弟弟邓拓

卢肇钧

卢肇钧（1917—2007年），福建福州人，美国
归侨，著名土力学家。曾任交通部桥梁设计处助理
工程师，滇缅公路工程局助理工程师，清华大学土
木工程系助教，美国麻省理工学院土力学研究室助
理研究员，北方交通大学唐山工学院教师、铁道科
学研究所副研究员，铁道部科学研究院副研究员、
研究员、土工研究室主任、院学术委员会副主任委
员，中国土木工程学会土力学及工程学术委员会秘
书长，中国土力学及基础工程学会常务副理事长、
理事长。中国科学院院士。

卢肇钧在试验中

世家子弟　承继父业

卢肇钧是中国第一代铁路世家子弟，祖籍福州，1917年11月17日出生于河南省郑州市，此时他
的父亲卢学孟正任陇海铁路局局长。

1866年左宗棠在福州兴办中国第一个高等科技学校——船政学堂，同年开始招学生，不收学费，
还可领取4两纹银，卢肇钧祖父卢思致决定将儿子送往船政学堂。二儿子卢师孟刚满14岁，就考入船
政后堂学习管轮（轮机），是船政后学堂第四届管轮专业毕业生，曾任"广甲"等兵舰的管轮、总管轮。
三儿子卢守孟紧接着考入船政前学堂学习造舰，为船政学堂第三届制造专业毕业生。又过了几年，四
儿子卢学孟也考进船政前学堂学习造舰，四儿子成为前学堂第四届制造专业毕业生。

卢家三个儿子在船政学堂学习刻苦，加上天资聪慧，很快成为佼佼者。1886年卢守孟因学业优良，
被船政学堂选派为第三届留学生，赴英国海军部制造大书院留学，专攻轮机和船身制造。1896年与后
来成为海军总司令的程璧光等一起赴英监造"海天""海圻"舰。四儿子卢学孟也被选送赴法国留学。

三个儿子毕业后都事业有成。卢师孟参加过著名的甲午海战，与日寇血拼。卢守孟担任过监督、
翻译、编译、工程司等职。1902年，卢守孟奉令出使英、比、意国，为驻英使馆通译，官至花翎二品衔，
湖南候补道台。卢学孟曾担任驻英通译官，回国后任京汉铁路行车总管、邮政部路政司行走、两广交
涉局副局长。民国后，任陇海东路工程局局长、郑州陇海铁路局局长、交通部参事等。

卢家第一代从事铁路的有二人。先是卢学孟出任京汉铁路总监督。卢学孟在任上颇有成就，"行

车有年，洵为在路得力之员"。后来他的弟弟卢宗孟任北宁铁路医院医师。

第二代在铁路工作的最多。卢学孟的大哥卢希孟当年过继给了大伯。卢希孟长大成人的两个儿子后来都成为火车站站长：三子卢肇兴从法语学校毕业后进入铁路工作，后任火车站站长；四子卢肇国，也是法语学校毕业，曾任陇海铁路徐州机务段司事、车长、站长。卢守孟三个儿子一个媳妇也都在铁路部门工作：长子卢肇炳，从北京大学毕业后，进入陇海铁路做财务工作；二儿子卢肇新，从英国伯明翰大学毕业后，长期在北宁铁路唐山制造厂做技术工作；三儿子卢肇章，1937年从唐山交通大学毕业后，曾在铁道部工厂处、南昌铁路分局任高级工程师，妻子也在南京铁路医院做医生。卢学孟两个儿子和一位媳妇也都在铁路部门工作：长子卢肇行，长期在西安铁路局材料科工作；次子即是卢肇钧。

滇缅修路　立功西南

卢肇钧6岁时随父母迁居北平，1930年进入三基初级中学，1933年进入汇文高级中学，1936年考入清华大学土木工程系。

1937年七七事变爆发，清华大学内迁。卢肇钧曾在北平辅仁大学和燕京大学物理系各借读半年。1938年，他西去昆明，进入西南联合大学就学土木系，1941年毕业。

卢肇钧毕业后第一份工作，即是担任交通部桥梁设计处助理工程师。当时，日军疯狂轰炸大后方，卢肇钧参与抢修道路桥梁，还先后在昆明、贵阳及重庆等地从事钢桥和悬索桥设计。

随着中国沿海沦陷，西南通道成为国际援华物资的重要通道，1944年卢肇钧调入滇缅公路工程局担任助理工程师，在滇西云县、公郎、弥渡等地从事公路设计施工，翻山越岭，测量、设计、监工，常常夜以继日长途跋涉，为抗战胜利做出了贡献。

与之同时，卢肇钧的父亲卢学孟放弃高薪，辞职还家，坚决不事日，靠变卖家产过日子。卢肇钧读过不少革命书籍，一度想投奔延安，但因家中需要靠他接济，同时也深感修路造桥对于祖国抗战的重要性，从而没有辞职北上。

1945年8月15日，日本投降。卢肇钧回到清华大学土木系任助教，还参与清华大学迁回北平的复校建设工作。

在美奔走　促海归潮

1947年11月，国民政府与美国签订《中美文化协定》，成立美国在华教育基金委员会，协助美籍教授来华讲学及安排中国学生赴美留学。卢肇钧通过了公费出国考试，于1947年到达纽约。在曾经的清华大学导师刘恢先指点下，进入哈佛大学土力学专业读研究生。

1948年，卢肇钧在获得哈佛大学科学硕士学位后，又到麻省理工学院的土力学研究室做博士研究生并兼任助理研究员，在近代土力学的创始人太沙基和泰勒教授的指导下从事土力学研究工作。因为他出色的研究能力，甚至已经接手一项美国海军委托的地质研究项目。他的导师们认定他在美国"前程远大"。如果没有1949年春节的那个清华大学校友聚会，也许卢肇钧在美国会很快成为蜚声全美的科学家。

1949年春节，侨居波士顿的几十位清华大学校友聚餐，餐叙时有些人慨叹说："共产党即将统治中国，我们今后只好在异乡寄人篱下了。"也有人说："列宁有赎买政策，中国共产党想来学苏共会出高价聘请技术人员回去。"卢肇钧则说："依我看，问题不在于是否出高价，而在于共产党是否真的为中国人民谋幸福。若真的要振兴中华，为人民谋幸福，我看我们还是该回去。"

卢肇钧留学美国

春节聚餐后，卢肇钧和一些热爱祖国的留学生们便开始交流国内信息，他牵头创立了"中国问题讨论会"组织，在美国向留美科学工作者介绍和宣传祖国情况。

当时美国有一批反共政客通过控制的美国新闻媒体，封锁来自中国的真实消息，对中国共产党领导的解放区进行造谣歪曲。卢肇钧与一批志同道合留学生们合作，在美国举办刊物宣传中国共产党领导的区域。浦寿昌、浦山在波士顿创办发行英文政论的季刊《中国学生意见》，1949年初春由卢肇钧接办发行，当时有林同端、洪朝生、任以都等任编辑。张钦楠回忆说，浦山回国前，曾嘱咐他参加编辑，协助卢、林等组稿，卢肇钧回国时还带了一些期刊，交给了国家教育部留学生处。

很快，以中共地下党员为主筹划的社团组织——中国留美科学工作者协会（简称"留美科协"），开始发展起来。1949年上半年，美国很多学校陆续成立了留美科协区会。6月18日，13个区会的代表在匹兹堡召开中国留美科学工作者协会成立大会，会议通过了宣言《我们的信念和行动》，阐明宗旨是：联络中国在美国的科学工作者致力科学建国工作，促进科学技术的合理运用，争取科学工作条件的改善及科学工作者生活的保障。总的目标是为争取团结更多的留学生回国，为发展中国科学技术而努力。至1950年3月，留美科协发展了32个区会，会员总数达700多人，卢肇钧和张文裕、华罗庚、唐敖庆、钱有训等一批后来名满中华的科学家都是中国留美科学工作者协会的发起人和推动者，后来出了14位院士。留美科协的主要活动是发展会员、建立区会、发展学术小组、编印《留美科协通讯》、开展回国活动，对在美国推动20世纪50年代初的海归潮起到了主导性作用。

卢肇钧作为留美中国科学工作者协会波士顿区会的联络人，积极宣传中国共产党的宗旨和治国方略，奔走动员留美学生返回祖国，参加新中国建设。

与此同时，美国一方面出于意识形态的对立，另一方面出于中国科学人才对于美国发展的重要性，对于大批中国学生极力挽留：一方面给予更为丰厚的物质报酬；另一方面，打击亲共学生和教授。

1950年8月，卢肇钧决定辞去教职归国。泰勒教授再三挽留这位才学过人的中国弟子留在麻省理工学院共同工作。但卢肇钧去意已定，谢绝恩师盛情挽留。

1950年，卢肇钧与另外35名同学一起坐船经香港辗转回到北京。受北方交通大学唐山工学院（现西南交通大学）唐振绪院长之约，执教唐山工学院。同年，唐振绪在唐山工学院内创办铁道科研所并兼任所长，卢肇钧兼任研究所研究员。此后，铁道科研所迁往北京改称"铁道科学研究院"，卢肇钧相继担任副研究员、研究员、土工研究室主任、博士研究生导师、院学术委员会副主任委员、院学术委员会荣誉主任委员。

土力学家 技术大腕

卢肇均回国后，长期从事中国新建铁路沿线各种土的力学性质和特殊土地区筑路技术的研究，是我国铁路路基土工技术的主要开拓者之一。

卢肇均建立了中国铁路第一个土工试验研究室，以此为基地组织培训了一支精干的试验研究队伍。在20世纪50年代初期，为各个铁路勘测设计院和工程局培训了许多土工试验与岩土工程技术人员，并协助各铁路局普遍建立了土工试验室，从而提高了新建铁路路基的勘探、设计和施工的质量。

没有卢肇钧的研究成果，中国盐渍区域就难以通火车。1953年，兰（州）新（疆）铁路新线勘测队进入甘肃省河西走廊地带，发现我国西部干旱地区特有的盐渍土问题成为修建铁路的难题。该地区每年春季有许多路面软化，夏秋松胀，使车辆难以通行，当地人称之为"橡皮地"。卢肇钧自1954年开始主持这项研究工作，他多次深入河西走廊盐渍土地区，调查各种道路病害现象与当地的土质气象及水文地质的关系，提出了《兰新线张掖地区盐渍土路基的初步研究报告》。

为攻关盐渍土的松胀变形难题，卢肇钧带着自己的团队，对多种不同成分盐渍土的物理力学性质进行了室内控制条件的系统试验研究，在1956年提出了《盐渍土工程性质的研究报告》，并制定了针对盐渍土路基的判别试验标准和设计原则，纳入铁路设计规范，从而基本解决了我国盐渍土地区筑路技术问题。

没有卢肇钧的研究成果，沿海不少地方也难以通铁路。我国沿海各省分布有大量的饱和软粘土地层。在这种地层上修筑的铁路路基和建筑物经常下沉甚至发生突然性地沉陷破坏。卢肇钧在20世纪50年代后期和60年代初期主持攻克这项难题的研究，在我国最早成功地采用排水砂井处理软土地基，研究制定了对软土地基的判别试验标准和设计原则。分别于1959年、1962年发表了《关于软土地基的抗剪强度指标和稳定分析》《软土内摩擦角和塑性指数的关系》，对沿海地区铁路网的建设奠定了重要基础。

没有卢肇钧的研究成果，就没有中南和西南地区火车的畅行。膨胀土和裂土是我国中南和西南许多省区大量存在的特殊土问题，而且也是世界许多国家存在的问题，引起许多路基塌滑和房屋开裂变形。20世纪80年代后期，卢肇钧开始对膨胀土和非饱和土抗剪强度特性的系统性研究，主持了"裂土基本特性及其在路堤、路堑、边坡工程中应用技术条件的研究项目"，亲自负责非饱和土的基本性质的研究，他带着研究生进行了一系列关于膨胀土的强度及其稳定性以及非饱和土强度特性等基础性的研究。这些研究项目于1989年被列为我国自然科学基金资助项目，1990年又被加拿大的国际开发研究中心列为中加交流合作的资助研究项目，1990年这个项目研究成果获得国家科技进步二等奖。

此项研究取得有关膨胀土强度变化的规律、性质及非饱和土凝聚力与其膨胀压力相互关系等一系列新发现，并已发表了《土的变形破坏机理和土力学计算理论问题》《对粘性土内摩擦角的探讨》和《非饱和土的抗剪强度与膨胀压力》等重要论文，提出了全面重视自然现象的学术观点，并提倡对非饱和土的膨胀压力开展研究。

20世纪70年代，卢肇钧主持研究新型支挡结构，创造性地提出了一种锚定板挡土结构形式及其相应的计算理论。它具有结构轻、柔性大、能节约建筑材料并能适应承载力较低的地基等特点。他在深入研究和反复试用的基础上，经十多年的大量研究和试用后，总结编写了《旱桥锚定板桥台设计原则》《锚定板挡土墙设计原则》，并列入有关设计规范。其中提出的锚定板承载力的临界深度问题，引起了国内外同行的注意。这种结构形式已被许多部门采用，在国外发表时被称为中国特色的新结构。日本土质工学会曾作介绍并得到重视。

卢肇钧创建和领导铁道部科学研究院的土工研究室，解决了中国铁路建设的一系列重大难题，特别是路基土工问题，先后解决了黄土路堑边坡的稳定性、路基翻浆、下沉、挡土墙土压力、软土路基的稳定和沉降、桩基承载力以及地基加固等，取得了大量很有实用价值的科学研究成果和论文报告，培养出了一批高水平的科学研究人员和数十名硕士及博士，对我国铁路建设做出了重大贡献。铁道部科学研究院土工室成为全国土力学研究基地和学术活动中心之一。

卢肇钧还曾任中国土木工程学会土力学及工程学术委员会秘书长，中国土力学及基础工程学会常务副理事长、理事长，中国科学院技术科学部土木建筑学组组员，国家自然科学基金委员会材料与工程学组第二届委员。1991年，卢肇钧当选为中国科学院学部委员，1994年改称为中国科学院院士。

卢肇钧撰写或主编出版了《关于软土地基的抗剪强度指标和稳定分析——路基土工研究第1集》《地基处理手册》《地基处理新技术》《锚定板挡土结构》《中国土木工程指南第四篇——土工与地基基础》等。

2007年12月28日，卢肇钧在北京逝世。

叶可梁

叶可梁（1888—1972年），字肖鹤，福建福州人，美国归侨，著名外交家、农学家。曾任清外交部参事、北京日报主笔、京师大学堂农科大学监督、北京大学校农科学长、外交部佥事、中国驻美公使馆二等秘书、署驻美国旧金山总领事、驻美国旧金山总领事、外交部编纂处编纂、署驻爪哇总领事、署驻菲律宾总领事、署驻美国纽约总领事、驻美国纽约总领事。

严复做媒　娶世家女

叶可梁为福州名门望族叶氏家族子弟，叔父是船政学堂第一届毕业生、中国海军第一批留学生、晚清著名外交家叶祖珪。1888年出生于三坊七巷中的塔巷一个书香满盈古院，家有藏书万卷，翠竹掩映"竹韵轩"书斋举城闻名。幼年，与妹妹叶可羲师从大儒何振岱，研读古文，吟诵诗词。

1897年，叶可梁进入福州以英语为教学语言的鹤龄英华书院。1899年，自英华书业毕业后北上，就读于上海萃文学院。1900年毕业后考入上海圣约翰大学。同年，回到家乡，就任福州外交事务管理局翻译。

叶可梁的婚姻是由叔父叶祖珪与舅父严复联手撮合，与何纫兰结为伉俪。

叶可梁

何纫兰，是严复掌上明珠。严复早年丧父，与慈母贤妹相依为命。他在题《篝灯纺织图》中是这样回忆自己的童年："我生十四龄，阿父即见背。家贫有质卷，赊钱不光债。陟岡则无兄，同谷歌有妹。慈母于此时，十指作耕耒。"贫穷的家境，更加深兄妹相依的手足情谊。

严复妹妹的婚事是严复包办的，他将妹妹嫁给了同窗好友何心川。何心川，福州人，与严复同年考上船政学堂，后以优异成绩毕业，赴舰上任职。光绪三年（1877年）被选入赴英国留学。在英期间，以优异成绩考入英国格林尼茨皇家海军学院。何心川学习成绩优秀，曾任清南洋水师"寰泰"舰舰长兼南洋水师学堂教育长。严复妹妹出嫁没几年就病逝了，当时才满20岁。她去世后，留下女儿何纫兰，由严复接养，严复对其之爱甚过亲生女。数十年之后，严复犹噙泪告纫兰"每念汝母，不觉泪垂"，兄妹感情至深。"吾年日老，姐妹所出只汝一人"，"故于汝身更加怜爱，较之子女有过无逊。"他经常亲昵地直呼或直书纫兰为"吾儿"，在写信给夫人时，则称何为"大小姐"，可见在严复心中，是把她视为亲生骨肉。

叶可梁勤学有志，文化根基深厚，严复对他赏识有加，关怀备至，不但将掌上明珠嫁之，还对其多有扶持。1909年11月，何纫兰在上海就读中西女塾。1910年1月与叶可梁结婚。

美国硕士　清朝进士

叶可梁在沪上读书时，目睹洋米充斥，而街头贫民却嗷嗷待哺，决意再次读农学以造福于民。1905年，他远渡重洋赴美深造，先在康乃尔大学选读农艺，1908年以优异成绩毕业，获理学学士。毕业后进入密歇根大学攻读地理专业研究生，次年获硕士学位。紧接着赴北部实地考察农业，归国途中再赴欧洲多国考察农业、林业。

叶可梁的媒人是他的舅父、中国近代著名思想家、教育家、翻译家严复

1909年11月，叶可梁学成归国，先回闽葬父，后携妻赴京，同年任《北京日报》主笔。1911年参加清政府设立的学业与授官考试。

甲午战争前，清政府对回国留学生实行直接授官的政策。20世纪初，清政府对日益增多的回国留学生实行考试后给予文凭和官职的政策，且将学业考试和授官考试分开。学业考试定期举行，被录取者由学部统一颁发文凭，分别授予翰林、进士、举人出身。该文凭可做优先分配工作的条件，又可做参加授官考试的依据。授官考试不定期举行，被录取者，可直接获得各种官职。为了对回国留学生实行官职奖励，清学部仿照中国历代廷试和外国文官考试办法，制订了授官考试章程11条，其中规定：廷试由钦差大臣和学部共同主持；廷试参加者必须事先获得学部颁发的学业文凭；廷试录取者可直接获得官职，并加以委用。从1908年到1911年，清政府对归国留学生先后举行了4次廷试，录取了824名，其中799名被授予官职。

叶可梁参加学业考试列一等第四名，授予进士出身。严复喜极，即函贺纫兰："甥婿学成归里又得功名，如谚所谓'衣锦返乡'，年少令人健羡，晤时代舅道意。"紧接着参加授官考试，成绩甚佳，获授翰林院编修，因他外文造诣深，又熟识国际形势，旋被任命为外交部参事。

在晚清政治舞台上，叶可梁曾做了一件值得一记的事：

武昌起义爆发后，在袁世凯进京前，隆裕皇太后和宣统皇帝请求在美国公使馆避难，11月10日，北京方面给诺克斯电报，主张允许请求。当日，诺克斯回电，如果其他公使馆不反对，他同意"暂时避难，如果为了保护无辜的生命这是必要的话"。叶可梁也通过家族的海军关系，从非正式渠道获得了美国使馆的同意："武昌起义后月余……我与义理寿（美国驻华公使馆海军上校武官义理寿）联系过两次，十余日后彼告我谓美使馆已答应让出二等秘书宿舍给溥仪使用，并计划由天安门挖一地道直通东交民巷，以避免袁世凯的耳目。"

执教北大　农科学长

1912年1月中华民国成立后，严复出任京师大学堂总监督，欲重组加强农科建设，拟招生200名，招聘教员12名，并主张以英语传授新农学。他早就看中学有专攻的叶可梁，竭力说服当局，让叶可梁出任农科大学监督（院长）。同年2月，叶可梁赴任，在农科设立农业、林业各两班，

1912年5月1日，京师大学堂易名北京大学校，严复任首任校长，叶可梁任北京大学校首任农科

大学学长。1912年7月至8月，作为北京大学校农科大学学长叶可梁参加了全国临时教育会议。

在当时中国最高学府首任农科主持人任上，叶可梁颇有建树，他修葺"望海楼"学舍并拓建农事试验场千亩，供学生学习、实验之用。凡事尽心筹划，终使农科粗具规模。

名外交官　驻外 20 年

1913年1月，叶可梁又被外交部召回，出任佥事。1914年，叶可梁出任中国驻美公使馆二等书记官，期间被派往欧美各国考察外交事务。1919年1月，转任中国驻加拿大温哥华领事馆领事。1921年2月，署驻美国旧金山总领事。1922年12月，任驻旧金山总领事，1926年归国。1927年，叶可梁任国民政府外交部编纂处编纂。1927年11月，署驻爪哇总领事，但未到任。1927年12月，署驻菲律宾总领事，1928年10月归国。1932年11月，署驻纽约总领事。1934年6月，任驻纽约总领事，1935年2月归国。

叶可梁外交家生涯是浸透着屈辱与悲愤的。当时中国积贫积弱，叶可梁时时饱受"弱国无外交"之困，但他仍为维护华侨权益竭尽全力。碰上侨胞涉嫌刑事的法律审判时，他甚至竟日坐镇法院旁听，驳斥带有民族偏见的判定与执行，博得华侨的赞誉。为引导侨商回国投资，他也竭尽全力。叶可梁推介广东侨商何某向国内投资，在上海创办公益性质的丽园牛乳公司。他自告奋勇，义务兼任技术指导，协助侨商到美洲各地选购良种奶牛多头，运回国内繁殖，振兴奶业，终使公司发展成拥有三个奶牛场的企业，出产奶品以低廉价格供应平民。

1935年2月，叶可梁奉召回国，任外交部主事，定居南京。

中共赏识　金陵建功

1937年7月，日军快速南侵，叶可梁愤恨至极，被迫撤离前往内地。临行前他在住屋墙上画了东三省略图，在图面写上"指日收回"四个大字，以表明我国收复失地的决心和信心。后来，日军逐户搜查时，发现此抗日地图，追捕屋主不获，盛怒之下，竟将他的住屋轰毁泄愤。日军投降后，叶可梁返京，目睹断墙破壁，只轻声扔下句"这是我早就料到的暴行！"就离去。

南京解放前夕，叶可梁坚持留在大陆，为中国共产党服务。

1960年，经当时南京市领导彭冲的推荐，叶可梁以无党派专家身份出任南京市政协委员。作为著名的地理学家、农学家，年近古稀的他，积极参政议政，用农学、地学的知识，为南京的环保规划出谋献策。他建议开拓水源，建立排水泄污系统，清理秦淮河道，植树遮阳蓄水等设想，得到政府重视并加以实施。为了拓宽沟渠，他无偿献出自置住地的产权，自愿跻身陋室。今日，南京城绿树成荫，道通畅且少水患，叶可梁功不可没。

叶可梁公余，勤于笔耕，可惜文稿毁于"文革"。现仅能从叶可羲遗著《竹韵轩诗集》有关他兄妹唱和酬答诗文中，窥之心迹。如其妹称赞他有坚定的爱国抱负，"感兄抱定匡时志"。她在病中收到哥哥热情的问候诗文后，写下"喜兄笔与人同健，佳句能教我病苏"的感言，又曾赞赏他淡泊名利的高尚情操，"游踪万里真堪羡，诗句千秋岂是空；淡薄功名原养性，高怀自不与人同"。

1972年7月，叶可梁病逝于南京。

叶渚沛

叶渚沛（1902—1971年），福建厦门人，菲律宾归侨，著名冶金学家。曾任美国机器铸造公司冶金室工程师、主任，中国国民政府国防设计委员会化学专门委员，中国国民政府资源委员会冶金室主任兼重庆炼钢厂厂长、重庆电化冶炼厂总经理，联合国教科文组织科学组副组长，联合国经济事务部经济事务官，国家重工业部顾问，中国科学院学术秘书，中国科学院学术秘书兼中国科学院化工冶金研究所所长、研究员、所长，中国科学院院士。

生志士家　长爱国情

叶渚沛祖籍福建省厦门市，1902年10月6日生于菲律宾马尼拉一个布商家庭。其父叶镇锥是老同盟会会员，曾抛家舍业，追随孙中山先生四处奔波，为革命讲演、募捐，筹措经费，有时还抽调自家布店的资金支援革命，以致小店倒闭。孙中山先生曾经亲自写一块匾额，赠送给叶镇锥，并将他的名字改称"叶独醒"，意思是"众人皆醉，唯我独醒"，来表彰他为革命做过的贡献。

叶镇锥十分注意对孩子进行爱国主义教育，轮流带子女回家乡——福建厦门探亲。叶渚沛8岁那年，就曾跟随父亲回家乡探亲，饱览祖国大好河山，了解到不少中国历史知识，激起他学习中国历史文化的兴趣，回到马尼拉后开始寻找、阅读介绍中国历史文化丛书，由此生出了对祖国的深深依恋。

1944 年叶渚沛赴欧美考察时的护照照片

美国博士　冶金专家

叶渚沛小时家境富裕，从小受到良好教育，中西兼修。在菲律宾读完小学、中学后，于1921年赴美国留学。同年，叶渚沛以优异成绩考入美国科罗拉多矿业学院矿业系，后转学冶金与化学工程。

叶渚沛到美国没几年，父亲因企业破产再也无力供给他留学费用。叶渚沛依靠半工半读方式坚持学习。他常常是两片面包一杯水，紧紧腰带过一天。尽管如此，他的学习成绩，始终名列前茅，深受老师赏识。后来，他在老师的帮助下，在学校实验室当了一名实验助手，使他的生活稍有改善。随着生活的好转，他的求知欲望也愈来愈强。他不仅学习矿冶专业，还向化学、地质等其他领域拼命探求。

1925年，叶渚沛到芝加哥大学攻读，在此获得硕士学位。之后，又在宾夕法尼亚州立大学攻读金属物理化学，再以佳绩获金属物理化学博士。

1928年，叶渚沛受聘美国联合碳化物研究所和美国中央合金钢公司任工程师，从事科学研究工作。后又在美国机器铸造公司担任工程师和冶金室主任。

从1931至1933年，他在美国与英国的学术刊物上发表过10余篇有关铁、钢与合金的化学热力学与物理化学特性的学术论文，引起当时国际冶金界的注意。

海外抗日　萌生回国

1931年9月，九一八事变发生，日军铁蹄踏破中国美丽、富饶的东北，东三省进入了血流成河时代。消息传到美国，叶渚沛向美国主流社会控诉日军侵华的野蛮行径，积极参与华侨华人和海外留学生发起的抗日救国行动。

1932年1月，日军侵略的脚步踏进上海，驻守淞沪的十九路军奋起还击。时任美国机器铸造公司冶金室主任的叶渚沛敏锐地感觉到，日军侵华的脚步不会停下来，中日之间将有一场持久战。他深知中国的现代冶金工业还是一张白纸，要取得反侵略战争的最后胜利，急需强有力的冶金工业支撑，爱国心切的他萌生了回到祖国服务之心，他把打算告诉美国好友，有人不理解：认为他刚刚升了待遇优渥的要职，在美国前途无量，何必回到随时有生命危险的祖国？还有人认为他生在美国殖民的菲律宾，当为美国人，中国与之没关系。

挥别舒适　共赴国难

1933年，叶渚沛在德国的工厂与中心实验室考察了数月，并与一些大学教授进行了学术交流。柏林工业大学的杜勒教授对叶渚沛的学识极为欣赏，希望他留在德国工作。

1933年，赤诚爱着祖国的叶渚沛，毅然辞掉高薪职位，挥别舒适的异邦生活，谢绝了盛情邀请，于1933年末回到多难的祖国。

科学救国　实业报国

回国后，叶渚沛出任国民政府国防设计委员会（1935年更名为资源委员会）化学专门委员，他首先考察了中国的矿产资源，随即建议在南京建立一个冶金研究室，进行铁合金、铝金属、氮肥等专题研究。这个建议很快被国防设计委员会采纳。叶渚沛依靠他深厚的学术素养和实践经验，组建了冶金研究室，并被任命为研究室主任。

1937年7月7日，卢沟桥事变发生，日本开始全面侵华。随着日寇逼近南京，叶渚沛带着冶金研究室，随南京国民政府迁到武汉。

1938年夏，叶渚沛随国民政府西迁重庆，继续担任国民政府资源委员会冶金室主任。同年7月，他在极其困难的情况下，着手创建资源委员会电化冶炼厂、重庆炼铜厂，这是民族工业中最早生产电解铜、电解镍的国有独资大型企业，叶渚沛亲自兼任重庆炼铜厂厂长、电化冶炼厂总经理。工厂设于重庆市南约80公里的綦江县三江镇，为了早日建好工厂，他吃住在工地上，常常夜以继日加班加点，终用最短的时间建好了这两个工厂，并立即投入生产，创造了在外国同行看来堪称"奇迹"的建厂速度和生产水平。为了多生产高质量电解铜、电解镍，叶渚沛排除万难进行科学研究，领导技术专家与工人生产了抗战急需的电解铜，使铜含量达到99.93%；纯锌达99.95%；用电炉炼出含硫为0.034%、磷为

叶渚沛先生的工作照

0.01%的特殊钢，建造了新型平炉，研究成功回转窑试生产海绵铁等一批新工艺、新技术。

助白求恩　奔赴延安

与之同时，叶渚沛积极参加抗日救国社会活动，发动、组织并帮助更多人起来参加抗日战争。

1938年3月，新西兰社会活动家路易·艾黎陪同加拿大医生诺尔曼·白求恩，前来当时在武汉的叶家拜访。白求恩不远万里来到中国，但在途中医疗器械等全部丢失，旅费也用尽。叶渚沛一听他要到延安帮助那里的中国共产党抗日军人，当即将自己全部积蓄拿出来，并向钱昌照等募捐，为白求恩置办了行装和医疗器械，送他前往延安。

出生入死　相助延安

叶渚沛随国民政府迁往重庆后，随着对中国共产党抗日主张的认同和对中国共产党坚持抗战的敬佩，他想方设法为八路军、新四军做事。叶渚沛曾为3S（史沫特莱、斯特朗、斯诺）协会捐款，并通过斯诺把捐款送到延安，还单独资助过一批又一批青年奔赴延安。叶渚沛还常常利用自己的住宅和所管辖的工厂掩护中共地下党工作人员。

1941年1月，皖南事变发生，国民党政府一面进行新闻封锁，一面利用它的喉舌造谣中伤新四军，攻击中国共产党。在这种情势下，迫切需要通过外交渠道，澄清事实真相。当时中共党组织和各国驻华使馆没有直接联系，于是派章汉夫去找叶渚沛，请他穿针引线。叶渚沛毫不犹豫，慨然应允，为周恩来与英国驻华使馆代办安排了一次秘密的会晤。几天之后，英国广播电台播发了这次会晤的内容，使中共成功通过外交途径向西方国家说明了皖南事变的真相。此举对缓解国共关系的严重危机，使第二次国共合作得以继续维持发挥了积极作用。

游学欧美　考察工业

叶渚沛以国家和民族利益为重，积极帮助中国共产党抗战，为国民党顽固派所不容，特务跟踪盯梢，使这位著名科学家生命堪危。在此危机之下，他听从好友建议，并成功寻找到一次机会，1944年以考察名义到欧美各国进行工业考察。尔后，他受聘于联合国教科文组织，任科学组副组长。当时，组长即是英国著名的李约瑟博士。

联合国任期满后，叶渚沛游学法国、意大利。

1946年，在水城威尼斯，他与美国玛茜女士结为夫妻。

1948年，叶渚沛偕夫人到美国，受聘于联合国经济事务部，任经济事务官。在此期间，叶渚沛发表了《生铁铸造》《钢铁生产增长的可能速度》等多篇论文，引起冶金业关注。

再度回国　科学泰斗

新中国成立后，叶渚沛立即偕妻儿返抵香港。在周恩来总理直接关心下，叶渚沛与其家眷于1950年回到广州。不久，在北京受到周总理的亲自接见。此后，这位科学家被政务院任命为共和国重工业部顾问。而后由吴玉章将叶渚沛推荐给中国科学院副院长张稼夫，同年叶渚沛调到中国科学院任学术秘书，1955年当选中国科学院为技术科学部学部委员（后改为院士）。

叶渚沛对化学工程学用于冶金过程中的重要性有着深刻的认识与预见，曾多次建议成立化工冶金研究所。1955年，中国科学院委派叶渚沛筹备建立中国科学院化工冶金研究所。1958年，中国科学院化工冶金研究所建成，叶渚沛兼任所长。

20世纪50年代起，在化工冶金研究所内开展了炭热高温新技术的探索。1958年起，用炭热高温技术进行炼铝的小型试验，炼出铝硅合金的中间产品，1965年在0.7立方米小高炉上采用炭热高温竖炉炼磷，该课题通过了中科院级鉴定。1962年，叶渚沛在中国率先提出关于微粒学研究，并提出了8项研究题目，并结合试验高炉、氧气转炉，对其文氏洗涤管中的微粒行为作了研究，完成了"准激波管"中水汽对超细微粒的凝聚分离作用的系统研究。至今，颗粒学已成为独立的学科。

叶渚沛于1962年开始收集有关计算机资料，1963年提出了在化工冶金研究中采用计算机的建议，于1978年建立了计算机应用研究室，较早地进行了计算机化学的研究。

叶渚沛提出高炉强化冶炼的高压炉顶、高风温、高湿度鼓风"三高"理论并倡导矮胖型高炉炉型。早在1936年提出了为什么不可以将鼓风量增加1倍，而产量也应增加1倍的设想。为了控制过陡的火焰温度，1948年叶渚沛发现一个极简单的办法：使用蒸汽。

1956年，叶渚沛建一座"三高"试验炉的提议获得李富春、薄一波，聂荣臻三位副总理批准，在叶渚沛领导下，由中国科学院化工冶金研究所与石景山钢厂（今首都钢铁公司）合作建立一座17.5立方米的"三高"试验炉。

为了进一步研究解决中国西南地区的难选矿（如云南鱼子甸铁矿）和复合铁矿（如攀枝花矿）等矿的难还原、难熔化、渣量大等特殊难题，叶渚沛建议采用"三高"中型矮胖型高炉方案。经国家科委批准，投资2000余万元在昆明钢厂内兴建。1966年年初，叶渚沛亲自指导，科研、设计及使用部门三结合，当年完成初步设计，但这个350立方米矮胖型高炉因"文革"而暂停。

叶渚沛是中国氧气转炉炼钢技术的倡导者，利用中国自己的技术与首都钢铁公司和黑色冶金设计总院合作，建成中国第一座工业化的氧气转炉炼钢厂，取得系列研究成果，发表了《论在中国采用氧气转炉炼钢问题》《高炉炼铁过程的新观念》等多篇重要学术论文。

在叶渚沛的主持下，1958年至1962年期间建立了一座1.5吨氧气顶吹试验转炉，他组织了300千克和1.5吨氧气转炉的中间试验，成功地吹炼铸钢生铁、高磷生铁及攀枝花含钒生铁，为发展规模更大的氧气转炉炼钢积累了经验，并为石钢（首钢前身）培养了氧气转炉炼钢的技术骨干50余名。在他力倡之下，建成了中国第一座30吨工业化的氧气转炉炼钢车间，于1964年投产。

叶渚沛在复杂矿的综合利用、合理利用稀土稀有资源等多方面的研究方面也有突出成就。其中《中国攀枝花钒钛磁铁矿的综合利用途径》获1978年中国科学大会奖。

回国后，叶渚沛积极参政议政。1954—1963年，叶渚沛当选第二届、第三届全国政协委员；1964年，当选为第三届全国人民代表大会代表，并任人大常务委员。

叶渚沛夫人，中文名叶文茜，1916年生于美国俄亥俄州爱尔兰裔移民家庭，祖父为乡村大夫，父亲为律师。1949年中华人民共和国成立后，叶文茜女士被丈夫报效祖国的精神所感动，带着儿子叶良侠与丈夫一起来到中国，后长期执教北京大学，为著名英语教授、诗人，2008年2月2日在伯克利市去世，享年92岁。

1971年11月24日，叶渚沛因患直肠癌，医治无效，病逝于北京。

白刃

白刃（1918—　），原名王寄生，曾用名吕智，笔名王爽、蓝默，福建石狮人，菲律宾归侨，著名作家。曾任菲律宾马尼拉华侨中学人人日日抗日救国会常务委员、菲律宾华侨中学《救亡月刊》编辑、中华民族武装自卫会菲律宾分会会员、八路军第一一五师司令部参谋、八路军第一一五师政治部新闻干事、山东抗日根据地《战士报》主编、山东抗日根据地《鲁南时报》总编辑、八路军第一一五师第十三团第二连指导员、山东抗日根据地《民兵报》总编辑、山东抗日根据地《山东画报》副主编、安东（丹东）任广播电台台长，东北民主联军西满军区宣传科科长兼《反攻报》主编、解放军第四野战军后勤部教育科科长兼《后勤报》主编、新华社前线分社记者、第四野战军政治部编辑科科长、解放军总政治部创作员、湖南长沙警备区顾问、解放军艺术学院教授。

南洋抗日　矢志报国

1918年10月12日，白刃生于福建省晋江县（今属石狮市）永宁镇一个华侨商人家庭。父亲经商小有成就，家境不错，使白刃8岁进入私塾，熟读蒙学经典，《三字经》《四书》《幼学琼林》倒背如流，时隔70多年后还能记诵。

1935年，白刃踏上祖辈曾走过的路，下南洋，赴菲岛。他先到菲律宾一家华人旅行社做工，旅行社老板当时给他登记的姓名为吕智。两年后，他进入马尼拉华侨中学，半工半读，白天卖报，同时兼任《华侨商报》译员，晚上进学校读书。在马尼拉华侨中学，白刃开始了他颇为传奇的一生，而这一切与他的国文老师、中共早期共产党人董锄平（又名董冰如）有关。

《白刃文集》第七卷收集了他的一篇散文，题为《董锄平——我的革命引路人》，文中白刃回忆了自己的恩师及早年在菲律宾参加抗日救亡活动——

1958年白刃在上海

董锄平是中共最早的党员之一，1920年在上海结识李汉俊、陈独秀，加入社会主义青年团，不久参加上海共产主义小组，中共成立后，即为中共党员。……

　　我本是闽南海隅一村野顽童，小时候只念了几年私塾，背诵几篇"子曰诗云"的老古董。十几岁去南洋谋生，当学徒做工卖报，后来在马尼拉华侨中学半工半读，国文老师董冰如（即董锄平）矮矮胖胖，讲着一口湖北话，每周作文在黑板上写了几道题，还有一道自由题，任同学们随意写作。董老师讲课时从不照本宣科，时常脱离课文讲国家大事，讲文学名著，从他讲课时听到高尔基和鲁迅的名字，知道他们是世界和中国的大文豪。有次上作文课，他宣布放半天假，让同学们去看卓别林的电影《摩登时代》，看后写篇感想。这次电影给我留下深刻印象，使我在笑声中懂得资本家如何剥削工人。……

　　那年是1935年，国难当头！日本帝国主义占领我国东北后，铁蹄踏进长城。在董冰如老师的倡导下，华侨中学师生成立人人日日抗日救国会。董老师从我一篇《可怜的婢女》作文中，知道我正在半工半读，同情被压迫的弱女子，介绍我参加抗日救国会，在大会上推选我任常委，负责宣传工作。

　　华侨中学人人日日抗日救国会，在董冰如老师的领导下，开展抗日反蒋救亡运动。出墙报散传单，唱救亡歌曲，开宣传大会，写诗歌散文在华文报上发表。1936年侨中学抗日救国会，出版十六开铅印本《救亡月刊》，经费由女同学向爱国华侨募捐，我参加编辑工作，编完稿子送董老师审查修改。记得"西安事变"后出版1937年元月号的社论，题目是《国共合作的一线曙光》，而封面用的是一幅长城抗战的照片。本期还登了我写的《汪精卫回国之后》，揭露汪精卫于"西安事变"后，匆匆由德国乘邮船回上海，勾结日寇阴谋扩大内战！

　　每逢星期日，救国会骨干分子召开一次检讨会，检查一周的救亡活动。董老师在会上讲国际形势，谈国内抗日大局，布置下周工作。"西安事变"后，正值菲律宾各校放年假，董冰如先生去香港见了廖承志同志，返马尼拉后在星期日会上，对同学们谈了"西安事变"的经过，讲了国共合作抗日，他说过去蒋介石"先安内后攘外"，卖国求荣，所以我们要反蒋，现在要争取第二次国共合作，蒋介石有400万军队，官兵中不乏爱国人士，是抗日救国的力量，要团结他们一致对外，所以往后不提"反蒋"，而提"团结抗日"的口号。共产国际东方局出版的华文《救国时报》，在法国巴黎发行，每期给董冰如寄二百份。董老师见我在卖报，叫我代销，并说能卖就卖，卖不出去的就送人。

　　我每日尽量推销，剩下的部分寄王彬街一家进步书店代销，部分送进步同学或邮寄侨界爱国人士。《救国时报》刊载中共有关抗日民族统一战线的主张，发表抗日救国的消息。记得报上经常有王明的文章，王明名下括弧"陈绍禹"，还有胡秋源的论述，有东北抗日义勇军的消息，有时还夹着一些义勇军活动的小册子。每次来了《救国时报》，我都贪馋地阅读，从中吸取营养，我们出版的《救亡月刊》许多论点，大多来自该报，我写的一些政论文章，多半"偷自"该报的时局宣言。

　　董冰如老师知道我半工半读很辛苦，有意培养我从事新闻工作，1936年下半年，介绍我到《华侨商报》编辑部半学习半工作。社长于以同和总编辑来远甫，都是董老师的朋友。《华侨商报》是菲律宾华文报中的佼佼者，主张抗日救国，反对内战，是爱国华侨及进步青年喜爱的读物。我当时卖的报纸，除了《前驱日报》就是《华侨商报》。我每晚上到报社，来总编给我一些路透社、合众社、哈瓦斯社等英美法三国通讯社的电讯，让我译成中文。我只学了几年英文，翻译很吃力，全靠着字典。有时外国电讯不多，我也跟着记者出去采访。回国参加八路军后，做了十几年新闻工作，和当年到《华侨商报》关系很大。

由于我积极参加救亡工作，时常发表激烈言论，发表痛骂国民党蒋介石卖国求荣的文章，惹起训育主任黄秃子的忌讳，写信给我的代理家长庄桓笙先生，说我不遵守校规，不堪教育，要我自动退学。董冰如先生非常恼火，准备发动学生罢课，黄秃子害怕事情闹大了，只好收回成命。不久张学良发动"西安事变"，活捉了蒋介石，国共合作出现了一线曙光，我无意在南洋读死书，一心回国打日本鬼子。

在南洋，白刃还加入抗日团体——中华民族武装自卫会菲律宾分会。为宣传抗日，白刃参加马尼拉华侨业余剧团，通过演抗日文明戏，既唤起华侨抗日救国，又通过演出募捐。白刃还演过田汉、冼星海的《回春之曲》。

辗转万里　进入抗大

在《华侨商报》当译员时，白刃经常从外电里看到日本侵略者侵华暴行，件件令人发指，每译一篇，他对回国上战场杀敌的渴望就增加一分。白刃后来曾回忆说："看到日本在我祖国犯下的种种暴行时，我常常感到心潮起伏，恨不能早日回国，拿起刀枪杀敌人。"

1937年初春，在马尼拉当地爱国华侨组织的安排下，有人为白刃买了一张回国的船票。在到香港的船上他巧遇董冰如老师。恩师到港后给了他一个汉口的通讯处。白刃从香港再乘船到了厦门，之后坐车回到晋江老家。

白刃曾在一篇回忆录中，回忆了自己奔赴延安的经历——1937年3月初，几经周折，我终于归国。在老家筹集了旅费后，从厦门到上海，在南京稍停之后又从上海到厦门。那真是：到南京，救国无门；望延安，路途遥远。回到厦门后，我考上集美初中三年级，开学不久，日寇空袭厦门。在各种进步思潮的鼓舞下，我更坚定了去延安参加八路军抗日队伍的决心。

写信与董冰如老师联系，老师在复信中也叫我去陕北。

那时福建禁止壮丁出境，当时19岁的我正在被禁之列。厦门已被日军占领，我在泉州湾乘英国船到汕头后再到香港，找姐姐资助与几个同学去了西安。

在西安的八路军办事处，我们编队之后，徒步行军到延安。800里行军是我们未进抗大先上的第一课。

行军走到耀县时，我被国民党兵盘问：为什么打起仗来不回南洋去？我说："自从'九·一八'日本强占东三省，外国人瞧不起中国，华侨在海外很受气。有血性的中国人，谁愿意当亡国奴？我回祖国就是为了打日本，怎能跑回去当逃兵？"

到延安后，我们被编为抗大第五大队，因延安地域太小，要到甘肃庆阳建校。200多新生编成了两个队，我编在第一队，被选为副班长。11月初，我们开始了新的路程。从原路南下甘泉、富县，转向西走。行军途中很艰苦，起初不习惯，后来也慢慢习惯了。

没过多久，我们维修完营房刚要正式上课时，突然接到命令，要到敌人后方去。于是1000多名同学响应党的号召，坚决到敌后晋东南去。渡过黄河，通过封锁线，摸黑找到宿营地。这里离八路军总部不远，真是个敌后办学的好地方。学校成立特科队，我调到了化学队，此外还有工兵队和机枪队。

征战太行　再赴山东

在抗日军政大学化学队，白刃加入了中国共产党。

白刃随抗大刚迁往晋东南，就遇上日军重兵围攻。1938年4月4日，日军第108师团主力，第16、第20、第109师团及酒井旅团各一部共3万余人，南自邯长公路（邯郸至长治），北自正太路（正定至太原），西自同蒲路（大同至风陵渡），东至平汉路（北平至汉口），分九路向晋东南地区中国军队大举围攻。据此，在东路军总指挥朱德和副总指挥彭德怀的统一指挥下，以八路军第129师一部兵力在地方游击队配合下，在内线牵制、消耗日军；以第129师第386旅及第385旅第769团和八路军第115师第344旅第689团，由辽县以南东进至日军合击线外的涉县以北地区；其他各部队按预定部署阻击当面进攻的日军。1938年4月10日前后，日军从东、西、北三面相继侵入抗日根据地。中国军队顽强抗

白刃在抗日前线的山东八路军 115 师

击日军，抗战史上有名的"晋东南反九路围攻战役"打响。

此时，抗大搬到太行山上。能写会唱的白刃，被调到八路军秦赖支队（即秦基伟为司令、赖际发为政委的部队）组织的临时宣传队工作，在平顺、壶关、陵川一带的农村里，写标语，演街头剧，说快板，组织抗日召集群众会，宣传党的主张和抗日救国的道理，动员群众支援八路军，粉碎日寇的进攻。

晋东南反九路围攻战役，我八路军第129师、第115师第三四旅、决死一、三纵队和各基干支队、地方武装，以及驻晋东南之友军，在朱德总司令和彭德怀副总司令的直接指挥下，经过半个多月的浴血奋战，彻底粉碎了日军的围攻，取得了歼敌4000余人的重大胜利，有力地巩固和发展了晋冀豫抗日根据地。

1939年2月，抗大一分校在晋东南的故县成立，校长何长工，白刃被编入一分校。

1940年1月，白刃随一分校迁至山东沂蒙山区，后被派到第115师司令部当参谋，从此开始了新的战斗生活。

文武双全　铁笔战士

1939年秋，第115师由鲁西进入鲁南，在当地抗日武装的配合，开辟和扩大了以抱犊崮山区为中心的鲁南抗日根据地。

在八路军第115师，白刃的写作才华很快显现，被调到师政治部当新闻干事，随部队征战于抗日前线，写了不少战地报道，他后来沿用终生的笔名"白刃"也与一边参战一边采写战地新闻有关。

1940年年初，八路军第115师为向天宝山区发展，代理师长陈光、政委罗荣桓指挥第686团、特务团、苏鲁支队，于同年2月14日一举攻克界于抱犊崮山区与天宝山区之间、处于费（县）滕（县）公路上的要地白彦，全歼了据守该村的伪军。

日军为控制鲁南山区，决定重占白彦，以恢复费县与滕县的联系。3月7日，日军以驻城后的百余人，第一次向白彦进犯，被第115师特务团一部兵力击退。12日，日伪军再从城后、大平邑（今平邑县城）、梁丘等地出动700余人，分3路向白彦发动第2次进犯。当时，作为新闻干事的白刃随第686团投入战斗。

面对日军第二次进犯，第686团、特务团、苏鲁支队依托白彦周围山地，拦阻敌人，予以痛击。由城后进犯的日伪军，被第686团阻于柴山，并追至黄草坡，歼其大部；由大平邑出动的日伪军在白彦北遭打击后，于16时会同梁丘出动的日伪军进占白彦。当夜，第686团趁日伪军立足未稳袭入白彦，以短促火力和白刃格斗大量杀伤敌人。13日拂晓，日伪军残部向西北方向逃窜，第686团、特务团各1个连追至南径，再歼其一部。

白刃也参加了这一场惊心动魄的白刃肉搏战，端着刺刀与日军厮杀。战斗结束后，他不顾疲倦，赶写了一篇通讯《在观察所》，发表在《时事通讯》上，署名白刃。慢慢地，笔名"白刃"代替了他的原名"王寄生"。

在山东抗日根据地，白刃成为官兵们公认的铁笔战士，后来曾担任《战士报》主编、《鲁南时报》总编辑、13团二连指导员、《民兵报》总编辑、《山东画报》副主编。

1945年，白刃随部进军东北，先后在东北安东（丹东）任广播电台台长，后任西满军区宣传科科长兼《反攻报》主编、解放军第四野战军后勤部教育科科长兼《后勤报》主编、新华社前线分社记者，随部参加了辽沈、平津两大战役。

著名作家　笔耕不辍

白刃的戏剧创作源于读抗大时。一次，学校要庆祝党的生日，他所在的学员队要排练节目，于是白刃提笔写了此生第一个剧本——《天堂地狱》，将苏列昂节夫的政治经济学编成戏上演。后来还写了诗剧《过雪山草地》。

白刃的小说创作起于解放战争时期。1948年，在大军进关之前的战斗间隙之中，他开始写长篇小说。完稿后就在解放初期的《人民文学》和《长江日报》等报刊陆续发表出来，书中一段还被日本《中国文坛》译成日文，以《救出》为题刊登。第一次全国文代会后，他将这部长篇小说寄给了大作家茅盾先生。

　　1950年国庆节，白刃作为列席代表，参加全国战斗英雄、劳动模范代表大会，在北京见到了茅盾先生。茅盾对他的作品给予了充分的肯定，并提出了具体修改意见。1951年，长篇小说《战斗到明天》正式出版，茅盾为书作了序言。

　　中华人民共和国成立后，白刃曾任第四野战军政治部编辑科科长、解放军总政治部创作员、长沙警备区顾问等职。1979年白刃调北京解放军艺术学院，1985年离休。白刃曾被选为中国剧作家协会理事、全国归侨文协顾问、菲律宾菲华文联顾问、澳门福建同乡总会名誉顾问，全国侨联委员。白刃曾荣获中国人民解放军二级红星功勋荣誉章，作为著名作家享受国务院颁发的政府特殊津贴。

　　白刃半个多世纪来笔耕不辍。新中国成立之后，他从事专业文艺创作，主要作品有长篇小说《战斗到明天》《南洋漂流记》《龙真人别传》；短篇小说集《白刃小说选》《平常人的故事》《激流》；戏剧《白刃剧作选》《糖衣炮弹》《白鹭》《兵临城下》《战火纷飞》《乌金城》《香港之梦》《莲花湾》；诗歌《铁脚团长》《前进的回声》《野草集》；散文《无敌英雄》《香港见闻》《永不凋谢的花》；传记文学《罗荣桓元帅记事》；电影文学剧本《兵临城下》；长篇唱词《沉冤记》等30余部书籍，计400多万字。白刃80岁时，着手著述长篇回忆录《归国六十年》。

1963年白刃与夫人冷克在北京

白雪樵

白雪樵（1914—2014年），又名白雪娇，福建安溪人，马来西亚归侨，华侨抗日典型。曾任马来亚槟城协和学校教师、南洋华侨机工回国服务团团员、四川成都齐鲁大学抗日宣传队队员，马来亚槟城福建女子学校教师，中国民主同盟马来亚槟城分部妇女部部长，广东华侨中学教师、广东师范学院为南洋华侨机工回国服务团四位女团员之一。

槟城千金　厦门学子

白雪樵祖籍福建省安溪县，1914年出生于马来亚槟城一个富商家庭。白家为当地望族，父亲是陈嘉庚在槟城产业的首位代理人，叔叔白仰峰也是声名赫赫的侨领，家里有两部福特小汽车，这使白雪樵很早就学会开车，且车技甚佳，还颇通修车技术。

优裕的家庭条件，使白雪樵从小受到良好教育，在海外完成小学、初中教育之后。1934年9月，21岁的白雪娇就读于集美中学高中七组，1937年春季考入厦门大学文学院。

抗日救国　不让须眉

1937年7月7日，卢沟桥事变发生，日寇开始全面侵华。当时，白雪樵还在厦门大学读书，当地有不少安溪乡亲，且与白家关系甚好。有一天，她在厦门街上行走，遇到一位老乡，她看到白雪樵还在厦门，十分惊讶：日本人马上要打厦门了，您怎么还在这里？于是，白雪樵向亲戚借了50元钱，回到马来亚，执教于槟城协和学校。

一回到槟城，白雪樵立刻投入当地的抗日救国活动，她奔走宣传抗战，参加抗日义演，参与组织义卖、义捐活动，还奔走动员华侨购买抗日救国公债，组织青年学生捐钱献机，帮助武装祖国空军。她不辞辛苦，经常夜以继日加班加点，成为当地妇女抗日救国骨干。

白雪樵

新花木兰　回国效力

1939年初春，陈嘉庚任主席的南洋华侨筹赈祖国难民总会在南洋招聘驾驶员回国服务，槟城也开始紧急动员华侨报名。原来，抗日战争爆发后，日军制定严密计划，进攻中国港口城市和封锁沿海。广州失守后，滞留在香港的两万多吨军火，必须转从新建的滇缅公路运入。当时滇缅公路刚筑好，为保证这条大动脉能够畅通无阻，国民政府军事委员会在昆明设立了西南运输公司，并在新加坡和缅甸仰光设立办事处，

1939年白雪樵（右二）回国抗日，同学在槟城码头为其送行

负责把军火物资从香港经新加坡移囤仰光，然后从滇缅公路运入昆明。

滇缅公路北起中国昆明，南至缅甸腊戎，全长1146公里。这条公路迂回于崇山峻岭中，横穿怒江、澜沧江和漾濞江的急流，地势极为险恶，行车一不小心，极易跌入深谷，没有熟练技术和胆大心细的驾驶员难以胜任的。由于祖国熟练的汽车驾驶员奇缺，西南运输公司只好向陈嘉庚领导的南洋华侨筹赈祖国难民总会求援，请求在南洋招募熟练汽车驾驶员及修车机工回国服务。

白雪樵在得知了这一切之后，毫不犹豫决定回国服务。怕父母阻拦，她化名"施夏圭"报名参加机工回国服务团。这化名也祖露了她立志回国效力沙场的决心："施"是白雪樵母亲的姓，"夏"指的是祖国华夏，"圭"是"归"的谐音。

报名之后，白雪樵瞒着家人，悄悄进行回国抗战准备。父母一点也不知情，直到1939年5月18日，白雪樵出发那一天父母才极偶然地从朋友口中获悉女儿当日出征。同样怀抱着抗日救国之心的父母没有苦劝女儿留下，他们只希望女儿在为祖国出力之后能平安归来。

在《告别南洋》和《义勇军进行曲》等抗日歌曲声中，白雪樵挥别亲人，启程回国。

一份家书　世纪感动

白雪樵原准备待出发后，由同事将她回国消息传达给父母。因此出发前，她悄悄写了一封家书，嘱咐同事在她出发后寄给父母。家书最终没有发出，却通过报媒让东南亚万众知晓。

1939年5月19日，马来亚《光华日报》刊发了白雪娇写给父母的家书："家是我所恋的，双亲和弟妹是我所爱的，但破碎的祖国，更是我所怀念热爱的。所以虽然几次的犹疑踌躇，到底我是怀着悲伤的情绪，含着辛酸的眼泪踏上征途了。""亲爱的双亲，此去虽然千山万水，安危莫卜。但是，以有用之躯，以有用之时间，消耗于安逸与无谓中，才更是令人哀惜不置的，尤其是在祖国危难时候，正是青年人奋发效力的时机。这时候，能亲眼看见祖国决死争斗以及新中国孕育的困难，自己能替祖国做点事，就觉得此生是不曾辜负了。""这次去，纯为效劳祖国而去的……虽然我的力简直够不上沧海一粟，可是集天下的水滴汇成大洋。我希望我能在救亡的洪流中，竭我一滴之微力。"

她的这封家书感动了众多南洋华侨，对推动东南亚华侨抗日救国活动发挥了积极作用，这是她提笔之初所没有想到的。

徒步千里　宣传抗日

辗转来到云南昆明之后，虽然白雪樵再三要求上滇缅公路，驾车为祖国运送战略物资，但考虑到安全，有关部门还是安排她与其他三位女机工一起，在机工队做救护和后勤工作。

后来，渴望上前线服务的白雪樵，从昆明经贵州，历尽艰险到重庆。在重庆，白雪樵原想去延安参加八路军，但未能成行。于是，她留在重庆，采写了许多关于祖国抗战的报道，寄回槟城，发表在报刊上，成为不在编的特派记者。后来，她与八路军重庆办事处取得联系，在办事处找到邓颖超，表达了希望参加八路军上前线杀鬼子的愿望。最后，白雪樵听从邓颖超的建议，到成都进入齐鲁大学。读书期间，她参加了大学生宣传队，赴川北进行抗日宣传，一路翻山越岭，克服千难万险，宣传、发动群众抗日。在行遍川北之后，一路宣传一路步行至陕西。

1943年，白雪樵从齐鲁大学毕业。

槟城首升　五星红旗

抗日战争胜利后，白雪樵于1946年年初回到槟城，在福建女校做教员。因为参加反殖民活动，被学校开除，后到一家平民学校做校长。也是在这一年，她加入了中国民主同盟，参与组织中国民主同盟槟城分部。1946年5月，中国民主同盟马来亚槟城分部正式成立，蓝渭桥为主任委员，庄明理为副主任委员，方君壮为秘书长，王济弱为组织部部长，张壮飞为宣传部部长，邱武顺为青年部部长，白雪樵为妇女部部长，陈秀萱为财务部部长。

1949年9月，白雪樵从报纸上看到中华人民共和国国旗样式，掏钱买了红布和黄布，请一位熟悉的裁缝，制作了一面新中国的国旗。10月1日，白雪樵带着老师在学校升起了槟城的第一面五星红旗。但她也因此被指控为来自中国的"颠覆分子"，被捕入狱，先被关进一座深山监狱，后又被送到怡保埠集中营。一年后，她被英国殖民当局驱逐出境。

广州园丁　执教大学

回国后，白雪樵正式加入中国共产党，曾到南海参加土改。土改结束后，她到广东华侨中学任教。1958年，进入广东师范学院当老师。在20世纪60年代广东师范学院解散后，她到广州市文化局，进行文艺理论和粤剧研究。

"文革"结束后，白雪樵于1978年进入广州师范学院，重新走上讲台，70岁才正式退休。曾任全国侨联委员，并连任八届广州市人大代表。

2014年，白雪樵病逝于广州。2015年4月10日，中国中央电视台新闻联播以《白雪樵：祖国危难时，竭我一滴力》为题，报道了白雪樵的抗日事迹，她的那封写于1939年的家书和她的抗日事迹，再次感动了海内外亿万中国人。

冰 心

冰心（1900—1999年），原名谢婉莹，福建长乐人，日本归侨，著名诗人、作家、翻译家、社会活动家。曾任燕京大学教师，北京女子文理学院教师，清华大学教师，国民政府妇女指导委员会文化事业组组长、国民参政会参政员，日本东京大学教授，人民文学编委，中国民主促进会中央副主席、名誉主席，中国作家协会理事、书记处书记、顾问，中国文联副主席，全国少年儿童福利基金会副会长。

名将之女　启蒙烟台

冰心祖籍福建长乐。1900年10月5日，冰心出生于福州鼓楼区隆普营一个海军家庭。祖父是有名的塾师，父亲是海军名将。

冰心父亲谢葆璋（1866—1940年），字镜如，天津水师学堂第1届驾驶班毕业生，曾任北洋水师来远舰二副、海军练营管带、烟台水师学堂监督、海军军学司司长、海军部次长、海军海道测量局少将局长兼全国海岸巡防处处长。母亲杨福慈是福州著名海军世家——杨家的千金，她的侄儿杨建洛，毕业于天津水师学堂，后服役于北洋水师，与冰心父亲一起参加甲午海战，壮烈牺牲。杨建洛的侄儿、后成为他继子的杨树庄，毕业于江南水师学堂，是南京国民政府第一任海军部部长。冰心出生后7个月，便随父母迁至上海生活。

冰心

光绪二十八年（1902年），清政府在山东烟台设立海军练营，调谢葆璋任管带。翌年，再设立烟台水师学堂，谢葆璋为第一任监督。冰心4岁时，随母亲搬家于烟台，此后很长时间便生活在烟台的大海边。

在烟台，冰心开蒙读书。7岁即读过《三国演义》《水浒传》等。与此同时，还读了商务印书馆出版的"说部丛书"，其中就有英国著名作家狄更斯的《块肉余生述》等19世纪批判现实主义的作品。

辛亥革命后，冰心随父亲回到福州，居于杨桥路原来的林觉民家族宅院。林觉民广州举义，林家卖宅避居，冰心祖父谢銮恩买下此宅。

文学创作　始于京华

1912年，冰心考入福州女子师范学校预科。次年，谢葆璋出任民国北京政府海军部军学司司长，冰心随父母迁居北京，1914年进入贝满女中。1918年，升入协和女子大学理科预科，当时她的理想是做名医生。

新文化运动的兴起和五四运动的爆发，使冰心的理想发生了转向，她被推选为大学学生会文书，并因此参加北京女学界联合会宣传股工作，她也在此时期开始了自己的文学创作。

1919年8月的《晨报》上，发表了冰心的第一篇散文《二十一日听审的感想》和第一篇小说《两个家庭》。后者第一次使用了"冰心"这个笔名。

冰心后来曾说：是五四运动的一声惊雷，将我"震"上了写作的道路。也在这期间，协和女子大学并入燕京大学，冰心以自己不断推出佳作，加入了当时著名的文学研究会，之后相继发表了引起评论界重视的小说《超人》和诗歌《繁星》《春水》，并由此推动了新诗初期"小诗"写作的潮流。

留美归来　笔耕不辍

杨福慈（中）与女儿冰心（左）、儿子谢为涵（右）

1923年，冰心以优异的成绩取得美国威尔斯利女子大学的奖学金。出国留学前后，冰心开始陆续发表总名为《寄小读者》的通讯散文，成为中国儿童文学的奠基之作。

1926年冰心获得文学硕士学位后回国，先后在燕京大学、北平女子文理学院和清华大学国文系任教。

1929年6月15日，冰心与学成归国的哥伦比亚大学社会学博士吴文藻结婚。婚后笔耕不辍，创作了不少颇具影响力的文学作品，其中小说的代表作有1931年的《分》和1933年的《冬儿姑娘》，散文的代表作是1931年的《南归——献给母亲的在天之灵》等。

1932年，《冰心全集》分小说卷、散文卷、诗歌卷共三卷本出版，这是中国现代文学中的第一部作家的全集。

再赴欧美　归国抗战

1936年，冰心随丈夫吴文藻到欧美游学一年，他们先后在日本、美国、法国、英国、意大利、德国、苏联等地进行了广泛的访问。冰心利用这时间进行深入采访，并与国外文学家一起进行创作交流。

1938年，坚决不事伪的冰心，与丈夫吴文藻一起，携子女自北平出发，经上海、香港辗转至云南昆明。冰心曾到呈贡县简易师范学校义务授课，坚持在战时培养人才。

1940年的冬天，冰心收到宋美龄托人转交的一封信，信中宋美龄以威尔斯利大学同学的身份动员冰心来重庆参加抗日工作，冰心举家到了重庆。吴文藻进入国民政府参事室工作，当时，着眼于持久战，政府启动对西南、西北边疆的开发，他的工作任务是研究和参与制定管理边疆事务相关政策。冰心被宋美龄召入国民政府妇女指导委员会，担任文化事业组组长。之后，冰心还被选为国民参政会参政员。国民参政会是抗日战争时期由中华民国国民政府成立，包括中国国民党、中国共产党及其他抗日党派和无党派人士代表在内的全国最高咨询机关。在抗战中，国民参政会还成为中国共产党实施抗日民族统一战线方针政策、巩固国共团结的重要阵地，毛泽东、王明、秦邦宪、林伯渠、吴玉章、董必武、邓颖超等7人接受了国民政府的聘请，担任国民参政员。

在重庆，谢冰心还参加了中华文艺界抗敌协会，积极投入文化救亡活动，期间创作了《关于女人》《再寄小读者》等一批有影响的散文作品。

赴日教学　毅然归来

1946年，吴文藻的清华同学朱世明将军受任中国驻日代表团团长，邀吴文藻担任该团政治组组长兼任出席盟国对日委员会中国代表团顾问。1946年11月，冰心随吴文藻去了日本。

作为中国当时最知名的女专家之一，冰心一到日本，即有不少文化、教育机构邀其讲学，她曾在日本东方学会和东京大学文学部讲演，影响颇大，后被东京大学聘为第一位外籍女教授，在学校讲授"中国新文学"课程。在日本期间，冰心和吴文藻在复杂的条件下团结和影响海外的知识分子，积极从事爱国和平进步活动。

解放战争时期，冰心拒绝参加"国大"代表竞选，支持亲属投奔解放区。

中华人民共和国成立后，冰心坚决支持吴文藻摆脱国民党集团的正义之举，和丈夫一起冒着生命危险，冲破重重阻拦，于1951年回到祖国，定居北京。

文学巨匠　翻译大家

冰心夫妇归国后，周恩来总理亲切接见了他们，对他们的爱国行动表示肯定和慰勉。吴文藻任教于北京大学，后院系调整进入中央民族大学，冰心担任《人民文学》编委。1953年，经丁玲和老舍介绍，冰心加入了中国作家协会，她把主要精力放在为孩子们的写作上，曾同张天翼等人领导了北京的儿童文学创作活动，培养了不少儿童作家。

作为中华人民共和国著名作家，冰心先后出访过印度、缅甸、瑞士、日本、埃及、罗马尼亚、英国、苏联等国家，在世界各国人民中间传播友谊，介绍新中国文化和文学。其间，仍满怀激情，创作了大量散文和小说，结集为《小橘灯》《樱花赞》《拾穗小扎》等，皆脍炙人口，广为流传。

1971年，作为著名的翻译家，冰心与吴文藻、费孝通等人，在北京合作完成了《世界史纲》《世界史》等著作的翻译。

改革开放后，冰心迎来了她的第二个文学创作春天。1978年，冰心被选为第五届全国政协常务委员，并先后担任全国文联委员、副主席等职。先是发表了短篇小说《空巢》，获全国优秀短篇小说奖。接着又创作了《万般皆上品……》《远来的和尚》等佳作。散文方面，除《三寄小读者》外，连续创作了四组系列文章，即《想到就写》《我的自传》《关于男人》《伏枥杂记》。年近九旬时发表的《我请求》《我感谢》《给一个读者的信》，展现了她正直、坦诚、热切的品性和赤诚的爱国之心。

冰心不仅仅是我国第一代儿童文学作家，著名的中国现代小说家、散文家、诗人，还是翻译大家。她的译作如黎巴嫩凯罗·纪伯伦的《先知》《沙与沫》，印度泰戈尔的《吉檀迦利》《园丁集》及戏剧集多种，都是公认的文学翻译精品，1995年曾因此经黎巴嫩共和国总统签署授予国家级雪松勋章。她的文学影响超越国界，作品被翻译成各国文字，得到海内外读者的赞赏。

冰心一生热心行善，先后为家乡的小学、全国的希望工程、中国农村妇女教育与发展基金和安徽等灾区人民捐出稿费十余万元，还响应巴金建立中国现代文学馆的倡议，捐出自己珍藏的大量书籍、手稿、字画，带头成立了"冰心文库"。

作为著名的社会活动家，冰心历任中国作家协会第二、三届理事会理事和书记处书记、顾问，中国文学艺术界联合会第二至四届全国委员会委员和副主席，中国民主促进会中央委员会副主席，全国人民代表大会第一至五届代表，中国人民政治协商会议第五至七届全国委员会常委和第八、九届全国委员会委员，全国少年儿童福利基金会副会长，中国妇女联合会常委等职。

1992年12月24日，全国性的社会学术团体——冰心研究会在福州成立，著名作家巴金出任会长，此后开展了一系列的研究和活动。

1995年，八卷本的《冰心全集》出版，同年在北京人民大会堂召开出版座谈会，赵朴初、雷洁琼、费孝通、韩素音、王蒙、萧乾等大家出席并发言，高度评价冰心巨大的文学成就与博大的爱心精神。

1997年，福建省在冰心的故乡——长乐建立冰心文学馆，占地面积13亩，建设面积4500平方米。

1999年2月28日，冰心在北京医院逝世。

冰心逝世后，党和人民给她以高度的评价，称她为"二十世纪中国杰出的文学大师，忠诚的爱国主义者，著名的社会活动家，中国共产党的亲密朋友"。

位于福州市鼓楼区杨桥路的冰心故居，也是林觉民故居，两位名人先后居此

庄长恭

　　庄长恭（1894—1962年），字丕可，福建泉州人，德国归侨，著名化学家。曾任东北大学教授兼化学系主任、德国哥廷根大学客座教授、德国明兴大学客座教授、中央大学理学院院长、北平研究院研究员、中央研究院化学研究所所长、中央研究院评议员、台湾大学校长、中央研究院院士、中国科学院上海有机化学研究所所长、国务院科学规划委员会委员。中国科学院院士。中国有机化学研究的先驱，有机微量分析的奠基人。

化学博士　三度归国

　　1894年12月25日，庄长恭出生于福建省泉州市，自幼受到良好教育，1916年从福建泉州中学（今泉州市第五中学）毕业，因成绩优异被地方政府奖学金保送进国立北京农业专门学校学习。

　　1919年，庄长恭考入美国芝加哥大学化学系学习，于1921年获学士学位。再因成绩出色和极强的科研能力被留校攻读博士学位，1924年获博士学位。学成后，庄长恭立即归来，出任东北大学教授、化学系主任。

　　1931年，庄长恭赴德国开展科学研究，一方面在哥廷根大学、明兴大学担任客座教授，一方面开展麦角甾醇结构的研究，取得突出成绩。在德国期间，庄长恭还曾到奥地利维也纳大学去学习有机微量分析技术，这在当时是刚刚发展的新技术，对研究微量成分非常重要。

庄长恭

　　1934年，庄长恭回国，先后出任中央大学理学院院长、中央研究院化学研究所所长。不久，当选为中央研究院评议员。

　　抗日战争初期，庄长恭留居上海，在北平研究院（上海）从事研究工作。珍珠港事件爆发后，上海完全沦陷，当时日伪政府三番五次逼其出山，想利用他在学界的影响力动员更多科研人员为之服务，动摇国人抗战必胜信心。庄长恭始终不屈于日伪的威逼利诱，在朋友的帮助上，潜出上海，历尽艰辛辗转到达昆明，继续从事科研和教学工作。

　　1945年抗战胜利后，庄长恭以北平研究院研究员名义赴美国开展学术活动一年有半，与国际有机化学界科学家进行学术交流和合作研究。1947年秋返国，继续在北平研究院做科学研究。1948年当选为中央研究院院士，1948年出任台湾大学校长。当时，国民党在台湾实行白色恐怖，台湾大学学生屡遭迫害，庄长恭使尽全力难保学生，深感政府之腐败，愤而辞职回到大陆。

新中国成立后，庄长恭被任命为中国科学院上海有机化学研究所所长。1956年3月，出任国务院科学规划委员会委员。6月10日，当选为中国科学院数学、物理、化学学部委员，任该部常务委员、化学学部副主任。1954年—1958年被选为第一、二届全国人民代表大会代表。

科研一生　成果重大

庄长恭，是中国有机化学研究的先驱，有机微量分析的奠基人。在有机合成尤其是有关甾体化合物的合成以及天然产物结构、生物碱结构的研究等方面做出重大贡献，仅1937年至1941年就发表重要论文18篇。

1933年，庄长恭在德国哥丁根大学为客座教授时，从事麦角甾醇结构的研究，他以精湛的技巧，从麦角甾烷的铬酸氧化产物中分离到失碳异胆酸，并且从已知结构的异胆酸降解成为失碳异胆酸，进行比较，从而证明了麦角甾烷的结构。

1934—1938年，庄长恭主要从事与甾体有关的化合物的合成，有力地推动了中国有机合成化学的发展。首先，他认为许多甾体化合物中，AB环和CD环之间均存在着角甲基，如何合成带有角甲基的多环 α–酮及其有关化合物，是甾体化合物全合成的关键。这是他早期科研工作的重点。他合成了多种极其宝贵的化合物，并分离得到两种化合物，设计了带有角甲基双环 α–酮的合成方法，研究了甾族边链的氧化断裂，是当时国际上少数从事甾体全合成研究的知名化学家之一，其研究成果曾被引入著名教科书。在20世纪40年代出版的国际通用的教科书——卡勒的名著《有机化学》第二版中所列举的166项文献中，唯一的一篇中国人的学术论文就是庄长恭的关于麦角甾烷文章。

庄长恭在德国从事研究工作时，曾经到奥地利维也纳大学学习刚刚发展起来的有机微量分析技术。回国后，首次在中国引进和建立此项新技术。

庄长恭还和同行合作进行生物碱结构的研究，从中药汉防己中分离出2种结晶生物碱，并对其结构进行探索，一种已证明为防己碱；另一种定名为防己诺林碱，其中含有酚基，被证明为脱甲基的防己碱。研究了防己诺林、去甲基防己碱等生物碱结构。

庄长恭不但对有机合成特别是甾体化合物的合成与天然有机化合物的结构研究做出了卓越贡献，还重视并拟定有机化学中文命名，现用的吲哚、吡咯等杂环化合物名称均为他所倡议的。

庄长恭治学严谨，常夜以继日，对实验现象的观察、分析甚为仔细。如他在麦角甾醇结构的研究过程中，从麦角甾烷的氧化物中，发现有难于溶解的钠盐悬浮于乙醚层和水层之间，便把它们分离出来，经酸化得到关键性的产物——去甲胆酸。

科学名家　设奖后人

作为一代化学家，庄长恭一生著述颇丰，先后独立或与人合作了一大批有较高学术价值的论文，主要论文有《麦角甾醇的结构》《［1］甲基—环己烷乙酸》《［1］甲酸—［2］及有关化合物的合成》《草酸酯与甲基—丙三羧酯的缩合》。

庄长恭的科学成就及其事迹，载入《中国科苑英华录》《中国科学家辞典》等书中。

庄长恭一生献于化学研究，德高望重。2004年4月，上海市化学化工学会在"促进化学化工发展和培育人才奖励基金"下设立《庄长恭、吴蕴初化学化工科学技术进步奖》，用以促进化学化工科学技术的发展，促进化学化工人才的成长和提高。该奖项主要奖励在基础理论研究和开发应用研究方面有突出成绩的中青年化学化工科技工作者。此奖每二年奖励一次，逢双年颁奖。

刘兴土

刘兴土（1936— ），福建永春人，马来西亚归侨，著名地理学家、湿地生态学专家。曾任中国科学院东北地理与农业生态研究所研究员、湿地环境与生态重点实验室学术委员会主任、中国科学院湿地研究中心副主任。中国工程院院士。

生于南洋　奋战东北

1936年9月，刘兴土生于马来西亚马六甲一个侨商家庭，童年随父母回到福建省永春县老家，就读于永春县湖洋镇桃源溪畔的力行中学，后以优异成绩考入永春县第一中学读高中。1949年2月，正在读中学的他，在中共地下党的教育下，光荣加入中共青团，开始参加革命工作。1954年加入中国共产党。

1955年9月，刘兴土考入东北师范大学地理系，曾被学校派到北京农业大学，参加苏联农业气象专家执教的讲习班学习。1959年9月，因品学兼优毕业时留在东北师范大学任教。

刘兴土

刘兴土任教东北师范大学期间，在认真教学的同时，积极开展科学研究，展现了极强的科学研究能力，也因此1960年6月就被评为国家文教群英会先进工作者。1972年调入中国科学院长春地理研究所任沼泽研究室主任，1986至1994年任该所所长，后长期担任中国科学院东北地理与农业生态研究所研究员、博士生导师、湿地环境与生态重点实验室学术委员会主任，中国科学院湿地研究中心副主任。之后，再任中科院长春地理研究所所长、研究员。刘兴土还是中国海洋湖沼学会和中国地理学会理事，中国科学院农业研究会委员。

湿地专家　成就非凡

刘兴土长期工作在我国湿地生态与东北区域农业生态研究第一线，成为湿地生态学科具有突出成就的学术带头人。

在沼泽研究方面，刘兴土自1973年开始承担国家关于三江平原与沼泽化荒地综合考察任务。他先后任穆棱—兴凯平原考察队队长、国家三江平原科技攻关专家委员会成员、"沼泽地综合开发试验示范"攻关负责人。刘兴土还承担了"中国沼泽类型、特征和形成演化及合理利用研究"，并与他人合作撰写了学术论文《中国沼泽类型、特征及合理利用》一文，在国际湿地会议上宣读，备受好评，全文收入该会议的论文集。

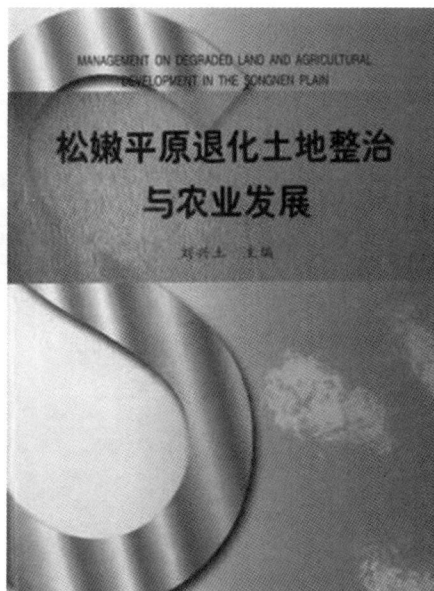

刘兴土一直工作在我国湿地生态与东北区域农业生态研究第一线。曾任全国湿地调查专家委员会主任、松嫩—三江平原区域治理科技攻关技术负责人。20世纪70年代末，刘兴土主持三江平原自然环境变化与合理开发研究，针对当时开荒造成干旱和将引起"黑风暴"等论点，提出不同意见，明确指出：20世纪70年代末的干旱，主要是旱涝交替规律所致。20世纪80年代进入多雨期，他的论点被实践证明是正确的，为此他写出论文在联合国刊物上发表，并获中国科学院科技进步二等奖和国家科技进步三等奖。

刘兴土所主编的《松嫩平原退化土地整治与农业发展》

多年来，刘兴土还先后主持了在松嫩平原–三江平原主持有关农业自然资源复查、沼泽湿地生态工程建设、低湿农田水土调控和区域农业可持续发展等方面的国家科技攻关项目、课题及部委重大任务，担任该区国家科技攻关的专家组长；主持了"中国湖沼系统调查与分类"项目；担任全国湿地调查专家委员会主任；首创了沼泽湿地稻–苇–鱼复合农业生态工程模式，开辟了沼泽的定位生态研究，取得了低湿农田治理、区域生态保育与农业可持续发展等多项重大成果。

作为全国顶尖研究湿地的专家，刘兴土还主持江西省政府项目"鄱阳湖湿地保护规划"、吉林省科技厅项目"吉林省西部退化湿地修复与合理利用模式研究"、国家林业局和大庆市林业局项目"大庆市湿地保护规划及退化湿地修复工程"。

1987年以来，刘兴土撰写《三江平原进一步开发的建议》，报送国务院，成为国家决策的重要依据，并在5000亩试验区建立稻、苇、鱼复合人工生态系统，取得明显的生态效益和经济效益，成果达到国际20世纪80年代先进水平。因而受到国家计委、国家科委和财政部的表彰，获中国科学院科技进步二等奖。

刘兴土参与完成的"三江平原区域综合治理"和"松嫩—三江平原中低产田治理和农业综合发展技术研究与示范"项目，分别获1996年、2004年国家科技进步奖二等奖。他还先后主编了《沼泽学概论》《东北湿地》《东北区域农业综合发展研究》《松嫩平原退化土地整治与农业发展》《三江平原自然环境变化与生态保育》等专著13部，发表论文100余篇。

气候专家　屡有突破

刘兴土是中国著名区域气候研究的专家。在区域气候研究方面，他侧重东北地区和各省气候的研究。

20世纪70年代，刘兴土与东北三省气象局协作，进行东北气候考察，主编了《东北军事气候志》，确定了军事气候指标；分析了东北区气温、地湿、冻土、江河水情、水情、降水、积雪、地面风、云雾、能见度、特殊天气、空中气候、海区气候和水文，地面植被和道路分布与变化规律。这项研究获1978年吉林省科学大会奖。20世纪80年代，他参与《东北气候》的编纂工作，任副主编。

另外，刘兴土主持了"农业气候资源评价与高效利用技术研究"专题中"东北地区农业生产结构布局变化与气候变化关系研究"。

深耕农基　频填空白

在基础研究方面，刘兴土也取得了很好成就。

1985年，刘兴土与王本琳、赵华昌等科技人员同有关单位协作，对三江平原地区农业自然资源复查，采用遥感新技术与实地调查相结合的方法，全面完成了土地资源、土壤资源、森林资源、草场资源、植被资源、沼泽资源、芦苇资源、泥炭资源、水产资源、野生经济植物、野生动物资源和土地利用现状复查任务。在此基础上，提出农业合理开发综合治理若干建议。还先后编制了1套1∶20万、9套1∶50万和百余幅其他比例尺的资源利用图，提出了资源评价、条件说明及合理开发利用建议报告36份。各项成果已经在黑龙江省政府制订三江平原总体开发方案中全面应用，也为国家经济发展战略决策和有关部门制订规划提供了科学依据。这项成果于1986年、1987年先后获中科院科技进步二等奖、国家科技进步三等奖。

刘兴土还主持了中国科学院知识创新工程重大项目"耕地保育与持续高效现代农业试点工程"专题——"东北地区粮食核心产区建设与可持续增粮战略研究"等，都取得不俗成果。

据不完全统计，刘兴土先后主持和参加完成的重要研究成果获国家级奖及省（部）级一、二等奖达13项。1986年，当选吉林省劳动模范；1988年，被评为国家级有突出贡献的中青年专家；1989年，被评为全国优秀归国华侨知识分子，同时担任吉林省侨联知识分子工作委员会副主任；1991年，获国务院特殊津贴；1996年和2001年，获国家"八五""九五"科技攻关先进个人表彰。还曾获吉林省首批省管优秀专家。2007年当选中国工程院院士。

刘 思 职

刘思职（1904—1983年），福建仙游人，美国归侨，著名生物化学家、免疫化学家。曾任美国堪萨斯大学助理教授、美国科学荣誉学会荣誉会员、上海大夏大学讲师、北京协和医学院讲师、副教授、北京大学理学院教授，北平临时大学药学系教授兼辅仁大学教授、天津河北医学院教授、哈尔滨医科大学教授及中国科学院专门委员、北京医学院教授兼生物化学教研室主任、中国科学院研究员，中国生理科学会理事长，《中国生理学杂志》主编。中国科学院院士。免疫化学的创始人之一。

岳父相助　留学美国

1904年3月15日，刘思职出生于福建省仙游县鲤城镇城内街的一个书香门第，行二。父亲曾当过清朝小吏和教师，极重视子女教育，将六位儿子都送进学校读书。也因供子读书，耗资过大，家道中落。父亲正值壮年去世，大哥刘思聪前往马来西亚经商，供弟弟继续升学。

刘思职在家乡读完初中后，于1919年北上福州，进入福建公立公业专门学校（今福建工程学院前身）读书，1921年毕业。1921年，考入在厦门大学化学系，学业优异。1924年，转学到由厦门大学离校师生新筹办的上海大夏大学化学系，于1925年毕业，获学士学位。

1925年，刘思职得岳父相助，自费出国留学，入美国西南大学化学系，1926年毕业获理学硕士学位，紧接着又进入美国堪萨斯大学攻读物理化学博士，同时兼任该系助理教授。1928年，刘思职以自己的科研成就，成为美国科学荣誉学会荣誉会员。

刘思职

1929年，刘思职以优异成绩通过博士论文答辩，获哲学博士学位。学成之后，立即回国，前往上海，执教于母校大夏大学。翌年，赴北京协和医学院就任讲师。

变性学说　奠基之功

在北京协和医学院，刘思职开始了与福建老乡吴宪（1893-1959年）的长期合作。吴宪，福州人，生物化学家、营养学家、医学教育家。中央研究院第一届院士。1912年，吴宪赴美入麻省理工学院攻读造船工程，后改习化学，1916年获理学士学位后留校任助教，1917年被哈佛大学医学院生物化学系录取为研究生，1919年获博士学位，1920年回国任北京协和医学院生物化学系任教。

在北京协和医学院，刘思职除从事生物化学和免疫化学教学外，他大部分时间是作为中国卓越的生物化学家吴宪教授的助手，在吴宪实验室从事生物化学和免疫化学研究。他在吴宪教授直接指导下，进行蛋白质变性的实验研究。

20世纪30年代，世界对蛋白质的变性的机制尚未不清楚。刘思职作为助手，参与吴宪研究蛋白质变性。1929年8月，吴宪在美国波士顿举行的第13届国际生理学大会上，宣读了根据一系列实验总结得出的"蛋白质变性学说"，获得了高度评价。而奠定这一变性学说的科学实验，主要由刘思职等助手所完成。实验证明，蛋白质的变性是蛋白质分子从折叠变为舒展，这一理论得到了以后更多的实验结果的证实，至今仍为国际生物化学界所公认。

免疫化学　创始之人

1934年8月，刘思职到德国威廉凯撒皇家研究院细胞生理系进修，在著名生物化学家O.H.瓦尔堡的实验室开展科学研究。1935年6月结束在德国的深造，又转往英国剑桥大学摩丁诺研究所进修。1935年岁末结束进修后，即回国继续服务于北京协和医学院服务。

回国后，刘思职主要研究免疫化学及蛋白质变性，如抗原抗体复合物的解离及提纯等。当时，抗原–抗体间的反应只是靠肉眼定性，对抗体的化学本质也所知甚少。刘思职在吴宪领导下，创造性地用化学定量方法研究抗原–抗体沉淀反应，分析了免疫沉淀物中的抗原抗体比例，并定量回收抗体，纯化抗体。在此基础上，刘思职研究了免疫沉淀物的溶解度和沉淀曲线，同时注射两种不同抗原时抗体的生成反应等，成为免疫化学的创始人之一。他用大量实验证明：用不同抗原同时注射时，产生的抗体各为独立而不相混淆的物质。以甲醇低温处理免疫血清获得一种碱性球蛋白，并证明其为抗体蛋白。以后他一直继续这一领域的研究，20世纪50年代以后，研究低级抗体的性质和代谢、激素对抗体代谢的影响、强弱不同抗原在体内的代谢率，抗体生成机制以及氨代谢的研究等。在国内外杂志上先后发表了40余篇论著。

刘思职和吴宪等，创造性地运用化学平衡的原理和方法，开展免疫学中抗原抗体的研究，取得了一连串成果，刘思职也由此成为国际上免疫化学先驱者之一。

著名生物化学家、原中国协和医学院生物化学教研室主任王世中教授，在一篇纪念吴宪教授百年诞辰的文章中曾有这样的记载写道："20世纪20年代至40年代，在他与刘思职等先后在国内外期刊发表了数十篇有关免疫化学的论文，其水平之高足能与当时欧美的免化论文相媲美。有的内容还属于当时国际首创……"。据不完全统计，1928—1942年间，吴宪与他的同事先后发表了27篇有关免疫化学的学术论文，其中刘思职参与的有10篇。

拒不南撤　迎接解放

1941年12月，太平洋战争爆发，日军随即占领并强行关闭了北京协和医学院，吴宪辗转去了美国。刘思职于1942年执教于北京大学。

1945年8月15日日军投降，9月国家教育部下令解散伪北京大学、伪中央大学和伪交通大学，颁布《沦陷区专科以上学校学生、毕业生甄审办法》，并于10月中旬，在北平、天津、上海、南京设立临时大学补习班，令原沦陷区在校生先补习再进行考试，至于已毕业的学生则需补交论文以及蒋中正所著的《中国之命运》阅读心得报告，经审核通过方获合格证书。刘思职任北平临时大学药学系教授。

1946年，刘思职任北京大学医学院教授，同是兼任辅仁大学教授。

1949年，作为优秀的生物化学家，教育部下令其立即南撤，刘思职坚决不允，当局派人登门送来他一家撤退南方的飞机票，他冒着风险毅然留在北平。后来，他曾回忆了当初抉择："北京解放前夕，为了动员我走，他们送来了飞机票，但我深信我的事业在祖国。使生物化学这门学科根植中华、根深叶茂是我的夙愿，我愿为此竭尽全力。我毅然留了下来，迎接北京的解放！"

《刘思职教授学术思想研讨会论文集》封面

1949年10月，中华人民共和国成立，刘思职满怀激情，在担任北京大学医学院教授、辅仁大学兼职教授的同时，于1950年再兼任天津河北医学院教授、哈尔滨医科大学教授，同时还担任中国科学院专门委员。

1952年，全国高等学校院系调整，北京大学医学院脱离北京大学，独立建院并更名为北京医学院，直属中央人民政府卫生部领导，刘思职任北京医学院一级教授、生物化学教研室主任，同时继续兼任辅仁大学、天津河北医学院、哈尔滨医科大学教授和中国科学院专门委员。

夙愿终了　填补空白

刘思职任职北京协和医学院之初，学校使用的教材全部都是英文本。他和吴宪教授都深感要推动生物化学在中国的发展，必应使用中国的文字表达生化名词和教材。吴宪曾尝试用中文写出生物化学实验讲义，遭到协和医学院外籍女教务长的反对。

抗日战争胜利后，刘思职又组织部分生物化学学者着手编纂中文生物化学名词，但遭到当时协和医学院生物化学系主任、原燕京大学外籍教授窦维廉，即W.H.阿道夫的反对，刘思职忍痛半途而废。

中华人民共和国成立，让刘思职多年心愿有了实现的机会。

1950年年初，刘思职开始编译生物化学有关名词，完成了一部比较系统的《生物化学名词草案》并正式出版。该草案不久为全国所采用，统一了全国的生物化学名词，并给以后的生物化学教科书的编写出版创造了良好的条件。

1951年年初，刘思职又与北京医学院生化教研组的张昌颖、丁延介、王世中、李玉瑞等几位同事拟定了中文的生物化学教科书的内容提要，定名为《生物化学大纲》，获卫生部教材编审会通过后开始编写。刘思职自己写了绪论、糖、脂、蛋白质代谢及能代谢等章节，其他章节由各位教授分担。1954年，刘思职主编的《生物化学大纲》出版，1957年修订出第二版。

这是中国第一部自编的中文生物化学教科书，全书70万字，改变过去科技教科书完全照搬外国教材的惯例，具有中国自己的特色。尤其是在绪论中介绍了中国古代在酿酒发酵、营养及脏器治疗等方面的成就；介绍了中国著名生物化学家吴宪在临床化学、蛋白质化学，特别是蛋白质变性学说及免疫化学方面的对世界的卓越贡献。在营养学等章节中，修正了中国成人蛋白质等营养成分的需要量；按照中国的膳食习惯，列出中国人民日常食用的几种混合蛋白质的生理价值。

1964年，经卫生部评估，《生物化学大纲》作为高等医药院校试用教科书出版，定名《生物化学》，一直沿用到1978年，为培养中国生化科技人才做出了重要贡献。

1950年冬，刘思职为华北军区卫生部在职干部业余夜校，编写了《生物化学讲义》。该讲义的第三版于1965年出版，为新中国成立初期普及生物化学基础知识起了重要作用。

院士教授　科研终身

1956年，刘思职当选中国科学院生物学部委员（院士），在仍任北京医学院教授、生物化学教研室主任的同时，兼任中国医学科学院研究员，还曾任中国生理科学会理事长、《中国生理学杂志》主编。

无论担任何职，刘思职始终坚持在科学研究第一线。他通过反复试验，撰写了重要的学术论文《低级抗体的免疫学性质》，证明抗结晶鸡蛋清清蛋白及抗结晶马血清清蛋白的家兔血清各含有多种"同种异质"抗体分子；每种抗体分子都能以不同比例与相应的抗原结成溶解度各异的免疫沉淀物；还发现少数家兔用结晶鸡蛋清清蛋白注射后，其血清球蛋白的含量虽然显著增加，但均为未能与抗原起可见沉淀反应的"非特异性球蛋白"。

早在1955年，刘思职领导的北京医学院生物化学教研室，就制定了一个在国际上尚未有人涉猎的科研高地：蛋白质的生物合成，建立了电泳、层析等先进的生物化学实验技术。20世纪60年代，刘思职拟订了以"抗体的生物合成"为突破口的科研计划，并将自己的科研设想和见解，撰写成文《抗体的性质及生产机制》，发表于1963年的《生物科学进展》，引起了国内外学界的重视。

与之同时，刘思职启动了"核酸在遗传信息传递中作用"的研究，想从免疫动物淋巴细胞中提取DNA引入另一未经免疫的同系动物中，希冀获得抗体生成性能的转移，借以证明DNA→mRNA→抗体蛋白质的生物合成这一通路。不幸的是，这一研究起步不久，就因"文化大革命"而暂停，刘思职为之抱憾终身。

改革开放后，年迈的刘思职迎来了又一个科学的春天，1978年再度出任北京医学院生物化学教研室主任，当时他体弱多病且手足偏瘫，仍扶杖上班，埋首于实验室。即使在最后病卧床榻，仍躺在床上指导助手和研究生。

1983年8月18日，刘思职病逝于北京。

刘思职育有三女一男，皆为大学知名教授。孙辈、曾孙辈也出了多位海内外学界名流。

刘修业

刘修业（1910—1993年），字君寄，福建福州人，美国归侨，著名文献学家、目录学家、中国古典小说戏曲研究专家。曾任北平图书馆编纂、美同国会图书馆研究员、美国普林斯顿大学葛思德东方图书馆研究员、北京图书馆研究员、中国科学院哲学社会科学部历史研究所研究员。

燕京毕业　进入北图

刘修业本姓王，名君寄，1910年7月29日生于福州，因过继给刘氏，而改姓刘。刘家家境富裕，刘修业自幼接受中西教育，后考入当时福州最有名气的私立英华中学。1930年考入燕京大学国文专修科。

1932年，刘修业从燕京大学毕业后，进入北平图书馆（中华人民共和国成立后曾名北京图书馆、国家图书馆）索引组，当时组长是中国现代学术论文索引编纂的奠基人王重民，他同时还兼任北平图书馆编纂委员会委员。

王重民（1903—1975年），河北高阳人，中国古文献学家、目录学家、图书馆学教育家、敦煌学家。曾化名鉴，字有三，号冷庐主人。1928年毕业后，曾任保定河北大学国文系主任、北京辅仁大学讲师、北平图书馆编纂委员会委员兼索引组组长、美国国会图书馆研究员、北平图书馆编纂委员会委员兼索引组组长、北京大学中文系教授，在北京大学中国文学系创办图书馆学专科（后改本科）并任主任。1949年北平和平解放后，王重民曾任北京大学图书馆系主任兼北京图书馆副馆长、北京大学图书馆系主任，你主持制定全国图书馆学发展规划。

目录学家　成果突出

刘修业来到索引组后，被分配编纂国学、文学索引。在王重民的指导下，她开始编纂《国学论文索引（三编）》。在此之前，王重民分别于1928年和1931年完成了《国学论文索引（一编）》和《国学论文索引续编》。

刘修业有极好的古文底子，且对国学十分感兴趣，特别是对中国古典文学最感兴趣。在北平图书馆，她的研究与编纂极有成效，1934年《国学论文索引（三编）》成功出版，之后又马不停蹄编成《国学论文索引（四编）》，于1936年正式出版。

刘修业又着手编辑《国学论文索引（五编）》，中华人民共和国成立后由北京图书馆出版，分为上下册，以"北京图书馆参考研究组"名以编。

刘修业对目录学情有独钟，在紧张编纂《国学论文索引》的同时，刘修业还主编了《文学论文索引》的（续编）和（三编），这两部工具书分别于1934年、1936年由中华图书馆协会出版。

作为中国第一代图书馆学专家，刘修业治目录学成绩突出。1953年她从北京图书馆调任中国科学院哲学社会科学部历史研究所研究员后，仍被分配研究、编纂索引，又先后编纂了《中国史学论文索引》（一编）、（二编）及《七十六年（1900—1976）中国史学书目》等工具书。

刘修业编纂的这些工具书，持久地被引用，为中国历史文化研究做出了积极贡献。

治敦煌学　屡补空白

1934年，王重民到欧洲进行学术考察，并与法国国家图书馆达成互换馆员的协议。

此次赴欧，王重民还肩负一重任：主编被保罗·伯希和掳往法国巴黎的《敦煌卷子》目录。保罗·伯希和（1878—1945年），法国汉学家、探险家。1908年往中国敦煌石窟探险，掳去大批敦煌文物。伯希和是欧美公认的中国学领袖，但与中国学者交往，是以让炎黄子孙愤慨痛惜，也令他本人蒙羞的敦煌盗宝为开端。

王重民在巴黎法国国家图书馆编纂《伯希和劫经录》中，发现了韦庄的作品《秦妇吟》卷子四种。韦庄（约836—约910），字端己，长安杜陵（今中国陕西省西安市附近）人，唐末五代诗人、词人，五代时前蜀宰相。文昌右相韦待价七世孙、苏州刺史韦应物四世孙。韦庄早年屡试不第，直到乾宁元年（894年）年近六十时方考取进士，任校书郎。李询为两川宣瑜和协使时，召韦庄为判官，奉使入蜀，归朝后升任左补阙。王重民深知刘修业对之兴趣，将这些卷子影印后寄给了远在北京的刘修业。刘修业立即着手进行研究，完成了《〈秦妇吟〉今校勘续记》。

1936年，北平图书馆派刘修业赴法协助王重民工作。她废寝忘食地整理了伯希和所劫的敦煌遗书卷子。也正因此，《敦煌遗书总目索引》中的《伯希和劫经录》，其实是王重民与刘修业携手合作所成。

刘修业在法国国家图书馆以满腔热情投入抢救国家重要史料，抓紧每一分钟工作，还挤时间抄写了被伯希和掳往巴黎的敦煌卷子中的诗词，这些材料回国后，整理编辑出版了《敦煌曲子词集》《补全唐诗》等，填补了敦煌学的研究空白，也使她在敦煌学界享有崇高声望，曾长期担任中国敦煌吐鲁番学会总会和语言文学分会顾问。

在巴黎，刘修业还挤时间对法国图书馆所藏的中文图书中的中国古代小说、戏曲做了研究。

共同的爱好和相同的事业追求，使刘修业与王重民的心越靠越近，1937年4月两人在巴黎结婚。

应聘美国　鉴定汉籍

1937年9月，刘修业到英国伦敦大学图书馆专修科进修。学习之余，倾力收集学校图书馆的中国史料。

1939年8月，刘修业与王重民应聘美国国会图书馆，负责鉴定、整理中国古籍。美国国会图书馆位于华盛顿，刘修业没有来得起欣赏异国风光，而是把所有的时间投入整理祖国善本古籍上。她与丈夫合作鉴定、整理了数以千计的中国古籍，撰写了古籍提要1600多篇，完成了《美国国会图书馆所藏善本书录》，填补了中国古籍善本美国书录空白，为后来海内外学者进行深入研究打下了基础。

1942年，刘修业又被美国国会图书馆远东部聘去，为所藏的中国铅印书分类编目，一直工作到1944年。

1946年，刘修业被普林斯顿大学葛思德东方图书馆聘去，鉴定馆藏的中国善本书。该馆是美国第二大收藏中国图书的场所，收集了许多有关中国医学、药学方面的书籍。最初购买这些书籍的人是一位名叫邱昂·穆尔·葛思德（1864—1948年）的美国建筑师、工程承包商。他当年来中国做生意时，因患青光眼久治未愈，后来用河北定州产的马应龙眼药治愈，对中国药品顿生兴致。他购中国医书、医药资料等，特别是一些有关治疗眼疾方面的书籍。这些书籍中，仅医药方面的就有500多种，近2000册。与此同时，葛思德对中国的其他他书籍也发生了浓厚兴趣，到后来演变成一种投资。到1931年，葛思德的收藏已增至7.5万册。其中除较为完整的中国医学、药学方面的书籍外，还有245万多册的明版书籍。

1937年，普林斯顿大学得到洛克菲勒基金会资助，获得了葛思德部分收藏，并被辟为该校图书馆的一部分。1946年，刘修业与丈夫一起同时受聘葛思德图书馆，经过大量鉴定、研究，认定其收藏的这些图书有着极高的价值。

1947年，刘修业与丈夫一起回到祖国，继续在北平图书馆工作，担任索引编纂工作。

"研吴"大家　再补空白

在法国、美国工作期间，刘修业接触了不少中国明版书籍和明末清初的地方志，也由此开始从事中国古典小说与戏曲的研究工作，其中以对《西游记》作者吴承恩研究的成绩最为显著。

在刘修业之前，学人对吴承恩的研究多从散见于地方志上的材料入手，刘修业则主要以吴承恩本人的文集为基础进行研究。她以吴承恩亲撰的《射阳先生存稿》为线索，再认真研究了他的好友朱曰藩、李春芳以及他的同乡先辈的文集，再研究了与他往来频繁的至交王宠、何良俊、何良傅、徐中行、陈耀文、黄姬水、万表等人的著述。在这三重研究的基础上，参考相关地方志，又将所得的材料与《射阳先生存稿》互相印证。他将《射阳先生存稿》中所出现的一些人的别号，一一考证出来，弄清楚某一别号属于某一个人，由此串连起了许多分散的、看不出相互关联的人，并借他们之间相互关系，反映出当初的社会情况来，使吴承恩的生平、思想、文学创作活动越来越丰富，形成一个系统且完整的体系。

刘修业著《古典小说戏曲丛考》

刘修业对吴承恩的研究成果丰富多彩，她先后撰写出版了《吴承恩年谱》《吴承恩交游考》《吴承恩著述考》《吴承恩论著杂事考》，还编写了《吴承恩诗文集序跋辑录》《吴承恩诗文事迹辑录》等。

前三篇文章1947年本拟单独结集出版，并请孙楷第先生撰写了序言，因故未果刊行。后来收入了她的论文集《古典小说戏曲丛考》，1958年出版。此后，刘先生仍然从事吴承恩的研究，并撰写了《吴承恩传》等文章。除此之外，她以故宫博物院印本的《射阳先生存稿》为底本，参阅了其他相关的书籍进行校点，辑成《吴承恩诗文集笺校》，1958年出版。

刘修业研究吴承恩的著述，为后人进一步研究吴承恩、《西游记》和明代文学史提供了帮助。以后研究吴承恩的人，差不多都要认真阅读刘修业系列关于吴承恩的著述，她被认为是同时代人中研究吴承恩成就最大者。

特别值得一提的是，刘修业在《古典小说戏曲丛考》中，曾预言一部失传的明代话本集的一部分尚有残编存于后世的改编本中。20世纪80年代，《型世言》全书在韩国发现，证实了她的预论。

现代易安　承志著述

李清照（1084—1155年），号易安居士，山东章丘人。宋代女词人。她在丈夫赵明诚逝世后，继承遗志，完成共30卷的《金石录》。《金石录》，著录赵、李伉俪所见从上古三代至隋唐五代以来，钟鼎彝器的铭文款识和碑铭墓志等石刻文字，是中国最早的金石目录和研究专著之一。

在承夫志著未竟之学上，学界有人把刘修业比作现代版李清照。1975年4月16日，因不肯逢迎"四人帮"而受尽折磨的王重民，步王国维先生的后尘自尽在颐和园长廊上。刘修业独立承担起王重民遗著的整理与出版，完成了《中国古籍善本书提要》及其补编、《敦煌遗书论文集》《中国目录学史论丛》《冷庐文薮》等多种专书的编纂与出版，以上各书均单署王重民，刘修业没有留下自己的名字。

刘修业完成的《冷庐文薮》

1992年，国学大师白化文为《冷庐文薮》作序，他在序言中写道："李清照的《金石录后序》，是饱含感情为学术伴侣所写的感人至深的奇文。严格讲，《金石录》应该说是赵、李伉俪共同写作的著作；赵氏故后，如果没有李氏的卓绝努力，这部书就流传不下来。可是，李清照并没有写下自己的名字。刘老和王先生同治索引学、目录学、敦煌学。王先生的学术著作中，莫不闪耀着刘老的身影。王先生故后十余年间，刘老倾全力整理遗著，直到本书出版，终底于成。其工作量大大超过李氏整理《金石录》，而用心则同。后先辉映……"

无私捐赠　品德高洁

1966年，刘修业因严重关节炎和失聪，从中国科学院历史研究所退休，在家辅佐丈夫学术研究工作和教育子女。对于她的失聪有一说，刘修业自老乡音难改，一口福州腔普通话能听懂的人并不多，影响了她与他人的交流，只能与人笔谈，渐渐失聪，以致丈夫与她说话都需要伏在她耳边大声说，她才能听到一点。

刘修业学术公有的高尚品德深受推崇。改革开放之后，她将所存的敦煌学资料，包括《敦煌遗书总目索引》中的《伯希和劫经录》全部手稿、卡片等，无偿捐献给敦煌研究院。

刘修业的子女，在她的培养之下，全部受的高等教育，都成为理工科专才。

1993年10月1日，刘修业因患肠梗阻引发多种老年并发症，在北京逝世。

刘修业夫妇

关 杰

关杰（1939— ），福建莆田人，印度尼西亚归侨，著名冶金机械专家。曾任西安重型机械研究所工程师、高级工程师、研究员级高级工程师、副总工程师，陕西省侨联副主席，陕西省政府决策咨询委员会特邀咨询委员，陕西省西安市政府参事。中国工程院院士。

关杰祖籍福建省莆田市涵江区江口镇，为关羽之后。元代，关羽后裔、曾任浙江行省参政的关元藻，在元朝灭亡后，与哥哥关元棠一起由山西蒲州迁莆田。初筑庐于双鱼山，后迁江口，名其村曰蒲阪，取不忘故土之意，因为关羽的原籍是山西蒲州解县。

1939年11月13日，关杰生于印度尼西亚侨商之家，后归国，在莆田锦江中学、莆田第六中学完成初中、高中学业。1959年9月，以优异成绩考入北京钢铁学院（今北京科技大学）机械系。

1963年9月，关杰以优异成绩自北京钢铁学院毕业，分配至机械部西安重型机械研究所工作，曾任技术员、助理工程师、工程师，1987年3月晋升高级工程师，1993年10月起享受政府特殊津贴，1994年7月任中国金属学会连续铸钢学会第三届理事，1994年12月晋升研究员级高级工程师，1996年3月任副总工程师，1997年当选中国工程院院士。

关杰

关杰到西安重型机械研究所后，埋首于科研攻关，成长迅速。

1965年初，关杰参加了由一机部和冶金部组织的联合设计组，设计和研制当时在世界上属于最早、浇注断面最大和品种最多的重钢R10-2300弧形板、方坯兼用型连铸机。历时近3年，关杰参加了从方案设计、施工设计到图纸复审、加工制造服务、现场安装调及生产试验等全过程的工作，表现突出。随着该连铸机的研制成功，为我国连铸机的发展奠定了基础。

在这之后，关杰更加发奋学习、研究，又相继承担了方坯、板坯连铸机中的钢包回转台、中间罐车、晶器、支撑导向段、二次冷却装置、机械式方坯剪、液压式板坯剪等重要单机设备的设计和研制工作，也先后承担了连杆式回转台、结晶器、振动装置、拉矫机、扇形段更换装置、蒸气密封室、火焰切割机等关键设备的审图、把关工作。这些设备均已成功地应用于重钢公司、上钢一厂、柳州钢厂、安阳钢厂等钢铁企业内，部分连铸机还出口阿尔巴尼亚和美国。有的已获全国科技大会奖或机械部科技进步奖，为我国连铸设备的发展作出了贡献。

20世纪80年代以来，关杰在美国中兴钢厂2032mm连铸机技术攻关中，获实用型专利1项。另外，

参与了宝钢板坯连铸机对外技术谈判和赴日本
联合设计。

关杰还是国家"八五"重大技术装备科技攻
关项目攀钢1350mm板坯连铸机的总设计师，该
项目于1993年10月一次成功投产，从此扭转了
国内大型连铸设备依赖进口的局面，获机械部
科技进步奖特等奖、国家科技进步奖一等奖。为
缩短我国连铸技术同国外先进水平的差距，也
为我国众多的板坯连铸机技改挖潜提供实用技
术和示范工程，1995年国家计委决定以国产的
攀钢1350大型板坯连铸机为依托，通过实施高
效化技术改造和技术攻关，走出一条自力更生
提高我国连铸技术水平的新路子，后取得一连
串重要成果。

关杰长期从事连续铸钢设备的设计、研究
和开发工作。先后主持或作为主要人员参加过
各类连铸设备和成套设备的设计和研制，承担
国家重点科技攻关课题、国家重大技术装备项目等30余项，先后撰写、发表科技论文、译文等10余篇，
参与编写了专业书籍《板坯连铸机设计与计算》，成为连铸行业必备的重要参考书目之一。作为成果主
要完成者获全国科技大会奖1项，机械科技进步三等奖、一等奖各1项、作为项目主持人获机械部科技
进步特等奖1项，获国家科技进步一等奖1项。

关杰还曾任陕西省政协八届、九届委员，陕西省侨联副主席，陕西省政府决策咨询委员会特邀咨
询委员，陕西省西安市政府参事，中国金属学会连续铸钢学会副主任。还曾荣获西安市劳动模范称号，
享受政府特殊津贴。

院士关杰

汤 晓 丹

汤晓丹（1910—2012年），福建华安人，印度尼西亚归侨，中国著名导演。曾任天一影片公司布景师、导演，中国电影制片厂编导委员、技术科科长，上海电影制片厂导演，被誉为"中国战争题材影片之父"。

南洋寻父　艺术启蒙

1910年2月22日，汤晓丹生于福建省华安县仙都镇云山村一个贫苦农家，父亲在他出生前两个月下南洋谋生，母亲是个裁缝。6岁那年，他随母亲坐船到印度尼西亚基亚维镇寻找父亲，次年进入茂兀市一所英文小学读书，正是从英语课本上读到《鲁滨孙漂流记》《格列佛游记》等，并养成了爱读书的好习惯。

汤晓丹的艺术启蒙起于椰林蕉风下的千岛之国。他曾多次谈起在印尼经历的几件事对他日后步入电影界的影响：一是印尼木偶艺人德兰尼叔叔，激发了他对美术和音乐的浓厚兴趣。他特别喜欢看邻德兰尼把一块木头刻成手脚会动、眼睛会转的木头人，德兰尼常带他去演出地。晚年，汤晓丹曾回忆说："德兰尼叔叔经常出现在我的记忆里。他是引我走上艺术创作道路的启

青年汤晓丹

蒙老师。"二是父亲货柜上一摞旧报纸上连载的连环画，培养了他对故事的空间化想象能力。三是母亲为他买的一架玩具放映机。汤晓丹曾在一篇回忆文章中写道："我的母亲在玩具店为我买了一个小型电影放映机，盒前一个镜头，盒中一个小灯，还附带一小卷胶片。我常在家中手摇机子，把片子放在白墙上，它是美国最早出的短片《火车大劫案》。"

10岁那年，父亲因躲赌债先期回国，随后，汤晓丹随母亲回到华安老家。没过多久，汤父贫病交加而逝。

从闽至沪　以画谋生

父亲病逝后，汤家日子更加艰难。此时，附近木匠铺老板，闻知汤晓丹会画画，就登门请他用油漆在自己打造的新柜子上面画花鸟，以提升柜子的附加值。汤晓丹一画成名，13岁开始以卖画谋生，那家木匠铺因此生意大好。

也因为画名远扬，族长用祠堂的公积金资助汤晓丹去读厦门集美师范学校。因报名日期已截止，

最后考入尚未招满的集美农林专科学校。在校期间，他画的漫画《布尔乔亚》在上海《大众文艺》发表，这是他公开见报第一件艺术作品。

后来，因在校期间参加抗日宣传活动，汤晓丹被学生登报开除。无望之时，上海《大众文艺》伸出援手，汤晓丹北去上海，以为《大众文艺》《上海报》画漫画为生。在《大众文艺》被封后，汤晓丹被中共地下党组织介绍到杨树浦工厂区办的《画报》编辑部工作。没有工薪，只供三顿饭，每期的四五幅漫画由汤晓丹操刀，画作内容都是宣传武装夺取政权，争取革命胜利的内容。后来，《画报》又被查封。汤晓丹与许幸之、沈西苓发起创办时代美术社，力倡美术作品要表现劳动者，美术家要为劳动大众服务。时代美术社举办了苏联美术图片展等许多进步美术活动，鲁迅也曾来参加过。在这个时期，汤晓丹还与人合办过广告公司，对外承接业务，对内画自己的东西，负责设计、布置药店、商场、百货铺、书屋，还为进步读物设计封面和画插图。也是在这个时候，他与沈西苓、柯灵、司徒慧敏、朱光等成了好朋友。

中年汤晓丹

抗战爆发　跃入银海

1932年1月28日，"一·二八"淞沪抗战爆发，汤晓丹连夜冒着炮火，避难法租界的天一影片公司。当时，他的至交苏怡在这里任编导、沈西苓是布景师。

避难期间，沈西苓向天一影片公司创办人邵醉翁（邵逸夫大哥）推荐汤晓丹担任布景师。汤晓丹参与拍摄的第一部电影，即是裘艺香导演的《小女伶》。也是在天一影片公司工作时，汤晓丹开始为《电影艺术》写小说，刊发的第一部小说为《导演狂想曲》，还自画了插图。

汤晓丹导演的第一部影片是《白金龙》。当时，天一影片公司决定与粤剧泰斗薛觉仙合作摄制时装戏曲片《白金龙》。邵醉翁任导演，开拍那天，导演生病，决定由布景师汤晓丹代理执行导演任务。

《白金龙》上映后获得极佳票房，汤晓丹由此正式步入导演之列，在两年不到时间里，又导演了《飞絮》（编导）、《飘零》《一个女明星的遭遇》等4部影片，都获得了成功。

香江名导　助力抗敌

1934年夏天，应发行《白金龙》致富的片商邵仁枚（邵逸夫三哥）之邀，汤晓丹赴香港执导影片，虽然汤晓丹执导的首部故事片《并蒂莲》未获成功，但随后每部片子都既叫好又叫座。其中，喜剧《糊涂外父》的成功，奠定了汤晓丹在粤语片摄制中的地位，《金屋十二钗》让他戴上了"金牌导演"桂冠。

在香江，汤晓丹发起创办"华南电影赈灾会"，开展抗日宣传，并通过义卖、义演为祖国抗击侵略者筹款。同时，还义务拍摄《最后关头》纪录片，描写了一群大学生深感国家兴亡匹夫有责，到各阶层民众中宣传团结抗日的故事，对唤起香港百姓投身抗日发挥了积极作用。之后，又拍了抗日主题故事片《上海火线后》，再获成功，不仅在港澳等粤语流行区域大受欢迎，而且在南洋、北美的华侨集中地上座率也很高，对集合海外华人华侨抗日力量做出了贡献。他执导《小广东》，描写我国南方活跃着一支抗日游击队的故事，获得盛赞。紧接着，他又导演了《民族的吼声》，再次引起轰动。

汤晓丹的抗日三部曲——《上海火线后》《小广东》《民族的吼声》，与蔡楚生和司徒慧敏拍摄的《血溅宝山城》一起，都载入了中国电影史册。

铁骨铮铮　拒不事日

1941年12月，太平洋战争爆发，香港随即沦陷，逃过日军轰炸的汤晓丹，避往朋友家，过上了忍饥挨饿的日子。

一日，南洋影片公司股东邵邨人（邵逸夫二哥）派人来请汤晓丹吃饭。他走进邵家，看见邵邨人和两个日本军官在喝酒。原来两个日本军官是邵家隔壁兵营的队长，为邵邨人送来大米，邵家因此请日本客人吃饭，要汤晓丹当翻译。

汤晓丹能说日语，但此时他大声说用汉语说："我不能说日本话。"之后，义无反顾告退。

不久，侵华日军计划拍《香港攻略》，编剧陶山铁是日本人，逼汤晓丹担任导演，企图以一位抗日影片金牌导演转拍歌颂日军侵华片的行动，来动摇国人抗日意志。虽威逼利诱齐来，汤晓丹绝不委身事敌，混入难民队伍，逃出虎口，过上了难民生活。先至广州，再一路步行到玉林，一路艰辛备尝。之后辗转到桂林，在一个猪圈楼上租了间小屋居住。

一日，苏怡带着中国电影制片厂《中国的防空》摄制组到桂林拍外景，不幸重病住进医院，汤晓丹临危受命，代任导演。《中国的防空》1944年上映，再获成功。

轰动山城　享誉沪上

在重庆，汤晓丹正式进入了由军事委员会第三厅直辖的中国电影制片厂。1943年秋，汤晓丹成为中国电影制片厂的编导委员和技术科科长。在他进行《中国的防空》后期制作时，司徒慧敏带他去见周恩来。周恩来握着他的手说："我知道你在香港电影界很有影响，拍过几部宣传抗日的好片子。这次你能毅然拒绝日本人邀请拍片，回国参加抗日，我们欢迎您……"

汤晓丹始终铭记周恩来的嘱托，后来执导了破获日谍的抗日影片《警魂歌》（后改名《敢死警备队》），山城轰动。抗战胜利后，在全国上映也深受欢迎。

在重庆，汤晓丹还完成了话剧处女作，第一次导演了舞台剧《原野》，自己还亲自兼管舞台设计和照明，《原野》上演轰动了山城。之后，汤晓丹又执导了一部描写孤儿院生活的纪录片《烽火幼苗》，并用酬劳换了一张到上海的机票。

在山城，汤晓丹收获了爱情，找到了执手终生的伴侣——后来被称为"中国电影第一剪"的电影剪辑师蓝为洁。

在上海，汤晓丹继续服务于中国电影制片厂。抗战胜利后拍的第一部影片即是让他享誉沪上的《天堂春梦》。上映后，舆论高度评价，田汉和梅朵都发表诗文，称《天堂春梦》揭露了时弊，是一部好影片。《新民晚报》曾评论此片"成就超过《八千里路云和月》，它是抗战胜利以后国产影片中优秀的一部"。

影坛将军　屡创第一

1949年上海解放前夕，汤晓丹拒不赴台，留下来迎接城市的新生、祖国的新生。晚年他自己曾自豪地回忆道："20世纪从50年代开始，我一直感到意气风发，斗志昂扬。《胜利重逢》《南征北战》《渡江侦察记》《怒海轻骑》《红日》《水手长的故事》《南昌起义》……一部接一部，都是我喜欢的军事题材影片。它们的创作有极大的难度，但很有前途。舆论封我为'不穿军装的将军'，这是对我的最高奖励。当然，《沙漠里的战斗》《不夜城》《傲蕾·一兰》《祖国啊，母亲》《难忘的战斗》等反映各阶层人民生活的影片的拍摄，我也满怀激情，呕心沥血"。

汤晓丹是中国电影事业发展的功臣，屡创中国影坛第一。

汤晓丹执导的故事片《南征北战》，是中华人民共和国成立后的第一部优秀军事影片，影片以磅礴的气势，宏大的场面，众多的人物关系表现了人民解放军在华东战场的一次大规模歼灭战。作为导演，汤晓丹不仅用艺术手法再现了当年宏伟的战争场面，而且还细腻地刻画了中国军队中的战士形象，歌颂了他们英勇作战的精神。

汤晓丹执导的故事片《渡江侦察记》，情节曲折，引人入胜，精心刻画生活在大时代背景中各式各样的人物，以其充满血肉的银幕生命力活跃在观众心中，开创了惊险样式题材影片拍摄的先河，也创下了1954年国产片的最高观影纪录。

汤晓丹执导的故事片《南昌起义》，是他70多岁时所拍的影片，也是一部纪实性革命历史故事片。他用编年史的方法，使历史人物的出现和矛盾纠葛自然如实地顺着事态的发展展开，虚构的艺术形象和情节安排也严格遵循现实主义的创作原则，使观众看影片时犹如在阅读历史，且有身临其境之感。这部影片，也使他登上战争题材电影顶峰。

从1932年进入影坛到1987年息影，汤晓丹先后创作的影片不下50部，算得上是中国导演中数量上最多，他所拥有的个人代表作最多者，如《飞絮》《翻天覆地》《金屋十二钗》《小广东》《民族的吼声》《警魂歌》《天堂春梦》《南征北战》《渡江侦察记》《不夜城》《红日》《南昌起义》和《廖仲恺》；他所涉及的片种样式也是中国导演中最广泛的，喜剧片、反谍片、社会片、言情片、戏曲片、歌舞片、纪录片、战争故事片、惊险片、历史片、传记片等。在中华人民共和国成立后，他电影成就最为突出的是革命军事题材影片，因此有了"军事片大师"和"不穿军装的将军"的称誉。

获奖无数　德高望重

汤晓丹执导的影片，影响了一代又一代的中国人，也为他自己夺得了众多奖项。其中，影片《渡江侦察记》获得文化部1949—1955年优秀故事片一等奖；《傲蕾·一兰》《南昌起义》《廖仲恺》等影片多次获得国家文化部优秀影片奖；在第4届金鸡奖"最佳导演"奖评选中，以《廖仲恺》一片获最佳导演奖。

此外，汤晓丹还荣获国家文化部1949—1955年优秀电影工作者（导演），还先后被评为上海市劳动模范、全国先进工作者、优秀共产党员等。2004年9月，第24届金鸡奖评选"中国电影终身成就奖"，汤晓丹成为此奖第一人。2005年，汤晓丹在纪念中国电影诞生100周年活动中，荣获"国家有突出贡献电影艺术家"荣誉称号；同年，第八届上海国际电影节也授予汤晓丹终身成就奖。

2012年1月21日，汤晓丹在上海华东医院逝世，享年102岁。

2015年春，汤晓丹纪念馆在其故乡华安县仙都镇云山村建成并投入使用，向公众免费开放。

汤晓丹的两个儿子汤沐黎、汤沐海分别是国际知名画家，国际著名音乐指挥家。长子汤沐黎擅长绘画，曾考上中央美术学院研究生，后又考入了英国皇家美术学院，已被列入《英国当代艺术名家集》，后被特聘为美国康奈尔大学艺术系美术教授。次子汤沐海曾就读上海音乐学院，后又考入德国慕尼黑高等音乐学院指挥大师班，是世界著名指挥卡拉扬的得意门生，现在是世界著名的柏林爱乐乐团的客座指挥，在国际上享有盛名。

许如琛

许如琛（1917—1978年），福建福州人，美国归侨，著名植物病理学家、基础微生物学家。曾任中国留美科学工作者协会理事，南京大学生物系教授、生理教研室副主任。

1917年许如琛生于福州著名海军世家——福建省长乐县（今福州市长乐区）琴江村帅正街许家。

许家本是辽东人，祖上跟随努尔哈赤起兵，被编入"老四旗"。皇太极时，随着疆土的扩大和兵马的增多，将"老四旗"中的汉人抽出，专门编成"汉八旗"。许家后人许义起随顺治进关，南征北战，最后驻扎北京。康熙十三年，福建耿精忠起兵叛乱。康熙十五年，许义起随清军入闽平乱，后定居福州。雍正六年（1728年），清朝在长乐三江汇聚的琴江建立了南方第一个水师旗营——三江口水师旗营，许如琛祖辈由此居于从福州城内移居琴江，家族连续八代皆出海军精英，参加了1874年赴台驱日、1884年的中法马江海战、1894年中日甲午海战、1900年与八国联军海战和抗日战争。

许如琛自幼聪颖过人，小学、中学一路学业优良。1934年，她以优异成绩考入清华大学生生物系，依旧是学校学习尖子，且因貌美如花且能歌善舞，被公认为是清华才女，在许多清华学子回忆文章还有以人称之"清华女神"。因正直热情，还先后担任级学生会游艺委员、主席。当时，国难深重，许如琛投入抗日活动，并成为"一二·九"学生运动骨干。她还带着同学参加了1935年"一二·一六"，1936年的"三三一""六三一""一二·一二"等北平学生爱国救亡运动示威游行，不避危险，号召大家起来抗日。

1936年4月，清华大学海燕歌咏团成立，许如琛成为歌咏团的骨干，用抗日歌曲鼓舞军民奋勇抗战，还和同学们一起将《义勇军进行曲》等救亡歌曲印在明信片上，向国内外传播20多万张。她还担任清华大学抗日话剧《回春之曲》女主角，剧中演唱的歌曲《再会吧南洋》《梅娘曲》《慰劳伤兵歌》等，感染了许多人。

1937年7月全面抗战爆发后，许如琛随校一路南迁，先后随校并入国立长沙临时大学、西南联合大学，在迁徙中完成大学学业。毕业后，以自己的知识技术在四川成都等地为抗战服务。

抗日战争胜利后，许如琛赴美国明尼苏达大学攻读生物学，获硕士学位。许如琛是中国美留学生中活跃分子，积极组织活动，介绍中国共产党领导的解放区，介绍中国共产党的宗旨，成为中国共产党外围组织"明社"的骨干，还参与发起中国留美科技工作者协会，并在1949年9月30日中国留美科技工作者协会成立大会上，与华罗庚、侯祥麟、冯平贯、孙绍谦、张文裕、许如琛、丁儆、余国栋等共同当选为理事。

中华人民共和国成立后，许如琛积极奔走，动员、组织留学生归国效力，参与促成新中国第一个

"海归潮"的形成，为新中国建设做出贡献。

1950年9月，许如琛率领第三批留美中国科学工作者回国参加祖国建设，她自己随即进入南京大学生物系，担任教授、生理教研室副主任。在植物病理学、真菌学、基础微生物学的科研方面做出重大成绩。撰写了《棉花枯萎病菌的致病性及其碳素营养的试验研究》《生长刺激剂及微量元素对于棉苗保健作用的效应》《鲤鱼和黄鱼体内的细菌种类的初步鉴定》《棉籽的各种处理对于防治棉苗病害的效用》等一批学术论文，在国内业界产生重要影响，为中国农业、渔业的发展解决了不少难题。

许如琛曾任全国青联代表，第三届全国妇联代表，江苏省第二届至四届政协委员，南京市第二至第四届人大代表，江苏省九三学社妇女工作委员会委员，江苏省病理学会理事等社会职务。

1978年7月，作为重要科学专家，南京大学专门安排许如琛到位于无锡的江苏省高干疗养院休养。8月下旬，许如琛突患病毒性脑膜炎，江苏省南京市紧急组织对其抢救，但回天无力，许如琛于8月25日病逝。国务院副总理姚依林等赠送花圈。

琴江村保存着大量传统水兵宅院

许锦世

许锦世（1906—1981年），福建厦门人，菲律宾归侨，著名心血管专家。曾任中国红十字会总会救护总队医生、军政部战时卫生人员训练总所教官、岭南大学医学院附属医院副院长、中山医学院内科教研室副主任、中山医学院第二附属医院内科主任、中山医学院第三附属医院院长。

许锦世出生于同安县民安里（今厦门市翔安区内厝镇）许厝村一个侨商家族。幼时随家人下南洋，在菲律宾完成小学、中学教育后，以优异成绩考入菲律宾大学理科学院攻读化学，在获得学士学位之后进入圣多玛士大学医学院攻读医学研究生。

许锦世在硕士毕业之后，在菲律宾马尼拉医院当过医生，医道颇受好评。之后，又进入圣多玛士大学医学院专攻心血管内管专业，1938年获医学博士学位。当时菲律宾和美国用设备多家医院以高薪相邀，但他毅然决定回到战火中的祖国，效力沙场。

准备回国前，许锦世将自己多年积蓄全部拿出来，购买了国内急需的医疗器材和药品，准备捐给祖国。

1939年春，许锦世携带购买的国内急需的医疗器材和药品，辗转万里，回到祖国。当时，国内数家都市医院也向他伸出橄榄枝，被之相拒："我回国不为舒适而来，而为战斗而归。"他执着追寻林可胜率领的中国红十字会总会救护总队西迁的步伐，翻山越岭来到贵阳东南群山丛中的图云关，加入中国红十字会总会救护总队。

许锦世参加了中国红十字会总会救护总队组织的战地医疗队，经常随军跋山涉水，冒着枪林弹雨抢救伤员。战斗间隙，他给官兵讲授战地卫生知识，避免非战斗减员。还到部队炊事部门，手把手教炊事人员正确取水和净化的简易办法。

作为海归博士，许锦世还担任中国红十字救护总队所办的战时卫生人员训练总所教官，参加编写教材和授课，参与培养了大量战地军医。其间，还曾当过一段白崇禧将军的保健医生。

抗日战争胜利后，许锦世离开军队，转任北京协和医学院副教授、主治医生，成为京城心血管科名医，后应岭南大学校长陈序经之诚邀，于1948年南来广州，先后担任岭南大学医学院附属医院主治医师兼副教授、教授兼副院长。1953年后，历任广东省中山医学院内科教研室副主任，中山医学院第二附属医院内科主任、中山医学院第三附属医院院长等职，并任中华医学会广东分会心血管学会副主任委员。

许锦世长期从事医学教学、医疗和科研工作，治学严谨。从20世纪50年代起，开展心电图、心音图、向量心电图、心冲击图及左右心导管检查，配合其他科室进行先天性和后天性心脏病病因诊断、手术前后防治等研究，取得了突出的学术成就，活人无数。他还先后撰写《无脉症100例综述》《临床一例主动脉弓造影检查报告》《广州地区成人各类心脏病发病率比较》《埃勒斯坦氏畸型二例报告》等论文20多篇。参加编写全国高等院内科学循环系统新教材、心电图学习班讲义、英文版内科循环系统和内科诊断教材，成为全国知名的内科心血管科学家。

1981年，许锦世病逝于广州。

孙崧樵

孙崧樵（1902–1987年），原名复元，字秀岩，福建惠安人，马来西亚归侨。曾任厦门国医研究会副会长、厦门《鹭声医药》杂志主编、马来西亚槟城中华药行董事长、马来西亚北马中医师公会副会长兼秘书长、马来西亚《医铎》季刊主编、福建省惠安县中医师公会理事长、马来西亚《星槟日报》医学顾问、福建省惠安县第一联合诊所主任、福建省惠安县红旗医院院长、福建省惠安县城关医院院长、全国中医学会福建分会理事兼晋江地区中医学会副理事长和惠安中医学会理事长。

能文能武　园丁挥戈

1902年7月，孙崧樵出生于福建省惠安县张坂镇崧山村洋厝自然村一个耕读世家。父亲饱读诗书，国学底子深厚，他甚是重视子女教育，使之孩童时即就读于农村私塾，遍读经子史集，能文工诗。

1918年，崧山三村成立崧山小学，孙崧樵父亲孙进修受聘为国文教师，他随父亲到了崧山小学，直接就读高小一年级。

1915年5月9日，袁世凯签订了丧权辱国的"二十一条"。1919年1月18日，"巴黎和会"上，中国代表团以战胜国身份参加和会，提出取消列强在华的各项特权，取消日本帝国主义与袁世凯订立的"二十一条"等不平等条约，归还大战期间日本从德国手中夺去的山东各项权利等要求。巴黎和会在帝国主义列强操纵下，不但拒绝中国的要求，而且在对德合约上，明文规定把德国在山东的特权，全部转让给日本。北洋政府竟准备在"对德和约"上签字，从而激起了中国人民的强烈反对。惠安各地中小学生群集城内官立小学，奔走宣传，

孙崧樵

号召城乡百姓通过示威游行、请愿、罢工、暴力对抗等形式，要求中国政府坚持国家主权。孙崧樵闻知，徒步翻山越岭30华里，赶到县城参加宣传示威活动。

1922年，孙崧樵到惠安县涂寨立德小学当教师。他经常向学生讲述五四运动，要求学生们以爱国为第一要义。他自己要渴望横刀立马，为国效力。

1922年6月，陈炯明在广州叛变，围攻总统府，孙中山上"永丰"舰避难。孙中山决定讨伐。1923

年1月，辛亥革命元老许崇智在孙中山的领导下任东路讨贼军司令，从闽南方向讨伐盘踞广东的陈炯明。孙崧樵任东路讨贼军第二路司令庄文泉部独立营副营长。1925年1月在孙中山的领导下，孙崧樵参加第一次东征，继续讨伐陈炯明，击败陈炯明部主力。

1925年春，孙崧樵重掌教鞭。辗转在惠安、晋江、厦门多地小学任教。曾担任厦门乐安小学校长、银霞小学校长。

自学成才 鹭岛名医

孙崧樵自幼喜爱中医，刻苦研究中国中医经典，四处请教名师，收集名方秘方。执教之余常为人诊病，疗效甚好，美名远扬。

1933年，孙崧樵在厦门获得中医行医资格认证，辞去教职，开设诊所，设立药铺，悬壶行医。治好了不少疑难杂症，在业界声望日隆，被选为厦门国医研究会副会长，同时主编《鹭声医药》杂志，在造福厦门百姓的同时，也有力推动了厦门市中医发展。

为集合更多力量研究中医中药和培养中医人才，孙崧樵发起创办中医研究所，一边进行中医中药专业研究，一边招收学生，自己还亲自担任妇科及病理学主任教师。招收函授生数十名，并亲自担任妇科及病理学主任教师，编印讲义。

1936年，为推广中医中药，孙崧樵在厦门厦禾路开设达生国药局。

南渡槟城 名医侨领

1937年，孙崧樵南渡马来亚，在槟城开设中华药行，挂牌行医。不久，就因仁心仁术而名声大噪。其时他还兼任槟城《现代日报》医学顾问，就日常疾病、疑难杂症等，撰文刊发于报端，并根据读者提问写医疗问答，在为当地华侨华人服务的同时，有力推动了中医中药在海外的传播。

1939年，孙崧樵又发起组织北马中医师公会，任副会长兼秘书长，主编《医铎》季刊，集合马来亚华侨中医的力量，合力为当地百姓服务，推动了中华文化在海外的传播。孙崧樵也因此成为在槟城极有号召力的侨领。

排除万难 领侨抗日

旅居马来西亚期间，孙崧樵积极参加华侨抗日救国活动，他一方面倾资捐以祖国抗敌，一方面奔走各地宣传抗日，还一次次发起华侨医生赈灾义诊。此外，他还多次在报刊上赋诗宣传抗战，号召华侨有钱出钱，有力出力，支援祖国抗战到地。

1941年1月，皖南事变爆发，孙崧樵痛心疾首，以"诗魂"为名，赋诗言志，并在《现代日报》连续刊发了40多首诗词，痛斥国民党顽固派自毁长城，号召华侨支持共产党领导的八路军、新四军。他也因此得罪在海外的国民党特务，他们发来匿名恐吓信，要孙崧樵收手，还唆使暴徒打砸中华药行，捣毁柜台镜屏，往店门墙壁泼乌油，但孙崧樵毫不畏惧，坚持战斗，继续以诗为剑，其中有两首名震槟城：

    诗一：牺牲抗敌人民事，救国何关到巨公；同室操戈摧手足，燃萁煮豆昧心胸；徒存异见与家难，未许同心向外攻；新四军人甘叛变，分明野语说齐东。

    诗二：用尽阴谋终误国，只因私利不为公；匹夫有责宁缄口，尔辈何心试抚胸，罪恶难逃他日判，是非倒置一时攻，寄言爱国男儿辈，枪口愿教概向东。

孙崧樵的诗词对团结槟城华侨坚持支援祖国抗战发挥了积极作用。他的凛然正气使之成为槟城的华侨抗日领袖，赢得了许多朋友。1939年至1941年6月，著名画家徐悲鸿来马来西亚举办画展集资支援抗日，孙崧樵利用自己的影响力，全力相助，二人遂成至交，徐悲鸿画《苍松图》相赠。1941年，孙崧樵因母病归国，离别时徐悲鸿挥毫画《立马图》敬赠，并赠诗一首送别。

二下南洋　反对内战

1941年秋，孙崧樵回国伺母。参加惠安中医师公会，当选为理事长，主编《惠安医药》杂志。

1947年，孙崧樵因愤于蒋介石发动内战，重渡槟城行医，并任《星槟日报》医学顾问。期间，他以"新客""老客"为笔名，在新加坡《南侨日报》上刊发百多首反对内战、推崇中国共产党领导的解放区、歌颂正义的诗词，深为侨界敬重。

欣然回国　总理接见

新中国成立，孙崧樵欢欣鼓舞，他不顾槟城侨界的苦苦挽留和医名远播的丰厚收入，执意回国，参加新中国建设。

1955年，孙崧樵回到惠安县，任第一联合诊所主任，他满腔热情地为百姓服务，当选为惠安县人民政府委员。1956年春，孙崧樵当选为惠安县政协常委；1956年4月，作为归侨代表参加北京"五一"劳动节观礼，出席政协招待华侨酒会，受周恩来总理等国家领导人的亲切接见。

1957年起，孙崧樵担任晋江专区侨联常委、福建省侨联常委、惠安县卫生工作者协会副主任，还出任惠安县侨联合副主席、惠南中学董事长、惠安县红旗医院院长、惠安县城关医院院长。

一代名医　妇科权威

在看病诊病的同时，孙崧樵始终坚持进行中医中药研究，并进行理论上总结。1959年，加入中国医学会福建省分会；是年冬，在福州参与编著《福建省中医医案医话选编》。1961年，调任惠安中医研究所所长，负责编辑《惠安中医药》。期间，编撰《张锡纯方歌诀》，后由研究所出版。翌年，返城关医院任院长。

"文革"时期，作为"学术权威"的孙崧樵，于1967年被下放到农村保健站任医生。虽农村生活条件艰苦，但孙崧樵克服年老体弱等各种困难，满腔热情为村民看病治病，周边不少病人因他而得以病除延寿。

1973年，孙崧樵调回城关卫生院，坐诊看病之余，着力撰写医案，总结自己行医半世纪的经验。在医术上主张"西为中用""中西汇通"。长期以来，他坚持理论探索和临床实践相结合，积累丰富的经验，他对中医妇科的研究，有独到之处，与孙朗川、孙浩铭并称"福建妇科三孙"。他把妇科疾病概括为经、带、胎、产、杂病五大类，指出"血为经之源，气为胎之本""治妇科病功夫全在调和气血"。在多年的药理实践过程中，确认"香附为妇科之圣药，大黄乃逐淤之珍品"。

1975年，孙崧樵改编《妇科易知录》为《妇科辑要》，由晋江地区医药研究所再版；撰写《樵叟医话》，由惠安医学科学研究所出版；1978年10月，任惠安县城关卫生院副院长。同年《妇科辑要》由福建省卫生局编入《老中医经验汇编》一书。1979年3月，当选为中华全国医学会福建省分会理事，兼任晋江地区中医学会副理事长、惠安中医学会副理事长。1982年7月，晋升为副主任医师，是月《樵叟八旬酬唱集》出版。1985年9月，在福建省卫生厅召开的振兴中医大会上受到表彰，获省人民政府颁发的从事中医工作三十周年荣誉证书。1986年5月，受中华全国中医学会福建分会的表彰及荣誉证书，获福建省人民政府"振兴中医特别贡献"荣誉奖章。同年10月，被评为全国侨联工作积极分子，受到全国侨联的表彰。

1987年7月，孙崧樵加入了中国共产党。9月病逝。逝世消息传到南洋，滨城诗社和报刊发表了很多纪念文章和诗词，纪念这位诗才、医术、仁心与诗胆并著的一代儒医。全国侨联发来唁电，赞其为"健民济世，侨界之光"。

杜运燮

杜运燮（1918—2002年），笔名吴进、吴达翰，福建古田人，马来西亚归侨，著名诗人。曾任中国空军美国志愿援华航空队翻译、中国军队印度蓝姆伽训练中心翻译、新加坡南洋女子中学教师、新加坡华侨中学教师、新加坡《中兴日报》翻译、香港《大公报》文艺副刊编辑兼《新晚报》电讯翻译、新华社国际部编辑兼翻译、山西师范学院外语系教师，新华社《环球》杂志副主编，九叶诗派代表诗人，中国朦胧诗先驱。

生于南洋　回国读书

杜运燮祖籍福建省古田县大桥镇瑞岩村，古田旧属福州十邑之一。大桥镇是闽东的交通要道。晚清，杜运燮先辈跟着黄乃裳远涉重洋，前往当时海峡八殖民地之一———东南亚沙捞越（今属马来西亚沙捞越洲），在此建设"新福州"垦殖场，经过艰苦拼搏，将虎狼出没的沙捞越建设成繁华的新城。杜运燮父母后举家迁往今马来西亚霹雳州曼绒县实兆远。

杜运燮

1918年3月17日，杜运燮出生于马来西亚实兆远，7岁时进入当地华文新民小学读书，毕业后在甘文阁国民学校读初中。当时实兆远国民学校的初中课程是由邻近几间小学轮流承办开课，他只读了半年，便转到实兆远市的中正学校继续完成初中学业。

为更好学习中华文化，1934年父母将16岁的杜运燮送回祖国，就读于福州三一中学。1938年初夏，他以优异成绩考入浙江大学农学系。1937年7月抗战全面爆发后，浙江大学远迁贵州，杜运燮便转入已迁至闽西长汀的厦门大学生物系就读。其时，他进修了中文系林庚（现代诗人、古代文学学者、文学史家）的《新诗习作》课程。林庚生于北京，但祖籍与古田接壤的福建闽侯，北京大学毕业，曾参与创办《文学月刊》，还曾任《文学季刊》编委。杜运燮对新诗产生了强烈兴趣，林庚也热情鼓励自己的小老乡进行诗歌创作，在老师鼓励下林庚开始诗歌创作。

1939年秋，杜运燮转学到昆明西南联合大学外语系英文专业学习，从此走上文学创作道路。1940年发表了第一篇诗作，1946年出版第一部诗作。

投笔从戎　军中翻译

1942年4月，中国空军美国志愿援华航空队创立，急需大量翻译，杜运燮果断休学投军，到被称为"飞虎队"的中国空军美国志愿援华航空队当翻译。

1942年5月，中国远征军第一次进入缅甸作战失利。担任中国战区参谋长、中国远征军总指挥的史迪威将军着手筹划由美国在印度训练和装备一支中国军队，作为日后收复缅甸的主力，很快400余名美国教官到位。同年8月，在印度比哈尔邦兰溪小镇设立兰姆伽训练中心开营，设有步兵、炮兵、装甲兵、战术和后勤5个训练中心。由此急需翻译，杜运燮远赴印度，担任兰姆伽训练中心翻译。

从1942年9月开始，兰姆迦训练中心一共训练了中国5368名军官和48124名士兵。1945年在完成训练中心任务后，杜运燮重返校园，同年毕业于西南联合大学外语系。10月，杜运燮先生经沈从文先生推荐，进重庆《大公报》当编辑。

星洲执教　北京编辑

1946年10月，杜运燮回马来西亚探亲，在马来西亚只小住两三个月，就到新加坡，先后执教南洋女子中学和华侨中学，期间还当过《中兴日报》编辑和翻译。

1949年10月1日，中华人民共和国成立，杜运燮立即束装回国。

在途经香港时，曾应香港《大公报》之邀请，任文艺副刊编辑兼《新晚报》电讯翻译。

1951年，杜运燮来到北京，进入新华社国际部当编辑兼翻译。后曾任山西师范学院外语系教师。改革开放后，曾任新华社《环球》杂志副主编，兼任中国社会科学院研究生院新闻系研究生导师。

1986年10月，杜运燮晋升译审，享受早期回国定居专家待遇。

九叶诗派　　"朦胧"先驱

杜运燮是著名诗人，成名于20世纪40年代初期。创作于抗战时期的《滇缅公路》等诗作，得到了闻一多的赏识。袁可嘉评论《滇缅公路》这首诗的特点是把"静止的公路作为动物来写，使它进入充分的动态"。诗人是以跳跃的想象，歌颂这条为中国争取抗战胜利的公路。杜运燮与穆旦、袁可嘉、郑敏等9位在20世纪40年代从事创作的诗人因合出《九叶集》而被评论界称为"九叶诗派"，在中国诗歌界具有较大的影响。文学史通常认为"九叶诗派"的艺术探求很有价值，拥有一批艺术水准较高的诗人诗作，对新诗的表达方式以及诗学观念都有大的突破。

杜运燮是中国朦胧诗先驱。20世纪70年代末80年代初，杜运燮的作品《秋》因"连鸽哨也发出成熟的音调"等诗句，因有评论家说该诗朦胧得让人气闷，对这首诗的指责堪称拉开了一场大争论的序幕，并最终导致了"朦胧诗"的命名，从此"朦胧"成为诗坛的专用名词，后演变成一个重要诗歌流派。

1980年，杜运燮加入中国作家协会。著有诗集《诗四十首》《晚稻集》《南音集》《你是我爱的第一个》《杜运燮诗精选一百首》《海城路上的求索——杜运燮译文选》《九叶集》《八叶集》（合集），散文集《热带风光》等。《香港回归颂——一个七九老人庆九七》获香港《大公报》与北京《光明日报》联合主办的迎接香港回归祖国诗词大赛一等奖。

2002年7月16日，杜运燮因病医治无效在北京逝世，享年84岁。

李法西

李法西（1916—1985年），又名李曦，福建泉州人，生于菲律宾马尼拉，菲律宾归侨，著名物理化学家、海洋化学家、河口化学家、海洋化学教育家。曾任厦门大学化学系助教，中央大学化学系助教，厦门大学化学系副教授、教授，福州大学化学系主任，厦门大学海洋系副主任，厦门大学亚热带海洋研究所所长，中国海洋学会秘书长、中国海洋化学学会理事长。为中国海洋化学学科主要奠基人之一，国际河口化学先驱。

菲岛文青　创办杂志

1916年8月24日，李法西生于菲律宾马尼拉市一个爱国华侨知识分子家庭。李父是同盟会早期会员，曾为孙中山领导的辛亥革命奔走呼号，宣传孙中山革命思想，动员华侨出钱出力，为推翻封建帝制做出了积极努力。父亲对祖国的深沉之爱和民族情怀，培植了李法西强烈的爱国心和民族情。

李法西自幼刻苦自励，但因家境贫寒，只能通过半工半读继续学业。他读过夜校、当过学徒。受父亲影响，李法西从小喜欢文学，创作过散文、诗歌、小说，也因参与创办了菲律宾第一个文艺社而在菲华文学史上留下了浓墨重彩一笔。

1933年，李法西与林健民、林西谷、庄奕岩等人一起创办了"黑影文艺社"。他们积极开展文学创作活动，作品都在上官世璋主编的《华侨商报》的周刊发表。后来，李法西和几位好友联合创办了《黑影文艺》文学刊物，林健民在《黑影文艺》"发刊词"中道出了志同道合文艺青年兴文社办期刊的原因："当你向光明前进的时候，后面曾留下了一条黑影。"表达了他们憧憬光明、追求进步的理想。

李法西

1934年8—9月间，李法西和林健民、林西谷、高若啸等人一起，创办了《天马》月刊，林健民任主编，李法西负责发行。该刊为纯文艺刊物，印刷精致，每期约32页码。主要作者除居于菲律宾的李法西、林健民、林西谷、高若啸、庄奕岩等人外，还有国内泉州、厦门等地的作者投稿支持。出版经费主要由广告维持，也有一部分私人津贴。每期印800册，除了一半左右出售以外，部分寄赠国内亲友。《天马》月刊大约维持一年半左右时间，至1936年出版元旦号以后，即因李法西回国升学而宣告停刊。

李法西还为菲律宾其他华文文学期刊写稿。1935年，卢家沛、蔡远鹏等人创办了《海风》综合文艺旬刊。卢家沛任发行人，蔡远鹏任经理，林健民、林一萍任主编，李法西是主要作者。可惜《海风》

仅出版半年左右，就因经济拮据而停刊。

回国求学　转攻华学

1936年，李法西回国求学，先后就读于厦门中学、集美中学。1937年考取中央大学化学系，因抗日战争全面爆发，李法西先于厦门大学借读。

1937年七七事变后，日军快速东侵，中央大学从南京西迁至陪都重庆，主校区设在陪都沙坪坝松林坡。李法西跋山涉水，辗转数省，于1939年来到重庆，进入中央大学化学系学习，1943年以优异成绩毕业，获理学学士学位，留学任助教，同时攻读研究生。

抗战时，厦门大学也迁入闽西大山深处的长汀县。1944年，李法西又长途跋涉，来到长汀，担任厦门大学化学系助教。

1946年，李法西回到中央大学继续担任化学系助教。

美国留学　福州建校

1948年，经厦门大学化学系主任卢嘉锡教授推荐，李法西赴美国俄勒冈大学化学系研修，次年获硕士学位。之后，转入美国加州理工学院攻读博士学位。

1949年10月1日中华人民共和国成立消息传至美国，李法西闻知欢欣鼓舞，当时他已通过博士初试，却毅然放弃学业，响应祖国号召，排除各种阻力，于1950年经香港回到祖国。回国后在厦门大学化学系任教，先后担任副教授、教授。1954年，李法西光荣加入中国共产党。

李法西夫妇，李法西夫人陈碧玉曾长期担任厦门市教育局副局长，退休后创办了厦门外国语学校

1958年，根据组织的决定，卢嘉锡到福州参加筹建福州大学和原中国科学院福建分院，后经多次调整而建成中国科学院福建物质结构研究所。李法西奉命来到福州，牵头组建了福州大学化学系，并出任首任主任。

海洋化学　奠基学者

李法西是中国海洋化学学科的主要奠基人之一，也长期是中国海洋化学的学科带头人。

1958年以后，根据国家发展海洋事业的需要，李法西参与了中国海洋学科的草创工作。1959年，在厦门大学创建了海洋化学专业。1960年在设于厦门大学的福建海洋研究所创建了海洋化学研究室，1962年，海洋化学研究室改称中国科学院华东海洋研究所。

李法西全身心投入海洋化学的研究和教学工作，成为中国海洋化学研究的学术带头人。他根据海洋化学研究的新动向和中国海域的特点，制定了研究目标，带领研究团队运用物理化学与胶体化学的理论与方法，对海洋地球化学过程进行比较定量研究，获得了系列成果。

李法西是中国海洋化学第一批教育家之一。他和同事们一起在厦门大学海洋系建立了海洋化学博士点。他先后推荐和选派各地区、各系统数十名访问学者和研究生出国考察和留学，为他们选择了世界第一流的海洋科学导师。他推荐的这些学者学成归国后，在中国科学院、国家海洋局和高等教育等系统发挥了骨干作用，成为中国海洋化学学科的中坚力量。

李法西不仅以自己出色的科技成果，活跃于国际海洋科学舞台；还推荐多名优秀的海洋科学家参加相关国际组织的工作，为确立中国海洋学界的国际地位做出了独特的贡献。

进言中央　倡海洋局

1963年3月，国家科学技术委员会海洋专业组在青岛召开会议，研究讨论我国海洋科学十年发展规划草案。与会专家建议，为加速发展我国海洋事业，应成立国家海洋局，统一管理国家的海洋工作。此建议由海洋专业组副组长于笑虹、刘志平向国家科委副主任范长江作了汇报，范长江指示："请专家们联名向党中央、国务院写报告。"

1963年5月6日，由国家科委海洋专业组组长袁也烈、副组长于笑虹、刘志平牵头组织李法西等29名专家联名向国务院、党中央写信，建议成立国家海洋局，统一管理国家的海洋事业。当年秋天，国务院秘书长周荣鑫召集国家科委副主任韩光、海洋专业组组长袁也烈、副组长于笑虹、刘志平等研究并初步拟定了国家海洋局的组建基础、机构名称、领导关系、性质任务等一系列原则方案。

1964年1月4日，国家科委党组根据专家们的建议，写信给中央书记处和邓小平总书记，正式建议成立国家海洋局，并提出了国家海洋局的6项具体任务。2月11日，中共中央正式批准在国务院下成立国家海洋局，向国务院办理手续。7月22日第二届全国人民代表大会第一百二十四次常委会议，批准在国务院下设立国家海洋局。9月1日国家海洋局印章自即日起正式启用，开始对外办公。

1965年，中国科学院华东海洋研究所的建制划归国家海洋局，改称国家海洋局第三海洋研究所。

河口化学　国际先驱

李法西是中国河口化学学科的奠基人，也是国际河口化学学科的先驱。1964年，李法西发表的首篇海洋化学论文《河口硅酸盐物理化学过程研究》，是中国河口化学领域开创性的研究工作。

1966年至1976年，李法西排除各种干扰，积极投入科研之中。他带领学生深入盐场、工厂，探索海水化学资源开发的新途径，悉心指导《海洋调查规范》的编撰，主持一系列国外海洋化学专著的翻译，为后来中国海洋化学学科的发展打下了良好基础。

1978年，李法西与国家海洋局局长罗钰如一起，率领"文革"后中国第一个海洋科学代表团赴美考察海洋科学研究的状况。他沿着美国海岸线，自东向西地对各重要海洋科研基地进行了认真的考察学习，回国后就中国海洋化学学科的发展方向提出了重要意见。他认为海洋化学的主要研究方向应是研究海洋中的各种化学过程，特别强调了化学海洋学的重要意义，并提出了中国海洋科学发展若干重要设想：开展一些重要海区和河口港湾的综合性、区域性和专题性的深入调查，有的放矢地解决重要海区的生产建设有关问题，防治海洋石油污染问题、海洋观测新技术问题。

李法西对海洋化学人才培养与队伍建设也提出总体设想和建议，指出：海洋化学工作者应该既有扎实的化学基础，又有相当的海洋学基础；还应该经常下海，积累足够的海上经验；同时，要跟其他海洋学分支学科相互渗透、互相配合，以解决综合性的海洋问题。后来的实践证明李法西的设想和建议，是科学且很有预见性的。

晚年，李法西为振兴中国海洋化学研究和培养人才而殚精竭虑。他领导的研究团队在物理化学和河口化学方面的研究，受到国际同行的瞩目。他们所发表的《河口硅酸盐物理化学过程研究》《河口硅酸盐转移机理的理论分析》等系列河口化学理论论文，在国际上影响甚大，对国际河口化学的建设和国际海洋保护发挥了积极作用。他曾多次携带研究成果，到美国、加拿大、意大利、联邦德国召开的国际海洋学术会议上交流。

由于李法西在河口化学变化过程上的独到研究和独特贡献，被美国麻省理工学院著名海洋化学家J.M.Edmond誉为国际河口化学的开拓者。

抱病科研　鞠躬尽瘁

晚年，李法西积劳成疾，身体每况愈下，但为了抓紧所有时间进行科学研究，他一次次推迟或放弃了国家给予他的体检和风景名胜疗养的机会，甚至医生鉴于他病情加重开了住院通知书，他将住院通知书揣进口袋，径直走进试验室。

李法西病重期间，仍抱病作为中方主要科学家，参与了中美合作首次长江口调查的组织工作；同时，还多次参加国内外学术会议，将国外最新研究成果引进国内；亲自带研究

陈碧玉（前排右三）与丈夫李法西（后排右二）等家人

生，修改论文，筹建海洋化学实验室，并审定了《中国大百科全书》海洋化学部分。

1985年8月3日，李法西病逝于厦门，用自己一生实践了自己最常对学生说的一句话："一个人活着是为了贡献于人民，而不是为了攫取。"

杨骚

杨骚（1900—1957年），原名杨古锡，字维铨，福建华安人，新加坡归侨，著名诗人。曾任福州文化界救亡协会常务理事、中华全国文艺界抗敌协会会员、作家战地访问团团员、新加坡闽侨总会《民潮》主编、新加坡星华文化界战时工作团团员、印度尼西亚雅加达《生活报》副刊《笔谈》主编、副社长兼总编辑、广州市作家协会副主席、

留日学子　首发诗作

1900年1月19日，杨骚出生于福建省漳州市南市街杨厝，祖籍华安县丰山镇。杨骚的父亲杨长生在漳州开了家面条加工坊，以制作面条维持一家生计，他生有三子两女，杨骚行三。杨骚未满周岁，即过继给23岁的堂叔杨鸿盘。杨鸿盘是前清拔贡，饱读诗书，家境优裕，自办私塾。

杨骚5岁时，进入养父办的私塾读书，在杨鸿盘的课读之下，学习《弟子规》《三字经》等。7岁时，杨骚进入汀漳龙道师范学校附属小学，1913年至汀漳龙道师范学校读预科，后转入位于杨骚漳州的福建省立第八中学读书，1918年毕业。同年秋天，杨骚东渡日本，最初想学海军，在闻知无法进入日本人办的海军学校后，改学矿业，再度无门，直到1921年才考进东京高等师范学校。

杨骚

杨骚在东京结识了不少进步作家，并阅读了《新青年》等进步刊物。1921年1月26日，自他的第一首短诗《一个日本女人》在《觉悟》发表之后，杨骚对文学创作产生了浓厚兴趣，由此走上了文学之路。

沪上名士　加入"左联"

1925年，杨骚前往新加坡，进入一所侨办华文小学当教员。

1927年10月底，杨骚从新加坡回国，在上海进行专业文学创作，写出了反映南洋生活的独幕话剧剧本《Yellow!》，还陆续翻译了日本、苏俄的一些戏剧、小说作品。如苏联作家亚历山大·绥拉菲莫维奇的著名长篇小说《铁流》等。

在上海，杨骚进入了自己创作高峰期，也结识了一大批爱国进步作家，并于1930年3月，成为中国左翼作家联盟（简称"左联"）第一批成员。他响应鲁迅提出的革命作家一定要接触实际的社会斗争，

和"左联"诗歌组的穆木天、森堡（任均）、蒲风、白曙、杜谈等，发起成立了中国诗歌会。在中国诗歌会机关刊物《新诗歌》中，明确了"研究诗歌理论，制作诗歌作品，介绍和努力于诗歌的大众化"的目标，他也创作了长篇叙事诗《乡曲》《福建三唱》等一批反映现实、号召人民起来抗日的文学作品。

抗战文人　闽都救亡

1937年7月7日，卢沟桥事变发生，杨骚成为福州文化界抗日救亡活动骨干。他和郁达夫等一批爱国作家诗人组织成立了福州文化界抗敌后援会，并在后援会内创立了乡村工作团、救亡剧团、救亡歌咏团等，经常带团奔走城乡进行抗日宣传工作。8月，杨骚等参与组织大型义演，筹措抗日经费。同月15日，杨骚与福州文化界抗敌后援会的同仁一起，在黄巷南华戏院举行募捐游艺大会，义演《放下你的鞭子》《卢沟桥是你们的坟墓》等话剧，门票收入全部捐献给前方战士。还在东街口演出街头活报剧《捉汉奸》和《放下你的鞭子》等。

1937年10月，在鲁迅逝世周年纪念会上，福州文化界抗敌后援会易名为"福州文化界救亡协会"，郁达夫担任理事长，杨骚任常务理事。他和郁达夫等在《小民报》上开辟《救亡文艺》版，专事抗日文艺宣传。由于文章辛辣，为当局不容，不及一月，《救亡文艺》不得不沉痛向读者告别。

战地采风　抗战诗星

1938年5月，随着抗战形势日趋紧张，杨骚随福建省政府迁到福建北部的永安县。在这座闽北山城里，杨骚继续满怀抗日激情，奔走组织抗日救亡文化活动。

1939年，杨骚从永安到重庆参加中华全国文艺界抗敌协会。

会后，他参加了作家战地访问团。1939年6月18日，他在团长王礼锡、副团长宋之的带领下，到抗日前线访问，以创作能鼓舞百姓继续抗日的文学作品。

杨骚和访问团的作家诗人们一起，途经川、陕、豫、晋等省，历时半年，创作了大量抗日诗篇，被誉为"抗战诗星"。

杨骚的诗歌作品在抗战中唤起了众多人投身抗日救亡，如《莫说笔杆不如枪杆》："哦！莫说笔杆不如枪杆！让我们的每只字，变成手榴弹！……让我们的每个标点，是杀敌的子弹！"

青年杨骚

《国际时调》则以反法西斯运动为背景，主张民族独立。

杨骚还创作一批唤起人民抗战的话剧作品，如《本地货》，描述了闽南抗战前夕苦难深重的底层老百姓的生存状态，唤醒民众起来反帝反封建，呼吁大家一起抗争。

战工团员　保卫星洲

1941年1月6日，皖南事变发生后，杨骚当时本想去延安，而作家沙汀根据周恩来的指示，动员杨骚到南洋去，杨骚立即同意了。他经香港到达新加坡，协助陈嘉庚主编南洋闽侨总会会刊《民潮》。《民潮》很快成为当地一份抗日刊物，登载了大量抗日时政新闻、评论，还专门载文详尽介绍"皖南事变"真相。

1941年12月，太平洋战争爆发，日军南侵。为保卫侨居国，胡愈之、王任叔、沈兹九、郁达夫等组织了星洲华侨文化界战时工作团。本来杨骚完全有能力在沦陷前安全地撤回祖国，但他毅然留下来，参加胡愈之领导的星洲华侨文化界战时工作团，同时加入陈嘉庚任主席的新加坡华侨抗敌动员总会，参与组织青年战时工作干部训练班，为战时民众武装培养政训干部。

1942年1月30日，日军攻至距新加坡相邻的柔佛州新山埠，杨骚和星洲华侨文化界战时工作团的战友一起，仍坚守在自己的岗位，直至2月9日杨骚才离开星洲。2月12日，杨骚流落到苏门答腊南部廖州的萨拉班让小岛上，后改名杨笃清。

巴城总编　回到广州

1945年8月15日，日本投降，杨骚重返新加坡，在东岭中学任教。1950年，杨骚再往印度尼西亚，在雅加达（亦称"巴城""吧城""椰城"）《生活报》，主编副刊《笔谈》，后升任副社长兼总编辑。

1952年9月，杨骚带领全家离开雅加达回国，定居广州。他参加华南文联的领导工作，还曾任广州市作家协会副主席、中国作协广东省分会常务理事等。

杨骚一生著述颇丰，出版各种著作22种，其中有诗集《受难者的短曲》《春的感伤》等，剧本集《迷雏》《他的天使》等，诗剧集《记忆之都》等；评论、随笔集《急就篇》等，译作有《铁流》《十月》《没钱的犹太人》《异样的恋》《痴人之爱》《心》等。

1957年1月15日，杨骚因患脑血栓医治无效，病逝于广州。

白薇、杨骚合著的《昨夜》

吴传玉

吴传玉（1928—1954年），福建龙海人，印度尼西亚归侨，著名游泳运动员。中华人民共和国成立以来第一个获得国际比赛冠军的运动员、第一个在奥运会留下比赛纪录的运动员、第一个在世界大型综合性运动会上获得奖牌的运动员。

印尼飞鱼　回国夺冠

1928年8月，吴传玉出生于印度尼西亚（以下简称"印尼"）中爪哇的沙拉迪加市，祖籍福建省龙海市角美镇流传村。祖父青年时期下南洋谋生，后定居于沙拉迪加市。父亲生于印尼蕉风椰林之中，跑过单帮，后经营一家小书店，利润甚少，勉强够一家温饱。父亲不会说中文，只会印尼语和荷兰话。

吴传玉

因为家贫，好学的吴传玉无法进华文学校读书，只跟着父亲学习了点文化。吴传玉喜欢游泳，刚好家门口就有个公共游泳池，吴传玉就常去游泳。

吴传玉做什么事都认真，游泳池管理员很喜欢这个懂事的孩子。见他家穷又想游泳，悄悄让他从后门进来，这样就可以节省买门票的钱。

让吴传玉从喜欢游泳到认真学习游泳，源于当时在印尼上映的一部美国电影。电影中的主角曾获自由泳世界冠军，受到人们推崇，他在电影中展现的游泳之美也让小小的吴传玉，一次又一次随人群混入电影院，看了一遍又一遍，跟着男主角学习各种游泳姿势。

吴传玉本就有游泳天赋，跟着电影学游泳不久，在当地就渐渐有了"小飞鱼"的美名，且名声越来越响。长大以后，他进了一家商店打工，工作之余常去当地的中华游泳会练习游泳，后代表当地参加印尼全国比赛，屡屡斩金夺银。很快，他被选入印尼国家队，代表印尼参加国际比赛。

虽父亲不再会说中文，但他无时无刻不在提醒吴传玉：我们是中国人。1931年九一八事变爆发之后，父亲决定一家节衣缩食，将省下来的钱捐给东北义勇军。七七事变爆发后，父亲带着一家做手工和小食品，拿到街头义卖，将所得全部捐给祖国打击侵略者。

1948年，吴传玉参加了在上海举行的第七届全国运动会，以1分3秒5和1分3秒3的优异成绩，两次打破男子100米的自由泳全国纪录。1948年8月，他又代表"中华民国"参加了1948年的伦敦奥运会。

毅然归来　为国争光

中华人民共和国成立后，吴传玉欢欣鼓舞，极想回国定居，报效祖国。

1951年秋，吴传玉代表印尼参加在柏林举行的第三届世界青年与学生和平友谊联欢节。途径北京，进行了短暂的游览参观，当看到新中国翻天覆地的变化，特别是人民所展现出的精神面貌，他在激动的同时也倍感振奋，心中非常激动，做出决定：回国！

在联欢节游泳比赛中，吴传玉以1分12秒8的好成绩获得了100米仰泳亚军。与会的中国运动员向他表示祝贺时，吴传玉流着泪用夹着印尼语的汉语大声说："我也是中国人，我是华人！"也是在联欢节期间，吴传玉向中国代表团负责人表达了回国效力的心愿。当时，中国代表团负责人曾建议他回去征求一下家人意见，吴传玉说："父母从小告诉我，我们是中国人。他们一定会支持我，而且很高兴。"

联欢节结束后，吴传玉即随中国代表团取道苏联，径直回国，加入了中国游泳队。

当时新中国体育初创，国家体委下属只有一个体训班，包括篮球、排球、田径队。游泳只有一个小组，共四个人，一个教练加吴传玉、黄鸿九和陈功成，他们都是印尼华侨。

吴传玉回国后，立即开始下苦功学习中文。国家给他配备了一个翻译兼教员。一年后，他就可以写中文信了。

奥运首人　中华首冠

1952年，吴传玉代表中国去芬兰首都赫尔辛基，参加第十五届奥运会。

1952年7月17日，国际奥委会在赫尔辛基举行第47届会议，以33票对20票的多数通过了邀请中国运动员参加本届奥运会的决策。但由于退缩于台湾的国民党当局代表的一再阻拦，中华全国体育总会收到邀请电时，已离奥运会开幕仅几个小时了。7月19日，周恩来总理做出批示："要去！"并指出："正式比赛参加不上，但可以和芬兰运动员进行比赛，多做友爱工作，要通过代表团的工作和运动员的精神面貌去宣扬新中国。""要去，在奥运会上升起我们的五星红旗就是胜利。"

吴传玉在国际比赛中为新中国夺得首金，图为颁奖仪式

新中国首次组队参加奥运会。但是，当中国代表队抵达赫尔辛基时，距离奥运会闭幕只有5天了，足球和篮球比赛都已进入复赛阶段，只有吴传玉一人赶上了比赛。但因为路途体力消耗太大，他在男子100米仰泳预赛第一轮即被淘汰，不过作为新中国运动员在奥运会上留下的第一项比赛纪录，吴传玉游出的1分12秒3的成绩还是载入史册，吴传玉也因此被称为"新中国奥运会第一人"。

1953年8月初，第四届国际青年联欢节在罗马尼亚首都布加勒斯特举行。9日下午，在100米仰泳的决赛中，吴传玉如蛟龙击水，战胜六名外国对手，以1分6秒4的优秀成绩夺取金牌。这是新中国体育史上第一块在国际比赛中得到的金牌。

大会组织者没想到中国人会夺冠，比赛结果出来后，工作人员翻箱倒柜寻找中国国旗和中国国歌唱片，前后耽误了一个小时，打破了国际体坛赛后发奖升旗的最长间隔纪录。在国际赛场上，首次响起中华人民共和国国歌——《义勇军进行曲》，首次升起了五星红旗。赢取这些的吴传玉，也因此载入史册。吴传玉的夺冠，给了国人极大的振奋。

1953年夺得新中国首冠后，吴传玉回到家乡龙海寻根，在祠堂认祖归宗，到祖墓前培土致祭，村民如迎接英雄般夹道欢迎他，这更增添了他为国争光、为民族争取的决心。

1954年7月—8月间，吴传玉在匈牙利第十二届世界大学生运动会游泳比赛中，连获100米仰泳和100米蝶泳两项亚军，成为新中国第一个在世界综合性大型运动会上夺得奖牌的人。

英年早逝　举国痛惜

1954年9月，吴传玉光荣当选第一届全国人民代表大会代表。1954年10月，吴传玉在赴匈牙利学习途中，不幸因飞机失事遇难，年仅26岁。北京为他举行了隆重的追悼大会，时任国务院副总理、国家体委主任贺龙高度评价了吴传玉的爱国行为和在国际体坛所取得的优异成绩。

党和国家从来没有忘记吴传玉给予新中国的贡献。

1955年，周恩来总理去印尼参加万隆会议，一下飞机，对随从人员说的第一句话就是："我要去看望吴传玉的父母，感谢他们为祖国培养出这样好的儿子！"

吴传玉逝世四年后，毛泽东主席在武汉接见游泳运动员时问："你们知道吴传玉吗？现在有没有人超过他？"随后说："四年多了，怎么还没有人超过他呢？要学习吴传玉，超过吴传玉！"

1984年，吴传玉被评为"建国以来福建省十名最佳运动员"之一，并获得全国"建国以来杰出运动员"的光荣称号。

吴兆苏

吴兆苏（1919—1994年），福建连江人，美国归侨，著名小麦育种专家。曾任重庆烟类专卖局产制科科员，中央大学农艺学部研究助理、农艺系助教，中国留美科学工作者协会学术小组工作委员会召集人，中华农学会美国分会总务、理事，南京大学农学院农艺系副教授兼系主任，南京农学院农学系副教授兼系副主任，中国农业科学院南京农学院副教授、小麦品种研究室副主任，江苏农学院副教授，南京农学院教授、小麦品种研究室主任，南京农业大学教授、小麦品种研究室主任。

吴兆苏

家境贫寒　苦志力学

1919年10月12日，吴兆苏生于福建省连江县大海边，兄弟姊妹7人，吴兆苏行四。父亲是乡公署一名小职员，收入微薄，难以养活全家，只好工余做些卖些小鱼小虾。但父亲很重视儿女教育，还是挤出钱来送子女读书，使吴兆苏顺利读完小学。没想到，他小学刚毕业，父亲即病逝。家境更艰难，全家靠母亲、长兄的劳作和亲戚接济维持生计。但母亲识大体，还是坚持让学业优良的吴兆苏继续升学。

连江海岸线漫长，能耕种土地甚少，母亲与大哥拼死拼活，全家还是要经常挨饿。让中国人不再挨饿——吴兆苏学农的志向就是这时植下。吴兆苏历尽艰辛依旧赤诚爱国，也与从小家庭教育有关。连江是当年戚继光抗倭战地，流传着大量戚继光英勇杀敌的故事，母亲对他说的最多的话就是：做人要与戚继光一样为国效力。

1938年，高中毕业的吴兆苏，以优异成绩考入已迁往重庆的中央大学农学院农艺系。远去报到是，家中能给他凑起的只是长途跋涉的盘缠和第一年学费。为能省下钱，一路上他实在饿得走不动了，才舍得啃一口馒头。

入校后，吴兆苏一方面勤奋学习，以争取奖学金；一方面勤工俭学，靠代人刻印蜡纸等筹措学费。从大学三年级开始，他还参加了由金善宝教授指导的小麦和烟草科学试验活动。

1942年7月，吴兆苏从中央大学毕业，获得农学士学位。随后到重庆烟类专卖局产制科当科员，省吃俭用，以存钱继续升学。1943年，他考入中央大学研究院农艺学部，1944—1946年，作为周承钥教授的研究生，以蚕豆和黄麻为材料进行遗传学研究。在此期间，他还兼任农艺学部研究助理和农艺系助教。

美国博士　矢志报国

1947年，吴兆苏赴美留学，进入美国明尼苏达大学研究院农艺和植物遗传系，攻读博士学位。

吴兆苏始终没有忘记少年时立下的志向——让中国人不再挨饿，征得美国导师、国际植物育种学权威H.K.Hayes教授等同意，确定以植物遗传学专业为主、植物病理学及应用植物生理学专业为辅的进修计划，同时开展小麦抗病性遗传育种研究。

吴兆苏严谨的治学态度和所展现的研究能力，深得导师和校方认同。1949年申请到一项特设奖学金资助，安心进行博士研究。1950年被授予哲学博士学位。他的博士学位论文《小麦抗叶锈病性遗传》发表于美国《农艺学报》（1953），被经典著作《植物育种学》（1955）作为范例引用。

在美国期间，吴兆苏即与中国共产党有联系，参加了中共外围组织"明社"，同时还担任中国留美科学工作者协会学术小组工作委员会召集人、中华农学会美国分会总务理事等职，在留美学生介绍中国共产党领导的解放区新气象，宣传中国共产党政治主张。

1949年10月1日，中华人民共和国成立之后，吴兆苏团结留美学者，组织回国服务。

1950年10月，吴兆苏与同样在美留学的夫人许如琛一起，战胜重重困难，率领第三批留美科学工作者回到祖国，这批留美科学工作者都成为百废待兴中国的宝贵人才，为祖国建设发挥了积极作用。

小麦专家　催生良种

吴兆苏回国后，进入已更名为南京大学的母校，到农学院农艺系当系主任、副教授。1952年南京大学农学院与金陵大学农学院合并成立南京农学院，吴兆苏任副教授兼农学系副主任。1964年，成立中国农业科学院南京农学院小麦品种研究室，吴兆苏任副主任。"文化大革命"期间，南京农学院与苏北农学院合并成立江苏农学院，他担任副教授。1979年南京农学院复校，吴兆苏晋升为教授，兼小麦品种研究室主任。1984年南京农学院更名为南京农业大学，他继续担任教授兼小麦品种研究室主任，并成为博士生导师。

归国后，吴兆苏一直从事农作物遗传育种和小麦研究，不断取得成果：1951年，他用普通小麦（南大2419）与圆锥小麦（华西分枝–Tg）杂交，后经多代选择育成了中国较早的种间杂交品种——南农大黑芒。20世纪60年代，他通过复合杂交育成了早熟品种复穗黄，利用智利品种欧柔育成了钟山2号、钟山6号品种。除进行新品种选育外，他还在产量、品质、抗性等目标性状的遗传和机理，特别在小麦品种分类、生态区划、休眠特性与

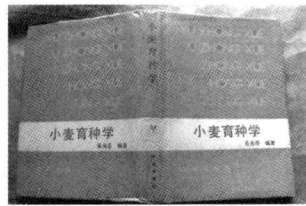

吴兆苏《小麦育种学》

穗发芽、抗赤霉病轮回选择和馒头蒸制品质等方面做了大量研究，先后发表论文80多篇。

自20世纪80年代初，吴兆苏主持开展了"小麦育种中关键性状的机理、遗传及选育""小麦株型结构""长江中下游地区高产、稳产、优质小麦新品种选育及有关理论与方法"等国家和农业部重点研究课题。他带领学术团队在长江下游地区小麦品种演变研究中发现，单位面积生物量和收获指数的增长与籽粒产量的提高关系很大，而二者都还有一定的发展潜力，尤其是收获指数。认为通过选育使较

高的生物量与较高的收获指数较好地结合起来，是高产育种的方向。提出科学建议：在产量构成因素中适当增多结实小穗数和适当控制每小穗粒数，是发展每穗粒数而相对提高千粒重的方向，同时注意选育灌浆速率快而粒重较大的品种对早熟性和稳产性较有保证；把植株的适当矮化与增大株高构成指数并列为提高产量的株型育种的基本指标。这些观点在后来的小麦高产育种实践中得到了运用和证实。他和助手魏燮中等还出版了《小麦株型结构分析与产量育种咨询系统》专著，对小麦高产育种中有关株型及形态特征、生理特性等问题进行了论述，并设计出可资参考应用的计算机咨询系统。

1986—1990年，吴兆苏带领课题组与协作单位共同承担农业部重点课题"稻、麦、玉米品质性状遗传研究"。这项集体研究成果后来获国家教委科技进步甲类一等奖和国家自然科学四等奖。

主持调查　著述甚多

吴兆苏完成了中国小麦种类及分布的大型调查和深入研究。1956年，南京农学院和中国农业科学院协作开展了"中国小麦的种类及其分布"的研究。在金善宝教授的指导下，吴兆苏带人对来自全国约2000个县的5545份小麦品种材料进行了系统的观察和分析，明确其分类学地位、分布情况及发展趋势，并在此基础上，根据品种类型的性状总体，结合其原产地的环境条件，对中国小麦进行了生态类型的生态区域的划分。明确了当时中国栽培小麦中96.5%的品种属于普通小麦种，含变种67个，其中新发现的变种5个，属于中国特有的普通小麦亚种"云南小麦"的变种6个。初步将中国生产上种植的小麦品种划分为14个基本生态类型。1962年，吴兆苏和薄元嘉在上述研究的基础上发表了《论我国小麦的生态分类与区划》一文，对这项研究的意义、历史现状及存在问题进行了总结与分析，提出作为中国小麦生态分类的基本依据：阶段发育特性，生育期，有关产量结构特性，抗逆性（对病虫害及寒害、高温、干旱、湿害、盐碱等的抗性和耐性），有关收获与加工特性，以及诸如幼苗习性、籽粒皮色及休眠特性、植株形态特征等6个方面的性状。这项研究成果1982年获国家自然科学三等奖。

作为农业科学家，吴兆苏独立和合作编著、出版了一批频频获奖的学术专著：《小麦育种学》1992年获国家教委科技进步甲类二等奖和全国优秀科技图书二等奖，《中国小麦品种及其系谱》1985年获国家优秀科技图书一等奖和农牧渔业部科技改进一等奖，《中国小麦学》1997年获全国优秀科技图书二等奖；参与编撰、出版了《中国小麦品种志（1962—1982）》《作物育种研究与进展（第一集）》《作物育种研究与进展（第二集）》等专著的编撰；承担了《中国小麦栽培学》《作物育种学》《作物育种学总论》《作物育种学各论》《中国小麦品种志》等高校教材和专著的部分章节的撰写以及编审工作。

改革开放后，吴兆苏不断被委以重任。1979年受聘为国家科学技术委员会农业生物学科组成员，1984年受聘为国家科委协调攻关局国家重点攻关项目"农畜育种技术及繁育体系""小麦和太谷核不育小麦"的专家组成员。他还相继当选为中国作物学会理事、《作物学报》编委、江苏省农学会常务理事、江苏省种子学会理事长、华中农业大学作物遗传改良国家重点实验室学术委员、江苏省第三届至第七届人民代表大会代表。

吴兆苏为中国农业科研奋斗至生命的最后一刻，在身患癌症住院期间，他还在修改专著、指导学生。1994年6月20日，他在南京病逝，享年75岁。

吴孟超

吴孟超（1922—　），原名孟秋，福建闽清人，马来西亚归侨，中国著名医学专家。曾任华东军区人民医学院第一附属医院外科医生，上海第二军医大学第一附属医院外科外科医生、教研室副主任、普通外科副主任、普通外科主任、肝胆外科主任，第二军医大学副校长，解放军医学科学技术委员会副主任、中华医学会副会长，第二军医大学附属东方肝胆外科医院院长、中国人民解放军肝胆外科研究所所长、解放军总后勤部专家组副组长。中国科学院院士，中国肝脏外科的开拓者和创始人，国际肝癌研究重要开拓者、肝脏外科事业的重要推动者，被誉为"中国肝胆外科之父"。

吴孟超

款寄延安　归国抗日

1922年8月31日，吴孟超生于福建省闽清县云龙乡后垅村一个侨工家庭。他出生不久，父亲为生活所迫，即与乡亲一起下南洋到胶园打工。忆起幼年生活时，吴孟超晚年曾有这样的回忆："自幼家庭贫穷，生活很苦。可能是营养不良，我3岁才学会走路，个子也没长起来……父亲背井离乡，辗转到马来西亚打工。"

1927年，吴孟超随母亲去当时海峡八大英属殖民地之一——沙捞越（今马来西亚沙捞越州）诗巫，与父亲团圆。

到了读书年纪，父亲挤出钱来送吴孟超到当地最好的光华学校读书，这是闽清爱国侨领刘家洙等创办的，孙中山亲自题写校名，并写下校训"求知求义最重实践，做人做事全凭真诚"。1936年，吴孟超升入本校初中。他自己做主，把名字由"孟秋"改为"孟超"。因家贫，他从读小学开始，一边帮父亲割橡胶一边读书。初中毕业时，他的双手已经磨出了厚厚的老茧。即使割胶花去他大量功夫，他的学习成绩依旧始终名列前茅。读中学时因热心班级集体活动和公益事业而被选为班长。

1936年夏天，光华中学从国内新来的新校长，经常给学生讲九一八之后东北人民的苦难，讲"一·二八"淞沪抗战中国军人的英勇，讲长城抗战中国大刀队的不屈。

1937年7月，随着卢沟桥事变爆发，祖国进入全面抗战时期，中国共产党的抗日主张和英勇作战的事迹，传到了诗巫，吴孟超第一次知道有个中国共产党，中国共产党领导着八路军、新四军，给予日本侵略者以沉重打击。

当时诗巫学校学生初中毕业时，按照当地习俗，校方和家长是要出资让毕业生聚餐一次的。当钱收齐之后，身为班长的吴孟超建议，把聚餐的钱捐给祖国正在浴血抗战的前方将士。建议立刻得到全班同学的拥护，于是一份以"北婆罗洲萨拉瓦国第二省诗巫光华初级中学39届全体毕业生"名义的抗日捐款，通过爱国人士陈嘉庚的传递，送往抗日根据地延安。令所有人都没有想到的是，在毕业典礼时，学校收到了八路军总部以毛泽东、朱德的名义发来的感谢电。校长和老师激动万分，立即把电文抄成大字报贴在公告栏上，这件事引起了全校的轰动，很快传遍了沙捞越，进一步动员当地华侨以各种形式支援祖国抗战。

1929年，18岁的吴孟超和6名同学回国抗日。

半工半读　昆明学医

吴孟超和同学们历尽艰辛，辗转新加坡、越南，最终从云南入境，于1940年抵达云南昆明。辗转到了云南昆明后，由于同济大学抗战时西迁昆明，吴孟超在这里碰到正在同济大学理学院读书的老同学。吴孟超想托他了解如何到延安参加八路军，老同学无能为力，人生地不熟的吴孟超四处打听，当了解到去延安的路已被封锁，只好暂时滞留昆明。

在昆明寻找赴延安之路时，吴孟超不幸染上痢疾，腹泻不止。在同学们的帮助下，他被送进同济大学附属医院，医生医技颇高，病很快痊愈，这也使他萌生了到同济大学学医的念头，于是颇费周折考进位于云南宜良狗街的同济大学附中读高中。

1941年12月，太平洋战争爆发，随即日军铁蹄踏破诗巫，吴孟超即刻断了经济来源，只好以卖报赚取学费和生活费。

抗日归国时的吴孟超

因为敌机频繁轰炸，吴孟超数次与日寇炸弹擦身而过。后来因日军轰炸日胜一日，同济大学附属中学迁往云南李庄。读书期间身为班长的吴孟超在发奋学习的同时，积极带着同学参加抗日宣传工作。

1943年，吴孟超与日后的妻子吴佩煜双双被同济大学医学院录取，为完成学业，他曾到侨务处当抄写员，也曾做过家庭教师，还到高中代过课。吴佩煜后成为著名妇产科专家，二人相濡以沫、风雨同舟，情笃意深，羡煞旁人。

三喜临门　再传捷报

1949年6月，吴孟超毕业于同济大学医学院，获学士学位。同年进入华东军区人民医学院第一附属医院当上外科医生。1950年，华东军区人民医学院改称上海军医大学，1951年7月正式定名为第二军医大学。

自1949年5月上海解放后，吴孟超即开始为共产主义信仰而奋斗的日子，他郑重向大组织递交申请书，要求加入中国共产党，之后连续递交了18份入党申请书。

1956年吴孟超四喜临门：3月28日，光荣加入中国共产党；同年，光荣参军，并晋升主治医生；

也是在这一年，在著名外科学家裘法祖指导下，吴孟超选定肝胆外科为研究方向，并开始了刻苦攻读。

1958年，吴孟超翻译并出版了中国第一本肝脏外科方面的专著——《肝脏外科入门》，同年，组成了以吴孟超为首的旨在攻克肝脏外科为目标的"三人研究小组"。

随着中国乒乓球队异军突起，中国出现前所未有的乒乓球热，这给了吴孟超灵感：乒乓球也是塑料的，应当也会溶解。于是，1959年2月吴孟超买来了乒乓球，剪碎了放入丙

吴孟超夫妇结婚照

酮，等待着它的溶解。第二天，瓶中的乒乓球果然溶为液状。他们从乒乓球厂买来了赛璐珞，在里面加入红蓝白黄几种不同颜色，分别从肝动脉、肝静脉、门静脉和胆管注入，使得肝脏内部纵横交错的粗细血管全部充满。等待凝固后，再用盐酸腐蚀肝表面组织，最后用刻刀一点点镂空，剔除干净。肝脏血管构架清楚地呈现出来，由粗到细，枝杈般向外延伸开来，因为各个"枝杈"有不同颜色，像珊瑚，经过四个多月的艰苦努力，中国第一具结构完整的人体肝脏血管模型终于灌注出来。

1959年底，共制作肝脏标本108个、肝脏固定标本60个。通过制作标本，吴孟超对肝脏内部构造以及血管走向了如指掌，烂熟于心，这为他日后施行肝脏手术打下了坚实的基础。

奠基中国　领先世界

吴孟超是中国肝胆外科奠基人。从1958年起，吴孟超进行了肝脏解剖的研究。在建立人体肝脏灌注腐蚀模型并进行详尽观察研究和外科实践的基础上，创造性地提出了"五叶四段"的解剖学理论；为解决肝脏手术出血这一重要难题，在动物实验和临床探索的基础上，建立了"常温下间歇肝门阻断"的肝脏止血技术；为掌握肝脏术后生化代谢的改变以降低手术死亡率，通过临床和肝脏生化研究发现了"正常和肝硬化肝脏术后生化代谢规律"，并据此提出了纠正肝癌术后常见的致命性生化代谢紊乱的新策略；为进一步扩大肝脏外科手术适应症，提高肝脏外科治疗水平，他率先成功施行了以中肝叶切除为代表的一系列标志性手术。以上述工作为基础，创立了独具特色的肝脏外科关键理论和技术，建立了中国肝脏外科的学科体系，并使之逐步发展、壮大。他身体力行，以自己的数十年艰辛努力，推动了国内外肝脏外科的发展，多数肝癌外科治疗的理论和技术原创于中国，使中国在该领域的研究和诊治水平居国际领先地位。

吴孟超开辟了肝癌基础与临床研究的新领域。他针对肝癌发现时晚期多、巨大且不能切除者居多的特点，提出"二期手术"的概念，即对巨大肝癌先经综合治疗，待肿瘤缩小后再行手术切除，为晚期肝癌的治疗开辟了一条新的治疗途径；针对肝癌术后复发多、但又缺乏有效治疗的特点，率先提出"肝癌复发再手术"的观点，显著延长了肝癌患者的生存时间；针对中国肝癌合并肝硬化多，术后极易导致肝衰竭的特点，提出肝癌的局部根治性治疗策略，使肝癌外科的疗效和安全性得到有机统一。上述研究使肝癌术后5年生存率由20世纪六七十年代的16.0%，上升到80年代的30.6%和90年代以来的48.6%，不断丰富和发展了中国的肝脏外科事业。

吴孟超是中国肝胆外科研究机构重要奠基人。吴孟超组建了世界规模最大的肝脏外科专业研究所，牵头指导了一系列具有国际先进水平的基础研究工作，研制了细胞融合和双特异性单抗修饰两种肿瘤疫苗，发明了携带抗癌基因的增殖性病毒载体等，研究结果发表于《Science》《Nature Med》《Hepatology》《Oncogene》《Cancer Research》等学术刊物。

吴孟超不但创建世界上规模最大的肝脏外科研究中心，还组建了世界上规模最大的诊疗中心，三级甲等专科医院——第二军医大学东方肝胆外科医院，也称第二军医大学第三附属医院，这也是目前国际上规模最大的肝胆疾病诊疗中心。

吴孟超设立了世界上第一个肝胆外科研究基金。1996年，他慷慨解囊，以个人历年来积蓄的数十万元和社会各界表彰奖励的400多万元为基础，设立了"吴孟超肝胆外科医学基金"，奖励为中国肝胆外科事业做出卓著贡献的杰出人才和创新性研究。

1978年，吴孟超带头招收肝胆外科研究生，培养了不少学有专长的高端人才。

1991年，吴孟超当选为中国科学院院士。

医者楷模　人者师范

吴孟超长期是中国医学界公认的学习榜样。

1964年，上海科教电影制片厂鉴于吴孟超的一系列基础理论与临床实践的创新与成就，拍摄了《向肝脏外科进军》的彩色纪录片。

2010年7月26日，国际小行星中心发布公报，通知国际社会，第17606号小行星永久命名为"吴孟超星"。2011年5月3日，国家科技部举行小行星命名仪式，第二军医大学东方肝胆外科医院院长吴孟超院士接过小行星命名证书和小行星运行轨道铜牌，将17606号小行星命名为"吴孟超星"，正式获得永久性小行星命名。

2011年5月10日中共中央总书记、国家主席、中央军委主席胡锦涛对学习宣传吴孟超同志先进事迹作出重要指示，强调要大力宣传吴孟超院士的先进事迹和高尚医德，宣传他的爱党爱国爱民情怀，要把宣传优秀共产党员的先进事迹作为纪念中国共产党成立90周年活动的重要组成部分。8月，中宣部、教育部、科技部、卫生部和解放军总政治部联合印发《关于开展向吴孟超同志学习活动的决定》。

2012年2月，吴孟超被评为2011年度感动中国人物。他还先后获得上海市医学荣誉奖、模范医学专家奖、全军科技重大贡献奖、实用医学荣誉奖、爱国奉献奖、上海烛光奖、光华科技基金特等奖、全国高等医药教材特殊贡献奖、国际肝胆胰协会杰出成就金奖、2005年度国家最高科技技术奖、军队医学科技重大成果特别贡献奖、中国医师奖。

吴孟超曾当选过中国共产党第十四届代表大会代表，第七、八、九、十、十一届上海市人大代表。

吴孟超著述或主编、出版了《肝脏外科入门》《外科手术图谱》《肝脏外科学》《腹部外科学》《肝癌与肝病》《外科手术图谱》《外科手术全集》《外科学新理论新技术》《肝脏外科学》《腹部外科手术学图谱》等。

汪万新

汪万新（1903—1978年），别名汪洋，福建厦门人，马来西亚归侨，华侨慈善家。参与捐资创办北京归侨托儿所、厦门市华侨托儿所、厦门市华侨中学、厦门市华侨热带作物引种试验场等。曾任厦门市侨务局副局长、厦门市侨联副主席、厦门市侨联副主席兼厦门市华侨热带作物引种试验场场长。

印尼校长　槟城儒商

1903年，汪万新生于厦门市。1922年毕业于集美师范学校。1924年南渡印度尼西亚，进入当地华侨华人办的中华学校当教员，因教书有方，爱生如子，深受学生与家长欢迎，一年后升任校长。1930年，在印度尼西亚马老奇开设万新号杂货商店，因诚实有信，经营有道，杂货店生意兴隆。

1937年七七事变爆发，汪万新投身当地华侨抗日救国活动，捐款捐钱。太平洋战争爆发后，印尼沦陷，汪万新隐居山间海岛，拒不事日。

日本投降后，汪万新来到马来西亚，先后在槟城等地经营土产生意。

1946年6月26日，国民党政府撕毁了停战协定，派十万大军进攻中原解放区，胡愈之在新加坡筹建了中国民主同盟马来亚支部并出任主任委员，汪万新作为当地侨领，被胡愈之发展入盟。

汪万新

海外侨领　归国效力

1952年，汪万新回到祖国参加建设。为了解决许多中央侨务委员会工作人员与归国华侨的后顾之忧，北京市侨联副主席庄希泉与汪万新、蔡钟长等归侨领导筹资创办了北京归侨托儿所，汪万新捐以巨资，庄夫人许琼华自愿担任了不拿一分钱工薪的义务所长。

1954年，汪万新南调归乡，出任厦门市侨联副主席。任上，他捐以巨资，兴办华侨托儿所、华侨中学等，并帮助引资兴办了一批华侨企业。

办引种场　助国纾难

1959年，我国遭受严重自然灾害，及在"左"的影响下搞所谓"一大二公"，国际上的反华势力又乘机加强对我国的经济封锁，企图困死年轻的共和国，国家和人民都处在一个十分艰难的"困难时期"。在"困难时期"，由于农业歉收，粮油短缺，人们不得不束紧裤腰带。为尽快解决粮油短缺的燃眉之急，国家急需高产优质的粮油作物良种，用以发展农业经济。但国际反华势力却极力封锁，不让一粒种子、一棵苗木进入我国，封锁与反封锁成了当时十分突出的一项斗争。

在此情况下，汪万新等挺身而出，决定发挥闽南华侨遍布东南亚和世界各地的优势，动员他们与祖国荣辱与共，积极引种，帮助家乡渡过难关。1959年，汪万新参与捐资创办了厦门华侨热带作物引种场，并亲自兼任场长。

华侨热带作物引种场，位于厦门日光岩西麓鸡山路西侧。占地200多亩，三面环山，东起英雄山，北经鸡母山，面包山，西至浪洞山，南面朝海，成马蹄形谷地。这里冬季气温高于市区和郊区，是一处天然理想的热带、亚热带作物引种驯化基地。

汪万新上任后，发挥自己在侨界的影响力，在海外逐步建立华侨引种联络网，先后有几十名爱国侨胞引来大量名贵苗木、种子，有的捐款为引种场盖玻璃温室，有的还赠送了拖拉机、照相机、切片机、电冰箱与仪器设备和一大批植物标本资料等。截至1966年，引种场共引进木本的粮、油、果、药、香、蔬、花等优良植物品种280多个，其中引进的水稻优良品种"科情3号"，经驯化成功后在全国13个省、市大面积推广，为我国20世纪60年代初水稻亩产（单产）跨千斤做出了贡献，荣获中国华东科学院两次七万元的奖金。类似引种驯化成功的品种还有很多，如被誉为"食品香料之王"著名热带香料植物——香子兰，是制造优质饼干、巧克力、冰淇淋的高级原料。1959年引种后第二年就开花结果，经有关专家鉴定，这是香子兰在我国大陆上首次结的果荚。又如紫胶虫寄主树——苏门答腊合欢。既可适应胶虫寄主生殖，又可作为荒山育林的先锋树种；还有可治疗肾炎、胆结石的药用植物——猫须草；可作为粮食煮用的牛角蕉；从日本引进的抗黑斑病地瓜；从中南亚引进的咖啡、芒果、油梨、菠萝蜜、金酸枣（克冬冬果），无籽番石榴、莲雾、蛋黄果、人心果、文丁果，美国的薄壳核桃、巴西的南洋杉、澳洲的柠檬树、美国肯塔基洲兰草（饲料植物）、非洲玫瑰茄（饮料食物）以及柚木、桃花心木、大果红心木优质木材等，都在引种场开花结果，使引种场逐步成为集世界各优良植物品种的标本园。厦门华侨热带作物引种场，1984年更名为厦门华侨亚热带植物引种园。

1960年，汪万新出任厦门侨务局副局长，还曾任中国侨联委员、福建省华侨事务委员会委员。归国之后，他为发挥侨力造福祖国鞠躬尽瘁。1978年病逝于厦门。

张文裕

张文裕（1910—1992年），曾用名张少岳，福建惠安人，美国归侨，著名物理学家。曾任燕京大学物理系助教、四川大学教授、西南联合大学物理系教授、南开大学教授、美国普林斯顿大学帕尔麦实验室教授、美国普渡大学物理系教授、全美中国科学家协会主席、中国科学院物理研究所、中国科学院原子能研究所研究员兼宇宙线研究室主任、苏联杜布纳联合核子研究所研究员兼中国组组长、中国科学院高能物理研究所所长兼中国科学技术大学近代物理系主任、中美高能物理联合委员会中方主席。中国科学院院士。中国宇宙线研究和高能实验物理的开创人之一。

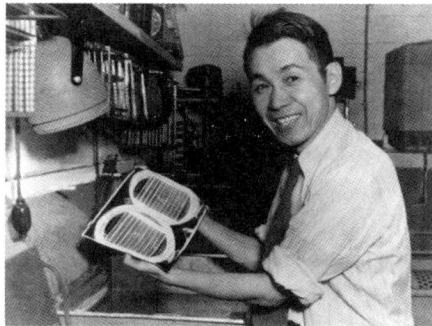

1948 年在普林斯顿大学的张文裕

半工半读　读完硕士

1910年1月9日，张文裕生于福建省惠安县依山傍海的涂寨宫后村，兄弟姐妹八人，行四。父亲在村中开着一家小中药铺，一家人还种着几亩薄田。张文裕从小就因勤快、孝顺和聪明，独得祖父疼爱，这也是兄弟姐妹八人中只有张文裕进私塾读书的原因。两年私塾读下来，他的好学与聪慧连老塾师都建议张家继续让这位聪明的老四升学，张文裕得以又读了四年小学。1923年，小学毕业的他考上泉州培元中学，学业优异。

读中学时，张文裕的哥哥姐姐相继病逝，家中劳力顿缺，父亲死活要张文裕辍学回家干活。张文裕矢志向学，高低不肯，父亲断绝资助。在小学老师和亲友的劝说下，父亲才勉强同意他继续上学，但给他的费用大减，张文裕是靠着奖学金和一些亲友资助艰难地继续着学业。

17岁那年，父母以"母病危"将他从泉州骗回宫后村，张文裕急匆匆回家，却发现母亲还在田里劳作，原来父亲急于让他与童养媳"圆房"，他坚决不答应。"圆房"前夜，潜出家门，逃到离乡几十公里的崇武半岛，到大岞村的一所小学教书，一边自学余下的中学课程。半年后，他攒了点钱立即回到培元中学，虽补考成绩出色，但因辍学半年，依校规未拿到文凭。惜才的培元中学校长许锡安，亲自写信给自己同学、泉州老乡、时任燕京大学物理系主任的谢玉铭，极力推荐张文裕以同等学力参加燕京大学入学考试。

揣着老师、同学凑的20元路费，张文裕坐船赴京投考。可等他赶到北京，考期已过。谢玉铭先介绍身无分文的张文裕到一家皮革厂当学徒以赚钱生存，又为他争取到补考机会，张文裕以优异成绩被燕京大学物理系录取。

由于缺少生活费，张文裕常常忍饥挨饿，因为交不起住宿费，只能和几个穷同学挤在宿舍楼顶堆放行李、杂物的小阁楼里。为了挣钱读书，他在学校的果园里干过杂活，帮老师改过卷子，帮低年级的学生补过课，当过家庭教师。暑假里，他把铺盖送进当铺换些钱作路费，到内蒙古河套一带的开渠工地打工挣些钱，维持生活和学业。大四时，张文裕兼任助教，从此有了相对稳定的收入，不再吃了上顿没下顿。

1931年张文裕大学毕业，留校读研究生和做助教，1933年获硕士学位，升任正式教师。张文裕克服各种困难进行科学研究，他与同事合作，对北京地区大气的荷电和尘粒密度的关系进行观测；对钢丝的磁滞效应随温度的变化和皂石的物理、化学性质进行研究，研究成果均在有关学术刊物上发表。

英国博士 回国抗战

1934年，张文裕考取中英庚款公费留学名额，进入英国剑桥大学，在卡文迪什实验室攻读博士学位，导师是该实验室主任、诺贝尔奖获得者、著名物理学家E.卢瑟福，从事核反应研究。

张文裕在剑桥大学进行核物理研究期间，和同事合作研究了天然 α 射线引起的 $_{30}P$，研究了 $_{28}Al$ 和 $_{25}Mg$ 的共振效应，验证了N.玻尔的液滴模型。又与W.B.刘易斯合作，研究了高压倍加器产生的 $_8Li$ 的衰变机制，及由此产生的激发态 $_8Be$，测量了 $_8Be$ 蜕变成两个 α 粒子时产生的 α 射线能谱，发现它是一个连续谱，由此判断 $_8Be$ 有很宽的激发态。还与M.哥德哈伯和R.嵯峨根合作，利用高压倍加器产生的 γ 射线和快中子轰击不同的元素，发现多种放射性元素，并首次在一些核中观察到光激放射性现象的（ γ ，n）和（ γ ，2n）反应、和 $16(n，p)_{16}N$ 过程。这个过程在设计、建造反应堆及其运行时，是大家所关注的，因为冷却水中的 $_{16}O$ 变为 $_{16}N$，它放出的 $_6MeV$ γ 射线可能会引起辐射损伤。

1937年7月，全面抗战爆发，日本侵略者烧杀劫掠，祖国生灵涂炭，张文裕满腔怒火，希望立即回国抗敌。他写信给中英庚款董事会，申请提前回国抗战。董事长朱家骅回信说：回国可以，但必须取得博士学位。于是，他又向剑桥大学研究生院提出提前考试的要求。在他再三努力下，校方终于同意了他的请求。

1938年春天，学业优异的张文裕通过了所有博士毕业需要的考试，但校方坚持博士文凭要到夏日毕业典礼时才能颁发。

在等待毕业文凭的几个月里，张文裕学习战时祖国急需的专业技术，经国内防空学校教务长介绍，他到柏林AEG工厂自费学习探照灯术。10月底结束学习回到剑桥大学，在成为不是剑桥大学本科毕业学生却在剑桥考取博士学位的第一个中国人之后，带着毕业证书立即回国。

张文裕原准备到中央防空学校工作。南京陷落之后，中央防空学校先迁武汉，后迁长沙，再迁桂林、宜山，最后迁至贵阳，张文裕辗转多地，最后被告知"请另谋高就"。1939年2月，他去四川大学任教，正值期末大考，看到一些学生作弊，校方不予制止，愤而辞职，应南开大学之聘到西南联合大学任教，讲授原子核物理课程，同时到云南大学兼课。杨振宁、李政道等诺贝尔奖获得者就是他在西南联大的学生。

远赴美国　成就盛名

1943年，张文裕应美国普林斯顿大学的邀请，张文裕赴美国继续从事核物理研究和教学。

普林斯顿大学帕尔麦实验室（后改名为亨利实验室）是美国历史最悠久的实验室之一，从1943到1949年张文裕在此工作，取得了两方面成就：一是与S.罗森布鲁姆合作建造了一台 α 粒子能谱仪，并利用这套仪器测量了几种放射性元素的 α 粒子能谱；二是进行 μ 子与核子相互作用的研究，在研究过程中发现了 μ 介原子，从而开创了关于奇异原子领域的深入研究。

1964年半导体探测器发明后，著名美籍华裔物理学家吴健雄和她的研究组用半导体探测器对几乎所有的原子核都用 μ 子原子作了研究。1977年，吴健雄和赫斯在他们合著的《 μ 子物理》一书中写道："当减速的负 μ 子被原子核俘获时，形成 μ 子原子。用云室研究减慢的宇宙线负 μ 子被原子核俘获时，第一个观察到产生X射线的是张文裕。"张文裕的这一发现，被物理学界称之为"张辐射""张原子"。

子原子是一种新的物质形态，它的发现导致了 μ 子物理的迅速发展，并开创了奇异原子研究的新领域。这一过程还揭示了宇宙线实验和加速器实验之间的关系，以及开发先进的粒子探测技术的重要性。目前， μ 子物理研究领域已经硕果累累，张文裕作为这个学科领域的开拓者，在国际物理学界享有盛誉。

1950年，张文裕转到美国普渡大学工作。在此工作的六年间，他系统研究了海平面的大气贯穿簇射，并对 Λ° 奇异粒子做了系统全面的研究，同时指导研究生研究宇宙线引起的高能核作用，并利用高能加速器进行粒子物理以及核物理方面的研究工作。

排除万难　回国效力

中华人民共和国成立的消息传到美国，张文裕欣喜异常，立即准备回国。夫人王承书博士（美国密歇根大学研究员，后成为中国"两弹"功臣）临近分娩，无法立即启程。为动员在美更多中国人才回到祖国效力，张文裕参与发起、筹建全美中国科学家联合会，并担任了执行主席。他奔走宣传中国共产党治国理念，动员大家回国服务，受到美国联邦调查局的注意。当时，不少朋友劝他们夫妇加入美国籍，免遭不测，但他俩坚决不允。

在夫人产子之后，张文裕夫妇决定立即归国，但美国政府横竖不肯。他们夫妇俩一方面据理力争，一方面着手做回

张文裕与夫人王承书

国准备。知道国内缺少技术资料，他俩担心自己走时会受到盘查，和夫人一起在回国前就将有关书刊和资料分成300多个邮包，从美国陆续寄往北京。直到1956年，他才费尽周折，与夫人一起带着6岁的儿子绕经欧洲先抵香港，再驰往北京。

回国以后，张文裕任中国科学院近代物理研究所，并于1957年被聘为中国科学院院士。

高能物理　奠基中国

1958年，中国科学院物理研究所改称原子能物理研究所研究员。为了更好地研究高能宇宙线粒子引起的高能核作用，他提议在云南宇宙线高山实验站增建一台大型云雾室组，并利用他从国外带回的高级平面玻璃和一些实验工具，建成了当时国际上规模最大的云雾室组。在随后的实验中，发现一个质量10倍于质子的重粒子，并在此项工作中培养了一批宇宙线研究人才。

张文裕（左）和学生杨振宁

也是从这一年起，张文裕在中国科学技术大学任兼职教授，之后又兼任中国科学技术大学近代物理系主任。

1961年，张文裕受中国政府委托，接替著名科学家王淦昌在苏联杜布纳联合核子研究所工作，任中国组组长。在中苏关系恶化、中国科学家倍受刁难的困难条件下，他带领一个联合研究组坚持进行粒子物理研究，取得了一系列卓有成效的成果。其中，把当时已知的重子共振态归纳成核子和超子的激发态，提出一个重子跃迁纲图，并在超子和核子的散射研究方面取得了新成果。1964年11月，周恩来率领中国党政代表团访问苏联，在莫斯科听取张文裕关于联合核子研究所情况汇报后当即表示："看来在国内我们自己也必须发展高能物理这门科学。"

1965年6月，中国迫不得已宣布退出联合核子研究所。中共中央随即决定由聂荣臻主持建设中国自己的高能物理实验基地，后因"文革"计划受阻。1972年8月18日，张文裕与朱洪元、谢家麟等18位科学家给周恩来写信，提出必须发展高能物理以及建造高能加速器，并建议尽快成立高能物理研究所。9月11日，周恩来复信给张文裕："这件事不能再延迟了。科学院必须把基础科学和理论研究抓起来。高能物理研究和高能加速器的预制研究，应该成为科学院要抓的主要项目之一。"

1973年2月1日中国科学院高能物理所成立，主要任务是高能物理研究和高能加速器预制研究，张文裕为首任所长。

进言中央　再寻突破

1975年3月，周恩来、邓小平批示同意"关于高能加速器预制研究和建造问题的报告"，准备在十年内建造一座能量为400亿电子伏的质子环型加速器。

但因种种原因，高能加速器预制研究和建造进展缓慢。张文裕与赵忠尧、何泽慧、谢家麟、朱洪元等30余位科学家分别于1977年5月、1980年5月两次写信给中共中央领导，希望中央对高能物理继续给予必要的支持。

1981年，张文裕亲自主持高能物理研究基地建设调整方案的论证，在确定建造北京正负电子对撞机以及对撞机的物理目标和能区选择上起了关键作用。1984年10月，工程正式动工。北京正负电子对撞机已于1988年实现对撞，1989年建成，标志着建设我国自己的高能物理实验基地的梦想终于成为现实。

北京正负电子对撞机投入运行后，成为国际上在相同能区稳定运行、产生数据量最大的实验设施，取得一系列国际公认具有世界水平的物理成果，在国际上备受瞩目。

1978年5月12日，张文裕加入中国共产党。1979年中美签订高能物理合作协议，每年召开一次中美高能物理合作委员会会议，检查上一年协议执行情况，并商定下一年合作协议。张文裕担任第一、二届中美高能物理会议中方主席，他还曾任《中国科学》和《科学通报》的主编、副主编，同时还是第二至六届全国人大代表，第四届至第六届全国人大常委。张文裕长期担任中国物理学会理事、常务理事和中国高能物理学会的第一任理事长。

1992年11月，张文裕走到了生命的尽头。弥留之际，他向夫人王承书一再嘱托：不为儿孙留任何遗产。夫妇俩将一生积蓄全部捐献：10万元在西藏建一所希望小学，命名"文裕小学"；3万元捐给了泉州母校培元中学，剩余部分全部交作党费。母校将其图书馆命名为"张文裕科学实验楼"。

1992年11月5日，张文裕在北京病逝，骨灰撒在北京正负电子对撞机附近的苍松翠柏之中。

张 壮 飞

张壮飞（1901—1988年），又名问仁，福建龙岩人，马来西亚归侨，著名报人、社会活动家。曾任福建省永定县立中学教师，福州《革命军人日报》编辑，广东汕头《星华日报》总编辑，马来亚槟城华侨筹赈祖国伤兵难民会执行委员，马来西亚槟城《商业日报》主笔，马来西亚槟城《中华公报》主笔，马来西亚《星槟日报》总编辑，中国民主同盟槟城分部委员、宣传部部长，中国民主同盟马来亚支部委员，香港福建建设促进会文化服务团筹备会主任，福州市侨联副主席，中国新闻社福建分社副社长，中国民主同盟福建支部临时工委委员兼宣传委员会主任，中国民主同盟福建省委宣传部部长、副主委。

学运骨干   红色报人

张壮飞生于福建省永定县（今龙岩市永定区）岐岭乡内坑村，在永定县完成小学和初中教育后，以优异成绩考入厦门大学。在校期间，阅读了大量进步书刊，接受了革命思想，投身进步学生运动。

1925年5月30日，上海的工人、学生在英租界举行示威，抗议日本纱厂资本家枪杀工人顾正红的暴行。租界的英国巡捕竟开枪打死打伤数十人，逮捕数十人，造成了震惊中外的"五卅"惨案。张壮飞在厦门，与同学们一起投入了声援"五卅"运动的反帝爱国斗争，表现英勇。同年，他参与组织学生团集体转学到当时国民革命中心——广东省广州市，进入广州中山大学。

1926年春天，张壮飞奉命回到永定老家，开展革命。公开身份是永定县立中学教师，在他带动下，永定县立中学的革命运动蓬勃发展。他经常带着

张壮飞

学生到县城附近的农村，如金砂、古镇等处做宣传工作，调查农民的情况，并逐渐组织起农民协会。当时国民党曹万顺的部队驻防在永定，曹万顺下令要永定派款大洋4万元，给他做军费，而且急如星火，漏夜派员到各乡去催收。张壮飞了解到后，发动学生坚决反对，并派学生到各地去动员群众拒绝缴款。正在双方针锋相对剑拔弩张的时候，突然一位农民被曹万顺的部队打死，这就更加激起了学生和广大人民群众的愤怒，纷纷走上街头，抗议示威。永定县立中学进步师生在张壮飞指挥下，因势利导，组织群众把死者的尸首，抬到孔庙前的广场，要求曹万顺严惩凶手，赔偿损失，取消派款，保证不再发生类似事件等等（本来要把尸首抬到县府的，因大门紧闭，没有进去）。这次反对军阀的斗争，大长了学生和革命群众的志气，大灭了军阀官僚的威风。他积极发动群众，宣传孙中山联俄、联共、扶助农工思想，号召永定人民行动起来支援北伐军，与北洋军阀血战到底。同时，张壮飞在金丰组织了金丰

青年联合会，积极搜集军事情报，并准备在北伐军入闽时为之带路，运送物资。他还在金丰组织农会，发动农民起来革命。

1926年10月，北伐军在东路总指挥何应钦的率领下，开始入闽。初战永定，大获全胜。第二天，三路大军集中县城，继续追击，很快就拿下了龙岩、南平；沿海方面，也由广东潮州黄冈攻入福建诏安，迅速向漳州、泉州、福州推进。

张壮飞配合北伐军开展民运工作，给东路军留下了很深印象。1927年，张壮飞应国民革命军东路军总部邀请，到福州参加《革命军人日报》编辑工作，后随军到南京、上海。大革命失败后，到汉口、广州，当过《新声报》编辑，参加了广州起义。广州起义失败后，为避免遭到国民党的迫害，张壮飞改名辗转各地，秘密从事革命工作。

以笔参战　办报救国

1931年九一八事变之后，在中共中央和中共江苏省委领导下，12月6日成立上海民众反日救国联合会，张壮飞加入，并参加各种抗日救国活动。

1933年，张壮飞进入爱国侨领胡文虎创办的汕头《星华日报》任总编辑。在他主持下，《星华日报》揭露日军侵华暴行，宣传东北抗日义勇军和十九路军英勇抗敌事迹，号召人们投入抗日救亡运动。

1933日寇直逼平津，蒋介石仍死抱不抵抗主义。张壮飞嘱时任《星华日报》编辑的胞弟张问强，利用当时统治广东的军阀陈济棠正与蒋介石闹矛盾，蒋介石特务无法插手广东的机会，发表了一篇题为《蒋介石与袁世凯》的署名社论，痛斥蒋介石是卖国贼。这篇反蒋檄文，引起国内外巨大反响。《星华日报》对潮汕区的抗日救国运动和进步政治文化建设等方面，都作出了积极贡献，被称为"华南最优秀的报纸"。当年坚持在潮汕地区进行革命斗争的中共党员，称赞它是中共潮汕党组织领导下进行抗日救国宣传的主要舆论阵地。

南洋奋力　支援抗战

之后，张壮飞奉命前往越南开展抗日宣传，他积极宣传中国共产党抗日主张，策动华侨组织抗日团体，支援祖国抗击日本侵略者。之后，转赴马来亚（今马来西亚）槟城，在此参与发起、组织槟城华侨筹赈祖国伤兵难民会，被选为执行委员，参与领导槟城抗日救亡工作。在槟城，张壮飞撰写抗日檄文，深入城乡进行抗日宣传，发动华侨捐款捐物，还动员华侨回国投军或为抗战服务。在他和槟城华侨筹赈祖国伤兵难民会的领导下，槟城成为南洋华侨抗日重要基地。

1941年12月，太平洋战争爆发，槟城很快沦陷。张壮飞避难乡间，坚持进行抗日宣传，支持马来亚共产党领导的马来亚人民抗日军，并协助开展民运工作。

铁笔槟城　组建民盟

1945年8月15日，日本投降，张壮飞回到槟城，与洪丝丝、骆世生、方君壮、方图、黄绿萍等一起，参与复办《现代日报》。1946年6月，任槟城《商业日报》和《中华公报》主笔。之后，在永定同乡胡文虎举办的《星槟日报》担任总编辑。他刊文谴责国民党反动派破坏和平，发动内战。同年12月加入中国民主同盟（简称"民盟"）并被选为民盟槟城分部委员，担任宣传部部长。1947年被选为民盟马来亚支部委员。

1949年5，张壮飞抵达香港，在中共华南局领导的福建建设促进会工作，担任文化服务团筹备会主任。新中国成立后，在福建省政府华侨事务委员会工作，继而任福州市侨联副主席、中国新闻社福建分社副社长等职。同时参加民盟工作，被选为民盟福建支部临时工委委员兼宣传委员会主任，并先后担任民盟福建省委宣传部部长、副主任委员、顾问，还是福建省政协第一届委员、第二至五届常务委员。

1988年，张壮飞在福州病逝。

张问强

张问强（1906—1992年），福建龙岩人，印度尼西亚归侨，著名报人。曾任印度尼西亚南里亚彰南华侨学校教员，广东省汕头《星华日报》编辑、编辑主任、主笔，广东省汕头青年救亡同志会理事兼宣传主任、外交主任，广东岭东青年抗日会理事，香港中国新闻学院讲师，广东省揭西县汕头聿怀中学语文教员，广东梅县《汕报》总编辑，福建龙岩《闽西日报》主笔兼龙岩师范学校教师，《汕报》主笔兼南华学院讲师，香港《星岛日报》主笔兼香港南方学院讲师，广州南方大学学报总编辑、校刊总编辑，香港《周末报》总编辑、主笔、总经理，香港《循环日报》总编辑、主笔、总经理，香港《正午报》总编辑、主笔、总经理，香港《天方夜报》总编辑、主笔、总经理，香港《文汇报》顾问，福建旅港同乡会理事长、监事长，永定同乡会名誉会长，福建闽西大学副董事长。

青年张问强

闽西"闹红"　工运骨干

1906年，张问强生于福建省永定县（今龙岩市永定区）岐岭乡内坑村，为著名爱国侨领、报人张壮飞之胞弟。张问强自幼好学上进，少年时在县城读书。从永定县立一中毕业后，考入厦门集美学校读书。

1926年从集美学校毕业后，回到永定县从教，投身永定工农运动。1926年，北伐军进入永定，中共永定地下党组织积极配合国民党左派开展工农革命运动，推动了永定工农运动的开展。在中共党员阮山等人的发动领导下，各地农会纷纷成立。到1927年2月底，全县已有40多个乡建立了农会组织，县里成立农民协会筹备处，各地农会组织农民开展"二五减租"，反对无理摊派，冲击各种宗法和习俗。同时，工人运动也得到很大发展，相继成立了县建筑、理发、缝衣、刨烟等工会组织，张问强着力于工人运动，协助家乡造纸工人组织造纸工会，并参与组织成立永定总工会。中共永定党组织通过这些进步群众团体大力宣传打倒帝国主义、封建势力，激发人民的革命热情，发动他们投入反帝反封建的斗争。

1927年4月，蒋介石在上海悍然发动四一二反革命政变，轰轰烈烈的永定工农运动遭到了严重挫折。1927年9月，张问强南渡印度尼西亚，在南里亚彰南一所华侨学校教书。

汕头胡文豹大楼，《星华日报》设于此楼

檄文抗日 "汕青" 领袖

1931年8月，张问强从印度尼西亚回到祖国，居于广东省汕头市。1933年5月，由时任《星华日报》总编辑的哥哥张壮飞介绍，进入《星华日报》当编辑，主编副刊《流星》。《流星》经常登爱国诗人蒲风、著名版画家罗清帧等人的进步文艺作品及潮汕进步人士的文章，同时还撰写了大量号召国人奋力抵抗日本侵略的评论文章。

1933日寇直逼平津，蒋介石仍死抱不抵抗主义。张问强利用当时统治广东的军阀陈济棠正与蒋介石闹矛盾，蒋介石特务无法插手广东的机会，发表了一篇题为《蒋介石与袁世凯》的署名社论，痛斥蒋介石是卖国贼。这篇反蒋檄文，引起国内外巨大反响，《星华日报》被誉为"华南最优秀的报纸"，报纸销数倍增。

1937年，张问强任编辑主任。他以抗日爱国为办报方针，全力宣传抗日救国，坚持民主进步，维护团结，反对分裂倒退，之后升任主笔。同年7月，抗日民族解放战争爆发了。按照中共汕头地下党组织的意旨，由张问强和汕头驻军负责民运工作的陈其光出面发起组织汕头青年救亡同志会，宣传抗日，培养青年抗日骨干，壮大抗日救国队伍。

1937年8月13日，汕头青年救亡同志会在汕头市政府大厅里宣布成立。张问强被公推为理事，兼任外交主任和宣传工作，他除了负责协调国民党市党部、市政府、驻军的关系外，争取更多人支持汕头青年抗日活动，以壮大抗日统一战线。同时，还把《星华日报》变成汕头青年救亡同志会的重要喉舌，几乎每天都有揭露日军侵华暴行和报告中国军民英勇抗日消息，并利用其主笔身份，撰写了许多抗日评论，刊发了不少进步青年撰写的抗日文章，呼吁国共团结一致抗日救国。另外，他还将汕头青年救亡同志会，变成培养抗日青年骨干的学校，常常借用友联中学操场作为活动场所，组织青年人在此聚会，张问强亲自分析国际国内形势、通报全国抗日战况，讲解抗敌策略，指导汕头进步青年开展抗日救亡工作，被称为"汕青领袖"，即汕头青年抗日领袖。他参与发起的汕头青年救亡同志会的会员，都成为抗日骨干，有的还合力组成了汕青抗日游击队，在汕头沦陷后坚持敌后抗战。

随着抗日形势发展，在中国共产党领导下，梅州、兴宁、潮州等10多县抗日青年联合组成了岭东青年抗日会，张问强出任理事。

香港执教　培养"铁笔"

张问强在汕头的抗日工作，一直坚持到1939年6月汕头沦陷之后。日本侵略者占领汕头后，张问强潜往香港，在中国新闻学院担任讲师。中国新闻学院，诞生于1939年4月24日，是一所新型的、适应抗日救亡运动需要的新闻学府，到1941年12月太平洋战争爆发前夕共办了三届。张问强结合自己办报经历，授课理论联系实际，大受学生欢迎，他的学生中出了不少抗日铁笔战士。

香港沦陷，中国新闻学院停办。张问强潜回揭西五更富，在撤到那里办学的汕头聿怀中学当语文教员，讲授专业课同时，坚持对学生进行抗日救国教育。

《汕报》总编　抗日喉舌

1942年8月，张问强重操旧业，担任梅县《汕报》总编辑，他以抗日救国为办报宗旨，坚持宣传抗日，坚持民主进步，坚持宣扬国共合作、建立抗日统一战线，自己还常用"飞晋"这个笔名写国际评论，赢得读者和新闻界同仁的好评。

在张问强主持下，《汕报》从消息、社论及其标题到副刊文章，都具有鲜明的抗日、民主、进步色彩，且日益强烈，成为抗日战争后期粤东地区唯一进步的报纸，是与当地发行量甚大的《中山日报》并驾齐驱的一份主流报纸。

也因此招致了国民党右派的畏忌，他们怀疑张问强是共产党人。

1944年1月，当地国民党特务接到了要逮捕张问强指令，张问强提前得知，潜回永定。

主笔闽西　双线作战

1944年春节后，张问强受《闽西日报》之聘，担任《闽西日报》主笔，张问强的夫人、汕头才女谢常和妻弟谢之伟也同时被聘在编辑部当编辑。张问强还同时兼任龙岩师范学校教师。

张问强双线作战：主持报纸笔政，他经常以国共合作、团结抗日的观点发表评论和文章，被闽西国民党当局视为"言论偏激"，谢之伟也在副刊发表宣传抗日文章；登台授课，积极向学生宣传抗日，讲述包括八路军、新四军在内的中国官兵英勇抗日的故事，宣传中国共产党的抗日民族统一战线。

也因此，国民党在龙岩的特务组织认为张问强有中共背景。1944年7月，张问强、谢之伟两人先后被龙岩国民党驻军保安二团拘捕，并被关入广东兴宁监狱，狱中饱受折磨。经多方营救，于1944年10月被担保释放，回到龙岩，继续担任《闽西日报》主笔。

香江奋笔　终生办报

1946年7月，张问强重任《汕报》主笔，并兼任南华学院讲师。他继续两线作战，一方面在报纸上坚持宣传反对内战，一方面利用讲学机会，策动学生运动。1947年，国民党特务又要逮捕张问强，他闻风于4月到香港避难。5月任《星岛日报》主笔兼香港南方学院讲师。

1949年广州解放，张问强回到广州。1950年在广州南方大学任学报总编辑，1952年6月任南方大学校刊总编辑。后又到香港，先后任《周末报》《循环日报》《正午报》《天方夜报》总编辑、主笔、总经理。1974年任香港《文汇报》顾问。1984年退休，在港期间，张问强历任福建旅港同乡会理事长、监事长，永定同乡会名誉会长。同时还是福建闽西大学副董事长，福建省政协第五、六届委员。

1992年10月，张问强病逝于香港。他逝世后，其妻谢常献款为其在闽西大学设奖学金。

20世纪80年代后期，张问强（左三）来汕头与老朋友聚会

张钰哲

张钰哲（1902-1986年），福建福州人，美国归侨，著名天文学家。曾任美国芝加哥大学叶凯士天文台纬度测定员、芝加哥大学叶凯士天文台研究员、中央大学物理系教授、南京紫金山天文台研究员、南京紫金山天文台研究员兼中央研究院天文研究所特约研究员、中央研究院天文研究所所长兼紫金山天文台台长、中国天文学会《宇宙》杂志主编、中国日食观测队队长、中央研究院天文研究所所长、美国芝加哥叶凯士天文台研究员、美国麦克唐纳天文台研究员、中国科学院紫金山天文台台长、中国科学院紫金山天文台台长兼《天文学报》任主编、中国天文学会会长、中国天文学会理事长、江苏省科学技术协会副主席。中国科学院院士。为中国近代天文学的重要奠基人。

青年时代的张钰哲

美国学士　留美就职

1902年2月16日，张钰哲出生于福州市朱紫坊花园弄，祖籍福建省闽侯县青口镇泸屿村，父亲张竹晓是一位普通职员，生有五子，张钰哲居末。

张钰哲两岁时父亲逝世，虽生活艰难，但母亲仍坚持让其接受完整教育。1907至1912年就读于福州明伦小学。

1913年，张钰哲小学毕业。同年，他二哥到北京工作，将全家接到北京生活。张钰哲先后就读于北京畿辅中学和北京师范大学附中。他学习努力，各门功课都名列前茅，英语成绩更为突出。1919年，张钰哲从北京师范大学附中毕业后，以优异成绩考上清华学堂高等科。该校不收费，学生毕业后还可选送出国留学。

1923年，张钰哲抵达美国，进入普渡大学机械工程系学习。不久，深感志趣难合，便转入康奈尔大学建筑系。1925年转学到芝加哥大学天文系。1926年获得学士学位，因成绩出色，留在该校叶凯士天文台做纬度测定工作。

发现行星　命名"中华"

在叶凯士天文台，张钰哲一边工作一边攻读硕士学位。1927年，张钰哲获芝加哥大学天文学硕士学位。随后他继续留在叶凯士天文台工作，在凡比博教授指导下用口径60厘米的反射望远镜子从事小行星和彗星的观测。

1928年11月22日晚，正在叶凯士天文台工作的张钰哲在进行天文观测时，突然发现底片上有一颗过去从未见到的新星，不禁一阵惊喜。接着他又连续观测了15个寒夜，都获得同样的结果，经过轨道推算，证实这是一颗新发现的小行星——第1125号小行星这是第一颗由中国人发现的小行星。自1801年意大利天文学家皮阿齐发现了第一颗小行星之后，各国天文学家不断发现新的小行星。按照国际惯例，谁发现小行星就由谁来命名。身处异邦的张钰哲满怀对祖国的深情，给这颗小行星取了个响亮的名字："中华。"

博士回国　倾资购材

在美叶凯士天文台，张钰哲不仅跟着导师进行观测，还从事小行星和彗星的轨道计算。凡比博教授在与他详尽商议之后，张钰哲的新课题是研究双星轨道平面的空间取向规律。这是一个新课题，从未有人研究过，因此，从搜集观测资料到进行计算和分析处理，一切都得从头做起。张钰哲经过两年的辛勤劳动，终于在1929年夏写出了以《关于双星轨道极轴指向在空间的分布》为题的博士论文，并通过了论文答辩，顺利获得了天文学博士学位。

1929年秋天，张钰哲婉拒国外高薪相聘，执着回到祖国。回国前，他除参观细访了北美一些著名的天文台，还将自己在国外的累年积余，用来采购天文学教科书、仪器样本、天文照片和教学幻灯片等，准备回去为祖国服务。

回国途中，为了更多了解北美天文研究的发展情况，张钰哲考察了美国洛威尔天文台、立克天文台、威尔逊天文台和加拿大维多利亚天文台。这些，对他后来主持紫金山天文台的恢复和发展的工作有很大的帮助。年底，张钰哲从温哥华搭乘"皇后号"远洋轮回到上海。

回国任教　北京抢险

当时，全中国没有一个天文台，也没有一个大学开办天文系，因此回到国内的张钰哲无法专业对口，只能在南京中央大学物理系任教授，讲授天文学、天体物理和物理学等课程。但能为自己的祖国尽力，张钰哲还是感到莫大的欣慰，他发奋工作。

1932年9月，张钰哲受南京紫金山天文台台长余青松的派遣，冒着生命危险，到北平将安放在古观象台上的四架古天文仪器抢运至南京，以免落入日本人之手。

烽火之间　坚持科研

1934年，中国第一座现代天文台——南京紫金山天文台建成，张钰哲被中央研究院天文研究所聘为特约研究员。当时我国进行天文观测的条件很差，他一面任大学教授，一面自制天文望远镜，坚持进行天文观测和科学研究。

1936年，张钰哲和李珩（1898—1989年，中国著名天文学家）被派往苏联西伯利亚观测日全食，使用的仪器中有些就是张钰哲研制的。尽管天阴观测未成功，但为后来的日全食观测积累了经验。

1937年初，张钰哲就成功预测出了4年后将在中国出现的一次日全食，日食带将经过甘肃、陕西、湖北，最后从福建北部入海。不久，英国格林尼治天文台也证实了张的预测，这次日全食，是当时罕见的天文奇观。中国天文学会、中央研究院天文研究所和金陵大学、清华大学等单位即联合组成日食观测委员会，筹备观测的有关事宜，并公推中央研究院院长蔡元培为会长。

1937年7月7日，卢沟桥事变爆发，祖国进入全面抗战。张钰哲带着夫人、女儿，跟随学校迁往内地，辗转重庆、昆明等地，夫妇俩分别在大学和中学教书。在极其困难情况下，张钰哲仍坚持科学研究。1937年8月11日，在冒着日军炮火辗转跋涉中，张钰哲还测得一项重要的太阳活动预报。

1941年元旦，张钰哲受中央研究院之命，只身从重庆到昆明，接替余青松担任天文研究所所长兼紫金山天文台台长、云南凤凰山天文台台长。天文研究所原设在紫金山天文台内，南京沦陷后迁至云南昆明，后又迁至余青松创建的凤凰山天文台。当时凤凰山天文台只有一架较小的照相望远镜，小行星的照相观测无法进行。张钰哲根据过去积累的资料，靠一台破旧的手摇计算机计算小行星的轨道，进行研究。

西去青海　科考日食

虽然早在1937年张钰哲就预测出1941年9月将有全日食带从新疆进入我国，经甘肃、陕西、湖北、江西，从福建北部入海。但到1941年年初，日食带经过的地区已大部分沦落敌手。各国天文学家因中国战乱，纷纷取消原定来华观测的计划。组织观测并留下科学记录的重任只能由中国天文工作者承担。

危难之时，张钰哲被任命为日食观测队队长，主持中国历史上第一次有组织的现代日食观测。受命之后，他投入紧张筹备工作，于1941年4月成立了由10名队员组成的日食观测队。

日食观测队原定分成两组，分赴甘肃天水、安康两地进行日食观测。但因6年前向德国蔡斯厂定购的一台价值3万美元的地平镜，从水路运抵香港时被日机炸毁，临时拼凑起来的仪器仅够一地观测之用，于是决定以天水作为日食观测地。后来，张钰哲进一步研究，发现天水秋季降雨量大，过程长，而临洮县秋季的晴天数倍于天水，并且临洮为观测地比天水条件好，于是移到临洮做观测地。

1941年6月29日，在张钰哲及顾问高鲁（1877—1947年，中国现代天文学重要奠基人）率领下，中国日食观测队冒着日军密集炮火，踏上西行之路。一路风餐露宿，数十次在日机空袭下死里逃生，终于历尽千辛万苦，于8月23日抵达临洮。行期42天，行程3200公里。到达目的地之后，又先后遇25次日机空袭。

1941年9月21日，在战时极端困难的条件下，张钰哲组织完成了我国境内第一次日全食的科学观测，拍摄了中国境内第一张日全食照片和第一部日全食彩色影片，为中国天文学留下了极其宝贵的记录。张钰哲在返途中，还克服各种困难写成《在日本轰炸机阴影下的中国日食观测》一文，很快在国外一家刊物上发表了。

赴美研究　艰难返国

抗战胜利后，中央研究院天文研究所迁回南京紫金山。由于紫金山天文台在战争中遭到破坏，天文台最大的60厘米反射望远镜无法运转，一些仪器设备不知去向，工作很难开展。

1946年，张钰哲再次前往美国考察和从事研究工作。旧地重游，他又来到叶凯士天文台与老师凡比博教授一起工作。

在美国，张钰哲取得了不俗的业绩。他在此进行变星照相观测时，又发现了一颗新的变

张钰哲一家

星。随后，张钰哲应邀出席于波士顿召开的美国天文学会年会，宣读了题为《一颗新的食变星的速度曲线》的论文，深受好评。与此同时，他还写了《大熊星座交食双星的光谱观测》一文。这两篇论文都很快地发表在美国《天体物理学》杂志上，引起世界天文学界的高度关注。世界著名天文学家斯特鲁维在其名著《恒星的演化》一书中，详细引用了张钰哲的上述研究成果，并转载了张钰哲手绘的室女座AH星的速度曲线图。

1948年3月，张钰哲完成了预定的考察和研究工作，准备回国。不料，已濒临崩溃的国民党政府赖掉了原来提供给张钰哲回国的路费。他的夫人在国内四处奔走呼吁，但毫无结果。在国外的朋友劝告他留在美国，美国的一些大学以高薪和极好的科研条件盛邀他留下任教，但对祖国怀有高度责任感的张钰哲，矢志回国。他对一位好友说："中国古代有楚材晋用的故事，我虽算不上楚材，但也不甘心为晋所用。"凡比博教授十分理解并尊重自己高徒的爱国之心，为他归国效力四处奔走。

天赐良机，就在这时美国天文台预报，1948年5月9日将有一次全日食发生，自太平洋上的阿留申群岛经日本千岛群岛、中国浙江到越南，这一线都可以看到。美国国家地理学会将派一支观测队到我国浙江省武康地区进行观测。得到这个消息，凡比博教授立即和美国国家地理学会商量，让张钰哲参加这个观测队，得到允诺。后来虽然由于天公不作美，观测失败，张钰哲却趁此机会，于是年5月回到祖国的怀抱。

1948年11月，中央研究院有些机构撤往台湾，张钰哲与天文研究所部分人员迁往上海，迎接解放。

院士台长　天文宗师

1949年9月，张钰哲返回解放了的南京，积极参与紫金山天文台的重建工作。

1950年，张钰哲被任命为中国科学院紫金山天文台台长，一直在紫金山天文台工作到1984年。历任研究员、台长、名誉台长，1955年他当选为中国科学院首届学部委员（院士）。

张钰哲对小行星、彗星等太阳系特殊天体的研究和探索取得富有开创性的成就，提供了揭示天体物质运动规律和太阳系起源演化问题的重要线索，丰富人类对自然现象的认识，特别是一些近地小行

星更有探索研究和开发利用的广阔前景。

经过近40年的观测研究，张钰哲开创的对小行星、彗星的探索，取得了丰硕成果。他和他领导的紫金山天文台行星室共拍摄小行星、彗星底片8600多张，获得有价值的精确位置数据9300多个，发现了1000余颗新小行星，并计算了它们的轨道。其中有100多颗小行星和3颗紫金山彗星获得了国际永久编号和命名权。这些观测和研究，在实际观测和轨道计算的精度方面都达到了国际先进水平。张钰哲先后发表学术论文101篇，出版专著、译作10本。

与之同时，张钰哲建立了太阳系天体摄动运动的动力学数值模型，编制了小行星、彗星轨道（含精确摄动）连续计算软件，提出了研究天体轨道长期演变的方法，计算研究了300余颗小行星、彗星的近期轨道和40余颗小行星、彗星的长期（百万年）轨道。

张钰哲开创并领导了多个领域天文学研究，取得多项重要成果。他领导的这项太阳系天体的基础研究，具有系统性和完整性，对我国天体力学和方位天文学的发展开拓之功，曾获1978年全国科学大会奖，1987年国家自然科学奖二等奖。国际小行星中心也于1978年8月1日将哈佛大学天文台发现的第2051号小行星正式命名为"张"（Chang），以彰显张钰哲对世界天文学的贡献和世界天文学界对张钰哲的推崇。

建功"卫星" 立勋"火箭"

1957年，张钰哲以科学家的远见卓识，在世界上还没有一个国家发射人造卫星的情况下，应用天体力学基础理论研究了人造卫星轨道，发表了《人造卫星的轨道问题》的论文，从理论上探讨了地球形状和高层大气阻力对人造卫星轨道的摄动影响。

20世纪60年代初期，张钰哲又领导开展了月球火箭轨道的研究，发表了《定点击中和航测月球的火箭轨道》的学术论文。1965年，张钰哲亲自率领学者参加了我国第一颗人造卫星——"东方红"卫星的论证工作，研究并制定了卫星轨道的设计方案、观测网布局、最佳发射时刻的选择、跟踪观测和测轨预报方案，对"东方红"卫星的发射成功起了重要作用。之后，张钰哲领导了对我国第一颗赤道同步卫星在地球非球形引力场中的各种摄动的定性定量的研究，写出《关于赤道同步卫星轨道的研究结果》一文，这是我国第一篇较全面详细地研究赤道同步卫星的论文。

张钰哲在中国天文学史的研究方面也取得出色成就。1978年，他在《天文学报》上发表论文《哈雷彗星的轨道演变趋势和它的古代历史》，1982年又在他的著作《哈雷彗星今昔》一书中加以阐述。对中国历史上早期哈雷彗星记录进行了研究、分析和考证，得出结论：假若武王伐纣之年所出现的彗星为哈雷彗星，则是年为公元前1057—前1056年。他的研究成果对于中国古代史中迄今仍未解决的年代学悬案提供了重要线索，同时也引起世界天文界的关注，英国的《考古天文学》1979年2卷2期、英国《自然》杂志1979年10月第一期、美国《天空和望远镜》1979年9月号等有影响力学术刊物，分别对张钰哲的研究成果刊出专文进行介绍和讨论。日本著名天文学家长谷川一郎在1984年出版的《哈雷彗星史话》一书中，也多次引用张钰哲的研究成果。

献身天文　奋斗一生

在张钰哲的领导下，紫金山天文台成长为世界级天文台，拥有14个研究室、组和300余名科研人员，还亲率同行不断自制和引进了国际一流水平的科学仪器，使紫金山天文台软硬件条件不断优化，成为以天体物理和天体力学为主要研究内容的综合性天文台。他还为上海、北京、云南、陕西等地的天文台和南京天文仪器厂的建设尽心竭力，并积极支持南京大学和北京师范大学天文系的教学，20世纪50年代还亲自去南京大学天文系讲课。

中国现代科学家（第二组）张钰哲

1980年，年近八旬的张钰哲不辞劳苦，前往青海高原，登上海拔4800米的昆仑山口，为我国后来建立在格尔木的第一座毫米波射电望远镜观测台选址。3年后，他又前往根据他的建议于1958年设立的乌鲁木齐人造卫星观测站视察。

1984年，张钰哲以82岁高龄再度应邀访问美国，在哈佛天体物理中心做《今日中国天文台》的学术报告。

张钰哲在天文仪器研制、天文科普、推进技术交流等方面，也为国家做出重要贡献。早在1929年，他就在《科学》杂志上发表了介绍蔡斯天象仪和天文馆的长篇科普文章。1934年，收集了他众多科普文章的《天文学论丛》正式出版，成为国内最优秀的天文科普著作之一。1953年，春节的日偏食，张钰哲也带头进行了全国性的广播演讲，这是新中国第一次全国性科普活动。1980年，春节日全食是新中国第一次大规模的日食的观测与科普活动，张钰哲虽已高龄，但也积极参加。

张钰哲担任过中国天文学会第一至四届理事会理事长以及第五届理事会名誉理事长、第三至五届全国人大代表、九三学社第七届中央委员会委员。他曾任国家科委天文学科组组长，紫金山天文台第一至三届学术委员会主任（1957—1982年），《天文学报》主编，《中国大百科全书——天文学》编委会主任，江苏省科协副主席等职。张钰哲多才多艺，书法苍劲有力，篆刻造诣颇深，素描绘画水平甚高，文字水平甚高。

1986年5月5日，《人民日报》为张钰哲发表了专题短评，称他是一颗"永不熄灭的星"。

1986年7月21日，84岁的张钰哲在南京逝世。遵照他的遗愿，他的骨灰深埋在紫金山天文台内的一个极不起眼的角落，地面上没有任何标记。

1990年10月，中华人民共和国邮电部发行了第二组中国现代科学家纪念邮票，其中有一枚为张钰哲头像，以纪念这位对祖国天文事业做出重大贡献的天文学家。

陈心陶

陈心陶(1904—1977年),福建古田人,美国归侨,著名医学寄生虫学家、医学教育家。曾任广州岭南大学助教、讲师,广州岭南大学生物系主任、理科研究所所长,广州岭南大学医学院寄生虫学和细菌学教授,岭南大学教授兼香港大学病理系研究员,江西省中正医学院寄生虫学及细菌学教授兼任江西省卫生实验所所长,岭南大学教授、医学院代院长,美国华盛顿柏罗维罗蠕虫研究室研究员,中山医学院寄生虫学教授、寄生虫学教研室主任兼任广东省血吸虫病研究所所长、广东省热带病研究所所长、广东省生物学会理事长、广东省寄生虫学会理事长、《中国动物志》副主编、《中国吸虫志》主编。中国寄生虫学奠基人。

励志榜样　海归博士

陈心陶是福建古田县松吉乡曹洋村人,1904年5月4日生于古田县一个普通邮局职员家庭。虽家境贫寒,但父母重视子女品德和文化教育,鼓励子女发奋苦读报效国家。这使陈心陶从小就立下了为国家富强而学习的志向,靠一路勤工俭学,完成了小学、中学和大学学业,成为当地青少年励志榜样和父母教子学习的典范。

1925年,陈心陶以优异成绩从福建协和大学生物系毕业,受聘到广州岭南大学任教。教学之余,着力进行科学研究,很快由助教升任为讲师。

1928年,因表现出色,陈心陶被选送赴美深造。在明尼苏达大学攻读寄生虫学一年,获理学硕士学位。1929年,转入哈佛大学医学院攻读比较病理学博士,1931年获哲学博士学位。因展现出的研究能力,毕业时哈佛大学极力挽留他留学任教。但是,优厚的待遇、舒适的生活和极好的科研条件,没有留住陈心陶。

高中毕业的陈心陶

1931年7月,陈心陶挥别哈佛大学,踏上归程。回到广州后,陈心陶被委以重任,出任广州岭南大学医学院寄生虫学、细菌学教授,生物系主任和理科研究所所长。

上任之后,陈心陶在认真教学之余,开始对华南地区蠕虫区系进行并殖吸虫、异形吸虫的实验生态研究,发现多个寄生虫新种,其中广州管圆线虫直至20世纪60年代才被人们认识是一种世界性分布的嗜酸性核细胞增多性脑膜炎的病原,但在当时陈心陶已发现他是致病源。1933年,他以所发现的肺吸虫新品种展开研究所得出的结果撰写的养殖吸虫论文正式发表,引起国际医学界高度关注。

1935年,为探讨台湾省的日本血吸虫和姜片虫不能寄生于人类的原因,以及该地区的肺吸虫和大陆地区肺吸虫的关系，冒着可能被当成"间谍"被杀和染上疾病的双重生命危险，只身前往台湾流行区展开实地调查。

抗战期间　辗转育人

抗战期间，中国不少著名高等院校都跟随国民政府往西部迁移。岭南大学是私立大学，并无追随政府的计划。广州沦陷前夕，岭南大学决定迁移往香港继续发展。事实上早于1937年，岭南大学附属中学已经往香港青山湾梁园上课。1938年8月中旬，岭南大学一举迁往香港，借用香港大学的校舍继续授课；农学院则租用屯门蓝地的农场。当时复课生加上来自别校的转读生，岭南大学在港学生人数竟达到广州时期百分之九十之多。陈心陶随校迁往香港，除在岭南大学任教外，还在香港大学病理系进行科学研究。

1941年12月，太平洋战争爆发，随即香港沦陷，时为校长的李应林率领岭南大学师生辗转逃亡至粤北韶关。之后，落户在曲江大村复校，并将校园命名为岭大村。陈心陶随之辗转，直至停办，他没有让自己休息片刻，转任江西省中正医学院教授兼卫生实验所所长。

在不断冒着日机轰炸辗转迁徙的战乱岁月里，陈心陶坚持科研。1940年，他发表我国寄生虫学最早的权威性专著《怡乐村并殖吸虫》，用充分数据说明一个新发现的肺吸虫的可靠性，打破当时国际上倾向于认为肺吸虫只有威氏并殖吸虫单一种的看法，促使许多新的品种陆续被人们发现。这部专著所提出的形态学和实验生态学的特征至今仍被引为典范。

排除万难　再度归国

1946年下半年，岭南大学医学院复办，陈心陶立即归校，复任寄生虫学科主任、教授和医学院代院长。

1948年，陈心陶再度赴美国，先在华盛顿柏罗维罗蠕虫研究室做研究员，后回母校哈佛大学医学院做研究员，再到芝加哥大学学习，完成了蠕虫免疫方面的研究。

1949年10月，远在美国的陈心陶闻知中华人民共和国成立，欢欣鼓舞，毅然决定回国服务。当时，亲友苦苦劝阻，美国的多所大学也以优厚的待遇苦苦挽留，再次踏上归程。

陈心陶是取道香港回国的。到香港时，一些反对新中国的势力散布各种流言蜚语，认为陈心陶此时回国是赴死，香港一家科研机构以比美国更优厚的待遇聘请他。但是，他认定此生要献给新中国："我的事业必须在自己的祖国生根。"回到广州岭南大学医学院，投身祖国医学事业。

1948年陈心陶重返哈佛

战血吸虫　送走瘟神

陈心陶始终以人民的迫切需要，作为自己的科研课题，以帮助人民解决病痛作为自己的工作任务。

1950年夏天，陈心陶了解到广东省四会县、三水县长期存在一种"大肚病"，严重威胁人民健康和农业生产。陈心陶下定决心：以攻克"大肚病"作为自己的使命。

就在这时，陈心陶受广东省人民政府委托，克服当时治安不稳定、交通不方便等困难，带领防疫人员深入疫区调查。几经艰辛，终于在广东省肇庆六泊草塘（今属肇庆大旺高新区）独河正岗段杂草丛生的河溪岸发现了广东省第一粒钉螺，并从钉螺中找到日本血吸虫尾蚴，经动物感染试验，获得血吸虫成虫。随后，他带着医务人员又从"大肚病"患者粪便中检验出血吸虫卵，大肚病就是"血吸虫病"终于得到了证实。陈心陶教授将当时发现的情况写成文章发表在《人民日报》上，这一有关百姓健康的重大发现顿时轰动了世界。

继而，陈心陶又深入广东各个地区现场考察，对血吸虫中间宿主钉螺的生态、人体防护、流行病学、诊断、治疗等方面进行大量科学研究工作，摸清广东省血吸虫病流行的基本情况，积累了丰富的科学资料。他根据这些基础理论研究的成果，提出了针对华南地区特点的一整套从控制流行到消灭血吸虫病的战略思想和计划，设计了以消灭钉螺为中心的综合治理措施，制定了符合我国国情的策略：结合兴修水利，围垦开荒，彻底改变钉螺的滋生环境，把消灭血吸虫和发展农业生产紧密结合起来。

四会县依据陈心陶建议，加固20多公里长的北江大堤，填平几百条滋生钉螺的旧河沟，新开300多条总长150公里大小渠道，根治"毒河"，彻底改变和消灭钉螺的生态环境，开垦出良田10万多亩。

这些方法不仅在广东省行之有效，使广东成为全国第一个消灭了血吸虫病的省份，彻底送走了"瘟神"。

陈心陶带领医护人员在广东省大战血吸虫的经验与做法，很快推广到全中国，对全国消灭血吸虫发挥了重要作用，为我国血吸虫病防治研究做出重大贡献，受到中共中央和人民的高度重视和评价。陈心陶为消灭血吸虫病作出了重要的贡献，也受到国际上医学界人士的关注和赞赏。1956年，陈心陶先后到北京参加了全国科研10年规划会议、全国政协会议和最高国务会议，毛泽东主席曾三次接见他。同年，苏联医学科学代表团来我国访问，对陈心陶领导的寄生虫学研究室的实验研究工作以及广东省血吸虫病的防治工作给予高度的评价。

陈心陶还坚持走中西医结合道路，积极开展中草药研究，提出防治血吸虫病的简便有效方法。

1958年，陈心陶加入中国共产党。

科学攻关　奋战终身

陈心陶还开展了对肺吸虫继续进行大量研究，发现很多新种类，尤其是1959年发现的斯氏并殖吸虫，被证实是在我国广泛流行的一种类型的肺吸虫病的病原。此外对危害人民健康的华支睾吸虫病、丝虫病、恙虫病媒介、乙型脑炎媒介等进行调查研究。

陈心陶还先后培养大批研究生、进修生、专业干部以及外国留学生。曾代表我国科学技术界先后到朝鲜、日本、苏联、阿联酋等国访问，进行学术交流，受到国外寄生虫学界的尊重和赞扬。

1966年"文革"爆发，陈心陶被打成"反动学术权威"，受到各种极不公正待遇。但是，他一如既往，坚持进行科学研究。这种科研攻关的工作状态，他保持到了生命的最后。

陈心陶晚年患恶性淋巴瘤，但仍欣然接受中国科学院下达编写《中国动物志》任务，亲自主持《中国吸虫志》的编写工作，组织全国30多个单位进行协作，自己经常夜以继日地带病工作。

1976年岁末，陈心陶病情日重，住院治疗期间，还坚持完成学术论文写作，同时帮助审阅国内各单位送来的科学论文10余篇。在临终前一天，他还关心全国科学大会的召开，反复叮嘱和鼓励教研组同仁努力完成任务。

1977年10月29日，陈心陶因病情恶化医治无效逝世。

陈心陶一生在国内外刊物发表论文和著作130余篇，主要著作有《怡乐村并殖吸虫》《医学寄生虫学》《中国动物志·吸虫志》。其中《医学寄生虫学》1978年被评为全国科学大会科研著作成果一等奖。

倾其所有　献于祖国

陈心陶的学术专著《医学寄生虫学》一书出版时，出版社送来4千多元稿费，他说："我写这本书是本职工作，还是把它作为党费交给组织吧。"

1987年10月，在纪念陈心陶逝世10周年时，其夫人郑慧贞把心陶生前珍藏的书籍、著作4699册，卡片实验照片20315张赠送给广州中山医科大学。

陈心陶生前除担任专业职务外，还是中共中山医科大学委员会委员、中共广东省委委员。昔日"千村薜荔人遗矢，万户萧疏鬼唱歌"的广东省三水县，如今成了繁荣昌盛的现代城镇，为了表达当年疫区人民群众对陈心陶的敬意，1990年，广东省三水县人民政府、六和镇人民政府在重点疫区的旧址（即今天的南山镇九龙山）建造了"陈心陶纪念碑"。纪念碑现已成为佛山市重点文物保护单位和佛山市爱国主义教育基地。

1974年的陈心陶

陈心陶在中山大学的故居，现已成为纪念馆。在中山大学90周年校庆、陈心陶诞辰100周年时正式对外开放。陈心陶故居位于中山大学东南区241号，毗邻图书馆和陈寅恪故居，故居邀请中山大学中文系教授陈炜湛先生题写甲骨文"陈心陶故居"横幅，并制作红木匾额。一楼大厅安放陈心陶铜像，由著名雕塑家吴雅琳教授塑造，从一楼到二楼的楼梯连廊设置陈心陶生前照片。二楼部分恢复陈心陶生前卧室兼工作室面貌，陈列其生前所用部分家具，还原其工作、生活面貌。物品中就有他下乡用的水壶和草帽，还有他拍摄的胶卷，以及生前用过的床和被。同时还设立展览室，展示陈心陶教授的事迹与学术成就。其中就有1978年全国科学大会颁发的奖状，以奖励他为中国科技工作做出的重大贡献。

陈玉娘

陈玉娘（1947—　　），福建福清人，印度尼西亚归侨，中国著名羽毛球运动员、教练员。曾任湖北省羽毛球队运动员、国家羽毛球队运动员、教练员，中国羽毛球协会副主席。

天才少女　回国尽责

陈玉娘祖籍福建省福清市，1947年生于印度尼西亚（以下简称"印尼"）梭罗市一个侨商家庭。父亲早年从家乡福清下南洋打拼，母亲家族清初自福建南下印尼，在此定居多代。父亲聪明能干，特别能吃苦，在艰辛打拼之下，生意日趋发展。陈玉娘行八，上有八个哥姐，下有三个弟妹。母亲虽不会说一句中文，但她从小就教育子女：我们是中国人，那里才是我们的祖国。

陈玉娘

梭罗市位于印尼中爪哇，是这个千岛之国最著名的羽毛球之乡，这里爱打且会打羽毛球的华侨特别多。陈玉娘不到10岁就开始练羽毛球，且特别喜欢这些运动。因为球技不错，参加了梭罗的一个羽毛球俱乐部。她是全俱乐部唯一的女性，也是年纪最小的选手，交手的全是比她年长的男选手，人人都将自己球技传给了她，还指点她不断改进弱点，这为陈玉娘兼收并蓄多家之长奠定了基础。因为特别爱打球，每个俱乐部活动时间又有限，而梭锣又有很多羽毛球俱乐部，陈玉娘又参加了一个俱乐部，争取到自己每周能打5次球，这样不但可以多打球，而且可以请教的人也多。

陈玉娘进步神速。1959年，她获得梭罗市少年组女子单打冠军。1960年，又一举夺得中爪哇的女子单打冠军。印尼羽毛球总会看中陈玉娘，当年7月就通知她入选印尼国家青年队，要她到雅加达去集训。

对许多印尼人来说，这是喜讯。但接到通知的那一天，陈玉娘没有任何欣喜，因为她早已决定回到从未谋面的祖国，尽自己炎黄子孙之责。

玉娘时代　中国之冠

1960年8月，陈玉娘与已是印尼乒乓球男子单打冠军的哥哥陈盛兴一起，踏上归程。离家前，父亲叮嘱陈玉娘：我们是福建人，你要去福州。

9月，陈玉娘抵达广州。得知印尼天才少女回国，湖北、福建、广东体委立即赶到广州抢人。湖北体委最先与陈玉娘联系上，陈玉娘被抢到了湖北羽毛球队，哥哥陈盛兴也被抢到了湖北乒乓球队。不久，陈盛兴被选入国家乒乓球队。

陈玉娘很快成为中国女子羽毛球第一主力。陈玉娘第一个女单全国冠军是在1960年夺得，直到1975年退出运动舞台，她先后8次获得全国女子单打和双打冠军。在陈福寿悉心指导下，陈玉娘形成了"快、狠、准"打法，她快速灵活的步法，准确多样的击球落点，攻防兼备的打法，十几年打遍天下无敌手。

让陈玉娘开辟属于自己羽坛时代的，不仅仅是天赋，而是她越常人的训练：早晨别人还在睡觉，她已在进行长跑且已完成任务，训练时间总是比别人长。陈福寿曾说，其他人是被教练逼着训练，对陈玉娘则要限制训练。但即使如此，固执的陈玉娘仍然要为自己加码训练，以至于练到最后，连女性生理都出现了异常。也正是由于陈玉娘的苦练，才练就了其堪称一绝的打球脚步快速移动与手法的运用。

陈玉娘一路凯歌。1961年，陈玉娘代表参加全国比赛，战胜了两个运动健将，一举拿了女单冠军，并被评全国运动健将。

1964年5月，在广州举行的7单位羽毛球锦标赛中，陈玉娘获得女子单打第一名和女子双打第一名（与林建英合作）。

1965年，在第二届全国运动会羽毛球比赛中，陈玉娘夺得女子单打、双打（与林建英合作）和女子团体3项冠军。

在1971年和1972年两年的全国羽毛球比赛中，陈玉娘连续获得女子单打冠军。

1972年全国三项球类比赛，陈玉娘获羽毛球赛女子单打、女子双打（与梁秋霞合作）冠军。

无冕之王　天下无敌

1963年11月，陈玉娘被选入国家队，参加在印度尼西亚举行的新兴力量运动会，取得女子单打第三名和女子双打第三名（与梁小牧合作），并且还是中国队女子团体冠军的主力队员之一。在打完新运会，中国队在印尼各地打了6次30多场友谊赛，先后去了棉兰、泗水、马吉冷、万隆和雅加达，获得全胜。

也是在这一年，国务院总理周恩来接见归侨运动员，陈玉娘与王文教、汤仙虎、侯家昌等一同参加了。有一件事强烈刺激着陈玉娘，因为从小读的是印尼文学校，没学过中文，总理与之亲切交谈，她一句也听不懂，完全要靠哥哥在旁边做翻译。这使她下定决心学习中文。一回到武汉，就开始系统学习国语。

陈玉娘在中文越学越好的同时，继续扮演着世界"无冕之王"角色。

当时，国际羽联合法席位被退缩到台湾的国民党政府所窃取，中国队无法参加世锦赛、全英赛、汤尤杯赛、亚锦赛、亚运会等正式国际比赛。所以，世界上只要哪个国家得了世界冠军，中国队就临时组一个队，与之一决高下。陈玉娘每每被征调出战，先后与丹麦、英国、瑞典、日本、印尼等都比赛过，无往而不胜。

1965年，国家体委组队访问丹麦、瑞典，当时这两个国家的球队为世界羽坛劲旅。由第一主力陈玉娘和梁小牧、陈丽娟组成的中国女队，打了24场，又是全胜。载誉归来，国务院副总理贺龙元帅请中国羽毛球队吃饭，他说，"学生（考试）怕吃鸭蛋，我今天就是要请你们吃烤鸭，要求你们从零开始，攀登高峰"。南征北战戎马半生的贺龙元帅建议：把丹麦队请来，要打得他们服气。1966年4月，丹麦队回访中国，陈玉娘分别代表国家队、湖北队与之交战，一场都没输。

1965年在印度尼西亚举行的庆祝第一届新兴力量运动会筹备会议两周年的体育比赛中，陈玉娘获女子单打冠军，1966年11月，在柬埔寨金边举行的第一届亚洲新兴力量运动会上，陈玉娘获女子单打冠军、混合双打冠军（与方凯祥合作）和女子双打亚军（与梁小牧合作）。

亚运双冠　再创辉煌

1971年，陈玉娘光荣加入了中国共产党。1972年1月，在周恩来总理的指示下，国家羽毛球队正式成立，陈玉娘成为国家女队第一主力。

1974年9月，陈玉娘赴伊朗德黑兰参加第七届亚洲运动会，获女子单打冠军，并为中国羽毛球队获女子团体冠军作出重要贡献。

1975年9月，在第三届全国运动会上，陈玉娘获得女子单打亚军，又是湖北女子羽毛球队团体冠军的主力队员。

从1973年到1975年，陈玉娘随队出访了丹麦、印尼、英国、日本等一系列羽毛球水平高、并且拥有世界冠军的羽球大国。凭借着打不死的韧劲和誓死拿下对手的狠劲，陈玉娘和队友们打败了当时所有的世界冠军，成为世界羽坛公认的"不是世界冠军的世界冠军"！

陈玉娘与国外运动员合影

金牌教练　连育冠军

1976年，陈玉娘被任命为国家队专职教练员，很快成为频频催生冠军的金牌教练，她的弟子实现了她不曾得到世界冠军、奥运冠军。

在教练岗位上，陈玉娘为国家培养了十几个世界冠军，培养一个成材一个，像韩爱平、关渭贞、黄华、唐九红、尚幅梅、劳玉晶、韩晶娜、吴文静，直到雅典奥运会女单冠军张宁等，都是经陈玉娘从选苗、培养而成为世界冠军的。

1993年，陈玉娘离开国家队，和侯家昌一起进入体育总局的技术咨询委员会，一直到1999年退出训练场一线。

　　陈玉娘曾任中国羽毛球协会副主席，是第四、五届全国人大常委，第六届全国人大代表，她还先后三次获国家体育运动荣誉奖章。1986年，获国际羽毛球联合会颁发的"卓越贡献奖"。2002年，进入国际羽联"名人堂"。

中国羽毛球代表团访问英国，前排右二为陈玉娘

陈孝奇

陈孝奇（1900—1989年），字庆彝，福建福州人，缅甸归侨，著名华侨教育家。曾任缅甸仰光国民小学教务主任、缅甸缅华教育总会常务理事、缅甸华商商会中文秘书、缅甸华侨救灾总会秘书、缅甸华侨救济会秘书、缅甸华侨救国义勇军训练主任、缅甸南侨疏散委员会委员、福建文史馆馆员。

赴缅执教　成教育家

1900年5月30日，陈孝奇出生于福州书香之家。8岁失父，幸得舅舅相助，就读于东街私塾，能诗会文。1920年10月，福州名贤何公敢、郑贞文及顾寿白等应陈嘉庚之邀，参与筹办厦门大学，上任时带着陈孝奇，将之送往集美学校读师范。

为谋生计，1923年应堂兄陈庆和之邀请，陈孝奇远赴缅甸，执教于板庭梧等地侨办华文学校。

1929年，陈孝奇应仰光三山会馆之邀，担任三山会馆所办仰光国民小学教务主任，主持学校教务。

陈孝奇

当时，缅甸不少同乡会馆创办的学校都用家乡方言，国民小学用的是福州方言，这使得不少学生不会国语（中国普通话）、不会英语，也不会缅语，只有一口流利的福州话。陈孝奇上任后，在学校董事林东坡、柯必辅以及校长卓元灼等乡贤的支持下，打破乡畛语界，强化国语教育，聘用能说一口标准普通话的山东人王企羊为教师，还开设英语课、缅语课，同时增设珠算、手工、刺绣等实用技艺课，使学生毕业后既能深造，也能凭技能生存。陈孝奇还在学校创办童子军，加强体育锻炼和一定的军事基本训练。他的这些改革，为学校赢得了良好声誉，使得了学生不断增加，以至校舍不够，多次扩充。

陈孝奇在当时的缅甸华侨教育界享有盛名，曾长期担任缅华教育总会常务理事，经常为农村侨校调解纠纷、介绍教员、推荐课本。在担任驻会常务理事时，努力推进缅华教育总会在缅甸农村各地成立分会，同时还组织了节日游行、联欢会、运动会、讲演会、歌咏赛和作文比赛等，全力传播中华优秀传统文化和提升缅甸华侨文化教育水平，深受广大华侨的好评和侨商们的支持。

组建义军　愤起抗日

陈孝奇的抗日生涯起于1931年。

1931年，九一八事变之后，日寇疯狂侵略中国东三省，白山黑水之间血流成河。消息传至缅甸，华侨愤然而起，陈孝奇在和胜公司和建德总社支持之下，与陈福顺、陈汉中、陈伯甫、陈占梅等爱国侨领一起，筹建缅甸华侨抗日救国义勇军，并亲自兼训练主任，准备一旦战事需要，亲自率队回国杀敌。

为更好打击日本侵略者，支持祖国抗日战争，陈孝奇在缅甸参与抵制日货，奔走宣传，使不卖不买日货和不与日本经济界合作经商意识深入人心，日货在缅销售直线下降。特别是1934年，在缅甸华商商会主席、辛亥革命功臣张永福推荐下，陈孝奇出任缅甸华商商会中文秘书之后，他与英文秘书曾克念合作，对内整理会籍，理顺财务；对外联络印尼、缅甸商会，利用帝国主义之间的矛盾，巧妙争取殖民当局支持抵制日货等合法斗争。

抗战模范　工作卓越

1937年7月7日，卢沟桥事变发生，祖国抗日战争全面爆发。8月，缅甸华侨救灾总会成立，陈孝奇兼任秘书。此后，参与组织、协调抗日活动成了他的工作与生活中心。他常常夜以继日，废寝忘食，筹组抗日活动，起草抗日檄文。之外，他主持国耻讲演，张贴抗日标语，推销救国公债，募捐抗日义款。

为增强华侨抗战必胜信心，从而集合更多华侨力量支援祖国抗日战争，祖国抗战前线每一次取得胜利，陈孝奇都参与策划、组织缅甸华侨庆祝胜利，组织群众街头演剧、献舞咏唱，激发抗战斗志，他自己还经常登台演出，以至于40多年后的1982年，他到北京参加缅甸归侨聚会时仍能激情唱起："滚水呛呛滚，中国打日本，日本死真罪（闽南语：多），中国万万岁。"陈孝奇还参与具体组织献金、献物活动，同时通过细致思想工作，动员更多人捐款。

据不完全统计，在陈孝奇等一批华侨救灾总会同仁的深入发动下，从1937年8月至1940年9月30日，经缅甸华侨救灾总会汇回祖国的抗战捐款总数为297万元。

为了动员缅甸侨办华文学校年轻人回国参战或以各种行动支持祖国抗战，陈孝奇与缅华教育总会同仁一起，轮流深入学校举办时事座谈会和报告会，介绍国内抗战形势，商讨援国之道。有时还邀请经过仰光的国内政界、军界和文化界名家来演讲，也邀请仰光各界名流参加座谈，使缅华教育总会成为当时抗日宣传、动员阵地之一。

汪精卫叛国投敌和进行反对抗战活动时，陈孝奇参与起草反汪通电和参与组织反汪宣传集会和游行。

日军南侵　奔走援侨

1941年12月太平洋战争爆发后，日军开始轰炸仰光，缅甸殖民政府难以组织起强有力的抗击，缅甸危在旦夕。陈孝奇参与组织缅甸南侨疏散会，并以委员身份参与组织华侨撤退。在中国派出远征军之后，他又冒着生命危险接待祖国军队，组织支前拥军，协调解决部队一些困难。

1942年深春，在日军狂轰滥炸中一直坚持工作的陈孝奇，才在敌人的轰炸之中，携眷和侨领吴文举一家回国，沿途经常置个人生死于度外，相机疏导难民，紧急交涉安置侨生。当时，曾在缅甸工作过的马维忠就任云南保山师范教务主任，兼任滇西华侨实业有限公司交际主任、保山县党部设计委员、保山国立第一华侨中学历史教师。为了安置仰光、勃生等地撤至保山的中学生、小学生，陈孝奇撤下家人，提前赶到保山华侨中学，联系马维忠安排中小学生就学事宜，使回国侨生能继续读书。安置初有头绪，他又立即折回去，接侨领李文珍一大家。

因为常年在侨团担任秘书，陈孝奇积累了大量的资料，包括商情侨讯及爱国侨商参加抗日活动的照片、贡献记录和联络办法等，回国时陈孝奇将大部资料随身携出，准备以后写入历史。不久，保山告急，谣传日寇已过惠通桥，为避免物证落入敌手，贻害爱国侨商，陈孝奇忍痛毁件于保山西门外盘塔山华侨实业公司的农场。

不久，日寇对保山实行大轰炸，陈孝奇又奔走安葬死于日军轰炸之下的著名爱国侨领吴文举、许镜莹以及一些爱国侨领的亲人。回乡避难的著名爱国侨领张永福病逝途中，他又组织料理后事。紧接着，又赶赴昆明协助教育部专员蒋建白安置归侨教师和难童，再次找到时任昆华师范学校教务主任兼国民党云南军管区特别党部中校视察员的马维忠，向其求援。马维忠感动于陈孝奇的大公无私和克己奉公，欣然应允，奔走协助，安排涌入昆明的缅甸华侨教育界难民。1942年8月，陈孝奇又与李文珍、许文鼎、张振裕等缅甸侨领一起，赶到贵阳参加公祭牺牲于缅甸抗日激战中的戴安澜师长。

随军反攻　战后返乡

1945年初夏，已有20年国民党党龄的陈孝奇，受命担任国民党中央海外部驻缅甸办事处秘书主任，随军反攻，参与赶走日本侵略者、光复缅甸的战事。

抗日战争胜利后，对国民党腐败深恶痛绝的陈孝奇，谢绝了拟安排他出任国民党驻缅甸总支部书记的举荐，继续担任国民小学校长。

1949年10月新中国成立后，陈孝奇退出国民党，响应国民党革命委员会（简称"民革"）李济深主席号召，于1950年6月1日，与马云汉、陈步樨、陈上杭、朱产雄、曹国杰、朱乾汉、陈倚石、黄重远等人筹组民革缅甸支会，配合新中国大使馆全面开展爱侨、护侨工作。同时，他排除各种干扰，坚持在自己担任校长的国民小学使用国内新华书店出品的课本。同时，陆续将自己的四个儿女送回国内深造、工作。

1960年春，陈孝奇举家回国，被聘为福建省文史馆馆员。著有《缅甸华侨四十年（1911—1950）大事记》《缅甸华侨第五个十年（1951—1960）大事记》，共34万字。

1989年，陈孝奇病逝于福州。

陈丽水

陈丽水（1917—2005年），福建安溪人，印度尼西亚归侨，著名翻译家。曾任印度尼西亚苏岛人民抗敌会常务委员兼宣传部部长、印度尼西亚苏岛人民反法西斯同盟常务委员兼宣传委员、印度尼西亚棉兰市议会议员，印度尼西亚苏东华侨总会联合会秘书，中国驻印度尼西亚大使馆翻译，外交部亚洲司翻译、北京外国语学院教授、《毛泽东选集》翻译室编译、外交学会翻译。

生于异邦　回国读书

陈丽水祖籍福建省安溪县，生于印度尼西亚苏门答腊岛先达市。曾在先达荷华学校读书，后到先华学校学中文。及长被送入福建省厦门集美学校就读。

1937年，从集美学校毕业后曾赴江苏南京，想进入中央大学深造。正在此时，七七事变爆发，日本加快全面侵华，南京危在旦夕。陈丽水从国内返回棉兰，曾在棉兰苏东中学第二附属小学教书，后到先达中华学校当训育主任。

在苏门答腊岛执教期间，陈丽水投入了当地侨界抗日救亡工作，自己率先捐款抗日，还在学校组织抗日剧社、抗日义卖队，带着同学上街进行抗日宣传和筹款。

新中国成立后，陈丽水（中）为苏加诺总统会见贺龙（左）当翻译

组建"反盟"　敌后抗日

1942年3月日军占领苏岛后，大肆捕杀爱国华侨，陈丽水没有被吓倒，他和张谷和发起创建地下抗日团体——苏岛人民抗敌会，后改称"苏岛人民反法西斯同盟（简称反盟）"，领导成员是：主席张谷和，宣传部部长陈丽水，组织部部长郑子经，青年部部长张琼郁，联络部部长李国海。

苏岛人民反法西斯同盟领导当地的爱国华侨，有组织地进行秘密地抗日活动。他们从重庆和美国、印度的电台中收听真实的第二次世界大战各个战场的消息，依此为内容，加上抗日评论文章，出版抗日读物《前进报》，揭露日本法西斯的各种罪行，介绍中国军队和盟军节节胜利消息，鼓励华侨坚守民族气节，不与日寇合作，坚定抗日反法西斯斗争必将胜利信心。同时，秘密发展抗日骨干参加反法西斯同盟，扩大抗日力量。

当时，苏岛爱国华侨成立了两个抗日秘密组织，除了陈丽水等领导的苏岛人民反法西斯同盟外，还有一个叫华侨抗敌协会。

1942年9月，华侨抗敌协会和人民反法西斯同盟为进一步扩大抗日的力量，经过联系，决定实行联合，共同组成苏岛反法西斯总同盟，统一组织领导华侨抗日斗争。总同盟成立后，有组织有计划地开展了一系列的抗日活动，秘密扩大了抗日宣传刊物的出版，并派出代表与马来亚人民抗日军取得联系，发动总同盟成员为人民抗日军筹募捐款。在日寇白色恐怖统治下，总同盟抗日秘密组织的活动，在苏岛地下形成了一股顽强的抗日潮流，使日本占领军惶惶不可终日。

陈丽水（右一）在为印尼苏加诺总统做翻译

在日本占领期间，陈丽水还全力保护从新加坡避难到印尼的中国著名社会活动家和爱国文化名杰，如胡愈之、郁达夫，王任叔（巴人）、刘岩等。

被捕入狱　坚守气节

1943年，盟军在太平洋战场上开始反攻，日军在战场上节节失利。日本占领军为巩固其作为太平洋战场后方的印尼苏门答腊岛的稳固，加紧扑灭华侨在苏岛的抗日斗争。日军秘密派出大量的特务进行跟踪侦察，逮捕了被其怀疑的原苏岛人民抗敌会成员王桐杰，并进行秘密审讯。王桐杰叛变投敌，供出了抗日组织的情况，开列了组织领导人及成员的名单。随之一场对华侨抗日组织的残酷大搜捕铺天盖地而来。

1943年9月20日凌晨，日军出动几乎所有在岛军警，对华侨抗日组织领导和成员进行抓捕，抓捕活动直至早晨6点钟才结束，包括陈丽水在内的华侨抗日组织领导和成员100多人被捕，史称"九二○"事件。随即日军将被捕的抗日华侨投进监狱，进行了惨无人道的严刑拷打。

在狱中，日军对陈丽水等被捕的华侨抗日志士，动用了种种酷刑，面对惨无人道鞭打、电刑、灌水、倒悬和电灼，陈丽水等抗日志士们毫无畏惧，大义凛然。

陈丽水的儿女在纪念父亲诞辰百年的一篇文章中对此事有这样记载：

　　在1943年抗日时期，印尼苏北发生了著名的"九二○"事件，上千名苏北的抗日志士，被日本侵略者投入监狱。当年父亲上了日本人的黑名单，虽然接到了马上隐蔽的紧急通知，但为时已晚，父亲被抓到棉兰的日本特高科监狱，在监狱里父亲遭到两天一审、三天一刑的逼供，父亲只字未露，保护了自己的战友以及巴人等同志，更未提及苏北进步刊物"前进报"是在自己先达家里印刷并发行先达。在棉兰日本特高科监狱，父亲被关押了近一年之久，由于日本鬼子找不到也审不出任何东西，加上苏北华商的营救，父亲离开了日本特高科的监狱。

在"九二○"事件被捕的华侨抗日组织成员中，有11人惨遭日军杀害，有7人被迫害致死，1人被捕后失踪。陈丽水等50多人被关进黑牢，当时他刚刚结婚不久，夫人还怀着身孕。狱中，他饱受折磨，仍领导难友进行艰苦斗争。直至半年之后，经家人及华商营救，陈丽水才带着重伤走出狱门。

战后复建　苏东勤业

日本投降后，陈丽水随王任叔到棉兰参加筹建苏东华侨总会联合会，创办印尼文版《民主日报》，成立印尼问题研究会。他还曾任棉兰市议会议员。

1946年中，陈丽水随王任叔回先达，筹办苏东华侨总会联合会先达办事处，并在中华学校兼课。1947年调到华侨总会任秘书，主持全面工作。

1947年7月，荷军占领先达，逮捕王任叔并强制做苦工。陈丽水四处奔走，积极营救。在棉兰、新加坡、中国香港等地强大舆论压力下，荷军被迫释放王任叔，将之驱逐出境。在此期间，陈丽水曾三次被荷军逮捕传讯，但每次他都靠着自己的大智大勇化险为夷。

新中国成立后，陈丽水（左二）参加外事活动

转界外交　一代译才

1950年，陈丽水调到中国驻印度尼西亚大使馆工作，任主要印尼文翻译。在大使馆工作期间，陈丽水先后参加了1955年中国印尼双重国籍谈判、万隆亚非会议、宋庆龄副主席访问印尼、1956年苏加诺总统访华、1963年刘少奇主席访问印尼等重要外交活动。他每年还跟随大使应邀陪同苏加诺总统到各处访问，参加印尼各政党和社团举行的各种活动，出席各国驻印尼使团的宴请等等，任务极其繁重。

1956年，陈丽水加入中国共产党。

1965年9月29日，陈丽水接到调令，举家从印度尼西亚回国，先后在外交部亚洲司、北京外国语学院、《毛泽东选集》翻译室、外交学会等单位工作，仍然从事印尼文翻译和教学工作。

陈丽水的儿女在纪念父亲百年诞辰的文章中曾有这样记录：

> 父亲在1965年以前，曾经为我们的老一辈领导人多次当过印尼文翻译，细数起来有毛泽东、周恩来、刘少奇、朱德、董必武、宋庆龄、陈毅、贺龙……，还有许多知名的文化名人。父亲生前从不喜欢提及过去的事，更不会向我们谈起那些冷战时期的故事，以及关于印尼共产党的经历。我知道父亲恪守的是自己的信仰，是组织的原则。父亲最后所进行的有关印尼文的工作，就是"文革"时期的"毛选"印尼文翻译，父亲是终审的编译……

2005年12月，陈丽水因口腔癌去世，享年88岁。

陈 应 龙

陈应龙（1902—1993年），原名陈今声，字运生，福建龙海人，越南归侨，中医学家、中医教育家。曾任厦门市中医院院长、厦门市中医院院长兼厦门市医针灸专家讲师团教授、厦门市中医院院长兼华侨大学教授、厦门市侨联副主席、厦门市政协主席。

1902年陈应龙出生于福建省漳州府海澄县城外南路（今属福建省龙海市白水镇）一个耕读世家。幼进塾馆，研读诗书。因少年时体弱多病，常年与药石相伴，遂对中医中药发生浓厚兴趣，遍读医案，研习医道。

1926年，陈应龙毕业于集美师范学校。在校期间曾师从著名爱国侨领陈嘉庚的胞弟陈敬贤学习气功。

1931年，陈应龙南下印度尼西亚谋生，继续自学中医中药。

晚年，陈应龙在练气功

1936年春，立志做良医的陈应龙到上海拜师，师从中国精神研究会会长、中国科学催眠奠基人鲍芳洲，学习、研究气功和精神感应法、催眠疗病法，接受了"灵子术"夜钵真传。毕业后，又于1936年10月赴无锡，进入中国针灸学研究社学习，拜中国针灸大师承淡安（著名中医学家、针灸教育家、南京中医药大学首任校长，中国科学院学冲淡）为师，潜心钻研承门针法，成为一代针灸大师。

1936年，陈应龙赴越南行医。他倾向革命，在自家诊所前开设越华书店，专售进步书刊。1948年8月被西贡反动政府驱逐出境。后到香港继续行医，以其收入帮助在越南堤岸大屠杀后逃到香港避难的革命志士。在香港，他与中共党组织建立了联系。

1949年8月，陈应龙参加中国人民解放军福建文化服务团，任随团医生，离开香港到厦门。先任华侨服务社经理，后调任厦门市第一医院针灸科主任。1956年11月，参与创建厦门市中医院成立，成为第一任院长。

陈应龙潜心于中国针灸学研究，把气功的治神养心功能同针灸的补泻手法熔为一炉，独创带气行针"子午补泻手法"，尤其擅治癫狂、瘫痪、聋哑、小儿麻痹症，人称"陈半仙"，所著《陈应龙针灸医案》《陈应龙医疗气功选》，于1991年分别荣获福建省卫生厅首届福建中医药科技图书二等奖和三等奖。1985年，福建省人民政府授予陈应龙省名老中医证书。1992年，被评为享受国务院特殊津贴专家。

陈应龙是厦门医学界领导人之一。曾任厦门市医药卫生协会副主席、中华全国中医学会福建省分会副理事长、厦门市中医学会理事长、中华全国中医学会气功科学研究会第一届委员会顾问。

陈应龙致力于海外中医教学和促进国内外的中医针灸气功学术交流，多次被邀请赴日本、菲律宾、新加坡及港台地区诊病及讲学，身体力行传播中华医学。

陈应龙还是中医教育家。自1958年起，接受厦门大学华侨函授部中医专科（现改称厦门大学教育学院）聘请任教，主编《中国针灸学概要》作为函授教材。在担任厦门市中医院院长、名誉院长期间，还兼任中医针灸专家讲师团教授、华侨大学教授。

陈应龙还是一位社会活动家和厦门归侨领导人。1952年，加入民革，并任民革省委会常委、顾问，民革中央团结委员。同时，还曾任全国侨联委员、厦门市政协四至七届副主席、厦门市第二届至第十一届侨联副主席，陈应龙以高超的医术、医德，深受人们敬重。他多次受到周恩来、邓小平等中央领导人的接见，1986年6月陈老行医50周年之际，时任卫生部部长的崔月犁为之题词祝贺："大力培养针灸气功专家，为中国和世界人民服务。"

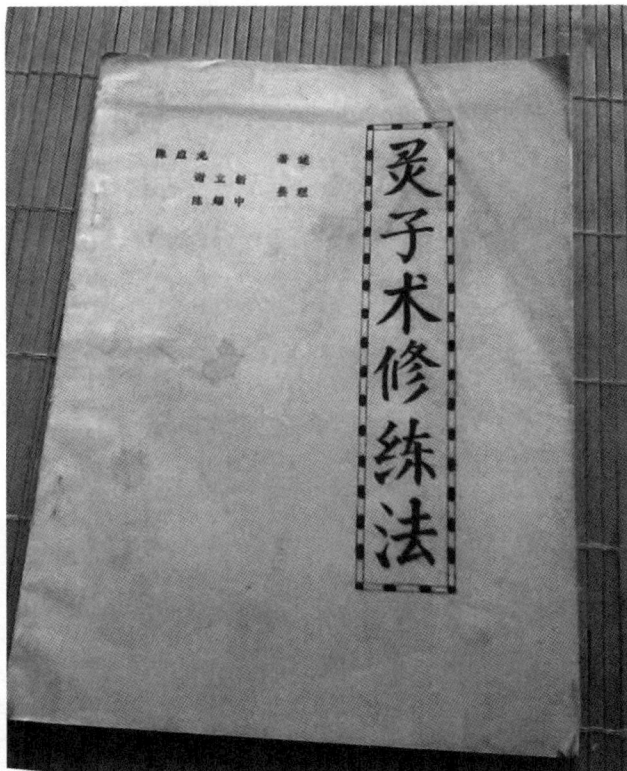

陈应龙著《灵子术修练法》

陈国珍

陈国珍（1916—2000年），福建厦门人，英国归侨，著名分析化学家、化学教育家。曾任福建省政府建设厅技术员，厦门大学化学系助教、讲师、教授、系主任、校长助理，国家第二机械工业部生产局总工程师、副局长兼原子能研究所研究员、分析化学研究室主任、国家海洋局第三海洋研究所研究员，国家海洋局副局长、学术委员会主任、科学技术委员会主任，中国海洋化学学会理事长。中国海洋科学重要开拓者，中国"两弹"和核潜艇研制功臣，为中国的核科学事业和海洋科学技术事业做出了重要贡献。

厦大才子　嘉锡高徒

1916年12月1日，陈国珍出生于福建厦门岛，父亲是电报局报务员，收录微薄，勉强供陈国珍读了高中。儿子虽学业优良，矢志向学，但父亲困于家境贫寒，1934年陈国珍从同文中学毕业后，遵父命四处找工作，以帮助父亲养家。就在厦门大学报考日期截止当天，几位同文中学同学登门邀他一起去报名，他再三请求父亲让他一试：若考上，你再定我是否要去上；若未考上，安心找工作养家。父亲只得同意陈国珍报名，没想到一考即中，被厦门大学化学系录取。

当时，也是后来名满世界的大物理化学家卢嘉锡是厦门大学化学系助教，他第一次批阅

陈国珍（中）与卢嘉锡（左）蔡启瑞（右）在厦大化学报告厅前合影

陈国珍实验报告时，就发现这位学生对实验现象观察仔细、描述准确、解释清楚，认为他具备化学研究潜力。卢嘉锡拿着这份实验报告，找到陈国珍本人与之深谈，开始给予他更多指导和勉励。

陈国珍大四那年，随着七七事变发生，全面抗战爆发。为坚持培养人才，同时也因绝不为侵华日军所用，1938年1月厦门大学搬迁至闽西长汀。

1938年4月，日寇从金门发兵，由海路攻陷厦门，随即沿陆路兵逼省会福州。5月，福建省政府经国民党行政院批准内迁永安。省府迁入永安城内的文庙，而省主席陈仪上将及许多厅、处、局等机构却挤进永安近郊的小山村——吉山。

1938年陈国珍毕业后，来到永安，进入福建省建设厅担任技术员，参与利用闽北丰富的林业资源，

试制改良纸张。

1941年，陈国珍来到长汀，进入厦门大学化学系当助教，先后担任过普通化学、分析化学、有机化学、有机分析化学、工业分析和化学文献等课程及有关实验的教学工作。在此期间，他还在系主任刘椽指导下开展科学研究，完成了《土茯苓根的初步研究》的论文。

自英归来　接棒嘉锡

1947年初，在时任厦门大学化学系主任卢嘉锡的力荐之下，陈国珍获得英国文化委员会的奖学金，次年夏天到英国伦敦大学帝国科学技术学院化学系攻读博士学位。他师从维尔奇教授，研究用X射线分析法测定反应产物的组成，以研究各种固态金属化合物与碳酸盐在有或无催化剂存在下的烧结反应，以及某些矿物与碳酸盐的固态反应。

1951年1月，陈国珍通过博士论文答辩，获得了哲学博士学位。他没有片刻犹豫，立即乘船回国，受聘回到厦门大学化学系任教授。

陈国珍归国不久，即在恩师卢嘉锡的推荐之下，接棒老师，出任厦门大学化学系系主任。担任系主任期间，陈国珍着意拓展，在国内大学化学系中首批设置了仪器分析专门化，购置了当时十分先进的X光衍射仪、分光光度计、摄谱仪、荧光计和极谱仪等许多电子仪器，亲手组建了厦门大学分析化学专业，为开展教学和科学研究工作打下了良好的基础。

厦大名师　教学榜样

1959年，陈国珍担任厦门大学校长助理。其间，不仅为高年级学生和研究生讲授仪器分析专业课，还特别重视为刚入学的一年级本科生讲授普通化学基础课。他对教学的敬畏之心和不懈追求，在国内同业中广为流传，如他坚持在上课的前一天下午和晚上，拒不会客，关在房间里面对着墙壁背诵讲课的内容，形成了概念阐述严谨、条理分明、由浅入深的讲课特点，创造了"少而精"教学法，深受学生的欢迎。厦门大学教务处特地将他讲课的录音播放给全校文、理各科中青年教师收听，号召大家学习陈国珍的教学方法。他在身患重病时，依然坚持写讲稿备课。

陈国珍在厦门大学化学系执教近20年，培养了不少化学人才。即使在后来担任国家海洋局副局长等高职的同时，还兼任厦门大学教授、博士生导师，培养的分析化学专才不少已成为学术带头人和单位负责人。

陈国珍学生、中国科学院院士田昭武，晚年曾一次次深情忆起恩师，他说：老师指导化学实验一丝不苟，严格要求。抗战期间，学校迁往长汀白土，他在农村祠堂上课、做实验，为化学系的发展做出艰苦卓绝的贡献。学生、中国科学院院士黄本立对陈国珍先生教学时的严谨细致和渊博的学识印象深刻。

"两弹"功臣　再制"核潜"

20世纪60年代初，党中央为了独立自主地发展我国的核力量和在国民经济的各个领域中应用核技术，决定从高等院校和其他部门选调一批专家加强我国发展核工业的力量。陈国珍就是这批被选调的专家中的一位。

在梁东元《596秘史》一书中，对陈国珍加入中国"两弹"研究有这样的记载：

> 时任国务院原子能办公室主任的白文治，曾介绍说，"当时我们需要一个比较高一点的长于分析检验的专家型领导干部，钱三强推荐了两位。我看了这两位专家的档案，考虑各种因素之后，选中了陈国珍，因为他有教学经验，是英国伦敦大学博士，又有在一个新的领域勇于探索的精神。"1962年5月，陈国珍动身到了福州，却碰上当地发大水，闽江水位大涨，铁路桥断，水淹福州，汽车几乎无法开行。刚到省交际处，还没有住下，碰上厦门市长，叫他赶紧一起回厦门，他只好又回去了。到8月份，他赶到了二机部（第二机械工业部）。
>
> 陈国珍到部里不几天，刘杰（二机部部长）约见了他，在座的还有几位副部长和局长。刘杰对他说，我们争取1963年至1964两年内搞出原子弹，请你来负责杂质元素分析检验。原子弹一定要响，如果不响，首先检查设计有无错误，如果设计有错误，打设计者屁股。如果设计没错，而是杂质元素检验错误，就要打你的屁股。陈国珍说，我一定尽力做好，但指标你要定下来。刘杰告诉他说，指标已经有了，共有二十几个项目。

1962年8月，陈国珍到第二机械工业部（后改称核工业部）任生产局总工程师，并兼任原子能研究所研究员和研究室主任。具体任务就是组织和领导一批科技人员，力争在最短的时间里完成各种核燃料产品的质量控制分析，并建立相应的分析方法。

在接下来的600多个昼夜里，为制造原子弹提供高质量铀–235材料，陈国珍带领一批科技人员废寝忘食，终于解决了铀–235中含量低至百万分之一或10亿分之一级的杂质的分析问题，保证了原子弹试验任务的顺利完成。

《956秘史》一书对陈国珍的忘我工作，有着这样的记录：

> 陈国珍是分析化学总工程师，局里也想让他兼原子能研究所化学分析室的主任，使他有个实际的工作，更方便一些。白文治说，当时是一个星期六天工作日，他在原子能研究所三天，在通县铀矿冶研究所两天，在部机关一天，所以他到处跑，一天换一个地方睡觉。我们招待所的房子还没有盖起来，他家属又在厦门，所以住在外面。我听说后，马上找到他的助手侯卓，到西郊一个饭店去找他，他那时正在科学院开会，和化学家杨承宗住一个房间，杨承宗跟他开玩笑，说他是个高级流浪汉，坐汽车到处跑，一天换一个地方睡觉，一觉睡起来不知道在什么地方。也确实是这样，三个地方轮着睡，睡醒了一时弄不清究竟是在什么地方。陈国珍自己也说有一次他到铀矿冶研究所，中午到食堂吃饭，饭后有人领他到一个地方休息，他睡醒之后，怎么都搞不清自己究竟是在什么地方，只好等人来接。

在陈国珍和众多科学家的共同努力下，1964年10月16日15时，我国第一颗原子弹爆炸试验成功。之后，再兼任生产局副局长的陈国珍，又投入了钚弹、氢弹、核潜艇的研制，随着钚弹、氢弹爆炸成功和核潜艇顺利下水，陈国珍的名字进入了我国现代核科学家的行列。

陈国珍考虑到许多核材料都具有放射性，在核燃料生产过程中，工作人员有可能受到核放射侵害。因此，在第二机械工业部工作期间，他首次提出并主动承担建立自动化流水分析线的任务。经过十几年的不懈努力，在他的指导下，终于使核燃料生产厂基本上实现了全分析过程的自动化。

海洋学家　国家局长

陈国珍是著名海洋化学研究专家。早在厦门大学读书期间，他就利用假期测定过海水中一些元素的含量。20世纪50年代末，时任厦门大学校长助理的陈国珍，不但积极倡议且亲自带领一批教师研究海水中各种常量元素的分析方法，于1965年编写出了《海水分析化学》一书，书中对海水中各常量元素的分析方法进行了综述评论，还推荐出数种方法进行验证实验，大大促进了我国海洋研究工作。

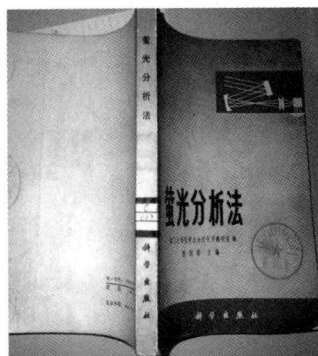

陈国珍著《萤光分析法》

1979年冬，时任第二机械工业部生产局副局长、总工程师的陈国珍，被国家海洋局第三海洋研究所聘为研究员。兼任此职后，陈国珍带着几个单位的科技人员合作编写《海水分析化学》一书的姊妹篇——《海水痕量元素分析》。此书于1990年出版。

1980年，陈国珍被任命为国家海洋局副局长。任职期间，他多次率团到美国、意大利、法国、加拿大等国参加海洋学术讨论会，并与法国国家海洋开发中心就执行海洋科学技术合作等问题进行磋商，以及安排我国参加海洋二氧化碳监测国际合作事宜。陈国珍在国家海洋局工作期间还先后兼任学术委员会主任、科学技术委员会主任、名誉主任。1987年，陈国珍出任厦门大学兼职教授、博士生导师。

陈国珍一生学术著述甚多，自1961年至1992年先后撰写或主编出版了《分光光度法》《铀和钚的流线分析》《气相色谱分析》《辐射剂量监测方法》《流线分析》《萤光分析法》《金属铀分析》《超铀元素分析》《海水提铀》《紫外—可见光分光光度法》（上下卷）《生产过程自动分析》《萤光分析进展》等18部学术专著。其中，晚年他与两位学生合作编写的《萤光分析进展》，是我国第一部有关萤光分析法的博士生教材。

陈国珍以自己的突出成就，获得了党和人民的高度评价。1959年，他荣获福建省劳动模范称号，参加庆祝建国十周年福建省劳动模范及先进工作者代表观礼团晋京观礼。陈国珍还先后担任厦门市政协常协常委、福建省人大代表、福建省人民政府委员、全国政协委员。同时，还先后担任中国化学会理事、厦门市化学会第一任理事长、中国核学会理事、中国海洋学会常务理事、中国海洋化学学会理事长和中国核学会名誉理事。

陈宗基

陈宗基（1922—1991年），福建安溪人，印度尼西亚归侨、荷兰归侨，著名的土力学家、岩石力学家和地球动力学家。曾任荷兰德尔夫特土力学研究所中国科学院土木建筑研究所研究员、土力学研究室主任兼国家建委黄土研究组副组长、国家建委黄土研究组副组长、国家科委三峡组岩基分组组长、中国科学院岩体土力学研究所研究员兼副所长、中国科学院地球物理研究所研究员兼所长、全国侨联副主任、全国人大华侨委员会副主任。中国科学院院士，在国际上首创土流变学，是中国土流变学、岩石流变学研究奠基人，他提出的"陈氏固结流变理论""陈氏粘土卡片结构""陈氏屈服值""陈氏流变仪"等被国际上公认。

生于印尼　学于荷兰

陈宗基祖籍福建省安溪县，先世移居印度尼西亚，父亲在印尼经商有成，家境良好。1922年9月15日，陈宗基生于印度尼西亚爪哇岛苏加巫眉镇。富裕的家境，让陈宗基从小受到良好的中西教育，1941年考入印尼万隆工学院。一个很偶然的机会他了解到遥远的祖国有一条黄河经常泛滥，给黄河下游百姓带来深重灾难，遂决定学习水利，为祖国分忧。

陈宗基决定远赴荷兰留学，因为荷兰在水利某些领域的研究水平居世界前列。1939年，荷兰皇家科学院成立了以伯格斯教授为首的流变研究小组。

1946年，陈宗基进入荷兰德尔夫特科技大学水利工程系学习。1948年，他在学习期间，就对荷兰沃拉格曼大桥桩基竣工两年后即发生破坏的原因进行了分析。当时工程界普遍认为这是由孔隙压力造成的。但陈宗

陈宗基

基认为土中的空隙压力会随时间延长而逐渐消失，在剪应力作用下的变形却会随时间延长而增加，从而提出在土力学理论中必须考虑土的流变特性和三向应力、大变形这一新概念。为了发展这一新概念，荷兰德尔夫特科技大学专门拨给他经费从事研究。1949年获工学学位。

毕业之后，德尔夫特土力学研究所聘请他到该所进一步开展有关研究工作。1952至1954年，他在荷兰皇家科学院著名物理学家、力学家波格斯教授指导下，引进近代流变学、塑性力学和胶体化学原理系统地进行了土流变的实验研究和理论探索，在国际上最早创立了土流变学，为土力学开创了一个新的研究途径。1954年，他在荷兰因研究土流变学卓有成就，获德尔夫特科技大学博士学位并获奖状，并获得博士学位。

谢绝繁华　回国苦斗

陈宗基不仅是有博士学位和享有盛誉的青年专家，而且精通英、法、德、荷、印尼五国语言，所以他还未毕业，联合国教科文组织就向他伸出了橄榄枝，力邀他加盟，美国和印尼的多家研究机构也都以高薪争相竞聘。陈宗基对每一家争聘单位的回答都是一样的："我选择好了，我回到我的祖国——中国，我要去治理那条老是泛滥的黄河。"

1955年9月，陈宗基抵达北京，进入中国科学院工作。他北去哈尔滨，担任位于此处的中国科学院土木建筑研究所研究员兼土力学研究室主任，同时兼任国家建委黄土研究组副组长。1958年，他又奉命卸去国家建委黄土研究组副组长一职，再兼任国家科委三峡工程岩基组科技组长，直至1962年。同年，他兼任大冶铁矿及塘沽港码头的岩土工程顾问。1963年陈宗基调往武汉，出任中国科学院武汉岩土力学研究所第一副所长。期间在1964年至1973年，兼任中国人民解放军工程兵部专家和顾问，指导中国核爆炸效应实验及防护工程研究。1972年至1988年，他又兼任指导长江葛洲坝岩基工程的专家和顾问。1978年起，他相继担任中国科学院地球物理研究所副所长、所长兼地球动力学研究室主任，着手开创了地球动力学研究。

陈宗基主持建立了国际一流的土流变学、岩石流变学和岩石高温高压实验室，研制出几十种先进的仪器设备，仅岩石高温高压实验室就研制了三套具有国际先进水平的高温高压实验仪器设备。

长期以来，国家哪里有重大建设项目哪里就有陈宗基攻坚克难，国家发展中遇到的难题就成为陈宗基科学研究的课题，并在这过程中成为世界级的科学家。

陈氏学说　世界首创

一生淡泊名利的陈宗基，却因事事处处以国家需要为重，在为国攻坚克难之中，不经意地开创了造福于世界、也令其载入史册的陈氏学说。

陈氏学说最大特点即是世界首创，由土流变学、岩石流变学两部分组成。

回国之后，陈宗基着手开始对中国黄土和沿海软土进行了大量实验研究，进一步发展和丰富了土流变学，对中国黄土结构及其特殊的力学性质提出了微观流变的基本原理，并研制出新的实验仪器。陈宗基通过对粘土的试验研究，1957年，他继1954年在国际上首次提出土流变学之后，又提出了"粘土结构力学"新学说，用以阐明土的流变和破坏特性。1959年他的这一学说被挪威物理化学家罗森维斯特用电子显微镜的观察所证实。陈宗基的这个学说已被编入国外教科书。

陈宗基在国际上首次提出土的三向固结流变理论。在这之前，国际上一般都认为时间因素是由固结引起的。而陈宗基的理论则强调由偏应力张量引起的土骨架流变占很重要的地位，而由球应力张量引起的时间效应是很有限的。他通过实验和理论推导，得出了土力学中长期未解决的次时间效应问题。

1956年，陈宗基以自己的三向固结理论，解答了一向、二向固结和次时间效应问题。1961年他将这一理论发展到线性各向异性的课题。1964年又发展到非线性流变固结问题。

陈宗基在国际上首先发现粘土存在着三个变形阶段和三个屈服值（f1，f2，f3），其中，关于第三屈服值f3或叫最高屈服值的概念，对于工程的长期稳定性具有重要意义。

1961年，陈宗基建议在工程设计中采用第三屈服值f3进行稳定计算。这一观点，在国际土力学与基础工程学会大会及国际理论与应用力学学会流变力学和土力学大会上，得到普遍重视。这个屈服值已被称为"陈氏屈服值"。

陈宗基还对动荷载作用下土的流变特性进行了探索，并于1958年在国际上首先研制出电动式和机械式两种土动力三轴仪。陈宗基在土流变学方面的研究方法和研究成果也适用于软弱岩体及坚硬岩体中的软弱结构面。

在土流变学方面，陈宗基先后撰写了70多篇论文，这些论文先后翻译成荷兰、法国、瑞典、葡萄牙、苏联、日本、波兰、前南斯拉夫、美国等国家的文字，广为流传，引起国际土力学界的高度重视。

在岩石流变方面，陈宗基率先于1959年在长江三峡水利枢纽现场平洞围岩中进行了流变试验，当时国际上只有少数人注意到这个问题。1961年，他将岩体流变理论推广到各向异性岩体。1965年，他根据对节理岩层的试验研究，从理论上解答了层状岩体中隧洞围岩应力分布课题，提出了围岩应力随时间而转动和由于岩体流变回弹，衬砌所受压力随时间而增加这两个概念，并指出当时普遍采用的普氏理论的不合理性。

20世纪70年代，陈宗基又从岩石微观结构研究出发，考虑岩体的成因和历史，提出岩体内应力的来源与释放学说，指出天然岩体必须存在位错、裂隙和地应力，从而导致岩体具有流变特性。他还根据实验观察与理论分析，提出岩石扩容的本构方程。1979年发表了论文《岩石封闭应力、蠕变、扩容及本构方程》。1981年他根据对长江葛洲坝水利枢纽地基泥化夹层的研究，写出论文《泥化夹层的剪应力松弛和蠕变性质及其在坝工设计中的重要性》，在国际软岩学术会议上发表，引起震动。1983年，他进一步发展了流变扩容理论，在第五届国际岩石力学大会发表了论文《在岩石破坏和地震之前与时间有关的扩容》，并用流变学的观点研究了膨胀岩的变形机理。1984年在比利时皇家科学、文学与艺术院作了题为《岩土的第三屈服值及其在工程上的重要性》学术报告，受到高度评价。

陈宗基保持了极长的科研创新青春。1988年，陈宗基从流变学的原理出发，对新奥法（NATM）隧道施工进行了创造性的研究，重点涉及围岩蠕变、扩容和构造应力等课题。根据他提出的本构方程，进行了围岩稳定有限元分析。在此基础上，对隧洞围岩加固措施，提出了合理化建议。1989年他又发表了论文《用8000kN多功能三轴仪测量脆性岩石的扩容、蠕变和松弛》。该文全面地描述了新型8000kN伺服控制多功能三轴仪，系统地介绍了岩石在脆性范围内确定扩容参数的新方法，分析了与时间有关的扩容过程。试验中，采用的最高围压为400MPa，最高温度为250℃。

在世界土力学、岩石力学、流变力学和地球动力学方面，有许多专有学说与技术，被直接以"陈氏命名"，因为他们都是陈宗基的研究成果且居于世界前列。如，他在粘土的试验研究中提出的新学说，被国外教科书称作"陈氏卡片结构"；在土的变形和温度理论以及动力特性研究方面提出的"陈氏屈服值"，被广泛应用于工程实际；所研制的土膨胀压力仪，被国际上称为"陈氏固结仪"；他对岩石流变、扩容、封闭应力等的研究成果也举世瞩目，国际上曾称作"陈氏成果"。

1985 年 1 月，陈宗基在福州与高兆栋合影

造福国家　功在千秋

陈宗基科研成果直接运用到祖国重大工程建设项目中，为国建立殊功。

陈宗基为三峡水利工程和葛洲坝工程建设做出了巨大贡献。

1958 年，陈宗基兼任国家科委三峡岩基组科技组长，从事并指导长江三峡水利枢纽岩石力学问题的研究。尽管陈宗基因心脏病突发未能亲眼看到三峡工程的整体完工，然而当年他带领技术团队曾用 3 年的时间进行室内和现场岩石力学试验，为后来的过程设计提供了大量数据。

1972 年，陈宗基出任葛洲坝工程作为坝基工程技术顾问，参与了设计与施工方案制定，他对原设计方案及爆破施工方案提出带根本性的修改意见，由于符合实际，最后被工程单位所采纳。1981 年，他还到中南海参加国务院商讨葛洲坝大江截流重要会议，主持会议的中央领导，专门请他对大坝的稳定问题发表结论性意见。

陈宗基还参加指导南京长江大桥、五强溪水电站、二滩水电站、黄河龙门水利枢纽、麦积山石窟国家重点文物加固工程、镍都金川地下工程、抚顺西露天矿边坡工程、国防工程及攀西裂谷矿产资源、福建地热资源开发等一大批功在当代利在千秋的大型建设项目的设计与施工，解决了一系列岩石力学与工程问题。

两国院士　归侨领袖

陈宗基赤诚地爱着祖国和人民。20世纪60年代之初，中国时入三年国民经济困难时期，食品奇缺。当时，他携家人回印尼探亲。家中有亲人见状，劝他留在印尼或转道欧美，免得回去忍饥挨饿。陈宗基坚决不允，他说："如果我是为个人活着，我当年就不会回国，我是为我的祖国而活着而奋斗的，我要与祖国共患难。"探亲假一到，他立即回国，与全国人民一道节衣缩食，多次请求减薪，助国共渡难关。

也正是因此，陈宗基深受中国共产党和人民的信任。他曾当选为第二、三、四、五、六届全国人大代表，还曾任全国人大常委会委员、华侨委员会副主任委员和全国侨联副主席等。

作为具有国际影响的世界级专家，1980年陈宗基当选为中国科学院学部委员（院士），1984年他被比利时皇家科学、文学与艺术院选为外籍院士，1986年被比利时国王授予"利奥波德二世一级骑士"称号，并授予勋章和荣誉证书。他曾获3项中国科学院科技进步一等奖、一项国家科技进步二等奖，并获国际岩石力学学会荣誉奖状。

陈宗基先后兼任了大年学术职务。在担任中国科学院地球物理研究所副所长、所长期间，先后兼任中国地球物理学会、中国地质学会、中国国际科技会议中心理事及中国岩石力学与工程学会理事长等多项职务工作。此外，先后兼任《岩石力学与工程学报》主编、《地震研究》主编、《地球物理学》副主编等编务工作；还担任国际岩石力学学会副主席兼该会中国组主席及多种岩石力学、岩石工程国际杂志的编委、顾问、专业委员会委员等项工作。

1991年9月25日，陈宗基因心脏病突发，在上海逝世。临终前，他还挂念着抚顺西露天矿边坡工程建设。

陈宗基逝世后，为传承他的精神和培养人才，中国岩石力学与工程学会与中国科学院武汉岩土力学研究所联合开设"陈宗基讲座"，每年举办一次大规模学术活动；中国科学院武汉岩土力学研究与武汉理工大学共建"陈宗基岩土工程精英班"。

陈茹玉

陈茹玉（1919—2012 年），福建闽侯人，美国归侨，著名有机合成化学家、合成农药化学家、化学教育家。曾任重庆中央工业试验所技术员，重庆大渡口钢铁厂化学分析室技术员，云南大学矿冶系助教，天津南开大学化学系讲师，美国西北大学化学系研究员，天津南开大学教授、有机化学教研室副主任，天津南开大学教授、元素有机化学研究所副所长、所长，天津市侨联副主席、天津市政协副主席。中国科学院院士。中国元素化学奠基人、农药化学奠基人。

冲破封锁　求学西南

陈茹玉祖籍福建省闽侯县，父亲学金融出身，供职天津银行业，为此家安津门。1919 年 9 月 24 日，陈茹玉生于天津，小学就读于天津市最早的教会学校——圣功小学。1931 年，以优异成绩考入天津南开中学，但因弟弟也一同考上，家里无钱同时供两人读书，母亲只好决定只让儿子升学。见状，陈茹玉决心自力更生，随即以出色的成绩取得了公费读书资格，考上天津省立女子第一中学，并靠奖学金完成中学学业。在读初中、高中的 6 年时间里，陈茹玉次次考试皆第一，所展现的数学天分让老师赞赏有加。

1937 年初夏，陈茹玉考上清华大学，但不久卢沟桥事变爆发，清华大学西迁，未能入学。

当时中国三所顶尖名校——北京大学、清华大学、南开大学合迁湖南，组成"国立长沙临时大学"。1937 年 11 月 1 日，国立长沙临时大学正式开课。但没过多久，首都南京沦陷，长沙临时大学再度南迁，在昆明组建了"国立西南联合大学"。

陈茹玉

当时，年仅18岁的陈茹玉，闻知决意赴昆明。父母担心兵荒马乱炮火连天，一个姑娘穿过半个中国去读书风险太大，苦苦劝说女儿放弃昆明读书的打算，但陈茹玉决心已定。她假托是傅斯年（著名历史学家、五四运动学生领袖之一，时任中央研究院历史语言研究所所长）教授的外甥女，与教授全家一起乘船，取道上海，最后经安南的海防，再进入昆明。她刚下船，就遇到了日本兵的检查，问她去哪里，陈茹玉沉着相答："到香港结婚去！"终于冲破重重险阻，顺利抵达昆明。

陈茹玉原想报考数学系，填报志愿时，西南联大外语系主任陈福田刚好在场，看了她的成绩单，就说："你理科成绩这么好，应当学化工。因为我们国家穷，工业不发达，急需工科人才。"正是他的这几句话，让陈茹玉一生与化学结缘。

陈茹玉是冒着生命危险坚持读书的，当时日军的飞机时常侵扰西南联大，有时一次就往校园里扔下40多发炸弹，但这更坚定了她发奋苦读的决心，她后来常说："西南联大给予我的教育永志不忘，由此确立我的报效祖国的决心永世未移。"

在西南联大化学系，陈茹玉收获了爱情，她与同班同学何炳林相识相知相爱。

1942年，陈茹玉大学毕业，进入位于重庆北碚的中央工业试验所当技术员，后到重庆大渡口钢铁厂化学分析室任技术员。1944年，到云南大学矿冶系当助教。

抗战胜利的第二年，陈茹玉回天津，在南开大学化学系当讲师，次年与同在南开大学化学系任教的何炳林结婚。

陈茹玉夫妇与儿子

总理力争　才女归国

1947年春，何炳林考取美国印第安纳大学化学系研究生，赴美留学。一年后的春天，陈茹玉考取了美国南加利福尼亚州大学研究生，将半岁的儿子交给母亲抚养，也远走美国。同年秋天，她转入印第安纳大学化学系攻读有机化学。

在美国，陈茹玉与何炳林一起，都参加了中国留美科学工作者协会，一起探讨中国的未来，了解中国共产党领导的解放区，了解中国共产党的宗旨和治国理念。

1952年春，陈茹玉和何炳林双双获得印第安纳大学化学系博士学位，她还获得到"西格玛赛"荣誉学会颁发的金钥匙荣誉。陈茹玉夫妇开始了为回国奔走。此时，抗美援朝战争打响，中美双方正在朝鲜激战，这场战争使中美两国的关系处于冰点。美国以原子弹威胁刚刚成立的新中国，又下令不准在美国学习理、工、农、医的中国留学生回国，违者罚款一万美金或判处5年牢狱刑罚。

百般努力，依旧归国不成。陈茹玉只好到美国西北大学化学系读博士后，并作为研究员从事新偶氮染料的合成及其应用于蛋白质结构分析的研究。何炳林进入芝加哥纳尔哥化学公司当研究员，其水平和能力很受企业重视，两年后被提升为高级有机化学研究员，同时被推荐刊登在《美国科学家》人名录上。

归心似箭，陈茹玉和何炳林坚持一次又一次地向美国移民局提出回国申请，但都遭到阻挠。与之同时，美国政府开出一系列优厚条件，甚至给何炳林一年加了三次薪来挽留这对极具研究能力的科学家。但二人报国心切，连续向美国政府递交申请书，多次受到美国移民局的审讯，常去移民局申诉，护照也被无理扣留。因被怀疑是中共党员，住宅曾被搜查。

陈茹玉在昆明西南联大

1953年秋，陈茹玉和何炳林获悉中美将在日内瓦进行停战谈判，便约集十几位留学生，给南开大学校友周恩来总理联名写信，每个人都郑重地用毛笔签名，请祖国帮忙。这封信通过印度驻联合国大使梅农转给印度总理尼赫鲁，最后交到周总理手中。

当时，美国等西方发达国家对中国采取全面封锁、禁运政策，国内科技资料、仪器、化学试剂等都极缺。闻知，在争取回国的同时，陈茹玉夫妻二人把平时搜集的大量科技资料化整为零，分期分批地寄给国内的亲友。他们还用自己的积蓄买回了国内急需的仪器和化学试剂，修好回国准备。

1954年，周恩来总理率中国代表团参加日内瓦会议。周总理就留学生问题向美国提出抗议，美方代表国务卿杜勒斯开始矢口否认扣留中国留学生一事。美方说，都是中国人不愿意回去，不是我们把他们扣留了。周总理取出何炳林等人写给他的信作为证据，使对方不得不承认事实。1955年美国政府终于准许他们回国。返航的第一条船载着航天专家钱学森，第二条船上就有陈茹玉和何炳林。

要登船时，因携带着不少仪器和试剂，海关移民局注意到他们有这么多行李，就说要逐一检查。何炳林情急之下，给检查人员塞美元，顺利过境。登船之后，美国移民局官员赶来，递给陈茹玉夫妻永久居民权申请表，二人接过就撕了，纸屑扔进大海，终于踏上归程。

农药大师　屡填空白

1956年，何炳林和陈茹玉终于回到祖国，担任天津南开大学化学系教授兼有机化学教研室副主任，先后讲授半微量有机分析化学、有机磷化学、有机农药化学等，并从事有机磷杀虫剂的研究。这一领域当时在国内尚未有人涉及。陈茹玉多次在不同场合忆起归国之初，她说："当时国内元素有机化学研究还是一片处女地，我是根据国家需要确定自己的研究方向的。"她一面开课，一面筹建半微量有机分析室，并且将自己从国外带回的昂贵小型仪器和药品无偿地贡献出来，在很短的时间内装备好实验室。

1958年，陈茹玉主持南开大学化学系农药和有机磷两个研究室的组织和筹建工作，出任南开大学化学系有机化学教研室副主任和农药研究室主任。这是中国正规设立农药研究的开端。

因为农业发展急需低毒农药，陈茹玉加班加点，很快研制出对人畜低毒的敌百虫、马拉硫磷等有机磷杀虫剂，并在南开大学建成敌百虫生产车间，受到国家有关部门的好评。在她指导下，一些农药新品种相继研究成功，其中防治锈病的"灭锈1号"，填补了中国在农药上的一项空白。

1962年，南开大学元素有机化学研究所成立，陈茹玉作为农药研究室主任，主要从事除草剂及植物生长调节剂的研究。她一方面坚持基础理论的研究，另一方面积极研制国家急需的农药新品种，不断有研究成果。1965年采用先进方法研制成功了中国第一个除草剂"除草剂1号"，获国家科委颁发的二等奖。

1979年，陈茹玉任南开大学元素有机化学研究所副所长，又相继研制成功防除野燕麦的"燕麦敌2号"、除草剂"磺草灵"、植物生长调节剂"矮健素"，为国家农业发展做出重要贡献。后来除草剂"磺草灵"的新方法，获得全国科学大会奖及研究优秀论文奖。

1981年，陈茹玉出任南开大学元素化学研究所所长。他带领团队研究成功能使大豆、花生等作物产量增加10%—30%的"7841"号植物生长调节剂，获发明专利权，并通过中试大批量生产。她所在的元素所也成为我国唯一的农药筛选中心。紧接着，陈茹玉又展开除草剂的QSAR研究，1981年通过鉴定的"胺草磷"就是通过先计算后合成的除草剂，因而获得了1988年国家教委科技进步一等奖。这一成果促进了农药作用方式、毒理等方面的基础理论研究。此外，她还展开天然产物农药的研究，努力闯出一条创新我国农药的新路子。晚年，陈茹玉在含磷杂环化合物、含磷氨基酸、膦肽、糖基、核苷的磷酸衍生物及有机锗磷化合物方面做了持续研究，合成了许多各类化合物，发现其中某些化合物具有很高的除草活性或抗癌活性，并取得诸多重大进展。在氨基磷酸衍生物方面，她的研究始终处于国内外领先者水平，共在国内外学术刊物上发表论文300多篇。

成果叠出　频获大奖

陈茹玉在学术上最突出的成就是对除草剂化学结构与生物活性定量关系的研究，以及有机磷化合物的研究。

陈茹玉科研成果层见叠出，屡获国家大奖："有机磷生物活性物质和有机磷化学"，是国家自然科学基金资助的重大应用基础理论研究成果，荣获1986年国家教委科技进步奖一等奖和1987年国家自然科学奖二等奖；"硫代磷酰胺酯类化合物的合成及其结构与活性定量关系研究"，1987年获国家教委科技进步奖二等奖；"含多杂原子有机磷杂环化合物"，1990年获国家教委科技进步奖二等奖；"含磷氨基酸及膦肽的研究"，获1991年国家教委科技进步奖三等奖，1995年获得光华奖三等奖；"近十年有机磷生物活性物质及有机化学研究"，1996年获国家教委科技进步二等奖；1993年由她负责的"具有生物活性的有机磷化合物研究"，被国家自然科学基金委批准为重点科研项目。

陈茹玉独著和与他人合著出版《的有机磷化学》《国外农药进展》《有机磷农药化学》《化工大全》等，为我国有机化学及农药化学扛鼎之作。此外，她还是中国化学会会员及国际主族化学委员会（ICMGC）主要成员。

陈茹玉不但是中国著名化学家，还是填补了国内众多有机化学教育空白的教育家。1962年，陈茹玉主持创建中国第一所元素有机化学研究所，还先后创建了国家第一批重点学科、第一批博士点、第一批博士后流动站、第一批国家重点实验室和国家农药工程研究中心。

暮年，陈茹玉着手研发抗癌新药。每周一三五的早上，她都准时来到南开大学元素有机化学研究所上班，一直坚持到86岁。85岁时，亲自带领一个由博士和硕士组成的研发团队，进行抗癌新药物的研究。她认为，癌症是世界上最难治的疾病，植物病毒则是农业上难解决的病害，从事这两方面的科学研究是21世纪"人口与健康"和国计民生的重要课题。

1980年11月，陈茹玉当选中国科学院学部委员（院士）。她同时还兼任国务院学位评定委员会委员、中国化学会理事、中国植保学会理事、中国化工学会理事、中国农药化学学会副理事长等职。

陈茹玉90岁生日时，获得了"建国60周年中国农药工业突出贡献奖"，并收到英国皇家化学会颁发的证书，当选为英国皇家化学会会士。

陈茹玉曾是第四、五届全国政协委员，第六届、七届、八届、九届天津市政协副主席，还曾任天津市侨联主席，先后获得天津市"五讲四美为人师表优秀教育工作者"、全国"三八红旗手"、全国"高等学校先进科技工作者"等荣誉称号。1990年，国家教委为表彰其从事高校科技工作40年成绩显著，为其颁发了荣誉证书。

2012年3月11日，陈茹玉病逝于天津，享年92岁。

陈觉万

陈觉万（1932—　），福建安溪人，印度尼西亚归侨，著名政治学家、教育管理学家。曾任吉林大学讲师，副教授，教授，吉林省长春市侨联主席，吉林省侨联副主席，华侨大学副校长、校长。

陈觉万祖籍福建省安溪县魁斗镇奇观村人，1932年4月5日出生于印尼泗水市一个华侨教师之家。

父亲陈明津曾是陈嘉庚公司伙计，自强不息，后就读于集美学校，毕业后赴印尼泗水执教。1929年，见泗水华文小学不足，萌生办学之念，之后与赖书绳、吴再炎两位华侨教师合作，着手创办泗水华侨小学。1930年1月6日，在侨界热心人士的帮忙和资助下，泗水华侨小学在泗水甘多路20号创立了，办校之初，设施简陋，仅有一间小屋，分三个教室五个年级授课，学生42名，教师则由三位创办人兼任。1月10日，创校仅4天，在黄寿益的帮助下，学校又附设夜学。夜学发展很快，数月后，学生人数逐渐增加，先后开设了巫语（马来语–印度尼西亚语）、英语、国语三个班级，招收学生数量已与日间相当，校舍无法满足教学需要。陈明津和赖书绳、吴再炎多方设法，于当年7月底将学校搬迁至文武兰街23号继续授课，此时教师已增至7人，并添办了童子军。中国驻泗水领事郭泽济喜闻陈明津等创办泗水华侨小学，积极向华侨家庭介绍泗水华侨小学，呼吁泗水华侨送子女来学校读书。学校改进益力，发展甚快。1941年12月太平洋战争爆发后，日军南侵，作为华侨抗日领袖与旗帜的陈嘉庚成为日军重点缉拿对象，陈明津冒着生命危险和一批印尼华侨一起保卫陈嘉庚。陈觉万母亲林淑芸，毕生从事教育事业，其叔叔林清芬是印尼著名企业家、教育家和华侨领袖，当年也参与保卫陈嘉庚。

1947年，陈觉万随母亲回国，居于安溪老家，就读于安溪县立中学，1949年升入海疆专科学校。1950年夏天，陈觉万以优异成绩考入东北人民大学（后更名"吉林大学"），攻读研究生，学业优异，一展示了极好学术研究潜力，毕业后留校任助教。1960年评为讲师，1979年评为副教授，1985年晋升教授。

在吉林，陈觉万在教书育人的同时，曾任吉林省人大代表、吉林省长春市侨联主席、吉林省侨联副主席。

1983年，全国侨界呼吁华侨大学的校长应由归国华侨出任，长期在重点高校任职的陈觉万成为呼声最高的候选人之一。

陈觉万

1985年9月，陈觉万举家调回离老家甚近的华侨大学，先任第一副校长，后成为继廖承志、叶飞之后华侨大学的第三任校长。

主政华侨大学期间，陈觉万锐意创新、大胆改革，取得一系列突出成就：

根据华侨大学面向海外、面向港澳台开门的办学条件，从实际出发，不断深化教改，在办学模式、人才培养规格、专业方向、课程设置、教材建设、教学内容与方法等方面，积极探索，制定了一系列体现华侨大学特色和水平的战略规划和实施方案，并组织力量贯彻执行，使学校的教学质量和科研水平，逐年登上新的台阶。

根据中央关于高校内部体制改革的指示精神，与校内广大教职员一起，在省内高校中率先进行机构设置，人事制度和分配制度的改革，为学校进一步建立、健全充满活力的自我激励、自我制约、自我发展的管理体制和运行机制打下基础。

根据华侨大学与海外华侨、华人有着天然的密切联系的特点，积极地开展对外工作，动员海外侨胞从各方面支持学校的建设，使学校的办学条件不断完善，办学水平不断提高。

陈觉万领衔主编的《梁披云教育思想研究》

陈觉万是在国内享有影响力的政治学家、教育管理学家，作为博士生导师，在繁忙政务的同时，他坚持带博士生，同时争分夺秒进行学术研究，出版专著多部，发表重要学术论文40多篇，事迹被收入《中华当代文化名人大辞典》一书。

陈觉万还任全国人大代表、全国政协委员、福建省华侨历史学会副会长、全国华侨历史学会常务理事。

陈梦韶

陈梦韶（1903—1984年），原名陈敦仁，字梦韶，以字行，福建厦门人，马来西亚归侨，著名语言学家。曾任厦门双十中学教师、厦门大学教授。

1903年，陈梦韶生于福建省同安县（今属福建省厦门市翔安区）马巷镇后山亭村一个贫寒之家。自幼好学有加，5岁时进塾馆。1911年因家贫辍学，随父亲南下马来亚做舵工，艰苦备尝。他非常渴望重进校门。1915年用父子南洋做舵工所得，进入同安县城启悟小学，学习发奋，成绩优异。1918年，考入厦门鼓浪屿寻源书院中学部。

1921年，厦门大学创办，随后开始招生，随后陈梦韶应试被录取，进入厦门大学预科读书。1922年，完成预科，进入厦门大学教育系读书，继续修习四年半后，获教育学学士。毕业后，先进入厦门双十中学教国文，之后在龙溪、永安等地中学或师范学校任国文老师。1945年之后，长期在厦门大学中文系任教，从事语言学教学。

陈梦韶在中国文学史上有一定影响力，与之和鲁迅的交往有关。

鲁迅是1926年9月4日由北京经上海乘海轮抵达厦门，1927年1月16日又乘海轮离厦门赴广州，在厦门总共滞留了135天。当时他担任厦门大学文科国文系教授兼国学研究院研究教授，开设了《中国文学史》《中国小说史》两门课程，每门每周两节。听讲者除国文系学生外，还有英文、教育等系的旁听生。作为教育系学生的陈梦韶，当年即是鲁迅的旁听生。他在听了鲁迅的课后，曾作诗一首，描写了对鲁迅的印象：我昔读书初听见了鲁迅，/我以为他是姓鲁名迅鲁先生。/今秋您来主持厦大国学院，/揭晓了真姓名变成了周树人。/你们会稽周家三兄弟，/海内外还有谁不知情？/但我真不知这大名鼎鼎鲁迅，/就是周教授变成的精英。

1926年10月，陈梦韶将其根据《红楼梦》编写的十五幕话剧剧本《绛洞花主》，交鲁迅指正，鲁迅看完后，还专门写下了引言《小引》，并鼓励陈梦韶将剧本寄到北京由北新书局出版。这篇《小引》后被收入《集外集拾遗》。《绛洞花主》后由厦门大学出版社出版。这部话剧也曾在厦门大学校庆晚会上演出，受到好评。

陈梦韶从厦门大学教育系毕业后，进入厦门双十中学教书，他时常来旁听鲁迅的课程，曾

陈梦韶著《鲁迅在厦门》

萌动将鲁迅的《阿Q正传》改编成话剧的想法并请教于鲁迅，得到鲁迅的支持和鼓励后，陈梦韶于1928年4月将《阿Q正传》改编成六幕话剧，由双十中学新剧团搬上话剧舞台，首场演出地址选在今天的厦门中山路。

陈梦韶改编的《阿Q正传》剧本，虽然直到1931年10月才由上海华通书局出版，但它是将《阿Q正传》最早改编成话剧的剧本，也是《阿Q正传》在南方地区最早被改编、被搬上戏剧舞台的尝试。

陈梦韶是著名的语言学家，曾著有《古代汉语特殊句法》等，同时也是知名的鲁迅研究者。曾著有《鲁迅在厦门》《鲁迅旧诗新律》《鲁迅生平资料汇编·厦门卷》。另外散见于报端的文章还有《忆鲁迅先生在闽南》《忆在厦门时的鲁迅先生》《鲁迅先生在厦门大学》《鲁迅在厦门的五次演讲》《回忆鲁迅为'绛洞花主'剧本作'小引'的经过》《'铸剑'确实写于厦门》《写在"'铸剑'篇一解"后面》等。

陈清泉

陈清泉（1937— ），福建漳州人，印度尼西亚归侨，著名电机电力驱动和电动车专家。曾任北京矿冶学院助理教授，煤炭工业部技术革新组专家，上海先锋电机厂工程师兼上海交通大学教学改革小组成员，香港电灯有限公司工程师、香港工学院讲师，香港理工大学教授、电机电子工程学系主任，香港工程科学院副院长，世界电动车协会主席，亚太电动车协会主席。中国工程院院士、香港工程科学院院士。被誉为"亚洲电动车之父"。

车商之子　回国就学

陈清泉祖籍福建省漳州市。晚清，陈清泉祖父赴南洋打拼，后定居于此。1937年1月14日，陈清泉出生于印度尼西亚（简称"印尼"）中爪哇马吉朗市，父亲是当地一位甚是成功的汽车行业企业家。

家境富裕，使陈清泉自幼受到良好教育，先在马吉朗当地条件甚好的荷华学校就读。后因为父母及陈清泉都不满意学校将中文作为外语课程安排，认为孩子学习中文是让孩子增长中华民族意识的关键。

在1945年8月17日印尼独立之后，陈清泉转学至中爪哇的直葛市，进入当地的中华学校就读。之后，陈清泉又转学至著名的雅加达巴城中华学校就读。

1949年10月1日，中华人民共和国成立，不少印尼华侨青年归国参与新中国建设。1953年，16岁的陈清泉也毅然回到祖国，考入位于江苏省徐州市的北京矿业学院（后易名"中国矿业大学"），师从当时矿业学院机电系主任、院士、著名矿山机电专家汤德全教授。因父亲经营汽车，陈清泉是沐浴汽车文化长大，自小就熟悉汽车内部结构，对汽车甚感兴趣，加上发奋学习，又有名师指点，学习成绩十分优异。

陈清泉

转战京沪　频创第一

1957年，陈清泉以优异成绩从北京矿业学院毕业，留校任助教。1959年，保送至清华大学读研究生，获硕士学位。毕业后，继续回校任教，1960被评为北京市文教系统先进工作者。不久，被借调到煤炭工业部，承担提升机自动化的技术革新，主持研制了我国第一台矿用防爆干式变压器和低频发电机系列，编写出版了中国第一部《煤矿电工手册》。

1971年，陈清泉正式被调往上海先锋电机厂工作，负责厂里的电机新产品设计，并加入了上海交通大学教学改革小组，参与了当时的《电工学》课程的教学改革，还参加编写了著名的《电工手册》，主持研制了中国首期直线电机并形成系列产品。

香江拼搏　学术权威

1976年，陈清泉移居香港。由于当时香港不承认在祖国内地获得的学位、科研经历，也不认可在祖国内地获得的发明成果，陈清泉为尽快融入香港的主流社会，抓紧时间学广东话、提高英语水平，还通过各种渠道了解香港社会的动态，掌握与自己专业相关群体的动态，很快他便进入香港电灯有限公司当工程师。

具有很强研究能力的陈清泉没有放弃自己想从事科学研究的梦想，了但他清楚，要想从事科研，就必须取得香港本地认可的学位证书。于是，陈清泉应聘到香港理工学院（现香港理工大学）当讲师，同时考入香港大学，在梁维新教授门下攻读博士研究生课程，终于在1982年拿到了香港大学哲学博士学位，并留校任教于电机电子工程学系。1994年，陈清泉升任系主任。

2002年，陈清泉升任香港工程科学院副院长，直至退休。

发明大王　"电车"之父

《陈清泉传》

陈清泉在科学研究路上不断取得成就：创造性地提出了电动汽车感应电机的自适应控制，运用现代控制理论成功研究了多种新颖的电动车特种电机的高性能控制系统。同时，他采用自己创立的电机数学模型，根据工况优化效率、节省能量、提高电动车行驶里程。陈清泉的相关一系列研究成果得到国际同行的认可，发表的"异步电机自适应解耦控制"论文获得了第九届世界电动车大会（EVS-9）的Alcan优秀论文奖；在哈尔滨工业大学和法国里尔科学技术学的合作研究中，陈清泉将EMR在EVT的模拟仿真和控制设计两种技术结合一起研究取得进展，其合作论文获得2008年美国电机电子工程师学会车辆动力和驱动国际会议（IEEE Vehicle Power and Propulsion）的最佳论文奖；在1998年获美国电机电子工程师学（1EEE）工业电子分会颁发的优秀论文奖。1994年，在美国出版的电动汽车发展史（EH.Wakefield：History of Electril Automobile Society of Automotive Engineers 1994）中，记载了陈清泉创新性地将变频控制感应电机应用于电动汽车，以提高电动汽车性能的贡献。

陈清泉先后发表《基于PWM低开关频率选择性谐波控制方程组的实时算法》《新型优化脉冲宽度调制方法在大功率逆变器的应用研究》《未来是电动汽车时代》《基于滑动模控制的感应电动机增益自适应锁相环速度控制》《电动汽车——清洁有效的城市交通工具》等学术论文近300篇，著有《现代电动车、电机驱动及电力电子技术》《现代电动汽车技术》《混合电动车辆基础》《21世纪的绿色交通工具——电动车》等专著10余部。其代表性专著为《现代电动汽车技术》，由牛津大学出版社出版。

陈清泉极强的研究能力，使之创新发明成果不断。他对电动车技术进行了革命性的开发创新，多次在国际上获奖，其中有9项研究成果获英国专利。其创新发明主要包括：高性能、特种电机；电动车系统优化；智能标测系统；电池智能管理系统；能源智能管理系统；变色、定色、正常照明的灯光装置；使用行星齿轮系统的串、并联混合电动车驱动系统；电热水器漏电报警水控交流接触器；磁石电话自动转接机。

陈清泉成功开发出与第二次电子革命相关的新一代高性能电力电子驱动系统，将新型高速度、低损耗开关器件、软开关线路技术、高性能散热器和检控系统集成为一体，达到体积小、功率大、效率高、成本低，为新一代电动车电力电子驱动奠定基础。此项研究成果已被美国海军所采用。

陈清泉研究出电池的各种运行模式，包括电流的放电模式，以及在欧洲、美国、日本使用的电动汽车标准运行模式。他还研究出创新的智能化电池充电器及容量检测仪，提出了电池的新模型，能最佳控制电池的充电电压和电流.并可精确显示电池的剩余容量。此项成果已被美国福特汽车公司和台湾工业技术研究所采用。

陈清泉成功研究成功了"智能化电动车能量管理系统"，实现全车用电的安全经济优化调度，显著提高了电动车的能源效率和行驶里程。该项成果已成功用于日本本田电动车和港大电动车（U2001）。

陈清泉提出了电动车的工程哲学，揭示了电动车的系统集成与优化设计规律，发明了多种电动车专用的特种电机及其控制装置，研制了多辆不同类型的电动车，为现代电动车学奠定了基础。他提出的电动车研究核心和总体指导思想，将汽车技术、电机技术、电力驱动技术、电力电子技术和现代控制理论有机地结合，使现代电动车学这一新兴交叉学科从理论到实践形成了一个完整的体系。

中国院士　享誉世界

1996年，陈清泉获选香港工程科学院院士。1997年，当选为中国工程院院士，成为在香港的第一位中国工程院院士。1999年，任香港工程师学会会长。2002年，在香港创办了国际高等研究院并任院长。2003年，陈清泉当选为全国政协委员。

陈清泉以自己的学术成就在海内外享有盛誉。2000年，获英国电机工程国际杰出学术演讲奖。

2010年，当选"科学中国人"2009年度人物。2016年，获第十一届光华工程科技奖工程奖。曾被《亚洲新闻》评为"亚洲最佳创新者"。被《Global View》期刊誉为"亚洲电动车之父"。被印度尼西亚誉为"电动车技术之祖"。被国际电动车同行誉为"世界电动车三贤士之一"。

陈清泉每年为促进中国及国际间的科技交流，提升中国电动车技术水平，长期奔波穿梭于中国内地和美、欧、亚各国之间。他在香港及美国培养的中国博士生现已在中国、美国、加拿大等地担任要职并成为科技事业和国际交流上的骨干。

陈清泉还曾任中国长江动力集团高级科技顾问、中国兵器总公司国营惠丰机械厂高级科技顾问、中国大百科全书总编委。2010年12月8日和21日，先后分别受聘担任临沂大学名誉校长、中国矿业大学信息与电气工程学院院长。2014年10月23日，任渤海大学名誉校长、校董会董事长、教授。同时，还曾任华南理工大学、华中科技大学、上海大学、西北工业大学、合肥工业大学、上海交通大学、东南大学等名誉教授或顾问教授。

作为世界顶尖电动车专家，陈清泉长期担任世界电动车协会主席、亚太电动车协会主席作为蜚声世界的电机电力驱动和电动车专家，陈清泉经常被礼邀至世界多地进行技术、教学交流和合作攻关。

1983年，陈清泉获德DAAD学术奖，前往德国柏林工业大学及布朗斯威克工业大学从事特种电机技术研究交流。1984年，前往法国克罗诺贝尔理工大学讲学。1986年，应邀赴东京，并任东京大学访问教授。

1987年，陈清泉以自己的研究能力和科研成果，获美国能源部及美国电力研究所（EPRI）支持，创办了国际电动车研究中心，并获美国IEEE优秀论文奖。1989年，陈新泉应邀赴美国。任加州柏格莱大学客座教授。1990年被选为第十届国际电动车会议总主席，并在世界电动车巨头的拥护下创立世界电动车协会，成为世界电动车协会的创始人之一，也是三大权威之一。1992年，被甄选为美国电机电子工程师院士。1995年应邀担任美国麻省理工学院（MIT）客座教授。

1988年，陈清泉获加拿大阿尔干优秀科学奖，并被加拿大麦克麻斯德大学聘为虎克杰出访问教授。

1997年，陈清泉获选英国皇家工程院院士和乌克兰工程科学院院士。2001年，任英国剑桥大学丘吉尔学院院士，被《亚洲新闻》评为最佳技术创新者。

2012年7月至10月，陈清泉应好友Carlo Rubbia教授（1984年诺贝尔物理学奖得主）的邀请，远赴德国波茨坦高等可持续发展研究院任资深研究员。

陈清泉还曾任日本本田讲座教授、韩国三星公司高级科技顾问；美国福特汽车公司科技顾问、美国电机电子工程师学术技术委员会主席、英国电机工程师学会会员等职。

陈叔圭

陈叔圭（1899—1976年），福建福州人，美国归侨，著名教育家、心理学家。曾任华南女子文理学院教授兼院务委员会主席、华南女子文理学院教授兼教育系主任、福州大学教授兼校务委员会委员和教育系主任、福建师范学院教授。

美国博士　高校校长

陈叔圭生于福州，1915年考入华南女子文理学院附中就读，1918年毕业升入华南女子文理学院教育系学习。因学业优异，1920年被保送至美国康奈尔大学深造，获教育学士学位。之后，又考进美国哥伦比亚大学续读。1923年获教育硕士学位，是美国著名教育家杜威的得意门生。回国后，任华南女子文理学院教授。

1927年北伐后，全国范围内掀起教育国有化运动，要求由中国人担任教会学校校长之职，华南女子文理学院董事会决定聘请陈叔圭接任。她婉拒不肯就任，建议由出身福州名门望族的王世静出任院长，认为这对华南女子文理学院发展有利。而王世静则以自己化学专业出生欠缺教育理论，即赴美国进修教育专业，坚辞。

1927年秋，华南女子文理学院组成了以陈叔圭为首的院务委员会，陈叔圭出任主席，管理学校日常事务，成为华南女子文理学院实际上的院长。

华南女子文理学院老院址

1929年，陈叔圭再度赴美国留学，先后就读于美洲大学和哥伦比亚大学研究院。1933年，获教育哲学博士学位。学成之后，在美国进行高校考察。回国后，出任华南女子文理学院教授兼教育系主任。教育系在她主持下办得十分出色，主修教育的学生占总数的三分之一，毕业后大多数到各地女子中学任教。与之同时，她与王世静、余宝笙、周贞英、吴芝兰四位女博士一起，组成了学院核心管理层。

王世静当院长期间，常年为筹措资金奔波于香港、美国与东南亚一带。在王世静不在时，陈叔圭

负责主持校务。她秉承校训"受当施"，结合她信奉美国著名教育学家杜威学说的"学生中心论""教育即生活，学校即社会"的理念，提出"使每生至少能参加一种并对妇女民众至少能做一种切实的贡献；鼓励学生对于服务职业的研究；指导学生对于服务职业的选择；加强学生对服务人生的信仰，使从实地经验中认识服务的意义和价值。"她认为，"要求与鼓励女学生参加社会服务活动，其深层次的意义与目的在于，提升女性人生的社会价值。"她始终坚持服务社会，把学校与社会紧密地联系起来，引向当时的社会生活。在她这种战略思想的引领下，华南女子文理学院办学办出了华南自己的特色，声名远扬海内外。

抗战争先　享誉四方

1937年7月卢沟桥事变爆发，祖国进入全面抗战。陈叔圭带领全校师生投入抗日工作，在学校组织了宣传队、演讲队、募捐队，一方面动员更多力量参与抗战，一方面为祖国打击侵略者募捐。

随着战势越来越紧张，华南女子文理学院迁往南平黄金山，陈叔圭带领大家完成了艰苦迁校工作。在南平山间她们一边坚持教学，一边积极参加抗日救亡工作。师生们风雨无阻、寒暑不辍积极参加社会教育服务工作：她们到附近乡村教妇女、儿童识字，普及卫生常识；组织急救训练；宣传抗日救国，赶排了抗日话剧、歌剧进行义演，还经常举办募捐音乐会，并将演出收入全部用于慰劳前线战士。

1941年福州沦陷，日寇北犯。华南女子文理学院全体师生便日夜投入紧张的支前工作。在陈叔圭的组织下，师生在制作军粮包装给将士时，在每袋干粮里附一纸鼓舞士气的短笺，为战斗起到了出乎意料的效果。

抗战期间，陈叔圭还参与中国战时儿童保育会工作。中国战时儿童保育会全称中国妇女慰劳自卫抗战将士总会战时儿童保育会，1938年3月10日成立于湖北汉口，其宗旨是拯救在日寇铁蹄下亲人被害、无家可归的受难儿童，以保护中华民族未来人才。作为骨干，陈叔圭在南平参与组建中国战时儿童保育会福建分会，亲任会长，在极其艰苦的情况下收养受难儿童。参与在闽北的建瓯县建起了中国战时儿童保育院福建第一院，收养了344名受难儿童。

太湖阻击战打响后，陈叔圭带领师生火线支前。在太湖之战胜利后，华南女子文理学院师生的支前行动得到军民们的高度赞扬。连宋美龄也称赞"华南女儿享誉四方"。

指挥太湖之战的陆军第十三补训处少将处长李良荣将军，也因此对陈叔圭留下深刻影响，他担任福建省省长期间，曾慕名三请陈叔圭去做官，可陈叔圭矢志教育，三拒高官。

终身为教　鞠躬尽瘁

1949年8月，福州解放。在陈叔圭等主持下，华南女子文理学院9月如期开学，并增加了《社会发展史》《青年修养》等新课程。

1951年，人民政府接办教会大学，福建协和大学和华南女子文理学院合并为公立福州大学，陈叔圭任校务委员会委员兼教育系主任。不久，到华东革命大学政治研究院学习。

　　1953年，全国高校院系调整，福建省立师范学院并入福州大学，改称福建师范学院，陈叔圭任副教务长、教授。之后，长期在福建师范学院从事教育哲学理论和教育心理学的教学与研究。著有《美国中学学校的奖品》等在美国学术刊物上发表，编著有《教育心理学》《教育学》《普通心理学》《比较教育》和《思维学》等教材

　　1957年，陈叔圭被错划为右派分子，1976年逝世，享年78岁。1978年福建师范大学为她平反并恢复名誉。

陈叔圭博士（前排中）

陈蓉蓉

陈蓉蓉（1940—2010年），福建莆田人，印度尼西亚归侨，著名歌唱家、音乐教育家。曾任天津音乐学院助教、讲师、副教授、教授。

陈蓉蓉祖籍福建省莆田市，1940年12月11日出生于印度尼西亚棉兰市一个教师之家。父亲是华文学校语文教师，母亲是音乐教师，有弟妹8个。因父母工资不高，加上子女多，陈家生活清贫。

母亲能歌善舞，陈蓉蓉传承了母亲的一副好嗓子和歌唱天赋，也十分喜爱音乐，在当地有百灵鸟之称。她很懂事，为了帮助父母养家，17岁就到当地的华文小学当音乐教师。

1960年年初，陈蓉蓉回国，先进入天津女子六中就读。同年，考入天津音乐学院声乐系，师承吕水深、胡雪谷等。她本身酷爱音乐，学习刻苦，成绩优异，1965年本科毕业，留校担任助教。

陈蓉蓉

毕业后，陈蓉蓉一边教书，一边钻研歌唱艺术，一边参加公开演出，并很快在歌唱舞台上崭露头角。

1966年年初，周恩来总理去天津进行考察，接见陈蓉蓉，被点名让陈蓉蓉演唱《哎哟妈妈》《宝贝》等歌曲。周总理聚精会神地听她唱歌，一面微笑一面点头。唱完之后周总理亲切地说，你唱得非常好，其韵味和我在1955年参加万隆会议期间所听到的原生态完全一样，印尼歌手是一流的，你一点都不逊色。周总理勉励她继续为人民演唱，培养更多的艺术人才。

陈蓉蓉长期以来一直在教书之余，一直坚持为人民歌唱，她走遍中国东西南北，深入到工厂、学校、军营和田间地头为群众演唱。

陈蓉蓉最擅长演唱印尼歌曲，包括《星星索》《宝贝》《沙里楠蒂》（Sarinande）、《划船歌》（Dayungsampan）《哎哟妈妈》《梭罗河》《椰岛之歌》等所有印尼知名歌曲，都被她唱得出神入化。她还擅长演唱外国民歌的演唱，十分注重将西洋传统演唱方法和各国民歌特点有机融合，形成自己独特的风格，声音圆润清婉，风格粗犷豪放，情感浓郁热烈，独具魅力。

在授课之余，陈蓉蓉还经常做义工，到许多业余团体去授课。有一天晚上，兼课后她骑车回家，正赶上大顶风，50多分钟才回家，累得楼梯都难上了。

1978年，陈蓉蓉又到中央音乐学院跟随喻宜萱教授进修，演唱水平进一步提升。20世纪80年代初至90年代，陈蓉蓉的歌声传遍全国，先后应中国国际广播电台、广州太平洋影音公司、中国唱片社广州分社、北京中国唱片社、北京音响公司、上海音像公司、上海唱片社等单位邀请，录制了12支歌

曲的唱片，录制磁带13盒，每盒16支曲子，共录208支歌曲。据不完全统计，她所录磁带复制再复制，已达50多万盒，畅销国内和东南亚各国。改革开放之初，她还应邀随东方歌舞团巡回演出，20世纪90年代，陈蓉蓉还曾担任央视青年歌曲大奖赛通俗唱法评委。

2005初冬开始，陈蓉蓉咳嗽了一整个冬天，当时以为是气管炎发作，依此治疗。一直到2006年1月，被确诊患了肺癌。一年多的时间内肿瘤转移了三次。在治疗中间，她放心不下学生，常带病去考场聆听考试。有时，她怕关心她的人难受，一旦有人来看她，必穿得整齐、漂亮，打起精神和大家说笑，有时主动摘下帽子，露出放化疗脱发后的光头。她面对死神的豪迈，让人相信死神为在她面前却步。

陈蓉蓉歌带封面

但死神依旧快速向她逼近。2008年夏天，陈蓉蓉右耳听力下降，不到两个月完全失去听力。2009年，她的腿的支撑功能越来越差，腹肌、背肌的功能也大幅度减退，直至完全失去运动功能，不久思考与人交流能力也减弱。2010年3月28日，陈蓉蓉在天津病逝。

陈蓉蓉的丈夫石惟正，1963年毕业于天津音乐学院并留学任教，也为中国著名歌唱家、音乐教育家。

陈福寿

　　陈福寿（1932—　　），福建厦门人，印度尼西亚归侨，著名羽毛球运动员、教练员。曾任印尼国家羽毛球队运动员，中国国家羽毛球队运动员，福建省羽毛球队运动员、女队教练，国家羽毛球队副总教练兼国家女子羽毛球队主教练，中国羽毛球协会副主席。中国羽毛球事业奠基人之一。

印尼国手　打遍高手

　　陈福寿祖籍福建省同安县（今属厦门市同安区），祖辈赴印度尼西亚（以下简称"印尼"）打拼，父亲和母亲皆为生于印尼的华人。

　　1932年1月10日，陈福寿出生于印尼东爪哇斓同县，父亲做土产批发生意，收入颇丰，家有庞大的庄园。因酷爱羽毛球，父亲在家中建了羽毛球馆，还组织了一个羽毛球俱乐部，当地爱好羽毛球的华侨经常来陈家球馆练球。陈福寿童年时就对羽毛球产生浓厚兴趣，他和哥哥用竹编的扇子当球拍，以当地一种茉莉花球当羽毛球，模仿来家里打球场者的姿势、步伐，开始了他的羽毛球生涯。读小学后，正式用球拍打球；进中学时，已是当地颇有名气的好手。读初中时，他与后来同样名满世界的王文教一起，已打遍高手，享有盛名。1951年，陈福寿已被选入印尼羽毛球国家队，与到访的外国高手较量，鲜有败绩。

陈福寿

国羽低弱　立志回国

　　1953年5月2日，在天津举行了全国篮、排、网、羽四个项目的球类运动大会，羽毛球作为表演项目。印尼华侨组织了一个包括羽毛球、乒乓球、篮球、排球在内的体育代表团，准备回国参赛，陈福寿入选。因办签证时印尼有关方面刁难耽搁了大量时间，等印尼体育代表团抵京时，运动会早就结束。由陈福寿、王文教、苏添瑞、黄世明组成的印尼华侨羽毛球队，与球类大会羽毛球前几名打了几场友谊赛。国内冠亚军们与华侨高手较量，每局没一人能得5分。

　　国内羽毛球发展水平的落后，强烈地刺激了陈福寿。晚年，他曾回忆说："当时，我们很惊讶国内的羽球水平这么低、选手这么弱，想想自己作为华人，与其代表印尼，还不如代表自己祖国去拿奖来得更有意义。"

为国归来　开创时代

陈福寿决定回国。当时他的母亲高低不肯。陈福寿后来回忆说："母亲对我说：你在中国就一个人，没有亲戚，没有朋友，你如果有困难谁来帮你？我跟她说，我有国家来负责我们，所以你要放心。但是她还是反对的。那时我爸爸已经去世了，如果他还在，他肯定赞成我回国。"

1954年，陈福寿谢绝繁华，回国效力于新中国的羽毛球事业。回国后被选入国家队，开创了中国羽毛球事业的"陈福寿时代"：1957年，获全国羽毛球比赛男子单打冠军；在第三届国际青年友谊运动会上，获羽毛球赛男子单打、男子双打（与王文教合作）、混合双打（与苏联运动员合作）三项冠军；1958年，在全国羽毛球比赛和第一届全运会羽毛球赛中，两次获得男子双打（与王文教合作）、混合双打（与陈家琰合作）冠军。

谈起回国来的生活，陈福寿后来曾回忆说："当然国内比印尼艰苦多了，不过我根本不在乎这些，如果只想着生活安逸，那我们就不会回来了。毕竟我在印尼是名人，要找什么工作都很方便。我想回来，只有一个目的，就是为了祖国。"

1957年，国家队解散，队员下放各省，本安排陈福寿、王文教到上海队，但他俩因祖籍福建，强烈要求到福建队。1963年，陈福寿退役担任福建队教练。

功勋教练　缔造辉煌

1972年，国务院总理周恩来要求重新组建中国羽毛球队，陈福寿接到国家体委调令，赴京担任国家队羽毛球队副总教练兼国家女子羽毛球队主教练，开启了自己为国家培养世界冠军的又一个黄金时代。他说："我成为世界冠军的心愿永远不能实现了，但是我培养的队员，一定要争取拿到世界冠军。我教育我们的运动员，我们训练目的不是为别的，就是为了提高水平为国争光。"

陈福寿为此付出的艰辛比运动员要多之又多。自1972年至1990年，他18年如一日，早上六点离家带运动员进行早训，早训结束后就忙着安排训练计划，之后一整天指导队员训练，晚上7点之后总结一天训练，发现队员训练中出现的问题或独自研究或立即组织教练组进行讨论，然后批改运动员训练日记。当时，要求队员十点熄灯，他每天都要检查队员有没有按时熄灯，之后才回家，每天至少工作16个小时。陈福寿太太王美宋也是印尼归侨，回国读大学，后进福建队，曾任福建队教练，长期在北京业余体校当教练，家务活基本由她一人全包了。遇上她带队出差或者集训，两个孩子只能寄养在邻居家。

陈福寿用他艰苦付出，打造了中国女子羽毛球队无敌天下时代。从1974年德黑兰第七届亚运会起，他带领国家队队员们在国际赛场上南征北战，创造了中国女子羽毛球的第一个辉煌期。他率领弟子先后夺得亚运会冠军、世界运动会冠军、全英锦标赛冠军、世界锦标赛冠军、世界杯赛冠军、世界羽毛球系列大奖赛总决赛冠军等近百个奖杯，并多次捧回世界女子羽毛球团体最高奖项——尤伯杯，其最辉煌的是带队连夺四次尤伯杯世界女子团体冠军，他培养出陈玉娘、梁秋霞、李芳、韩爱萍、李玲蔚、吴迪西、林瑛、关渭贞等多代名将，其中世界羽毛球史上第一个集世界锦标赛、世界杯赛、全英锦标赛和世界羽毛球系列大奖赛总决赛金牌于一身的女子单打羽毛球运动员李玲蔚，即是他高徒之一。

1988年，羽毛球首次出现在奥运会赛场，陈福寿率队出征。韩爱萍拿了女单冠军，杨阳是男单冠军，女双冠军是吴迪西、林瑛。

矢志爱国　再拒高薪

因长期带队南北征战，劳累有加，陈福寿患上了严重的冠心病，被医生告知"不能紧张""不能激动"，否则性命难保，而教练员指挥关键场次比赛难免不高度紧张，成功夺冠也自然激动得欢呼雀跃，1990年亚运会后，陈福寿不得不退休。

陈福寿退休后，不少外国球队登门高薪请他出山。1986年，印尼羽协找到他，高薪诚恳相邀：你生在印尼、家在印尼、亲戚在印尼，想请您回印尼执教国家队。陈福寿直截了当，相答："我不可能回去，1954年中国还是那么穷，我都下定决心从印尼回来，就是为了祖国的羽毛球事业，为了祖国的荣誉。现在中国已经那么强大了，羽毛球水平也那么高了，好了，我又出去培养外国运动员打败我们中国运动员？我不可能做，给金山也不能去。"登门恭请他的还有马来西亚、加拿大、英国等一批国家，但都被他一一谢绝。

陈福寿（右一）、王文教（右三）与韩爱萍

为表彰陈福寿对中国羽毛球事业做出的卓越贡献，1978年至1990年，国家体委八次授予他"体育运动荣誉奖章"。1979年，陈福寿获"国家级教练"称号。1984年，被评为"中华人民共和国成立35年来杰出教练员"。1989年，又获评"中华人民共和国成立40年来杰出教练员"。2002年5月18日，国际羽联向之颁授"卓越贡献奖"。

陈碧笙

陈碧笙（1908—1998年），又名陈雨泉，福建福州人，日本归侨，著名历史学家。曾任厦门大学教授、历史系主任、台湾研究所所长，中国华侨历史学会副会长，中国东南亚研究会副理事长。

早期党员　谱写传奇

1908年，陈碧笙出生于福州台江一个富商之家，父亲是福州一个大木材商。富裕的家庭使之从小受到良好教育，1924年7月北去上海，考入中国公学经济系。读书期间，参加了中国共产党，并在党的领导下开展革命工作。

1926年年底，奉党之命从中国公学休学，回到福州老家，利用家族影响，一边以经商做生意为掩护，一边开展工人运动。

1927年1月，陈碧笙与蔡珊等人，受中共福州地委的指派，在福州市台江龙岭顶的武圣庙内创立了中国共产党领导的福州第一个基层工人组织——福州店员总工会。总工会会址之所以选在奉祀关帝的武圣庙内，因关帝是诚信神，是社会公正、公平的化身，店员十分景仰。陈碧笙担任工会领导人。

福州店员总工会成立后，组织发展迅速，规模不断扩大，有钱庄、百货、颜料、布匹、国药、新药、纱布、土产、米业、糖业、茶业、纸业等近四十个行业的店员加入，并相继成立了钱庄、京果、布匹、小百货、角梳、牙刷、锡箔、大木、细木、中药房、西药房、桶石、泥业、制笔、拣茶、染布、洋衣、竹排、金银、渔业、米业等基层店员工会数十个，会员达1万余人，还建立了工人纠察队。陈碧笙领导工人群众展开了一系列要求增加工资、提高待遇、改善劳动条件的经济斗争，大多数都取得胜利，工人政治地位也相应提高，福州店员总工会影响力不断提升。

与之同时，福州店员总工会与国民党右派林寿昌所组织的福州总工开展针锋相对的斗争。

1927年3月9日，陈碧笙领导福州店员总工会，发动3000多名店员和工人参加在南校场举行反对蒋介石妄图篡夺党权的"拥护党权"万人大会，会后举行请愿游行；4月3日，福州总工会也召开"拥蒋护党"大会予以回应。

避难日本　攻读经济

1927年4月，蒋介石在发动四一二反革命政变，福州大批共产党人被杀，店员总工会转入地下活动，一部分店员和手工业、人力车、电话公司工人秘密加入共产党领导的"赤色工会"。不久，陈碧笙遭到国民党当局通缉，东渡日本留学。

来到日本后，陈碧笙进入日本早稻田大学政治学部，1932年毕业，获政治学学士学位，后回国任上海暨南大学经济系教授。

抗日战争全面爆发后，陈碧笙积极参加抗日进步活动，做了许多工作。其间，着眼于抗日战争时期大后方经济建设，远赴滇缅边界地区，进行实地考察和社会调查，陆续发表了《滇边经营论》《边政论丛》及《边政散记》等专著。

台湾光复　护台有功

抗日战争胜利后，台湾光复，举国同庆。然而，国民党当局的腐败统治令台湾百姓大失所望，怨声四起。时任闽台建设协进会上海分会的陈碧笙，对此十分关注，于1946年3月，联络旅沪台湾同乡会、上海台湾同学会、旅京台湾同乡会、台湾政治建设协会上海分会、台湾重建协会上海分会、台湾革新协会等，投书报刊，揭露国民党当局，为台湾同胞请命。

1947年"二二八"事件发生后，为了减少台湾同胞的牺牲，陈碧笙等组成"二二八"惨案联合后援会，组织代表团赴台了解情况。

"二二八"事件，当时占据了美国主流报刊重要版面，成为具有西方观点的中国1947年大事件之一，美国舆论界继1942年底抛出台湾"托管论"之后的又一次旧话重提，成为台湾"托管论"的始作俑者。陈碧笙等联合于1947年4月12日印发《台湾大惨案报告书》，其中《台湾旅沪六团体关于台湾事件报告书》一文写道，"纽约《华盛顿邮报》主张将台湾交与联合国托管，或脱离中国，此种幸灾乐祸意欲分裂中华民族团结之言论，我们坚决反对"。微言大义令人彻悟。

历史学家　厦大名师

1949年10月，中华人民共和国成立后，陈碧笙先在民盟福建省委会工作。1956年，调任厦门大学南洋研究所研究员，后转到历史系工作，专心治学。1962年在纪念郑成功驱荷复台三百周年之际，陈碧笙参与编写《郑成功收复台湾史料选编》，由福建人民出版社出版，为后人研究郑成功留下珍贵史料。

改革开放后，陈碧笙迎来了自己学术春天，出任厦门大学历史系主任。1979年元旦，全国人大常委会发表《告台湾同胞书》。为促进台湾和平统一，根据国家教育部批示，陈碧笙与厦门大学同仁一起，筹建厦门大学台湾研究所。1980年，祖国大陆第一个专门研究台湾问题的学术机构——厦门大学台湾研究所正式成立，陈碧笙成为首任所长。

厦门大学台湾研究所，在陈碧笙的领导下发展甚快，积聚了一批研究人才。为适应形势发展需要和强化学科建设，陈碧笙又申请在厦门大学设立中国地方史硕士点，亲任导师，于1981年正式招生，专事培养研究台湾问题的硕士研究生。在陈碧笙的全力推动和奔走之下，《台湾研究集刊》正式创办，为台湾研究增添了新的学术园地。

1982年，陈碧笙《台湾地方史》，由中国社会科学出版社出版，好评如云，台湾学者曾著文相赞，称之为新中国成立后，"对台湾历史脉络解释最清楚的一部著作"，后获福建省第一届社会科学优秀成果一等奖。陈碧笙独立或与他人合作的专著，以及呕心沥血所发掘、整理、校注的与台湾历史有关的古籍文献也相继由福建省人民出版社及厦门大学出版社出版，如《台湾府志校注》《台湾同胞抗日爱国诗词选》《郑成功历史研究》等。陈碧笙所撰写的郑成功研究、台湾平埔族研究等系列论文也相继在学术刊物上发表。

陈碧笙研究侨史也成果颇丰，著述出版了《陈嘉庚传》《陈嘉庚年谱》《世界华侨华人史》等。

1984年底，陈碧笙在厦门大学台湾研究所所长任上离休。1998年8月2日病逝。

陈慧瑛

陈慧瑛（1946— ），福建厦门人，新加坡归侨，著名作家。曾任厦门日报社副刊编辑，厦门市作家协会主席，厦门市文联副主席，厦门市人大常委、华侨外事委员会主任。

生于星洲　名门之后

1946年12月，陈慧瑛出生于新加坡侨领家庭，祖籍福建省同安（今属厦门市）丙洲，为清朝著名爱国将领陈化成将军玄孙女，祖父是清朝秀才，外祖父是前清举人。陈慧瑛出生时，陈家在新加坡侨界已十分有影响力。

陈慧瑛自幼随外祖父洪镜湖生活，幼承庭训，熟读经史，9岁能诗。1959年归国探望居于厦门鼓浪屿的祖母。

陈慧瑛在自己后来入选小学五年级语文课本的《梅花魂》一文中，记述了自己星洲的童年时光和归国前的日子。

陈慧瑛

　　我出生在东南亚的星岛，从小和外祖父生活在一起。外祖父年轻时读了不少经、史、诗、词，又能书善画，在星岛文坛颇负盛名。我很小的时候，外祖父常常抱着我，坐在梨花木大交椅上，一遍又一遍地教我读唐诗宋词。每当读到"独在异乡为异客，每逢佳节倍思亲""春草明年绿，王孙归不归""自在飞花轻似梦，无边丝雨细如愁"之类的句子，常会有一颗两颗冰凉的泪珠落在我的腮边、手背。这时候，我会拍着手笑起来："外公哭了！外公哭了！"老人总是摇摇头，长长地吁一口气，说："莺儿，你还小呢，不懂！"外祖父家中有不少古玩，我偶尔摆弄，老人也不甚在意。唯独书房里那一幅墨梅图，他分外爱惜，家人碰也碰不得。我五岁那年，有一回到书房玩耍，不小心在上面留了个脏手印，外祖父顿时拉下脸来。有生以来，我第一次听到他训斥我妈："孩子要管教好，这清白的梅花，是玷污的吗？"训罢，便用保险刀片轻轻刮去污迹，又用细绸子慢慢抹净。看见慈祥的外祖父发脾气，我心里又害怕又奇怪：一幅画，有什么稀罕的呢？

　　有一天，妈妈忽然跟我说："莺儿，我们要回中国去！"

　　"干吗要回去呢？"

　　"那儿才是我们的祖国呀！"

　　哦！祖国，就是那地图上像一只金鸡的地方吗？就是那拥有长江、黄河、万里长城的国土吗？

我欢呼起来，小小的心充满了欢乐。

可是，我马上想起外祖父，我亲爱的外祖父。便问妈妈："外公走吗？"

"外公年纪太大了！"

我跑进外祖父的书房，老人正躺在藤沙发上。我说："外公，你也回祖国去吧！"

想不到外祖父竟像小孩子一样，"呜呜呜"地哭了起来……

离别的前一天早上，外祖父早早地起了床，把我叫到书房里，郑重地递给我一卷白杭绸包着的东西。我打开一看，原来是那幅墨梅，就说："外公，这不是您最宝贵的画吗？"

"是啊，莺儿，你要好好保存！这梅花，是我们中国最有名的花。旁的花，大抵是春暖才开花，她却不一样，愈是寒冷，愈是风欺雪压，花开得愈精神，愈秀气。她是最有品格、最有灵魂、最有骨气的！几千年来，我们中华民族出了许多有气节的人物，他们不管历经多少磨难，不管受到怎样的欺凌，从来都是顶天立地，不肯低头折节。他们就像这梅花一样。一个中国人，无论在怎样的境遇里，总要有梅花的秉性才好！"

治文从政　皆有盛名

坐船在太平洋航行7天7夜之后，母亲带着陈慧瑛回到厦门。之后考取厦门一中。1962，又以优异的成绩考上了厦门大学中文系。她本就国学功底深厚，又发奋图强，30门功课门门满分，这在1960年至1970年的厦大中文系，仅有过两人——一位是陈慧瑛，另一位便是她的学长、后来同样名满天下的作家刘再复。

在厦门大学读书期间，陈慧瑛开始在报刊上发表文学作品，还成为由鲁迅创办的厦门大学文学刊物《鼓浪》的第一位女编委。大学毕业后，陈慧瑛来到山西太行山地区，先进入晋东南师范专科学校任教，后下放到山西平顺农村。

陈慧瑛的外公洪镜湖

1973年，陈慧瑛调回福建同安县当中学教师。6年之后，中共厦门市委机关报《厦门日报》复刊，陈慧瑛被厦门市委组织部调往报社当副刊编辑。在副刊编辑岗位上，陈慧瑛有不少创新，她率先在党报副刊上开设了"散文诗专页"，直接推动了全国散文诗运动的兴起。1985年，她被评为"全国先进新闻工作者"，是一百个获奖者中年纪最小且是唯一一位副刊编辑。

1988年，陈慧瑛调往厦门市人大常委会，出任常委、华侨外事委员会主任，分管人大侨港澳台外事、宗教、民族、旅游。任上，在依法保护、立法监督、引进捐赠等方面做了大量实事、好事，先后引进、协助引进8000万元，用于教育、卫生、文化等公益事业。陈慧瑛在任上，尤重法制建设，积极做好立法工作。先后直接主持立法8部，参与立法12部，其中即有《厦门市台湾同胞投资保障条例》《厦门市归侨侨眷权益保障条例》等。

文学名家　夺奖百余

工作之余，陈慧瑛醉心于文学创作。1983年，她出版了自己的处女作《无名的星》。在报社工作的10年间，先后发表了1700多篇各类文章，出版了8部著作。在厦门市人大常委会工作期间，陈慧瑛依旧笔耕不辍，又先后出版了10部著作，进一步扩大了在海内外文坛影响力。

陈慧瑛著有文学作品集《梅花魂》《无名的星》《一花一世界》《展翅的白鹭》《月是故乡明》《厦门人》《南方的曼陀林》《生命的田园》《芳草天涯》《神奇的绿岛》《春水伊人寄相思》《此情此心》《竹叶三君》《随缘》《归来的啼鹃》《陈慧瑛散文选》等，发表诗文3000余篇，600余万字。

陈慧瑛先后有《旧邻》《良宵》等300余篇作品选入大学、中学、小学教材和150余种文集，其中《梅花魂》入选人教版义务教育课程标准实验教科书语文五年级上册，以及鄂教版义务教育课程标准实验教科书语文六年级上册。

陈慧瑛的父亲陈文矺

陈慧瑛作品频频获奖。先后获得国内外文学奖122项。其中《无名的星》获中国70年全国优秀散文集大奖。

陈慧瑛先后被评为全国"侨界十佳"、全国优秀新闻工作者、全国优秀归侨知识分子、全国归侨侨眷先进个人、厦门市劳动模范、厦门市专业技术拔尖人才、福建省优秀作家、全国有突出贡献专家、享受国务院"政府特殊津贴"。

陈慧瑛曾兼任是美国ABI、英国BIC两个国际名人传记中心咨询委员会委员、美国东洛杉矶学院名誉教授，还是加拿大荣誉市民。

陈遵妫

陈遵妫(1901—1991年),字志元,福建福州人,日本归侨,著名天文学家。曾任中央研究院天文研究所研究员、代理所长,中国天文学会总秘书、理事长,中国科学院紫金山天文台研究员兼上海徐家汇观象台台长、北京天文馆馆长。

世叔指点　结缘天文

1901年9月16日,陈遵妫生于福建省福州市一个书香之家。童年居于福州,开蒙于私塾,后进入新式小学读书。少年时代跟随在京城工作的父亲,先后就读于北京畿辅中学、北京高等师范学校附属中学。

1921年,陈遵妫考入日本东京高等师范学院,主修数学。为团结在日留学生,共同将日本发展经验移植祖国,他与中国同学组织合一社,宣扬王阳明的知行合一观,相约日后以所学报效祖国。

陈遵妫转学天文学纯属偶然。在日本留学期间,有一年放暑假归国探亲,在火车上遇到父亲挚友高鲁。高鲁是福州人,毕业于中国近代第一个高等科技学堂——船政学堂,后来成为在天文学家。偶遇世侄时他正任北京中央观象台台长。他与陈遵妫交谈之后,建议挚友之子把数学和天文学结合起来,将来

晚年陈遵妫留影苏州

从事天文学研究。后来,高鲁还特别安排陈遵妫到中央观象台做天文观察实习,并且送给他一本书《图解天文学》做纪念。这成了陈遵妫此后一生从事天文学研究的转机。

天文新秀　西南立功

1926年,陈遵妫学成归国,先后在北京高等女子师范学校、国立北京师范大学数学系、保定河北省立农学院担任教授。同时还在中央观象台兼职,负责历书编算工作。

1928年,国立中央研究院天文研究所在南京紫金山成立,陈遵妫被聘为研究员兼算学组主任,正式进入中国天文学界。

1937 年 7 月，全面抗战爆发，陈遵妫西迁。1938 年，他参与筹建了昆明凤凰山天文台，这是战时国家最为重要的天文观测设施之一。

在紧张工作之余，陈遵妫奔走收集中国古代天文史料。这源于 1937 年他收到日本天文学家、京都大学花山天文台台长山本一清教授寄来的一封信，说国际天文学联合会委托山本主持收集中国古代天文学史料，希望中国天文研究所予以帮助。陈遵妫阅罢气愤不已：收集中国古代天文史料，为什么要找日本人来做？中国古代天文史料，是中国宝贵文化遗产，岂能落到他国之手！从那时起，陈遵妫工作之余抓紧时间收集史料。之后，花了两年多时间，编写出《中国天文发达史》，准备交商务印书馆出版。不幸由于战乱，书稿遗失，痛心疾首。

公而忘私　胜利获勋

日军暴行，还毁掉了陈遵妫幸福的家。她的夫人是福州会英照相馆老板的千金陈瑞璋，美丽如花，嫁给陈遵妫后生下三女一男。1938 年 9 月 28 日，日机第一次轰炸昆明，夫人带着 4 个孩子听到空袭警报后立即躲进防空洞，没想到一颗炸弹从天而降，不偏不倚地落在防空洞上。在强烈的爆炸中，陈瑞璋和最小的女儿受了重伤，虽送到医院全力抢救，但没能救活。那年陈瑞璋才 39 岁。

陈遵妫将对日寇的仇恨化作发愤为国服务的动力，在颠沛流离的转战途中，坚持进行科学探测和研究。

得知陈遵妫失妻丧女，学界好友心痛。消息传到正在上海主持无锡国学专修学校的国学家王蘧常耳里，他与陈遵妫是至交，便做媒将自己的五妹王葆常嫁给陈遵妫，王葆常生于 1905 年，比陈遵妫小 4 岁。

王家为浙江嘉兴诗书名门。王葆常父亲王甲荣是光绪十五年（1889 年）举人，历任广西永淳、富川等县知县，兼署富川县教谕、钟山理苗通判，候补直隶州知州，知府衔，诗书文俱佳。1941 年王葆常带了许多陪嫁衣物，动身离开上海，前往昆明与陈遵妫完婚。一路上颠沛流离，天上日机轰炸，地上土匪出没，携带之物在路上或被抢或被资，着一身仅能蔽体破烂之衣，历尽磨难抵达昆明，与陈遵妫完婚。这更使陈遵妫化悲痛为力量。

1942 年，陈遵妫随研究组到贵阳考察日食，他与王葆常的第一个女儿即生在贵阳。1944 年，又参加甘肃临洮日食观测队，负责编辑观测资料，用变星仪拍摄造父变星，为中国现代天文学研究工作积累了宝贵的资料和奠定了基础。

国民政府为表彰陈遵妫在抗战期间公而忘私的丰功伟绩，颁发给他一枚胜利勋章。

拒赴台湾　宁沪建设

抗战胜利，陈遵妫随中央研究院过回南京，受命担任天文研究所代理所长，还先后兼任中国天文学会总秘书长、理事长，国立编译馆天文学名词委员会委员，中国天文学会变星委员会委员，中国日食观测委员会委员，《宇宙》杂志主编。

南京解放前夕，任国民党当局百般威逼利诱，拒绝随中央研究院赴台。新中国成立，陈遵妫担任中国科学院紫金山天文台研究员，并兼任上海徐家汇观象台台长，满腔热情地参加新中国建设。

1955年3月，上海人民出版社出版了陈遵妫初写了战火岁月重作于和平年间的《中国古代天文学简史》，书分七部分，系统介绍中国自发的天文学，中国历法，天象纪事，创造和发现，历代仪象，古人论天等。此书受到国际天文学界重视，被译成多种文字发行。日本东京天文台香西洋树曾发表长篇评论，给予高度赞赏。英国学者李约瑟编写《中国科学技术史》，天文学部分主要参考陈遵妫的这本著作。

京天文馆　　建馆功臣

同年，中国科学院竺可桢和吴有训两位副院长，力邀陈遵妫从南京邀请到北京，把创建中国第一座天文馆的重任交给陈遵妫。

"天文馆"这个名称即是陈遵妫创造并提出的。天文馆最初定名时只想向国外一样，用"假天馆""天象馆"之类的名字，这样一来就只能是一个天空剧场或天文电影院等等。陈遵妫认为，这里要成为一个全新的天文普及机构、全新的研究机构，要多举办展览和科学讲座，组织各种天文小组观测活动，甚至课题研究……

1956年陈遵妫（坐者右）第一次三代人合影

所以他极力主张用天文馆这个名字。为此当时的全国科普协会召开过3次常委会讨论，争吵不下时是竺可桢拍板定下了陈遵妫提出的"天文馆"这个名字。

陈遵妫上任后，将天文馆定位为集科学研究、科学普及、人才培养于一体的新型学术研究单位。因此，新成立的北京天文馆，就以天象厅为中心，配有天文观测台、气象台、天文展览厅和演讲厅，并设有物理实验室与光学车间（为未来制造天文教具与天文望远镜作准备）。

1956年底，陈遵妫率中国天文考察团，赴苏联莫斯科、列宁格勒、基辅等地考察苏联天文馆。

经过两年多时间的建设，1957年9月29日，新中国第一座天文馆——北京天文馆正式开馆。北京天文馆的成立，成为当时国内外的重大新闻。1957年10月，党和国家领导人刘少奇、周恩来、朱德、陈毅、贺龙、郭沫若、竺可桢等先后到馆视察。刘少奇主席、周总理对天文馆的发展作了重要指示，给陈遵妫馆长与全馆人员以极大的鼓舞。

黄金岁月　　终结洋历

在陈毅元帅任外交部部长期间，每年十月一日国庆，国家政府举行国庆招待会，总会给陈遵妫先生发一张请帖，周恩来总理都会向他和与会者祝酒。1962年陈遵妫也去参了加中共国庆招待会。

陈遵妫长期致力于编纂中国历史。她认为中国这么大的国家一直靠翻译国外天文年历为己用是个耻辱。编纂出版天文年历，不仅出于天文学的需要，而且对国计民生、国防建设等都是大有用途。他为中国独立编纂历书，曾四处奔走呼吁，且做了长期不懈的努力。1964年，他的愿望终于实现了。这一年紫金山天文台历算组编算出1969年《中国天文年历》，标志着中国依赖"洋历"的时代正式结束，此后每年编纂出版《中国天文年历》。

著书立说　留宝甚多

陈遵妫坚持笔耕，为中国天文学留下了大量财富。他陆续出版《流星论》《天文学概论》《宇宙壮观》《恒星图表》《大学天文学》《日食简说》《天文学家名人传》《中国古代天文学成就》《清代天文仪器解说》等30余种著作或译著。另外还有百余篇在报纸杂志发表的文章。现今有不少天文学家和天文工作者就是当年读了陈老先生的著作，而走入天文界大门的。

改革开放后，陈遵妫继续担任北京天文馆馆长一职。此时，他左眼已经完全失明，右眼的视力仅有0.2，即使戴着1500度的眼镜，看书写字时还要用放大镜，但他老骥伏枥，宿志不泯，着手撰写《中国天文学史》。为求精准，每次初稿完成，必送上海请大舅哥、国学大师王蘧常校对古籍。1980年，《中国天文学史》第一册出版。之后，他排除万难，继续著述，至1989年将后续三册出齐。全书2300页，170多万字。

1982年，陈遵妫以82岁高龄，申请加入了中国共产党。他在著书立说的同时，争分夺秒地赶写论文、赶编天文学辞典，一如既往加班加点。还常到北京天文馆，对建设提建议，向年轻同事传授经验，直至生命的最后。

1991年2月2日，陈遵妫在京逝世，终年90岁。

林几

林几（1897—1951年），字百渊，福建福州人，德国归侨，中国著名法医学家、法医教育家。曾任北平医学专门学校助教，北平大学医学院教授、法医教室主任，中央法医学研究所所长，北平大学医学院教授、法医学教室主任，西北联合大学医学院教授，中央大学医学院教授、法医学科主任，中央大学医学院教授、法医学科主任兼法医研究所所长，中国人民解放军第五军医大学教授、法医学科主任兼法医研究所所长，中央人民政府卫生部卫生教材编审委员会法医学科组主任。中国现代法医学奠基人。

东洋留学　反袁护国

1897年12月20日，林几出生在福建省福州市一个著名的书香世家。林几父亲林志钧（1878—1961年），字宰平，号北云。林志钧与沈钧儒为光绪二十九年同科举人，辛亥革命前留学日本。曾任中华民国司法行政部部长，后任教于清华大学哲学系，新中国成立后为国务院参事室参事。林志钧是著名闽派诗人、法学家和哲学家。林几弟弟林庚为北京大学著名教授。

林几是在福州乌石山下怀德坊（今道山路52号）"竹柏山房"度过童年时代。他5岁起在其祖父开办的私塾接受蒙学教育，10岁随父母家人迁居北京，完成新式学校的高小、中学教育。1915年，东渡日本留学，进入帝国大学读法政科。

1916年，在孙中山先生领导下，留日中国学生掀起护国反袁爱国运动，林几满怀爱国激情参加反袁斗争。5月7日，他与1000多名留日学生一起，集合游行示威，反对袁世凯政府与日本签订"二十一条"卖国条约，反对袁世凯复辟帝制。

1917年，林几在日本参加反段（祺瑞）护法运动，留日学生1000余人集体游行，并到中国驻日公使馆示威。当时由于驻日公使章宗祥此前已回国，馆内其他人员闻讯提前匿避，愤怒的学生捣毁了使馆门窗家具，后在日警围攻下被迫解散。同年，林几被迫中止学业回国。

中国首位　法医博士

回到北京后，林几听从父亲建议，改读医学，于1918年考入国立北平医学专门学校。北平医学专门学校是北平大学医学院、北京医科大学的前身，2000年与北京大学合并，更名为北京大学医学部。这所学校是我国最早传授西方医学且科目齐全的学校之一，林几在这里接触到了现代法医学并由此产生了兴趣。

1922年，林几以优异成绩毕业，留在母校担任病理学助教。

国立北平医学专门学校自1915年开始设立法医学的前身——裁判医学课程，1919年10月后，北平、天津及山西各地检察厅和审判庭开始委托该校病理学教研室和附属医院检验人血、鸦片、烟贩以及妊娠月数等，此后其他各省送验者日渐增多。林几在病理室从事法医检验工作。

当时，国立北平医学专门学校检验手法陈旧，解决不了案件中的疑难问题，为了学习西方现代法医学理论与技术，学校决定派林几前往德国专攻法医学。

1924年，林几进入德国维尔茨堡大学医学院专攻法医学。之后，再进入德国柏林大学医学院法医研究所深造两年。1928年毕业，获博士学位。

学成之后，林几归国，回到北平大学医学院执教，一边教学一边从事法医学研究。

连创五项　中国第一

1928年，江苏省政府向最高当局提交《速养成法医人才》案。当局交中央大学办理，委托林几拟议《创立中央大学医学院法医学科教室意见书》。林几受命后，立即着手为成立法医学科教室奔忙，在人员、设备、规模等方面作出了详尽的规划。

1930年，林几在北平大学医学院创立我国第一个法医学科教室，任主任教授。

1932年春，林几受司法行政部委托，到上海筹建法医学研究所，经过4个月的艰苦努力，于1932年8月1日建成法医研究所，并被任命为第一任所长。在他主持下，法医研究所迅速成为当时全国法医学最权威的鉴定中心，受理全国各级法院送检的有关法医检验、鉴定的民事、刑事案件，一些送检的疑难案件通过运用现代检验方法都成功破解。研究所还及时将所里鉴定实例汇纂成册，名为《法医研究所法医实例专号100例》。

在主持所务的同时，林几积极培养法医学人才，首先创立了中国法医学硕士研究生培养系统，从医学院毕业生中招收法医学研究生，培养两年结业，由司法行政部授予"法医师"证书，这是我国历史上第一次出现的法医师职称。与之同时，他主持创办中国第一份法医学研究学术期刊——《法医月刊》；建立中国第一个法医学学术研究组织——"法医学研究会"学术组织，成为中国现代法医学重要奠基人。

一代名师　育才众多

1935年3月，林几累年加班加点，终致积劳成疾，加之人事变动，他辞去所长职务，回到北平大学医学院法医教室任主任教授，教学之余醉心于学术研究，经常在《中华医学杂志》《北平医刊》上发表论文。

1937年7月，随着卢沟桥事变爆发，祖国进入全面抗战时期。坚决不事日的林几辗转西进，1937年起，担任西北联合大学医学院教授。1939年，受聘执教于成都的国立中央大学医学院。1943年7月创建了法医学科，任主任、教授。期间，曾为四川省高等法院举办高级司法检验员培训班，高级司法检验员培训班即为司法检验专修科前身。

抗战胜利后，林几随学校迁回南京。1947年，继续主持举办第二期高级司法检验员培训班，学制两年。1948年，林几着手在中央大学医学院建立法医研究所，林几兼任所长。与之同时，筹办法医学高等师资训练班，为全国各医学院培养法医学师资。但是，他一次次提交方案，屡屡石沉大海。

作为中国第一个拥有法医专业博士学位的教授，林几还是中国法医教育授课奠基人，且成为一代名师。他授课一丝不苟，常结合授课内容讲案例，极受学生欢迎。他为医本科学生或者将从事司、检、法工作的学生上法医课时，编著出版了不同要求的法医学教材。如《医师用简明法医学》《法官用法医学讲义》《犯罪侦察学》《犯罪心理学》等。

法医大家　鞠躬尽瘁

国民党政府迁台前夕，多次派人威逼利诱林几赴台任职，林几坚持留下来迎接解放。

中华人民共和国成立后，中央大学医学院改为第五军医大学，对筹建法医高等师资班念念不忘的林几，再度向中央人民政府卫生部、教育部提出此计划，两部批复1951年秋季开班，并在经费、人力、物力各方面给予支持。

很快，从全国各地医学院挑选来的19名大学优秀本科留校生，集合在南京参加中国历史上首个法医高等师资培训班，林几亲自主持了筹建与实践，从制定培养大纲、教学计划，到选定教材、师资，再到确定实训设备、要求等，林几亲力亲为，且经常亲自授课。这批学生毕业后，分配到北京医学院、上海第一医学院、中山医学院、四川华西医科大学、湖南湘雅医学院，以及西安、浙江、江苏、山西等地医学院，成为新中国高等医学院校的第一批法医学师资，他们中后来多成为法医学教育、管理、检案的著名专家、教授，不少人在自己所在的医学院创办了法医系或法医教研室，为中国现代法医学的发展起了重要作用。

与之同时，中央人民政府卫生部聘任林几为卫生教材编审委员会法医学科组主任，编审法医学教材。

因为多项工作集于一身且任务繁重，本就身体虚弱的林几几乎天天加班加点，有时甚至到了废寝忘食地步。

1951年9月，林几召集师资班学员开会征求意见、建议，并共同研究学习与实训计划。不久，旧疾再发，卧床难起。1951年11月20日逝世，年仅54岁。去世后，按照他生前遗嘱作了遗体解剖，脏器献给了医学事业。

林几一生著述颇丰，有《最近法医学之新进展》《二十年来法医学界之进步》《医师用法医学讲义》《犯罪侦察学》《犯罪心理学》《法医学史略》《个人笔迹鉴定》《已腐溺死液痕迹之检出新法》《洗冤录驳义》《实验法医学》等143部（篇）。

林丰玉

林丰玉（1922—　　），福建泉州人，印度尼西亚归侨，著名教练员。曾任印度尼西亚《新报》记者，印度尼西亚国家羽毛球队教练，印度尼西亚全国羽毛球协会副主席，福建队教练、总教练，中国国家队教练、总教练，全国羽毛球教练委员会主任，亚洲羽毛球教练委员会主席。中国羽毛球事业重要奠基人之一。

印尼名记　羽协高官

林丰玉祖籍福建泉州，先辈下南洋，客居印度尼西亚（以下简称"印尼"）多代。1922年10月28日，林丰玉生在印尼泗水一个富商家庭，从小受到良好的中西文化教育。酷爱羽毛球，少年时期即开始一边读书一边打球，为印尼羽球高手。

大学毕业后，林丰玉在印尼最大的华文报纸《新报》做了8年记者，同时还兼任印尼国家羽毛球队教练和印尼国家羽毛球协会副主席，为千岛之国羽坛闻人。

虽客居异邦多代，但林家爱国传统代代相传，这使林丰玉从小就受到中华文化的浸润。1937年7月祖国全面抗战爆发后，林丰玉参加了学校和同乡会组织的一系列抗日救国活动，不但奔走宣传抗日，还捐出了自己积攒的所有零花钱，并参加了义卖义演和羽毛球义赛活动，为祖国打击侵略者筹款。

中华人民共和国成立那年，林丰玉进入创办于1910年《新报》，这份报纸始终高扬热爱中国、热爱印尼的旗帜，是全印尼发行量最大的华文报纸。1955年4月27日，亚非会议闭幕后，当周恩来总理从万隆返回雅加达时，椰城中华侨团总会举行盛大的集会欢迎周总理和他率领的中国代表团，代表华侨致辞的就是《新报》社长洪渊源。林丰玉进入《新报》后，深受洪渊源赏识，积极宣传新中国，做了许多有益的事。

1956年，林丰玉带领印尼国家羽毛球队来中国访问比赛。

祖国之行　立下决心

1956年，林丰玉率印尼国家羽毛球队，在北京、上海、广州等地进行了多场比赛，作为教练，他希望自己的队员赢，但队员每赢一场，他的心就重创一次。当中国队一场未赢时，他的心在流血。祖国落后的羽毛球运动水平，深深地刺痛了林丰玉的心。

也就是在那一刻，林丰玉下定决心：我要帮助祖国羽毛球运动打翻身仗，尽一个炎黄子孙之责。他让印尼队先回国，自己留在广州训练广东省羽毛球队，直到三个月护照期满，他才依依不舍离开。

回到印尼，因大胜而归，印尼羽协设宴而庆。就在这时，他决定回到祖国。

榜样力量　归国潮起

林丰玉要回国的消息传开后，许多人不解，认为他是放在有福不享宁愿去受穷受罪。亲朋相劝："你在印尼有钱有地位，为什么要回到还很贫穷的中国去？这不是自找苦吃。"父母虽十分爱国，但因年过六旬还是不舍得儿子远游，但同样的爱国之情还是让他们忍痛做出支持的决定："要去就好好做！别给祖国丢脸。"儿子启程时，他们还到码头叮嘱儿子抽空到泉州寻根。

1957年，林丰玉回到祖国，他的目标很明确，建立一支专业羽毛球队，用最短的时间达到世界先进水平。

因老家在福建，林丰玉选择落脚家乡，他与早先回来的归侨运动员，共同打造了全国第一支羽毛球专业队——福建省队，担任了该队的第一任教练。因为他在印尼羽坛的影响力，也因为他的归国树立了榜样，一大批印尼羽坛华侨精英相继归来，在1958年至1961年间，梁小牧、方凯祥、汤仙虎、侯加昌、陈玉娘、傅汉洵等后来名震海内外的中国羽毛球高手相继回到祖国。以后的两年中，又有一批印尼归侨羽球选手吴俊盛、张铸成、薛从良、颜存彩等先后归来，加入福建羽毛球队和国家羽毛球队。

打造劲旅　名震世界

作为中国首支羽毛球队的首任总教练，他将印尼羽毛球队训练的先进经验引进国内。他深知印尼的羽毛球技术多是在室外练成的，因此环境适应能力强，手法灵活多变。因此在带队过程中，林丰玉把印尼和世界各国羽毛球运动的先进技术、新颖打法与中国传统的步法、力量优势结合起来，使福建队的整体水平在很短时间内就有突飞猛进的提高。1959年，第一届全国运动会隆重召开，福建队包揽了羽毛球五个项目的冠军。

1963年12月福建羽毛球队，前排右为林丰玉

1958年9月中国羽毛球协会正式成立，林丰玉当选为协会的委员，他积极推动了福建与广东之间的羽毛球技术交流、融合，并且始终关注中国和印尼及欧洲之间的羽坛互动。

林丰玉因出色的执教能力，不久便成为国家集训队教练，后来他打造出被称为无冕之王的世界羽坛新劲旅——中国队。1963年7月14日，林丰玉执教的中国队在北京的团体赛中打败了世界羽毛球劲旅印尼队，仅用6年的时间就达到了世界羽毛球的巅峰水准。中国队获胜的消息传遍全国，震动了国际羽坛。周总理、陈毅、贺龙等中央领导同志接见了他们，称赞他们打出了水平，打出了国威。

只有林丰玉的队员们知道自己教练的付出：他没有节假日没有旅游过没有进过舞场没有看过电影，

1963 年 12 月出阵新运会在船上，右一林丰玉

每天的行动路线就是宿舍—训练场—宿舍—训练场，心无旁骛抓训练。即使带队去国外比赛也从来没有游览过一处名胜。一直到1964年，他才有时间做了件属于个人的事——结婚，当时他42岁。林丰玉竭尽全力，将中国羽毛球托举到世界之巅。

1963 年 11 月，林丰玉率队参加了在印尼首都雅加达举行的第一届新兴力量运动会。出发前，周总理亲切接见了全体队员，指示他们：友谊第一，比赛第二。林丰玉和队员们不负重托，最后夺得了团体冠军，汤仙虎摘取男单金牌。

1965 年 10 月，林丰玉作为国家队教练，与我国羽毛球队一起应邀访问了号称欧洲的羽毛球王国的丹麦和欧洲羽毛球强国瑞典，并参加了在丹麦举行的国际羽毛球邀请赛。当时有些欧洲人还称中国人为"东亚病夫"，当中国羽毛球队于10月16日抵达丹麦首都哥本哈根的当晚，丹麦电视台在体育新闻中介绍中国羽毛球队的题目是："黄种人会打羽毛球吗？"林丰玉和他的队员们很快在赛场上做出了回应：汤仙虎打败了当时的男单世界冠军、丹麦人克普斯，而且在接下来的24场比赛中，每战奏凯，轰动了世界羽坛。当地的各种报刊争先报道，赞不绝口。《贝林时报》评论道："速度快得像闪电的中国人，把丹麦选手一扫而光。"

转战瑞典时，中国队出战十场，获得全胜。当时的中国队被西方媒体喻为"冠军之冠军"。当时因国际政治关系，中国被拍出在世界羽联之外，无法参加世界锦标赛，中国队被世界公认为是"无冕之王"，带出无冕之王的林丰玉被国际羽坛盛赞为"金牌教练"。

总理点将　重掌教鞭

"文革"期间，林丰玉到闽北务农。1972年，国务院总理周恩来接见来访的朝鲜羽毛球队时，深情地说："我们羽毛球队的同志大部分是归国华侨，他们是有功的，要让他们赶快回来训练。"这样，林丰玉回到羽毛球队重掌教鞭。

1972年，全国举行五项球类运动比赛，辽宁省没有报名参加羽毛球赛。周总理知道了，问当时的沈阳军区司令员陈锡联："辽宁为什么不参加？要搞羽毛球运动。"陈锡联回到沈阳，立即落实总理指示，组织全省范围选拔，林丰玉带了自己的两个学生去那里当教练。后来经过层层筛选，辽宁省组织了14人的羽毛球队。林丰玉亲自挑选的韩健、陈昌杰，经过艰苦训练，先后成为世界冠军。

林丰玉作为中华人民共和国羽毛球事业的重要奠基人，为中国羽毛球事业带出了数代世界级高手，20世纪50年代末的王文教、陈福寿、陈家炎，60年代的汤仙虎、陈天翔、吴俊盛、林建成、林小玉、张铸成；70年代的栾劲、林江利、陈天龙、陈跃、林义雄、李志锋、韩健、陈昌杰……林丰玉最后带的一位学生，是2004年悉尼奥运会男子单打冠军吉新鹏。吉新鹏在他的博客中曾记录了自己与林丰玉的关系："看了我打了一阵球之后，林老告诉教练和我父母：这孩子会是他的关门弟子。"

林兰英

林兰英（1918—2003年），福建莆田人，美国归侨，著名固定物理学家。曾任协和大学助教、讲师，美国索菲尼亚公司高级工程师，中国科学院物理研究所研究员，中国科学院半导体研究所研究员、副所长、中国科协副主席。中国科学院院士，我国半导体科学事业开拓者之一，有中国"半导体材料之母"和"中国太空材料之母"之称。

绝食相争　终得上学

1918年2月7日，林兰英生于福建莆田县（今改莆田市）名门望族，祖先林润是明朝嘉靖年间御史大夫。任职时，严嵩父子权倾朝野，林润不畏权势，不断向皇上上书弹劾，终于扳倒严嵩父子。隆庆年间，朝廷拨款在莆田城内下务巷兴建御史府第，林兰英即生于这座庞大的花园宅院里。

林兰英

林兰英祖父经商有成，父亲大学毕业后在外地工作，母亲在家主持家政。莆田旧时有重男轻女之风，林兰英有两个弟弟四个妹妹，妹妹皆被送人，身为长女的林兰英虽免遭送人，但小小年纪即开始做家务，6岁时就须为全家煮饭，闲时还须做刺绣等。

到了读书年纪，见母亲无意让自己进学堂，林兰英除了以哭闹争取读书权利外，还以绝食抗争，且一连三天粒米未进，终为自己争来背起书包进学堂的机会，但前提是家务活一件也不能少一点也不能减，每天照样要早早起床为全家做早餐，晚上放学回来也要先做家务再做作业，林兰英也因此养成了每天只睡6个小时的习惯。

林兰英学习可用出类拔萃相喻。在砺青小学读书时，她的成绩始终位列全年级前两名。小学毕业后，又以优异成绩被保送进砺青中学，此后三年，她年年第一。林兰英的成绩让母亲也跟着沾光，常常有人夸她教子有方，还有人慕名登门请教。初中毕业时，母亲支持林兰英继续读书。

1933年，林兰英考入莆田中学高中部，成为全年级唯一女生，次次考试皆是全年级第一名。读完高一，她转学至莆田县教会女子中学——咸益中学。在咸益中学，她又连续四个学年考了四个全年级第一名。

大学老师 赴美留学

1936年，林兰英考入福建协和大学数学系，成了林家第一名女大学生，也是全县屈指可数的几名女大学生之一。

抗日战争全面爆发后，因协和大学紧邻军港马尾，日本军机狂轰滥炸，林兰英随校迁往闽北大山之中的邵武。

1940年，林兰英以优异成绩毕业并留在协和大学担任助教，教授普通物理学、高等数学、光学、物性声学、电磁学……后因教学成绩突出，晋升讲师。

福建协和大学一角

1948年8月，林兰英启程赴美国迪金森学院数学系留学。

东方才女 获金钥匙

林兰英到美国不久，就被称作"东方才女"，这源于她初到美国时用两个星期学会了法语，得了"A+"，成了全班法语成绩最好者。

迪金森学院法语教授斯隆直赞："这个中国姑娘，真是令人不可思议。"

第一个在公开场合称赞林兰英为"东方才女"的是迪金森学院数学系主任埃尔，当时埃尔正编写专著《微积分》，邀请林兰英将书中拟就的习题做出正确答案。林兰英抽空完成了这一任务。当教授细看了林兰英答案后，惊讶于她解题的独特思路，感觉许多演算步骤比自己设想的还要简单明了，惊叹道"这是一个不可多得的东方才女"。从此，埃尔教授向人推荐这位自己最得意学生时，一定在林兰英名字前加上"东方才女"一词。一年后，林兰英获得了该学院授予的数学学士学位，并同时获得了美国大学荣誉学会奖励她的一枚金钥匙。

通常情况下，金钥匙是奖励在校连续四年学习成绩优秀的学生，而林兰英却提前三年获得。有了金钥匙，便可打开美国各地的学会大门，不受限制参加各种学术活动。

改学物理 获得博士

埃尔教授本推荐林兰英去芝加哥大学读博士，但林兰英了解到的一则科技信息，改变了她的研究方向：美国贝尔实验室物理学家，1948年运用固体物理理论解释了半导体现象，并与冶金技术结合制成了世界上第一块半导体锗单晶，给美国创造了巨大物质效益。渴望祖国富强的她由此想到，如果祖国能源源不断制造出类似半导体锗单晶这样的产品，那对祖国会有多大帮助！于是，她没有犹豫，毅然决定改学物理。

1949年秋，林兰英走进了美国费城宾夕法尼亚大学研究生院，开始了固体物理的研究。一年后，她获得固体物理学硕士学位。接着继续攻读博士。1955年夏天，林兰英以《弱X射线辐照引起氯化钾和氯化钠晶体的膨胀》论文获得博士学位，此文发表于美国物理学界最具权威的《物理评论》杂志上，获得广泛高度评价。

美国高工　数获专利

获得博士学位后，林兰英就想回国，但美国当局严禁她回到中国。

见状，林兰英的博士生导师米勒，将自己得意门生推荐到纽约长岛专司半导体研究的索菲尼亚公司担任高级工程师。她赴任时，公司正为老是拉制不出硅单晶而苦恼。林兰英请求公司让她细看一遍拉制硅单晶的全过程，很快发现问题所在，并提出了解决方案。公司依照她的方案，两周后便拉制出了高纯度的硅单晶。

林兰英的到来，让索菲尼亚公司如获至宝。不久，公司在拉制锗单晶无法将位错密度降低。林兰英仔细观察研究，发现实验中只有半椭圆形的石墨舟，提出：半椭圆形石墨舟使热场分布不够均匀，若改换成完整的椭圆石墨舟便可让热场分布均匀，位错密度便可降下来。公司依照她的思路，再获成功。她还有两篇论文的内容被公司列为专利，申报美国专利获得成功，为公司不断带来利润……也因此，她屡获公司奖励，一年三次提增年薪。

索菲尼亚公司因为林兰英而利润大增，让不少企业眼红。另一家美国半导体公司开出更高的价格，想挖走林兰英。

而此时林兰英决定回国。在众多公司高薪竞聘、美国当局层层阻拦之下，林兰英归心依旧。

总理关怀　回到祖国

1956年在日内瓦国际会议上，中国政府经过艰苦的努力，与美国达成中国留美学生可以自由回国协议。林兰英得知此消息兴奋不已。她于1956年6月以"母亲重病"为由，向印度驻美国大使馆提交回国申请，9月使馆通知她填写有关回国事宜的表格。这时，她也向所在的公司递交了辞职报告。公司主管十分意外，说："我正在考虑给你提薪的问题，相信那个数字是不会让你失望的。你回到历经战乱的中国，只会过一种大大低于美国生活水准的生活。"当时，索菲尼亚公司给他的年薪已达1万美金，还要给她再提薪。但再高的待遇与归国效力比起来，都失去了吸引力。

见利诱难以挽回林兰英归心。索菲尼亚公司专门从费城请了一对与林兰英相熟的美籍华人夫妇，他俩赶至长岛，劝说林兰英留美，林兰英虽与这对美籍华人有交情，但归国意志难以撼动。

见利诱、人情游说都无法拦住林兰英归国的脚步，最后美国联邦调查局出面刁难。几经阻拦无效后，他们来了最后一招儿——在她登船之前将她的行李物品翻了个遍，又强行对她搜身，只搜出一张6800美元的旅行支票。这支票被海关无理扣留，直到23年后的1980年，由中国银行出面才将其索回……

1957年1月29日，林兰英乘坐客轮安抵香港，到北京中国科学院物理所材料组工作。从交涉回国到抵达香港再到一路北上，所有细节皆有国务院总理周恩来安排。到中国科学院才上班一星期，林兰英就得了急性腹膜炎，住进了医院。

此事惊动了国务院总理周恩来。总理闻知林兰英得了腹膜炎急需手术，立即亲自给医院院长电话，指示医院："只能治好，不能出意外"，并说这是一项政治任务，一定要万无一失。

手术刚拆线，林兰英就回到研究室，开始了加班加点的研究工作。她每天在研究室工作时间平均都在12个小时之上。

屡创第一　世界瞩目

林兰英的到来，是中国之幸。回国后，她用半年时间拉制出了中国第一根锗单晶。紧接着，她又带领团队奋战数月，于1958年春向北京电子管厂提供了两公斤N型和P型锗单晶。借此，同年中国制造出了第一架半导体收音机。

当时，美国锗单晶已被硅单晶取而代之，硅单晶性能与用途优异锗单晶。为早点拉制出硅单晶，林兰英废寝忘食。制作硅单晶需要氩气，当时中国生产不了，世界上生产氩气的国家都将之列为严禁向中国出口的产品之一。林兰英持续攻关，终于研发出新法——采取抽高真空的技术进行拉制。

1958年秋天，林兰英研发出中国第一根硅单晶，为制造出无位错硅单晶，林兰英又投入研发硅单晶炉。她仔细考察、分析了苏联封闭式硅单晶炉，发现了不足，开始研究设计中国式硅单晶炉。

1961年的深秋，由林兰英主持设计加工的中国第一台开门式硅单晶炉制造成功。

1962年春，林兰英依靠国产第一台开门式硅单晶炉，正式启动拉制工作。中国第一根无位错的硅单晶拉制成功，无位错达国际先进水平。

林兰英研制的硅单晶炉，荣获了国家新产品奖。1963年，东京举办国际工业博览会，日本特邀这台硅单晶炉赴东京参展，吸引了世界同业的目光。后来，我国生产了900多台，远销东欧诸国。

崛立前沿　领先世界

在研发成功无位错硅单晶后，林兰英投入研究砷化镓单晶。砷化镓单晶用途更广，不仅可应用于微电子领域，还可应用于硅单晶不可涉足的光电子领域。1962年10月的一个半导体学术会议上，林兰英拿出了砷化镓单晶。经鉴定，砷化镓单晶的电子迁移率达到当时国际上最高水平。

林兰英始终走进世界半导体材料的科学前沿地带。1964年，她参与研发的我国第一只砷化镓二极管激光器问世。1966年，她以出色的科研成绩，与我国第一位女院士林巧稚一起登上天安门城楼，参加国庆观礼。

1973年，林兰英第一次提出用汽相外延和液相外延法制取砷化镓单晶，后来砷化镓汽相外延电子迁移率连续4年居国际最高水平，长期处于国际领先地位。其中高纯砷化镓气相外延研究长期保持着采用卤化系统的国际最高水平。1981年获中国科学院科技进步一等奖，1985年获国家科技进步二等奖。

林兰英带领团队，为在我国率先研究半导体集成电路和光电子器件的单位提供了多种半导体单晶材料，并向全国推广上述单晶生长技术和相应的材料测试技术，为我国微电子学和光电子学的开创奠定了基础。参与组织领导4千位16千位大规模集成电路–MOS随机存储器的研制，1980年、1982年两次获得中国科学院科技进步一等奖。

20世纪80年代，林兰英在世界上首次开创性地提出在太空微重力条件下拉制砷化镓的设想。1987年8月，我国终于在第九颗返回式人造卫星上拉制出了第一块高质量低缺陷的砷化镓单晶。这也是世界首次在微重力条件下从熔体中生长砷化镓单晶获得成功。以后又相继四次在我国返回式卫星上生长砷化镓单晶。林兰英在空间晶体生长、材料物理研究及器件应用等方面取得了许多令世界同行瞩目的科研成果。利用空间生长的半绝缘砷化镓制造的微波低噪声场效应晶体管和模拟开关集成电路的特性及优质品率显著提高。也因此林兰英被誉为"太空半导体材料之母"。

晚年林兰英

林兰英献身科学终身未婚，四次获得中国科学院科技进步奖一等奖，两次获国家科技进步二、三等奖，1996年获何梁何利科技进步奖，1998年获霍英东成就奖。她的工作极大地推进了我国半导体材料的研究高度，为微电子和光电子学的发展奠定了基础，为我国太空事业做出巨大贡献。她还培养了包括吴德馨、王占元两位院士在内的大批优秀科研工作者。她的著作《硅的欧姆接触的制备》和《锗和硅的载流子抽出的电极的制备》，在美国被列为专业必读物；她的论文《锑化铟单晶中位错的散射机理的研究》，在苏联国际化合物半导体会议上宣读；《锑化热处理机的研究》在捷克斯洛伐克半导体会议上作了介绍；《N型砷化镓单晶质量的初步探索》《砷化镓单晶高电学性能的研究》《砷化镓单晶的热稳定性的研究》《砷化镓单晶中的杂质的缺陷行为》《稀有金属》《N型外延砷化镓单晶的补偿度及散射机理的研究》《半导体中的缺陷》等论文，也都受到国内外学术界的重视。

作为中国科学家的优秀代表，林兰英多次担任我国学术代表团团长到国外参加学术会议或考察。曾参加并主持制定中国科学院和全国有关半导体及其基础材料方面的发展规划和科研计划，对我国半导体材料物理研究的发展方向和研究课题的开设，起了重要的指导作用。

1980年，林兰英当选中国科学院学部委员，还曾任第三、七届全国人大常委会委员，第四至六届全国人大代表，并长期兼任中国科协副主席。2003年3月4日病逝于北京。

林 同 济

　　林同济（1906—1980年），福建福清人，美国归侨，中国著名哲学家、文学家、翻译家。曾任美国加利福尼亚大学伯克利分校东方语言系讲师兼加利福尼亚州奥克兰市米尔斯学院讲师，南开大学政治系教授兼经济研究所教授，云南大学教授、政治学系主任、政经系主任、文法学院院长，复旦大学比较政治学教授，美国奥克兰市米尔斯学院教授、复旦大学外文系教授。

生于望族　学于京城

　　林同济家乡为福建省福清市东瀚镇东瀚村云庄北窗，清初先世移居福州。林同济曾祖父林灼三（1830—1895年），字圣成，号心甫。清同治七年（1868年）进士，历任广东海丰、始兴、顺德等县知县。祖父林福熙（1848—1925年），字杨辉，清光绪十二年（1886年）进士，历任四川广元、浙江瑞安等县知县，曾任重庆电报局局长。父亲林斯璧（1878—1958年），字鼎章，号西智，光绪二十八年（1902年）中举，京师大学学堂毕业，曾任四川候补直隶州知州、北京大理院推事、南京最高法院庭长、司法部参事。

林同济

　　1906年3月27日，林同济出生于北京。自幼在父亲的亲自课读之下，研读经史子集，打下了扎实的国学功底。16岁从北京崇德中学毕业，考入清华学校（清华大学前身）高等科。

　　在清华学校读书期间，林同济积极参与学生运动。

　　1926年3月12日，冯玉祥的国民军与奉系军阀作战期间，日本军舰掩护奉军军舰驶进天津大沽口，炮击国民军，守军死伤十余名。国民军坚决还击，将日舰驱逐出大沽口。日本竟联合英美等八国于16日向段祺瑞政府发出最后通牒，提出撤除大沽口国防设施的无理要求。

　　1926年3月18日，林同济与同学们一起，跟随中国共产党主要创始人之一李大钊等，走上街头抗议，还到天安门广场参加北京各界群众抗议大会，大会由李大钊主持，要求拒绝八国通牒。段祺瑞执政府竟下令向抗议群众开枪，当场打死47人、伤200余人，李大钊、陈乔年均在斗争中负伤。清华学校有20多名学生受伤，大一学生韦杰三中弹牺牲。同月22日，林同济和同学们一起进城迎韦杰三烈士灵柩回校，他手持"烈士不死，英灵犹在，杀尽国贼"的旗帜，走上街头，进行爱国主义宣传。

美国留学　执教两校

1926年，林同济赴美留学，进入密歇根大学，专修国际关系与西方文学史，侧重社会政治思想。1928年，获学士学位之后，转入加利福尼亚大学伯克利分校研究院政治系攻读硕士。1929年，获得政治学硕士学位后，林同济继续攻读政治学博士学位，并担任该校东方语言系讲师，同时兼任加利福尼亚州奥克兰市米尔斯学院中国历史与文明讲师。他对中华历史文化的讲述，深获好评，对推动中华文化在美国的传播做出努力。

作为政治学研究者，林同济清醒地感受到日本侵华的脚步正在逼近祖国，他在伯克利攻读硕士学位的时候，用了大量时间和精力收集日本在东北铁路的资料，通过仔细的研究，发现日本对东三省有鲸吞的计划。1930年，他同时用中文和英文发表《日本对东三省的铁路侵略：东北之死机》一书，用大量的资料揭露日本的侵略野心。不及一年，林同济的预见不幸言中。

1931年，九一八事变爆发，中国东三省沦陷，对东北问题有过深入研究的林同济较早意识到"日本在开始全面并吞中国，谁能制止他？"林同济利用一切机会，在美国揭露日军侵华阴谋，讲公理，求制裁，但他的希望很快落空。两位与之交往甚多的美国教授，直接告诉他："日本有组织，有力量；我们美国人同情中国，却是佩服日本的。"这使林同济清醒地意识到：中国唯一的出路就是"组织国力，抢救自己"。他越来越强烈感觉到中国的落后，不仅是国力不如人，更重要的是，中国人的文化和人生观都有问题，而最紧迫的问题，是在一个国与国之间力的竞争大格局中，缺乏以民族国家为单位的有组织的力量。这也是他后来以"日本在东北扩张"作为自己博士论文研究课题的原因，更是他后来毅然回到战火纷飞祖国参加抗战的原因。

1934年，林同济获加州大学伯克利分校比较政治学博士学位，博士论文《日本在东北的扩张》，答辩十分成功，更成功的是让一些美国精英认识到日本法西斯主义将对世界造成的极大伤害。

也是在加州读书和教书期间，林同济认识了他后来的妻子黛南·格雷，两人坠入爱河。

归国抗战　以笔为枪

1934年，林同济回国，到天津南开大学担任政治系兼经济研究所教授，还兼任《南开社会经济季刊》（英文）主编。同年，与美国女友黛南·格雷结婚。随后，黛南也到南开大学教授英文。

七七事变爆发后，中国进入全面抗战时期。1937年盛夏，蒋介石为了取得更多的支持，将全国有影响的知识分子邀请到庐山召开各界人士座谈会，林同济也应邀参加。会议由蒋介石亲自主持，林同济积极建言，为抗战献计献策。

南京沦陷后，林同济辗转到昆明，担任云南大学文法学院院长兼政治学系主任。在1938年4月16日昆明市各界举行的民众讨逆大会上，林同济登台做了关于中国文化的演讲。谈到中国"孝为百行先"的流弊，主张此后应当以"忠为百行先"；谈到中国"容忍苟安"的习气，主张此后应当特别注重"勇"的提倡，号召人民起来杀敌，与侵略者血战到底。1939年，林同济卸任政治系主任，又兼任政经系主任。

在昆明，林同济与西南联大、云南大学一批学者合作，创办杂志，宣传抗战，弘扬中华文化，他先是参与编辑《今日评论》杂志，与志同道合者一起在战时的中国学术界掀起一场文化学术思想运动。1940年，林同济与西南联大教授陈铨、历史系主任雷海宗、哲学系心理系教授贺麟为核心人物及朱光潜、费孝通、沈从文、沈来秋等26位"特约执笔人"一起，为了展现对中国文化发展的态度及积极的入世精神，以古代的谋臣或策士自诩，共同在昆明创办《战国策》半月刊。开始全面宣传"民族至上""国家至上"理念。他们因此被称为"战国策"派。

1940年4月1日，《战国策》正式创刊。"战国策"派以重建中国文化为宗旨发表大量文章，主张文化形态史观，提出文化重建构想，提倡民族文学运动，在学术思想界掀起了不小的风波。一时间，"战国策"派名声大噪。林同济以笔为枪，鼓励人们建立"战士式的人生观"，勇敢地去"战"。

1941年7月，《战国策》半月刊在出版了17期后，因"空袭频仍，印刷迟缓，物价高涨"而停刊。当时设在重庆发行量最大、颇具影响力的《大公报》同意自12月3日起每周三在《大公报》上开辟《战国副刊》。林同济被邀请担任《战国副刊》编辑。

林同济远赴西南时，仍在南开教书的黛南因为是美国公民得以暂避上海。1940年12月7日太平洋战争爆发后，美国对日正式宣战，黛南历尽艰辛，西去昆明，与丈夫团聚。但她难以适应昆明气候，患上了严重慢性腹泻、急性疟疾等多种疾患，身体处于崩溃边缘。昆明医疗条件不好，回美国是保住黛南生命的唯一办法。当时，林同济也多病缠身，好友们劝林同济护送妻子赴美，自己也到美国看病和安静地做学问。但林同济认为应与祖国共患难应为抗战出力，坚决不去美国，考虑到以后两人难以相见，林同济只能忍痛决定与黛南离婚。两人相爱甚深，1948年黛南以联合国官员身份来到中国，依旧是单身的两人一度论及复婚，虽因战争终究未果。但林同济一生都没能遗忘黛南，他一直独身一人，直到57岁眼见此生难与黛南再见，林同济才再婚。1980年，林同济在中华人民共和国成立后第一次赴美，得知黛南去世，他去致祭，并准备为黛南做墓碑，后因突发心脏病去世而未完成。

抗战期间复旦大学已搬迁到北碚，林同济出任比较政治学教授。1942年7月《战国副刊》在出版了31期后停刊。1944年，林同济在重庆主办"在创书林"书社，编在创丛书。

赴美讲学　回沪办馆

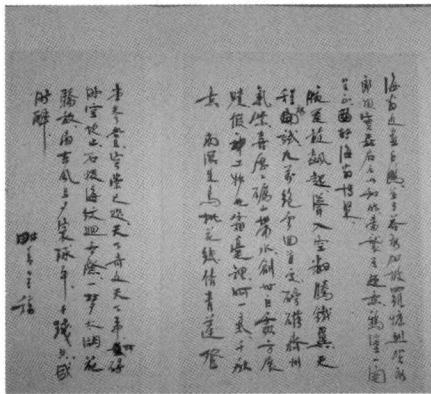

林同济墨宝

1945年，林同济与曹禺、老舍一起，应美国国务院文化处的邀请，赴美进行学术交流。他先在奥克兰市的米尔斯学院执教，之后在斯坦福大学做了秋季学期的客座教授，讲授"中国：心灵高于政治"，美国《观念史杂志》后来还发表了他的《中国心灵：道家的潜在层》一文。

1947年，林同济又游历欧洲，访问了英、法、德、意大量文史哲学者与作家。如与意大利的克罗齐、法国的萨特、英国的拉斯基等讨论中西文化问题，并邀请每位被访者提供一份100名最重要的西方思想家的名单，以他们的著作作为图书馆的第一批藏书。

虽然不少好友劝阻林同济留在美国，但他还是再度归来，一方面继续在复旦大学教授比较政治学，一方面在当时上海的哥伦比亚路正式创建"海光西方思想图书馆"，图书馆还定期举行各类学术讲座，一度发展兴盛。1949年5月上海解放，海光西方思想图书馆藏书归入上海图书馆。

1948年年初，上海报纸发表林同济被政府任命为立法委员会委员或行政院参事一类职务的消息，林同济马上登报申明自己"耕读"为生，对任职一事事先并不知晓。

早在1949年2月，北平解放。蒋介石大势已去，败退台湾，临走之际在运走黄金、白银、外币和大量文物精品的同时，还实施"抢运学人"的计划，当局动员林同济赴台，父亲考虑到林同济曾被国民党当局委以立法委员一职，建议他离沪去台。但林同济坚持留在上海，准备参加新中国建设。

外语名师　翻译大家

1952年，林同济担任复旦大学外文系教授，讲授英国文学史、英美小说、英国戏剧、莎士比亚读评、翻译理论等课程。林同济是英语大家，钱钟书曾大力赞扬林同济的"议会式雄辩英语"，曾说泱泱中国真正精通英文的仅一人半，他本人算一人，剩下的半个就是长江以南的林同济。

林同济既教本科又教研究生，林同济当时的学生、后来复旦大学外文系名教授陆谷孙曾回忆："林先生走上讲台，'金口'一开，立即赢得学生一片叫好；非他任教的小班还上书系领导，还要'争夺'林同济。"

林同济还是研究和翻译莎士比亚戏剧大家。良好的中文与英文功底，加上对早期现代英语特别是莎士比亚戏剧语言的了解和其母语功底，加上译风严谨，为他翻译莎士比亚剧作《哈姆雷特》奠定了基础。他参照和审订尽可能多的新旧《哈》剧版本，其中包括：最权威的两个古本——1604年的四开本和1623年的对摺本、威尔逊主编的新剑桥本（1934年版，1948年再版）、帕洛特和葛雷格根据古本四开本的校订本（1938年版）。值得一提的是由于威尔逊版本增补了不少舞台指示，引起一些莎学者的争议，为了更好地再现原作的精神风貌，林同济甚至于参照了1603年《哈》剧剽窃版的四开本。

林同济翻译的《哈姆雷特》，在文学界享有很高评价。首先，尽可能保存了原作的格律，既体现了行内的五步抑扬格，又不失行间的节奏感。其次，力求再现风貌，使用形象化语言，以烘托气氛，揭示主题，塑造人物。

林同济还翻译了莎士比亚的《麦克白》，并对莎士比亚及莎士比亚剧作展开了研究，文章引起了国内外莎学界人士的普遍关注。

晚年，林同济倡议并致力在国内设立莎士比亚图书馆，逐步形成莎学研究的中心，以推动莎学研究进一步发展。

1980年8月，林同济因花数年工夫写成的关于莎士比亚的论文于1980年1月在《外国语》上发表，引起国内外莎学界人士的关注，受莎士比亚年会之邀赴英参加"第十九国际莎士比亚讨论会"，成为新中国成立后第一个参加莎士比亚国际讨论会的学者。

在英国的一个月里，林同济为筹建莎士比亚图书馆到处奔走，做了大量工作。他四处演讲，介绍中国莎学研究情况和自己正准备筹建莎士比亚图书馆计划，不少高校因此向正在筹建的莎士比亚图书馆捐书，其中英国莎士比亚学院捐赠最多。

为筹措建馆购书钱和宣传中华文化，林同济赴美讲学，到美国高校进行巡回演讲，在伯克利分别作《莎士比亚在中国：魅力与挑战》《中国思想的精髓》两场演讲，座无虚席，连走道都站满人。他用讲课得到的课酬，为筹建中的图书馆买了两大捆书。

由于劳累过度，林同济还未完成到哥伦比亚、哈佛、耶鲁等大学演讲计划，就因心脏病突发，于1980年10月20日在美国与世长辞。著有《天地之间》等。

林同骥

林同骥（1918—1993年），福建福清人，美国归侨，著名流体力学家。曾任四川南川第二飞机制造厂检验员，英国卜力司土飞机制造厂实习工程师，美国加州大学稀薄气体研究室研究员，美国布朗大学应用数学系研究员，中国科学院力学研究所副研究员、研究员、流体力学组组长、1001设计院风洞部部长、十一室主任，中国科学院力学研究所第十一室主任兼中国科技大学近代力学系高速空气动力学教研室主任，第七机械工业部207所研究员，第七机械工业部701所研究员、副所长，中国科学院力学研究所副所长。中国科学院院士。中国实验空气动力学奠基人，中国人造卫星回收技术重要创始人之一。为中国中程导弹、洲际导弹、远程火箭研发成功做出重要贡献。

望族子弟　家学深厚

林同骥父亲家族与母亲家族，皆是福州名门世家。林家祖籍地为福建省福清市东瀚镇东瀚村，清初先世移居福州。林同济曾祖父林灼三（1830—1895年），字圣成。清同治七年（1868年）进士，历任广东海丰、始兴、顺德等县知县。祖父林福熙（1848—1925年），字杨辉，清光绪十二年（1886年）进士，历任四川广元、浙江瑞安等县知县，曾任重庆电报局局长。父亲林斯璧（1878—1958年），字鼎章，光绪二十八年（1902年）中举。之后转攻西学，考入京师大学堂（北京大学前身）政法科学习法律，曾任四川候补直隶州知州、北京法律专科学校教务长、北京地方法院推事、北京大理院推事、南京最高法院庭长、司法部参事，还曾在东吴大学、复旦大

林同骥在美国西雅图

学教过法律教授。母亲郭丰诒为福州黄巷郭家，祖父是当地广西巡抚、湖北巡抚、署湖广总督的郭柏荫，林同骥有兄弟姐妹11人，行七，上有两兄四姐下有两弟两妹。

1918年12月12日，林同骥生于北京宣武下斜街林家大院，幼年在祖父、父亲的指导下，研习经史子集，语文、数学则由哥哥姐姐们教。

1927年，蒋介石定都南京，林斯璧就任最高法院院长。

林同骥13岁时插班上过一年半小学。1932年夏，进入北京汇文中学读初一。林同骥在《我的童年》对此曾有这样记录："初中一年级时，我在北京崇文门外汇文中学上学，放学回家经常路过东单。那年

冬天，我在东单一带看到街头路口堆着许多沙袋，一些日本兵蹲在沙袋后面，不时用枪瞄着路上的行人做演习。我和同学们都不敢走近，对日军的侵略行为感到气愤和忧虑。"

1933年春，长城抗战爆发，林同骥随家迁往南京，就读于金陵中学。1937年全面抗战爆发，林同骥随父亲迁往重庆，进入迁至重庆沙坪坝的南开中学。

修理飞机　勇敢试飞

抗日战争中，重庆作为陪都，成为日军飞机轰炸的重点之一，林同骥立志投身航空事业。1938年，他考入从南京迁至重庆沙坪坝松林坡的中央大学航空工程系。

1942年，林同骥从中央大学航空工程系毕业后，到四川南川第二飞机制造厂从事发动机的修理和检验工作并参与试飞工作。

当时，林同骥的堂兄林同骅（中国著名航空及工程力学家，美国工程院院士）正在厂里指挥制造双发动机运输机。飞机试飞时刻有生命危险，第一次飞机试飞时，林同骅问在场的几位检验员："谁愿意上？"林同骥挺身而出："我上！"飞行员姓李，依旧有些紧张，林同骅笑着对他说："你该放心了，飞机万一出事，你李家要死一个人，我们林家要死两个人。"于是，三人一起上了飞机，中国第一架双发动机的C-0101号运输机试飞成功。

抗战期间，林同骥常常加班加点抢修、检验飞机，多次参加试飞工作，为抗日战争的最后胜利做出了自己的努力。

美力学家　服务三校

1945年，林同骥考取公费留学英国。他先在英国卜力司土飞机制造厂做实习工程师，半年后进入伦敦大学航空工程系研究生院攻读博士学位。

1948年，林同骥获得航空工程博士学位。自英国转赴美国，在华盛顿大学做博士后，从事稀薄气体的研究和教学。林同骥在稀薄气体领域的研究能力和成果，受到美国柏克莱加州大学的重视，邀请他去做研究工作。在柏克莱加州大学的校园里，他收获了自己的爱情，与正在攻读化学博士的中国才女张斌相识、相知、相恋。

1953年，林同骥受聘为布朗大学应用数学系研究员，从事流体力学和弹性力学方面的研究。次年，张斌在获得博士学位后也受聘于布朗大学，两人结婚。

冲破阻力　回国效力

虽在美国生活舒适，但林同骥时刻想着回国效力。1955年秋，他冲破重重阻力，与夫人张斌一起，怀抱尚未满月的女儿，克服千难万险，毅然回国。谈起归国，林同骥后来曾说：在美国，当获知在南京解放前夕，解放军炮轰停留在长江中的"紫石英"炮舰，这事在旅美留学生中引起强烈反响，很长志气，由此使我认识到中国共产党是真正为国为民做事的，坚信跟着中国共产党走才能富强。我想回来参加新中国建设。

林同骥夫妻回国，周恩来总理曾在人民大会堂会见科学家，张斌代表全国科技、卫生、教育系统向周总理敬酒。周总理得知她因生孩子未满月就长途旅行回国而得了妇科病后，还作了专门指示，安排了林巧稚大夫为其医治。

林同骥回来后进入中国科学院，他在钱学森和郭永怀的带领下，以极大的热情投入了创建中国科学院力学研究所的工作，先后担任了流体力学组组长、"上天"设计院（即1001设计院）风洞部部长、十一室主任。

参办名系　创建名科

1958年，中国科学技术大学创建。当时，钱学森参加了学校筹建，亲任近代力学系主任，他根据当时发展尖端科学和"两弹一星"事业的需要，为近代力学系设置了高速空气动力学、高温固体力学、化学流体力学和土及岩石力学4个专业，时任中国科学院力学所十一室主任的林同骥，被聘为高速空气动力学教研室主任。他协助钱学森主持近代力学系高速空气动力学专业的组建工作，构建了一个全新的专业教育体系。

从三年级下学期开始，学生进入专业课学习阶段。有关专业课程设置、教材编写、教员聘任以及最后半年学生毕业论文的安排等等，都由林同骥主持并委托卞荫贵先生协助组织专业教学体系由专业基础课、专业课和专题课等3个教学层次以及毕业论文组成。林同骥想方设法聘请了最好的专家教授来讲授，阵容之强大，一时堪称为最。

时任化学物理系主任的郭永怀亲自编著了边界层理论的讲义，林同骥还动员了几乎全研究室和相关的力量编写其他讲义，用极短的时间编写各种教材讲义11种。到1962年第一届学生上专业课时，各种铅印的教材已经发到学生手中。

林同骥不但主持教研室工作，还亲自为学校授课。他在讲授高超声速空气动力学课程时，除讲义外，还特意编写了一本学习提纲发给每一个学生。授课时，先由助教将提纲板书，然后把所要阐明的问题的背景、要点、重点和难点，一一道来。这种授课方式很适合高年级学生和研究生。

在林同骥的主持下，到1965年中国科技大学已经建立起我国第一个培养高速空气动力学人才的、有中国特色的专业教学体系和一套特色教材。这些教材代表了当时国内的最高水平和国际先进水平。

林同骥对学生极其负责任，第一届高速空气动力学专业的50多名学生面临毕业时，有关确定这些学生毕业论文的指导老师和选题、实施情况检查以及组织答辩等事宜，都是在他主持和精心安排下完成的。

在中国科技大学，林同骥创造了极其先进性的"旗杆式"（基础＋尖端）工科人才培养模式：通过一系列专业教学环节，在强调加强基础课教学的基础上，直接把同学带进了高速飞行面临的科学领域的前沿，这种教学模式充分体现了"科研与教学相结合"和"理工结合"。在中国科技大学全面推开，形成办学特色，促使英才辈出。

奠基"空动"　屡创第一

林同骥一回国，就投入空气动力学研究。1959年，他排除万难，主持设计建造了中国第一座暂冲式超声速风洞和气源系统。从设计、加工、建造直到调试、测量，他都一一亲力亲为，得到了第一个超声速流场，这一设备后来所提供的大量实验数据、方法与经验，为中国实验空气动力学的发展做出了开创性的贡献。为此，他获得了全国先进工作者的光荣称号，出席了1959年召开的全国群英会。他所领导的研究室也被评为全国群英会的先进集体。

20世纪50年代末至60年代初，林同骥从事高超声速空气动力学的基础研究。撰写了中国最早的高速高温物理气体动力学专著——《高超声速空气动力学》。

20世纪60年代后期起，世界能源危机对大型飞机提出了跨声速巡航和对战斗机提出跨声速机动飞行的要求。林同骥深入研究，提出了将高度非线性的无粘跨声速流动基本方程大大简化的思路，获得了无粘跨声速内外流动问题的一系列成果。1980年，《无粘跨声速流场分析》一文作为特邀报告，林同骥出席了第一届亚洲流体力学会议，并应邀赴美国康奈尔大学、洛杉矶加州大学和加州理工学院讲学。

改进飞机　连攻难题

20世纪40年代中期，航空进入喷气飞机时代。为了提高推进效率，压缩机、涡轮和螺旋桨都采用复杂的翼型截面设计。以此为背景，林同骥在深入研究的基础上，提出了翼型截面内奇点的消除方法，从而获得不同厚度和不同弯度的翼型截面柱体圣·维南扭转和弯曲问题的精确解析。

根据航空器薄壳结构和在高速飞行下产生高频振动现象，林同骥研究了圆柱壳的轴对称型振动，提出并解决了高频振动下壳壁截面的转动惯量和横向剪切的双重效应影响问题。

林同骥在弹性力学方面的上述研究工作，在当时从方法上和结果上都具有独创性。

国防工业　不断建功

1966年，林同骥承担人造卫星回收方案的研究任务，在极其困难的情况下开展了对射流理论、小曲率半径喷管跨声速理论研究等工作，为人造卫星成功回收做出了重要贡献。

作为稀薄气体研究专家，当航空器呈现高速高空发展之势时，林同骥研究了稀薄气体边界层内驻点附近的流动，发现壁面气流滑移效应与无滑移解的一阶导数成正比，从而得到了壁面气流滑移对驻点总压影响的理论解，并指出稀薄气体的作用是增大了黏性对总压的修正，为在滑流领域利用皮托管测量总压提供了理论依据。林同骥还分别研究了稀薄气体在两个平板和两个同心圆柱间的高速流动问题，给出了高速流动下气体黏性系数和热传导系数随温度变化时的滑流流场解，分析了壁面温度比、流场平均马赫数、黏性系数、气体稀薄参数、普朗特数、比热比、供应系数和麦克斯韦反射系数等8个参数对壁面压力、摩擦阻力和两壁间热传导的影响，为中国航空器高速高空发展提供了理论研究成果。

1973年，林同骥投入了中国第一代洲际导弹的防热研究，对于中远程导弹气动力、气动热问题、跨声速流场分析以及不可压缩振荡流等进行了深入探索，取得一系列重要成果，先后获国家自然科学特等奖1项、国家发明四等奖1项、国防科委科技进步二等奖1项以及中国科学院奖4项。1984年获得国防科工委颁发的"献身国防科技事业"荣誉证章。

林同骥（后排右）全家合影

奠基"海工"　开发"海油"

20世纪70年代后期，林同骥在分析研究力学发展新趋势后认为：流体力学除了结合航空航天技术外，应积极开展新兴的分支学科研究，特别提出要通过研究海洋工程力学推动海洋开发。

1983年，林同骥与钱学森、钱伟长、庄逢甘等著名科学家一起，向国家提出了开发海洋的重大建议。林同骥亲自组织队伍投入了海洋工程力学的研究，以海洋油气资源开发为背景，完成了国家科委"六五"攻关项目"工程力学中若干重要问题研究"和"七五"国家自然科学基金重大项目"海洋工程中的力学问题"。在他的主持下，研究了各种海洋工程结构及其地基在海浪、海流、海冰、地震、风等耦合作用下的载荷及其响应，分析了海洋工程结构失效直至破坏的原因和机理，为经济安全地设计建造海洋平台和有效地进行油气生产提供了科学依据，同时推进了海洋工程力学这一新兴力学分支学科在我国的建立和发展。

与之同时，林同骥自己主要从事以波浪和旋涡为主要特征的海洋工程流体力学研究。他主持设计、建造了中国第一座U形振荡水槽。同时还取得了一系列开创性的研究成果。

作为力学大师，林同骥曾任《力学学报》副主编、主编，中国力学学会副秘书长、副理事长兼秘书长，还曾任国际理论与应用力学联合会理事、亚洲流体力学学会副主席、曾任中国航空学会理事、国际学术杂志《Fluid Dynamics Research》编委。此外，他还担任过国家科学技术委员会理论与应用力学学科组及国务院第一、第二届学位委员会理学学科评议组成员。

1980年，林同骥当选为中国科学院学部委员（院士），1982年任数理学部常务委员。从1964年起，先后当选为第三届全国人大代表，第五、六、七届全国政协委员，中国力学学会副理事长兼秘书长，《力学学报》副主编、主编，中国空气动力学会副主任委员，国际理论和应用力学联合会理事、大会委员会委员，亚洲流体力学学会副主席等职。

1993年，林同骥在美国病逝。

林秉南

林秉南（1920—2014年），又名秉兰，字士光，福建莆田人，马来西亚、美国归侨，著名水力学与河流动力学专家。曾任交通大学贵州分校助理教授，贵州修文资源委员会修文水电工程处工务员，国民政府交通部路政司技士，美国艾奥瓦州立大学水利研究所副研究员，美国科罗拉多州立大学研究生部助理教授，中国科学院水工研究室研究员、水力学组副组长，中国水利水电科学研究院水工所副所长、所长兼清华大学水利系教授，中国水利水电科学研究院院长兼国际泥沙研究与培训中心顾问委员会主席、国家水利电力部长江三峡工程泥沙与航运专题论证泥沙专家组组长，国家水利部三峡坝区试验专家组组长、三峡工程开发总公司泥沙专家组组长、国务院三峡建设委员会办公室三峡工程泥沙课题专家组组长，国务院三峡建设委员会办公室三峡工程泥沙课题专家组顾问，中国水利水电科学研究院咨询委员、名誉院长。中国科学院院士。

林秉南

生革命家　承爱国志

1920年4月21日，林秉南出生于马来亚（今马来西亚）挂罗庇劳。父亲林黄卷（1892—1968年），字经农，祖籍地福建省莆田县洋尾乡（今白塘镇）洋尾村，少时好学有加，父亲省吃俭用供之读书，后毕业于福建法政专门学校。林黄卷早年加入同盟会，并积极投身推翻封建王朝革命活动。辛亥革命时，奋不顾身参加莆田光复之役。因不满袁世凯统治，1915年，南渡新加坡，不久出任马来亚挂罗庇劳埠华侨学校校长。该校校董邓泽如（1869-1934年）是著名的华侨革命家，清光绪年间，以契约劳工身份到马来西亚谋生，逐步发展成为南洋知名的实业家。1907年，邓泽如加入同盟会，任马来亚分会会长，为孙中山领导的革命数次筹款，接济军费。1912年，中华民国建立，邓泽如应召回国，孙中山曾拟委任其广东都督府实业司司长、官钱局总办，他辞而不就。孙中山领导的"二次革命"失败后，邓泽如仍回南洋经商。1914年孙中山组织中华革命党，邓泽如担任南洋各埠筹款局委员长，为支持国内反袁斗争而积极筹款。林黄卷兼任南洋各埠筹款局秘书，帮办筹饷。1915年，在邓泽如和林黄卷深入发动之下，以中华实业公司名义募集数十万元，将款汇回国内，作讨袁经费。

1917年孙中山南下组织护法运动，发行"军事内国公债"，邓泽如帮助推销3万余元，林黄卷也全力襄助。1920年11月底，孙中山在广州重组军政府，邓泽如应召回国，任广东军政府内政部矿务局长兼广东矿务处长。随即，林黄卷也于次年孙中山就任大总统之后返回祖国，服务于广东军政府。

1922年6月，陈炯明部叛乱，邓泽如前往香港与孙中山取得联系，筹款讨逆。8月，被任为中国国民党广东支部长，发表讨陈宣言。之后，任讨陈办事处第三科主任、驻港讨逆办事处理财员。林黄卷也跟随孙中山讨逆，出任驻港讨逆办事处筹饷员，全力帮助邓泽如在短短几个月内，筹得40余万元作讨陈活动经费。

陈乱平，1923年孙中山回粤，任大元帅，于3月2日组成大元帅大本营，林黄卷返回广州，任大本营财政部参事，受命创办《国民党周刊》，宣传国民党改组暨联俄、联共、扶助农工三大政策。

1924年1月，国民党第一次全国代表大会在广州召开，林黄卷被选为代表，并当选国民党中央监察委员会秘书。

自1929年2月至抗日战争爆发前夕，林黄卷先后任两广盐运使，财政部《盐政史——两广分史》编纂主任等职。20世纪50年代初，黄卷在广州参加国民党革命委员会。1956年迁居北京

1921年春，孙中山在广州成立了大元帅府，林秉南随被调回广州的父亲，定居于广州。

林黄卷在奔走革命之际，抽出时间督学爱子，使林秉南不但熟读蒙学经典，爱诗好文，10岁即能做格律诗，且文美诗境甚好。还从父亲那里接受了强烈的爱国主义精神。

1931年，林秉南考入广州市立师范学校附中，入校不久，九一八事变爆发，日本侵华铁蹄踏破白山黑水，林秉南和同学们走出学校，奔走宣传抗日，参加抵制日货活动。

1934年，林秉南进入广州第一中学读高中。随着侵华日军的步步进逼，林秉南意识到落后是中国挨打原因之一，富国强兵当务之急，于是立志实业救国、科学救国，决定弃文科改学工科。

烽火求学　献力抗战

1937年，林秉南高中毕业，次年考入国立唐山工学院土木系。

唐山工学院前身即交通大学唐山工学院。1937年七七事变后，校园被日军占领，孙鸿哲院长病逝于北平。全校师生自发南迁，克服种种困难，在湖南湘潭复校，茅以升任代理院长，后正式聘为院长。1938年3月，教育部电令交通大学唐山工学院不再隶属交通大学校部而直接向教育部行文，设立国内唐山工学院，令原交通大学北平铁道管理学院并入，在唐山工学院内增设铁道管理系。此后，唐山工学院相继迁湖南湘乡、贵州平越。

1938年春，林秉南经香港、越南进入贵州平越唐山工学院学习。在平越山坳里，怀揣报国之志，林秉南学习格外刻苦，成绩优异，大学毕业时获学校斐陶斐励学会的金钥匙奖。1942年年底，学校更名交通大学贵州分校，下辖唐山工学院和北平铁道管理学院。

林秉南毕业后第一份工作是留校担任结构学助理教授，1943年任贵州修文资源委员会修文水电工程处技士，为打持久战须在大后方兴修水利，林秉南跋山涉水勘测设计修文水电站，艰苦备尝。1944年，参加重庆国民政府教育部设置的首届公费留学生考试，在被录取、准备出国的一年里，他就任国民政府交通部路政司技士。

美国博士　跳级晋升

1946年3月，抗战胜利，林秉南赴美就读于艾奥瓦州（依阿华州）立大学，1947年获硕士学位。读硕士期间，因为曾有着勘测和设计水电站的实践，他带着问题求教于各专家，比如向著名明渠水力学泰斗普赛教授请教，在普赛教授指导下，提出了明渠不恒定流数值解法，引起美国水利界注意。

1949年，林秉南到艾奥瓦州立大学水利研究所工作，同时继续攻读博士。1951年获博士学位。他时刻未忘改学工科时的初心，时时想着科技报国，他根据我国河流多沙的特点，选择了河流泥沙研究作为博士课题。因为长期在课余无偿帮助他人做试验，试验林秉南技术了得。

也正因此，林秉南在美国艾奥瓦州立大学水利研究所工作时，跳过研究助理这一级，直接升为副研究员。

1952年，林秉南被美国科罗拉多州立大学聘去，担任研究生部助理教授，讲授明渠水力学、高等流体力学、工程数学、水力学及部分泥沙工程等课程。同时开展了泥沙水槽试验研究。

回国效力　专业泰斗

1956年年初，林秉南婉拒恩师的挽留，舍弃了高薪、花园洋房和一流的科研条件，携全家回国，参与祖国建设。

林秉南回国后，历任中国科学院水工室研究员和副组长，水利水电科学研究院水力学所高级工程师、副所长、所长、院长、咨询委员、名誉院长等职务，兼任国际泥沙与培训中心顾问委员会主席和联合国亚洲地区泥沙培训项目经理，还先后受聘为清华大学兼职教授，武汉水利电力学院名誉教授，成都科技大学国家高速水流重点试验室学术委员会顾问，浙江河口海岸研究所顾问，国家科委及水利电力部三峡工程泥沙论证专家组组长，以及世界银行三峡工程可行性研究国际咨询组成员。1980年，曾去美国科罗拉多州立大学做客座教授一年。1985年，加入了中国共产党。他还先后担任全国政治协商会议第五、六、七届的委员，也曾任中国水利学会副理事长、中国水力发电工程学会名誉理事、国际水利学研究协会亚太地区分会主席、《水利学报》编委、《海洋学报》副主编、水利电力出版社特约编委顾问和《国际泥沙研究（英文版）》总编等职务，为中国水利科学泰斗，1991年当选院士。

明渠计算　屡有发明

早在美国攻读硕士学位时，林秉南就提出了明渠不恒定流数值解法，引起美国水利界注意。1947年，对于挟带泥沙或污染物的水流，林秉南首先提出的指定时段控制特征线网法，紧接着又提出等时段的指定时段法，这些后都被国际上采用。

林秉南不断发展了明渠不恒定流的计算方法。20世纪70年代，林秉南与浙江河口海岸研究所合作进行杭州湾潮流计算时，将二维特征理论与特征偏心差分格式相结合，取得了良好的计算精度和稳定性。80年代初期，他又将分裂法或分步法引入二维和一维的实际计算中，进一步缩短了计算时间，这些成果都得到广泛应用。

20世纪50年代，林秉南开始研究水库溃坝洪水演进的问题，是我国第一位进行水体突然泄放实物模型试验的学者，为研究长江三峡防护问题提供了重要的手段。他在溃坝波的理论研究方面，应用黎曼法对有限长度平底水库的溃坝洪水求得无旋流的理论解，使计算坝址的流量和波高变化较古典溃坝波解法推进了一步。

助力高坝　频有成果

林秉南对我国高坝建设做出重要贡献，取得了多项技术成果。

回国初期，为因应高坝建设迅速发展，林秉南主持开展高速水流研究，亲自指导设计的我国第一座大型活动高速水流掺气陡槽，极具先进性。在掺气水流的研究中，他主持完成了气泡悬移区、过渡区和水团跃移区的流速、掺气浓度量测仪器的研制和全面鉴定，为我国高速水流掺气研究提供了重要的手段。他在高坝溢流边界层问题的研究中，首次认识了它的自模性质，应用紊流自模理论简化了计入水流加速、减速影响的掺气发生点计算。

20世纪60年代初，林秉南开始研究纵向扩散消能。70年代初期，他首先引进基于纵向消能的国外窄缝式新型消能工，并推广与他合作的龚振瀛发明的宽尾墩联合消能工，从而解决了不少高水头、大流量水利枢纽泄洪消能问题，并为狭窄峡谷建坝减少塌岸危险找到一条道路。这些措施已用于潘家口、安康等水电站的泄洪建筑上，该成果与其他高速水流研究成果一起，获1985年全国科技进步二等奖。

研究泥沙　成就卓越

林秉南在国外求学时就开始研究了泥沙浓度对泥沙沉速的影响，证实了浓度效应的存在和泥沙颗粒雷诺数是研究浓度效应重要参数，并以奥辛方程为基础扩展了原来的近似分析。

20世纪70年代，林秉南对潮流输沙的数值模拟作了研究。又与他人合作应用特征理论分析了二维挟沙水流求解的适定条件。从1985年开始，他担任了长江三峡工程泥沙论证专家组组长，为三峡工程泥沙问题的论证贡献了力量。

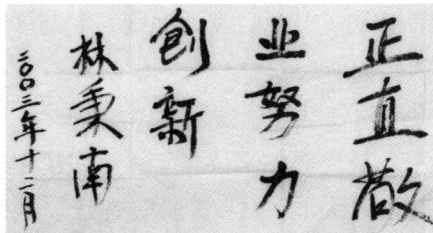

林秉南题词

晚年，林秉南依旧保持旺盛的创新能力。进入21世纪后，他又指导研究生用天平测定流动中球串阻力变化，拓宽了以往的研究范围，得出在相同的固体浓度下雷诺数增大将使浓度效应大幅度减少的重要结论，证实了在浓度效应计算中必须计入雷诺数的影响。

林秉南一生著述颇多，其中主要中文著作《高速水流》《明渠不恒定流研究的现状和发展（第一册）》等。

2014年1月3日，林秉南病逝于北京。

林宗扬

林宗扬（1891—1988年），福建龙海人，马来西亚归侨，著名医学家、医学教育家。曾任中央医院住院总医师兼细菌诊断室主任、协和医学院教授兼中央防疫处代理处长、协和医学院教授兼教务长、北京大学医学院教授、中华医学会理事会主席。

归国效力　医学泰斗

林宗扬

林宗扬祖籍福建省海澄县（今属龙岩市），先辈下南洋谋生，经艰苦拼搏，渐成豪门。1891年6月11日，林宗扬生于马来亚槟榔屿（今马来西亚槟城）富商之家，自幼受到完整的中西教育。1911年从槟榔屿南洋中学毕业后，考入香港大学医学院，1916年以优异成绩毕业。

1918年，林宗扬受同为槟榔屿归侨的北洋政府中央防疫处处长伍连德邀约，北上参与创办北京中央医院，伍连德任院长，林宗扬任住院总医师兼细菌诊断室主任。

1919年，哈尔滨流行霍乱，当时有13.5万人口的城市，死亡4808人。林宗扬兼任中央防疫处医师，参与救治霍乱病人。同年，林宗扬考入美国约翰霍普金斯大学公开卫生学院深造，1922年获公共卫生学博士学位。期间，曾到英国利物浦大学热带病专门学校学习制备疫苗。

获得博士学位当年，林宗扬谢绝美国、英国及马来亚、新加坡医院或高校的高薪聘请，毅然回到祖国，在北京协和医学院进行教学和科研工作。

1927年，林宗扬赴丹麦血清研究所进行研究性工作一年。学成之后，再度收拾行装立即回国，继续在协和医学院工作。

1929年至1930年，林宗扬在执教协和医学院的同时，还兼任中央防疫处代理处长。

1930年，林宗扬升任教授，兼任协和医学院微生物学科主任，成为当时北京协和医院仅有的三位中国教授之一。

1935年，林宗扬再度出国深造，到匈牙利国立卫生实验院进行研究工作，同年又去印度卫生学院考察医学教育。

1937年，林宗扬出任协和医院教务长，并连任四年，是协和医学院第一个担任这一职务的中国人。

1942年，北京沦陷，日本强行关闭协和医学院，林宗扬转任北京大学医学院教授。

新中国成立后，林宗扬因不会说普通话，而当时的高校以汉语普通话为教学语言，长期以英语教学的林宗扬不再进行教学工作，继续做科研工作。1954年，林宗扬被中华医学会第十次大会选为理事会主席。1956年，林宗扬因年事已高，被中华医学会聘为《中华医学杂志》英文版顾问。之后，还曾被选为中华医学会第十六、十八届理事。

医学园丁　一代宗师

林宗扬是著名医学教育家。作为协和医学院的首位担任教务长的中国人，他锐意创新，改革了学校多年沿袭的教育方式，使之更有利于培养中国医学卫生专业人才。他倡导基础教育必须与临床相结合，以提升学生的实践能力，还能通过临床诊治积累用于研究的临床标本，有助于临床诊断和治疗能力的提升。这种医学院培养方式，后来为其他医学院广泛使用。林宗扬从制定教学提纲、教学方法、教学目标到临床实习，始终将提升学生自学能力放在极其重要位置，学生读二年级时即被要求结合实验写文献综述，并在班上报告学习心得，以提高学生的自学能力。

作为中国微生物的第一代学者，林宗扬开创了中国医学细菌学教学规范，他主持的医学细菌学教学宗旨是理论与实验全方位相结合，注重实际应用，采用启发式的教学方法。他除了亲自讲授细菌学，还组织开展了一些细菌的研究工作，开创了临床细菌学和血清检验工作。

林宗扬在执掌协和医学院教务工作期间，开创了青年教师和研究生快速成长的培养模式：他根据青年教师和研究生的不同基础安排其从事教学、临床及科研实验工作；创作各种条件，提升全校青年教师和研究生专业外语水平；在职工作四年以上的青年教师，设法为他们联系出国深造。

林宗扬还着意培养中国的医学教育家。在担任协和医学院教务长期间，任用多名中国教授担任专业领导职务，如钟惠澜、胡正祥、王淑威等。他在协和医学院20年中，培养大学医学杰出人才，为中国医学发展、医学教育发展打下了扎实基础。他培养的学生中不少成为中国医学事业、医学教育事业的中坚力量，如汤非凡、黄祯祥、谢少文、余贺、李振翩、白施恩、严镜清、童村、何观清、俞焕文、林飞卿、刘秉扬、蒋豫图、张乃初、杨永年、吴朝仁、颜春辉等。林宗扬也因此被称为中国医学界一代宗师。

科研专家　成果不断

林宗扬是中国医生微生物学一代宗师，他开创了中国医生细菌学、细菌诊断学的系统研究，对细菌学、细菌诊断学、流行病学的研究造诣甚深，是中国真菌研究第一人，他与伍连德、谢和平一起，并称为中国现代医学先驱。

1918年到1945年是林宗扬科学研究全盛时期，成果不断。在此期间，他在中外学术刊物上发表了31篇有极高学术价值的论文。早在1918年，他就在《中华医学杂志》上发表关于"瓦氏反应"的研究论文，较早向国内介绍了诊断梅毒的方法和技术；1925年，他首次在我国病人分离中布氏杆菌，自己也在实验中受到感染，治了整整一年才见好；1929年，他又与同事们就"斑疹伤寒检验"展开科研攻关，发表了《检查斑疹伤寒的沉淀试验——用变形杆菌X19的特异物质检测》一文，曾被专业内世界权威性著作《人体病毒和立克次体感染》引用。林宗扬还带领他的团队，对内部感染直菌丛梗孢及其基础进行了长达10年的研究，在1930年发表了一系列研究真菌的论文，受到广泛好评；在分离培养真菌、鉴别真菌种类等多方面建立了一套方法和技术，并围绕真菌致病性展开深入研究……也正因此，他被公认为是中国医学真菌研究的先驱。林宗扬研究团队还展开了对猪霍乱的变异、肠肝菌的分离、伤寒菌噬菌体分型等的系统研究，取得了较大成果，为防治这些传染病奠定了基础。此外，他还对白喉杆菌、结核杆菌的分离以及伤寒病诊断进行了很多研究，为临床诊断提供了重要依据。

林宗扬编著有《细菌学检验方法》，内容精炼、实用，是国内细菌免疫学常规工作的重要理论指导，也是国内一些医学院校细菌免疫学的重要实验教材。他组织翻译的《秦氏细菌学》《罗氏卫生学》《皮肤真菌病图》等大型专著，对我国医学微生物学的发展发挥了极其重要的作用。

林宗扬自1928年至1941年长期担任《中华医学杂志》英文版主编，使之达到国际水平。今日，此学术刊物已成为中国最悠久、发行量最大的全国性英文医学杂志。

捐资资产　创设奖项

林宗扬生活极为简朴，平日里省吃俭用，唯一个人爱好即是种植玫瑰，培育出了许多玫瑰新品种，都无偿捐赠给了国家，其中不少引种到天坛公园和人民大会堂。

林宗扬忙于科研，50岁时方与免疫学家陶善敏成婚。

1988年，林宗扬病逝。遵其遗愿，家人将他积蓄的部分存款捐赠给中国国际医学交流基金会，用于奖励医学院校的优秀教师，奖项以之姓名命名，为"林宗扬医学教育奖"，1993年首次颁奖。

林建成

林建成（1939—　　），福建晋江人，印度尼西亚归侨，中国著名羽毛球运动员、教练员。曾任福建羽毛球队运动员，国家羽毛球队运动员，福建省羽毛球队副总教练、总教练、党支部书记、领队。

印尼启蒙　父子双打

1939年2月2日，林建成生于印度尼西亚（以下简称"印尼"）巨港一个教师之家，祖籍地为福建省晋江市永和镇马坪村，为唐朝岭南节度副使林藻之后。林藻之季孙林翘，唐乾符年间任晋江县令，有政绩，吏民称颂，巡察此地见有"东牛""西龟""南台""北印"四大奇石，认定为风水宝地，便卜居于此。乾宁三年（896年），林翘带领族人开始建村，取村名为"马坪"，雅称"锦马"，沿用至今。

1963年，林建成在雅加达新兴力量运动会运动村留影

林建成父亲林铁垣是集美师范学校第一届毕业生，母亲杨孔雀也毕业于集美师范学校，婚后二人下南洋到巨港执教。

林建成父母极具爱国心。全面抗战爆发后，林铁垣在学校奔走宣传抗日，不但自己捐款支援祖国抗战，还动员当地华侨有钱出钱有力出力，支持祖国打击侵略者。林建成出生时，正值祖国抗战进入最艰难之时，父母取"抗日必胜建国必成"之意，为自己宝贝儿子起名"建成"。

1941年12月，太平洋战争爆发后，日军南侵，很快占领了印度尼西亚，坚决不事日的林铁垣带着一家到巨港山间一个叫：吗老濑的小山村，开荒种田，艰难度生。因为生活艰难，有时还伐木做肥皂箱、做烟卷卖些钱维持生计。小小年纪的林建成就帮着父亲伐木砍柴，帮助母亲种菜。

第二次世界大战胜利后，林铁垣没有立即回到巨港，而是帮当地华侨开办了一所华文学校，并帮着学校走上正轨。一年后，林家才回到巨港城，林铁垣夫妇继续在一所小学里当教师。

林铁垣爱打羽毛球，成了林建成启蒙教练，他还常常与父亲合作双打，他在网前父亲在后场。

父亲爱国　举家回闽

1949年10月1日，中华人民共和国成立，巨港华侨华人欢欣鼓舞。林建成所在学校升五星红旗，经常唱中华人民共和国国歌、唱《没有共产党就没有新中国》等。父亲当时是巨港一小的校长，母亲是学校教导主任。一家人就住在巨港一小的校舍里。由于父母思想进步，被当地有关部门认定是"比较赤化的一对"。

　　高小毕业后，林建成升入巨港中学读初中。1952年9月15日，林铁垣因为坚持让学校升五星红旗、唱中华人民共和国国歌，被当地有关部门视作眼中钉，在校外乱开枪，还跑到学校来抓人，林铁垣随时有生命危险。为此，林家举家踏上归国之路。

　　1952年10月1日，林建成随家回到祖国。1953年，定居泉州，父亲在泉中中学任教，母亲在华侨补习学校任教，林建成在泉州西隅中学读书。1955年3月11日，林建成加入共青团，同年还成为三好学生，毕业后被保送到泉州五中。

进入省队　同年夺牌

　　林建成篮球、排球、羽毛球、田径样样都很出色。1955年9月，曾代表泉州队参加省排球赛并获得冠军，被留在省排球集训队，迎战上海队，参加羽毛球赛更是常获冠军。

　　林建成读高二时，福建省组建了中国第一支省级羽毛球队，1957年3月林建成进入羽毛球队，开始了他的羽毛球运动生涯。

　　刚到队，林建成即参加了1957年5月12日至31日在上海举行的全国十三城市羽毛球锦标赛，和杨人燧配对夺得双打获第二名。

双打圣手　国羽队长

　　1958年9月，林建成随队参加了在武汉举行的全国十五城市网、羽球锦标赛，福建队夺得全部五项冠军，林建成和杨人燧获得男双第三名。

　　1960年3月，林建成在上海举行的五省市羽毛球友谊赛中，连续打败了全国冠军王文教、上海高手施宁安、全运会男单第三名方凯祥，获得男子单打亚军，与杨人燧配对获男子双打冠军。随后在等级赛中带伤出战，仅用30分钟时间就以2：0战胜了陈福寿。当时全国有陈福寿、王文教、施宁安、黄世明四位运动健将，林建成连胜其中三位，成为中国第五位羽毛球运动健将。

　　1962年5月，林建成光荣加入了中国共产党，事业又上一个台阶。

　　1963年5月，林建成夺得全国羽毛球锦标赛男双冠军。

　　1963年，是中国羽毛球队发起向世界冠军冲击的第一年。为迎战世界男子团体冠军印尼队来访，北京成立了第一支中国羽毛球队，林建成为首任队长。林建成和队友们在和印尼的三场大战中，分别以4：1、3：2、4：1战胜世界冠军，他和吴俊盛配对的双打也均获胜。1963年7月22日，印尼国家队与福建队比赛，林建成再次都披挂上场，福建队以3：2获胜。

　　1963年10月，林建成随队参加新兴力量运动会，获男团、男双亚军，并获得国家体委授一等功。

拼命三郎　坚韧拼搏

　　林建成在中国羽毛球队以"拼命三郎"著称。1964年5月下旬，全国七省市羽毛球锦标赛在广州举行。福建男队进入决赛，对阵广东队，林建成在比赛中右膝内侧副韧带断裂，被送进了广州中山医院手术。为尽快重返赛场，右膝关节上还打着厚厚的石膏，他就忍着剧痛每天从中山一路走到中山三路，还借来一副哑铃练上肢，同时苦练左膝关节，令医护人员十分感动。一个月后石膏拆掉，大腿成了小腿，消掉了一大圈的肉，且左膝关节只能向上翘，无法向后屈，走路困难。为重返球场，医生每天治

1965年10月，林建成（前排左一）随队出访丹麦，与中国队员在大使馆前留影

疗时，林建成都要求他大力压腿，以使右膝关节能恢复弯曲功能。压腿极痛，每次他都紧咬牙关坚持，每次治疗他都痛得出一身大汗。1965年，右膝关节功能刚恢复，他就参加训练、比赛。

　　1965年4月9日，林建成又代表中国队访问巴基斯坦，参加了42场比赛。6月，又随队访问尼泊尔，连做7场表演赛。连续征战又染上腮腺炎，林建成病倒……

　　林建成用顽强的毅力努力恢复。1965年9月，林建成参加了第二届全运会，以出色发挥帮助福建队获全运会男团、男双冠军。当年10月出访丹麦，参加丹麦羽毛球公开赛获得男双冠军和混双亚军。在欧洲，林建成和队友在与丹麦和瑞典的比赛中，以34：0大胜，威震世界羽坛。

技术权威　催生冠军

　　1969年，林建成因伤退役。1972年2月，调回福建省体工队任副班主任兼教练员。自执教以来，他培养了林瑛、吴迪西、郑昱鲤、施文、吴宇红、陈瑞珍等6位世界冠军，还培养了20余位全国冠军。1993年，被评为国家级教练员；1987年，获国际羽联"特殊贡献奖"，同年获"国家体育运动荣誉奖章"。还先后被评为福建省劳动模范、全国优秀运动队思想政治工作先进个人、福建省优秀专家、全国岗位培训先进工作者，并多次获福建省政府给予的记功表彰和国家体委体育科技一等奖。

　　作为技术权威，林建成曾著有《双打训练和我的一些体会》《谈羽毛球比赛的几个问题》《目前我国女双技术训练上应该抓什么》《主动技术失误是失败的主要因素》《关于如何提高我国混双水平的几点看法》《关于我国混双失利原因的分析》《女单羽毛球比赛中主动技术得失分规律的探讨》《我国男双技术训练应该抓哪个主要环节进行训练》《抓住轮攻战术》《论羽毛球运动员的全面身体训练》等学术论文。

　　林建成还曾执教尼日利亚国家队、英国国家队、英国国家青年队，并曾到菲律宾、朝鲜讲学。

林修灏

林修灏（1908—1991年），字发浩，福建闽侯人，法国归侨，著名药学家。曾任上海红十字伤兵医院药剂部主任，国立上海医学际创校筹委会委员，国立上海医学院讲师、副教授、药物学教研室主任，中法大学副教授、教授，中央大学教授、化工系主任，国防医学院任检验系教授、主任兼上海药物食品检验局主任技师，上海药物食品检验所代所长，上海药物食品检验所代所长兼第二军医大学筹备委员、上海医学院筹备委员，中央药物食品检验局第一副局长，贵州省中医研究所教授、药物研究室主任。中国食品药品检验学重要奠基人。

生于将门　海军出身

1908年，林修灏出生于一个满门英杰的海军世家，祖籍福建省闽侯县尚干镇凤港村，因祖父、父亲已投身海军，家安福州马尾军港，林修灏生于马尾旧镇新泰埕。

林修灏是曾任国民政府主席林森的族侄。祖父林世贵（1847—　　），曾任海军马尾造船厂帆缆厂总匠首。父亲林元铨（1888—1950年）为林世贵次子，船政后学堂第十八届驾驶班毕业生，曾任楚有舰舰长、应瑞舰舰长、海军部军械处处长、海军军舰处处长兼特务队总队长、国民政府参军处参军、国民政府参军处参军兼国府主席保健委员会办事处主任、总统府参军处少将参军、总统府参军处中将参军。

因为家族缘故，父亲希望儿子能学习造舰，林修灏刚满9岁，就进入位于马尾的海军艺术学校学习造船。海军艺术学校的前身是创办于清朝的船政艺圃，这是中国第一所中等职业中专学校，上午和晚上读书，下午在工厂做学徒，学过打铁，也学过钳工。12岁那年，父亲见他对数理有着浓厚兴趣，就将他送入教会办的英华中学。

之后，林修灏随父赴上海，就读于法国教会办的震旦大学预科博物科。受父辈影响，林修灏思想进步，大革命时期投身收回教育权运动，并成为学生运动领袖，后被校方除名。1926年在族伯林森资助下，赴欧留学。

赴欧留学　回国抗战

林修灏到欧洲后，先入比利时鲁汶大学，后因矢志学习临床，转往法国斯特拉斯堡大学学习临床医学。因生活艰苦及学习紧张，致胃出血，经两次手术抢救挽回生命，但因体力不济，恐日后无法坚持长时间做外科手术，因此改学药学。

1932年"一·二八"淞沪抗战爆发，林修灏在欧洲闻知，不顾自己刚刚做了胃溃疡切除手术，毅然办理了休学手续，回国参加抗战。回到上海后，任上海红十字伤兵医院药剂部主任。因为他曾长期学习外科，争取到直接上前线为伤员做简易手术。他冒着枪林弹雨一次又一次冲到最前线抢救，多次累昏在前线战地。后因国民党不抵抗派作祟而停战。之后，林修灏留在上海参与创办国立上海医学院，任创校筹委会委员，参与将国立中央大学医学院独立出来，创建为国立上海医学院，这是当时全国第一所国立医学院，林修灏主要负责医药系建设。

再赴法国　药学博士

1933年，因愤于国民政府与日本签订《塘沽停战协定》，林修灏再度去国离乡。

1933年3月至5月，中国国民政府指挥下的国民革命军，在长城的义院口、冷口、喜峰口、古北口等地，抗击侵华日军进攻，史称"长城抗战"。我军顽强抵抗、浴血奋战，但日军装备精良训练有素，长城沿线仍失守，平津危急。之后成立驻北平政务整理委员会，被迫由参谋部作战厅长熊斌与日本代表冈村宁次签订《塘沽停战协定》，划定冀东二十二县为非武装区，军队不得进入，而日军退回长城以北。

抱定抗战到底的林修灏，对此气愤满怀，也失望至极，他回到法国斯特拉斯堡大学继续学业。1936年，修完生物化学、食品分析与微生物学两个专业后，得到专业证书并获得药学博士学位，成为中国第一位药学博士。同年，发表《何首乌之研究——中药何首乌的植物学、化学与药理力学》长篇论文，次年该论文被美国化学学会收载于《科学文摘》上。

林修灏拿到博士学位后，法国不少医院、大学和研究机构向林修灏伸出了橄榄枝，高薪相聘。

再度回国　投身抗战

1937年7月7日，卢沟桥事变爆发，中国进入全面抗战时间，林修灏再度回到烽火中的祖国。他翻山越岭辗转来到已内迁到云南昆明白龙潭的国立上海医学院，先任讲师，不久晋升副教授。他一边教书育人，一边参加抢救抗日受伤官兵，经常带队深入抗日前线。抗战中，对扑灭日军发起的惨无人道的细菌战、生化战发挥了积极作用。

1939年，曾留学法国多年的林修灏转入中法大学执教。中法大学创办于1920年，由蔡元培在民国初年组织发起的留法俭学会与法文预备学校和孔德学校的基础上组建的，是一座私立大学，位于北京。

随着全面抗战开始。中法大学学生大批奔赴前线、抗日根据地和大后方。中法大学在敌寇占据华北的情况下，苦苦支撑，坚持爱国立场，不屈从日寇，不"接纳辅导官"、不开日语课，不挂日本国旗。1938年夏，终被敌伪"勒令停办"，连附属温泉中学也未能幸免。

1939年，中法大学校长李麟玉委派周发歧、李秉瑶两位教授绕道越南赴昆明，筹备复课事宜，他们先在昆明建立中法大学附中。1940年，在昆明南菁中学旧址安排中法大学理学院复课。林修灏出任中法大学副教授、教授。

全面抗战期间，华北及沿海地区的高等学校纷纷内迁。中央大学从首都南京西迁至陪都重庆，主校区设在陪都沙坪坝松林坡，医学院及农学院的畜牧兽医系建在成都华西坝，实验中学设在贵阳。时称重庆中央大学。林修灏到中央大学担任教授、化工系主任。

抗战胜利　填补空白

1947年，军医学校在上海江湾改组为国防医学院，院长由军医署署长林可胜兼任。林修灏出任国防医学院检验系教授、主任。

在担任国防医学院检验系教授、主任期间，在1947年深春，林修灏与马基华、雷兴翰等知名专家一道，参与筹建上海药物食品检验局。这是我国第一个按照当时最为先进的美国模式建立的药物和食品检验机构，仪器设备和图书由美援提供，检测技术与管理水平先进，林修灏兼任主任技师。

冒险护局　保住骨干

1948年，中共上海地下党通过上海生化制药厂总经理，带给林修灏一份中共党组织写给他的信，信中诚挚地希望他留在大陆，不要随国民蒋介石去台湾，并设法将上海药物食品检验局的技术人员、设备、图书保存下来，为即将诞生的新中国服务。

此时，国民党政府即将撤离大陆，上海药物食品检验局和国防医学院也在撤离名单上，并被要求技术人才、设备、图书全部都要搬到台湾。

林修灏接受中共地下党的指示，设法阻止药物食品检验局迁往台湾。他把家搬到检验局宿舍内，并兼任了局工会主席，以近距离指挥阻止搬迁工作。他组织员工成立应变委员会，冒着生命危险，说服了一位又一位学有所长的技术人员，留下来参与新中国建设。在黎明前最黑暗时期，林修灏不顾杀头风险，制定了周密的保护所有仪器设备、图书资料的计划，使之全部留在新生的祖国大陆。局里技术人员，除局长等几人外，也全部留在了上海。林修灏还说服所有直系亲属留在大陆。

北任南调　屡立新功

1949年5月27日，上海解放。林修灏出任上海药物食品检验所代理所长，并兼任中国人民解放军第二军医大学筹备委员、上海医学筹备委员等职。

1950年夏天，中央决定将上海药物食品检验所搬迁至北京，组建中央药物食品检验所。林修灏坚决执行中央决定，周密部署，将上海药物食品检验所大部分人员、设备移往北京，并完成了组建中央药物食品检验所任务，出任第一副所长。不久，又被派往安徽省参加土地改革，担任土改工作队队长。

1955年，林修灏随邓小平等中央领导同志，赴四川等西南地区检查工作。

林修灏在担任中央药物食品检验所第一副所长期间，对中华人民共和国药物食品检验工作有奠基之功，为中央领导和广大人民群众药品、食品安全做出重要贡献。特别值得一提的是，林修灏为各地培养了一批检验人才，还为朝鲜、越南等国培养了不少优秀检验人才。

1958年，林修灏调任贵州省中医研究所教授、药物研究室主任，并先后任中国科学院贵州分院特邀研究员，贵州省卫生厅学术委员、医药卫生委员会常委，贵州省药学会主任委员、顾问。

理论权威　连创数刊

作为中国第一位药学博士，林修灏创办了多份药学研究学术期刊，为推动了中国药学研究做出了重大贡献。

1939年，在抗战烽火中，林修灏在极其困难的情况下，与赵士孝、宋梧生等创办了《中华药刊》杂志，推动中国医药研究。除此之外，林修灏还创办《上海药讯》《中国药讯》《中华药学杂志》等刊物，还曾任《中药通报》常务编委、《贵州植物志》编委、《贵州中药资源》编委。

林修灏撰写了不少学术论文，还主编《贵州野生植物图说》《贵州民间药物》等。林修灏精通英文、法文、德文、日文，"文革"期间他在遭受极不公正待遇之时，还克服了各种困难，翻译《光化学分析》一书及许多英文、法文、德文、日文科技文献；他还将《中医针灸学》等书籍、文献翻译成法文，介绍到国外。

林修灏曾任北京市政协委员，贵州省政协委员、常委，九三学社贵州分社常委、顾问等职。1991年10月15日，林修灏在贵州省贵阳市逝世。

林修灏所著《贵州经济植物图说》

林惠祥

林惠祥（1901—1958年），又名林圣麟、林石仁、林淡墨，福建石狮人，新加坡归侨，著名教育家、人类学家。曾任厦门大学教授兼历史社会系主任、中国中央研究院专任研究员、新加坡南洋女子中学教员、马来亚槟城钟灵中学校长、厦门大学历史系教授兼主任、海疆资料馆馆长、南洋研究所副所长、人类博物馆馆长，厦门市侨联筹备委员会主任，厦门大学侨联副主任。创办了中国第一座人类学博物馆。

台商之子　坚退日籍

1901年6月2日，林惠祥出生于福建省晋江县莲埭乡（今石狮市蚶江镇）一个商人之家。林家多代在台湾经商，林惠祥曾祖父在台经商有成，生意兴隆，延泽两代，至父亲林毓鉴时家道中落，仅为小商，谋生艰难。甲午战争后，日本强占台湾，强迫居民改隶日籍。依其国籍法，以血统和户主为原则，因此林毓鉴及其全家即被隶为日籍。

青年林惠祥

林毓鉴对日本强占中国领土十分痛恨，所以对强迫一家人改隶日籍非常不满，将一家老小都放在莲埭乡间。林惠祥9岁那年，被父亲送往福州，进入东瀛学堂学习四年，毕业时成绩第一名。日本校长要介绍他到日本商行工作，林惠祥坚决不允，转入福州台江的青年会中学读书，英文大有长进。因家贫，只读一学期便退学在家自修。不久，被东瀛学堂聘去专授汉文，颇得学生好评。两个月后因不愿事日，到福州台湾公会工作，不久赴台北，到一闽南籍商人家里做文书，但两星期后便辞职不就。

1918年，经亲戚介绍，林惠祥南渡马尼拉，在一家华商米厂做文书和记账工作。但林惠祥对经商十分没有兴趣，也没准备回来在商场谋生，所以在报社看到了陈嘉庚创办的厦门大学可为学生免除学缮费用之后，立即收拾行装，渡海回国。但由于数学、物理不及格，只录为旁听生。第二年，被录为正式生。预科毕业后，进入人文科社会学系学习，并被同学们公推为校刊编辑之一。由于学习优异，曾两次获得甲等奖金，还曾兼厦门中华中学史地教员。林惠祥有着很强的学习进取心，除专心研读专业知识外，还曾试译过几部外文书籍。在厦门大学读书期间，林惠祥毅然退出日本国籍，改籍为中国福建省晋江县。

厦大才子　菲岛硕士

1926年7月，林惠祥以优异的成绩从厦门大学毕业，获文学学士学位，并被厦门大学聘为预科教师。期间，他除备课、授课外，还参加考古文物展览会筹办工作，并写了《由民族学社会学所见文化之意义及其内容》等论文。

1927年秋，林惠祥考入了菲律宾大学研究院人类学系，并跟从著名人类学学者、美国教授拜耶作专题研究工作。异国求学期间，他学习非常刻苦，经常废寝忘食，拜耶教授给予高度评价。

1928年，林惠祥提前从菲律宾大学研究院人类学系毕业，获得了人类学硕士的学位。同年5月，林惠祥回国，被中央研究院院长蔡元培聘为中央研究院特约著作员，不久，又出任中央研究院民族学助理研究员，由此开始专注于人类学研究，对考古学、民族学、民俗学和博物馆学等都有深厚研究，除了撰写专著，还深入台湾等地作民族学和考古学的野外调查工作。

台岛考古　鹭岛英才

1929年，林毓鉴病逝台湾，林惠祥化名林石仁，隐瞒了自己退出日本国籍的经历，以中国护照，装扮成到台湾洽谈生意的商人，跨海前往台湾奔丧。在料理完父亲后事之后，林惠祥奉中央研究院院长蔡元培之命，深入台岛南北进行人类学田野调查，收获颇大，他认真调查了台北圆山新石器时代遗址和高山族文化遗俗，后写成《台湾番族之原始文化》一书，由中央研究院出版，为中国调查研究台湾高山族第一人。他把在台北圆山发现的新石器时代的贝冢和高山族地区所发现的新石器时期民族文物都带回大陆，分别收藏于南京博物院和厦门大学人类博物馆筹备处。

1930年9月，林惠祥回到厦门，担任母校——厦门大学历史社会学系教授兼主任。在厦门大学，他进入了自己学术研究第一个黄金期：

1934年，专著《文化人类学》由商务印书馆出版，被列入"大学丛书"，书中对人类学总论、略史以及物质文化、社会组织、宗教艺术、语言文字等，都做了精辟的论述，对于中国原始社会组织、婚姻制度等问题也有独到的见解。

1934年，林惠祥在厦门大学西侧顶澳仔住家二楼，创办厦门大学人类博物馆筹备处，将自己历年搜集的考古、民族、民俗等文物，连同华侨、热心人士捐赠的文物一起陈列，供校内师生及校外各界人士参观，此为中国第一座人类学专科博物馆。

1935年，为深入研究台湾高山族，林惠祥化名林淡墨，装扮成教会学校教员，利用暑假自费再到台湾搜集和购买高山族标本，依旧全程使用中国护照；1936年，所著另一部力作《中国民族史》（上、下两册）在商务印书馆出版，该书对中华民族的来源、历史发展、分类系统等问题，颇多创见，是当时中国民族学专著中最完整详尽的一部，后来被日本学者中村、大石合译成日文，受到国内外民族学界的重视与引用。此外，他还先后出版《民俗学》《世界人种志》《神话论》等专著，为奠定中国研究人类学有关分科基础作出重要贡献。

1937年夏天，林惠祥自费到闽西考察，发现武平新石器时代的石器和印纹陶等文物，这是中国东

林惠祥制作高山族人像模型

南地区最先发现的新石器时代的遗址。他从武平新石器时代文物的研究中，认为石锛、有段石锛和印纹陶，是东南古越族及其先民的遗物，是中国东南地区古文化的特征。这些新见解，为他后来的考古发现所证实，也得到其他考古学家认可。

林惠祥对日本军国主义的仇恨，随着日本对中国侵略加快而与日俱增。1931年9月，九一八事变爆发，东三省沦入日寇铁蹄之下，林惠祥在厦门大学做抗日演讲，他在题为《由社会学所见之中国》的演讲中，提出谁能抵抗日本侵略者，必将得到全国人民的拥护。又撰写《野蛮救国论》，全力提倡忠诚、淳朴的民族朝气，以抗击入侵之敌。

拒当汉奸　避走香江

1937年7月，卢沟桥事变爆发，日本开始全面侵华，沿海诸港情形危机，厦门也危如累卵。由于"不愿我家人有一人沦于敌中也"，同年秋天，林惠祥决定带着母亲、岳母、妻子、弟弟、妹妹及子女等15人迁居他乡。他后来在自己写的《自传》中，曾这样记录此事："余逃亡时极匆遽，盖余之情况与他人不同，如待至沦陷，台人来者必多，若被发觉，即免受罚，亦必强逼做汉奸。当时余此段心事又不能告人，忐忑不安。窘极无法，临急时终于被逼出走。余为保全节操起见，比较他人为慎也。"

1937年秋，林惠祥携带收藏多年的文物、图书，举家移往香港。香江驻足数月，正在盘算下一步迁往何方时，接到前往新加坡参加第三届远东史前学国际大会通知。1938年1月，林惠祥在会上宣读《福建武平之新石器时代遗址》一文，详细阐述了中国南方之史前民族及文化与南洋的关系，轰动全场，引起国外同行对华南史前文化的强烈关注。

槟城抗日　威武不屈

也是此次新加坡之行，林惠祥获得新加坡南洋女子中学教员聘约，随后他将家安于新加坡。

对于为何选择新加坡作为避难地，林惠祥曾言："余来南洋之目的，一因日人占厦，避免被逼作汉奸；二因欲研究南洋人之人类学材料。盖新加坡素有'人种博物馆'之称，且有富于人类学材料之博物馆及图书馆。而南洋附近各岛皆多原始民族。"

南洋女子中学，是当年东南亚辛亥革命元老陈楚楠等奉孙中山之命筹办的，拥有爱国传统。林惠祥在当南洋女中教员时，还兼任《星外》半月刊编辑，虽然生活环境困苦，仍坚持考古和民族问题研究，先后撰写《马来人与中国东南方人同源说》《南洋人种总论》《南洋民族与华南古民族的关系》等论文。成为中国研究南洋问题，尤其是研究南洋人种和南洋考古的开拓者和倡导者之一。1938年年底，他陪同菲律宾侨领李俊承到印度游历，同时作考古和民族调查，从恒河流域到尼泊尔边境，历时两个多月，获取大量印度考古和民族文物等资料。

1939年冬天，林惠祥接到马来亚槟城钟灵中学校长聘约。钟灵中学，是槟城辛亥革命元老创办的华文学校，经过数十年发展，到1939年已成为南洋著名的华文学校。上任之后，作为一代文化大家的他立即着手制定了《办理本校之计划及其实施》《钟灵中学小规模图书馆分类编目简法》，他聘请名师，修订校规，锐意改革，深受师生好评。

林惠祥任钟灵中学校长之时，正是南洋抗日救亡工作不断深入之际，他一上任即领导全校师生以更大的热情投入抗日救国活动。为支援祖国抗日战争，林惠祥带头将自己在钟灵中学任教的第一个月薪水全部捐献，并且号召同学和周围人士一起捐款，支援国内的抗日战争。他鼓励学生投身抗日工作，经常亲自在学校作抗日形势报告，揭露日军侵华暴行，介绍中国军民浴血奋战事迹，激发学生的抗日积极性和救国责任感。在他主持下，钟灵中学成为当地抗日宣传的重要基地，学校先后组织了义演队、歌咏队、义卖队、募捐队、查验日货队、抗日服务团等，钟灵中学也是南洋出抗日英雄最多的中学之一，还是南洋回国投军和服务抗战人数最多的中学之一。

随着祖国冬天即将到来，林惠祥在得知国共两党抗日官兵都极缺寒衣后，在槟城发起"寒衣捐"运动。1939年，徐悲鸿到新加坡举办筹赈画展，林惠祥撰文宣传，予以支持，因而两人得以相识。为使更多人投身"寒衣捐"运动，林惠祥向徐悲鸿索画作为"寒衣捐"的奖品，徐悲鸿全力支持，因而捐献成绩显著。据不完全统计，从1939年9月至1940年12月，南洋华侨捐献棉衣700余万件、夏装30万套、军用蚊帐8万顶，另捐冬装款400万元。

钟灵中学华侨学生中出了不少共产党人和抗日骨干分子，他们团结华侨，竭尽全力支持祖国抗日。有些学生被英国殖民当局盯上，派人进校抓捕，林惠祥据理力争，全力保护，不准军警进校。有些学生被捕，他不但自己亲与警方交涉放人，还利用自己声望，发动华侨营救被捕学生，不少共产党人和抗日进步学生因此得以保护。

因为筹赈事宜和保护爱国进步学生，学校董事会迫于压力，不得不于1941年3月解聘林惠祥。

星洲御敌　凛然可风

林惠祥回到新加坡，以卖文为生。此时，他生活极其困难，有曾劝之出售一些文物，林惠祥坚决不允，他说："这些来自中国，属于中国，我必须完璧归赵。"

由于没有固定职业和稳定收入，林家生活十分艰难。林妻因饥寒交迫成疾，又因无钱买药求医于1941年秋病逝。有一幼子也因贫病交加，不幸夭折。林惠祥在极其困难的情况下，忍饥挨饿，坚持学术研究，着手编译《苏门答腊民族志》《婆罗洲民族志》《菲律宾民族志》三部书稿。同时，还开展文物调查、发掘与研究。1941年，他发现马来亚吉打史前洞穴遗址，挖掘出一批旧石器时代的遗物。

林惠祥对祖国抗战始终充满必胜信心。1940年九月初九日重阳节，林惠祥、徐悲鸿等文化人在南洋富商陈延谦的芷园中聚会，吟诗明志。林惠祥作《重阳日延谦先生芷园雅集感赋》一诗。诗云："佳

林惠祥文集

节重阳客里过，归途何处奈风波。情牵老菊家园瘁，目断哀鸿故国多。填海未穷精卫石，回天仵看鲁阳戈。飘零幸预群贤末，暂释牢愁且放歌。"诗中充满了对故国的怀恋，对抗战的必胜信念以及与徐悲鸿等人的真挚情谊。徐悲鸿当即称颂联"填海未穷精卫石，回天仵看鲁阳戈"为警句，书一条幅赠予林惠祥。

1941年12月，太平洋战争爆发，紧接着日军开始轰炸新加坡，林惠祥手抱幼女，带着一家老小四处躲避飞机轰炸，有时露宿街头，状如乞丐。据蒋炳钊所撰的《林惠祥文集》前言所记："1942年2月16日，日军占领新加坡，时见日宪兵大声以日语告谕华人，华人不解，日宪兵甚焦躁无法。林先生及其弟见状伪作不解，不愿出为翻译。有些朋友见林先生一家困难，欲介绍他到昭南日报工作或做翻译，因是日人所办，故婉言谢绝；有些特务也开始跟踪他，或劝说，或利诱，他都极力避开。为了养家糊口和躲避日人的干扰，他举家迁往距市区7千米的后港，住草房，每日挥锄不停，开荒种菜，种木薯、番薯，兼做小贩以维持一家人的最低生活。1944年，他结识了邻居一位淳朴善良的侨生姑娘黄瑞霞，从此结束了整整三年的孤独生活，幼女也重新得到了慈母的照料。在这艰难的岁月里，林先生始终坚信祖国抗战必胜，中华民族必兴。他在《自传》中写道：'在南洋沦陷期间，更坚守我的本意，不因日本之胜利而攀附为日籍，以取得势力富豪，反以我国之被侵略而愿与华侨同受危险与苦。''宁愿牺牲个人利益，遭受痛苦及危险，而不愿变节认贼作父。'"

在日军占领新加坡期间，林惠祥为使自己长期收集保存的图书能不落入日军手上，冒着生命危险千方百计保护。有一次，日本宪兵无理搜查他的住宅，他家里收藏有一箱古代武器，若被查出，将有生命危险。在搜查中，他面对强暴，毫无惧色，安然端坐在箱子上面，结果未被查出。在落难务农期间，有位欧洲学者愿以高价收购他保存的文物，被之拒绝。

在并肩抗日中相识相知的大画家徐悲鸿，对林惠祥崇高的民族气节甚为敬佩，曾书"富贵不能淫，贫贱不能移，威武不能屈"条幅以赠之。

抗日战争胜利后，林惠祥参加了陈嘉庚主持的有关南洋华侨筹赈祖国难民会活动资料的整理、编辑工作，参加《南侨回忆录》一书的编辑出版，还参加南洋筹赈祖国难民会编辑《大战与南洋——马来亚之部》一书。

人类学家　卓有建树

　　1947年，林惠祥携带自己收藏的全部文物、图书回国，出任厦门大学历史系教授兼主任。

　　在中国建设人类博物馆，一直是林惠祥的理想。他在1949年的一份建议书直抒胸臆："提议人因多年教授人类学的经验，深感有这种需要，自十余年前即有志倡办人类博物馆，曾自费搜罗标本……本人因目见当时私立厦门大学经费困难，打算略具规模献于国家。不意因日寇侵略，携带其大部分逃亡南洋，在南洋续有增加……如厦门大学设立人类博物馆，愿意贡献为基础。"

　　新中国成立后，林惠祥理想得以实现。1951年，林惠祥将自己数十年收集的几千件从石器时代到近代人类学文物和图书全部捐献给国家，并建议设立厦门大学人类博物馆。1951年，中央人民政府教育部批准成立人类博物馆。1953年3月16日，厦门大学人类博物馆正式对外开放，这是全国第一座人类博物馆。

林惠祥

　　在厦门大学，林惠祥除任历史系教授兼主任外，还曾任海疆资料馆馆长、南洋研究所副所长、人类博物馆馆长。他抽出大量时间进行田野调查，先后发现龙岩、惠安、永春、闽侯、长汀等地的新石器时代遗址，除了撰写各地遗址研究论文外，经过深入研究，撰写并发表《中国东南区新石器文化特征之一：有段石锛》等多篇重要考古论文，受到国内外学者的重视。1956年，林惠祥接受国家高教部委托，培养考古学副博士研究生。他生前还建议在厦门大学设立人类学系和人类研究所，以培养人类学专门人才，这个愿望在1984年实现了。

　　林惠祥在繁重的教育科研工作中，还抽出时间来参政议政。1949年12月，他出任厦门市归国华侨联合会筹备委员会主任委员，后曾任厦门市归国华侨联合会副主任，1957年加入中国共产党，还被选为厦门市人民代表、福建省政协委员。

　　1958年年初，林惠祥把自己仅有的1幢楼房捐赠给厦门大学。

　　他爱好武术，经常在学校运动会上表演，屡获奖状。他一生留下专著18种，论文和译文70—80篇。

　　1958年2月13日，林惠祥刚完成论文《有段石锛》的英文摘要，因突发脑溢血病逝，骨灰安放在厦门大学校园内。

林 徽 因

林徽因（1904—1955年），原名林徽音，福建福州人，美国归侨，中国著名建筑师、诗人、作家。曾任东北大学建筑系教授，北平女子文理学院外语系教授，《文学杂志》编委，中国营造学社研究员，清华大学建筑系教授兼北京市都市计划委员会委员和工程师、人民英雄纪念碑建筑委员会委员、《建筑学报》编委。人民英雄纪念碑和中华人民共和国国徽设计者之一。

名门之女　游历欧洲

林徽因为福州名门望族之女。祖父林孝恂（　—1914年），字伯颖，光绪十五年（1889年）登进士，与康有为同科，历任浙江海宁、石门、仁和等州县地方官，民国初年移居北京，病卒。

林孝恂有二子五女，除次女早亡之外，长子林长民在日本早稻田大学研习政治和法律；次子林天民在日本学习电气工程。四个女儿皆知书达礼，后来都嫁入了名流之家。林孝恂的族侄林觉民、林尹民是辛亥革命英雄，位列黄花岗七十二烈士。

林孝恂的长子林长民，是民国初年著名的政治家和外交家，曾任临时参议院秘书长，参与草拟《中华民国临时约法》；后来又担任北京政府国务院参事、内阁司法总长、外交委员会主任兼事务长。史上有一说，称林长民是"五四运动"的直接发起者。

少年时期林徽因

1904年6月10日，林徽因出生于浙江杭州。原名林徽音，取自《诗·大雅·思齐》："大姒嗣徽音，则百斯男。"后因常被人误认为当时一男作家"林微音"，故改名"徽因"。

林徽因小时候，由大姑林泽民课读，教之念书识字。1916年，林长民去北洋政府任职，举家北迁，林徽因进入培华女子中学读书，时年12岁。

由于林长民与梁启超是故交，因此林徽因在北京的时候就认识了梁启超的儿子梁思成。一说梁林两家还订立了婚约。

1920年，林徽因随父亲游历欧洲，曾居于英国建筑师家中，由此对建筑学产生了的兴趣。1920年10月，徐志摩初次遇见林徽因，对她十分爱慕。但是林徽因碍于徐志摩已有妻室，自己与梁思成也有婚约，加之林长民的劝导，放弃和徐志摩爱情。在英国期间，经徐志摩介绍，林徽因还认识了后来名扬天下的哲学家金岳霖，后来金岳霖为她终身未娶。

留学美国 三业同修

1924年6月，林徽因与梁思成赴美留学。先至纽约康乃尔大学，利用暑假补习几门课程。于9月正式入读费城宾夕法尼亚大学，因该校建筑系当时不收女学生，林徽因只得进入美术系，以良好功底和出色的成绩插班进入三年级，因美术系和建筑系同属美术学院，林徽因旁听建筑课程，学习之余，她还成为学校中国留学生会社会委员会的委员，同时在大学生圣诞卡设计竞赛中获奖。她用两年时间取得了美术学士学位，又作为建筑系旁听生，竟然不到两年就受聘担任建筑设计教师助理，不久更成为这门课程的辅导教师。

1927年，梁思成和林徽因双双从宾夕法尼亚大学毕业。梁思成于1927年2月拿了建筑学士学位，7月获得硕士学位，并取得建筑师资格，9月进入哈佛大学人文艺术研究所研究东方建筑。与之同时，林徽因进入耶鲁大学戏剧学院，跟随著名的G.P.帕克教授学习舞台设计，成为中国第一个在国外学习现代舞台美术的女留学生。

1928年2月，梁思成正式求婚林徽因，之后双双去加拿大渥太华，梁思成的姐夫当时在那里当总领事。

1928年3月21日，梁思成与林徽因在总领馆举行婚礼。婚礼一完成，他们便启程到欧洲度蜜月，同时对各国古建筑进行考察，之后回国。

创建筑系 开启先河

1928年8月，梁思成赴沈阳就任东北大学建筑系主任，次年林徽因也赶至沈阳，两人携手组建了中国大学第一个建筑系。梁思成与林徽因不仅担当着教学与管理的全部工作，还对4个学年的44门课程给予精心安排。其中第一学年开设应用力学、机械制图、地质学、测量学、微分方程等；第二学年开设材料力学、图示力学、水力试验、建筑材料等；第三学年开设桥梁工学、铁道工学、卫生工上水学、桥梁计画、铁筋三合土计画等；第四学年开设石工基础、房屋构造、养路工学、河海工程、工价及管理等，最后还要提交论文。为了更好地吸收西方建筑知识学养，建筑系开设了英文和德文两门外文课程。

1929年年底，林徽因设计的白山黑水图案的东北大学校徽

在林徽因与梁思成的努力下，东北大学建筑系形成严谨学风，培养出刘致平、刘鸿典、赵正之等一批中国近现代建筑界卓有成就的建筑大师。

在东北大学，林徽因教学之余，与丈夫一起调查、测绘、研究东北的古建筑。1929年，兼任东北大学校长的张学良设奖征集东北大学校徽，林徽因以她设计的"白山黑水"图案入选，并获得四百银元奖励。

东北寒冷的天气使林徽因肺病发作。1930年，林徽因带着幼小的婴孩离开沈阳回到北京西山养病。

随后，由于日本帝国主义的入侵，东北大学处于风雨飘摇之中。1931年6月，梁思成也匆匆离开自己一手创建的东北大学建筑系。

跋涉 15 省　考察古建

1931年，林徽因受聘于北平中国营造学社。1932年，为北平大学设计地质馆和灰楼学生宿舍。在此后数年中，她多次深入晋、冀、鲁、豫、浙各省，实地调查勘测了数十处古代建筑，从1930年到1945年，她与梁思成共同走了中国的15个省190多个县，考察测绘了2738处古建筑物，很多古建筑就是通过他们的考察得到了世界、全国的认识，从此加以保护。比如像河北赵州大石桥、河北武义延福寺、山西的应县木塔、山西五台山佛光寺等。

林徽因

林徽因单独或与梁思成合作发表了《论中国建筑之几个特征》《平郊建筑杂录》《晋汾古建筑调查纪略》等有关建筑的论文和调查报告，还为署名梁思成的《清式营造则例》一书写了绪论。这是一本研究中国古代建筑必读的重要工具书。

林徽因有极高的文学艺术才华，在坚持建筑科学研究的同时，也开始从事文学创作。1931年4月，她的第一首诗《谁爱这不息的变幻》以"徽音"为笔名，发表于《诗刊》第二期。以后几年中，又在《诗刊》《新月》《北斗》、天津《大公报》《文学杂志》等，先后发表了诗歌、散文、小说、戏剧和文学评论等数十篇文学作品，受到文学界和广大读者的肯定。当时，她曾被聘为北平女子文理学院外语系教授，讲授《英国文学》课程，负责编辑《大公报·文艺丛刊·小说选》，还担任《文学杂志》的编委。她经常参加北平文学界读诗会等活动。1936年，平津各大学及文化界发表《平津文化界对时局宣言》，向国民政府提出抗日救亡的八项要求，林徽因是文艺界的发起人之一。

1937年夏，林徽因对自己在山西五台山发现的中国最古老的木构建筑——建于唐代的佛光寺大殿进行深入研究时，七七事变爆发，她被迫中断野外调查研究。

撰著鸿篇　力保古建

抗战全面爆发后，林徽因举家辗转迁至昆明。1938年，她为云南大学设计了具有民族风格的女生宿舍。

1940年，林徽因随梁思成的工作单位——中央研究院迁到四川宜宾附近的李庄。在李庄，林徽因肺疾复发，且日益严重。但她在病榻上，能坚持著述，间隙创作文学作品。其间，她排除万难，与丈夫一起撰写《中国建筑史》，经常工作到深夜。

见林徽因病情日重且颠沛流离，她在美国的朋友，力劝她赴美一边养病一边进行建筑研究，林徽因婉言谢绝，她说：我的祖国正在受难，我要与祖国一起受苦。一日，林徽因在回答"日本人来了怎么办"这句话时，平静而言："门外不就是扬子江？"

1944年，梁思成担任中国战区文物保护委员会副主任，奉命向美军提供中国日占区需要保护的古建筑清单和地图，以免盟军轰炸时误加损伤。林徽因参与了清单的制定和地图的绘制。

虽然梁思成毕业于清华大学的弟弟在1932年淞沪抗战前线壮烈牺牲，林徽因当飞行员的弟弟也为抗战捐躯，但他们两人还是建言美军，将日本的京都和奈良也列入盟军轰炸目标之外，因为那里保存着大量文化古迹，而文化古迹属于全人类。梁思成这样解释他提出这个建议的原因："要是从我个人感情出发，我是恨不得炸沉日本的，但建筑绝不是某一民族的，而是全人类文明的结晶。"

为了最大限度地保护京都奈良的历史遗迹，盟军需要一张标明详细文物地点的地图，林徽因精心制作了这幅地图。当梁思成的报告和地图送到美国将军处时，这位将军久久无语，他为中国人的博大心服和高贵品质而感动。正是因为梁思成与林徽因的努力，才使得宏伟的奈良地区的建筑得以保留。

编制目录　保京古建

1946年8月，林徽因举家回到北平。不久，她为清华大学设计教师住宅，并接受校外的设计任务。

1948年年底，中国人民解放军在解放北平前，先解放了清华大学所在的北平西北郊海淀地区，当时中共中央正与驻守北京的国民党华北"剿总"司令傅作义进行和平解放北京谈判。

1949年年初的一天，两位解放军突然到访梁家，对梁思成、林徽因说："如果和谈不成功，我们势必要攻打北平城，所以特来请二位先生将北平城内重要古迹在地图上一一标出，党中央要求我们在攻城时务必保护这些古迹不致遭到破坏。"之前，梁林二人正为两军交锋伤及古迹而担忧，闻之欣喜，立即完成了此项任务。

1949年，应中国人民解放军请求，梁思成、林徽因组织一批清华大学师生，编写了《全国文物古建筑目录》和《古建筑保护须知》，以便印发给南下作战部队。于是，一份长达百页的《简目》，成了梁思成和清华大学营建系献给新中国的一份厚礼，既在战争中保护了古建文物免遭误伤，还为20世纪50年代初全国开展的古建文物调查保护奠定了基础。1961年国务院公布的首批全国重点文物保护单位名

林徽因与梁思成

单，即是以《简目》作为蓝本。此书后来演变成为《全国文物保护目录》。

也是在1949年，林徽因被聘为清华大学建筑系一级教授。

设计国徽　建纪念碑

1949年9月下旬，林徽因和清华大学建筑系的10名教师一起参加了国徽图案设计工作。她为这项设计呕心沥血。与之同时参加设计工作的朱畅中教授曾介绍说，林徽因提出过许多精辟的意见，比如用色要着力精简，要便于雕塑、作证章和钢印与印刷不走样等。"梁先生和林先生以病弱之躯，不辞辛劳带头做方案，并带领大家讨论研究方案……先后做了二三十个正式完成的国徽图案。"

1950年，林徽因被特邀参加全国政协一届二次会议，并被任命为北京市都市计划委员会委员兼工程师，她和梁思成联袂提出修建"城墙公园"设想：所有老城墙、城楼全部保留，城墙上面可以种植一些蔷薇、丁香之类的灌木，或者铺上草地，放上休息的桌椅，这样可供10万多人纳凉休息。城墙下面由护城河引进永定河水，这样夏天可以泛舟，冬天可以溜冰。这样的环城立体公园绝对是世界独一无二的。

1951年，林徽因奉命参与挽救濒于停业的景泰蓝传统工艺，抱病与高庄、莫宗江、常莎娜等一起深入工厂做调查研究，并设计了一批具有民族风格的新颖图案，为亚洲及太平洋区域和平会议、苏联文化代表团献上一批礼品。

1952年，林徽因被任命为人民英雄纪念碑建筑委员会委员，抱病参加设计工作，与助手关肇邺一起完成了须弥座的图案设计。

1952年5月，林徽因与丈夫一起翻译并出版了《苏联卫国战争被毁地区之重建》一书，为国家建设提供借鉴。她还应《新观察》杂志之约，撰写了《中山堂》《北海公园》《天坛》《颐和园》《雍和宫》《故宫》等一组介绍中国古建筑的文章。

1953年5月，北京市开始酝酿拆除牌楼，对古建筑的大规模拆除开始在这个城市蔓延。为了使四朝古都仅存的完整牌楼街免于被毁，林徽因坚决反对，据理力争。

当时，上级方面准备拆除北京永定门城楼。林徽因此时病重，在病床上已经很难说话了，但是她还是坚持站了出来，指着北京市副市长吴晗的鼻子怒斥道：你们拆去的是有着八百年历史的真古董……将来，你们迟早会后悔，那时你们再盖的就是假古董！随后，林徽因的病情急剧恶化，最后拒绝吃药救治。

1953年10月，林徽因当选为建筑学会理事并任《建筑学报》编委，受邀参加第二届全国文代会。1954年6月，当选为北京市人民代表大会代表。

1955年4月1日，林徽因病逝于同仁医院，享年51岁。

林徽因有《你是人间四月天》《莲灯》《九十九度中》等一批作品存世。其中，《你是人间四月天》最为大众熟知，广为传诵。

罗 浪

罗浪（1920—2015年），原名罗南传，别名蓝川、高平，福建德化人，马来西亚归侨，著名音乐家、指挥家。曾任晋察冀军区第一分区战线剧社音乐教员和指挥，晋察冀抗敌剧社音乐队队长兼指挥，华北军区军乐队队长兼指挥，联合华北军区军乐队队长兼总指挥，开国大典联合军乐队队长兼总指挥，上海军管会文艺处音乐室主任兼上海交响乐团军代表，中国人民解放军军乐团团长兼总指挥，解放军训练总监部军乐处处长，解放军军乐学校校长、解放军训练总监部军事电影处处长，中国广播乐团团长，八一电影制片厂军教制片室主任、顾问。中华人民共和国军乐事业重要奠基人之一。

延安抗敌　以乐励兵

罗浪是马来亚爱国华侨罗信尔长子。1920年7月28日生于福建省德化县雷锋镇潘祠村盖云岐自然村，1929年随父南渡马来亚生活，少年时期回国求学，曾先后就读于德化县明伦小学、德化县立培风初级中学、福建省立永春中学。1936年，罗浪从永春中学初中毕业后，再次下南洋，随父在马来亚谋生，不久重新归国，进入上海暨南大学附中高中部读书。

罗浪

1937年七七事变之后，愤于日本侵略者在中华大地上烧杀劫掠，罗浪决定投军报国。1938年秋天，罗浪奔赴延安，参加了八路军。之后，进入陕北公学，在此他的音乐才华被老师发现，旋入鲁迅艺术学院音乐系，师从冼星海、吕骥、向隅、李焕之等音乐名家，对音乐指挥、作曲研究颇多。

1939年冬，罗浪自华北联合大学文艺学院音乐系毕业后，进入晋察冀军区第一分区战线剧社，担任音乐教员和指挥，曾随部到前线演出，并策马赴多个前线部队教唱革命歌曲，鼓舞士气。1943年，出任晋察冀抗敌剧社音乐队队长兼指挥。

晋察冀抗敌剧社于1937年12月11日在河北阜平创立，隶属晋察冀军区政治部，它继承了中国工农红军宣传队的优良传统，通过演剧和音乐、舞蹈、美术活动，对部队和人民群众进行宣传教育。抗日战争时期，罗浪随部主要活动于冀西山区。他多次深入游击区、敌占区，一方面开展对敌政治宣传，一方面收集素材，创作了不少反映根据地军民斗争生活的音乐作品。

组军乐队　挑双肩担

1947年10月，晋察冀军区在清风店打了个大胜仗，歼灭了国民党第三军主力并俘虏了该军军长罗历戎。罗历戎是黄埔军校毕业生，被俘后见到曾任黄埔军校教官的聂荣臻，开场白就是："人也被打散了，枪也被缴了，就剩下一个军乐队了，算是送给老师的见面礼吧。"

时任晋察冀军区抗敌剧社乐队队长的罗浪闻讯后惊喜万分，恳请把军乐队留下来。几天后，聂荣臻叮嘱时任华北军区宣传部副部长的张致祥："尽快将国民党第三军的军乐队收容过来。"受领任务后，张致祥亲自来到抗敌剧社对罗浪说："赶紧带人把国民党第三军军乐队收容过来，以此为基础，成立我们自己的军乐队。"

罗浪骑着缴获来的自行车，奔走半个月，在保定、高碑店一带找到了所有军乐队队员。经过组织上政审、鉴定和调查，最后确定留下40人，与抗敌剧社乐队原有的10多人，合编为我华北军区军乐队队长兼指挥。紧接着，罗浪又马不停蹄地到石家庄军校青年训练营挑选了40多人。他们当时所使用的乐器多数是日军投降后留下的。

1949年8月，组织上决定由罗浪负责组建一支200多人的联合军乐队。随即，他联合解放军二十兵团各部队的军乐队成员，并收编原国民党北平警察局军乐队20多人，组成了200多人的联合华北军区军乐队，罗浪任队长兼总指挥。

开国大典　首奏国歌

1949年9月27日，在中国人民政治协商会议第一次全体会议上，《义勇军进行曲》被确定为代国歌。在政协第一届会议上，在全国政协第一届会议开幕式上，罗浪指挥军乐队演奏《中国人民解放军进行曲》，毛泽东从主席台上走下来，与第一排军乐队队员们亲切握手。

《义勇军进行曲》被确定为代国歌并将在开国大典上演奏后，罗浪出任开国大典联合军乐队队长兼总指挥。受命后，他立即着手配器，夜以继日，用最短的时间拿下了对代国歌的总谱配器。经过反复计算，罗浪决定，配合国旗上升时间，《义勇军进行曲》要连奏三遍。

国歌确定后，罗浪力排众议，提议用经改编的我军的革命歌曲作为阅兵式乐曲，并报了一批备选歌曲，获得中央领导批准。聂荣臻批示："同意用我们军队自己的曲子，请五大书记审阅。"毛泽东随即潇洒地挥笔写下了"以我为主，以我国为主"九个大字，周恩来批示："同意主席的意见。"

罗浪当时所报的曲目是《东方红》《三大纪律八项注意》《中国人民解放军进行曲》《没有共产党就没有新中国》《团结就是力量》等，以后来的中国人民解放军军歌为主旋律，以解放区流行歌曲为主，穿插《骑兵进行曲》《炮兵进行曲》《战车进行曲》，形成了完整的阅兵式乐曲。罗浪废寝忘食修改配器。

1949年10月1日，在中华人民共和国开国大典上，罗浪指挥演奏《国歌》。他在长期的音乐指挥实践中，设计出独特的音乐指挥旗和指挥旗语。

虽然军乐队的排练时间非常短，但在开国大典上，200人的演奏，竟没有错一个音符。毛主席对军乐队在开国大典上的出色表现十分赞赏，兴奋地说："我们国家这么大，天安门广场又这么大，要有一支千人军乐团嘛!"

1949年12月,罗浪出任上海军管会文艺处音乐室主任兼上海交响乐团军代表。

1951年7月调回北京,组建军委千人军乐团。聂荣臻为此批示并专门拨出经费用于军乐团建设。同年7月,军乐团扩编为1000人,罗浪担任团长兼总指挥。

在这之后,罗浪又相继担任解放军训练总监部军乐处处长、解放军第一所军乐学校校长、解放军训练总监部军事电影处处长。1959年调任中国广播乐团团长。1961年调八一电影制片厂任军教制片室主任,1975年任顾问。1979年离休。

名作曲家　作经典乐

罗浪既是著名指挥家,也是著名作曲家。自抗日战争、解放战争时期至今共创作了200余首歌曲,如流传全国的《狼牙山谣》《五壮士之歌》《从军曲》《英雄赞》《子弟兵进行曲》《冲破黎明的黑暗》《一分区进行曲》《保卫一分区》《七月小唱》《保卫胜利果实》《再接再厉歼灭敌人》《李常胜捉俘虏》《生活在晋察冀真快活》《献花曲》《四十一号桥》等。这些歌曲,是当时鼓舞人民、打击敌人的锐利武器,其中部分选辑于《抗日战争歌曲集》,1950年代已录制成唱片。中华人民共和国成立后,他又创作和改编了数十首军乐曲和礼乐曲。如《东方红》《中国人民解放军进行曲》《军队进行曲》《分列式进行曲》《航空员进行曲》《军歌联奏》等。他还为话剧《子弟兵与老百姓》《戎冠秀》,为电影《晋察冀新闻》一、二、三号,为《百万雄师渡长江》等创作乐曲．指挥录音。

在军事教育电影方面,罗浪也有很高的建树,著名的《地道战》《地雷战》即是他在任八一电影制片厂军教制片室主任时,主持拍摄的。他还组织拍摄了《单兵教练》《班进攻》等百余部军事教育片。

2015年7月12日,罗浪病逝于北京。

罗浪在开国大典上指挥奏国歌

周 贞 英

周贞英（1900—1999年），福建平潭人，美国归侨，著名植物学家。曾任美国密执安大学植物系研究员、美国华盛顿施密斯研究所研究员、华南女子文理学院教授、华南女子文理学院教授兼生物系主任，福州大学教授、福建师范学院教授、福建师范大学教授兼植物研究室主任，福建植物学会理事长。

渔民之女　美国博士

1900年1月6日，周贞英出生在福建省平潭县一个普通的渔民家庭。1921年进入华南女子文理学院生物系学习，1925年毕业，获理学学士学位。

一毕业，周贞英就到与平潭县隔海相望的福清县（今福建省福州市）毓贞女子中学任教并兼教务长。1927年，转到平潭县毓贤女子中学执教并兼教务长。1928年至1929年夏天，任平潭县农村小学督学，深入海岛山乡督学，为平潭县农村小学教育发展做出了重要贡献。

1929年，周贞英远赴美国留学，进入著名的密执安大学研究院攻读硕士学位，1930年获硕士学位，1931年回到母校华南女子文理学院任教。

1939年，周贞英获美国密执安大学巴氏奖学金，再次远渡重洋，到美国密执安大学研究院，师从国际知名藻类学家泰勒教授，一边攻读博士学位一边进行科学研究。泰勒教授把密执安大学历年收存的太平洋乳节藻标本交给她分类。她夜以继日地在实验室工作，终于完成研究工作，写成论文《太平洋乳节藻》，得到老师高度赞赏。

1944年，周贞英获理学博士学位，留在美国密执安大学植物系工作，重点进行科学研究。

排除万难　回国效力

1945年，周贞英因研究能力，进入华盛顿施密史逊研究所担任研究员，这里有极好的研究环境，学术上发展空间甚大，且报酬丰厚。

1945年9月，中国人民抗日战争暨世界第二次大战胜利，周贞英深知饱受战乱的祖国百废待兴急需人才，毅然决定放弃美国高薪工作机会、优厚生活条件和学术发展环境，选择回来报效祖国。

1946年，周贞英多方努力，依旧买不到回国客船票，但渴望立刻回国服务的她，再也等不及了，选择坐货船返国。她历尽艰险，取道大西洋，经香港回到福州，进入母校华南女子文理学院，出任华南女子文理学院生物系教授兼系主任。

1949年9月，周贞英坚持留在福州，参加建设新中国，先后任福州大学教授、福建师范学院教授、福建师范大学教授。

终身未嫁　献身高校

周贞英终身未嫁，专注于科学研究与教学工作，成为国内一流的藻类学家。

1952年，福建师范学院（福建师范大学前身）生物系植物教研组接受中国科学院植物研究所的一项任务，开展为期三个月的武夷山植物资源调查。

周贞英教授率课题组六人，深入武夷山的三港、挂墩、桐木关等多地采集植物，制作标本。她克服各种困难，翻山越岭，采集植物。在大山深处，周贞英时常被蚊虫叮咬，疼痛难忍。为节省时间，有时她带着干粮，背着行军壶，在山间啃干粮佐凉水果腹，争取时间采集更多标本。当时，山间交通闭塞，生活条件极其艰苦。坐船到邵武时，搭乘植物标本的船只途经富屯溪险滩，船体在溪中央触礁进水，大家都十分紧张，不知所措。周贞英不惧风浪，亲自到漏水船体处进行堵塞，并指挥轮船慢慢靠岸，保护了标本和大家的安全。

1972年，福建师大复办，招收工农兵学员，周贞英出任生物系植物教研室主任。当时，工农兵学员有的基础甚差，学习困难颇多，她认真制定符合工农兵学员的教学大纲，设计专门的课程，还牺牲了很多时间，辅导基础较差学生。

为给系里积累藻类标本，周贞英不顾年事已高，带着教研室老师上山、下海，采集淡水藻和海藻标本，为生物系积累了丰富的藻类标本档案，也为后来她参与撰写的《中国藻类志》奠定了基础。79岁高龄时，周贞英还带着老师前往漳浦县的古雷半岛、东山岛等地沿海，翻越岩礁，采集标本。80岁高龄时，周贞英还与教研组老师一起，到武夷山的大山深处进行科学考察，跋山涉水，艰辛备尝。依靠她扎实的理论基础和过细的科学调查，首次为武夷山淡水藻类建立相对完整的科学档案，填补武夷山藻类植物研究的空白。

1982年，周贞英开始招收福建师范大学第一届硕士研究生，她亲自为研究生讲课。当时，国内藻类学中文参考书十分缺乏，她到处联系，多方收集英文版的藻类学专著和文献。有的自己挑灯夜战，翻译成中文，便于学生学习；还则亲自指导学生阅读英文原版教材，在帮助学生提升专业研究能力的同时，也提升了他们专业英语水平。当时，福建师范大学尚未有植物学硕士点，周贞英利用自己在专业领域的影响力，为她所带的研究生申请到中国科学院海洋研究所硕士学位。

由于周贞英在中国植物学界的高影响力，也因为她的积极奔走，国务院学位委员会很快批准福建师范大学设立植物学硕士点，成为当时全校仅有的六个硕士点之一。

科研成就　业界推崇

周贞英科研成果甚丰，先后在国内外学术刊物上发表专业论文20余篇，篇篇皆受到业界推崇。

周贞英论文《平潭岛的东洋水一束毛藻》，为福建省海水养殖业防治病害，农业生产上解决肥料问题，提供了科学依据。她的论文《平潭岛的海藻调查报告》《福建海藻名录》，分别综合介绍历年来在平潭岛及福建沿岸调查海藻的结果，为开发利用福建省海藻资源以及研究中国海藻的分类与区系奠定了重要基础。她的论文《福建三种黑顶藻繁殖体的形态观察》，为藻类学教学提供了典型的营养繁殖例子。长期以来，世界各地已报道的网球藻属的种类不多，她的《福建网球藻属的一新种》，为世界网球藻属增加了一个新的种类。1981年，周贞英在中美藻类学术讨论会上，作为主旨发言嘉宾，登台宣读论文《中国乳节藻特点的研究》，总结了产于中国的13种乳节藻，向世界藻类学家提供中国方面唯一的文献资料，会上引起轰动。

周贞英在淡水藻科学研究中斩获甚多，发表的《福建切孢藻属的一新种》《武夷山自然保护区藻类资源初报》以及《武夷山自然保护区藻类资源Ⅹ双星藻科》等论文，均为中国淡水藻类志的编写奠定重要基础。

1964年，周贞英作为领衔专家，参与福建省"紫菜养殖歼灭战"小组，为福建省紫菜人工养殖事业做出重要贡献。

周贞英还积极参加国际学术交流。1983年，应邀参加在青岛召开的第十一届国际海藻学术讨论会，受聘为学术委员会委员。

周贞英以出色的业绩，1978年被评为福建省教育战线先进教育工作者，1979年被评为全国三八红旗手，1982年获福建省三八红旗手称号，1991年成为首批享受国务院特殊津贴的专家之一。

周贞英还曾任《中国孢子植物志》《台湾海峡》《武夷科学》编委，中国植物学会、中国海洋与湖泊学会和中国藻类学会的理事，福建省植物学会理事长，福建省海洋学会、福建省海洋与湖泊理事等职，是中国农工民主党福建省委委员，第三届福建省人大代表，政协福建省第四、五届委员，福建省科协委员，福建省妇联执行委员。

周寿恺

周寿恺（1906—1970年），福建厦门人，美国归侨，著名医学家、医学教育家。曾任中国红十字会救护总队部内科指导员，军政部战时卫生人员训练所内科主任，国防医学院内科主任兼少将教育长，广州岭南大学医学院内科教授、副院长、院长并兼博济医学院院长，华南医学院内科教授兼校务委员会副主任，中山医学院副院长兼第二附属医院院长、系统内科教研室主任。

名贤之子　名校才子

厦门有一条著名的老街，叫周宝巷，因周殿薰和他的兄长周殿修同榜中举而得名。周寿恺就是周殿薰的次子，1906年11月10日生于小巷深处一栋二层小楼里。

周殿薰（1867—1929年），字墨史，号曙岚，厦门杏林人。1885年被聘为玉屏书院大董，主管书院行政工作。1897年与兄殿修同中举人。1904年起兼任地方慈善机构——同善堂总董。1906年，与刘培元、叶大年等创办官立厦门中学堂，1908年，任厦门中学堂学监兼教员。1910年，清廷令各地保送优秀学子入京会考，获殿试一等，被授吏部主事。未几辞官回厦，任同文书院校董。辛亥革命后，设参事会于原兴泉永道署，被推任为厦门参事会会长。1919年，发起倡办厦门图书馆，任馆长，

抗日战争时期，少将军医周寿恺

并以"搜集善本、保存国粹为首务"。任馆长10年，不领薪俸。曾赴沪募捐建馆经费及搜集旧书、添置新书，充实图书馆藏书。其间，还兼任思明县修志局局长、厦门同文中学首位华人校长，并组织鹭江诗社。工诗文、擅书法，著有《棣华吟馆诗文集》《诗经汇事纂编》。

周寿恺自幼受到良好教育，是同文书院的高才生。1925年毕业时，父亲希望他子承父业，留校教书。但周寿恺对医学极有兴趣，独自一人往福州，考入福建协和大学，次年转入北京的燕京大学读医学预科。1928年毕业，获理学学士学位。

1929年，周寿恺考入北京协和医学院攻读。当时，协和医学院一年的学费是一百块银元。周家家境不裕，难以为儿子支付学费。幸亏有位邻居愿意借钱，周寿恺才得以入学读书。

在北京协和医学院，周寿恺学习刻苦，成绩优异，所展现出的研究能力深得导师青睐和同学钦佩，曾获年级学习优秀成绩奖。在课外活动方面，他办事热心、负责，多次被同学推选为学生组织领导。

1933年，周寿恺以全班第二名成绩毕业并获医学博士，顺利留校成为内科医生。在临床治病救人的同时抓紧科研，专攻内分泌学，旁及代谢和消化道疾病，在临床、科研工作都做出了不俗成绩，曾在国内外医学期刊发表过关于内分泌、代谢和肠道疾病等论文多篇。

周寿恺与夫人黄萱

1935年，周寿恺与华侨巨商黄奕住的千金黄萱在上海结婚。黄奕住（1869—1945年），福建南安人，家业遍布各领域，厦门就有160栋别墅，曾耗资百万元打造"中国第一别墅"。黄奕住不单是印尼首富，更是知名慈善家和爱国人士。曾为厦门大学、广东岭南大学、上海复旦大学和新加坡华侨中学等捐以巨资。

两人喜结连理时，黄奕住亲自赶往上海主婚，婚礼上当众邀请女婿到自己创办的中南银行任副总经理，但周寿恺立志做名好医生，婉言相拒。

陈寅恪双目失明后，时为中山大学助教的黄萱成为陈寅恪助手。两人合作13年，完成了《元白诗笺论稿》《金明馆丛稿》《柳如是别传》等诸多鸿篇巨著，仅《柳如是别传》就有80多万字。

抗战奋勇　舍生忘死

1937年7月1日，周寿恺升任协和医学院内科助教，年薪2700元。六天之后，卢沟桥事变爆发，北平沦陷。我国现代生理学的奠基人、时任协和医学院院长的林可胜决定辞职，投入抗战，随即被任命为中国红十字会总会总干事兼总会救护总队总队长，令人意想不到的是，林可胜曾参加过第一次世界大战，英国爱丁堡医学院博士，是协和医学院第一位华人教授、系主任、院长。早在九一八事变后，林可胜担忧中日之间难免一战，便着手在协和医学院组建救护训练队。当时，周寿恺就参与其中。

闻知林可胜觉得组建救护总队上前线，周寿恺决定一同抗战，他向协和医学院请辞。协和医学院百般挽留，但周寿恺决心已定。临行前，协和医学院给周寿恺去信，文中满是不舍："亲爱的周医生，我们认为你们都是人才，允许你们在离职前改变主意。假如日后局势稳定，您想回来工作，医学院会衷心欢迎您的回归。"

1937年10月，林可胜在武汉组建中国红十字总会救护总队。11月，周寿恺赶来加入，担任内科指导员。他率领医疗队深入前线，参加了台儿庄大战。1938年5月，台儿庄会战后，救护总队紧急西撤，先长沙，后祁阳，再贵阳，最后迁至大山深处图云关。周寿恺在此为中国军人服务，还率领救护队深入战地，冒着枪林弹雨抢救伤员，常常夜以继日、日行百里。

在图云关，周寿恺参与奠基中国军医教育事业。当时，中国五百万抗日大军中只有不到一千名合格的军医。大多数军队卫生员的医学知识匮乏，很多伤兵因没获得正确而又及时的诊治由轻伤变成重伤，重伤变成不治。早在武汉时，林可胜与卫生署共同创立了军政部内政部卫生人员训练所，到图云关后改称为军政部战时卫生人员训练总所，林可胜兼任主任，周寿恺兼任内科主任。

周寿恺一方面参加临床诊治患病中国军人，一方面培养军医，还根据部队战时需要，编著了防疫计划系列丛书之一《斑疹伤寒回归热及疥疮之防治》，手绘多幅插图，形象生动。林可胜给予高度评价，亲作序言并寄到香港出版。这本书不仅仅是战时卫生人员训练的教材，后来还成了军民共用的公共卫生手册。根据这本书，各医疗队都行动起来，建立灭虫站，在后方打响了灭虱治疥的战斗。

抗战后期，战时卫生人员训练总所开设了传染科、内科、外科、解剖学等十几门课程，并陆续设立了内科学、外科学、妇产科学、儿科学、环境卫生学、复健学、微生物学等18个学科教研室，主任和教官皆为海内外名校毕业的优秀专家。1943年前后，已经初具规模，学科设置相当于一所普通医学院，成为抗日烽火岁月里传播现代医学的阵地。1944年，战时卫生人员训练总所正式开始招收新生，成为后来国防医学院的雏形。据统计，直到抗战胜利，战时卫生人员训练总所总共培训医护人员达到两万多人，其中将近有一半人服务于前线，为培养战地医护人员做出了巨大的贡献，也为抗日战争的最后胜利发挥了积极作用。

少将教授　拒赴台湾

抗战胜利后，战时卫生人员训练总所改组并扩建为国防医学院，位于上海。周寿恺出任教授、内科主任兼少将教育长。

1945年年底，周寿恺赴美国进修，1947年底自美国踏上归国航程。

1948年岁末，周寿恺随国防医学院南迁台湾。但对中国共产党宗旨十分赞同的他，期待为中国共产党领导的新中国服务，借口处理搬迁善后事情，又返回大陆，居于老家厦门。这段时间，在台湾的"国防医学院"多次派人找他，要他回去。一次，派来的人找到了他，还买好了他全家飞往台湾的飞机票。可是周寿恺决心已定，他不但表示自己不回去，还劝说来人也不要回去，在他的动员下，结果送机票的人也没有回台湾。

居于厦门的这段时间，周寿恺虽暂时离开医学专业，但他抓紧时间进行自己所喜爱的文化研究。基于国学根底，他集中精力于创造"轮廓字"，以简化文字，使其更易于为广大民众所掌握。在这之后，他还深入钻研过我国的文字，出版了有关的专著，得到国家文字改革委员会的称赞。

除此之外，周寿恺对立体电影、血白细胞计算器等也有创造性的研究成果。

国之大医　教育大家

1950年，周寿恺受聘于广州岭南大学医学院，先任教授、内科系主任、副院长，不久被任命为岭南大学医学院院长。

中华人民共和国成立之初，广州有三所医学院，各有派别、各自为政，教学质量和制度甚不统一，国家适时提出院系调整。在党的领导下，周寿恺率领岭

周寿恺（左四）在抗日战争中

南大学医学院的同事，与中山大学医学院柯麟院长和其同事商讨学院合并事宜，终于1953年成立了一

所新型高等医学学府——华南医学院。一年后，光华医学院也参与合并。从此过去医学教育力量薄弱、分散自办，质量无保证的情况得以解决。华南医学院不久被中央卫生部定为全国几所重点医学院之一。革命先行者孙中山先生曾在本学院附属的博济医院进行过革命活动，1956年华南医学院被中央命名为中山医学院。1987年经中央批准改名为中山医科大学。中山医科大学后来能在世界享有盛誉，周寿恺功不可没。2001年原中山大学与中山医科大学合并，成立了新的中山大学。

周寿恺历任岭南大学医学院院长兼博济医院院长、内科学教授，华南医学院院务委员会副主任委员、副院长，中山医学院副院长兼附属第二医院院长、系统内科教研室主任。曾当选第三届全国人大代表，第一、二届广东省人大代表，第二届广东省政协常务委员。

在南国广州，周寿恺主要精力和时间放在教学和教学管理上。中山医学院成立之初，他是学院里8个最有名望的一级教授之一，为了搞好医学院的管理工作，他忍痛放弃了几乎全部专业学术研究时间，出任副院长，主管教学工作。尽管已肩负了繁重的行政工作任务，他仍不辞劳苦，坚持抽时间给学生上课，坚持临床查房教学。在教学管理上，他经常下到课堂听课，从中发现教学新法，加以总结和推广，同时坚持给年轻老师示范讲学。

周寿恺组织各有关教研室的教师，理顺医学教学中36门课程之间的关系。对各门课程间内容的深度和广度、衔接和配合、继承和发展等作了平衡。同时对全部实验、实习训练课的要求和重点，也进行过系统的研究。在这个基础上组织制定了教学大纲，使中山医学院走上正规化、规范化办学康庄大道，教学工作和教学质量受到全国同行的高度好评。周寿恺在教学管理工作中的另一个重要贡献，是协助柯麟院长联系校内的专家教授，建立了一支高水平的师资队伍和人才梯队周寿恺多次召开并亲自主持教学方法研讨会，实施教学方法改进工程，逐步形成了一套有效的教学方法。

周寿恺坚持深入教学实践，在医学教育理论方面总结出一套极具创造性和系统性的教学理论体系，提出根深才能叶茂的论点，强调基本理论、基本知识和基本训练三者结合。其一，他强调教师应该不断开展科研和教学法的研究，以利于深化认识和拓展创造性思维。其二，他重视临床实验研究，指出这是提高教学和医疗质量的重要环节。其三，他认为只有在实践中摸索得来的经验最具价值，这样得到的知识才能牢固。他提倡启发式的教学方法，要求教师不囿于课本讲课，目的是启发学生的临床思维，更好地领会理论知识。他讲课逻辑严密，富有创造性，以"有形的思维"见称。

学术研究　成果颇丰

虽然承担着繁重的行政管理任务，但周寿恺能挤出时间，坚持临床诊治病人，坚持科研攻关，解决临床实践中发现的具体问题，因而他临床经验愈加丰富，蜚声医坛，曾担负过许多重要的医疗任务。

20世纪50年代中期，内分泌学还是我国一门新兴学科，周寿恺和他的同事们排除万难，创建了内分泌实验室，并迅速开展对糖尿病糖代谢、植物神经功能状态对糖代谢的影响、席汉氏病动物模型制备等课题的深入研究，成果颇丰。中山医学院的内分泌学实验室从无到有，至20世纪60年代初已逐步完善，并开始进行对更深层课题的研究，如对胰岛素放射免疫分析等。

1970年，周寿恺病逝于广州。其夫人退休后回到厦门鼓浪屿定居，91岁病逝。

周南京

周南京（1933—2016年），福建安溪人，印度尼西亚归侨，著名历史学家。曾任北京大学教授、南亚东南亚研究所东南亚研究室主任、亚非研究所东南亚研究室主任、华侨华人研究中心主任、亚洲—太平洋研究中心副主任，中国东南亚研究会副理事长、中国华侨历史学会副会长。

周南京祖籍福建省安溪县，是印度尼西亚第四代华侨。周南京曾祖父周钟京因家贫生存艰难，于19世纪后半期从老家漂洋过海来到印尼东爪哇谋生，经过艰苦拼搏，开始做小生意。周南京祖父这一代，周家有了两家碾米厂。后来，周南京父亲继承了其中一家碾米厂，苦心经营之下，财富不断增加。

1933年6月10日，周南京出生于东爪哇谏义里州古拉镇。6岁上学，每天从茂拉草沙里到18公里远的惹班荷华学校读书，在印尼语环境中成长，对中文一点不熟悉。1942年3月，日本占领爪哇岛，疯狂捕杀爱国华侨，周南京随父母避难。

1945年8月15日，日本投降，印尼独立，荷兰殖民者卷土重来，印尼独立战乱打响，周家避难多地。

周南京

周南京在爪哇惹班荷华学校接受小学教育后，先后在茂草沙里中华学校、惹班中华学校和巴礼中华学校读书，中文水平不断提升。

1948年，鉴于国内战火不断，周南京随父亲朋友黄侯坤回国，进入厦门集美中学读书。

1949年8月，周南京与一批在厦门读书的印尼侨生一起，乘船返回印尼。随即，周南京进入泗水中华中学读书。

1953年5月，周南京说服父母，克服印尼移民管理部门设置的重重障碍，回到祖国深造，立志效力中华民族。

由于自小就对文史课程和相关的人物传记非常感兴趣，回国当年周南京就考入北京大学历史学系世界史专业。入校后，学习非常刻苦，不但专业成绩优异，还掌握了印尼语、英语、荷兰语和俄语等多门外语，这些都为他研究世界史和华侨华人史打下坚实的基础。

1958年，周南京毕业，因学业优良留校任教，为学生讲授亚非拉近代史和东南亚史等课程，开始了他艰辛的学术研究之路。

1982年至1991年5月，周南京出任北京大学教授、南亚东南亚研究所东南亚研究室主任。1991年

《周南京有话说》一书封面，发言者为周南京先生

5月至1998年10月，任北京大学亚非研究所东南亚研究室主任。1999年至2009年3月，任北京大学华侨华人研究中心主任，2009年3月以后改任顾问。

周南京还曾任北京大学亚洲—太平洋研究中心副主任、中国东南亚研究会副理事长、中国华侨历史学会副会长、中国太平洋学会理事、北京大学龚诗贮基金主任、北京大学华侨华人研究中心丛书主编等职。

周南京一生著述宏富，种类繁多，包括专门研究论著、词典与大百科全书、理论文章与翻译作品、杂文集、诗歌集等，且研究领域涵盖面广，涉及了世界地区与国别史、华侨华人史和国际关系等。具体可分为四类：

第一类是最广为人知、本人最骄傲、投入精力最多、也最能体现其组织管理能力与不屈不挠的意志力的是两个工程浩大项目——《世界华侨华人词典》《华侨华人百科全书》。

第二类是关于印尼和菲律宾华侨华人的两本专题学术著作：《印度尼西亚华侨华人研究》和《菲律宾与菲华社会》。

第三类是关于东南亚历史与东南亚人物和政治问题的论著，包括著作整理、资料汇编、翻译、审校和主编：一为整理巴人遗稿《印度尼西亚古代史》《印度尼西亚近代史》；二为《印度尼西亚华人同化问题资料汇编》《印度尼西亚排华问题》《政治漩涡中的华人》《境外华人国籍问题讨论辑》《黄仲涵财团》和《萧玉灿传》。

第四类是杂文和诗集，如《周南京有话说》《周南京诗集》和《柳暗花明诗词集》等。

其中，《世界华侨华人词典》和《华侨华人百科全书》被称为周南京的"双子星"作，在国内外华侨华人研究领域影响巨大，《世界华侨华人词典》是世界首部研究华侨华人的辞典。

2016年5月17日，周南京因癌症转移医治无效在北京逝世。依照他的生前意愿，不举办遗体告别仪式，只在家中设灵堂以供吊唁。7月16日，周南京遗属赴厦门，在厦门海域完成了周南京遗愿，将他的骨灰撒入大海。

周 碧 初

周碧初（1903—1995年），福建平和人，印度尼西亚归侨，著名油画艺术家、美术教育家。曾任上海美术专科学校西画教授、上海新华艺术专科学校油画系主任、上海新华艺术专科学校油画系主任兼上海泉漳中学美术教师、国立艺术专科学校教授、上海美术专科学校教授、上海市油画雕刻创作室画师、上海油画雕塑院艺术顾问。为中国油画先驱者之一。

留学法国　油画名家

1903年，周碧初生于福建省平和县霞寨镇名门望族，世代经商，家境富裕，自小受到极好教育。在乡间开蒙之后，到厦门读新式小学。

周碧初在厦门完成小学和中学学业，成绩优异，尤爱美术。1922年，他考入厦门美术专科学校，专学绘画。1924年从厦门美术专科学校毕业后，随父亲出国。1925年，进入巴黎日良美术研究院深造，次年考入法国国立高等美术教育专门学校，师从印象派名家约乃斯·罗隆教授，在此得到完整且严格的美术教育，打下了扎实的基本功。留学期间，周碧初认识了在法国勤工俭学的徐悲鸿先生，并成为至交好友。

晚年周碧初

学成归国　辗转执教

1930年，周碧初学成归国，任教于上海美术专科学西画专业。两年后，升任教授，同年作品《西湖》发表于英国专业刊物《画室》。以画友身份参加上海第一届决澜社展览。

1933年，应著名教育家、书画家、社会活动家徐朗西之邀，担任私立新华艺专油画系主任。1936年，参加与徐悲鸿等发起的默社画会，并参加第一届绘画展览。次年兼教于上海漳泉中学。

1938年，内迁到湖南沅陵的国立杭州艺术专科学校与也内迁于此的国立北平艺术专科学校合并，易名为"国立艺术专科学校"，之后于1941年学校迁重庆青木关外松林岗继续办学，周碧初辗转到重庆，任教于国立艺术专科学校。

侨居印尼　名震南洋

抗日战争胜利后，国立艺术专科学校恢复成"国立杭州艺术专科学校"之名，迁回杭州西子湖畔，周碧初继续在学校执教。

1947年，周碧初主编《中国美术年鉴》，并刊印作品《风景》，还到香港、台湾举办个人作品展。

1949年，周碧初侨居印度尼西亚，在南洋很快声名渐起，曾受到印度尼西亚总统苏加诺的接见，这位元首十分喜爱周碧初的画作，收藏了他题为《言子墓》的一幅油画。

1959年，周碧初自印度尼西亚回上海探亲，看到新中国建设蓬蓬勃勃，决意回国效力。

回国效力　两迎"春天"

1960年，周碧初回到祖国，任教于上海美术专科学校。祖国的可喜变化，让他充满创作激情。他不辞辛苦奔走南北各地，翻山越岭采风，跋山涉水写生，在激起他艺术创作灵感的同时，也唤起他对艺术表现形式探索，迎来了自己又一个艺术春天，创作了不少深受好评的油画作品。

在上海，周碧珠曾任上海市美术家协会理事、上海市文联委员、上海市油画雕刻创作室画师、上海油画雕塑院艺术顾问等职。

改革开放时，周碧初虽年近八十，但精神抖擞，意气风发，进入又一个艺术春天，创作了一批好作品。直至九旬高龄，仍笔耕不辍，辛勤作画。

改革开放之后，也是周碧初一生举办个展最多之时。他在全国各地举办了多场个人作品展。1982年，应福建省美协之邀，在福州、平和、厦门举办巡回个人作品展。1986年12月，在上海美术馆举办个展。同时，周碧初多次参加联展。1983年，参加在上海市美术馆举行的新华艺专校友会艺术作品展；1985年，作品《宋庆龄故居》获上海美术作品佳作奖，入选全国美展。1987年，参加上海举行的上海台湾画家作品联展。

周碧初有不少作品被中国知名博物馆、美术馆收藏。1961年作品《英雄山》被上海博物馆收藏，1989年水粉画《苹果》、油画《桃》《春色》被上海市美术馆收藏，1992年油画《梅园新村》被江苏省美术馆收藏。

1981年，由留法同学颜文梁作序、上海人民美术出版社出版《周碧初画集》。

立艺术馆　建文化园

1992年，周碧初艺术馆在福建省平和县建成。该馆坐落在这位杰出油画这老家县城小溪镇中山公园内，位于花山溪与牛头溪交汇处，并与天马山遥遥相对，由书坛泰斗沙孟海先生题写馆名。目前，政府正在周碧初的出生地——霞寨镇创建福建省级历史文化名镇，其中一个重要项目就是筹建周碧初文化公园。眼下，周碧初公园已初具规模。据悉，周碧初公园项目建成后将和周碧初文化一条街、周碧初文化艺术中心、周碧初故居形成周碧初文化公园，充分展示周碧初一生，展出其作品的原物或复制品，并结合周碧初故居，延伸出周碧初油画创作基地，成为集文化名人瞻仰观赏、艺术创作、群众休闲娱乐的景区。

周碧初著有《油画概论》等书，出版过多部个人书画集。

郑文语

郑文语（1892—1961年），又名王文语，绰号红毛语，福建南安人，新加坡归侨，著名高甲戏演员。曾任泉州市高甲戏剧团艺术指导、福建省晋江地区艺术学校教师、大田县高甲戏剧团团长。

郑文语生于1892年，原籍福建省南安县（今南安市）石井镇郭前村，寄籍福建省同安县（今厦门市同安区）。幼时进入南安县岑兜村"福裕兴"高甲科班学戏，师从名角洪扁找，初学丑旦，后转学老生。他颇具戏曲天赋，学戏十分刻苦，同班学徒有人吃不了苦，流着泪离去，而他坚持下来，且演技日长。

1902年年底，郑文语随"福裕兴"戏班前往新加坡、马来亚、印尼、安南、暹罗等国演出。后定居新加坡，长期与当地颇为活跃的"金和兴"戏班合作演出，甚受新加坡观众欢迎。他还参加过京剧戏班，虚心向京剧演员请教，学过京剧中丑角和京剧锣鼓经。他学一行专一行成一行，搭班出演的京剧也很受当地人青睐，以博艺多能扬名于新加坡、马来亚等地。

1931年九一八事变之后，郑文语与新加坡华侨戏班一起，举办了多场大型义演，为祖国打击侵略者筹款。

郑文语在新加坡登台演出的同时，还倾力课徒，美名远扬。从国内前去的"福庆兴""福美兴"等戏班的学徒，登门拜师求教，他总是倾力教导，无私传技。受其教益而后成名的弟子有董义芳、洪金乞、李清士、陈清河、施仔俊等。

1935年，郑文语回到闽南老家，并在南安"福美兴"搭班，多在同安县演出，也曾到晋江、厦门、金门等地巡回演出。

1936年，郑文语入赘同安县莲前村王家，故又名王文语。

抗日战争时期，郑文语多次为祖国抗战义演筹款。

郑文语擅长的是黑白髯老生和红净，尤以善演关公而著名。他塑造的关公不怒而威，神形兼备，每次一登台即喝彩声不绝。尤其是他出演《玉泉山》中关羽时，端坐神帐内，身材魁梧，方面大额，配以丹凤眼，卧蚕眉，头上的帝爷盔波光闪闪，使观众顿时有进入关帝庙之感，肃然起敬。

郑文语对高甲戏表演艺术发展做出了积极贡献。他在高甲戏演出中，融进了京剧之长，韵味十足。尤其对念白的处理，京腔京韵，别具一格。加上擅演红净，即擅演红色脸谱人物，又是自英属海峡八殖民地之一新加坡的归侨，人们常称之为"红毛语"。

郑文语文戏甚好，武功亦佳，刀枪凌厉，腾越自然，功夫了得。在演《过五关》中，他饰演的关云长轮战六员大将时，舞枪弄棒，腾空翻越，6个对手演员皆气喘吁吁，速度时不时失常，唯他面不改色，呼吸如常。戏中"抓须回刀"的绝妙武技更是深受欢迎。据说，曾有好艺者加资连看数遍"抓须回刀"，传为趣话。

郑文语较著名的戏集中于关公戏，如《过五关》《单刀赴会》《水淹七军》《古城会》《困土山》《走麦城》《玉泉山》等。另外，他扮演杨继业的《二狼山》扮演薛仁贵的《征西传》、扮演张秀《取宛城》、扮演高怀德的《斩黄袍》等，也都经久不衰，叫好叫座，拥有持久的号召力。

新中国成立之后，郑文语应弟子董义芳之邀，到泉州市高甲戏剧团担任艺术指导。曾多次登台示范演出《斩黄袍》，令观众如痴如醉，一票难求。

1958年，郑文语应弟子洪金乞之请，到晋江地区艺术学校当教师，带班传艺。之后，带科班学员支援闽西北大田县，成立了大田县第一个高甲戏专业剧团。两年之后，因年老水土不适，患病回到同安休养，期待身体好转再次登台演出。

1961年农历五月十二日，郑文语病情突然恶化，招堂侄至床前嘱后事，次日谢世。

郑作新

郑作新（1906—1998年），福建长乐人，美国归侨，著名鸟类学家、鸟类地理学家。曾任福建协和大学生物系教授兼系主任、教务长、理学院院长，福建协和大学生物系教授、系主任、教务长、理学院院长兼福建科学研究院研究员、福建科学馆生物部主任，美国国务院文化司客座教授，南京国立编译馆自然科学组编纂兼中央大学教授，中国科学院动物标本整理委员会、动物标本工作委员会委员兼秘书，中国科学院编译局科学名词室主任，中国科学院动物研究室研究员兼北京大学生物系教授，北京自然博物馆副馆长兼自然历史研究所所长，中华人民共和国濒危动植物科学委员会主任、《中国大百科全书》中动物学暨动物地理学主编、中国科学院动物研究所研究员。中国科学院院士。为中国现代鸟类学、动物地理学的奠基人之一。

郑作新

少年学霸　连连跳级

郑作新为福建省长乐郑氏望族之后，1906年11月18日生于福建省福州市书香之家。父亲郑森藩饱读诗书，曾任盐务官、中学教师、中学校长。父亲长期在外工作，郑作新随母在福州生活。五岁时母亲病逝，郑作新与妹妹由祖母养大。

郑作新自小聪明过人，又勤奋好学，从小学一年级开始即年年都为优秀生，因成绩突出多次跳级，中学毕业时年仅15岁。虽不到大学入学年龄，但因学业出色，被福建协和大学破格同意参加入学考试，以极为突出的成绩被破格录取，成为协和大学历史上入学年龄最小的学生。

在福建协和大学生物系，郑作新继续"学霸"生涯，用三年半时间学完了四年课程。不到19岁即大学本科毕业。

半工半学　美国读博

1926年夏天，郑作新考入美国密歇根大学研究院生物系。当时，家中清寒，郑作新赴美路费用亲友众筹。

在密歇根大学之初，郑作新的学费、生活费全部靠半工半读解决，他通过在系里饲养供研究用的动物、在校医院当杂工等，换取学费和生活费。后来，又以学业突出，被学校聘来兼做助教，以此赚得学费与生活费。之后，再因成绩优异，获得研究院和中华教育科学奖学金，筹得继续完成学业的费用。

1927年，郑作新获硕士学位并开始攻读博士。他在美国主要研究领域原是动物发育学，一个很偶然的原因，让他放弃了这门在当时被公认是极有发展前景的热门学科：有一次，他在一座博物馆里看到一只羽色艳丽、体态优美的大鸟标本，他认出这是产自我国的金鸡，而却由瑞典人林奈于1758年发现并用拉丁文命名。这极大地伤害了他的民族自尊心，他决心开创祖国的鸟类学研究事业，转而将研究中国鸟类作为自己的研究课题。

1930年，郑作新获密歇根大学科学博士学位，学院还特别颁予他美国大学奖励学生的最高荣誉奖——Sigma Xi 金钥匙奖。与之同时，他再创这所百年老校的一项纪录：获得博士学位年轻最轻的人。博士论文《林蛙生殖细胞发育史》，被推荐在较高水平的德国学术刊物 Zeitschift fur Zell for schung und Mikro skopische Anatomie 上发表。

归国从教　连创第一

因展现的卓越研究能力，郑作新毕业后，多家美国研究机构和高校厚薪相聘，而郑作新认为出洋是为祖国而学习，坚决拒绝了留美工作。在拿到博士学位的当年，即启程回国。

1930年年底，郑作新回到福州，出任福建协和大学动物学教授兼系主任。

福建协和大学是所教会学校，以英语为教学语言，教材也使用英文课本，实验用的标本也为进进口。为尽快帮助祖国育人，郑作新率先用中文编写了《大学动物学实验教程》（1933年由商务印书馆出版），1938年又出版了《脊椎动物分类学》和《普通生物学》。

郑作新在教学之余，着手开展系统鸟类研究。1938年，郑作新创办了中文版《协大生物学报》。平日里，他经常带着学生到野外观察鸟类活动，采集和制作鸟类标本，举办鸟类展览。

山中教学　坚持科研

为坚持在抗日战争中办学，福建协和大学迁到闽北大山深处的福建省邵武县（今福建省邵武市）。郑作新随校迁往山中，坚持教学。

邵武地处武夷山脉，鸟类资源丰富，为郑作新开展鸟类研究提供了更广阔的空间。教学之余，他常常废寝忘食观察留鸟、候鸟、迷路鸟，时常一待就是数小时。他于1941年发表的《三年来邵武野外鸟类观察报告》，即是这段时间的观察与研究的结晶，这也是我国国内较早的鸟类学研究论文之一。

二度赴美　被聘教授

1945年3月，郑作新被美国国务院文化司聘为客座教授，赴美讲学和开展研究。在美国，他认真考察了美国相关学术、教育单位和博物馆收藏的中国鸟类标本，特别是模式标本，搜集了大量有关中国鸟类的外文文献资料。

1946年回国后，郑作新继续在协和大学任教，并对中国鸟类展开全面的考察、整理和研究。

此后，郑作新来到南京，进入国立编译馆，主持自然科学名词审订工作，并兼任中央大学生物系教授。

新中国成立前夕，郑作新拒不赴台，坚持留下来迎接解放。

鸟类大师　成果斐然

新中国成立后，郑作新由南京调到北京中国科学院动物标本整理委员会工作。动物标本整理委员会后改为中国科学院动物研究所，郑作新历任研究员、脊椎动物研究室主任，兼任北京大学、北京师范大学、西北大学、兰州大学等校教授，北京自然博物馆副馆长兼自然历史研究所所长，中华人民共和国濒危动植物科学委员会主任、《中国大百科全书》中动物学暨动物地理学主编。郑作新一直在中国科学院动物研究所从事鸟类学研究工作，直至1998年逝世。

作为中国现代鸟类学的奠基人之一，中国鸟类地理学的开拓者，郑作新持续一个甲子鸟类区系调查和系统分类的研究工作中，写出1000多万字的论文和专著，提出物种起源地的估测及低等亚种被排挤的观点，为生物进化论提供了有力的补充论证。

1947年，郑作新完成并由中国科学社发出版的《中国鸟类名录》，这是我国学者首次自行研究撰编的全国性鸟类名录，其中列出中国鸟类1087种、912亚种，合计1999种和亚种，不但超过从前外国人（NG Gee等，1931）撰写中国鸟类共1031种和亚种的数目，而且大量修订了错误。同年，郑作新还在中国科学社主办的《科学》刊物上发表了《中国鸟类地理分布的初步研究》，奠定了我国动物地理学研究基础。

20世纪50年代初，郑作新主持了新课题——"对鸟类种类益害"调查，带领一批助手到河北省昌黎县林区调查农林益鸟及其生活史，从1952年至1955年，相继发现食虫鸟53种和亚种，发表了《河北昌黎果区主要食虫鸟类的调查研究》的文章，引起国内重视，提升了百姓保护益鸟的意识。

保卫麻雀　保护生态

20世纪50年代初，麻雀曾被列为中国"四害"之一，许多地区展开声势浩大的"灭雀之战"。政府动员全国城乡居民，在规定的日期和时间内，掏窝、捕打以及敲锣、打鼓、放鞭炮，轰赶得它们既无处藏身，又得不到喘息的机会，最后累得坠地而死。在一些地方随着麻雀的绝迹，陆续发现园林植物出现虫灾，有些还是毁灭性的。

郑作新在长期对鸟类食性调查分析的基础上，提出：麻雀是最常见、分布最广而且与人类经济生活关系最密切的鸟，应对它进行充分研究，而后再决定取舍。

为了拿出更信服的科学论据保护麻雀，郑作新和同事们去河北昌黎和北京近郊农业区采得848只麻雀标本，对麻雀的嗉囊和胃部进行逐一剖析，从中得出结论：麻雀在冬天以草籽为食；春天喂雏期间，大量捕食虫子和虫卵，幼鸟的食物中虫子占95%；秋收以后主要啄食农田剩谷和草籽，在收成季节对农区和贮粮地有一定害处。但是，在林区、漠地、城市害处并不显著，相反在它繁殖季节还有一定益处。

1957年，郑作新提笔写了《麻雀食物分析的初步报告》一文，在《动物学报》上发表，并在报刊上撰写文章介绍麻雀的益处和害处，阐述了保卫麻雀的必要性。1959年国务院通过《农业发展纲要》时，把"四害"中的"麻雀"删去，增添"臭虫"作为"四害"之一。郑作新的科学调查和据理力争，使麻雀免遭灭顶之灾，也有利于保护生态。

从南到北　主持"科考"

在20世纪50—80年代，郑作新奔走在祖国的大江南北，参加或主持中国科学院大型鸟类科学考察。

1956—1957年，郑作新率队前往云南，参加中苏合作的亚热带生物资源考察；1957—1958年，再赴湖南省考察；1960年，去海南岛考察；1957—1960年，参加南水北调沿线区域的考察；1960—1980年，主持青藏高原综合考察队生物组工作；1974—1976年，先后赴江南一带、东北地区进行以水禽为主的鸟类调查。

郑作新与夫人

每次调查，郑作新都历尽艰辛。他曾穿过凶险万分的亚热带丛林，也曾在风吹草低见牛羊的大草原上策马；他曾在青藏高原上艰难跋涉，也曾在黄海之滨东海之畔的礁石巨岩穿行……艰苦的野外考察，困难重重，他曾在云南的一次考察中，由于夜以继日跋山涉水，致筋疲力尽从马背上摔下来，伤及胸部，但他仍然忍着剧痛坚持完成科学考察。

在艰难的科学考察中，郑作新和助手们先后收集了成千上万个标本，在中国科学院动物研究所创建了我国规模最大的鸟类标本库，这个鸟类标本库存约有6万号鸟类标本。

在长年的野外科学考察中，郑作新发现了一批新种、新亚种，不断创造新纪录，并纠正了过去一些鸟类分类中的错误，撰写了大量的论文和专著，填补了国内空白。

20世纪50年代末期，郑作新发表了《中国鸟类分布名录》，详列了中国鸟类及其在国内的分布，成为研究中国鸟类的工具书。出版后又根据历年考察的结果，在1978年修订出第二版。

1963年，由郑作新主编出版的《中国经济鸟类志》，被美国商业部译成英文本，还制成了缩影胶印本广泛发行。

为了适应国际上的需要，中国科学院科学出版社和联邦德国的Paul Parey Scientific Publishers（保罗·帕里科学出版社），专门邀请郑作新用英文编写《中国鸟类区系纲要》一书，并在1987年出版。书中列入到1982年为止的中国已知的1186种和953亚种鸟类，分隶于389属、81科、21目，包括中华人民共和国成立以来发现的24个新亚种，并附有分布图828幅和分布总表。此部专著比《中国鸟类分布名录》又新增了20种、64亚种，并首次对我国一个纲的动物（鸟纲）进行分类、分布、繁殖、生态等做了系统的阐述，成为国际上鸟类学经典著作之一。

郑作新的这项研究成为，为有益和有用鸟类的增殖和引种驯化，为资源动物学、动物地理区划和农业区划等提供了科学依据，也为我国自然保护区的建立和《野生动物保护法》的制定与实施，做出了重要贡献。因此，美国国家野生动物协会（National Wildlife Federation）评选郑作新为1988年度国际自然保护特殊成就奖的获得者，并推派会长JD海尔博士来京参加于1989年5月26日隆重举行的颁奖仪式。据悉，这是国际自然保护特殊成就奖第一次颁给一位中国学者。

在鸟类亚种分类，郑作新也居功至伟。自新中国成立以来至郑作新病逝，我国共发现24个新亚种，其中郑作新独自发现、与助手联合发现的16个。郑作新等所发现的"峨眉白鹇"，被美国芝加哥博物馆命名为"郑氏白鹇"。

郑作新对我国动物地理区划的研究，也有独创性工贡献。全世界划分为6个动物地理界，在中国境内含古北界和东洋界。1876年英国学者AR华莱士把两个界的分界线定在南岭，郑作新根据鸟、兽中的特有种、优势种等的分布区系，提出以秦岭为分界的观点，即秦岭以南为东洋界，秦岭以北为古北界。他的这种划分不仅在鸟、兽区划中有充分的根据，而且与土壤、植被、气候等的区划相一致。他又把两个界进一步划分为7个一级区和19个二级区，在国际上属首创，为国内外学者所认同和使用。

屡获大奖　捐资设奖

郑作新曾获多项科学大奖。1978年，获全国科学大会重大科学奖三项；1979年、1985年，分别获中国科学院科学技术进步奖二等奖；1981年，获得美国密歇根大学科学荣誉奖；1986年，获中国科学院科学进步奖特等奖；1987年，获得中国科学院自然科学奖二等奖；1988年，美国国家动物协会的国际特殊科学成就奖；1989年，先后获得中国科学院自然科学奖一等奖、国家自然科学奖二等奖；1989年，获中国科学院颁发的科学荣誉章；1993年，获林业部颁发的"中国野生动物保护终身荣誉奖"；1995年，获"蔡冠深中国科学院院士荣誉基金会"奖；1996年，获香港求是科技基金会杰出科技成就集体奖。

1980年，郑作新当选为中国科学院学部委员（院士）。还被推选为日本、德国、英国鸟类学会通讯会员，美国鸟类学会荣誉会员，与此同时，先后出任英国世界雉类协会副会长、会长、终身会长，国际鹤类基金会首届顾问，第22届国际鸟类学大会名誉主席。

郑作新一生献给了鸟类科学研究和培养科研人才。1992年，他将1989年获中国科学院荣誉章所得的奖金全部捐献出来，成立了中国第一个鸟类科学青年奖基金。

1998年6月27日，郑作新病逝于北京。

郑曼如

郑曼如（1916—2010年），福建省金门县人，印度尼西亚归侨，著名报人、侨领。曾任福建省立厦门中学学生自治会主席、福建省金门县抗敌后援会会长、印度尼西亚井里汶黎明社秘书兼《黎明》月刊主编、印度尼西亚井里汶华侨捐助祖国慈善事业委员会委员、印度尼西亚抗日民族解放大同盟宣传部部长、印度尼西亚三宝垄新友义学校务委员会委员、印度尼西亚三宝垄垄华中学董事、印度尼西亚雅加达新华中学董事、印度尼西亚雅加达《生活报》副社长、副社长兼总编辑，广州市第21中学副校长，广州市侨联副秘书长、副主席。

生于金门　鹭岛抗日

1916年2月12日，郑曼如出生于福建省金门县一个渔民家庭，一家生活皆靠父亲捕鱼为生，生活贫困，但父母极重视子女教育，省吃俭用攒下钱来，让郑曼如进入金门岛内小学读书。郑曼如十分珍惜来之不易的学习机会，读书非常努力，成绩优异。小学毕业后，父亲将之送往一水之隔的厦门市，郑曼如在省立厦门中学完成了初中、高中学业。

郑曼如在初中阶段，即显现出他写作才华，所作文章经常受到老师表扬，这使他愈加热爱写作。他在厦门学习期间，阅读了大量进步书刊，并参加了中国共产党一些外围学生组织，接受了革命思想，常用各种笔名在《厦门日报》《星光日报》等报刊发表文章。

1934—1935年，郑曼如担任厦门中学学生自治会主席，此时正是日本大举侵华之际，他在厦门中学组织学生宣传队，制作抗日宣传单，穿梭于街巷，向市民散发抗日救亡传单，号召大家起来投身抗日救国活动。由于参加反对中学实行会考制度的罢课斗争，遭校方开除学籍，回到金门岛。

郑曼如

被逐回金　继续斗敌

回到金门后，郑曼如在一所小学当校长，工作之余尽心倾力投入当地抗日救亡工作，发起并成立了当地抗敌后援会，并任会长。当会长后，他组织了一系列抗日活动，如抗日演讲会等，期间还常给厦门各报刊寄稿。

1937年七七事变后，日军于同年11月占领金门，郑曼如携带自己和别家的家属共十多人离开家乡，经厦门南渡新加坡，再转至印度尼西亚，于12月抵达爪哇井里汶埠。

南去印尼　再举抗日

到了井里汶后，郑曼如一面在中山中小学任教，一面投身当地抗日救亡活动。他经常在学校里向学生进行抗日宣传，揭露日军侵华暴行，鼓励学生精忠报国；还组织学生义演队、义卖队，培训了一批学生自治会骨干，指导学生办抗日壁报及开展抗日救国募捐活动。

与之同时，郑曼如参加了井里汶抗日文化团体——黎明社，担任秘书一职，同时兼任《黎明》月刊主编。他一方面撰写、编辑抗日文章，出版《黎明》月刊，一方面参加抗日演出，曾主演了田汉创作的抗日救亡话剧《大地回春》。这部表现南洋华侨子弟回国浴血抗日的话剧，感染了众多华侨青年，不少青年正是看了这部话剧后，毅然回国投军。剧中插曲《告别南洋》《梅娘曲》很快成为当地流行曲，风靡一时。

七七事变之后，为了集合力量共同抗日，印尼各地华侨筹备成立抗日组织，各地抗日组织原准备取名"华侨抗敌后援会"，但因荷兰殖民当局阻挠，只好将华侨抗日组织定名为"华侨救济祖国灾民慈善委员会"或"华侨捐助祖国慈善事业委员会"。

郑曼如出任井里汶华侨捐助祖国慈善事业委员会委员。他参与组织义演、义卖和各种形式的募捐活动，筹措了大量抗日救国的资金、物资。该会募集的救国义款除了交给当时在重庆的国民政府，还设法通过雅加达的柯全寿医生和泗水的华侨活动家蔡锡胤运作，将救国捐款交给宋庆龄发起建立的保卫中国同盟，由这个机构负责采购药品支援八路军。

南洋沦陷　坚持斗争

1941年12月，太平洋战争爆发，日军南侵印度尼西亚。次年3月初，日军登陆爪哇。郑曼如没有屈服，他离开井里汶，转移至三宝垄。在三宝垄，郑曼如始终坚持抗日，他参与促成雅加达文化先锋队和泗水民族先锋队联合，以团结全爪哇爱国华侨抗日力量共同对敌。

1944年年初，抗日民族解放大同盟成立，总部设在雅加达，郑曼如担任大同盟宣传部部长，大同盟下设东爪哇、中爪哇、西爪哇3个支部。盟员数百人，遍布雅加达、万隆、茂物、牙律、井里汶、直葛、北加浪岸、三宝垄、日惹、梭罗、泗水、玛琅、谏义里、勿里达、外南梦、茉莉芬、绒网及艮亭等埠。支部下以"三三制"组成若干小组开展学习抗战形势及统一战线的方针政策，筹募抗日救国捐款，收听盟军广播，油印散发传单，宣传祖国及世界反法西斯战争形势，揭露日本侵略军暴行，及发动广大华侨开展各种形式的抗日活动。在这过程中，郑曼如主要负责通过收听美国、印度和重庆电台，了解第二次世界大战进展、特别是中国抗日战场消息，记录下新闻，进行整理、编辑，尔后刻印，再送往印尼各地，散发城乡，以坚定印尼华侨抗日信心。另外，郑曼如还负责开展对盟员的抗战教育，提升盟员的抗日宣传和募捐能力。与之同时，他还在同盟总部和各支部所在地，对当地华侨群众进行抗日宣传。

郑曼如冒着生命危险，在敌后坚持斗争，直至1945年8月日本投降。

爱国侨领　资深报人

抗日战争胜利后，郑曼如在三宝垄联络高岐山、袁慕萍等人发起成立华侨进步青年文化团体——力社，他亲自组织每周的时事学习座谈会，进行主题发言或专题辅导。1946年3月12日，郑曼如发动力社、华侨职工会、华侨妇女协进会、华英校友会、垅华校友会等进步侨团联合起来，以"华侨民主促进会"名义致电国民党政府，反对蒋介石发动内战和破坏1946年1月在重庆召开的全国政治协商会议所通过的协议。郑曼如还先后参与编辑出版周刊《新路》和周报《力报》，郑曼如是每期社论和重要时评专栏"一周谈"的主要执笔者。此外，他还常在雅加达《生活报》《生活周报》《中学生》月刊发表政论和时评。与之同时，郑曼如还着手筹建青年和中年人相结合的文化、教育、社会福利团体——新友社，还创办了新友社国语讲习班和新友义学，郑曼如亲任高级班教员，并长期担任新友义学校务（1952年改称学务）委员会委员。

1948年，郑曼如加入了中国共产党。10月，印尼荷兰殖民当局逮捕了郑曼如并查抄了他的家。三个月后虽被释放，但仍对他施行"城市拘留"，即数月内必须每天去情报部签名报到。

1952年，郑曼如身兼新华中学和垅华中学两校董事。7月中旬，郑曼如举家从三宝垄迁居雅加达，担任《生活报》副社长。1957年6月，任副社长兼总编辑，直至1965年"九三〇"事件后《生活报》被勒令停办为止。

1966年5月，郑曼如回国。先后担任广州市第21中学副校长和广州市侨联副秘书长、副主席等职，1984年2月离职休养。郑曼如离休后，继续热心为华侨、侨眷、侨乡服务，2002年被评为"广州市先进离退休干部"，2003年被授予"广州市归国华侨回国50年突出贡献者"荣誉称号。2004年获广东省侨联颁发"侨联事业贡献奖"，被评为"广东省老干部先进个人"。2006年获中国侨联颁发"从事侨联工作二十年以上的工作者"荣誉证书。

郑曼如在印尼拍的全家福

郑 楚 云

郑楚云（1907—1961年），原名郑兔，又名郑眠石、陈楚云，笔名林雨、郑云、郑石，福建福安人，印度尼西亚归侨，著名报人。曾任中共福建省福安县委宣传部部长，上海《生存线》杂志主编，上海《战线》五日刊主编，中共西北局宣传部干部，武汉《民主月刊》主编，重庆《学习生活》总编辑，新加坡南洋女中教师兼《南洋商报》副刊编辑，印度尼西亚苏门答腊岛先达《前进报》总编辑，印度尼西亚雅加达《生活报》编辑、总编辑，中国新闻社副社长、党组成员。

投身革命　两进监狱

1907年，郑楚云生于福建省福安县（今福安市）坂中步兜里村一个穷苦的郎中家里，幼年失去双亲，上有两姐，下有一弟，姐弟相依为命，艰难度日。后来，比他大十多岁的姐姐嫁给一个小茶商，姐姐想方设法让弟弟能读书，姐夫也觉得郑楚云聪慧过人，又好学上进，决定供他读书。在姐夫的支持下，郑楚云于福安读完小学后，赴福州读书，靠半工半读完成中学学业。

郑楚云

1926年，北伐军入闽，郑楚云受北伐军中的革命者影响，阅读了大量进步书刊，开始认识马克思主义。

1928年初夏，郑楚云北上就学，以优异成绩考入国立北平大学俄文学院。他积极参加中国共产党领导的工人运动、学生运动，表现积极，于1928年加入中国共产党。

郑楚云在北京入党后，以更大热情投入学生运动。1926年3月12日，日本派遣军舰掩护奉军舰队进攻天津大沽口，炮击国民军。国民军予以正当还击。日本方面竟纠合英、美、法等八国公使，以维护《辛丑条约》为借口，向北京政府发出最后通牒。各帝国主义国家的20余艘军舰群集大沽口，公然施行武力恫吓。为抗议帝国主义者的霸道行径，北京各界群众在以李大钊为首的中共北方区委和国民党北京执行委员会领导下，于3月18日在天安门前举行了由万人参加的反帝示威大会。会后，当数千人的请愿团到达段祺瑞执政府门前时，卫队向群众开枪，死47人，伤199人，酿成"三一八"惨案。

1930年春，郑楚云参与指挥学生纪念"三一八"惨案示威游行时，被国民党特务认定为学生运动的重要人物，被捕入狱。狱中，受到残酷拷打、折磨，但他坚贞不屈，后因证据不足被释放。

郑楚云出狱后，中共党组织将之派回福安老家，担任中共福安县委宣传部部长，公开身份是当地中学国文教员。他利用这一职业作掩护，向青年学生传播革命思想，宣传马克思主义，帮助建立健全共青团组织，他与中共福安县委其他负责人一道，参与领导福安的反帝爱国民主运动，还曾为中共福安县委党刊《星火》撰写文章，抨击反动政权，揭露社会黑暗，宣扬革命思想。

1932年9月18日，郑楚云在福安领导"九一八"周年纪念活动时，被国民党福安当局逮捕，他受尽酷刑：坐"老虎凳"、灌辣椒水、铁棍殴打……但他没有吐露党的半点秘密，后被押往福州，判刑8年。

1933年11月20日，李济深、陈铭枢、蒋光鼐、蔡廷锴等人以国民党第十九路军为主力，在福建福州发动抗日反蒋，于22日成立中华共和国人民革命政府，废除南京政府年号，改民国二十二年（1933年）为"中华共和国元年"，福州为中华共和国首都。废除原来的青天白日满地红国旗，另立新国旗。并宣布革命政府的中心任务是外求民族解放，排除帝国主义在华势力；内求打倒军阀，推翻国民党统治，实现人民民主自由，发展国民经济，解放工农劳苦群众。因抗日活动被捕的郑楚云被释放出狱。由于，在福州监狱里被敌人用铁棒打伤脑子，出狱后，他的大姐冒着风险把他接回家养伤几个月。之后，郑楚云重回福州，曾任福州市工会秘书。

沪上报人　创办《战线》

1934年年初，郑楚云奉命赴上海从事党的文化宣传工作，他化名为"陈楚云"，住在四川路的多伦路，专做文化宣传工作。他创办了以工人为对象，宣扬抗日救国的《生存线》，并亲任主编。同年底，加入李公朴担任主编，柳湜、艾思奇负责的《读书生活》编辑部工作，在上海静安寺路斜桥弄71号的社址里，他与那些爱国进步文化界的先锋分子一起，冒着生命危险，撰文宣传救国的革命思想。他和战友们撰写的这些文字，逐期在《读书生活》连载，成了许多青年学生读书会、抗日团体的读本。郑楚云还在柳湜主编的《大家看》半月刊当撰稿人，他利用一切机会，撰文宣传我们党的抗日政策。同时，出版了《实践的知识》《妇女问题》等书。

1936年，上海发生了"七君子"事件，李公朴与沈钧儒、邹韬奋等"救国会"的领导人被捕，《读书生活》也被查禁。柳湜等人又以《读书》《生活学校》等刊名，延续了《读书生活》。郑楚云排除万难，一直坚持为之撰稿。

1937年7月抗日战争全面爆发后，郑楚云与柳湜在上海创办并主编《战线》五日刊，号召全民抗日、共同对敌，痛击当时的汉奸论调。

转战南北　再写传奇

1937年9月底，郑楚云与艾思奇等人一道离开上海，辗转奔赴延安，进入中共西北局宣传部工作。

1938年，郑楚云奉命从延安到武汉从事文化宣传工作，他曾与彭文应合编抗日宣传刊物《民主月刊》，并协同俞鸿模创办海燕书店，在那里写出了《陕行纪实》。

1940年，郑楚云奉命前往重庆，进入读书生活出版社，担任《学习生活》月刊的总编辑，在国统区继续从事抗日救亡宣传工作，当时该刊编辑及工作人员才4人，为了办好这份刊物，郑楚云既要撰稿、审稿，又要编辑、校对，所有稿件还要送国民党图书杂志审查委员会审查，每出版一期都费尽周折；

有时一期稿件要被扣掉二分之一，但他自始至终勤勤恳恳，任劳任怨，坚守这一抗日宣传阵地。郑楚云还参加了读书生活出版社的图书出版编审工作，协助出版了大量的马克思、恩格斯和列宁的著作，并不断给在延安的毛泽东等中央领导人输送书刊资料。

1941年，皖南事变发生后，重庆的政治形势越来越恶化，郑楚云因编辑《学习生活》被国民党特务盯梢，经请示周恩来后，由徐冰安排他赴南洋进行抗日宣传。

肩负使命　远赴南洋

南洋，既是华侨主要聚居地，也是支援祖国抗战的重要阵地。当地华侨在陈嘉庚等号召和组织下，踊跃参与到中国大陆的抗战中来。但当时华侨对国共两党的斗争和分歧认识不清，为了使南洋华侨认识中国共产党和全力支援抗战，中共中央指示要加强对南洋华侨的宣传工作，扩大抗日民族统一战线的影响范围。

1941年，郑楚云南渡新加坡，担任南洋女中教师兼《南洋商报》副刊编辑。《南洋商报》由陈嘉庚创办，此时由胡愈之担任总编辑。在新加坡，郑楚云积极发动华侨投入抗日救亡工作，并撰写了大量抗日宣传文章，同时通过《南洋商报》副刊阵地，培养了一批抗日文化青年。

1941年12月，太平洋战争爆发，郑楚云积极协助胡愈之，在很短时间内组织了以郁达夫为团长、胡愈之为副团长的星洲华侨文化界抗敌工作团，还参加了以陈嘉庚为主席的新加坡华侨抗敌动员总会。他四处奔走，参与组织战时干部培训班。

全力打造　苏岛延安

1942年2月，在新加坡沦陷前夕，郑楚云与胡愈之、王任叔、郁达夫、王纪元、张楚琨、高云览、汪金丁等28人挤进一只仅有四公尺长的摩托舢板，躲过布满水雷的海域，强渡马六甲海峡，到了苏门答腊岛西部的巴雅公务（亦译作"巴爷公务""八耶公务"）一带，继续坚持抗日宣传。

1942年3月，日军占领了印度尼西亚苏门答腊岛，郑楚云等在爱国华侨的帮助下，分头疏散。他与王任叔、刘岩、邵宗汉等人转移到先达，参与帮助当地华侨成立苏岛人民反法西斯同盟，

20世纪50年代郑楚云一家离开南洋时拍的全家福

开展敌后抗日活动。还参与创办抗日小报《前进报》，帮助成立青年读书会，并亲自和王任叔轮流给华侨青年骨干讲社会科学理论，进行抗日形势教育。同时，还参与促成当地两大华侨抗日团体合并，共同袭击日军、惩戒汉奸。他还参与组织华侨支援马来亚共产党领导的马来亚人民抗日军，使马来亚人

民抗日军不同壮大。也因此，当时先达有"苏岛的延安"之称。

为团结更多华侨共同抗日，郑楚云还与当地爱国华侨一起，构筑特殊联络线：成立了十多个以灰水肥皂厂为掩护的地下联络站，这条特殊联络线从火水山、马达山、棉兰到先达、巴敢、奇沙兰、丁宜、浮罗拉夜、新邦地甲、锡兰武牙，绵延数百里，在抗日斗争中发挥了重要作用：为苏岛人民反法西斯联盟成员提供身份掩护；筹措抗日组织经费；掩护、转移被日寇追捕的抗日爱国华侨和进步人士；当地抗日领导人会议地点；传递抗日组织秘密文件、地下报纸。1944年年底，郑楚云为躲避日军追捕，曾从火水山灰水肥皂厂转移到丁宜肥皂厂。

日本投降后，郑楚云先到《南侨日报》工作。1950年6月起，先后担任印度尼西亚雅加达《生活报》编辑、总编辑。

举家回国 为民著文

1958年初，郑楚云举家回国，出任中国新闻社副社长、党组成员，兼全国青联常务理事。他坚持事实是新闻第一要素，坚持要媒体人保持高度的理性和足够的清醒，因提议新闻报道要防止浮夸，同时质疑"大跃进"，而遭审查批判。

1961年11月9日，郑楚云因脑疾恶化，长期失眠，坠楼身亡。

1959年郑楚云（二排右一）与朋友合影于北京

胡一川

胡一川（1910—2000年），原名胡以撰，曾用名胡白夫，福建龙岩人，印度尼西亚归侨，著名版画家、美术教育家。曾任上海左翼美术家联盟盟员、上海大夏大学附属中学木刻教员、上海《工人画报》主编、上海中国革命互济会机关刊编辑和刻印者、福建省厦门《星光日报》记者、厦门海流木刻研究会会长、陕西省延安儿童剧团教师、延安八路军抗战剧团美工、延安鲁迅艺术学院美术系教师、延安鲁迅艺术文学院木刻研究班主任兼延安鲁迅木刻工作团团长、延安木刻工厂厂长、华北大学第三部美术科副主任、天津美术工作队队长、中央美术学院教授兼党组书记、中南美术专科学校教授兼校长、广州美术学院院长。我国新兴木刻运动史上重要的开拓者之一。

恩师相助　回国深造

1910年4月16日，胡一川出生于福建省永定县（今龙岩市永定区）下洋镇一个侨商家庭，父亲在印度尼西亚爪哇沙拉笛加做工。胡一川童年到沙拉笛加与父亲团聚，在当地中华会馆创办的中华学校完成小学教育。读小学时，他展示出艺术天赋，特别是绘画才能，很想回国深造绘画，但家贫凑不起交通费，难以成行。沙拉笛加中华学校校长麦邦镇十分惜才，建议他以义演形式筹款，并表示自己将全力协助。麦校长偕夫人邵锦凤亲自随胡一川做《浪子回头》义演，向观者介绍胡一川绘画天才和回国深造重要性，终使胡一川筹足回国路费。

1925年深春，胡一川独自一人回到福建，持麦邦镇夫妇信件，到鼓浪屿找邵锦凤的哥哥邵庆元，他当时是鼓浪屿毓德女子中学校长。邵家是当地有名的教育世家。邵庆元与林语堂同龄，是寻源书院的同学，执掌毓德女中深获好评；邵锦凤的二姐夫沈省愚是鼓浪屿英华书院校长，二姐邵友文是怀仁女中校

胡一川

长；二哥邵庆彰是菲律宾圣经神学院院长；四妹邵锦缎是福建协和大学的老师，四妹夫李来荣是农学专家，长期执教福建协和大学，后任福建农学院院长。邵家人个个惜才，邵庆元留胡一川在自家住了两个月，不但提供良好食宿，还请各科老师为他补课，帮助他做考前准备，指导他报考集美中学。最后在300多名考生中，胡一川以第7名的优异成绩，录取于集美中学初中14组。在集美中学，胡一川跟

随时任学校美术教师的著名画家张书旗，潜心学习国画。在拥有革命传统的集美中学，胡一川积极参加进步学生运动。

杭州学艺　木刻新秀

1929年，从集美中学毕业的胡一川考入国立杭州艺专，从师于潘天寿、李苦禅学习国画，并在该校法国教授克罗多的指导下学习素描和油画。

在杭州艺专读书时，正值鲁迅倡导木刻创作，他积极响应，展开实践，成为该校一八艺社新兴木刻运动的创始者之一。1930年，胡一川参加了共青团和鲁迅领导的左翼美术家联盟。1931年，一八艺社举行习作展览，胡一川有《饥民》《流离》《囚》等木刻作品参展。鲁迅对此展览十分赏识，曾写了一篇《"一八艺社"习作展览会小引》，使胡一川等青年木刻家受到极大鼓舞。

沪上抗敌　红刊编辑

1932年1月，"一·二八"淞沪抗战打响，胡一川亲上前线劳军，为鼓励军民勇敢杀敌，他以自己上前线支援十九路军抗敌和日本侵略军进攻上海惨况为题材，创作了《失业工人》《恐惧》《到前线去》等木刻作品，并携抗日新作参加春地美术研究所举办的木刻展览会。

1932年，胡一川开始在上海大夏大学附属中学担任木刻教员。1933年，胡一川秘密加入中国共产党，从事工人运动，负责编辑出版《工人画报》，宣传革命。期间，他还参加了中国革命互济会。中国革命互济会的前身中国济难会，是1925年中国共产党在上海领导成立的革命团体，主要任务为营救被反动派逮捕的革命者，并筹款救济他们的家属。1929年12月改称中国革命互济会，并在各重要省市设有分会。共产党人邓中夏、黄励等先后任总会主任，出版刊物有《济难》《光明》《牺牲》等，胡一川就担任刊物的编辑和刻印者。

出狱回厦　组会救国

1933年7月，中国革命互济会遭国民党反动派破坏，胡一川被捕入狱。狱中受尽折磨，但坚守机密，未暴露身份，后经海外乡亲积极营救，被判刑三年。

1936年，胡一川出狱后，到永定宗亲、著名爱国巨商胡文虎在厦门创办的《星光日报》当记者，主要从事木刻创作，并在厦门美术专科学校兼教木刻。为团结木刻界和木刻爱好者参与抗日救亡工作，胡一川组织海流木刻研究会，亲任会长，运用木刻宣传革命。

1937年7月，抗日战争全面爆发。胡一川在厦门投入抗日救亡工作，创作抗日木刻。

北上延安　刻刀为枪

1937年初冬，胡一川北上延安，是最早去延安的木刻家之一。到了延安后，他先在儿童剧团教唱歌曲，后来又到抗战剧团当美工，为配合抗日宣传，他利用业余时间创作了《组织起来》《交公粮》《抗日群众大会》等木刻作品，后调鲁迅艺术文学院美术系任教，教授木刻，不久担任学院木刻研究班主任。

在延安，胡一川除教书、创作之外，还于1938年发起、组织了延安鲁迅木刻工作团，并担任团长，用手中的刻刀和版画，为抗日服务。他创作了表现日寇侵华暴行的木刻作品《无人区》等，表现八路军血战日寇的木刻连环画《抢救》《夜袭》等，创作了展现八路军抗战到底意志的大型木刻《破路》《参军》《坚持抗战反对投降》《攻城》《不让敌人通过》《胜利归来》等，创作了表现军民鱼水深情的水印木刻《军民合作》等，并创办了木刻工厂，亲任厂长，大量制作水印套色年画、宣传画，既活跃延安军民文化生活，又发挥了以优秀文艺作品鼓励将士勇猛杀敌的积极作用，受到了八路军副总司令彭德怀的高度赞扬。1942年，他荣幸地得到毛泽东主席的邀请，参加了延安文艺座谈会。

胡一川还是陕北抗日根据地出色抗日宣传员，曾一次次深入敌后，冒着枪林弹雨，开展抗日宣传。

拿起枪来　与敌血战

胡一川是艺术家，更是战士，他多次拿起枪来直接激战日本侵略者。其中，还参加了著名的晋东南反九路围攻战役。

1938年4月4日，日军第一〇八师团主力，第十六、第二十、第一〇九师团及酒井旅团各一部共3万余人，南自邯长公路（邯郸至长治），北自正太路（正定至太原），西自同蒲路（大同至风陵渡），东至平汉路（北平至汉口），分九路向晋东南地区八路军大举围攻。在东路军总指挥朱德和副总指挥彭德怀的统一指挥下，中国军人血战侵略者。胡一川用操惯画笔、刻刀之手，拿起枪

1946年，胡一川与夫人黄君珊在张家口

来，直接参加战斗，子弹打光了，他就以大刀与敌肉搏。八路军血战至29日，收复失地，粉碎了日军对晋东南地区的九路围攻。此役，共毙伤日军4000余人，收复县城19座。八路军伤亡2000余人。

美术园丁　桃李遍地

抗日战争胜利后，胡一川于1946年到华北解放区，曾任华北大学第三部美术科副主任。1948年冬，跟随部队进驻天津，任天津美术工作队队长。1949年华北大学三部美术科与国立北平艺专合并。

中华人民共和国成立后，胡一川参加了全国文联第一次代表大会，被选为全国文联委员和中国美

术家协会常务理事。他受国家委托，与著名画家徐悲鸿一起组建中央美术学院，并任该院党组书记和教授。1953年，胡一川奉调武汉，筹建中南美术专科学校，并任校长。1958年，中南美术专科学校迁往广州，改名为"广州美术学院"，他任该院院长。

胡一川是我国新兴木刻运动史上重要的开拓者之一。但在新中国成立之后，他的艺术创作以油画为主，曾出版《胡一川油画风景选》《胡一川画集》等，美术学报曾刊出《胡一川艺术研究专辑》。1984年元月，胡一川画展在北京中国美术馆举行，展出版画作品28件，油画81件。元月30日，中国美术家协会、中国美协广东分会、中央美术学院和广州美术学院，联合在北京举行胡一川从事革命美术活动55周年纪念会，周扬、贺敬之、蔡若虹、古元、彦涵等文艺界领导同志到会作了重要讲话和祝贺。2003年广州举办胡一川艺术特展，以纪念其卓越的艺术成就。

胡一川作品曾多次获奖。1988年，胡一川荣获日本日中艺术交流中心颁发的版画贡献金奖和韩国颁发的奥运会美术大展金牌。1990年，胡一川的

1950年，组建中央美术学院时的胡一川（左）与徐悲鸿

作品《敦煌莫高窟》荣获中国首届油画精品大赛园丁奖。

《红帆》获第二届中国体育美术展览荣誉奖。1991年，胡一川荣获全国美协、全国版画家协会颁发的中国新兴版画1931—1991杰出贡献奖，1991年10月成为国务院特殊津贴获得者。胡一川曾任广东省人大第四、第五届常务委员。

2000年，胡一川病逝于广州。

胡宣明

胡宣明（1887—1965年），福建漳州人，美国归侨，著名公共卫生专家。曾任中国历史上首任城市卫生局局长、中国卫生教育会总干事、中国卫生教育委员会学校卫生处主任、中央大学医学院副教授、武胜康健中心主任、铁路卫生署主任兼卫生部下属中央卫生委员会成员、考试院医疗委员会委员、立法院委员。中国公共卫生事业奠基人。

庚款留美　医学博士

胡宣明祖籍福建省龙溪县，即今福建省漳州市芗城区芝山镇前山村人，自幼刻苦自励，好学有加，1910年7月以优异成绩自上海约翰学堂（圣约翰大学）毕业。正当准备就业之时，得知清华学堂在国内招考第二批"庚子赔款"留美学生，立即北上投考。考试分初试、复试，初试由各省提学使主持，复试由学部尚书主持。

同年夏天，胡宣明与来自全国400多位优秀学子参加留美考试，竞争70个留美学生指标，竞争者中其中就有后来大名鼎鼎的胡适。胡宣明历经数科考试，成绩名列42名，胡适考了第55名。

胡宣明与周淑安

抵美后，胡宣明选择了中国长期空白的学科——公开卫生专业，并进入了公共卫生学科颇强的霍普金斯大学，成了第一个在这所名校学习的中国人。1915年，胡宣明获医学博士学位，成为中国第一位公共卫生博士。

为更好地报效祖国，胡宣明又以优异成绩考入哈佛大学和麻省理工学院合办的卫生保健官员学校，并于1916年毕业，为成为中国公共卫生领域领军人物、中国城市卫生管理者奠定了基础。

1916—1917年，胡宣明自费赴美国各地考察公共卫生建设与管理。

公卫先驱　奠基市卫

1917年，胡宣明回国，出任广州卫生教育委员会副秘书。

1921年，孙中山在广州就任中华民国非常大总统，孙科任广州市市长。孙科参照美国市政制度而起草的《广州市暂行条例》。该条例共8章57条，规定设立市参事会和以市长为首的市行政委员会，该委员会为行政机关，下设财政、工务、公安、卫生、公用、教育6个局。这是我国城市实行"市"制及市行政设局管理之始。这一制度比以往的地方自治显示出更高的层次和政府的正统性。

1921年2月，孙科聘胡宣明到广州担任广州市卫生局局长，这是中国首个城市卫生局，作为中国公共卫生领域第一人的胡宣明，再次为中国城市卫生管理奠基，成为中国首个城市卫生局局长。

1921年3月，胡宣明走马上任，着手组建了以教育课、洁净课、防疫课、统计课为主的卫生局，其中他还在防疫课职责中具体设定了公共卫生等内容，在中国历史上第一次详尽规定了城市卫生局工作任务与目标。在胡宣明主持下，广州市卫生局还制定了各种卫生管理条例或章程。作为中国地方政府最早建立的市级独立卫生行政机构，广州市卫生局的体制和出台的卫生法规对全国有较大的影响。

成绩卓越　添彩广州

胡宣明充分发挥自己在美国的考察心得和研究成果，在城市公共卫生领域开始了多项变革，组建了中国最早"环卫工"队伍，在广州街头巷尾设立垃圾箱，清理下水道，规范全市大粪输出，同时制定了一系列规章制度，禁止在公共场所随地吐口水、大小便，禁止在马路上"圈地"养鸡养鸭，禁止进城农民的粪桶随处乱放……使广州市容市貌还是有了相当大的进步。胡宣明还开展对市民养狗的管理，养狗者必须到卫生局申请《家犬登记凭照》并进行相关防疫处理和防疫知识教育。明确指出：登记领取狗牌照的目的是"预防狂犬病发生，保障民众健康"。

1922年，黄炎培先生在《一岁之广州市》一文中写道："盖以卫生行政，中国尚未讲求，广州市特聘专门人才主持此项行政，本科学的方法，锐意进行，辅以当局坚强之意志，与行政之卓越之权能，足于卫生行政史上放一异彩。"

1922年6月，陈炯明发动六一六事变，驱逐孙中山。胡宣明偕夫人来到上海，经黄炎培赞助，担任中国卫生教育会总干事，投身卫生宣传及教育。

技术专家　立法委员

1923—1925年，胡宣明任中国卫生教育委员会学校卫生处主任。

1925年，胡宣明感到自己的公共卫生学造诣不深，决定借资再度赴美留学。1928年，胡宣明决定回国服务，从纽约乘游轮经巴拿马运河到旧金山，归国后任内政部公共卫生部门技术专家，并任国立中央大学医学院副教授、武胜康健中心主任。1928年11月任铁道部环境卫生专家。1929年11月任铁路卫生署主任兼卫生部下属中央卫生委员会委员、卫生部和劳工商业部联合组织的劳工卫生委员会委员、考试院的医疗委员会委员。1934年以后任立法院委员。

1948年，胡宣明对国民党政权失望至极，坚决辞去了福建省国民大会代表的提名，提前退休，回到上海。

1956年，沈阳音乐学院聘胡宣明儿子胡伯亮为钢琴系教授、夫人为声乐系教授，胡宣明随妻儿北上沈阳。

1965年，胡宣明因脑溢血病逝。

胡宣明译作有《预防医药与卫生学原理》《怎样求生存》《遗传与优生学》《疾病的导因》《家庭急救法》；著作有《中国卫生健康状况的再建设》。

柯应夔

柯应夔（1904—1979年），福建福州人，美国归侨，著名妇产科专家、医学教育家。曾任北京协和医学院住院医师、主治医师、助教、讲师、教授，美国纽约MEMORIAL肿瘤医院研究员，美国妇产科专家学会会员，北京协和医学院教授，天津天和医院院长兼妇产科主任，天津市中心妇产科医院副院长。中国妇产学科的创始人和奠基人之一。

柯应夔，1904年12月8日生于福建省福州市。1929年7月，毕业于上海沪江大学，获理学学士学位；1933年6月，获美国纽约州立大学医学博士学位。毕业后，进入北京协和医院工作，北京协和医学院由美国洛克菲勒基金会于1917年创办，是我国最早设有八年制临床医学专业和护理本科教育的高校，当时学校采取的是院校合一，医疗、教学、科研相互结合。柯应夔在此工作了8年，曾任住院医师、主治医师、助教、讲师、教授。

柯应夔旧居睦南道139号

1940年，柯应夔远赴美国，进入纽约MEMORIAL癌瘤医院担任博士后研究员，专攻肿瘤学和妇产科学。1941年考取美国妇产科专家学会会员，后回国在协和医学院继续任教。

1941年12月，日军袭击珍珠港，太平洋战争爆发，美国对日宣战。侵华日军占领协和医学院，柯应夔愤然离开，与方先之、张纪正等一批爱国医学教授一起，奔赴天津，联合在此开办了私立天和医院，柯应夔任院长兼妇产科主任。

1949年，天津解放前夕，侨居国外的亲友听了各种传言，劝柯应夔速速出国，并花了极大的代价购买了赴美国的机票。柯应夔认为国内缺医少医，急需医生，当留下来为国服务，毅然退掉当地千金难买的机票。

1953年，柯应夔倡导并参与筹建了全国首家妇产科专科医院——天津市中心妇产科医院，出任副院长，分管科研与教学工作。

在柯应夔等的努力下，天津市中心妇产科医院集合了杨柯、林崧、俞霭峰、顾学勤等一批当时全国著名的妇产科医学专家，人称"五巨头"，闻名全国。

柯应夔医术精湛，活人无数，有"神医"之誉。在繁忙的医院管理和一线诊病的同时，坚持科学研究，曾以每2年出版1部优秀医学著作的速度，博得了国内外同行和出版界的赞誉。

新中国初创之期，柯应夔设计课题，组织人力，成立科研小组，测量黄河流域育龄妇女经产妇的骨盆及新生儿头颈线各1000例，开展系统研究，奠定了中国女性骨盆及新生儿头颈线研究的基础。他还主持中国女性骨盆生理常数研究，并撰写出论文，创制了柯氏骨盆测量仪，确立了亚洲女性骨盆形态标准和各径线的生理常数——柯氏常数，荣获1979年全国科学大会成果奖。

在临床实践中，柯应夔对子宫颈癌、子宫脱垂等方面的研究也有独到见解，并使这一学科不断提高。他在妇产科肿瘤诊治上造诣甚深，是国内外公认的权威之一。

柯应夔还是杰出的医学教育家。20世纪50年代，他受卫生部委托，先后在中心妇产科医院主办四期"妇产科高级医师进修班和产科生理常数研究班"，为全国各地培养了数百名妇产科高级医师和研究人才。

作为我国妇产学科的创始人和奠基人之一，柯应夔结合临床经验和科研成果，自20世纪50年代开始先后出版了《病理产科学》《生理产科学》（两个版本）《中国女性骨盆》《子宫颈癌广泛性切除术》等著作，得到国内外医学界的高度赞誉。他还主编了我国第一部妇产科著作，从1955年出版至今仍在临床教学和医学院校教学中引用。

柯应夔将自己一生奉献给祖国的医疗卫生事业，自始至终忠于职业。"文革"期间，虽遭到极不公正待遇，但他排除万难，坚持科研、著述，并给中央和市有关部门写了医疗事业发展的建议书。

1972年，柯应夔突发脑溢血，加之原有的糖尿病，生活不能自理，但他仍以坚忍不拔的毅力和顽强的意志在病床上总结和写作了《子宫脱垂》《临床妇科学》。

钟 世 藩

钟世藩（1901—1987年），福建厦门人，美国归侨，著名儿科专家、呼吸科专家。曾任南京中央医院儿科主持医生，贵阳医学院教授，中央医院贵阳分院儿科主任、院长，广州中央医院儿科主任、院长，世界卫生组织医学顾问，广东省第二人民医院院长。

贫苦孤儿　美国博士

1901年，钟世藩生于福建厦门，幼时父母早亡，跟随厦门一位生活甚是贫寒的叔父生活，日子凄苦异常，9岁那年被人带到上海，给一户人家做仆人。他酷爱学习，分外珍惜每一个学习机会，一路以优异成绩升学，后考入北京协和医学院。

北京协和医科学院对学生要求甚严，淘汰率极高。入学时他们全班共有40人，坚持到1930年毕业时，却只有包括钟世藩在内的8个人。之后，又取得美国纽约州立大学医学博士学位。

钟世藩

儿科名医　助力抗日

钟世藩毕业后，来到南京中央医院儿科担任主治医师。1936年10月20日，钟世藩那位后来名满中华的儿子——院士钟南山，就出生在中央医院。因为南京中央医院刚好坐落于钟山南面，钟世藩按照出生地的位置，给孩子取名"南山"。

1937年冬，南京沦陷前夕，钟南山在父母的怀抱中离开南京，前往贵阳。钟世藩一方面在贵阳医学院儿科当教授，还在同样迁到贵阳的湘雅医学院兼课，在极其困难的情况下坚持培养人才；一方面在中央医院贵阳分院当儿科主任、分院院长。

在抗战烽火中，钟世藩排除万难，使中央医院贵阳分院能不断发展。这一点，我们可以从1941年圣诞前钟世藩给重庆中央医院总院院长的一封信中看出：1941年正是抗战最艰难时期，战事恶化，给医院的运营带来了极大的困难。最大的困难之一，就是物质短缺：药品、试剂、办公材料，什么都缺。作为贵阳分院负责人的钟世藩每次向总院申请从香港购买物资，几乎都"大打折扣"，难以如愿。1941年的那个圣诞节前夜，钟世藩就给重庆中央医院总院院长吴绍青写信，汇报情况。信中，他没有抱怨什么，只是说，如果物资供给不能完全满足，就先满足一些最紧要的物资吧。钟世藩附上了用英文打字机打印好了一份紧要物资详单。

贵阳当时成为战时中国重要的医学人才培养基地和医学科研基地之一，日军常来轰炸。钟南山小时候，家就住在图云关附近，有一次日军把房子炸了，还是外婆把他从废墟里"刨"出来的。钟家的房子也曾被日军炸毁过。

1944年，钟世藩赴美国，到辛辛那提大学医学院攻读病毒学。

1946年，钟世藩学成归来，回到贵阳。

保全医院　拒去台湾

1946年，中央医院贵阳分院迁至广州，组建了广州中央医院。钟世藩带着一家来到广州，出任广州中央医院儿科主任，1948年9月出任院长。与之同时，他还是岭南大学医学院儿科教授。1949年，钟世藩被世界卫生组织聘为医学顾问。

1949年4月，当人民解放军百万雄师渡过长江解放南京的时候，国民党的统治实际上已宣告灭亡。残存的国民党政府逃到广州，一方面企图负隅顽抗，一方面紧急安排广州重要机构迁台。广州中央医院是当时全广东省规模最大、势力最强且人才最集中的医院，被列为必迁台湾单位。为此，民国内政部卫生署专员常常光临钟家小楼，他们劝钟世藩离开大陆去台湾，并且希望他将手里掌握着的广州中央医院的13万美元也一并带走。但是，钟世藩设计相拒。

1949年9月22日，人民解放军以雷霆万钧之势，分路飞越粤北天险五岭山脉，突破敌人吹嘘的"粤湘赣防线"。内政部卫生署此时已改组为内政部卫生司，司长王祖祥亲自来到广州中央医院，要求钟世藩携带着医院的巨额资金，全家连夜撤往台湾。钟世藩对国民党的腐败深恶痛绝，对中国共产党建设新中国充满希望，想方设法坚持全家留在广州。

10月14日广州解放。钟世藩立即将13万美元全部上交军管会。1950年，他将医院物资一一清点，移交给继任院长陈汝棠，至今广东省人民医院档案室还珍藏着《1950年中央医院财产移交清册》，这是1950年7月15日，钟世藩向军管会移交财产的清册。

一代名医　科研大家

作为一代名医，钟世藩在做好临床工作的同时，始终重视科学研究，他对病原微生物的研究有过重要贡献。20世纪30年代，他与谢和平在北京协和医学院研究肺炎球菌时发现，用加有不同型别肺炎球菌抗血清的琼脂平板来培养肺炎球菌，在相同血清型别的菌落周围形成一个沉淀环，细菌繁殖受到抑制，认为这是一种特异性的抗原抗体反应。这种方法不仅缩短了鉴定该菌的时间，而且提高了实验的特异性及可靠性。从方法学上来说，这种实验诊断就是目前广泛应用于临床和实验研究的免疫单向扩散技术的先驱。

在病毒学开始发展的20世纪40年代，钟世藩在美国进修病毒学期间，发现了细菌保护病毒活力的作用，是在细菌活跃繁殖状态下产生的，这一发现得到当时在辛辛那提大学的病毒学家赛宾的重视，认为值得报道。美国第一所研究性大学——约翰·霍普金斯大学的病毒学家豪威也认为这一发现是对医学研究的一大贡献。

20世纪50年代，钟世藩创办了中山医学院儿科病毒实验室，利用实验室从事病毒研究及培养研究生。这不但是广东省而且是全国最早创办的临床病毒实验室之一。

在很多介绍钟南山的文章中都言及钟世藩这个时期的两个小故事：20世纪50年代，钟世藩的科研题目是小鼠胚胎培养病毒，由于当时科研经费比较缺乏，他就用自己的薪水买来小白鼠，在自家的书房里做起了实验。一直到20世纪80年代，他在身体有病、行动不便的情况下，还将病毒实验搬到家中观察。由此可见，钟世藩对科学研究一如既往的忘我与投入。

对疑难病例，钟世藩始终坚持必须亲自做细致的体格检查，有些检查结果他甚至不只是看看报告，而且要亲自看看实物，例如X光片或血液涂片等，所以常常会发现被别人忽略的问题，从而帮助做出正确的诊断。他学识渊博，跟随他查房的医生都很佩服他连一些很少见的临床综合病症随时能讲得出其诊治要点。在一次疑难病例讨论中，他怀疑病人得了一种较少见的病，立即叫人取一本美国纳尔逊编著的儿科学教科书来对照学习，他甚至能脱口指出这部书的第几页即是介绍这个病。他将讨论过的疑难病例，都记录在一个随身带的小本上，以

1955年钟南山以优异的成绩考入北京医科大学时，与父母和妹妹合照的唯一的全家福

后有机会就问主管医生追踪其结果。对不幸死去的患儿，他要求医生必须追踪到病理解剖室。他常常说，再高明的临床医生，在病理解剖医师面前也要低头。

教育大家　培养名医

钟世藩长期在医学院担任教授，为中山医科大学一级教授，他爱生如子，严格要求，为我国培养了许多儿科专业人才。他是中华人民共和国成立后最早招收研究生的导师之一。他培养的研究生质量高，不少已成为儿科骨干力量和知名的儿科专家。他对研究生要求严格，要求他们搞科学研究也要从基本功做起，包括实验动物的饲养及观察，甚至试管仪器的清洗，等等。他说科研工作必须自己动手，关键的东西必须自己看到做到。

钟世藩的研究生沈皆平曾写过一篇题为《怀念恩师钟世藩教授》的文章，其中提到这样一件事："文革"期间，沈皆平到海南岛东方县当医生，当时这里非常偏僻落后，钟世藩担心自己的学生因无法看到最新的学术资料而放弃学习、钻研，他辗转从西安外文书店为学生订阅美国学术期刊的影印件。"我突然收到从西安外文书店寄来的一个邮包，拆开一看，是一本英文期刊Pediatric Clinics of North America，这是当时国内能得到最新的美国儿科期刊之一，十分实用。我大喜欲狂，工作之余，就反复仔细阅读，

晚上常常点着煤油灯看到深更半夜。……我掩卷沉思，这种期刊虽然是影印本，价格亦不菲，究竟谁会给我订阅，而且每季定期寄来，我心中隐隐感到不会是别人，只能是恩师钟世藩教授。到探亲假期回到广州，去问候恩师时，告知他我定期收到这种英文期刊，是否他给我订阅的？他微笑点头，并鼓励我好好读书，好好工作。"沈皆平后来成为儿科名医，为中山大学附属第一医院小儿科主任医生。

钟世藩注意言传身教，以自己对病人高度负责的精神和严谨的治学态度影响了一代又一代学生。他的治学态度还体现在他编写的医学著作中。20世纪80年代，钟世藩负责编写医学百科全书儿科分卷的条目时，他反复衡量了词条各部分的比例，在内容精炼方面下了不少功夫，其所撰写的部分得到编辑组的好评，并被通报作为编写人员学习的范文。

在"文革"10年动乱尚未结束时，为了把自己几十年临床经验总结出来留给后人，钟教授在70岁高龄和身体多病的情况下，决定撰写《儿科疾病鉴别诊断》一书。在著述的后期，他的眼球辐辏功能严重失调，视力显著减退，身体也很衰弱，但仍然坚持写作，并且经常带放大镜去图书馆查阅文献，核对和充实著作内容。在实在无法看清外文字母时，他就请馆内的年青同志帮助辨认。该书出版后深受读者欢迎，一再重版印刷。

钟世藩夫人，著名护理教育家

钟世藩还曾任中华医学会儿科学会委员、中华儿科杂志编委、中华医学会广东分会儿科学会主任委员等职，是广东省政协第四届委员。

钟世藩夫人廖月琴，厦门人，毕业于北京协和医学院高级护理专业，毕业后曾由当时的卫生署派到美国波士顿学习高级护理。中华人民共和国成立后，曾任中山医科大学肿瘤医院副院长，是广东省肿瘤医院创始人之一。1970年逝世于广州。

1987年6月22日，钟世藩因患肺源性心脏病，病逝于广州。

侯德榜

侯德榜（1890—1974年），名启荣，字致本，福建闽侯人，美国归侨，中国著名化学家。曾任天津永利碱厂技师长兼北洋大学教授、永利制碱公司技师长兼制造长、南京铔厂厂长兼技师长、永利化学工业公司总工程师、四川永利川西化工厂厂长兼总工程师、中国化学会理事长、中国化学工程学会理事长、中央研究院院士、永利化学工业公司总经理、中央财经委员会委员、国家重工业部技术顾问、中华全国自然科学联合会副主席、公私合营永利化学工业公司总经理、民建中央常委、国家化工部副部长、中国科学技术协会副主席。中国科学院院士，中国重化工业的开拓者、中国近代化学工业的奠基人之一。

半工半读　艰难升学

1890年8月9日，侯德榜出生于福建省闽侯县上街镇青洲村一个农民家庭，6岁入私塾读书。由于家贫，少小即跟随父亲下田耕作，因好学有加，常携书劳作，至今家乡仍流传着不少他"挂车古读"的故事：侯德榜常负责为自家田地车水，站在水车上车水时，他双肘往横木上一趴，双脚踩动水轮，双手端着书，艰难地苦读，有时就把书挂在水车的横木上一边用脚吃力地车水一边背诵课文。

侯德榜能进正式学堂得益于姑妈。13岁那年的一天，侯德榜到姑妈家玩，姑妈让他去阁楼取东西，可他过了好久都没下楼，姑妈上楼一看，发现侯德榜正在聚精会神地看书，连她上楼走到跟前都没发现。原来，他在阁楼上发现了一箱书籍，就迫不及待地翻开来看，竟然把姑妈交办的事给忘了。姑妈见状，决定出钱送娘家哥哥好学的儿子去读洋学堂。

1903年9月，侯德榜在姑妈的资助下，进入位于福州烟台山的教会学校——英华书院求学，在这里打下了扎实的英

青年侯德榜

文和数理化基础。1906年，侯德榜北去上海，进入闽皖铁路学堂学习。三年后毕业，被分配至津浦铁路符离集车站当工程练习生。

1911年春，侯德榜辞职考入北京清华学堂，成为这所由美国"退还"的部分"庚子赔款"建立的留美预备学校首届学生，入学第二年学校易名清华学校。

跨洋留学　美国留名

1913年，侯德榜便以10门功课总分1000分的成绩，考取公费留学美国的资格，随即进入美国麻省理工学院化工科学习。1917年获学士学位，再入普拉特专科学院学习制革，1918年获制革化学师文凭，同年考入美国哥伦比亚大学研究院攻读制革专业研究生，1919年获硕士学位，1921年获博士学位。

由于学习成绩优异，侯德榜成为美国sigmaxi科学会会员和美国philambdaupsilon化学会会员。侯德榜的博士论文《铁盐鞣革》，围绕铁盐的特性，以大量实验数据论述了铁盐鞣制品易出现不耐温、粗糙、粒面发脆、易腐、易吸潮和起盐斑等不足形成的原因和因应对策，被《美国制革化学师协会会刊》特予连载，全文发表，成为制革界至今广为引用的经典文献之一。

也正因此，美国有多家企业竞相力聘侯德榜，就在这时，他在纽约遇到了赴美考察的天津实业家范旭东。

携手永历　创造历史

碱在中国人饮食中有广泛饮用，蒸馒头做包子制面包都需要，而且还是纺织、肥皂、造纸、玻璃、火药等行业大量采用的原料。当时，中国所用的碱皆仰仗于进口，价格昂贵，百姓难以买得起。立志实业救国的范旭东与陈调甫等人在天津塘沽创办了永利碱厂，急需人才，在美国偶遇侯德榜后，他立即力邀这位美国博士到正在筹建的中国第一家碱厂——塘沽永利碱厂工作，携手结束中国用碱需要进口的历史。

壮年侯德榜

1921年10月，侯德榜放弃了纽约一家工厂优厚的待遇回国，来到天津塘沽，出任永利碱厂技师长（总工程师）。

当初开办制碱厂时，永利碱厂用重金从外国人手中买到一份制碱苏尔维法的图纸。侯德榜上任后潜心钻研这份资料，并依据图纸生产。1924年8月13日，永利碱厂正式开工出碱，然而耗费近300万银元产出来的碱，竟是红黑相间的劣质品。

此时，经营洋碱的卜内门洋行立即登门来谈合作，说愿意从高于建厂资金一倍的价格收购永利碱厂。卜内门洋行由英国人卜内门氏合作创建于1873年，总部在伦敦，在天津等中国重工业城市设有分行，主要经营纯碱、化肥。他们重金收购永利制碱厂的目的，是想阻截中国人自力更生制碱。此时，股东们也因失败怨声载道，叹息"制碱工艺如此复杂，还是得让外国人来做"。

范旭东力排众议，竭尽全力支持侯德榜，并出资派他带人再一次赴美考察制碱工艺，寻找永利制碱厂失败的原因。侯德榜曾感慨地说："今日只有一意拼死，谋求技术问题的解决，以报范公之诚。"

侯德榜赴美后方知，原来当初永利碱厂花大价钱买来的制碱图纸，竟是早已废弃的旧图稿。

在美国，侯德榜拜访名师，考察工厂，潜心研究，归国后不仅带回了先进的制碱设备，还带回了自己在美国设计好的新图纸。经过反复摸索实验和调整改进，最终侯德榜和他的制碱团队解决了大规模制碱的一系列技术难题。

1926年6月29日，永利制碱厂生产出中国第一批独立自主制作的优质碱，质量大大超过卜内门洋行所售的洋货，取名"红三角牌"。

载誉万国　首获金牌

1926年8月，美国人为纪念建国150周年，在费城举办了规模空前的万国博览会，来自中国的"红三角"牌纯碱竟然一举摘得了金质奖章。主办方称这是因为永利公司所做的努力象征了"中国近代工业的进步"。

为了表彰侯德榜的功绩，中国工程学会在1935年将第一块金牌颁给了他。

摸索到苏尔维制碱法的奥秘，本可以高价出售其专利而大发其财，但是侯德榜主张把这一奥秘公布于众，让世界各国人民共享。为此，侯德榜把制碱法的全部技术和自己的实践经验写成专著《制碱》，在美国以英文出版，在世界学术界和工业界产生深远影响，造福众人。

永利碱厂厂房

南京制铔　再填空白

1934年，永利化学公司决定建设兼产合成氨、硝酸、硫酸、硫酸铔的南京铔厂，任命侯德榜为厂长兼技师长（即总工程师），全面负责筹建。

制酸，这是化学基础工业的另一翼，投入巨大，且设备、技术更为复杂，为此侯德榜作了深入调查、研究。在采购设备中，他更是坚持以自力更生为主，辅以进口国内不能生产的设备。在进口外国设备时，他巧妙地利用各国厂商之间的竞争，选择适用又价廉的设备。为了节约资金，侯德榜以购废钢铁的价格买下了一套硫酸铔生产设备。

侯德榜则直言自己劳心劳力之原因："将一切办好，万一功亏一篑，使国人从此不敢再谈化学工程，则吾等成为中国之罪人。吾人今日只有前进，赴汤蹈火，亦所弗顾。责任所在，拼命为之而已。"

在侯德榜的主持下，仅用30个月时间，就于1937年1月就建成了这座重化工联合企业，不但一次试车成功，顺利投产了，而且技术上达到了当时的国际水平，开创了中国自己生产化肥的历史。从此，江苏、浙江等地的农民发现集市上又多了一种"红三角"牌肥田粉，这种肥田粉和他们用惯了的英国卜力门牌肥田粉相比，不仅价格便宜而且使用效果也不相上下。它给之后引进技术，多快好省地建设工厂提供了很好的经验。

制雷抗敌　气节感人

　　1937年8月7日，塘沽沦陷后，为避免碱厂落入敌手，侯德榜带领碱厂的核心技术人员四处搬迁，侯德榜组织工人将工厂设备能搬就搬，能撤就撤，绝不做亡国奴，当搬迁至南京时，侯德榜意识到日军侵华脚步不会停滞，抗日必是一场持久战，建厂时便在厂里设置了制铁工坊，当战火四起，德国封死了航路时，制铁工坊立即启用，碱厂很快就得以生产地雷、炸药，支援抗战。

侯德榜邮票

　　日军逐渐逼向南京，侵略者对位于南京的永利铔厂——亚洲第一流的化工厂，垂涎三尺。他们看到永利铔厂的军事价值：年产一万吨硝酸，可以制造几万吨烈性炸药。曾先后3次以"工厂安全"相要挟，提出"合作"管理南京铔厂的要求。侯德榜深知这种合作意味着什么，他和同仁们坚决拒绝"合作"，同时带领全厂，积极响应抗战，利用工厂设施，转产硝酸铵炸药和地雷壳等物资，支援前线。日本侵略者还派人企图收买范旭东和侯德榜，但他俩明确表示，"宁举丧，不受奠仪"！于是，日本侵略者派飞机3次轰炸工厂，逼工厂停产之后，侯德榜又组织职工紧急拆迁设备，并将设备、技术人才和资料一同送往内地。

　　1938年，侯德榜主持永利公司在川西五通桥筹建永利川西化工厂，出任厂长兼总工程师。他励精图治，克服百难，推进永利川西化工厂建设。

　　由于四川的条件不适于沿用氨碱法，侯德榜特于1939年率队赴德国考察，准备购买察安法专利。但对方提出辱国的条件：产品不能在东北三省销售时，侯德榜认为这是公然将东三省从中国割裂出来行为，侯德榜断然中止谈判。回国后，他夜以继日研究新的制碱方法，终独辟蹊径创造出新的制碱法。1940年，范旭东将之命名为"侯氏制碱法"。后来，他又领导一大批科研人员，经过艰苦努力，于1941年研究出融合察安法，让制碱流程与合成氨流程合于一炉，联产纯碱与氯化铵化肥的新工艺，这种联合制碱法把碱的利用率提高到98%以上，纯碱的成本降低了40%。

　　1943年，侯德榜主持完成了半工业装置试验，但由于战争和社会不安定，没有条件继续实现工业化而中断。

索日占产　百折不挠

　　1945年8月，日本侵略者投降不久，范旭东病逝，侯德榜继任永利化学公司总经理。他上任后，立即组织恢复永利塘沽碱厂与南京铔厂的生产。

　　抗战胜利后，永利化学公司接收的南京铔厂，只是空楼一座。侯德榜等向国民政府申请，要求前往日本拆运，归还原物，他说："索要设备，哪怕一块废铁我也要拉回去，这是我们中国人的态度。"国民政府当局托词由盟军总司令部统一处理赔偿，问题久悬不决。侯德榜在《大公报》发表《向日本拆回被劫去的硝酸装置》的文章，得到了社会舆论的支持。他于1947年7月7日亲赴日本，找到盟军司令麦克·阿瑟，并与远东经济委员会据理力争持续了两个月，最终得以成套归还。回国后，他放下一切事务，全力以赴，很快恢复了硝酸生产。

享誉世界　援助印度

侯德榜将侯氏制碱法，向世界公布，在国际上引起了极大的反响。为此，侯德榜荣获英国皇家学会、美国化学工程学会、美国机械学会荣誉会员的称号，并成为美国机械工程师协会终身荣誉会员。外国的企业和政府也纷纷邀请侯德榜前往解决技术难题。

1947年，侯德榜受聘兼任印度塔塔公司顾问总工程师，先后5次赴印度指导改进该公司碱厂的设备和技术，使这个碱厂正常运转，生产出优质纯碱。对此，后来尼赫鲁总理访华时也大加赞扬，引以为中印两国人民友谊的典范。

国家主席　邀之返国

1949年5月，国家主席刘少奇到永利碱厂视察，诚恳地邀请正在印度援建碱厂的侯德榜回国共商大计。侯德榜闻知，满怀激情，冲破种种阻碍，力拒丰厚利诱，历尽艰辛，绕道返回祖国。

1950年，侯德榜完成了挚友范旭东"待到中国政治清明时，一定把全部工厂交给国家"的遗愿，和久大总经理李烛尘一起，联名向人民政府申请公私合营。

国家部长　科研终身

1950年，侯德榜出任中央财经委员会委员、重工业部技术顾问，当选为中华全国自然科学联合会副主席。1952年任公私合营永利化学工业公司总经理。1953年，他参加了民主建国会，并当选第一、二届民建中央常委。百忙之中，他依旧坚持科学技术研究。他还先后向中央领导人介绍过"永利公司建设十大化工企业的设想"，提出"复兴工业的意见"等多项建议。他接连当选第一、二、三届全国人民代表大会代表。1955年当选中国科学院学部委员（院士），参与了全国化学工业和科技事业的许多重要决策，领导了化工行业许多重大科技活动。在他的建议和指导下，对联合制碱新工艺继续进行补充试验和中间试验。

1957年，为发展小化肥工业，侯德榜倡议用碳化法制取碳酸氢铵。他亲自带队到上海化工研究院，与技术人员一道，使碳化法氮肥生产新流程获得成功。这种小氮肥厂，在当时促进了我国的农业生产的发展。同年，侯德榜光荣加入了中国共产党。

1958年，侯德榜出任国家化学工业部副部长，当选为中国科学技术协会副主席。此时，他又提出了碳化法合成氨流程制碳酸氢铵化肥新工艺的设想，并亲自领导示范厂的设计、施工、试验和改进，获国家科委创造发明奖，1965年获得成功。在各级政府大力支持和广大职工的共同努力下，陆续推广建厂1000多座，其产量长期占全国氮肥总产量一半以上，对我国农业的发展作出了巨大贡献。此外，侯德榜在发展磷肥、农药、聚氯乙烯、化工机械等工业和化工防腐技术，以及传播交流科学技术，培育科技人才等方面，也作出了许多贡献。

1958年，侯德榜完成了80余万字的中文版《制碱工业》，总结了几十年从事制碱工业的理论研究与实践，此书曾在莱比锡国际图书博览会展出。

1972年后，侯德榜虽身体虚弱，特别是身患白血病后，日渐病重，仍多次要求下厂视察，帮助解决技术问题。他不顾病魔缠身，还经常邀请科技人员到家里开会，讨论小联碱技术的完善与发展等问题。

在病重期间，侯德榜曾用颤抖的手写信给周恩来总理："德榜体弱多病，恐不久于人世，对党和国家的栽培，无以图报，愿在百年之后，将家中珍藏的书籍捐献给国家。"去世前，侯德榜没有把生平节约下来的钱与住房留给后代，而是如数捐赠给了中国化学工会，用来发展化工事业和购买科技书籍。

1974年8月26日，侯德榜在北京逝世。朱德、周恩来、叶剑英、郭沫若等领导同志送了花圈，聂荣臻代表中共中央和国务院出席了追悼会。他的儿子侯虞钦根据父亲的遗愿，将100多册书籍捐赠给北京图书馆，500多册赠给北京化工学院。

为纪念侯德榜先生一生为化学工业和化工科技事业发展所做的贡献，同时为激励我国广大化工科学技术工作者投身于科教兴国的化工事业，由中国化工学会于1996年设立"侯德榜科学技术发展基金"，同时设立侯德榜化工科学技术奖，为我国化学领域权威奖项。

俞昌旋

俞昌旋（1941—2017年），福建福清人，印度尼西亚归侨，著名物理学家、教育家。曾任中国科学技术大学讲师、副教授、教授、近代物理系主任、校学术委员会委员、高温高密度等离子体物理重点实验室学术委员会主任。中国科学院院士。中国等离子体物理学开创人。

生于印尼　七岁归国

1941年7月7日，俞昌旋出生于印度尼西亚（以下简称"印尼"）爪哇岛安褥埠一个侨商家庭，祖籍地为福建 省福清市海口镇塘头村。父亲俞其庆，三岁失祜，由母亲独自养育，孝顺有加，吃苦耐劳。海口自古就是中国著名海上丝路始发港，宋时即有"小杭州"之称，乡民有下南洋营商兴业传统。30岁那年，俞其庆与乡亲结伴，闯荡南洋。在印尼安褥埠先跑单帮，再贩货街头，后立铺面，又建商贸公司，生意大成，归国将一家老小接到安褥埠，定居于此。

俞昌旋

抗日战争时期，俞其庆捐款捐物，支援祖国抗日。正当他计划大昌宏图时，太平洋战争爆发，日军南侵，印尼沦陷。日军疯狂镇压积极支持祖国抗日的华侨商人，俞其庆公司因此倒闭。为养家糊口，他开了家杂食小店，艰难维生。

此时，俞昌旋哥哥俞昌墀、俞立明，参加了地下抗日组织，发动当地百姓和华侨华人团结起来，抵抗日本侵略者。

第二次世界大战结束后，俞其庆决定归国。1947年，夫妻俩带着年仅7岁的俞昌旋回乡，居于海口塘头村老家。

科技报国　考入科大

俞昌旋在家乡读完了小学，就被二哥带到厦门，考入著名的集美中学。在校期间，俞昌旋刻苦自励，品学兼优，成绩一流，展示出对科学的强烈兴趣和对实验的爱好，并树立了科技报国之志。

1959年，俞昌旋高中毕业。高考填报志愿时，他第一志愿填报中国科技大学原子核物理与工程专业，第二至第五志愿依次是清华大学自动化专业、南京航空航天大学飞机制造专业、西安交通大学无线电专业、厦门大学放射化学专业，皆为当时顶尖科技专业。

之后，俞昌旋如愿以偿地以高分考入中国科学技术大学近代物理系，主修原子核工程专业。毕业后，因成绩优异留校任教。

创系之人　专业核心

1970年年初，中国科学技术大学南迁安徽合肥。俞昌旋作为中国科学院优秀科学家群体的第一代嫡系传人中的杰出代表，与中国科技大学物理学科的同仁们一起，经过反复调研讨论，将学校实际情况与国际发展趋势有机融合，着力修改了近代物理系的学科发展方向：将原来的原子核理论方向转为理论物理，将原子核实验方向转为高能粒子物理，将反应堆工程方向转为加速器及聚变等离子体物理。从而，为中国科技大学近代物理系奠定了基础。

俞昌旋与另外三位青年教师一起，探索开创了等离子体物理专业。与之同时，中国科学院正在合肥筹办从事受控热核聚变研究的等离子体物理所。

俞昌旋为主力创建中国科学技术大学等离子新专业，于1971年开始招生。俞老师作为主力教员，常常加班加点钻研、备课，协助编写《高温等离子体诊断技术》教材，同时开始研制用于托卡马克实验的"中性粒子能谱仪"等诊断系统。这本教材后来成为国内等离子体物理界的经典著作，"中性粒子能谱仪"成果获得了中国科学院科技成果二等奖。经过数年艰辛奋斗，全等离子体物理专业渐趋成熟，俞昌旋也成为该专业的核心。

美国载誉　国内先驱

1980年，俞昌旋赴美国加州大学洛杉矶分校等离子体物理实验室研修。当时，该实验室正在研发远红外激光相干散射系统，并利用该系统开展等离子体湍流与波相关的实验研究，这是当时最前沿的基础研究领域。俞昌旋在美近三年，他如饥似渴，不分日夜在实验室工作，很快便成为实验骨干专家。实验室主任洛曼教授对之给予高度评价，称之"中国学者中最出色的"。

1988年10月8日俞昌旋（前排右三）参加活动后留影

俞昌旋自1983年归国之后，开始全面主导学科建设，在承担繁重教学任务的同时，抓紧时间进行科学研究，成功研制并建成了国内第一套二氧化碳红外激光散射系统，开创了国内等离子体湍流实验研究的新方向。在国内几乎所有的托卡马克装置上，对等离子体湍流特征、湍流与等离子体约束的关联、反常输运、托卡马克高模约束及触发机制等重要问题开展了极为系统的研究，取得了丰富的研究成果，是我国等离子体物理研究中最早具有国际影响的研究方向。

成果颇丰　领先世界

20世纪90年代初，俞昌旋成为国际上最早在等离子体系统中开展非线性科学研究的学者之一，他带领研究团队取得了一连串科研成果：最先观察到无外驱动等离子体向混沌态过渡的三条途径，即倍周期分岔、阵发混沌和准周期混沌；在国际上首次成功地利用小扰动方法对无外驱动的等离子体混沌实施控制，为耗散系统的非线性动力学理论提供了新的实验基础。1993年、1994年，连续两年在物理学最重要的学术期刊《物理评论快报》上发表了研究成果，这是国内最早在该期刊上发表的少数几篇文章，相应的成果同时获得了中国科学院自然科学二等奖。

作为中国等离子体物理实验研究领军人物，俞昌旋曾承担并完成了列入国家攀登计划的"非线性科学"项目、列入国家863高技术计划的"聚变—裂变混合堆"专题和"激光聚变实验和诊断"专题的相关课题研究，主持完成了国家自然科学基金委员会重点基金和面上基金等多项研究项目。在托卡马克等离子体微湍流和反常输运、非磁化等离子体中的非线性现象、等离子体诊断等方面的工作中，取得了创造性的、在国内外具有重要影响的研究成果。与他人合作，在磁约束等离子体湍流和反常输运、等离子体非线性现象、等离子体诊断等领域取得多项有重要创新意义的研究成果。

科学高地　建设功臣

俞昌旋是中国等离子体物理科研高地的最重要奠基者和建设者。

20世纪80年代中期，俞昌旋着手启动等离子体物理理论和低温等离子体应用这两个新的学术方向，组织力量迅速补齐中国科技大学学术短板。同时，主持开展了与国内等离子体物理相关学术机构的合作，先后与中国科学院等离子体物理研究所、中国核工业集团核工业西南物理研究院、中国工程物理研究院、中国科学院上海光学精密机械研究所、中国科学院物理研究所等合作，开拓精密物理研究。与之同时，俞昌旋积极推动国内不同学术领域相互交叉合作，使中国科学技术大学成为公认的学术纽带单位，并快速成长为国内最具影响力的等离子体物理学科人才培养基地。

俞昌旋在中国科技大学工作了一辈子。1979年晋升为讲师，1985年晋升为副教授，1992年晋升为教授，1993年被聘为博士生导师，2007年当选为中国科学院数理学部院士。他长期担任中国科技大学近代物理系主任、校学位委员会委员、温高密度等离子体物理国家重点实验室学术委员会主任，并曾任中国核学会聚变与等离子体物理学会常务理事、国家863计划"聚变—裂变混合堆"专题专家组专家、国家863计划"激光聚变实验和诊断"专题专家组专家、国家磁约束聚变专家委员会委员、国家重大科技专项专家组成员、国家863计划专题专家组成员及顾问等。

2017年5月23日，俞昌旋在合肥逝世。

俞鸿模

俞鸿模（1908—1968年），又名俞少岐，汉族，福建福清人，印度尼西亚归侨，著名出版家。曾任印度尼西亚茉莉芬中学国文教师、延安鲁迅文学院教师、武汉海燕书店董事长、新知书店香港办事处主任、上海海燕书店董事长、上海新文艺出版社副社长、上海古典文学出版社副社长、上海文献资料编辑所编审。

俞鸿模生于福清县融城镇（今福清市玉屏街道）华侨世家，家境优裕，曾就读于上海复旦大学附属中学，后以优异成绩考入复旦大学。1930年赴印尼小住。1933年赴日本明治大学留学。留日期间，积极参加中国左翼作家联盟（简称"左联"）东京支部所领导的进步文艺团体的活动。1935年，与留日同学张香山（中共党员，后任中共中央对外联络部副部长）、肖岱等编辑《东流》。同时在业余时间从事写作，先后在报刊上发表数十万字中短篇小说，并在东京出版社出版中篇小说《炼》。

1936年，俞鸿模从日本明治大学毕业后，回到上海，与艾思奇（中共党员，后任中共中央党校副校长）等中国共产党人商量共办进步出版社，奉命携妻孺回南洋筹资。为此急赴印度尼西亚，一面在印度尼西亚茉莉芬中华中学担任中文教员，一面筹资。

卢沟桥事变之后，祖国抗战全面爆发，当时印尼华侨创办的中文报纸上经常报道抗日圣地延安的情况，俞鸿模由此得知老友艾思奇和何干之（中共党员，后任中国人民大学研究部副部长、历史系主任）两人在延安教书的消息。不久，老友欧阳凡海（中共党员，后任延安鲁艺教员及文学研究室主任）也从延安来了一封信。于是，俞鸿模决定立即回国到延安去。与他最要好且此时执掌家族生意的四哥，实在舍不得弟弟回到战火纷飞的祖国，怕弟兄从此再也见不到面了，反复劝说弟弟留在南洋。在俞鸿模自传《海燕十三年》中有这样一段文字，记录兄弟在南洋对话：

四哥："等一个时候吧，看看战事的发展。"

"实在等不下去。"我说，"仗打得多激烈，而我却在这里闲着……"

"两三年前你还在出血，肺病刚好不久，应该多考虑些。不是我不爱国，更不是阻止你爱国，凡事应从多方面考虑。"

"我了解你的好意。战争期间，各方面条件可能差些，但我想没有什么。我年纪还轻，虽然身体差些，亦无大碍，其实各方面的事情很多，未必每人都要上前线。"

四哥不便强留。1938年2月，我留下妻孺，独自上延安去了。

离开印度尼西亚前，俞鸿模与家人诀别，并提议先分家产，明确提出不要房产、不要商号、不要股份，只要现金，他要将分得的现金全部带回国内。

一直到后来家人才知道俞鸿模提议分家产，是为了帮助当时经济还十分困难的中国共产党。

1938年2月，俞鸿模带着分到的1万银元家产，辗转抵达国内，随即前往延安，在鲁迅艺术学院任文书和教员。不久，奉中国共产党特殊使命，在艾思奇等人的帮助下，到汉口创办海燕出版社，后更名为"海燕书店"。海燕书店是当时著名的进步出版机构之一，抗战期间出版了许多宣传中国共产党抗日主张的进步书刊，对更多人认识中国共产党、认同中国共产党抗日主张发挥了重要作用，也为我国新文化事业做出了贡献。当时，中国共产党经费紧缺，俞鸿模将从印尼带回所分得的家产已全部用于为党开办书店和充作革命活动经费。没办法只好寄航空信向四哥要钱继续办书店，四哥既十分疼爱弟弟，也深知弟弟在祖国为抗战出力，很快电汇来一笔款子，使海燕书店得以生存发展。

1939年，俞鸿模再奉党的特殊使命，前往香港，筹办新知书店香港办事处。1935年秋在上海创办的新知书店，是中国共产党领导的革命出版机构，以出版理论书籍为主。抗日战争爆发后总店迁到武汉时，受中共中央长江局委托，以"中国书店"名义出版马克思主义经典著作。

俞鸿模始终没有忘记为党出版更多的革命书籍，他在撤退到桂林时，只剩下三百元钱，出不了书，更谈不上办期刊了，又不好意思再写信直接向四哥开口，只能在给四哥的信中谈了自己一些困难情况，希望四哥能读懂并寄钱接济他为革命出书。就在等待四哥寄钱的日子，据《海燕十三年》记述："我忽然想起，如果利用几百块钱出个四开，类似几年前上海出版过的《文艺新闻》的小东西，文章短小精悍，内容生动活泼，一周、十天或半个月一期，三分钱一份，当较易推销，几百块钱或可周转得过来。"

1939年冬天，俞鸿模奉命回到上海筹建海燕书店，出版了《地下》《前夜》等大量进步书籍。日军侵占上海租界后，新知书店和海燕书店均被迫停业。此后，他秘密加入了新四军，从事进步文化活动和抗日文化活动，同时还担任党的秘密工作。远在印度尼西亚的俞鸿模四哥，一直是俞鸿模办红色书店的经济后盾，也因此在太平洋战争爆发后，印尼无法寄钱至中国，哥哥的接济中断，海燕书店无法再出版新书。

抗日战争胜利后，俞鸿模四处筹资，用最快时间，使海燕书店在上海复业。复业之后，海燕书店相继出版了《少年时代》《革命春秋》《今昔蒲剑》《钢铁是怎样炼成的》等进步书籍。

1951年，海燕书店与郭沫若主持的群益出版社、任宗德主持的大浮出版公司自愿合并，组建成公私合营的新文艺出版社，以后又陆续有巴金主持的平明出版社和文化生活出版社等相继并入。在此基础上，1952年6月1日上海文艺出版社正式成立。

中华人民共和国成立后，俞鸿模历任上海新文艺出版社副社长、古典文学出版社副社长、文献资料编辑所编审等，主持出版《苏联文学史》《新儿女英雄传》等大量书籍。

1968年3月17日，俞鸿模不幸逝世。著有《海燕十三年》。

新知书店出版的《钢铁是怎样炼成的》

施教耐

施教耐（1920—　　），福建晋江人，菲律宾归侨，著名植物生理和植物生化学家。曾任浙江大学生物系助教，中国科学院实验生物研究所植物生理研究室助理研究员，中国科学院植物生理研究所助理研究员、副研究员、研究员兼学术委员会主任。中国科学院院士。

抗战归国　求学浙大

1920年11月29日，施教耐生于福建省晋江市龙湖镇石厦村一个侨商家庭，祖上连续多代在菲律宾营商，家境小康。幼时随父亲前往菲律宾马尼拉，先后就读于当地的华文小学、华文中学，学业优良。

施教耐

1937年7月，全面抗战爆发后，施教耐参加了当地抗日救亡活动，不但捐出自己所有的零花钱，还参与义演义卖，为祖国抗战筹款。高中毕业，他本可以到美国读大学，也可留在菲律宾升学，但他渴望与祖国共患难，期待能回国参战，与侵略者血战到底，毅然辗转他国，于1940年回到战火连天的祖国。一路跋山涉水来到贵州遵义，准备报考战时迁到此处的浙江大学。

施教耐以归侨学生名义参加了大学生招考，成为浙江大学生物系学生。当时浙江大学理学院和农学院设在贵州湄潭。

科研之路　始于湄潭

大学本科四年，施教耐学业优秀。经中国植物生理学奠基人教授罗宗洛推荐，1944年施教耐毕业时留校任教，担任植物生理学助理教授。

施教耐的科研之路始于湄潭的油菜花。油菜也是湄潭主要作物之一。油菜属于十字花科、芸薹属植物，我国南方多有种植，是华南地区植物油重要来源。而在湄潭，无论是理学院生物系，或者是农学院农学系，均极少涉及油菜的生物形态及籽实生物研究。施教耐以此为起点，开始了对油菜的研究，且持续了半个多世纪，他也因此成为我国窥悉油料籽实中葡萄糖氧化分解秘密的第一人。1965年，施教耐发表了首篇油菜研究论文——《油菜种子形成期间葡萄糖降解的途径》；1994年，又推出学术论文《油菜叶片硝酸还原酶同功酶的纯化与特性》。

入中科院　调海南岛

抗战胜利后，施教耐随校回迁杭州。

中华人民共和国成立后，施教耐恩师罗宗洛出任中国科学院实验生物研究所研究员兼植物生理研究室主任。1950年，施教耐奉调上海，到中国科学院实验生物研究所植物生理研究室担任助理研究员，师从我国著名植物生理学家罗宗洛先生，从事植物中微量元素的生理功能及根系离子吸收机制的研究。

1953年，罗宗洛受命筹建亚洲第一个独立的植物生理研究所——中国科学院植物生理研究所并出任所长，施教耐继续担任助理研究员。

中华人民共和国成立之初，欧美国家对中国实行经济封锁。国内本就橡胶原料短缺，加上进口困难，导致橡胶制品奇缺。国家决定在海南岛及西双版纳开展大规模橡胶树种植。

1951年11月至1953年4月，叶剑英元帅、王震将军先后亲自领导建立中国华南垦殖局和亚热带作物研究所，顶住帝国主义的严密封锁，在我国热带北缘地区开发和研究巴西橡胶树，中国人民解放军两个师转业到海南岛和广东雷州半岛，铸剑为犁，垦荒植胶。

1957年，国家农垦部热带作物司司长何康出任华南热带作物研究院院长、党委书记。1958年4月，何康率领亚热带作物研究所的专家及其家属，从广州迁至海南儋县宝岛新村，建立华南热带作物科学院和华南热带作物学院，揭开了新中国橡胶研究的新篇章。

为此，中国科学院有关研究所派出部分工作人员组成海南橡胶工作站，到海南儋县华南热带作物研究院工作。施教耐与植物生理研究所部分人员参加由有机化学研究所、生物化学研究所、华南植物研究所等单位组成的橡胶生物合成课题组。由于当地设备条件的限制，工作无法开展，只能因地制宜作了不同栽培条件下橡胶树产胶、排胶规律和胶乳成分变化的研究，供生产单位参考。

在海南，施教耐通过自己的艰辛努力，助力建成中国第一个橡胶基地。

植物酶王　院士风范

1960年，施教耐晋升中国科学院植物生理研究所副研究员，之后开始了植物代谢和植物酶的研究工作。"文化大革命"期间，施教耐排除万难，仍然聚精会神做科研，开始从事纤维素酶的应用研究。1978年，他又着手开展了光合碳代谢的研究。1982年晋升为研究员。1986年任植物生理学博士生导师。施教耐曾兼任植物生理研究所的学术委员会主任、上海市植物生理学会秘书长、副理事长等。1991年，当选中国科学院学部委员（院士）。

作为国内植物碳代谢研究领域的学术带头人之一，施教耐长期担任中国植物生理学会专业组组长。他在光合碳代谢中关键酶的结构功能和调节特性的研究中取得重大进展。在植物酶的调节机理，特别是酶的构象变化、亚基间相互作用以及酶蛋白形成的调节方面，做出了突出贡献。在植物脂肪形成与调节研究中，曾指出油菜籽实中HMP途径的增强，三羧酸循环和乙醛酸循环间的消长在脂肪酸合成中有重大意义，并首次报道油菜籽实中有一内源抑制剂对HMP途径起调节作用。在C4植物PEP羧化酶结构与功能研究中，应用后动力学分析、化学修饰、差示光谱及 CD 光谱的变化证明酶存在着多构象状态，并对酶的二级结构特性等方面作了深入研究，具有创新性。在纤维酶研究和应用方面，成功地筛选出两株纤维素酶高产菌株。

施教耐先后撰写学术论文 60 多篇，分别在《中国科学》《植物生理学报》《生物化学与生物物理学报》等国家一级学术刊物上发表。他的研究成果已被国内外相关领域广泛应用。

1978 年，施教耐获全国科技大会奖；1988 年，获中国科学院科技进步二等奖；2000 年，施教耐因在植物代谢和植物酶的研究方面取得重要成果，而获何梁何利基金生命科学奖。施教耐还曾获得"全国优秀归侨、侨眷知识分子"称号，享受国务院的政府特殊津贴。

施教耐 90 岁

洪 潘

洪潘（1909—2004年），福建南安人，马来西亚归侨，著名音乐家、音乐教育家、军乐理论家。曾任中国国民革命军陆军军乐学校教育长、国民革命军军乐团团长兼指挥、福建省教育厅音乐艺术委员会主任、华东军政大学文艺系教授、解放军军乐团总教师兼指挥、南京艺术学院音乐系教授兼主任。中国现代军乐奠基人。

小号高手　闻名吉打

1909年，洪潘出生于福建省南安县（现南安市）英都镇英东村下楼自然村一个贫苦农家。1916年，年仅7岁的洪潘，随父母下南洋。父亲在马来亚吉打州码头当装卸工，母亲在码头上当杂工，两人拼死拼活，全家生活依旧困苦，无法送洪潘进小学读书。

1921年，12岁的洪潘被父亲送到当地一家华人开的药房当学徒，他勤学好问，做事认真，亲朋好友都认为他将来有出息，劝说洪父应送子读书。父亲痛下决心，更加省吃俭用，加上亲友相助，使洪潘13岁那年终于走进小学读书。

1940 年的洪潘

洪潘进入学校之后，刻苦自励，发奋读书，学业优良，尤其对音乐表现出很高的天分，许多乐器一学就会，不少曲子听过两遍，自己就能完整奏出，人人称奇，很快就成为当地有名的小号手，经常参加演出。曾受聘参加吉打州管弦乐队演出，并为无声电影配乐。

洪潘没有因为经常参加演出而影响学业，只用4年时间就读完小学所有课程，于1926年毕业，并留校担任音乐教师。

侨团资助　回国深造

洪潘的音乐才华，被吉打华侨社会引以为荣，众皆劝洪父让子继续深造音乐。就在此时，有人将上海立达学园到马来亚招生消息带给了洪家父子。

立达学院，是在孙中山及其夫人宋庆龄、吴稚晖、教育总长兼故宫博物院院长易培基、邵力子等人的支持下，由文化界、教育界名流匡互生、丰子恺、朱光潜等人，于1925年在上海创办的一所新型艺术学校，学院以《论语》"己欲立而立人，己欲达而达人"为校名及办学宗旨，设有美术科、音乐科、文学科，实行"教导合一制"。

立达学园招生人员对洪潘的音乐才华极为欣赏，福建吉打侨团与学校董事会愿意提供经费，送洪潘回国读书。洪潘得以回国，进入立达学园音乐科，专攻音乐。

1927年11月27日，由革命家、教育家、思想家蔡元培和音乐教育家萧友梅博士共同创办的国立音乐院（上海音乐学院前身）在上海招生，首任院长即为蔡元培，洪潘成为该院第一届学生。

1929年夏天，洪潘与同学冼星海等组织学生抗议校方，要求取消学校不合理收费，结果被学校开除，流落于南京。后经友人介绍，获得到国立中央大学音乐系旁听生资格，1930年正式考入该校音乐系。

公派留学　专攻军乐

1935年，洪潘以优异成绩从国立中央大学毕业，获教育学士学位，并获得出国学习深造机会。这机会与蒋介石有关，原来自从1899年慈禧太后主政时建过一支西洋管乐队以后，地方政府、各级军队内部纷纷仿效，但在国民党军队中仍无正规编制的军乐队。1935年初，蒋介石下令军政部"整顿礼乐"，选派出国考察、学习军乐的人才。洪潘因在中央大学音乐系成绩优异，且拥有较好的外语基础，特别是获得奥地利籍教师施特劳斯博士的赏识和推荐，幸运地获得公款留学机会，被选派赴有"世界音乐之都"之称的奥地利维也纳学习军乐，这是中国音乐史上第一次公派的留学生。

1935年8月，洪潘进入维也纳高等音乐学院。为了符合整理军乐、典礼乐的工作要求，他首先选择了小号吹奏为主修课，师从奥地利最著名的小号演奏家、教育家登格拉教授，掌握了德国学派"O"形的先进吹奏方法。接着，他又来到维也纳歌剧院，向首席指挥克里格学习交响乐指挥。最后，又经我国驻奥使馆推荐，去维也纳警官大学军乐队学习军乐指挥、乐队编配及军乐队列训练等。

乐都举旗　音乐抗日

身在大洋彼岸的洪潘，时刻关注着祖国抗击外寇的伟大战争，他除了向当地华人华侨和留学生、奥地利居民介绍中国卫国之战、控诉日军侵华暴行外，还奔走呼号，动员华侨捐款援助祖国抗日战争，争取国际友人声援中国正义之战。与之同时，不但创作抗日歌曲，有时还在华侨抗日募捐活动上演唱或演奏，以鼓励华侨共赴国难。

在奥地利期间，洪潘创作了大量抗日歌曲。1939年，他在维也纳结集出版了自己的音乐作品——《复兴歌曲集》，共收入11首作品，全部以抗战为题材。其中，有描写少年抗日英雄的《孩子团》，号召为祖国抗日前线募捐的《募寒衣歌》，鼓舞祖国军民抗战到底的《干！干！干！》，有歌唱抗日官兵的《民族英雄凯旋歌》，还有为冯玉祥将军所作、以淞沪抗战为内容的诗词《八百好同胞》谱曲，歌曲以铿锵有力的节奏唱出中华民族坚持抗战到底的伟大意志和气节："八百好同胞，阵地守得牢。决心为国死，对敌反战鏖……"他还曾亲自在维也纳华侨和留学生中教唱这些抗日歌曲，这些歌曲从奥地利传播至欧洲多国，对推动欧洲华侨华人和留学生支援祖国抗日战争发挥了积极作用。

在维也纳期间，洪潘还全力推荐中国悠久、灿烂的音乐历史文化。1940年，他曾在维也纳大画廊举办中国艺术传播报告会，做了《中国盛唐时期音乐发展概况》主题报告，大获成功，400多位与会者报以阵阵掌声。

回国从军　建军乐校

1941年夏日，洪潘获得维也纳音乐学院甲等毕业文凭，他谢绝了美国等当时未受战火侵袭的国家艺术院团和学校的高薪聘请，也拒绝了亲人希望他回到南洋的渴求，毅然回到了战火纷飞的祖国。他穿过枪林弹雨，辗转来到重庆，蒋介石特意接见了他。接见时，洪潘没有提半点个人要求，只是建议国家创办军乐学校，培养人才，提振士气。蒋介石接受了他的建议，立即指示教育部、内政部筹建。

1942年春，在重庆复兴关正式成立了中国第一所培养军乐人才的专门学校——国民革命军陆军军乐学校，隶属军政部，蒋介石亲任校长，洪潘任教育长，学校设有铜管班、木管班、号兵班、指挥班及声乐班，共有学生300多人，洪潘被军政部军务司授予一等军乐正（上校军衔）。

组军乐团　鼓抗日劲

冒着日军空袭轰炸，洪潘发起组建并成立了中国历史上最大、最正规的管乐团——直属军政部的国民革命军军乐团，编制达120多人，洪潘亲任团长兼指挥。在他主持排练下，全团采用欧洲德国学派的吹奏方法，演奏水平为国内最高，演奏的作品既有中国传统民歌改编的乐曲，也有洪潘自己创作的抗日曲。除此之外，还排练了一些外国优秀曲目，如《骑兵进行曲》等。

除了参加一些国家礼仪活动外，洪潘还进行室内舞台演出。首场公演在重庆国民大戏院举行，当何应钦等军政要员及重庆市民第一次看到军乐从单纯的典礼乐移植到剧场，成为舞台上一种全新的音乐表演形式时，感受到从中传递出的正能量，大为赞赏。美国驻华军事顾问看过演出之后，也为中国在战火中快速诞生这样一支高水平军乐队感到惊讶，从中看到中华民族的伟大精神和中国人民百折不挠的底气，后来经常邀请军乐团演出。1943年之后，蒋介石经常用这支军乐团进行国事招待演出。

在完成规定演出之外，洪潘还经常带队参加抗日救亡歌咏活动，深入重庆各地进行抗日演出，鼓舞士气，激励百姓。

1942年，国民政府教育部决定每年4月开展音乐月活动，以振奋民族精神，洪潘每次都率团参与。他从容不迫的指挥，军乐团雄壮激昂的演出，都对激发军民的爱国热情和坚持抗战的决心发挥了积极作用。

洪潘还经常派出学校的学员和军乐团的演奏员，到重庆学校、机关、工厂和军队中教唱抗日歌曲。

洪潘在百忙之中，仍抓紧时间研究军乐理论。1942年他在重庆的《音乐月刊》杂志第一、二、三卷连载发表的《谈军乐》，据美国专家考证，是中国军乐研究理论之肇始。

洪潘在重庆期间创立了中国军乐理论和演奏风格，对中国军乐走向正规化产生了深远影响。也正因此，被称为"中国现代军乐第一人""中国管乐之父"。

抗日战争胜利后，洪潘于1946年晋升少将。这是国民党军乐界的最高军衔。之后曾出任国民党政府福建省教育厅音乐艺术委员会主任。

追随中共　执教一生

1949年年初，已经随国民党当局撤到金门的洪潘，毅然拒绝上蒋介石派来接他赴台湾的飞机，随后辗转来到厦门。

晚年洪潘

中华人民共和国成立后，洪潘在南京任教于华东军政大学文艺系，同时训练从国民党军队接收过来的军乐队。

1952年，洪潘调往中国人民解放军总政治部工作，参与创建中国人民解放军军乐团，任人民解放军军乐团总教师兼指挥。中国人民解放军军乐团由1000多人组成的乐团，是中国历史上最大的军乐机构，洪潘从全团挑选出30多位基础较好的演奏员，组成教员队，自己亲自教授，经训练后再把这些教员分到各分队，由他们扩大教学。这种事半功倍的"撒种子"训练方法，使全团演奏水平在短期内显著提高，很快就担负起接待外宾的任务。

1954年，洪潘调任南京艺术学院音乐系教授兼主任，为我国培养了1000多名优秀的军乐演奏家和教育人才。洪潘曾任江苏省政协常委。

20世纪90年代初，已逾八旬的洪潘从教学第一线上退下来，仍然关注军乐的发展、创新和普及。他不辞辛劳前往镇江、无锡等地辅导工厂、部队、学校的业余乐队，拒收分文报酬。国庆35周年之际，南京军区奉命组织一支80人的军乐队，聘请他担任艺术指导和指挥。重新穿上军服的洪潘，精神矍铄、风采依然。他亲自为乐队排练了一组中外名曲，率队深入基层连队演出，观众达数万人次之多。1988年6月，洪潘应邀赴辽宁教授我国第一支农民管乐队——大连得胜乡农民管乐队，使该队演奏水平大幅度提高，两次奉文化部调演晋京，受到党和国家领导人的赞誉。

2004年1月18日，洪潘在南京病逝，终年95岁。

在南京艺术学院为其举行的追悼大会上，学院党委副书记兼纪委书记潘志国致追悼词说："洪潘同志近一个世纪的风雨人生，用全部的生命信守'对得起祖国，对得起良心'的做人基本原则，使平凡成为高山仰止。他的逝世，是我国音乐艺术界的重大损失。洪潘开创的中国军乐事业永世长存。"洪潘军乐生涯，被收入由美国传记学院出版的《五百名有影响的指挥家》一书，他还获得该院董事会授予的"二十世纪成就奖"。

洪华生

洪华生（1944—　），福建南安人，菲律宾归侨，著名海洋学家。曾任厦门大学海洋系讲师、副教授，厦门大学亚热带海洋研究所副所长、教授、博士生导师，厦门大学环境科学研究中心主任、教授、博士生导师，厦门大学海洋与环境学院院长、教授、博士生导师，厦门大学海洋环境科学教育部重点实验室主任、教授、博士生导师，教育部与福建省海洋环境科学联合重点实验室主任、教授、博士生导师，福建省政协副主席，福建省人大常委会副主任，中国海洋科学委员会主席，国际海洋科学委员会副主席，中国海洋学会副理事长。

洪华生

随母归国　鹭岛成长

洪华生祖籍福建省南安市，1944年7月17日出生于菲律宾马尼拉一个侨商家庭，少年时随母亲来到厦门，定居于鼓浪屿。

洪华生成长于美丽的厦门。她就读于鼓浪屿岛上的英华中学并随校并入厦门市第二中学。厦门第二中学校长陈碧玉成为影响洪华生人生的三位女性之一，她的那句"女性一定要自强自爱，碰到困难要努力克服，不要随便放弃学习和成长"，洪华生铭记了一生。这位曾一手创办了厦门外国语学校的女教育家对教育事业的追求与奉献，对洪华生起到了极大的示范作用。还有两位影响洪华生一生的女性，分别是给了她生命和坚毅自强个性的母亲，以及教会她"有志者事竟成"的中共厦门大学化学系总支书记刘正坤。

1967年，洪华生大学毕业后，与"文革"那个时期毕业生一样须去劳动锻炼，先到遥远的北大荒农场耕种，后分配到武汉钢铁公司冷轧厂当技术员。

1978年，34岁的洪华生已是两个孩子的母亲，凭借扎实的专业功底，考上了厦门大学海洋系研究生。

负笈赴美　博士归来

在洪华生所熟悉的厦门大学，她抓紧分分秒秒发奋苦读，于1980年以优异成绩毕业并考取改革开放之后国家首次选拔的公派出国留学资格，进入美国罗得岛大学攻读海洋学博士。

在美国，洪华生依旧保持着她优等生的惯例：用四年时间完成五年学业，且在必修的13门功课中取得12门"A"；在31位不同国籍的同学中，总平均成绩第一名；在著名的海洋学家凯斯特教授担任研究生导师的15年中，洪华生是第一位仅用四年时间即获得博士学位的学生。

1984年岁末，洪华生婉言谢绝与高薪、一流科研条件、成就世界级大师相连的挽留，毅然回国，成为中国海洋学界第一位回国服务的女博士。

创立基地　组建团队

洪华生在美国留学时

一回到厦门大学海洋系，她在紧张的教学和带研究生工作的同时，白手起家，创建厦门大学中国海洋生物地球化学实验室，建立起我国这一前沿新兴交叉学科。

作为中国著名的海洋生物地球化学专家，洪华生为我国海洋环境研究创建了重要的研究基地。1992年，组建厦门大学环境科学研究中心；1995年，创建厦门大学环境海洋学博士点，同时组建厦门大学海洋环境科学教育部重点实验室；1996年，组建厦门大学海洋与环境学院；2004年，形成了以洪华生为核心、聚集着一批国内外优秀青年学者的科研团队，她作为主要负责人组织申报，并于2005年3月获科技部批准，建设我国第一个海洋环境方向的国家重点实验室，使之成为我国海洋生物地球化学教育和研究的重要基地。

海洋卫士　保护生态

作为著名海洋学专家，洪华生长期深入一线，经常出海研究。她曾到大西洋马尾藻海、太平洋秘鲁海域进行调查研究。1988年，她第一次带队乘坐"东方红"号科考船到台湾海峡出海调查，作为首席科学家的洪华生与学生们一起，每隔一个多小时进行一次取样作业，每天24小时，她几乎没合眼，且持续了整整三天。她的工作精神，感动了船上所有的人，船长看到洪华生因晕船呕吐不止没有进食时，亲自送来了压缩饼干。进行深水取样的时候，船长还破例到甲板上亲自指挥，以保证安全。

洪华生经常到珠江口、大亚湾、罗源湾、九龙江河口和厦门海域等一线进行深入科学研究，取得了具有中国区域特色的海洋生物地球化学研究研究成果。

洪华生在台湾海峡及其邻近海域，综合应用现场走航、定点观测、遥感、生物和化学示踪等多手段开展系列研究，揭示了亚热带上升流生态系统生物生产力特征及其对环境变化的响应机制；出版了我国第一部近海渔场上升流生态系研究专著，研究成果获1995年国家科技进步三等奖，2007年教育部自然科学奖二等奖。成果被管理部门应用指导渔业生产，取得可观的经济社会效益。

洪华生系统研究了福建近岸海域持久性有机污染物的迁移转化规律及毒性效应，应邀在首届"海洋污染与生态毒理国际大会"上做主题报告，成果获2004年福建省科学技术进步二等奖。

洪华生率先开展我国东南沿海河口—近海系统持久性有机污染物（POPs）的生物地球化学研究，1995年最先证实维多利亚港POPs主要来自香港本地而非珠江口，解决了当时广受争议的POPs污染来源问题。

洪华生系统研究全球气候变化和人为活动在九龙江流域—河口—台湾海峡物质输运的过程及耦合变动特征，揭示陆源尤其是非点源污染对河口近海富营养化的影响，研究成果获2008年福建科技进步二等奖。她还定量分析九龙江流域农业活动对河口—近海氮磷生物地球化学的作用，使之成为一个全球农业区域研究案例。

2010年，洪华生主持"福建省重点流域水环境综合管理科技支撑"重大科研与实践相结合项目，推动建立跨部门、跨地区的流域海洋水环境信息共享平台，以推进综合管理体制的建立，为流域海洋交界断面的污染通量控制、污染溯源及整治、水环境突发事件预警及处置等提供管理和决策支持。

海洋减灾　成果频出

洪华生致力于海洋防灾减灾研究。20世纪90年代以来，海洋灾害如海浪、海啸、台风及其引发风暴潮等等频繁发生，给沿海城市居民带来巨大的人员伤亡及物质损失。

洪华生立足于国家和社会的重大需求，积极推动争取了科技部"十五"863计划重大专项"台湾海峡及毗邻海域海洋动力环境实时立体监测系统"示范区在福建落地。

2001年起，洪华生担任科技部"十五""863"计划重大专项"台湾海峡及毗邻海域海洋动力环境实时立体监测系统"福建示范区首席科学家，集合各方力量，在台湾海峡及其周边海域建立了一个实用的、实时的、业务化运行的海洋环境实时立体监测系统。洪华生教授组织厦门大学团队所研发的"三维海流数值预报和海上突发事件应急辅助决策系统""风暴潮预警系统"等，有效提高了海洋灾害预警预报的准确率，已开始为福建海洋防灾减灾及台湾海峡周边海域的环境安全发挥作用。2010年，该项目被科技部作为科技服务民生的案例，在"十一五"国家重大科技成就展的"基础研究和前沿高技术研究"展区上展出，引起了国内外的关注。

治水污染　利千秋代

2009年2月，作为百姓饮用水源的九龙江江东库区发生大规模甲藻水华，严重威胁百姓健康。洪华生基于多年在九龙江流域的研究基础，2010年组织开展"厦门九龙江北溪江东库区饮水源安全科技保障平台"的研究，以深入了解水华爆发的机制及过程，构建一个集空间信息管理、预测模型应用和可视化辅助决策的江东饮用水源地环境监测、预警和信息共享服务平台，为水华控制和污染预警提供科技支撑，为饮用水安全提供保障。

洪华生多次翻山越岭进行实地考察，深入江东库区、浦南和郑店水文站，一方面指导浮标布放和数据采集，一方面与基层监测单位共同探讨，联合厦门市海洋监测站组织开发"九龙江水环境预测预警信息系统"并投入试运行。

学界先进　师者楷模

1985年以来，洪华生先后主持国家自然科学基金、省部级重点项目及国家973、863子课题共23项，研究成果获国家、省部级奖项8项，至今在国内外知名学术刊物上发表论文201篇（其中SCI期刊收录论文118篇，被SCI期刊收录论文他引820次）、出版编著4部、专著3部。

党和人民给予洪华生众多荣誉。1985年，被评为福建省改革先进人物和福建省三八红旗手；1989年，被评为全国优秀归侨、侨属知识分子；1993年，被评为享受国务院特殊津贴专家；1995年，被评为福建省优秀专家；1995年，获厦门市科技工作先进个人奖；2000年，获全国"环境使者"称号；2001年，获中国"地球奖"；2006年，被评为全国海洋科技先进工作者；2010年，获福建省"五一劳动奖章"，同年还获"福建省杰出科技人才奖""福建省三八红旗手标兵"荣誉称号；2011年，获2010年度"全国十大海洋人物"称号。

1988年1月，洪华生当选为省政协副主席；1998年1月至2008年1月，任福建省人大常委会副主任。她还先后当选中国海洋科学委员会（SCOR）主席、中国海洋科学委员会主席、中国海洋学会副理事长、国家"十五""十一五"863计划资源环境领域专家委员会委员、国务院学位委员会海洋学科成员等。

倪端仪

倪端仪（1893—1985年），福建晋江人，印度尼西亚归侨，著名教育家、慈善家。曾任厦门励业女子中学校长、印度尼西亚三宝垄华侨中学校长、泉州养正中学副董事长、晋江县安海育婴堂董事长、晋江县安海福群堂董事长、晋江县安海医院董事长。

书香门第　慈善家风

1893年，倪端仪出生于福建省晋江县（今晋江市）安海镇一个书香门第。祖父倪人俊是位饱读诗书的秀才，极富爱心，缔造了倪家热衷慈善的门风。

1844年，人多地少的晋江农家为了减轻生活负担，溺弃女婴成风，当年安海一带弃婴达453人，溺毙之女更是多至难以计数。正准备参加举人考试的倪人俊心急如焚，认为救人比科举考试更重要，他放下紧张的备考，邀集乡贤好友共商创办"养生堂"育婴院。在他的倡议下，众多商家名绅踊跃捐献，典当商陈益升捐资36000文和房宅一所作堂址。事后，诸乡贤好友共议这个慈善机构既要收养弃婴，对无人领养的孩子还有培育之责，即更名"育婴堂"，倪人俊任第一届总董。倪人俊主持育婴堂二十年，经手收养的弃婴在3000名之上，因终日操劳，百累成疾，于1861年去世，年仅47岁。

倪人俊辞世后，长子倪孙濂，继任总董。他深得海内外乡亲信任，侨居海外的同乡纷纷捐赠，使该堂进一步发展。

倪孙濂长子倪一农为给育婴堂筹资，南渡菲律宾拼搏，经商有成，立即携资归来，出任育婴堂董事长。目睹堂屋破败不堪，婴儿缺医少药，乏人照料，悲愤交集，立即拨款修缮和扩建堂所、购置设备、聘请乳妈、更新堂务，使该堂重新振兴。

1950年，倪一农辞世，胞妹倪端仪接任董事长。

在此家庭中长大，倪端仪自幼便生扶危济困之心，更树立了拼搏赚钱为大众谋福祉之理想。

鹭岛执教　南洋校长

倪端仪幼承庭学，后师从伯父倪藕船读书作文。16岁时与晋江籍印尼华侨蔡永禄结婚。婚后，倪端仪没有安于做太太靠侨汇生活，而是考入厦门励业女子中学，以优异成绩毕业后被学校慰留任教。她教书育人兢兢业业，甚受学生欢迎，逐级升任校长。

1926年，倪端仪南去印尼三宝垄，与夫君团聚。但依旧没有安于做家庭主妇，而是走出家门，初为华侨巨子、印尼糖业大王郭春秧的家庭教师，后执教于当地华文学校，曾担任三宝垄华侨中学校长。

1930年，倪端仪归国，重返厦门。她弃教从商，在郊区禾山创办垦牧牛奶场，养了18头奶牛，藉以维持生计，并教导儿女半工半读，生意做得风生水起。

1938年5月，日军铁蹄踏破厦门，坚决不当亡国奴的倪端仪，带着儿女避难香港，并在港以经商为生。她在香港奔走各地，积极倡议组织安海华民慈善公会，带头慷慨解囊，捐集巨资筹办安海扶贫赈灾机构——福群堂，放赈济贫，并经常资助其祖父创办的安海育婴堂。福群堂除平日里施衣施饭施银外，每年除夕还给每位贫困者大米5斤及法币若干元，让他们过个有白米饭、红烧肉和新衣的春节。

异乡捐资　行善不绝

抗战胜利后，倪端仪又赴上海经商。1949年转赴印尼，经商拓业。

新中国成立，倪端仪欢欣鼓舞。特别是在得知共产党政府全力扶助贫民，分房分地，免费送贫家子弟进校读书后，非常兴奋。一方面寄资回来，维持育婴堂、福群堂运转；一方面动员经商有成的儿子，捐资家乡。1951年，她勉励旅居香港的儿子蔡尔强与友人欧阳朝宗捐资合建养正中学东座教室一排。

回家定居　安海有医

1952年，为更好助力新中国建设，倪端仪携半辈子积蓄回到安海定居。

倪端仪回乡的第一件事就是首倡扩建养正中学，不仅自己捐资，还动员儿女捐资，扩大办学规模，让更多孩子能进学堂读书。

倪端仪看到安海没有一家医院，乡亲们小病硬扛，大病翻山越岭进城诊治，有些危重病人需送去泉州就医，病人死在半路上是常有的事，于是下定决心创建安海医院。首先，她捐出了自己所有积蓄，接着赴香港，下南洋，向华侨募捐。

安海镇人民政府非常支持倪端仪善举，划出寨埔一片荒地建医院。寨埔原是墓地，倪端仪带头迁走自家祖坟，再给迁葬户发放迁葬费，对于一些无主墓，便按乡俗予以"瓮葬"。她和民工一起动手，捡拾骸骼白骨装缸，然后迁到新买的坟地安葬。

为建好医院，倪端仪数次去厦门拜访陈嘉庚，借陈嘉庚旗下的建筑师刘建寅来设计安海医院。刘建寅遵照倪端仪的构想，对安海医院作了长期规划，并设计了3幢融闽南建筑特色与西洋建筑为一体的医疗大楼。

施工中，基建资金远远不足，倪端仪把自己的金银首饰全部拿出来变卖，作为建设资金。资金仍不足，她四处举债，并着手变卖自己的两幢祖屋。

正当倪端仪为自家祖屋四处寻找买家时，福建省人民政府得知这一情况，派员劝阻她卖房子，并立即拨款2万元补助安海医院。

为节约建设资金，也为建设百年安固的建筑，倪端仪成为泉州历史上第一位建筑施工现场女监理。无论是七月流火的盛夏，还是风雨交加的寒冬，倪端仪靠着一双"三寸金莲"在工地里爬上跳下，日夜奔忙。

倪端仪身患严重的肾结石，加上常常夜以继日在工地奔忙，夏天里有时连水也忙得顾不上喝一口，肾结石发炎，疼痛难忍，一日晕倒在工地上，被紧急送往省城福州的协和医院治疗，因右肾已严重坏死，她被摘除右肾，由于年迈体弱，病情复杂，术后她整整昏迷48小时，血压几度下降至零，守护在病榻之前的儿子多次收到病危通知。

在医生们精心诊治下，倪端仪奇迹般地活过来了，开口说的第一句话就是问安海医院有否停工，不等完全康复就出院回乡。一到安海，未进家门先到工地。因小脚且身体虚弱，无法每天数次往返家里和工地，她索性住在工地上的一间小土屋里，一天24个小时，起码有16个小时在工地上奔忙。

1957年，安海医院第一幢医疗大楼终于建成并成功开业，安海人终于有病能够马上治。

随着病人不断增多，医院急需扩大。1967年，倪端仪再度前往香港募捐，募得巨资兴建安海医院第二幢大楼。1982年，倪端仪不顾年老体弱，奔波多地，再度为安海医院扩建募款，她在给海外亲人的信中写道："我年已九旬，身体各部已渐渐退化，惟热情尚存而已，……待天气不凉时，去港一行，为安海医院'四化楼'筹款之事……"她抱病前往香港，向她的亲人和旅港乡亲推荐安海医院发展现状及发展规划，又募得巨款，于1983年建成安海医院的第三幢大楼。

据不完全统计，为筹建医院与谋求发展，倪端仪先后5次远涉重洋，募集资金近百万元，为安海医院兴建医疗大楼三座，门诊大楼、职工宿舍楼房多座，还先后向海外侨友劝募X光机、心电图仪、救护车等医疗设备，使之成为泉州地区华侨捐资创办最早且最具规模的综合性医院之一。

能诗好文　侨界翘楚

倪端仪能诗好文，写得一手好书法。著有《行素集》。《行素集》收录倪端仪半生诗稿，安海文史界名士俞少川评论倪端仪诗作"堪称骚坛女界翘楚""洋洋大观，琳琅满幅。其咏物则熨贴入微；言情则一往情深；纪游则笔底烟霞；咏史则寄怀陈迹"。

倪端仪写得一手好字，酷好书法，近过九旬仍能挥毫弄墨写大字。

倪端仪曾任福建省人大代表、福建省政协一至四届委员、福建省侨联委员、晋江县侨联顾问等职。

1978年，因年老体弱，倪端仪在福州市疗养。1985年12月18日逝世。

徐 四 民

徐四民（1914—2007年），福建厦门人，缅甸归侨，著名报人、侨领、教育家、社会活动家。曾任缅甸仰光鼎新书局董事长兼总经理，缅甸华侨抵制日货总会总干事，缅甸巨轮社副社长、社长，缅甸仰光华区义务警队队长，缅甸《新仰光报》董事长、总编辑、总经理，缅甸仰光鼎和公司董事长兼总经理，全缅报人协会副会长、缅甸巨轮社社长，缅甸华商商会总干事、副理事长、理事长，缅甸联邦政府香港国际投资总商会首席特别顾问、总监，香港《镜报》董事长，香港港事顾问，香港特别行政区基本法咨询委员会委员、香港特别行政区筹备委员会预备委员会委员、香港特别行政区筹备委员会委员，香港特别行政区第一届政府推选委员会委员。

1954 年徐四民在仰光

生于世家　功臣之子

徐四民祖籍福建省同安县安仁里灌口徐厝后村（今属厦门市集美区灌口镇），1914年8月20日生于缅甸仰光一个著名爱国华侨领袖家庭。

父亲徐赞周（1873—1933年）是著名华侨教育家、革命家、社会活动家、报人，是孙中山坚定盟友，为同盟会缅甸分会发起者和重要领导人，对辛亥革命贡献至伟。1912年3月1日，国民政府临时大总统孙中山特为他颁"旌义状"，表彰他对革命的贡献。徐赞周曾参与创办了缅甸华侨第一所新式学校——中华义学和益商学校，还参与创办了《商务调查月报》《光华日报》《光华报》《进华报》《缅甸公报》《觉民日报》等。辛亥革命成功，孙中山曾邀徐赞周出任中华民国高官，但他认为当初毁家革命只为中华民族，革命成功理当身退，谢绝了孙中山力邀，继续留在缅甸经商、著述和举办华侨教育。

无钱入学　仰仗庭训

徐四民出生时，正是徐家经济陷入困顿之季。1912年，徐赞周开办的新国烟草公司破产。幸得朋友借给资本，徐赞周转为经营鼎新书局兼印务。因经济紧张，徐赞周未请帮工，全靠着自己"躬操其劳，令家人子女分任各职"，以此营运公司。徐四民小小年纪就成为家里的排字工，他在所著的《一个华侨的经历——徐四民回忆录》中曾对此有过记述：

由于我出生后，家道中落，所以直到十三岁，才进了学校。在此以前，我却从来没有进过学校的大门。但是，我的启蒙却早在我刚刚表现出自己还有些怪性的时候，就在父亲的教诲下开始了。这位不受"束修"的蒙师，不仅教学认真，而且具有崇高威信，不由蒙童玩忽学业。从学认"人、手、刀、尺"到《三字经》《千字文》，到背诵《论语》《孟子》《大学》《中庸》，直到我攻读《古文观止》，都是由父亲讲授的。为了节约开支，又要兼顾我的学业，于是，我就变成了一名"家庭工读生"。当我长得能够排字、上机器的时候，我就变成父亲经营的仰光鼎新书局的"手民"——排字工人了。在此以前，我还"帮忙"搞过鼎新书局的店务，当过店员工人。我由排字房的学徒，很快就掌握了全部工艺过程，很快我就能操作一小时印一千张的"元盘"印刷机，受到家长兼老师的表扬。

当时，徐四民白天做工，晚上读书，虽然辛苦，但也因此读了许多书，他曾回忆说："邹韬奋主办的《生活》周刊，我总是全缅甸第一个读者。因为一打开邮包，我就先阅读起《生活》来了。""我的小学课程，是在诵读古文和自阅杂书、期刊中完成的。说实话，从这些'课外读物'中，我得到的知识是远比小学的课堂讲授的东西要多的。"

初中跳级　两进中学

徐四民13岁那年，进入马来亚槟城著名的钟灵中学上一年级。钟灵中学是徐赞周当年同盟会战友创办的。14岁时，回到仰光进入缅甸华侨中学读初二，因学业优良，半年后就跳班进了初三。15岁时，考上厦门大学预科，次年因大哥病故，徐四民回到缅甸。

父亲徐赞周对徐四民影响甚大。他自小看着父亲为国奔波，也深切体会到侨居缅甸的华侨华人热爱祖国和家乡的真挚情怀。1933年父亲去世后，他继承父志，支持爱国活动。

1936年，徐四民以同等学力考入厦门大学文科。

领导全缅　抵制日货

1937年7月7日，卢沟桥事变发生，徐四民回到缅甸，投身华侨抗日救亡工作。他积极奔走，宣传抗日，号召华侨坚决不买日货，参与发起创立抵制日货爱国团体。10月2日，缅甸华侨抵制日货总会在仰光成立，宗旨是：削弱日本经济实力，打击日寇，支援祖国抗战。

徐四民在《一个华侨的经历——徐四民回忆录》中曾这样回忆缅甸华侨抵制日货总会：

缅甸华侨抵制日货总会是以店员、学生及一般工商业者为基本成员的爱国群众组织。这些成员年轻热情，肯跑肯干，任劳任怨，所以很快就发展到一百多个分会，分布在缅甸各地、各个边远的角落。这个群众组织的工作是抵制日货、打击汉奸，以实际行动宣传抗日救亡。……

华侨抵制日货总会在打击奸商与汉奸的工作上，做得积极而又出色。总会派出人员到全缅各地的商店去登记各店所存的日货，限期售空。凡违反公约者先提出警告，进一步没收货物，集中焚毁。为了配合这项抵制日货的任务，总会还组织了一个不公开的"锄奸团"来开展对汉奸分子的打击、惩戒。对于屡戒不悔、态度顽固的奸商或经常出入日本领事馆、暗中破坏华侨救亡运动的汉奸，一般在闹市给予"涂乌油"；对于其中最恶劣的分子，甚至给以"割耳朵"的惩罚。为了避免日本领事馆的注意和殖民地政府的干涉，"锄奸团"对外名称为"促善团"。这个团的成员是由国术团体抽调的，一般都会些武功。

在执行任务时，召集人员，分配任务，以及决定惩罚对象的名单等等，则由"促善团"的五人小组研究决定，这个团体的行动是秘密的，使汉奸、奸商谈虎变色。一时间"打汉奸"的声浪此起彼伏，声势很大。现在回想起来，当年的行动显然"无法无天"。但是，我们所有的行动都是基于民族的仇恨。打击、惩罚的对象，又都是人人憎恶、民愤极大的汉奸。所以，那时候并没有什么人觉得我们的行为激烈过火，那些敌视抗日救亡的野心家和亲日派，面对这些爱国活动，也都束手无策，敢怒而不敢言。

1938年8月8日，缅甸华侨抵制日货总会还在仰光宁阳会馆举办仇货样本陈列所，向侨胞宣传识别和拒购日货。

傲骨凛然　威武不屈

徐四民在领导缅甸华侨抵制日货和募捐援国活动中，排除各种干扰，甚至置个人生死而不顾。

当时，日军为尽快吞并中国，很快占领了中国港口城市，在敌人封锁和包围下，唯一的对外通路最后仅剩下滇缅公路，一切军用物资都仰仗这条大动脉输送。国内一些发战争财的投机商和腐败官员也纷纷涌入仰光，腐败官员与投机商们在缅甸挥金如土，影响了一些华侨抗日救国热情。

为集合更多华侨力量为祖国抗战服务，徐四民数次利用缅甸华侨社会的国民月会讲坛，登台痛斥腐败官员与投机商，引起了一些相关人士的不满。

年轻时的徐四民夫妇

他们先是利诱，有的允诺给经费让徐四民开办一个滑翔机训练班，有的愿出资与之合作做生意，条件只有一个——让徐四民闭嘴。徐四民展现出了他富贵不能淫的傲骨，坦然拒绝在不少人看来是天赐良机的发财机会，坚持为民族利益发声。见徐四民不吃"敬酒"，仰光几十家经营日货生意的老板，放出风来，说是正在集资雇人把徐四民清除掉。还有一些奸商曾散布流言，并且诬告徐四民为"赤色嫌疑分子"，要求殖民政府驱逐徐四民。徐四民威武不屈，坚持斗争。

在抗日战争期间，徐四民与著名华侨领袖陈嘉庚结成了忘年之交。1940年3月，时任南洋华侨筹赈祖国难民总会主席陈嘉庚亲率南洋华侨回国慰劳视察团取道缅甸，经昆明回祖国视察劳军，并亲赴陕北，在延安见到毛泽东，目睹了陕北抗战情况。陈嘉庚回来后在缅甸华侨欢迎会上介绍国内抗战形势，特别是延安团结一致打东洋，军民一家，吏治清廉的事实，指出"中国的希望在延安"，这给徐四民带来了强烈的震撼，影响了徐四民的一生。徐四民在回忆录中称陈嘉庚缅甸之行"为南洋广大侨胞带来了光明的消息"，"每一忆及，在我的心灵深处依旧涌现一种景仰与感激之情"。

组建警队　保卫仰光

1941年12月太平洋战争爆发，12月22日日军开始轮番轰炸仰光，并肆无忌惮地向仰光街道闹市疯狂扫射。随着东南亚多地沦入日手，缅甸危在旦夕。

为保卫侨居国和抗击日本侵略者，徐四民临危受命，组织仰光华区义务警队。《一个华侨的经历——徐四民回忆录》中对此有这样记述：

> 缅甸华侨中的抗日青年一向被殖民地政府视为是一群不安分守己的滋事者、社会上的"危险分子"。过去，当局总怕这批抗日分子的种种爱国活动会激怒日本人。如今，形势急转直下，这批"危险分子"在殖民当局心目中，也变了样子，成了可靠的朋友，一支可以合作的防卫力量和维持后方治安的力量。
>
> 战争的消息显然不佳，市面上已呈现混乱现象。随着敌人的逼近，政府机构已经开始撤退，部分华侨也离开仰光，纷纷奔向缅北，准备随时回国到云南去了。在缅甸的首府，伴随着人心惶惶而来的是市井宵小之徒到处趁机活动，社会秩序开始恶化。……
>
> 在这种山雨欲来的时刻，我们接受了英军的委托，在华区组织起了义务警队，来维持沦陷前华区的治安。我与曾金德、林水石分别担任正副队长。由于有抵制日货总会的基础，再加上有各个爱国社团的青年朋友的支持，这个义务警队很快就成立起来，并且在组织建成后，立即上街执行任务。仰光华区的义务警队在街头操兵，巡逻守夜，工作认真负责，做得一丝不苟。由于这是纯属自卫性质的武装组织，又是尽义务，所以获得了仰光华区各界人士的支持。为了切身利害，各方面的领袖人物无不协助义务警队，并且一致称赞我们的服务精神。义务警队在华区维持秩序的时间，虽然仅仅为时一个月。但是，这种风餐如宿的战斗历程，却成为我一生中唯一的一次"军事生活"。

缅甸沦陷　坚守气节

1942年3月，日本侵略者攻占仰光。由于徐四民担任缅甸华侨抵制日货总会总干事，是日军要捕杀的抗日分子。日军进入仰光前夕，徐四民带着已有身孕的妻子郭素兰弃家离开仰光，开始了历时3年的艰苦危险的逃亡生活。

离开仰光后，徐四北艰难撤地至八莫那卯村。此时日军也截断棒赛公路，疯狂进攻八莫。日军攻下八莫的第二天，徐四民和26名侨胞被抓到军营，好在当地人尚不知这位高大的壮汉即是缅甸华侨抗日领导人之一，没有人指认他。日军准备将徐四民等27人一并枪毙示众。当时，审讯的宪兵队长注意到徐四民所戴的名贵手表，抓住他的手，聚焦手表，贪婪地看来看去，徐四民当机立断，把这块珍贵的结婚纪念手表脱下送给宪兵队长，宪兵队长的脸色瞬间转向和缓……一块名表换取了一张27人的通行证，大家死里逃生。

回到那卯村，徐四民决定快速离开八莫，因为这里已成为日本远征军缅北司令部所在地，大批日本正规部队陆续搭乘拖船来到这个军事重镇。

徐四民费尽周折，带着家人先到杰沙，在妻兄郭联裕介绍之下，先到了缅甸故都曼德勒，住在佛庙区。在此住了三个月，仰光又传来消息：缅甸抵制日货总会常委叶楷书和杨名题、李伯森、曾文照、林加樵等五位抗日救亡团体领导人被日军枪决，日军发出通缉令，到处搜捕徐四民，要将之抓去作为第二批杀害的主要对象。

风声越来越紧，徐四民决定再次转移。很快，徐四民携家人转移到缅甸中部丛林区的一个极荒凉的叫枝小镇。小镇北依叫枝山脉，森林密布。徐四民安家于镇中一个叫老山根的古村，古村位于丛林与江流相交之地且地势较高，对岸平原一带日本军车一到，老山根就能马上看到，可以及时通知村民离家躲避，撤入叫枝山。郭联裕的一个亲戚在老山根设有碾米厂，也正是因为这层关系，徐四民一家人得以来此避难。

徐四民在老山根开了一家小杂货店，改名"吴生埃"，艰难谋生。即使在这样的困境下，徐四民也未忘使命，他利用自己经常要到8英里外一个有火车站的大镇——秉丽贡去补货，通过各种方式了解、分析战争消息和形势，回来以后就像讲故事似的向大家讲述时事新闻，使得他的这家杂货店几乎变成了一个可以听到外界新闻的文化中心，不断给予大家抗战必胜、日本侵略者必被打垮的信心。他自己也成为当地百姓可信赖的人，这也使他一家人在这个山村里平平安安地度过了三年的沦陷岁月，也保住了自己气节。

抗战胜利　全缅侨领

1945年5月4日，仰光光复，各行业逐渐复苏。7月2日，徐四民重归仰光。回来后，徐四民发现自家的鼎新书局早已被洗劫一空，整栋大厦成为一栋空楼。随着撤离的华侨陆续回到仰光，徐四民敏锐地感觉到仰光华侨迫切需要一份立论公正、报道真实可靠、反应及时的报章。于是，他联合朋友，克服各种困难，着手筹办《新仰光报》。1945年8月5日，《新仰光报》问世。与之同时，他在自家楼下创立了鼎和公司，凭借机智营商之道，取得了全缅燕窝经销权和西德奥林比亚打字机等办公用品的全缅代理权，这种独家生意为徐四民在经济上打下了稳健的根基。

在办报与经商的同时，徐四民以强烈的社会责任感，满腔热情地服务华侨社会，光复不久就担任了全缅报人协会副会长以及巨轮社社长，并在服务社会中，成为当地侨界商会领导。1946年6月，缅甸华商商会复办，徐四民担任复办后第1至第3届的总干事、第7届副理事长、第8届和第9届理事长。

徐四民经商有成，他将不少财力与精力投入兴办华文学校，参与创办了当地的华侨中学、中国女子中学。

徐四民也成长为缅甸著名的社会活动家和华侨领袖。曾任缅甸联邦政府香港国际投资总商会首席特别顾问、总监，香港国际投资总商会访问缅甸经济考察团首席顾问。

祖国赤子　效忠一生

1949年10月1日，中华人民共和国成立，徐四民带领缅甸侨华侨名杰，升起了当地第一面中华人民共和国国旗。同年，他被邀请回国出席全国政协第一次会议，并担任第一届全国政协委员，正式开始其从政生涯。一九五四年，他当选第一届全国人大代表。

20世纪50年代初期，西方从政治、经济等多方面封锁新生的中华人民共和国，徐四民作为缅甸爱国侨领，负责接待借道缅甸的中国领导人，义务担任安全保卫工作，由此与周恩来、廖承志等领导人建立起深厚友谊。

20世纪60代初，缅甸军政府实行国有化，徐四民的生意被收归国有，当时的国务院总理周恩来通过驻缅甸大使耿飚传话，欢迎徐四民回国。1964年，徐四民举家回北京定居，担任了全国侨联的驻会委员。

1976年，徐四民举家来港定居。1978年，全国政协活动重新步入正常化，徐四民被选为全国政协委员，继续为国效劳，并在香港与志同道合者创办《镜报》月刊，针砭香港殖民政府的弊政，宣传爱国思想。

20世纪80年代初，中英开始就香港问题进行谈判，徐四民当时以七十高龄，积极投身过渡事务。1982年至1997年，先后被国务院港澳办和新华社香港分社委任为港事顾问，被全国人大任命为香港特别行政区基本法咨询委员会委员、香港特别行政区筹备委员会预备委员会委员、香港特别行政区筹备委员会委员，入选全国人大香港特别行政区人民代表选举委员会主席团，出任香港特别行政区第一届政府推选委员会委员。

为表彰徐四民为香港平稳过渡、顺利回归所作出的重要贡献，香港特别行政区政府向颁发最高荣誉奖章——大紫荆勋章。

徐四民是第一届、第五届、第六届、第七届全国政协委员，第八届、第九届全国政协常委，还曾为第一届全国人大代表。2005年9月2日，中共中央、国务院、中央军委向徐四民授予中国人民抗日战争胜利60周年纪念章。

徐四民一生赤诚地效忠祖国。在徐老的个人画册上，他曾亲自填词了一首动人的歌曲《我是祖国的儿子》："中国是我的祖国，也是我的伟大老师，我从祖国的存在中学习到许多真理。我爱祖国，尽管祖国也给过我不少痛苦，我爱我的祖国！我永远寄希望于她，虽然她曾使我失望过，我永远寄希望于祖国。所有这一切，是由于我是她的儿子，一个最诚实，可能也是最固执的儿子。"

2002年，时任国家主席的江泽民为表彰徐四民对国家的长期贡献，专门题词高度肯定他的爱国情怀，并由国务院港澳办副主任陈佐洱亲自送到徐老府上。题词曰："以弘扬正气之笔，写爱国爱港之情。"

2007年9月9日，徐四民病逝于香港，哀荣备至。

高云览

高云览（1910—1956年），本名高怡昌，又名高友庆、高仲约，笔名健尼、耶鲁、法鲁，福建厦门人，新加坡归侨，著名作家、记者。曾任中国左翼作家联盟盟员、厦门中华学校教师、马来亚麻坡中华中学教导主任、新加坡南洋女子中学教师、马来亚华侨抗敌后援会会员、新加坡《南洋商报》特派中国战地记者、南洋华侨回国慰劳视察团团员、新加坡华侨文化界战时工作团团员。

左翼作家　红色生活

1910年5月14日，高云览生于福建省厦门市桥亭街，父亲自小到南洋拼搏，积攒下一些钱后，回厦门开了一家小酒店，但兵荒马乱，生意一直不太景气。高云览幼年生活凄苦，7岁入学就读，但因家贫几次失学，时断时续，一直到14岁才小学毕业。

小学毕业后为养家，高云览到附近的一家小学当教师，赚了几个学费后，不舍得花，全存下来，留作日后读书用。

1926年，高云览用这些钱北去上海，进入华侨办的上海泉漳中学读书，在此接受进步思想，并结识了许多共产党员和共青团员，不久加入共产主义青年团。

壮年高云览

1927年，父亲去世，家中生活重担落到刚满17岁的高云览肩上，他只好辍学回到厦门，在厦门和漳州等地，当过记者，当过教员，生活依旧艰难。

1930年5月，白色恐怖笼罩厦门，思明监狱里囚禁着40多位革命同志。把狱中的同志全部营救出来是当时革命形势发展的需要，也是党组织的一项重要任务，中共福建省委经过多次讨论，做出劫狱决定。25日早晨，随着监狱里的一声枪响，11名破狱特务队带领40多位狱中同志冲出监狱，前后只用了10分钟时间。

厦门的劫狱事件震撼全国，也使高云览涌起了创作冲动，他下决心"把这个事件化成笔端下的文字"。不久，党组织派地下党员傅树生交给高云览一本记载劫狱材料的油印册子，嘱咐他写成小说。受命之后，他日夜伏案，从1930年秋到1931年夏，一部以劫狱斗争为线索的中篇小说《前夜》终于收笔，21岁的高云览也完成了自己的小说处女作。

1932年初夏，高云览再次来到上海，进入公时中学当教员。同年10月，加入中国左翼作家联盟，之后他与杨骚、穆木天、蒲风等"左联"作家一起成立了中国诗歌会。他创作的诗歌中的一些名句抗战中被人反复吟诵，如："起来！四万万的中国人！／冲开帝国的牢门，／从此翻身！"他的处女作中篇小说《前夜》，也在这年由上海湖风书局出版发行（署名高健尼），在高云览尚未发表的《我的自传》里曾谈及此部著作出版经历："1932年，我把《前夜》寄给丁玲主编的《北斗》杂志，适丁玲被捕，《北斗》也被封，《北斗》的另一编者便将《前夜》交湖风书局出版为单行本，笔名为'高健尼'。"这一年8月10日，采用第一人称日记体形式的小说《前夜》问世。

由于当局对左翼文化的"围剿"，高云览从上海返回厦门，执教中华中学。他一边从教，一边开展进步文学活动，先后组织文学研究会、戏剧社，以此为平台，团结进步文化人，从事革命文艺活动。厦门进步文化团体举行追悼鲁迅先生大会时，高云览被推为大会总主席，代表主席团致悼词。

南洋记者　铁笔抗日

1937年冬天，高云览赴马来亚工作，先进入麻坡中华中学当教师，次年升任学校教导主任。期间，参加了马来亚华侨抗敌后援会，带领学校师生走上街头，以歌咏会、报告会、演讲会、诗歌朗诵会等形式，宣传抗日救国；还组织学生深入城乡，开展义卖、义捐等工作。

1938年，高云览前往新加坡，执教南洋女子中学，加入南洋华侨筹赈祖国难民总会，撰写了不少抗日宣传作品。

1939年，高云览以《南洋商报》战地记者身份，偕同张楚琨回国，深入云南、广西、湖南等西南大后方和前线采访，撰写了大量新闻报道。1940年，高云览参加陈嘉庚率领的南洋华侨回国慰劳视察团，再次回国，赴西安、重庆，先后受到林伯渠、周恩来、叶剑英等首长接见，并与廖承志、宋庆龄会晤。

高云览在南洋

两次回到战火纷飞的祖国，高云览撰写了大量的新闻消息、新闻述评、新闻分析与新闻通讯，刊发于《南洋商报》与《星岛日报》，使南洋华侨深受鼓舞，坚定了抗战必胜的信心。其中，《记陈嘉庚先生在祖国》《陈嘉庚先生对祖国的影响》《日本在桂南的"自杀"》《我国怎样抵抗轰炸》《重庆不怕轰炸》《在炮火中苦斗的祖国士兵》《缅甸访华团在中国》《在桂南前线观察桂南战局》《文化将军冯玉祥》《一年来的中日货币战》《在祖国所见到的伤兵》《不放鬼子渡黄河》《一年来目击敌军的衰退》《在西北的日本俘虏》《我在祖国所见的难童》《叶挺将军访问记》《抗战中的红十字会》《负责指挥华南军事的两位将军》等，在南洋产生积极影响，对动员华侨继续全面支持祖国抗日发挥了促进作用。

避难苏岛　坚持斗争

1941年12月，太平洋战争爆发，日军进攻南洋诸国。高云览和新加坡华侨文化界进步人士一起，积极奔走，成立了以胡愈之、王任叔等人为核心的新加坡华侨文化界战时工作团，开展抗日宣传、组织工作。又协助创办华侨战时青年干部训练班，吸收有志抗日的华侨青年和学生参加。

1942年1月初，著名华侨领袖陈嘉庚挂帅成立了新加坡华侨抗敌动员总会，高云览参加抗敌动员总会工作，参与进行抗日御敌宣传。当月月底，日军前锋距离新加坡仅隔一道狭小的柔佛海峡。新加坡军港和市中心区都在敌人的炮火射程中。再加上敌人的飞机狂炸马六甲海峡的船只和沿岸的码头，新加坡被围得像铁桶一般。

1942年2月初，日寇兵临城下，新加坡华侨抗敌动员总会主席陈嘉庚曾经向新加坡总督汤姆斯（又译"汤姆森"）提出交涉，要求英军在撤离新加坡时，为抗敌动员总会工作人员安全撤退提供方便，可是汤姆斯总督却一口拒绝。

面对这一险情，高云览和抗敌动员总会的文化界人士开会商议对策。大家一致认为，英国政府既然没有死守新加坡的决心，留在围城中，白白牺牲，也毫无意义。所以决定雇小船渡海，撤退到苏门答腊，再作打算。

1942年2月4日清晨，一只破旧的难民船，载着高云览和郁达夫、胡愈之、邵宗汉、王任叔等一批抗日文化名流，悄悄地从新加坡出发。正当这只小船驶出港口时，敌人大编队的轰炸机已经袭来，隐约听到新加坡市内响着警报，接着是一片爆炸声。

高云览避难苏门答腊岛期间，在不断躲避日寇的追捕中，坚持在华侨中宣传抗日，坚定华侨抗战必胜的信心。为谋生，高云览和郁达夫等人还开办"赵豫记"酒厂、钾皂厂等。流亡期间，高云览完成长篇小说《春秋劫》的创作，日本投降后在马来亚槟城《现代周刊》连载。

红色商人　创办新报

1945年8月抗战胜利之后，蒋介石挑起内战。此时，马来亚、新加坡各大小报多属国民党控制，对内战的歪曲报道蒙蔽了许多爱国华侨，高云览和张楚琨等决定办一份"让华侨听到正义心声"的报纸。

为积蓄办报资金，高云览、张楚琨两位文化人决定涉足工商业。三个月后，一家经营胡椒、橡胶等土特产品的钜元公司，在新加坡开始对外营业。短短4个月时间，他们传奇式地赚了百万元叻币，并先后购进两艘远洋轮船——"南元"号和"南美"号，成立了船务公司，紧接着汇兑业务应运开张，钜元公司生意蒸蒸日上。

1946年11月，陈嘉庚领衔创办《南侨日报》，高云览成为股东之一。

被驱回国　赤诚奉献

1949年，在祖国解放战争中，高云览与张楚琨，奔走指挥"南元""南美"两船运载解放军的军需物资、印刷机和文工团员等。同年，在新加坡被英国殖民当局以"通共"罪名逮捕，后以"红色商人"之罪名驱逐出境。钜元公司撤往香港，"南元"号轮船以象征性价格转让给新成立的人民海军。

1950年，高云览举家回国，定居天津。1951年，高云览在天津设立钜兴进出口贸易公司。1952年，高云览开始创作长篇小说《小城春秋》，再现1930年震动全国的中共地下党厦门劫狱事件。1953年，经廖承志请示周恩来总理同意并批准，高云览等将"南美"号轮船捐献给国家。1955年，高云览将钜兴进出口贸易公司交给国家，公司所有资金交天津投资公司处理。

1956年，高云览在完成《小城春秋》第六稿之后，因肠癌手术并发症，于6月12日，在天津人民医院逝世。

半年之后，高云览遗著《小城春秋》正式出版，后又由作家出版社、人民文学出版社等再版、新版。作品还被改编成连环画、拍成电影，被译成英文、法文、西班牙文、俄文、日文等文字。以这部脍炙人口的长篇巨著，高云览奠定了在当代中国文学史上的重要地位。著名作家冯牧撰文评价称："《小城春秋》与《青春之歌》一样，一南一北，互相辉映。"

抗日战争时期回国采访的高云览（前排左一）

郭 可 讱

郭可讱（1915—1989年），福建福州人，美国归侨，著名铸造学家、教育家。曾任昆明中央机器厂助理工程师、美国金属学会委员、上海中央机器厂高级工程师、大连工学院热加工研究室主任、铸工教研室主任、院学术委员会委员、院图书馆馆长、院教学法委员会主任、辽宁省政协常委。

抗战期间　科研助国

1915年3月，郭可讱出生于满门进士的福州黄巷郭家，为清进士郭柏荫的玄孙、郭式昌的曾孙、郭曾準之孙。郭可讱的父亲郭则溉是一位受人尊敬的铁路工程师，早年毕业于同济大学，抗日战争时期奔走于西南，参与建设滇缅公路。

郭可讱幼年随父母迁居北京，自幼学习优良，受父亲实业报国影响，立志学习工科，高中毕业后以优异成绩考入天津北洋大学工学院冶金系。毕业后进入昆明中央机器厂任助理工程师。

郭可讱

1941年，抗日战争进入最艰难时刻，国家急需钢铁，郭可讱排除万难在昆明成功地制造、安装了云南省第一台3吨炼钢电炉并投入生产。1942年，他又研究成功了高强度铸铁轧辊。1943年，又研制成功1吨炼钢转炉。

在美深造　听党召唤

也正是因为郭可讱在抗日战争中所取得的科研成果，1946年岁末，郭可讱被选赴美国深造、学习。

郭可讱抵美后，相继在美国卡内基工学院、匹茨堡矿业研究所实习、研究，以所展现出的研究能力和成果，被美国金属学会吸收并任委员。

中华人民共和国成立前夕，为了迎接全国经济建设和文化建设的高潮，中共中央于1948年9月14日批准了旅大地委、东北局关于在大连创办一所正规大学，以培养高级建设人才的建议。

1948年年底，正在美国学习的郭可讱突然接到中央大学生生物学教授沈其益来信，介绍中国共产党将在东北解放区办第一所工科大学急需人才，希望他归国办学。沈其益是中国卓越的植物病理学家、农业教育家和科技组织工作者，新中国成立后长期担任北京农业大学教务长、副校长。

沈其益与郭可讱的进一步交往，使之对中国共产党政治主张有所了解，本就对蒋介石统治极度失望的他决定回国，跟着中国共产党走。

郭可讱立即收拾行装，并购买了大量科学资料，踏上归程。1949年2月抵达上海，赴已迁至上海的中央机器公司工程师。

辗转多地　驰赴东北

据郭可讱的外甥回忆："1949年年初的一个周末，在上海我的大姨家，有好几位郭家亲戚聚在一起。告别时，炎舅（郭可讱）幽幽地说了一句'我要去香港了，如果有人来打听我在哪里，你们就说不知道'。我那时10岁，炎舅是我最爱戴的一位长辈，听到他的话，我很想多问几句，但是看到大人们都不说话，我知道是件重大的事，不能打听。"

1949年2月16日，郭可讱乘美国邮轮去香港。在船上，经沈其益介绍，认识了同行的留美科学家毕德显、王大珩、生物学家何琦、李士豪、汪坦及其夫人马思琚（音乐家）。

在香港，郭可讱见到了医学生理学家沈其震，他正在为刚刚创建的大连医学院招收人才。沈其震（1906–1993年），中华人民共和国成立后相继担任大连医学院院长、中国医学科学院副院长、农工民主党中央副主席等职，为中国科学院院士。郭可讱与沈其震在香港招聘的医学专家杨济时、李辰、周辉、陈文相谈甚欢。同时，还与物理学家严济慈（后任全国人大常委会副委员长）及严希纯（中国致公党主席）等深谈，更加坚定为中国共产党服务的决心。

3月10日，在港的11位北上专家由郭可讱和汪坦带队，在香港乘苏联货轮AZOV"非法出境"，前往朝鲜。沈其震仍留香港，安排第二批来大连专家事宜。在3月18日左右，船停泊在朝鲜的兴南港。第二天，郭可讱一行11人乘火车到达平壤，住在东北人民政府驻平壤商务代表处。之后，经沈阳于同月28日清晨5时抵达大连，对当时的心情，晚年的他还记忆犹新，在回忆录中写道："我们渴望已久的来解放区工作的目的终于达到了！"

建校元老　功勋教授

郭可讱是大连工学院建校元老，他先任机械系副教授，1980年晋升为教授。曾先后担任热加工研究室主任、铸工教研室主任、大连工学院学术委员会委员、院图书馆馆长、院教学法委员会主任、辽宁省政协常委、国家科学发明评选委员会机电小组成员、全国铸造工艺及型砂组技术顾问、省机械工程学会铸造学组副组长、旅大市金属学会筹委会代理主任。1956年，他代表旅大市出席全国金属学会成立大会。

郭可讱在大连工学院奋斗了一辈子，为大连工学院的发展做出了重要贡献。

郭可讱在大连工学院（大连理工大学）除担任大量的教学工作外，还从事多方面的科研工作，对推动我国铸造技术的发展做出了积极贡献。1953年，他指导学生在大连机车车辆工厂研制球墨铸铁成功，是我国最早一批推广球墨铸铁的科技工作者；1956年在一机部召开的全国铸造工作会议上，他专门作国外铸造工艺研究情况报告，引起高度关注；1957年，他研究水玻璃砂冷硬法，论文在《铸工》杂志上发表。在一机部全国铸造科研课题选题会上，他作了水玻璃砂研究课题的学术报告，使我国水玻璃砂得到普遍推广。1960至1963年，郭可讱研究铸件粘砂和包砂理论，曾指导青年教师用水模拟研究铸件缺陷。他还在炼钢、高强度铸铁、水玻璃型砂、铸件凝固及金属净化等多方面做了大量工作，先后在国内外发表100多篇学术论文。不少课题的成果达到国内先进水平和国际水平，也奠定了他在国内学界的较高威信。

郭可讱学术成果颇丰，获得不少奖项。其中，大型铜合金螺旋桨凝固过程的研究论文，在1963年全国第三届铸造年会上宣读，获得辽宁省科技二等奖；铜合金炉前测氢仪，铝青铜包内吹氮新工艺及低压铸造侧面装置，获国防科委三等奖及国家发明三等奖。后来，该教研室又有8项科研成果通过学术鉴定，他和金俊泽教授合作研究发表的大型铸件凝固过程数值模拟及冒口优化设计等论文获国内外学者的高度评价，开创了数值模拟技术在我国铸造业应用的先河。

1978年之后，在郭可讱的领导下，铸工研究室的科研工作取得了显著成绩。以他为首的铸件凝固控制研究室，曾担任国家经委、国家科委、教育部和机械工业部重点科研项目，并招收了近10名硕士研究生，1984年开始招收博士研究生。

1989年6月28日，郭可讱病逝于大连。他虽然走了，但他对国家的忠诚和自强不息、勇于开拓的精神，成为大连理工大学的精神财富，被称为"领航灯"般的人物，被评为大连理工大学十大功勋教师之一。全部由大连理工大学学生创作、排演的大型话剧《功勋教师——郭可讱》，在校园里经演不衰，被中央媒体盛赞为"创新育人载体，打造文化精品"。

郭可诠

郭可诠（1911—1987年），字淞帆，福建福州人，法国归侨，著名建筑专家、水电专家、石油专家。曾任天津市政府技士，天津市工务局技正，广西农田水利委员会副工程师，经济部工矿调整处驻越南海防代表、工矿调整处副组长、重庆物资库主任，甘肃油矿局业务处处长、协理、代理总经理，中国石油公司协理兼甘青分公司经理、代理总经理，华东军政委员会工业部企划处副处长，中央财经委员会计划局基本建设处副处长，中央燃料工业部水电总局设计处工程师，国家水电科学研究院副总工程师，国家水利电力部北京设计院副总工程师，国家电力部科技委员会委员、科技情报研究所高级工程师，国家水利电力部科技情报研究所高级工程师、学术委员会委员。

名门之子　留学法国

郭可诠为闽都望族——福州黄巷郭家子弟，是曾任广西巡抚、署理湖广总督郭柏荫六世孙。郭可诠祖父郭曾炘晚清时曾任礼部右侍郎、实录馆副总裁，修《德宗本纪》，为《清史稿》总纂。父亲郭则澐是晚清进士，民国时期曾任国务院秘书长、经济调查局副总裁、侨务局总裁，抗日战争期间，拒任伪"礼制会顾问"、伪"北京政权秘书长"、伪"华北教育总署署长"等职，不但以文学称著于时，更以风节为同辈所推重。

郭可诠早年受家学熏陶，国文底子深厚，后又进入新式小学、中学，精通英、法两国语言文字。高中毕业时，因有志于实业救国，考入天津工商大学土木工程系。1933年以优异成绩毕业后，进入天津市政府做技术工作，先后担任天津市工务局、商品检验局技士。1935年年初赴法国留学，在格鲁诺伯大学水利工程学院得工程师学位。1937年回国，任天津市工务局技正。

抗战岁月　西南建功

1937年7月抗日战争全面爆发后，坚决不当亡国奴的郭可诠，穿过敌人道道封锁线，历尽艰辛来到西南，在广西农田水利委员会任副工程师。在帮助战时广西农村兴修水利的同时，还对西南诸省的水力资源作了详尽调查，积累了大量资料。

在这之后，郭可诠奉调越南海防。1937年9月6日日本宣布封锁除青岛和租借地以外的全部中国海岸并关闭海岸港口，企图切断中国抗战物资的供应。这样，中国国民政府在争取国外援华物资的同时，又得争取这些外援物资（军用物资、生产资料及部分生活资料）和国内物资（用于交换的物资如矿产品等）通过相邻国家输入或输出大陆的便利。其中，法属印度支那（越南）的水运线（海防港）和陆运线（海防—昆明的滇越铁路及越南连接中国的一些公路）是当时的主要过境运输线，特别是沿海工厂内迁也需要借道越南海防。为此，国民政府经济部特设置工矿调整处，专司民营工厂内迁事务，该处处长由经济部部长翁文灏兼任。当时，法国政府对日本采取绥靖政策，牵制我国物资内运，工矿调整处亟需懂法语、有高度协调能力且又深悉工厂技术装备的人才前往做联络交涉工作。郭可诠学理科出身、长期从事技术工作，于是被任命为工矿调整处驻海防代表，负责协助民营工厂内迁的工作。

郭可诠在越南海防工作一年多，奔走各方，多方协调，常常夜以继日，出色完成了各项任务。回国后出任工矿调整处副组长。此后，郭可诠调到重庆，任物资库主任。

玉门油田　开发功臣

郭可诠至交孙越崎

抗日战争全面爆发后，我国东部铁路线大多陷于敌手，西部大后方的汽车运输又因沿海口岸的相继陷落，失去进口燃料的渠道，中国公路运输几乎陷入瘫痪，不得不又重操人拉马驮，当时曾有"一滴汽油一滴血"之说。1940年，国民政府资源委员会决定开发玉门老君庙油田，以应战时急需，组建甘肃油矿局。

1941年，甘肃油矿局正式成立，孙越崎任总经理。当局要求两年内生产出石油成品。当时翁文灏兼任资源委员会主任委员，他在兼任工矿调整处的时，对郭可诠的工作能力十分认同，与孙越崎商量后决定，调郭可诠到甘肃油矿局担任业务处处长，不久又升任协理。郭可诠由此参与了我国第一个石油基地——玉门油田的开发，当时他主要任务，是在重庆办理石油开采、炼制设备器材的组织供应和油品销售业务。在油田初步钻探见油时，立即向国外订购钻井、炼油及油田建设所需之专用器材与成套设备。但等到国外订货陆续交货时，太平洋战争爆发，香港、缅甸、越南等已沦陷，所有外购器材，堆放于香港、海防、仰光各地，难以运进，使得玉门油田无法开采加工。

为克服这一非常困难，郭可诠心急如焚，到处奔走，一面四处收集当时后方市场上一切可能获得的材料，以供玉门油田开采和炼制需要；一面奔走招募工程技术人员，根据内地技术条件可以达到的制造能力，设计炼油成套装置，并利用他在经济部工矿调查处工作多年积累的人脉资源，委托民营工厂加工赶造，及时安装投产。为此，郭可诠也成为中国第一个组织研制油田生产设备的人。

在两年期限内，玉门油田在极其困难的情况下，独立自主如期产出汽油、煤油等产品，首开我国自产石油产品的新纪元，为战时石油补给来源打下基础。孙越崎在甘肃油矿局的生产庆功会上曾称赞郭可诠这一成绩，比喻为"转漕关中，萧何之功"。

整个抗战期间，玉门油田从无到有，从小到大，快速成长，历经日机轰炸、1941年井喷大火和1943年的特大洪水等重重艰难险阻，从1940年至1945年，共实现钻井61口，产原油7866万加仑，炼产汽油1303万加仑，煤油511万加仑，柴油近72万加仑，此外还有石蜡等副产品，给予抗战巨大的物质力量支持。抗战时期川、甘、陕、新及宁夏、青海部分区域，所用油皆赖其供应。

抗日战争胜利后，郭可诠出任甘肃油矿局代理总经理。此时，当局以财政困难为由，停拨玉门油田创业经费，但要求生产自给、基建工程照常进行。

面对众多难题，郭可诠沉着应对。可就在这时，因第二次世界大战结束，外国石油公司重新来华倾销，影响了玉门油田石油销售。郭可诠向管理要效益，强化管理，改进设备，优化生产程序，降低生产成本，不要国家一分钱，使油田基本建设快速推进，生产自给有余。在郭可诠努力营运之下，玉门油田发展甚快。当1946年年初甘肃油矿局归并中国石油公司时进行财务结算，玉门油田结余外汇

20世纪40年代玉门油矿矿区大门，前景可见老君庙路版，后景四个立柱处为矿区大门

100余万美元、30余万英镑。也仰仗着这笔巨资，在当时国家财政极其困难之时，中国石油公司在成立之初得以有充裕外汇资金开展工作。

石油战线　一员骁将

1946年年初，中国石油公司创立，甘肃油矿局改组为中国石油公司甘青分公司。国民政府经济部长翁文灏出任中国石油公司董事长兼总经理，郭可诠出任协理兼甘青分公司经理，主管西北石油生产和资源勘探。

郭可诠走马上任后，从玉门油田和中国石油工业长远发展着眼，五管齐下：扩大玉门油田打井范围，提升产油量；建设新式炼炉，汽油产量提升一倍以上，车用汽油的质量接近国际水平；加快自制设备，为扩大油田产量提供支撑；扩大油田勘探，用两年时间查明了玉门老君庙油田的地质情况和储油规模；吸纳人才，建设技术梯队，同时采取多种措施培训员工。在他努力下，玉门油田不仅成为中国最早的石油基地，也成为中国石油工业技术研发与人才培养基地，为中国石油发展奠定了扎实的基础。中华人民共和国成立之后，玉门油田又为全国各大油田输送了10万干部职工和4000多台套设备，成为新中国石油工业的摇篮。

守厂护所　居功至伟

1948年秋，郭可诠调回上海，专任中国石油公司协理。1948年10月，时任中国石油公司董事长翁文灏、总经理张兹闿撤往台湾，郭可诠出任代理总经理。

在孙越崎的影响下和中共地下党的帮助下，郭可诠决定誓死保住中国石油公司在上海的所有资产，以交给中国共产党领导的新中国。

当时，中国石油公司仅在上海就储备巨额价值的器材、油料，尤其在浦东有两大储油所，储存着原油及各种成品十余万吨，为保护中国石油公司在上海的资产安全，郭可诠与中共地下党合作，制定了周密的护厂方案，以总经理之名领导全局工作，他还巧妙地利用员工福利名义，组织基层分头进行扩厂。

为了保护油库安全，郭可诠利用国民党军队怕死想逃的心理，并了解到守沪各部的矛盾，发文致淞沪警备司令部：储油所一带万一发生战事，油库中弹爆炸，黄浦江将成一片火海，谁也难撤，后果不堪设想。为了保护军队用油，要求不得在油库附近作战，作战部队不要进入油库。淞沪警备司令部同意他的要求，发布作战部队不得进库的布告，且派一营驻军进库守卫。直到临中华人民共和国成立前一日，这一营军队又被动员说服，向解放军缴械后撤离，护厂任务胜利完成。存放在上海的数百万加仑汽油和煤油、数十万吨柴油和燃料油、六万桶原油及大批器材得以保存。

1949年5月，上海解放。郭可诠将保存下来的中国石油公司在上海的资产完整地移交给华东军政委员会军代表徐今强，徐今强后曾任化工部部长及煤炭部部长。大量的汽油、煤油、柴油和燃料油，为人民解放军继续南下解放全中国和上海恢复生产、保证市区正常供水供电等方面，都起了很大作用。库存的大宗器材设备，于中华人民共和国成立后，及时提供给陕、甘、川各地区，使石油勘探开发得以迅速开展。郭可诠作为当时护厂领导者，居功至伟。

保全设备　建炼油厂

1949年10月，华东军政委员会成立华东工业部，郭可诠调任工业部企划处副处长。上任后，他积极建言在上海建炼油厂。

原来，当年郭可诠在玉门油田主持的石油勘探，证明了玉门油田的丰厚储量，在抗日战争胜利后，他和同仁们力主在南方政治经济文化中心建炼油厂，以节约外汇、降低成本。中国石油公司为此购买了一套炼油设备，准备在上海建厂炼油。

正要建厂，美国石油公司通过蒋介石的顾问拉铁摩尔进言：在上海建厂炼油，不符合美国在华商业利益，是不友好的行动，总统应制止。正需要大量美援打内战的蒋介石，立即向翁文灏下令：不许建造。因此这套设备一直存在上海，经郭可诠设计保护，没有被运往台湾。

1983年9月在内蒙古支边的孙越崎（中，全国政协常委、民革中央副主席）、吴京（左，全国政协常委、民革中央候补委员）和郭可诠

上海解放后，郭可诠立即向徐今强同志报告了这个情况，同时建议：利用这套设备和保护下来的六万桶原油，建设炼油厂。时任华东军政委员会工业部部长的汪道涵和副部长孙冶方批准了这一方案。于是，上海市政府在高桥着手建厂，于1957年建成了一座日炼1500桶原油的炼油厂，成功地补充了当时上海军民用油的急需。这个厂后来发展成为高桥石油化工总厂，被誉为中国化工工业的摇篮。

转战多业　皆有建树

1950年年初，郭可诠因对经济多领域熟悉，作为难得人才，调到中央财经委员会计划局任基本建设处副处长。当时中国百废待兴，需要进行大规模基本建设。1951年，中央财经委员会在陈云同志指导下，由宋劭文领导计划局副局长孙越崎和基本建设处副处长郭可诠、吕克白等通力合作，制订了《基本建设工作程序条例》，规定了在基本建设中进行勘探、设计、施工、验收等应遵守的规程。此条例经中央财经委员会批准，于1951年3月以中财委计（建）字第984号文件颁发全国各大行政区，省、市、自治区。在第一个五年计划期间，全国的基本建设，都是按照这个文件规定的规程实施的。

1951年12月，郭可诠参加了广西壮族自治区的土改工作。在土改结束时评为乙等奖。1952年，党号召技术人员归队，郭可诠过去是学水利工程的，因此调任中央燃料工业部水电总局设计处当工程师，主持筹建科学试验所，建成后担任总工程师，领导所内的技术工作。

1956年，电力部成立水电科学研究院，郭可诠出任副总工程师，在领导试验研究工作的同时，还担任木樨地新院及试验水电站的规划、设计、建设工作，还负责筹建水力实验机构，为许多水电工程的设计提供设计数据和方案，西北刘家峡水电站等大型水电设施建成，郭可诠都做出了积极贡献。

1958年水利、电力两部合并为水利电力部，两部的科研机构也合并。1964年，郭可诠调任水利电力部北京设计院副总工程师。1979年，水利电力部又分为水利、电力两部。郭可诠出任电力部科技委员会委员、科技情报研究所高级工程师。1981年，电力、水利两部又合并为水利电力部，郭可诠被任命为科技情报研究所咨询、高级工程师、学术委员会委员，在新岗位上为我国能源建设进行了大量工作，并提出许多宝贵建议。1984年，郭可诠当选为第六届全国政协委员。

1985年，郭可诠身患肺癌，仍抱病参加西南地区多项大型水电建设论证会，病榻上还坚持翻译国外技术文献。

1987年2月，郭可诠病逝于北京。

郭可信

郭可信（1923—2006年），福建福州人，瑞典归侨，著名物理冶金学家、晶体学家。曾任瑞典皇家工学院助理研究员，瑞典乌布撒拉大学研究员，荷兰皇家工学院研究员，中国科学院金属研究所研究员、副所长，中国科学院沈阳分院副院长、院长，辽宁省科学技术协会主席，中国科学院北京电子显微镜开放实验室主任，中国科学院物理研究所研究员。中国科学院院士。

三代进士　五子登科

郭可信为福州名门望族——黄巷郭家子弟。高祖郭柏荫早年登进士，曾任广西巡抚、湖北巡抚、署湖广总督，郭柏荫兄弟五人皆登科第，留下"五子登科"美名；曾祖郭式昌进士及第，曾任台州知府、金衢严道道台；祖父郭曾準曾任上饶县知县、义宁州知府，兄弟三人皆登进士；父亲郭则溉，号铁梅，以号行，早年毕业于同济大学土木系，一生致力于铁路工程建设，1951年曾向铁道部捐赠工程图书，铁道部登报表彰。

郭可信铜像

1923年8月23日，郭可信生于北平，兄弟五人，其居四。大哥郭可切、二哥郭可詹均留学美国，退休前分别是大连理工大学和西南交通大学的资深教授；三哥郭可察大学毕业后曾先去美国工作，回国后也在高校任教，退休前为西安公路学院的资深教授，中国著名汽车工程专家。郭可信弟弟郭可评毕业于上海交通大学，退休前是国防科工委某研究所的高级研究员。因兄弟五人皆学有所，家乡人称之新"五子登科"。

万里流亡　烽火问学

郭可信是在抗日战争烽火之中完成自己小学、中学和大学教育的，一路流亡一路求学，目睹山河破碎，人民流离失所，他从切肤之痛中感受到国家不强盛就会挨打，人民免不了受迫害，更加排除万难发奋学习。

1926年，郭可信父亲去黑龙江修建呼（兰）海（伦）铁路，后举家北上定居，住在哈尔滨市南岗区。1931年秋，郭可信在南岗喇嘛台第十七小学读书。日本关东军在当年9月18日攻打沈阳北大营，东北军总司令张学良接到蒋介石不抵抗密电，沈阳及整个东北很快沦陷。日军在同年冬天攻占哈尔滨，首先攻进南岗并发射不少炮弹，他们全家在夜里仓皇逃到松花江畔的道里区，可是第二天这里也被日军占领。之后学校虽然复课了，但是有些老师陆续失踪了。后来郭可信才知道有的参加抗日救国军去了，有的被日本侵略者抓去了。

1936年，郭父去重庆修成渝铁路，郭可信兄弟留在天津读书。他进了南开中学。1937年7月7日，卢沟桥事变爆发。7月28日拂晓，日军攻占天津。郭可信哥哥带着他逃到天津英租界的姨母家，接着又乘英商太古公司的轮船经大沽口逃到青岛。那时在华北各地都有接待平津流亡学生的组织，安排食宿交通，送学生去后方。他记得在从济南去南京的途中还赶上日机来袭的警报。

14岁的郭可信从青岛再逃亡到济南，又从济南逃难到南京，再从南京辗转逃到重庆，到重庆南开中学读初中三年级。

1938年年底，日军为逼蒋介石投降求和，对重庆大肆轰炸，死伤无数，郭可信一家只好迁往重庆北碚，但依旧饱受轰炸之苦，有回一颗炸弹直接落入郭家，幸亏未炸。那年夏天，几乎天天夜里都有敌机来袭，南开中学和沙坪坝的几所大学成了日军轰炸重点，郭可信和同学们只能扛着铺盖到学校附近田野里去睡，白天照样上课。因为日军轰炸频繁，郭可信还学会从炸弹与空气的摩擦声猜出落点的远近。一次有颗日军炸弹就在离他几十米处爆炸，所幸趴在弹片飞起的死角之内，但依旧被炸弹掀起的灼土烧伤了背。1941年夏天郭可信参加高考也遇上空袭，是在日机的轰鸣声和炸弹的爆炸声中考上已迁到黔北的浙江大学，读化学工程。

1944年冬天，日军铁蹄踏破贵州，陷独山，直逼都匀，贵阳告急。郭可信与100多名同学决定投笔从戎，上前线打鬼子，参与军事训练。

1945年8月日本投降，郭可信回到浙江大学重修四年级课程。1946年夏天毕业时正值第二届公费留学考试，他考取去瑞典学习冶金，为了能更好学习，他还专门去重庆最大的大渡口钢铁公司实习了一个月。

1947年夏，郭可信怀揣"读书救国"之心启程前去瑞典深造。

瑞典专家　成果颇丰

20世纪40年代的瑞典，以制造优质合金钢著称于世，特别是SKF的轴承质量极高，第二次世界大战时盟军曾派潜水艇去瑞典西海岸偷运瑞典轴承和诺贝尔家族独占全部股份的Bofors钢厂大炮。

1947年秋天，郭可信抵达瑞典的斯德哥尔摩，进入全瑞典唯一设有冶金系的皇家理工学院，专攻合金钢。

在瑞典，郭可信学习非常刻苦。晚年，他曾忆起那段日子：

> 我是在山沟里油灯下念的大学，初到未受战火波及繁荣富有的瑞典，连实验室煤气灯都不知道怎么点，受到一个英国实验员的嘲笑。外国有一句谚语，"笑到最后的才是最好的"，那小子到老还是一个实验员，我这个土包子没几年后就当了研究员。不是他素质不如我，而是他没有抱负，没有理想，而我是发愤图强，要为中国的科学繁荣贡献一份力量。

郭可信和研究人员很快在研究中，发现了稳定的Al-Co-Cu及Al-Co十次对称准晶，从而在十次对称准晶研究中起了带头作用。因不满导师落后的科研思维和野蛮的工作作风，他放弃了三年多的研究成果、在读的学位、固定的工作，换取了更好的科学研究环境。后来，他还曾到乌布撒拉大学化学系从事合金钢、合金碳化物及中间合金相的X射线及电镜结构研究。

对离开瑞典皇家工学院之后的科研生活，郭可信晚年有这样的回忆：

> 我当时也不知道哪里来的勇气，敢于和这个大权威进行针锋相对的斗争。可能是我认为学术问题就应泾渭分明，不能含糊，合则留，不合则去。这件事好像我是输家，工作、学位、到手的论文都完了。其实不然，我换来的是学术上的彻底解放，完全自由。在1951年，我得到了瑞典钢铁协会的资助，立了一个"合金钢中的碳化物"课题，自己当家做主，每天从早八点到晚十二点，有时还雇一两个实验员帮助我做实验。我心情舒畅，才智和干劲得以充分发挥，此后每年都发表3-5篇学术论文。到1956年回国时已经有二十多篇文章，在1956年出版的德文《合金钢手册》一书广泛引用了我的研究成果。只有与旧的研究课题、旧的学术思想决裂，才能有所作为。

郭可信在瑞典学术界和冶金业声名鹊起，在合金钢碳化物结构方面取得了一连串原创性成果，代表论文已列为国际经典文献。1955年12月，郭可信应荷兰皇家工学院物理化学系之邀，来此从事白锡转变为灰锡的单晶X射线研究。

在异国他乡，郭可信时刻关注着中国共产党领导的新中国的可喜变化。1956年3月，辗转看到周恩来总理做的"向科学进军"的报告，号召留学人员回国参加这一伟大事业。他当即决定放弃在瑞典的优越工作和生活条件，在"五一"前赶回北京。

说走就走，郭可信立刻踏上归程。归国后，他被邀请登上天安门观礼台，观看各界人民五一大游行，人民为建设一个富强中国所展现出朝气蓬勃的精神面貌，让郭可信为之振奋。

造"中国眼" 制"中国相"

1956年7月，郭可信进入中国科学院金属研究所，先后任研究员、副所长，同时参与组建了大连理工大学材料科学与工程系，并兼第一任系主任，

改革开放之后，郭可信光荣加入了中国共产党，并于1980年4月任中国科学院沈阳分院副院长。1980年9月任辽宁省科学技术协会主席。1980年当选为中国科学院技术科学部学部委员（院士）。1982年6月任中国科学院沈阳分院院长。1985年至1993年任中国科学院北京电子显微镜开放实验室主任。1993年至2006年任中国科学院物理研究所研究员。

郭可信长期致力于物理冶金、特别是晶体结构与缺陷及准晶等的研究，皆取得卓越成就。20世纪60年代初，他率领团队率先开拓了中国透射电镜显微结构研究工作。20世纪70年代后，他在电子衍射图的几何分析方面做了大量研究工作，同时在电子衍射图自动标定的计算机程序设计，特别是将"约化胞"用于电子衍射标定未知结构的分析研究工作，达到国际水平。他领衔主编的《电子衍射图在晶体

学中的应用》及《高分辨电子显微学》两本专著，对推动我国电子显微学及其在材料科学中的应用做出了重要贡献。1980年以来，郭可信在国内率先引入高分辨电子显微镜，开始从原子尺度直接观察晶体结构的研究。1981–1984年，在他的主持下，研制成功场离子显微镜/原子探针，获中国科学院科技进步二等奖；1982年，他领导的晶体精细结构的电子衍射与电子显微像的研究，获国家自然科学三等奖；在此期间，郭可信在四面体密堆相新相等畴结构研究中，发现了6个新相及多种畴结构，打破了这一领域停滞20余年的局面，获中国科学院科技进步一等奖。1985年，郭可信领导的研究组发现五重旋转对称和Ti–V–Ni二十面体准晶，在国际学术界产生重要影响并获得高度评价，被称之为"中国相"，并于1987年获得国家自然科学一等奖。1987年，郭可信发现八重旋转对称准晶及十二次对称准晶，并获国家自然科学三等奖。1988年，郭可信发现稳定Al–Cu–Co十重旋转对称准晶及一维准晶，并获得中国科学院自然科学二等奖。1993年获第三世界科学院物理奖。1994年获何梁何利科学技术进步奖；1997–2000年，郭可信获得准晶覆盖理论的实验证据。

错过诺奖　领先世界

国内外科学界有一说，郭可信过早离世错过了诺贝尔化学奖。

1984年以来，郭可信带领他的团队围绕着准晶体的发现与研究，在国际权威学术刊物上发表了140多篇论文。其中13篇到2000年10月已被同行引用1200多次，单篇被引用最高达180次。1986年以来郭可信应邀在各种国际学术会议上作准晶研究的特邀报告20多次，邀请者中包括诺贝尔物理获得者R·史瑞夫和杨振宁。1990年日本金属学会和印度材料学会授予他荣誉会员称号。1993年获第三世界科学院物理奖。这些成果与荣誉标志着我国学者在20世纪80年代突破传统晶体学的重大发现中在国际上占有重要位置。

2007年第12期的学术期刊《物理》上刊登了我国材料科学家、中国科学院院士叶恒强撰写的文章，题名为《在郭可信先生带领下走向世界》。文章在回顾了郭可信带领其团队，"将中国电子显微学推向世界，在准晶研究中登上高峰"的过程。

中国能在不长时间内冲上世界科技的制高点，除了郭先生在各级领导支持下，实践了上述各方面部署外，郭先生个人的魅力也是其中的重要因素。首先，他是一个在科学上雄心勃勃、怀有远大志向，又有专注精神的人。……他对科学的热烈追求从不减退。……郭先生淡泊名利，不参加有名无实的社会活动，但对于科学研究的专注，令人钦佩。其次，他在科学上独具慧眼，善于抓住机遇。从凝聚态物理的角度，准晶发现先于高温超导体两年；从显微学的角度，高分辨电子显微学在1984年已经趋于成熟，而新兴的扫描探针显微术与纳米科技的结合还未形成。所以用高分辨电镜研究准晶的优势，实际上只存于1985–1987年的有限时段。因为很快，别的热点马上就形成了，机会只存在一瞬间。除了适当的贮备之外，临阵的决心与出手，实属关键。高手与常人之别，就在于此。第三，他的非凡的组织管理才能……郭可信先生在国际科学界具有重要影响。

自1980年以来，郭可信先后被授予瑞典皇家工学院技术科学荣誉博士，瑞典皇家工程科学院外籍院士。1980年，他与钱临照、柯俊先生等科学家发起创建了中国电子显微镜学会，1982—1996年间亲任理事长。1992—1996年任亚太地区电子显微学会联合会主席。曾任多份在该领域最有影响力国际学术刊物的顾问、编委。

在长期的科研工作中，郭可信为我国的金属材料物理研究以及电子显微学研究事业培养了大量的人才。恢复研究生制度以来，培养研究生100余名，为我国材料科学、晶体学、电子显微学的发展培养出一批优秀人才，其中有叶恒强、张泽等多位中国科学院院士。

2006年12月13日，郭可信病逝于北京。

为传承郭可信精神，2014年，中国科学院在金属研究所内为郭可信立铜像，并将研究生楼命名为"郭可信楼"。

在郭可信院士80华诞暨学术交流会上，学生们向老师敬酒

郭可詹

郭可詹（1917—2008年），字学书，福建福州人，美国归侨，著名铁路教育家。曾任叙昆铁路工程局工务员，中印公路第四工程处工务员，甘肃水利林牧公司助理工程师，宝天铁路工程局副工程师、美国宾夕法尼亚州麦基斯堡钢铁厂研究工程师、唐山工学院（1952年易名唐山铁道学院，1972年更名为西南交通大学）教授、数学教研室主任，西南交通大学基础课部主任。

辗转千里　读完大学

郭可詹是福州名门望族——黄巷郭家子弟。祖父郭柏荫，曾任广西巡抚、署湖广总督。父亲郭则澐，号铁梅，早年毕业于同济大学土木系，是中国早期优秀铁路工程师，长期奔走全国各地修建铁路。

郭可詹

1917年2月21日，郭可詹生于安徽省安庆市。从小，郭可詹随母亲跟着修铁路的父亲东奔西走。他在东北读小学时，目睹了日军中国的土地上横行霸道，对国弱而民无尊严有着切身之痛。后转学北平，先后就读于育英小学和育英中学。

郭可詹是在民族灾难日益深重、内心屈辱与痛恨日甚一日中度过自己小学和初中生活的。九一八事变、长城会战的爆发，坚定了他为国家富强奋斗终生的决心。

1936年夏，郭可詹以优异成绩同时考取了清华大学、北洋大学、武汉大学和交通大学唐山工程学院。或许因为父亲是位铁路工程师的缘故，他决定进入中国第一所铁路大学——交通大学唐山工程学院土木工程系。

交通大学唐山工程学院前身是创建于1896年的山海关铁路学堂。1900年9月30日，山海关炮台被英军占领，学校校舍遭破坏，山海关铁路学堂被迫停办。1905年5月7日，学堂从山海关迁往唐山，定名为"唐山铁路学堂"。1906年3月27日，应开平矿务局恳请，学堂除现有"路科"外，又增设"矿科"，学堂由此而改名为"唐山路矿学堂"。1912年1月19日，改名为"唐山铁路学校"。1914年8月又奉命更名为"唐山工业专门学校"。1920年12月，将北京邮电学校、北京铁路管理学校、上海工业专门学校、唐山工业专门学校四所学校合并成立交通大学。1921年7月，正式定名为"交通大学唐山学校"。1922年9月，又奉命更名为"交通部唐山大学"。1928年2月，再更名为"唐山交通大学"，6月28日又更名为"第二交通大学"，8月11日再更名为"交通大学唐山土木工程学院"。1931年8月1日，更名为"国立交通大学唐山工程学院"。

郭可詹大一刚读完，七七事变爆发，十天之后交通大学唐山工程学院校园被日军占领。郭可詹随学校辗转数千里，相继在江西南昌、湖南湘潭、湖南湘乡杨家滩、贵州平越古城（今福泉市）复课，郭可詹先后在破庙旧祠茅草屋里读书、栖身，在一次随校迁移途中，他差点死于日机轰炸之中。

西南修路　建功抗战

1940年7月，郭可詹以优异成绩毕业于交通大学唐山工程学院，进入叙昆铁路工程局当工务员。

叙昆铁路是战时中国政府倾力修筑的一条重要铁路，自叙府（宜宾）南杆坝经盐津、昭通、威宁、宣威、曲靖至昆明北站，全长865公里。几经勘测与筹建，完成沾益——昆明北站路段173.4公里并顺利通车。在那段日子里，郭可詹日日吃住在大山深处，带着一批工人修筑铁路。1942年，在完成叙昆铁路昆明北至曲靖段铺轨通车，及曲靖至宣威103公里桥涵路基工程竣工后，郭可詹于当年5月调往中印公路第四工程处担任工务员。

中印公路，即著名的史迪威公路，是第二次世界大战期间中美两国合作修建的，西起印度东北铁路终点站雷多镇，中经缅北和滇西，东至云南省会昆明，1945年胜利通车，打破了日军对中国抗日战争的陆上国际封锁，是第二次世界大战中举世闻名的军事运输线。

郭可詹在修建叙昆铁路和中印公路中，工作积极，表现优异，多次受到表扬，为抗战做出了自己的努力。

远赴西北　兴修水利

1942年年底，郭可詹自西南赴西北，进入甘肃水利林牧公司做助理工程师。

抗战时期，我国经济发达地区的工厂或毁于战火，或落入敌手，民生凋敝。日本侵略者对抗日后方更是实施经济封锁，致使西北地区物价飞涨。为增加工农业产品供给，稳定市场物价、支持抗战。1941年，中国银行与甘肃省政府合作成立甘肃省水利林牧公司，以办理甘肃省农田水利事业为主要业务，进行水利勘测，兴修新式灌溉渠道，整理原有渠道。

郭可詹赴任后，参与了甘肃省内首次大规模进行水文勘察和监测，奔走进行水利勘测、灌溉渠道设计、修理，还参与林场、牧场房屋设计与建设。

据不完全统计，郭可詹和同事们在黄河、洮河等河流上设立了7个水文站，实施水情监测；对河西17个县灌溉用的43条旧有渠、沟进行了修缮。整修后，可灌溉田地面积达到38万多亩；新修了大小型水利工程56处，为甘肃增加和稳定了40多万亩水浇地。

甘肃省水利林牧公司为甘肃省水利林牧事业打下了坚实的基础，也为抗战做出了一定的贡献。

修筑"宝天"　又立新功

1942年，国民政府决定赶修宝天铁路，在天水成立宝天铁路工程局和测量总队，进行勘测、设计、施工。宝天铁路全长154.8公里，其中隧道合计总长22公里，占线路长度的七分之一，隧道、桥梁多达100多座，铁路穿越秦岭，北依陇山，南旁渭河，深涧陡壁，依山傍水，山势险峻，地形地质复杂，山体极不稳定，加之渭河水流湍急，因而工程十分艰巨，施工难度极大。

1945年春，郭可詹考取公费留学。但当时抗战尚未胜利，且宝天铁路工程局和测量总队急需工程技术人员，郭可詹留在西北，进入宝天铁路工程局担任副工程师。

郭可詹到任后，奔波于一线工地，指导工人施工，还对施工的一些技术问题展开研究。1945年12月31日，宝天铁路顺利从宝鸡铺轨到天水，1946年3月通车运营。完成任务后，郭可詹远赴美国留学。

美国博士　异国就业

1946年，郭可詹进入美国伊利诺伊大学土木系读研究生，因成绩优异，于1947年提前获得土木工程硕士学位。在美国读研究生期间，郭可詹对数学产生强烈兴趣，选修了不少数学课程，成绩优异。为此，在获得土木工程硕士学位后，继续在伊利诺伊大学攻读数学博士，并于1950年获数学博士学位。

1949年，郭可詹参加在美留学生进步社团，经常与同学们一起讨论中国发展问题，也了解到许多中国共产党解放区的情况，欢欣鼓舞。也正是在这过程中，他对中国共产党宗旨和治国理念从了解到认同。

中华人民共和国成立消息传到美国，郭可詹决定拿到博士学位证书后，立即回国效力。当时，他的老师和美国同学都劝他都留在美国，生活安定，前程远大。

1950年7月，郭可詹获得博士学位。当时，正值中国为保家卫国抗美援朝，美国当局下令不准理工科学生回到中国共产党领导的中国大陆。就在这时，郭可詹收到台湾邀请他去台工作的信函。他当即在信上划了一个大"×"，毅然拒绝前往，于是国民党政府断绝发放他的路费。为了积攒回国路费，郭可詹在美国宾西维利亚州麦基斯堡钢铁厂做了一年的研究工程师。

排除万难　积极谏言

1951年8月，郭可詹冲破重重阻力，绕道澳门，终于回到祖国，前往此时已更名为"北方交通大学唐山工学院"的母校，担任数学教授。

1952年，中国学习苏联，在全国范围内实行院系调整，当时的北方交通大学唐山工学院冶金、采矿、建筑、化工等几个系都被调整出去了，学校改名为唐山铁道学院。1952年，郭可詹被任命为唐山铁道学院数学教研室主任。

对唐山铁道学院发展，郭可詹积极建言，提出了对学校发展产生重要影响的三大建议：

理工结合：郭可詹认为唐山铁道学院仅有工科不利于发展，学校要长远发展非办理科不可，工科与理科相辅相成。

文理渗透：郭可詹认为世界上一流名校，多同时开办文理二科，只有文理渗透，才能培养出一流的科技人才。

专业综合：当时中国大陆高校的院系设计、专业设置、课程安排多照搬苏联，桥梁专业只学铁路桥梁，测绘只学测量。郭可詹仔细研究了国外品牌大学的先进经验，认为专业设置过于专门化，会造成学生知识面过窄、能力过于单一，他认为一个好的铁路工程师应具备土木工程各方面的知识，因为铁路是在复杂多变的大自然环境中的工程，只有具备多方面的知识，才能从容应对。

郭可詹一家

难能可贵的是，郭可詹不断地向铁道部领导和学校领导谏言，因为他始终认为，正确的教育理念是学校发展的根本。

创设新系　连轴授课

在郭可詹的不断进言之下，1958年经铁道部同意，唐山铁道学院创办了铁道教育系统第一个数理力学系，这在当时全国工科院校中是少见的。批准的当年即开招新生，又从原工科专业1956级、1957级的学生中调整了部分学生到数理力学系，因此一下子数理力学系有了3个年级，同时还在其他专业设有物理、力学等理科班。当时学校数学教师人数本就不多，一下子增加了这么多的理科班，教师的压力与负担甚大。

郭可詹在数学多个领域均有造诣，他克服各种困难，勇挑重担，一周上课多达26学时，每天上午的课一连4小时排得满满的，常年超负荷工作。在他和同事们共同努力下，学校数学专业和数理力学系发展极快，培养了一大批大学数学教学骨干和科研人才，成为后来的西南交通大学和其他铁路院校数学教学重要师资。郭可詹也因此成为中国铁路高等院校数学学科的主要开拓者、创办者。

历尽艰辛　二次创业

20世纪60年代初，中国进入国民经济困难时期，国家高等教育实行"调整、巩固、充实、提高"八字方针。唐山铁道学院数学专业停止招生，1965年数理力学系停办。1969年，唐山铁道学院内迁四川，1972改名西南交通大学。

因为数理力学系停办、"文革"爆发和学校入川，学校数学教师流失甚多。在1972年学校恢复招生之后，数学教师严重不足，难以维持正常教学。

郭可詹适时提出：二次创业，重新组建数学专业。为此，他又多次向铁道部和学校领导呼吁恢复数学专业，为铁路高校培养数学人才，解决数学教师断层问题。由于郭可詹的奔走呼号，多方努力，铁道部领导很快于1977年批准同意西南交通大学恢复数学等理科专业。

数学专业恢复了，但面临教材匮乏难题，不但学生需要合适教材，工科教师为了跟上时代步伐需要有对应的"充电"教材。郭可詹自编、自刻、自印了《微积分》《线性代数》《近世代数》等教材。特别值得一提的是，他在撰写这些教材时充分体现了他因材施教思想、教学改革思路，从学时到教学内容与教学方法都做了精心安排。以《线性代数》为例，它是为工科教师编写的，因为有工科背景，他把代数里的抽象概念用力学实例进行诠释，易学易记。他为撰写这些教材，常常夜以继日，到了废寝忘食的地步。

1978年11月，郭可詹被任命为西南交通大学基础课部主任。随着改革开放的不断深入，他持续力倡的理工结合、文理融汇、知识全面的教育与人才培养理念被学校领导所接受，西南交通大学今已发展成为一所以工为主，工、理、管、经、文、法、医、农等多科性综合大学。

1983年，郭可詹教授辞去了基础课部主任职务，主要负责带研究生和培养青年教师，先后编写了70多万字教材，还为研究生新开了《群论》《拓扑学》《代数》等课程。

自20世纪80年代中期到90年代中期，为培养优秀青年教师，郭可詹亲自主持"代数读书班"，并指导第三梯队青年教师从事"抽象代数""组合数学""纠错编码理论"的研究，使参加者受到了系统且扎实的基本训练。

中共党员　履责终身

早在1956年，郭可詹就向党组织提交了入党申请书。1978年，他再次郑重向党组织提出入党申请。1983年3月，正式加入了中国共产党。1984年、1985年、1993年，先后三次被评为"优秀共产党员"；1984年，被铁道部命名为"精神文明建设先进职工"，应邀赴京参加国庆35周年观礼；1985年，被铁道部评为"优秀教师"；1985年，被中华全国总工会授予"全国优秀教育工作者"称号，并颁发"五一劳动奖章"和证书；1991年，被铁道部评为"全国铁路优秀知识分子"，同年还被国务院确定为"有突出贡献的知识分子"享受国务院特殊津贴。

作为数学研究专家，郭可詹曾先后发表《带有一个不完全、可交换加法系统的嵌入问题》《可交换半群的幂等元子半群》《半群中一种对偶性》等高水平论文，其中《带有一个不完全、可交换加法系统的嵌入问题》论文被收录建国十周年优秀论文集。

作为数学教育家，郭可詹一生写得最多的书就是教材。曾先后撰写《高等数学》《近世代数》《线性代数》《微积分》《积分变换》《广义函数简介》等高等院校数学专业教材。1956年，他与本校黄克欧教授等人合译苏联数学家吉洪诺夫与萨马尔斯合著的《数学物理方程》；1958年，他翻译了苏联康托诺维奇的《线性赋范空间》，用作"泛函分析"课程的教材。

郭可詹还曾任西南交通大学学术委员会委员、四川省数学会常务理事、国家教育部工科系列教材编审委员等职。

2008年6月21日，郭可詹病逝于四川。

郭荫棠

郭荫棠（1905—2005年），福建诏安人，马来西亚归侨，著名报人、教育家。曾任缅甸《仰光日报》记者、编辑，马来西亚《槟城日报》特约撰稿人、《海丝》文艺周刊主编，福建省厦门市反帝大同盟宣传部部长、福建省晋南边区农会负责人、厦门革命互济会会长、中华民族武装自卫会闽南总会主任、中华民族武装自卫会诏安总会主任、香港《民族战线月刊》编辑、香港《为公周刊》编辑兼新加坡《南洋商报》特约撰稿人、《福建日报》编辑、厦门《星光日报》主笔、中共闽中游击队泉州团队队员、泉州军管会文教新闻出版组组长、《泉州电讯报》副社长兼总编辑、《厦门日报》编辑部副主任、厦门师范学校校长、厦门第四中学校长、福建师范学院中文系教授、福建第二师范学院（今闽南师范大学）中文系教授。

革命生涯　起于南洋

1905年，郭荫棠生于福建省诏安县一个书香世家，家族多代悬壶济世，远近闻名。1920年，郭荫棠考入集美师范学校，学业优异，因参加进步学潮被迫退学。

1925年，郭荫棠南渡缅甸仰光，当过小学教师和商店职员，后来进入《仰光日报》当记者。1927年，郭荫棠前往马来亚，被聘为《槟城日报》特约撰稿人，同时主编《海丝》文艺周刊。当年3月12日，新加坡华侨为纪念孙中山先生逝世2周年进行游行，竟遭到了英帝国主义殖民者的屠杀，死伤数十人。郭荫棠闻知，义愤填膺，奋笔疾书，立即创作了一部《荒山血泪》的歌剧，以狼群代表英帝国主义殖民者，以樵夫代表华侨，发表在《海丝》文艺周刊。《荒山血泪》引起了槟城福建学校教员周海若的注意，他经常与郭荫棠交谈，向他传授革命道理。1928年年初，南洋共产党根据共产国际指示，成立反帝大同盟。

郭荫棠在周海若的介绍下，加入了南洋共产党领导的反帝大同盟。1928年，郭荫棠重回仰光，担任《仰光日报》副刊编辑，同时与汤道耕（即著名作家艾芜）等5人组成"反帝大同盟"缅甸小组，从事反帝反殖革命活动，并加入了共产党。1928年，郭荫棠在《仰光日报》任职时，接到香港特派员一封专电，说是胡汉民已由欧洲乘轮抵港。他便写了一篇题为《右派的活动》的社论，指出胡汉民此次回国，将是国民党内部冲突即将公开暴露的前奏。这使国民党气急败坏，用缅甸总支部的名义，公开通令旅缅所有国民党员，拒阅《仰光日报》，同时提出条件，将郭荫棠开除出报社，以后不准再刊载他的文章。不久，蒋桂战争爆发，华侨莫不认为《仰光日报》及郭荫棠有眼光。1930年年底，郭荫棠和汤道耕等被英国殖民当局逮捕，一起被驱逐回国。

文武两手　铁心抗日

郭荫棠回到厦门后，担任厦门反帝大同盟宣传部部长。1932年，前往泉州，担任晋南边区农会负责人。1933年他被国民党军逮捕入狱，年底"福建事变"爆发后，郭荫棠获释回厦门。1934年，他任厦门革命互济会宣传部负责人，继而受命筹组中华民族武装自卫会闽南总会，被选为总会主任，同时被中共厦门市委选为代表出席12月间在上海召开的中共党代会。1934年年底，由于厦门中共党组织遭到破坏，不少革命党人被捕杀，郭荫棠奉命撤出厦门，到诏安县组织中华民族武装自卫会诏安分会并任主任。后与厦门市委失去联系，即赴香港寻找党的关系。

1935年，在中国共产党人宣侠父、梅龚彬和陈希周的协助下，李济深等人经过一段时间的努力，成立了中华民族革命同盟。会议推选李济深、陈铭枢、蔡廷锴、蒋光鼐、冯玉祥等12名中央委员。李济深任主席，下设7部，发行《大众日报》。宣侠父、陈希周和梅龚彬等共产党人，分别担任了同盟的不管部部长、群运部部长和宣传部部长。

1936年，郭荫棠经梅龚彬、宣侠父安排，参加《民族战线月刊》编辑工作，同时从事民族革命大同盟的统一战线工作。

1937年，抗战全面爆发后，郭荫棠遵照组织指示，在香港、广东从事抗日宣传、战地服务等工作近3年。

1941年，郭荫棠在香港与厦门著名爱国进步人士张圣才、爱国华侨庄希泉等合作，创办宣传抗日统一战线的《为公周刊》，亲自担任编辑，连续发表了范长江、柳亚子等抗日文章，产生了很大影响，因而受到廖承志、柳亚子的高度关注和赞赏。这一年，他兼任新加坡《南洋商报》特约撰稿人。

1941年12月香港沦陷，郭荫棠回到内地，被聘为《福建日报》编辑，继续从事宣传抗日活动。

铁笔战士　高校育才

抗日战争胜利后，郭荫棠回到厦门，继续从事新闻事业，在《前线日报》等报刊上，发表一系列主张民主政治等进步内容的文章。

1946年，郭荫棠接受《星光日报》社长胡资周邀请，任厦门《星光日报》主笔。在3年多时间里，80%的《星光日报》社论皆出自他的笔下。他以笔为枪，有力地配合了解放战争。如他写的社论《为反对美帝国主义者扶植日本法西斯而斗争》，发表后即引起当地学生的反美示威游行。1948年秋天，国民党当局抛出了所谓含金量很高的金圆券，一时蒙骗了厦门不少老百姓，郭荫棠写的社论《有秋天没有春天》，揭露当局"改革币制"的内幕，既揭示了蒋家王朝即将覆灭的真相，又避免了厦门百姓上当受骗。

1949年初夏，郭荫棠经组织安排撤出厦门，参加中共闽中游击队泉州团队。作为全队年纪最大的一名游击队员，参加解放闽南的斗争。

1949年9月，郭荫棠被派往刚解放的泉州，担任泉州军管会文教新闻出版组组长、《泉州电讯报》副社长兼总编辑。厦门解放后，调任《厦门日报》编辑部副主任。

之后，长期从教，曾任厦门师范学校校长、厦门第四中学校长、福建师范学院中文系教授、福建第二师范学院中文系教授。著有《美国在太平洋》等。

2005年12月4日，郭荫棠病逝于福建漳州。

黄世明

黄世明（1899—1984年），别名际平，号爱宜，福建闽清人，美国归侨，著名幼儿师范教育家。曾任福州协和幼稚师范学校校长，国立幼儿师范专科学校训育长，国立幼儿师范专科学校训育长兼上海震旦女子文理学院教授、震旦女子文理学院附属幼儿园园长，上海瑞金一路幼儿园园长。

弃婴出身　幼师校长

黄世明生于福建省闽清县一个贫寒之家，因家庭过穷，成了弃婴，被好心人送入育婴堂，在此长大。后由教会出资上学读书，曾就读于毓英小学、华南女子中学和福州协和幼稚师范学校。毕业后，曾在乡村和城市幼儿园工作。

黄世明

1923年，黄世明考入美国加利福尼亚州立师范大学幼教系，完成学业后曾在美国幼儿园工作，还因表现突出被选为美国幼教社荣誉会员。

1928年，黄世明回国，执教于福州协和幼稚师范学校。福州协和幼稚师范学校是近代中国最早独立建置的幼儿师范学校之一，建于1915年，第一任校长为安毓明（Miss Bertha H.Allen）。学校得名"协和"，取同心协力、和衷共济之意，因该校是美国公理会与英国圣公会联合创办，整合了古田萃英女校幼师班。校址在福州市鳌峰坊14号。办学历程绵延至今日的福建幼儿师范高等专科学校。

1929年，黄世明因工作出色，被送入金陵女子文理学院深造。

1932年，在非基督教运动和收回教育权运动的影响下，福州协和幼稚师范学校从完全受教会组织管理变成纳入政府有效监管。同年，黄世明接替安毓明，担任福州协和幼稚师范学校校长。

黄世明领导在协和幼稚师范学校期间，确定了在幼儿师资培养上实现本土化、实用化和专业化的办学方向，开始探索中国化、科学化的学前教育发展之路。她的本土化努力所取得的成功经验，对中国学前教育及幼儿教师培养持久发挥着作用。

1938年因抗日战争，黄世明排除万难，将福州协和幼稚师范学校完整地内迁到闽北山区——福建省顺昌县洋口，在极艰苦时代坚持办学。

1943年，应教育家陈鹤琴之邀，黄世明翻山越岭来到江西省泰和县，执教国立幼稚师范专科学校（简称"国立幼专"），并任训育长。

1945年抗战胜利后，黄世明随校从江西省泰和县迁来上海，并兼任震旦女子文理学院教育系、家政系教授。其间，在校舍后活动房中，创办震旦女子文理学院实验幼儿园，即今名震沪上的瑞金一路幼儿园前身。

幼教专家　探索建功

　　黄世明是民国时期学前教育与幼儿教师教育早期中国化的积极参与者，她努力将从海外学习到的美国学前教育理论和观念的本土化，在实践中创立一整套"以儿童为中心"的教学方法，重视幼儿游戏活动，确立游戏在学龄前儿童活动中占主导地位，并认真组织实施。平时注重对教师的业务培养和提高，认为教师言行举动是孩子最先模仿的榜样，倡导教师对幼儿要有诚挚的师爱，严谨的师表。

　　黄世明认为不能完全照搬国外的学前教育模式，必须将国外先进的学前教育理论与中国传统教育相结合，适合中国的国情民性，将儒家的仁爱教育与基督教的博爱教育有机融合，贯穿于学前教育全过程。

　　黄世明提出培养"科学化的儿童"的主张，并提出了"科学化的儿童"必须有"勇敢无畏、牺牲服务、观察研究疑问、正确判别、创造"五种精神。

　　黄世明探索出培养"科学化的儿童"的路径。她运用心理科学的方法研究本国儿童心理和教育方法，提倡教育实验和科学精神，在教学实践中创立了一套基于儿童生命体验的教育模式，明确提出了幼儿课程教育就是活动，深入研究了游戏在幼儿成长与幼儿教育课程中的地位。

　　黄世明特别关爱性格孤僻、不合众的孩子，研究学前教育中特殊儿童的培养工作，并提出了系统教育方案。

　　黄世明探究二至四岁期婴孩教育，并从儿童、家庭和社会三个层面，系统论证了设置早期教育幼稚园的必要性。

　　黄世明在全国率先提出了幼儿园教师的专业标准：在学历上要求至少是高中起点的幼儿师范专科学校毕业，在能力上要求具备四种特征——智力丰富、善于艺术、国语正确流利、具有父母心儿童性。还特别具体提出幼儿园教师至少是高中毕业，修满幼稚师范科二年制以上者。

　　黄世明提出并设计幼儿园系统课程，主张家庭化教学和地域性课程。她认为幼儿园课程必须基于生活，要着眼于儿童的能力和心理发展，以习得系统化的生活经验为目标。她还提出幼儿园活动须学习家庭化教育，强调教育的整体性。另外，她主张幼儿园课程要充分体现本土化，要适合本地域的实际生活状态，城市与乡村幼儿园课程不必统一。

爱生如子　献身幼教

　　1952年，国家进行院系调整，国立幼儿师范专科学校并入南京师范学院（即今南京师范大学）。创办国立幼儿师范专科学校的著名教育家陈鹤琴出任首任院长，他以南京大学师范学院幼教系为基础，整合全国多个高校的儿童教育和福利专业，建立中国第一个幼儿教育系。陈鹤琴多次邀请黄世明前来主持南京师范学院幼教系，陈鹤琴再三婉拒。她选择放弃教授头衔和优厚待遇，专任瑞金一路幼儿园园长，致力于幼儿教育实践。在她努力下，瑞金一路幼儿园成为上海最优质的幼儿园。如今，瑞金一路幼儿园是中国创造学会创造教育实验基地、上海市二期课程改革研究基地、中国学前教育研究会幼儿园游戏与教学实验基地、全国学前双语教育师资培训研究实验基地。

1960年，黄世明退休，但仍关心幼儿成长，关心教育事业，经常贡献余热。她一生忠于幼教事业，在中国的幼儿教育界和上海卢湾区学生、家长中享有较高威望，曾当选为上海市卢湾区二至五届人大代表。

1984年，黄世明病逝。

黄祯祥

　　黄祯祥（1910—1987年），福建厦门人，美国归侨，著名病毒学家。曾任美国纽约哥伦比亚医科大学内科及微生物科讲师，重庆中央卫生实验院医理组主任，中央卫生实验院北平分院院长，中央卫生研究院副院长兼微生物系主任、病毒学室主任，中国医学科学院病毒学研究所副所长兼研究员，中国预防医学科学院病毒学研究所研究员。中国科学院院士。首创被誉为"在医学病毒学发展史上第二次技术革命"的病毒体外培养法新技术，奠定了世界现代病毒学基础。中国医学病毒学奠基人。

生于鹭岛　学于京华

　　1910年2月10日，黄祯祥生于福建厦门鼓浪屿一个富裕之家，自幼受到良好中西教育，1926年以优异成绩毕业于鼓浪屿最著名的英华中学，随即考入福建协和大学，毕业后北上京华，进入燕京大学。1930年，获燕京大学硕士学位。之后，进入北平协和医学院，1934年获医学博士学位。

　　从协和医学院毕业后，黄祯祥出任北平协和医院内科医生，同时在北平协和医学院当助教。当时，他一边做临床医生，一边教书，一边开展研究，发表的关于白喉杆菌及其免疫的论文，见解独到，具有首创性，受到了美国医学杂志的重视。同时，他在霍乱、链球菌感染、鼠疫等方面的研究上也多有斩获，发表了一系列研究论文。

黄祯祥

　　也正是在北平协和医院工作期间，黄祯祥遇到了自己一生的伴侣——叶恭绍。

　　叶恭绍（1908—1998年），广东番禺人。1931年毕业于燕京大学理科学系。1935年协和医学院毕业，获医学博士学位。中华人民共和国成立后，曾任北京妇婴保健所所长，北京师范大学教授，北京医学院教授、卫生系副主任，北京市第七届人大常委会副主任，第六、七届全国政协常委等。著述或主编有《中国医学百科全书——儿童少年卫生学》《家庭育儿百科全书》《中小学生保健手册》《儿童少年卫生学》及《当代中国》《新中国预防医学历史经验》等儿少卫生事业部分。

　　在旧北京协和医院有很多成文和不成文的老规矩，如护士不许结婚，如要结婚，必须先辞职；女大夫选择了内科、外科、妇产科这样的大科，就必须做好不结婚的准备。那时能考上协和医院的女人本就凤毛麟角，而这些女医师几乎都终身未婚，最著名的例子有林巧稚、杨崇瑞等。叶恭绍打破了这个老规矩。

1935年10月，叶恭绍与黄祯祥结婚，并继续在公共卫生科工作。叶恭绍在协和医院工作期间，于1936年、1938年、1940年生了三个孩子。除了利用协和医院每年一个月的休假外，没有为生孩子而多请过一天假。

美国进修　创造奇迹

1941年，黄祯祥被北平协和医学院选送到美国留学，进入洛克菲勒医学研究所进修。

1942年，在结束进修之后，黄祯祥任美国纽约哥伦比亚医科大学内科及微生物科讲师。在执教的同时，开始对病毒的研究。

20世纪初，国际上对病毒的研究刚刚起步。病毒是微生物中最小的生物，当时检测病毒存在与否，需要通过对动物注射含病毒物，观察动物发病或死亡来判断，这种方法甚是原始。病毒还有另外一个特性，即它没有自己的酶系统，需要寄生在活细胞内，因而一般的微生物培养基不能使病毒繁殖和生存。病毒的这两个特性加大了寻找培养病毒新技术的难度。而病毒培养又是病毒研究中最基础、最关键环节。没有病毒培养新技术的

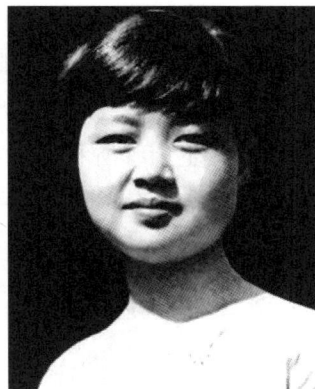
黄祯祥夫人叶恭绍

建立，也就没有病毒研究的突破和发展。因此，发达国家投入了大量的人力、物力，国际上许多知名学者为此苦苦探索了几十年，但依旧没有突破。

1943年，黄祯祥在美国发表了对病毒学研究有重大影响的论文《西方马脑炎病毒在组织培养上滴定和中和作用的进一步研究》，引起全世界关注。这一研究成果，使病毒在试管内繁殖成为现实，从此摆脱了人工繁殖病毒靠动物、鸡胚培养的原始落后的方法。

黄祯祥将理论研究成果很快转化为新技术：先用人为的方法将动物组织经过处理消化成单层细胞，并给这种细胞以一定的营养成分使其在试管内存活；紧接着，将病毒接种在这种细胞内，经过一段时间，细胞就会出现一系列病理改变。观察者只要用普通显微镜观察细胞有无病变，即可间接判断有无病毒的繁殖。

这项新技术把病毒培养从实验动物和鸡胚的"动物水平"，提高到体外组织培养的"细胞水平"。也正是这项技术的建立，拓宽了国际上病毒学家的思路，世界上许多国家的病毒学者采用或改良了这一技术，成功地发现了许多病毒性疾病的病原，分离出许多新病毒。

20世纪50年代，美国著名病毒学家E.恩德斯获得诺贝尔奖的成果即是在黄祯祥这一技术的基础上取得的。美国1982年至1985年各版的《世界名人录》，皆称黄祯祥这一技术为现代病毒学奠定了基础。

病毒学研究的实践证明：病毒学研究发展到今天的分子病毒学水平，黄祯祥所发现的这一新技术起着重要的作用。迄今为止，世界上还没有找到比这一技术更先进的病毒体外培养的方法。这一新技术至今还广泛应用于病毒性疾病的疫苗研制、诊断试剂的生产和病毒单克隆抗体、基因工程等高技术研究领域。世界上许多国家采用这种技术分离了诸如流行性出血热、麻疹、脊髓灰质炎（小儿麻痹）病毒。近些年来在全球引起震动的艾滋病病毒也是采用组织培养这一技术分离得到的。

回国抗战　舍生忘死

正当黄祯祥在美国声望如日中天之时，祖国的抗日战争也进入最困难时期，特别是侵华日军惨无人道地使用细菌武器、病毒武器，且规模不断扩大。黄祯祥闻之，毅然谢绝了美国方面的一再挽留，于1943年年底离开美国，冒着炮火辗转多地，几次化险为夷，坚持前往重庆。

1944年，黄祯祥抵达重庆，出任中央卫生实验院医理组主任。在这前一年，他的夫人叶恭绍，带着三个孩子，历尽千难万险，从北京辗转数省到了重庆，叶恭绍任中央卫生实验院实用营养组主任。

中央卫生实验院是今日中国疾控中心的前身，创建于抗日战争时期，由位于贵阳图云关的卫生署战时卫生训练所和位于重庆新桥的卫生署卫生实验处部分人员组成，院址在重庆歌乐山龙垌湾。从1942年院址落成到1945年8月抗战胜利，已发展成有多学科的医学研究机构，这是我国卫生系统最早的综合性医学研究机构。黄祯祥在此除直接服务于战时兵民，开展防疫工作外，仍克服各种困难开展病毒研究。

1945年8月15日，日本投降。消息传来，黄祯祥欣喜若狂，与同事们一起举着火把，敲着脸盆，到歌乐山街上游行。

1946年深秋，中央卫生实验院一分为二，大部迁回南京卫生署原址，黄祯祥带部分人员驰赴北平，接受当地一个敌伪卫生单位，组建中央卫生实验院北平分院，出任院长。夫人叶恭绍任分院妇婴保健所所长。

留在北京　再立新功

北平和平解放前夕，虽不少人劝黄祯祥南下，但他坚信中国共产党，留下来迎接古城新生。

中华人民共和国成立之后，黄祯祥先后出任中央卫生研究院副院长兼微生物系主任、病毒学教研室主任，中国医学科学院病毒学研究所副所长兼病毒免疫室主任，中国预防医学科学院病毒学研究所研究员，卫生部科学委员会委员，中华医学病毒学基金的发起人。

抗美援朝时期，黄祯祥为了粉碎敌人发起的细菌战，冒着生命危险深入到我国东北和朝鲜前线进行调查，用自己的专业技术为保卫世界和平做出了贡献。

攻关乙脑　催生疫苗

中华人民共和国建立初期，流行性乙型脑炎是当时严重威胁劳动人民健康的主要传染病之一。黄祯祥自觉将人民的需要作为自己科研攻关课题，主动向卫生部领导请求，要从乙型脑炎入手开始新中国的病毒学研究事业。卫生部全力支持，给了他人力、物力的保证。中国的流行性乙型脑炎研究正式启动。

当时，国内医学界对乙型脑炎这种传染病的认识还很肤浅，乙型脑炎的病原、发病机制、传播规律、诊断、免疫等问题都还没有解决，甚至于在中国流行的乙型脑炎（当时俗称大脑炎）和日本等亚洲国家所流行的乙型脑炎是不是一种病都未能搞清楚。

黄祯祥立即着手展开全面、系统的相关调查，在进行了大量的流行病学调查之后，他带领科研人员开始了病毒分离、实验诊断方法的建立、乙型脑炎传播媒介昆虫生态学、乙型脑炎病毒特性等方面的研究。他们的研究卓有成效：分离了病毒株，该株成为中国灭活疫苗的病毒株；确定了乙型脑炎在中国的流行范围、传播媒介、扩散宿主；在国际上第一次发现自然界存在不同毒力的病毒株，并提出不同毒力毒株的来源学说。

黄祯祥还以大量科学数据，论证并郑重指出蚊虫是传播乙型脑炎的媒介昆虫，从而在技术上具体地指导了建国初期轰轰烈烈的群众爱国卫生运动，大幅度降低了乙型脑炎的发病率。

为有效预防乙型脑炎传播，黄祯祥立即投入乙型脑炎疫苗的研制。他在一篇论文中阐述了最初研制乙型脑炎疫苗时的想法："当1949年我们开始了流行性脑炎的研究之后，首先对这种传染病的流行病学问题进行了调查研究，并且用血清学和病毒分离的方法确定了该病的病原是流行性乙型脑炎病毒。这些研究的结果给预防工作指出了方向，为了更好地配合预防工作上的需要，于1949年我们开始了疫苗制造试验。"这是中国开展乙型脑炎疫苗研究文献中最早的记录。在这以后的几十年中，乙型脑炎疫苗的研制工作一直在进行着，最初从研究死疫苗开始，继而发展到利用组织培养技术进行乙型脑炎减毒活疫苗研究。这些研究成果无一不渗透着黄祯祥的心血。黄祯祥还提出流行性乙型脑炎预防免疫的对象限于10岁以下儿童的理论，从而节约大量疫苗。乙型脑炎疫苗的研制这一成果获得了1978年全国科学大会奖，1989年再获卫生部科技进步一等奖。

防治麻疹　功在千秋

在1954年世界上分离麻疹病毒获得成功后，用组织培养技术研制麻疹疫苗就成为世界病毒学界探讨的重要课题。

1961年，黄祯祥投入麻疹疫苗的研究工作中。他和著名儿科专家诸福棠教授合作对麻疹病毒的致病性、免疫性进行了深入研究。在1962至1965年的三年间，黄祯祥投入麻疹疫苗研究。他用野毒株及抗体结合的方法，成功地免疫易感者；用半减毒株，成功地免疫带有母体抗体的婴儿；用甲醛短期处理麻疹病毒制成的快速减毒活疫苗，成功地免疫了易感者。

此后，黄祯祥和他领导的麻疹病毒研究团队对麻疹病毒血凝素、麻疹疫苗的佐剂、疫苗的生产工艺等进行了广泛的研究。《福尔马林处理的麻疹疫苗》是他这一时期发表的重要论文。这篇论文曾在第四届国际病毒大会上宣读，得到与会者的好评。

老当益壮　攻关不已

"文化大革命"以后，黄祯祥克服各种困难，致力于病毒免疫治病的研究，先后发表了《被动免疫对活病毒自动免疫的影响》等论文。

1980年，黄祯祥创造性地提出的病毒免疫治疗肿瘤的新设想并着手开始研究。1986年，他在动物实验方面阐明部分病毒治疗机理，先后发表了《不同病毒两次治疗腹水瘤小鼠的初步研究》《病毒与环磷酰胺联合治疗小鼠瘤的研究》《肿瘤抗巨噬细胞移动作用的研究》等多篇论文。这些研究成果无疑对寻找抗肿瘤治疗方法提供了有思考价值的线索和依据。

由于黄祯祥在医学病毒学研究中的重要贡献，1981年当选为中国科学院生物学部委员（院士），被任命为中国预防医学科学院病毒学研究所名誉所长。他还担任了中国微生物学会常务理事、中华医学会微生物学和免疫学会常务理事、中华医学会病毒学会主任委员。

在中华人民共和国成立之后，黄祯祥先后出访苏联、罗马尼亚、荷兰、埃及、法国、菲律宾、美国等十几个国家，进行讲学和学术交流。1983年他率中国微生物专家代表团应邀赴美国参加第十三届国际微生物学大会，被美国丹顿市被授予该城的"金钥匙"和"荣誉市民"称号。

黄祯祥是世界医学病毒学研究公认的泰斗级人物，曾任美国实验生物医学会会员、苏联与东欧社会主义国家合办的《病毒学杂志》编委，还担任美国《国际病毒学杂志》《传染病学论丛》杂志的编委。1983当选为美国传染病学会名誉委员。

身患血癌　在京长辞

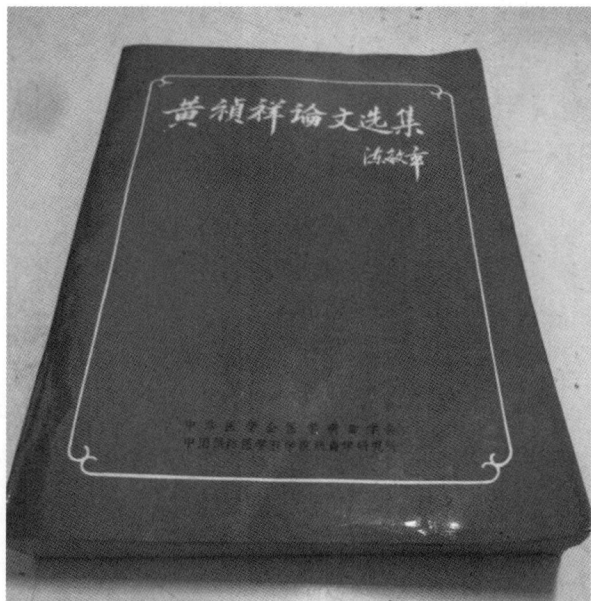

《黄祯祥论文选集》

1985年，黄祯祥光荣加入了中国共产党。正当他以极大的干劲带领研究人员投入病毒免疫治疗肿瘤研究时，1987年3月25日白血病夺去了他的生命。

黄祯祥逝世后，为了纪念他在医学病毒学研究中取得的成绩，他在海内外的同事、亲友共同发起成立了黄祯祥医学病毒基金会，以黄祯祥的名义颁发奖学金，以奖励在医学病毒学研究中做出贡献的新人。

中华医学会病毒学会、中国预防医学科学院病毒学研究所共同主编、出版了《黄祯祥论文选集》，以纪念他在病毒学研究中的突出贡献。

作为中国医学病毒学的奠基人，黄祯祥主编了《病毒学总论》《中国医学百科全书——病毒学》《病毒性肝炎研究进展》《常见病毒病实验技术》《医学病毒学基础及实验技术》等著作，独立或与他人合作撰写、刊发了《肿瘤抗巨噬细胞移动因子的生物学特性及用于肿瘤诊断》《北京市流行性脑炎病毒的分离和鉴别》《北京市流行性脑炎媒介的推论和预防》《麻疹减毒活疫苗的研究：I. 不同代数及不同剂量的人羊膜细胞减毒活疫苗的致病性及免疫性》《麻疹病毒的分离》《影响麻疹病毒血凝素滴度的某些因素探讨》等一大批重要学术论文。

黄维垣

黄维垣（1921—2015年），福建莆田人，美国归侨，著名化学家。曾任福建协和大学助教，福建海疆学校讲师，广州岭南大学化学系讲师，中国科学院上海有机化学研究所副研究员、研究员、学术委员会主任、副所长、所长，中国科学院上海分院副院长兼中国化学会理事长，中国科学院上海分院副院长兼《化学学报》副主编、主编，上海市侨联副主席。中国科学院院士。

名师之子　亦为名师

黄维垣，1921年12月15日出生于福建莆田城厢东里（今莆田市城厢区英龙街）一个名师之家。父亲黄益三（1893—1973年），本名玉树，别名愚斋，号亦珊、益三，著名教育家，曾任福建协和大学和厦门大学教育系教授，还曾任莆田久负盛名的哲理中学校长。中华人民共和国成立之后，哲理中学易名莆田第二中学，黄益三继续担任校长，将此校打造成全省名校。

黄维垣自小在父亲课读之下，学业优良。自小立志做良医，济世救人。为此，1938年，黄维垣考入福建协和大学化学系修读医学预科课程。1941年秋考取北平协和医学院，但由于北平沦陷，他只能继续留在协和大学化学系学习。大四时即因成绩出色被校方聘为助教。

晚年黄维垣

1945年7月，黄维垣任教于福建海疆学校。1944年5月，为做好战后光复台湾所需人才的储备工作，国民政府教育部在福建仙游创办了大专学制的国立海疆学校，先设师范和行政两科。8月，选择仙游县私立金石中学旧址作为临时校舍。1945年1月开始招生，2月海疆学校正式开学。黄维垣在海疆学校当化学讲师。1945年7月，学校奉准迁址福建立南安县九都镇。南安九都时期的海疆学校，师资阵容较大，聘任了有许多知名教授。黄维垣就是此时南下南安。1946年6月，国立海疆学校又迁往晋江。该校虽只开办5年，但为光复初期台湾行政与文教事业的发展提供了一定数量的人才，同时也为战后东南亚一带华文学校的恢复与发展做出了一定的贡献。学校即今福建师范大学前身之一。

1947年1月，海疆学校首届二年制学生毕业，毕业生大多服务于台湾等地。同年，黄维垣与陈玉凤喜结良缘，同年4月进入广州岭南大学化学系攻读硕士课程，1949年9月获硕士学位，并被岭南大学聘为讲师。

无论是在何校从教，黄维垣皆因教学高质量而有名师之誉。

黄维垣的科研工作正是起于岭南大学。他当时在广州岭南大学攻读硕士学位，导师是极为博学的

孔宪保教授。岭南大学刚从内地迁回广州不久，教学科研条件恢复得比较快，黄维垣选了中草药莩荔子的化学成分研究作为论文题目，从中分离到一个含氮的化合物，发现是个已知物，并在美国化学会杂志上发表了一篇短文。

哈佛博士　攻克难题

黄维垣的治学精神与科研能力，很得岭南大学化学系主任曾朝明教授赏识，1949年他推荐黄维垣到美国哈佛大学攻读博士学位。

1950年2月，黄维垣抵达美国哈佛大学，导师是L. F. 菲泽教授，他在"二战"期间研发的萘醌类抗疟药物，编著大学课本《有机化学》一书，在国际有机化学界很有影响力黄维垣到美国时，L. F.菲泽教授的研究领域已转到甾体化学。甾体药物可的松作为治疗风湿性关节炎的特效药，当时引起许多药厂的兴趣，他们都在设法合成制造。最早是选用牛胆酸为原料，但合成路线冗长，收率低，亟须改进。这条路线中的关键

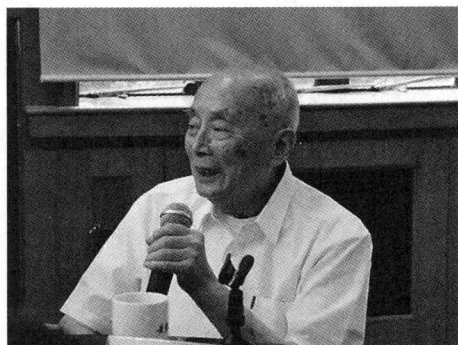
晚年黄维垣在做学术报告

步骤之一是在甾体的C环引进一个氧官能团。菲泽实验室当时就在做这项应用基础研究。黄维垣在该实验室研究了一个新方法，把牛胆酸的12-位羟基转移到11-位，解决了难题，让美国同行刮目相看。

1952年6月，黄维垣获博士学位。他本想立即回国，但美国政府当时下令，所有中国留美理科生和科学工作者都不准回国。回国无门，他只能继续留在哈佛大学做博士后研究员，但他一刻也没放弃回国的努力，直到1955年黄维垣才战胜艰难险阻，看到回国的曙光，而就在此时，他的妻子也得到了赴美留学的签证，为了能让丈夫早日实现报效祖国的夙愿，她毅然放弃了自己多年赴美攻读研究生的梦想。

创氟化学　助军民用

黄维垣先生是中国氟化学的奠基人之一，他在美国及回国初期，从事甾体和天然产物化学研究，运用化学转化进行构型相互关联的方法，测定了植物甾醇C24的绝对构型。

1958年以后，应国家"两弹一星"等工程的需要，转向有机硼化学、有机氟化学和含氟材料研究，创建了中国第一个氟化学研究机构——中国科学院有机氟化学研究室，研制出氟油、氟塑料、氟橡胶等多种含氟关键材料，为国防建设做出了重要贡献，为中国有机氟化学工业奠定了坚实的基础。

在这之后，黄维垣在氟化学民用研究中又取得一连串成果，成功研制了含氟表面活性剂、铬雾抑制剂及氟碳代血液等一大批新型民用含氟材料，为我国有机氟化学工业的发展奠定了基础。

黄维垣在氟化学的基础研究方面取得了一系列令人瞩目的科研成果，他发现并系统研究了著名的"亚磺化脱卤反应"，发展出许多有效的全氟烷基化方法，可以在温和的条件下将全氟卤代烷转化成相

应的亚磺酸盐，进而可以方便地得到全氟烷基羧酸、磺酸、磺酰卤等一系列重要的含氟有机原料；在此基础上，他对全氟烷基亚磺酸盐和磺酰卤的化学以及全氟烷基自由基化学进行了深入系统的研究，发展出许多有效的全氟烷基化方法，成功地应用于各类含氟有机化合物，特别是含氟杂环化合物的合成，极大地推动了有机氟化学的发展，进一步丰富了杂环化学和物理有机化学的内容。

在黄维垣的带领下，中国的氟化学研究在一片空白的情况下只经过短短几十年就赶上了世界少数几个发达国家，上海有机化学研究所被国外同行誉为世界上最重要的有机氟化学研究中心之一。为表彰他对氟化学研究所作出的杰出贡献，在1986年法国巴黎举办的氟元素发现100周年纪念会上，他被授予"MOISSAN"奖章。

黄维坦研究成果连续获得大奖。其中，全氟润滑油获得国家发明证书，为中国铀同位素分离提供了关键材料；新型铬雾抑制剂获国家发明奖三等奖，为镀铬工人的身体健康和环境保护做出贡献；氟碳代血液获中国科学院科技进步奖一等奖，曾用于战争中的伤员抢救手术，并在医院临床和脏器的保存中得到实际应用；甾体化学研究获1982年国家自然科学二等奖，为中国甾体药物工业奠定了基础；发现氟化学中的亚磺化脱卤反应，获1986年国家自然科学二等奖，为合成全氟烷基亚磺酸和磺酸提供了一个方便的新方法，首次合成了含氟烷基取代的环芳烃；"全氟聚氨酯"和"聚全氟苯"获国防科工委科技成果三等奖在氟油；含氟塑料、橡胶、含氟表面活性剂以及全氟代血液的国内研制方面曾获国家发明二等奖2项、国家发明奖三等奖1项；还曾获得"献身国防科技事业"荣誉证书、何梁何利基金奖、陈嘉庚化学奖等。

黄维垣曾任中国化学会理事长、国务院学位委员会成员，中国科学院学部主席团成员、国际纯粹与应用化学联合会理事、上海市侨联主席等职，1980年当选为中国科学院院士。他还长期担任《化学学报》主编，创办了全英文版的《中国化学》，为中国化学研究搭建了国际平台。

2015年11月17日，黄维垣在美国逝世，享年94岁。

黄 强 辉

黄强辉（1930—2014年），福建厦门人，印度尼西亚归侨，中国著名举重运动员、教练员。曾任国家队教练、总教练，中国举重协会副主席，亚洲举重联合会副主席。中国举重事业重要奠基人。

南洋冠军 "哈工"学子

1930年10月，黄强辉出生于印度尼西亚（以下简称"印尼"）西爪哇省西冷镇一个侨商家族，祖籍福建省厦门市，先辈南渡印尼谋生，遂定居于此。黄强辉父亲精明能干，开过石灰厂，生意不错，家景小康，这使黄强辉从小受到良好教育。他自小爱好美术，小时候跟着专业老师进行过系统学习，基本功很好，画得一手好画，对油画兴趣颇高。他兴趣广泛，积极参加各项体育活动，玩跳水、玩体操、玩游泳、踢足球，站在10米跳台能眼睛都不眨直接跳下去，踢球踢进了印尼甲级队。

黄强辉在西爪哇完成小学、初中教育，后被送往雅加达读高中，进入巴城中学。巴城中学，全称"华侨公立巴城中学"，是抗战胜利后一所由当地多间多家侨办学校联合组建的华文学校，由印尼侨领司徒赞等人创办，是当时

国家举重队黄强辉

印尼最大的知名华校之一，与八帝贯中华学校、中华中学齐名。在20世纪40年代末至50年代初，这所学校十分重视对学生进行中华传统文化教育，学校的文化、体育设施很健全，课外的体育活动十分活跃。黄强辉在发奋学习、保持学业优异的同时，满腔热情投入健美训练。他才练了两年健美，就在1951年和1952年，接连两次获得印度尼西亚的全国健美冠军。

1952年6月，黄强辉从巴城中学毕业后，立即回国，赶上全国高考，随即报名，一考即中，且以优异成绩被哈尔滨工业大学机械系录取。

举重票友 首夺亚军

黄强辉夺得中国第一个举重亚军时，还属票友性质，当时他还是哈尔滨工业大学学生。

在北国高校读书期间，性格活跃的他一如在巴城中学一样，在保持学业优良的同时积极参加体育锻炼。因为在印尼时练过健美，对人体肌肉力量等有一定研究，很自然地爱上举重，并开始接受举重训练，而且进步很快。

1953年11月，全国首届民族形式体育表演和比赛大会在天津举行。1933年投笔从戎的著名武术家吴江平任大会副秘书长兼竞赛部长，这次大会有来自全国六大行政区的20几个民族1000余名运动员参加，比赛项目有武术、摔跤、弓箭，举重（石担、杠铃）、赛马和马术，朝鲜族跳板和秋千，还有新疆高空走绳等，成功举办，全国轰动，还摄制成大型纪录片，反复在全国放映。

有着健美功底的黄强辉代表东北三省参加举重比赛。黄强辉后来回忆到："那是我第一次用杠铃，以前都用石担。我在东北都不知道举重的杠铃是什么。"那次比赛他获得了第二名。从印尼健美冠军到祖国亚军，他很兴奋。后来听说要组建国家举重队，黄强辉给供职于国家体委的吴江平写了一封信，表明自己想要进入国家队的想法。

进国家队　夺得首冠

1955年，国家体委要组织举重队、体操队到苏联学习，吴江平特地到哈尔滨去邀请黄强辉加入。当时大学生是不能随意请假离开学校的，吴江平做了半天思想工作，终于说服了校方，黄强辉立刻跟着吴江平赶回北京，直接从仓库领出国家队服装就启程赴苏联。

黄强辉与其他7位举重队友，还有翻译、举重队班主任、领队吴江平等一起来到苏联，先在莫斯科两个月，每天就到迪纳摩体育场看台下面的举重房训练，由两个教练教举重技巧与力量训练。两个月之后，黄强辉和队友去波兰华沙参加对抗赛，表现颇为突出。

在华沙时，国家体委官员就找到黄强辉，做他思想工作，说："国家队需要你，不要回哈工大了，进国家队吧。"当时黄强辉最大的心愿，是拿到哈工大文凭，当个有名的工程师，为国家现代化服务。

黄强辉手捧鲜花

华沙对抗赛结束后，中国队回到了莫斯科又进行了一个多月的强化训练。回国前进行了测试，黄强辉成绩提高最快，总成绩涨了57.5公斤；陈镜开列第二，涨了37.5公斤。

1955年12月份，第一届全国举重锦标赛在北京举行，黄强辉夺得男子67公斤级的冠军，总成绩达到了342.5公斤，整整领先第二名12.5公斤。在国家体委的再次动员之下，黄强辉决定留在中国举重队，同年调入中央体育学院竞技指导科，即后来的国家体育总局训练局，正式踏上专业举重运动员的道路。

三破纪录　跃上巅峰

在1956年5月举行的全国举重冠军赛和10月举行的第16届奥运会举重选拔赛中，黄强辉将男子67公斤级总成绩分别提高到350公斤和355公斤。

　　黄强辉开始冲击世界纪录。1958年3月，莫斯科举办国际举重比赛，在轻量级较量中，黄强辉战胜了当时的世界冠军、苏联轻量级选手布舒耶夫，以总成绩382.5公斤的成绩夺得第一名。1958年4月7日，在重庆举行全国二十五单位健将级举重比赛，黄强辉在67.5公斤级的挺举中，以155公斤的成绩，打破了由苏联选手萨斯索诺夫保持的轻量级挺举世界纪录。一个月后，新加坡举重选手陈浩亮举起了156.5公斤，刷新了黄强辉的纪录。黄强辉继续苦练，再获突破。1958年11月29日晚，在北京举行的中国、苏联、波兰举重友谊赛中，他以158公斤的成绩，再破这项世界纪录。1959年4月22日，在太原举行的全国健将级举重锦标赛中，黄强辉又将挺举的成绩提高到158.5公斤，打破由他本人保持的轻量级挺举世界纪录。

　　1959年，《祖国的优秀运动员》丛书出版。第1辑中，黄强辉与为祖国夺得第一个世界冠军的容国团和刷新蛙泳世界纪录的穆祥雄等一起被列入。

金牌教练　创造辉煌

　　黄强辉退役之后，担任了国家队教练。1961年，他光荣加入了中国共产党。1962年，被任命为国家举重队第一任总教练。他对训练工作精益求精，讲究科学，用矛盾论、实践论的观点和方法指导训练，自力更生创立了许多卓有成效的训练方式方法，将中国举重队托举到世界之巅。

　　1984年时，黄强辉率领国家举重队在洛杉矶奥运会上一举摘得了四枚金牌，极大地震撼了世界举坛。

黄强辉（左四）在指导运动员和年轻的教练员

　　在黄强辉教练生涯中，培养出一大批世界冠军、亚运冠军、全国冠军以及多次打破世界纪录和亚洲纪录的运动员。曾多次破世界纪录的肖明祥、陈满林、邓国银、刘寿斌等均为他的入室弟子。从1956年至1992年的36年间，中国男子举重队员打破世界纪录共计49次，这个成绩在世界居第9位。49次中，黄强辉获3次，由他直接指导的弟子获11次，共计14次，约占总数的29%。

　　1990年11月，黄强辉退休。在这之后，他曾执教新疆举重队。

　　黄强辉以卓越的成绩，殊荣不断：1959年至1965年，1975年至1987年，连续多次获国家体育运动荣誉奖章；1987年在第6届全运会期间，由《体育报》（后易名为《中国体育报》）主办的自1978年以来"全国20名最佳教练员"评选活动，涉及的项目有12项，黄强辉是作为举重项目唯一入选的教练员；1983年亚洲举重联合会授予他"特别贡献"奖；1989年再被评为"建国40年以来杰出教练员"。

　　此外，黄强辉还是第5至第7届全国政协委员，1964年当选为中国举重协会副主席，1982年当选为亚洲举重联合会副主席。

　　2014年5月4日，黄强辉病逝于北京。

萧 光 琰

萧光琰（1920—1968年），福建福州人，日本、美国归侨，著名物理化学家。曾任美国芝加哥大学化学系助理研究员、芝加哥大学冶金研究所研究员、美国埃克森美孚石油公司研究化学师、中国科学院工业化学研究所研究员、中国科学院石油研究所研究员，中国科学院大连物理化学研究所研究员。

富家少爷　美国才子

萧光琰祖籍福建省福州市，1920年生于日本东京一个著名侨商家庭，父亲经商有成，事业发达，积累了上千万美元，家有花园别墅香车宝马，家中佣人数位，往来皆豪富。作为富家少爷，萧光琰自幼锦衣玉食，被家人呵护备至。

萧光琰小时常被父母朋友和学校老师用"聪明绝顶"四字相喻，9岁即掌握了中、日、英三种语言，12岁时被父亲送往东京市一所顶尖的私立贵族中学读书，成绩一路拔尖，所有人皆望其项背。

青年萧光琰

1934年，萧光琰初中毕业。随着九一八事变和长城抗战爆发，萧光琰的父母感受到日本排华浪潮日盛一日，断然将蒸蒸日上的工厂转让他人，将生意兴隆的商店盘给他人，准备举家逃往美国。

逃难的日子甚是艰难，三年后萧家在美国的生活才安定下来。没有上过一天高中的萧光琰竟然以高分考上了美国坡蒙那大学，且一路学习成绩优异。1942年毕业，经导师推荐，进入芝加哥大学研究院，专攻物理化学。1945年12月，以优异成绩获得化学博士学位。1946年年初，芝加哥大学将他留校做化学系助理研究员。1947年，被芝加哥大学冶金研究所破格晋升为研究员。他的出色学习与研究能力，被誉为"来自东方的天才"。

辉煌之时　决定回国

1947年，美国埃克森美孚石油公司高薪从芝加哥大学挖走萧光琰。萧光琰很快以自己出色业绩，为公司带来滚滚财源，也为美国石油领域攻关了一连串多年未曾解决的技术难题，为美国石油产业做出了重要贡献，1947年至1950年萧光琰连续四年获得美国石油的最高荣誉"石油金质奖章"。

1949年秋天，正当萧光琰在美国石油领域声望日益升高、被公认前程似锦时，他参加了由中国共产党人参与发起的中国留美科学工作者协会和由进步科学工作者主持的北美基督教中国学生会。

北美基督教中国学生会（简称CSCA）创立于1909年，由美国基督教总会资助，中国学生自我管理。1946年开始政治属性大于宗教属性。1947年后，CSCA各领导层和很多中坚分子多为左翼进步学生，有的就是中共地下党员，如浦寿昌、陈一鸣、陈秀霞、孟繁俊、徐鸣等。CSCA活动内容多以时政学习交流和文体娱乐为主，活动形式以暑期夏令营年会为主，以寒假冬令营年会等为辅。1949年在CSCA美东分会夏令会上，浦寿昌、浦山等作国内形势报告，会上还宣读国内亲友来信等，并分组讨论。CSCA作为一个群众性社团，受到了共产主义思想影响，成为了进步团体，甚至被美国当局划为从事非美国利益活动的非法组织。

中国留美科学工作者协会（简称"留美科协"），是以中共地下党员为主筹划发展起来的社团组织。1948年年底，芝加哥的"芝社"、匹兹堡的"建社"、明尼苏达州的"明社"和纽约的"朝社"的中国留学生进步组织在芝加哥开会，决定先成立留美科协中部分会。1949年上半年，美国很多学校陆续成立了留美科协区会，6月18日，13个区会的代表在匹兹堡召开留美科协成立大会。会议通过了宣言《我们的信念和行动》，阐明宗旨是：联络中国科协工作者致力科学建国工作，促进科学技术的合理运用，争取科学工作条件的改善及科学工作者生活的保障。总的目标是为争取团结更多的留学生回国，为发展中国科学技术而努力。

萧光琰生于日本，亲人都在海外。他对祖国的了解，主要来自父母的介绍和从书报上的了解，祖国原来给予他的印象只有两点：古老、落后。而参加进步学生组织，让他全面了解了祖国，了解了中国共产党，了解了中国共产党正在着手展开的民族伟大复兴，也了解到中国共产党急需大量科技人才。他产生了回到祖国的愿望，而且这种愿望越来越强烈。他给刚刚成立的祖国高等教育部写了一封信，询问祖国石油工业需要什么技术资料，他决心为祖国的石油工业搞到一批技术资料。

从决定回国第一天开始，曾是社交场合宠儿的萧光琰不再参加社交，还放弃了十分爱好的游泳、打网球、滑冰、滑雪等活动。他花了几千美元购买了翻印器材，搜集、翻印和整理他认为祖国需要的资料，那些日子里他常常夜以继日、废寝忘食，整整忙碌了一年。

排除万难　回到祖国

萧光琰回家的路走得很艰难。先是新婚妻子不太同意萧光琰离开美国，两人多次发生激烈争论。甄素辉说："我连中文都讲不好，而且那里也没有亲人，回国干什么呢？"但萧光琰认为中国就是他的亲人，能把美国最先进的技术带回国，就是守护自己的亲人。吵到最后，萧光琰说："如果你实在不想回中国，我就自己回去。"最后，爱他的妻子只好让步。

接着美国政府出面阻挠。1950年11月，萧光琰被美国以"掌握国家机密"为由，禁止他出境。当时的石油提炼技术一直是美国人把持的高精尖技术。最后，萧光琰偕同妻子不顾生命危险辗转飞往香港，然后才由专人接回到大陆。

1950年12月，萧光琰夫妻带着大大小小20多个装有数据和大批图书的行李，放弃了美国每年6万美元年薪、花园别墅和高档轿车，回到了祖国。后来，他在很多场合都说过同样一句话"我爱党才冒险回国"。

回国后,国家按照萧光琰的意愿,安排他到石油部门做技术研究工作。之后,他带回的大量资料,国家组织专门团队进行放大、整理,鉴定,认为极有价值,将会对我国的石油炼制工业起到有益的作用。后来的事实也证明了这一点。

萧光琰是个淡泊名利的人,他在美国时得过四枚金质奖章每次都被告知家人。但是,当组织上告知他带回的资料是国家之宝时,他非常自豪,立即写信告诉妹妹:"你知道吗?我那些资料已经用上了,这是对我最大的安慰。"

屡克难题　赶超世界

萧光琰回国后,本可以留在生活条件较好的北京,但他主动要求到位于大连的中国科学院工业化学研究所当研究员,1954年6月该所改名为"中国科学院石油研究所",1961年12月又改名为"中国科学院化学物理研究所"。

萧光琰到东北,目的是为了接近最前线的研究。大连生活条件与美国难以相比,萧光琰每个月只能拿到120元工资,上班坐公交车,物质匮乏,妻子甄素辉一时难以适应,多少有些怨言,但萧光琰毫不在乎,他满腔热情地投入科研工作之中,成为中华人民共和国成立之后最早从事石油化学研究的科学家之一,在国内首次开展了页岩油裂化催化剂氮中毒的基础研究和金属酸性催化剂双重性的研究,为我国石油工业和催化科学的发展做出了开创性的重要贡献,成为新中国石油化学科研重要奠基人。

1950年年初,我国的石油工业开始起步,在李四光带领地质勘探队到处找石油的时候,萧光琰也投入筹建炼油厂紧张工作。但是当时基础太差了,甚至到底用哪种催化剂来炼油都不清楚,有人主张用钼做催化剂,因为钼要比铂便宜,不用进口。但是萧光琰坚持用铂,铂虽然贵,但催化效率高,石油回收率高,最后炼油厂采纳了萧光琰的方案。

北京石油炼制所成立后,接着进行铂重整中间放大试验,大获成功,后来用这个技术建成的大型炼油厂,成了当时中国最重大的五项科技突破之一,在大庆大放异彩,被称为"五朵金花"。

萧光琰回国后一直从事的"页岩油催化裂化及其氮中毒的机理研究"和"电子酸性催化剂研究",在应用的基础理论方面,都有了进展和突破。"页岩油催化裂化"的研究,主要是为了探求以页岩油为原料,制取优质油(包括机油)的途径。20世纪50年代的我国,在这方面还处于空白状态。萧光琰用一年半的时间,一口气写出15篇论文,篇篇都是经典,堪称中国石油化学的奠基之作,其中"页岩油的催化裂化"这项研究,甚至对推动我国石油工业的发展起到了根本性的作用。可以说如果没有萧光琰,我国的石油工业会倒退十几年。

1961年,萧光琰主动兼任青岛海洋研究所研究员,在那里开发出了一项超越时代的技术——生物催化剂,这项技术,西方国家在1990年前后才开始展开研究,2000年正式实践,而我国在萧光琰的带领下,1961年就实现了这项技术,领先西方整整40年。

1964年,我国的大庆油田制取航空煤油和低凝柴油的过程中遇到了大难题。这时候,萧光琰又挺身而出,孤军奋战,完全凭一己之力发明了超高转化率的催化剂,仅仅用了四个月就解决了难题。

　　1964年，萧光琰一个妹妹在北京病故，给他拍来电报让他前去，他的复电是："誓将余生献给党的科研事业。"萧光琰敬仰和热爱毛主席。他常和自己的亲人说："我真希望有一天能见到毛主席。"

　　1968年12月11日，萧光琰逝世于大连。他的英年早逝，至今国人想起依旧扼腕长叹。

中国科学院石油研究所学术委员会成立大会后合影，后排左一为萧光琰

梁 披 云

梁披云（1907—2010年），原名梁龙光，乳名衮，号雪予，福建永
春人，马来西亚、印度尼西亚归侨，著名侨领、报人、教育家、社会活
动家。曾任福建泉州黎明高级中学校长，福建省惠安县县长，福建省永
泰县县长，马来亚吉隆坡尊孔中学校长兼《益群报》总编辑，印度尼西亚
棉兰苏东中学校长，印度尼西亚棉兰《苏门月刊》主编，马来亚吉隆坡中
华中学校长，南洋华侨回国慰劳视察团团员、重庆华侨建设公司常务董
事，中国国民政府军事委员会政治部设计委员，国民党福建省党部书记
长，福建音乐专科学校校长，中国国民参政会参政员，福建国立海疆学
校校长、福建省教育厅厅长，印度尼西亚永春同乡会理事长，印度尼西
亚《华侨导报》总编辑，印度尼西亚雅加达中华侨团总会常务委员兼文化
部副主任、永春公会主席，澳门归侨总会主席，澳门特别行政区筹备委
员会委员，澳门特别行政区第一届政府推选委员会委员、澳门各界庆祝
澳门回归祖国活动委员会主席团副主席，泉州黎明职业大学校长兼董事
长、福建省黎明职业技术学院名誉校长。

梁披云在审阅诗稿

秀才之后　富商长子

　　1907年3月15日，梁披云出生于福建省永春县蓬壶镇鳌顶村（现为吾峰镇吾顶村）一个亦儒亦商
之家。祖父梁锡永，行四，分家分得蓬壶镇泉兴一家店，经商失败，商店倒闭。祖父生二子，梁披云
父亲居长，名梁仍绪，字绳基，清光绪己亥年（1899年）中秀才，蜚声庠序。

　　梁仍绪颇具新思想，对新学尤为兴趣，后来考入福建法政学堂。毕业后回到永春县，执教于梅峰
书院。两年后，见家道中落，弃教从商。他先在蓬壶镇开泉兴商行，随着生意越来越兴隆，后将商行
移至永春县城的五里街，更名为"金泉兴"。在1926年前，金泉兴商号为永春县四大商行之一。后来，
又在厦门、福州、泉州、上海等地开设分店，经营范围从京果、粮食、杂粮、丝绸、棉纱、百货到钱庄。
梁仍绪还应好友之邀请，于1923年投资在马来亚柔佛开发橡胶园数千亩，成为永春县在上海和海外投
资第一人。

　　梁披云母亲潘密，1887年3月11日生，1981年4月去世，贤惠达理，精明能干。梁披云兄弟姐妹
8人，他居长。梁家家学深厚。梁披云幼承庭训，熟读蒙学经典。1913年入村塾，1916年入城镇教会小

学，1920年进入省立第十二中学（现永春县第一中学），1921年转读集美中学。在集美中学读书期间，展示了他著文之长，开始向由辛亥革命元老创办的厦门《民钟报》投稿。1922年，梁家遭遇不幸，父亲梁仍绪遭同乡梁某伙同土匪绑架，因需筹凑白银3000两赎身费，梁家被迫将永春总店关闭。梁披云也在这一年因参与集美中学进步学生活动被迫离校。1923年，梁披云游学浙江、江苏、安徽多地，后进入武昌大学英语系学习。梁家再遭灾难，梁仍绪罹患食道癌，次年1月病逝。

梁披云出生地——永春重卿堂

进步学子　投身"五卅"

　　1924年夏天，梁披云以第一名成绩考入上海大学文学系。上海大学是由国共两党联合创办于1922年的高等学府，校长为于右任，教务长为瞿秋白，为南方新文化运动的中心，涌现出一大批革命先驱和两党风云人物，是中国共产党培养干部的学校。除瞿秋白外，著名共产党人邓中夏、恽代英等都在这里任职任教，也因此许多革命青年跋山涉水，甚或从海外慕名归来，负笈求学，是一所被誉为"武有黄埔、文有上大"的革命学校，梁披云在此先后受业于于右任、瞿秋白、沈雁冰、郑振铎、陈望道、邓中夏、恽代英等，阅读了大量进步书籍，确立了反帝反封建革命思想，开始参加进步学生活动，并表现积极。

　　1924年，北京政变后，段祺瑞重掌政权，北京的中华民国临时执政府宣告成立。此时，孙中山发表《北上宣言》，提出应先召集国民会议，以谋中国统一与建设。中国共产党支持孙中山北上，并于1924年11月10日发表宣言，指出在全国正式政府未成立前，国民会议预备会议应该是号令全国的总机关。这个主张得到了全国人民的拥护，于是国民会议运动汇合废除不平等条约运动，在全国范围开展起来。为响应孙中山促段祺瑞召开国民会议，梁披云参与进步学生团体发起的呼吁运动。

　　1925年2月起，上海22家日商纱厂近4万名工人为反对日本资本家打人和无理开除工人，要求增加工资而先后举行罢工。5月15日，上海日商内外棉七厂资本家借口存纱不敷，故意关闭工厂，停发工人工资。工人顾正红带领群众冲进厂内，与资本家论理，要求复工和开工资。日本资本家非但不允，而且向工人开枪射击，打死顾正红，打伤工人10余人。第二天，中共中央发出第32号通告，紧急要求各地党组织号召工会等社会团体一致援助上海工人的罢工斗争。19日，中共中央又发出第33号通告，决定在全国范围发动一场反日大运动。28日，中共中央召开紧急会议，决定以反对帝国主义屠杀中国工人为中心口号，发动群众于30日在上海租界举行反对帝国主义的游行示威。

　　梁披云参加了5月30日的大游行，他和同学在公共租界各马路散发反帝传单，进行讲演，揭露帝国主义枪杀顾正红、抓捕学生的罪行，反对"四提案"。租界当局大肆拘捕爱国学生。当天下午，仅南京路的老闸捕房就拘捕了100多人。万余名愤怒的群众聚集在老闸捕房门口，高呼"上海是中国人的上海！""打倒帝国主义！""收回外国租界！"等口号，要求立即释放被捕学生。英国捕头爱伏生竟调集通班巡捕，公然开枪屠杀手无寸铁的群众，打死13人，重伤数十人，逮捕150余人。其中捕去学生40余人，射杀学生4名，击伤学生6名，路人受伤者17名，已死3名。6月1日复枪毙3人，伤18人，制造了震惊中外的"五卅惨案"。

梁披云没有被吓倒，从6月1日起，他参加了上海全市反对帝国主义的总罢工、总罢课、总罢市。迎着帝国主义者的刺刀与枪口，走上街头进行演讲，还撰文进行反日反英宣传，曾被反动巡捕投入监狱。出狱后继续参加反帝斗争，他曾奉上海学联之命，与陈伯达一起赴福建、广东进行反日、反英宣传活动，号召人们起来声援"五卅运动"。

在国共第一次合作期间，广州是国民革命中心。1925年秋天，梁披云南去广东，进入孙中山创办的广东大学（现中山大学前身），但不久又重返上海大学。

扶桑留学　泉州兴学

1926年夏天，梁披云从上海大学毕业后，东渡扶桑求学，在东京日语补习学校学习期间，旁听早稻田大学的政治学、社会学课程。

1927年夏天，梁披云回乡过暑假期间，到国民党福建临时省党部执行委员秦望山主持的晋江县党部宣传养成所，讲授《社会进化史》，并任校务委员。这是他第一次执教，第一次参与教学管理。

1928年，梁披云从日本回国，先在厦门参与编辑《民国日报》，业余时间著述《世界社会运动史略》。因不满《民国日报》完全按照国民党右派对帝国主义投降、对革命人民镇压的反动政策进行宣传，于同年夏天辞职北上，来到上海。

1929年，梁披云开始了他教育家的生涯。这年春天，22岁的他在著名教育家蔡元培、马叙伦的倡议下，与国民党元老许卓然、秦望山、张贞、陈清机、叶青眼、杨逢年一起，组成董事会，联合在泉州创办黎明高级中学，由梁披云出任校长，后又增聘于右任、陈铭枢为董事。黎明高级中学实行男女同校，勤工俭学，提倡爱的教育和思想自由，校风开放，学生思想活跃，是一所极具开放性和进步性的学校。这是梁披云第一次创办学校、第一次当校长，为了办好黎明高级中学，梁披云用自家上海商店6000两白银，为学校购买教学仪器和图书。

1930年春天，梁披云再次赴日，在紧锣密鼓备考之后，考入早稻田大学政治经济学部大学院，专攻农业经济学。

回国抗日　以笔为枪

1931年九一八事变后，梁披云满怀义愤，在旅日留学生中进行抗日宣传，动员大家回国效力，共赴国难。他自己则立即收拾行装，踏上回国之路。

对日本称霸世界国策有较多研究的梁披云，意识到祖国抗击日本侵略者之战将是一场长期的持久战，培养后备人才至关重要。他回到泉州，重组黎明高级中学。

重新主持黎明高级中学的梁披云，将抗日救国教育作为学校重要一课。他经常亲自授课，揭露日军侵华野心，鼓励学生成为捍卫祖国的勇士。1932年"一·二八"淞沪抗战打响后，他在学校里发动学生捐款捐物，支援浴血奋战的十九路军。他还经常著文，刊于泉州报刊，批驳蒋介石"攘外必先安内"政策，呼吁国共两党合作，共同抗击侵略者。

连任县长　参加"闽变"

1932年5月5日，国民党南京政府与日本在上海签订《淞沪停战协定》，规定双方自签字之日起停战，取缔一切抗日活动，第十九路军撤防，划上海为非武装区。协定签订的第二天，蒋介石下令将十九军三个师分别派到皖、鄂、赣三省"剿共"前线参加内战。同年6月，十九路军陆续入闽。年底，蒋介石改组福建省政府，任命十九路军总指挥蒋光鼐为省主席、军长蔡廷锴为驻闽绥靖公署主任兼十九路军总指挥。随即，坚持反蒋抗日的梁披云，先后被任命为惠安县县长、永泰县县长。任上，他勤政为民，着力进行抗日宣传和动员，使所治之县政治清明，经济得到一定发展。他离开惠安县时，惠安人民赠予"政通人和"之匾。

1933年11月，李济深、陈铭枢、蒋光鼐、蔡廷锴等人在福建为抗日反蒋起事，其后成立了中华共和国人民革命政府，被称为"福建事变"，又称"闽变"。梁披云被任命为中华共和国兴泉省顾问。兴泉省是1933年至1934年"闽变"时中华共和国的四个省份之一，省会晋江（今泉州市），管辖12县，分别为莆田、仙游、晋江、南安、安溪、惠安、同安、金门、永春、德化、大田、思明，大致相当于今日的莆田和泉州地区。1934年，随着中华共和国人民革命政府被南京国民政府消灭，兴泉省被取消建置。

南洋抗敌　兴学办报

"福建事变"失败，梁披云应于右任之邀，远赴陕西，准备执教国立西北农林专科学校（即今西北农林大学前身），主讲《农业经济学》。他刚抵西安，就接到南洋好友电报，邀他南渡执教。因对蒋介石"攘外必先安内"政策和持续剿共、任凭日军铁蹄踏进关内的愤恨，梁披云南下马来亚（今马来西亚），在吉隆坡尊孔中学任教，负责增办高中部，并将原来的名字"梁龙光"改为"梁披云"，从此延用终生。

在尊孔中学执教期间，梁披云依旧全身心投入抗日救国活动，经常向学生介绍国内抗日形势，揭露日军侵华暴行，报告中国军民浴血抗战事迹，动员华侨学生投身祖国抗日，使他的身边聚集了越来越多抗日青年。同年夏天，梁披云兼任《益群报》总编辑，他充分利用这一阵地，进行抗日反蒋宣传，号召华侨团结起来，以各种方式吁请祖国政府尽快停止内战、共同抗击日本侵略者。也因此，引起了当时中国与日本驻马来亚领事馆的抗议，他们通过英国殖民当局进行干预，梁披云受到警察局的监视。

棉兰救国　再点烈火

1936年春天，梁披云因反复受到英国警察局的刁难，并有将缉捕之说传出，被迫转往印度尼西亚苏门答腊岛的棉兰市，出任苏东中学校长。任上，锐意改革，调整课程，制定新规，聘请名师，营造学校开放、开明校风，对学生进行中华文化、抗日救国教育。为强化学生的祖国和中华民族认同感，树立学生远大理想，培养学生英雄之气，梁披云亲自创作了大气磅礴的苏东中学校歌，由陈维经作曲，不但全校人人爱唱，而且棉兰华侨也十分爱唱，歌词为："苏岛东头，马达巍峨障碧空。黉舍广开，神州文物播休风。我们弟兄姐妹，去国万里，聚合天涯，亲情骨肉，数晨昏，共游乐，喜气融融一室中。努力及时，莫放韶华去无踪。看取他年，凌云壮志吐长虹。"

在梁披云的改革创新下，苏东中学迅速成为棉兰名校，全市八所小学和一所幼儿园都由苏东中学统筹统办，使华文教育的各个阶段得到很好衔接，大大提升了教育水平。担任校长期间，梁披云还创办了《苏门月刊》，助力当地华侨社会建设，他也因此在当地侨界享有威望。

1937年七七事变之后，梁披云将抗日救国作为学校最重要一课。他在学校里举行抗日救国动员大会，登台进行抗日演讲，号召师生做抗日救国的先锋，并组织了抗日宣传队，走上街头，贴标语、发传单，举行抗日报告会。同时，还成立歌咏队、演剧队，组织学生赶排抗日文艺节目，到城乡进行义演。发动全校师生上街募捐，将所筹之款，汇集当地抗日筹赈组织，一起汇回祖国。苏东中学第八附小的小学生潭洪务及林天福等人，利用儿童节放假，自动将平日积蓄献出，合买虾饼，然后再去义卖，将所得款项支援祖国抗战。据不完全统计，苏东中学及其附属的八所小学都纷纷分组出动募捐，在短期内即筹款1000多盾，当时1盾钱可以在当地买10公斤以上最好的牛肉。

梁披云积极参与棉兰华侨抗日组织，出主意，想办法，筹募抗日资金，组织抵制日货，还动员华侨青年回国抗战，经常在当地华侨抗日活动上作抗日演讲，鼓励大家共赴国难。

重返马来　组会抗敌

由于梁披云是当地的抗日骨干，特别是着力在学校开展以热爱中华民族、热爱中华文化为主的爱国主义教育，为当地荷兰殖民政府所不容。

1938年7月，梁披云只好带着几位同仁，回到吉隆坡尊孔中学。

回到吉隆坡后，梁披云参加了马来亚华侨抗敌后援会。马来亚华侨抗敌后援会，于1938年8月在星洲华侨各界抗日救国联合会和马来亚华侨各界抗日救国联合会的基础上，由马来亚共产党在新加坡建立的半公开的群众抗日救亡组织，下设各地的抗敌后援组织。梁披云成为吉隆坡华侨抗敌后援会活动骨干。当南洋华侨筹赈祖国难民委员会成立后，梁披云参与推动吉隆坡分会成立，并满腔热情地参与了当地抗日活动，还参与促成以反对卖国投降、支持抗战为主旨的"反汪宣传周"活动。

育抗日苗　授持久战

为更好培养抗日救国后备力量，1939年梁披云与马来亚侨领及尊孔中学部分董事、同仁一起，发起创建中华中学，并亲任校长，学校于秋季正式开学，他在学校里组建中华民族解放先锋队，将抗日救国、抗日游击战、抗日持久战作为学校的课程，还专门选授毛泽东的《论持久战》，使中华中学成为马来亚华侨抗日救国后备人才的重要培养基地，这也使得这所学校不断有人回国参战和服务。1941年12月，太平洋战争爆发后，这所学校的不少学生参加了马来亚人民抗日军，拿起枪来与侵略者作战。

1940年年初，学校部分进步师生被捕，英国殖民当局正告学校董事长，必须让梁披云辞去校长一职，否则学校立即关门。梁披云被迫离职。

抗日被捕　回国效力

1940年4月，梁披云被选为吉隆坡代表，成为陈嘉庚率领的南洋华侨回国慰劳视察团团员，深入前线慰问抗敌将士，鼓励官兵英勇杀敌。

1941年，梁披云回到马来亚，继续坚持抗日活动，他经常登台演讲，呼吁团结抗战，谴责内战、分裂。不久，被柔佛州英国殖民当局逮捕，陈嘉庚奔走营救，还多次向英督交涉，刚好太平洋战争爆发，马来亚的英国殖民当局希望华侨出来抵抗日本侵略者，梁披云才得以释放。出狱后的梁披云，投入当地备战抗日活动，一直坚持到吉隆坡沦陷前夕，他才冒着炮火，与吉隆坡尊孔中学原校长黄重吉、橡胶制造厂总经理黄光饶，乘船先抵印度，再转至缅甸腊戌，经昆明，一路辗转到重庆，与新加坡、马来亚、缅甸、越南回国的华侨一起，在重庆创设华侨建设公司并任常务董事，投资实业，以壮大祖国战时经济。同年，应朱家骅之邀，任国民党中央组织部特约编纂，同时兼任国民政府军事委员会政治部设计委员。

兴学育才　掌闽教育

1947年时任福建省教育厅厅长的梁披云（第一排左四）到漳州农村学校调研时，与师生合影

1943年，梁披云回到福建战时省会永安县，先任国民党福建省党部筹备委员，国民党福建省党部成立后被选为书记长。次年，兼任福建音乐专科学校校长，被选为国民参政会参政员。担任校长期间，他除着力于教学外，还组织师生进行抗日宣传。

1945年，为战后光复台湾培养行政专才的国立海疆学校在福建创办，梁披云调任国立海疆学校校长。上任后，他根据时局变化，锐意创新，全力发展国立海疆学校：将为台湾培养行政专才扩大为培养海外教育、商业人才;由招生福建子弟扩大为同时招生海外华侨子弟;将三年制专科缩减为两年制;增设五年制专科,以招收初中毕业生入学;增设第一外语、第二外语课程……梁披云还努力营造宽松、自由、民主、开放的校风,支持教师介绍马列学说,学校图书馆拥有《共产党宣言》《大众哲学》和香港《大公报》等进步书籍和报刊,他还通过其他渠道添置了上千册进步书刊和苏联小说,由此引导一大批青年学生走上革命道路。同时,创办了《海疆学报》,出版《中南研究》等。

之后,梁披云担任福建省教育厅厅长。1948年,他积极支持中国民主同盟福州支部发动的"福州四院校罢教、罢研、反饥饿斗争",并授意福建省教育厅拨出一批大米,供应给参加活动的人,促成反饥饿斗争取得胜利。1949年,他利用教育厅厅长、省参议员身份之便,积极参与和推动反对征兵征粮活动,设法为遭受宪兵和特务迫害逮捕的进步师生申辩、担保、帮助逃离。

终生侨领　一生办学

由于梁先生保护过不少进步师生和中共地下党员,国民党当局又获悉梁披云的胞弟梁灵光为人民解放军高级干部,加上梁披云本人对进步活动的积极支持,特务头子毛森下了暗杀梁披云命令,幸得到厦门警备司令李良荣、厦门机场经理林汝良和菲律宾华侨巨商、在海内外拥有较大影响力的林珠光等的掩护,得以成功离开厦门,转赴香港。

1950年,梁披云转赴印度尼西亚,担任印度尼西亚永春同乡会理事长。任上,他积极协助中国驻印度尼西亚使馆的侨务工作,推进当地华文教育。1952年担任《华侨导报》总编辑,兼任印度尼西亚雅加达中华侨团总会常务委员兼文化部副主任、永春公会主席。1960年,印度尼西亚发生大规模排华,梁披云排除万难,协助中国使馆安排华侨归国工作。

1966年,梁披云移居澳门,1968年创立澳门归侨总会并被公推为主席,连任终生。梁披云曾长期担任全国政协委员。

梁披云还先后担任澳门特别行政区筹备委员会委员、澳门特别行政区第一届政府推选委员会委员、澳门各界庆祝澳门回归祖国活动委员会主席团副主席,为澳门的顺利回归、和平过渡和组建澳门特别行政区政府做出积极贡献。

2001年,澳门特区政府授予梁披云首届莲花荣誉勋章。2007年,澳门特区政府又授予大莲花勋章。

梁披云一生除创办泉州黎明中学、马来亚吉隆坡中华中学、福建国立海疆学校外,还创办了不少学校。1946年,他受菲律宾华侨之托,在石狮创办石光中学;1952年,赴印度尼西亚创办雅加达中华中学并办附设中学教师进修班;1990年,创办澳门福建学校;1981年;在泉州创办黎明学园,聘请巴金为名誉董事长;1984年,在泉州创办黎明职业大学(今公立福建省黎明职业技术学院),亲任校长兼首届董事会董事长,一直到2010年1月29日在澳门逝世之前,仍担任福建省黎明职业技术学院名誉校长。

2010年1月29日,梁披云在澳门逝世。时任中共中央政治局常委贾庆林、习近平、贺国强和政治局委员王兆国、刘延东、张高丽以及中央有关部门领导都送了花圈。时任福建省委书记孙春兰、时任福建省省长黄小晶,福建省各相关部门、厦门市、泉州市、永春县以及家乡吾峰镇也发来唁电和敬送花圈。全国政协副主席何厚铧任治丧委员会主任,他在2010年2月6日举行的澳门各界公祭梁披云的讲话中这样评价这位传奇老人："梁老在历经百年的奋斗生涯，爱祖国爱澳门爱家乡，为发展祖国的教育文化事业发挥了积极作用，为澳门回归祖国和促进澳门繁荣稳定做出了重要贡献，为推进祖国和平统一大业倾注了大量的心血，给我们留下了诸多宝贵的精神财富……"

梁披云（左三）夫妇与弟弟梁灵光（左二）、弟媳朱含章（左一）

粟 秀 玉

粟秀玉（1929—　　），福建厦门人，缅甸归侨，著名教育家、社会活动家。曾任缅甸仰光福建女子师范学校校长、缅甸南洋中学校务委员、缅甸华侨教师联合会副主席、缅甸华侨妇女协会外文秘书、北京外国语专科学校教师、中国外文出版发行事业局《毛主席诗词》缅文版定稿组组长、中国外文图书出版社《毛泽东选集》翻译室编审、北京外国语学院院务委员、北京外国语大学教授、致公党中央委员兼妇女工作委员会副主委、致公党北京市委副主委、北京市政协常委兼副秘书长。

侨商千金　两创第一

1929年9月，粟秀玉出生于缅甸仰光一个侨商之家，祖籍福建厦门。20世纪20年代中叶，粟秀玉父亲粟运广因生活艰难，想下南洋谋生却连一张船票都买不起，只能选择从厦门海边游到近海的商船上，以帮船员洗船板、洗厕所，包揽全部的脏活苦活，换得几餐饭食和免费船票。当有人登船检查，船员会帮忙把他藏起来。当时，与他用同样方式同时下南洋的还有粟秀玉的舅舅，船行至马来西亚西北海岸外的槟榔屿时，与粟运广同行的妻弟便下了船，因为不想全家在一棵树上吊死，想东方不亮西方亮，粟运广就跟着船继续走。

晚年粟秀玉

抵达缅甸时，粟运广的全部家当只有身上的裤衩和背心。他极能吃苦，什么脏活累活都抢着干，终于能每个月赚6块大洋，他两块钱用作自己生活费用，两块钱寄回老家，两块钱攒下来。就这样，从最初的两块钱攒起，粟运广开始在缅甸做小生意，并不断扩大。等到粟秀玉出生时，他已经在海边经营起海产批发的生意，且财源滚滚，生活逐渐富足起来。

到了槟榔屿先下船的粟秀玉舅舅，也奋力打拼，并和当地人结婚，经商有成，很快在槟榔屿开枝散叶。

粟运广非常重视子女教育。当时缅甸是英国殖民地，懂英语的华人十分稀缺。粟运广很快发现，在自己的店里，一名普通会计每月能赚15块大洋，而懂英文的会计每月赚50块大洋，于是他决定把自己的孩子送进采用英语教学语言且学费昂贵的英国学校。

粟秀玉四岁时就被送进教会学校附属幼儿园，且直接读到了七年级。当时，教会学校为了吸引缅甸人和华人子女，全英文授课的教会学校也开设了缅文和中文科目，这样一来粟秀玉熟练掌握了三种

语言。

　　按照当时缅甸的学制，读完十年级便可报考大学。粟秀玉读七年级时，日本偷袭珍珠港，太平洋战争爆发，日军加快南侵缅甸。一次，日军狂轰滥炸仰光，粟秀玉一家避难乡间，待轰炸结束返回城中，发现所有财产被洗劫一空，粟运广因承受不了打击，在1943年抑郁而死。

　　1942年初日军逼占仰光，粟家逃难他乡。在粟运广去世那年，逃至缅甸南部小城竖榜。粟秀玉经过八个月的佛教知识学习，考取了佛教哲学考试最高级——九级。这让她至今在缅甸宗教界都享有很高的威望。甚至几十年后，当她回到中国，当缅甸驻华大使携家人去拜访她，看到已经发黄的证书时，立刻就向对面的粟秀玉行跪拜礼。

　　在避难乡间的日子，好学的粟秀玉抓住一切时间，发奋苦学。1947年，仰光大学举办了第二次世界大战胜利后第一次高等院校考试，粟秀玉成为当年被录取的唯一华人。

翻译大家　中缅名师

　　1948年，粟秀玉奉母命嫁给了26岁的福建同乡郑振汉。郑振汉是当地爱国青年侨领。1948年5月，缅甸一批爱国侨领创办缅甸南洋中学，郑振汉也参与到学校的选址和筹办之中。

　　南洋中学创办次年，外文教师紧缺，正在仰光大学缅甸、英语专业攻读本科学位的粟秀玉，去做了一名不要报酬的英文教师，一边教学一边拿到了学士学位。

　　从仰光大学毕业后，粟秀玉进入缅甸华侨教育界，并很快成为缅甸华侨教育领军人物，出任缅甸仰光福建女子师范学校校长和缅甸南洋中学校务委员，还担任缅华教师联合会副主席、缅华妇女协会外文秘书。

　　1965年，在时任中央华侨事务委员会主任廖承志和中国驻缅甸大使耿飚的动员之下，粟秀玉抛弃了缅甸舒适的生活，以缅语专家身份举家回国，定居北京。

　　作为缅甸语专家，粟秀玉回国后到中央华侨事务委员会下属的北京外国语专科学校筹备缅甸语教学工作，当时她最小的孩子只有十个月。在缅甸，粟秀玉收入甚高，家有佣人两位，家务活有人打理。回国后，她的六个孩子中，除了两个大一些的由在昆明工作的丈夫照看，其余都由她在北京一个人带。她第一次学会了织毛衣、补袜子。

　　回国后，粟秀玉克服各种困难，满腔热情地投入教学工作之中。

　　"文革"期间，学校也遭解散，粟秀玉被调到中国外文出版发行事业局工作，担任需要深厚中文与缅文功底的《毛主席诗词》缅文版定稿组组长，还参加翻译并审定了《毛泽东选集》和《跟随毛主席长征》等。

　　1978年，粟秀玉调入北京外国语学院（1994年更名为"北京外国语大学"）担任缅甸语专业教师，编写了高年级精读课本等各种教材，负责各类型的缅语教材审核工作。之后，曾任北京外国语学院院务委员。

　　作为中国的缅语泰斗、大翻译家，粟秀玉对巴利文有很深的造诣，同时还是通过了缅甸佛学考试最高级别9级的唯一中国人，参与《梵缅老柬汉宗教词典》缅文部分编纂和审定，有《毛泽东选集》等多部译作出版。作为蜚声中缅两地的名师，粟秀玉执教50年，桃李满天下，如今活跃在港澳台及中缅双边交流圈的各个领域的人才中，都有她的学生。在现在的缅甸华人圈里，她的学生更是遍布全国。她的事迹被收入《中国专家大辞典》。

民间大使　服务两国

粟秀玉的丈夫郑振汉是致公堂北京市委的创立人之一，她也因此于1981年加入中国致公党，并当选致公党北京市委员会第二和第三届副主任。在任期间，她经常在大学上完课以后，转几次公交车到当时位于灯草胡同大院的致公党北京市委机关，吃上一包泡面就开始工作，天黑后才回家。

粟秀玉还曾任中国致公党第八和第九届中央委员、第八届北京市人大代表、第七届全国人大代表、北京市政协第七届常委兼副秘书长等职，为维护各界群众和归侨的利益积极奔走。在任人大代表和政协委员期间，她的议案和提案内容涉及方方面面，大到妇女权利和儿童权利保障、民主党派权益、高校体制建设、法律的修订，小到北京外国语大学门口的信号灯开设、公共汽车路线的开通、归侨餐厅经营问题的解决。20世纪80年代，北京外国语大学校东院墙外的印刷厂化铅车间带来严重污染，住在与印刷厂一墙之隔的宿舍里的学校工人接连生病。粟秀玉实地查看了解情况后，马上以政协委员的身份将情况写成提案提交，并很快得到回应，印刷厂被限期搬离。

1988年5月2日，北京缅甸归侨联谊会成立，粟秀玉出任会长。

病魔一次次袭击这位连轴工作的人，粟秀玉先是确诊直肠癌，连续做了三次全麻大手术。但癌细胞依然转移了。1990年，她的肝脏的左叶末端发现一个约三公分的肿块。这让她在切除了大部分肠子后，又失去了整个左页肝脏。作为北京市最早成立归侨联谊会的领头人之一，粟秀玉还在教学岗位上，一方面教书，一方面身兼致公党与北京市政协多项社会事务，且因动过大手术身体虚弱，但对联谊会的建设和发展仍投入大量精力，和丈夫郑振汉一起，为联系同侨、解决同侨困难，出钱出力，前后奔忙。

粟秀玉在缅甸也有很高的声望。基于对她的信任，缅甸驻华使馆甚至给予粟秀玉以"特权"：凡经粟秀玉签署证明的赴缅人士，申请手续可简化，联谊会会员签证费免交。每逢节庆活动，缅甸驻华使馆都会邀请粟秀玉参加。

粟秀玉也倾力帮助缅甸。2008年，缅甸遭受强热带风暴袭击损失惨重，她带领缅甸归侨联谊会会员捐款赈灾，通过缅甸驻华使馆把119万余元人民币善款和慰问信转交给灾区人民。

2013年3月26日，粟秀玉在缅甸首都内比都荣获缅甸总统吴登盛授予的"弘善贤德楷模"最高荣誉勋章，成为获得该荣誉勋章的唯一中国在俗人士。3月30日，以她名字命名的粟秀玉教授基金成立，首批资金除了粟秀玉捐出150万元缅币外，还得到了几十位华人华侨的大量捐款。4月11日，基金向寺庙收留的孤儿和贫困学生捐赠86包大米，86包学习用品和新年礼物（包括食品、饮品、生活用品和缅元现金）。9月29日，粟秀玉又捐赠1万美元加入善款，为缅甸12个省邦刚刚考上大学的42名优秀贫困生提供了大学四年的学费。中国驻缅甸大使杨厚兰在捐赠助学金的仪式上说："粟秀玉老师是一位德高望重的长者，也是一位辛勤耕耘的园丁，为中缅人文交流作出了不可磨灭的重要贡献。"此后，粟秀玉不断资助缅甸贫困生。

　　粟秀玉的捐款大部分来自她个人的退休金，为节省更多钱帮助更多的人。她生活十分俭朴，一件衣服穿几十年，长期去食堂打一次"两荤一素"的菜，连吃三天。凭借各方面的认可和信任，粟秀玉曾为数千名缅甸华侨和团体提供帮助。粟秀玉的学生之一，新华社驻缅甸分社的前任首席记者张云飞曾说："粟教授是在中缅民间外交领域做得最多，最有效，最受欢迎，各方面都能接受的唯一一人。"

粟秀玉在缅甸获奖后留影

傅承义

傅承义（1909—2000年），福建闽侯人，著名地球物理学家，美国归侨。曾任加利福尼亚理工学院地球物理学助理教授、中央研究院气象研究所高级研究员兼中央大学物理系教授、中国科学院地球物理研究所研究员、中国科学院地球物理研究所研究员兼北京地质学院地球物理探矿教研室主任、中国科学院地球物理研究所研究员兼北京大学地球物理教研室主任、中国科学院地球物理研究所研究员兼中国科学技术大学地球物理教研室主任、中国科学院地球物理研究所研究员兼中国科学技术大学地球及空间科学系主任、中国科学院地球物理研究所第七研究室主任、中国科学院地学部常务委员、中国科学院地球物理研究所负责人兼学术委员会主任、中国科学院地球物理研究所名誉所长、中国地球物理学会副理事长兼秘书长、中国地震学会副理事长。中国第一位地球物理

青年傅承义

学博士，中国科学院院士。是国际地震波传理论研究先驱者之一、中国固体地球物理科的主要奠基人和开拓者之一、中国地球物理教育奠基者和开拓者、中国地震预报应用研究的倡导者和推动者之一。

生于北京　学于名校

傅承义是著名归侨科学家、院士、北京大学副校长傅鹰的胞弟，出生于福州名门，祖籍闽侯，祖父曾任清朝襄阳道台，伯父是民国北洋政府海军部高官，父亲傅仰贤是清末民初著名外交官，精通俄文，长期供职于北洋政府外交部，是北洋政府时期最后一任驻苏联列宁格勒总领事。也因此1909年10月7日，傅承义生于北京。

傅家极重视子女教育，既请了私塾先生教傅承义和兄弟姐妹读《四书》《五经》等国学经典，还为儿女请了读西学的教师来家里教数学和英语。

1923年，傅承义年满14岁，进入北京名校——创办于1864年的育英学校初中部。因基础好且聪颖过人，他背着家里跳两级报考了北京另一所名校——创办于1871年的汇文学校高中部，结果考取了，但在家人劝阻下没有去读。初中三年，学习成绩年年名列全校第一，数学和英语成绩尤为突出。他多次参加学校组织的国语和英语讲演比赛，总是名列前茅。在育英学校，傅承义可称名人，不但学习好，体育成绩也非常棒，在校运动会上，曾赢得跳高、跳远、三级跳远、100米短跑四项冠军。

1926年，傅承义考入汇文中学高中部。1929年，以优异成绩毕业。原已被燕京大学录取，但此时父亲的好友、福州老乡萨本栋正任清华大学物理系主任，在世伯萨本栋向傅家介绍了一番清华大学和物理学科发展前景之后，傅承义选择了就读清华大学物理系。

名校执教　考上"庚款"

1933年，傅承义从清华大学毕业后留校，先做一年研究生，后担任助教，一边教学一边从事核物理教学实验和研究，曾与黄子卿、赵忠尧合作，完成热力学研究和核物理实验方面的论文共4篇。

随着1937年7月7日卢沟桥事变爆发，全面抗战打响，清华大学南迁，在昆明与北京大学、南开大学合并成立西南联合大学。1938年，傅承义历尽艰辛，辗转多省，任教于西南联合大学。

1939年，傅承义考取中英庚款公费留学中唯一一个地球物理专业名额。

留学美加　享誉全美

1939年9月1日，第二次世界大战爆发。9月1日德国进攻波兰，9月3日英、法对德宣战。傅承义难以立即赴欧。1940年，傅承义与后来与他同样赫赫有名的林家翘、郭永怀、钱伟长等一行24人才转赴加拿大。他进入麦吉尔大学物理系，师从当时最有声望的地球物理探矿学家D. A.基斯教授，专攻地球物理勘探。

1941年，傅承义获得麦吉尔大学物理系物理探矿硕士学位。基斯教授对高徒傅承义甚为欣赏，推荐他到当时在地球物理勘探领域极负盛名的美国科

傅承义与夫人

罗拉多矿冶学院继续攻读博士学位。1942年，基斯教授又把他推荐到加利福尼亚理工学院研究生院，师从地球物理学泰斗B·古登堡教授，攻读地球物理学及地震学。

古登堡将自己一直未能解决的一个理论问题——从理论上证明沿分界面传播的所谓"折射"地震波的存在，作为傅承义的研究课题。傅承义不负重托，系统地研究了地震波反射与折射、地震面波和盲波的传播等问题，从数学上严密地论证了首波的存在，并从物理学上解释了首波与折射地震波之间的区别。此项研究成果不但得到了他的导师的高度评价，更在国际上产生了重要影响，奠定了傅承义在国际地震波理论研究先驱者的地位。

1944年，傅承义拿到加利福尼亚大学地球物理学博士学位。随后受聘于几家石油、地球物理勘探公司，做技术咨询工作，出了大批解决问题报告。

1946年，傅承义受聘为加利福尼亚理工学院地球物理学助理教授，教学期间系统研究了地震体波、面波及首波的传播等问题。在1946年至1947期间，他发表了一系列关于地震传播理论的先驱性论文，其中在美国Geophysics上连续发表了3篇关于地震波研究性论文，系统地解释了地震波传播理论，为开拓地震波的研究创出一条新路，在国际地震界引起极大反响。在1960年纪念该杂志创刊25周年之际，这组论文被评为地球物理学经典著作。

挥别繁华　毅然回国

1947年春，正当傅承义在美国地震界如日中天之时，傅承义收到清华大学同学、时任中央研究院气象研究所所长赵九章的来信，希望他能回国主持气象研究所的地球物理研究工作。

此时，美国的科研条件、生活环境、工薪待遇比国内强上百倍，能使傅承义持续保持在国际同领域研究的领先水平，这是一位科学界最心向往之的目的。但是，傅承义还是毫不犹豫，两周之后便启程回国，到气象研究所任高级研究员并兼任中央大学物理系教授。

1948年，国民党当局要求中央研究院立即迁往台湾，并责令气象研究所连人带物全部撤台。傅承义与赵九章、陈宗器一起，想方设法，乱磨硬顶，硬是不去，为中华人民共和国地球物理事业的发展保存了力量。在台湾再三要让傅承义赴台的同时，傅承义的美国朋友也频频向他发来邀请，希望他到美国工作。

入三名校　组三院系

傅承义对中华人民共和国一大贡献，就是建立中国高等院校地球物理专业，开启了地球物理专业本科、硕士、博士学历教育，成为中国地球物理高等教育开拓者。

1950年4月，中国科学院地球物理研究所成立，傅承义仍任研究员。傅承义从中国地球物理科学家跨界成为地球物理教育界起于1952年，当时国家从大学物理系抽调一批优秀毕业生，从事地球物理探矿工作，由傅承义主持对他们进行培训。

傅承义在北京地质学院创建中国第一个地球物理探矿教研室。1953年，北京地质学院要建地球物理探矿教研室，一张白纸，驰向中国科学院求助，中国科学院委托傅承义去该院担任地球物理探矿教研室第一任主任。当时教研室初建，傅承义面临的任务十分繁重，他不仅要向大学生讲授"地球物理勘探"课，而且还要给教师系统讲课。他夜以继日地工作，为每一位教师修改、审定讲稿；为了使教师在讲台上能站得住、讲得好，他还亲自去听课并作讲授示范，亲自教授师生做试验室，连如何保养仪器设备他都一一讲解和再三示范。

在北京地质学院执掌地球物理探矿教研室的三年间，傅承义常常夜以继日，教学质量与办学速度都令欧美发达国家吃惊。

傅承义在北京大学创建中国第一个地球物理教研室。他刚刚将北京地质学院地球物理探矿教研室送上轨道，又接到新的任务：在北京大学创建地球物理教研室。1956—1961年间，他用三年时间高质量在北京大学建成了一个成熟的地球物理教研室。

1964—1966年间，傅在义在中国科学技术大学创建地球物理教研室。1973年兼任中国科学技术大学地球及空间科学系主任。

傅承义是中国地球物理教育的元老，桃李遍天下。他的付出，为中国地球物理科学的持续进步奠定了扎实的基础。

三大贡献　专业泰斗

傅承义是中国固体地球物理科学的主要奠基人和开拓者之一。他对科学的贡献主要体现在三个方面：一是对地震波传播理论的贡献；二是对地震预测的探索；三是指导中国核试验地震效应观测和地震侦察研究工作。

1956年，傅承义回国后的部分论著《地震面波的能量束》《关于瑞雷波方程的无关根》《平行介质中的弹性波之传播》《地下薄地层自由振动》《折射探矿法的研究》和《地表层的本质对于地震勘测的几种影响》等6篇文章，以"关于弹性波的传播理论和地震探矿的一些问题"项目，荣获国家自然科学三等奖。同年，他参加中国12年科学技术发展远景规划制订工作，是第33项任务"中国地震活动性及其灾害防御研究"的两位执笔人之一。他率先提出在中国开展地震预报研究的长远规划，并指出解决这一问题的科学途径及实施方法。这项工作领先其他先进国家约5~10年时间。1961年，根据他的提议，中国科学院在地球物理研究所成立第七研究室，并任命他担任室主任。该室在核爆炸地震观测和地震侦察方面有奠基之功。1971年，他提出地震成因的"红肿假说"。1972年，他创建震源物理研究室，并领导震源物理研究工作。从此，中国的震源物理研究工作上升到有组织、有计划发展的新阶段。这一年他发表专著《大陆漂移，海底扩张和板块构造》，把20世纪地球科学的最新理论成就——板块大地构造假说介绍到中国，为中国地球科学的发展指明了方向。

国之大师　以名设奖

作为一名享誉世界的科学家，傅承义著书立说，留下了大量极其宝贵的科学著述，如《大陆漂移海底扩张和板块构造》《地球十讲》《地球物理学基础》等；还主编了《中国大百科全书——固体地球物理学》，并亲自撰写其中的部分条目。除此之外，还长期担任《地球物理学报》主编，该学报在国内外赢得了广泛赞誉，成为中国被世界四大检索系统同时选用的九种刊物之一，连续被评为中国科学院优秀期刊。

1957年，傅承义选聘为中国科学院学部委员（院士）。

傅承义是中国地球物理学会的创建人之一，曾长期担任副理事长兼秘书长。另外，他还曾任中国地震学会副理事长，中国地质学会理事，中国声学学会理事，中国地球物理学会和中国石油物探学会名誉理事长，中国地震学会名誉理事，《中国大百科全书》总编辑委员会委员、固体地球物理编辑委员会主任，全国自然科学名词审定委员会委员、地球物理学名词审定委员会主任。曾当选为第三届全国人大代表，担任过第二、五、六届全国政协委员。1981年加入中国共产党。

1997年，中国地球物理学会以傅承义之名命名，设立傅承义青年科技奖，每年颁发一次，授予过去五年在地球物理学科做出突出成绩的1—5名中国青年地球物理工作者。

2000年1月8日，傅承义在京病逝。

傅 鹰

傅鹰（1902—1979年），字肖鸿，福建闽侯人，美国归侨，著名物理化学家和化学教育家。曾任东北大学教授，北京协和医学院教授，青岛大学教授，重庆大学教授，厦门大学教授、教务长兼理学院院长。重庆大学教授。重庆动力油脂厂实验室主任，北京大学教授，清华大学教授，北京石油学院教授，北京大学教授、副校长，中国科学院学部委员（院士）。为中国胶体科学的主要奠基人。

生于名门　学于名校

傅鹰祖籍福建省闽侯县，祖父曾任清朝襄阳道台，伯父是民国北洋政府海军部高官，父亲傅仰贤是清末民初著名外交官，精通俄文，民国时供职于北洋政府外交部，是北洋政府时期最后一任苏联列宁格勒总领事。

傅仰贤是俄国问题专家，曾绘制《西伯利亚铁路简图》等，并翻译了《俄国京城警兵章程要例》等俄国政治军事法规。

在第一次世界大战中，傅仰贤作为俄文秘书，参与中国军队历史上第一次维和行动，捍卫了中国主权。

1917年，第一次世界大战期间，中国加入协约国。第一次世界大战之后，俄国一片混乱。十月革命后，红军节节胜利，俄国远东领土落入无政府状态。因为海参崴，原来是中国的领土，当地中国人称为"银窝子，金崴子"，以言其富庶，19世纪末被沙俄吞并。中国北洋政府利用这个有利时机，于1918年决定出兵俄国西伯利亚，参加联合干涉军，屏护三江，并进一步设法收复东北失地。

傅鹰

1919年10月，中国海陆军开始挺进西伯利亚。陆军宋焕章支队2000余人于岁末陆续抵达，分驻于海参崴、伯力，庙街等地，保护当地华侨，维护社会秩序，并清剿白俄溃军变成的土匪，中国驻西伯利亚军的司令部设在海参崴。出征西伯利亚的海军，北洋政府原派海军第一舰队司令蓝继北率舰队前往，但因为蓝继北另有任务，段祺瑞便升林建章为代将，命其率舰队前往，同时指挥海陆边防部队。

中国军队在西伯利亚的作用，接近于现在的联合国维持和平部队，只不过那时候国际社会的安全体系还没有那样健全。傅仰贤随林建章率领的海军舰队抵达海参崴后，助力林建章设立中国海军代将处。当美、英、日、法四个协约国从远东对新生的红色苏联进行武装干涉，计划围攻海参崴时，傅仰

贤在各协约国列强中斡旋，不亢不卑，维护中国政府的尊严，还助力林建章严肃军纪，使中国军队不但不趁火打劫，还协助维护当地的治安与交通，受到老百姓称赞，历时一年多。史载，当年共有14个国家派出了类似的部队，当时国际舆论对各国军队的评价是：军纪最差者——日军；供应最好者——美军；军容最整者——华军；战绩最好者——华军。

因父亲在北京外交部，1902年1月19日傅鹰生于北京。良好的家境使傅鹰自小便受到良好教育，家里专门请了私塾先生教他和兄弟姐妹读《四书》《五经》，还重金聘请家庭教师教授数学和英语。幼时，傅鹰特别喜欢足球、篮球和游泳，每项运动都学得有模有样。

1916年，傅鹰进入北京汇文大学校读书。北京汇文大学校是所名校，前身是1871年美国基督教美以美会设立教堂时附设的蒙学馆，授以"四书""圣经"。1884年更名为"怀里书院"，设有博学、备学、成美、蒙学诸馆。1888年增设大学部，名为"汇文书院"，扩设了文、理、神、医、艺术等科。1904年汇文学校曾改校名为"汇文大学堂"。1912年民国初建又改名为"汇文大学校"。

1919年，傅鹰考入燕京大学化学系。燕京大学也与汇文大学校有关。1918年汇文大学校大学部与通州协和大学、华北协和女子大学合并为燕京大学，迁至海淀区今北京大学校址；原校址留下大学预科和中学两部，定名为"汇文学校"，蔡元培先生曾亲自为汇文学校题写校名和校训。

在燕京大学读书期间，五四运动爆发，傅鹰与同学们投身五四运动，还成为《新青年》杂志忠实的读者，这使他更加发奋学习，立志科学救国。

1922年，因学业优异，傅鹰获得公费留学机会，于1922年考入美国名校——密执安大学化学系。1925年，以优异成绩进入密执安大学研究生院，美国著名胶体化学家巴特尔（F.E.Bartell）教授指导下，于1928年获博士学位。

科研成就　轰动美国

傅鹰从青年时代开始，就对祖先制造陶器，发明纸、墨，加工面食等许多最早应用胶体的实例发生浓厚的兴趣。胶体科学是研究物质在一定介质中经高度分散而成的分散体系和表（界）面现象的科学。虽说胶体的应用几乎和人类文明史一样长久，但对它进行系统的理论研究却是进入20世纪以后才开始的。

傅鹰自20世纪20年代初到美国留学伊始，就投身到胶体和表面化学开拓性研究的行列之中。

在密执安大学研究院，傅鹰师从巴特尔教授，主攻表面现象和吸附作用，同时还涉及多种胶体体系等方面的研究。

傅鹰专心致志，常常夜以继日、废寝忘食，发奋苦读，深得师生好评。功夫不负有心人，他取得了系统而有开创性的丰硕成果，受到国际学术界的重视和赞扬。在美国，他对吸附作用以及影响固体从溶液中吸附的多种因素进行的综合实验研究和具有指导意义的理论分析，已成为吸附理论的重要组成部分。

1929年，傅鹰发表了他的博士论文。他用硅胶自水溶液中吸附脂肪酸的实验证明：碳链越长的酸，吸附量越小，即发现了同系物的吸附规律有时呈现出与著名的特劳贝（Traube）规则完全相反的现象。

特劳贝规则原是用来衡量有机直链同系物的水溶液表面活性大小的。1926年，被誉为胶体化学大师的富朗特里希（Freundlich）根据自己研究吸附的结果，把特劳贝规则进一步描述成"自水溶液中吸附有机物时，吸附量随链长增加而有规律的增加"。富朗特里希把极其复杂的固体自溶液中的吸附作用简单化了，而傅鹰正是从体系的各个方面去探索吸附规律。他以后又作了一系列的研究，并且指出，"预测吸附量时须同时考虑溶质、溶剂和吸附剂的性质以及三者之间的相互作用，千万不要教条"。

在巴特尔的指导下，傅鹰还进行了液体对固体润湿热的研究，并首次测定了4种不同的二元液体混合物对固体的润湿热。1929年发表的研究论文指出：润湿热是总表面能变化而不是自由表面能变化的量度，度量自由表面能变化的应是粘附张力。他并以充分的实验数据断定，不能完全依靠润湿热的大小作为判断固体对液体吸附程度的指标。

在美国攻读博士学位期间，傅鹰还与巴特尔共同研究利用润湿热测定固体粉末比表面的热化学方法。在当时这是一项首创性的研究成果，比著名的BET气体吸附法要早8年。

傅鹰在美国的研究成果。得到同行很高的评价。魏萨尔（H. B. Weiser）1939年出版的《胶体化学》、亚当（N. K. Adam）1939年出版的《表面的物理和化学》、布鲁诺（S. Brunauer）1945年出版的《气体和蒸汽的物理吸附》、凯西得（Cassid）1951年出版的《吸附和色谱》、亚当森（A. W.Adam—son）1960年出版的《表面的物理化学》以及瓦尔德夫妇（R. D.Vold与N. J.Vold）1983年出版的《胶体和界面化学》等著作均做了引用和介绍。

傅鹰的研究成果和极强的研究能力，在美国为越来越多人所熟悉。美国一家化学公司闻知，立即派人登门，欲以优厚的待遇相聘。

毅然回国　执教名校

在美国密执安大学读书期间，傅鹰认识了一位美丽的山东姑娘，收获了爱情。

张锦（1910—1965年），祖籍山东无棣，出生于广西桂林，为清末两广总督张鸣岐之次女。母亲纪钜淑及祖母纪氏均为河北献县清乾隆大学士纪晓岚的族人。1926年，张锦由天津中西女中考入北京燕京大学化学系。1927年，在激烈的竞争中胜出，考取清华首届女生官费，赴美考入密执安大学化学系。1930年获密执安大学理学学士学位，赴伊里诺大学继续深造。1930—1933年在伊利诺伊大学攻读博士学位。1933年获伊利诺伊大学哲学博士学位。后成为中国著名有机化学家和化学教育家。

傅鹰获得博士学位时，女友张锦仍在密执安大学读书，一面是优渥的待遇、良好的发展前景和与热恋中的女友厮守，一面是回到祖国和与女友的天各一方，一对同样怀揣科技救国理想的恋人，想法高度相同："花了国家许多钱到外国留学，现在若是留下来为美国做事，对不起中国人。"

1929年，傅鹰挥别张锦，应东北大学之邀，先离美返国。当乘坐的轮船航行在太平洋上时，傅鹰填词一首，赠给仍在美国伊利诺伊大学攻读硕士学位的张锦，其中有一句是"……待归来整理旧山河，同努力！"一说是张锦收到傅鹰填词之后，也填了一首词给傅鹰，"待归来整理旧山河，同努力！"是张锦填词中的一句。

1930年，傅鹰受邀执教于北京协和医学院。1932年，转到青岛大学任教。1934年，傅鹰到重庆大学任教，在此执教达5年之久。1934年，张锦回国，在北京协和医院工作，1935年与傅鹰结婚，同年转到重庆大学任教。

1939年，傅鹰夫妇受厦门大学校长萨本栋力邀，赴厦门大学执教。接受邀请的当年，傅鹰即翻山越岭，舟车劳顿，赶赴抗战时设在长汀的厦门大学。一路上，他还常常要穿过日伪的封锁线，躲避日军飞机横冲直撞，终于如期赴任。

1940年，张锦也历尽艰辛，到厦门大学报到，在闽西大山深处教书育子。

1941年，傅鹰出任厦门大学教务长兼理学院院长。萨本栋在身体有恙，深感力不从心之时，多次推荐傅鹰接任厦门大学校长职务。但国民党教育部却开出条件：要当校长，先入国民党。傅鹰坚决不入国民党，他说："如果当校长一定要加入国民党，那我宁可不当校长。"时任教育部部长的陈立夫专程来到厦门大学，要亲自劝说他加入国民党。而傅鹰却倔强地表示："我宁可不当院长、校长、也绝不加入国民党！"并借口外出招生，对陈立夫避而不见。

也因坚决不入国民党，傅鹰夫妇难以在厦门大学立足，只好重返重庆大学。

烽火之间　坚持科研

傅鹰学成第一次回国时，祖国正处于抗日战争期间，炮火连天。抗日烽火之中，傅鹰在极其困难的情况下，一边忙于教学，一边进行科学研究，在许多领域内进行了有益的探索和研究。如他和北京协和医学院的吴宪合作，研究了鸡蛋清蛋白溶液的表面化学性质。在1930年他们共同发表的论文中指出：等电点时的表面张力最低。这在国际上是蛋白质界面化学方面最早的论文之一。

傅鹰不但在基础研究上取得突破，还十分注重实际应用方面的课题。执教青岛大学期间，他指导勾福长进行活性炭制备和吸附作用的研究，并应用于工业生产。他曾针对中国具有丰富的桐油资源，指导叶一帆开展了桐油聚合机理的研究。1943年发表的论文指出：桐油的聚合不需要氧气，在氢气或二氧化碳中的聚合速度和在空气中的一样。在厦门大学任教期间，指导蔡启瑞进行萃取方法的研究，并从理论上指出这种方法的适用限度。

赴美科研　再创佳绩

1944年，傅鹰夫妇辗转数千里，又回到重庆。傅鹰先在重庆大学教书，后又到重庆动力油料厂当实验室主任。当两单位都无法开展研究工作，又因他拒入国民党谋他业艰难，傅鹰深感报国无门，又生去国进行科学研究之念。

1944年年底，傅鹰夫妇把9岁的儿子傅本立寄养于天津亲戚家中，把16岁的张锦侄儿张存浩留在重庆的朋友处，变卖了家中所有值钱之物，凑足旅费，第二次远赴美国。

在美国，傅鹰继续到密执安大学进行研究工作，张锦则应著名生物化学家杜芬友（Du Vigneaud，1955年诺贝尔化学奖获得者）之邀，来到康奈尔大学任教。

在密执安大学，傅鹰再度和原来的导师、著名胶体科学家巴特尔（F. E.Bartell）教授合作进行表面化学研究，接连发表了许多有创建性的论文，引起了国际化学界同行的高度关注，立即成了美国化学界的知名人士。

第二次赴美，傅鹰以他擅长的热力学为工具，继续开展吸附作用的研究。其研究成果仍居于当时国际同类研究的前列，都被写入了各国的胶体和表面化学专著之中。

傅鹰指导研究生汉森（R. S. Hansen）研究了用石墨和炭黑从水溶液中吸附有机化合物的规律。论文指出吸附等温线是S型的，即首次发现自溶液中的吸附和自气相中的吸附一样，吸附层也可以是多层的。因此，他们便把BET气体多层吸附公式合理推广，应用于自溶液中的吸附。1959年美国奥尔（C. Orr）和达勒瓦尔（J. M. Dallavalle）《细颗粒测量》及1962年美国奥萨博（L. T. Osipow）着《表面化学》都引述了傅鹰等的研究成果。

傅鹰还和他指导的研究生一起进行了溶液吸附热力学的系列研究。如指导汉森通过对固液界面和气液界面吸附层的实验考察，提出了计算表面层活度系数的方法。指导杜贝（D. G. Dobay）进行硅胶自气相吸附脂肪胺动力学的研究，提出了一种测定多孔固体比表面的新方法。1962年，英国出版的杨（D. A. Young）和克罗沃尔（A. D. Crowell）着《气体物理吸附》一书，专门列出一节，对此作了详细的介绍。指导托马斯（T. L. Thomas）研究了温度对溶液吸附的特殊效应。他们指出了一种在气相吸附中所未曾有的现象，即如果溶质的溶解度随温度升高而降低，故在浓度大时，由于溶解度下降而使吸附增加的效应可以大于因温度升高而使吸附减少的效应。这个新发现，后来被写入1956年出版的美国基普林（J. J.Kipling）所著《自非电解质溶液中的吸附》和其他表面化学专著之中。

在此期间，傅鹰还发表过一系列独具见解的学术评论。例如，1950年，他在国际著名的《化学物理》杂志上发表文章，对三岛（Mizushima）等人计算固体粉末表面积的方法，作了深入的分析，指出他们的实验结果正好证明三岛本人提出的理论是错误的。

与此同时，张锦也取得了不少成就，并于1947年转到密执安大学任教。她的侄儿张存浩也考入了密执安大学。

排除万难　回国效力

虽远隔重洋，但傅鹰时刻关注着祖国。

1949年4月20—21日，中国人民解放军炮击侵入长江的英国"紫石英"号军舰和周恩来向英国提出强烈抗议的消息传到美国，让傅鹰深感解气、振奋，他由此进一步了解了中国共产党。

1949年10月1日，中华人民共和国成立，毛泽东主席在开国大典上那句"中国人民从此站立起来了"，让傅鹰热血沸腾，他决定立即返国。当时，导师巴特尔教授多方挽留他，并愿意让他继任研究中心主任的职务，这意味着傅鹰极有可能快速成为世界顶尖专家。但是，愿为新中国奉献自己的强烈责任感，让他拒绝了一切诱惑，选择回国。

由于当时美国当局的排华政策，傅鹰夫妇不但失去了工作，且返国计划一再拒绝，傅鹰归国无门。

傅鹰想方设法，据理力争。经过一年多的周旋和斗争，这对化学家夫妇终于在1950年8月下旬获准离美，在旧金山登上了"威尔逊"号客轮，10月初到达深圳，受到人民政府代表的热情迎接。

傅鹰到达北京后，先后到北京大学、清华大学任教。1953年，国家以清华大学石油系为基础，集中了天津大学、北京大学等高校的优秀师资，于1953年创立了新中国第一所石油高等院校——北京石油学院。傅鹰被急调北京石油学院任教。1954年再度调回北京大学，同年在北京大学建立中国第一个胶体化学教研室并任室主任。1955年傅鹰当选为中国科学院学部委员（院士）。1962年任北京大学副校长。

献三部曲　共商国是

回到祖国后，傅鹰满腔热情投身科技教育事业。1955年9月，他在《化学通报》第9期上发表的《高等学校的化学研究——一个三部曲》，对高校化学科研与教学产生了巨大影响。

《高等学校的化学研究——一个三部曲》的第一部曲，是贡献给高校当局的。他在文中写道："国家正在过渡时期，高等教育之发展，至少在广的方面一日千里，因此学校的领导人中做过科学研究的并不多，做过化学研究的就更少了。这也就是说，我们的领导人对于化学研究不是行家。"有感于此，他就什么是研究、对待研究的态度和如何提倡研究发表了"供领导参考"的看法，恳请领导"本着言者无罪的精神，以容忍的态度对待一个科学工作者的意见"。"科学研究是扩大科学领域的努力。它的目的是推广一门科学的理论及实用范围，它的一个必须的而不是充分的标准是有创造性。"他认为有些领导人一时"不明了化学研究是什么"的情况，"在不久的将来自然会改正"；而对于把科学研究"当作一种时髦的东西而滥竽充数"的毛病，则应当"立时必须加以改正"。他呼吁领导为研究创造有利条件，消除一些影响研究开展的不合理的状况。他要求给研究者以充足的时间、必要的设备和尽力消除影响发挥积极性的顾虑。特别把"不必要的会太多""杂务太多"和"一般人不珍惜研究人员的时间"，看成是影响科学研究顺利开展的"三害"，应该除掉。他殷切希望领导者逐渐由外行变为内行，这样才能"针对研究者的心理"进行"有针对性的、中肯的严正批评，而不是扣帽子"。

《高等学校的化学研究——一个三部曲》的第二部曲，是献给指导研究的教师，指出："学校当局创造了有利条件之后，研究之能否顺利地展开，首先要看导师们对待研究的态度。"他说："每一个人全应当体会，时代已经变了。现时中国化学家的首要任务是帮助祖国发展工业和建立的化学，从前那一套应当铲除了。"他把"为科学而科学"的"脱离现实"的观点、"不顾一切企图将自己造成一个大师"的倾向、"甲向乙刺探，乙对甲保密"的"不合作"歪风和"轻实验重理论"的"本末倒置"的毛病，统统列入"必须纠正"之列。而且指出这些缺点的根源是"久矣夫，千百年来已非一日矣"。并主动从他们这一辈检讨做起，说："如此的学生受了'学贯中西'的老师的熏陶。不应当怪学生，因为始作俑者是自己。"他呼吁教师们要"很勇敢地面对现实"，要有"统筹全局的思想"，要进行"相互间的合作和善意的关怀"，选择研究题目"首先要考虑国家建设中的需要，既要注重理论上大有发展前途的项目，也不应该忽略在经济价值上更大有发展的题目"。他对要当导师的人建议："要为学生指出明路，不要只为自己打算而将学生领到牛角尖或泥塘里去。"

《高等学校的化学研究——一个三部曲》的第三部曲，是贡献给学生，他亲切地将学生称之为"我们的下一代"。他嘱咐学生："你们应当认清你们的责任。我们的祖国能不能成为一个独立的、现代化的国家和科学水平有极重要的关系，其中最重要的一种就是化学水平，而提高化学水平的责任主要是在你们的肩上。这不是恭维你们的话，因为你们是我的学生或学生的学生一辈的人，我若是对你们讲任何虚伪的恭维话，就失掉人民教师的身份了。……一生的最宝贵的光阴是在反动政府下混过去的，而你们正赶上光明的开始。时间和机会全是站在你们的方面。年轻时也全有一番抱负和一些理想，现在将这些抱负和理想寄托在你们的身上。不能允许你们使失望，因为这也是全国人民的希望。"

傅鹰的《高等学校的化学研究——一个三部曲》发表后，在教育界产生了重要影响。北京市委主要领导特邀傅鹰夫妇到家中做客，告诉他们毛主席和周总理都看了《高等学校的化学研究——一个三部曲》，并转达了毛主席的亲切关怀，使傅鹰深受感动。以后，傅鹰先后参加了周总理亲自主持的《1956—1967十二年科技发展规划》和《1963—1972科技发展十年规划》的制定工作。他对发展祖国科学技术的意见和建议得到了充分的重视和采纳。

学科大师　屡填空白

第二次归国之时，傅鹰已是国际公认且享誉世界的表面与胶体科学家。为实现自己科技报国理想，他主动把"帮助祖国发展工业和科学作为严肃的首要任务"。他说："我们的科学是非常落后的，落后到和国家的地位丝毫不相称的地步，处处是空白点。每一个人全有尽力来帮助消灭这些空白点的责任。"他将填补胶体科学空白点作为自己的首个攻关点，建议在中国发展这一学科，使之既能为工农业生产服务，又能迅速赶超世界先进水平。他的意见很快得到批准。以他为主任的中国第一个胶体化学教研室和相应的专业，1954年在北京大学创立。

傅鹰填补了中国胶体科学教材、师资、本科生和研究生培养诸项空白。他挂帅主持编写《胶体科学》讲义，亲自为教师上课，指导建设实验室，并率先提出先招收研究生，让他们边学边干，和原有教师组成骨干队伍，然后再大量培养本科生的胶体科学人才培养思路。建室当年，他与苏联驻校专家组长、列宁格勒大学化学系主任诺沃德拉诺夫一起，一次就招收了13名研究生（随即诺沃德拉诺夫离校，他一人承担了全部研究生的培养任务），同时还指导了一定数量的进修教师，以后又招收了本科生。从1957年起至1959年，各类学生相继毕业走出校门，使新生的胶体化学又在山东大学、南京大学、复旦大学、华东师范、大学等重点高等学校和一些科研单位生根、开花、结果，成为中国化学科学和教育领域一个重要的组成部分。

傅鹰是最早主张把高等学校办成教学和科研两个中心的学者之一，他一方面继续在他擅长的表面化学领域，指导部分教师和研究生研究不同的吸附模型和热力学，深入探讨吸附质、吸附剂和溶剂复杂的相互作用。另一方面，又组织力量开展国内尚属空白的许多胶体体系的研究，如高分子溶液的物理化学、缔合胶体的物理化学、分散体的流变学、乳状液与泡沫的稳定性、水面不溶物膜等。由于傅鹰重视理论联系实际，崇尚埋头苦干，在短短的三五年内就取得了丰硕的成果，如他所指导的杨孔章、秦关林、鲁子贤等13位研究生所完成的聚电质的加溶作用、铜矿浮选电动现象与应用、非电解质溶液吸附、泥浆流变性、离子交换理论与方法、活性炭孔结构与吸附关系、脂肪醇的泡沫性能、蒙脱土的润湿与吸附等学术论文，都是具有较高理论水平和实用价值的开创性研究工作，为后来的发展打下了坚实的基础，建立了可靠的实验基地。当年那些跟随傅鹰共同为新中国胶体科学事业奋斗的研究生、年轻教师而今都已成为中国科技、教育战线上的专家、教授和学术带头人。

傅鹰还是从化学角度研究生命起源的先驱。1957年，他与植物学家汤佩松合作，开展了生命起源课题的研究。用火花放电法首次由简单的无机物H_2S合成了含硫氨基酸，证实了他们提出的"在地球原始状态下的还原气体中，作为蛋白质和酶或辅酶中一个重要成分的含硫氨基酸，可以不借助任何生物的参与，由火花放电的辐射能直接产生"的看法（科学纪录，1959，3：150）。这是从化学角度研究生命起源的先驱工作之一。

在完成本职工作的同时，傅鹰还先后受聘于中国科学院化学研究所、化学物理研究所等单位，兼任研究员和学术委员。

名士风骨　爱国榜样

傅鹰被中国教育界、科技界公认为是爱国知识父子榜样。2002年，傅鹰诞辰100周年纪念大会在北京大学举行。时任国务院副总理李岚清致函北大："傅鹰先生是一位忠诚的爱国者。他拥护党的领导，以主人翁的态度向党进言献策，是党的真挚诤友。他刚正不阿，在逆境中仍坚持真理，与恶势力进行斗争。傅鹰先生的事迹感人至深，是我国爱国知识分子的榜样。"

回国之后，傅鹰始终不变爱国之心和报国之志。

在"左"的思潮和错误路线下，傅鹰屡受不公正对待和打击。他所创建和主持的胶体化学教研室，几经沉浮，直到"文化大革命"中被彻底取消。1958年，他受到错误批判时，教研室一度被合并，经他力争，于1960年才恢复。为重新开展教学和研究，他一方面夜以继日地赶译生产部门急需的《乳状液理论和实践》一书，另一方面又查阅文献，亲自去工厂、油田调研，筹措新的研究计划。在国家科委领导的支持下，他联合黄子卿，成立了北京大学物理化学和胶体化学研究室。在他的带动和指导下，胶体化学的师资力量和研究队伍不断壮大，设备得到了更新和补充，很快就在分散体系的光学、流变学，表面活性剂的物理化学、表面膜、气溶胶和用超真空技术研究吸附理论诸方面开始了赶超世界先进水平的研究，有些项目较快地取得了成果。

傅鹰奉献国家之激情从未因各种挫折而消减。1964年，夫人张锦教授因病逝世；1966年在"文化大革命"中他的身心受到严重摧残，教学停止、科研下马。直到1970年，他才又开始上台讲课，并到工厂去开门办学。1972年他和原来胶体化学教研室的教师们一起，承担了大庆油田的一项科研任务，他满腔热情投入，常常夜以继日，深受到工人和师生的称赞。

傅鹰的风骨与赤诚，得到党和国家领导人的高度评价。

1957年，傅鹰曾坦率地对党在知识分子和科学教育工作中某些"左"的政策、对一些基层党组织和个别党员的错误做法提出过中肯的批评，对此毛主席曾给予充分的肯定。

1962年3月，傅鹰应邀出席中央在广州召开的全国科学工作者代表会议。他又对"反右"扩大化、"大跃进"中的错误和知识分子政策中的偏差等陈述了肺腑之言，得到了国务院总理周恩来的肯定和关切，紧接着他被任命为北京大学副校长。

"文革"开始后，傅鹰饱受磨难，但爱国志坚。当时，他和北大校长陆平、历史系教授翦伯赞是重点被批斗的对象。其子傅本立回忆说，一次父亲被拉去批斗，眼睛都被打紫了。我陪着父亲回到家，感到很气愤，于是问父亲："早知今日落得这个地步，当初选择回到新中国后不后悔？"父亲回答得很干脆："不后悔！"

傅鹰奉献之心一生未变。1950年10月回到北京，他立即响应政府号召，把他们夫妇俩在美国的存款全部调回国内，以支援抗美援朝。并赴朝慰问中国人民志愿军。1970年夏，国家发还给他被查抄的存款时，他当即表示愿拿出其中的十数万元人民币，捐献给国家，为恢复高等教育出力。然而，驻校宣传队却以"国家办教育不需要资产阶级的钱"为由而拒收。后来，他又书面请求赠款7万元人民币给他的一个早期学生，用以帮助开展科学研究。傅鹰在临终前留下遗嘱："把我的1700多本藏书，全部搬到胶体化学教研室去，送给国家！"

傅鹰长期担任全国政协常委，著有《大学普通化学》和《化学热力学导论》等一批理论专著，发表了大量重要学术论文。1979年9月7日病逝于北京。他逝世后，他多年的挚友黄子卿教授填了"痛悼傅鹰"的词，把傅鹰比作平子——东汉时的大科学家张衡：元龙豪气无双士，入海探骊，物胶声传大地。平子文章第一流，登坛挥尘，桃李满神州。

傅鹰（左一）与夫人张锦教授（右二）及子傅本立（右一）、女傅小波（左二）

鲁藜

鲁藜（1914—1999年），原名许徒弟、许图地，笔名许流浪、鲁家，福建厦门人。越南归侨，著名诗人，中国"七月诗派"代表人物。曾任八路军晋察冀军区政治部民运部干事、战地记者，延安鲁迅艺术学院教师，晋冀鲁豫边区文联领导，北方大学中文系教授，天津市文学工作者协会主席兼《文艺学习》月刊的主编，中国作协天津分会副主席、主席。

归国越侨　反帝争先

1914年12月30日，鲁藜生于福建省同安县内厝乡许厝村（今属厦门市翔安区）一个贫苦农家，3岁时随父母赴越南打拼，居于西贡。家境虽依旧困苦，但父母省钱供他进当地学校读书。鲁藜十分珍惜来之不易的学习机会，发奋苦读，无奈才读到五年级，就因家贫辍学，到湄公河畔一家面铺当学徒。后来做过小贩，还到码头上当过磅手。在西贡，邻居陈天助是闽南同乡，是位牙医，通文墨，好诗词，夜晚常为华侨吟诵诗词，成为鲁藜的启蒙老师。

1932年，父亲病故，鲁藜回国，同年考入集美乡村师范学校，并在学校展现出对诗的酷爱，常常创作新诗并在同学中朗诵，成为颇有名气的校园诗人，曾在《江声报》副刊发表处女作《母亲》。

在集美乡村师范学校读书期间，在厦门中共地下党组织的影响下，鲁藜接受了革命思想，加入反帝大同盟，并参加了纪念"五卅"运动系列反帝活动。

鲁藜

北去上海　加入中共

1933年11月20日，十九路军将领联合国民党内李济深等一部分反蒋抗日势力，在福建福州南校场召开大会，决定成立中华共和国人民革命政府，鲁藜参加了这场史称"福建事变"的反蒋抗日行动。1934年1月15日，蒋介石军队攻陷福州。中华共和国人民革命政府和十九路军总部分别迁往漳州和泉州。同年1月21日，泉州、漳州失守，"福建事变"失败，鲁藜无法回校，潜往厦门。

为躲避追捕，鲁藜于1934年北去上海，次年进入位于上海北郊的山海工学团，当了一名农民夜校辅导员。山海工学团是由陶行知创办的公益学校，也是中共地下党组织在上海的重要据点。鲁藜在执教同时，进行文学创作，在进步报刊发表散文、诗歌、书评，把游行示威的革命实践化进诗行……他在《我们的进行曲》一诗中曾这样写道："我们的进行曲配合着时代的旋律，千万人的愤怒，汇成一条无私而狂放的洪流。"

鲁藜很快成为上海"左联"的一名革命文学斗士，1936年6月加入中国共产党，受张劲夫同志领导。他以高昂的革命热情，进行抗日救亡活动，还以笔为武器写作诗歌，鼓舞人民抗日斗争的激情，如他在《我们的进行曲》中写道："……冲过去啊，冲过去！踏过了敌人的尸首去摇落那敌人最后的炮堡；让鲜血渲染上历史的路！"

1937年，鲁藜奉党之命到安徽从事教育工作。

奔赴延安　战地诗人

1938年7月，鲁藜奉命赴延安，进入延安抗日军政大学学习，毕业后进入边区文化协会。同年秋他创作了组诗《延河散歌》，用散文化的笔调表达对革命的向往和对献身者的赞颂，诗歌清新而且有哲理意味。这些诗1939年在重庆的《七月》上发表后引起较大反响，鲁藜主动请求上前线。1939年，边区文化协会和十八集团军总政治部联合组织文艺小组，分批赴敌后抗日根据地，参加敌后抗日战争，深入生活，以便创作抗日题材的文学作品。1939年初秋，鲁藜等一行20多人，由三五九旅派部队护送过同浦路封锁线，到达晋察冀民主抗日根据地，到晋察冀军区报到，聂荣臻司令员和政治部主任舒同亲切接见了他们。鲁藜分配到政治部民运部任干事，参加征粮扩军和军区《抗敌三日刊》编辑工作。

在艰苦的敌后作战中，鲁藜以鲁加、老鲁笔名，创作大量诗篇，鼓舞兵民抗战到底。如《北战场》："……芽儿青来要开花，新长城铸成铁长城，不怕风来不怕雨，反对投降反扫荡。北战场呀好风光，开花要开自由花，建国要建好国家，投降派要折自由花，我们要打垮他！自由花开结好果，北战场上满地红，工农大众流了血和汗，民族革命一定要成功……"再如，《战争与母亲》："……母亲，无论你的慈爱多么大，你不能把儿子，拉出了战争世界的。战争在进行，我们要以正义的武器，夺回和平母亲，世界上的母亲们要得到你们的满足。那么，要把你的儿女们，输送到革命的阵地里去……"

1942年，鲁藜回到延安，住在中华文艺界抗敌协会延安分会，曾进入中央党校三部参加整风运动。在参加整风运动后，执教鲁迅艺术学院。鲁藜因有海外经历，担任地下工作时曾被捕，在康生领导的"拯救运动"中，政治上被怀疑，曾一度隔离审查。

抗战胜利后，鲁藜在晋冀鲁豫边区文联担任领导。1946年1月，晋冀鲁豫边区政府在河北邢台创建北方大学，鲁藜调往北方大学中文系任教。

津门诗魂　文学领袖

1949年鲁藜随军到天津，任天津市文学工作者协会主席，主编《文艺学习》月刊，其间创作了大量诗歌。

1955年发生所谓"胡风反革命集团"案件，与胡风有过往来的人受到株连。因鲁藜早在20世纪30年代就与胡风有过作者与编者式的交往，虽只见过一面，但也未能幸免，被定为"胡风反革命集团"的"骨干分子"。在公安部门关了一年，没有审查出和胡风问题有什么关系，也无其他政治历史问题，被释放了。天津市委要他写一篇检讨文章发表，就可以不开除党籍。他实事求是，坚持真理，宁愿暂时不恢复党籍，也不向错案低头，更不落井下石，拒绝撰写检讨文章。于是分配他到南郊区任合作办公室副主任，后又调到天津拖拉机厂和农场劳动。"文革"十年，他在劫难逃。粉碎"四人帮"之后，直到1979年才恢复工作。

1980年9月，中共中央做出审查结论，所谓"胡风反革命集团"案件是一件错案，是在当时历史条件下，混淆了两类不同性质的矛盾，将有错误言论、宗派活动的一些同志定为反革命分子、反革命集团，决定凡是定为"胡风反革命集团成员"的一律改正，恢复名誉。

根据中共中央决定，1981年中共天津市委对鲁藜一案做出"三恢复"（党籍、工龄、工资）决定，彻底平反。鲁藜重返文坛，成为在中国作协天津分会驻会专业作家，并出任副主席，再次领导天津市作协，同时兼任《诗刊》编委。

曾任中国人民对外友好协会副会长、文化部副部长、对外文化联络委员会副主任等职的著名作家周而复，在为《鲁藜诗文集》所作的序中，曾这样评价改革开放后的鲁藜：当时，他已是"67岁的老人了！但他革命精神未老，始终热爱祖国，赤诚献身社会主义文艺。平反以后，他没有消沉，没有颓唐，继续高昂歌唱。他的诗歌抒发胸中革命的激情，热爱党，热爱祖国，热爱真理，热爱人民，无悔无怨，以诗人自己的赤子情怀抒写美好的人生情结，特别是那些富有哲理的诗篇，脍炙人口，传诵一时。……"

鲁藜最擅长写作长短诗（包括叙事诗）、哲理诗，格调清新明丽，浸润着现实主义和象征主义相交融的诗情韵味，自成一家。因之，得到朱自清、闻一多、胡风、艾青等名家的称赞，文学史家王瑶的推崇，著有诗集《醒来的时候》《锻炼》《英雄的母亲》《毛泽东颂》《时间的歌》《星的歌》《红旗手》《鹅毛集》《天青集》《山》《鲁藜诗选》，散文集《枪》，报告文学《李村沟的故事》。

曾竹韶

曾竹韶（1908—2012年），曾用名曾朝明，福建厦门人，缅甸归侨，著名雕塑家、小提琴家。曾任中国留法音乐学会主持人，中国留法学生巴黎艺术学会主持人，中国国民政府教育部音乐教育委员会委员，四川省国立艺术专科学校小提琴教授，四川成都华西大学艺术学院音乐系小提琴教授兼华西大学古代石刻博物馆顾问，重庆国立艺术专科学校雕塑系教授，重庆大学建筑系教授，中央美术学院雕塑系教授，全国城市雕塑艺术委员会副主任，首都城市雕塑艺术委员会副主任、顾问，北京市人民政府专业顾问。

回国学商　返缅经商

1908年，曾竹韶出生于福建省同安县安仁里曾营乡（今厦门市集美区杏林街道曾营社区）一个富裕的侨商家族，父亲是缅甸颇有名的侨商，专营粮食运输，在缅甸既有良田又有自己的船队。富裕的家境，使曾竹韶自小受到良好教育。

1915年，曾竹韶就读于龙山学堂（曾营小学前身）。1919年，随父母离开家乡，举家迁居缅甸仰光，进入仰光华侨中学。当时，受新文化运动的影响，他在仰光有机会阅读来自上海的《申报》和一些进步刊物杂志，如鲁迅的《呐喊》、郭沫若的《女神》等，这激起了他对祖国文化艺术强烈的探求欲望，再三向父亲请求回国读书。

晚年曾竹韶

曾竹韶为家中长子，父亲希望他能继承家业，成为青出于蓝胜于蓝的成功企业家，因此希望儿子回国学习商科。1924年曾竹韶从缅甸回国，进入陈嘉庚1920年8月创办的集美商科学校。

从集美商科学校毕业后，曾竹韶回到缅甸仰光，小试牛刀，与大姐夫合作经营一家运输公司，生意顺风顺水，一年下来收入颇丰。

为了北伐　来到广州

虽颇具经商天赋，但曾竹韶无意于此，国内轰轰烈烈的大革命吸引着他，他渴望回到祖国。

辛亥革命之后，北洋政府腐败无能，军阀内部派系林立，分别割据一方，广大人民生活在水深火热之中。1924年，在中国共产党的努力下，国共两党形成了统一战线。1926年2月，中共中央在北京举行特别会议，明确指出党在目前的主要任务是推动广东革命势力向北发展。为了实现国家统一，结束军阀割据的局面，1926年7月9日，广东国民政府领导的国民革命军10万人正式出师北伐。在苏联军事顾问的帮助下，北伐军制定了正确的行动方针，首先向军阀吴佩孚部队盘踞的湖南、湖北进军。叶挺领导的、以共产党员为骨干组成的第四军独立团是北伐先锋。在各界民众的支持下，北伐军高歌猛进。

湖北、江西人民收回了汉口和九江的英租界，这是近代以来中国人民第一次行使权益从帝国主义手中收回被占领的土地。

曾竹韶闻知，欣喜异常，将生意委托给家人，收拾行装，于1927年3月下旬回到了当时国民革命中心——广州，不料当年4月12日，蒋介石便在上海发动反革命政变。4月15日，广州反动派解除了黄埔军校和省港罢工委员会的武装，包围、搜查中华全国总工会广州办事处、省港罢工委员会、铁路工会、海员工会、农民协会、中山大学等200多个机关、团体和学校，史称"四一五"政变。在这次政变中，广州被捕的共产党员和革命群众达5000余人，其中2100多人被杀害。"四一五"政变使广东完全被新军阀所控制，加速了大革命的失败。曾竹韶十分勇敢，利用华侨身份掩护多名共产党员。帮助他们离开白色恐怖的广州，转移到安全地带。

转学雕塑　留学法国

1927年5月，曾竹韶转赴上海，了解到蔡元培在杭州创办国立艺术院（后改名为"杭州国立艺术专科学校"）并将于年底招生后，前往杭州备考。1928年4月，曾竹韶成为杭州国立艺术院雕塑系第一届学生。

1929年底，曾竹韶赴法国留学，先后进入里昂国立美术专科学校、巴黎国立高等美术学院学习雕塑。同时，在巴黎西赛芳音乐学院学习小提琴，师从于著名小提琴家保罗·奥别多菲尔。在此期间他结识了与他一道学习音乐的郑志声和冼星海，他们在共同学习生活中结下了深厚的友谊。

曾竹韶与夫人

巴黎组会　支援抗日

1931年九一八事变发生，日军铁蹄踏破东三省。消息传到法国，曾竹韶想集合在法华侨和留学生力量，共同为祖国出力。1932年3月，他与冼星海、郑志声、李俊昌、季继仁五人组织成立了巴黎中国留法音乐学会。

1932年"一·二八"淞沪抗战打响后，曾竹韶联络常书鸿、刘开渠、王临乙等人，于1933年1月发起成立了中国留法学生巴黎艺术学会，团结了一批留法学习美术的学生。这两个组织成立后，抓住许多机会，向在法华侨、留学生和法国人民，揭露日军侵华暴行和中国人民保卫家园的自卫之战，争取更多力量支援中国反抗侵略的卫国战争。

曾竹韶还参与促成第一个跨国家、跨地区华侨抗日团体的成立。1936年9月20日，英、法、德、荷、瑞士等国的华侨代表和各国来宾共450多人在法国巴黎召开大会，曾竹韶作为代表之一与会，促成会议形成"成立全欧华侨抗日救国联合会"决议。全欧华侨抗日救国联合会成立后，以"联合全欧侨胞，不分党派、职业、阶级、信仰，实行全民团结、抗日救国并增进华侨福利"为宗旨，"团结旅欧侨胞，保障自身利益，努力抗日救国运动，尤其促进全国上下的大团结，一致为祖国生存而战，为恢复失地而战"。曾竹韶与全欧华侨抗日救国联合会会员一起，为祖国抗战做了许多极有价值的事。

1937年七七事变之后，祖国抗日战争全面爆发。曾竹韶作为中国留法学生巴黎艺术学会主持人，投身宣传抗日工作，一方面动员华侨捐款捐物赈济祖国抗战，一方面争取法国人民和国际舆论支援祖国抗战。1937年，法国的"法中之友社"召开各援华抗日团体代表大会，通过了要求法国政府制止日本侵略，抵制日货等决议。12月22日，又召开反日大会，邀请了吴玉章等人介绍中国抗战形势，通过了援助中国反侵略的决议，并致电中国政府领导人表示法国人民对中国的同情。

归国途中　一路义演

1939年年初，曾竹韶毅然告别法国，踏上了回国之路。途径新加坡时，他与率中国救亡剧团前来新加坡演出的金山、王莹相遇，加入救亡剧团，随团在新加坡和马来亚多个城市义演，一面演剧筹款，一面宣传抗战，动员华侨为支援祖国抗战捐款，许多华侨受到感动，纷纷捐款捐物，倾囊相助，同时也进一步坚定了南洋华侨抗日必胜的信心。曾竹韶还在新加坡结识了才华横溢的女词人黄墨谷女士。黄墨谷是厦门同盟会元老黄廷元的长孙女，1938年从厦门大学中文系毕业，后成为著名的词学家和中国著名的古典文学研究专家。两人于1940年结为伉俪，同年回到缅甸探望亲人。

曾竹韶携新婚妻子回到仰光后，没有休息片刻，立即投入当地的抗日救亡工作。在仰光，他组织了一个华侨抗日歌咏团，亲自担任指挥，在仰光市政厅进行多场演出，募捐得款全部献给祖国抗战。与之同时，他还将华侨抗日歌咏团组成若干个小分队，深入缅甸城乡进行抗日宣传，自己也不辞辛苦，带队穿梭于各地演出。

火线赴渝　艺术抗敌

1941年12月太平洋战争爆发，日军开始对仰光狂轰滥炸。曾竹韶率母亲、妻儿连同一家老少9口人，冒着敌机轰炸，沿着滇缅公路艰难地返回祖国，经昆明辗转到了重庆，进入国民政府教育部工作，任音乐教育委员会委员。

1943年年初，一些留法同学和朋友在李有行、雷圭元等带领下，在成都成立了四川省立艺术专科学校，他们请曾竹韶到学校任小提琴教授。

1943年至1944年，曾竹韶前往成都华西大学省立艺术学院任音乐系小提琴教授兼华西大学古代石刻博物馆顾问。在这两年时间里，为配合金陵大学音乐系支援抗战前线募捐，他在成都举办了两场个人小提琴演奏音乐会，演出获得很大成功。

国立艺术专科学校（简称国立艺专，下同）由昆明转移至重庆沙坪坝嘉陵江北岸的磐溪，国立艺术专科学校是北平艺专、杭州艺专、南京艺专三校合一，当时的校长是潘天寿。1944年，经王临乙推荐，曾竹韶前往国立艺专任雕塑系教授。在此期间，曾竹韶创作了《母亲》《女孩头像》《妇女胸像》等雕塑作品，其中以抗日为主题的《觉醒》表现了一位英勇不屈的战士形象，人物为全身立像，整个作品高一米左右，很有感染力。

1945年8月15日，日本投降，曾竹韶到重庆大学建筑系任教授，教授装饰雕塑。

雕塑大家　成就非凡

新中国成立后，曾竹韶进京，先任职于中国革命博物馆筹建处，负责整理编写革命历史美术题材的文献资料，同时在中央美术学院兼职。一年后正式调入中央美术学院工作，在此服务终生，育才无数。

曾竹韶在雕塑孙中山铜像

1982年，曾竹韶被选为全国城市雕塑艺术委员会副主任，后又担任首都城市雕塑艺术委员会副主任、顾问和北京市人民政府专业顾问。曾当选北京市人大代表，为北京市第五、六、七届政协委员。1987年，曾竹韶被文化部授予"优秀共产党员"称号，1991年获国务院特殊津贴。

曾竹韶为我国著名雕塑家、新中国雕塑事业奠基者之一，是五四新文化运动以来赴西方求学并取得卓越成就的艺术家。在留法学成回国后，尤其在新中国成立以后，他为中国雕塑事业的发展做出了开创性的贡献。他的作品坚持革命的现实主义与革命的浪漫主义相交融，其纪念性作品及肖像创作达到了一个难以企及的高峰，代表作品有：人民英雄纪念碑《虎门销烟》、中山公园《孙中山》、地质博物馆《李四光》、北京大学《蔡元培》《陶铸》等。著有《中国古代雕刻风格演变》《中国雕刻史》。由于曾竹韶在雕塑创作方面取得的突出成绩，2002年获得文化部颁发的首届"造型表演艺术创作研究成就奖"，2003年获中国文联、中国美协联合颁发的"中国美术金彩奖"暨中国美术专业终身成就奖。

为了培养中国优秀雕塑人才，曾竹韶在晚年创立了曾竹韶雕塑艺术奖学金，奖励对象为全国十大美术院校雕塑专业院系的应届毕业生及硕士研究生，这是我国首个面向全国雕塑专业设立的学术奖学基金。曾竹韶长期呼吁建设国家抗日战争纪念馆、国家歌剧院，他的建议都被国家接受，目前抗日战争纪念馆、国家歌剧院都已建成。

2012年3月12日，曾竹韶在北京病逝。他去世以后，时任中共中央政治局常委、国务院总理温家宝，时任中共中央政治局常委李长春，时任中共中央政治局常委、国务院副总理李克强，时任中共中央政治局委员、国务院副总理王岐山，时任中共中央政治局委员、中央书记处书记、中共中央宣传部部长刘云山，时任中共中央政治局委员、国务委员刘延东，原国务院总理朱镕基，原中共中央政治局常委、中纪委书记吴官正，时任教育部部长袁贵仁，时任文化部部长蔡武等，通过不同方式向中央美术学院转达了对曾竹韶先生辞世的深切哀悼，委托中央美术学院向曾竹韶亲属表示慰问并敬献花圈。

曾呈奎

曾呈奎（1909—2005年），号泽农，福建厦门人，缅甸、美国归侨，著名海洋生物学家。曾任美国加州大学斯格里普斯海洋研究所副研究员、山东大学植物系教授、系主任兼水产系主任和海洋研究所副所长、中国科学院海洋研究所研究员、副主任、副所长、所长、名誉所长，同时还曾兼任山东省科协主席、山东省侨联主席、山东省人大常委会副主任、中国科学院院士、第三世界科学院院士、中国海洋湖沼学会理事长、中国水产学会理事长、中国海洋研究委员会主席、国际藻类学会主席中国海洋湖沼学会理事长。中国海洋科学的主要开拓者之一，也是中国海藻学研究奠基人之一和中国海藻化学工业开拓者之一。

侨商之子　闽省求学

1909年6月18日，曾呈奎出生于厦门灌口李林村一个侨商世家。李家世代沿着海上丝路赴南洋打拼，曾呈奎出生时，曾祖父、祖父、外祖父都在南洋经商。曾呈奎两岁那年，随父母举家到缅甸仰光，投靠经商有成的外祖父。靠着父亲的商业头脑和吃苦耐劳，家里的日子蒸蒸日上。后来，为让子女受到良好的中华文化教育，父亲让母子携子归乡读书，安家于美丽的厦门鼓浪屿，自己一人在缅甸商场拼搏。

1915年，曾呈奎进入鼓浪屿福民小学读书。1922年考入寻源中学，成绩始终居前。正是在寻源中学读书期间，他了解到作为农业大国的祖国因农业科技落后，产量低，每年都有大量平民饿死，遂立志学农，给自己取号"泽农"。

曾呈奎

中学毕业后，曾呈奎考入教会高校——福建协和大学。1926年，曾呈奎参加收回教育权的爱国运动，要求不要上宗教课，校方要接受中国政府监督。也正因此，次年3月被校方开除。

1927年夏，曾呈奎进入厦门大学植物系攻读。1931年1月毕业。1932年到岭南大学读研究生，1934年获理学硕士学位，回厦门大学植物系任教，1935年起，先后在山东大学和岭南大学任讲师和副教授。也正在此期间，他开始了对祖国海藻资源的调查研究。

美国专家　琼胶权威

1940年，曾呈奎获得美国密西根大学研究生院奖学金，赴美攻读博士。

1942年5月，曾呈奎获理学博士学位。因成绩优异获美国密西根大学拉克哈姆博士后奖学金，赴美国加利福尼亚州立大学斯克利普斯海洋研究所，在进修物理海洋学和海洋化学的同时，开展海藻资源及其利用的研究。不久，出任研究所副研究员。在紧张的研究工作中，他常到附近的褐藻胶工厂及琼胶工厂调查了解生产技术，并在实验室内开展石花菜光合作用及琼胶的化学加工研究。

1941年12月7日珍珠港事件爆发，美国对日宣战，日本中止了对美国的琼胶出口。

1943年，曾呈奎受美国政府委托，负责组织专门小组开展了对战略物资琼胶原料的生产和加工方法的研究。他除了经常去美国沿海调查海藻资源外，还经常去琼胶工厂研究改进措施。同时他对褐藻胶和卡拉胶的资源和加工方法也进行了调查、研究，积累了大量的经验和资料，写出一批研究报告。1946年发表了《美国的海藻产品及其用途》和《藻胶：有用的海藻多糖类》等重要报告，同年还在美国《植物学报》上发表了论文《大石花菜的生理研究 I.光合作用，二氧化碳因子》。在美国曾呈奎还着手研究海藻的光合作用和色素吸收，探讨海藻不同门类的进化联系，1947年发表了《北美的海藻资源及其利用》报告和专著《琼胶》《褐藻胶》，成为美国琼胶研究的权威。

毅然回国　行业领袖

1946年，曾呈奎已成为当时美国海藻工业和食品利用方面的领军人物。在得知山东大学（青岛）复校后，曾呈奎毅然放弃美国优越的工作条件和优厚的生活待遇，回到战乱中的祖国，任山东大学（现中国海洋大学）植物系主任、教授，兼海洋研究所副所长。

青岛解放前夕，曾呈奎是国民党政府要掳往台湾去的科学家之一。威逼利诱，曾呈奎不为所动，坚决留下来迎接新中国诞生。当时，他居于厦门的原配夫人和3个子女已经去了台湾。他也因此与家人天各一方。29年后，曾呈奎访问美国时，才与家人相见。1995年，曾呈奎的次子、美国国家海洋与大气局研究员曾云骥到中国科学院进行学术交流，并代表美国藻类学会给父亲颁奖。分别50年后，这对父子在祖国大陆第一次握手。

新中国成立后，曾呈奎成为中国科学院海洋生物研究所重要奠基人之一。1950年，他和童第周、张玺受携手筹建中国科学院水生生物研究所青岛海洋生物研究室，1954年改建制为中国科学院海洋生物研究室，曾呈奎均任副主任、研究员。1957年该室扩建为中国科学院海洋生物研究所，1959年再度扩建为中国科学院海洋研究所，曾呈奎都是出任第一副所长。1978年曾呈奎任该所所长，1985年起任名誉所长，1987年任中国科学院实验海洋生物学开放研究实验室主任，成为中国海洋生物学研究领袖级人物。

紫菜之母　创造历史

　　中国食用紫菜历史十分悠久，但在20世纪50年代以前，人们不知道紫菜孢子的来源，只能凭经验和运气从海水里收集孢子来养殖紫菜，不能科学地用人工控制生产。而紫菜孢子对于紫菜就像菜种对于蔬菜、秧苗对于稻谷，如果掌握了紫孢子的来源，便可像农民在土地上种庄稼一样在海洋里种紫菜。

　　20世纪50年代，世界对于紫菜孢子最新研究成果，停留在英国学者的科研成果——紫菜的果孢子萌发成为一种微小的丝状体——壳斑藻，生长在死软体动物的贝壳里，它并不是以前人们认为的是另一种藻。至于壳斑藻是如何成长为紫菜的，英国、日本等国的藻类学家都在穷尽其力仍未得出结果。曾呈奎带领他的助手通过艰苦研究获得历史性成果：壳斑藻是晚秋生成的壳孢子，萌发为幼体后长成叶状体紫菜；壳斑藻初夏生成的壳孢子，萌发为幼体后长成小紫菜，小紫菜无性生殖放散单孢子，单孢子晚秋萌发为紫菜幼体后也长成叶状体紫菜。曾呈奎和他的助手完整地解决了紫菜生活史的问题。研究成果分别于1954年9月和1955年3月在《植物学报》上公开发表。

　　曾呈奎没有停下科研攻关的步伐，又通过大量的实验，证实秋季海面上出现的大量孢子是壳孢子，这正是养殖紫菜需用的孢子。他的研究表明，人们完全可以创造适宜的环境来大量培养壳斑藻，人工生产壳孢子，用于紫菜养殖，从而结束了养殖紫菜靠大自然恩赐"种子"的历史，中国由此进入科学种植紫菜时代。

　　紧接着，曾呈奎带着他的团队又取得重要科研成果：紫菜丝状体阶段的培养方法和壳孢子培养育苗方法，完成了紫菜的半人工和全人工采苗的研究。20世纪50年代后期，曾呈奎团队的科研成果在沿海推广，使得人工栽培紫菜业迅速发展起来，1990年我国已成为世界上第二大紫菜生产国。曾呈奎也因此被人称为"紫菜之母"。

海带之父　屡创历史

　　海带既美味又有药用价值，1927年由日本传入中国。日本北海道地区天寒地冻，海带自然生长，无需人工栽培。但在我国海区，因为水温高，不宜海带自然生产，渴望人工养殖海带成了沿海人民的梦想，并孜孜不倦为之努力。

　　20世纪50年代初，我国养殖海带都是采用秋苗培育法，这种培育方法最大不足是海带生长期短，长不大，而且还有杂藻威胁，生产力很低。

　　人民需要就是曾呈奎研究课题，他带着助手研究成功了海带幼苗低温度夏养殖方法：用初夏成熟的海带作种，把它释放的游孢子采到附着基上，然后在日光灯光、低温、流水条件下培育，到10月初即可长成小苗，再移到海上养20天即夹苗养殖。这既加长了海带的生长期，又避开了杂藻的威胁，使养殖海带增产30%~50%。

　　曾呈奎没有满足已取得的成果，又研究出海带陶罐施肥法。用特制陶罐盛肥料以控制肥料的扩散速度，大大减少了流动海水造成的肥料流失，从而保证了充足的海带肥料供应，使海带增产3倍多且质量可达一等或二等海带标准。

由于海带最喜低温成长，20世纪50年代海带只限于在北方海区养殖。曾呈奎在50年代后期研究解决了海带南移的关键问题，成功地把这一亚寒带生长的海藻移植到江苏、浙江、福建和广东省沿海，使我国海带的总产量大增。现在，我国是世界上最大的海带生产国，全世界80%的海带是由我国生产的。

海藻之王　频创第一

1954年，曾呈奎带着团体展开了用马尾藻提取褐藻胶的研究，提出了新的加工方法，同时在棉纺厂试验，用褐藻胶代替面粉浆纱，节约了大量粮食。在他的推动下，青岛市于1956年建成了我国第一个生产褐藻胶的车间，并拓展为利用海带生产褐藻胶、甘露醇和碘，并将这些产品用于药品、食品和饲料生产，开辟了我国化学工业的新领域——海藻化学工业。现在我国褐藻胶提取工业的规模已与美国平列。

曾呈奎也很重视海藻的药用研究，1962年他就与助手合作发表了研究论文《鹧鸪草、海人草命名的辩证及其他国产驱蛔药用海藻》。1982年，他积极支持青岛医药科学研究所改建为山东省海洋药物科学研究所，使其成为全国唯一的专业海洋药物研究机构，推动了全国海洋药物研究的发展。他还积极支持创办了《中国海洋药物》杂志这个全世界唯一的海洋药物的专业期刊，亲自批准了中国海洋湖沼学会药物学会的成立，打造了海洋药物研究、教学和生产者提供了开展学术交流和合作科研的平台。

曾呈奎对海藻分类的研究取得了大量成果。他发现了上百个新种，2个新属，1个新科和1门藻类（原绿藻门）的新纪录。他在海藻分类区系领域的研究奠定了中国海藻分类学在国际学术界的地位。他证明了藻类进化的三条途径，揭示出光合生物的系统发育关系，提出了藻类的分类系统，开拓了海藻比较光合作用和进化的研究领域，丰富和发展了生物进化论。1979年，他率队在西沙群岛考察，在我国首次发现了原绿藻。单细胞的原绿藻在生物进化中占有特殊的地位，它的发现和研究，对研究生物从原核生物到真核生物的进化过程有十分重要的意义。

曾呈奎领导的海藻养殖学原理研究，1978年荣获全国科学大会奖。

牧海新论　持续造福

20世纪70年代随着捕捞过度，海洋渔业资源遭到严重破坏，日渐枯竭，曾呈奎率先提出海洋水产生产应当走农牧化的"牧海新论"，力倡通过人为干涉，改善或改造海洋局部的环境条件，为经济生物的生长发育创造良好的环境。同时，也对生物本身进行必要的改造以提高它们的质量和产量。"农业化"就是浅海农业，将生产对象限制在优化了的浅海局部空间内进行养殖；"牧业化"就是海洋牧业，人工培育生产对象的幼苗，到成活率较高的阶段后，释放到自然海域去，以提高自然海域的生产潜力。曾呈奎亲自组织领导了海洋水产农牧化实验，并取得了成功，直接推动了我国贝类、虾类等海水养殖第二、第三次浪潮的形成和发展。

首席专家　双料院士

　　曾呈奎是海洋生物技术顶尖专家与学界领袖，参与组织了在日本举行的第一届国际海洋生物技术学术讨论会，提出中国发展海洋生物技术的设想，使中国的海藻学和海洋生物学尽快进入高技术研究领域的前沿，并成为海洋水产养殖业从传统产业转变为高技术产业的重要推手，加速了海洋生物资源的开发。在他这一思想的倡导下，国家科委启动了以他为首席科学家的国家攀登计划B项目"海水增养殖生物优良种质和抗病力的基础研究"，极大地推动了我国海洋生物技术研究向生产的转化，并使我国海洋生物技术的研究与应用跻身于国际领先行列。

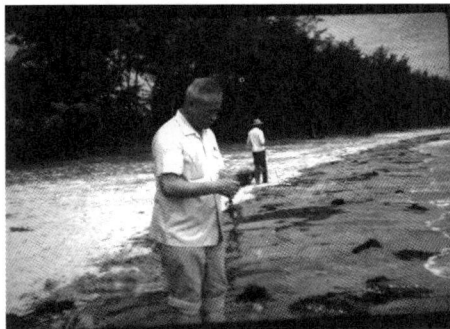

1980年曾呈奎在海南岛采集标本

　　曾呈奎一生独自著述和与他人合作先后发表了370余篇高水平的学术论文和12部学术专著，先后获全国科学大会奖、国家自然科学奖、国家科技进步奖、中国科学院重大科技成果奖和省（部委）奖。1980年当选中国科学院院士，1991年被山东省政府授予"杰出贡献科学家"荣誉称号；1995年被太平洋科协授予太平洋地区科学大会；1996年获香港求是科技基金会"杰出科技成就奖"；1997年9月获"何梁何利基金"科技进步奖；2001年获美国藻类学会杰出贡献奖；2002年又获山东省首次设立的最高科学技术奖。

　　曾呈奎以自己在世界业界的影响力，促成了中美、中加、中英、中日、中法、中德等国家之间的多项合作研究与学术交流，并于1985年当选第三世界科学院院士；1986年当选国际藻类学会主席；1991年被世界养殖学会授予终身荣誉会员。

　　曾呈奎1950年加入中国民主同盟，历任青岛市主任委员、山东省副主任委员，中央委员。1959年任全国政治协商会议委员。1964年始，历任第三、四、五、六、七届全国人大代表。1980年加入中国共产党。1982年始任山东省人民大会常务委员会副主任。1985年任山东省华侨联合会主席，1989年被评为首届新时期全国侨界十大新闻人物。

　　2005年1月20日，曾呈奎病逝于青岛，临终遗嘱"把骨灰撒入大海"。

　　2008年经科技部国家奖励办公室批准，设立"曾呈奎海洋科技奖"，这是中国首个以海洋科学家命名的科技奖项，主要面向中国海洋科技工作者及对中国海洋科学做出突出贡献的外籍专家，每两年评审一次，每次奖励六名。其中突出成就奖两名，每人奖励20万元人民币；青年科技奖四名，每人奖励5万元人民币。

谢投八

谢投八（1902—1995年），原名谢葛民、谢清火，字投八，号跛公、力稼，福建厦门人，法国归侨，著名油画家、美术教育家。曾任福建厦门美术专科学校教授兼教务主任、总务主任，福建师范专科学校教授兼艺术科主任、福建师范学院艺术系教授兼系主任、福建师范大学美术系教授兼系主任、中国美术家协会理事、福建省美术家协会主席、福建省美术家协会名誉主席、福建省文联副主席。

良师资助　南洋留学

1902年2月，谢投八出生于福建省漳州府海澄县三都树村（今厦门市海沧区石塘村）。自小命运多舛，三岁时父母相继辞世，7岁时又因大病使左腿萎缩致残，这也是其后来自号"跛公"的原因之一。在亲戚的帮助下，谢投八曾就读于私塾。

1925年谢投八菲律宾毕业照

谢投八自小刻苦自励，甚好读书作画。1918年成为集美大学首届学生，在校时表现出很高的绘画天赋。之后，进入同盟会会员、美术教育家黄燧弼创办的厦门真卢画院，在黄燧弼指导下专攻西洋绘画。黄燧弼（1879—1937年），厦门人，幼年就读于同文书院，因深得院长的爱惜，奖助其赴菲律宾学习美术。毕业后回厦门开设真卢画院，后扩建为厦门美术学校，颇有造就。厦门中山公园地球顶上卧狮，即其所塑。厦门沦陷时，避居新加坡直到病逝。

黄燧弼一如当年爱才有加的校长，非常看好谢投八的绘画才华。1919年12月，他资助自己高徒远赴菲律宾。

谢投八考入菲律宾大学美术学院绘画系。当时，菲律宾大学美术学院由西班牙画家执教，延用十九世纪欧洲传统的学院派教学模式。在这里，谢投八师从菲律宾著名现实主义画家德拉洛沙（1869–1937年）和阿莫索罗（1892–1972年）等。德拉洛沙是菲律宾20世纪第一位著名的现实主义画家，擅长肖像和表现亚热带阳光下的风景；阿莫索罗也是菲律宾美术史上最重要的画家之一，他以肖像和乡村风景著称。在两位老师的精心教导下，谢投八打下了坚实的绘画艺术的基础。由于他的勤奋，只用五年时间就修完了六年全部课程。毕业后，因成绩优异留在该院进行教学和研究工作。

在菲律宾学习期间，还发生了这样一件事，可从中感受到谢投八极强的爱国心。当得知我国政府又被迫签订不平等条约时，他满怀愤恨，在自己的手臂纹上"勿忘国仇"四个字。

法国深造　历史留名

在马尼拉学习工作期间，谢投八娶了一位名叫黄韵秋的美丽姑娘，并生下一对儿女，虽经济上不宽裕，但一家人过得幸福安定。谢投八是对艺术上有极强追求的人，一直期待能到当时的世界美术中心巴黎继续深造。

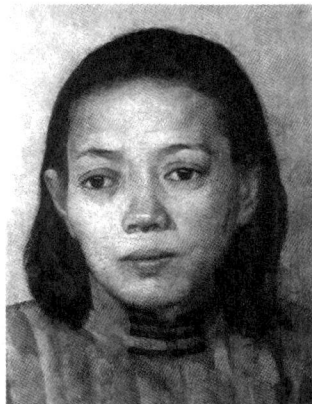

1934 年谢投八《黄韵秋女士像》

1928年，在堂兄的支持下，谢投八远赴法国巴黎，先进入一个私人画室，专攻素描和解剖学。之后，考入朱利安（也译作茹利昂）美术学院学习，师从著名画家亚米·洛伦斯。同时，潜心研究古典主义大师大卫、普吕东等人的作品。

谢投八在巴黎留学六年，成就斐然。他的画，曾先后三次获得朱利安学院的金奖。其中，肖像画《母亲》不仅获奖，还于1933年入选法国春季沙龙。

1933年1月，谢投八与黄显之、吕斯百、常书鸿、刘开渠、庄予曼、王临乙、曾竹韶、滑田友、唐一禾、郭应麟等三十人，在巴黎成立"中国留法艺术学会"，谢投八负责会计股。他们发表宣言，明确提出以"联络感情共同研究艺术"为学会宗旨，即决心以学贯中西的文化素养，对中国现代美术的道路进行探索与开拓，为促进中国美术事业的发展做出贡献。学会前后进行了16次聚会，出版了一本画册，15人次入选法国沙龙，这是中国留学生首次在海外公开组成自己的艺术学会，影响甚大，成为中国近代油画史上的一件重要事件。这个会成员回国后，都成为中国西画事业第一批重要的开拓者。

归国执教　厦门育人

1931 年谢投八留学法国时留影

1934年，谢投八归国，先后受聘于厦门美专、厦门大同中学。无论在哪所学校，他都满怀激情投入工作，除教授素描、油画、法文、国文、美学、艺术概论等课程外，还兼教务主任、总务主任、校长秘书等职。

1980年4月，台湾《艺术家》杂志发表一篇署名索翁题为《厦门美专追忆》的文章，文中对谢投八给予了极高的评价："谢氏因身体缺陷，意志特别坚强，以悲剧精神，焚膏继晷，学习甚勤，打下了稳固扎实的基础。美专同学最尊敬他，受他的影响也最深。谢氏油画与周碧初恰好相反，每种色彩都以黑色调和。笔触细腻而坚实，表现出千钧万锭的质量感。彩绘为素描，暗黑若经百年风霜的古画。但其背景往往省略，构图简洁，又不同于19世纪的自然主义。看惯了大红大绿粗浅条的现代绘画，反看谢氏的作品，倒有一番清新的不同味道。"又说："我曾问留日同学谢国镛：'你对谢投八的画，观感如何？'国镛回答说：'谢投八的画深刻得很！看了他的画，不禁要肃然起敬'。"

抗战岁月　闽北办学

厦门沦陷后，坚决不当亡国奴的谢投八，举家迁往闽北，以保住自己的气节。

在抗日战争的艰苦岁月里，谢投八负责筹办省美术教育养成所，为中小学培养美术师资。1941年，福建省立师范专科学校正式成立，省美术教育养成所随即并入该校艺术科，由他出任教授兼艺术科主任。艺术科的创办与1907年成立的福建优级师范学堂图画手工专科一脉相承，在福建美术教育史上，起着承前启后的作用。

当时正值抗战时期，生活非常困难，当教授的谢投八每月仅有二百斤糙米的薪金，难以维持八口之家。他克服各种困难，一边教书，一边带着一家老小开荒种菜。他的《到家》一诗即是这时生活的记录："望庐情转怯，入室泪盈睫。山妻病在床，众雏瘦削颊。大小镇日忙，家事犹未沾。我亦一病身，不得不喋喋"。

中国著名作家章靳以的短篇小说《生存——献给忘年的好友S》，就是以谢投八及其一家为背景，真实地描写了一个知识分子在困苦的生活中所表现出来的凛然正气。

1948年8月至1949年7月，是谢投八的"教授轮休年"。他应聘到杭州艺专开设"谢投八工作室"。此时，杭州已临近解放。为了保护学校和师生的安全，他参加了中共地下党组织的护校活动。杭州解放时，他非常兴奋，提笔作诗："不堪回首话当年，洒向人间血泪篇、覆地翻天祈解放，污泥浊水尽成烟。"

献身教育　桃李芳菲

新中国成立后，福建师专与其他一些院校调整合并为福建师范学院，谢投八出任福建师范学院（福建师范大学前身）教授兼艺术系系主任。为了加快培养人才，适应教育事业发展的需要，当时艺术系不仅设四年制本科，还有五年制和二年制专科。随着招生规模扩大，师资队伍也壮大起来。之后，长期担任福建师范大学教授兼美术系主任，直至1984年退休。1958年，谢投八加入中国共产党，

任教之余，谢投八还担任过20多年的福建省美协主席、中国美协理事等职，以系统的现实主义美术教育思想开启了福建现代美术教育事业，为福建乃至全国和东南亚地区培养大量优秀的美术人才。他还长期担任福建省文联副主席，并当选过福建省人大代表。

1995年12月，谢投八病逝于福州。有《素描的理论与实践》等理论专著存世。

谢投八著《素描的理论与实践》

谢希德

谢希德（1921—2000年），福建泉州人，美国归侨，中国著名物理学家、教育家。曾任上海沪江大学助教、复旦大学副教授、北京大学副教授、中国科学院技术物理研究所副所长、复旦大学教授、副校长兼现代物理研究所所长、校长，上海市科协主席、上海市政协主席、中共中央委员。中国科学院院士。为我国半导物理学的开拓者之一，也是我表面物理学的先驱者和奠基人之一。

名师之女　火线求学

1921年3月19日，谢玉铭生于福建省泉州市西街一个大学教师家庭。父亲谢玉铭（1893—1986年），先后毕业于北京协和大学、美国哥伦比亚大学、美国芝加哥大学，为美国芝加哥大学物理学博士，曾任燕京大学教授兼物理系主任、湖南大学物理系教授、唐山交通大学物理系教授，厦门大学物理系教授并先后兼任物理系主任，理学院院长、教务长，马尼拉东方大学物理系教授兼系主任，台北市实践大学家物理教授、英语教授。作为著名物理学家、教育家，他与合作者在氢原子光谱精细结构研究中，发现了后来被称为兰姆移位的现象，这在光谱学和量子电动力学发展史上具有重要意义。谢玉铭对早期燕京大学物理系以及抗日战争时期厦门大学的建设和发展，做出了重要的贡献，为我国培养了许多优秀人才。

谢希德

父亲的言传身教，让谢希德从小就养成好读书勤思考的习惯。1927年，因父亲任教于燕京大学，谢希德随家迁往北平，先后就读于燕京大学附属小学、附属中学和贝满女中读书，学习成绩一直十分优异。

1937年7月，卢沟桥事变爆发，坚决不当亡国奴的谢玉铭决定西迁，谢希德随家辗转武汉、长沙多地，最后迁往湖南辰溪，父亲执教于从长沙迁往此处的湖南大学物理系。

在辰溪大山深处，谢希德坚持学习。1938年她考上湖南大学。还未等到入学的日子，就因身染股关节结核病而卧床难起，这病在那个年代是不治之症，但她没有被击倒，在病床上坚持自学英语和数学。

四年后，谢希德重新站起并可行走，但留下了终身残疾，双腿无法弯曲。谢希德立即再次报考大学，收到了厦门大学的录取通知书。

留学美国　获得博士

青年谢希德

1946年，谢希德从厦门大学数理系毕业。父亲希望她出国留学。在留美考试中，谢希德未能考取公费留美生，只是考取了自费留美资格，即允许用官价购买美元出国留学。可是家里当时的经济条件难以支持谢希德出国自费留学。为筹措留学经费，她到上海沪江大学数理系当助教，一边执教存钱一边申请能免学费的学校。一年后，谢希德被美国史密斯女子文理学院录取，担任该校助教，免收学费。

在远赴美国留学前，谢希德与自己相识15年的男友曹天钦订婚。曹天钦是河北人，父亲也是教师，1932年他与谢希德同时考入燕京大学附属中学，因学习都十分优异，被大家公认为一对神童，虽因战乱两人不得不分离，但始终保持着联系，谢希德在湖南辰溪得了骨结核，曹天钦辗转得知，去信鼓励。1946年10月，曹天钦获英国文化委员会奖学金，赴英国剑桥大学攻读化学。

1947年8月10日，谢希德赴美深造，在美国著名的史密斯女子文理学院，师从研究生院院长安斯罗教授攻读硕士课程。1949年，以《关于碳氢化合物吸收光谱中氢键信息的分析》论文通过答辩并获得硕士学位。由于史密斯女子文理学院的物理系不培养博士生，谢希德又申请到麻省理工学院攻读博士，麻省理工学院不但接受了谢希德的申请，还免去了她全部学费。

在麻省理工学院，谢希德跟随莫尔斯和阿利斯两位教授进行高压态氢恶阻光性理论分析，并在1951年以该项研究成果获得博士学位。留学期间她还挤出时间，在课余为学院的气体放电实验室做一些理论计算的工作，以得到一些经济收入。

远在英国剑桥大学的曹天钦不仅获得博士学位，还被剑桥大学冈维尔学院选为院士，他是第一位在剑桥大学获得此项殊荣的中国人。

父女决裂　决然回国

曹天钦原准备赴美与谢希德相聚并做学术考察，择期一起回国效力，但美国政府突然宣布：在美国留学的理工科中国学生一概不许回国。从美国直接回国的门被关闭了，立志回国的曹天钦终于想出了一个好主意，让谢希德先到英国，然后一起返国。但当时英国政府有"严格限制外国人入境"规定，正为难之时，李约瑟博士伸出援手，谢希德顺利地来到英国，在剑桥附近的一个小乡村，他们举行了简朴的婚礼。不久，又顺利地踏上返回祖国的归途。

但时任菲律宾东方大学物理系教授兼系主任的谢玉铭，却不愿意女儿回到中国，她修书一封苦劝："得悉你欲回中国，我感到很不安，我不想让你回到贫穷而落后的中国去！"但谢希德归心已定，父亲为此终身未能原谅女儿。谢希德后来曾经费尽周折，找到了父亲在香港的电话。父亲拒绝相见；谢希德登报要求见面，父亲还是不见。直到1986年，谢希德的父亲逝世，父女两人都没能见上一面。

1952年8月底，谢希德和丈夫曹天钦终于登上了英商蓝烟囱公司客轮"广州"号，历尽艰辛回到祖国。

固体物理　奠基京沪

在英国时，时任上海交通大学教授兼物理系主任、理学院院长的周同庆曾请谢希德去上海交通大学任教，但由于国内院系调整，谢希德同周同庆一起来到复旦大学物理系。从1952年到1956年，先后主讲6门基础课和专业课，并编写了教材和讲义。她讲课水平甚高，深受学生喜爱。在她努力下，复旦大学于1955年开设了固体物理专门化专业，致力于半导体物理的发展。

1956年5月，谢希德光荣地加入了中国共产党。同年秋天，为了实现国家12年科学发展规划，北京大学、复旦大学、南京大学、厦门大学、吉林大学5所大学的物理系的部分师生汇集于北京大学，共同创办半导体物理专门化培训班。黄昆任教研组主任，谢希德任副主任。他们通力合作，撰写了一部专著《半导体物理学》，于1958年出版。这不但是中国第一部关于半导体物理学的专著，也是国际上学术水平甚高的权威性之作，为中国培养半导体科技骨干人才发挥了作用。赴北京时，她的儿子曹惟正才5个月，她将孩子交给爱人曹天钦照料，对他说："为了国家，你只能既当爸又当妈了。"

美丽谢希德

短短两年，中国第一个半导体物理专门化培训班培养了我国第一代半导体专门人才300多名。近代物理学的这项最新成就奇迹般地在我国广泛普及，连小学生也开始学着装配半导体收音机了。

科教结合　双线奉献

两年后，谢希德回到复旦大学，主持筹建复旦大学物理系半导体专门组、筹建并兼任中国科学院上海分院和复旦大学联合主办的上海技术物理研究所副所长。

自1958年至1966年，在时任上海技术物理研究所副所长谢希德主持下，研究所坚持应用技术和基础研究并重，为上海半导体工业发展和基础研究创建了必要的条件，培养了一支队伍。当时实验技术人员非常缺乏，为此谢希德主持建立了上海技术物理中专，培养实验员，后来这批人都补齐了大学课程，成为难得的科技人才。

为此，谢希德常常加班加点，"开夜车"成了生活常态。有时她在上班的公共汽车上竟然能睡着，有时在讲课中眼前发黑，晕倒在地，为培养我国固体物理专门人才做出了重大贡献。

20世纪60年代初，国际上硅平面工艺兴起，她和黄昆敏锐地看到这将促进半导体技术和物理的迅猛发展，联名建议开展固体能谱研究，并由北京大学、复旦大学、南京大学共同承担。1962年11月，她晋升为教授。在她指导下，复旦建立了顺磁共振等当时先进的实验技术。她招收研究生，开设《半导体理论》和《群论》专业课，亲自编写讲义，指导研究生开展空间群矩阵元选择定则、应变条件下半导体载流子回旋共振理论、间接隧道效应理论、半导体能带计算等课题研究。

1960—1962年间，谢希德同方俊鑫合作，编写了《固体物理学》（上、下册）一书，由上海科学技术出版社出版，深受国内各大学师生欢迎。20世纪80年代，这部书重新修订，谢希德增写了《非晶态物质》一章，保持原书特色，既系统讲述本学科的基础内容，又介绍各主要分支的发展概况。1988年被国家教委评为优秀教材。

1965年冬，谢希德作为中国固体物理代表团团长，出席了英国物理学会固体物理学术会议。回国后，她继续筹建现代化实验装置，开展固体能谱的研究。

1966年8月，谢希德患了乳腺癌。在"文革"期间，谢希德仍排除各种干扰，坚持学习。

改革开放后，谢希德迎来了自己第二个学术春天。在1977年年底的全国自然科学规划会上，谢希德报告了她的科学调研，以翔实的材料说明在固体物理、材料科学和量子化学之间正在形成新的边缘科学即表面科学，其基础是表面物理，基本内容包含三个部分：一是确定表面的原子成分，二是表面原子结构和成键性质，三是表面电子态和各种特殊的物理性质。她还阐明了表面物理同高新技术和科学发展以及与国民经济之间的重要关系，提出在中国发展表面物理的倡议。

谢希德的倡议很快成为国家行动。她回到复旦大学后，即着手筹建以表面物理为研究重点的复旦大学现代物理研究所。在短时间内，在原有物理系和核科学系的基础上建立了8个研究室。之好，谢希德又组织、实施了全国表面物理讨论班、固体理论讨论班，对推动中国固体理论发展发挥了极好的作用。

1982年，美国物理学家、1998年诺贝尔化学奖获得者W.科恩来华讲学，回国后评论说："谢希德教授作了明智的选择，在复旦大学开展表面物理研究。"在她多年的努力和国家科委、国家自然科学基金会的支持下，现代物理研究所的表面物理实验室于1990年成为国家应用表面物理开放实验室。在谢希德指导和王迅的努力下，该实验室在化合物半导体GaAs和InP的极性表面结构和电子态，表面界面结构，Si/Ge超晶格的生长机制和红外探测器件、多孔硅发蓝色光、蓝色激光材料研制，锗量子点的生长和研究，磁性物质超晶格等方面取得出色成果。

在谢希德和她的团队共同努力之下，1985年、1987年、1990年和1997年，谢希德和张开明、叶令及蒋平等共取得"半导体表面电子态理论与实验之一""镍硅化合物和硅界面理论研究""金属在半导体表面吸附及金属与半导体界面电子特性研究"和"量子器件与异质结构电子性质的理论研究"，分别获得国家教委科技进步二等奖。1997年，谢希德获何梁何利科技进步奖。

1980年，当选为中国科学院数学物理学部委员，1981年被选为主席团成员，1989年当选为第三世界科学院院士，1990年当选为美国文理科学院外国院士。

谢希德主要学术著作有《分析力学》《量子力学》《固体物理引论》《固体量子理论》《半导体物理学》《固体物理学》《群论及其在固体中的应用》《表面物理》等。

大教育家　中央委员

谢希德不但是国内外知名的物理学家，也是杰出的教育家。她先后担任复旦大学副校长和校长长达10年之久，为复旦大学成为一流名校做出了贡献。她率先在国内打破综合大学只有文科、理科的苏联模式，根据复旦大学的条件增设了技术科学、生命科学、管理科学等5个学院；她采用多种方法鼓励师生创造性和科研工作，加强国内外的学术交流，使教学质量和科研水平快速提升；她制定破格提升等多项举措，鼓励学科带头人脱颖而出；她推行导师制，充分发挥教师在教书育人中的独特作用；她创造了"校长信箱""校长论坛""新闻发布会"等新形式，使学校发展中存在的问题得以及时解决；她集合美国学术力量建设学校，组建了复旦大学美国研究中心。1988年，谢希德卸任校长，之后长期担任学校顾问。1997年出任上海浦东杉达大学校长。

谢希德是一位出色的社会活动家。1982年9月当选为中国共产党第十二届中央委员会委员，1987年10月当选为中国共产党第十三届中央委员会委员，1988年5月当选为中国人民政治协商会议上海市第七届委员会主席兼党组书记。谢希德还曾任全国政协常委、上海市科协主席等职。1977年获上海市先进科技教育工作者称号，1979年、1980年两次荣获全国"三八红旗手"称号。

1998年11月4日美国半导体产业协会出资在复旦大学美国研究中心设立谢希德奖金以鼓励有关领域的科学研究。

2000年3月4日，谢希德病逝于上海。

谢希德逝世后，美国众议员柯特·韦尔登CurtWeldon请求美国国会山上的美国国旗特别为谢希德飘扬一天，以表彰谢希德曾经为中美关系所作出的贡献。他还托人把这面旗子送到了谢希德一手创立的复旦大学美国研究中心。这位美国人曾一直投票反对延长中国的最惠国待遇，直到他遇到了谢希德，由此改变了对中国的看法。韦尔登说："作为美国的一位议员，我为有机会与她一起推动中美关系走向新世纪而感到光荣。"

谢希德的丈夫曹天钦也是我国著名的生物化学家，曾任中国科学院上海分院院长、上海市人大常委会副主任。

蔡启瑞

蔡启瑞（1914—2016年），福建同安人，美国归侨，著名化学家、教育家。曾任美国俄亥俄州立大学副研究员，厦门大学教授、副校长、学术委员会主任、固体表面物理化学国家重点实验室学术委员会主任，国务院学位委员会委员、理科评议组成员、国家科学技术委员会化学组成员，厦门市科协主席，第二届全国政协特邀代表，第三、四、五届全国人大代表。中国科学院院士。

幼年失父　艰难求学

1914年1月7日，蔡启瑞生于福建省同安县（今为厦门市翔安区）马巷镇番薯市五甲尾，祖籍福建省金门县金湖琼林。祖父所开饼店方圆有名，家境小康。因祖父英年早逝，蔡门家道中落，蔡启瑞父亲不得不出国谋生养家。蔡启瑞1岁半时，远在越南打拼的父亲即病死异邦，母亲靠做裁缝艰难抚育儿子长大。

1956年从美国归来时的蔡启瑞

1921年，母亲攒钱送蔡启瑞走进小学校门。晚年他曾回忆起自己艰难求学经历："1925年夏，我读完马巷镇牖民小学高小一年级，这班因生数不足而停办。没办法，我只好在一家布店当学徒。小学班主任黄固吾老师听到这情况，就赶到我家说服我母亲，先让他设法带我到厦门进一所中学，读了一学期，然后凭着学习成绩单，转到集美中学插班到初中一年下学期……当时集美中学的师资、设备也堪称一流，物理、化学课都在当时首屈一指的集美科学馆上课。教化学的黄开诚老师的许多精彩的化学实验课堂表演，使我深感物质分子变化的奇妙，激励着我后来主修化学，而且终生无悔。……我读完集美初中，又读了一年集美高中第二组，后来到厦大预科继续学习。"

1931年，蔡启瑞以优异成绩获得陈嘉庚设立的"免费奖学金"和"嘉庚奖学金"，考上了厦门大学化学系。入学不久，因患肋膜炎、气管出血，回家休学两年。复学后，学业成绩优秀，多次获得奖学金。

执教厦大　留学美国

1937年，蔡启瑞从厦门大学毕业后，受聘母校化学系，任无机、有机、分析、物化、结构等当时化学系各门课程的助教。此时，祖国全面抗战爆发，厦门大学内迁闽西大山深处的长汀。他一边执教，一边在简陋的实验室进行科学研究。有时日军来轰炸，师生就近避往防空洞，他仍抓紧时间做记录、画草图、写实验报告。在化学界老前辈张怀朴和傅鹰两位教授的指导下，他攻克了一个个难关，完成了《电位法研究硝酸锌》《硝酸镉水解》和《有机酸混合物萃取分析法》3篇论文，并分别发表在《厦大理工论丛》和美国的《分析化学杂志》上。

蔡启瑞展现出的科研潜力和研究水平，获得学界重视。1947年春，蔡启瑞作为中国政府选派赴美留学的20名学子之一，进入美国俄亥俄州立大学深造。在马克、哈里斯和纽曼三位教授指导下，开展多亚甲基长链二醇及二羧酸的L-B膜的研究。

回国受阻　战俘交换

在美国苦读期间，蔡启瑞收到中华人民共和国成立的消息。欣喜若狂。1950年4月6日，厦门大学29岁华诞，蔡启瑞发来贺电："祖国大地皆春，我怀念你啊，祖国！"同月，他拿到俄亥俄州立大学化学领域哲学博士学位之后，立即申请归国。

由于朝鲜战争爆发，中美对峙，在美的中国理工科专家学者一概被美国政府限制离境。蔡启瑞回国受阻，在导师哈里斯的挽留下，蔡

留美时期的蔡启瑞在俄亥俄州立大学实验室

启瑞在该校从事以"铯氧化物晶体结构测定"为课题的结构化学博士后研究。1952年，被聘为俄亥俄州立大学副研究员，在美国 J. Physical Chemistry 上发表了 Cs_2O 和 Cs_3O 晶体结构的两篇论文。

蔡启瑞始终没有放弃回国的努力，他坚持年年递交离境申请，希望回国，但次次被阻。

直到1955年8月1日，中美两国在日内瓦举行大使级会谈，中国方面以释放11名美国飞行员战俘为条件，要求美国取消扣留中国留学生法令。在中国政府的交涉下，美国移民局最终不得不同意提前放行11名留学美国的科学家，蔡启瑞就是其中之一，11人中最著名的是钱学森。

在得到可以回国的消息后，蔡启瑞一边开始业务移交，一边开始集中要带回国内的科研资料。他知道祖国非常缺乏位于科技前沿的学术资料，争分夺秒地抢拍、抢复制，还日夜整理研究成果，把几年来的实验数据都拍成照片以便带回祖国。为此，他没有时间去领工资、去领自己的保险金，甚至连自己的小汽车都来不及转卖，直接扔掉……当时，许多国外同行劝他慢一步走，因为他的一项科研成果马上就可以申请到美国专利，这意味着他立即能成为百万富翁。但在他看来，这一切都没有能早一分钟为国服务重要。他说："我一天也不能等了。"

为国转向　催化之父

1956年3月下旬，蔡启瑞登上"戈登将军"号轮船，踏上归程。4月回到祖国。

回到母校厦门大学，蔡启瑞被安排担任结构化学的教学和科研工作。留美的研究成果使蔡启瑞深感含有极化率很高的阳离子化合物结构化学的丰富多彩，尤其是曾用于制作夜明镜主要材料的夹心面包型的 Cs_2O（反 $CdCl_2$ 型晶体结构），表现出特殊的光学性能，但他更感兴趣的是该晶体有相当大的极化能。因此，回国后的蔡启瑞主要致力于离子晶体极化现象等系统理论的研究并取得很大成就。

就在这时，传来了发现大庆油田的消息，蔡启瑞想到，炼油和石油化工的绝大部分生产要靠催化过程，但我国的催化科学领域还很薄弱，尤其是高校。

蔡启瑞立即做出了一个令人意想不到的选择——为了国家的需要，改变自己的研究方向，从零开始转向催化研究。

1957年，蔡启瑞发表了《近代接触催化理论的介绍》一文，让国内同仁了解到多相催化理论的国际进展，并首次招收一名催化研究方向的研究生，从事"醇醛缩合催化研究－负载型氧化物催化剂"的研究。

1958年，蔡启瑞与中科院大连化物所、长春应化所、化工部化工研究院各一位同仁，赴莫斯科进行催化方面的参观访问，同年秋在厦门大学组建中国高校的第一个催化教研室，开创了中国催化科学领域的教学与研究基地。他还受原高教部、教育部和国家教委的委托，举办了催化讨论班、进修班和现代催化研究方法研讨班，为全国有关高校和科研单位培养了大批催化科学领域的中高级人才。厦门大学也因此被称为"催化界的黄埔军校"。

此后，具有化学各科精深素养、思维活跃、学风严谨的蔡启瑞领军催化基础和催化应用研究55年，成为我国配位催化和分子催化的奠基者和开拓者，并在1980年当选为中国科学院化学学部委员（院士）。

科技铁人　成果突出

蔡启瑞长期从事催化理论、酶催化和非酶催化固氮成氨、碳－化学、轻质烷烃化学和结构化学等方面的研究，形成了三大方面的科研成果：配位络合催化理论、固氮成氨以及碳－化学。

自20世纪50年代中期开始，蔡启瑞带领团队研发氧化锌和氧化铌两种新催化剂，为乙炔路线制合成橡胶单体解决了关键技术问题；提出络合活化催化作用的理论概念，带领团队巧妙设计和应用原位互补分子光谱和原子簇结构模型量子化学计算等手段，提出四种配位催化作用效应，极大带动了中国催化学科的发展。

20世纪70年代末开始，蔡启瑞带领团队开展了酶催化和非酶催化固氮合成氨的关联研究，提出了过渡金属催化剂上氮加氢氢解成氨缔合式机理的新见解，并通过激光光谱和红外光谱互补实验方法证实了该观点的合理性。对酶促生物固氮、金属催化氮加氢与金属催化一氧化碳加氢这三类重要反应进行广泛关联与精确示异，提出偶极－离子相互作用是离子型助催剂的作用本质等新理论，发展了分子催化研究方法。

20世纪90年代开始，蔡启瑞致力于碳－化学新能源和复合催化剂的研究，注重能源催化化工技术与化石资源的综合优化利用。他带领团队综合运用化学捕获、同位素法等知识和技能，完成了合成气制乙醇催化机理的研究，被评价为中国碳一化学最重要的进展之一。

蔡启瑞先后获得三次国家自然科学奖，还相继获得教育部科技进步一等奖1项、二等奖2项，1978年加入了中国共产党。

蔡启瑞曾多次参加国家中长期科技发展规划的制订工作，主张实行"油煤气并举，燃化塑结合"的能源化工原料技术路线。这一有关大化工的战略设想对国家在相关领域的发展有着重要的指导意义。

蔡启瑞在科技界享有铁人之称。1979年、1982年、1984年，他三次病危并做了外科大手术，切除了四分之三的胃和脾；2000年、2006年、2011年又三次不慎摔倒，断掉的髋骨栓了螺栓。即便如此，耄耋之年的他还时常拄着拐杖到化学楼三楼催化实验室，关心和指导研究的进展。蔡启瑞80岁时学习计算机，但他能画出连年轻人也自叹不如的精致的化学模型结构图和反应机理图。1982年，蔡启瑞脾脏大出血。手术后，梯形刀口的巨大疼痛折磨着他，他在昏迷中喊道："催化剂！催化剂！"

2013年，已是百岁高寿的蔡启瑞虽住院卧床不起，但仍思维清晰，心系未竟的科学研究事业，他遗憾地说："我还有很多事要做，可是现在身体不允许了。"

品德高尚　人称完人

晚年蔡启瑞

在中国科技界、教育界，蔡启瑞不但以对国家的赤胆忠诚和科技成果著称，而且还以高洁的人品为世人称道，有"完人""最好最好的人"之称。

1956年，根据学术成就与研究水平，刚刚回国的蔡启瑞被评为二级教授，而他认为有的先生资历比他高，便向学校递交了降级的申请，成为厦门大学有史以来第一个自请降级的人；他的一项研究曾被评价为中国碳一化学最重要的进展之一，本来拟推荐申报国家自然科学奖二等奖，但蔡启瑞觉得工作中尚有不足，主动将其改为申报三等奖；1990年9月1日，他正式办理退休手续，成为"院士退休"第一人。

蔡启瑞百岁生日时，设立了"蔡启瑞教育发展基金"，他自己启动注资20万元，后很快募集基金400余万元，下设"厦门大学蔡启瑞奖学金""蔡启瑞爱心基金"等奖励项目，用于奖励资助大中小学优秀师生群体等。

2016年10月3日7时26分，蔡启瑞在厦门安详去世。

蔡其巩

蔡其巩

蔡其巩（1932—　），福建晋江人，印度尼西亚归侨，著名金属物理学家与断裂力学专家。曾任哈尔滨工业大学助教、冶金工业部钢铁研究总院工程师、高级工程师兼清华大学教授。中国科学院院士。

蔡其巩祖籍福建省晋江市紫帽镇，先辈下南洋打拼，遂家于印度尼西亚（以下简称"印尼"），1932年8月蔡其巩即生于印尼泗水。蔡家虽极不宽裕，但父母还是挤出钱来送蔡其巩读小学、中学。一心向学的蔡其巩发愤苦读，成绩优异。

1952年，蔡其巩怀揣一腔报国之情，回到祖国，随即参加全国高考，被哈尔滨工业大学机械系录取。在学校，他学习刻苦，成绩一直十分优秀。后来，他们班出了两位院士，一位是家庭生活较好的被同学们戏称为最富有的同学宋健，一位是家庭生活较困难的被同学们称为最贫穷的同学蔡其巩。

1956年，蔡其巩毕业后即被留校，担任助理教授。后调入国家冶金工业局钢铁研究总院，先后担任工程师、高级工程师、教授，从事金属结构和力学性能关系的研究，持续攻克难题，取得了一连串出色战绩。

陈篪和蔡其巩（右）

20世纪60年代末，蔡其巩首先在国内引进了线弹性断裂力学，促进了壳体用超高强度马氏体时效钢试制成功。70年代初，从事弹塑性断裂力学理论和工程应用研究，在国际上首先成功地把J积分理论用于高应变区裂纹容限分析和应变疲劳寿命分析，首次证明了应变疲劳寿命的曼森—科菲关系（Manson-Coffin relation）。1978年在国际焊接年会上宣读的《高应变区裂纹张开位移分析》论文中，首次提出了区分韧带屈服和总体屈服的理论思想和公式，澄清了当时国际上在宽板断裂试验和高应变区裂纹容限分析的混乱。

在弹塑性断裂力学的研究领域，蔡其巩提出了高应变裂纹J积分公式，被国外同行称为"蔡氏公式"。在高应变区裂纹张开位移分析中，纠正了国际上应变裂纹容限分析中的错误观点，首先提出裂纹扩展阻力曲线J-$\triangle \alpha$的分析方法和实验结果，这一成果已被"J积分测试标准"所采纳。

蔡其巩曾被评为首批国家有突出贡献的中青年科技专家，多次获得部级科技进步一等奖，还曾指导过20多名硕士、博士研究生。

1980年，蔡其巩当选中国科学院学部委员（院士），后长期在香港工作，曾担任中国金属学会理事。撰写或与人合著有《工程断力学》等。

蔡其矫

蔡其矫（1918—2007年），福建晋江人，印度尼西亚归侨，著名诗人。曾任延安鲁迅艺术文学院教务处干事兼教师，华北联合大学文学系教师，晋察冀军区抗敌剧社编剧，晋察冀军区司令部作战处参谋，中央人民政府情报总署东南亚科科长，中国作家协会文学讲习所教师、教研室主任，汉口长江流域规划办公室政治部宣传部部长，福建省作家协会专业作家、副主席、名誉主席、顾问。

1918年12月12日，蔡其矫出生于福建省晋江县（今属晋江市）紫帽镇园坂村一个海商世家，祖母与母亲皆为元代阿拉伯来华经商者后裔。蔡其矫8岁时，因闽南土匪成灾，他随家人避往南洋，居于印度尼西亚爪哇泗水。蔡其矫的祖父为秀才出身。小时的庭训师诲，为蔡其矫打下较为深厚的国学功底，也使之对中国历史文化有着浓厚的学习兴趣，他越来越渴望回国读书。1929年，他回到泉州，进入当地教会学校读初中。

1934年，蔡其矫完成初中学业后，北上考入上海暨南大学附属中学读高中，在校期间参加爱国学生运动，曾参与为长城抗战的中国军人募捐义款。课余时间，经常与同学一起奔走于上海城乡宣传抗日，其间参加了上海各界救国会。

1937年7月，蔡其矫高中毕业。当时正值七七事变发生，他满怀义愤参加了上海学生界抗日宣传活动。在"八一三"淞沪抗战时，他带着一批同学，参与筹募药品与食品，还冒着枪林弹雨送往前线。

蔡其矫在暨南大学附中读书时，就是学校抗日积极分子，因此曾被传出有"通共"之嫌，消息辗转传到印度尼西亚，父亲闻知十分担心。加上"八一三"淞沪抗战打得十分惨烈，父亲下死命令让蔡其矫速回南洋。"八一三"淞沪抗战后，蔡其矫难违父命，硬着头皮重回印度尼西亚。

回到泗水后，蔡其矫立即投入当地抗日救

当年延安著名的三归侨，左为蔡其矫

亡工作，他在华侨集会上讲述长城抗战、淞沪抗战中中国军人浴血抗日的故事，还教唱抗日歌曲，动员华侨有钱出钱有力出力，鼓励年轻人回到祖国，效力疆场。

1938年，蔡其矫巧妙地瞒过家人，以送同学为名又回到祖国。他立志投奔中国共产党，历尽艰辛，长途跋涉，终于来到延安，其中一度去河南加入新四军第四支队。武汉失守后，又被派回延安，进入延安鲁迅艺术学院文学系学习。

1939年，蔡其矫从延安鲁迅艺术文学院毕业后，留校任职于教务处，同时兼授文学，后随校部分师生到达晋察冀边区。

1940年，蔡其矫进入华北联合大学文学系任教，抽出一些业余时间研究外国文学及普希金、雨果作品。1941年读到何其芳诗作《泥水匠的故事》，深受感染，开始写诗。

1942年，蔡其矫开始发表诗作，期间写的《乡土》和《哀葬》两首诗，分别获得晋察冀边区诗歌第一名和第二名。在惠特曼《草叶集》影响下，写成《肉搏》一诗，使之一举成名。《肉搏》一诗，长期以来被诗歌朗诵者和剧校考生一再朗读，蔡其矫也以此诗闻名于世。同年，他创作的歌词《子弟兵歌》，被选为广泛传唱的军歌。后来，蔡其矫曾到晋察冀军区抗敌剧社当编剧，主要担任编写剧本、歌词等，其中较为著名的是《月雪之夜》等。

1945年，蔡其矫调任晋察冀军区司令部作战处参谋，继而当随军记者，采写了大量战地新闻。戎马倥偬之间，还创作了不少诗作。

中华人民共和国成立后，蔡其矫先是担任中央人民政府情报总署东南亚科科长；1952年调往中国作家协会文学讲习所，先后担任教师、教研室主任；1958年任汉口长江流域规划办公室政治部宣传部部长；1959年调往福建省作家协会，先后担任专业作家、副主席、名誉主席、顾问。

蔡其矫一生保持创作激情，有《回声集》《回声续集》《涛声集》《司空图〈诗品〉今译》《祈求》《双虹》《福建集》《生活的歌》《迎风》《醉石》《倾诉》《蔡其矫抒情诗》《蔡其矫诗选》《蔡其矫选集》等存世。

2007年1月3日，蔡其矫在北京病逝。

蔡镏生

蔡镏生（1902—1983年），福建泉州人，美国归侨，著名物理化学家、教育家。曾任燕京大学教授、中国大学教授、美国华盛顿大学研究员、燕京大学教授兼化学系主任、东北人民大学教授兼化学系主任、吉林大学教授兼化学系主任、中国科学院院士、吉林省长春市政协副主席、吉林市科学技术协会副主席。

边学边干　首办工厂

1902年9月18日，蔡镏生生于福建省泉州市，自幼好学，聪明过人。1920年夏天，他以优异成绩毕业于泉州培元中学，并被保送至燕京大学化学系免费攻读本科学位。1920年初秋，蔡镏生来到燕京大学后，如饥似渴，发奋苦读。他不但学好本专业，还选修了许多新课程。

1921年，燕京大学新创设了制革系，聘请温森特博士主持系务，课程由专门制革学教授担任。据《燕大文史资料》第9辑刊载的陈允敦的《燕大早期情况一束》中载："当时蔡镏生也读几小时制革课，其他专修的有吕兆清（汕头人）、魏亚平（湖南人），未到毕业就组织硝皮厂于崇外大街，硝制毛皮，维持十数年。燕大皮革系大概只办了五年而停。系址在四院东南百

蔡镏生

余步，旧房子。在硝皮厂（制革系）东南邻还有农科（农学系），学生有韩德璋等，他常和蔡镏生谈养蜂事；蔡镏生也喜欢养。当时他已大讲王浆的优点，并说他常用麦杆子吸蜂窝里的王浆吃，据说很养人。"

1924年夏天，蔡镏生自燕京大学毕业后，又因学业优良被留校任教。蔡镏生不但认真做好教学工作，还抓紧时间进行科研，并将科研成果及时应用到实践中，添补国家空白，实践自己科学报国的理想。

在留校任教期间，蔡镏生与同学、后来中国制革工业的开拓者和实业家吕兆清一起，为振兴民族工业，系统地开展了鞣皮方法的研究。其中最重要的工作是制备皮粉、研究皮粉的物化性质和操作工艺。他们不顾校方的阻挠和要挟，在北京创建了中国第一家"洋法"制革厂。

留学美国　载誉归来

1929年，蔡镏生远赴美国，进入芝加哥大学化学系，攻读光化学与化学反应动力学专业。

留学期间，蔡镏生特别注意钻研物理知识和实验技术。他的博士论文题目是《氰基紫外光聚合和气体通过熔融石英的扩散速度》。通过学习与研究实践，他掌握了光学与光谱技术、真空技术以及精

湛的吹制玻璃仪器的技术，这使他的两项研究工作很快地取得了满意的结果，1932年他以优异的成绩获得了博士学位。

蔡镏生获得博士学位，婉拒美国不少待遇优厚的单位伸出的橄榄枝，毅然回到祖国。

高校教师　再办工厂

蔡镏生与不少高校教师有所不同的是，他不仅仅满足教学与科研，还及时将科研成果转化为能直接造福祖国的新产品。

回国后，蔡镏生仍在燕京大学化学系任教，先后担任讲师和教授，主讲物理化学。教学之余，他开展"鱼藤酮的紫外吸收光谱""鱼藤酮的光化学分解""溶液吸附规律"等专题研究。在几年时间里，他在中国化学会学术刊物上连续发表了10余篇研究论文，受到了国内外许多学者的关注与好评。

与之同时，蔡镏生还创办了北京生生仪器厂，利用他研制的新式吹制玻璃仪器技术，制造化学实验用的各种玻璃仪器，供国内一些高校和研究单位使用。

绝不事日　抗敌志坚

1937年七七事变之后，祖国进入全面抗战。蔡镏生多次冒着生命危险，保护抗日学生。同时，在极其困难的情况下，还挤出钱来资助生活困难学生。

1941年太平洋战争爆发后，燕京大学被迫停办，多所日本人控制的大学以丰厚的待遇聘请蔡镏生来校任教，蔡镏生坚辞。当时，著名爱国将领、北平市首任市长何其巩，当时担任北平私立中国大学校长，坚持为国育才。虽能支付的工薪非常微薄，蔡镏生欣然接受何其巩校长的聘请，与张子高教授一起主持该校化学系的工作，不为日本侵略者效力。

抗日战争胜利后，国民党发动了全面内战。1947年，北京的大学教授发表了"反饥饿、反迫害、支持学生运动"宣言书，蔡镏生在宣言书上签了名，同情与支持共产党领导的学生运动，反对国民党发动内战。

再度赴美　再辞繁华

1948年春天，蔡镏生应邀再度赴美，进入华盛顿大学担任研究员。期间，他与学校的其他研究人员一起，共同开展示踪原子技术在化学研究中应用的研究。他与卡门（M.D.Kamen）教授合作，用C14研究了若干氰化物的反应动力学，发表了《氰化物和腈类（NP）化合物的交换》《氰化钠对β–羟基丙腈和β–羟基丙酸的作用》等一批极具开创性的研究论文。

蔡镏生和卡门所做的研究证明，示踪原子技术是研究化学反应动力学的最有效的手段之一，这一技术在今天仍被广泛采用。蔡镏生的研究能力与水平，特别是高超的实验技能受到了美国学者的赞赏。

1949年春天，美国圣路易医科大学研究生院向蔡镏生发来邀请，聘他出任研究生院教授，专门指导、培养硕士和博士，并给予优厚的报酬。圣路易医科大学研究生院开出条件，令任何学者都难以拒绝。特别是当时蔡镏生夫人也在美国圣路易医科大学任教。

就在此时，燕京大学校长陆志韦（新中国成立后为中国科学院学部委员）发来电报，请蔡镏生回国任教。

蔡镏生没有徘徊，立即做出决定："回国去，培养中国自己的大学生。"他谢绝了美国圣路易医科大学的真诚邀请，在美国师长和同事的一脸惊愕与不解中，于接到电报一周之内离美回国。回国时，蔡镏生没有给自己和家人置装、购物，而是将积攒下来的钱，全部用于购买国内高校紧缺的实验设备、化学药剂和书籍。

蔡镏生后来曾回忆到他抵达祖国口岸时那一幕："当时我下船，而许多人正在上船。"

1949年5月，刚刚抵达祖国的蔡镏生，立即北上赴任，出任燕京大学化学系教授、系主任。

蔡镏生院士在中华人民共和国成立之初向美国同行索要文献的明信片

北上长春　艰苦创业

新中国成立后，蔡镏生继续留在燕京大学担任教授、化学系主任。

1952年，中国高等学校院系调整，教育部决定从北京大学、清华大学和燕京大学各抽调一名知名教授支援东北人民大学（吉林大学前身），分别担任数、理、化三系的主任。东北人民大学成为新中国成立后中国共产党亲手创办的第一所综合性大学。

教育部领导亲自上门动员蔡镏生到东北去。当时，曾认为作为南方人的蔡镏生不愿到北方工作，同时也不愿意离开京城。没想到，蔡镏生脱口即应："响应党的号召，到艰苦的地方去创业。"

离京时，蔡镏生和夫人没带一件高级家具，也没带自己多年喜欢且收藏的名人字画，而是带了一批回国时带来的微量天平、油扩散泵、光接收器、玻璃仪器和贵重的化学药品，还有一批图书资料。

1952年9月，蔡镏生到了长春，出任东北人民大学教授兼化学系主任。作为化学系主任，他与唐敖庆、关实之、陶慰孙等教授通力合作，率领来自燕京大学、北京大学、清华大学、交通大学、浙江大学、复旦大学、金陵大学和东北师范大学的7名中青年教师和11名应届大学毕业生，艰苦奋斗，开始创建东北人民大学化学系。1958年8月，东北人民大学划归吉林省领导，更名为吉林大学。1960年，国家正式批准吉林大学为重点综合性大学。

蔡镏生根据国际一流高校化学系教学模式，探索建立快速且高质量发展新路。首先，他着力抓教学计划制定和教学梯队建设，构建了重要基础课的教学梯队，让学术水平高和有丰富教学经验的教师经常进行示范性教学。这样，化学系很快就培养出一批基础课的主讲教师，保证了教学质量。之后，他又下大气力组建科研梯队，在无机化学、有机化学、分析化学、高分子化学和物理化学等学科中，迅速地形成了具有特色的科研方向。

蔡镏生虽是国内外有名化学系教授，但在吉林大学化学系初建时期，他带着全系师生，自己搭实验台、做实验仪器。他从国外带来的仪器设备、化学药器，都充分发挥了作用。

化学实验，离不开化学试剂和药品。但是，当时国内化工产业甚是落后，许多化学试剂和药品没有生产，蔡镏生经常自费让国外的朋友代买稀缺的化学药品，从不计较个人得失。

由蔡镏生组建的吉林大学化学系，现已升格为化学学院，是我国首批一级学科博士学位授权单位、首批博士后科研流动站、一级学科国家重点学科。如今已建成四个国家级研究机构，分别是无机合成与制备化学国家重点实验室、超分子结构与材料国家重点实验室、特种工程塑料教育部工程研究中心、特种工程塑料教育部重点实验室（B类）。化学学院还被确立为国家理科基础科学研究与教学人才培养基地，并连续被评为优秀，于2009年入选首批基础学科拔尖学生培养试验计划（珠峰计划）；学院还拥有国家级实验教学示范中心。2014年，化学学院纳微构筑化学国际合作联合实验室通过立项建设论证，成为国家首批立项的3家国际合作联合实验室之一。

科学精英　德艺双馨

作为一代科学宗师，蔡镏生科研成果频出，科研黄金时期持续至生命的最后。

蔡镏生在总结了国外优秀大学成功经验之后，坚定地认为：高等学校的教师必须既能承担教学任务，又能开展科学研究。只有这样，才能提高自己的学术水平和教学质量，才能培养出高水平的人才。在东北人民大学（吉林大学前身）化学系创立不久，蔡镏生就亲自参与和指导青年教师、实验技术人员开展研究工作，并很快研制成功"毛细管高压汞灯""氢光谱灯""盖革计数管"等，填补了当时的国内空白。

1957年，蔡镏生被推选为中国科学院化学部学部委员。1963年蔡镏生领导建立了催化动力学研究室，该研究室被列为国家重点研究机构，承担了国家重点基础研究项目——甲烷氧化制甲醛。他亲自主持并参加实验，使研究室很快掌握了中间产物甲基过氧化氢的合成、保存和分解的规律，在学术上达到了当时国际水平。为了搞清微观反应过程和机理，他又组织团队探索研发了质谱分析技术、色谱分析技术和闪光光解技术等现代物理实验方法，其中闪光光解装置在1964年已经能用来研究微秒级的化学反应过程，填补了国内空白。

从20世纪30年代开始，蔡镏生着力于在化学研究中运用不断出现的近代物理技术，在国内进行了一系列开创性的工作。他首先将真空技术（1947年）、示踪原子（1948年）、闪光光谱技术（1964年）等引入国内化学界，对我国实验物理化学的发展做出了重要贡献。

作为中国光化学研究的先驱，蔡镏生自1974年以来，在光与激光引发合成，光解水制氢，光催化合成氨，稀土离子的发光与能量转移等基础研究方面，做了许多开创性的工作。他还承担了国家科委、国家教委和吉林省科委的重点科研项目"光与激光催化的研究"。1975年，他同吉林化工研究院合作，采用光化学方法合成甲基苯基二氯硅烷，利用这种硅烷可以进一步合成硅橡胶。这种硅橡胶具有良好的耐高、低温和密封特性，是中国航天工业中一种急需的材料，在他的指导下，采用紫外光引发自由基的反应路线，通过大量实验，筛选出最佳光源，解决了爆鸣问题。这个研究成果在吉林化工研究院顺利地通过了小试和中试鉴定，单体的收率和选择性均超过当时的国际水平，生产出的硅橡胶解决了航天工业的急需。这一成果获得了1981年化工部三等奖。

在复相光催化的研究领域，蔡镏生指导研究生进行了光催化分解水的研究，取得了具有重要学术意义的结果：分解水的过程除了电子激发的重要作用外，水分子的振动激发也起着重要作用。在掺杂稀土元素的光催化剂中，那些能使水分子获得振动激发的催化剂，光解水的效率最高。1974年，他积极指导开展红外振动激光化学的研究。用了近两个月的时间，建立了一套功率输出可达100W的CO_2激光器，通过对乙烯氧化的研究，得到结论：由于分子间和分子内的快速能量传递，使振动激发反应的选择性受到限制，即红外激光引发的反应与热反应的产物没有原则区别，除非用极快速的脉冲激光，反应的选择性有可能提高。由于在光与激光催化研究中取得了一系列成果和具有重要学术价值的结论，在项目结束时，顺利地通过了专家评议，受到了同行的好评。

蔡镏生晚年仍保持着旺盛的科研激情，展开了对分子有序体系的制备和功能特性的研究动态。1979年，他指导一名研究生开展了LB膜的研究，并组建了研究团队。他去世后，他的研究团队在他的学术思想基础上，在低维导体膜的设计制备和结构表征方面、在LB膜的层间化学反应研究方面、在分子的取向与排列的研究方面以及特殊磷脂膜体系的特性研究方面，都取得了重要学术成果。

无名英雄　鞠躬尽瘁

蔡镏生被公认为是中国科学界无名英雄。吉林大学许多青年教师和研究生在他的学术思想指导下，写出科学论文，请他审阅时，他总是认真推敲，提出修改意见，有时亲自反复修改多次。但让他签名时，他却坚决不同意。他说："我年龄大了，参加的实验工作不多，发表文章应真实地、充分地反映你们青年人自己的工作和水平，我希望你们迅速成长起来。"1960年以后，在他的研究团队所发表的近百篇论文中，却没有他的名字。就在他去世的前几天，他还在病床上，同中国科学院长春应用化学研究所的几位青年学者讨论一项科研课题。他仔细记录，认真发表了重要意见。

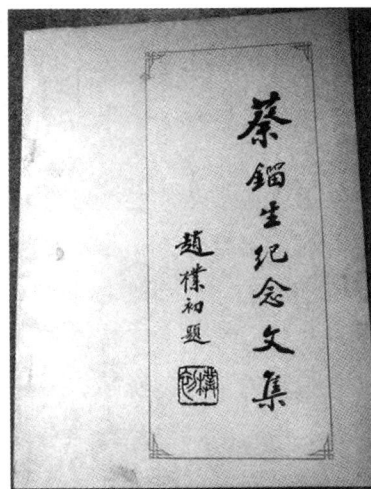

《蔡镏生纪念文集》

1982年，蔡镏生光荣加入了中国共产党。1952—1983年当选为中国科学院化学部学部委员、长春市政协副主席、长春市科学技术协会副主席、中国化学会理事、长春市化学化工学会理事长、《化学通报》编委。

1983年10月24日，蔡镏生病逝于长春。遵遗嘱，把他的全部文献、笔记和研究手稿献给了他的研究集体，把他所收藏的1126册书刊，赠送给老家泉州华侨大学。

戴 天 右

戴天右（1904—2002年），又名戴天佑、戴孚民，福建南靖人，美国归侨，国妇幼保健专家。曾任厦门鼓浪屿救世医院内科医师兼厦门保赤医院妇孺科住院医师，中央卫生实验处卫生教育系教师、健康教育组主任，中央卫生实验院健康教育组主任，教育部医学教育委员会常务委员兼秘书、上海医学院公共卫生科主任、中央大学医学院公共卫生科主任，上海医学院公共卫生学教授兼附属澄衷疗养院院长，华东军政委员会卫生部保健处及医教处技正，上海第一医学院保健组织教研组主任、卫生总论教研组主任、卫生系副主任，上海第一医学院教务长。

戴天右铜像

健康教育　开拓先锋

戴天右自幼受到较好教育，1925年只身来到福州，考入福建协和大学，后转入燕京大学理学院医学预科，毕业后进入上海医学院续读，1933年毕业回闽，任厦门鼓浪屿救世医院内科医师兼厦门保赤医院妇孺科住院医师。其间，在看病救人的同时，积极进行公众卫生宣传，特别是主动推介妇儿保健知识。

1935年，戴天右来到南京，协助朱章庚筹建中国最早的卫生教育机构——中央卫生实验处卫生教育系，中央卫生实验处即今日中国疾控中心的前身，戴天右在此先后担任教师、健康教育组主任，组织开展卫生教育工作。

戴天右与钟世藩是连襟，两人娶了厦门鼓浪屿望族廖家的两位千金，又各生了一个院士儿子。钟世藩与廖月琴的儿子钟南山院士，是大名鼎鼎的呼吸病专家、中华医学会会长；戴天右和廖素琴的儿子戴尅戎院士，是我国著名的骨科生物力学专家之一，现在是上海市第二医科大学附属第九人民医院院长。廖家姐妹也是医学专家，廖月琴是护理专家，曾任中山医科大学附属肿瘤医院副院长；廖素琴是营养学专家，曾任上海第一人民医院营养科主任。

因为戴天右和廖素琴都是燕京大学高才生，两人结婚的证婚人是校长司徒雷登。

中断学业　回国抗敌

1936年年底，因表现优异，戴天右被选送赴美深造。1937年年初，戴天右进入美国哈佛大学公共卫生学院攻读硕士，获公共卫生硕士学位。本已到麻省理工学院攻读健康教育课程，但因为抗战全面爆发，戴天右决定立即回国，以自己的知识专长，为祖国取得反侵略战争的最后胜利做贡献。

1938年年底，戴天右起程归国。一回国即辗转到贵阳图云关，找到迁徙在此的中央卫生实验处卫生教育系，继续服务。其间，在位于图云关的军政部战时卫生人员训练总所担任教官，帮助培训战斗部队卫生员和开展防疫工作，对扑面日军一次次发起的细菌战、病毒战做出了贡献。

1934年6月13日，戴天右儿子出生时，日寇侵华铁蹄踏破东北、华北，刚好是长城抗战爆发一周年，戴天右给儿子取名"戴尅戎"，希望祖国能早一天打败侵略者，人类早一天消灭战争。

公卫专家　筹建两校

1941年8月，中央卫生实验处改组为中央卫生实验院，迁到重庆歌乐山。戴天右举家随单位迁至山城，继续担任中央卫生实验院健康教育组主任。此时，上海医学院也辗转迁到重庆歌乐山，迁址后的上海医学院公共卫生科教学工作由戴天右负责。

1943年7月，戴天右进入教育部医学教育委员会，担任常务委员兼秘书。抗战胜利后，随教育部南迁。在教育部医学教育委员会工作期间，戴天右兼任上海医学院及中央大学医学院公共卫生科主任，并参与浙江大学、武汉大学两所大学医学院的筹建工作。

1949年1月，戴天右调到上海医学院任公共卫生科主任、教授，兼附属澄衷疗养院（现上海第一肺科医院）院长。

医学大家　奋斗终生

1950年，戴天右奉调华东军政委员会卫生部保健处及医教处，担任技正。1954年，调回上海第一医学院，历任保健组织教研组主任、卫生总论教研组主任，卫生系副主任，上海第一医学院教务长。1996年，上海医科大学创办健康教育专业，92岁高龄的戴天右担纲顾问。

抗战时期中央卫生实验院

戴天右一生著述颇丰，曾主编《儿童卫生学》《保健组织学》及《卫生学总论》等高等院校教材，以及《人民卫生学》《医学卫生普及全书》等大量专业著作和科普图书，同时还参加《辞海》医药卫生部分的编写工作。他编著的《医学卫生普及全书》，受到毛泽东主席的高度赞赏。

戴天右为提供中国人民的体质，倾一辈子之力专注于健康教育事业。他在患白内障完全看不见的情况下，仍坚持著述，写字会将尺子放在纸上一行一行地写下来，写完每一行都工工整整。他一生五次身患癌症，但每一次都挺了过来。喉癌进行手术住院期间，晚上戴尅戎一边照顾父亲，一边背英语。戴天右因为喉管已切除，虽然无法说话，但听到戴尅戎发音不准时，就会突然来劲，嘴里发着含混不清的声音，极力纠正戴尅戎的发音，戴尅戎只好带着字典，一边查音标一边背，直到父亲满意，才念下一段。2002年8月4日，戴天右病逝于上海。

檀仁梅

檀仁梅（1908—1993年），号寒友，福建永泰人，美国归侨，著名教育家。曾任福建协和大学教授、教育系主任，福建省立师范专科学校教授、教务主任，福建协和大学教授、教务长兼教育系主任，福州大学教授、教育系主任、教务长和文学院院长，福建师范学院教授、教务处处长，福建师范学院教授、教务处处长、附中校长，福建师范大学教授、教育系外国教育研究室主任，福建师范大学学教育科学研究所所长兼师范教育研究室主任，福建教育学研究会第一届理事长，福建高等教学学会第一届副会长。

檀仁梅

南洋打工　赚钱升学

1908年2月，檀仁梅生于福建省永泰县同安镇荷洋村农家。虽有境贫寒，但矢志向学。父母极重视子女教育，檀仁梅刚满5岁，父亲即省吃俭用攒钱供他到私塾读书。1917年檀仁梅转入公立小学，1922年毕业于教会办的格致小学。之后，考入福州格致中学，1926年以优异成绩毕业。

檀仁梅非常渴望升入大学，但家贫再也无法为之筹资读书。为筹措大学学费，檀仁梅于1926年秋天与朋友一起沿着海上丝路下南洋，辗转到新加坡、马来西亚、泰国做工，克勤克俭，为回国读大学攒下了一些学费。

1928年，永泰县同仁中学向檀仁梅发来聘书。同年秋天，檀仁梅回国，出任同仁中学英语和数学教师。

1930年，檀仁梅用多年辛苦积攒下来的钱，圆了升学梦，升入福建协和大学高等师范专修科。1932年，转入该校教育学系读本科。1934年毕业时，获全校品学最优的金质奖章，并被留校任注册课主任。

赴美留学　载誉而归

1936年，檀仁梅获得美国奖学金，再出国门，赴美留学。先入卓鲁大学，后转入宾夕法尼亚大学专攻教育科学。在宾夕法尼亚大学读书的同时，他又在孔鲁耳大学兼学宗教学。

1938年夏天，檀仁梅获宾夕法尼亚大学教育科学硕士学位及孔鲁耳大学东方专修科文凭。1940年

7月获美国宾夕法尼亚大学哲学博士学位。

檀仁梅学成之时，正是国内抗日战争最艰难之时，他本可以留在没有战争的美国轻松就业，享受高薪、繁华与安逸，也可以到他熟悉的南洋谋一份平安生活。但他毅然回到祖国，为国育才。

闽北兴学　战时育才

1940年8月，檀仁梅乘船回国。1937年抗战全面爆发，日军对福州城狂轰滥炸，福建协和大学已迁至闽北大山深处的邵武，生活条件艰苦。檀仁梅毫不犹豫驰赴闽北，出任福建协和大学教育学系副教授。

在闽北山区，檀仁梅一边教学，一边在极其困难的情况下着手进行学术研究。

抗日战争爆发后，为适应抗日救亡的需要，人民群众对于自身及子女受教育的要求越来越强烈，提高全民族文化水平的呼声也日益高昂。但是，福建中等学校教师数量严重不足，质量也多不合格，二者形成强烈的矛盾。国家的需要就是檀仁梅的研究课题。

1942年，檀仁梅从研究福建省中等学校师资入手，展开深入研究。他在《福建省中等教育师资问题》一书中，提出"师范为先、教师为重"，教育要担负起其使命，就必须有优良的学校，而学校的优良则有赖于师资。并进一步提出合格的中等学校师资三个必备条件："广博的文化训练""充实的专科知识""适当的专业训练"。檀仁梅在深入调查的情况下，提出改革师范教育的建议：扩充师范教育机构；增辟师资来源渠道；改善教师待遇；培训合格教师；促进教育研究的开展。他曾发表《哥伦比亚大学新学院的师资训练》一文，介绍"代表美国师资训练思潮"的哥伦比亚大学师范学院培养训练师资的理论及其实践经验。他在《农业职业教育的实际问题》一书中，提出了农业职业学校发展、教职员培养与使用、学生管理与发展方面的诸项问题。

1943年，檀仁梅任福建协和大学教育学系主任。

为了加快培养人才，福建省立师范专科学校在战火中成立。1945年，檀仁梅转入已迁往闽北南平水南的省立师范专科学校担任教授兼教务主任。

1945年末至1946年1月，檀仁梅参与将学校自南平迁至福建师范教育的发源地——福州乌石山之后，赴上海担任中华基督教教育协会中学教育干事，1947年又兼任高等教育干事及总干事。

1948年10月，檀仁梅回到福州，继续担任福建协和大学教授并兼任文学院院长，负责协和大学文科的领导工作。之后，檀仁梅任福建协和大学教授、教务长和教育系主任。

教育大家　终身执教

1951年，福建协和大学和华南女子文理学院合并为福州大学，檀仁梅出任福州大学教授、教育系主任、教务长和文学院院长。

1953年，福州大学与福建省立师范专科学校等单位合并为福建师范学院，檀仁梅专任教授、教育学教研室主任，从事教学和科研工作。

檀仁梅与夫人

1954年，檀仁梅由学校派赴华东师范大学跟随苏联专家杰普莉斯卡娅，专攻苏维埃教育学。他结合自己多年执教体会，在结束沪上进修后，撰写了《巴甫洛夫条件反射学说与教学》一书，后出版。

福建师范学院主要是为福建中学培养优秀教师。檀仁梅没有满足于只在学校做研究，而是深入中学教学一线发现先进的教学方法，并继续开展研究，总结经验以推广。从1955年开始，檀仁梅亲自深入附中指导化学教改试验。他认为"从师范学院的角度来看，研究和总结中学的先进教学经验是面向中学，联系中学实际，协助中学提高教育质量，和改进师范学院各科教学的一个主要途径"。在他的建议下，院党委决定成立"总结附中优秀化学教师教学经验工作组"，檀仁梅带队，从事研究和总结工作。工作组进入附中后，通过参加教研组会议、集体备课、系统听课、组织观摩教学、召开师生座谈会、分析学生知识质量等活动，全面、科学地总结了薛攀达老师的教学经验，写成数万字的总结报告和学术论文。1956年，檀仁梅出任福建师范学院教务处处长及附中校长，1959年兼任学院函授教育部主任。

在"文革"极左年代，檀仁梅与成千上万大学老师一样，下放到农村。1972年福建师范学院复办并易名为福建师范大学后，被调回外语系任系主任。

1978年，福建师范大学教育系恢复招生，檀仁梅回系任外国教育研究室主任。他迅速组织力量开展外国教育的比较研究，并创办《外国教育参考资料》季刊。

1981年2月，福建师范大学组建教育科学研究所，檀仁梅担任所长，并亲自兼任师范教育研究室主任。

作为在全国有影响的教育学专家，檀仁梅曾参加全国教育科学规划会议，并出任中国教育学会常务理事、全国外国教育研究会顾问、福建省高等教育学会第一届副会长、福建省教育学研究会第一届理事长。1981年开始，檀仁梅组织一批研究人员深入全省各地县和各级师范学校，进行师范教育现状和改革动向的大调查，前后历时两年之久。1983年12月，他亲自发起并主持召开福建省第一届师范教育学术研讨会。1984年7月，受国际师范教育协会邀请，出席在泰国召开的第31届年会，宣读《近年来中国师范教育的改革》论文。

檀仁梅曾担任民革中央委员、福建省政协常委、民革福建省委常委等职。1993年2月4日因病逝世，享年85岁。

檀仁梅著有《中国近代中等教育史》（英文版）《福建省中等教育师资问题》《农业职业教育的实际问题》《邵武云坪山空道教的初步研究》《怎样读书》《怎样待人》《美国教育的改进》《美国大学课程的改进》《巴甫洛夫高级神经活动学说与教学》等。

檀仁梅还参与编辑了中华人民共和国成立后第一部比较教育教材《比较教育》《英汉教育词汇》《韦氏大辞典》《教育的传统与变革》等书的编译，与人合编了《英汉教育学心理学辞典》《福建师范教育史》《教育科学研究方法》等；译著有《邱吉尔回忆录》《新加坡史》等。

魏 可 镁

魏可镁（1939—2014年），福建福清人，日本归侨。著名化学家、教育家。曾任福州大学化学系助理教授、讲师、副教授、教授、化学系副系主任、化学系主任、化肥催化剂国家工程研究中心主任、副校长、校长，教育部学部委员会委员，中国化工学会化肥分委会副理事长、理事长。中国科学院院士。

魏可镁

少年归国　辍学务农

1939年8月29日，魏可镁出生于日本九州人吉市一个侨商家庭，祖籍地为福建省福清市三山镇大扁岛。福清人自古就有下南洋和去日本打工经商传统。20世纪10年代，魏父与兄弟一起赴日打拼。与福清人一样，魏父吃苦耐劳且志存高远，通过艰辛拼搏逐渐站稳脚跟，之后回到福清，与订婚多年的女友结婚，后携妇再度赴日。

抗日战争爆发后，一方面在日华侨的生活更加艰难，另一方面魏父再也不愿意在侵略自己祖国的国度里生活，1944年年底他带着一家老小举家回国。先居上海，由于谋生艰难，又南归福州。1947年，魏可镁进入位于福州台江小桥的第四中心小学读书。1949年，又因生活无着，魏可镁随父母回到福清老家大扁岛，辍学务农，吃野菜、海藻充饥，小小年轻的他当作牛，拉犁耕田。

高中入党　福大校长

1942年魏可镁（前坐）与兄姐合影

中华人民共和国成立后，魏可镁获得了重新上学的机会，由原先的三年级直接跳到五年级插班，读六年级时加入中国共产主义青年团。小学毕业后，考入平潭一中。高三时，因品学兼优成为中国共产党党员。

1960年，魏可镁考入福州大学。1965年毕业，因表现优异留校担任助理教授；1978年任福州大学讲师；1986年任福州大学副教授；1988年任福州大学教授；1987年4月至1988年4月赴日本化学技术研究所访问研究；1988年至1999年任福州大学副校长；1997年被评为中国工程院院士；1999年至2002年任福州大学校长；1996年开始兼任化肥催化剂国家工程研究中心主任。

科技铁人　催化大师

魏可镁是国家催化剂科研领域大师级科学家。

1972年，在著名科学家卢嘉锡教授的指导下，他从工业合成氨入手，进行高活性氨合成催化剂的研究。一共熔炼了200多个催化剂样品，每一个催化剂样品都要经过5个昼夜的活性测试，他在实验室一角架起床架，实在困了就打个盹。有一次，因仪器故障，高温熔炉发生爆炸，他和同事们都受伤了。伤口还未痊愈，他们就重新投入工作。

历时8年，魏可镁终于研制出一种高活性的氨合成催化剂，填补了我国高性能氨合成催化剂的空白。他主持研制了2个系列7个催化剂，其中5个催化剂先后获得国家发明奖、国家科技进步奖等奖

魏可镁在工作中

项。在这些催化剂产品中，销量最高的约占全国的四分之一，年新增产值3亿元以上。

在完成氨合成催化剂研制工作之后，魏可镁立即着手开展无铬催化剂研究。合成氨厂的高变催化剂含有的铬元素，是强烈致癌物，在工厂工作满10年的工人几乎全得了癌症。催化剂中试车间里有多种剧毒物质，而且粉尘满天飞，每天结束中试之后，他和同事们从头到脚都蒙了一层铁粉尘，洗了几次洗不干净，一两天后，吐出的痰还是黑色的。

汽车尾气净化催化剂是一个全球范围的研究热点。国内的研究起步较晚，有的研究机构已进行了20多年的基础研究，但没有拿出过硬的产品来。从1996年开始，魏可镁带领3个年轻人以研发成功的变换催化剂为基础，完全自主研发出了达到欧5排放标准的FD型汽车尾气催化净化器，产品进入国内主流汽车制造厂，成为国内行业知名品牌，打破了外企在国内长期垄断局面。该成果先后获得两项省部级科技奖。

由于长期科研的劳累，1995年8月初开始，魏可镁每隔一周，鼻孔就出一小块带血丝的东西，当医生的妻子再三催促他去医院检查，但由于工作太忙，一直到9月才去医院，结果诊断是鳞状鼻咽癌，开始放疗。于是，他早上住院放射治疗，下午仍照旧到实验室，两个半月照射了7200伦琴，体重减轻了10斤，口干舌燥的一夜要喝七、八次水，味觉也完全丧失，吃东西吃了什么自己也不知道。就在这种通常人难以忍受的情况下，他仍然坚持每天去实验室做研究。

通过不懈努力，魏可镁院士和同事们取得了一系列丰硕成果，比如先后研发4个系列12个化肥催化剂并实现产业化。1983年A110-3型氨合成催化剂获国家技术发明三等奖；1985年A201型氨合成催化剂获国家技术发明三等奖；1991年B116型一氧化碳中温变换催化剂获化工部科技进步奖二等奖；1993年B116型一氧化碳中温变换催化剂获国家科技进步二等奖；1995年A202型低温氨合成催化剂获福建省科技进步一等奖；1996年A202型低温氨合成催化剂获国家科技进步三等奖；1998年B121型一

氧化碳高变催化剂获福建省科技进步一等奖；2000年B121型无铬一氧化碳高变催化剂获国家技术发明二等奖；2006年FBD型一氧化碳高变催化剂获福建省科学技术一等奖。

魏可镁还抱病主持建成化肥催化剂国家工程研究中心，这长期是我国化肥行业唯一的国家工程中心。在科研的同时，培养了一批精干的中青年科研骨干和博士后、博士、硕士研究生，建起了精干的学术梯队，先后在国内外刊物发表论文一百多篇，申请专利19项，其中授权12项。

侨界英雄　师者风范

由于长期科研的劳累，1995年他被诊断得了鳞状鼻咽癌。住院期间，他上午接受治疗，下午照常到实验室工作。他的学生形容他有"催化剂性格"——没有向周围的物质索取什么，却始终最活跃地加快化学反应的速度，提高化工产品质量通过不懈努力，魏可镁院士和同事们取得了一系列丰硕成果，比如先后研发4个系列12个化肥催化剂并实现产业化，研发FD汽车尾气催化净化器，达到欧V排放限值。他先后获得国家发明奖3项、国家科技进步奖2项、省部级奖6项。

1987年，魏可镁被派往日本筑波科学城的化学技术研究所作访问研究。他在一年的访问研究期间，发表了三篇重要学术论文，获得一项专利，回国前一个月。日本化学技术研究所课长奉上司之命，专门登门拜访魏可镁，劝他留在日本，说："你是否愿意留下来工作，希望你认真考虑，如果你愿意，我马上帮你去办手续。"

虽然开出的条件十分优厚，研究所拥有的世界一流仪器设备对魏可镁很有吸引力，但是他还是坚定地说："我要回去。"

后来，魏可镁曾忆起当年的决定："我清楚地知道自己是中国人，是党的祖国人民培养了我，如果我只想个人利益，辜负了祖国和人民对我期望，我的内心将不会得到安宁。我想，一个人不能单纯为了钱，钱再多也有用完的时候。在国外干事业，干得再好也是为外国人干的，为祖国奉献，这是一个科技工作者对国家、对人民最起码的责任，因此报效祖国才是我唯一的选择。"

日本课长因此更加敬重魏可镁，对他深深鞠了一躬，而后长叹一口气："真是太令人遗憾了！"

魏可镁长期是八闽模范。1982年、1983年、1984年，被评为福州市劳动模范；1985年，被评为福建省先进教育工作者；1989年，被评为全国优秀归侨、侨眷知识分子；1990年，被评为全国高等学校先进科技工作者；1992年，被评为福建省优秀专家；1994年被评为福建省劳动模范、全国归国华侨先进个人，荣获全国"侨界十杰"提名奖；1997年，被评为福建省优秀专家、全国优秀科技工作者；1999年，荣获全国"杰出专业技术人才奖章"；2000年被评为全国先进工作者；2004年，荣获首届"福建省科学技术重大贡献奖""福建省杰出科技人员"荣誉称号。2005年荣获何梁何利基金科学与技术进步奖。

魏可镁曾任中共福建省第七届委员会委员，第九、十届全国人民代表大会代表。

2014年10月23日，因劳累过度，魏可镁突发脑梗塞、心脏骤停，经抢救无效，不幸逝世。

经济界篇

（按姓氏笔画排序）

庄怡生

庄怡生（1911—1984年），福建惠安人，马来西亚归侨，著名企业家。曾任惠安秀津小学校长、马来西亚怡保培南学校校长、马来西亚怡保市华侨筹赈祖国难民委员会委员、重庆中南橡胶股份有限公司常务董事兼执行总经理、重庆中南橡胶有限公司董事长兼总经理、上海中南橡胶有限总公司董事长兼总经理、上海侨联副主席。

怡保校长　抗日骨干

1911年12月7日，庄怡生出生于马来西亚怡保市一个富裕侨商之家，祖籍福建省惠安县东园镇秀涂村，幼时进怡保市当地华侨开办的华文学校读书。1926年，庄怡生回国，进入厦门大同中学读书。1931年考入厦门大学，1933年肄业。随即回到老家秀涂村，出任秀津小学校长。不久，南渡马来西亚，在出生地怡保市的培南学校担任校长。

培南中学创办于1925年，由霹雳州福建公会创办。庄怡生执掌该校时，正值祖国饱受侵华日军铁蹄之难，他奔走呼号，宣传抗日救国，成为当地抗日骨干，也使怡保中学成为当地抗日宣传重要基地。他在学校组织了抗日宣传队、义卖队，还定期在怡保市举行祖国抗战形势报告会、筹赈会，动员华侨有钱出钱有力出力，支援祖国抗击侵略者。因在当地抗日活动中颇具影响力、号召力，他出任了马来西亚怡保市华侨筹赈祖国难民委员会委员，还办起洪钟话剧团，创排抗日题材话剧，经常组织剧团在城乡进行演出，进一步为抗战进行宣传和募捐。

位于老家秀涂村的庄怡生石雕像

急国所需　办橡胶厂

1940年，著名爱国侨领、南洋华侨筹赈祖国难民总会主席陈嘉庚率领的华侨访问团，回国到抗日前线慰问抗日军民，庄贻生即为其中一员。在此期间，他了解到大西南抗战后方急需汽车轮胎、前方将士急需军用胶鞋等情况，当即冒险购买美国橡胶，然后穿越中缅边界，把物品运到大后方，以供制造轮胎、胶鞋之用。但是，当时大后方不仅缺乏橡胶，也没有橡胶加工业，就算买来橡胶也没用。

当时，随陈嘉庚回国慰问抗战将士的有位叫王振相的华侨企业家。王振相（1885—1958年），福建南安洪濑都心村人。马来西亚华侨。重视华人社会教育，清宣统二年（1910年）联合马来西亚和丰埠华侨，创办"兴中学堂"。另外，他还倾全力捐资一万元新加坡币，支持陈嘉庚创办厦门大学。1937年春，他在家乡四都创办金山小学，后又把自己的父亲建的大宅院改建为金山小学总校校舍，并支持学校组建抗日剧团，排演宣传抗日的节目，到泉州城乡巡回演出。

王振相和慰问团里另一位王金兴商人，都在马来西亚经营橡胶工业多年，庄怡生便和二王谋划在大后方经营橡胶业务。1940年6月，经过短短三个月的筹备，中南橡胶厂股份有限公司在重庆正式成立。

资本总额共100万元法币，这是以华侨为主的橡胶工业首家合资企业。中国茶叶公司出资30万元法币，王振相、王金兴在马来西亚除经营橡胶工业外，还兼营锡矿，是南洋华侨中较有财力的人物，自然是公司董事会的主要出资方，他俩认股70万元法币，总公司设在重庆，同时在昆明、贵州及四川广元三处设点从事轮胎翻修和修补业务。董事长由中国茶叶公司寿景伟担任，王振相担任总经理。

王庄怡生起初在董事会内最初并无股份，但他凭借在中南橡胶厂筹办期间的出色表现，得到了王振相的赏识。因为王振相与王金水的主要业务都在海外，不能长住国内，于是王振相就给庄怡生凑集了五万元股本，并全力支持他出任常务董事兼公司执行总经理，负责生产经营。

烽火生产　备尝艰险

华侨在南洋经营的橡胶工业，一般都拥有从炼胶到成型硫化的成套正规生产设备。在中南橡胶厂筹备之初，庄怡生本来也想根据南洋经验，向国外订购生产新轮胎的机器，但后来考虑到国内条件较差，在使用电力、选定厂址以及添配设备等方面，都不如在南洋方便，于是便改为从南洋进口半成品进行翻造，并采取分散生产的游击战术，以争取节约资金，快速开工。

中南橡胶厂的这种游击战术，无须安装成套的炼胶设备，只要有小翻胎炉各一台，便可以同时翻造两台轮胎。生产过程也不复杂，仅需半成品原料一吨和一些简单的制胶工具，再加上三、四名熟练的技术工人，用一辆卡车连人带物运到工地，就能马上开工，非常适合烽火中生产。

中南橡胶厂初建时，中国沿海口岸沦入敌手，越南海防港、中国泰国边境也被日寇封锁，交通运输不得不主要依赖于滇缅公路。滇缅公路路况不好，汽车轮胎磨损甚大。于是，庄怡生决定首先在昆明设立分厂，并在设厂时亲自督促安装试车，连续多日吃住在车间。

昆明分厂开工的第二天，日军派出多批飞机对昆明进行狂轰滥炸，厂房附近中弹，庄怡生险遭不测，但他毫不畏惧，与工友们一起将机器设备迁往城外的一座寺庙，继续恢复生产。

1940年9月1日，昆明分厂在国内翻造出了第一只汽车轮胎，最初该分厂每月仅能翻胎100多只，后来增加到每月600只左右。

当时，战事甚紧，对汽车轮胎需求量甚大。庄怡生急国家所需，派专人分头筹建贵阳分厂和重庆南岸分厂。当年，这两家分厂也相继开工，并都达到了翻胎2000余只的年产量。不久，轮胎修补业务进一步扩大到云南的曲江和四川的广元。

1941年12月，日本发动对珍珠港的突然袭击，太平洋战争随即爆发，日军加快了对东南亚的侵略。

1941年年底，随着日本侵略东南亚步伐加快，缅甸仰光沦陷在即。王振相驰赴重庆，商量中南橡胶厂生存前景，谈及自己已无力继续办下去，庄怡生考虑到祖国急需橡胶需要这个厂。在反复商量后决定，王振相、王金水和中国茶业公司都退股，股权转给庄怡生，资产作价分期偿付，庄怡生正式出任董事长兼总经理。

庄怡生接手中南橡胶厂之后，对工厂进行了一系列改革：撤并了曲江、广元的轮胎修补厂，集中力量发展重庆总厂；在重庆扩建厂房，增加设备，很快从翻胎业务扩大到胶鞋生产，职工人数也增至300余人；冒险转道香港等地亲往南洋聘请留美专攻橡胶机械设备的专家陈国沧为公司协理、总工程师兼总厂厂长；潜往上海，广招技术人才；到从上海迁往内地的工厂中招聘熟练的技术工人，还从重庆当地初中毕业的学生中招收百余名学徒工，进行为期两年的实习培训。

当时，中南橡胶厂在仰光囤积有大批待运物质，这批物资是中南橡胶厂用股金在国外购买的原材料和机器。情形万分危机，一方面这些设备与原材料能否运到重庆，关系到中南橡胶厂整个业务的发展；另一方面迟些运这些进口设备与原材料，将可能落入敌手。

虽然日军战火已烧至缅甸，且轰炸不断，但庄怡生仍不顾危险亲自飞往仰光，并组织人员抢运出了尚未被毁损的部分物资。在完成物资托运后，当时仰光的爱国华侨华人已纷纷北撤，但庄怡生没有急于撤离仰光，而是留下来四处奔走寻找橡胶货源，打算再买一批生胶回国。为此，他一连在码头上转了好几天。这时刚好有一批从东南亚运来的生胶无法运到原来的货源地，庄怡生立即找到货主洽购。对方急于脱手，最终他以很便宜的价格就将50吨生胶全部买了下来。

庄怡生的险中行，为中南橡胶厂的连续生产提供了急需的原料和设备，其中的10吨生胶和30吨半成品原料维持了昆明、贵阳两分厂约半年的生产所需，后来贵阳、重庆等分厂开始炼胶，原料用的都是这批抢运出来的生胶。

抗日战争时期，中南橡胶厂的总厂和分厂共计为国防运输翻造出四万只轮胎，基本解决了大后方汽车因轮胎磨损而无法得到补充的问题。

中南橡胶厂是大西南地区第一家橡胶厂，加上战时橡胶产品十分紧缺，企业发展很快，庄怡生不但很快偿付了中国茶业公司的股权，也还清了王振相借垫的所有股金，盈余甚多。

光复赴沪 　再度创业

抗战胜利后，庄怡生赴上海二次创业。1945年秋天，庄怡生利用重庆中南橡胶厂驻沪办事处的出口经营权和建立的出口业务网络，争取到美国费尔斯通轮胎橡胶公司的上海代理权，经营各种汽车轮胎和自行车胎，还中标买到由国民党政府接收之后转卖的上海一家日资企业，改为中南橡胶厂上海工作，并确定将重庆中南橡胶厂的总部移至上海，设立中南橡胶总公司，业务扩大生产到人力车胎、胶带和橡胶鞋底。同时，重庆的工厂也开始生产胶带、胶管及其他橡胶工业用品。

在庄怡生的精心营运之下，上海的中南橡胶总厂成为上海地区橡胶工业五大企业之一，加上重庆的中南橡胶工厂、厦门和泉州的分公司，庄怡生的中南橡胶总公司已成为全国屈指可数的跨地区生产的橡胶骨干企业。

庄怡生对家乡怀有深情。1947年，他捐献黄金21斤，在家乡兴建秀津小学，并亲任董事长。秀津学校至今仍保存完好的有原国民政府主席林森于1942年所题校匾"秀津学校"和原国民政府行政院长孙科（孙中山之子）于1948年题字"石利纪念堂""优良办公室""勤母图书馆"。

坚信中共　再创辉煌

1949年，国民党当局令庄怡生收缩产业，将工厂迁至台湾，庄怡生组织护厂队，保护技术专家和工厂设备。同时，决定投入巨资扩建中南橡胶总公司上海工厂，购置了新设备，生产汽车轮胎。

在上海解放前夕，不少资本家或是消极等待或是撤往港台或是躲避他乡或是撤资出国，而庄怡生基于对中国共产党的高度信任与认同，满怀喜悦迎接解放，于1950年终于建起了轮胎车间，安装成型、硫化等生产设备，成功地试制出第一条50～20英寸轮胎生产线，他亲自为这条生产线新出品的轮胎取名"飞轮"，寓意中南橡胶公司在新中国会像汽车轮一样飞驶，从此起飞。"飞轮"橡胶品牌曾是中华人民共和国橡胶工业品牌产品。

庄怡生的爱国举措，得到上海工商界和百姓的高度评价，被选为上海市第一、二届人大会议特邀代表，上海市侨联常委、副主席等职。

1953年，庄怡生率先申请企业公私合营，成为上海地区橡胶工业第一家公私合营的企业。在这之后，中南橡胶公司所属的重庆与上海两家公司分开并独立。重庆中南橡胶厂成为专业胶带胶管企业。上海中南橡胶厂按专业分工转为人力车胎厂，汽车轮胎生产设备调给大中华和正泰两家轮胎厂，并将宏大、大中华、正泰三家橡胶厂的人力车翻胎设备转入中南橡胶厂。经过技术改造，上海中南橡胶厂成为全国最大的人力车胎厂之一，技术上长期处于行业领先地位。

庄 重 文

庄重文（1912—1993年），原名庄碧荣，福建惠安人，新加坡归侨，著名企业家。曾任香港庄士集团有限公司董事长、庄士机构有限公司董事长、香港中华厂商联合会会长、香港贸易发展局委员、香港工商咨询委员会委员、香港东华三院总理、美中贸易咨询组织香港区主席、学术交流基金会主席兼亚洲区主席。

秀才之子　攻读水产

1912年10月19日，庄重文生于福建省惠安县（现为泉州市泉港区）山腰乡后楼村一个书香世家。父亲庄采芳为饱学之士，清末考中秀才。1906年清废科举，庄采芳因长期研读古医文、医案，通岐黄医理，在村里设寸德堂中医诊所，以医道及医者仁心而名扬乡里，也使庄家日子强于乡间耕者。庄采芳连生十五个儿女，庄重文居末。

庄重文

庄家重教，曾在后楼设一新型私塾，庄重文在此开蒙，后进入乡间由教会办的普化小学读书。1925年，进入惠安县立中学（现惠安一中前身）读书。1926年秋，庄重文考入陈嘉庚举办的集美学校水产部。入学次年，集美学校水产部改为"私立集美高级水产航海学校"，自幼好学的庄重文，在集美学村学业优良。

面见鲁迅　易名"重文"

庄重文自"庄碧荣"改作此名，与集美学村有关与鲁迅有关。

1926年11月27日，庄重文与集美学校其他同学一起乘小火轮，跨海去厦门大学接鲁迅到校讲演。在渡船上，庄重文与鲁迅交谈，他问："老师，你本姓周，却起了鲁迅这个笔名，有何意思？"鲁迅回答："取这个笔名是受英语Nothing的启发，Nothing既没什么意思，没什么用处。"鲁迅到了集美学校，当天下午即在大礼堂发表了《生活的意义与价值》的讲演。他说："聪明人不能做事"，而被"聪明人"看成"傻子"的人才是真正能做事的。"世界是傻子的世界，由傻子去支持，由傻子去推动，由傻子去创造，最后是属于傻子的。"

鲁迅的讲演，对庄重文树立正确的人生观帮助甚大，也使他对中国文学产生了浓厚的兴趣和执着的追求。为明志，他把自己的名字改为"重文"。

声援抗日　被逐出国

1928年，国民革命军北伐战争势如破竹，日本军国主义担心中国一旦统一，就不能任日本肆意侵略，于是竭力阻挠北伐战争的进行。1928年5月，日本以保护侨民为名，派兵进驻济南、青岛及胶济铁路沿线，准备用武力阻止国民革命军的北伐。当国民革命军于5月1日克复济南后，日军遂于5月3日派兵侵入中国政府所设的山东交涉署，将交涉员蔡公时割去耳鼻，然后枪杀，将交涉署职员全部杀害，并进攻国民革命军驻地、在济南城内肆意焚掠屠杀。在此案中，中国民众被焚杀死亡者，达17000余人，受伤者2000余人，被俘者5000余人。

消息传来，庄重文满腔怒火，参加了声援"济南惨案"的学生运动，同时批评政府不采取积极有力抵抗行动。也因此恼怒当局，学校被迫将庄重文开除。

1930年，庄重文拿着父亲给的两块银元，赊了一张船票，乘"安庆"号货轮下南洋，到新加坡益励学社及彰德学校教书，课余参与福建会馆教育科组织的新加坡华校教育改革工作。1932年，回乡创办山腰平民小学并任教。

当年，闽南侨乡匪祸严重。1933年，庄重文在被土匪绑架。父亲东奔西走，连借带贷，在被绑架63天才凑足三千银元赎金，庄重文被赎回。

不久，庄重文再次南下，赴新加坡打拼。自小生意起家，不断发展。

香江办厂　工业巨子

1946年，庄重文与一批接受中国共产党的革命主张的南洋商人一起，自新加坡赴港经商。他认定实业报国之路，决心建厂兴办工业。1951年，投资创办香港味力厂，生产味精，很快，他生产的"味力""味美""味灵"三大品牌味精名声大震，成为名牌产品。

1960年，庄重文创办庄士餐具有限公司。工厂投产后，接连几个月，竟然连一张订单都没有。好多人劝他就此罢手，将厂转移出去。但庄重文没有退却，终于在激烈的商场竞争中取胜，至20世纪60年代末，庄重文经营餐具大获成功，成为香港举足轻重的大企业家，人称"餐具大王"。

庄重文并没有满足已有的成功，他将经商领域拓展至工艺品。从制造简单工艺品开始，从中获得成功经验，然后设厂制造结构复杂而人人必需的工艺品。20世纪70年代中期，庄重文开始研制电子产品。他的电子表款式新、报时准，用户欢迎，销路甚好。接着，他便扩大生产规模，除设在香港的老厂外，又在江苏常州设立分厂，产品远销欧美各地。

20世纪80年代，庄重文再次扩大业务范围，向房地产业进军，庄士集团迅速成为香港房地产巨子，发展地区远超出港九二地。在广东、福建、四川以及马来西亚吉隆坡等地的大都会中心区，庄士集团高楼大厦矗立其间。

庄士集团涉及制造、房地产、金融、证券、印刷出版等业务，拥有三家上市公司，下属公司逾百家，业务遍及香港、内地以及东南亚多国。香港一家财经杂志，把庄士集团列为亚洲华人巨富五百家之一。

产业公仆 工商领袖

深受中华民族"达者兼济天下"士子精神影响，1953年庄重文出任香港厂商联合会董事。1953年6月，即率团往新加坡、马来西亚进行商务考察，帮助香港工业企业家拓展市场。

1968年6月，庄重文当选香港中华厂商联合会的会长。他上任后的第一件事就是竭尽全力拓展香港产品的市场。他认为中华厂商联合会今后要以发展工业与促进贸易为首要任务。他通过组织香港工业展览会，公开展出香港的工业产品，向世界推介香港工业品，增进海外及香港人对港货的认识。他创立的香港工业展览会，成为举世闻名的工业展览会，也成为香港一年一度的盛大节日，香港工业经济也在这一时期进入大发展阶段。

为了促进香港工业发展，庄重文做了深入研究，决定将香港工业拓展到东南亚各国。他用最快的速度组织了近30位香港著名厂商，自己亲任香港东南亚考察团团长，带着香江厂商为做大做强企业奔走，很快一批香港厂商在东南亚投资建厂，在帮助东南亚经济发展的同时，也使自己企业得到快速成长。

庄重文任厂商联合会会长期间，凡遇到有损厂商同业利益的政府条文法令，他必义无反顾进行交涉、斗争，直至取得最后胜利。

1970年，美国政府拟订输入限制的"米尔斯法案"。该法案一旦实施，将严重打击香港纺织业。庄重文为此，一次次向美国驻香港总领事奥斯本及旅港美国总商会副会长林白陈述利害，建议美国政府将该法案暂时搁置或取消。经过香港各界人士的努力，该法案终遭美众议院否决。

1972年春夏之交，港英政府提出一项地税重新估价政策。按照这项新政策，香港地税将膨胀近两千倍，大大增加厂商、房屋业主、市民的负担，港人对此表示强烈不满。在此危难之时，庄重文挺身而出，4月29日，他以非凡的胆识，发表了《地税重估对香港工业之影响》一文，郑重指出：香港的工商业正处于由劳动密集型向技术密集型过渡的阶段，香港水、电不足，工商业的外部环境已不容乐观，若再加上高额地税，等于釜底抽薪，扼杀工商业的发展。

在庄重文奔走呼号和亲力组织之下，200多个香港具有广泛代表性的社团汇集一堂，召开"本港各界社团反对地税重估政策会议"。庄重文在会上慷慨陈词，分析利害，据理力争。大会的呼吁获得行政、立法两局议员的支持并在立法局会议上提请港英政府重新审议地税重估政策。

港英政府迫于社团及市民的压力，不得不顺应民意，于1973年6月收回地税重估政策。

庄重文连任三届香港中华厂商联合会会长，在香港享有崇高威望。

赤诚爱国 助港回归

庄重文是最早到大陆投资设厂的港澳地区大企业家之一。早在1978年，他便带着庄士集团与上海、常州进行贸易往来和技术交流。

1979年，庄重文回到阔别数十年的福建。他发现福州的温泉很适合养殖名贵的鳗鱼。于是，他从日本请来水产专家，亲自陪同到福州向水产部门无偿传授养殖技术，并且提供优良的鳗苗。当时，省里有关部门要请他做鳗鱼出口的永远代理商。并按销售额的5%付酬。但他不接受。他说："我这次回来是想为故乡做些贡献。只要家乡人民的生活水平提高了，比我自己赚钱都高兴。"谢绝了老家政府要给他的酬金。

庄重文还以美中贸易咨询组织香港区主席的身份，亲率第一个由美国工商巨头组成的贸易考察团到中国考察，促进美国工商界投资中国。他还在北京、上海、广州等地组织举办各类国际性大型展览会。此后，他自己出资聘请英国工程师顾问团帮助规划厦门国际机场。厦门机场举行首航仪式时，庄重文又邀请了许多港商乘包机从香港前来。那时候，内地的投资环境很不理想，但他带头在内地办厂，引进先进管理经验。他首先把庄士集团中规模较大的庄士餐具厂搬到上海。接着，他和儿子庄绍绥先后在上海、天津、四川、江苏、广东、山东、福建等地投资、办厂。

1981年1月5日，庄重文的庄士集团又联系组织英国顾问工程师香港代表团对厦门进行友好访问。对厦门湖里特区的选址进行可行性研究。在此基础上，他发表《论厦门特区建设》的论文，对建设特区的目的、优点等进行了全面的论述，对吸引海外工商界参与厦门特区建设发挥了积极作用。

香港的回归是中华民族百年盛事。但有一段时间，香港人对自己的前途有过忧虑和怀疑。1984年，中英两国政府签署了中华人民共和国将于1997年7月1日恢复对香港行使主权的联合公报。7月18日，庄重文即在香港各报发表题为《顺应历史潮流，创造更大繁荣》的文章，呼吁工商界坚定信心，加强投资，为确保香港长期稳定繁荣贡献自己的力量。他为香港的回归和顺利过渡做了大量工作，发挥了重要作用。

设立双奖　育才数代

庄重文一生酷爱中国文学，繁忙商务之余仍笔耕不辍。1949年，郭沫若、柳亚子等文化名人避居香港，庄重文处于敬慕之情，时常登门看望，悉心照料他们。

1987年，庄重文首倡并出资，由中华文学基金会主办青年文学奖，定名为"庄重文文学奖奖学金"，1990年更名为"庄重文文学奖"。该奖主要奖励对象为在文学创作和文学评论中取得优异成绩，年龄在45岁以内的青年作家。"庄重文文学奖"在庄重文的倡导下，自设立以来，引起社会各界的普遍关注，在国内外产生了广泛的影响。

左起：庄重文、庄希泉、庄明理

它对推动我国文学事业的繁荣和发展，特别是鼓励、推动青年文学创作方面发挥了重要作用。

1988年，庄重文以父亲庄采芳的名义，经福建省人民政府批准设立"庄采芳奖学金"，每年在全省自上而下评定250名应届高中毕业生为这项奖学金的获奖者，其中包括国际中学生奥林匹克学科预赛成绩优秀者和品学兼优的三好生。1993年，庄重文病逝，其子女庄绍绥、庄秀娥、庄秀纯等，继承了父辈的事业和遗志，使这项奖励得到了延续和发展。

许东亮

许东亮（1914—2008年），原名许乃昌，福建金门人，印度尼西亚归侨，著名企业家、侨领、社会活动家。曾任印度尼西亚雅加达公大行有限公司经理、印度尼西亚华侨支持祖国委员会财务主任、印度尼西亚雅加达中华侨团总会财务主任、香港华丰国货公司董事长、香港大众动力机械有限公司董事长、华侨大学副董事长兼华侨大学海外基金会理事长、华侨大学香港教育基金有限公司理事长外，还曾任旅港福建商会理事长，香港福建中学董事会董事长，香港侨界社团联会荣誉会长，香港华侨华人总会荣誉会长，香港侨友社荣誉会长。

浮海图南　抗日救国

1914年，许东亮生于福建省金门县，幼承庭训师海，熟读蒙学经典，后进入当地小学、中学读书，及长经商于家乡。

1937年7月7日，卢沟桥事变爆发，日军飞机开始对金门岛进行狂轰滥炸，百姓死伤无数。许东亮参与在当地救死扶伤，接济受难同胞。1938年5月，金门沦陷，不愿当亡国奴的金门人被迫离乡避难，许东亮也于当年随友人南渡星洲，在新加坡做小商贩谋生。

在星洲艰难谋生的同时，许东亮投入当地的抗日救亡工作，他不但捐出自己艰苦劳动所得支援祖国抗战，还参加组织义卖筹款、推销救国公债。在当地抗日宣传活动中，许东亮多次登台，讲述日军侵略金门制造的灾难，揭露日军侵华暴行，动员华侨捐款捐物帮助祖国打击侵略者。许东亮还参与新加坡华侨组织的"援四援八"活动，为中国共产党领导的新四军、八路军捐款捐物。

许东亮

避难苏岛　保卫志士

1941年12月，太平洋战争爆发，日军南侵。许东亮积极参加陈嘉庚任主席的新加坡华侨抗敌动员总会组织的保卫新加坡工作，与保卫团部的华侨一起，维持社会秩序，保卫华侨生命与财产安全。

1942年2月15日，驻守新加坡的英军向日本投降，随即新加坡陷落。在沦陷前，许东亮带着妻儿撤往印度尼西亚的苏门答腊岛，避难于巴东东郊的巴雅公务。巴雅公务是一个十分落后、贫穷的山村，许东亮在那里开设了一个豆类作坊，自制豆腐和酱油。当时，一大批原在新加坡坚持抗日救国活动的中国文化名士也撤往巴东，在他们面临日军搜捕时，许东亮舍生忘死，倾力相助，他经营的小作坊成了避难所。当时，中国著名作家、社会活动家如胡愈之、王任叔、郁达夫、高云览、杨骚、汪金丁、沈兹九等遭到日军追捕时，都隐蔽在许东亮的作坊，以做工来掩护，才避免被关进日军的集中营。

抗日战争胜利后，许东亮带着家人回到新加坡，继续经商，经商之余投入当地华侨进步活动。

丹心助国　碧血常新

1950年，许东亮举家迁往印尼雅加达。在此，他与友人合股经营公大行有限公司，并出任经理。公大行有限公司，原本是从事土特产生意，不久拥有强烈爱国心的许东亮和股东们果断调整生意领域：当时新中国正受到以美国为首的西方国家的经济封锁，保家卫国的抗美援朝又打响，公大行有限公司决定积极寻找各种新中国急需紧缺的物资，紧急运往祖国。他们冲破难关，打破贸易封锁，有力支持了新生祖国。新中国需要外汇，许东亮也兼作外币汇兑、融资投资业务，争取更多的侨汇汇入国内。

在新中国成立之后，许东亮在海外的一切生意取向，以是否最有利于中国共产党领导的新中国为标准，为此他宁愿舍弃一次又一次发财机会。

1955年，万隆亚非会议召开前夕，随着"克什米尔公主"号飞机爆炸事件发生，保卫参会的中国代表团被印度尼西亚爱国华侨引以为己责。为了保证万隆会议的安全，许东亮参与促成印尼爱国侨胞和华侨社团组成支持祖国委员会，许东亮担任了委员会的财务主任，负责中国代表团的后勤保障。由于担心代表团的食物被国民党特务下毒，当时购买的菜、肉和牛奶等，许东亮都要亲自尝试，他还参与选拔、组织了20多个妇女，让自己夫人带着到中国驻印尼大使馆，为周恩来总理率领的中国代表团做饭。

许东亮除负责中国代表团后勤保障工作外，还利用自己的影响力，为中印两国双重国籍问题谈判穿针引线，令谈判得以顺利完成，受到中国、印尼两国政府积极评价。

1959年，印尼出现排华浪潮，一时间难民大量涌现，中国政府决定租船接华侨难民回国安置。时任雅加达中华侨团总会财务主任的许东亮，担起了帮助华侨归国的重任。到香港向太古集团以印尼侨团的名义租船，每趟船有几千人，他先组织各地难民到雅加达，然后安排他们上船。就连公司的仓库也腾出来给难民住，他自己跟船也跟了好几趟。

20世纪60年代，印尼的排华事件仍连连发生，那时许东亮正回国参加国庆观礼，被突发政变的印尼军人政权通缉，他便决定同家人移居香港。也就是在入境香港时，因为担心英联邦互通情报，许乃昌开始化名为许东亮。

20世纪60年代，许东亮先后在香港创立了华丰国货公司、大众动力机械有限公司，不遗余力地向外国推销包括电机产品在内的中国产品，也为中国进口急需物资。其子许丕新曾说："父亲做生意，

许东亮（前排中）担任华丰国货有限公司董事长时与公司同仁合影

有一个特点，出口也好，进口也好，都是以中国的市场和利益放在优先考虑。""在父亲看来，爱国是人生的一种信仰，从根本上就是人生的一种实践。他常说，大家好好地为国家做事，点点滴滴，就是爱国。"

复办华大　献力终身

华侨大学是1960年在时任中央人民政府侨务委员会主任的廖承志亲自提议下，获国务院批准创办的。1970年华侨大学停办，福建医学院从福州迁入华大，部分从清华、北大、浙大、复旦、厦大等高校来校的原华侨大学教师被福州大学、福建师范学院（今福建师范大学）、厦门大学录用，另外大部分师生下放到安溪、永春、德化等地区工作，学校仪器设备被厦大、福大、师大、医大捡用。直至1978年，国务院侨办、廖承志校长应海外华侨的要求，决定复办华侨大学，即时招生，首先招化学一班。但全校教师、设备、资金样样短缺，1979年国侨办决定成立全国高校唯一的华侨大学董事会，并派杨曾艺副校长、张伟贤主任亲赴香港筹备董事会，在国侨办的介绍下，首先拜会了许东亮。当时杨副校长请求许先生协助推荐第一届董事会董事人选，以便支持、帮助学校筹集建设资金，推动中外学术交流，汇聚一切力量，共建华侨大学。

许东亮从此开始全心全意为华大复办作出重大贡献。亲自在香港物色华侨大学第一届董事会董事，邀请缅甸侨领、香港镜报董事长徐四民，泰国侨领、南洋商业银行董事长庄世平，菲律宾侨领、南洋烟草公司董事长杨振志，印度尼西亚侨领黄丰州、程丽川、康良才、陈影鹤等，以及全国各地侨联主席等为首批第一届华侨大学董事会董事。1980年，华侨大学第一届董事会正式成立之后，根据章程，他率先在其公司成立华侨大学董事会香港办事处，并亲自办理印章及开设华侨大学银行户口。1983年，华大派人来港协助办事处工作之后，办事处才由其公司迁入当时许东亮先生为理事长的旅港福建商会办公，直至1993年迁入购置的宿舍办公。2003年，在港董事集资购置了一处具有现代化办公条件的写字楼，董事会香港办事处迁入现在的办公地址。在他领导下，办事处几年时间共募捐款7000万元人民币、1.3亿港元、1万美元，在当时学校办学经费比较不足的情况下，对学校发展起到重要作用。

华侨大学复办初期，资金短缺。为加强学校基础设施，改善办学条件，学校希望兴建办公大楼、科学馆、图书馆及陈嘉庚纪念堂四大建筑。当时在国侨办及全国侨联的支持下，许先生带头捐资，并请郭瑞人、王为谦、陈影鹤、黄克立、董真如、吴家熊、何瑶煌、李文光、张明添、林国良十位华侨捐资162万港元助建陈嘉庚纪念堂。又请香港李群华校董捐资500万港元兴建"李克砌纪念楼"，由杨振志校董胞兄杨思椿捐资430万港元及28万元人民币兴建"杨思椿科学馆"。另外，为兴建图书馆，尽管当时不能前往印度尼西亚，但许东亮带病赴新加坡，邀请印度尼西亚林绍良、郑年锦、吴家熊等侨领及宇宙财务有限公司股东，当面请求他们各乐捐100万港元用以兴建"侨总图书馆"，其中吴家熊捐100万元人民币，还有60年代撤侨期间由他捐款剩余的261万港元，最终募得款项共561万港元和100万元人民币。在新加坡捐资期间，由于操劳过度，许先生心脏病发作，后在其小女儿的护理下，及时动手术，经过几个月的疗养才安全返港。

为协助学校改善办学条件，提升教学质量，1986年8月，学校率先在深圳由国务院侨办主任廖晖主持成立华侨大学基金会，当时成为全国高校唯一的基金会，许东亮任基金会首任理事长，负责向全世界华侨华人筹集经费，三年共筹资2000万元，在当时国家较困难时期、学校资金不足的情况下，为学校建设和发展起到重大作用。

学校复办初期，为让教学能正常开展，首先必须筹建50个实验室，但当时学校设备资金每年国家才拨备300万元，不能满足此需求。为此许先生利用捐资的2000万元，购买先进教学设备：首先用巨资购买一台PDP11/34型计算机及电脑绘图仪，成为国内最早引进该型计算机的大学，受到全国高校的羡慕。此外，购买材料物理化学研究所的实验室电镜、公差实验室测量仪，还建了当时在全国高校中比较先进的两个电教实验室，对华大教学科研及现代化教学起到重要作用。

为提高学校师资水平，许东亮任理事长的华侨大学基金会每年拨款30万港元，选拔10名优秀教师到香港各大学进行为期一年的进修，为学校提高教师水平及培养学术领军人才起到了相当大的作用，如到港进修的张云波、黄种杰、池进、胡日东、黄远水、郑向敏、王加贤、吴清江、叶民强、黄安民、戴仲川等均成为现在学校的相关学科带头人或各级领导。此外，学校也选派教师到菲律宾大学、美英等地进修。

为提升我校国际化教育水平，扩大国际影响，许先生先后邀请美国机械专家黄启伦博士等外国优秀专家来校讲学。同时他也邀请香港大学副校长张佑启、香港树仁学院胡鸿烈大律师、香港科大校长吴家玮、香港中文大学校长马临、香港理工学院校长潘宗光作为华侨大学董事，他们先后到校访问讲学和交流，并签订多项合作协定，为华侨大学优秀教师派赴香港进修打下良好基础。

作为华侨大学董事会的创始人之一，许东亮担任一至五届华侨大学董事会首席副董事长一职，直至94岁高龄时仙逝，为华侨大学鞠躬尽瘁。

位于华侨大学校园里的许东亮铜像

许东亮除长期担任华侨大学副董事长兼华侨大学海外基金会理事长、华侨大学香港教育基金有限公司理事长外，还曾任旅港福建商会理事长，香港福建中学董事会董事长，香港侨界社团联会荣誉会长，香港华侨华人总会荣誉会长，香港侨友社荣誉会长等职，2002年获华侨大学名誉博士学位，2004年荣获香港特区政府荣誉勋章。曾是全国、福建、广东的政协委员、人大代表、工商联委员。

2008年5月，许东亮病逝于香港。

苏 振 寿

苏振寿（1890—1971年），又名如南，字永年，福建龙岩人，泰国归侨，著名企业家、慈善家。曾任泰国福建会馆主席、泰国中华总商会执行委员、泰国华侨救济祖国粮荒委员会常委、泰国华侨慈善筹赈会执行委员。

1890年，苏振寿生于福建省龙岩县东城社兴（今龙岩市新罗区东城街道社兴社区）。先后进入当地私塾和新式学堂读书，通文墨，能诗文。

1910年，苏振寿南渡马来亚，一边当店员一边学习商务，有一定积累后，与亲友合资经营瓷器。之后，移居泰国（暹罗）曼谷经商。苏振寿颇具经商天赋，事业不断发展，成为曼谷华侨富商。

苏振寿古道热肠，对当地华侨事业十分关心，时常参加当地华侨团体的爱国活动，赞助华侨公益事业，也正因此被选为泰国福建会馆主席、泰国中华总商会执行委员。

1931年，九一八事变发生，消息传到泰国曼谷，苏振寿满腔怒火，积极联系当地各省籍侨联，紧急商议，取得抗日援国共识。之后，他参与中华总商会召集各同业公会开会，讨论抵制日货和向祖国捐款。在他和中华总商会各位领导努力下，一些经营日货为主的华侨商店立即停售日货，华侨米商禁止大米对日出口。结果，从1931年10月1日起，泰国对外贸易额急剧下降，1931年日本对泰的出口额也比上一年减少了一半左右。

1937年7月，祖国抗日战争全面爆发，苏振寿不但一次又一次慷慨捐款、购买大量巨额救国公债，还深入发动福建籍华侨抵制日货、购买救国公债、为抗日救国募捐，参与组织了泰国曼谷一系列大型抗日活动。作为泰国福建会馆主席，他经常前往泰国各地福建籍华侨较为集中区域，进行抗日宣传，组织动员大会，发动华侨为祖国抗日战争捐款捐物。与之同时，他还动员福建华侨子弟回国投军，参与组织华侨司机为祖国运送战略物资。

1938年12月16日，泰国銮披汶政府上台。銮披汶祖父是华人，汉姓"吴"，他上台后推行亲日政策，压制华侨的各种抗日救国活动。日本特务也因此在泰国更加猖狂，针对泰国华侨抗日领袖展开血腥暗杀，泰国最著名的华侨抗日领袖蚁光炎就于1939年11月21日惨遭日本特务暗杀。为进一步鼓励华侨苏振寿坚持援国抗战到底，苏振寿参与组织6000多名侨胞在泰国中华总商会前为蚁光炎举行公祭，以此向世界展现中国人民绝不屈服的精神和泰国华侨众志成城、誓死抗日的意志。

在銮披汶政府上台后，苏振寿在抗日救国环境急剧恶化的情况下，仍坚持发动侨胞捐款支持祖国打击侵略者。

1945年8月15日，日本投降。紧接着，由于经年战乱，中国发生严重灾荒，饿殍遍野，东南数省粮荒尤为严重。苏振寿参与发起组织泰国华侨救济祖国粮荒委员会，并任常务委员，他除自己带头解囊外，还奔走呼号，发动福建籍华侨捐款捐米援乡。在他和郑午楼理事长等侨领共同努力下。在很短时间内，募集大米3.3万余吨，并获联合国救灾总署赠米袋30万条，调轮船15艘，连续载运回国救济灾民。又组织监赈团回国监赈，直至1948年6月止。粤、闽、湘三省饥民因此受惠。

1949年春，苏振寿回乡定居，他曾大量捐款、捐物资助中共龙岩县委地下工作团，迎接解放。

新中国成立后，苏振寿曾任第一届全国人大代表、全国政协第三和第四届委员、福建省第一届人大代表、福建省华侨事务委员会委员、福建省华侨投资公司募股委员、龙岩县人大代表、龙岩县政府委员、龙岩县侨联副主席、龙岩县侨联主席。苏振寿一生爱国爱乡。回国定居后，曾捐款资助龙岩华侨中学、华侨幼儿园，投资扩建龙岩造纸厂、火电厂、东宝山农场和黄邦山华侨农场。两次捐款支援抗美援朝，认购建设公债。他还捐资扩龙岩东新小学，并参与捐资保护和传承龙岩静板音乐。

1959至1961年在祖国三年经济困难时期，他投资万元外币进口化肥，支援家乡农业生产。

1971年，苏振寿病逝于家乡。

李五香

李五香（1903—1967年），字吾馨，福建南安人，马来西亚归侨，著名华侨企业家。曾任马来亚槟城南益树胶厂经理、泰国南泰树胶厂总巡、马来亚南益树胶厂各埠分行总巡、马来西亚槟城钟灵中学董事、马来西亚福建女子学校董事、南洋华侨筹赈祖国难民总会槟城分会财政主任、南益树胶有限公司总巡、南安县侨联主席、南安县政协副主席。

李五香和夫人潘慧贤

李五香父亲李国颂，是一名乡间颇受敬重的私塾先生，母亲黄串娘，贤惠且吃苦耐劳。1903年，李五香生于福建省南安县梅山乡（今南安市梅山镇）竞丰村人，因是李家第五个男孩，父亲取唐朝著名诗人刘禹锡名篇《陋室铭》里"斯是陋室，惟吾德馨"之意，为之取名五香，字吾馨。

因家中贫寒，李五香读了几年私塾后，家中再也筹不到学费，便辍学协助家务，12岁时离乡背井，随亲属前往马来亚（今马来西亚）马六甲，投靠三哥李映雪。

李映雪疼爱弟弟，送之进入当地华侨小学读书，品学兼优。小学毕业后，李五香进入陈嘉庚开设的谦益栈当职员。他极善于学习，平日里抽出大量时间研习商务，加上为人诚实，做事肯干，甚受陈嘉庚赏识，在该公司一做就是五年。五年后，梅山竞丰村老乡、陈嘉庚的大女婿李光前创办南益橡胶公司，爱婿有加的陈嘉庚将李五香和哥哥作为杰出人才，推荐给大女婿。

1934年李五香

李五香任职南益树胶有限公司后，悉心研究橡胶制造工艺和经营管理方法，不断提升橡胶产量和质量，深受李光前重用。先后担任马来亚槟城南益树胶厂经理、泰国南泰树胶厂总巡、马来亚南益树胶厂各埠分行总巡等职。

李五香不但是成功的企业家，也是马来亚槟城当地著名华侨领袖，对华侨公益事业多有捐赠，曾任槟城南安公会名誉会长及槟城书报社、钟灵中学、福建女子学校等文教公益机构董事和财政主任。担任钟灵中学、福建女子学校董事期间，全力倡导对学生进行爱国主义和中华文化教育，营造开放、进步校风，这也成为祖国抗日战争爆发后，槟城钟灵中学涌现大量抗日英雄的原因之一。

1931年9月18日，日本制造了九一八事变，疯狂侵略东三省。李五香投身于当地抗日活动，参与成立槟城华侨筹赈东北伤兵难民会，不但自己捐以巨款，还发动侨众捐款支持在东北抗敌的马占山部队。

1937年七七事变后，陈嘉庚等爱国华侨创立南洋华侨筹赈祖国难民总会，李五香积极响应，参与策动在槟城成立分会。南洋华侨筹赈祖国难民总会槟城分会成立后，李五香被选为财政主任。他不辱使命，奔走发动华侨捐款，常常废寝忘食。他自己在捐出积蓄多年巨款之后，一次又一次缩减日常生活开支，以挤出更多钱援国抗敌。在他和筹赈会同仁共同努力下，槟城月月完成筹赈额度，按月汇交筹赈总会，支援祖国抗战。李五香还积极策动华侨青年技术专才回国服务，1937年11月，由50名槟城华侨医生护士组成的槟城救伤队，回国参战仅数月就牺牲过半。

李五香（左）和儿子李远荣

李五香是赤诚的爱国者，长期捐资兴学。1936年，他与三哥李映雪、同乡李引眉和李天赐合资，在南安梅山创办竞敏小学，并与李映雪合设"敏斋助学金"，赞助贫苦农家子女上学。

新中国成立后，李光前决定在家乡扩建中小学、创办医院及其他公益事业，投资多，规模大。陈嘉庚向李光前推荐李五香回乡主持建设工作。当时，李五香40余岁，身任南益树胶有限公司总巡，待遇优厚。但他以祖国兴盛为自己应尽之责，毅然受命，于1950年回国，苦斗十余年，终建成设备完善的国光中学新校舍，还先后扩建国专小学一、二、三、四校和国专幼儿园，创办国专医院，修建梅山街道、桥梁，新建电灯、自来水、影剧院等公共设施，使南安国专学村声名远播。

1954年，时任南安县侨联主席的李五香了解到一些归国华侨子弟因原来在国外受教育，语言有障碍，无法进入本地正规学校，需要补习，就与当时的南安县副县长李邱陵一起向海外华侨募捐，在梅山董山尾设立了南安私立华侨子弟补习学校，因办学成绩显著，4年后升格为正规中学，在洪濑镇择新址建校，校名新侨中学。

1957年新马泰经济代表团访问北京，李五香以南安县侨联主席的身份全程陪同。在北京期间获得毛泽东主席、周恩来总理等中央领导人的亲切接见并合影留念。

代表团中有一企业家，名黄宗迎，是李五香至交，临离开祖国时，他李五香家乡有什么困难需要帮忙。黄宗迎回家不久即收到李五香来信，得知家乡南安县保福村满山红大队地处山区，学生要跑几十里路才能上学，立即决定在家乡办中学。李五香委派夫人潘慧贤女士协助。1961年国家经济困难时期，黄宗迎先生出资承办南安五中，地址设在保福岭下，1962年黄宗迎先生又汇来巨款，建成"宗迎楼"，解决了教学和生活用房。

李五香先后担任过南安县侨联主席、政协南安县副主席、全国侨联委员、全国工商联委员等职。

1967年8月6日，李五香病逝于家乡。

吴庆星

吴庆星（1935-2005年），福建泉州人，缅甸归侨，著名企业家、教育家。曾任香港和昌集团董事会主席、仰恩基金会理事长、仰恩大学董事长。

模范侨青　回国观礼

　　1935年7月，吴庆星出生于缅甸一个普通华侨商人之家。父亲吴善仰，1908年出生于泉州市洛江区马甲镇霞井村山边自然村，1921年跟随堂亲赴缅甸谋生。成年之后，吴善仰返乡，与父母为他订下的妻子杜恩成亲，携妻再赴缅甸。夫妻二人艰苦奋斗，至吴庆星出生时家境小康，且生意日渐兴隆。抗日战争中，吴庆星跟随父母参加了当地华侨抗日筹赈工作，还将自己的零花钱投入捐款箱，支援祖国打击侵略者。

　　1941年12月，太平洋战争爆发，日本南侵缅甸。吴庆星随父母回国。抗日战争胜利后，他又随父母重返缅甸，居于仰光市郊的泉州华侨聚居的沃降埠，到当地的华文学校读书，曾是缅甸南洋中学学生，品学兼优。

青年吴庆星

　　中华人民共和国成立，吴庆星与缅甸华侨一样欢欣鼓舞。20岁那年，因表现优异，作为模范华侨青年，他成为缅甸华侨归国代表团团员身份，回国参加国庆观礼，受到毛泽东主席、周恩来总理亲切接见，并在天安门观礼台上观看阅兵仪式，后来他多次用"心潮澎湃"来形容那一刻。

　　吴庆星自小酷爱体育，篮球打得很好，后被聘为缅甸中华中学篮球队教练。也正是在此期间，认识了一位活泼可爱的姑娘——林惠，一见倾心，于1959年结成百年之好。

商海善舞　饲料大王

　　缅甸盛产优质大米，吴庆星极具商业头脑，先做大米生意，后又拓展至饲料生意。

　　1970年，吴庆星将生意重心移往香江，相继在香港创办了和昌企业公司、荣星珠宝有限公司，生意兴隆，并携妻子儿女迁居香港。1972年，吴庆星将自己的业务又辐射到泰国，在泰国注册了和昌（曼谷）有限公司。商场上吴庆星长袖善舞，生意蒸蒸日上，在东南亚有"饲料大王"的盛名。

　　成为一代富商的吴庆星最想的是定居家乡造福家乡，可此时祖国大陆尚在"文革"期间，报国无门，他只能在国际商场上拼搏。

改革开放，给了吴庆星造福家乡的机会，他毅然回到中国大陆投资办厂，不惜牺牲自己的商业利益，为此他受到党和国家领导人的高度赞扬。

遵父遗愿　回乡兴学

1979年，吴庆星父母回到久别的家乡，家乡的贫穷让老人下定决心：帮助家乡脱贫致富。他想到海外华侨之所以生意日隆、枝繁叶茂，靠的是让子女能受到良好的教育，想到在教育条件不具备时华侨自己动手建学校，办教育，培养出一代又一代有知识有文化的人才，在家族兴旺发达的同时造福了社会。于是决定，要改变家乡面貌，使家乡富裕起来，一定要办教育。

吴庆星与林惠结婚照

1983年，年逾八旬的吴善仰再次只身回到家乡，决定捐资30万人民币创办一所侨办小学，以解决学龄儿童入学难问题。回缅甸时，两位老人把自己的想法告诉儿子吴庆星：一定要在家乡办所小学，帮乡亲们治治穷根，并将此事交给镇侨联来办。回到缅甸后，吴善仰一病不起，但他一直挂念着在家乡建校的事。

1984年冬，吴善仰走到了生命的最后一刻，他将儿子叫到床前，用最后的气力再一次叮嘱：回乡办学，办更多学校。吴庆星庄重地点头承诺：一定！放心。

1986年5月，吴庆星为着父母的遗愿，回到家乡马甲，翻越山岭，踏遍霞井村（现今的洋坑村和仰恩村）的山山水水，进行实地勘察，选择校址，制定建校方案，他原来想办所中学或中专。但在建校过程中，他了解当时中国大陆，特别是长期作为海防前线的福建，高等教育是最大短板，学生上大学甚难，而就业对学历的门槛要求又越来越高。为此，他决定办所大学。

吴庆星捐出巨资，家族全体成员齐心合力创办仰恩基金会。"仰"与"恩"分别取自父母名字中的最后一个字。仰恩基金会最后决定在家乡创建高等院校——仰恩学院。

侨办高校　闽省第二

1986年下半年，吴庆星将自己海外如日中天的事业交予他人打理，回乡集中精力建校办学。从平整土地到铺路造桥，从总体规划到设计施工，吴庆星都亲自擘画，亲自指挥，亲自监理，克服了重重困难，快速推进。

1987年2月，仰恩学院破土动工。为了保证学校在1988年9月能如期开学上课，整个建设工程，包括教室，实验室，图书馆，礼堂，办公楼，教工宿舍楼，学生宿舍楼等如期竣工并交付使用。同时，吴庆星还巨资修了仰恩街，造了两座仰恩桥，进一步完善了环境配套设施的建设。

1988年秋，仰恩学院开始向全国招生。一年后，根据学校建设规模和条件，经国家教委同意仰恩学院改为全日制普通大学。1994年，又经国务院批准由吴庆星家族组建的仰恩基金会独立承办，更名为"私立仰恩大学"，全方位赋予私立仰恩大学的办学自主权，并作为全国教育体制改革的试点。这所具有开放式、国际化办学特色的私立仰恩大学成为泉州侨乡唯一、福建省继陈嘉庚创立的厦门大学之后又一所侨办私立大学。

1999年夏季，80多位出席全国民办大学研讨会的代表，专程前往私立仰恩大学参观取经，仰恩大学创新性办学理念和办学效益获得大家好评。仰恩大学办出了成绩、办出了特色，得到了中央首长和省、市领导的重视和关注，国家领导人曾先后前来视察仰恩大学，对吴庆星投巨资办高等学府为国育才的爱国义举予以充分的肯定和高度赞扬。

仰恩大学经过数期工程建设，相继建成了第一、二、三教学区，附属中小学、幼儿园等教育设施，全校已有24个专业，13000多名学生，形成初具规模的仰恩学村，总占地约2500多亩。据不完全统计，吴庆星先后为仰恩大学投入近20亿。

办学有道　爱生如子

在办学中，吴庆星根据市场经济和教育规律，科学地制订了培养计划、合理配制课程的内容，实行汉英双语教学，师资队伍一律实行聘用制，以高薪招聘一批来自美国、英国、加拿大、澳大利亚、新西兰和全国各地学术造诣高、教学经验丰富的专家、教授来校执教。吴庆星十分重视教材改革，坚持引进国外教材，编写具有科学性、先进性和实用性的仰恩大学系列教材，并狠抓双语教学和计算机能力的培养。

吴庆星在刚刚落成的仰恩大学正门前

吴庆星特别强调学校要始终坚守以爱国主义教育为核心、德育为先的育人方针。仰恩大学建立之初，吴先生就要求学校每天升国旗、唱国歌，组建国旗班，专门负责升旗。当时许多公立学校（小学、中学、大学）对升国旗、唱国歌尚未形成制度。全国归国华侨联合会于2001年授予仰恩大学"中国侨联爱国主义教育基地"光荣称号。

吴庆星不但办学有道，还尊师有加。一位英语教师因身患疾病，已经辞职。吴庆星对她的病情非常关心，几次让人打电话询问手术情况，并要立即向他报告。闻知这位教师手术，吴庆星交代："立即寄一笔款，发一封慰问信，并要她安心休养，有什么困难可随时向学校提出。"

吴庆星对学生也始终怀有深情。

闽西一位学生患了白血病，请假回家治疗，病情稍好又立即返校学习。不久病情再度复发，不得不回家，两个多月后不治去世。当学生家长来学校办理后事时，吴庆星闻知，立即说："马上退回全部学费，另外由学校再发给一笔慰问金，孩子虽然去世，毕竟也是仰恩学生。"

有一位河南农村来的新生，上学不久，父亲不幸去世，无法继续学习，只好办理退学手续回家去了。吴庆星得知，发了脾气："你们当领导的要把学生当成自己的孩子，要负责到底！马上将他交的学费一万元作为困难补助款给他寄去，欢迎他如有可能随时回校复学！"

为帮助贫困学生，吴庆星在仰恩大学设立仰恩奖学金、仰恩贷学金等。

美国教育专家马歇尔先生说："吴庆星先生是我见过的最优秀的教育管理家。"

古道热肠　行善四方

吴庆星长期在缅甸、中国香港、泰国等地扶危济困，对家乡更是一往情深，不但倾巨资创办仰恩大学，还捐款保护文化古迹。

康济庙位于泉州市洛江区马甲镇霞井村境内的梅桐岭，前身为回山寺，相传唐朝兴化籍（今福建莆田市）名将林绍德奉命率兵镇闽平乱有功获得受封。一日，林绍德一家七口途经梅桐岭时，看到这里三山鼎立，形似烘炉，风景秀丽，认定是难得的风水宝地，当即立地化身成佛。邻里乡民闻知之后，尊其为神，称之为"兴福尊王"，修建庙宇，安位供奉，庙名称梅桐岭回山寺。始建于唐永徽年间（650—655年），兴福尊王信仰沿着海上丝路远播东南亚，成为华侨华人和当地百姓的保护神。

1999年，吴庆星独出巨资，不仅重修康济庙，平整庙宇周围广场，新建可容纳数千人露天剧场、篮球场和雄伟的九龙壁、和莲亭、自动喷泉、停车场，种植奇花异树，而且修筑一条通往梅桐岭的沿山水泥公路，把梅桐岭建成在马甲境内继仙公山之后又一个休闲度假、游览山川的新景点。

吴庆星出资重修吴氏宗祠，雕梁画栋，四壁用各种形式讲述"精忠报国""苏武牧羊"等爱国历史故事。旁边还设立了一间"民俗馆"，陈列着千百年来老百姓的生产、生活用具，让今天的青年重温祖先的生活。

无论是建庙还是修祠，吴庆星都在门前一定要设立升国旗的旗杆、锻炼身体的球场、供文艺演出的戏台、可以上课培训的教室。

2005年9月17日，吴庆星病逝。

陈水成

陈水成（1892—1963年），福建厦门人，缅甸归侨，著名企业家、爱国侨领。曾任缅甸华侨陈姓会馆董事长、缅甸华侨总会副会长、同安县人大常委会副主任、厦门市侨联副主席兼华侨合作社董事。

缅甸名商　热心公益

1892年，陈水成出生于福建省同安县（今属厦门市集美区）灌口镇三社村松柏窟社。早年随父亲南赴缅甸经商，小有成就，在缅甸仰光开设顺和号土产行、碾米厂兼批发米商，并代理信汇业务。他二弟早逝，三弟陈占梅也在仰光创设了英顺美公司，兄弟俩还合力经营水上运输业，有一支由17艘轮船组织的船队。兄弟感情笃深，企业分管，财产共有，业务不断扩大，经济日益发展。

陈水成极具公益心，平素热心社会公益事业，后被选为缅甸陈姓公司（会馆）董事长。1930年被选为缅甸华侨总会第十九届副会长。

团结华侨　抗日援国

早在1928年5月，陈水成就开始投身祖国抗日战争。

1928年5月，日本侵略者进攻山东省省会济南市，疯狂屠杀中国百姓，6000多位中国军民人头落地，伤者更多。陈水成闻知，满怀义愤，带头捐款，赈济祖国受难同胞，并吁请华侨通过不卖不买日货来打击日本国力，并将之称为"这也是与侵略者战斗"。据不完全统计，缅甸华侨先后三次汇款32万盾缅元支援祖国，这其中就有陈水成的捐款。

1937年7月卢沟桥事变后，陈水成积极倡导旅缅各省籍华侨摒弃界嫌，精诚团结，形成合力，共同带领缅甸华侨支援祖国抗战。他奔走穿梭，积极促成"福建公司（同乡会）""广东公司（同乡会）"和"云南公司（同乡会）"等93个侨团在仰光举行联席会议，会上形成决议，组成缅甸华侨救灾总会。他全力支持胞弟陈占梅出任缅甸华侨救灾总会主席，并利用自己的影响力和人际关系，在各城埠和农村成立分会，团结更广泛力量支援祖国抗战。陈水成不但自己大量捐款捐物，还动员亲属踊跃捐献，同时深入城乡宣传发动、推销公债、增筹捐款、义献物资，以全力援国。1937年8月至9月30日，仅经缅甸华侨救灾总会汇回祖国的救国捐款总数为297万元。

日本南侵　携资回国

1941年12月，太平洋战争爆发，日军南侵，缅甸危机，当地汉奸密谋出卖华侨与祖国利益，策划逮捕抗日爱国志士，许多爱国华侨纷纷设法逃难。

陈水成决定绝不留一块钱给日军，下定决心将资产带回国内，投资祖国，发展实业。

1942年初，陈水成兄弟变卖资产，携带资金，从缅甸开一辆大汽车，载一家老小从腊戌进入云南，过昆明，经重庆，抵达江西。在赣州受到蒋经国的宴请。入闽后取道龙岩，继续南行，最后返回故里定居。

回到同安后，陈水成与弟弟陈占梅联络归侨，共兴实业。兄弟两人在当时同安县灌口区组织归侨联谊会，创办归侨合作社，尽可能为难侨解决就业问题。当时，政府曾欲聘请陈水成为同安县参议员、陈占梅为福建省参议员，兄弟俩目睹政局腐败，深为不满，婉言谢绝。兄弟俩带回的侨汇，对祖国战时经济也有支援之功，它不但能抵补外贸逆差以取得抗战必需的国外物资，还能对谋求法币币值稳定提供支持。

战时兴学　书声不辍

陈水成意识到，要使祖国不受外力侵略，必须提升国力，而教育至关重要。早在抗战之前，他就汇款回乡兴学，利用松柏窟社祠堂，创办了私立莲山小学，后来改名为"三社小学"。

回乡之后，陈水成继续捐资教育，在战火中培养人才。他发现当年创办的三社小学，因为学生数量年年增加，破旧的祠堂校舍已无法容纳，立即决定扩建校舍，兄弟俩捐出巨资，建校舍，增教室。添设备，终于建成了一幢工字形的新校舍，增添了一批设备，开辟了一个包括篮球场在内的运动场，使三社小学规模初具。之后，他又不断捐资供学校运作之需。

陈水成兄弟很快发现灌口地区没有一所中学，农村子女到外地求学困难多，升学率又受限制等问题，多次召集灌口乡绅商议，发动筹建灌口中学，陈水成负责筹建事宜。受托后，陈水成亲自出资出面购买一批杉木，运至灌口寨子内堆放。但因战时当局对办学既不支持又不重视，且社会治安不良，至该批木料被偷窃殆尽，加上资金尚难筹足，校舍未能兴建。

抗战胜利后，陈占梅返抵缅甸，重新振兴工商企业。陈水成则长住故乡，继续筹谋兴建灌口中学。兄弟俩除带头捐献外，还奔走募捐，不弃兴办中学之计划。

长居国内　鞠躬尽瘁

中华人民共和国成立后，陈水成满怀激情投入家乡建设。他曾先后赴京参加中央侨务扩大会议、中国民主建国会大会、全国工商联会议等。1955年赴缅甸，向侨胞宣传介绍新中国建设的伟大成就，联络动员一批华侨子弟回国念书。同时，募捐创办灌口医院。回国后，他以母亲高珊瑚名字捐款建成灌口中心小学教室一排，1956年6月落成。并以三兄弟名义捐款数万元参与建造灌口中学校舍，并亲自担任建校委员会主任，终于1957年4月13日建成灌口中学。之后，捐款参与建造厦门华侨中学。

1950年2月，陈水成当选同安县第一届人大代表，1951年被选为同安县人民代表大会常务委员会副主任，1952年1月当选同安县归侨联合会主席。1952年11月起，陈水成历任同安县人民政府委员、同安县人民委员会委员，政协同安县第一届委员会常务委员、副主席。之后还曾任厦门市侨联委员、常委、副主席兼华侨合作社董事。

1963年，陈水成不顾年迈，因公再赴缅甸争取侨汇，筹资购买一批良种杉苗运回国内，献给国有林场培植。因过度劳累，身染重患，医治无效，于1963年12月27日与世长辞。

陈玉书

陈玉书（1941—　），福建仙游人，印度尼西亚归侨，著名企业家。曾任北京西颐中学教师，香港繁荣集团董事长，香港钟表协会主席，香港特区第一届政府推委会委员，中华慈善总会创始人、副会长，香港保良局主席，中国书画艺术家协会主席，中国艺术品评估委员会主席。

印尼归来　北京执教

陈玉书祖籍福建省仙游县，1941年出生于印度尼西亚一个侨商家庭，自小酷爱文学，理想就是当一名像海明威一样的作家。

1960年，陈玉书跟随家人回到祖国，进入广州华侨补习学校读书，他能文擅写的能力受到师生一致好评，几乎每一篇作文都被老师当作范文在班上朗读。同年，他以优异的成绩考入首都师范大学历史系。

1964年，陈玉书毕业后被分配到北京西颐中学任教，见多识广的他教学风趣，很深同学欢迎。

晚年陈玉书

香港奋斗　白手起家

1972年，陈玉书带着妻儿到香港谋生。做过建筑工人、仓库保管员，虽生活艰难但依旧不改热心助人本色，也因一次见人有难出手相帮，没想到帮到的是印尼驻港领事的夫人和孩子。不久，陈玉书邂逅一位印尼华商朋友，交谈中华商无意中说到他手中有一大批急运印尼的货物，但是领事馆的商业签证遇到了麻烦，着急万分。一向乐于助人的陈玉书，找到了结识不久的那位领事夫人，结果问题很快得到解决，还享受到税收优惠。华商因为签证及时避免了损失，生意上大赚一把，就送给陈玉书5万美元作酬金。陈玉书以这笔钱为资本，开始了他的贸易生涯。他经营过茶叶、蓙竹、半导体收音机、缝纫机和自行车。

1976年，陈玉书创办了繁荣发展有限公司，主要经营内地产品的转口贸易，逐渐发展。但生意初起，就因被骗损失了400万美元，使生活再次陷入低谷。

景泰蓝王　　生意兴隆

真正将陈玉书托举到富翁之列的，是北京的景泰蓝。

因为在北京学习、生活了十二年，陈玉书对景泰蓝十分熟悉。1979年，陈玉书敏锐地发现香港市场上对景泰蓝产品有一定需求，便从北京进了5万港元的景泰蓝产品，很快销售一空。紧接着，他又向北京订购了30万港元的景泰蓝产品。没想到商场瞬息万变，畅销品突然成了滞销品。

转眼到了1982年，全球景泰蓝市场都不景气，北京工艺品公司积压了价值1000多万元人民币的景泰蓝产品。基于对中华文化的了解和对景泰蓝市场前景的理性分析，陈玉书深信景泰

陈玉书与胡德平

蓝一定会被世界上更多国家的人民所喜爱，毅然订下了北京工艺品公司全部库存景泰蓝产品，并采取增加店铺、广告的方法多方促销。此时，新加坡举办中国景泰蓝展览，陈玉书带着所有的样品赴星洲参展，以品种多，质量好引来了众多的顾客，营业额扩大了10倍，获得了巨额的利润。

陈玉书进一步研究景泰蓝市场需求，敏锐地发现，古老的中国景泰蓝应在保持艺术性的同时向实用性发展、在保持传统工艺的同时向创新性发展，他投资1000万元，在国内办厂，开发景泰蓝新品种。发明了"中华脱胎景泰蓝"，并将景泰蓝工艺运用在打火机、钢笔、手表、灯罩等日用品及常见礼品的制作上。这些新产品一上市，大批订货单雪片般飞来，不仅畅销东南亚，还打入了欧美市场。陈玉书因此逐渐成为香港最大的景泰蓝经销商，他的公司营业额占了香港景泰蓝市场的一半以上，被誉为"景泰蓝大王"。

陈玉书是香港钟表业的"大腕"，曾任香港钟表总会主席。作为景泰蓝大王，他创造性地将手表与景泰蓝合二为一。20世纪80年代后期，陈玉书的繁荣集团同北京首饰公司合作生产的景泰蓝手表，成为世界名牌。陈玉书不断创新，与北京首饰公司合作生产各种景泰蓝首饰，也很受外国消费者的欢迎。

此外，陈玉书还经营地产、食品、出版等多种业务。他主持的香港繁荣集团，属下有11个子公司。20世纪80年代初期，香港房地产一度大跌，基于对香港前途的正确认识，陈玉书坚信香港房地产前景一定会好，果断巨资投入，结果增值数倍，甚至是数十倍。

1990年，陈玉书创办了香港繁荣出版社、安定图书发行公司、泛德思有限公司编辑部，出版各种书籍和《中国经济》《中国文艺》等月刊。陈玉书还以自己个人奋斗史写出了《商旅生涯不是梦》一书，连续在香港再版9次，曾名列三联书店十大畅销书之榜首。他还出版《富贵于我非浮云》和《过瘾集》等书。

热心公益　　服务社会

陈玉书致富之后，更加热心于公益事业和社会服务。从1978年起，他在祖国各地捐助甚多，如出资资助青年出国学习，给北京市和中国残疾人基金会捐赠汽车，向北京工艺品公司、北京首饰公司捐

赠电脑和汽车，捐资宋庆龄基金会、曹雪芹研究基金会，捐款昆明园艺博览会，捐建云南地震灾区的"荣成小学"等。仅向中国残疾人福利基金会和北京第十一届亚运会就捐赠1000多万元款物，

陈玉书曾任全国政协委员、中国残疾人福利基金会业务顾问、香港保良局总理、香港作家协会名誉会长、北京海外联谊会会长、香港佛山工商联永远荣誉会长等。他还兼任北京国际关系学院教授，云南师范大学、华中理工大学客座教授。

陈启紫

陈启紫（1902—1974年），福建泉州人，印度尼西亚归侨，著名企业家、侨领。曾任印度尼西亚泗水谦记咖啡行经理、印度尼西亚泗水食糖同业公会主席、印度尼西亚泗水有妫堂宗亲总会主席、印度尼西亚泗水华侨捐助祖国慈善事业委员会委员、福建省华侨投资公司常务董事兼晋江地区募捐委员会主任、泉州侨光戏院经理兼石狮华侨戏院董事长、晋江县侨联主席、晋江县副县长。

经营咖啡　渐成富商

1902年，陈启紫生于福建省泉州市新门外曾林村（今属泉州市鲤城区江南街道曾林社区）的一个侨商家庭，父亲壮年下南洋，旅居印度尼西亚泗水，拼死拼活赚钱。陈启紫出生后，随母在曾林村老家生活，7岁丧母后由三叔抚养。他自幼懂事，十分好学，曾就学于曾林村私塾。

1916年，14岁的陈启紫由叔父陈大谦提携，远涉重洋，到印度尼西亚泗水谋生。初在同乡富商蒋报企（泉州市鲤城区江南街道树兜社区人）开的咖啡批发行当仓管员。陈启紫在认真做事的同时，用心学习商务。1919年，他到叔叔开的谦记咖啡行当经理。1934年，自己创办"建记"咖啡食糖批发行。陈启紫克勤克俭，诚信经营，生意日益发达，成一方富商。

生意有成后，陈启紫积极参加当地侨界事务，对华侨教育事业多有捐助，曾捐巨资参与创办泗水同善学校。平日，华侨生活与事业遇到困难，陈启紫也总是热心相帮，因此在当地侨界享有威望，曾连续20多年担任泗水食糖同业公会主席和有妫堂宗亲总会主席。

抗日志坚　百折不挠

1931年九一八事变发生，日本侵略中国东北，消息传到印度尼西亚，当地华侨成立了抗日组织，陈启紫不但慷慨为祖国抗日捐款，还发动华侨一起抵制日货，自己主动宣布，不买日货、不卖日货、坚持不与日本工商界有任何贸易往来。据不完全统计，包括泗水在内，印度尼西亚56个地方，一年内捐献国币近56万元、白银5.5万多两。

1937年七七事变，祖国全面抗战爆发，泗水与雅加达同时成立抗日救国组织。抗日组织原来名为"抗敌后援委员会"，因为荷兰殖民政府阻挠，最后定名为"泗水华侨捐助祖国慈善事业委员会"（亦称"泗水华侨赈灾委员会"），陈启紫被选为委员。他上任后全身心投入抗日救亡工作，奔走呼吁，进行抗日宣传和募捐活动，自己则一次次捐输，从不落人后。

1938年7月，为纪念七七事变一周年，陈启紫参与发起和组织了数支泗水华侨募捐队，一清早就背着钱箱走街串巷，收集七七献金。该市汽车运输商陈林将一天营业所得悉数捐给了募捐队。泗水光华照相馆专门发售七七留影的纪念券，将所得收入全部交给募捐组织。

抗战期间，陈启紫还发动泗水华侨青年踊跃回国投军和服务。同时，发动华侨为在极其困难情况下坚持抗战的八路军、新四军捐款捐物。在太平洋战争爆发前，泗水华侨捐助八路军的物质通过香港八路军办事处，不断运往延安。

1941年12月，太平洋战争爆发，日本随即进攻印度尼西亚。陈启紫继续出钱出物，支持与日军作战的盟军，这种支持一直持续到次年2月泗水沦陷。

1942年5月15日，陈启紫因从事抗日活动被日军逮捕，关入集中营，家产被查没。狱中，历经毒刑，仍坚贞不屈，后经华侨界多方营救，才得以释放。

走出黑牢后，陈启紫毫无畏惧，继续支持印度尼西亚人民和华侨组织的地下抗日斗争。他资助当地共产党人组织的地下反法西斯组织，参与策动日资企业工人怠工、城市居民反对劳役和学生抵制日本推行的奴化教育。

举家回国　共兴中华

1945年8月，日军投降，陈启紫不但自己重振家业，还帮助华侨恢复生产、生活。

1951年9月，作为第一批印尼华侨回国观光团中的一员，陈启紫回到新生的祖国，看到中国共产党领导下的祖国到处朝气蓬勃，他在兴奋之余萌生携资回国定居、共兴中华之心。

1953年，陈启紫变卖海外资产，携资举家回国。他安家北京，4个儿子都送入大学深造，自己回到泉州，参与家乡建设。

回到福建后，陈启紫将带回的大部分资金，投入福建省华侨投资公司，并被选为公司的常务董事，同时担任晋江地区募捐委员会主任，发动华侨、侨眷投资，参与创办泉州侨光和石狮华侨两座戏院。1954年，两戏院落成，陈启紫被股东选为侨光戏院经理、石狮华侨戏院董事长。

1954年春，陈启紫当选为晋江县侨联主席，1955年当选为晋江县副县长。

1956年后，陈启紫先后荣任全国侨联常务委员、福建省政协常务委员等职。他在任副县长和侨联主席时，不领工资，生活费和差旅费都是自掏腰包。因工资纳入预算，发放后不能交回，他即将所有工资捐赠给侨联作为经费。

1974年2月，陈启紫病逝。

陈炳煌

陈炳煌（1940—2014年），福建永春人，印度尼西亚归侨，著名企业家。曾任中央新闻电影制片厂英文翻译、香港舒宾化工（香港）公司董事总经理、香港欧达诗国际贸易有限公司董事长兼总经理、印尼UNSRIT大学董事长。

五代华侨　生于印尼

陈炳煌祖籍福建省永春县，清朝中叶，陈家下南洋谋生，陈炳煌的父母、祖父母、曾祖父母皆生于印尼。1940年7月25日，陈炳煌出生于印尼北苏拉威西省万鸦佬市一个教师之家。他在万鸦佬当地华校完成小学教育后进入中学读书，在读至初中二年级时，转到首都雅加达，进入著名的巴城中学读书，先后完成了初中三年和高中一年级、二年级，学业优异。

陈炳煌兄弟姐妹接受的是荷兰教育，唯独他坚持要学习中文。由于父亲是英语老师，在父亲的教育下，他的英文水平也进步甚快。

归国深造　英文翻译

陈炳煌渴望回到祖国学习，以报效祖国。他曾对同学说："身为中国人，一生不能为祖国服务是很遗憾的。"1960年，他告别父母，回到祖国，被分到贵阳六中读高三。

在山城贵阳，陈炳煌学习成绩优异，其中英文水平更为突出。高考时，考入上海对外贸易学院（即今上海对外经贸大学）。大学毕业后被分配到文化部属下的北京中央新闻纪录电影制片厂，担任英文翻译工作。

外贸专才　助国扬威

1972年，陈炳煌移居香港，因为香港当时不承认中国内地学历，陈炳煌先在包装厂打工，后来进入设在香港的德国捷成洋行中国贸易机械部工作。

1975年，陈炳煌参加广州交易会，所展现出的贸易能力及在中国内地的人脉资源，受到美国化工公司赏识，高薪相聘，并给予股份激励。1976年，陈炳煌担任舒宾化工（香港）公司董事总经理，代理加拿大钾肥和美国磷肥，以及做有色金属、化工原料的贸易等。

　　拥有一颗赤诚中国心的陈炳煌，始终没有忘记为深爱着的祖国服务，为了协助中国开拓石油市场，他积极奔走，成为将中国大庆原油出口到美国的第一人。1979年1月，邓小平副总理访问美国，在白宫欢迎邓小平副总理的国宴上，卡特总统高度评价中国的大庆原油出口美国，说："中国的原油点亮了美国的电灯。"

　　1984年，陈炳煌在香港创办了"欧达诗国际贸易有限公司"。在他的营运之下，公司发展飞速，成绩骄人，并深得国务院和中国各外贸公司的信任。他在全中国各省举办免费的基层农业技术员培训班，深入农村，开展科学种田和平衡施肥的示范教育活动，为提高中国的农业产量，实现中国农业现代化竭尽所能。

希望工程　移植印尼

　　富起来的陈炳煌，从来没有忘记扶危济困。他把中国的希望工程移植到印度尼西亚，1995年在北苏拉威西省万鸦佬市创立了班帝·阿苏韩孤儿院，不分种族、不分宗教收养那些被遗弃的孤儿，让孤儿们能够快乐的生活、学习和接受职业教育，甚至有中苏拉威西省的孤儿也千里迢迢被送到班帝孤儿院。陈炳煌按孤儿学龄大小划分年级，分别施教，设幼儿园到高中各个层次的班级，还设了师范专科班、会计学班，使孤儿院变成了一所学校。

　　自1995年建成小学、1998年建成中学后，陈炳煌1998年筹备建成大学。因为亚洲金融风暴，建校计划一度无法按期实施，停顿了一段时间。

　　1999年12月5日，印尼多摩韩·舍利弗大学正式成立。陈炳煌负责建校的全部建筑费用，建成楼高三层的学校大楼，并购置教学所需要的电脑、投影机，以及课堂所需的课桌椅等。学校由小到大，学生由少到多，目前开设有电脑、渔业、农业、护理、社会科学、经济等系科。从1999年至今，已有近3000人从该大学毕业，为印度尼西亚共和国输送有用和急需的建设人才。目前在校学生有2000名，其中约三分之一的学生来自孤儿院的免费就读孤儿，教授、博士等各级导师有208人。第一届毕业生基本上来自孤儿院的孤儿和北苏拉威西省、马鲁古各岛的贫穷学生。由于非牟利私校，学费很便宜，贫穷学生可以减免学费。教师的工资相应也很低，有的教师参观学校后很受感动，自愿兼职授课，免费或半费来教学的。

　　陈炳煌还积极支持巴中新三语学校的建设，捐献一座价值不菲的图书馆。

　　2013年11月23日，印尼文教部在香港举行颁奖仪式，授予陈炳煌先生印尼文教部BERMUTU奖，表彰他"在边远地区坚持教育理念和建立教育机构的突出奉献"。除此之外，他还在贵州省兴建希望小学。

　　陈炳煌还曾任印尼万鸦佬旅港同乡会会长、上海对外经贸大学校友会名誉会长、香港华侨华人总会副会长、北京侨校校友会会长、香港印尼研究学社名誉顾问等。

　　2014年7月22日，陈炳煌在香港病逝。

陈德润

陈德润（1916—1988年），福建厦门人。缅甸归侨，著名企业家、华侨领袖。曾任缅甸华侨励学社社员、缅甸华侨文艺界抗日救国后援会委员、中华民族解放先锋队缅甸总队领导人之一、缅甸华侨民族解放社领导人之一、福建同安归侨合作社社长、福建同安华侨垦业公司董事长、福建厦门永德行经理。

陈德润祖籍福建省同安县（今厦门市集美区）灌口镇陈井社，1916年出生于缅甸仰光，家境原本小康，无奈3岁失父，家道中落，依靠母亲做女红和帮人浆洗衣服为生。7岁进入仰光中华学校读书，学业优良，但因家贫筹不起学费而无法升学，就进了名儒周裕元的私塾，专攻国学。陈德润酷爱学习，还经常向从国内来的共产党人林环岛求教，跟着他学习作文，并由此接受了进步思想。他与同乡、共产党人巴宁关系甚好，成为至交。

1930年10月，缅华书记公会邀请林环岛主编《新芽小日报》，他每日在报上发表一篇或多篇时评或杂文，多抨击蒋介石发动内战。14岁的陈德润担任了仰光送报员，冒着生命危险，在仰光穿街走巷，把《新芽小日报》派送给读者。

1933年5月4日，在五四运动爆发14周年之际，巴宁组织了一批爱国知识分子、店员，成立了缅甸华侨励学社，陈德润成为27位骨干社员之一，参加了以抗日、反蒋为主旨的进步文化活动，动员了更多华侨投身抗日救国行动。当时，缅甸华侨励学社在《觉民日报》开辟《卜间》专刊，陈德润积极撰文，呼吁祖国停止内战，国共携手合力抗日。

1937年5月，陈德润与缅甸华侨励学社社员一起，奔走于缅甸华侨文艺界，参与发起成立了缅甸华侨文艺界抗日救国后援会。（该会后改名为"缅甸华侨文艺界救亡协会"，不久又再改名为"缅甸华侨文艺界抗日救亡联合会"。）

作为缅甸华侨文艺界抗日救国后援会的骨干会员，陈德润频频在缅甸城乡进行抗日宣传，组织演讲会、义演会，号召华侨踊跃捐款，支援国内的抗战。与之同时，他和缅甸华侨文艺界抗日救国后援会的同仁一起，着力宣传中国共产党领导下的八路军、新四军浴血抗敌事迹，为延安募捐。在1937年、1938年，陈德润和缅甸华侨文艺界抗敌后援会，将募捐来3万多元分三次都给了陕北公学基金。

在这之后，陈德润在巴宁领导下，参与组织中华民族解放先锋队缅甸总队，后易名为民族解放社，并奉命驰赴缅甸各地，筹建分社。在他的努力下，全缅主要城市很快都建立了中华民族解放先锋队（民族解放社）分支机构，使中华民族解放先锋队（民族解放社）成为缅甸华侨抗日重要力量。

1938年，陈德润担任仰光土产商"永万芳"号"外口家长"（"外口"相当于供销，即负责销售），经济稍微宽裕些，他省吃俭用，接济因战乱由国内来缅、一时失业、无处投靠的"新客"，提供吃、穿、住，还积极为他们寻工。

1941年12月，太平洋战争爆发，1942年5月缅甸沦陷，陈德润化装离开仰光，历尽艰辛回到祖国，辗转来到老家灌口陈井，开设归侨合作社（后改为"华侨垦业公司"），开垦荒地，种植经济作物，接济因太平洋战争爆发侨汇中断的侨眷，同时也壮大祖国战时经济。

抗日战争胜利后，陈德润于1946年在厦门升平路开设永德行，自任经理，专营进出口业务。

中华人民共和国建立之初，帝国主义对新生的中华人民共和国进行经济封锁，陈德润利用自己在东南亚的商脉，通过特殊渠道为祖国引进橡胶等紧缺战略物资。

20世纪60年代初期，国内遇到特大自然灾害，粮食紧缺，陈德润排除万难，从国外引进粮油等物资数百吨，缓解粮油供应之困难。一切对祖国有益的事，陈德润都竭尽全力去做，他为厦门华侨亚热带植物园引进优质高产的水稻和水果品种试种和推广，由此被聘为厦门华侨引种联络会顾问。

改革开放之后，陈德润热心于港、澳、台及海外侨胞的联谊工作，为台胞、侨胞回乡投资建设牵线搭桥。历任厦门经济特区国际贸易信托公司副总经理、厦门市工商联副主席、厦门市人大常委会常务委员、厦门市侨联副主席、福建省工商联常务委员、第六和第七届全国人大代表、全国工商联和全国侨联执行委员。

林书晏

林书晏（1884—？），字联参，福建南安人，菲律宾归侨。曾任菲律宾布商公会会长、国民党驻菲总支部执行委员、菲律宾华侨援助抗敌委员会委员、上海华菲烟草公司董事长兼总经理。

经商有成　醉心革命

　　林书晏生于福建省南安县诗山溪东乡（今南安市诗山镇声东村），9岁进学馆读书，历时3年。1896年，林书晏与乡里人结伴南渡菲律宾马尼拉。先在中路布市供职，2年后受黄开物之聘，任经理，经营布业。未及1年，布店忽遭火灾。他于仓促之间重整旧业，3年后获红利颇丰。

　　1902年，林书晏回乡结婚。翌年，返回菲律宾重操旧业。1907年，他认为东家的儿子颇具经商学识，就将全盘生意交其掌理。他自己则将所积蓄之资在洲仔岸投资开办布庄。不料未满1个月，邻店失火，大势蔓延，殃及其店，2万元财物被焚烧殆尽。他不得已寄寓于大兴号。华侨富商邱奕经知道他善于经营又讲信用，荐引他出任大兴号分店日兴布庄的经理。1909年，布店生意兴隆，他因此更得邱奕经器重。

　　林书晏经商有成，醉心革命，是菲律宾同盟会会员。为宣传孙中山革命主张，他参与发起创立普智阅书报社，以此为阵地向菲律宾华侨传播革命思想，发动他们参加推翻清朝封建王朝的革命。

林书晏名片

　　1911年10月，林书晏与福建南安籍华侨戴金华等，在菲律宾马尼拉创办《公理报》，作为同盟会菲律宾分会机关报。《公理报》为日报，除刊登一般新闻时事、服务资讯外，着力宣传孙中山革命主张，及时报道国内革命动态，在与保皇派斗争、反对军阀割据中都发挥了积极作用，成为同盟会在菲律宾最重要的宣传工具之一。1935年，《公理报》停刊。

　　1912年，林书晏改任邱奕经开办的经纶布庄经理。这年，他参与发起创办公理报社，任董事。他兼任善举公所、中华总商会及华侨教育会董事、布商会会长、西河堂总理等职。

　　1919年，林书晏与侨友倡办菲律宾普智学校，以王泉笙为校长。1923—1924年，林书晏任菲律宾西河林氏宗亲总会第十六、十七届总理。1921年、1923年及1926年，林书晏三度回国，游历闽粤各地及香港、杭州、南京、长江一带。

至1928年，林书晏经营经纪布庄所获酬金累计巨万。他置产建屋，在菲律宾投资兴办烟厂。1929年，林书晏受聘为以收集土产运输出入口货物为业的万丰源公司总经理。

少年时赴菲律宾谋生，开设布店发家，累成巨富，为菲律宾布商公会会长。

回国设厂　支援抗日

1928年，日本在山东省制造了"济南惨案"，6000多名中国军民惨死在侵略者屠刀之下。林书晏在菲律宾参与抵制日货行动，并捐款赈济山东难民，抚慰牺牲官兵家人。

1931年东北九一八事变和1932年上海"一·二八"淞沪抗战时，林书晏相继参与发起在菲律宾建立两个全国性的抗日救国团体——菲律宾华侨救国会、菲律宾华侨国难后援会，他积极号召侨胞们抵制日货、筹募义款，支持东北义勇军和十九路军抗日。据统计，淞沪抗战爆发8个月，菲律宾华侨捐款支持十九路军80余万元，占世界各地华侨支持十九路军捐款的八分之一。

作为成功的商人，林书晏想到战时的祖国必须拥有持续的经济实力作后盾，1932年初，林书晏与菲律宾闽南籍富商桂华山等人，出资支持闽南籍旅日华侨陈清机开发闽南矿产资源，组织安南永矿业公司，并聘请台湾籍技术人员到安溪、永春一带探测矿产，编写探矿报告和开发计划，上报经福建省建设厅。

林书宴深感国家兴亡匹夫有责，国难当头须与国家共患难，决定回国兴办工业。1935年9月，他携重资回到战火中的祖国，毅然在上海投资创办华菲烟草公司，生产雪茄和卷烟，月产香烟近千箱，商标有前进、北极、黑人、甘草、白姑娘等。

1937年8月13日，日军进攻上海，他们狂妄叫嚣"三天占领上海，三个月灭亡中国"。然而中国军民决不做亡国奴，他们奋起反抗，英勇战斗，"八一三"淞沪抗战就此爆发。战斗打响后，中国守军在闸北、宝山等地浴血奋战了两个多月，给敌人以沉重打击。10月26日，日军占领宝山大场，中国军队侧背受敌，形势十分危急。当天，国民政府八十八师五二四团中校副团长谢晋元（后升任团长）奉命率一营部队400余人（对外号称"八百壮士"）进驻光复路四行仓库，牵制日军，掩护主力撤退。谢晋元部在四行仓库与日军激战4昼夜，击退敌人30多次进攻，毙敌200余人，伤敌数千，国人为之振奋，林书晏与上海许多市民一样，捐资购买药品和日用品，冒险送至四行仓库。后租界当局畏于日寇威胁，迫使当局下令谢晋元部退出四行仓库。谢晋元率部撤到租界后即遭租界当局羁留于胶州路的一座军营中，当时人们都尊称为"孤军营"。

为彰显抗日将士的英雄事迹，鼓舞全国人民与日军血战到底，林书晏决定生产一种"英雄"牌香烟来歌颂英雄，烟标的主图是一位正在四行仓库屋顶上用机枪蹲射日军的中国军人，背后是一面迎风飘扬的红旗，上书"英雄"2字，英文则以lone battalion命名，正是"孤军"之意，反映了当时全国军民同仇敌忾、反抗侵略的心声。也因此，日军用炮火击毁了华菲烟厂。

菲岛抗敌　被捕入狱

1937年11月12日，中国军队撤离上海，上海沦陷，林书晏回到菲律宾从事抗日活动。菲律宾华侨援助抗敌委员会成立，林书晏当选为委员，他四处奔走宣传抗日，介绍中国军民浴血抗战的事迹，感动了许多人，使菲律宾抗日活动声势与成效皆愈来愈大。

1941年12月太平洋战争爆发，日本加快进攻菲律宾，次年1月2日马尼拉沦陷。1942年4月上旬，林书晏与华侨援助抗敌会其他部分委员陈水盛、陈三多、林锦谷、林水蔽等28人被日军司令部逮捕，并由日军军法裁判各判监禁20年。林书晏等人先由菲律宾大拘留所移马尼拉市监狱，再移至"文陈俞豹"大狱。狱中饱受折磨，仍坚守气节，绝不叛国。1943年，因所谓日本"天皇诞辰和明治维新纪念日"，林书晏等人才分批获赦出狱。

抗战胜利　归沪兴业

抗战胜利后，林书晏回到上海，继续开办卷烟厂等，参加祖国战后建设。

中华人民共和国成立之初，林书晏积极恢复生产，为稳定上海经济做出了贡献。抗美援朝打响，林书晏带头捐资支援志愿军保家卫国。1956年，主动申请公私合营，为上海十大红色资本家之一。

郑文泰

郑文泰（1945—　　），福建泉州人，印度尼西亚归侨，著名企业家。曾任海南省兴隆热带花园董事长、总经理。

京闽读书　海南拓垦

郑文泰祖籍福建省泉州市，先世下南洋打拼，逐渐成长为印度尼西亚（简称"印尼"）豪门，到1945年8月郑文泰出生时，父亲的生意已从印尼拓展到马来亚（今马来西亚）、新加坡。郑文泰为家中独子，父亲极重视对之进行中华文化教育，他在印尼华文小学、中学完成学业后，萌生回到祖国读书、效力之愿，母亲极舍不得独子远游，但父亲却坚决支持儿子的抉择。

1960年，郑文泰回到祖国，先进入北京华侨补习学校读书。1963年夏天，他以优异成绩考入位于老家泉州的华侨大学，就读于亚热带经济作物系。这为他日后投资自然生态园建设事业奠定了坚实的科学理论基础。

1964年，郑文泰第一次来到海南岛实习，并在此半工半读完成大学学业。毕业时，还处在"文革"之中，他被就近分配到万宁兴隆华侨农场劳动锻炼，先在垦荒大队尖刀班，开过荒，修过水库；后调到农场文艺宣传队，当过编剧、演员；再调到场部办公室当宣传干事，编墙报，给媒体写稿。

港台进修　南粤经商

1971年，郑文泰赴香港打拼。他深知知识与创业成功的关系，1972年考入香港大学土木建筑系，1975年又转到台湾中国文化学院（今中国文化大学）建筑系读了一年。此后，他开始在建筑设计和酒店经营管理方面发展。

1984年，应海南政府之邀，郑文泰主持重新设计修建海南第一家酒店——海口华侨大厦。他非常注重建筑与自然环境之间的关系。正是在设计和修建工作中，他发现有些植物难以觅求，需要从岛外进口。为此，他对海南的生态十分忧心。

在海南，郑文泰从事酒店业和房地产业，迅速成长为广东一代富豪，20世纪90年代，旗下的企业总资产在广东能排到第五。

一个很偶然的机会，彻底改变了郑文泰人生轨迹。

1991年，郑文泰在海南万宁兴隆，年少时见过的长满青皮林的青梅山已面目全非。乱砍滥伐使雨林生态遭到破坏，修复热带雨林之志就是在此时植下的。

变卖资产　修复雨林

郑文泰在香港、广东、海南的成功，让远在南洋的父亲十分欣慰，他觉得可以放心地将庞大的家产交给儿子了，没想到儿子不但坚决不回南洋，还结束了房地产和酒店生意，带着巨资回到万宁兴隆农场种起了树，气得父亲悬赏："谁能动员文泰回南洋，我给谁几十万元坡币。"

郑文泰原因很简单："中国并不多的热带雨林随着房地产开发被毁坏严重。"他的目的也很简单："我要为中国留住热带雨林，我要在这里建成世界拥有最多热带物种的雨林。"

1992年的一天，郑文泰来到兴隆，和时任国营兴隆华侨农场场长黄炳松签署了一个协议，农场出地，他出资一个亿，将农场内一片5800亩的荒地打造成一片热带雨林。合作70年，期满后，所有建筑物和种植的作物均归属国营兴隆华侨农场。

排除万难　再造雨林

一片热带雨林的自然恢复，需要400年的时间。协议签订后，郑文泰立刻和国内20多名植物专家取得联系，招募了1000多个员工，育化从国内外收集来濒临灭绝的各种树种，等到种苗成型后，再根据其生长的特性择地移栽。而最初在园区，苗圃就占了十多亩地。

郑文泰亲力亲为，每天早上6点多起床，在园区巡查一遍后，就带着工人开始干活，一直忙到晚上六七点，回去后常常来不及吃饭，又开始与技术人员商量种植计划。由于睡无定时，食无定餐，加连续劳累过度，胃部突然大出血，幸好抢救及时才捡回一命。

1996年海南刮了一场12级台风，郑文泰热带花园里所有的植物和建筑物几乎全数被毁。有人劝他算了，但郑文泰意志坚定，再变卖家产投入。

1997年，亚洲金融风暴席卷而来，参与郑文泰热带花园建设已5年的合作伙伴纷纷撤资。而此时正是大量需要资金不断投入之时，而热带雨林修复工程又无回报，郑文泰的资金链濒临断裂。就在这时，当初并不支持他这项事业的父母，看到郁郁葱葱的林木和被晒得黝黑的郑文泰后彻底感动了，果断出手资助自己的儿子。

一片热带雨林初成，千姿百态的绿权，万紫千红的鲜花，展现了它惊人的美景，随着房地产热的到来有不少房地产商看中了郑文泰的热带花园，接踵找他商量，让他划出一小块地搞房产项目，这样可换回一大笔资金投入建热带花园，却遭到郑文泰拒绝，他直言：连商量的余地都没有。

而热带雨林要建设，资金投入是惊人的。为了筹集到更多资金投入园区建设，郑文泰开始不断接工程绿化项目，通过从这些项目赚到的钱，来贴补园区的建设。据不完全统计，截止到2013年，郑文泰已投入5亿多元。

郑文泰心里始终保存着一份热带雨林植物找寻名录。只要听说哪里出现了热带雨林珍稀物种，郑文泰都会不惜代价前去找寻。一次进山寻找稀濒危植物——海南苏铁，郑文泰从6米高的山坡上摔下来，不省人事。同伴把他送到医院时，一同把他心心念念的海南苏铁带了回来。

到2018年，郑文泰打造的热带雨林已经到了第二个恢复阶段——繁殖附生植物，他将大棚中培育的兰花放在雨林中的树木上繁殖，兰花品种已经超过300个。如今，郑文泰的兴隆热带花园拥有4000多个特有物种，珍稀濒危植物有65种，许多特有树种、珍稀濒危植物如海南苏铁、桫椤、琼棕、海南龙血树、降香檀、青皮树、长叶竹柏等，都是郑文泰几番周折从国内外收集来的，育化后被移植到园内。

热带雨林面积由最初的5800亩扩大到了1.2万多亩。郑文泰还集合专家学者，开展热带雨林学术研究，每年都以各种形式邀请国内、国际专家到园区内进行学术研究和科研攻关。

2009年，郑文泰被评为全国归侨侨眷先进个人；2013年，获评中国"侨界杰出人物"；2014年，当选"感动万宁——2014十大年度人物"；2015年，郑文泰被评为敬业奉献"中国好人"；2018年，当选"感动海南——2017十大年度人物"。

俞昌檀

俞昌檀（1892—1957年），福建福清人，印度尼西亚归侨。曾任印度尼西亚泗水布商公会主席、印度尼西亚泗水玉融公会主席、福建省人大代表、福建省政协委员。

学官之子　商界新秀

1892年，俞昌檀生于福清县（今福清市）融城西园村一个书香之家。父亲生三子一女，兄弟三人中俞昌檀居二。父亲俞其兰，自幼饱读诗书，为一方大儒，清末曾任福清县学学官。因恨于吏治腐败、八股无趣，愤然辞官归田，耕读传家。

俞昌檀幼承庭训，熟读诗史，7岁能诗，8岁能文，读书之余随父下田劳作，以助家计。13岁时，父亲突病，俞昌檀与哥哥俞昌茂挑起了养活一家5口的生活重担。他中断学业，与哥哥每日忙于田间地头，虽累死累活，一家仍难以温饱。16岁那年，他认准无商难富，开始从事贩卖海盐及竹炭、壳灰生意，终使一家免于挨饿。20岁时，俞昌檀与族亲俞昌奎等合资，在福清县城，开设了一家西门油行，不久又开设一家协泉丰货

俞昌檀

栈。他极具经商天赋，头脑灵活，且诚实经营，生意日益发达，一家人过上富裕的日子。

泗水经商　富甲一方

民国初年，福清苛捐杂税猛于虎，加上土匪成患，商家生意艰难。1918年，俞昌檀被迫漂洋过海，前往印度尼西亚，辗转来到泗水，开办了一家名为"远和"的商号，经营棉布和土特产生意，开始在海外艰难打拼。初战告捷之后，他又涉足经营房地产、橡胶、福州烟台山间由俞昌檀夫人购下的住房烟丝、砂糖、木棉等业务，在20世纪30年代中期至40年代，俞昌檀成为泗水最成功的华商之一。

服务侨众　有口皆碑

因经济成就和对华侨社会的服务精神，俞昌檀先后出任泗水布商公会主席、泗水玉融公会主席等职。俞昌檀始终怀有强烈的社会责任感，他曾捐赠地皮1万多平方米和印尼币50万盾，支持玉融公会

创立泗水侨众学校，学校设小学、中学，设备、师资在当地都算一流；还解囊支持玉融公会购置地皮充作乡侨公墓用地，使泗水乡侨终有所葬。

俞昌檀对家乡教育事业也多有赞助。1925年，他捐赠巨款，营建校舍，创办福清西园小学。

捐资购机　支援抗战

1931年9月，日本开始大举侵略中国东北，当时殖民印尼的荷兰当局畏惧日本，不让当地华侨宣传抗日和捐资助国，俞昌檀与其他省籍、市籍华侨领袖一起，以救济难民的名义进行募捐活动，他自己带头慷慨捐款。

1932年1月，日军在飞机的掩护下进攻上海，中国军民惨死在日军空袭和大炮之下。俞昌檀带头捐出巨款，购买战机，献给祖国抗击日军。

1937年七七事变后，俞昌檀参与筹组泗水华侨救济祖国灾民慈善委员会，该会统一领导募捐活动，通过征收常月捐、特别捐、节日捐、娱乐捐以及义卖、义演、购机、购买公债等10多项方式来筹款支持祖国抗日，无论贫富都踊跃认捐，各尽所能，形成风气，蔚为壮观。俞昌檀和弟弟俞昌芝，不仅积极缴付月捐、特别捐、节日捐，还另外直接汇款2000元回国内，支援抗日团体。

1937年，俞昌檀毅然将自己长子俞兆斌送回国内，参加抗日队伍。俞兆斌回国后，参加了八路军。从延安抗日军政大学毕业后，奉派赴西安八路军办事处工作。次年被国民党特务拘捕，经陈嘉庚等多方营救，获释后返回印尼。俞兆斌回到印尼后，参加了印尼共产党领导的抗日救亡运动，继续在另外一条战线上为祖国抗战出力。

携资回国　建设家乡

中华人民共和国成立后，俞昌檀将泗水企业交托女儿俞华贞经营管理。自己携巨资于1953年回国，参加新中国建设。他定居福州，注资于福建省华侨投资公司，为福建省经济建设作出巨大贡献，为福建省人大代表、省政协委员。

位于俞昌檀参与捐建的福州华侨中学校园内的昌檀楼

1957年秋，俞昌檀因患高血病逝。他去世后，家人以捐资办学告慰他。1958年，俞昌檀夫人、儿女承其遗志，捐款30万元，在福清城郊创办昌檀中学（后改为昌檀工业学校），同时又捐款30万元兴建福清华侨中学昌檀楼。1985年，其女俞华贞捐款13.5万港元建造西园小学教学楼；1989年，她又捐巨款为福建师范大学福清分校（原昌檀中学校址）建昌檀图书馆。

洪骏声

洪骏声（1901—1962年），又名洪维珍，福建南安人，新加坡归侨。曾任印度尼西亚抗日民族解放大同盟组织部部长兼联络部部长。在南洋商业银行、澳门南通银行、香港金城银行等金融机构担任领导。

1901年，洪骏声生于福建省南安县（今南安市）丰州镇，5岁丧父，生活凄苦。虽学习异常刻苦，但无奈家境贫困，全靠母亲替人洗衣维持生活，只好中断学业，12岁就到南安县洪濑镇的一家杂货店当学徒，出徒后一边做店员一边坚持自学。

1921年，洪骏声随乡亲南渡印尼，以店员谋生。在印尼，他阅读了不少进步书刊，特别是在研读了孙中山关于三民主义的有关论述后，接受了孙中山的革命主张，热心参加各种爱国活动。

此时，国内北伐军兴，广州成为革命中心。1927年年初，洪骏声毅然回国，准备投身大革命运动。可是他乘船还未到厦门，即遇上四一二反革命政变，国共分裂，蒋介石疯狂屠杀共产党人，白色恐怖笼罩神州，万分失望的洪骏声回到南安丰州老家，与洪雪立、柯仲谋等人在丰州孔庙举办青年夜校，传播进步思想，启发青年人思考祖国积贫积弱原因。

1928年，洪骏声与洪雪立等参与筹办南安中南学校，期冀以此培养未来建设中国新生力量。1929年，洪骏声接受中南学校董事会的委托，与洪雪立等一起南渡印尼，在万隆、雅加达、泗水等地发动华侨捐资办学。在印尼，他光荣加入中国共产党，与洪雪立、林仲等在玛琅组成中共党支部。

1931年，受印尼中共党组织之命，在泗水店员中开展工作，参与创建了青年互助社、革命互济会等进步华侨工商团体，宣传中国共产党革命主张的《赤潮》杂志在泗水出版后，洪骏声负责发行工作。

1933年5月，《赤潮》被印尼荷兰殖民当局查封，洪骏声等人被驱逐回国。

1935年，洪骏声病重难支，前往新加坡就医。治病期间，他抱病参加抗日救国活动，走上街头进行抗日宣传，发动华侨捐资支援八路军、新四军，动员华侨青年和专业技术人员回国参加抗战。

新加坡被日军占领后，洪骏声转移到印尼泗水，参加了泗水民族先锋队，参与促使两个抗日组织联合，团结全爪哇爱国华侨抗日力量共同抗日。1944年年初组成抗日民族解放大同盟。总部设在雅加达，洪骏声担任组织部部长兼联络部部长，发动广大华侨开展各种形式的抗日活动。

第二次世界大战结束后，印尼宣布独立。1946年英荷联军侵犯泗水，洪骏声加入华侨战时服务团，为印尼人民的解放事业服务。他还与中国共产党党员、爱国华侨林降祥等联手创办《南侨日报》，因该报经常刊载反帝性质的工人罢工新闻，揭露侵略者罪行，遭东爪哇的英国印度军司令部勒令封闭，洪骏声被迫返回新加坡。

洪骏声在新加坡，并没有忘记作为共产党人的使命。他与林降祥等人一起创办商业公司，筹措资金支援中国共产党领导的解放战争，并负责接待和护送国内出国到新加坡等地的革命志士。不久，洪骏声奉命转移到香港。

中华人民共和国成立后，洪骏声继续留在香港为祖国建设出力。先后在南洋商业银行、澳门南通银行、香港金城银行等金融机构担任领导，以各种形式为党工作。

南洋商业银行，创建于1949年12月，现为中国银行（香港）有限公司附属机构，澳门南通银行1950年6月创立，现为中国银行澳门分行前身。洪骏声担任这两家银行主要领导人期间，立足香港、背靠祖国、面向世界，为冲破新中国成立之初帝国主义的经济封锁做出了贡献。

1956年国庆前夕，洪骏声随香港观光团到北京，对祖国的建设成就感到自豪，离京时谆谆教导在国内读书的子女："要好好学习，跟着共产党走。"

1962年5月，洪骏声在香港病逝，享年61岁。

澳门南通银敬赠章

桂 华 山

桂华山（1896—1987年），字峻嵩，福建晋江人，菲律宾归侨。曾任菲律宾中华商业有限公司董事长兼经理、上海南洋影片公司经理、菲律宾出入商公会会长、菲律宾中华总商会董事、菲律宾华侨教育会董事、菲律宾华侨国难后援会执行委员、菲律宾华侨反日会执行委员、菲律宾华侨援助抗敌委员会常务委员兼经济组组长、香港兰富酒家董事长、香港海外信托银行董事长、香港工商银行董事长、香港保良局总理、香港东华三院总理。

父子两代　辛亥勇士

桂华山生于福建省晋江县安海镇（今属晋江市）一个印度尼西亚侨商家庭，家境良好，幼入私塾，后转新式学校，学业优良。

桂华山父亲桂瑞芳在印度尼西亚经商期间，就加入了同盟会，并受同盟会指派，于1911年夏天携带《图存篇》（即邹容的《革命军》）、《唤醒国魂》等革命书籍回到晋江县安海镇。受父亲影响，桂华山很快接受了孙中山推翻清朝封建王朝的主张，开始参加革命活动。他在学校里向要好的同学宣传反清革命思想，并带着同学将父亲自南洋携回的《图存篇》《唤醒国魂》缮写百余份，在街上张贴，进行革命宣传。

壮年桂华山

武昌起义后不久，同盟会泉州分会政治股股长许卓然，同盟会会员、安海籍旅日侨商陈清机和桂瑞芳等革命党人，组织了安海革命军，桂华山加入了革命军。

同年11月7日，驻晋江县安海镇的清军与当地商人发生争执，引起民愤。陈清机、桂瑞芳等革命党人随即发动群众顺势包围清军都司衙门和汛防衙门，桂华山带着同学奋勇冲在前面，清兵望风而逃。在革命党人的具体指挥下，晋江安海革命军及民众2000多人先焚毁都司衙门、汛防衙门和驻军营地，又捣毁了大埕头的粮局，拆毁分县衙门、厘金局，分县县丞吴会英逃走，安海革命军贴出告示，宣布安海光复。桂华山参加了安海光复全过程。

安海光复之后，桂华山先后加入了同盟会、中华革命党，参加了孙中山桂华山领导的"二次革命"及讨袁护法斗争。为更好参加革命活动，中学毕业后他到泉州炳记商号当会计。

1916年4月26日晚，桂华山与30余位泉州革命党人一起，在泉州城内西街汤文河家开会策划反袁。由于奸人告密，汤文河、钱竹轩等5人被捕，两日后被杀。机智撤离的桂华山被通缉追捕，他抄小道避回安海，继续参加讨袁护法行动。

避往南洋　经商起家

1918年，桂华山南渡菲律宾，在马尼拉市蔡浅戈公司担任会计。拥有强烈爱国心的桂华山，为帮助推销祖国工业产品，辞职与同乡合资开办中华商业有限公司，自任董事长兼经理，大力推销国货，业务大有发展。

1924年，桂华山在上海与明星影片公司等合资组织南洋影片公司，被推为经理。他极富经商头脑，仅用一、二年时间，就在南洋各地分设电影院20多家。与之同时，桂华山在南洋的事业也不断拓展，在商界与工商界的声望都得到很大提升。

1925年起，桂华山担任菲律宾出入商公会会长和菲律宾中华总商会董事、菲律宾华侨教育会董事。

声援"五卅"　救乡闽南

1925年5月14日，上海日本纱厂工人为抗议日本资方无理开除工人再度罢工，日本资本家开枪打死工人顾正红（中共党员），打伤10余名工人，激起上海工人、学生和市民的强烈愤怒。同时，在上海的帝国主义者提出有损中国主权、打击中国民族工商业的"四提案"（增订印刷附律，增加码头捐，交易所注册及所谓"取缔重工法案"），该决定将于6月2日在上海纳税外人会上通过，引起了包括民族资产阶级在内的上海各阶层人士的强烈反对。5月28日，中共中央根据运动发展形势，及时决定进一步动员群众开展反对帝国主义的政治斗争。5月30日，上海学生2000余人在租界内散发传单，发表演说，抗议日本纱厂资本家镇压工人大罢工、打死工人顾正红，声援工人，并号召收回租界，被英国巡捕逮捕100多余人。下午万余群众聚集在英租界南京路老闸巡捕房门首，要求释放被捕学生，高呼"打倒帝国主义"等口号。英国巡捕竟开枪射击，当场打死13人，重伤数十人，逮捕150余人，造成震惊中外的"五卅惨案"。

消息传到菲律宾，桂华山立即行动，邀请马尼拉商界与华侨学生联合会等一起开会，商议行动。会后，立即通电声援，继而被推选为菲律宾华侨各个社团组成的临时救济会副主席，积极发动菲律宾华侨捐款支援上海罢工工人。

作为时刻关注祖国革命与建设的爱国侨领，桂华山还参与发起创办闽南救乡会。

20世纪20—30年代，闽南一带，土匪横行，治安混乱，严重阻碍了闽南经济发展、社会稳定和百姓的安居乐业。桂华山与菲律宾著名爱国侨领李清泉等积极倡议，发起成立菲律宾闽南华侨救乡会，李清泉任主席，桂华山担任副主席。

1925年和1926年，桂华山又参与筹划在马尼拉和厦门鼓浪屿召开南洋华侨救乡大会，呼吁各界拯救正处于匪灾成患中的家乡人民，并捐资支援家乡建设。

抗日名将蔡廷锴为桂华山题词

20世纪20年代后期，桂华山和菲律宾侨界同乡杨孔莺一起，邀约杨伟姜、杨仲兴等人，集资100

万比索（先行集资50万比索）创办华侨兴业有限公司，并投资厦门市政建设，其中他与杨孔莺合作在厦门思明南路临街兴建三层楼房两列，称为"大生里"。20世纪30年代中期，兴业公司开始在厦门南普陀山下建筑4座华侨新村，后因日本侵占厦门，后续资金用来捐助祖国抗战而未完成华侨新村建设计划。

1932年春，在"一·二八"淞沪抗战表现英勇的十九路军，被国民政府调防福建。桂华山与菲律宾侨领许友超等一起，赴香港会见十九路军军长蔡廷锴，商议治理闽南匪灾，并代表旅菲华侨表示坚持支持蔡廷锴等入闽主持大政。

领衔抗日　宁死不降

1928年，日本出兵占领山东省会济南市，大肆屠杀中国军民，"济南惨案"震惊海内外。桂华山捐款援助受难同胞。

1931年九一八事变后，日本出兵占领中国东北，桂华山闻讯与菲律宾侨领一起，呼吁开展抗日救国活动，支持祖国抗击侵略者。

1932年1月28日，日军进攻我国最大的工业城市——上海，整个中华民族处于生死存亡之际，我驻沪守军奋起还击。桂华山奔走四方，发动华侨起来支持祖国抗日。他参与发起创立菲律宾华侨国难后援会，并被选为执行委员。他不但率先捐款，还深入发动华侨捐款、捐物。

据不完全统计，1931年9月至1932年9月，菲律宾华侨国难后援先后筹款支持十九路军80余万美元，还先后寄回20万美元作福建国防建设经费、40万美元支援马占山所领导的东北抗日义勇军。

1938年厦门沦陷，菲律宾中华总商会发起救济家乡难民运动，桂华山被推选为代表赴香港与胡文虎共商救济逃难同胞事宜。回马尼拉后，又被推选为菲律宾华侨援助抗敌委员会常务委员兼经济组组长，立即展开大规模募捐活动，发动侨胞支援祖国抗战。为坚定南洋华侨抗战决心，桂华山还组织国产抗日影片在东南亚放映，进行抗日宣传。

1941年12月，太平洋战争爆发，日军南侵菲律宾。马尼拉沦陷后，桂华山来不及撤离，被日本宪兵逮捕入狱，狱中日军威逼利诱用尽，桂华山在狱中坚贞不屈，拒不投降，最后被判处20年重刑。

沪港经商　行善终生

第二次世界大战结束后，桂华山回国到上海发展实业，以支援祖国经济发展。后来转赴香港，集资开设酒楼和经营银行。先后担任兰富酒家董事长、海外信托银行董事长及香港工商银行董事长。

在经商的同时，桂华山依然热心公益，钟情于服务社会公众。

创设于1870年的东华三院，是香港历史最久远及最大的慈善机构，从一个在庙宇内的小小的中医诊疗亭开始，一直致力为大众市民提供包括医疗服务、教育服务及社区服务在内的多元化服务。

桂华山

　　1878年创设的香港保良局，起初以保赤安良为宗旨，筹集资金，缉拿拐匪，后不断发展成为一个庞大的社会服务机构，提供优质多元的服务。

　　桂华山自到港经商有成后，就成为香港保良局和东华三院的大金主和热心人，曾担任过香港保良局总理、东华三院总理，任上使这两大香港社会服务机构得到很大的发展。

　　桂华山终生行善。1976年捐资40万港币，在香港创办桂华山中学。改革开放伊始，他就奔回祖国帮助家乡，1978年独资捐建家乡安海幼儿园教学楼，同时捐资100万元港币在厦门大学兴建电镜科研楼等。

　　1987年3月9日，桂华山在香港病逝。

桂华山中学

高 至 荣

高至荣（1913—1969年），福建福清人，印度尼西亚归侨，著名企业家、社会活动家。曾任印度尼西亚泗水玉融公会主席，泗水新华中学副董事长，泗水中华侨团联合会副主席，泗水中华商会副理事长，福清县侨联主席、县华侨建设家乡委员会主任、副县长，闽侯专区侨联主席，福清县政协副主席，福建省华侨投资公司副董事长。

印尼富商　泗水侨领

1913年4月3日，高至荣出生于福清三山镇玉瑶村（曾名滋瑶村，今海瑶村）一个普通农家。福清三山镇缺淡水、缺可耕种农地，遇大旱难以果腹青壮年即赴南洋打拼。

1932年6月，高至荣与乡亲结伴南行，跨过重洋，侨居印度尼西亚（简称"印尼"）加里曼斯。从打工开始，省吃俭用，攒钱作本经营小生意。有了一些资金后，于1934年11月移居福清人集聚的泗水市，开设远通五金行，因经营有方生意不断扩大，财富累积。

高至荣

高至荣为富而仁，乐善好施，热心华侨公益事业，尤其倾力举办华侨教育，他常讲：举办华文学校既可让子弟成才，又能让他们永远记住自己是中国人。他发起并首捐创办了泗水侨众中小学校，礼聘名师，不断注资，关怀备至。因热心侨界事务，高至荣先后被侨众推选担任泗水玉融公会主席、泗水新华中学副董事长、泗水中华侨团联合会副主席、泗水中华医院理事、泗水中华商会副理事长等职。

热爱中共　归国观礼

1949年10月1日，中华人民共和国成立。高至荣得知，欣喜若狂，奔走相告。他通过新加坡友人得到五星红旗旗样后，立即赶制大量五星红旗，分送到泗水侨办商店、工厂、住宅，还亲自送到东爪哇多个商埠，让华侨升起五星红旗。

为了促进中国和印尼早日建交，高至荣组织了"东爪哇侨团促进中印（尼）缔交委员会"，并发动了声势浩大的签名活动，亲自将签名册送至雅加达印尼政府，并与蒋介石国民党政府驻印尼领事馆进行说理斗争，有力地促进了中印（尼）正式建交。

1953年9月，高至荣应邀参加国庆观礼团。受到周恩来总理、何香凝副委员长的亲切接见。何香凝将一副雄狮图，亲笔题上"高至荣先生留念""爱国爱家乡""何香凝赠"等，赠送给高至荣，以表示自己对高至荣的敬意。

此次国庆观礼之行，让高至荣进一步了解中国共产党，更加认同中国共产党的治国理念，决心举家回国，跟着中国共产党建设祖国。

回到印尼，他结束了如日中天的海外事业，因为想早些返国，他的许多产业并没卖出应有的价格。他说："我只想早些回国，早些参加祖国社会主义建设。"

华侨县长　造福家乡

1954年7月31日，时任福清县副县长的高至荣，在福清县召开第一届侨代会上，当选为福清县侨联主席、县华侨建设家乡委员会主任，负责全县侨务工作。高至荣还先后担任闽侯专区侨联主席、福建省华侨事务委员会委员、全国侨联委员、福清县政协副主席、福建省政协常委、福建省华侨投资公司副董事长等职。

高至荣认为，捐赠只能富乡亲一时，只有兴办实业，发展农业，才能让乡亲持续有收入。他充分调动自己在南洋多年积累的各种资源，动员华侨支持经济建设事业。

高至荣（坐右）1961年6月23日在福清与夫人、儿子高诚龙、儿媳戴鎏英及孙儿、孙女合影

1958年5月间，高至荣主持召开福清归侨侨眷建设地方工业誓师大会，旅外乡亲和归侨侨眷热情高涨。自1954—1959年，福建华侨为地方投资478万元，相继创办了福清油厂、福清糖厂、福清海口华侨农场。其间，华侨为家乡公益事业捐资330多万元，先后创建福清华侨子女补习学校、福清华侨中学、福清三山玉瑶中学、福清高山医院、福清龙田医院门诊部及灯光球场等。在高至荣的领导下，福清全县侨务工作呈现出历史上未有的鼎盛时期，

位于高至荣捐建的福清三山镇海瑶中学内的高至荣纪念馆

1960年，国家三年经济困难时期，高玉荣到香港组织联运，进口大量粮食、食油、糖、副食品等，为缓和本县归侨、侨眷的生活起了重要作用。1961年，他发动华侨捐助进口化肥7000吨、喷雾器300多台、高效农药550磅，以及双轮双铧犁及其配套轮胎和优良蔬菜种子1000磅，为福清农业生产作出了重大贡献。

1962年，高至荣又动员侨胞筹资80多万元，兴建福清侨联大厦，建筑面积3700平方米，于1965年竣工，成为接待福清侨胞的主要基地。

一心为民　两袖清风

　　"文革"期间，一方面极"左"思潮泛滥，动员华侨投资捐资被认为有"里通外国"之嫌，而且造反派扬言"宁要社会主义的草，不要资本家的钱"，拒绝华侨投资和捐助家乡；而另一方面，福清经济每况愈下，百姓生活艰难，为民生计，高至荣和另外两位公仆一起，冒着巨大的风险，组建了一个只有名而无实的公司——陈至铿公司，用以吸纳华侨捐资和投资。陈至铿公司，分别取当时的县长陈春炎、副县长兼侨联主席高至荣、侨务科长施友铿名字中的第一个字、第二个字和第三个字，华侨捐资、投资汇至"陈至铿"，再由县里统一使用，或用来做侨办工厂的周转金或用来补助极困群众，"文革"期间这一笔笔爱心侨款如雪中送炭。

　　高至荣生活极其俭朴，将省下的每一分钱全部用于家乡建设。当时，他每月工资138元，是当时全县级别和工资最高者。他把每月工资交给出纳代存代管，全数用于救济贫难侨和华侨公益事业。海外有位华侨不幸遇难，他资助两个归国的孤儿生活直至大学毕业走上工作岗位。1960年，高至荣至交回国探亲，专程到高家府上拜访。看到这位曾经的大富商生活简朴，毕业于北京政法学院（今中国人民大学）的新媳妇衣着朴素，连块手表都没有，他当场脱下自己的手表给她戴上。碍于情面，高至荣回赠了伴手礼。第二天，就将手表送到政府礼品登记处。

　　高至荣自1954年回乡至1969年病逝，凡侨胞的馈赠礼物，不分大小，他一律登记造册归公。代管侨胞委托的许多经济款项，做到一丝不苟，深受侨胞、侨眷的赞许和敬重。

　　1969年2月，高至荣不幸病逝。高至荣嫡孙高子东，是香港福清同乡联谊会发起人和参与创办者，在1997年5月30日举行的成立大会上被选为副理事长。

高至荣独子高诚龙接受笔者采访

黄 光 汉

黄光汉（1942—2007年），福建惠安人，菲律宾归侨，著名企业家、社会活动家。曾任香港泉昌有限公司董事副总经理、董事总经理、董事长兼总经理，北京同仁堂泉昌企业管理咨询有限公司副董事长，北京同仁堂制药有限公司副董事长，华丰国货有限公司董事长、伟景置业有限公司董事长兼总经理，惠安同乡会会长、永远会长，泉州同乡总会会长、永远会长，香港福建社团联会创会主席、执行主席、永远荣誉主席，香港中华总商会会董、常务会董、副会长，旅港福建商会副理事长、理事长，香港侨界社团联会副会长，香港福建中学校监，香港福建中学有限公司董事局主席兼校监，泉州华侨大学副董事长。

黄光汉

生于菲岛　长于香江

黄光汉祖籍福建省惠安县张坂镇霞美村，1942年11月出生于菲律宾怡朗市一个侨商世家。祖父黄世仙早年到菲律宾打拼，创立泉昌行，生意兴隆。父亲黄长水，9岁随父赴菲律宾，在当地就读至中学毕业，回国入上海暨南大学读书，毕业后于1930年再渡菲律宾，协助其父经营泉昌号。黄长水在领导当地华侨抗日救国中成长为菲律宾著名侨领。

1931年，黄光汉祖父黄世仙在香港创办了泉昌行。1947年，黄光随父亲从菲律宾移居香港。黄世仙父子早在20世纪50年代初期，即将今日北京同仁堂的前身——当时还是私营企业的北京乐家老铺的中成药引进香港，并转经香港转口东南亚和欧美多国。黄家父亲全力推荐中华传统医药，使乐家老铺和后来的同仁堂美名远播。

黄光汉在香港完成小学、中学学业之后，考入位于广州的华南师范学院。

少帅接班　经营国货

1963年，一纸家书将正在华南师范学院读书的黄光汉召回了香港。原来，祖父年迈多病，难以再亲力亲为主持家族生意，而父亲奉命出任广州市人民政府副市长，无暇继续打理公司业务，黄光汉只能提前接班，出任董事副总经理，主持家族生意。

香港泉昌有限公司主要经营中成药、食品、茶叶等商品进出口及批发业务。在祖父的悉心指导之下，1967年黄光汉出任香港泉昌有限公司董事总经理，展现出过人的经商才华，香港泉昌有限公司发展迅速，黄家财富快速增长。

1965年秋，黄光汉创立了华丰国货有限公司，以经营国货为主，自己亲任董事长，帮助不少内地企业走向世界。经长期努力，企业很快完成从单一到多元化经营的转型。2000年9月，在华丰国货有限公司创立35周年之际，黄光汉在一篇纪念文章中对自己创办的这家国货公司有这样的记载："华丰国货伴随着经济刚刚起步的香港一起成长，以经营国货、弘扬国货、物美价廉、服务社会为宗旨，在逆境中求生存，在顺境中求发展，经历了不平凡的创业历程，为香港的经济繁荣起了积极作用，为国货走向国际市场、国际市场了解国货，发挥了不可或缺的窗口、桥梁作用。"黄光汉还创立了伟景置业有限公司，担任董事长兼总经理，

携手老号　扬名国药

黄光汉承继了家族爱国传统，将发扬光大祖国传统中医药作为自己的重要责任，将国药老字号"同仁堂"的品牌推向世界。

黄光汉不断拓展泉昌与同仁堂的合作业务，先后在北京成立同仁堂泉昌企业管理咨询有限公司，自己亲任副董事长；开设北京同仁堂崇文门药店，以及成立北京同仁堂福建药业连锁有限公司，在福建省的福州市、厦门市、泉州市及石狮市等地开始了一大批北京同仁堂连锁店，并在加拿大温哥华经营同仁堂中成药的批发及零售业务。2003年11月，双方合资成立北京同仁堂制药有限公司，扩大中成药生产业务，黄光汉出任副董事长。

黄光汉在商言爱、在商讲责任，营商以实业报国作为抉择标准，致力于统扬国货，推动民族药业品牌国际化。

香港一柱　德高望重

黄光汉一直致力推动香港与内地的沟通和往来，担当着支持祖国建设、促进香港繁荣稳定的重要角色，做了大量实事、好事。

香港最早的福建社团是1917年成立的以旅港福建商会。黄光汉长期致力于在港福建乡亲的团结、互助，早在1965年，他就开始参加福建社团组织工作，1983年受乡亲们的拥戴成为旅港福建商会理事长。

在黄光汉劳心劳力之下，1987年组织成立了香港惠安同乡会，并被选为首任会长。其后，他又联络泉州乡亲，创建了泉州同乡总会，并被推举为创会会长。之后，一直担任这两个社团永远会长。

黄光汉是极具民族责任感并富有远见的人。福建人占香港常住人口六分之一，闽籍社团有140多个。香港回归前夕，为了做好平稳过渡的准备工作，进一步发展和壮大爱国爱港力量，黄光汉认为促成各个福建社团大联合，对保证香港回归后社会稳定和经济繁荣能发挥极大的促进作用。

1992年，黄光汉倡议组建全港福建社团庆祝祖国国庆筹委会，他被推选为筹委会主席，筹划庆祝国庆盛会。此后，这便成为全港各界闽籍人士每年大联欢的固定性活动。

有了全港福建社团庆祝祖国国庆活动的前期铺垫，黄光汉认为福建社团的大联合有了实现的可能，当他提出成立福建社团联会这一远大构想时，获得各界的广泛支持。

1997年5月8日，黄光汉将100多个福建社团组织起来，成立了香港福建社团联会。

香港福建社团联会由包括有旅港福建商会和同乡会、体育会、联谊会、希望工程基金会等在港的124个闽籍社团联合成立，以"联络乡谊，团结各界人士，积有参与香港社会事务"为宗旨，作为创会主席的他，被推举为执行主席，之后长期担任永远荣誉主席。在黄光汉和历届主席的努力之一，香港福建社团联会已经成为一支具有凝聚力的社会力量，为香港稳定、发展的劲旅。

1949年10月1日，黄光汉一家在香港上环永乐街150号的泉昌公司二楼和天台挂起五星红旗。黄光汉弟弟为华侨中学校长陈曲水的女儿在天台与国旗合影

香港回归后，作为香港中华总商会排名第二的连任副会长，第七、八、九届全国人大代表、第十届全国政协常委，黄光汉积极参政议政，对促进香港繁荣发展、促进香港与内地深度融合、促进香港地区和国际间的经济合作，做出了极大的贡献。

捐师重教　亲力亲为

作为旅港福建商会副理事长，黄光汉对商会教育基金捐助甚多。他不但大手笔捐资兴教，还亲力亲为，和爱心乡亲一起，经过多年努力，将商会教育基金下的福建中学由北角的一所，发展到小西湾、观塘共三所。黄光汉亲自担任福建中学董事会校监、主席兼校监，使学习办学质量不断提升，截至2006年观塘福建中学的会考五科及格率连续25年超过92%以上，而2006年及格率为95%，小西湾福建中学曾长期获得会考最高的九级增值。

每年都有不少随父母来港的新移民学童，为使他们更快适应香港学习，2000年北角福建中学与香港教育部门合作，在北角渣华道校舍开办启动课，根据新来港儿童的特别需要，为他们量身打造专有课程。

黄光汉对公益事业多有捐助。1995年，捐资15万改造惠安老家霞美村公路；1997年，捐资125万元人民币，兴建霞美小学新教学楼——长水教学楼；另外，还捐资50万元，在华侨大学设立"黄长水理工科学生学习奖励基金"；对母校华南师范学院也长期捐助；2002年6月，闽北遭受特大洪涝灾害，黄光汉率香港福建社团联会，一夜之间筹得210余万元，以支持灾区重建家园。

1999年，特区政府授予黄光汉太平绅士，2002年获颁授银紫荆星章。

2007年7月6日，黄光汉因病在香港去世。

黄钦书

黄钦书（1893—1966年），福建南安人，印度尼西亚归侨，著名企业家。曾任印度尼西亚三宝垄日兴行营业主任、经理，上海中南银行董事、董事长兼总经理，厦门自来水公司董事长，厦门黄聚德堂房地产有限公司董事长，上海益中电瓷公司董事长，上海北五行联合董事会副董事长，上海公私合营银行董事会副董事长兼董事会上海办事处副主任、上海市侨联主席。

糖王之子　商场新秀

黄钦书是著名爱国华侨企业家和社会活动家黄奕住的长子。黄奕住祖籍福建省南安县金陶镇楼下乡（今南安市金淘镇南丰村石笋自然村），曾是印度尼西亚（简称"印尼"）首富，有"亚洲糖王"之称。1907年，黄钦书被父亲送往南京暨南学堂读书。暨南学堂是中国第一所由国家创办的华侨学府，光绪三十二年（1906年），时任两江总督的端方上书光绪皇帝，请求允许"南洋各岛及檀香山、旧金山等处侨民"回南京读书，以"宏教泽而系侨情"。经过筹备，校址被选在南京薛家巷妙相庵。1907年3月23日，暨南学堂正式开学。首批学生21人，全部是印尼归国的侨生。1907年8月28日，巴达维亚中华会馆董事潘立斋、梁映堂又护送10名侨生到达南京学习。

黄钦书

1911年，黄钦书奉父命赴印尼，在三宝垄父亲开设的日兴行当营业主任，展现出极高的经商才华，后升任经理。

跟随父亲　回国创业

黄钦书参与投资的私立鼓浪屿医院

印尼的荷兰殖民政府由于在第一次世界大战中遭到不少损失，因此，战后加紧了对其殖民地印尼人民和广大华侨的剥削压榨。早在大战结束前夕的1917年9月26日，荷印殖民政府即制订了所谓"战时所得税条例"，其中规定凡是从1914年起获利3000盾以上者，必须缴纳30%的"战税"。因此，战后荷印殖民政府又下令华商必须补交1914年至1918年间的战时所得税，以及其他因战争影响而停征的税收。荷印殖民政府此举意在掠夺华商合法财产、扼杀华侨工商业的目的。在黄奕住的日兴行和其他华侨糖商过去5年间都已照章纳税的情况下，荷印殖民政府仍野蛮下令要黄奕住的日兴行补交各项"战税"1500万盾，对侨商进行赤裸裸的掠夺。当时，荷印殖民政府有政策规定：凡是荷兰国籍民，享有减税的权利。因此，当地政府官员曾以此动员黄奕住加入荷兰国籍，从而可减轻交纳"战税"。日本驻三宝垄领事也企图乘隙而入，拉拢和分化华商，邀黄奕住加入日本籍，以得到其"保护"。但是，黄奕住强烈的中华民族自尊心和爱国心，使他决定"业成返国"。

父亲的言传身教，坚定了黄钦书的爱国决心。黄钦书和父亲一起进行了周密的商量，妥善处理了在印尼的产业，将日兴行另行注册，改易经理，同时逐步结束了棉兰、巨港及北加朗岸等地的分行及办事处业务，1919年4月5日黄奕住将其所积资金约合2000万美元汇回祖国，结束了侨居印尼35年的生活及事业，返回福建厦门市鼓浪屿定居。

协助父亲　致力水务

黄钦书也回到厦门，居于鼓浪屿，协助父亲在厦门兴业。首先，他作为父亲的得力助手，协助父亲创办了厦门自来水公司，并任董事长。

厦门是一个海岛，极缺淡水，广大市民的食用水主要依靠雨水和井水，还催生了一种特殊的行业：贩水。即水贩们每天用运水船从海澄县九龙江淡水区取来贩卖的"船仔水"。市内小贩们向运水船商买水后，再挑到各大街小巷出售给各家各户。20世纪20年代前后，厦门每天贩水量约一万多担。这些食用水都未经消毒过滤，且经过多次转运，极不卫生。黄奕住、黄钦书父子定居鼓浪屿后，经常来往于厦门鼓浪屿渡口，目睹水贩们挑运贩水的情景，深感此问题关系到全岛居民们的生活、健康和工作，是关系到千家万户的亟待解决的主要社会及建设问题之一。因此决心创办厦门自来水公司。

1920年，黄奕住发起筹办厦门市自来水公司。翌年，他与厦门商会会长洪鸿儒、中国银行厦门分行经理陈实甫、英商汇丰银行买办叶孚光及几位照办华侨共商筹资兴办事宜。1923年5月，公司经当时北京政府农商部批准定名为"商办厦门自来水股份有限公司"。初定资本为100万元，黄奕住先认股40万元。自来水的蓄水池、过滤池、水塔等公司建筑工程于1925年在上海招标，结果，由德国西门子公司以92万元中标承建。1926年7月第一期工程竣工，开始供水，1927年全部工程完成。蓄水池最高水量为2亿8千万加仑，可供全市20多万居民9个月之用。同年10月28日，该公司召开成立大会，制订章程，规定资本为200万元，黄奕住当选为公司董事。1929年，黄奕住又倡议在鼓浪屿日光岩和鸡冠山分别建造了高低水池两座，并备有大小运水船3艘、拖船1艘，每天将厦门自来水由船运至鼓浪屿抽送池，从而解决了鼓浪屿居民用水之需。这是厦门市（包括鼓浪屿）历史上第一次解决了居民饮用自来水问题。

营建厦门　功不可没

黄钦书积极协助父亲从事厦门岛和鼓浪屿的房屋及市政建设，黄钦书出任黄聚德堂房地产公司董事长。

20世纪20年代中期以前，厦门可说几乎没有很好建设，市容简陋，房屋大多

黄奕住

是矮小的平房。1930年，黄奕住组建了黄聚德堂房地产股份公司，投资金额为245万元，占1930年厦门全市全部房地产投资（7641550元）的1/3左右，黄钦书后任董事长，协助父亲营建厦门。

黄聚德堂房地产公司总计建筑和购置的房屋达160座，面积为41457.70平方米。其中135座出租、18座借用、7座自用。此外，黄奕住还投资助建了厦门海滨堤岸及一些街道。原鼓浪屿宾馆即是黄奕住的产业，建筑之大之优美，是屈指可数的。鼓浪屿有一条"日兴街"，也是他捐资修筑的。黄奕住投资房地产业，自有其赢利目的，但他对厦门市容美化，对工商业的发展和繁荣及市民住房条件的改善，无疑都起过良好作用，做出了一定贡献。

在厦门期间，1931年10月，黄钦书与杨忠懿、许经权、陈荣芳等一起，筹组了一所由鼓浪屿华人所开办的医院，取名为"私立鼓浪屿医院"。1938年厦门沦陷后，大批难民避难鼓浪屿，这里也一度成为收容难民的地方。

1955年端午节陈嘉庚与黄钦书（左一）在集美学村观看龙舟赛

祖国新生　回沪兴业

1950年，黄钦书自香港回到上海，担任中南银行董事长兼总经理、上海益中电瓷公司董事长等。

中南银行，倾注着黄奕住拳拳爱国心，1920年，黄奕住前往上海，与《申报》董事长史量才、银行家胡笔等人，共商创设中南银行于上海。该行创办之初预定招股2000万元，第一期缴足资本500万元，黄奕住认股350万元，占70%。经过一段时间筹备后，1921年7月5日，上海中南银行正式成立并营业。它是当时全国最大的侨资金融企业，国民政府允许与中国银行、交通银行一样，准予发行钞票，成为当时全国可以发行钞票的3家银行之一。在中南银行举行的第一次临时股东大会上，黄奕住当选为董事长，胡笔任总经理，史量才、韩君玉等任常务董事。1924年，该行增资至750万元，黄奕住入股500余万元，仍占资本额的3/4。随着银行业务的开展，该行先后在天津、厦门、汉口、广州、南京、苏州、杭州及香港等地设立了分行，在北京设立了办事处。此外还在国内外各大都会商埠设专约代理汇兑收付机关，并代顾主保管国内外发行的各种公债及契据，经理付息取本等事宜。黄钦书任董事。

在内地不少工商业者结束产业赴海外之时，黄钦书回到上海后，协助政府维护金融稳定，并积极支持公私金融业合作。

1951年8月25日，中南银行等五家银行董事会分别推派代表董事，与中国人民银行指派的十名董事一起组成北五行联合董事会，由金城银行总经理周作民任董事长，谢寿天、中南银行总经理黄钦书担任副董事长。1955年，任公私合营银行董事会副董事长兼董事会上海办事处副主任。1959年捐款10万元资助上海侨联创建上海机械工业学校。

黄钦书还曾任第三届全国人民代表大会代表、中侨委委员、中华全国归国华侨联合会第一届常委、上海市第一、二、三、四、五届人民代表大会代表、上海市归国华侨联合会第二、三届主席。

1966年11月9日，黄钦书在上海病逝。

黄复康

黄复康（1902—1981年），原名文橙，别名信秋、祖香、雯晴，福建龙岩人，新加坡归侨，著名企业家、侨领。曾任印度尼西亚苏门答腊亚沙汉永联昌商行副经理、印度尼西亚亚沙汉培善中学事务主任兼董事会秘书、印度尼西亚亚沙汉中华商会秘书、印度尼西亚亚沙汉华侨进出口商会秘、印度尼西亚亚沙汉华侨糖米商会秘书、南洋华侨筹赈祖国难民总会亚沙汉分会秘书兼宣传主任，新加坡恒丰公司经理兼新加坡华侨学校董事、新加坡福建会馆常委兼秘书、教育科主任和教育促进会主席，新加坡龙岩会馆副主席，新加坡华侨出入口商公会常委，广东公私合营华侨工业建设股份有限公司董事兼贸易部经理、中国杂品出口公司副经理、广东华侨投资公司副经理、广东省工商联副主席、广东省侨联副主席、暨南大学董事会董事。

1927 年黄复康与夫人彭君娇

黄复康，1902年岁末生于福建龙岩县（今龙岩市）龙门镇赤水桥村一个书香世家。自幼聪颖，发奋读书，进入省立第九中学学习。后因父亲去世，学费难继，不得不辍学，至江西大余县当学徒。

1927年，为赚钱养家，黄复康远赴印度尼西亚苏门答腊亚沙汉。初在堂兄经营的永联昌商行当副经理，不久弃商从教，担任亚沙汉培善中学事务主任兼董事会秘书。因为人正直、处事周全，加上能说会写，为人公正，先后任亚沙汉中华商会、亚沙汉华侨进出口商会、亚沙汉华侨糖米商会等商会秘书。

黄复康和黄薇兄妹在广东从化

1937年7月祖国抗日战争全面爆发后，黄复康投身抗日洪流，在亚沙汉参与声讨日寇、抵制日货、募集抗日军费等一系列抗日救亡工作，后出任南洋华侨筹赈祖国难民总会亚沙汉分会秘书兼宣传主任。他通过撰文、演讲等形式，揭露日本侵略者罪行，唤起更多人投身抗日救亡活动；同时，他带头捐款，并通过义演、义卖等活动，筹集大量经费，寄回祖国，支援抗战。后来，因一次次参与发起大规模抗日救亡运动，黄复康被当局驱逐出境。

从印尼被驱之后，黄复康来到新加坡，进入王源兴创办的恒丰公司任经理，同时兼任新加坡华侨学校董事会负责人，继续开展抗日宣传和为祖国募捐抗日军费活动。

1941年12月太平洋战争爆发，南洋群岛很快沦陷，作为华侨抗日骨干，黄复康被日寇列入捕杀名单。为此，他避居苏门答腊西南小镇，为保住名节，过着极其艰难生活。

抗战胜利后，黄复康在苏门答腊从事华侨文教福利事业，多方支援当地民族独立运动。1946年回到新加坡，先后担任新加坡福建会馆常务委员兼秘书、新加坡龙岩会馆副主席、新加坡华侨出入口商公会常委、福建会馆教育科主任和教育促进会主席。

1952年9月，黄复康回国定居。他刚在广州安家，就立即与邓文钊、黄长水等菲律宾、新加坡、马来亚华侨一起，与广东省商业厅合作成立公私合营华南企业公司，后又先后出任公私合营华侨工业建设股份有限公司董事兼贸易部经理、中国杂品出口公司副经理、广东华侨投资公司副经理、广东省第五届人大常务委员、广东省工商联副主席、广东省侨联副主席、暨南大学董事会董事、全国第五届人大代表、致公党中央常务委员、全国侨联常务委员、全国工商联执委。

黄复康一生克勤克俭，将节约的钱全部捐资公益事业，先后为湖洋开明小学、广州华侨小学、侨光中学、暨南大学捐款。他与夫人曾经将自己海外辛苦所得投入创办公司与工厂。夫妇投资所得股息，均全数捐给华侨小学。在20世纪60年代中国经济极为困难时期，黄复康捐款进口化肥200吨，支援农业生产。20世纪70年代末，他的新加坡朋友见他挤公共汽车上班，十分辛苦，便凑钱买了一部丰田小车送他，他却将车转送广东省侨联。

1981年4月17日，黄复康病逝于广州。

晚年黄复康夫妇

梁 瑞 基

梁瑞基（1897—1973年），字征祥，号仰族，福建南安人，马来西亚、印度尼西亚归侨，著名企业家。曾任印度尼西亚新瑞兴布行董事长兼总经理、南安县华侨子女第二中级文化学校董事长、南安县诗山中学董事长、南安县南侨医院董事长、南安县诗山凤坡五星小学董事长、南安县侨光中学董事、南安县成功中学董事、南安县侨联副主席、南安县诗山侨联主席。曾带头捐资并参与创办福建省南安县华侨子女第二中级文化学校、南安县诗山中学、南侨医院、凤坡五星小学、诗山影剧院等。

两下南洋　经商有成

1897年12月20日，梁瑞基出生于福建省南安县（今南安市）诗山镇凤坡村九鼎自然村一个贫寒农家，高祖、曾祖、祖父三代单传，皆年过三十即早逝。因家贫，梁瑞基父亲梁汪洋及长南渡马来亚（今马来西亚），小有积余后回乡娶妻，梁瑞基为其长子。

青年梁瑞基

梁汪洋事母甚孝，在母亲辞世并守制期满后，携妻并带着长子梁瑞基、长女梁碰，再渡南洋，至马来亚槟榔屿谋生，在一个名叫"大路后"的地方从事养猪业，经十年奋斗，积累了一定财富，并为梁瑞基再生了两个妹妹和一个弟弟。

1915年，梁汪洋带着一家衣锦还乡。

梁汪洋极重视儿女教育，这使梁瑞基自幼受到良好教育。回国后，进入福建省立第十一中学，这是1902年福建省最早开办的八所公立中学堂之一，是泉州地区第一所中等学校，后演变为今天的泉州第五中学。

当时，诗山教育落后，能考入泉州名校者甚少。因交通不便，梁瑞基每次上学，需从诗山走到码头。再从水路乘坐小船到泉州，遇到风雨天，有时要走一天才能到校。梁瑞基发奋苦读，于1925年以优异成绩从甲班毕业。

毕业后，梁瑞基先后在南安的诗山镇、金淘镇、码头镇教书。

1926年，梁瑞基带着辛苦教书攒下的一点钱，下南洋闯荡。他到印度尼西亚（简称"印尼"）吧城（今雅加达）经商，于1934年创办新瑞兴布行，他有文化，做事肯动脑筋，加上为人忠义，生意越做越大，还叫来了在菲律宾闯荡的弟弟梁深纯帮忙，兄弟合力，生意更加兴隆。

携资回国　创办"侨联"

　　1948年，生意如日中天的梁瑞基，将印尼布行商务交给弟弟梁深纯打理，自己带着巨资回乡，一方面侍奉母亲，一方面参加家乡建设。

　　为集合华侨力量造福家乡，也为了更好照顾华侨在乡亲人，梁瑞基发起并于1952年6月4日主持成立诗山侨联会，梁瑞基当选主席，为当地华侨做了大量好事。1955年，梁瑞基率先捐资，并发动旅居印尼华侨和侨眷捐款，择址山头街道，建造诗山侨联会二层办公楼，建起了海外华侨、归侨和侨眷服务中心。

　　自1956年开始，梁瑞基连任4届10年南安侨联副主席。

　　也为了更好集合华侨力量造福祖国，梁瑞基还参与创办了致公党泉州市委员会和致公党诗山支部。1957年3月，中国致公党福建省委创立；同年10月，致公党泉州市委成立，梁瑞基为首批七位委员之一；也在同年致公党诗山支部创立，辖永春县及南安县码头镇致公党党员，梁瑞基任支部主委。

　　1958年冬天，梁瑞基领导的致公党支部通过党员黄荣显沟通了海外特殊关系，广为筹资，在著名的诗山公园内建造容纳近千人的诗山影剧院，活跃了侨乡文化活动。

　　据不完全统计，自中华人民共和国成立以来，诗山籍华侨和台港澳同胞为兴办家乡社会公益事业累计捐资5亿多元人民币，梁瑞基功不可没。

兴教先锋　功在千秋

　　1957年前，方圆50平方公里的诗山镇没有一所正规的公办中学给学生读书。1957年5月，梁瑞基与黄昌炽、黄荣显等发起筹建中学，并带头捐款，之后联络海内外诗山籍乡亲，还发动码头镇、蓬华镇的华侨捐资办学。

　　为抢时间办学，在梁瑞基主持下，借用诗山林柄祖宇、林柄小学校舍、诗山公园公产房，创办了"南安县华侨子女第二中级文化学校"，由诗山侨联会牵头成立校董会，梁瑞基出任第一届董事长，致公党诗山支部成员协力筹办，学校自筹经费，自聘教师，招收来自大诗山五个乡镇（诗山、金陶、码头、蓬华、眉山）的学生，梁瑞基出钱出力，学校发展甚快。1958年更名为"南安县诗山中学"，1961年8月由私立改为公办。从此，诗山终于有了第一所正式的公办中学，之后又增办高中，成为完全中学。

　　梁瑞基老家有座风坡小学，拥有百年历史，最早设在风坡梁氏祖祠，校名"梅镜学堂"，后数迁校址，也几易校名，梁瑞基见百年老校学舍破败，担心危及师生安全，发起重建并带头捐资，在他和一批人士的动员之下，侨居印度尼西亚和马来亚的诗山风坡人踊跃

梁瑞基在南洋

捐款。1960年，梁瑞基参与主持择址重建，共有12间教室、6间教师办公室，以及食堂、操场、剧台等，易名"五星小学"。

梁瑞基还曾兼任侨光中学、成功中学董事，为两校做了大量好事。

创办医院　造福五镇

为了解决诗山缺医少药问题，梁瑞基发起创办医院1958年，他带领诗山侨联、致公党诗山支部筹建南侨医院，梁瑞基、黄昌炽、黄荣显、梁敬翁、陈永颜、李锦旋等人组成南侨医院事会。梁瑞基慷慨解囊。还利用自己在海外积累起来的丰厚人脉，动员华侨捐款捐药，南洋华侨听闻家乡要建医院，十分兴奋，慷慨捐款。梁瑞基带着大家在诗山、码头、金淘三镇交界处反复选址，希望能造福更多乡亲，最后选定今山二村一片山坡作为医院院址。1958年，南侨医院举行奠基仪式，在梁瑞基带领下，很快建成门诊综合大楼和平屋宿舍并投入使用，内设内科、外科、中医科、西医科、小儿科、五官科、化验室、x光室、住院部等，还从印尼进口一些医疗设备、药品、铁质病床和上百床的床褥，随后印尼华侨又捐资添置重要设备和贵重药品，如当时国内最紧缺的"盘尼西林"和x光机，以及一部德国三角牌汽车。同时，为了保障医院正常用电，梁瑞基募得款项，带着大家兴建水电站，架设专线，专供南侨医院用电。全国政协副主席兼中央华侨事务委员会主任何香凝亲笔题写院名。如今，南侨医院的医疗服务范围，覆盖了大诗山地区五个乡镇30余万人口，与福建医科大学附属第二医院结为协作医院，成为集医疗、急救、预防、保健、教学于一体的二级乙等综合医院。

梁瑞基在南安一带被称为"侨界之光"。1957年4月被评为晋江专区侨乡服务积极分子，1958年被评为晋江专区侨眷归侨建设社会主义积极分子。1960年，梁瑞基等泉州6位致公党员出席中央民革、民盟、民进、农工、致公党、九三学社在北京召开的民主党派中央扩大会议，受到毛泽东、刘少奇、周恩来等中央领导的亲自接见。

1973年3月31日，梁瑞基先生在家乡寿萱堂与世长辞。

傅 维 丹

傅维丹（1906—1984年），乳名傅甘，福建泉州人，印度尼西亚归侨，著名企业家、侨领。曾任印度尼西亚玛琅《赤潮》杂志编辑，印度尼西亚三发华侨捐助祖国慈善事业委员会秘书长，南洋华侨筹赈祖国难民总会三发分会秘书长、主席，新加坡大华公司董事，印度尼西亚大华公司董事，印度尼西亚《生活报》经理、印度尼西亚坤甸《黎明报》首席记者，福州华侨大厦副经理，福建省华侨投资公司晋江专区办事处主任，福建省晋江专区侨联主席，泉州市（今鲤城区）侨联主席、晋江地区侨联主席，泉州市（今鲤城区）政协副主席，泉州市（今鲤城区）人大常委会副主任。

泉州失学　迫走南洋

1906年，傅维丹出生于福建省泉州市新门外锦田村（今鲤城区江南街道锦田社区），父亲早逝，家境清贫，但母亲省吃俭用供其读书，自泉州养正小学毕业后，1922年进入泉州著名的培元中学。学业优良，但因家中实在贫困，交不起学费，不得不中断学业，回家务农。务农之余，坚持自学，粗通财务知识。

1925年5月，傅维丹随兄嫂前往印度尼西亚（简称"印尼"），在西婆罗洲（今印度尼西亚加里曼丹省）东万律的合良公司当学徒，结识了当地中华学校进步教师赵晃，在赵晃的指导下阅读了许多进步书刊，接受了进步思想。后曾在泗水埠黄怡瓶先生经营的公司当会计，工作谨慎，为人诚实，受到黄怡瓶先生的器重和信任。

奔走乞资　家乡兴学

1930年冬，傅维丹到东爪哇玛琅珠连镇建丰油厂当出纳。因热心助人，为人侠义，与众多华侨成为好友。在异邦，他将对家乡的思念转为帮助家乡建设。他深知家乡教育落后，乡民多文盲，尝尽不识字之苦，为家乡办学之心越来越强烈。当时，他仅是工薪阶层，虽克勤克俭，但离办学所需经费相差尚多，他不灰心，利用工余时间，奔波于爪哇岛的玛琅、雅加达、万隆、井里汶和西婆罗洲各地，劝说乡亲为家乡兴学捐资，终于筹到了办学资金，于1931年在家乡创办华岩小学，1932年正式招生。他给该校捐赠大量图书，为发展家乡教育事业呕心沥血。华岩小学在泉州新门外一带的侨校中算是历史悠久的学校，培养出来的学生真是满园桃李，遍布五湖四海在国内外各行各业中，不少人已成名成家。

傅维丹还在印度尼西亚成立了华岩小学基金会，不断扩建校校舍，奖励师生。

参办《赤潮》　宣传抗日

在玛琅，傅维丹结识了中共党员洪骏声与洪雪立。当时，他们受印尼中共党组织之命，在泗水华侨店员中开展抗日救亡工作。本就拥有进步思想的傅维丹，加入了他们参与创立的青年互助社、革命互济会等进步华侨工商团体。

因为有一定文化基础，且好书能文，傅维丹与洪骏声等一起，参与创办了宣传中国共产党革命主张的刊物《赤潮》，并参加编辑和发行工作。

《赤潮》积极宣传抗日，揭露日军侵华暴行，鼓励华侨投身抗日救国活动。

1933年5月，《赤潮》被印尼的荷兰殖民当局查封，50多人被无理拘捕，洪骏声等人被驱逐回国。也因此，傅维丹再次前往西婆罗洲谋生。

三发救国　砥柱中流

1934年3月，傅维丹在三发埠傅瑞安有限公司任职时，开始参加抗日救国侨团——华侨救国后援会，奔走城乡宣传抗日，发动华侨募捐救国、抵制日货。

1937年七七事变后，傅维丹参与联络三发各帮属侨团，成立了三发华侨捐助祖国慈善事业委员会，被选为秘书长，他起草抗日宣言，参与设计各种募捐活动，还参与组织了义演队、义卖队，每次大型义演、义卖活动时，他都登台进行抗日演讲，感动了许多华侨，参与促使了当地华侨不分男女老少，都慷慨捐款，支援祖国抗击日本侵略者。同时，他还是当地抵制日货运动的主要领导人之一。

1938年10月10日，南洋华侨筹赈祖国难民总会在新加坡成立后，傅维丹积极促成在三发华侨捐助祖国慈善事业委员会基础上，成立南洋华侨筹赈祖国难民总会三发分会（也称"三发华侨筹赈祖国难民会"），先任秘书长，后任主席。之后，他全身心投入抗日救亡活动，当地华侨抗日捐款活动更加热烈，形式多种多样，有集团捐、个人捐、婚丧献金和节日筹赈，还有劳军义捐、救济难民捐、特别捐、月捐、义卖、伤兵之友捐、航空救国捐等，使三发抗日募捐、抵制日货、发动华侨青年回国服务诸项工作，都在印度尼西亚十分突出。

敌后抗战　出生入死

1941年12月，日军偷袭珍珠港，太平洋战争爆发，日军加快南侵。日本南进政策的主要目的之一就是获得印度尼西亚的石油资源。夺取新加坡、菲律宾、香港等美英据点，也是为了获得石油等重要原料，在印尼周围建立强大据点，以保证赶快得到石油，并保证海上运输线的畅通无阻。

1941年12月16日，日军攻占婆罗洲北部英领婆罗洲的油田地带米里。28日，日军在婆罗洲桑都洛河河口登陆。次年1月11日，日本向荷兰宣战，占领婆罗洲东海岸石油城塔拉坎。很快，三发也沦入敌手。占领三发的日军，疯狂屠杀华侨，抗日侨领首当其冲。2月，傅维丹和同乡逃进大山深谷，伐木架屋，耕作为生。日军仍四处通缉傅维丹，几次派兵进山搜捕。为不连累乡亲，傅维丹渡海到爪哇岛，辗转来到中爪哇的直葛，再转至泗水做小买卖。在泗水，傅维丹很快与洪骏声联系上。之后，又参加黄复明领导的反法西斯大同盟。

1943年秋，傅维丹在三宝垄参加爪哇共产党地下组织开展的抗日活动。

战后兴商　参办名报

第二次世界大战结束后，傅维丹重新开始经商。1946年夏天，傅维丹到新加坡，与林隆祥、洪骏声、吴为忠等在新加坡、泗水开设大华公司，所得盈利多用于扶贫济困或社会进步活动，对新华通讯社新加坡分社给予大力支持，同时全力推销《新华周报》和新民主出版社出版的书刊，文化名士胡愈之、沈兹九等也得到他们的资助。

1949年2月，新加坡大华公司被英国当局查封。大华公司把资金港币20万元献给中共地下组织，在香港开设裕华行。

1952年，傅维丹离开三宝垄，来到雅加达，参与创办《生活报》，并担任经理。在他和同事领导下，《生活报》成为印度尼西亚最著名的华文报纸之一。

1955年4月，在万隆召开第一次亚非会议，周恩来总理率领中国政府代表团参加，傅维丹以坤甸《黎明报》首席记者的名义参加会议，与印尼各家进步华侨报纸记者二三十人串联起来，暗中保护周总理。

1956年，宋庆龄副主席访问印尼，傅维丹跟随全程采访。

回国定居　招商兴业

1957年6月，傅维丹回国定居，先任福州华侨大厦副经理，后调回老家泉州，担任福建省华侨投资公司晋江专区办事处主任。任上招商引资，兴办实业，为该公司募得股款4000多万元，投资于泉州市源和堂、晋江通用机器厂、仙游糖厂、永春化肥厂、永春天湖山煤矿、同安油厂等。

作为著名侨领，傅维丹相继担任福建省晋江专区侨联主席、泉州市侨联主席、晋江地区侨联主席。还曾任福建省侨联常务委员、全国侨联委员。傅维丹先后被选为福建省第三、五届人民代表大会代表，福建省第五届人民代表大会常务委员，福建省人民委员会委员，泉州市第四、五、七、八届人民代表大会代表，泉州市人民委员会委员，政协泉州市第二、三届委员会副主席，政协福建省常务委员、泉州市人大常委会副主任以及华侨大学、培元中学董事会董事等。

1984年5月7日，傅维丹病逝于泉州。

曾纪华

曾纪华（1913—1997年），福建惠安人，新加坡归侨，著名企业家、侨领。曾任国民政府行政院侨务委员、新加坡惠安公会长、马新惠安社团联合会会长、名誉会长，香港闽侨会馆董事长，世界曾氏宗亲总会会长，香港惠安同乡总会永远会长，惠安县侨联会名誉主席。

宗圣裔孙　少年失学

1913年12月13日，曾纪华出生于福建省惠安县螺城镇洪厝围一个书香世家，为宗圣曾子第七十一代后裔。曾纪华祖先唐末自河南固迁晋江（即泉州龙山），再传惠安县东南端獭窟岛，即今张坂镇浮山村。清康熙四十八年（1709年），曾闻俊、曾闻新兄弟始迁惠安洪厝围。曾纪华父亲曾乃铭是晚清岁贡，为饱学之士。

曾纪华（右）

曾纪华昆仲有三，其居中。幼时发蒙于私塾，熟读儒学经典。九岁时，父亲病逝，家道中落。大哥爱弟，悉心栽培，送曾纪华进入惠安县立小学就读，学业成绩优良。小学毕业，原准备升入初中，无奈家境难允，随兄往晋江谋生。艰苦劳作之余仍坚持自学，能诗会文，且一手好字。

缅甸拼搏　抗战立功

23岁时，曾纪华与王素英结为伉俪，随即与乡亲结伴，南渡缅甸。先从伙计做起，因肯吃苦，为人诚实，加上能写会算，店老板赏识有加，不断获升，当上经理。

曾纪华后独立创业，取"振兴中华"之意，在缅甸仰光创办兴华国货公司，专营大米生意，还将缅甸大米出口至香港、印尼、菲律宾等地，生意越做越大。

抗日战争时期，曾纪华一次次慷慨捐资，支援祖国打击侵略者。他还在缅甸奔走呼号，动员华侨华人有钱出钱有力出力，与祖国并肩抗敌。他还多次冒着生命危险采购国内急需的药品，送回国内给中国抗日军队。也因此成为缅甸抗日青年领袖，被选为国民政府行政院侨务委员。

抗战期间，国家急缺抗生素，不少抗日官兵受伤患病因无法得到一支盘尼西林而去世。为支援祖国抗战，曾纪华倾巨资在重庆嘉陵江畔创办抗生素制药厂，生产急需的药品，供应给国共两党的军队，也因此与蒋介石、周恩来等国共两党领袖都有私交。抗战胜利后，曾纪华将抗生素厂无偿捐献给国家。

之后，相继在中国上海、中国澳门、菲律宾、印尼、新加坡、中国香港、中国台湾、缅甸一带经商办实业，事业蒸蒸日上。

1950年，曾纪华在仰光创建香烟制造厂，继而又相继创办纸品厂、印刷厂、罐头厂、饼干厂、汽水厂。此时曾纪华旗下企业税款仅次于当时的石油供应商。

转战港台　助力起飞

20世纪50年代后期开始，曾纪华将工作中心转往香港，先后在香江创立惠安公司、惠泰置业有限公司、海安船务有限公司、香港造纸厂有限公司、惠扬控股有限公司，还先后连任三届香港中华厂商联合会会长。之后，又投资在新加坡创办建成实业有限公司、建安实业有限公司，在新加坡银行中心区合作兴建珊顿大厦。因抗战时与福建省财政厅厅长严家淦成为至交朋友，严家淦后在台湾任高官，在他动员之下，曾纪华巨资投入台湾，先后创办台湾世华商业联合银行、台湾国宾大饭店等。曾纪华为香港、台湾以及新加坡经济起飞做出重要贡献，享有盛誉。

行善八闽　聚力乡党

曾纪华长期热心慈善事业。在内地、香港、台湾以及东南亚等地慷慨捐献。改革开放后，更是大手笔捐助家乡建设。

1983年，曾纪华在惠安设立"曾纪华奖学金"，用于奖励惠安籍高中、初中毕业生中之品行良好、成绩最优秀者和自学成才者。1993年，捐资500万港币成立曾纪华厦门国际人才交流基金会，还向厦门市老龄体育基金会、厦门市体育中心等单位捐款。曾纪华因此与黄保欣、吕振万、邵逸夫、徐四民等成为厦门首批荣誉市民之一。1995年，在惠安第一中学捐建"曾纪华科学楼""曾纪华教学研究楼"，在惠安螺城镇创建"纪华幼儿园"；1995年5月，为世界曾氏宗亲总会会长，曾纪华率团赴泉州谒祖，倡议重修在"文革"被毁坏殆尽的泉州曾氏大宗祠，出面向占据宗祠遗址的马来西亚华侨、云顶老板林梧桐先生协商购回土地。曾纪华还先后在台湾和香港等地再版印刷了惠安历史文化书籍清嘉庆版《惠安县志》《小山类稿选——张襄惠公文集》《曾廷凤公诗文遗著》等，传承家乡文化。福建省政府授予其金质奖章及奖匾，并在惠安一中立碑表彰。

敦睦乡谊
共求进步

第五届亚洲惠安社团
联谊会志庆

曾纪华　敬贺

曾纪华为惠安县主办的第五届亚洲惠安社团联谊会题词

曾纪华倾力建设宗亲和同乡社团，以团结更多力量支持祖国建设。长期捐助东南亚等地的曾氏宗亲，支持各地宗亲会所和同乡会社团的建设、发展，曾先后担任要职和创办菲律宾、新加坡惠安公会、星马惠安社团联谊会等，成为活跃于东南亚一带的著名爱国侨领。

为团结在港华侨，1967年，曾纪华与大哥曾纪棠、胡文虎女儿胡仙、桂华山等人创建香港闽侨会馆。1987年，曾纪华与6位惠安乡绅在香港铜锣湾创立了惠安同乡总会，带领大家一起为惠安老家多做贡献。

1997年5月11日，曾纪华在香港病逝。

子承遗志　复建宗祠

　　曾纪华逝世后，长子曾文仲继承遗志，积极奔走建设泉州龙山曾氏大宗祠。曾文仲，英国伦敦大学帝国学院电机工程系本科毕业，美国纽约理工大学电子工程和营运研究双硕士，香港沿海绿色家园集团有限公司董事局主席、全国政协委员、全国侨联常委。2002年11月26日在曾文仲主持下泉州龙山曾氏大宗祠奠基动工，建筑面积1070平方米，结构为三进五间张双排护厝，2005年3月24日落成。二期工程1850平方米，包括500多平方米的学文习武的大埕、拜堂、照墙、围墙、牌楼石坊、山门、道路；埕前竖立曾公亮铜像，两旁竖起古色的旗杆石架。三期工程2200平方米拟建三层楼的曾氏史迹陈列及曾公亮纪念馆，还有碑林、停车场、绿化及配套设施等。

赖庆辉

赖庆辉（1945—2014年），福建福清人，印度尼西亚归侨，著名企业家、社会活动家。曾任香港永升实业集团有限公司董事局主席、永升（福建）集团有限公司董事长、福建省侨联副主席、福州市政协副主席、福州市侨联副主席、华侨大学董事、福州华侨中学董事长、福建省闽江职业大学基金会董事长、旅港福建商会副理事长、福州十邑旅港同乡会监事长。

黔闽侨生　香港藤王

赖庆辉祖籍福清县（今福清市）东张镇，1945年出生于印度尼西亚（简称"印尼"）一个华侨家庭。父亲赖水镰是印尼当地一位知名华商，颇具影响力。

赖庆辉

20世纪60年代初，赖庆辉告别父母，回到祖国。他是同时回国那批印尼华侨青年中年纪最小的，被安排到贵州一所中学读书。1965年，他转至福建省福州华侨中学读书。

1971年，赖庆辉前往香港独立创业。他代理父亲业务，从印尼进口藤条原材料，然后转往中国内地销售，生意越做越红火。

虽在香江，赖庆辉从未忘记他读了六年书且有着众多同学的福州。1974年，"文革"尚未结束，赖庆辉就在福州设立办事处，成为第一个沟通福州与海外的港商。而他在香港的公司，更是被家乡人亲切地称为"接待站"。前后经过6年的奋斗，赖庆辉就几乎与大陆所有省份建立了贸易关系，近乎垄断了香港的藤条市场，香港工商界他们称之"香江藤王"。短时间能取得如此骄人成就，赖庆辉当年曾这样对媒体记者说，"我始终牢记父亲的一句话：生意场上，信用是根本！没有信用，赢得了一时，赢不了一世！"正是这句生意经信条，不但让赖庆辉生意场上无往不胜，更让他在旅港商界赢得很高的声望。

改革开放前，祖国的经济还不发达，国内轻工产品工艺落后，产品滞销。赖庆辉在上海选定一家工厂，无条件投入巨资，引进设备，生产"555牌"不锈钢器皿，并成了香港的国货名牌，不仅走进香港的千家万户，而且还远销美国、日本、中东等国家和地区，弥补了中国不锈钢器皿出口的空白。

组团回国　建设家乡

赖庆辉在福州的改革开放史上留下浓墨重彩一笔。

1987年1月，福州市人民政府举办第一次外商投资洽谈会，赖庆辉受邀。为集合更多力量参与福州改革开放，他奔走于香港，组织了30多位香港企业家来福州参加外商投资洽谈会。福州因为长期是海防前线，基础建设欠缺较多，投资硬环境不佳，为了让外商有信心投资福州，赖庆辉一次就与福州签订了三份投资合同，以合办和独办的形式创立三家公司：与福州市华福公司合作，联手创办福昇箱包五金制品公司；与福州搪瓷厂合资，创办榕昇不锈钢器皿有限公司；在福清老家，独资创办永信藤木器有限公司。

赖庆辉守信践约，不但用最快的时间投资大陆，还倾注了大量时间、精力营运这三家公司。他说："我把这三家公司做好了，就会有更多外资企业看到在福州兴业的成功，跟着来投资福州。"这三家企业在他的精心运作之下，在当时都成为福州市的明星企业。

赖庆辉是第一位投资福州旅游产业的外商。在福州读书期间，他对福州和老家福清的名胜古迹十分熟悉，自己筹资在香港举行推荐会。有香港游客在他推荐下来福州游鼓山，回去后无意中说了句若建条索道缆车，说鼓山美涌泉寺神，就是一路登山太辛苦。谁都知道此时投资建索道缆车回收慢，但为了家乡旅游发展，1993年，他投资建成福州第一条旅游索道——鼓山缆车，该项目被列入福州市政府"1992年度为民办十件实事"之一；1994年，重金在福清老家投资的石竹山旅游索道，也顺利通车。

土地首拍　勇于先试

赖庆辉在福州房地产开发史上，也留下了勇于尝鲜的记录。

1988年1月22日，福州市政府发布有偿出让土地使用权公告，要出让的土地位于福州市核心区——鼓楼区五四路西侧、福州大戏院南面，地块总面积4.63亩。拍卖会场，设在原五一广场展览馆二层，这是当年福州最大且规格最高的会场。

因为是福州改革开放以来第一场土地拍卖会，共有海内外30多家客商参与竞投，外商主要以香港和澳门为主。经过近一个小时的轮番举牌后，由赖庆辉的香港永升发展有限公司联合香港华榕有限公司、澳门华榕工程有限公司组成的联合竞买人，报出了人民币458万元的竞买价。这在当年是绝对的"天价"了，每亩地价高达近百万元。

当敲下福州土地拍卖第一槌时，两个历史第一由此诞生：这是福州房地产开发历史上第一次公开土地拍卖，也是国内第一场外资房企专场土地拍卖会，在当年的国内外引起了极大的反响，海内外数十家媒体争相报道。其中，香港《信报》的报道标题是："福州市土地使用权的首次公开拍卖，是中国首次欢迎国外和境外企业参加的公开拍卖。"

1992年，赖庆辉主持营运，在这个首拍地块上建起了福州第一座高层次写字楼——国际大厦，高25层，七天销售一空。

勇于尝鲜的赖庆辉不断在福州创造着"第一"：

1993年，建成福州市第一座高层商住楼——28层的华盛大厦；同年，建成福州楼市第一个被评选为"全国物业管理优秀小区"的永辉花园，并于福州成立了第一家物业管理公司——福州榕升物业管理有限公司；1999年，建成福州第一个融商贸与高层住宅的建筑群——永昇城，建筑面积达13万平方米。

旧城改造　立功古城

福州是一座拥有2200多年历史的古城，旧时因城中房子多为木质，加上台风多洪水多，不少房子需要用木头从外支撑，从外观看有些房子给人东倒西歪之感，有"纸褙福州城"之说。

深爱家乡的赖庆辉，再次成为福州第一位参与旧城改造的外商，相继投巨资改造了永安街、金汤井街、秘书巷、仙塔街、加洋路等，拆掉旧屋，拓宽旧街，兴建花园洋房和商业街，在改善福州市容市貌、提升福州城市建设水平的同时，也大大改善了百姓的居住条件，世世代代需要倒马桶的居民，在家里就能用上抽水马桶，更重要的是为后来大规模的全城棚屋区改造提供了经验。

为配合福州工业发展，降低投资福州工业的风险，赖庆辉还巨资投入马尾国家级经济技术开发区和全国第一个农民自办的开发区——福兴投资区，建起了马尾君竹工业小区和福兴投资区工业厂房，提供给来投资办厂的企业。

捐助公益　造福众人

让福州更多百姓记住赖庆辉的，是他大手笔捐助公益事业的善举。

赖庆辉母校——福州华侨中学创办于1955年，"文革"中先后易名"东方红中学""福州二十六中"。早在1983年10月，学校恢复"福州华侨中学"之名前，赖庆辉就向母校就捐献了一批教学器材。学校复名后，他又以父亲之名，投资兴建了华侨中学第一座侨胞兴建的楼房——"水镰楼"，可供400多名寄宿生住宿。此外，为了激励师生，1986年捐资100万元设立福州华侨中学基金，奖励全体师生。还为教师定制西服，为退休教师提供活动经费。自1986年起连续15年，每年暑期出资邀请福州市10名优秀教师到港旅游。1995年11月，福州市政府授予他"华侨中学荣誉校长"的荣誉职务。

赖庆辉对教育的捐助甚多。福州市建立闽江职业大学，他大手笔捐助，是闽江大学基金会的重要发起人之一和金主，为此曾长期担任福建省闽江大学职业大学基金会董事长；他对位于泉州的华侨大学也多次捐助巨资，也因此长期担任华侨大学董事。为此，1995年，福建省政府特别为其颁发"华侨捐资兴办公益事业金质奖章"，还被福建省政府曾授予"乐育英才"光荣匾。

福州要建长乐国际机场，赖庆辉大手笔捐资；他还连续21年坚持不懈，捐助福建省侨联主办的"华昇杯"侨界业余羽毛球邀请赛；在他回乡兴业的近30年间，只要家乡发生风灾水灾旱灾，他总是赈灾的先锋；福州有不少贫困乡村，赖庆辉参与帮助乡亲脱贫致富奔小康，捐助贫困户，资助贫困生，还与父亲一起为老家山村造桥修路。

赖庆辉对自己曾经读过书的贵州省也一往情深，多有捐助，赖庆辉长期关注和支持贵州侨联事业的发展，曾担任贵州省侨联常委、港澳顾问，积极参与捐资建立贵州省侨联扶侨帮困基金，并担任理事会名誉理事长。

赖庆辉先后被福建省侨办授予"乐于奉献"称号，还获得福建省侨联"支持侨联事业发展突出贡献奖"；1997年，应国务院邀请出席香港回归庆典；1999年国庆节，应国务院邀请赴京观礼建国50周年庆典。

赖庆辉曾任全国第八届至第十一届政协委员，中华全国工商业联合会执行委员，中国全国归国华侨联合会委员，福建省归国华侨联合会副主席，福建省政协常委，福州市政协副主席，福州归国华侨联合会副主席，华侨大学董事，福州华侨中学董事长、名誉校长，福建省闽江职业大学基金会董事长，旅港福建商会副理事长，福州十邑旅港同乡会监事长等职。

2014年9月27日，赖庆辉病逝于香港。

赖庆辉曾长期担任母校——福州华侨中学副董事长、董事长，图为学校一角

雷贤钟

雷贤钟（1903—1984年），福建古田人，马来西亚归侨，著名企业家、橡胶专家。曾任海南岛侨福垦殖公司董事长、总经理，国营海南南田农场爱国作业区副主任。

南洋植胶　成为富商

雷贤钟在海南种胶

清光绪二十九年（1903年），雷贤钟生于福建省古田县大桥镇梅坪村一个贫困农家。一家人一年四季拼死拼活，依旧难以温饱。自晚清开始，古田人开始结伴至当时的海峡英属八殖民地之一——沙捞越垦殖，后不断扩大至马来亚多地打拼。

1923年，雷家将全家脱贫的希望系于雷贤钟一人身上，外祖母为他筹措了18块大洋下南洋。没想到过海穿洋刚抵马来亚，身上的银元就被小偷偷走。雷贤钟赤手空拳开始了他的异国打拼。为了生计，他在伐木场砍过树，在橡胶园里打过工。因为吃苦耐劳，深得胶园主青睐，后来长期在胶园做工，种过橡胶树，割过胶，常常一天在胶园工作十几个小时。雷贤钟善于学习，在艰苦劳作中很快成为一名对橡胶实务有深入研究的专家型工人。1926年，他将积存下来的钱购买一片荒地，用来办胶园。

在雷贤钟的努力下，到1949年10月1日中华人民共和国成立时，雷贤钟已拥有一座120英亩的橡胶园、一座规模甚大的伐木场和一家木板厂，还有了洋楼、轿车，成为当地华侨富商。

为国种胶　海南辟园

一件事改变了雷贤钟平静的富商日子。

1950年夏季的一天，雷贤钟从《南洋商报》看到一则令他气愤不已的消息：西方列强开始对中国实行经济封锁，马来西亚宣布不准向中国出售橡胶。之后，他又听说，中国人民志愿军为保家卫国赴朝作战，拉开了抗美援朝战争的序幕，急需橡胶。

祖国需要，又无处进口，我们不能回去种橡胶吗？雷贤钟四处打听，祖国何处适合种橡胶？奔走了解，知道海南岛气候条件

雷贤钟指导工人进行割胶

与南洋颇近。

1953年，雷贤钟带着18名南洋种胶能手启程到海南岛考察。当时海南岛交通极为不便，许多地方连马车、牛车都无法走，只能步行。

雷贤钟带着大家跋山涉水，奔波了半个多月，考察了琼海、万宁、陵水、保亭、崖县。最后，选择了保亭县南山乡一块未开垦的荒山野岭，作为开辟胶园之地。这里远离城镇，生活条件艰苦，所有生活用品都需肩挑上山。

没有丝毫犹豫，雷贤钟立即决定投资在海南岛开办胶园。经保亭县政府批准，雷贤钟投资30万元成立了侨福垦殖公司。

置地之后，雷贤钟吃住在荒山之中，规划胶园，斩耙开荒，定标挖穴，每日工作十余个小时。有人劝之注意点休息，他说："过去在南洋我不是为老板种胶就是为自己种胶，现在我是在为国家种胶，再累都算不上什么。"他还说自己"浑身是劲"。

毁家援国　携种归来

当时，海南岛曾有一些人种胶，但产量甚低质量也极差。因此必须引进国外良种，引进良种进行试种需要大量的资金投入。

万事俱备，只欠进一步要投入的钱和良种。1954年，雷贤钟重返马来西亚物色优良品种，筹措经费。

当时，国外敌对势力对新中国采取军事包围、经济封锁政策。橡胶是战略物资，封锁更加严密。马来西亚政府当时规定，凡将橡胶产品或种苗带出境者将被处死刑。雷贤钟回到马来西亚后，一切

雷贤钟一家在南田胶园合影

都只能秘密进行。他设计悄悄变卖木板加工厂、变卖了伐木场、变卖橡胶园，卖了家里的花园洋房轿车，卖了家中值钱又有人要的所有东西，筹措了一大笔资金。接着，他又悄悄地四处地寻找优质胶子，找芽接桩，找芽条，备好良种，悄悄准备启程。

1955年10月30日，雷贤钟带着一家从槟城登上了"海后"号客轮，卖掉在马来西亚拼搏32年所有家当的雷贤钟，随身带了十几个木箱的特殊行礼：优良橡胶种子100多斤、芽条200多米、芽接桩300余株，这些都是当时世界上最先进的橡胶品种，一路上过关越隘，能智取的就智取，能用钱通关的就使银子……

11月6日，船抵海口秀英港锚地。7日，在华南垦殖局海南分局工作人员的协调和海关人员的帮助下，雷贤钟冒着全家生命危险随船带回的十几箱货物，以最快的速度全部运抵开荒点的苗圃地。一家人住进了山间陋舍。

举家扎根　战胜百难

在外住惯的花园洋房、进出有专车接送的雷贤钟一家老小，住进了茅草屋，用上了土灶、油灯，

屋内蚊蝇飞来飞去，屋外蛇虫出出进进，理个发都要跑上十几里路。最可怕的是当时正值学龄的孩子无学可上，集体辍学近2年，一直到雷贤钟创办了侨附小学，孩子们才得以重新上学，上中学还是要翻山越岭。

唯一能让雷贤钟笑对一家艰辛付出的是，所运回的胶苗及芽条经培植和芽接后全部成活；只用一年就繁殖、定植了1万多株良种胶苗。侨福垦殖公司成了新中国第一个培养橡胶良种的基地。

雷贤钟毁家归国开辟胶园的事迹，引起了党和国家领导人的关注。1956年初，雷贤钟被特邀上北京，出席了新中国第一届全国侨联会议，当选为全国侨联委员。农垦部为雷贤钟颁发了奖金，国务院授予他一面锦旗，锦旗上绣了"开荒垦殖，热爱祖国"八个大字。周恩来总理特别邀请雷贤钟到中南海做客，并同王震部长及中央侨委的主要领导一起，亲切接见了他。雷贤钟向国务院总理立下军令状："现在种下的400多亩胶苗，保证在5年内开割。"周恩来听了十分高兴："你带橡胶种子回国比带金子还宝贵，金子中国有，橡胶优良品种就少得很啊。"周恩来总理对雷贤钟给予了很高的评价：你在国家最困难时期带胶苗回国，是很崇高的爱国主义精神。周恩来总理专门安排雷贤钟到青海、湖北等地参观。

广东省人民政府对雷贤钟一家的也甚为关心，特地在羊城新建的华侨新村给他安排房子，想让他一家居于大城市。但雷贤钟表示："我的事业在胶园，我的家就定居在海南。"

雷贤钟继续带着侨工在南山乡安家落户。在遮天蔽日的原始森林里，他们不惧毒蛇野兽袭扰，挥锄开荒、洒汗种植。二年后终于垦出1000多亩植胶园，并建立橡胶苗圃。1958年，周恩来总理视察海南岛，在西联农场接见雷贤钟时指示说："要多繁殖优良种苗，加快发展我国橡胶事业"。

在雷贤钟的主持下，侨福胶园不断传来喜报：胶苗定植从原来的400亩发展到900亩，先进的种苗和技术传到全岛各地和广东、广西、云南等地；三个优良品种，仅在五指山西南麓的通什地区种植，就占总植胶面积的70%，亩产干胶比原来低产树产量提高一倍左右；雷贤钟克服种种困难，开荒2000多亩，种胶1000多亩，为了节省经费，雷贤钟把烟和酒都戒了；经5年试验，良种"RRJM600"平均单株年产干胶6至8公斤，比海南本地实生树产量高4倍多；1959年，侨福垦殖公司第一批种下的胶苗全面动刀开割。

培育良种　填补空白

雷贤钟遵照总理指示，同科技人员和工人一起刻苦攻关，对橡胶良种进行精心移植、杂交组合和无性繁殖，终于培育出胶量多、生长期短的86号和600号良种，从而结束了我国植胶落后低产历史。

同时，为加速橡胶生产步伐，雷贤钟还竭尽全力组织人员，把良种橡胶推广到广东、广西、云南、湖南、福建等省。他引进的橡胶良种，不仅在海南垦区广为推广，还引种到云南等垦区，为祖国橡胶事业做出巨大贡献。

在1957年中国农业合作化运动时，经雷贤钟等人的要求和政府的批准，1968年侨福公司合并到国营南田农场，成为该场的一个作业区，取表彰雷贤钟爱国举措之义，作业区取名"爱国作业区"，雷贤钟任作业区副主任，但他保持老胶工的本色，坚持在生产第一线工作。

到20世纪80年代，仅海南垦区就种植雷贤钟引进的良种200多万亩。后来，人们尊称雷贤钟为"橡胶王"。

改革开放后，雷贤钟焕发了第二个春天，继续担任南田农场爱国作业区副主任，他依旧骑着那部从马来西亚带回来的旧自行车，到各生产队检查指导橡胶生产，为新胶工亲授橡胶高产栽培、病虫害防治及割胶等技术。

1984年11月5日雷贤钟病逝，终年81岁。

蔡子钦

蔡子钦（1894—1964年），字以钊，曾名筱园，福建晋江人，菲律宾归侨。曾任菲律宾宿务捷胜商行会计、副经理，安海电灯公司经理，泉州电灯电力股份有限公司经理，泉安汽车路公司副董事长、董事长，养正中学董事长，晋江县安海各小学联合董事会董事长，安海育婴堂董事长，公私合营泉州电灯电力股份有限公司董事长，晋江县政协副主席、福建省工商联合会副主委、晋江县工商联主委。

法政学生　弃文经商

清光绪二十年（1894年）十月，蔡子钦生于福建省晋江县（今晋江市）安海镇一个商人家庭。

父亲蔡德远，是闽南巨商林瑞岗、叶清池等所办商行的经理，长期驻北方主持业务。蔡德远心向光明，追求进步，乐于善举，长期担任安海商会会长。清光绪三十三年（1907年）2月，蔡德远和旅日华侨领陈清机等64位海内外乡贤呈请泉州府晋江县核准创办养正小学，这是当时全省较早创办的新式学堂之一。1917年，

蔡子钦故居

蔡德远通过陈清机在安海开办的泰丰金铺，捐款支援孙中山领导的护法运动。蔡子钦深受父亲影响，接受进步思想，关心国家大事。

宣统三年（1911年）八月，蔡子钦毕业于安海养正小学堂。第二年春，考入福建法政专门学校。在校期间，阅读了大量科技、工商类书刊，萌生实业救国之决心，且日益坚定。他在阅读电力工业相关书籍后，认定电力是发展工农业生产重要基础，于是在课余如饥似渴学习电学知识。

1914年12月，蔡子钦自福建法政专门学校毕业，放弃继续深造，决心投入商场，于次年动身前往菲律宾。途经香港时，被同安县马銮乡（今属厦门杏林区）籍富商杜四端诚聘为家庭教师，课杜家数字读书。杜四端在港自创"杜端记行"，经营进出口贸易，生意蒸蒸日上，渐成巨富。

1916年，蔡子钦离港往菲律宾宿务，受聘为捷胜商行会计，不久升任副经理。经商之余，热心于社团公益事业，在华侨工商界积累了深厚的人脉。因志存高远，在南洋经商之余，多次前往马尼拉、新加坡、吉隆坡、雅加达等工商重镇参观、考察、学习。

携资归来　电灯之王

当时正值第一次世界大战，殖民南洋的西方帝国列强忙于大战，无暇东顾，华侨抓住机会集资回国兴办实业。1928年春，蔡子钦携资回国。1929年3月，承办由其父蔡德远和安海籍旅日侨商陈清机、旅菲侨商吴善卿（泉州最后一位状元吴鲁之子）等人集资创办的安海电灯公司，被委为经理。

1932年4月，蔡子钦与陈清机、旅日华侨富商万福来和乡绅李丹臣等，共同筹资4万银圆，承顶泉州电气公司，并改组为"泉州电灯电气股份有限公司"，成为泉州第一家侨办电力企业。蔡子钦出任经理。

蔡子钦上任后，改革用人制度，采用西式簿记，全力控制成本；撤回低效益延伸郊外的输电线路，重新规划市区线路布局，并对发电机组、厂房和其他供电设备进行大修，严格执行操作、保养、维修制度；制定了一整套便民服务举措，同时革除旧公司亦官亦商的陋习，降低行政成本。经过3个多月厉行整顿，企业效益快速提升。

为了做大做强企业，1933年4月，蔡子钦向英国购买210匹马力柴油发电机组（装机容量140千瓦）1台，于11月安装投产，供电能力提高2.5倍。企业获得良好的经济效益，主动将电价由每度3角6分降为3角2分，并且连续两次为全体职工加薪。

1936年，新、旧两台发电机组又负荷满载。想购买新设备扩大生产，又面临发电机组价格猛涨，蔡子钦向华侨富商万福来、周起抟和吕良以等人借款，到德国西门子洋行购买280马力的煤气发电机组1台，并于翌年8月安装投产。至此公司拥有3套发电机组，总容量比承顶初期增长5倍多。蔡子钦也因此有了"电灯王"之称。

正当蔡子钦准备让公司再次腾飞时，全面抗战爆发，海路交通断绝，柴油机组因燃料供应中断而被闲置。担心设备落入敌手，蔡子钦火速将之拆下，运往永春山区隐藏。其余两部改用安溪、永春地产木炭维持供电。因物价暴涨，货币贬值，蔡子钦又担心电价会影响市民生活，没有及时提电价，导致公司亏损严重，被迫将浮桥街和市区东、西街部分输电线路拆下变卖，才勉强支撑到抗战胜利。

好不容易熬到抗战胜利，海上运输恢复，柴油又有来源，蔡子钦立即从永春运回柴油机组，并迅速投产，公司起死回生。可惜不久，内战爆发，经济崩溃，公司又一次由盈转亏，艰难维持。

1949年8月，泉州解放前夕，蔡子钦配合中共泉州地下组织，组织职工护厂，保证正常供电。

泉州解放后，蔡子钦满怀热情投入促生产，企业进入快速发展期，他采取各种措施减少停电、断电，以实际行动支持人民政府。

1952年11月，蔡子钦带头实行公私合营，成为福建省第一批、泉州市第一家公私合营企业。公私合营后，蔡子钦被推举为董事长，其长子蔡载经被聘任为经理。1954年7月起，开始供应工业生产用电。1955年12月，实行全日24小时供电制，结束自建厂以来只供应夜间照明的历史。1959年9月，公私合营泉州电灯公司成为地方国营企业，改名"泉州电厂"。65岁的蔡子钦退休。

品行高洁　公益模范

　　蔡子钦品行高洁，为人称道。他主持泉州电灯电力股份有限公司多年，按惯例和协议应支付给他巨额酬金，他分文不取；他为职工两次提工资，但自己工资一分也不加；公司两次添置机组，卖方本想以赠送"回佣"形式卖高价，他拒腐蚀，并通过艰苦谈判促使卖方降价5%成交。

　　1928年，蔡子钦与爱心者一起，筹集经费创办养正中学，被推举为养正中学董事长和安海各小学联合董事会董事长。之后，他又筹集资金，扩建安海育婴堂，亲任董事长。

　　1946年，蔡子钦参与发起并创办《安海新报》并向海外发行，介绍家乡建设，鼓励海外华侨回乡投资兴业，搭起海外乡亲与故乡的桥梁。

　　1958年至1961年，安海急需大量化肥用于农业生产，蔡子钦挺身而出，自费前往香港，发动侨居菲律宾、新加坡、马来西亚、印尼等地亲友援助，募集数百吨化肥运回家乡支援农业生产，并为晋江县引进一批电动机床，支援工业生产。

　　蔡家多代生活俭朴，唯爱收藏字画，以品画鉴画为乐。为支援国家建设，1958年和1964年，蔡子钦、蔡载经父子先后两次把家藏的历代名人字画捐献给国家，受到了福建省文物管理委员会的表彰，有的还被选送到北京展出。

　　1953年5月，蔡子钦当选为福建省工商联副主席。1953年3月至1964年1月，连任晋江县工商联第一、二届主委，同时担任晋江县人民委员会委员、晋江县政协副主席，还出席中华全国工商联会员代表大会。1956年9月，加入中国民主建国会。1955年至1960年，他连任政协福建省第一、二届常委。

　　1964年1月26日，蔡子钦因病逝世。

　　蔡子钦教子有方，长子蔡载经（1920—2017年），曾任福建省政协副主席、民建福建省委主委。次子蔡载杜曾任中国驻外使节。

图书在版编目（CIP）数据

共和国归侨. 福建卷 / 福建省归国华侨联合会组编；
刘琳著. —— 北京：中国华侨出版社，2020.10
ISBN 978-7-5113-8197-2

Ⅰ. ①共… Ⅱ. ①福… ②刘… Ⅲ. ①华侨 – 先进事
迹 – 福建 Ⅳ. ① K828.8

中国版本图书馆 CIP 数据核字（2020）第 072941 号

共和国归侨（福建卷）

组　　编/福建省归国华侨联合会
著　　者/刘　琳
责任编辑/姜薇薇
经　　销/新华书店
开　　本/889×1194毫米　1/16　印张/56　字数/1418千字
印　　刷/福州万紫千红印刷有限公司
版　　次/2020年7月第1版　2020年7月第1次印刷
书　　号/ISBN 978-7-5113-8197-2
定　　价/398.00元

中国华侨出版社　北京市朝阳区西坝河东里77号楼底商5号　邮编:100028
法律顾问:陈鹰律师事务所
编辑部:(010)64443056　　64443979
发行部:(010)64443051　　传真:(010)64439708
网　　址:www.oveaschin.com
E-mail:oveaschin@sina.com